D1695799

Arnold Sommerfeld
Wissenschaftlicher Briefwechsel
Band 2: 1919–1951

herausgegeben von
Michael Eckert und Karl Märker

Arnold Sommerfeld

Wissenschaftlicher Briefwechsel

Band 2: 1919–1951

herausgegeben von
Michael Eckert und Karl Märker

Deutsches Museum
Verlag für Geschichte der
Naturwissenschaften und der Technik
Berlin · Diepholz · München 2004

Bibliographische Information der Deutschen Bibliothek

Die Deutsche Bibliothek verzeichnet diese Publikation in der Deutschen
Nationalbibliographie; detaillierte bibliographische Daten sind im Internet über
<http://dnb.ddb.de> abrufbar.

Dieses Werk wurde mit Unterstützung der DFG gedruckt.
Hergestellt mit alterungsbeständigem Papier.

Abbildungsnachweis: Seite 12 und 202 Deutsches Museum München;
Seite 352 und 474 Privatbesitz.

Satz mit LaTeX und XY-Pic.

ISBN 3-928186-53-1
Printed in Germany. Alle Rechte vorbehalten.

Inhaltsverzeichnis

Einleitung 7

1919–1925: *Atombau und Spektrallinien* 11
   Essay 13
      Freundschaft und Rivalität mit Bohr 13
      Leitthemen 23
      Repräsentant deutscher Wissenschaft 34
      Die „Bibel" der Atomphysik 41
   Briefe 45

1926–1932: Theoretische Physik auf Erfolgskurs 201
   Essay 203
      Reaktionen auf die Wellenmechanik 203
      Die Nachfolge Plancks 210
      Elektronentheorie der Metalle 215
      Unterwegs „als deutscher Culturbote" 221
      Die Konsolidierung quantenmechanischer Erfolge 228
   Briefe 235

1933–1939: Zeitenwende 351
   Essay 353
      Wissenschaftsemigration 353
      Fortschritte in der Physik 358
      Die Sommerfeldnachfolge 360
   Briefe 379

1940–1951: *Vorlesungen über theoretische Physik* 473
   Essay 475
      „Ein öffentlicher Skandal sondergleichen" 475
      Kriegsarbeit 487
      Feldpost 490

Die Herausgabe der *Vorlesungen* 495
„Persilscheine" 501
Die Sommerfeldnachfolge 1945 506
Die letzten Jahre 511
Briefe 519

Anhang 650
Abkürzungsverzeichnis der Archive 650
Verzeichnis der gedruckten Briefe 651
Literaturverzeichnis 660
Kurzbiographien 699
Personen- und Sachregister 709

Einleitung

Dieser zweite Band ausgewählter Briefe der wissenschaftlichen Korrespondenz Arnold Sommerfelds behandelt in vier Abschnitten Epochen, die auf ganz unterschiedliche Weise physikhistorische Bedeutung erlangten.

1919 – 1925: Höhepunkte und Krisen der älteren Atomtheorie

1926 – 1932: erste Anwendungen der Quantenmechanik

1933 – 1939: Folgen des Nationalsozialismus

1940 – 1951: Kriegs- und Nachkriegszeit

Wie im ersten Band mußte aus einer Vielzahl von Briefen eine Auswahl getroffen werden, der zwangsläufig eine gewisse Willkür anhaftet. In den beiden Bänden ist etwa ein Zehntel des erfaßten Bestandes von mehr als 6 100 Briefen abgedruckt. Die im Internet einsehbare Auslese der Datenbank gibt Auskunft über die Gesamtkorrespondenz Sommerfelds, soweit sie uns während der Dauer des Projektes zugänglich wurde.[1] Darin werden Briefe auch als eingescannte Bilder sowie deren Transkriptionen gezeigt, soweit vorhanden und ohne zusätzlichen Aufwand zur Beschaffung urheberrechtlicher und archivalischer Genehmigungen möglich. Netzunabhängig können diese Informationen auf einer CD-ROM als drittem Band genutzt werden.

Das editorische Vorgehen wurde in der Einleitung zu Band 1 beschrieben.[2] Im folgenden werden die für den praktischen Gebrauch nötigen Gesichtspunkte noch einmal in Kurzform zusammengestellt.

Die ausgewählten Briefe werden in chronologischer Folge, vollständig[3] und möglichst buchstabengetreu wiedergegeben; Beilagen werden nur in Ausnahmefällen aufgenommen. Rechtschreibfehler,[4] Inkonsistenzen, fehlende und falsche Interpunktion sowie zeittypische Schreibweisen werden

---

[1] http://www.lrz-muenchen.de/~Sommerfeld/
[2] [Eckert und Märker 2000], im folgenden stets als „Band 1" zitiert.
[3] Nur in den Essays werden Briefe auch auszugsweise abgedruckt.
[4] Bei maschinengeschriebenen Briefen werden offensichtliche Tippfehler wie etwa fehlende Wortabstände oder Buchstabendreher korrigiert.

also belassen, um die in solchen Details aufscheinenden Eigenheiten zu erhalten. Im einzelnen gelten der leichteren Lesbarkeit wegen folgende Ausnahmen:

Briefanfang und -ende: Datums- und Ortsangabe werden in der vom Briefschreiber gewählten Form wiedergegeben, aber unabhängig von der Plazierung im Original rechtsbündig an den Briefanfang gesetzt. Bei gedruckten Briefköpfen wird im Regelfall nur der Ort übernommen. Briefunterschriften werden rechtsbündig und vom Brieftext getrennt an das Briefende gesetzt. Bei fehlenden Orts- und Datumsangaben werden diese nach Möglichkeit dem Poststempel entnommen. Absender- und Empfängeradressen werden nicht übernommen.

Layout und archivalische Zusätze: Transkription und Kommentierung sind auf den Textinhalt begrenzt und erfassen keine graphischen Details (z. B. Zeilen- und Seitenumbruch, Format des Briefpapiers usw.); archivalische Zusätze oder eventuelle Aufschriften von dritter Hand werden nicht transkribiert und nur in besonderen Fällen im editorischen Kommentar erwähnt; Archivnachweis und Angabe von Dokumentart, Zahl der Briefseiten und Schriftart (etwa lateinische oder deutsche Schreibschrift) erfolgen in Form einer Fußnote zum Korrespondenten.

Einfügungen: Editorische Ergänzungen werden durch einfache eckige Klammern gekennzeichnet: [Ergänzung]; der Grund der Einfügung wird nur ausnahmsweise als editorischer Kommentar hinzugefügt; es werden keine Einfügungen vorgenommen, wenn die Auslassungen einer zeit- oder situationstypischen Schreibweise entsprechen.

Durchstreichungen: Durchgestrichene Verschreibungen oder Textpassagen werden nur transkribiert, wenn sie gegenüber der Endfassung eine aussagekräftige Information enthalten; in diesen Fällen wird der durchgestrichene Brieftext entsprechend gesetzt: ~~durchgestrichener Text~~.

Hervorhebungen: Zwischen Einfach- und Mehrfachunterstreichungen wird nicht unterschieden; jede Hervorhebung wird durch Kursivdruck wiedergegeben. In besonderen Fällen wird in Fußnoten auf die Hervorhebung eingegangen. Wechsel der Schrift zählt nicht als Hervorhebung.

Abkürzungen und Ergänzungen: Falls die Vervollständigung nicht offensichtlich aus dem unmittelbaren Briefkontext hervorgeht, wird die Ausschreibung durch eckige Klammern kenntlich gemacht. Durch Lochung oder Beschädigung fehlende Wörter bzw. Teile werden ergänzt und nur in Zweifelsfällen durch eckige Klammern gekennzeichnet.

Klammern: Mit Ausnahme der mathematischen Formeln werden Klammern des Briefschreibers unabhängig von ihrer Form als runde Klammern wiedergegeben; eckige Klammern im Brieftext weisen stets auf editorische Ergänzungen hin.

Verdopplung von m und n durch Querstrich: Eine Ausschreibung von $\bar{m}$ zu mm bzw. $\bar{n}$ zu nn wird stillschweigend vorgenommen.

Scharfes ß und ss: In lateinischer Schrift wird ein aus zwei verschiedenen s-Buchstaben bestehendes Doppel-s als ß wiedergegeben, auch wenn (wie häufig bei Sommerfeld) das erste ein lateinisches s, das zweite ein deutsches langes s ist.

Unsichere Lesart: Nicht entzifferte Wörter werden durch in eckigen Klammern eingeschlossene Fragezeichen gekennzeichnet, wobei ein Fragezeichen ein Wort, zwei Fragezeichen zwei Wörter und drei Fragezeichen drei oder mehr Wörter bedeuten: [??] zwei nichtentzifferte Wörter. Zweifelhafte Lesarten werden durch angehängte Fragezeichen innerhalb eckiger Klammern ausgewiesen: [unsicher?].

Fußnoten: Im Original vorhandene Fußnoten des Briefschreibers werden mit hochgestelltem Sternchen * markiert und am Briefende angehängt; editorische Erläuterungen werden durch hochgestellte Fußnotenzahlen und am unteren Seitenrand ausgeführte Fußnotentexte ergänzt;[1] die Numerierung beginnt auf jeder Seite neu.

Wiederholungen: Wurde ein Wort wegen Seitenwechsels vom Briefschreiber wiederholt, so wird es nur einmal transkribiert.

Abbildungen: Skizzen sind in der Regel dem Original nachgebildet, sonst reproduziert, Beschriftungen meist neu gesetzt.

Literaturangaben: Die im Hauptteil angegebenen abgekürzten Literaturangaben finden sich im Anhang. Daten aus üblichen Nachschlagewerken – wie etwa dem *Deutschen Biographischen Archiv* – werden nicht nachgewiesen.

Danksagung

Die Verwirklichung dieser Briefedition und der elektronischen Brieferfassung wurde durch ein von der Deutschen Forschungsgemeinschaft (DFG) finanziertes fünfjähriges Projekt ermöglicht, der hierfür unser besonderer

---

[1] Beispiel für eine editorische Erläuterung.

Dank gebührt. Die Verwaltung des Projekts oblag dem Institut für Geschichte der Naturwissenschaften von Prof. Dr. Menso Folkerts an der Ludwig-Maximilian-Universität München, dem wir für den reibungslosen Ablauf danken. Für die Bereitstellung der aus Projektmitteln allein nicht zu beschaffenden Computerausstattung sind wir dem Deutschen Museum zu Dank verpflichtet, dessen Hauptabteilung Programme (Prof. Dr. Jürgen Teichmann) das Projekt beherbergte. Den Antragstellern Herrn Prof. Dr. Jürgen Teichmann, Prof. Dr. Arnulf Schlüter und Prof. Dr. Harald Fritzsch gebührt unser Dank dafür, daß sie immer ein offenes Ohr für unsere Fragen und Probleme hatten. Für zahlreiche Recherchen und überaus gründliches Korrekturlesen danken wir Dorothea Deeg und Matthias Ostermann.

Bei der Vielzahl der Personen und Archive, die auf unsere Anfragen nach Sommerfeldbriefen geantwortet und uns ungeachtet der Kosten und des Zeitaufwandes mit Briefkopien versorgt haben, ist es unmöglich, allen einzeln an dieser Stelle unseren Dank auszusprechen. Die Liste der Archive im Register spricht für sich. Besonders hervorzuheben ist jedoch das Archiv des Deutschen Museums, das den wissenschaftlichen Nachlaß Arnold Sommerfelds beherbergt und uns die darin enthaltenen Briefe für die Edition und die computergestützte Bearbeitung zugänglich gemacht hat; Herrn Dr. Wilhelm Füßl, dem Leiter des Archivs, und seinen Mitarbeiterinnen und Mitarbeitern sei dafür herzlich gedankt.

München, im November 2002

1919–1925

Atombau und Spektrallinien

Arnold Sommerfeld mit Niels Bohr
im Jahre 1919

Atombau und Spektrallinien

Im Juni 1918 begann Sommerfeld seine seit dem Wintersemester 1916/17 gehaltenen populären Vorlesungen über Atomphysik als Buch auszuarbeiten.[1] Es sollte auch „dem Nichtfachmanne das Eindringen in die neue Welt des Atominneren" ermöglichen, wie er im Vorwort von *Atombau und Spektrallinien* schrieb.[2] Fast jährlich wurden Neuauflagen erforderlich. Die Änderungen und Erweiterungen sind Gradmesser für die rasante Entwicklung der Atomtheorie in dieser Zeit. Nach der vierten Auflage 1924 erzwang die Quantenmechanik von Heisenberg und die Wellenmechanik Schrödingers, die Sommerfeld begeistert aufnahm, eine längere Pause. Diesen einschneidenden Veränderungen trug Sommerfeld 1929 mit dem *Wellenmechanischen Ergänzungsband* Rechnung. Was von der alten Atomtheorie noch Gültigkeit besaß oder durch eine neue Interpretation dem aktuellen Wissensstand angepaßt werden konnte, erschien 1931 in der fünften Auflage von *Atombau und Spektrallinien*. Das nun zweibändige Lehrbuch galt noch lange als Standardwerk und diente über Sommerfelds Tod hinaus in Nachdrucken und Übersetzungen mehreren Physikergenerationen als Einstieg in die Atomphysik.

Die Arbeit an *Atombau und Spektrallinien* bot immer wieder Gelegenheit, Probleme der älteren Atomtheorie zu diskutieren. Daraus ergeben sich nicht nur für die Entwicklung der Sommerfeldschen Gedanken wichtige Einblicke, sondern auch für ein Verständnis der vorquantenmechanischen Epoche zwischen 1919 und 1925 insgesamt.

Freundschaft und Rivalität mit Bohr

Zu den bedeutendsten Quellen für die Geschichte der Quanten- und Atomtheorie zählt der Briefwechsel mit Niels Bohr. Nach einer kurzen Kontaktaufnahme vor dem Ersten Weltkrieg, die eine Einladung Bohrs zu einem

---

[1] Siehe Band 1, Brief [283].
[2] [Sommerfeld 1919a, S. V].

Kolloquiumsvortrag am 15. Juli 1914 in München zur Folge hatte, schrieben sich Sommerfeld und Bohr während des Krieges nur bei zwei Gelegenheiten 1916 und 1918.[1] Doch nach dem Krieg stieg die Zahl der Briefe stark an: 22 sind aus dem Zeitraum Dezember 1918 bis November 1924 erhalten, in denen beide – bisweilen sehr ausführlich – ihre Standpunkte zur Atomtheorie darlegen. Danach bricht ihre Korrespondenz für mehrere Jahre ab. Die 11 Briefe zwischen 1932 und 1948 lassen von der intensiven Wechselwirkung beider um 1920 kaum noch etwas spüren.

Anlaß für die erneute Kontaktaufnahme nach dem Ersten Weltkrieg bot die Übersendung des im Dezember 1918 erschienenen zweiten Teils von Bohrs zusammenfassender Arbeit „On the quantum theory of linespectra".[2] In seiner Antwort dankte Sommerfeld „für die ausserordentlich liberale und gewissenhafte Art", mit der Bohr die in München entstandenen atomtheoretischen Arbeiten anerkannt habe; nun müßten „auch die Fachgenossen in den feindlichen Ländern, die sonst gern alle deutschen Leistungen unterschlagen möchten," zur Kenntnis nehmen, „dass sich die deutsche Wissenschaft selbst im Kriege nicht unterdrücken lässt."[3] Eher beiläufig erwähnte er, daß er gerade „ein Buch *Atombau und Spektrallinien*" schreibe, „das auch für Nicht-Physiker verständlich sein soll." Den Wunsch Bohrs, „dass es bald möglich sein möge, mit ausländischen Collegen zusammen zu kommen," teilte Sommerfeld „von Herzen. Besonders würde es mir eine grosse Freude sein, Sie wiederzusehen."

Nur wenige Monate später ging dieser Wunsch dank einer Einladung des schwedischen Physikers Manne Siegbahn in Erfüllung:[4]

> Sie haben mir mit Ihrer Einladung nach Lund eine grosse Freude gemacht. Nicht nur die Aussicht, Sie und Ihre Mitarbeiter ausführlich über unsere gemeinsamen Studien sprechen zu können, und das Interesse, das mir das bisher fremde Land und die andersartige Universitäts-Verfassung verspricht, haben mich so angenehm berührt, sondern es kommen auch die besonderen Umstände der Zeit hinzu, die mir Ihre freundliche Einladung als erste wirkliche Friedens-Taube erscheinen lassen.

Diese Reise half ihm auch über einen Schicksalsschlag hinweg, der ihn „unendlich Schmerzliches" durchleben ließ:[5] „Nicht nur das allgemeine po-

---

[1] Band 1, Briefe [202], [203], [245], [279] und [281].
[2] [Bohr 1918b], vgl. Band 1, Brief [298].
[3] Brief [2].
[4] *A. Sommerfeld an M. Siegbahn, 5. Juni 1919. Stockholm, Akademie, Siegbahn.*
[5] Brief [3].

litische Elend, auch ein besonderes Familienunglück hat mich getroffen." Sein 15jähriger Sohn Arnold Lorenz war beim Baden im Ammersee ertrunken. Zunächst wollte er deswegen die Fahrt absagen, doch überredete ihn seine Frau, die Einladung anzunehmen, um aus der Begegnung mit den skandinavischen Kollegen „neue Lebensenergie" zu schöpfen. Bohr bekundete Sommerfeld die „innigste Teilnahme an Ihrer tiefen Trauer" und sah der bevorstehenden Begegnung in Lund „mit der grössten Erwartung und Freude" entgegen.[1] Beinahe übergangslos eröffnete er dann die Diskussion über die strittigen Fragen der Atomtheorie.

Kurz zuvor hatte Sommerfeld in einer gemeinsamen Publikation mit Kossel die Entdeckung eines neuen Verschiebungssatzes bei Serienspektren bekanntgegeben. Demnach zeigen die Funken- und Bogenspektren aufeinanderfolgender Elemente im Periodensystem eine strukturelle Verwandtschaft:[2] „Wenn ein Atom durch Ionisierung zwei Elektronen verloren hat, sollte es seinem äußeren Verhalten nach um zwei Schritte nach links im periodischen System rücken. Dementsprechend sollte sich auch der Charakter seiner Spektren ändern". Die theoretische Grundlage dafür lieferte das Rubinowiczsche Auswahlprinzip, das Sommerfeld auf eine Stufe mit der von Bohr aus dem Korrespondenzprinzip abgeleiteten Auswahlregel stellte und auch als „Auswahlprinzip von Rubinowicz–Bohr" bezeichnete. Für Bohr war das Auswahlprinzip jedoch nur eine Folgerung des von ihm als fundamental angesehenen Korrespondenzprinzips. Das formale „Analogie-Princip" – wie das Korrespondenzprinzip anfangs bezeichnet wurde – fand Sommerfeld zwar „sehr interessant und fruchtbar",[3] doch eine zentrale Rolle, wie sie Bohr sah, erkannte Sommerfeld nicht an.

Während Bohr vom Korrespondenzprinzip ausgehend in den Spektren der Elemente nach Bestätigung suchte, tastete sich Sommerfeld von der entgegengesetzten Seite an die grundlegenden Gesetze der Atomphysik heran, indem er aus dem unübersichtlichen spektroskopischen Material Gesetzmäßigkeiten herauslas. Nach dem spektroskopischen Verschiebungssatz entdeckte er bei den anomalen Zeemaneffekten einen „magnetooptischen Zerlegungssatz". Schon früher hatte Runge festgestellt, daß sich die anomalen Zeemanaufspaltungen $\Delta\nu$ als rationale Bruchteile mittels eines Faktors q/r aus der normalen Zeemanaufspaltung berechnen lassen, die sogenannte Rungesche Regel.[4] Darin bedeutet die als „Rungesche Zahl" oder als „Run-

---

[1] Brief [4].
[2] [Sommerfeld und Kossel 1919, S. 249 und 258].
[3] Brief [2].
[4] In [Runge 1907] wird das am Beispiel des Neons demonstriert.

gescher Nenner" bezeichnete Größe r eine für den jeweiligen Aufspaltungstyp (Singulett, Dublett, Triplett usw.) charakteristische natürliche Zahl; der „Rungesche Zähler" q durchläuft innerhalb eines Aufspaltungsbildes die Werte 0, ±1, ±2, ... Sommerfeld verknüpfte diese Regel mit dem Kombinationsprinzip, wonach jede Spektrallinie und folglich auch jede Aufspaltung von Spektrallinien als eine Termdifferenz darstellbar sein sollte:[1] „Die Runge'sche Zahl r jeder Termcombination zerlegt sich in die Runge'schen Zahlen r_1 und r_2 des ersten und zweiten Terms", wobei „$r = r_1 \, r_2$" zu gelten habe. Damit schmiedete er aus der Rungeschen Regel ein Instrument, mit dem die Linienvielfalt bei den anomalen Zeemaneffekten den jeweiligen Termdifferenzen zugeordnet werden konnte. Auch wenn es sich dabei nur um „etwas Halb-Empirisches" handle und ihm der „eigentliche Grund" für die komplizierten Aufspaltungsmuster beim anomalen Zeemaneffekt rätselhaft bleibe, erhalte man daraus doch Anstöße für neue Experimente, da man nun gezielt nach vorhergesagten Linien suchen konnte: „Ist das nicht sehr schön?"

Im stolzen Bewußtsein dieser Entdeckungen reiste Sommerfeld im September 1919 nach Skandinavien. Die Einladung Siegbahns nach Lund war wenige Tage vor Beginn der Reise noch von Bohr durch eine Einladung nach Kopenhagen ergänzt worden, der Sommerfeld „natürlich sehr gern" folgte.[2] Die Gastfreundschaft, mit der Sommerfeld in Schweden und Dänemark empfangen wurde, muß nach dem Abbruch der internationalen Beziehungen durch den Krieg für beide Seiten ein besonderes Erlebnis gewesen sein. Der Austausch blieb nicht auf das Wissenschaftliche beschränkt. In den Briefen an seine Frau Johanna und die Kinder schwingt die Herzlichkeit der Gastgeber mit. Nach dem Aufenthalt in Kopenhagen vom 20. bis 23. September 1919 berichtete er seiner 19jährigen Tochter Margarethe:[3]

> Ganz entzückend ist die junge Frau Bohr [...] Auch die Mutter von Bohr habe ich kennen gelernt, eine liebe alte Dame. Ich konnte mich nicht enthalten, der jungen Frau Bohr zu sagen, dass ich mich freute, Bohr in so guten weiblichen Händen, Frau u. Mutter, zu sehn. Beide sorgen sich, dass er sich überarbeitet, u. beide baten mich, bei seinem Collegen Knudsen dahin zu wirken, dass er entlastet würde. Das habe ich natürlich getan. Bohr ist ganz wie Einstein, nur viel besser gewaschen und

---

[1] Brief [6]; vgl. auch [Sommerfeld 1920a] und [Sommerfeld 1920c].
[2] Briefe [7], [10] und [11].
[3] A. Sommerfeld an M. Sommerfeld, 24. September 1919. München, Privatbesitz.

viel feiner. Er war die ganzen 3 Tage in Kopenhagen mit mir zusammen u. die Aufmerksamkeit selbst. [...] Die Aufnahme in Kop.[enhagen] war wirklich herzlich, nicht nur von Seiten Bohrs, mit dem ich wirklich befreundet geworden bin; ich hatte ihn vorher nur einmal in München gesehn.

Auch für Bohr blieb der Besuch Sommerfelds „eine unvergessliche Erlebung", die ihm mit den lebhaften Diskussionen über die verschiedenen atomtheoretischen Fragen auch eine große „wissenschaftliche Erfrischung" gebracht habe.[1] Sein Bruder Harald, der des öfteren für die Durchsetzung der Ziele Niels Bohrs die Initiative ergriff, nutzte die Gelegenheit und bat Sommerfeld um Fürsprache für die Verwirklichung des schon länger gehegten Planes, für Niels „ein Institut für Arbeit in Atomfragen" zu gründen.[2] Sommerfeld seinerseits fühlte sich durch die Eindrücke seiner Skandinavienreise gestärkt „für die Überwindung aller Widerwärtigkeiten, die mir in dem kalten und trüben Deutschland entgegentreten."[3] Die Idee eines eigenen Forschungsinstituts für Niels Bohr in Kopenhagen fand er „sehr schön". Indem er den Plan gegenüber dem dänischen Carlsberg-Fonds in einen politischen Zusammenhang rückte und die Chance für das kleine Dänemark betonte, für die am Weltkrieg beteiligten Staaten „in die Bresche zu treten", verlieh er dem Projekt zusätzliches Gewicht. Wegen der Kriegsfolgen werde es Deutschland „auf lange Zeit unmöglich gemacht, die Wissenschaft wie bisher zu pflegen."[4] Auch das übrige Europa sei verarmt. Daher solle das Bohrsche Institut „nicht nur dem dänischen wissenschaftlichen Nachwuchs dienen, es sollte eine internationale Arbeitsstätte für Talente des Auslandes werden".

In wissenschaftlicher Hinsicht führte die Skandinavienreise ebenfalls zu einem intensiveren Austausch zwischen Sommerfeld und Bohr. Sommerfeld bat Bohr gleich nach seiner Rückkehr um Übersendung eines unveröffentlichten Manuskripts, von dem er sich Fortschritte für die Arbeit seines Doktoranden Adolf Kratzer über Bandenspektren erhoffte. Bohr war gern dazu bereit und äußerte die Idee, „die alte unpublizierte Abhandlung zusammen mit den anderen früheren Abhandlungen in deutscher Übersetzung erscheinen zu lassen."[5] Dies sei „die beste Gelegenheit zu illustrieren welch eine grosse Umwalzung in der Theorie durch Ihre Arbeiten geschaffen war."

---

[1] *N. Bohr an A. Sommerfeld, 9. Oktober 1919, Kopenhagen, NBA, Bohr.*
[2] Brief [12].
[3] Brief [14].
[4] Brief [13]. Zur Gründungsgeschichte siehe [Robertson 1979].
[5] Brief [16]; gemeint ist [Bohr 1921a].

Es war Bohr ein großes Anliegen, seine bislang fast ausschließlich in englischen Organen veröffentlichte Theorie auch im deutschsprachigen Raum zur Geltung zu bringen und seine atomtheoretischen Vorstellungen gegenüber denen Sommerfelds zu behaupten. Daß für Bohr Anlaß bestand, sich über die gebührende Anerkennung seiner Ideen in Deutschland Gedanken zu machen, zeigte sich nach dem Erscheinen von *Atombau und Spektrallinien*. Sommerfeld stellte darin zwar das Bohrsche Atommodell an die Spitze aller Überlegungen, aber dem für Bohr so zentralen Korrespondenzprinzip wurde nicht die Bedeutung zugesprochen, die ihm nicht nur aus Bohrs eigener Sicht zukam. Max Born zum Beispiel kritisierte, daß „Bohr neben Rubinowitz beim Auswahlprinzip zu schlecht weg" komme:[1] „Bohrs Formulierung ist doch auch sehr schön."

Allerdings mangelte es Bohr nicht an Gelegenheiten, schon vor dem Erscheinen der deutschen Übersetzung seiner Arbeiten die atomtheoretischen Probleme in Deutschland nach eigener Façon bekannt zu machen. Am 27. April 1920 hielt er auf Einladung der Deutschen Physikalischen Gesellschaft in Berlin einen Vortrag „Über die Serienspektra der Elemente", der kurz darauf in der *Zeitschrift für Physik* gedruckt wurde.[2] Hier wird das Korrespondenzprinzip erstmals in der Form präsentiert, in der es sich unter den Physikern seither eingebürgert hat. Schon im Vorwort zur wenig später erschienenen zweiten Auflage von *Atombau und Spektrallinien* machte Sommerfeld deutlich, daß „das Bohrsche Korrespondenzprinzip (Analogieprinzip)" Berücksichtigung fände. Beinahe entschuldigend schrieb er an Bohr:[3]

> In den Zusätzen meines Buches können Sie sehen, dass ich mich bemüht habe, Ihr Korrespondenzprinzip besser zu würdigen, wie in der 1. Auflage. [...] Trotzdem muss ich bekennen, dass mir der der Quantentheorie fremde Ursprung Ihres Prinzipes immer noch peinlich ist, so sehr ich auch anerkenne, dass damit ein wichtigster Zusammenhang zwischen Quantenth.[eorie] und klassischer Elektrodynamik blossgelegt wird.

Dieses Unbehagen an den Grundüberzeugungen des Bohrschen Denkens hinderte Sommerfeld nicht, Bohr gegen die Kritik anderer in Schutz zu nehmen. Als Johannes Stark in seinem Nobelvortrag die Bohrsche Theorie als unzureichend für ein Verständnis der Aufspaltung von Spektrallinien im

---

[1] Brief [20].
[2] [Bohr 1920].
[3] Brief [30]. Siehe [Sommerfeld 1921c, Vorwort und S. 527-537].

elektrischen Feld bezeichnete, ergriff Sommerfeld Partei und machte Stark auf die schon 1915 veröffentlichten Ergebnisse aufmerksam, die sich auch im Licht der genaueren Schwarzschild–Epsteinschen Theorie des Starkeffekts als zutreffend erwiesen hätten.[1] Als Stark wenig später einen Generalangriff gegen die Bohrsche Theorie startete, trat Sommerfeld auch öffentlich als Anwalt Bohrs auf und wies die Einwände mit einer Entschiedenheit zurück, die das schon seit der Kontroverse um die Röntgenbremsstrahlung belastete Verhältnis zwischen Sommerfeld und Stark noch weiter zerrüttete.[2] Seine Stellungnahme gegen den „recht leichtsinnigen" Angriff Starks fand er Bohr gegenüber nur einer kurzen Erwähnung wert; wichtiger war ihm, von Bohr auf dem Laufenden gehalten zu werden.[3]

Bohr reagierte auf die Starkschen Angriffe, indem er sie öffentlich keiner Antwort würdigte und sich Sommerfeld gegenüber nur wunderte, daß Stark nicht im Gegenteil die „wundervollen Erfolge der Ihrigen und der Epstein–Schwarzschild'schen Arbeiten" als „Stütze der Quantentheorie" werte.[4] Die von Sommerfeld erbetene Auskunft über seine neuesten Vorstellungen beantwortete er mit der Übersendung einer Arbeit, die im März 1921 in *Nature* erschien; es handelte sich dabei um den Versuch, die Zusammenhänge zwischen der Stellung der Elemente im Periodensystem und der Elektronenkonfiguration im Atom aufzuklären.[5] Sommerfeld war schon nach dieser einleitenden Arbeit überzeugt, daß sie „offenbar den grössten Fortschritt im Atombau seit 1913" bedeute.[6]

Bohrs „Zweite Atomtheorie"[7] war im Gegensatz zu seinen Vorstellungen von 1913 keine neue modellhafte Berechnung von Elektronenbewegungen im Atom, sondern eine schemenhafte, fast visionär anmutende Betrachtung über das sukzessive Auffüllen der Elektronen im Atom beim Fortschreiten von Element zu Element im Periodensystem. Das kam einer Absage an die früher verfolgten Ringvorstellungen gleich. Der leitende theoretische Gesichtspunkt für die neuen Ideen war das Korrespondenzprinzip – obwohl Bohr nicht explizit ausführte, wie das eine aus dem anderen folgte. Die beiden *Nature*-Aufsätze von 1921 enthielten keine einzige Formel;

---

[1] Brief [31], [Stark 1920a].
[2] [Stark 1920b], [Sommerfeld 1920b]; siehe auch die Briefe [32] und [33] sowie Band 1, Seite 289, mit den dort angegebenen Briefen.
[3] Brief [36].
[4] Brief [37].
[5] [Bohr 1921c], [Bohr 1921d].
[6] Brief [39].
[7] [Kragh 1979]. Bohrs einschlägige Arbeiten und unveröffentlichte Manuskripte sowie Briefwechsel sind in [Bohr 1977] abgedruckt.

weitergehende Ausführungen, wie er sie etwa 1922 anläßlich der Göttinger „Bohr-Festspiele" gab, blieben unveröffentlicht. H. A. Kramers, Bohrs langjähriger Assistent, der die Entwicklung dieser Vorstellungen wie kein anderer miterlebt und mitgestaltet hat, erinnerte sich später:[1]

> It is interesting to remember that many physicists abroad believed [...] that [the theory] was based to a large part on unpublished calculations [...] while the truth was that Bohr, with divine vision, had created and deepened a synthesis between spectroscopic and chemical results.

Dessen ungeachtet wurde das „Aufbauprinzip", wie der Kernpunkt von Bohrs Vorstellungen vom Periodensystem bezeichnet wurde, in den folgenden Jahren zu einem Markstein bei der weiteren Entwicklung der Atomtheorie: Die mit wachsender Ordnungszahl neu hinzukommenden Elektronen stören die Quantenzustände der schon vorhandenen Elektronen nicht. 1923 verschärfte Bohr dies zu dem „Postulat der Invarianz und Permanenz der Quantenzahlen".[2] Vielelektronenkonfigurationen wurden als eine Folge von n_k-Werten gekennzeichnet mit n als Hauptquantenzahl und $k = 1, 2, \ldots n$ als Hilfsquantenzahl, denen mit einer hochgestellten Ziffer die Besetzungszahl hinzugefügt wurde. Zum Beispiel wurde Neon mit seinen 10 Elektronen im Grundzustand durch $(1_1)^2(2_1)^4(2_2)^4$ gekennzeichnet: 2 Elektronen im Zustand mit $n = 1$ und $k = 1$, 4 Elektronen im Zustand $n = 2$, $k = 1$ und 4 Elektronen im Zustand $n = 2$, $k = 2$. Aufgrund dieser Theorie sagte Bohr 1922 ein bislang unentdecktes Element mit der Kernladung 72 voraus, das vier Valenzelektronen aufweisen und daher eine enge chemische Verwandschaft mit Zirkon und Titan zeigen sollte. Das daraufhin tatsächlich von Bohrs Mitarbeitern in seinem Institut gefundene Element wurde als Hafnium, nach dem lateinischen Namen von Kopenhagen, in das Periodensystem aufgenommen.[3] „Im ganzen also eine vollständige und ungezwungene Wiedergabe des chemischen Tatbestandes, die durch die Eigenschaften des Hafniums noch in besonders eindrucksvoller Weise bekräftigt wird", urteilte Sommerfeld in der vierten Auflage von *Atombau und Spektrallinien* am Ende einer ausführlichen Darstellung der Bohrschen Theorie des Atomaufbaus; man könne „volles Vertrauen zur qualitativen Richtigkeit dieser Theorie des periodischen Systems haben, wenn auch ihr rechnerischer Beweis wahrscheinlich für lange Zeit noch ausstehen wird."[4]

---
[1] Zitiert nach [Pais 1991, S. 205].
[2] [Kragh 1979, S. 145].
[3] [Robertson 1979, S. 67-72].
[4] [Sommerfeld 1924b, S. 196-197]

Im Frühjahr 1921 war Bohr wegen Überarbeitung einem Zusammenbruch nahe. Sommerfeld fürchtete, Bohr habe sich in seiner „Doppelstellung als Institutsdirektor und Direktor der Atomtheorie zu viel übernommen" und bat ihn eindringlich, sich zu schonen:[1] „Ich finde es nur natürlich, dass Sie für Ihre neuesten Entdeckungen, die gewiss eine ungeheure Gedanken-Concentration erforderten, den Tribut der Menschlichkeit zahlen müssen. Und ich würde ihn, wenn mir so tiefe Einsichten beschert wären, *gerne* zahlen." Bohr bedankte sich im September 1921 für Sommerfelds Anteilnahme mit der Übersendung seines neuesten *Nature*-Artikels und gab sich zuversichtlich, daß man nun nicht nur die Serienspektren verstehe, sondern auch eine „Erklärung aller Einzelheiten der feineren Struktur der Röntgenspektren" besitze, „die Ihre allgemeine Theorie derselben in schönster Weise bekräftigt."[2]

Im Juni 1922 folgte Bohr einer Einladung nach Göttingen, wo er eine Vorlesungsreihe über den Aufbau der Atome hielt. Die als „Bohr-Festspiele" in die Geschichte eingegangenen Vorträge – Sommerfeld machte Bohr bei dieser Gelegenheit mit seinem neuen Musterschüler Heisenberg bekannt – markieren den Auftakt einer besonderen Beziehung zwischen den Instituten Bohrs, Sommerfelds und Borns in Kopenhagen, München und Göttingen. Das Interesse an den Fragen der Quantenphysik trat so stark in den Vordergrund, daß – wenn nicht offiziell, so doch informell – von einem gemeinsamen Forschungsprogramm gesprochen werden kann. „Im Sommer werde ich Sie jedenfalls in Göttingen einige Tage aufsuchen", schrieb Sommerfeld im März 1922 nach Kopenhagen, nicht ohne anzukündigen, daß er bei aller Wertschätzung im allgemeinen Einzelheiten an der Bohrschen Theorie zu kritisieren habe.[3] Bohr dankte Sommerfeld für die „freundliche Gesinnung", mit der dieser seine Arbeit in den zurückliegenden Jahren stets begleitete, da er sich „oft wissenschaftlich sehr einsam gefühlt" habe. Er freute sich, daß er in der gerade erschienenen dritten Auflage von *Atombau und Spektrallinien* eine Änderung fühlen könne, was Sommerfelds Haltung gegenüber den von ihm verfolgten Prinzipien der Quantentheorie anging.[4] Gleichwohl teilte er nicht alle Ansichten: „Z. B. muss ich gestehen, dass mehrere der Annahmen die Sie und Ihre Mitarbeiter in der vielversprechenden Theorie des anormalen Zeemaneffectes benutzt haben, mir mit eine einheitliche Auffassung der Quantentheorie kaum verträglich erscheint."

---

[1] Brief [40].
[2] Brief [44].
[3] Brief [53].
[4] Brief [55].

Zwischen diesem Meinungsaustausch und dem beinahe ein Jahr später geschriebenen Brief Sommerfelds lag die Verleihung des Physiknobelpreises an Bohr. Angesichts der eigenen Hoffnungen dürfte es für Sommerfeld eine nicht geringe Enttäuschung gewesen sein, daß der Preis nicht an Bohr und ihn gemeinsam verliehen wurde. Seiner Gratulation an Bohr für die „allgemeine und frühe Anerkennung Ihres Werkes, die in dem Preise ihren höchsten Ausdruck findet", ist allerdings keine Bitterkeit anzumerken.[1] Dennoch nahm die Intensität des Austausches spürbar ab. Dafür gibt es mehrere Gründe, so daß nicht auf eine durch Neid und Mißstimmung verursachte Abkühlung des zuvor so freundschaftlichen Verhältnisses der beiden geschlossen werden sollte. Zum einen begann mit den Sommerfeldschülern Heisenberg und Pauli ein immer intensiverer direkter Austausch zwischen der Münchner, Göttinger und Kopenhagener Physik, so daß sich Sommerfeld nicht mehr selbst als Vermittler einbringen mußte; zum anderen deckten sich die Forschungsinteressen von Bohr und Sommerfeld nicht mehr in dem Maße wie früher.

Das wurde deutlich, als sich Bohr mehr als eineinhalb Jahre später für die vierte Auflage von *Atombau und Spektrallinien* bedankte und nach Würdigung des Gesamtwerkes bemerkte, „dass in Einzelheiten, besonders was die Betonung des inneren Zusammenhangs betrifft, nicht immer Einigkeit herrschen" könne.[2] Nachdem er auf zwei Schreibmaschinenseiten Kritik an verschiedenen Auffassungen Sommerfelds geübt hatte, fand er am Ende des Briefes versöhnliche Worte. Er sei keineswegs blind für die Verdienste Sommerfelds um die „Entschleierung der systematischen Ordnung der Tatsachen": „Auch wenn ich es wäre, brauchte ich wohl auch nur einen Blick in Ihr Buch zu werfen, um davon geheilt zu werden."

Daß Sommerfeld um diese Zeit – als Folge des auch 1923 und 1924 nicht an ihn vergebenen Nobelpreises – eine gewisse Verstimmung gegenüber Bohr empfand, läßt sich aus späteren Briefen schließen. Als er seinem Münchner Chemiekollegen Heinrich Wieland 1928 zu dessen Nobelpreis gratulierte, fügte er hinzu, „dass es sich allmählich zum öffentlichen Skandal auswächst, dass ich den Preis immer noch nicht bekommen habe."[3] Man munkle, so gab er Gerüchte unter den Physikern wieder, „Bohr sei daran schuld, aus Rivalität. Ich weiss nicht, welche Kräfte im Spiel sind." Es gibt keine Belege für diese Vermutung. Daß Sommerfeld bis dahin jedes Jahr für den Nobelpreis nominiert worden war und diese Empfehlung von so berufenen

---

[1] Brief [65].
[2] Brief [82]; zwischen Januar 1923 und November 1924 sind keine Briefe erhalten.
[3] Brief [132].

Fürsprechern wie Planck kam, aber nie von Bohr, verleiht dem Gerücht eine gewisse Berechtigung. Am nächsten scheint er dem Nobelpreis 1924 gewesen zu sein. Ein abwertendes Gutachten von Carl Wilhelm Oseen dürfte in diesem Jahr den Ausschlag gegeben haben. Darin wird Sommerfelds Atomtheorie mangelnde Stringenz und Logik vorgehalten:[1] „[...] bei Sommerfelds starker – und bewußter – Abneigung gegen systematisches Denken ist es nur natürlich, daß seine Schöpfungen oft nur eine kurze Lebensdauer haben." Eine Antwort auf die Frage, ob Bohr bei diesem Gutachten die Hand im Spiel hatte, ist reine Spekulation. Angesichts seiner Rechtfertigungsversuche des Korrespondenzprinzips als zentralem heuristischen Gesichtspunkt in der Atomtheorie dürfte er jedoch die Vorgehensweise Sommerfelds ähnlich eingeschätzt haben wie Oseen.

Leitthemen

Der Briefwechsel zeigt deutlich die unterschiedliche Vorgehensweise der beiden. Er leide an „einem unglücklichen Hang alle Resultate in systematischer Reihenfolge erscheinen zu lassen",[2] schrieb Bohr an Sommerfeld. Dieser verlieh seiner ganz anderen Denkweise etwa in Briefen an Einstein Ausdruck, eigene Schwächen freimütig einräumend:[3]

> Sie grübeln mit Ihren Gedanken an den grundsätzlichen Fragen der Lichtquanten herum. Ich begnüge mich damit, weil ich zu jenem nicht die Kraft in mir fühle, den Einzelheiten des Quantenzaubers in den Spektren nachzugehen.

Sein Forschungsziel, ein umgrenztes Gebiet zu erklären, im Gegensatz zu Einsteins Suche nach den Grundlagen, zeigt ihre unterschiedliche Forschermentalität:[4]

> Ich war immer zufrieden, wenn ich einen gewissen Complex von Tatsachen mathematisch erklären konnte, ohne mich zu sehr zu beunruhigen, dass es andere Dinge gibt, die nicht hereinpassen. Einstein, der immer auf's Ganze blickt, macht sich das Leben schwerer.

---

[1] Zitiert nach V. Telegdi. Veröffentlichung in Vorbereitung.
[2] Brief [4].
[3] *A. Sommerfeld an A. Einstein, 17. Oktober 1921. Jerusalem, AEA, Einstein.*
[4] *A. Sommerfeld an J. Sommerfeld, 24. Dezember 1928. München, Privatbesitz.*

Es kommt also nicht von ungefähr, daß Sommerfeld das Stigma des Unsystematischen anhaftet. Weder die verschiedenen Auflagen von *Atombau und Spektrallinien* noch seine anderen Bücher und Artikel lassen auf tieferliegende, metaphysisch oder philosophisch begründete Motive schließen. Seine emphatische und gern zitierte Äußerung, die Quantentheorie sei das „geheimnisvolle Organon, auf dem die Natur die Spektralmusik spielt", ist eher als Überschwang an Begeisterung denn als ein Bekenntnis zu einer tieferen Mystik hinter allem Naturgeschehen zu werten. Sommerfeld, selbst ein guter Klavierspieler, liebte musikalische Metaphern: „Was wir heutzutage aus der Sprache der Spektren heraushören", sei eine „Sphärenmusik des Atoms" und ein Hinweis auf eine „bei aller Mannigfaltigkeit zunehmende Ordnung und Harmonie."[1] Bei anderer Gelegenheit fühlte er sich jedoch genötigt, solche Bilder zu relativieren. Der Hinweis auf die „musikalische Schönheit", schrieb er an Zeeman zu ganz ähnlichen Äußerungen in seiner Veröffentlichung über „Ein Zahlenmysterium in der Theorie des Zeemaneffektes", sei dem Andenken des kurz vorher verstorbenen, als Musikliebhaber wie Kristallphysiker gleichermaßen geschätzten Woldemar Voigt geschuldet.[2]

Es wäre daher irreführend, die Beweggründe für Sommerfelds Atomtheorie in pythagoreischer Zahlenmystik oder einem naturphilosophischen Harmoniebedürfnis zu suchen. Gleichzeitig liegt es auf der Hand, daß er seine eigene Forscherpersönlichkeit kokett herunterspielte, wenn er sich Einstein gegenüber als jemanden charakterisierte, der „nur die Technik der Quanten fördern" könne.[3] Seine vielen Arbeiten zur Atomtheorie weisen durchaus Leitthemen auf, die ein tiefes Gespür für die offenen Grundlagenfragen verraten.

Das älteste dieser Leitthemen für die Erforschung des Atoms ist der Zeemaneffekt. Sommerfeld war sich darüber im Klaren, daß die von ihm und Debye 1916 publizierte Theorie dem anomalen Zeemaneffekt nicht gerecht wurde. Sie versagte schon beim einfachsten Fall, dem Wasserstoffatom, wo aufgrund seiner Feinstrukturtheorie ein anomaler Zeemaneffekt auftreten sollte. Der „hübsche Zerlegungssatz", mit dem er durch die Verbindung des Ritzschen Kombinationsprinzips und der Rungeschen Regel ein neues heuristisches Instrument gewann, bereitete ihm sichtlich Vergnügen, auch wenn „eigentlich nichts Quantentheoretisches darin" enthalten sei, „sondern nur eine empirische Feststellung".[4] Zehn Wochen später meinte er gegen-

---

[1] [Sommerfeld 1919a, Vorwort, S. VIII].
[2] Brief [19]. [Sommerfeld 1920c].
[3] Brief [50].
[4] Brief [34].

über Einstein:[1] „Über die Spektrallinien weiss ich nicht viel Neues. Das Beste ist, dass der ‚magnetooptische Zerlegungssatz', den ich kürzlich in den Annalen veröffentlichte, weitere Kreise zieht und zu einer ‚vollständigen Constitutionsformel der anomalen Zeemanzerlegungen' führt".

Sommerfelds Ergebnisse beruhten zu einem wesentlichen Teil auf den Experimenten von Ernst Back, den er als den „Vater des ganzen Gebietes" auch gegenüber seinem Schüler Alfred Landé in Schutz nahm, als dieser mit einer Veröffentlichung Back um die Früchte seiner langjährigen Forschung zu bringen drohte.[2] Back hatte in einem theoretischen Teil seiner Arbeit ganz ähnliche Gesetzmäßigkeiten zwischen den Quantenzahlen der verschiedenen Terme postuliert wie Landé. Weder Back noch Landé gelang es, die „Zahlen-Spielereien"[3] im Rahmen eines physikalisch plausiblen Atommodells zu deuten. Doch die von Paschen und Back in den Experimenten gefundene Bestätigung verlieh diesen Forschungen eine eigene Dynamik. Mit einer quantentheoretischen Umdeutung der klassischen Theorie Voigts von 1913 suchte Sommerfeld nach einer einheitlichen Darstellung, die den empirisch bewährten Formeln neuen Sinn geben sollte. „Wir sind hier in München in der letzten Zeit ganz besonders für die anomalen Zeeman-Effekte interessirt", berichtete er Zeeman; er habe sich in einer Spezialvorlesung im Sommersemester 1922 davon überzeugt und dies auch in der neuen Auflage von *Atombau und Spektrallinien* zum Ausdruck gebracht, daß damit „all die merkwürdigen Zahlengesetze zusammenfassend" erklärbar sind:[4] „Ihr Effekt erweist sich immer mehr als wichtigster Führer durch die Atomphysik." Auf ähnliche Weise hatte er in seinem 1921 zusammen mit Back verfaßten Jubiläumsartikel zur 25-Jahr-Feier der Entdeckung des Zeemaneffekts seiner Zuversicht Ausdruck verliehen, „daß mit der Klärung der anomalen Zeemaneffekte und ihrer Gesetze zugleich eine tiefe Erkenntnis aus der Physik des Atoms gewonnen sein wird."[5]

Am Ende seiner Arbeit über die quantentheoretische Umdeutung der Voigtschen Theorie dankte Sommerfeld „Herrn stud. W. Heisenberg für seine erfolgreiche Mitarbeit an dem ganzen Problem der anomalen Zeemaneffekte".[6] Werner Heisenberg hatte im Wintersemester 1920/21 sein

---

[1] *A. Sommerfeld an A. Einstein, 14. März 1921. Jerusalem, AEA, Einstein.* Vgl. [Sommerfeld 1920a] und [Back 1921].
[2] Brief [38]. Siehe auch [Forman 1970], wo Sommerfelds Korrespondenz mit Landé über diese Angelegenheit abgedruckt und eingehend kommentiert ist.
[3] *E. Back an A. Sommerfeld, 7. Juni 1921. München, DM, Archiv HS 1977-28/A,8.*
[4] Brief [46]; vgl. [Sommerfeld 1922b].
[5] [Sommerfeld und Back 1921, S. 916].
[6] [Sommerfeld 1922b, S. 297].

Studium an der Universität München aufgenommen und von Anfang an Sommerfelds Aufmerksamkeit erregt. Unbeschwert von den jahrelangen, erfolglosen Bemühungen um ein modellhaftes Verständnis des anomalen Zeemaneffekts, gab Heisenberg den empirischen Gesetzmäßigkeiten eine eigenwillige Deutung. Er interpretierte die von Landé aufgestellte Formel für das Zustandekommen der Aufspaltung aus den Quantenzahlen der verschiedenen Terme, indem er zwischen den Drehimpulsbeiträgen von Atomhülle und Atomrumpf unterschied. Nach diesem „Rumpfmodell"[1] konnten halbzahlige Quantenzahlen für den Drehimpuls auftreten, die sich in der Summe von Rumpf und Valenzelektronen zu den gewohnten ganzzahligen Quantenzahlen addierten, jedoch bei den magnetischen Aufspaltungen der Terme eine halbzahlige Ordnung zur Folge hatten. „Besonders überzeugend" fand Sommerfeld, daß Heisenberg mit einer ganz anderen Ableitung das Ergebnis seiner Umdeutung der Voigtschen Theorie bestätigte. „Heisenberg ist Student im 3. Semester und ungeheuer begabt", schrieb er Bohr.[2] „Ich konnte seinen Publikationseifer nicht länger zügeln und finde seine Resultate so wichtig, dass ich ihrer Veröffentlichung zustimmte, trotzdem die Form der Ableitung noch nicht die definitive sein dürfte." Einstein gegenüber kommentierte er den von Heisenberg erzielten Fortschritt mit der Bemerkung:[3] „Alles klappt, bleibt aber doch im tiefsten Grunde unklar." Im Nachsatz machte er den so gern zitierten Ausspruch, er könne nur die Technik der Quanten fördern, Einstein müsse ihre Philosophie machen.

Heisenbergs Arbeit „Zur Quantentheorie der Linienstruktur und der anomalen Zeemaneffekte" erschien unmittelbar im Anschluß an Sommerfelds Umdeutung der Voigtschen Theorie und brachte dadurch auch nach außen zum Ausdruck, daß in München ein neuer Anlauf für das Verständnis von Mehrelektronensystemen unternommen wurde. Heisenbergs Briefe an Sommerfeld zwischen Oktober 1922 und Januar 1923, während Sommerfeld eine Gastprofessur an der University of Wisconsin in Madison bekleidete, zeigen die ganze Breite atomtheoretischer Fragen im Vorfeld der Quantenmechanik; daneben ist die Turbulenz, Heisenbergs Doktorarbeit, das zweite Hauptthema.[4]

Eines der fordernden Probleme der Atomphysik betraf das Helium. Keines der bis dahin entworfenen Modelle konnte erklären, warum das Heliumspektrum zwei Arten von Linien aufweist, eine Serie von Singuletts und eine

---

[1] [Cassidy 1979a].
[2] Brief [53] und [Heisenberg 1922b]. Siehe auch [Cassidy 1979a].
[3] Brief [50].
[4] Briefe [60], [61] und [62]. Zu Sommerfelds Gastprofessur siehe Seite 35.

aus Dubletts (die sich später als Tripletts erwiesen). Der erste Typ wurde einem als Parahelium bezeichneten Zustand des Heliumatoms zugeordnet, der zweite dem Orthohelium. Bohr versuchte zusammen mit H. A. Kramers jahrelang vergeblich, dieses Problem zu lösen. Anders als beim „Aufbauprinzip", das auf induktivem Weg durch Plausibilitätsbetrachtungen gewonnen wurde, stellte das Helium als das nach dem Wasserstoff einfachste Atom eine Herausforderung für quantitative Berechnungen dar. Schon 1916 glaubten sich Bohr und Kramers einem Ergebnis nahe, doch es ergaben sich Widersprüche und die Theorie blieb unveröffentlicht.[1] Bohr gab 1921 und 1922 auf dem Solvaykongreß und den Göttinger „Bohr-Festspielen" einen Abriß dieser Theorie. Sie beruhte auf der Annahme zweier gegeneinander um 120° geneigter 1_1-Elektronenbahnen. Das Modell sagte jedoch eine zu geringe Ionisierungsenergie voraus und erwies sich, wie Kramers 1923 in einer detaillierten Arbeit zeigte, als instabil.[2]

In Göttingen, wo Heisenberg das Wintersemester 1922/23 während der Abwesenheit Sommerfelds verbrachte, war die Übertragung himmelsmechanischer Methoden auf die Atomtheorie ein besonderer Forschungsschwerpunkt. Aus Heisenbergs Briefen geht hervor, daß Sommerfeld und Heisenberg eine gemeinsame Arbeit zum Heliumproblem planten. Unter dem Einfluß Borns wurde die Angelegenheit für Heisenberg jedoch zu einer mathematischen Detailstudie über Himmels- und Quantenmechanik, die schließlich zu einer mit Born abgefaßten Publikation führte.[3] Sommerfeld gab seine eigenen Überlegungen in Druck, nachdem ihm Heisenberg den berechneten Wert des Ionisierungspotentials mitgeteilt hatte, der ausgezeichnet mit dem experimentell gemessenen übereinstimmte.[4] Der Euphorie folgte jedoch bald neue Ernüchterung. Als Sommerfeld in der Neuauflage von *Atombau und Spektrallinien* das Heliumproblem ansprach und das eigene Modell vorstellte, bezeichnete er seine Publikation als „vorläufige Mitteilung", sämtliche früheren Versuche als „gescheitert" und schloß nach einer Erörterung der Schwierigkeiten:[5] „Wir werden daher nach wie vor nicht von einem Heliummodell, sondern von dem Heliumproblem zu sprechen haben."

---

[1] Im Niels Bohr Archiv liegen dazu 200 Manuskriptseiten mit Berechnungen.

[2] Vgl. [Bohr 1977, S. 36-39]; darin werden auch die einschlägigen Publikationen von E. C. Kemble, J. H. van Vleck und H. A. Kramers angeführt: Eine ausführliche Diskussion findet sich in [Small 1971] sowie [Mehra und Rechenberg 1982a, Kap. IV.2].

[3] Den Auftakt bildete Brief [61]; vgl. auch [Born und Heisenberg 1923] sowie [Born 1925, S. 327-341].

[4] [Sommerfeld 1923c].

[5] [Sommerfeld 1924b, S. 206].

Das Versagen aller an der bisherigen Physik orientierten Modellrechnungen über das Heliumproblem warf für Bohr erneut die Grundsatzfrage nach der Beziehung zwischen klassischer Mechanik und Quantentheorie auf. „Bohr will die Mechanik jedenfalls nicht mehr gelten lassen; d. h. nur mit gewisser Annäherung", schrieb Heisenberg.[1] Für Sommerfeld war dies ein zu weitgehender Schluß. Seine pragmatische Ausrichtung nahm an unvereinbar erscheinenden Positionen keinen Anstoß, solange sie diskussionswürdige Ergebnisse hervorbrachten. Dadurch hielt er die Atomtheorie offen für Ansätze ganz unterschiedlicher Art. In seiner gemeinsam mit Heisenberg verfaßten Arbeit über „Die Intensität der Mehrfachlinien und ihrer Zeemankomponenten" wurde zum Beispiel das Bohrsche Korrespondenzprinzip gewürdigt, denn es habe sich „vorzüglich bewährt".[2] In einer kurz zuvor erschienenen Veröffentlichung, ebenfalls mit Heisenberg als Koautor, hatten sie – wieder unter Zuhilfenahme des Korrespondenzprinzips – einen Einwand Bohrs gegen die Sommerfeldsche Interpretation der Röntgendubletts schwerer Atome widerlegt.[3] Obwohl in beiden Arbeiten aus dem Korrespondenzprinzip Folgerungen abgeleitet wurden, mochte ihm Sommerfeld keinen zentralen Stellenwert für die Atomtheorie einräumen. Für ihn sei „die Bohr'sche Korrespondenz mehr u. mehr unbefriedigend, so unentbehrlich sie ist", äußerte er sich ein Jahr später gegenüber Laue.[4]

Damit reduzierte er seine eigenen Aussagen, die er seit der zweiten Auflage von *Atombau und Spektrallinien* für das Korrespondenzprinzip öffentlich abgegeben hatte, zu Lippenbekenntnissen. Das bedeutet nicht, daß er ihm – wie auch anderen, nicht weiter begründbaren Hypothesen und Modellen – die Nützlichkeit für den Fortgang der Atomtheorie abgesprochen hätte. Gerade der anomale Zeemaneffekt zeigte, wie weit man selbst mit nachträglich als falsch bewerteten Prinzipien und Modellen kommen konnte. Jedoch nicht diese, sondern die daraus gezogenen zahlenmäßigen Konsequenzen sah er als das Wesenselement seiner Atomtheorie an. „Wir haben in der letzten Zeit wiederholt erfahren, dass die arithmetischen Regelmässigkeiten viel weiter reichen als nach den Modellvorstellungen zu erwarten wäre", stellte er im Zusammenhang mit seiner gerade aufs neue bestätigten Formel für die Röntgendubletts fest.[5]

---

[1] Brief [64].
[2] [Sommerfeld und Heisenberg 1922b, S. 154].
[3] [Sommerfeld und Heisenberg 1922a].
[4] Brief [69].
[5] *A. Sommerfeld an A. Landé, 20. April 1924. Berlin, SB, Nachlaß 70 Landé, Sommerfeld.*

Die aus den Zeemaneffekten gezogenen Schlüsse hatten entscheidend zu dieser Auffassung beigetragen. In einem unmittelbaren Zusammenhang damit standen die sogenannten Multipletts, die ab 1922 zu einem weiteren Leitthema der Sommerfeldschule wurden. Bei den ersten drei Gruppen im Periodensystem herrscht ein Seriencharakter vor. Die entsprechende Serienformel kann als Differenz eines konstanten Terms und eines variablen Laufterms dargestellt werden. Dagegen ergab sich bei den hinteren Gruppen nur noch eine ungeheure Linienvermehrung. Sommerfeld hatte 1920 in seiner Arbeit über den magnetooptischen Verschiebungssatz eine neue „innere Quantenzahl" eingeführt,[1] mit der er die zwischen zwei Serientermen theoretisch möglichen Kombinationen unter Anwendung von Auswahlregeln auf die geringere Zahl tatsächlich beobachtbarer Serienlinien reduzieren konnte. In der Arbeit „Über die Deutung verwickelter Spektren (Mangan, Chrom usw.) nach der Methode der inneren Quantenzahlen" konnte er zeigen, „wie sich das früher entworfene Schema bei entsprechender Erweiterung an den viel komplizierteren Linienstrukturen bewährt, die am Ende des periodischen Systems vorkommen."[2]

Der spanische Spektroskopiker Miguel Catalán hatte für die Liniengruppen im Manganspektrum den Begriff „Multipletts" geprägt. Sommerfeld traf Catalán während seiner Spanienreise im Frühjahr 1922 und war von dessen experimenteller Forschung tief beeindruckt.[3] Ähnlich wie 1916 in der Feinstruktur bei den Wasserstofflinien erkannte Sommerfeld nun in den Multipletts eine „Komplexstruktur" der Serienlinien, die von einer geheimnisvollen zahlenmäßigen Ordnung zeugte. „Nirgends tritt der arithmetische Charakter der Quantentheorie einfacher und schöner zutage als in der Komplexstruktur der Serienterme", leitete er das auf weit über hundert Seiten angeschwollene Kapitel über die Multipletts in der vierten Auflage von *Atombau und Spektrallinien* ein; darin konnte er bereits auf eine Vielzahl neuester Messungen verweisen, die seine mit der inneren Quantenzahl entworfene Ordnungsstruktur bestätigten. „Je komplexer die Struktur eines Liniengebildes ist, desto leichter ist es zu erkennen", schrieb er zu einer Tabelle über den systematischen Wechsel zu immer höheren Multipletts, von den Dubletts bei Kalium bis zu den Quartetts, Sextetts und Oktetts bei Mangan.[4]

---

[1] [Sommerfeld 1920a].
[2] [Sommerfeld 1923a, S. 32].
[3] [Sánchez-Ron 1983].
[4] [Sommerfeld 1924b, S. 575-702, besonders S. 596-597 und Tab. 57].

Es bereitete Sommerfeld sichtlich Vergnügen, daß er mit seinem Ordnungsschema erneut in engen Kontakt mit Experimentatoren kam, neben Catalán und dessen Arbeitsgruppe in Madrid vor allem mit dem Spektroskopiker William F. Meggers vom National Bureau of Standards in Washington. In den Arbeiten seiner Schüler Otto Laporte und Karl Bechert, die in Washington und Madrid längere Forschungsaufenthalte verbrachten, fand diese Wechselwirkung einen sichtbaren Niederschlag.[1]

Dank der einfachen zahlenmäßigen Ordnung in der Komplexstruktur der Serienspektren erhielt die „innere Quantenzahl" einen festen Platz im Inventar atomtheoretischer Begriffe. Aber ihre modellhafte Deutung bereitete immer größere Schwierigkeiten. Bohr neigte anfänglich der Auffassung zu, in der Vielfachheit von Serienlinien wie zum Beispiel den Natriumdubletts deute sich eine Abweichung von der Zentralsymmetrie des von den Valenzelektronen verspürten elektrostatischen Feldes an.[2] Sommerfeld glaubte nicht, „dass die Multipl.[etts] elektrischen Ursprungs sind", sondern schloß sich zunächst der von Heisenberg mit dem Rumpfmodell nahegelegten Deutung an, wonach sich in der Vielfachheit einer Linie unterschiedliche Einstellungen der Drehimpulse von Rumpf und Valenzelektronen äußerten. „Sie werden daraus sehen", schrieb er an Bohr zu einer Sendung neuer Arbeiten von ihm und Heisenberg, „dass wir den Ursprung der Termmultiplicitäten in's Magnetische legen".[3] Am stärksten wurde diese Deutung von Landé ausgebaut, doch Sommerfeld stimmte Landé nicht zu, was die Zuordnung der inneren Quantenzahlen zu den Termen anging. Grundsätzliche Schwierigkeiten mit der magnetischen Interpretation ergaben sich aus der Frage, ob die Dubletts der Röntgenspektren und der optischen Serienspektren gleichen Ursprungs seien. Erstere waren im Rahmen der Sommerfeldschen Feinstrukturtheorie nur vergrößerte Abbilder der relativistischen Aufspaltung des Wasserstoffelektrons, also nicht durch unterschiedliche Einstellungen von Drehimpulsen und magnetischen Momenten bedingt. An diesem „Dublettsrätsel" schieden sich die Geister.[4]

Im Kern ging es bei Sommerfelds Zeemaneffekt- und Multiplettforschung – wie schon bei seinen früheren Bemühungen bei den Serien- und Röntgenspektren – um den Versuch, ein immer größeres und beinahe unüberschaubares empirisches Material theoretisch in den Griff zu bekommen. Solange

---

[1] Briefe [86] und [91]. Der erhaltene Briefwechsel zwischen Sommerfeld und Meggers umfaßt 47 Dokumente zwischen 1921 und 1949; zur Korrespondenz mit der Madrider Arbeitsgruppe vgl. [Sánchez-Ron 1983].
[2] [Bohr 1977, S. 282].
[3] Brief [53].
[4] [Forman 1968].

das Gebiet sich derart schnell und unvorhersehbar entwickelte, mißtraute Sommerfeld dem umgekehrten, von vorgefaßten Prinzipien ausgehenden deduktiven Weg. Erst wenn gesicherte zahlenmäßige Regeln vorlägen, seien tieferliegende physikalische Gesetze zu erkennen. Pauli reagierte auf die vierte Auflage von *Atombau und Spektrallinien*, am Vorabend der neuen quantenmechanischen Konzepte, die diese ältere Phase der Atomtheorie beendeten, mit dem Kommentar:[1]

> Bei der Darstellung der Komplexstruktur fand ich es besonders schön, daß Sie alles modellmäßige beiseite gelassen haben. Die Modellvorstellungen befinden sich ja jetzt in einer schweren, prinzipiellen Krise, von der ich glaube, daß sie schließlich mit einer weiteren radikalen Verschärfung des Gegensatzes zwischen klassischer und Quanten-Theorie enden wird.

Daß es Sommerfeld gelang, mithilfe der inneren Quantenzahl ohne nähere physikalische Deutung Ordnung in die Komplexstruktur der Serienspektren zu bringen, erregte einiges Aufsehen unter den Theoretikern. „Bewundernd stand ich vor Ihrer vollständigen Entwirrung der Multiplettintensitäten", gratulierte Schrödinger, und dies „ohne eigentliches Modell"; er machte keinen Hehl daraus, welch große Mühe ihm selbst die verwickelten Zahlengesetze bereiteten, „und Sie haben dieselben in das Beobachtungsmaterial hineinkomponiert, so dass sie nun straff sitzen, wie eine Gardeuniform!"[2] Noch heute sei es, so der Herausgeber von Sommerfelds *Gesammelten Schriften*, „für uns aufregend, das Kapitel über innere Quantenzahlen in der 4. Auflage von ‚Atombau und Spektrallinien' zu lesen, in der so vieles, was man über den Spin weiß, enthalten ist, ohne daß der Spin konzipiert wird."[3] Nicht weniger aufregend ist die Diskussion über die inneren Quantenzahlen im Briefwechsel mit Pauli, der 1925 in diesem Zusammenhang eine vierte, später als Spin identifizierte Quantenzahl postulierte und mit dem „Princip der 4 Quantenzahlen" (dem später nach Pauli benannten Ausschlußprinzip) ganz nach Sommerfelds Geschmack weiter Ordnung in die Spektren brachte.[4] Erst mit Pauliverbot und Spin gelang eine befriedigende Interpretation der auf induktivem Weg gefundenen Ordnungsschemata. Die innere Quantenzahl erwies sich als die Quantenzahl des Gesamtdrehimpulses, d. h. als die Resultierende aus Bahndrehimpulsen und Spin aller Atomelektronen. Mit dem Spin fanden die Spektren von Vielelektronenatomen, die von

---

[1] Brief [83].
[2] Brief [89].
[3] [Sommerfeld 1968b, S. 680-681].
[4] Briefe [78], [87] und [88]; vgl. [Heilbron 1983].

Heisenberg, Landé, Sommerfeld und anderen schon zutreffend formelmäßig beschrieben, aber noch nicht modellhaft interpretiert werden konnten, eine befriedigende Erklärung.[1]

Doch nicht alle Leitthemen hatten mit der Ordnung der Spektren zu tun. Als Sommerfeld während seines USA-Aufenthaltes 1922/23 Zeuge der Entdeckung des Comptoneffektes wurde, zeigte er sich davon wie von kaum einem anderen atomphysikalischen Experiment beeindruckt. Daß er die Nachricht aus erster Hand erfuhr, mag sein Interesse daran noch gesteigert haben. Was ihn jedoch vor allem in Bann zog, war der nun aufs Neue heraufbeschworene Welle-Teilchen-Dualismus: „Hiernach würde die Wellentheorie für Röntgenstrahlen endgültig fallen zu lassen sein", schrieb er an Bohr noch voller Unsicherheit, ob er mit dieser Nachricht eine Indiskretion beging und ob sie sich auch in weiteren Experimenten würde bestätigen lassen.[2] Auch seiner Frau teilte er die Entdeckung mit:[3] „Ich habe auch wissenschaftlich viel Interessantes gesehn, besonders eine neue Erfahrung über Röntgenstrahlen, die die ganze Lichttheorie umwirft."

Zehn Jahre nach der Entdeckung der Röntgeninterferenz im Keller seines Instituts galt die Wellennatur der Röntgenstrahlen als gesicherter Tatbestand. Die von Compton beobachtete Streuung von Röntgenstrahlen an Elektronen schien aber nur eine Teilchendeutung zuzulassen. „Wie man jetzt die Kristallinterferenzen auffassen soll, ist sehr dunkel", schrieb Sommerfeld nach seiner Rückkehr an Compton."[4] Im selben Brief ließ er den Entdecker des Effektes auch wissen, daß er bei seinen weiteren Stationen in den USA „überall darüber vorgetragen (Pasadena, Berkeley, Bureau of Standards, Harvard, Columbia N.Y)" habe; der Effekt „beschäftigt auch in Deutschland die wissenschaftliche Welt auf's lebhafteste." Ähnlich berichtete er auch nach Madison. Die „Beobachtung und Theorie von Compton" interessiere ihn sehr, und als er kürzlich einige Tage mit Einstein zusammen gewesen sei, „haben wir hauptsächlich über diesen fundamentalen Gegenstand gesprochen."[5] Laue gegenüber bezeichnete er den Comptoneffekt als das gegenwärtig „wichtigste physikal.[ische] Geschehnis":[6] „Ich glaube nun wirklich mehr und mehr, dass die Wellentheorie (und Feldtheorie) zu verlassen ist." Als er kurz darauf Millikan zum Nobelpreis für das Jahr 1923 gratulierte, stellte er sich Compton schon als den Preisträger des nächsten

---

[1] Beispielsweise Landéscher g-Faktor, Vektorgerüstmodell usw.
[2] Brief [65]. Zur Entdeckungsgeschichte und Rezeption siehe [Stuewer 1975, S. 217-285].
[3] *A. Sommerfeld an J. Sommerfeld, 16. Februar 1923. München, Privatbesitz.*
[4] Brief [68].
[5] Brief [67].
[6] Brief [69].

Jahres vor:[1] „Die ausserordentliche Bedeutung der Compton'schen Entdeckung, über die ich schon im vorigen Jahre keine Zweifel hatte und die sich inzwischen immer deutlicher gezeigt hat, würde dies rechtfertigen." Es erübrigt sich fast zu erwähnen, daß er dem Comptoneffekt auch in *Atombau und Spektrallinien* einen Ehrenplatz einräumte. „In der neuen Auflage meines Buches habe ich gleich im ersten Kapitel hinter Einsteins photoelektrischem Gesetz Ihren Versuch besprochen", teilte er Compton mit.[2]

Sommerfelds Reaktion auf den Comptoneffekt zeigt, daß es ihm bei aller Skepsis gegenüber der mehr durch Prinzipien geleiteten Vorgehensweise Bohrs durchaus um die Grundlagen und nicht nur um eine phänomenologische Ordnung in der Atomtheorie ging. Bei einem Vortrag über die „Grundlagen der Quantentheorie und des Bohrschen Atommodelles" brachte er dies deutlich zum Ausdruck:[3] „Jede grundlegende physikalische Theorie muß letzten Endes deduktiv vorgehen", wobei die Betonung auf „letzten Endes" liegt. Denn gleich darauf schränkte er ein, „daß die Quantentheorie noch nicht reif ist für eine rein deduktive Darstellung". Bohr versuche „in seinem Korrespondenzprinzip die Quantentheorie eng an die klassische Strahlungstheorie anzuschließen", kritisierte er das darin zum Ausdruck kommende deduktive Vorgehen, das „für alle neueren Entdeckungen Bohrs und seiner Schüler" kennzeichnend sei. Er könne dies „nicht als endgültig befriedigend ansehen, schon wegen seiner Mischung quantentheoretischer und klassischer Gesichtspunkte". Das jüngste Produkt dieser Kopenhagener Vorgehensweise, die Strahlungstheorie von Bohr, Kramers und Slater stufte er als einen „Kompromißstandpunkt" zwischen Wellen- und Quantenvorstellung ein, während doch gerade die von Einstein verfochtene „radikale Lichtquantentheorie" bei der Erklärung des Comptoneffekts ihren „schönsten Triumph" feiere. Im ursprünglichen Vortragsmanuskript muß die Kritik noch um einiges deutlicher ausgefallen sein, denn Kramers reagierte stellvertretend für Bohr mit der Gegenfrage, „ob nicht gewissermassen ein Missverständnis eingeschlichen ist, was Bohr's ganze Auffassung der Quantentheorie betrifft."[4] Was die neue Strahlungstheorie anging, bestätigte er Sommerfeld. Darin sei der Versuch gemacht worden, die Strahlungsphänomene zu beschreiben, „ohne dass der Strahlung selbst eine rätselhafte dualistische Natur (Quanten und Wellen) zugeschrieben wird". Sommerfeld ant-

---

[1] Brief [71]. A. H. Compton erhielt den Physiknobelpreis im Jahr 1927.
[2] Brief [74].
[3] [Sommerfeld 1924d] ist der Abdruck seines Vortrags vom 23. September 1924 bei der Naturforscherversammlung in Innsbruck; vgl. auch Brief [84].
[4] Brief [77].

wortete, er habe bereits von sich aus seine Kritik am Korrespondenzprinzip „für den Vortrag und für den Druck abgeschwächt". Was das Strahlungsproblem anging, entgegnete er lapidar:[1] „Auf mich hat der Compton-Versuch, der so natürlich durch die Lichtquanten-Vorstellung wiedergegeben wird, einen grossen Eindruck gemacht."

Wie sehr diese von Sommerfeld aufgerührten Grundfragen auch das Denken seiner Schüler bewegte, geht aus den Briefen Paulis und Heisenbergs hervor, die nach ihren Münchner und Göttinger Lehrjahren beide mit der Bohrschen Gedankenwelt in enge Berührung kamen. Pauli glaubte „nicht, daß die Kopenhagener Auffassung der Strahlungsphänomene einen wirklich nennenswerten Fortschritt bringt", und war ganz im Einklang mit Sommerfeld davon überzeugt, daß „die Zukunft mehr den Lichtquanten gehört."[2] Heisenberg neigte eher dem Bohrschen Standpunkt zu:[3] „Meine Arbeit bewegt sich sehr in den Bahnen des Korrespondenzprinzips [...] Im übrigen glaub ich aber immer mehr, dass die Frage ‚Lichtquanten oder Korrespondenzprinzip' nur eine Wortfrage ist. Alle Effekte in der Quantentheorie müssen ja ihr Analogon in der klassischen Theorie haben, denn die klassische Theorie ist doch *fast* richtig; also haben alle Effekte immer zwei Namen, einen klassischen u. einen quantentheoretischen u. welchen man vorzieht, ist eine Art Geschmackssache."

Repräsentant deutscher Wissenschaft

Nach dem Ersten Weltkrieg wurden wissenschaftliche Erfolge – mehr noch als zu anderen Zeiten und besonders in Deutschland – als ein Ausweis nationaler Größe gewertet. Entsprechend galt die Verleihung der Nobelpreise an Max Planck und Johannes Stark als ein Sieg deutscher Wissenschaft. Nicht nur national gesinnte Deutsche, sondern auch befreundete Physiker aus dem ehemals neutralen Ausland wie der Niederländer Pieter Zeeman empfanden so:[4] „Die Siege der deutschen Wissenschaft werden doch schliesslich überall anerkannt werden müssen. Die diesjährige Verteilung der Nobelpreise schien mir eine gerechte zu sein, und diese Anerkennung des Auslands wird auch bei Ihnen in weiteren Kreisen Freude erregt haben."

Sommerfeld fiel in dieser Situation eine Rolle als Repräsentant deutscher Wissenschaft zu. „Die Ausländer sprechen begeistert von dem Fortschritt

---

[1] Brief [77].
[2] Brief [80].
[3] Brief [81].
[4] Brief [17]; vgl. allgemein [Metzler 1996].

der Physik, der in Deutschland trotz des Krieges gemacht ist", schrieb Paschen an Sommerfeld:[1] „Auch aus Amerika habe ich Briefe, welche die Bewunderung ausdrücken über die grossen Erkenntnisse in der Physik, die in den letzten Jahren von Deutschen errungen seien. Einstein's und Ihre Arbeiten spielen in den dortigen Versammlungen eine sehr grosse Rolle."

Trotz des Boykotts deutscher Wissenschaft auf offizieller Ebene wurde Sommerfeld zu Auslandsaufenthalten eingeladen, die ihm Gelegenheit boten, Deutschland zu repräsentieren. Nach der Skandinavienreise im Herbst 1919 standen im Frühjahr 1922 Gastvorträge in Spanien auf dem Programm. Die Briefe machen deutlich, in welchem Ausmaß er sich als ein Vertreter deutscher Wissenschaft fühlte. Nachdem er „das feindliche Frankreich ohne Zwischenfall passirt" hatte, genoß er die in Barcelona und Madrid erfahrene deutschfreundliche Gesinnung mit um so größerer Genugtuung.[2] Sein Gastgeber in Barcelona, der Physiker F. Esteve Terradas, sei ein „glühender Deutschenfreund. Die Zuversicht in Deutschlands Zukunft ist allgemein."[3] Die nächste Reise führte Sommerfeld für ein halbes Jahr zu Gastvorlesungen in die USA:[4]

> Die Wisconsin-University in Madison hat mich eingeladen, die daselbst vor dem Kriege errichtete Karl-Schurz-Professur, die satzungsgemäss von einem Deutschen zu versehen ist, für die Monate September bis Januar zu übernehmen.[5] Ausserdem haben mich bereits die Physikalischen Institute der Harvard University in Cambridge und der Universität in Chikago, die von der Einladung der Wisconsin-Universität gehört hatten, zu kürzeren Vortragsreihen aufgefordert. Da ich es für meine Pflicht halte, diesen Einladungen zu folgen, bitte ich das Staatsministerium um Urlaub für das kommende Wintersemester.

Sommerfeld bemühte sich auch selbst um Einladungen. So informierte er etwa seinen Schüler Epstein, der kurz zuvor eine Professur am California Institute of Technology (CalTech) in Pasadena erhalten hatte:[6] „Sie werden jedenfalls die Möglichkeit überlegen, ob wir uns bei dieser Gelegen-

---

[1] *F. Paschen an A. Sommerfeld, 16. Juni 1920. München, DM, Archiv HS 1977-28/A,253.*

[2] *A. Sommerfeld an J. Sommerfeld, 25. März 1922. München, Privatbesitz.*

[3] *A. Sommerfeld an J. Sommerfeld, 1. April 1922. München, Privatbesitz.*

[4] *A. Sommerfeld an das Bayerische Kultusministerium, 4. Juli 1922. München, DM, Archiv NL 89, 004.*

[5] [Klenze 1929].

[6] *A. Sommerfeld an P. Epstein, 29. Juli 1922. CalTech, Epstein 8.3.*

heit sehen können." Natürlich wolle er sich „als Deutscher nicht anbieten", und Epstein solle diesen Brief auch nicht „als Wink mit dem Zaunpfahl nehmen, sondern nur als Andeutung der obwaltenden Möglichkeiten." Von den Universitäten in den USA, die auf diese oder eine andere Weise von Sommerfelds Amerikaaufenthalt erfuhren, ließ sich kaum eine die Möglichkeit entgehen, Sommerfeld für Gastvorträge einzuladen. Das übliche Vortragsthema sei „atomic structure", schrieb er an Felix Klein:[1] „Auf dieses Thema bin ich in Amerika abgestempelt. Alle Universitäten, zu denen ich eingeladen bin, wollen hierüber etwas hören. Meine erste Einladung nach auswärts führt mich nach Evanstone, Northwestern Un. of Chikago." Hier hatte Klein 1893 im Anschluß an den zeitgleich mit der Weltausstellung in Chicago abgehaltenen Internationalen Mathematikerkongreß Vorlesungen gehalten. Die Liste der Einladungen umfaßte außerdem die University of Illinois in Urbana, die University of Kansas, das CalTech, die University of California in Berkeley, das National Bureau of Standards in Washington, DC, die Cornell University in Ithaca, die Harvard University in Cambridge, Massachusetts, sowie die Forschungslaboratorien von Western Electric in New York und General Electric in Schenectady. Gewöhnlich hielt er nur einen oder zwei Vorträge, meist in englischer Sprache.

Den nach Madison längsten Aufenthalt verbrachte er am National Bureau of Standards, wo der Atomphysik besonderes Interesse entgegengebracht wurde. Der dortige Spektroskopiker William F. Meggers hatte schon 1921 mit Sommerfeld Kontakt aufgenommen und sein Interesse erläutert:[2]

> For the present I am concentrating on the standardization of methods of spectral analysis. This is for commercial and industrial applications and is intended to gain recognition for practical spectroscopy and thereby justify some of our researches in Pure Science. I am anxiously awaiting the third edition of your marvelous book to make its appearance; the earlier editions have given us much inspiration for experimental work.

Die Historiker des National Bureau of Standards fanden den Besuch Sommerfelds bemerkenswert genug, um ihn in der Geschichte dieser Einrichtung noch mehr als 40 Jahre später zu erwähnen.[3] Da es sich um eine staatliche Behörde handelte, waren auch bürokratische Formalitäten einzuhalten. „Heute habe ich einen Eid auf die Verfassung der U.S.A. ablegen müssen.

---

[1] *A. Sommerfeld an F. Klein, 5. November 1922. Göttingen, NSUB, Klein 11.*
[2] Brief [48].
[3] [Cochrane 1966, S. 478].

Ich bin förmlich angestellt, für 10 Tage", berichtete Sommerfeld seiner Frau halb stolz, halb belustigt.[1] Er fand die ihm zugedachte Beratertätigkeit, „sehr befriedigend", seine Arbeit werde auch „sehr geschätzt", was ihm allerdings etliche Mühe bereite:[2]

> Jeder will mir seinen Kram vortragen, man reisst sich um mich. Dass ich nicht in Stücke gehe, ist ein Wunder. Ausgesucht zuvorkommende Behandlung. Ich spreche jetzt auch politisch ganz offen mit den Leuten. Alles hat hier einen etwas officielleren Anstrich [...]

Als Sommerfeld viele Jahre später noch einmal auf seine Beziehungen zu amerikanischen Physikern zu sprechen kam, war ihm das politische Klima noch immer präsent: „Der Boden war im Jahre 1922 natürlich noch heiß: Politische Gespräche wurden besser vermieden"; man sei ihm fast ausnahmslos sehr freundlich begegnet, nur ein einziger „hervorragender Fachgenosse" sei ihm damals „unfreundlich aus dem Wege gegangen".[3] Um wen es sich dabei handelte, geht aus den Briefen an seine Frau hervor:[4] „Die erste Unfreundlichkeit, die ich in Amerika erfuhr kam via Kunz: Prof. Gale von Chikago, der mich via K.[unz] zu 3 or 4 lectures eingeladen hatte, sagt via K.[unz] ohne Motivirung ab. Offenbar steckt Michelson dahinter, ein rechter Deutschenfresser, polnischer Jude."

Selbst bei Kollegen, mit denen Sommerfeld vor dem Krieg sehr herzlich verkehrt war, war die Anknüpfung neuer Beziehungen nicht ohne Probleme. Von einer Reise in die Niederlande im Frühjahr 1924 berichtete er seiner Frau, Lorentz sei „sehr liebenswürdig" gewesen:[5] „Natürlich war alle Politik streng ausgeschaltet zwischen uns. Ähnlich ist es bei Zeeman – menschlich vertraulich und einhellig, politisch vorsichtig und zurückhaltend." Wie tief das politische Klima der Nachkriegszeit Sommerfelds Gefühlslage beeinflußte, drückt besonders ein Brief aus, den er seiner Frau zur silbernen Hochzeit schrieb. Das „verhängnisvolle Ende des Krieges und – fast zusammenfallend mit dem fürchterlichen Frieden – der grosse Schmerz unseres Lebens", so fügte sich ihm das persönliche Leid um den tödlich verunglückten Sohn zusammen mit der als Schmach empfundenen Nachkriegssituation Deutschlands.[6] Die Vorkriegszeit erschien ihm als „ein schönes Kapitel

---

[1] *A. Sommerfeld an J. Sommerfeld, 2. März 1923. München, Privatbesitz.*
[2] *A. Sommerfeld an J. Sommerfeld, 9. März 1923. München, Privatbesitz.*
[3] *[Sommerfeld 1945b].*
[4] *A. Sommerfeld an J. Sommerfeld, 22. Oktober 1922. München, Privatbesitz.*
[5] *A. Sommerfeld an J. Sommerfeld, 1. April 1924. München, Privatbesitz.*
[6] *A. Sommerfeld an J. Sommerfeld, 5. Dezember 1922. München, Privatbesitz.*

der Vergangenheit, das nicht wieder lebendig werden wird, so wenig wie die schönen alten Zeiten, da Deutschland gross und gesund war, da wir jung waren und da unser prächtiger Ucki lebte!"[1] Mit dieser wehmütigen Beschwörung der Vergangenheit gratulierte er Debye zu dessen Berufung nach Zürich. Andere sahen die politische Lage ähnlich. Hilbert klagte 1920 in einem Brief:[2] „Es ist ein Jammer, wie in Deutschland sich seit nahezu 6 Jahren Niemand findet, der genug Herz u. Verstand hat, um den Sturz in den Abgrund abzuwenden."

Im Rahmen der Physik versuchte Sommerfeld in den beiden ersten Nachkriegsjahren als Vorsitzender der Deutschen Physikalischen Gesellschaft (DPG) in diesem Sinne sein Möglichstes. Gelegenheiten dazu gab es reichlich. Die DPG war in einem Umstrukturierungsprozeß begriffen. Aus der im 19. Jahrhundert als Berliner Physikergesellschaft gegründeten Organisation wurde erst allmählich eine Vereinigung, durch die sich auch die nicht in Berlin ansässigen Physiker vertreten fühlten. Nominell war die „Physikalische Gesellschaft zu Berlin" seit 1899 als „Deutsche Physikalische Gesellschaft" tätig, doch de facto vollzog sich die Umstellung erst in den Jahren vor und nach dem Ersten Weltkrieg.[3] Mit einer am 1. Januar 1920 in Kraft getretenen neuen Satzung wurde eine Dezentralisierung beschlossen, die in Gestalt von regionalen „Gauvereinen" den Interessen in den verschiedenen Landesteilen gerecht werden sollte. Zwei Wochen später wurde unter Sommerfelds Vorsitz in München der erste dieser Gauvereine gegründet; im Oktober 1921 wurde als letzter der Gauverein Berlin ins Leben gerufen. Anfang 1924 waren in der DPG 1 300 Mitglieder organisiert, davon 360 im Gauverein Berlin, 94 in Hessen, 60 in München, 120 in Niedersachsen, 55 in Prag und 90 in Wien.[4] Weitere Maßnahmen betrafen die angemessene Repräsentation der Industriephysiker, die immerhin zwei Drittel der Mitglieder ausmachten. Am 9. Juni 1919 wurde die „Deutsche Gesellschaft für Technische Physik" gegründet, die zwar als Organisation auf Eigenständigkeit bedacht war, jedoch in der Praxis eng mit der DPG kooperierte. Als besonders reformbedürftig erwies sich das Zeitschriftenwesen, sowohl hinsichtlich der Referateorgane als auch wegen der Veröffentlichung von wissenschaftlichen Originalabhandlungen.

Die entscheidenden Weichenstellungen fanden unter dem Vorsitz von Sommerfeld in der Zweijahresperiode 1919 und 1920 statt. Bei vielen Vor-

---

[1] Brief [24].
[2] Brief [18].
[3] Siehe auch Brief [134] in Band 1.
[4] [Hermann 1995, S. F-78–F-79], ausführlich [Forman 1967, S. 142-205].

standssitzungen ließ er sich zwar von seinem Berliner Kollegen Heinrich Rubens vertreten, doch bei der Beratung der neuen Statuten, in denen die neue Struktur definitiv festgeschrieben wurde, nahm er die Regie selbst in die Hand.[1] Dennoch gelang es ihm nicht immer, den Streit zwischen den Berliner und Nichtberliner Physikern zu schlichten. Er entzündete sich meist an Einzelfragen, wie etwa der Benennung von Zeitschriften. „Der neue Titel ‚Z[ei]tschr.[ift] f.[ür] Physik' macht mir viel Sorge u. Schreiberei", wandte er sich im Dezember 1919 an Einstein:[2] „W. Wien hat bereits seinen Austritt aus der Gesellschaft angemeldet, weil er diese neue Ztschr. ohne irgend eine vorherige Nachricht als Unfreundlichkeit gegen die Ann.[alen der Physik] empfindet." Planck wollte das seine dazu beitragen, um „Wiens und Ihre Auffassung nach Kräften zu vertreten" und „über diese Krisis" hinwegzukommen.[3] Sommerfeld schrieb vor der Fahrt zu einer DPG-Sitzung an W. Wien, er „rede naturgemäß zu den Berlinern anders wie zu Ihnen u. glaube an ihre Unschuldsbeteuerungen nur teilweise"; daß Wien ihm gegenüber bereits Kompromißbereitschaft signalisiert hatte und sich „im Notfall mit der ‚Zeitschr.' einverstanden erklären" würde, wolle er „nicht sogleich bekannt geben."[4]

Die Auseinandersetzungen in der deutschen Physikerschaft nahmen vielfältige Formen an und wurden nicht nur bei den DPG-Vorstandssitzungen in Berlin ausgetragen. Als eine dezidiert Antiberliner Vereinigung rief Johannes Stark im Frühjahr 1920 die „Fachgemeinschaft der deutschen Hochschullehrer für Physik" ins Leben. Sie sorgte bei der Naturforscherversammlung 1920 in Bad Nauheim für Aufsehen und wurde als weiteres Indiz dafür gewertet, „daß in der Physik ein süddeutscher Partikularismus existiert".[5] Bei dieser Versammlung kam es auch zu einer spektakulären Debatte Einsteins mit den Gegnern der Relativitätstheorie, die kurz vorher mit einer Großveranstaltung in der Berliner Philharmonie für Schlagzeilen gesorgt hatten. Laue berichtete Sommerfeld am Tag danach, dies sei „eine der 20 angekündigten Protestversammlungen gegen die Relativitätstheorie" gewesen, die von einer „Arbeitsgemeinschaft deutscher Naturforscher" organisiert worden sei.[6] Sommerfeld möge bei der bevorstehenden Nauheimer Tagung eine Resolution gegen diese von einem „Schieber" namens Weyland

---

[1] Brief [15].
[2] A. Sommerfeld an A. Einstein, 13. Dezember 1919. Jerusalem, AEA, Einstein.
[3] M. Planck an A. Sommerfeld, 15. Dezember 1919. München, DM, Archiv HS 1977-28/A,263.
[4] A. Sommerfeld an W. Wien, 27. Dezember 1919. München, DM, Archiv NL 56, 010.
[5] M. Born an F. Klein, 21. November 1920, zitiert nach [Richter 1973, S. 196].
[6] Brief [25]; vgl. auch [Kleinert 1993].

organisierte Kampagne veranlassen und überlegen, „wie das einzuleiten ist. Wenn etwas noch geeignet ist, Ihren Eifer anzuregen, so ist es gewiß die Mitteilung, daß Einstein und seine Frau fest entschloßen zu sein scheinen, wegen dieser Anfeindungen Berlin und Deutschland überhaupt bei nächster Gelegenheit zu verlassen."[1] Sommerfeld schilderte Einstein seine Empfindungen:[2] „Mit wahrer Wut habe ich, als Mensch und als Vorsitzender der Phys. Ges., die Berliner Hetze gegen Sie verfolgt." Da es Weyland verstanden hatte, renommierte Physiker wie Philipp Lenard und Ernst Gehrcke gegen Einstein zu mobilisieren, nahm Einstein die Angelegenheit anfangs sehr ernst. Er habe diesen Angriffen „zu viel Bedeutung zugeschrieben", antwortete er Sommerfeld, da er geglaubt habe, „dass ein grosser Teil unserer Physiker dabei beteiligt sei. So dachte ich wirklich zwei Tage lang an ‚Fahnenflucht', wie Sie das nennen."[3] Das Berliner Tageblatt vom 27. August 1920 hatte die Meldung verbreitet, Einstein wolle das Land verlassen, und eine Entgegnung Einsteins veröffentlicht, wonach „unter den Physikern von internationaler Bedeutung nur Lenard zu nennen" sei, der sich als ein „ausgesprochener Gegner der Relativitätstheorie" geäußert habe:[4]

> Ich bewundere Lenard als Meister der Experimentalphysik; in der theoretischen Physik aber hat er noch nichts geleistet, und seine Einwände gegen die allgemeine Relativitätstheorie sind von solcher Oberflächlichkeit, daß ich es bis jetzt nicht für nötig erachtet habe, ausführlich auf dieselben einzugehen.

Nach dieser Replik war der Streit zwischen Lenard und Einstein kaum mehr beizulegen. Sommerfeld versuchte zwar, sowohl Einstein als auch Lenard noch vor der Nauheimer Zusammenkunft zu einer brieflichen Versöhnung zu bewegen, doch ohne Erfolg. Lenard wies den „Gedanken, eine Entschuldigung des Herrn Einstein mir gegenüber, noch dazu unter Voraussetzung einer ihm genehmen Äußerung meinerseits, für zufriedenstellend zu halten", entrüstet von sich.[5]

---

[1] Brief [26].
[2] Brief [27].
[3] Brief [28].
[4] Zitiert nach [Kleinert und Schönbeck 1978, S. 328].
[5] *P. Lenard an A. Sommerfeld, 14. September 1920. München, DM, Archiv HS 1977-28/A,198.* Der Brief ist abgedruckt in [Kleinert und Schönbeck 1978, S. 329-330].

Die „Bibel" der Atomphysik

Sommerfelds Stellung in der deutschen und internationalen Physik zeigt sich nicht nur in seinen Auslandsreisen und seiner Rolle als Vorsitzender der Deutschen Physikalischen Gesellschaft während der ersten beiden Nachkriegsjahre. Anders als in den Debatten bei der Nauheimer Naturforschertagung oder den DPG-Satzungsberatungen in Berlin wird die Wertschätzung oder Kritik der Kollegen in ihren Reaktionen auf die Neuerscheinungen von *Atombau und Spektrallinien* erkennbar. Es war ja nicht in erster Linie ein Lehrbuch der Atom*theorie*, sondern ein allgemeiner Führer durch die Atomphysik schlechthin. Er war an eine breite Leserschaft gerichtet und brachte neueste experimentelle Ergebnisse wie den Comptoneffekt ebenso wie die theoretischen Konzepte, die der Fülle des gesammelten empirischen Materials Sinn und Richtung geben sollten. Max Born schrieb nach dem Erscheinen der dritten Auflage, das Buch sei „heute die Bibel des modernen Physikers".[1] Daß dies nicht nur ein Kompliment von Theoretiker zu Theoretiker war, zeigt das Urteil Paschens, der *Atombau und Spektrallinien* die „Bibel des praktischen Spectroskopikers" nannte.[2] Auch ein so praktisch ausgerichteter Experimentalphysiker wie Karl Wilhelm Meissner geriet „beim genußreichen Lesen dieser Spektroskopikerbibel" ins Schwärmen.[3] Selbst einer „abstrakten Mathematiker-Seele" wie der Hermann Weyls bereitete es sichtliches Vergnügen, sich in die Quantenphysik anhand dieses Leitfadens einführen zu lassen:[4] „Sie sind wenigstens auch sonst mit dieser Sinnenwirklichkeit in engerem Bunde und ziehen die Register ihrer Quantenorgel. Ihr Buch ist jetzt meine physikalische Bibel."

1923 erschienen die ersten Übersetzungen ins Englische und Französische. Auch für japanische und russische Übersetzungen wurden seit 1922 die ersten Fäden geknüpft.[5] In den USA war das Buch so beliebt, „that they cannot keep it", wie Sommerfeld 1923 aus Berkeley seiner Frau schrieb:[6] „Es wurde aus der Instituts-Bibliothek gestohlen u. musste nachgeschafft werden." Sommerfelds Buch lese sich „wie ein Roman", hatte Pieter Zeeman schon im Januar 1920 gelobt.[7]

---

[1] Brief [56].
[2] *F. Paschen an A. Sommerfeld, 27. Januar 1925. München, DM, Archiv NL 89, 012.*
[3] *K. Meissner an A. Sommerfeld, 2. Dezember 1924. München, DM, Archiv NL 89, 011.*
[4] Brief [57].
[5] *A. Sommerfeld an Vieweg, 27. August 1922. Braunschweig, Vieweg, Sommerfeld. E. von der Pahlen an A. Sommerfeld, 2. Juni 1923. München, DM, Archiv NL 89, 012.*
[6] *A. Sommerfeld an J. Sommerfeld, 16. Februar 1923. München, Privatbesitz.*
[7] Brief [17].

Übersicht über die deutschen Ausgaben von
Atombau und Spektrallinien
vor Sommerfelds Tod

Jahr	Band	Auflage	Buch
1919	1.	1.	[Sommerfeld 1919a]
1921	1.	2.	[Sommerfeld 1921c]
1922	1.	3.	[Sommerfeld 1922a]
1924	1.	4.	[Sommerfeld 1924b]
1929	2.	1.	[Sommerfeld 1929a]
1931	1.	5.	[Sommerfeld 1931]
1939	2.	2.	[Sommerfeld 1939]
1944	1.	6.	[Sommerfeld 1944a]
1951	1.	7.	[Sommerfeld 1951a]
1951	2.	3.	[Sommerfeld 1951b]

Diese Reaktionen lassen erkennen, in welchem Maße es Sommerfeld gelungen war, die schnellen Entwicklungen in der Atomphysik der zwanziger Jahre nicht nur für die Physiker faßlich darzustellen und weitere Entwicklungen anzuregen. Albrecht Unsöld, der später zu den ersten Sommerfeldschülern zählen sollte, die mit der neuen Schrödingerschen Wellenmechanik atomphysikalische Probleme lösten und der durch das Anwenden der Atomtheorie auf astrophysikalische Fragen zu einem Pionier der theoretischen Astrophysik wurde, schrieb als 15jähriger Schüler 1920 an Sommerfeld:[1] „In den letzten Wochen habe ich Ihr Buch über ‚Atombau und Spektrallinien' mit großem Interesse gelesen." Die aus dieser Lektüre erwachsene physikalische Spekulation des Schülers erwies sich als haltlos, doch der Brief des Schülers und seines um Verständnis bittenden Vaters zeugen „von grosser Liebe und Vertiefung in den Gegenstand", wie Sommerfeld zurückschrieb; Unsölds Vater werde „noch viel Freude an seinem Sohn erleben".[2]

Natürlich gab das Buch auch zu Mißstimmungen Anlaß, wenn darin etwa eine Entdeckung oder eine neue Theorie so dargestellt wurden, daß über die Priorität bei der Entdeckung oder ihre Bedeutung Zweifel entstehen konnten. Max von Laue sah sich zum Beispiel mit seinen Verdiensten um die Theorie der Röntgeninterferenz an Kristallen nicht ausreichend gewürdigt; erst nachdem Sommerfeld in der zweiten Auflage durch eine Fußnote den entsprechenden Passus korrigierte, betrachtete er die „Sache durch die

---
[1] Brief [21].
[2] Brief [22].

Umformung der auf den Strukturfaktor bezüglichen Anmerkung als vollkommen erledigt."[1] Paul Ehrenfest spottete über „St. Sommerfeldus als Quantenpabst" und fand, daß die wahre Bedeutung der Adiabatenhypothese nicht zum Ausdruck komme. Sommerfeld brachte daraufhin „eine kleine Correktur für die engl. Auflage" an, wie er im Oktober 1922 seiner Frau aus den USA schrieb, wo Ehrenfest um diese Zeit ebenfalls mehrere Universitäten besuchte.[2]

Unabhängig von den durch verletzte Eitelkeiten oder Mißverständnisse ausgelösten Spannungen empfand Sommerfeld den selbstauferlegten Zwang einer ständigen Anpassung des Buches an den aktuellen Wissensstand zunehmend als Belastung. Vor der Fertigstellung der vierten Auflage klagte er:[3]

> Ich habe etwas mühsame Ferien gehabt, 3 Wochen Holland, die übrige Zeit Neubearbeitung meines Buches. Eine undankbare Sache, weil alles wacklig ist. Wieviel geruhsamer war es früher, Maxwell'sche Gleichungen zu integriren!

Er tröstete sich mit dem Gedanken, den er im Oktober 1924 auch Runge für die Abfassung des Encyklopädieartikels über die Spektroskopie ans Herz legte:[4] „Vollständigkeit in den neueren Dingen ist doch nicht zu erreichen, denn jeder Tag bringt Fortschritte." Er konnte nicht ahnen, wie rasant diese Fortschritte in den kommenden Wochen und Monaten sein würden.

---

[1] Brief [23].
[2] Brief [59].
[3] Brief [72].
[4] Brief [79]; vgl. auch [Runge 1925].

Briefe 1919–1925

[1] *An Josef von Geitler*[1]

München, 14. I. 19.

Lieber Herr College!

Für Ihren sehr liebenswürdigen Brief zu meinem 50. Geburtstag sage ich Ihnen herzlichen Dank. Ihre Mitteilungen darin waren sehr interessant, aber sehr traurig.[2] Wenigstens scheinen Sie allen Widerwärtigkeiten gegenüber Ihren Wiener Humor nicht verloren zu haben.

Wir sehen die deutsche Zukunft Schwarz in Schwarz.[3] Wie tief wir national gesunken sind, zeigt besonders die völlige Verständnislosigkeit, mit der unsere Regierungen und unsere Presse dem Anschluße Deutsch-Österreichs an Deutschland gegenüberstehen. Es ist so, als ob unser Unglück und unsere Revolutionsphrasen jedes Gefühl für Selbstachtung und Selbstvertrauen weggeblasen haben.

Rubinowicz hat mir zu meinem Geburtstag sehr lieb geschrieben. Einige vorangehende Briefe, die von seiner Arbeit in der Physikal. Ztschr. handelten, habe ich ihm auch nicht mehr beantworten können.[4] Ich habe aber bezüglich der Correktur alles sorgsam erledigt. Er hat allen Grund, über den Abschluß dieser Arbeit froh zu sein. Sie ist die letzte wirklich erfreuliche Leistung aus meinem Kreise und für mich selbst eine ausserordentliche Klärung. Auch Ehrenfest schrieb kürzlich im gleichen Sinne. Der Standpunkt von Rubinowicz ist viel befriedigender, wie der von Bohr in seiner letzten Arbeit.[5] Ich komme bald an Cap. VI meines Buches über Atombau u. Spektrallinien, wo ich Rubinowicz Ideen besonders liebevoll darstellen werde.[6] Es wäre schön, wenn Sie R. von dem Vorstehenden irgendwie Kenntnis geben könnten.

Die Nachschrift der Klein'schen Vorlesung für R. liegt hier; ich schicke sie natürlich erst ab, wenn R. mir schreibt, dass es ratsam ist.

---

[1] Brief (2 Seiten, lateinisch), *Warschau, Privatbesitz*.

[2] In dem nicht erhaltenen Brief ging es vermutlich um Geitlers ungewisse Zukunft. Während des Krieges war die Universität Czernowitz geschlossen. Nach dem Kriege fiel die Hauptstadt der Bukowina an Rumänien.

[3] Am 7. November 1918 war in München die Republik ausgerufen worden, am 11. November fand die Unterzeichnung des Waffenstillstands statt, am 5. Januar 1919 brach in Berlin der Spartakusaufstand aus, der bis zum 12. Januar währte; an diesem Tag wurde in Bayern der Landtag gewählt.

[4] [Rubinowicz 1918a] und [Rubinowicz 1918b] behandeln die Auswahlregeln. Rubinowicz war Privatdozent an der Universität Czernowitz, bevor er 1920 als Professor für theoretische Physik nach Laibach und 1922 nach Lemberg berufen wurde.

[5] [Bohr 1918a, insbesondere Fußnote S. 60].

[6] [Sommerfeld 1919a, S. 390-403].

Seien Sie und die Wiener Collegen herzlich von mir gegrüsst! Von der Wiener Intelligenz habe ich eine geradezu erstaunliche Probe in dem jungen Pauli um mich, Sohn des Wiener medicinischen Chemikers.[1] Ein erstes Semester! Seine Begabung geht selbst über die von Debye um ein Vielfaches hinaus.

Ihr aufrichtig ergebener
A. Sommerfeld.

[2] *An Niels Bohr*[2]

München, 5. Februar 19.

Lieber Herr College!

Ich danke Ihnen herzlich für die Zusendung Ihrer neuesten Arbeit.[3] Ich habe beide Exemplare erhalten. Eines davon gebe ich an Dr. Lenz, der nun auch aus dem Felde hierher zurückgekommen ist. Seinen Versuch, das He-Atom aus H-Atomen aufzubauen, haben Sie wohl gesehen.[4] Ich schickte ihn gleichzeitig mit meiner Note über das K_β-Dublett.[5] Lenz würde Ihnen recht dankbar sein, wenn Sie ihm auch Teil I Ihrer Kopenhagener Arbeit schenken wollten. Er arbeitet selbst an diesen Dingen.

Ich danke Ihnen auch herzlich für die ausserordentlich liberale und gewissenhafte Art, mit der Sie meine und meiner Schüler Resultate in Ihren Arbeiten anerkennen. Dadurch werden wohl auch die Fachgenossen in den feindlichen Ländern, die sonst gern alle deutschen Leistungen unterschlagen möchten, gezwungen sein, einzusehen, dass sich die deutsche Wissenschaft selbst im Kriege nicht unterdrücken lässt.

Ich finde es recht schwer, in den Röntgenspektren weiterzukommen. Es ist gar zu viel Hypothetisches in den Annahmen über die Lage und Besetzung der Ringe. Ich habe mich daher wieder mehr den sichtbaren Spektren zugewandt, über die ich von Paschen neues Material bekommen habe.[6] Ich

---

[1] Wolfgang Josef Pauli, seit 1907 Medizinprofessor an der Universität Wien, gründete dort 1913 ein Laboratorium für physikalisch-chemische Biologie; er war ein Pionier der Kolloidchemie.

[2] Brief (2 Seiten, lateinisch), *Kopenhagen, NBA, Bohr*.

[3] Vgl. Band 1, Brief [298]; die damit übersandte Arbeit [Bohr 1918b] war die Fortsetzung von [Bohr 1918a].

[4] Nach [Lenz 1918] sollte der Atomkern des Heliums aus vier Wasserstoffkernen und zwei Elektronen zusammengesetzt sein.

[5] [Sommerfeld 1918].

[6] Vgl. die Briefe Paschens an Sommerfeld vom 21. Januar, 25. Januar und 1. Februar 1919, *München, DM, Archiv HS 1977-28/A,253*.

komme immer mehr zu der Überzeugung, dass meine Deutung der H. S., der I. N. S. und B. S. das Richtige trifft.[1]

Sehr gespannt bin ich auf Ihre Stellung zur Dispersionstheorie.[2] Ich wäre sehr zufrieden, wenn Sie einen besseren Zugang dazu fänden. Ich habe auch nichts dagegen, wenn Sie das H_2-Modell, das doch zu viel Widersprüche enthält, durch etwas Besseres ersetzen können.

Ihr formales Analogie-Princip zwischen klassischer Theorie und Quantentheorie ist sehr interessant und fruchtbar. Befriedigender scheint mir einstweilen allerdings der Ansatz von Rubinowicz, der aber lange nicht so weit reicht.[3]

Augenblicklich schreibe ich ein Buch „Atombau und Spektrallinien", das auch für Nicht-Physiker verständlich sein soll.

Ihren Wunsch, dass es bald möglich sein möge, mit ausländischen Collegen zusammen zu kommen, teile ich von Herzen. Besonders würde es mir eine grosse Freude sein, Sie wiederzusehen.

Grüssen Sie bitte Ihren Bruder und Herrn Knudsen von mir.[4]

Ihr aufrichtig ergebener
A. Sommerfeld.

[3] *An Manne Siegbahn*[5]

München, 27. Juli 1919.

Lieber Herr College!

Meinen besten Dank für Ihren Brief vom 26. VI. Ich freue mich sehr auf meinen Besuch in Lund.[6] Wir werden sehr viel Interessantes zu besprechen haben; dass ich Bohr gerne wiedersehen würde, brauche ich nicht zu versichern. Auch die Hn. Charlier und Bäcklund werde ich mich aufrichtig freuen, kennen zu lernen.[7] Eine besondere Freude würde es mir auch

---

[1] Vgl. die Ausführungen in [Sommerfeld 1916b, § 3] sowie [Sommerfeld und Kossel 1919, S. 240] über die Hauptserie, die I. Nebenserie und die Bergmannserie, die den Termen mit den Azimutalquantzahlen 2, 3 und 4 zugeordnet wurden und Übergängen zu Termen mit jeweils variabler Radialquantzahl entsprechen sollten.

[2] [Sommerfeld 1917a]; vgl. Band 1, Seite 403.

[3] Vgl. Band 1, Brief [281].

[4] Martin Knudsen war seit 1912 Professor für Physik an der Universität Kopenhagen.

[5] Brief (2 Seiten, lateinisch), *Stockholm, Akademie, Siegbahn*.

[6] Vgl. Seite 14; der Brief Siegbahns liegt nicht vor.

[7] Beide waren Professoren an der Universität Lund, Victor Bäcklund für Physik, Carl Vilhelm Ludwig Charlier für Astronomie. Er verfaßte ein Standardwerk der Himmelsmechanik, [Charlier 1902], [Charlier 1907].

sein, Hn. Oseen, mit dem ich rege korrespondirt habe und den ich wegen seiner hohen mathematischen Begabung besonders schätze, persönlich zu begrüssen.[1]

Dem zusammenfassenden Titel „*Atomphysik*" stimme ich zu; mit Rücksicht auf Rutherfords neue Arbeiten würde ich ja trotzdem auch etwas über „Kernphysik" reden können.[2] Es ist mir sehr angenehm, wenn Sie an den ersten zweistündigen Vortrag eine Conferenz – oder wie wir sagen, ein „*Colloquium*" – anschliessen wollen. Den Vortrag bei der Studentenschaft wollen wir nennen: „*Lichtbilder aus der Aerodynamik und Hydrodynamik*." Die speciellen Vorträge für Physiker werden sich dann hauptsächlich mit den Problemen der Röntgenstrahlen beschäftigen, wo ja noch so vieles im Dunkeln liegt.

Es ist mir lieb, dass Sie das Programm im Einzelnen erst Ende August festsetzen wollen. Bis dahin werde ich Genaueres über meine Reise angeben können. Ich erfahre den neuen Fahrplan erst *nach dem 1. August*. Meine Absicht ist jetzt, etwa am 3ten September hier fortzufahren, so dass ich am 7ten September etwa dort ankäme. Wie Sie wissen haben wir früher das beste Eisenbahnwesen der Welt gehabt. Durch die Bosheit unserer Feinde und durch eigne [Schuld?][3] ist aber jetzt manches in Unordnung gekommen. Ich will hoffen, dass die Reise glatt von statten geht. Ich werde mich auf alle Fälle an die schwedische Gesandtschaft in Berlin wenden und mir den Besuch in Lund bestätigen lassen. Falls die Gesandtschaft in Lund anfrägt, werden die Universitätsbehörden hoffentlich unterrichtet sein und die erwünschte Auskunft geben.

Mit grossem Interesse habe ich Ihren Bericht in den Annalen d. Phys. und im Phil. Mag. über Ihre Präcisionsmessungen gelesen.[4] Über die Besonderheiten, die sich bei anderen Elementen als Cu, in den Dubletts zeigen, kann ich vielleicht auch theoretisch etwas sagen. Die systematischen Abweichungen von der Kroo'schen Curve verdienen nähere Untersuchung;[5] rühren sie davon her, dass die Formel noch falsch ist oder davon, dass sie nur die Wechselwirkungen nicht berücksichtigt? Die Theorie wird alle Mühe haben, mit der Präcision Ihrer Messungen Schritt zu halten!

---

[1] Carl Wilhelm Oseen war Professor für theoretische Physik an der Universität Upsala. Der erhaltene Briefwechsel beginnt erst im Jahr 1921.

[2] [Rutherford 1919] beschreibt die Spaltung von Stickstoffkernen durch α-Teilchen.

[3] Teilweise Lochung.

[4] [Siegbahn 1919a], [Siegbahn 1919b], [Siegbahn 1919c], [Siegbahn und Leide 1919].

[5] In [Kroo 1918] werden die Annahmen über die Besetzung von Elektronenringen für verschiedene Elemente am Beispiel der K_α-Emission untersucht, siehe [Sommerfeld 1921c, S. 261-262]; vgl. [Heilbron 1967, S. 475-476].

Wir interessiren uns jetzt hier auch für Bandenspektren. Ich glaube, dass mir Herr Heurlinger seine Dissertation hierüber seinerzeit geschickt hat, ich kann sie aber nicht finden.[1] Ich wäre ihm dankbar, wenn er sie mir (vielleicht in 2 Exemplaren) schicken könnte. Doch hat dies auch Zeit, bis ich in Lund bin. Meine Arbeit über „Auswahlprinzip und Verschiebungssatz"[2] haben Sie wohl bekommen und interessant gefunden.

Ich habe in den letzten Wochen unendlich Schmerzliches erlebt. Nicht nur das allgemeine politische Elend, auch ein besonderes Familienunglück hat mich getroffen. Ein [lieber?] hoffnungsvoller Sohn von 15 Jahren ist mir beim Baden ertrunken! Ich fürchtete schon, meinen Besuch in Lund deshalb absagen zu müssen, jedoch habe ich mich auf besonderes Zureden meiner Frau entschlossen, daran festzuhalten und neue Lebensenergie daraus zu schöpfen.

Mit herzlichen Grüssen
Ihr A. Sommerfeld.

[4] *Von Niels Bohr*[3]

Kopenhagen 27-7-1919.

Lieber Professor Sommerfeld!

Von Prof. Geitler[4] habe ich die traurige Nachricht von dem Tode Ihrer Sohnes bekommen und will gerne meine innigste Teilnahme an Ihren tiefen Trauer ausdrucken.

Ich war eben in Begriff Ihnen zu schreiben, weil ich von Siegbahn gehört hatte, dass Sie in September nach Lund kommen werden, und ich sehe es mit der grössten Erwartung und Freude entgegen Ihnen dort zu begegnen. Ich denke dass Sie sich gewundert haben so lange nichts von der Fortsetzung meiner Arbeit gehört zu haben. Obwohl ich die Manuskripte zu dem dritten und vierten Teil meiner Arbeit in über einem Jahr liegen gehabt habe, bin ich leider von äusseren Verhältnissen bisher verhindert gewesen sie für Publikation fertig zu machen.[5] Nun bin ich vor kurzer Zeit von einer Reise nach Holland zurückgekommen, wo ich in Leiden einen Vortrag über

---

[1] [Heurlinger 1918].

[2] [Sommerfeld und Kossel 1919].

[3] Brief (8 Seiten, lateinisch), *München, DM, Archiv HS 1977-28/A,28*.

[4] Josef von Geitler, der zuvor Professor für Physik in Czernowitz war, wurde 1919 Honorardozent an der TH Graz.

[5] [Bohr 1922b], Teil 3 erschien erst im November 1922. Teil 4 wurde nicht publiziert; ein fragmentarischer Entwurf ist in [Bohr 1976, S. 185-200] abgedruckt.

Atomfragen gehalten habe, und bin in diesem Sommer damit beschäftigt den dritten Teil meiner Abhandlung, die wie mein Leidener Vortrag wesentlich von den Serienspectren der Elemente handelt, abzurunden.[1] Von Ihren schönen mit Kossel gemeinsamen Arbeiten sehe ich, dass Sie sich wieder selbst mit denselben Problemen beschäftigt haben.[2] Ich bin ganz mit Ihren Überlegungen einverstanden. Was Sie als Auswahlprincip bezeichnet haben, habe ich ausführlich in Leiden diskutiert. Ich habe es aber, wie in dem zweiten Teil meiner Arbeit, als ein Specialfall einer mehr umfassenden Intensitätsbetrachtung behandelt, und nur um diesen Gesichtspunkt so deutlich als möglich hervorzuheben habe ich in meinen Arbeiten nich[t] die Winkelmomentbetrachtungen[3] stärker herangezogen, deren Bedeutung ich übrigens erkannt hatte schon bevor ich zu dem allgemeinen Gesichtspunkt gekommen war. Es hat mich auch sehr gefreut zu lesen was Sie und Kossel über den Verschiebungssatz geschrieben haben. Seit längerer Zeit habe ich die Bedeutung dieses Satzes erkannt, und wir haben in dem physikalischen Laboratorium in Kopenhagen schon vor zwei Jahren Experimente angefangen in der Hoffnung die Funkenspektren des Lithiums zu observieren mit der speciellen Absicht die Folgerungen einer Theorie des gewöhnlichen Heliumspektrums zu prüfen, die in Zusammenarbeit mit Dr. Kramers schon im Herbst 1916 ausgearbeitet war.[4] Ich kann nicht sagen wie sehr ich mich schäme so lange mit meinen Publikationen warten zu lassen. Ich leide aber so sehr von Schwierigkeiten Abhandlungen in befriedigende Form zu bringen und von einem unglücklichen Hang alle Resultate in systematischer Reihenfolge erscheinen zu lassen. Als ich die schöne Arbeit von Landé gelesen hatte,[5] habe ich ihm einen langen Brief geschrieben und von unserer Arbeit erzählt, von der ich übrigens schon in Leiden kurz berichtet hatte. In erster Annäherung haben wir dasselbe Resultat als Landé erhalten aber von einem wesentlich verschiedenen Gesichtspunkt aus, welche sich unmittelbar an die Behandlungsweise, die in dem zweiten Teil meiner Arbeit gegeben ist, anschliesst. Im Gegensatz zu Landé haben wir angenommen, dass

---

[1] Bohr hatte am 25. April 1919 auf Einladung von Ehrenfest in Leiden einen Vortrag über „Problems of the Atom and the Molecule" gehalten, vgl. [Bohr 1976, S. 15].
[2] [Sommerfeld und Kossel 1919].
[3] Winkelmoment bedeutet Drehimpuls.
[4] Zum Verschiebungssatz vgl. Seite 15. H. A. Kramers war von 1916 bis 1926 Bohrs Assistent; seine Heliumarbeiten führten zu keinem aussagekräftigen Ergebnis, vgl. [Dresden 1987, S. 99].
[5] [Landé 1919]; dieses Heliummodell wird ausführlich in [Mehra und Rechenberg 1982a, S. 399-404] diskutiert. Vgl. auch Sommerfelds Briefe an Landé vom 5. März, 7. März, 14. April und 2. Juli 1919. *Berlin, SB, Nachlaß 70 Landé, Sommerfeld.*

wohl die Bahn des inneren Elektrons excentrisch ist, dass aber der Mittelwert der Energie des inneren Elektrons (kinetische Energie plus potentielle Energie relativ zu dem Kern) unverändert ist. Wir haben dieses von einem allgemeinen Theorem über den Mittelwert der Energie eines gestörten periodischen Systems, die ich in den genannten Arbeiten abgeleitet habe, gefolgert. Dass wir dennoch dieselbe Übereinstimmung mit den Messungen wie Landé gefunden haben rührt daher, dass wir die stationären Zustände in einer etwas anderen Weise bestimmt haben. So haben wir nicht, wie Landé, den Mittelwert des Winkelmoments des äusseren Elektrons gleich einem ganzen Vielfachen von $h/2\pi$ gesetzt, sondern wir haben das totale Winkelmoment des ganzen Systems gleich einer solchen Vielfachen gesetzt; was eben darum ein anderes Resultat gibt, als man wegen der Excentricitet der inneren Bahn annehmen muss, dass der mittlere Winkelmoment des inneren Elektrons etwas kleiner als $h/2\pi$ ist. Mit einer solchen Festsetzung der stationären Zustände genügt man nicht nur dem Princip der Erhaltung des Winkelmoments während der Ausstrahlung, aber auch in diesem Falle erscheint die Folgerungen dieses Princips als Specialfall des allgemeinen Analogieprincips der Quantentheorie und der gewöhnlichen Strahlungstheorie. So erhalten Kramers und ich im Gegensatz von Landé eine Beziehung zwischen den Differenzen der Energie in den stationären Zuständen und den Schwingungszahlen der harmonischen Schwingungen, in welche die Bewegung des äusseren Elektrons aufgelöst werden kann, welche die analoge Beziehung zwischen Energie und Frequenz der stationären Zustände eines einfachen Zentralsystems entspricht. Leider liegt Kramers in diesem Augenblick krank in Rotterdam und es wird deshalb wahrscheinlich noch einige Zeit dauern bevor wir Gelegenheit bekommen unsere detaillierten Rechnungen zu publizieren.[1]

Mit herzlichen Grüssen und in die Erwartung Sie bald wieder persönlich zu treffen und Gelegenheit zu finden alle die verschiedenen Fragen mit Ihnen zu diskutieren.

Ihr sehr ergebener
Niels Bohr

---

[1] Diese Rechnungen wurden erst in [Bohr 1977, S. 122-139] gedruckt. Das Heliumproblem spielte für die weitere Entwicklung auf dem Weg zur Quantenmechanik eine wichtige Rolle, da an diesem Beispiel das Versagen der klassischen Störungstheorie bei Anwendung auf atomare Systeme offenkundig wurde, vgl. [Kramers 1923b].

[5] *An Manne Siegbahn*[1]

München, 14. August 1919.

Lieber Herr College!

Wie Sie aus dem beiliegenden Schreiben der schwedischen Gesandtschaft in Berlin ersehen, macht meine Reise nach Schweden unerwartete Schwierigkeiten. Obgleich ich einen Ihrer Briefe an die Gesandtschaft mitgeschickt hatte, habe ich das erbetene Visum meines Passes nicht bekommen. Ich bitte Sie nun, durch die Universität in Lund beim Ministerium des Äußeren in Stockholm umgehend beantragen zu lassen, dass dieses die Gesandtschaft zur Erteilung des Visums ermächtigt, am besten wohl telegraphisch, da die Gesandtschaft für die Erledigung drei Wochen Zeit beansprucht. Wann ich unter diesen Umständen abreisen kann, lässt sich noch nicht bestimmen. Sobald ich die Einreisegenehmigung habe, werde ich an Sie telegraphiren. Wenn es geht, möchte ich am 8ten September dort sein, doch hängt alles davon ab, wie schnell das schwedische Ministerium und die Gesandtschaft arbeitet.

Die Arbeiten von Hn. Dr. Heurlinger[2] habe ich erhalten und mit vielem Interesse studirt. Besten Dank Ihnen und dem Verfasser!

Ich hoffe mancherlei Interessantes sagen zu können und will nur hoffen, dass sich die bürokratischen Schwierigkeiten überwinden lassen. Entschuldigen Sie die Störung Ihrer Ferienruhe!

Ihr ergebenster
A. Sommerfeld.

[6] *An Carl Runge*[3]

16. VIII. 19

Lieber Runge!

Vor einer Reihe von Jahren empfahlen Sie mir „Spektrall.[linien] und Zeeman-Effekt" zur Bearbeitung.[4] Ich kann Ihnen heute auch etwas über den Zeeman-Effekt melden, das Sie besonders angeht, allerdings etwas Halb-Empirisches. Es handelt sich um die Runge'sche Zahl der anomalen Zeeman-Effekte.[5]

---

[1] Brief (2 Seiten, lateinisch), *Stockholm, Akademie, Siegbahn*.
[2] Vgl. Brief [3].
[3] Brief (4 Seiten, lateinisch), *München, DM, Archiv HS 1976-31*.
[4] Vgl. auch Band 1, Brief [262].
[5] Vgl. Seite 15.

Als sicher muss man ansehen, dass auch beim Zeeman-Effekt das Combinationsprincip gilt, derart, dass sich die Verschiebung $\Delta\nu$ (gemeßen in Teilen der normalen Lorentz'schen Verschiebung a) zusammensetzt aus einer Verschiebung des ersten Terms $\Delta\nu_1$ und des zweiten $\Delta\nu_2$.

$$\frac{\Delta\nu}{a} = \frac{\Delta\nu_1}{a} - \frac{\Delta\nu_2}{a}, \quad \frac{\Delta\nu_1}{a} = \frac{s_1}{r_1}, \quad \frac{\Delta\nu_2}{a} = \frac{s_2}{r_2}$$

r_1, r_2 Runge'sche Zahlen, s_1, s_2 die zugehörigen Zähler, die von Componente zu Componente wechseln. Daher

$$\frac{\Delta\nu}{a} = \frac{s}{r}, \quad s = s_1 r_2 - s_2 r_1$$
$$r = r_1 r_2$$

Daher mein *magnetooptischer Zerlegungssatz*.[1]

Die Runge'sche Zahl r jeder Termcombination zerlegt sich in die Runge'schen Zahlen r_1 und r_2 des ersten und zweiten Terms.

Ich bin auf diesen Satz gekommen, weil mir Paschen die Zerlegungsbilder für die I. N. S. der Dubl.[etts] und Tripl.[etts] mitgeteilt hat. Die betr. R.[ungeschen] Zahlen [sind] 15 und 6; 15 ist durch 3 teilbar (Runge'sche Zahl der H. S. und II. N. S. der Dubl.[etts]), 6 ist durch 2 teilbar (Runge'sche Zahl der H. S. und II. N. S. der Tripl.[etts]).

Man kommt daher zu folgendem *Schema der r für die einzelnen Terme*:

	s	p	d	b-Term	
Einf.[ache] Linien	1	1	1	1	...
Tripl.[ett]	1	2	3	4 (?)	...
Dubl.[ett]	1	3	5	7 (?)	...

Als R.[ungesche] Zahl für die Bergmann-Serie (Combination von d- und b-Term) würde folgen 12 und 35 bei den Tripl. und Dubl. Leider nicht beobachtet. Dagegen erwarte ich von Hn. Back Bestätigungen meines Satzes aus den Quecksilber-Linien $p_i - D$ und $P - d_i$, welche 2.1 und 1.3 sein sollen; insbesondere lässt sich so, da P einfach ist, der Einfluss des d-Terms der Tripl.-Linien isoliren.[2]

Ist das nicht sehr schön?

---

[1] Vgl. [Sommerfeld 1920a] und [Sommerfeld 1920c] sowie Seite 15.
[2] Vgl. die Briefe Backs an Sommerfeld vom 2. und 29. April 1920, *München, DM, Archiv HS 1977-28/A,8*. Sommerfelds Angebot einer gemeinsamen Publikation schlug Back aus.

Der eigentliche Grund für die Dubl. und Tripl. und daher auch der Grund für die anomalen Zeemaneffekte ist mir aber noch immer unklar. Nur soviel ist sicher, dass in allen ganzzahligen Verhältnissen die Quanten stecken.

Messungen von Miller,[1] die bei Voigt u. Ihnen gemacht sind, stimmen mit meinem Satz zum Teil nicht überein, werden aber auch schon durch die (nicht publicirten) Paschen'schen Resultate widerlegt. Die Miller'schen Messungen sind aber wohl nicht sehr zuverlässig. Wissen Sie sonst Material zu meinem Satz?

Mit den Vektoren werden Sie wohl recht haben;[2] die Benutzung der reciproken Einheitsvektoren ist mir geläufig und sympathisch. Trotzdem habe ich eine Abneigung gegen die überwuchernde ∇-Symbolik, die aber mehr didaktischen wie wissenschaftl. Ursprungs ist.

Beste Grüsse von
Ihrem A. Sommerfeld.

Wenden!
Ich behaupte nur, dass die *Runge'schen Zahlen* sich glatt kombiniren. Die *Intensitäten* brauchen es nicht zu tun. Auch kann, trotzdem z. B. in der I. Triplett-Neben-Serie die Runge'sche Zahl 6 ist, bei einzelnen Componenten des vollständigen Tripletts als Runge'sche Zahl 2 auftreten, was nur heisst, dass die Zähler sämtlich durch 3 teilbar sind – bei den von Ihnen zusammen mit Paschen gemeßenen Hg-Linien $p_i d''$ ist das der Fall.

Ein interessanter Satz, der offenbar allgemein gilt, lautet: Wenn der p-Term zweifach oder dreifach ist, ist es auch der d-Term (also wohl auch der b-Term?) Scheinbare Ausnahmen (bei Na, Mg, .. sind darauf zurückzuführen, dass hier die Trennung des d-Termes zu gering ist. Auch dieser Satz ist vom Modell-Standpunkt aus unverständlich.

[7] *Von Niels Bohr*[3]

Kopenhagen 30-8-1919

Lieber Prf. Sommerfeld!

Als ich das letzte Mal an Ihnen schri[e]b,[4] habe ich nur die grosse Freude ausgesprochen mit der ich das Zusammentreffen mit Ihnen während Ihres Besuches in Lund entgegensehe, obwohl ich natürlich die Hoffnung

---

[1] William Miller promovierte 1907 in Göttingen über den Zeemaneffekt, [Miller 1907].
[2] Es ist kein Brief Runges erhalten, auf den sich diese Bemerkung beziehen könnte.
[3] Brief (3 Seiten, lateinisch), *Kopenhagen, NBA, Bohr*.
[4] Brief [4].

genährt habe, dass wir bei derselben Gelegenheit die Freude haben sollten, Sie hier in Kopenhagen zu sehen. Nun nach der Abschluss der Universitätsferien habe ich mit Knudsen über die Verwirklichung dieser Hoffnung näher gesprochen, und wir freuen uns Ihnen mitteilen zu können, dass Sie in einigen Tagen von „Danmarks Naturvidenskabelige Samfund" (eine Dänische Gesellschaft zur Forderung[1] der Naturwissenschaften in der Knudsen Vicepräsident ist) eine officielle Einladung zu einem Besuche in Kopenhagen bekommen werden. Es würde uns sehr freuen, wenn Sie während Ihres Aufenthaltes hier vielleicht einen gemeinverständlichen Vortrag über Ihre Untersuchungen für die Mitglieder der Gesellschaft und andern naturwissenschaftlich Interessierten halten wollten, und wir hoffen natürlich, dass Sie unserer physikalische Gesellschaft die grosse Ehre erzeigen würden einen Abend unser Gast zu sein. Ich kann Ihnen nicht beschreiben mit welcher Interesse und Freude alle für die Physik sich interessierende Dänen einem solchen Besuch von Ihnen entgegensehen.

Es würde uns sehr schön passen, wenn Sie hierher gleich nach dem Abschluss Ihres Besuches in Lund kommen werden, aber ich weiss ja nicht ob Sie andere Verabredungen haben und ich würde sehr dankbar sein, wenn Sie mir schreiben wollten, welche Zeit es Ihnen am angenehmsten sein wird hierherzukommen.[2]

Mit den herzlichsten Grüssen von Knudsen und mirselbst

Ihr sehr ergebener
Niels Bohr

[8] *An Manne Siegbahn*[3]

München, 3. September 1919.

Lieber Herr College!

Der Pass ist vorgestern hier angekommen.[4] Ich danke Ihnen vielmals für Ihr energisches Eingreifen. Heute will ich mir das Visum des dänischen Consuls geben lassen, eine dänische Gesandtschaft ist nicht in München. Ich denke, dass dies für meine Zwecke genügen wird.

Ich will Samstag den 6ten hier fortfahren und Montag den 8ten in Trelleborg, abends 7^{30}, ankommen. Der Zug nach Malmö soll 8^{05} abgehen und

---

[1] Förderung.

[2] Sommerfeld kam am 21. September 1919 nach Kopenhagen und war am folgenden Tag Gast der Physikalischen Gesellschaft; vgl. Bohrs Ansprache in [Bohr 1976, S. 217].

[3] Brief (2 Seiten, lateinisch), *Stockholm, Akademie, Siegbahn*.

[4] Vgl. Brief [5].

hat vermutlich Anschluß nach Lund. Ich hoffe also Montag Abend in Lund zu nicht zu später Stunde anzukommen. Da man aber mit einer Dampfer- und Zugverspätung rechnen muß und da es nicht leicht ist, bei gegenseitiger Unbekanntschaft sich auf dem Bahnhof zu erkennen, möchte ich vorschlagen, dass Sie mich nicht am Bahnhof abholen lassen, sondern dass ich die erste Nacht in ein Hotel an der Bahn gehe. Ich werde Sie dann Dienstag vormittag sogleich aufsuchen. Auf alle Fälle aber, falls Sie mich doch schon abends auf der Bahn zu sehen wünschen, bemerke ich, dass ich klein bin (1,65 m), einen hellbraunen Überzieher und schwarzen Filzhut trage und an letzterem als Erkennungsmerkmal meine Visitenkarte anbringen werde.[1]

Ich nehme an, dass die Vorträge am Mittwoch den 10ten beginnen sollen. Wenn Sie aber schon auf Dienstag eine Stunde ansetzen wollen, so habe ich auch nichts dagegen. Hauptsächlich möchte ich Dienstag dazu benutzen, um an den verschiedenen Stellen meinen Besuch zu machen, z. B. bei Ihrem Rektor, bei Prof. Charlier, Bäcklund etc etc.[2] Die Abendstunde von 5 – 6 Uhr ist mir als Vortragszeit ganz recht.

Da ich nicht sicher bin, ob Sie dieser Brief rechtzeitig erreicht, schicke ich gleichzeitig ein Telegramm ab. Hoffentlich kommt keine Kohlenkrise und kein Eisenbahnstreik meinen Plänen in den Weg!

Ihr A. Sommerfeld.

Nachschrift nach Diktat:[3]
Der dänische Konsul in München kann den Paß für Dänemark nicht erweitern. Es wäre mir lieb, wenn Sie von Lund aus dies in Kopenhagen vorbereiten lassen könnten. Den Paß bringe ich selbst mit.

A. S.

[9] *An Johanna Sommerfeld*[4]

Lund 10. IX. 19.

Liebste Frau!

Heute ist es ein viertel Jahr, dass wir unseren süssen guten Jungen ver-

---

[1] „Siegbahn war mir gestern bis Malmö entgegen gefahren. Als ich ihn fragte, wie er mich im Zug erkannt hätte, sagte er mir, dass er in München bei mir zwei Monate Colleg gehört hätte, im Jahr 1909. Davon hatte ich keine Ahnung." *A. Sommerfeld an M. Sommerfeld, 9. September 1919. München, Privatbesitz.*
[2] Vgl. Brief [3], Fußnote 7, Seite 48.
[3] Vermutlich von K. Selmayr.
[4] Brief (3 Seiten, lateinisch), *München, Privatbesitz.*

loren haben.[1] Ein trauriger Gedenktag, an dem wir hätten zusammensein müssen. Mir ist er im Trubel der Vorträge vergangen. Erst jetzt am späten Abend kann ich meine Gedanken sammeln und mit den Deinigen vereinen.

Heute um 11 Uhr begann die eigentliche Conferenz mit einem langen Vortrag von Bohr. Er dauerte von $\frac{1}{2}$12 bis 2 Uhr. Dann gab es einen Lunch im Institut, den Frau Siegbahn servirte. Es waren etwa 40 Herren, Stockholmer, Kristianer[2] und Kopenhagener darunter. Um $3\frac{1}{4}$ begann mein Vortrag, der sehr hübsch war. Schliesslich kam noch Vegard aus Kristiania zu Wort, mit dem ich eigentlich über Kreuz stehe.[3] Wir haben uns aber nicht gezankt. Schliesslich gab es eine Diskussion. Das meiste in deutscher Sprache, nur Bohr sprach englisch.

Von dem Vortrag ging es sogleich in das grosse Studentenheim, zu einem üppigen Souper. Besonders üppig die Getränke. Der schwedische Punsch macht immer den Schluß. Man trinkt ihn aber nur aus kleinen Gläschen.

Ich werde nicht nach Kiel und Lübeck fahren können. Die Dampferverbindung Kopenhagen–Kiel ist eingestellt. Ich werde also von Kopenhagen über Warnemünde direkt nach Berlin fahren. Schade, dass ich auf diese Weise die lieben Schlodtmanns[4] versäume. An Kiel liegt mir nicht so viel. Vielleicht fahre ich nun doch noch über Göttingen und Frankfurt.

Wenn Du diesen Brief bekommst, ist der heutige traurige Gedenktag lange vorüber, und ein anderer trauriger Tag ist für Dich angebrochen. Wenn ich Dir doch etwas von den vielfältigen, freundlichen Eindrücken abgeben könnte, die mich hier umgeben!

In Treue und Liebe
Dein A.

Die Separata sind angekommen, die Ernst[5] einige Tage vor meiner Abreise abgeschickt hatte. Briefe habe ich natürlich noch nicht bekommen.

---

[1] Arnold Lorenz war beim Baden im Ammersee ertrunken.
[2] Oslo hieß bis 1924 Christiania bzw. Kristiania.
[3] Der Grund lag in unterschiedlichen Auffassungen über Röntgenspektren, vgl. Band 1, Briefe [280] und [290] sowie *A. Sommerfeld an W. Wien, 27. März 1919. München, DM, Archiv NL 56, 010* im Hinblick auf [Vegard 1919]: „In der Phys. Z. tat er so, als ob die Theorie der Röntgenspektren von ihm wäre und dabei hat er nicht einen fassbaren und quantitativ begründeten Gedanken darüber ausgesprochen!"
[4] Walter Schlodtmann, ein Freund Sommerfelds aus der Göttinger Zeit, wohnte mit seiner Familie in Lübeck.
[5] Sein ältester Sohn Ernst Sommerfeld.

[10] *Von Niels Bohr*[1]

13/9 [1919]

Lieber Prf. Sommerfeld!

Wir freuen uns alle so sehr Sie hier in Kopenhagen zu sehen. Ich habe mit Knudsen den Plan für Ihren Besuch näher besprochen, und wenn es Ihnen angenehm ist, würden wir uns sehr freuen, wenn Sie ~~hier~~ für die Mitglieder der phys. Gesellschaft und andere Interessierte, die wir einzuladen beabsichtigen die zwei Vorträge die Sie erwähnten halten möchten. Die Passfrage ist befriedigend erledigt und die Phys. Gesellschaft hat eben von dem Justizministerium die Mitteilung erhalten, dass das dänische Konsulat in Malmø den Auftrag bekommen hat, Ihren Pass für einen Aufenthalt in Dänemark zu visieren. Wir hoffen, dass Sie hier nicht allzuwenige Tage bleiben werden.

Damit selbstverständlich der Besuch für Sie mit keiner Ausgabe verbunden sein soll, bittet die phys. Gesellschaft um Erlaubniss Ihnen eine Summe von 500 Kr[onen] zu überreichen, die „Danmarks Naturvidenskabelige Samfund"[2] die Güte gehabt hat uns für diesen Zweck zur Verfügung zu stellen. Eine Anweisung für die Summe wird der Sekretär der Gesellschaft sich erlauben Ihnen in wenigen Tagen zu übersenden. Sobald Sie näheres wissen wann Sie kommen werden, würde ich sehr dankbar sein, wenn Sie es mir mitteilen wollen, so dass wir die Einladung den Zuhörern der Vortragen zusenden können.

Ich kann Ihnen nicht sagen, welche grosse Freude es war Sie wieder zusehen und mit welcher Freude und Erwartung alle Ihren Besuch hier entgegensehen.

Mit herzlichen Grüssen von meinem Bruder und mirselbst

Ihr sehr ergebener
Niels Bohr

[11] *An Niels Bohr*[3]

Lund 16. IX. 19.

Lieber Herr College!

Herzlichen Dank für Ihren liebenswürdigen Brief mit der Einladung nach Kopenhagen! Ich komme natürlich sehr gern zu Ihnen, teils um die schöne

---

[1] Brief (4 Seiten, lateinisch), *Kopenhagen, NBA, Bohr*.
[2] Vgl. Brief [7].
[3] Brief (4 Seiten, lateinisch), *Kopenhagen, NBA, Bohr*.

Stadt zu sehn, teils um mit Ihnen und den dänischen Collegen weitere wissenschaftliche Gespräche zu führen. Ihr Anerbieten der von der dänischen naturwissenschaftlichen Gesellschaft gestifteten Geldsumme (nach jetziger deutscher Valuta einer *grossen* Geldsumme) bedrückt mich aber etwas. Meine Auslagen für den Kopenhagener Aufenthalt sind ja viel kleiner und werden reichlich durch die mir von Lund angebotene Summe ersetzt. Ich meine aber eine so delikate Frage lässt sich nicht gut schriftlich erledigen; ich möchte daher mündlich darauf zurückkommen.

Es passt mir am besten, Sonnabend den 20ten nachm. um 4 Uhr hier fortzufahren, mit demselben Zug mit dem Sie selbst fuhren. Wenn ich am Sonntag den 21ten die Begleitung von Ihnen oder Ihrem Bruder haben könnte bei einem Ausflug in die Umgegend von Kopenhagen werde ich sehr froh sein. Am 22ten und 23ten werde ich dann gern in K. sein und bin jederzeit bereit, die Vorträge zu halten, *deren Zeit Sie ganz nach Belieben ansetzen mögen*. Es kommt mir dabei garnicht auf ein grosses Publikum an; dagegen hoffe ich auf Ihre Kritik. Wenn Sie doch eine eigentliche Versammlung zusammenberufen, so setzen Sie vielleicht ausser mir noch einen anderen Vortrag auf das Programm; ich würde gern auch etwas von den dänischen Collegen hören. Bei einer solchen Versammlung möchte ich selbst natürlich nur einer der beiden in Aussicht genommenen Vorträge halten u. zw. etwa mit dem Titel: „Molekular-, Atom- und Kernmodelle". Für den anderen Vortrag („über Bandenspektren") findet sich dann wohl noch eine andere Zeit in kleinerem Kreise.[1]

Indem ich mich auf unser Wiedersehn freue und Ihnen im Voraus herzlich danke

Ihr A. Sommerfeld.

[12] *Von Harald Bohr*[2]

14/ Oktober 1919

Lieber Professor Sommerfeld!

Ich erlaube mir Ihnen zu schreiben um Sie zu bitten meinem Bruder zu helfen bei seinen Bestrebungen gute Bedingungen für die wissentschaftliche Arbeit in der Atomphysik in Kopenhagen zu schaffen. Ich habe meinem Bruder gebeten, dass ich Ihnen darüber schreiben darf, weil ich von Ihren freundlichen Gespräch verstanden habe, dass Sie wie ich so sehr fühlen,

---

[1] Dieses Thema war Gegenstand seiner Vorträge in Schweden, vgl. [Sommerfeld 1920f].
[2] Brief (4 Seiten, lateinisch), *Kopenhagen, NBA, Bohr*.

wie nothwendig es ist für Ihn bald gute Arbeitsbedingu[n]gen und dadurch Arbeitsruhe zu bekommen, da seine Arbeitskraft leider in den letzten Jahren von Schwierigkeiten um Mittel und Hülfe für seine theoretischen und experimentellen Untersuchungen zu bekommen sehr gelitten hat.[1]

Bei seinem Gesuch um ein Institut für Arbeit in Atomfragen, welches er vor einigen Jahren ~~1917~~ eingesandt hat, hat er die Auslagen bei der Einreichung auf das kleinst mögliche berechnet; nun sind ja aber sämmtliche Preise in sehr hohem Grade gestiegen, und es hat sich gezeigt, dass für die damals bewilligte Summe es unmöglich ist, das Institut auch nur in so nothdurftiger Weise einrichten zu können, dass auf die Aufgaben die mit seinen theoretischen Untersuchungen zusammenhängen mit Erfolg gearbeitet werden kann.

Es giebt zwei Quellen von dem mein Bruder Geld zu bekommen hoffen kann, erstens der Staat, der eventuell eine Vermehrung der schon bewilligten Summe geben könnte und zweitens der grosse dänische wissenschaftliche Fond, der sogenannte Carlsbergfond, der von einem Comité geleitet wird, welches von der Akademie der Wissenschaften gewählt wird;[2] ich glaube, und nun komme ich mit der Bitte zu Ihnen, dass es für das Gesuch meines Bruders von ausschlag gebender Bedeutung sein könnte, wenn Sie eine Aussprache über die Bedeutung die Bestrebungen meines Bruders zu unterstützen geben würden[.]

Die Summe, die er vom Carlsbergfond sucht, ist recht gross im Verhältniss zu den gewöhnlichen Summen, welche der Fond sonst an einzelnen Forschern auszutheilen pflegt, und ich glaube deshalb, dass er nur dann hoffen kann das Geld zu bekommen, wenn das Comité versteht, dass es sich hier um Arbeiten von nicht gewöhnlicher Bedeutung handelt.

Ausser ~~das Geld~~ für die Einrichtung des Institutes fühlt mein Bruder es auch von grosser Bedeutung, dass er über ~~Mittel~~ Geld verfügen kann für jüngere Forscher sowohl vom Inlande als vom Auslande die in seinem Institute theoretisch oder experimentel[l] mitarbeiten können, und ich glaube, dass auch in dieser Beziehung eine Aussprache von Ihnen die mein Bruder seinem Gesuch beilegen könnte, von ausserordentlich grosser Bedeutung sein wäre.

Ich kann Ihnen nicht sagen wie gross eine Freude es für meine Mutter und uns alle war Sie hier zu sehen, und wie dankbar wir waren Ihre grosse Freundschaft und Interesse für meinen Bruder zu fühlen.

---

[1] Zu den Arbeitsbedingungen Bohrs in Kopenhagen und den ersten Initiativen zur Gründung seines Instituts vgl. [Robertson 1979, S. 16-29].

[2] Zum Carlsberg-Fonds vgl. [Pedersen 1956].

Ich habe mir auch daher erlaubt so offen an Sie zu schreiben.
Mit vielen herzlichen Grüssen

Ihr sehr ergebener
Harald Bohr

[13] *An den Carlsberg-Fonds*[1]

München, den 25. Oktober 1919.[2]

An das Comite zur Verwaltung des Carlsburgfonds.

Sehr geehrte Herren!

Professor Harald Bohr schreibt mir, dass sein Bruder, Professor Niels Bohr, sich um eine Unterstützung seines Institutes durch den grossen dänischen Carlsburgfond bewerbe, und meint, dass meine Fürsprache dabei von Einfluss sein könne. Ich nehme mir daher die Freiheit einige diesbezügliche Betrachtungen niederzuschreiben, welche dem Urteil der zuständigen Autoritäten nicht vorgreifen wollen, und nur dazu dienen sollen, das allgemeine Interesse der Wissenschaft an den Plänen von Professor Niels Bohr zu betonen.

Die Bohr'sche Theorie der Atome und Spektrallinien hat, seit ihrer ersten Veröffentlichung im Jahre 1913 die wissenschaftliche Welt in Atem gehalten. Das periodische System der Elemente ist erst durch diese Theorie verständlich geworden und das ungeheure Material der Spektroskopie, das in nunmehr 60 Jahren aufgesammelt wurde, kann erst jetzt wissenschaftlich ausgewertet werden. Ein besonderes Kennzeichen der Bohr'schen Theorie besteht darin, dass sie zu immer neuen Fragestellungen an das Experiment herausfordert. Wer könnte geeigneter sein, diese Fragestellungen einer sicheren Antwort entgegenzuführen als Herr Bohr selbst. Seine Leitung der Experimente wird die beste Art der Problemstellung und ihre wissenschaftliche Verwertung verbürgen. Es handelt sich dabei grossenteils um Präcisionsmessungen, die feinste Apparate und erhebliche Mittel erfordern[.] Bei der allgemeinen Teuerung kann es nicht ausbleiben, dass die von Professor Bohr ursprünglich geforderten Summen nicht mehr ausreichen[.] Ich bin überzeugt das Urteil aller Sachkundigen wiederzugeben, wenn ich dem gegenüber sage, dass die Probleme, die Professor Bohr behandelt, von umfassender und grundlegender Bedeutung für die physikalische und chemische Wissenschaft sind. Als Zeugen dafür möchte ich insbesondere Professor

---

[1] Durchschlag (2 Seiten, Maschine), *München, DM, Archiv NL 89, 025, Mappe Körperschaften*.

[2] Eine Abschrift von der Hand Harald Bohrs befindet sich in *Kopenhagen, NBA, Bohr*.

Arrhenius anführen. Er sagt im Schlusswort zu einem Vortragscyklus, den ich über die Bohr'sche Atomtheorie kürzlich in Stockholm gehalten habe, dass es sich hier zweifellos um die interes[s]antesten und fruchtbarsten Problemen der Naturwissenschaft handle. Uebrigens lässt Herr Arrhenius in seinem von der Nobelstiftung erbauten Institute zur Zeit Versuche anstellen, die ebenfalls aus der Bohr'schen Theorie hervorgegangen sind.[1]

Ich möchte die Frage aber im Besonderen noch von einem zeitgeschichtlichen Gesichtspunkte aus betrachten. Durch die Kriegslasten und unerträglichen Friedensbedingungen ist es Deutschland, das bisher an seinen zahlreichen Universitäten und Hochschulen experimentelle Forschung mit reichen Mitteln gefördert hat, auf lange Zeit unmöglich gemacht, die Wissenschaft wie bisher zu pflegen. Zugleich mit Deutschland ist fast der ganze europäische Continent verarmt. Das glücklichere Dänemark kann hier in die Bresche treten. Es wird dies um so lieber tun, als es dabei zugleich sich selbst in dem Namen eines seiner hervorragendsten Söhne ehrt. Das Institut des Herrn Bohr sollte nicht nur dem dänischen wissenschaftlichen Nachwuchs dienen, es sollte eine internationale Arbeitsstätte auch für Talente des Auslandes werden, denen die eigene Heimat nicht mehr die go[l]dene Freiheit der wissenschaftlichen Arbeit gewähren kann. Wie früher im Wiener Radium Institut[2] so mögen künftig Forscher aller Länder zu besonderen Studien in Kopenhagen sich treffen und im Bohr'schen Institut für Atomphysik gemeinsame Culturideale verfolgen.

Mit vorzüglicher Hochachtung
[Arnold Sommerfeld]

[14] *An Niels Bohr*[3]

München 26. X. 19.

Lieber Bohr!

Sehr gern bin ich der Aufforderung Ihres Bruders nachgekommen. Wenn

---

[1] Svante Arrhenius war Direktor des Nobelinstituts für physikalische Chemie in Stockholm. Sein Assistent Oscar Klein gehörte zu den ersten Physikern, die der in Schweden anfänglich sehr skeptisch aufgenommenen Bohrschen Theorie Aufmerksamkeit schenkten, vgl. [Robertson 1979, S. 51].

[2] Vor der durch eine Privatspende ermöglichten Eröffnung des Radiuminstituts im Jahre 1910 unterstützte die Wiener Akademie schon ausländische Forscher wie die Curies oder Rutherford mit radioaktiven Präparaten aus den böhmischen Vorkommen, vgl. [Karlik und Schmid 1982, S. 88-95].

[3] Brief (6 Seiten, lateinisch), *Kopenhagen, NBA, Bohr*.

Sie an dem beiliegenden Schriftstück[1] etwas geändert haben wollen, so schicken Sie es mir bitte ungenirt mit Abänderungen zurück. Es wird dadurch kein grosser Zeitverlust entstehen.

Ihr freundlicher Brief an mich mit der ersten Einladung nach Kopenhagen scheint mir nach München-Gladbach[2] im Rheinland gegangen und dadurch der französisch-belgischen Besatzung in die Hände gefallen zu sein. Er war sonst ganz richtig adressirt. Ich kann nicht finden, dass dadurch der Schluss auf Ihre unpraktische Ader bekräftigt wird.[3]

Die Idee des grossen Forschungsinstitutes in Kopenhagen ist sehr schön; ich habe versucht, sie in einen politischen Zusammenhang zu rücken. Eine andere Frage ist es, ob Sie selbst dadurch nicht zu sehr beansprucht werden. Wir sagen: „des Menschen Wille ist sein Himmelreich"; und so hoffe ich, dass Sie von Ihrem Institut mehr Freude und Anregung als Last haben werden!

Würden Sie die Güte haben, mir einmal Ihre Diskussion* über die Intensitätsverhältnisse in einem Bjerrum-Spektrum[4] zu schicken? Sie sagten mir, dass Sie sie 1915 in der zurückgezogenen Arbeit gedruckt hätten. Ich habe einen sehr tüchtigen Doctoranden, der die Theorie der Rotationsbanden zusammenhängend darstellen soll.[5] Es ist selbstverständlich, dass wir Ihren Anteil gebührend hervorkehren werden.

Leider kann ich Ihnen von dem H_2-Molekül noch nichts sagen. Es scheint recht schwer zu sein.[6]

Für Dr. Hansen schicke ich gleichzeitig den versprochenen Beitrag zu seiner dänischen Zeitschrift („Einheitliche Auffassung des Balmer'schen und Deslandres'schen Termes").[7] Vielleicht ist er so freundlich, schon jetzt Folgendes zu regeln: Vieweg möchte von meinem Buch Anzeigen drucken, die den einschlägigen Zeitschriften beigelegt werden. Vielleicht würde Dr. H. seinen Verleger veranlassen, an Vieweg in Braunschweig die Bedingungen zu schreiben (Höhe der Auflage, möglichst keine Kosten), unter denen er die fragliche Anzeige seiner Zeitschrift beilegen würde.

---

[1] Brief [13].

[2] Dem heutigen Mönchengladbach.

[3] Bohr hatte einen Brief zurückgeschickt erhalten, vgl. *N. Bohr an A. Sommerfeld, 30. August 1919. Kopenhagen, NBA, Bohr.*

[4] [Bjerrum 1912]. Niels Bjerrum war seit 1914 Professor für Chemie an der Universität Kopenhagen.

[5] Vgl. [Kratzer 1920]. Adolf Kratzer war Privatassistent Sommerfelds und promovierte im folgenden Jahr in München.

[6] Später gab Sommerfeld die Theorie des Wasserstoffmoleküliions Wolfgang Pauli als Doktorarbeit, [Pauli 1922].

[7] Hans Marius Hansen, Dozent für Experimentalphysik an der Universität Kopenhagen, war Herausgeber der *Fysisk Tidsskrift*.

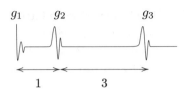

Mit Kossel habe ich viel über die Stenström'sche Dissertation[1] gesprochen. St. findet 3 Absorptionsgrenzen in der M-Serie, g_1, g_2, g_3 im ungefähren Abstand 1:3. Dies erinnert an eine annähernd wasserstoffähnliche dreiquantige Bahn. Es ist sicher kein Zufall, dass in der K-Serie *eine*, in der L-Serie wesentlich *zwei*, in der M-Serie wesentlich *drei* Grenzen auftreten. Sollte dieser Umstand Sie nicht doch zu der Zweiquantigkeit der natürlichen L-Bahnen bekehren? Aber mehr noch:

Zeichne ich die Energieniveaus als M, M', M''; L, L'; K ein, und statte sie rechts mit den azimutalen und radialen Quantenzahlen aus, so entsteht

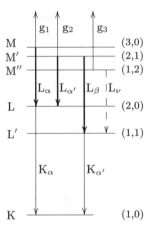

L_α aus dem Übergange $(3,0) \to (2,0)$
$L_{\alpha'}$ " " " $(2,1) \to (2,0)$
L_β " " " $(2,1) \to (1,1)$

Ihr Intensitätsprincip zeigt nun, dass L_α, L_β (ebenso wie K_α) *stark*, $L_{\alpha'}$ (ebenso wie $K_{\alpha'}$) *schwach* sein muss. Es ist auch eine schwache Linie $(1,2) \to (1,1)$ zu erwarten, die mit meinem L_ν identisch sein kann. Weiter aber: Die Figur lässt erkennen, *dass die richtige Dublett-Differenz $L-L'$ nicht zwischen L_α und L_β, sondern zwischen $L_{\alpha'}$ und L_β zu erwarten ist.* Das trifft in der Tat zu, wie ich früher gezeigt habe.

In Berlin habe ich die schönen Resultate von J. Frank über die Ionisationsspannungen von He und H_2 gesehen.[2] Die Spannung für He scheint auch nach ihm 25,5 Volt zu sein. Könnte nicht die Erklärung darin liegen, dass bei Ihrem He-Modell die Anwendung der Quantenbedingung $h/2\pi$ auf den *zweifach*-besetzten Ring unrichtig ist?[3]

Mein Aufenthalt in Stockholm und besonders in Uppsala war sehr erfreulich. Die Eindrücke und Anregungen, die ich aus Schweden und Dänemark mitgebracht habe, erfrischen und stärken mich für die Überwindung aller Widerwärtigkeiten, die mir in dem kalten und trüben Deutschland entgegentreten. Zu diesen Widerwärtigkeiten gehören auch die gehäuften Geschäfte des Dekanates.

---

[1] [Stenström 1919]. Vgl. für das folgende [Sommerfeld 1920e].
[2] James Franck, vgl. [Franck und Knipping 1919].
[3] Nach [Bohr 1913b] sollten beim Helium die beiden Elektronen sich auf Kreisbahnen um den Kern bewegen, wobei sie sich diametral gegenüber stehen; das daraus berechnete Ionisierungspotential hätte 28,77 V betragen.

Meine arme Frau fand ich Gott sei dank frischer als ich sie verlassen hatte. Auch sie freute sich an allen Freundlichkeiten, die mir erwiesen waren.

Grüssen Sie vielmals Ihre liebe Frau und Mutter, sowie Ihren Bruder, dem ich auf seinen Brief nur indirekt, durch das beiliegende Skriptum, antworten zu dürfen bitte.

Herzlich
Ihr A. Sommerfeld.

Wissen Sie die Adresse von Hn. Poulson,[1] der über das *Argon-Spektrum* gearbeitet hat u. könnten Sie ihn vielleicht bitten, mir seine diesbezüglichen Arbeiten zu schicken, soweit sie nicht in deutschen Zeitschriften zugänglich sind, vielleicht anderenfalls eine Liste seiner Publikationen darüber?

* Auch Ihren Litteraturnachweis über *Magnetonen* (neue englische oder japanische Arbeit zur Abhängigkeit der Magnetonenzahl von der Concentration) hätte ich gern![2]

[15] *An Wilhelm Wien*[3]

17. XI. 19.

Lieber Wien!

Von Röntgens Rücktritt und vom Tode seiner Frau wissen Sie natürlich.[4] Ende dieser Woche haben wir die erste Berufungs-Comissions-Sitzung, in Röntgens Wohnung, wenn er zustimmt. Er hatte Katarrh, soll aber schon besser sein. Fast schäme ich mich jetzt jeden bösen Wortes, das ich über ihn gesagt habe.[5] Es war rührend, ihn nach dem Tode der Frau zu sehen.

Schweden war schön, eine wahre Erquickung; die Aufnahme äusserst herzlich. Ich kam bis Upsala.

---

[1] Johann Emil Paulson. Die Arbeit ist [Paulson 1914].

[2] Sommerfelds Interesse am Magneton hängt vermutlich mit der Arbeit [Pauli 1920] zusammen, in der der Zusammenhang zwischen dem experimentell gemessenen Magneton von P. Weiss und dem Bohrschen Magneton behandelt wird; vgl. auch den Schluß von Brief [68].

[3] Brief (4 Seiten, lateinisch), *München, DM, Archiv NL 56, 010*.

[4] Anna Bertha Röntgen war am 31. Oktober 1919 nach längerer Krankheit verstorben.

[5] „Röntgen hat wirklich und wahrhaftig im Zwischensemester gelesen. Wenn er doch lieber zurückgetreten wäre! Ob nicht auch da wieder das gottverdammte Colleggeld schuld ist – auri sacra fames –?" (Fluchwürdiger Hunger nach Gold; Vergil, Äneide 3, 57.) *A. Sommerfeld an W. Wien. 27. März 1919. München, DM, Archiv NL 56, 010.*

Planck hat Ihnen wohl von dem Plan der Beiblätter zu den Verhandlungen der D. Phys. Ges. geschrieben. Ich habe erst von der fertigen Tatsache gehört und war froh, nicht darüber mitstimmen zu müssen. Dagegen habe ich bei der Rückkehr von Schweden an der Satzungsberatung teilgenommen.[1] Sie werden bald zur allgemeinen Abstimmung kommen. In Einzelheiten konnte ich die Stellung der Gauvereine stärken. Die „Zeitschrift für techn. Physik" scheint mir keine Conkurrenz für die Annalen zu bedeuten. Bei den neuen „Beiblättern" kann man darüber im Zweifel sein.[2]

Ich schreibe heute wegen der Mathematischen Annalen. Als ich Anfang Oktober in Göttingen war, sprachen mir Klein u. Hilbert zu, ich sollte in die Redaktion eintreten, sie wollten den Math. Ann. neues Blut zuführen, durch Arbeiten physikalisch gefärbter mathem. Abhandlungen, z. B. à la Weyl zur allg.[emeinen] Relat.[ivitätstheorie.][3] Ich lehnte mit Überzeugung ab, weil die Ann. d. Phys. bisher für solche Arbeiten Platz gehabt hätten und ich eine Spaltung zwischen theoret. und exp. Physik niemals unterstützen wollte. Klein verstand das, meinte aber, sie wollten keine eigentliche theoretische Physik. Hilbert ist natürlich zähe u. hat mir neuerdings den beiliegenden Brief geschrieben (bitte gelegentl. zurück).[4] Mir liegt nichts daran, einzutreten; ich habe Klein eine Permutation der Namen Born–Sommerfeld vorgeschlagen. Was meinen Sie zu der ganzen Frage und zu dem Vorschlage von Born (s. Karte) betr. Hilbert? Ich habe nicht viel dagegen, aber bei Hilberts Querköpfigkeit auch nicht viel dafür. Die letzte Frage von Born erläutere ich Ihnen mündlich, wenn wir uns – hoffentl. bald – persönlich in München sehen. Die Frage bezieht sich auf eine wennmögliche Beschleunigung des Drucks der Annalen.

Die Correktur Ihrer Arbeit habe ich noch nicht bekommen, wohl aber die sehr interessante Neon-Arbeit von Paschen.[5]

Ist Ihnen ev. an einer Abbürdung der mathematisch gerichteten Annalen-Arbeiten gelegen?

Hier ist viel wissenschaftl. Betrieb, leider auch viel geschäftlicher – ich

---

[1] Siehe Seite 38.

[2] Ab Jahresbeginn 1920 erschienen als neues Referateorgan die von der Deutschen Physikalischen Gesellschaft und der Deutschen Gesellschaft für technische Physik herausgegebenen *Physikalischen Berichte*, die an die Stelle der *Fortschritte der Physik*, des *Halbmonatlichen Literaturverzeichnisses* sowie der *Beiblätter zu den Annalen der Physik* traten; Sommerfeld war Mitarbeiter des ersten Bandes.

[3] Im Vorjahr war [Weyl 1918] erschienen. Weyl hatte darüber auch in den *Annalen der Physik* publiziert, vgl. [Weyl 1919]. Siehe auch Weyls Briefwechsel mit Wolfgang Pauli in [Pauli 1979, S. 3-7].

[4] Dieser Brief ist nicht vorhanden.

[5] [Paschen 1919].

bin Dekan. Morgen kommt Schrödinger zu einigen Vorträgen her, wenn die Eisenbahnen gehen.[1]

Viele Grüsse Ihr
A. Sommerfeld

[16] *Von Niels Bohr*[2]

Kopenhagen 19–11–19.[3]

Lieber Prf. Sommerfeld!

Ich weiss gar nicht wie ich Ihnen danken soll für all die Liebenswürdigkeit die Sie mir bewiesen haben.[4] Die allzu freundliche Fürsprache, die Sie mir gegeben haben will sicher die grösste Hilfe sein für meine Bestrebungen hier in Kopenhagen die nötigen Bedingungen für die theoretische und experimentelle Arbeit an die Fragen der Atomphysik zu schaffen. Auch mein Bruder bittet mir, Ihnen für alle Ihre Freundlichkeit in diesem Sinne herzlich zu danken.

Ich war überaus interessiert in allem von dem Sie in Ihren Brief erzählten. Die Gesetzmässigkeiten in den Röntgenspektren, die Sie erwähnen sind wunderschön, und man kann nicht zweifeln, dass Sie den Kern des Problems ergriffen haben.[5] Wie man alles model[l]mässig in Einzelheiten darstellen kann, und wie man die Schwierigkeiten die mit dem beschränkten Raume in dem Atominneren zusammenhängen überwinden kann, ist eine Sache für sich, von der ich auch fühle, je mehr ich versuche darüber zu denken, dass man sie noch sowenig überschaue dass darin kaum Haltpunkte für irgen[d]welche Scepticismus sich finden lassen.

Ich war auch sehr interessiert zu hören über die neuen Frankschen Versuche.[6] Wie Sie wissen, bin ich ganz bereit meine Vorstellungen von dem Modell des Heliumatoms zu ändern, aber ich weis[s] nich[t] ob die jetzigen Versuche noch genügend abgeschlossen sind um bestim[m]te Schlüsse darüber zu rechtfertigen. Ich möchte denken, dass noch grosse experimentelle

---

[1] Am 19., 20. und 21. November 1919 hielt Erwin Schrödinger im Münchner Kolloquium Vorträge „Zur Farbenlehre" und „Zur Einsteinschen Theorie der Strahlung (Nadelstrahlung)", *Physikalisches Mittwoch-Colloquium. München, DM, Archiv Zugangsnr. 1997-5115.*

[2] Brief (8 Seiten, lateinisch), *München, DM, Archiv HS 1977-28/A,28.*

[3] Ein nahezu wortgleicher Entwurf vom Vortag befindet sich in *Kopenhagen, NBA, Bohr.*

[4] Siehe die Briefe [12], [13] und [14].

[5] Vgl. die Ausführungen zur Dissertation Stenströms, Brief [14] und [Sommerfeld 1920e].

[6] Auf Einladung Bohrs führte James Franck Anfang 1921 in Kopenhagen weitere Versuche zur Bestimmung des Ionisierungspotentials von Helium durch, vgl. [Franck 1922].

Schwierigkeiten zu überwinden sind, um genau zwischen der direkten und der indirekten Ionisation zu unterscheiden in der Grenze wo die verschiedenen Energiestufen aneinander zusammenrücken. Im Zusammenhang mit den Fragen der Ionisationspotentiale habe ich ein wenig weiter über das Problem von den Vorgängen bei der Ionisation von Systemen mit mehreren Kernen nachgedacht und ich habe Lust gefühlt eine Note darüber zu publizieren um meine früheren Äusserungen zu korrigieren. Ich habe aber Schwierigkeiten gefühlt in welcher Weise ich das Problem des Modells des Wasserstoffmoleküls und dessen Ionisation erwähnen sollten, und habe es ausgeschoben bis zu der hoffentlich baldigen Zeitpunkt, wo man einen feierlichen Abschied von dem alten Modell nehmen kann und es begraben.

Dr. Hansen war sehr froh Ihren Aufsatz für die danische physikalische Zeitschrift zu bekommen, und er hat Ihnen vielleicht schon mitgeteilt, dass der Verleger von der Zeitschrift mit grössten Vergnügen und natürlich ohne Kosten die Anzeigen von Ihren Buch zusammen mit der nächsten Nummer von der Zeitschrift aussenden wird.[1]

Es freute mich sehr zu hören, dass Sie das Erscheinen einer zusammenfassenden Arbeit über Rotationsspectren veranlassen werden, und ich war sehr dankbar dass Sie sich so freundlich für meine alte unpublizierte Abhandlung in diesem Zusammenhang interessieren.[2] Ich sende hiermit das einzige Exemplar das ich zurück habe, und sollte daher dankbar sein es bei Gelegentheit zuruckzubekommen. Ich hatte noch ein Exemplar, das ich aber auf Anforderung zu Ehrenfest vor einige Monate gesandt habe. Während dieses Exemplar unkorrigiert war, sind, wie Sie sehen werden, grössere Korrektionen in dem Exemplar das ich an Ihnen schicke eingeführt, die teilweise nur auf beigefügten Blättern A_1 A_2 A_3 A_4 B C D_1 D_2 D_3 D_4 Platz finden konnten. Der Zusammenhang damit ist, dass die Abhandlung, wie Sie sehen werden, ganz zum Druck fertig war und in die Reihe der anderen Publikationen des Phil. Mag's eingefügt war, als Ihre grundlegende Abhandlungen nach England kamen. Wie Sie sehen werden, handelt meine Abhandlung nur um periodische Systeme und die Vorstellungen sind in Zusammenhang damit an mehreren Punkten sehr beschränkt. Ich dachte aber, dass es möglich sein sollte Ihre neuen Gesichtspunkte darin einzuarbeiten und telegraphierte daher, dass der Druck aufgeschoben werden sollte, und bat um eine nochmalige Korrektur, die diejenige ist die ich jetzt sende. Wie Sie sehen werden, machte ich auch in wenigen Tagen den ersten Bogen wieder zum Druck fertig. Aber als ich zu den statistischen Fragen kam, die in dem zweiten Bogen

---

[1] Vgl. Brief [14], besonders Fußnote 7, Seite 64.
[2] Abgedruckt in [Bohr 1981, S. 433-461].

behandelt sind, konnte ich nicht zu einer mich befriedigenden Auffassung mich sofort arbeiten. Erstens natürlich dadurch, dass ich nicht die rationelle Grundlage besass, die durch Ehrenfest's Abhandlungen gegeben sind;[1] aber wesentlich auch weil ich nicht damals eine befriedigende Unterscheidung zwischen der Festsetzung der stationären Zustände der periodischen und nicht periodischen Systemen hatte. Ich musste daher den Druck noch weiter aufschieben um mich mehr in diesen Fragen hineinzuarbeiten, und wegen dieser Arbeit und der ganze Reihe von Veröffentlichungen von Ihren Folgern war der Rahmen der Abhandlung schlies[s]lich ganz gesprengt und ich begann auf die Abhandlung zu arbeiten, die durch kontinuierliche Änderungen wegen Arbeit von anderen und mich selbst schlies[s]lich die Form bekommen hat, die Sie von den zwei ersten Teilen kennen.[2]

Sie werden sehen, dass es mir bei der alten Arbeit, wie in meiner späteren Arbeit, darum zu tun war das Verhältniss der Quantentheorie zu den Ideen der gewöhnlichen Mechanik und Strahlungstheorie darzustellen; und für rein periodische Systeme werden Sie alles wesentliche zum Analogieprincip gehörende finden. Als ich aber wieder die alte Korrektur durchlese, sehe ich dass die Frage der Rotationsspektren von einem noch mehr beschränkten Gesichtspunkte behandelt war als ich erinnerte. Ich war nämlich damals noch in den Schwierigkeiten stecken geblieben, die mir zu meiner ersten falschen Auffassung des Zeemaneffectes geführt hatte, nämlich die scheinbare Unanwendbarkeit des Kombinationsprincips, von der ich mich erst losreissen konnte als ich die Existenz des Analogieprincips auch für bedingt periodische Systeme durchsahe, und die damit folgende Beschränkung der möglichen Übergange. Sie werden aber Seite 270–272 und 281 die Keime der Vorstellungen finden die ich in der Diskussion vertrat und die ich später von den Gesichtspunkte der neuen Entwicklung der Quantentheorie aus weiter verarbeitet hatte. Wegen der Existenz des Analogieprincips, werden Sie doch sehen dass mann auf dem eingeschlagende Wege zu entsprechende Schlüsse kommt als wenn man von der richtigeren Auffassung ausgeht (Vergl. Note Seite 271).

Die ganze alte Geschichte ist nicht sehr interessant, aber Sie können vielleicht den Doktoranden den Sie erwähnen dies alles durchlesen lassen und Ihnen einiges davon erzählen lassen. An mehreren Punkten enthält die Arbeit noch nicht publizierte Resultate, Fragen betreffend die in dem dritten und vierten Teil meiner späteren Arbeit ausführlich behandelt werden. Während dem Durchlesen ist mir der Gedanke durch den Kopf geflogen,

---

[1] Vgl. in Band 1 die Briefe [245] und [254].
[2] Vgl. Bohrs Geleitwort in [Bohr 1921a, S. IV-XIX].

dass es vielleicht eine gute Idee war, die alte unpublizierte Abhandlung zusammen mit den anderen früheren Abhandlungen in deutscher Übersetzung erscheinen zu lassen.[1] Ich würde dann natürlich keinerlei Korrektionen machen und nur die englische gedruckte Fassung in wörtlicher Übersetzung benutzen und einige Worte zur Erklärung warum die Arbeit zuruckgenommen wurde. Ich habe es noch nicht ganz durchgedacht, bin aber nun auf den Gedanken gekommen dass es vielleicht eine passende Weise wäre das Büchlein zu schliessen und die beste Gelegenheit zu illustrieren welch eine grosse Umwalzung in der Theorie durch Ihre Arbeiten geschaffen war.

Ich habe nicht die Adresse von Hn Paulson, der über das Argonspektrum geschrieben hat;[2] ich will aber an einen Freund i[n] Schweden schreiben um dieselbe zu bekommen, und versuchen Ihnen Separate von seinen Arbeiten zu schaffen. Übrigens wird von Hrn. Nissen hier in Kopenhagen, der mit Prof. Paschen in Briefwechsel gestanden hat, ein wie ich denke sehr interessante Arbeit über die Serieauflösung des Argonspektrum gemacht, die ich hoffe bald in Auszug erscheinen wird.[3] Ich habe leider auch nicht die Arbeiten über Magnetonen an der Hand, aber werde Ihnen in wenigen Tagen eine Karte darüber schicken.

Von Dr. Rubinowicz habe ich zwei freundliche Briefe bekommen, und in dem letzten schreibt er mir, dass er mit Ihnen über seine eventuellen Aufenthalt in Kopenhagen gesprochen haben. Ich bin sehr dankbar dass Sie die Frage in so freundlichen Weise an ihm erwähnt haben, und bin sehr froh ihm schreiben zu können, dass ich die nötigen Mitteln für seinen Aufenthalt hier verschaffen kann, und dass ich mich zu seiner Anwesenheit hier überaus freue.[4]

Es war eine grosse Freude die Veröffentligung der Namen der Nobelpreisnehmer zu sehen;[5] nicht nur konnte man nicht in einer besseren Weise die fundamentalen Leistungen von Planck, die von so entscheidender Bedeutung für die ganze Entwicklung der neueren Physik gewesen ist, verehren, und auch nich[t] die unermüdeten und so erfolgreichen experimentellen Untersuchungen Starks, aber es war auch eine grosse Freude dass in dieser Weise, in diesen traurigen Zeiten, die Einsatze von Deutschland in der ge-

---

[1] [Bohr 1921a].
[2] [Paulson 1914].
[3] [Nissen 1920].
[4] Rubinowicz verbrachte von Mai bis August 1920 und im Mai 1922 Forschungsaufenthalte bei Bohr, vgl. [Robertson 1979, S. 158].
[5] Die Nobelpreise des Jahres 1919 für Physik und Chemie waren an Johannes Stark und Fritz Haber verliehen worden; im selben Jahr wurde auch der an Max Planck für das Jahr 1918 verliehene Nobelpreis überreicht; vgl. [Metzler 1996].

meinsamen Arbeit an die Wissenschaft gewürdigt werden konnte.

Mit den besten Grüssen von meiner Frau, Mutter und Bruder und

Ihr sehr ergebener
N. Bohr.

[17] *Von Pieter Zeeman*[1]

Amsterdam, 16 Januar 1920

Hochgeehrter Herr Kollege!

Vor wenigen Tagen erhielt ich von der Verlagsbuchhandlung Vieweg in Ihrem Auftrage ein Exemplar Ihres Buches über Atombau und Spektrallinien. Sie haben mir damit eine grosse Freude bereitet, erstens durch die in der Sendung bekundete freundschaftliche Gesinnung des Verfassers, dann durch die wundervoll klare, umfassende, schöne Darstellung des Gegenstandes. Das Buch liest sich wie ein spannender Roman. Es ist äusserst angenehm das[s] von Ihnen, dem der Gegenstand so viel zu verdanken hat, dieses Buch erschienen ist. Natürlich habe ich dasselbe noch nicht ganz gelesen, aber soviel habe ich doch gesehen das[s] es neben Ihren früheren Resultaten auch manches davon mir noch unbekanntes enthält, so über Kernphysik und über den spektroskopischen Verschiebungssatz.

Die Siege der deutschen Wißenschaft werden doch schliesslich überall anerkannt werden müssen. Die diesjährige Verteilung der Nobelpreise schien mir eine gerechte zu sein, und diese Anerkennung des Auslands wird auch bei Ihnen in weiteren Kreisen Freude erregt haben.[2]

Von hier ist nichts besonderes zu berichten. Den holländischen Physikern geht es im allgemeinen gut. Nur dem alten v. d. Waals nicht. Vor etwa einem halben Jahre bekam er einen Bruch des Schenkelbeins. Besonders in den letzten Wochen ist es immer trauriger mit ihm gegangen. Sein Gedächtniss ist zum grössten Teile verschwunden. Er ist 82 Jahr[e] alt.[3]

Hoffentlich geht es Ihnen und Ihrer Familie gut. Der innere Zusammenbruch Ihres Landes wird doch wohl einmal wieder von einem Aufstieg überholt werden. Nochmals herzlichen Dank für ihr wundervolles Buch!

Mit freundschaftlichem Gruss Ihr sehr ergebener

P. Zeeman

Als Drucksache 2 Separat Abzüge.

---

[1] Brief (3 Seiten, lateinisch), *München, DM, Archiv HS 1977-28/A,380*.
[2] Vgl. Fußnote 5 auf Seite 71.
[3] Johannes Diderik van der Waals starb am 8. März 1923 in Amsterdam.

[18] Von David Hilbert[1]

21. 1. 20

Lieber S.[ommerfeld]

Ich weiss nicht, ob ich Ihnen für Ihr herrliches Buch schon gedankt habe. Jedenfalls studire ich es mit täglich wachsender Freude. Unsere Fakultät wird Ihnen wegen des Buches auch eine kleine Ueberraschung bereiten, die Sie hoffentlich erfreuen wird.–

Debye geht nun nach Zürich, was ja nicht anders zu erwarten war.[2] Auch dass Weyl hierher annimmt, halte ich für sehr unwahrscheinlich.[3] Es ist ein Jammer, wie in Deutschland sich seit nahezu 6 Jahren Niemand findet, der genug Herz u. Verstand hat, um den Sturz in den Abgrund abzuwenden. Viele herzliche Grüsse auch an Hannchen

Ihr Hilbert

[19] An Pieter Zeeman[4]

[München, 29. Januar 1920][5]

Lieber Herr College!

Recht vielen Dank für Ihren frdl. Brief über mein Buch, der mich sehr erfreut hat, sowie über Ihre beiden Abhandlungen. Vieweg schreibt mir heute, dass er schon an eine neue Auflage denken müsse.

Darf ich Sie bitten, von den beiden gleichzeitig abgehenden Drucksachen[6] die eine an Hn. T. van Lohuizen zu geben, dessen Adresse mir nicht bekannt ist. Ich habe den hier behandelten Gegenstand schon im September in Schweden vorgetragen. Die Resultate von Hn. Lohuizen waren mir daher besonders interessant.[7] Recht wehmütig ist es mir, dass ich diese Studie nicht mehr an Voigt schicken kann. Der Hinweis auf die „musikalische Schönheit" meiner Tafel war eigentlich an seine Adresse gerichtet.[8]

Ihr ergebenster A. Sommerfeld

---

[1] Postkarte (2 Seiten, lateinisch), *München, DM, Archiv HS 1977-28/A,141*.
[2] Peter Debye übernahm zum Sommersemester 1920 die Leitung des physikalischen Instituts der ETH Zürich, nachdem Pierre Weiss nach Straßburg gewechselt war.
[3] Hermann Weyl blieb als Professor der Mathematik an der ETH Zürich.
[4] Postkarte (2 Seiten, lateinisch), *Haarlem, RANH, Zeeman, inv.nr. 143*.
[5] Poststempel.
[6] [Sommerfeld 1920e] und [Sommerfeld 1920c].
[7] [Sommerfeld 1920c] bezieht sich auf [Lohuizen 1919] als Beleg für die Gültigkeit des Kombinationsprinzips auch beim anomalen Zeemaneffekt.
[8] [Sommerfeld 1920c, S. 64]. Woldemar Voigt war am 13. Dezember 1919 gestorben.

[20] *Von Max Born*[1]

Frankfurt a. M. 5. 3. 20.

Lieber Herr Sommerfeld,

Dehlinger ist vorläufig bei Einstein als Assistent an der neuen Stiftung (Einstein-Spende) untergebracht.[2] Dort kriegt er 6 000.– M im Jahr. Herzlichen Dank für die Übermittelung des Angebots von Starke;[3] aber ich glaube, daß er [Dehlinger] besser bei Einstein bleibt.

Der Enzykl.-Art. ist der Fluch meines Daseins.[4] Ich gönne mir kaum mal einen Ausflug in den Taunus, von richtigen Ferien gar nicht zu reden; immer steht das Gespenst des Artikels hinter meinem Rücken. Aber vorläufig bin ich zusammengeklappt und kann nicht daran arbeiten. Weihnachten kriegten meine Kinder nach einander Masern, dann meine Frau; diese war sehr krank, Herzschwäche und allerlei Chikanen. Zugleich verschwand eines unserer Mädchen. Ich musste die ganze Gesellschaft pflegen. Kaum erholte sich meine Frau etwas, so bekam sie Grippe. Dann ging das andere Mädchen. So war bei uns immer etwas in Unordnung. Dazu hatte ich sehr viel zu tun. Ich wollte jetzt im Zwischensemester lesen; musste aber die Vorlesungen absagen, weil ich einfach nicht mehr konnte. Leider bin ich bisher wegen der häuslichen Miseren noch nicht zu einer richtigen Erholung gekommen und bin ziemlich arbeitsunfähig. Der Artikel kommt daher nur langsam vorwärts. Das einzige, was ich jetzt mache, ist die Bearbeitung einiger populärer Vorträge über Relativitätstheorie, die ich herausgeben will;[5] das macht mir Spaß und strengt nicht an. Die Vorträge habe ich im Januar gehalten für Eintrittsgeld und 6 000.– M für mein Institut zusammenbekommen. Mit diesem Geld haben wir das Institut ganz ordentlich in Gang gebracht. Sterns Ablenkungsversuch ist endlich schön gelungen.[6] Ich halte das für ein[e] große Sache, denn die Genauigkeit wird sich wohl so steigern lassen, daß man Isotope wird trennen können. Vorläufig ist die Messung noch roh; die Geschwindigkeit der Silberatome lässt

---

[1] Brief (2 Seiten, lateinisch), *München, DM, Archiv HS 1977-28/A,34*.

[2] Born war als Nachfolger Debyes nach Göttingen berufen worden und hatte sich vermutlich bei Sommerfeld nach geeigneten Kandidaten für seine Assistentenstelle erkundigt. Walter Dehlinger hatte 1914 bei Sommerfeld promoviert; Einstein schreibt am 27. Januar 1920 an Born, daß Dehlinger bei Freundlich in Potsdam astrophysikalisch arbeiten könne, vgl. [Born 1969, S. 41].

[3] Hermann Starke war seit 1917 Ordinarius für Physik an der TH Aachen.

[4] [Born 1923] wurde erst am 7. Dezember 1922 abgeschlossen.

[5] [Born 1920].

[6] Otto Stern war Assistent bei Born in Frankfurt. Es ging um die Bestimmung der Geschwindigkeitsverteilung von Gasatomen.

sich etwa auf 10 % messen. Doch haben wir die Apparate zur Verfeinerung schon in Arbeit; leider braucht Heräus unendliche Lieferfristen. Ich lasse meine Assistentin[1] ebenfalls Versuche mit Silberstrahlen machen, die, wie ich hoffe, den genauen Durchmesser des Silberatoms liefern werden.

Also, wann ich den Artikel fertig kriege, wissen die Götter. Ich hoffe, in diesen Ferien noch ein ordentliches Stück zu schaffen, aber fertig wird er nicht; und wenn dann das Sommersemester ausbricht, so stockt die Sache wieder. Trotzdem komme ich vielleicht im April nach München und trage Ihnen etwas vor, wenn Sie wollen.

Von Ihrem Buche habe ich systematisch erst die Hälfte gelesen. Soll ich Kritik üben, so betrifft sie höchstens zwei oder drei Punkte: 1) Sie stellen manche Sachen so dar, daß der Laie glauben muss, alles wäre in Ordnung; aber das ist doch oft nicht so. Z. B. die Molekel-Modelle H_2, etc., ferner die ganze Theorie der Röntgenspektren. Landé wenigstens hat mir neulich sehr deutlich auseinandergesetzt, daß da eigentlich alles in Unordnung ist.[2] Sollte es nicht gut sein, die Zweifel etwas mehr zu betonen? 2) Manchmal sind Sie etwas lokalpatriotisch (wie es übrigens jeder ist); so kommt, scheint mir, Bohr neben Rubinowitz beim Auswahlprinzip zu schlecht weg. Bohrs Formulierung ist doch auch sehr schön. Wenn mir noch etwas einfällt, so schreibe ich es.

Mit herzlichen Grüßen
Ihr Born.

Ändern Sie nur nicht zu viel an Ihrem Buche, es ist, so wie es ist, wunderschön!

[21] *Von Albrecht Unsöld*[3]

Bolheim, den 18. April 1920.

Sehr geehrter Herr Professor!

In den letzten Wochen habe ich Ihr Buch über „Atombau und Spektrallinien" mit großem Interesse gelesen. Schon ehe mir das Buch zu Gesicht

---

[1] Elisabeth Bormann.

[2] Dies war zwischen Landé und Sommerfeld umstritten. So wunderte sich Sommerfeld, „dass Sie die Theorie der Röntgenspektren ganz umwerfen wollen. Ich habe aber nichts dagegen, da ich auf dem bisherigen Wege doch nicht weiter komme", *A. Sommerfeld an A. Landé, 17. März 1919. Berlin, SB, Nachlaß 70 Landé, Sommerfeld.* Siehe auch [Forman 1970] und [Heilbron 1967].

[3] Brief (1 Seite, deutsch), *Kiel, Privatbesitz*.

gekommen war, hatte ich begonnen, den Zusammenhang zwischen der Ordnungszahl und der Dichte derjenigen Elemente zu untersuchen, die im periodischen System derselben Vertikalreihe angehören. Da ich die gefundene Beziehung in Ihrem Buch nicht vorfand, habe ich meine Resultate in einer kurzen Abhandlung zusammengestellt.[1] Mit der Bitte, dieselbe kritisch durchzulesen, grüßt Sie herzlich

Albrecht Unsöld.
(Schüler d. Kl.[asse] VI).[2]

[22] *An Albrecht Unsöld*[3]

München, den 6. Mai 1920

Lieber Herr Unsöld!

Ihre Arbeit über die Dichte der Elemente habe ich mit Vergnügen gelesen – die Verspätung meiner Antwort rührt von einer Reise her.

Daß Sie die Ordnungszahl statt des Atomgewichtes als unabhängige Variable benutzen, ist ganz recht. Als abhängige Variable wäre das Atomvolumen vor der Dichte vorzuziehen, weil jenes die einfachere physikalische Bedeutung hat.

Ihr Resultat ist von keiner grossen Bedeutung. Sie stellen 5 Grössen, die Dichten von C, Ti, Zr, Ce und Th durch eine Formel dar, welche 4 verfügbare Constanten enthält. Das ist sozusagen keine Kunst und wird sich bei beschränkter Genauigkeit immer machen lassen. Eine Formel wie die Ihrige würde erst dann überzeugend wirken, wenn Sie mit wenig Constanten viele Beobachtungsdaten wiedergeben könnten.

Ich will ein Beispiel gebrauchen: 2 Punkte liegen immer auf einer Geraden, da in der Gleichung der Geraden 2 verfügbare Constante[n] vorkommen. 3 Punkte wird man oft durch eine Gerade annähern können, vgl. die Figur. Das geradlinige Verhalten wird erst dann überzeugend, wenn Sie z. B. 6 Punkte durch eine lineare Funktion wiedergeben können.

Dass Sie das Silicium in Ihr Gesetz nicht aufnehmen können, ist nicht schön. Noch schlimmer sieht dies z. B. beim Na aus. Na gehört durchaus

---

[1] Das Manuskript ist nicht vorhanden.
[2] In einem Begleitbrief bittet Unsölds Vater Sommerfeld um Verständnis für seinen 15jährigen Sohn: „Vielleicht haben Sie die Güte, sein kindisches Gestammel kurz durchzusehen, ihm mit Kritik die Flügel zu beschneiden, daß er kein Ikarus wird, und ihm den zu beschreitenden Weg zu weisen".
[3] Brief (2 Seiten, lateinisch), *Kiel, Privatbesitz*.

zwischen Li und K; die beiden ersten Perioden in eine zusammenzufassen, ist chemisch und physikalisch nicht zulässig.

Gegen Ihre mathematische Ableitung des Gesetzes ist nichts einzuwenden. Ihre Arbeit zeugt von grosser Liebe und Vertiefung in den Gegenstand.

Grüssen Sie Ihren Vater bestens von mir; ich hoffe, dass er noch viel Freude an seinem Sohn erleben wird.

Ich war übrigens am 15ten April selbst in Bohlheim bez. in Mergelstetten, zum Besuch von Dr. Rudi Zöppritz![1]

Ihr A. Sommerfeld.

[23] *Von Max von Laue*[2]

Zehlendorf, 3. 8. 20.

Lieber Sommerfeld!

Ihr Brief vom 31. 7. hat mir eine große Freude bereitet; schlägt er doch Töne an, denen ich trauen darf.[3] Und ich will sogleich hinzufügen, daß ich dies Gefühl nicht hätte, wenn er nicht auch ein paar Vorwürfe gegen mich enthielte.

Was nun zunächst Ihr Buch anlangt, so betrachte ich dies[e] Sache durch die Umformung der auf den Strukturfaktor bezüglichen Anmerkung als vollkommen erledigt.[4] Als ich im Januar (Oder war es Februar?) den Brief an W. Wien schrieb, stand ich unter dem Eindruck gewisser sehr u[n]angenehmer Erlebnisse hier, die mich meine Mitmenschen nicht gerade gerecht beurteilen ließen.[5]

Im Übrigen mag Ihnen mein Nobelvortrag sagen, wie ich den Einfluß der Münchener geistigen Luft auf die Auffindung der Röntgenstrahlinterferenzen bewerte; er kann jetzt jeden Tag erscheinen.[6] Wenn ich manchmal mit einer gewissen Bitterkeit an die Münchener Zeit gedacht habe, so lagen die Gründe dazu nicht auf dem Gebiet der wissenschaftlichen Anregung; die habe ich kaum irgend wo anders so reichlich genossen.

Wohl aber habe ich dort manch[es] persönlich recht Unerfreuliche erfahren. Ich will nur einen Punkt, der nicht der schlimmste ist, berühren. Warum

---

[1] Die Familie Unsöld lebte in Bohlheim. Rudolf Zöppritz war ein Schwager Sommerfelds.
[2] Brief (2 Seiten, Maschine), *München, DM, Archiv HS 1977-28/A,197.*
[3] Der Brief ist nicht erhalten. Zu der Verstimmung zwischen Laue und Sommerfeld vgl. Band 1, Seite 276.
[4] Sommerfeld konstatierte in der zweiten Auflage von *Atombau und Spektrallinien* Laues Priorität gegenüber Ewald, [Sommerfeld 1921c, S. 465].
[5] Der Brief Laues befindet sich nicht im Nachlaß Wien im Deutschen Museum.
[6] [Laue 1961a].

haben Sie mich ausgeschloßen, als Sie mit Friedrich und Knipping und den anderen jüngeren Fachgenossen die Entdeckung der Röntgenstrahlinterferenzen feierten?

Nun könnten Sie natürlich mit Recht darauf hinweisen, daß ich Ihnen gegenüber nicht immer korrekt aufgetreten war, namentlich kurz nach meiner Übersiedelung nach München. Aber Sie wußten doch, inwelchem Gemütszustande ich kam. Hätten Sie mir „mildernde Umstände" bewilligt, so hätten Sie jedenfalls unsere persönliche[n] ~~Verhältnisse~~ Beziehungen sehr wesentlich gebessert.

Doch lassen wir das Vergangene ruhen; sagen wir „Schwamm darüber". Es hat mich immer tief geschmerzt, mit einem Fachgenossen nicht gerade gut zu stehen, dessen Leistungen ich *so* hoch bewerten muß. Es wird mir eine große Erleichterung sein, wenn das jetzt anders wird.

Und deswegen freue ich mich in ganz besonderem Maße auf unser Zusammentreffen in Nauheim.[1]

Mit herzlichem Gruß
Ihr M. Laue.

[24] *An Peter Debye*[2]

München 6. VIII. 20.

Lieber Debye!

Ich kann Dich mit einem Wort von Deinen Skrupeln befreien:[3] Wien hat angenommen, nachdem der Landtag seine Forderungen sämtlich bewilligt hat. Jetzt fehlt nur noch die Wohnung; eine sehr schöne, die wir schon am Bändel hatten, ist durch Wien's langes Zaudern verloren gegangen, so dass Wien erst Ostern übersiedeln kann. Ich bin überzeugt, dass ich mit Wien gut zusammenwirken werde.

Unsere gemeinsame Arbeit bildet also ein schönes Kapitel der Vergangenheit, das nicht wieder lebendig werden wird, so wenig wie die schönen alten Zeiten, da Deutschland gross und gesund war, da wir jung waren und da unser prächtiger Ucki[4] lebte!

Ich zweifle nicht, dass es Dir in Zürich gut gehen wird. Du hast das köstliche Gut des Selbstvertrauens und verstehst es, die kleinen Dinge klein

---

[1] In Bad Nauheim fand im folgenden Monat die Jahrestagung der Naturforscher statt.
[2] Brief (4 Seiten, lateinisch), *Berlin, MPGA, Debye*.
[3] Sommerfeld hatte angefragt, ob Debye im Falle einer Ablehnung von Wien einen Ruf annehmen würde, *A. Sommerfeld an P. Debye, 30. Juni 1920. Berlin, MPGA, Debye*.
[4] Kosename des im Vorjahr ertrunkenen 15jährigen Sohns Arnold Lorenz.

zu nehmen. Du wirst Dich nicht, wie ich es oft getan habe, durch kleine Widerwärtigkeiten einschüchtern lassen und durch zu viel Verpflichtungen erdrücken lassen.

Brentano war neulich hier;[1] er versprach, verständig zu sein. Wenn er Dein einziger Grätz ist,[2] so kannst Du Dir Glück wünschen.

Meine Frau hat Deinen Brief gelesen; sie freute sich besonders über Deine Forderung: eine Stelle für Wagner. Wir wollen in erster Linie dafür sorgen, dass er eine selbständige Stelle ausserhalb Münchens bekommt. Aber auch ein Extraordinariat in München als Belohnung für seine lange Vertretung sollte zu erreichen sein.[3] Ich hoffe sehr, dass auch Lenz bald [f]lott wird. Zum Assistenten ist er eigentlich zu alt. Er ist in Münster u. Stuttgart auf der Liste, in Frankfurt hoffe ich ihn heraufzubringen.[4] Er hat viel schöne Einfälle, ist aber etwas säumig im Fertigmachen.

Ich habe in diesem Jahr wenig tun können. Das Dekanat u. selbst der Vorsitz der D. Phys. Ges. haben mich viel Zeit gekostet. Die 2. Aufl. meines Buches ist fast fertig. Hilf mir bitte dazu, dass in Nauheim die Phys. Ges. nicht aus dem Leim geht. Die Quertreibereien von Stark u. Lenard müssen parirt werden.[5]

Über die Zeitschriften ist noch keine Klarheit. Auch die Annalen wackeln! M.[einer] M.[einung] n.[ach] nimmst Du zuviel Minderwertiges in die Physik. Ztschrf. auf, z. B. Kohlweiler, Fehrle, Korn etc.[6]

Grüsse Deine Frau!

Herzlich Dein
A. Sommerfeld.

Lieber Peter, [7]

ich habe gern das Traummiesekätzchen gestreichelt, daß die Firma Debye-Sommerfeld hier noch einmal aufleben könne – es im *Ernste* zu hoffen,

---

[1] Johannes Brentano hatte 1914 in München bei Röntgen promoviert und war von 1917 bis 1922 Privatdozent an der ETH Zürich.

[2] Leo Graetz lehrte seit langem theoretische Physik an der Universität München. Trotz großer Erfolge seiner Vorlesungen ließ ihn Röntgen spüren, wie wenig er ihn schätzte, was bei Graetz zunehmend Verbitterung auslöste, vgl. [Fölsing 1995, S. 285-286].

[3] Ernst Wagner war langjähriger Privatdozent am Röntgenschen Institut. Er wurde als Wiens Nachfolger nach Würzburg berufen.

[4] Lenz kam nicht auf die Frankfurter Liste für die Nachfolge Borns; berufen wurde Madelung. Lenz wurde zum 1. Oktober 1920 Extraordinarius an der Universität Rostock. In Münster stand die Nachfolge Konens an, die neue Stelle in Stuttgart erhielt Ewald.

[5] Vgl. Seite 39.

[6] Emil Kohlweiler veröffentlichte physikochemische Arbeiten über den Atomaufbau, z. B. [Kohlweiler 1920]. Karl Fehrle publizierte atomphysikalische Arbeiten, etwa [Fehrle 1920]. Arthur Korn schrieb „Eine mechanische Theorie der Serienspektra", [Korn 1920].

[7] Von Johannas Hand in deutscher Schreibschrift.

habe ich mich nicht getraut. Sie selbst werden froh sein, daß Ihnen die Entscheidung erspart ist, die wie ich gut verstehe, ernstlich schwer wäre und werden sicher in Zürich glücklich sein. Auf Ihrem Weg nach Nauheim hoffe ich Sie hier zu sehen. Ob Hilde und Ihr kleines [Waatskerl?] mitkommen? Wie immer

Ihre J. Sommerfeld.

[25] *Von Max von Laue*[1]

Zehlendorf, 25. 8. 20.

Lieber Sommerfeld!

Gestern war hier eine der 20 angekündigten Protestversammlungen gegen die Relativitätstheorie. Eine „Arbeitsgemeinschaft deutscher Naturforscher", geführt von einem Herrn Weyland, *den man nach seinen eigenen Mitteilungen an Rubens unter die Schieber einzureihen hat,* veranstaltet sie, nachdem sie die Sache schon vor ein paar Wochen in der Täglichen Rundschau durch einen Artikel des Herrn Weyland eingeleitet hat.[2] Der Artikel und die gestrige Rede des Herrn Weyland standen auf der gleichen Stufe: Einstein als Plagiator, wer Anhänger der Relativitätstheorie ist, als Reklamemacher, die Theorie selbst als Dadaismus (dies Wort ist wirklich dabei gefallen!). Und das Unglaublichste, Leute, die einen wissenschaftlichen Ruf wie Lenard und Wolf in Heidelberg haben, geben sich zu Vorträgen in solcher Gesellschaft her.[3] Gestern sprach nach Weyland Gehrcke,[4] und obwohl er den alten Kohl wieder aufwärmte, war seine ruhige, sachliche Art, zu reden, eine Erholung nach Weyland, der sich mit dem gewissenlosesten Demagogen messen kann. Es ist eine Schande, daß so etwas vorkommen kann.

Heute haben nun Nernst, Rubens und ich an alle größeren Berliner Zeitungen eine kurze, aber energische Erklärung gegen dies Treiben geschickt. Ob alle Zeitungen sie abdrucken, bleibt abzuwarten; bei der Verquickung mit antisemitischer Politik, welche sich schon in der Verteilung von Hetzblättern im Vorraum des Saales kundgab, ist das nicht selbstverständlich. Wie dem aber auch sei, es muß mehr geschehen. Und zwar möchte ich Sie

---

[1] Brief (2 Seiten, Maschine), *München, DM, Archiv HS 1977-28/A,197*.
[2] Vgl. [Kleinert 1993]. Zur Kampagne gegen Einstein siehe [Fölsing 1993, S. 520-529].
[3] Vgl. Brief [27].
[4] Ernst Gehrcke, seit 1901 an der Physikalisch-Technischen Reichsanstalt, hatte sich mit optischen Präzisionsmessungen einen Ruf als Experimentalphysiker erworben und 1917 eine Alternativtheorie für die Periheldrehung des Merkurs ausgearbeitet.

als den Vorsitzenden der Deutschen Physikalischen Gesellsch[a]ft bitten, in Nauheim eine Gegenresolution zu Stande zu bringen, in welcher entweder die deutsche Physikalische Gesellschaft, oder noch besser die dort versammelten Naturforscher und Ärzte ihr Bedauern über diese Ausartung wissenschaftlichen Kampfes zum Ausdruck bringen. Ich glaube, es würde selbst mancher Gegner der Relativitätstheorie dafür zu haben sein. Hat sich doch Ihr Astronom, Seeliger, neulich in einem Briefe an mich mit lebhafter Entrüstung darüber geäußert.[1]

Es ist und bleibt doch unverständlich, wie demoralisierend eine Revolution selbst in unseren Kreisen wirkt. So etwas wäre früher unmöglich gewesen! Und nicht etwa aus Angst vor der Regierung, sondern es wäre einfach kein Mensch auf solchen Plan gekommen.

Also bitte erwägen Sie einmal die Möglichkeiten, eine Resolution zu Stande zu bringen. Sollten Sie W. Wien sehen, so sprechen Sie vielleicht mit ihm darüber.

Mit herzlichem Gruß
Ihr M. Laue.

[26] *Von Max von Laue*[2]

Zehlendorf, 27. 8. 20.

Lieber Sommerfeld!

Meinen Brief mit der Bitte, in Nauheim eine Resolution gegen die „Arbeitsgemeinschaft Deutscher Naturforscher" zustande zu bringen, haben Sie wohl erhalten und hoffentlich auch schon überlegt wie das einzuleiten ist. Wenn etwas noch geeignet ist, Ihren Eifer anzuregen, so ist es gewiß die Mitteilung, daß Einstein und seine Frau fest entschloßen zu sein scheinen, wegen dieser Anfeindungen Berlin und Deutschland überhaupt bei nächster Gelegenheit zu verlassen. Dann erlebten wir zu allem sonstigen Unglück also auch noch, daß national sein wollende Kreise einen Mann vertreiben, auf den Deutschland stolz sein konnte, wie nur auf ganz wenige. Man kommt sich manchmal vor, als lebte man in einem Tollhaus.

Ich weiß nicht ob ich Ihnen schon geschrieben habe, daß auf dem Programm der nächsten Protestvorträge Dr. Glaser,[3] der spektroskopische Mitarbeiter von Schwarzschild, Lenard, M. Wolff (Heidelberg),[4] O. Lum-

---

[1] Hugo von Seeliger war auch lange Jahre Vorsitzender der Astronomischen Gesellschaft.
[2] Brief (2 Seiten, Maschine), *München, DM, Archiv HS 1977-28/A,197.*
[3] Der promovierte Ingenieur Ludwig Glaser war seit 1915 bei Krupp angestellt.
[4] Lenard und Max Wolf sagten die Teilnahme ab.

mer,[1] Palagyi[2] und Krauss (Prag)[3] stehen. Daß sich *diese* Leute dazu hergeben, mit einem gemeinen Ehrabschneider, wie es dieser Weyland ist, an einem Strange zu ziehen, ist schlechthin unbegreiflich, und man könnte vielleicht in Corpore versuchen, Ihnen das Schändliche Ihrer Handlungsweise vorzuführen. Jedenfalls hat gerade dies Einstein zu seinem Entschluß gebracht, ein Individuum, wie Weyland, hätte ihn am Ende kalt gelassen.

Dazu kommen freilich noch unaufhörliche persönliche Kränkungen in Form täglicher Drohbriefe. Wie weit die Verhetzung geht, davon hat meine Frau gestern abend selbst ein Beispiel erlebt. Sie will zu Einsteins, tritt in ihr Haus und ist im ersten Augenblick nicht ganz sicher, ob es das Richtige ist. Sie fragt darum einen gut gekleideten Herrn, der gleichzeitig eingetreten ist, und anscheinend dort wohnt: „Wohnt hier Prof. Einstein?". Antwort: „Leider noch immer."

Ich habe diese Dinge heute auch Planck mitgeteilt, der sich nach Mitteilungen aus seinem Hause auf dem Gründner Hof bei Gmund am Tegernsee befindet. Wenn er wirklich so in Ihrer Nähe ist, so setzen Sie sich doch bitte mit ihm in Verbindung, um durchzusprechen, was da zu tun ist. Denn man muß sich in Nauheim gegen diese Verquickung antisemitischer Hetze mit wissenschaftlicher Gegnerschaft doch einmal gründlich zur Wehr setzen. Wohin sollen wir sonst kommen?

Auch mit W. Wien sollten Sie wohl Fühlung nehmen. Er ist zwar, glaube ich, kein übermäßiger Freund Einsteins. Aber das Treiben dieser Arbeits- (besser: Schimpf-) Gemeinschaft muß er doch auch aufs stärkste verurteilen.

Mit den besten Empfehlungen an Ihre Frau Gemahlin und mit herzlichem Gruß

Ihr M. Laue.

[27] *An Albert Einstein*[4]

München, den 3. September 1920.

Lieber Einstein!

Mit wahrer Wut habe ich, als Mensch und als Vorsitzender der Phys. Ges., die Berliner Hetze gegen Sie verfolgt. Eine warnende Bitte an Wolf-

---

[1] Otto Lummer bekleidete die Physikprofessur an der Universität Breslau.

[2] Melchior Palágyi lehrte in Klausenburg.

[3] Oskar Kraus hatte seit 1916 das Ordinariat für Philosophie an der Prager Universität inne.

[4] Brief (2 Seiten, lateinisch), *Jerusalem, AEA, Einstein*.

Heidelberg, er möchte die Finger davon lassen, war überflüssig.[1] Sein Name ist, wie er Ihnen inzwischen geschrieben hat, einfach misbraucht worden. Ebenso wird es gewiss mit Lenard stehen. Eine feine Sorte, die Weyland–Gehrcke!

Heute habe ich mit Planck beraten, was auf der Naturforscher-Gesellschaft zu tun ist. Wir wollen dem Vorsitzenden, meinem Collegen v. Müller,[2] eine scharfe Abwehr gegen die „wissenschaftl." Demagogie und eine Vertrauenskundgebung für Sie in den Mund legen. Es soll nicht darüber förmlich abgestimmt sondern nur als Ausfluss des wissenschaftl. Gewissens vorgebracht werden.

Von Deutschland fortgehen dürfen Sie aber nicht! Ihre ganze Arbeit wurzelt in der deutschen (+ holländischen) Wissenschaft; nirgends findet sie soviel Verständnis wie in Deutschland. Deutschl. jetzt, wo es so namenlos von allen Seiten mishandelt wird, zu verlassen, sähe Ihnen nicht gleich. Noch eins: mit Ihren Ansichten wären Sie in Frankreich, England, Amerika während des Krieges sicher eingesperrt worden, wenn Sie sich wie ich nicht zweifle dann gegen die Entente und ihr Lügensystem gewandt hätten (vgl. Jaurès, Russel Cailloux etc).[3]

Dass Sie, ausgerechnet Sie, sich ernstlich dagegen verteidigen müssen, dass Sie abschreiben und die Kritik scheuen, ist ja wirklich ein Hohn auf jede Gerechtigkeit und Vernunft.–

Die süddeutschen Monatshefte haben Sie um einen Artikel gebeten und sorgen sehr um Ihre Antwort.[4] Sie können sie auch, wenn es Ihnen lieber ist, an mich geben. Aber wir müssen sie wegen der weiteren Einteilung so bald als irgend möglich haben. Die Süddeutschen werden viel gelesen und sind ein angesehenes Organ; Sie können darin nebenbei auch gegen

---

[1] Sommerfeld hatte den Astronomen Max Wolf „um Revision Ihres Entschlusses" gebeten, gegen Einstein öffentlich aufzutreten; *A. Sommerfeld an M. Wolf, 30. August 1920. Heidelberg, UB, Heid. HS. 3695 E.*

[2] Der Internist Friedrich von Müller war Direktor der 2. medizinischen Universitätsklinik und des städtischen Krankenhauses links der Isar in München.

[3] Der französische Sozialistenführer Jean Jaurès war als Pazifist am 31. Juli 1914 ermordet worden; der englische Philosoph und Pazifist Bertrand Russell wurde während des 1. Weltkrieges wegen Aufforderung zur Wehrdienstverweigerung verurteilt und inhaftiert sowie seiner Dozentur enthoben; der französische Politiker Joseph Caillaux wurde wegen seiner Versuche zur deutsch-französischen Verständigung 1918 auf Betreiben Clemenceaus verhaftet.

[4] Für eine von ihm betreute Reihe populärwissenschaftlicher Aufsätze wollte Sommerfeld für das Thema Relativität Einstein gewinnen. Nach der Absage verfaßte er selbst den Artikel [Sommerfeld 1920d]; vgl. *A. Sommerfeld an W. Wien, 3. September 1920. München, DM, Archiv NL 56, 010.*

die „Wanzen" Stellung nehmen. Ihre Erklärung im Berliner Tageblatt habe ich nicht gelesen, sie wird von anderen nicht als sehr glücklich und Ihnen nicht ganz ähnlich beurteilt. Das mit den Wanzen aber war gut.[1] Das B. T. scheint mir eigentlich nicht der rechte Ort um mit den Radau-Antisemiten abzurechnen. Es würde uns sehr freuen, wenn Sie bei den Südd. mittäten.

Ich hoffe, Sie haben inzwischen schon wieder Ihr philosophisches Lachen gefunden, und das Mitleid mit Deutschland, dessen Qualen sich wie überall in Progromen äussern. Aber nichts von Fahnenflucht!

Herzlich Ihr
A. Sommerfeld.

Ich habe Grebe gebeten, in Nauheim seine Aufnahmen zu demonstriren.[2] Er wird es tun. Für die Diskussion scheint mir diese Frage jetzt am wichtigsten. Sie werden doch sicher nach Nauheim kommen?

[28] *Von Albert Einstein*[3]

6. IX. 20.

Lieber Sommerfeld!

Ich hatte in der That jenem Unternehmen gegen mich zu viel Bedeutung zugeschrieben, indem ich glaubte, dass ein grosser Teil unserer Physiker dabei beteiligt sei. So dachte ich wirklich zwei Tage lang an „Fahnenflucht", wie Sie das nennen. Bald aber kam die Besinnung und die Erkenntnis, dass es falsch wäre, den Kreis meiner bewährten Freunde zu verlassen. Den Artikel hätte ich vielleicht nicht schreiben sollen. Aber ich wollte verhindern, dass mein dauerndes Schweigen zu den Einwänden und Beschuldigungen, welche systematisch wiederholt werden, als Zustimmung gedeutet werden. Schlimm ist, dass jede Aeusserung von mir von Journalisten geschäftlich verwertet wird. Ich muss mich eben sehr abschliessen.

Den Artikel in die Südd. Monatshefte kann ich unmöglich schreiben. Ich wäre schon froh, wenn ich mit meinen Briefschulden fertig würde. So eine Art Erklärung in Nauheim wäre vielleicht dem Auslande gegenüber, überhaupt aus Gründen der Reinlichkeit, wohl am Platze. Mir zuliebe aber sollte so etwas keinesfalls geschehen; denn ich bin schon wieder vergnügt

---

[1] Vgl. [Fölsing 1993, S. 523].

[2] Der Bonner Experimentalphysiker Leonhard Grebe maß die Rotverschiebung des Lichts im Schwerefeld der Sonne, vgl. [Grebe und Bachem 1920].

[3] Brief (1 Seite, lateinisch), *München, DM, Archiv HS 1977-28/A,78*.

und zufrieden und lese nichts, was über mich gedruckt wird, ausser wirklich Sachliches.

Grebes Photogramme erscheinen bald in der Zeitschr. für Physik.[1] Sie sind wirklich überzeugend, d. h. sie widerlegen die bisherigen Befunde über die Nichtexistenz des Verschiebungseffektes. Für eine endgültige Entscheidung der Frage der Rotverschiebung wird aber noch viel gründliche Arbeit nötig sein. Ich komme auch nach Nauheim und glaube, dass es dort recht interessant werden wird.

Indem ich Ihnen für Ihren freundlichen Brief bestens danke bin ich mit herzlichem Gruss

Ihr Einstein.

[29] *Von Niels Bohr*[2]

8. November 20.

Lieber Professor Sommerfeld,

Ich danke Ihnen vielmals für die freundliche Zusendung der zweiten Auflage Ihres Buches,[3] dessen so schnelles Wiedererscheinen ja das beste Zeugnis ablegt von dem grossen Interesse, das das Buch erregt hat. Zu gleicher Zeit möchte ich Ihnen bestens für alle die Freundlichkeit danken, die Sie mir während meines Berliner Aufenthaltes erwiesen haben; dieser Aufenthalt war für mich ein besonders erfreuliches und anregendes Erlebnis.[4] Ich bin Ihnen auch sehr dankbar für das freundliche Interesse an meinem Vortrag, das Sie gezeigt haben, indem Sie den Verlag Vieweg vorgeschlagen haben denselben als Sonderheft auszugeben. Ich habe Vieweg vorgeschlagen in demselben Heft als Nachtrag eine kleine Arbeit zu drücken, die ich in Begriffe bin abzuschliessen, und die auch für Erscheinung in Zeitschrift für Physik berechnet ist. In dieser habe ich einige einfache Betrachtungen angestellt, über die Bedingungen für den normalen Zustand der Atome; die, hoffe ich, in gewissen Hinsichten neues Licht auf die Frage des Atombaus werfen werden.[5]

Die Herausgabe der deutschen Übersetzung meiner Arbeit hat längere Zeit genommen, als ich gedacht hatte; sie ist aber jetzt sehr nahe fertig, und

---

[1] [Grebe und Bachem 1920].
[2] Durchschlag (2 Seiten, Maschine), *Kopenhagen, NBA, Bohr.*
[3] [Sommerfeld 1921c]. Das Vorwort ist mit 2. September 1920 datiert.
[4] Bohr stellte am 27. April 1920 in Berlin bei einem Vortrag auf Einladung der DPG erstmals das Korrespondenzprinzip öffentlich vor, [Bohr 1920], [Bohr 1976, S. 21-23].
[5] [Bohr 1922a]; zu seinen Arbeiten zum Atombau dieser Zeit siehe [Bohr 1977].

ich habe vor einigen Tagen eine orientierende Einleitung zu den Abhandlungen fertig gemacht.[1] Mit Hinblick auf der Korrektur der Abhandlungen und der Einleitung möchte ich Sie bitten die unveröffentlichte englische Arbeit und mitfolgenden Korrektionen, die ich Ihnen vor einem Jahre schickte, wenn möglich umgehend zurückzusenden. Dieselbe ist nämlich das einzige Exemplar, das ich habe, das ganz druckfertig war, ehe die mit Hinblick auf Ihre Arbeit neueingefügten Korrektionen, mit welchen ich doch nicht zufrieden werden konnte, in demselben angebracht wurde. In der Übersetzung ist es die Absicht die betreffende unveröffentlichte Arbeit genau so erscheinen zu lassen wie der Satz in dem Ihnen zugesandten Exemplar.

Mit freundlichen Grüssen an Sie und alle Münchener Physiker

Ihr sehr ergebener
[Niels Bohr]

[30] *An Niels Bohr*[2]

München, den 11. November 1920.

Lieber Bohr!

Ich schäme mich sehr, dass ich die Rücksendung Ihrer Arbeit von 1916 so lange verschoben habe.[3] Sie können sich denken, dass ich sie nicht die ganze Zeit studirt habe.

Von den mitgeschickten eigenen Arbeiten geben Sie wohl eine an Hn. Prof. Hansen, der ja besonderer Kenner der Zeemaneffekte ist.[4] Meinen „Zerlegungssatz", über den ich schon in Lund in Ihrem Beisein vorgetragen habe, finde ich sehr schön. Er hat sich auch beim Neonspektrum gut bewährt, wie Sie S. 254 – S. 259 erkennen.[5] Der Rydberg'sche „Wechselsatz" lässt wie es scheint auch interessante Schlüsse auf das Neon zu.[6] Danach sollten im Neon-Spektrum nur Tripletts und Einfach-Linien auftreten. In der Tat ist Paschen dabei, die 10 p-Terme und d-Terme in zusammenge-

---

[1] [Bohr 1921a]. Die Übersetzung wurde im Dezember 1920 abgeschlossen; Bohrs Geleitwort ist mit 4. November 1920 datiert.
[2] Brief (2 Seiten, lateinisch), *Kopenhagen, NBA, Bohr*.
[3] Vgl. Brief [16].
[4] Hans Marius Hansen arbeitete mit seinem Assistenten J. C. Jacobsen um diese Zeit über den Zeemaneffekt beim ionisierten Helium, [Hansen und Jacobsen 1921].
[5] [Sommerfeld 1920a] und [Paschen 1919].
[6] Nach dieser Regel zeigen Elemente mit ungerader Valenz Dublettsysteme, solche mit gerader Valenz Triplettsysteme, vgl. [Sommerfeld 1921c, S. 303], [Sommerfeld 1929a, S. 466].

hörige Tripletts und Einfachl.[inien] abzuteilen, nach Ausweis des Zeeman-Effektes, der zum Teil ganz wie bei Hg aussieht.

In den Zusätzen meines Buches können Sie sehen, dass ich mich bemüht habe, Ihr Korrespondenzprinzip besser zu würdigen, wie in der 1. Auflage. Ganz hübsch ist die Formulirung von S. 528 durch den Differential- und Differenzenquotienten. Trotzdem muss ich bekennen, dass mir der der Quantentheorie fremde Ursprung Ihres Prinzipes immer noch peinlich ist, so sehr ich auch anerkenne, dass damit ein wichtigster Zusammenhang zwischen Quantenth. und klassischer Elektrodynamik blossgelegt wird.

Besonders schön zeigt dies Ihr Berliner Vortrag,[1] über den sich Kossel gerade eben begeistert äusserte. Ich bin sehr gespannt darauf, was Sie uns mit ihm zusammen im Druck bei Vieweg bescheren werden.

Folgendes wird Ihnen wegen Ihrer Helium-Studien wichtig sein: ich höre von Paschen, dass die He-Dubletts durch das Magnetfeld nicht zusammengezogen werden (keinen Paschen-Back-Effekt zeigen), sich also garnicht wie normale Dubletts (à la Na) verhalten. Auch das entspricht übrigens dem „Wechselsatz", der in der 0ten Reihe des periodischen Systems keine eigentlichen Dubletts zulässt.

Was denken Sie über einen gemeinsamen Skilauf in den bayrischen Alpen, Anfang März? Sie würden dort, etwa vom 10ten ab, einen Kreis treffen (W. Wien, Mie, Ewald, Lenz, Laue, mich), der Sie freudigst begrüssen würde. Ich hoffe, dass Sie dann auch uns in München einige Tage schenken würden, und dass wir uns im Colloquium über die interessantesten Dinge unterhalten werden. Wenn Sie uns selbst etwas vortragen wollten, läge es ja nahe, Ihnen eine Reiseentschädigung anzubieten; aber das ist bei unserem heutigen Markkurs kaum in anständiger Form möglich.

Ich weiss, dass Ihre liebe Frau und Mutter, die ich beide herzlich zu grüssen bitte, meine Anregung wegen des Skilaufs unterstützen werden. Also vielleicht auf Wiedersehn!?

Ihr A. Sommerfeld.

[31] *An Johannes Stark*[2]

München 1. XII. 20.

Sehr geehrter Herr College!

In Ihrem Nobel-Vortrage[3] sagen Sie, dass die Bohr'sche Theorie dem

---
[1] [Bohr 1920].
[2] Brief (4 Seiten, lateinisch), *Berlin, SB, Nachlaß Stark*.
[3] [Stark 1920a].

von Ihnen beobachteten Intensitäts-Unterschiede der langwelligen gegen die kurzwelligen Componenten im Starkeffekt des bewegten Waßerstoffs ratlos gegenüber stünde. Sie haben offenbar übersehn, dass Bohr schon 1915 (Phil. Mag. XXX S. 404) eine allgemeine Erklärung hiervon gegeben hat.[1] Ich habe mich überzeugt, dass diese Erklärung jetzt, wo wir einen genauen Einblick in die Bahnen haben, mehr in's Einzelne durchgeführt werden kann. Die Bohr'sche Näherung, die vor den Arbeiten von Schwarzschild, Epstein und mir gemacht war, bleibt auch jetzt im Wesentlichen erhalten.[2]

Mich stört dabei nur eine Bemerkung, die Sie in Ihrem Buch „Elektr. Spektralanl." S. 44 machen.[3] Im Längseffekt soll der Intensitätsunterschied verschwinden. Dies würde eine ganz sonderbare Art der Ausstrahlung voraussetzen, die mit keiner Theorie, weder der klassischen noch der quantentheoretischen, verträglich scheint. Es würde mich sehr interessiren, ob Sie diese Bemerkung aufrecht halten u. wie genau die zu Grunde liegenden Beobachtungen sind. Ich möchte fast vermuten, dass Sie selbst ihr kein grosses Gewicht beilegen, weil Sie bei der provisorischen Erklärung, die Sie in § 33 Ihres Buches von dem Intensitätsunterschiede geben, auf jene Bemerkung nicht zurückkommen, die doch offenbar auch Ihrer Erklärung des Phänomens widerspricht.

Vielleicht interessirt es Sie, dass eine Beobachtung des Japaners Takamine,[4] wonach die Mittelcomponente von H_γ bei sehr starken Feldern etwas nach rot abgebogen wird, eine notwendige Folge der Epstein'schen Formeln ist und von diesem bereits gefordert wurde.

Im letzten § meiner Ihnen übersandten Arbeit („Zerlegungssatz")[5] habe ich einige Bemerkungen über den Stark-Effekt angefügt; darin präcisire ich die von Ihnen gefundenen Gesetze (korresp. Starkeffekte) u. schränke sie ein wenig ein. Es würde mich interessiren, ob Sie diesen Bemerkungen zustimmen oder ob Sie Gegenargumente haben.

In Aachen haben wir uns leider nur von Ferne begrüsst; ich war dort durch meine „alten" Freunde zu sehr beansprucht.[6]

Mit besten Grüssen Ihr ergebener
A. Sommerfeld.

---

[1] [Bohr 1915a].
[2] [Schwarzschild 1916], [Epstein 1916] und [Sommerfeld 1916a].
[3] [Stark 1914].
[4] [Takamine und Kokubu 1919]; vgl. [Sommerfeld 1921a].
[5] [Sommerfeld 1920a, § 5].
[6] Am 24. Oktober war Sommerfeld der „Dr. ing. h. c." verliehen worden, vgl. *J. Sommerfeld an A. Sommerfeld, 24. Oktober 1920. München, Privatbesitz.*

[32] *Von Johannes Stark*[1]

Würzburg, 9. Dezember 1920.

Sehr geehrter Herr Kollege!

Wie ich mich durch eine nochmalige sorgfältige Untersuchung meiner Spektrogramme überzeugt habe, ist bei senkrechter Stellung von Feld und Geschwindigkeit bei den Wasserstoffkanalstrahlen ein merklicher Intensitätsunterschied zwischen den lang- und kurzwelligen Componenten der Wasserstofflinien nicht vorhanden. Dies Ergebnis ist auch nach meiner Ansicht von jeder Theorie zu erwarten. Wenn bei gleicher Richtung von Strahlen und Feld der Intensitätsunterschied das entgegengesetzte Vorzeichen wie bei entgegengesetzter Richtung hat, so muss bei senkrechter Stellung der zwei Achsen der Intensitätsunterschied 0 sein. Für den Fall, dass Feld- und Geschwindigkeitsachse zusammenfallen, ist meines Wissens der Längseffekt noch nicht untersucht.[2]

Ich danke Ihnen für Ihren Hinweis auf die Abhandlung von Bohr. Ich konnte von ihr bis jetzt keine Kenntnis nehmen, da mir alle englischen Zeitschriften seit Sommer 1914 unzugänglich geblieben sind. Ich wusste darum auch nicht, dass Bohr bereits eine Erklärung der merkwürdigen Erscheinungen jenes Intensitätsunterschiedes versucht hat.

Die von Ihnen angeführte japanische Arbeit ist mir bekannt. Ich bin indes von der Wirklichkeit der behaupteten Rotverschiebung der Mittellinie von H nicht überzeugt.[3] Diese Rotverschiebung kann von einem Dopplereffekt vorgetäuscht sein, wenn nämlich die Achse nicht genau senkrecht zur Achse der Kanalstrahlen unmittelbar vor der Kathode stand, sodass diese mit einem kleinen Betrag von Geschwindigkeit in der Achse des Spaltrohres von diesem fortliefen. Mir ist auf diese Weise einmal ebenfalls eine Rotverschiebung vorgetäuscht worden. Takamine gibt nicht an, dass er für eine genaue Einstellung der Spaltrohrachse senkrecht zu den Kanalstrahlen vor der Kathode gesorgt hat. Und ich halte die Erfüllung dieser Forderung für ausserordentlich schwierig.

Im nächsten Hefte des Jahrbuches der Elektronik wird von mir eine Kritik der Bohr'schen Theorie vom Standpunkte des Experimentalphysikers aus erscheinen.[4] In ihr ist dargelegt, dass Ihre Theorie der Feinstruktur nicht

---

[1] Durchschlag (2 Seiten, Maschine), *Berlin, SB, Nachlaß Stark*.
[2] Vgl. die später in München bei W. Wien angefertigte Arbeit [Wierl 1927] und die am Sommerfeldschen Institut durchgeführte wellenmechanische Analyse [Slack 1927].
[3] H_γ, vgl. Brief [31]. Zur experimentellen Prüfung des quadratischen Starkeffekts vgl. [Kiuti 1927] sowie [Rausch von Traubenberg und Gebauer 1929].
[4] [Stark 1920b].

in Uebereinstimmung mit der Beobachtung steht. Es wäre erwünscht, dass sie Herrn Paschen veranlasst, seine Spektrogramme zu photometrieren und aus den Schwärzungsunterschieden angenähert die Intensitätsverhältnisse zu berechnen und das Ineinanderfliessen der Schwärzungen nicht aufgelöster benachbarter Linien zu studieren.

Ihre Arbeit über den Zerlegungssatz[1] habe ich mit grossem Interesse gelesen; sie scheint mir folgerichtig zu sein. Indes habe ich zu ihrem eingehenden Studium bis jetzt noch keine Zeit gefunden, da ich mit dienstlicher Arbeit überlastet bin.[2]

Mit kollegialem Grusse
ergebenst [Johannes Stark]

[33] An Johannes Stark[3]

München 12. XII. 20.

Sehr geehrter Herr Kollege!

Anbei die Arbeit von Bohr[4] mit der Bitte um gelegentliche Rückgabe. Vgl. S. 405, blau angestrichen. Die Bleistiftstriche haben nichts zu bedeuten. Meine Anfrage bezog sich eigentlich nicht auf den Quereffekt bei senkrechter Stellung von Kraftlinien-Richtung und Geschwindigkeits-Richtung (hier ist alles aus Symmetriegründen klar) sondern auf den Längseffekt. S. 44 Ihres Buches („El. Spektr. Anal.")[5] oben sagen Sie: „Hier fehlt der Intensitätsunterschied der äusseren Komponenten, diese sind vielmehr innerhalb der Beobachtungsfehler gleich intensiv". Dieser Passus war mir von Anfang an verdächtig. Es ist mir nun sehr lieb, aus Ihrem frdl. Briefe zu entnehmen, dass er keine eigentlichen experimentellen Unterlagen* hat. Ich werde daher für meine Überlegungen diese Stelle Ihres Buches ausmerzen, wie ja auch Sie bei Ihren theoretischen Erklärungsversuchen hierauf nicht Rücksicht genommen haben.

Den Einwand des Doppler-Effektes machte auch Rau gegen Takamine; er ist aber kaum zu halten. Z. B. müsste dann auch H_α den Effekt zeigen.

Bei Paschen habe ich wundervolle Photometrirungen von He 4686 gesehen. Es wird mir sehr erwünscht sein, wenn Ihre Polemik diese ihm heraus-

---

[1] [Sommerfeld 1920a].
[2] Stark war um diese Zeit als Nachfolger W. Wiens in Würzburg mit der Einrichtung des physikalischen Instituts beschäftigt, vgl. [Stark 1987].
[3] Brief (3 Seiten, lateinisch), *Berlin, SB, Nachlaß Stark*.
[4] [Bohr 1915a].
[5] [Stark 1914].

lockt. Im Übrigen halte ich Paschen's Versuche und meine Theorie derselben für hieb- und stichfest. Aber ich werde Ihre Einwände gebührend überlegen.

Indem ich Ihnen für die gehabte Mühe bestens danke bin ich mit besten Grüssen

Ihr ergebenster
A. Sommerfeld

* Die wertvolle Arbeit von Lunelund,[1] die sich aber nur auf den Quereffekt bezieht, habe ich inzwischen studirt.

[34] *An Hendrik A. Lorentz*[2]

München, 5. Januar 1921.

Sehr verehrter Herr College!

Die Correktur des Solvay-Congresses schicke ich gleichzeitig an Sie ab.[3]

Es hat mich sehr gefreut, Ihre Schriftzüge einmal wieder zu sehn und Ihre freundlichen Grüsse zu vernehmen!

Das Leben wäre wirklich nicht zu ertragen bei den fortgesetzten Demütigungen, die wir uns gefallen lassen müssen, wenn nicht das Bischen Freude am Fortschritt der Wissenschaft wäre, die uns nicht genommen werden kann. Vielleicht hat auch Ihnen der hübsche „Zerlegungssatz" aus der Theorie des Zeemaneffektes gefallen, den ich Ihnen kürzlich zugeschickt habe.[4] Es ist eigentlich nichts Quantentheoretisches darin, sondern nur eine empirische Feststellung, ähnlich wie bei Hn. Lohuizen,[5] aber auf Grund genauerer Beobachtungen.

Seit dem Tode unseres Arnold, der nun seit $1\frac{1}{2}$ Jahren im tiefen Ammersee ruht, ist unser Familienleben arg verdüstert; besonders meine arme Frau findet nur schwer und langsam ihre Energie wieder. Aber die drei uns gebliebenen Kinder sind brav und machen uns viel Freude.

Es grüsst Sie und Ihre verehrte Frau Gemahlin herzlich zum neuen Jahr

Ihr A. Sommerfeld.

---

[1] [Lunelund 1914].
[2] Brief (1 Seite, lateinisch), *Haarlem, RANH, Lorentz inv.nr. 74.*
[3] [Solvay 1921]. Lorentz war Präsident des wissenschaftlichen Rats für den zweiten Solvaykongreß 1913.
[4] [Sommerfeld 1920a].
[5] [Lohuizen 1919].

[35] *An Edgar Meyer*[1]

München, 28. Januar 1921

Lieber Herr College!

Es ist ja nicht das erste Mal, dass ich in der Frage Ihrer zweiten Professur an Sie schreibe; ich weiss die guten Beziehungen, die mich seit Kleiners Zeit mit Ihrer Fakultät verbinden, zu schätzen und will daher Ihre Liste ganz brav durchgehen.[2]

Ed. Bauer. Mir nicht bekannt, hat vermutlich nichts Wesentliches gemacht.[3]

L. Brillouin. Mir sehr wohl bekannt, da er 1913/14 bei mir gearbeitet hat. Er zeigte sich damals – wie alle Franzosen – mathematisch sehr gut geschult und hat eine Arbeit von mir – Fortschreiten einer abgebrochenen Lichtwelle in einem dispergirenden Medium – geschickt ergänzt durch Nachweis der Rolle, die die Gruppengeschwindigkeit auch hier spielt.[4] Seitdem ist mir nichts mehr von ihm zu Gesicht gekommen; ich habe nur von einer Arbeit von ihm über das kontinuirliche Röntgenspektrum gehört, die verfehlt sein dürfte, da sie den Temperaturbegriff am unrechten Orte einführt. Mein Eindruck von Hn. Br. ist der eines begabten, gebildeten und angenehmen Menschen, aber nicht eigentlich eines selbständigen Kopfes. Seine experimentellen Arbeiten über Brown'sche Bewegung und Himmelsblau sind wohl ordentlich.[5]

Tank: Eine ausführliche Arbeit in den Annalen über Spektrall., die an mich anknüpft, ist eine sachgemässe Anwendung bekannter Methoden, aber physikalisch unfruchtbar.[6] Ganz verfehlt ist zweifellos seine Arbeit über das Viellinienspektrum in der Zürch. Naturf. Ges.

Schrödinger: Ein ausgezeichneter Kopf, sehr gebildet und kritisch. *Ordentlicher* Professor in ~~Göttin~~ Breslau, also wohl nicht für Sie zu haben.[7]

---

[1] Brief (2 Seiten, lateinisch), *Zürich, UA, Dekanatakten ALF*.

[2] Zu den früheren Empfehlungen Sommerfelds für die Besetzung der Professur für theoretische Physik an der Universität Zürich vgl. Band 1, Brief [186]. Der Lehrstuhl blieb nach Laues Weggang 1914 unbesetzt und wurde seit 1918 durch die Privatdozenten Franz Tank, Paul Epstein und Simon Ratnowski vertreten.

[3] Der in Paris geborene Édmond Bauer war 1905 bis 1912 Forschungsassistent von J. Perrin, 1917 bis 1918 Mitarbeiter von P. Weiss an der Universität Zürich und seit 1919 Maître des Conférences an der Universität Straßburg.

[4] [Sommerfeld 1912], [Brillouin 1914]. Vgl. auch *A. Sommerfeld und J. Fischer an L. Brillouin, 18. Dezember 1913. College Park, AIP, Brillouin, L.*

[5] [Brillouin 1920], [Brillouin 1921], [Brillouin 1914].

[6] [Tank 1919]. Franz Tank war seit 1918 Privatdozent an der Universität Zürich.

[7] Erwin Schrödinger wurde auf den ersten Platz der Liste gesetzt und zum Beginn des Wintersemesters 1921/22 berufen, vgl. [Moore 1989, S. 140-144].

Bleiben meine drei Schüler: Ewald, Lenz, Epstein. Von ihnen kommt *Ewald*, der z. Z. noch in München ist aber in Stuttgart als Extraordin. vorgeschlagen werden dürfte, ~~am wenigsten~~ wohl erst an 3ter Stelle. Auf dem Gebiete der Kristallstruktur gehört er zu den kompetentesten Leuten. Einen grossen Erfolg hat er mit seiner tiefgründigen, aber etwas abseits liegenden Theorie der Röntgeninterferenzen gehabt, indem er gewisse Abweichungen vom Bragg'schen Gesetz, die bei Siegbahn beobachtet sind, erklären konnte.[1]

Lenz war ursprünglich Debyes einziger Candidat für seine Nachfolge in Zürich; Kleiner hätte ihn damals wohl berufen, wenn nicht der Krieg dazwischen gekommen wäre. Auch in Nauheim hat Debye Lenz für das Hamburger Ordinariat auf Anfrage von Koch an erster u. einziger Stelle vorgeschlagen. Es ist aber wahrscheinlich, dass nach Hamburg Laue berufen wird. Lenz ist nicht in Kiel sondern als (schlecht besoldeter) Extraordinarius in Rostock. Ich schätze Lenz ebenso wie Debye ein u. halte besonders seine letzten, vorerst nur sehr unvollständig publicirten Arbeiten über Bandenspektren und Magnetismus für äusserst wichtig.[2]

Epstein hat zweifellos unter all Ihren Candidaten den grössten Namen. Sein Stark-Effekt gehört zu den ganz grossen Leistungen.[3] Bemerkenswert ist auch sein allgemeiner Überblick und seine mathematische Gewandtheit. Fast scheint es, als ob er in den letzten Jahren unfruchtbar geworden ist, aber das liegt wohl an prekären äusseren Verhältnissen. Dass er nicht bei den letzten Berufungen in Deutschland berücksichtigt wurde, erklärt sich daraus, dass das ausgeplünderte Deutschland sich den Luxus nicht-deutscher Professoren nicht mehr leisten kann. Ich würde Epstein die Zürcher Professur wirklich gönnen. Die Wahl zwischen Lenz und Epstein ist schwer. Debye wird Ihnen wahrscheinlich zu Lenz raten. Ich denke, dass Epstein die älteren Rechte hat.

Schade, dass wir uns in Nauheim garnicht gesprochen haben. Wie Sie gesehen haben, war ich geschäftlich grässlich in Anspruch genommen. Hoffentlich kommen Sie dies Jahr nach Jena![4]

Mit besten Grüssen
Ihr A. Sommerfeld.

---

[1] Peter Paul Ewald wurde an die dritte Stelle der Berufungsliste gesetzt.

[2] [Lenz 1919]. Wilhelm Lenz kam zusammen mit Léon Brillouin an die zweite Stelle der Liste.

[3] [Epstein 1916].

[4] In Jena fand vom 19. bis 24. September 1921 die erste der danach in zweijährigem Turnus abgehaltenen Deutschen Physikertagungen statt.

[36] *An Niels Bohr*[1]

München, 18. II. 21.

Lieber Bohr!

Ich habe auf den (recht leichtsinnigen) Angriff Stark's gegen Ihre Theorie im Jahrbuch der Radioaktivität eine Erwiderung geschrieben.[2] Sie brauchen es also nicht zu tun, haben es wohl auch kaum vor?

Wir gehen am 12. III. (Laue, Mie, Lenz etc) nach Ehrwald in Tirol zum Skilaufen. Wir dürfen Sie wohl leider nicht erwarten? Einstein schreibt, Sie hätten sehr interessante neue Anschauungen über das Atommodell. Ein überflüssiger Correkturbogen würde mich natürlich sehr erfreuen.

Ich zerbreche mir weiter den Kopf über die Combinationsdefekte der Röntgenstr. Es stimmt alles nicht.

Viele Grüsse, auch an Ihre liebe Frau und Mutter von Ihrem

A. Sommerfeld

[37] *Von Niels Bohr*[3]

København, den 22. Februar 1921.

Lieber Sommerfeld,

Ich danke Ihnen bestens für Ihre freundliche Karte. Es freute mich zu hören, dass Sie eine Erwiderung der Stark'schen Kritik geschrieben haben. Wie Sie dachten, hatte ich auch keine Antwort im Sinne; der einzelne Punkt, der mir beim Lesen des Stark'schen Aufsatzes überhaupt einen Augenblick an eine solche zu denken brachte, war was er schrieb über die interessante Assymmetrie der Komponenten im Stark-effekte des Wasserstoffs, die bei Kanalstrahlen unter gewissen Bedingungen auftritt. Ganz abgesehen von der numerischen Übereinstimmung mit den Experimenten, die die Quantentheorie ergeben hat, ist nach meiner Auffassung diese Assymmetrie eine der starksten Stütze für eine quantentheoretische Erklärung des Effektes. Denn wäre der Effekt zum Beispiel, wie nach der Vogtschen Theorie,[4] als eine direkte Wirkung auf die Bewegung des Elektrons im Atom aufzufassen, so wäre eine Assymmetrie wie die beobachtete schwerlich zu verstehen, weil die Intensitätsverhältnisse der Komponenten einfach von dem äusseren Feld,

---

[1] Postkarte (2 Seiten, lateinisch), *Kopenhagen, NBA, Bohr.*
[2] [Stark 1920b] und [Sommerfeld 1920b].
[3] Brief (2 Seiten, Maschine), *München, DM, Archiv HS 1977-28/A,28.*
[4] Gemeint ist Woldemar Voigt, vgl. [Voigt 1901].

das den Stark-effekt hervorbringt, abhängen sollten. Nach der Quantentheorie, nach welcher die Aussendung nicht nur jeder Wasserstofflinie, sondern jeder einzelnen Komponente derselben mit einem von den andern völlig unabhängigen Übergangsprozess zwischen ganz verschiedenen Zuständen des Atoms zusammenhängt, ist es dagegen leicht zu verstehen, dass eine solche Assymetrie vorkommen kann. So ist es nur nötig sich vorzustellen, dass in den Kanalstrahlen die relative Häufigkeit für verschiedene Lagen der Elektronenbahn in Bezug auf die Kanalstrahlenrichtung unter den von Stark erwähnten Versuchsbedingungen verschieden ist. Dass ich überhaupt daran gedacht hatte in einer eventuellen (schon längst aufgegebenen) Antwort diesen Punkt zu erwähnen war nur, dass ich es so ganz und gar für ungereimt halte, dass Stark eben in der genannten Assymetrie, von der er bei mehreren Gelegenheiten gesprochen hat, einen genügenden Grund erblickt an der Stütze für die Quantentheorie, die von dem wundervollen Erfolge der Ihrigen und der Epstein–Schwarzschild'schen Arbeiten geliefert wird, zu zweifeln, da ja doch die Sachlage die ist, dass, wie oben auseinandergesetzt und auch schon in meiner Arbeit von 1915 in Phil. Mag. erwähnt,[1] das Vorkommen der Assymetrie eben mit den Grundgedanken der Quantentheorie in schönster Übereinstimmung ist.

Was meine Arbeit mit dem Atombau in letzter Zeit betrifft, bin ich eben beschäftigt eine ausführliche Publikation vorzubereiten; über die Tendenz der Resultate habe ich vor wenigen Tagen in einem Brief an „Nature" berichtet in Verbindung mit einer Diskussion, die in dieser Zeitschrift sich entwickelt hat.[2] Nach Ihrer freundlichen Aufforderung schicke ich mit diesem Briefe eine Kopie des erwähnten Aufsatzes[.]

Was den letzten Punkt in Ihrer Karte betrifft, bedaure ich ausserordentlich, dass es mir nicht möglich ist dieses Jahr zusammen mit Ihnen und Ihren Freunden nach Tyrol zu gehen, weil meine Zeit mit der Einrichtung des neuen Laboratoriums so sehr in Anspruch genommen ist. Ich hoffe aber sehr, dass es mir ein anderes Mal möglich sein soll eine solche T[o]ur mitzumachen.

Mit freundlichen Grüssen an Sie und alle gemeinsamen Freunde in München,

Ihr N. Bohr.

---

[1] [Bohr 1915a], vgl. auch [Bohr 1918b, S. 69-79].
[2] [Bohr 1921c].

[38] *An Alfred Landé*[1]

München 3. III. 21.

Lieber Landé!

Back schreibt mir, dass Paschen ihm Ihre Dublettregeln[2] nicht gegeben hat, weil er selbst (Back) an denselben Dingen arbeitet, was sehr richtig ist. Ich bitte Sie nun dringend, von jeder Publikation Ihrer Regeln abzustehen, bis Ihnen Back die Correktur seiner in Vorbereitung befindlichen ausführlichen Ann.-Arbeit[3] zuschickt, u. zw. aus folgenden Gründen.

1) Back ist der experimentelle Vater des ganzen Gebietes; er muss die Vorhand haben, die Früchte seines Experimentes selbst zu pflücken. Auch bei meinem Zerlegungssatz habe ich erst seine Einwilligung zur Publikation eingeholt, die er ohne Weiteres gab, weil er damals überhaupt keine theoret.[ischen] Gesichtspunkte hatte; sie sind ihm vielmehr erst durch jenen Satz gekommen.

2) Back arbeitet sehr langsam, ist durch den Krieg körperlich u. seelisch mitgenommen, zumal als Spross einer alten elsässischen, vertriebenen Familie. Er braucht Ruhe zur Arbeit u. fühlt sich durch Ihre Parallelarbeit beunruhigt.

3) Back hat bereits für die Naturwissenschaften eine vorläufige Mitteilung,[4] deren Correktur er mir mitgeschickt hat; er ist also auch publicistisch Ihnen voran. Diese Mitteilung beschäftigt sich zwar nur mit der Anzahl der Componenten, lässt aber alles übrige durchblicken.

4) Back scheint auch über die Triplettfragen befriedigendere Regeln zu haben als Sie. Ihre Tripl-Regeln kann ich noch nicht als endgültig ansehen; sie sind mir zu verschieden von Ihren Dubl-Regeln, während doch beide aus der gleichen Wurzel kommen müssen. Back kann auch bei den Tripletts alles vorausprophezeien.

Wenn Sie die Back'sche Ann.-Correktur haben, werden Sie natürlich das, was Ihnen bei Ihrer Darstellung besser erscheint, für die Annalen zusammenschreiben (nicht für die Zeitschr. f. Ph., damit Sie auch dann keinen Vorsprung im Erscheinen vor Back gewinnen).

Seien Sie mir nicht böse, dass ich Sie scheinbar in dieser Sache beeinflussen möchte; aber das vertrauensvolle Zusammenarbeiten mit der Praxis, insbesondere derjenigen des Paschen'schen Institutes, darf im Interesse der Theorie nicht gestört werden. Und ich fürchte bei dem sensibeln Charakter von Paschen und der zarten Natur von Back, dass sich ein dauernder

---
[1] Brief (3 Seiten, lateinisch), *Berlin, SB, Nachlaß 70 Landé, Sommerfeld*.
[2] Vgl. dazu ausführlich [Forman 1970].
[3] [Back 1923a].
[4] [Back 1921].

Misklang ergeben kann, wenn wir hier nicht mit aller Delikatesse vorgehen.

Ihre Bemerkung, dass Bohr wie eine Bombe eingeschlagen hat,[1] trifft auch für München zu. Ich bekam von Bohr einen Durchschlag seines Nature-Briefes. Wir müssen gründlich umlernen.

Mit den besten Grüssen
Ihr A. Sommerfeld

[39] *An Niels Bohr*[2]

[München, 7. März 1921.][3]

Lieber Bohr!

Herzlichen Dank für Ihren Brief an die „Nature". Er bedeutet offenbar den grössten Fortschritt im Atombau seit 1913.[4] Ich habe, wie Sie 1916, die Consequenz daraus gezogen, einen Teil eines M[anuskript]s., das ich an die Zeitschr. f. Phys. geschickt hatte, nachträglich zurückzuhalten.[5] Ich hatte mir dort meine Gedanken gemacht, wie die im Atominnern systematisch anwachsenden Quantensummen an der Atomoberfläche abnehmen mögen. Aber das haben Sie nun fest begründet.

Ich bin in der unangenehmen Lage, schon wieder eine neue Auflage meines Buches schreiben zu müssen. Sie sind wohl damit einverstanden (wenn ich nichts höre nehme ich es an), dass mir, falls Sie etwas über Ihre neuen Resultate an die Ztschr. f. Phys. schicken, die Correktur hiervon zugeschickt wird. Jedenfalls werde ich Sie im Sommer in Göttingen treffen,[6] um mir für mein Buch nähere Auskunft über Ihre letzten Entdeckungen zu holen. Herzl. Glückwunsch dazu!

Ihr A. Sommerfeld

[40] *An Niels Bohr*[7]

München 25. IV. 21.

Lieber Bohr!

Vor zehn Jahren schrieb ich an Hilbert, als er sich nach Abschluss der Integralgleichungen gründlich überarbeitet hatte und ein Sanatorium

---

[1] [Bohr 1921c] behandelt den Atombau und das Periodensystem, vgl. Seite 19.
[2] Postkarte (2 Seiten, lateinisch), *Kopenhagen, NBA, Bohr*.
[3] Poststempel.
[4] Zu der in [Bohr 1921c] begründeten Theorie des Periodensystems siehe [Bohr 1977].
[5] Vgl. die Nachschrift zu [Sommerfeld 1921e, S. 16].
[6] Bohr sagte die Wolfskehl-Vorlesungen 1921 wegen Überarbeitung ab.
[7] Brief (4 Seiten, lateinisch), *Kopenhagen, NBA, Bohr*.

aufsuchen musste: „Das mathematische Königreich, das Sie errichtet haben, ist schon eine Messe wert".[1] Dasselbe möchte ich Ihnen sagen, da ich von Franck höre,[2] dass Sie mit Ihrer Arbeitsfähigkeit streiken. Ihr mathematisch-physikalisches Königreich wird noch längeren Bestand haben und noch mehr Bürger zählen als das Hilbert'sche Integral-Gleichungs-Reich.[3] Glauben Sie nur nicht, dass Ihre jetzige Arbeitspause etwas Ernstliches oder Besonderes ist. Ich finde es nur natürlich, dass Sie für Ihre neuesten Entdeckungen, die gewiss eine ungeheure Gedanken-Concentration erforderten, den Tribut der Menschlichkeit zahlen müssen. Und ich würde ihn, wenn mir so tiefe Einsichten beschert wären, *gerne* zahlen. Ich weiss übrigens von Ihnen weiter nichts, als dass Sie nicht nach Göttingen gehen werden und nicht in Brüssel gewesen sind.[4] Vielleicht wäre es richtiger gewesen wenn Sie meine ärztliche Vorschrift befolgt hätten und mit uns zum Skilaufen gekommen wären.

In Göttingen hätte ich Sie besucht und hätte Sie über die Atombauten ausgefragt. So werde ich meine dritte Auflage schreiben müssen, ohne Genaueres über diese entscheidende Wendung der Elektronenbahnen zu wissen. In gewisser Weise wird dadurch das Geschäft vereinfacht und beschleunigt.

Ich bin zwar ganz davon durchdrungen, dass Ihr Weg der richtige ist – wenn Sie, wie es scheint, die Periodenzahlen 2, 8, 18, .. mathematisch nachkonstruiren können, so ist das ja die Erfüllung der kühnsten Hoffnungen der Atomphysik –. Ich bin aber ketzerisch genug zu denken, dass das eines Tages noch auf einem anderen weniger formalen, einheitlicheren Weg möglich sein wird. Allerdings erst dann, wenn man die kontinuirliche Elektrodynamik durch eine nadelförmige ersetzt haben wird.[5]

Doch ich wollte Ihnen nichts Wissenschaftliches sondern nur Persönliches schreiben. Das Wissenschaftliche sollten Sie sich für die nächsten Wochen ganz vom Halse halten. Auch die Institutssorgen! Ich fürchte überhaupt, dass Sie sich mit Ihrer Doppelstellung als Institutsdirektor und Direktor

---

[1] *A. Sommerfeld an D. Hilbert, 28. April 1908. Göttingen, NSUB, Cod. Ms. D. Hilbert 379 A.*

[2] James Franck hatte sich Anfang 1921 mehrere Wochen als Gast in Bohrs neuerrichtetem Institut aufgehalten.

[3] [Hilbert 1912].

[4] Bohr sagte für 1921 wegen Überarbeitung alle Auslandsreisen ab. Die Vorlesungen in Göttingen hielt er im folgenden Jahr, bekannt als „Bohrfestspiele".

[5] Anspielung auf die Theorie von Einstein 1916/17, die eine Brücke zwischen der Bohrschen Atomtheorie und der Planckschen Strahlungstheorie herstellte, [Einstein 1916], [Einstein 1917]. Sie setzte eine vollständig gerichtete „Nadelstrahlung" voraus.

der Atomtheorie zu viel übernommen haben. Wenn ich Ihnen raten darf, so überlassen Sie nur die Institutsdirektion möglichst vollständig Hn. Collegen Hansen.[1]

Baldige Erholung wünscht Ihnen
Ihr A. Sommerfeld

[41] *An Albert Einstein*[2]

München 4. Juli 21.

Lieber Einstein!

Ich komme mit zwei grossen Bitten. Die eine kennen Sie schon: Dass Sie im November zu uns kommen u. uns vortragen.[3] Zuhörerschaft: Colloquium u. einige wissenschaftliche Vereine, Ingenieur-Verein, Ärzteverein, bayr. Mittelschullehrer, also kein absolutes Laienpublikum. Honorar wie verabredet (2 000 M). Wenn Sie geneigt sind, ausserdem eine Gastvorlesung für den breiten Kreis der Studenten zu halten, also ohne Mathematik, so würde ich das in die Wege leiten; es würde dankbar aufgenommen werden. Die Hauptsache ist mir, dass wir den schon für diesen Juni geplanten Vortrag im Colloquium verwirklichen können. Auch Anschütz würde sich sehr darüber freuen, wenn seine Stiftung sich hierfür förderlich erweisen könnte.[4] Die Zeit bestimmen Sie bitte. Wenn es der November nicht sein kann, so möge es ein anderer Wintermonat sein.

Die andere Bitte: Ich lege einen kleinen Zeitungsartikel bei, den ich geschrieben u. gezeichnet habe.[5] Es wäre mir natürlich eine Genugtuung, wenn er von einer englischen Zeitschrift abgedruckt würde. Dass er in Schweden, Schweiz, Holland erscheint, dafür werde ich sorgen. Ich las im „Athenäum" zufällig den sympathischen Bericht über Ihren Vortrag.[6] Ich denke mir nun, das Athenäum könnte es Ihnen nicht abschlagen, wenn Sie

---

[1] Hans Marius Hansen war Experimentalphysiker am Bohrschen Institut.
[2] Brief (4 Seiten, lateinisch), *Jerusalem, AEA, Einstein*.
[3] Vgl. *A. Einstein an A. Sommerfeld, 9. März 1921. München, DM, Archiv HS 1977-28/A,78. A. Sommerfeld an A. Einstein, 14. März 1921. Jerusalem, AEA, Einstein.*
[4] Der auch mit Einstein befreundete Unternehmer Anschütz-Kaempfe hatte 1918 dem Münchner Physikalischen Institut 200 000 Mark gestiftet, vgl. Band 1, Brief [293].
[5] In [Sommerfeld 1921d] geht es um eine Medaille im Zusammenhang mit dem 1915 von einem deutschen U-Boot versenkten Passagierschiff *Lusitania*. Sommerfeld recherchierte, daß diese Medaille privat geprägt wurde und in Deutschland praktisch unbekannt war; sie sei auch nicht als Triumph, sondern als Verurteilung der Reederei gemeint gewesen, da die *Lusitania* auch Munition transportiert habe.
[6] Vielleicht „Einstein on Education" in *Nation and Athenaeum* Bd. 30, 1921, S. 378-379.

an die Redaktion desselben schrieben: Auf Veranlassung eines deutschen Freundes bäten Sie um den Abdruck. Es handelt sich ja nicht um politische Meinungen sondern um Festnagelung von Tatsachen. Und es giebt in England genug Leute, denen die Northcliff'sche[1] Wahrheits-Verdrehung zum Überdruß geworden ist, zumal jetzt, nachdem sie ihren Zweck erreicht u. die Engländer ihren Riesengewinn eingestrichen haben. Der amerikanische College ist Prof. J. Kunz aus Urbana (Illinois).[2]

Der Herzfeld'sche Versuch zu Ihrem magnetischen Effekt hat negatives Ergebnis gehabt.[3] Wir hatten zwar eine ausgesprochene Strahlung von $\lambda = 1\,400\,\mathrm{m}$ etwa, in der erwarteten Größenordnung, aber sie entpuppte sich schliesslich als Eigenschwingung des Verstärkers.

Meinen Relativitätsvortrag, den ich diesen Sommer in einem Vortragscyklus halten musste, habe ich wiederholt u. beidemal ca. 1 200 Zuhörer gehabt. Er wird auch gedruckt.[4] Der Philosoph Geiger hat mit mir kooperirt; er wird Ihnen seine Broschüre wohl dieser Tage zuschicken.[5] Sie werden mit seiner Anpassung von Kant's Apriorismus an Ihr System kaum übereinstimmen.

Sehr lustig ist es, dass Mach in seinem sehr schönen nachgelassenen Werk zur Optik[6] *gegen* die Rel.[ativitäts-]Th.[eorie] Stellung nimmt (vgl. Einleitung) u. dass Sie nach Ehren-Weiland[7] trotzdem von ihm abgeschrieben haben.

Ich bin neugierig, ob Sie meine beiden Bitten erfüllen können, und würde froh sein, wenn ich Ihnen auch einmal einen Gefallen tun könnte. Hoffentl. ist der amerikan.-engl. Trubel Ihrer Gesundheit gut bekommen![8]

Mit herzlichen Grüssen
stets Ihr A. Sommerfeld.

---

[1] Alfred Charles William Harmsworth, Viscount Northcliff, Gründer der Massenzeitungen *Daily Mail* und *Daily Mirror*, war auch Besitzer der *Times* in London.

[2] Der in dem Artikel nicht namentlich erwähnte Jakob Kunz war Professor der mathematischen Physik an der University of Illinois in Urbana.

[3] Nach K. F. Herzfeld sollte die beim Einstein-de Haas-Effekt auftretende Ummagnetisierung eines ferromagnetischen Stabes mit Strahlung verbunden sein, die er nachweisen wollte; vgl. [Hermann 1968, S. 76].

[4] [Sommerfeld 1921b].

[5] [Geiger 1921]. Moritz Geiger war Philosophieextraordinarius an der Universität München; zu seiner Interpretation der Relativitätstheorie vgl. [Hentschel 1990, S. 266-268].

[6] [Mach 1921] wurde posthum von seinem Sohn Ludwig herausgegeben; vgl. auch [Wolters 1987], worin die Authentizität des Machschen Antirelativismus bezweifelt wird.

[7] Paul Weyland, vgl. Brief [25].

[8] Einstein hatte sich im April und Mai 1921 auf einer Vortragsreise in den USA aufgehalten und bei seiner Rückreise im Juni auch in England Vorträge gehalten.

[42] *Von Albert Einstein*[1]

13. VII. 21.

Lieber Sommerfeld!

Den gewünschten Vortrag will ich gern halten, obwohl mir nicht klar ist, was ich damit leisten könnte. Neues von Interesse habe ich nicht zu sagen und das Alte pfeifen schon alle besseren Spatzen von den Dächern. Wenn es aber trotzdem verlangt wird, komme ich um den 1. November, da ich um diese Zeit nach Bologna fahren muss.

Nun zum Zeitungsartikel. Ich bedauere es offen gesagt, dass Sie ihn geschrieben haben. Dies ist überhaupt nur infolge der durch den Krieg geschaffenen Isolierung möglich. Kein gebildeter Engländer glaubt an die Kriegsmärchen oder legt Wert auf solche kleinliche Dinge. Ich habe bei meinem Aufenthalt in England die Erfahrung gemacht, dass die dortigen Gelehrten meist vorurteilsfreier und objektiver sind als unsere deutschen. Dies ist auch gar nicht zu verwundern, da sie in jeder Beziehung in der leichteren Situation sind. Immerhin muss ich bemerken, dass ein stattliches Häuflein der englischen Gelehrten von Rang Pazifisten sind und Kriegsdienst verweigert haben, z. B. Eddington, Russel.[2] Wenn *Sie* dort gewesen wären, würden Sie sicher auch fühlen, dass es nicht am Platze ist, den Leuten dort mit solchen Lappalien zu kommen. Wie das grosse Publikum denkt, weiss ich nicht. Aber bei uns ist auch ungeheuer gelogen worden ohne Dementi, und es wäre gewiss wenig fruchtbar, wenn die ganze während des Krieges angesammelte schmutzige Wäsche nun mit vereinten Kräften ans Tageslicht gezogen würde. Jedenfalls kann ich meine Hände dazu nicht bieten und bitte Sie im Interesse des wiederherzustellenden guten internationalen Einvernehmens, diese unfruchtbare Sache liegen zu lassen. In Amerika und England habe ich überall ehrlichen Verständigungswillen, Hochachtung für die geistigen Arbeiter Deutschlands und Bewunderung für Ihre wissenschaftliche Arbeit sowie Sympathie für Sie persönlich gefunden. Also weg mit dem alten Groll. Man kann es, ohne sich das Geringste zu vergeben!

An die Möglichkeit eines positiven Erfolges der Herzfeld'schen Versuche habe ich niemals geglaubt, auch darum, weil ja der inverse Effekt auch zu klein ist. Die Teufelei sitzt tiefer.

Es wundert mich, dass Mach nicht für die Relativitätstheorie war.[3] Die-

---

[1] Brief (2 Seiten, lateinisch), *München, DM, Archiv HS 1977-28/A,78*.
[2] Zur Amtsenthebung Bertrand Russells siehe Fußnote 3, Seite 83. Arthur Eddington ließ sich 1916 vom Kriegsdienst zurückstellen und verweigerte ihn 1918 aus Gewissensgründen.
[3] [Mach 1921]; vgl. [Wolters 1987].

ser Gedankengang liegt nämlich ganz in seiner Denkrichtung. Ich bin neugierig, wie er zu seinem ablehnenden Standpunkt kommt.

Die Reise war gewaltig anstrengend, aber von gutem Erfolg, sodass ich froh bin, sie unternommen zu haben.[1] Nehmen Sie mir meinen Standpunkt bezüglich des Artikels nicht übel; man kann nicht so gegen seine sichere Überzeugung handeln. Hätte ich nur die Fähigkeit, auch Sie zu überzeugen!

Herzlich grüsst Sie
Ihr A. Einstein.

[43] *An Albert Einstein*[2]

München 2. VIII. 21

Lieber Einstein!

Ich danke Ihnen sehr für Ihre Zusage zu Anfang November! Wir beginnen mit den Vorlesungen am 2. November; also wäre es bequemer, wenn Ihr Vortrag *nach* als *vor* dem 2. XI stattfände. Wir richten uns aber natürl. ganz nach Ihnen. Sprechen Sie doch auch in Kiel mit Anschütz von dem Termin u. benachrichtigen Sie mich dann definitiv, auch darüber, ob Sie ausser dem mehr philosoph. Relativ-Vortrag noch einmal specieller in unserem Colloquium sprechen werden, was sehr nett wäre.

Natürlich konnten Sie in der Lusitania-Sache nicht anders handeln, als Sie für richtig halten. Eine Zuschrift von den Quäkern, die ganz erstaunt über den nichtoffiziellen Charakter der Medaille sind, zeigt mir, dass meine Veröffentlichung durchaus am Platze war.[3] Auf Wiedersehn!

Ihr A. Sommerfeld

[44] *Von Niels Bohr*[4]

16. September 21.

Lieber Sommerfeld,

Ich schäme mich sehr, dass Sie so lange nichts von mir gehört haben. Ich bin aber sehr dankbar gewesen für Ihre freundlichen Briefen und Teilnahme

---

[1] Einstein hatte im Frühjahr auf einer gemeinsamen USA-Reise mit Chaim Weizmann Spenden für den Aufbau einer Universität in Jerusalem eingeworben, vgl. [Fölsing 1993, S. 564-585].

[2] Postkarte (2 Seiten, lateinisch), *Jerusalem, AEA, Einstein.*

[3] Vgl. Brief [41].

[4] Durchschlag (1 Seite, Maschine), *Kopenhagen, NBA, Bohr.*

in meinem Unwohlsein.[1] Ich fühle mich in den letzten Monaten viel besser und bin beschäftigt mit der Ausarbeitung eines ausführlichen Berichts über meine Anschauungen über Atombau.[2] Es ist mit der Arbeit gut gegangen, und es scheint, dass man wirklich eine Menge von Tatsachen verstehen kann, nicht nur was den Serienspektren und den chemischen Eigenschaften anbelangt, im besonderen aber scheint es, dass man eine detaillierten Erklärung aller Einzelheiten der feineren Struktur der Röntgenspektren bekommt, die Ihre allgemeine Theorie derselben in schönster Weise bekräftigt. Während der Arbeit haben sich meine Anschauungen wesentlich geklärt, und manches erscheint noch einfacher, als ich hoffen dürfte. In diesem Brief schliesse ich eine Kopie eines Briefes ein, den ich eben an „Nature" geschickt haben, und der, wie Sie sehen werden, in einem wesentlichen Punkt eine Berichtigung und Verbesserung meines vorigen Briefes darstellt.[3] Ich hoffe bald mit dem Bericht fertig zu sein und werde Ihnen dieselbe natürlich dann so schnell wie möglich zukommen lassen.

Mit den besten Grüssen von meiner Frau und mir an Sie und alle gemeinsamen Freunde in München.

Ihr sehr ergebener,
[Niels Bohr]

[45] *Von Albert Einstein*[4]

27. IX. 21.

Lieber Sommerfeld!

Diesmal schreibe ich Ihnen mit schwerem Herzen. Das Neinsagen ist sowieso nicht meine starke Seite, am wenigsten aber, wenn es gilt, einem gegebenen Versprechen untreu zu werden. Kurz gesagt: ich werde den angekündigten Vortrag in München nicht halten. Längst schwante mir nichts Gutes, weil ich über die Münchener Studenten-Atmosphäre schon gar vieles gehört habe, was mir nicht gefallen konnte. Längst schon warnen mich meine Freunde, mich von diesem antisemitisch-reaktionären Wespennest fernzuhalten. Aber ich hatte versprochen und betrachtete mich als gebunden. Nun lese ich aber von Besprechungen, die die Leitung der Universität mit Vertretern der Studentenschaft im Vorgefühl möglicher Schwierigkeiten

---

[1] Vgl. Brief [40].
[2] [Bohr 1921b], deutsche Übersetzung [Bohr 1922c].
[3] [Bohr 1921d] und [Bohr 1921c].
[4] Brief (2 Seiten, lateinisch), *München, DM, Archiv HS 1977-28/A,78.*

geführt hat.[1] Schon der Umstand, dass man solche Vorbesprechungen für nötig hielt, beweist mir, dass ein offizieller Besuch in München nicht am Platze ist. Die Art und Weise aber, wie sich jene Vertreter zu dem Falle stellten, entbindet mich moralisch von jeder Verpflichtung.

Es hat mich sehr gefreut, in wie schöner Weise Sie bei dieser Gelegenheit für mich eingetreten sind, und es thut mir doppelt leid, dass nun aus dem Zusammensein mit Ihnen und Herrn Anschütz nichts wird, auf das ich mich sehr gefreut hatte. Aber dies lässt sich bei anderer Gelegenheit unter weniger schwierigen Bedingungen nachholen. Jedenfalls weiss ich mich frei von irgend welchen Empfindlichkeiten; ich halte mich einfach fern von Gelegenheiten, die zwecklos menschliche Schwierigkeiten mit sich bringen.

Ich mache mit Geiger ein interessantes Experiment über das von einem Kanalstrahlteilchen emittierte Licht.[2] Frage: Ist das von einem in der Pfeilrichtung bewegten Kanalstrahlteilchen bei einem Elementarprozess ausgesandte Interferenzfeld bei A wirklich blauer als bei B? Wenn ja, muss der Lichtstrahl durch dispergierendes Medium gekrümmt werden.

Machen Sie kein böses Gesicht sondern stellen Sie sich auf gütiges Verstehen ein und seien Sie herzlich gegrüsst von Ihrem

A. Einstein.

[46] *An Pieter Zeeman*[3]

München, den 2. Oktober 1921.

Hochverehrter Herr College!

Nachdem ich Ihnen zusammen mit Hn. Back die Glückwünsche der deutschen Collegen zu Ihrem Jubiläum schon öffentlich in den Naturwissenschaften ausgesprochen habe,[4] möchte ich es doch auch gern persönlich tun. Es wird Ihnen in diesen Tagen mit Befriedigung zum Bewusstsein kommen, wie

---

[1] Davon berichtete die *Weltbühne* in einem nichtgezeichneten Artikel. *Die Weltbühne. Der Schaubühne XVII. Jahr. Wochenschrift für Politik – Kunst – Wirtschaft*, Nr. 37, 15. September 1921, S. 275. Vgl. Brief [50] und ausführlich [Hermann 1968, S. 89-90].

[2] [Einstein 1921], [Einstein 1922]. Einstein glaubte, den Unterschied von Wellen- und Teilchencharakter der Strahlung durch ein unterschiedliches Dispersionsverhalten nachweisen zu können. Später hielt er die Idee zu diesem Experiment für einen „monumentalen Bock", [Born 1969, Brief 42].

[3] Brief (1 Seite, lateinisch), *Haarlem, RANH, Zeeman, inv.nr. 143*.

[4] [Sommerfeld und Back 1921] erschien zum 25jährigen Jubiläum der Entdeckung des Zeemaneffekts.

hoch Ihre Arbeit überall gewertet wird und wie sie auf weiteste Gebiete, bis in die Sonnenphysik hinein, gewirkt hat.

Wir sind hier in München in der letzten Zeit ganz besonders für die anomalen Zeeman-Effekte interessirt. Nachdem ich im letzten Semester die Ihnen wohlbekannte Voigt'sche Theorie des D-Linien-Typus in einer Spezialvorlesung vorgetragen und quantentheoretisch umgedeutet hatte,[1] habe ich jetzt für die Neuauflage meines Buches über Spektrallinien alle die merkwürdigen Zahlengesetze zusammenfassend dargestellt, die Landé neuerdings aufgefunden und Paschen bestätigt hat. Jetzt hat sogar ein begabter Schüler von mir diese Gesetze modellmässig aus einfachen Annahmen erklärt.[2] Ihr Effekt erweist sich immer mehr als wichtigster Führer durch die Atomphysik.

Wie herzlich würde Voigt in die verehrungsvollen Kundgebungen für Sie einstimmen. Aber vielleicht ist es ihm wohler, unter der Erde zu liegen als in unserem gepeinigten und geknechteten Vaterlande zu leben.

Mögen Sie Ihrer Erfolge in einem ungetrübten Leben froh werden und neue Errungenschaften zu den alten fügen!

Mit verehrungsvollen Grüssen Ihr
A. Sommerfeld.

[47] *Von Albert Einstein*[3]

9. X. 21.

Lieber Sommerfeld!

Sie verhalten sich immer so freundschaftlich, ja – wenn ich so sagen darf – ritterlich gegen mich bei jeder Gelegenheit, dass es mir *sehr sauer* wird, bei meiner Absage zu bleiben, und zwar ganz allein Ihretwegen. Aber es geht einmal nicht anders, das müssen Sie selber fühlen. Sie erklären mir ganz richtig, dass die Studenten aus gewichtigen psychologischen Gründen wütend sein *müssen*, dass sie mich irrtümlicher Weise für einen Kommunisten und so weiter halten, dass sie nun durch Ausschliessung obendrein noch bestraft werden sollen. Ich schliesse daraus, dass sie gewiss irgend eine Überraschung für den Empfang bereit haben würden, wenn ich käme. All dies begreife und respektiere ich, denn nichts ist hübscher als sich im stillen Kämmerlein in die Tiefen fremder Seelen zu versenken. Aber von der Nähe will ich es nicht durchmachen, zumal ich schon genug ähnliche Sachen bei

---

[1] [Sommerfeld 1922b].
[2] Werner Heisenberg, siehe Brief [49].
[3] Brief (2 Seiten, lateinisch), *München, DM, Archiv HS 1977-28/A,78*.

ähnlichen Gelegenheiten erlebt habe. Wenn es sich um ein Unternehmen von irgend welcher *objektiven* Bedeutung handeln würde, würde ich sicher bei der Stange bleiben und durchführen, was meine Pflicht ist. Aber davon kann keine Rede sein, denn etwas Neues und Fertiges habe ich nicht vorzubringen sondern nur Dinge, die jeder Eingeweihte schon weiss. So etwas thut man, wenn man es freien und freudigen Sinnes thun kann, was aber bei mir im vorliegenden Falle nicht zutrifft. Ich würde also diese Absage mit einem Gefühl ungeteilten Behagens absenden, wenn sie nicht persönlich an Sie gerichtet werden müsste; aber auch so bleibt mir nichts anderes übrig.–

Ich bin sehr neugierig auf den Ausgang unseres Kanalstrahlen-Experimentes.[1] Meine Erwartung ist total unsicher. Dass neben dem gerichteten energetischen Prozess eine Art Kugelwelle abgeht, das bin ich überzeugt wegen der Interferenz-Fähigkeit für grosse Öffnungswinkel. Aber da die Emissionszeit klein ist gegen die Kohärenzzeit für Interferenz mit Gangunterschieden, bin ich nicht überzeugt, dass dasjenige, was ausgesendet wird, unmittelbar oszillatorischen Charakter hat. Der Mechanismus könnte indirekter und ein total anderer sein, als wir vorauszusetzen gewohnt sind, zumal eben der Widerstreit zwischen Quanten- und Undulationstheorie mit unverminderter Heftigkeit fortbesteht. Jedenfalls kann auf Grund des bisher Bekannten der Ausgang des Experimentes nicht vorausgesagt werden. Auch die Existenz des Dopplereffektes, wie sie Stark nachgewiesen hat, erlaubt keine Voraussicht, was ich aber in diesem kurzen Brief nicht begründen kann.

Es grüsst Sie herzlich
Ihr A. Einstein.

[48] *Von William F. Meggers*[2]

Washington Dec. 9, 1921.

My dear Prof. Sommerfeld:

Your note dated 22 November reached me today and I was pleased to learn that you are receiving our Optical Journal and will contribute a paper to be published therein.[3] I had a discussion with Dr. Foote in reference

---

[1] Vgl. Brief [45], besonders Fußnote 2, Seite 104.

[2] Brief (3 Seiten, Maschine), *München, DM, Archiv NL 89, 011*.

[3] Meggers hatte bei einer Europareise im September 1921 Sommerfeld besucht und ihm die Übersendung des von Paul D. Foote herausgegebenen *Journal of the Optical Society of America* zugesagt. Foote bat daraufhin Sommerfeld um Artikel für seine Zeitschrift. Sommerfeld wollte dem Wunsch entsprechen, sofern ihm die Gleichberechtigung der

to the publication in this Journal of papers in foreign languages and he wishes me to assure you that the present policy of the editors is to publish only in English. The reason for this is not that we wish to suppress foreign languages, but publications in English only is dictated by the fact that the Journal of the Optical Society of America covers all phases of optics and therefore reaches many American subscribers who cannot read foreign languages. Further practical difficulties such as the lack of type and the lack of expert proof readers prohibit publication in foreign languages. If this Journal ever undertakes to publish in French I am sure that it will just as readily set up papers in German.

I have recently carried on some correspondence with Mr. Frederick Bedell, managing editor of Physical Review,[1] in which I explained the poverty of German and Austrian Universities and suggested that the Physical Review be presented or exchanged in the interest of broader development and dissemination of scientific knowledge. Mr. Bedell replied that he had no free list, but that 40 copies of Phy. Rev. were not entering Germany on subscriptions or exchanges. He is quite willing to send Phy. Rev. in exchange for Physical Journals of Germany. If München does not now receive Phy. Rev. perhaps you can arrange with Mr. Bedell to exchange it for Verhandlungen or Zeitschriften which he does not now receive.

Mrs. Meggers and I returned to Washington on 16 October and reported on a very interesting and eventful trip. I had a very delightful day with Prof. Paschen and was sorry that I could not stay longer. In fact my only disappointments in Europe arose from the enforced brevity of my visits, especially in Germany where we were received most cordially and learned the most.

Since my return, Foote, Meggers and Mohler have completed a paper on the "Excitation of the Enhanced Spectra of Sodium and Potassium in a Low Voltage Arc",[2] which I mentioned to you last September. The manuscript of a similar paper dealing with Magnesium which I showed you has been withdrawn from Phy. Rev., and will appear in Phil. Mag.[3] The reason for this is that Science in America also has great difficulty on account of the present excessive cost of printing. The Phy. Rev. has about 60 unpublished

---

deutschen Sprache zugesichert werde, vgl. *A. Sommerfeld an W. F. Meggers, 22. November 1921. College Park, AIP, Meggers.*

[1] Bedell war seit 1904 Professor für angewandte Elektrizitätslehre an der Cornell University und von 1913 bis 1922 Herausgeber der *Physical Review*.

[2] [Foote et al. 1922a]. Frederick L. Mohler war ein Mitarbeiter von Meggers und Foote am National Bureau of Standards in Washington, D. C.

[3] [Foote et al. 1922b].

papers on hand. Funds for the publication of the Bulletin of the Bureau of Standards are also curtailed and the more costly papers will have to be abridged or laid aside until more money for printing is available. Every day it is more apparent to me that Science Progress is everywhere retarded as a result of the War.

For the present I am concentrating on the standardization of methods of spectral analysis.[1] This is for commercial and industrial applications and is intended to gain recognition for practical spectroscopy and thereby justify some of our researches in Pure Science. I am anxiously awaiting the third edition of your marvelous book to make its appearance; the earlier editions have given us much inspiration for experimental work.

Mrs. Meggers joins me in sending kindest regards to you and your associates, Kratzer, Pauli, etc., and we wish you a very Merry Chrismas and a Happy New Year.

Very sincerely yours,
William F. Meggers.[2]

[49] *An das Nobelkomitee*[3]

München, den 11 Januar 1922.[4]

An das Nobelkomitee für Physik.

Indem ich dem Nobelkomitee verbindlichst dafür danke, dass es mein Urteil über die Verteilung des diesjährigen physikalischen Nobelpreises zu hören wünscht, schlage ich hierfür den Entdecker der Relativitätstheorie, *Albert Einstein* in Berlin vor.

Ich kann zwar denjenigen zustimmen, die die Ansicht vertreten, dass die Relativitätstheorie für die eigentliche physikalische Forschung verhältnismässig unfruchtbar ist, und dass die von *Niels Bohr* geschaffene Atomphysik in unvergleichlich höherem Masse zur experimentellen Forschung und zur Aufklärung konkreter Naturerscheinungen beigetragen hat. Trotzdem bin ich überzeugt, dass Einstein zur Zeit der weitaus würdigste Träger des Nobelpreises ist. Das subjektive Verdienst Einsteins, die Folgerichtigkeit und Kühnheit seines Denkens ist ohne Beispiel in der Geschichte der Physik.

---

[1] Vgl. [Cochrane 1966].
[2] Auf der dritten Seite befindet sich ein Briefentwurf Sommerfelds, vermutlich an den Herausgeber des *Journal de Physique*.
[3] Abschrift (2 Seiten, Maschine), *Stockholm, Akademie, Nobelarchiv*.
[4] Aufschrift am Briefkopf: „Inkom den 23. 1. 1922".

Die Bestätigung der Relativitätstheorie sehe ich in der Sonnenfinsternis des Jahres 1919; alle Einwände, die gegen die Sicherheit der aus ihr gezogenen Schlüsse erhoben werden, sind auch nach dem Urteil der Astronomen hinfällig. In Bezug auf die Rotverschiebung der Spektrallinien bestehen allerdings noch Zweifel. Ich habe aber aus den neuesten Beiträgen zu diesem Gegenstande (Grebe und Bachem, Birge, Kohl)[1] den bestimmten Eindruck, dass die Erfahrungen auch hier mehr und mehr nach einer vollen Bestätigung der Einstein'schen Prophezeihungen konvergiren.

Aber selbst dann, wenn – was ich für ausgeschlossen halte – ein Widerspruch gegen die Theorie bestehen bleiben sollte, so sind auch die übrig bleibenden Verdienste Einsteins so ungeheuer, dass sie allein schon seine Krönung rechtfertigen würden: die Erklärung der Brown'schen Bewegung, die specielle Relativitätstheorie, das Gesetz der specifischen Wärmen fester Körper, die Quantentheorie des Lichtelektrischen Effektes, die die Grundlage der Bohr'schen Spektraltheorie bildet, der von Einstein zusammen mit de Haas entdeckte magnetische Effekt, die Vertiefung der Boltzmann'schen Statistik etc. etc.[2]

Nachdem das Nobelkomitee im Vorjahre eine rein technologische Arbeit prämiert hat,[3] scheint es mir nahe zu liegen, in diesem Jahre eine Leistung zu krönen, die die Grundprinzipien der Physik betrifft. Ich möchte infolgedessen auch davon absehen, dem Komitee in diesem Jahre eine experimentelle Arbeit zur Krönung zu empfehlen. Die hier in Betracht kommenden Namen wären meiner Meinung nach in alphabetischer Reihenfolge aufgeführt: F. W. Aston (die Entdeckung der Isotopen)[,] J. Frank[4] (Ausarbeitung der Methode des Elektronenstosses), F. Paschen (Förderung der gesamten Spektroskopie), M. Siegbahn (die Präcisionsmessungen der Röntgenstrahlen).

Indem ich die Gelegenheit benütze, den verehrten schwedischen Collegen meine wärmsten Grüsse zu sagen, zeichne ich

hochachtungsvoll
A. Sommerfeld.

---

[1] [Grebe und Bachem 1920], [Birge 1921], [Kohl 1921]. Der zweifelsfreie Nachweis der Rotverschiebung gelang erst 1958, vgl. [Stachel 1995, S. 288-291], [Hentschel 1992a].

[2] Einstein erhielt den Physiknobelpreis 1921 „für seine Verdienste um die theoretische Physik, besonders für seine Entdeckung des Gesetzes des photoelektrischen Effekts", vgl. [Fölsing 1993, S. 611-617].

[3] Der Schweizer Charles Guillaume hatte den Physiknobelpreis für die Entdeckung von Anomalien in Nickel-Stahl-Legierungen erhalten.

[4] James Franck; er bekam den Physiknobelpreis für das Jahr 1925, Manne Siegbahn den für 1924 und Francis Aston den Chemienobelpreis 1922.

[50] *An Albert Einstein*[1]

München 11. I. 22.

Lieber Einstein!

Die langweiligen Rundschreiben der Math.[ematischen] Ann.[alen] geben mir diesmal die erfreuliche Gelegenheit an Sie zu schreiben.[2]

Es ist wirklich ein Jammer, dass Sie sich durch den taktlosen Artikel der Schaubühne abhalten ließen, hierher zu kommen.[3] Ich habe mir dies edle Blättchen endlich verschafft und bin von seinem Geiste angewidert. Diese Art von Internationalismus kommt mir in unserer heutigen Lage wirklich scheusslich vor, zumal sie nur durch Sensationslust und Pietätslosigkeit diktirt ist. Was den Schreiber des Artikels über Sie betrifft, so hat derselbe ja flott aus der Schule geplaudert. Was er über die Ausschußsitzungen sagt, war mir natürlich neu, da die Studenten ihre Beratungen sonst diskret zu behandeln pflegen. Ich war mit unserem Rektor, dem ich das Blättchen zeigte, natürlich der Meinung, dass die Angelegenheit mit Verachtung totzuschweigen ist. Sie sollten einmal unsere armen Studenten von 1922 vergleichen mit dem Schauerbilde, das Sie sich von ihrer Blutrünstigkeit machen. Es ist wahr, im Jahre 1919 u. Anfang 1920 waren sie etwas aus dem Häuschen, aber jetzt sind sie lammfromm, sofern nicht ein neues Ententediktat ihnen einen neuen Fusstritt versetzt. Sie haben das in einem italienischen Interview, das ich in der „Auslandspost" las,[4] sehr gut gesagt, und sollten Ihr[e] Stimme im Auslande laut erheben. Was das infame Figaro-Interview betrifft,[5] so würde ich es auch gern an die Auslandspost schicken, mit dem Vermerk „von Anfang bis zu Ende gelogen". Aber Sie werden mir schwerlich dazu die Erlaubnis geben. Es ist umso infamer, als auch Ihre Frau Gemahlin in dieses Interview hineingezogen ist. Nehmen Sie es mir nicht übel, dass ich in diesem Falle durch Anschütz Ihr nationales Wohlverhalten feststellen liess; es wäre sonst an Ihrem Bilde für mich ein Flecken geblieben! Mein Lusitania-Artikel[6] ist übrigens ausser von Ihnen auch von den drei neutralen Collegen, an die ich ihn geschickt hatte, totgeschwiegen worden.

---

[1] Brief (4 Seiten, lateinisch), *Jerusalem, AEA, Einstein*.

[2] Sommerfeld war Mitherausgeber der Zeitschrift; vgl. Brief [15].

[3] Vgl. Brief [45]. Die von Siegfried Jacobsohn gegründete Wochenschrift *Weltbühne* galt als ein Sprachrohr antimilitaristischer und antinationalistischer Intellektueller.

[4] *Auslandspost: Politik des Auslands, Kultur und Weltwirtschaft* erschien seit 1919 in München.

[5] Am 13. Oktober 1921 war in *Le Figaro* ein von Einstein nicht autorisiertes Gespräch in Form eines Interviews publiziert worden, [Recouly 1921]. Vgl. Brief [52].

[6] Siehe Brief [41].

Die Welt will sich eben nicht aus ihrem dogmatischen Schlummer in bezug auf die deutsche Schuld wecken lassen, vielmehr will Loyd George[1] daraus noch die mannigfachsten Kapitalien schlagen.

Es ist wirklich Zeit, dass wir uns einmal wieder sprechen, damit nicht die wahnsinnige Räuberpolitik der Entente zu guterletzt auch uns entzweit. Doch gehen wir zu etwas Erfreulichem über:

Sie haben also wieder eine grosse Entdeckung gemacht, die Undulationstheorie begraben,[2] wie mir Anschütz mitteilt. Ich bin froh, wenn sie an irgend einem Zipfel ein sichtbares Loch bekommt. So wie bisher geht es mit dem Dualismus der Standpunkte nicht weiter. Wenn Sie sagen, dass Ihr Versuch entscheidend ist, will ich es glauben, obwohl ich es noch nicht begreife, trotz der Erläuterungen Geigers in Jena.

Ich habe inzwischen wunderbare zahlenmässige Gesetze von Liniencombinationen im Anschluß an Paschen'sche Meßungen mir klargemacht u. in der 3. Aufl. meines Buches dargestellt. Ein Schüler von mir (Heisenberg, 3. Semester!) hat diese Gesetze u. die der anomalen Zeemaneffekte sogar modellmässig gedeutet (Z. f. Ph., im Druck).[3] Alles klappt, bleibt aber doch im tiefsten Grunde unklar. Ich kann nur die Technik der Quanten fördern, Sie müssen Ihre Philosophie machen. Innerlich glaube ich auch nicht mehr an die Kugelwelle. (In den anomalen Zeemaneffekten steckt übrigens auch eine Portion Aufgeben der Undulationstheorie.) Setzen Sie ihr nur ordentlich zu!

Ihr getreuer
A. Sommerfeld

[51] *Von Albert Einstein*[4]

[Januar 1922][5]

Lieber Sommerfeld!

Ihr herzlicher Brief und Ihr Telegramm haben mich wirklich sehr gefreut. Ich hätte Ihnen längst geschrieben, wenn ich nicht so sehr in der Tretmühle gewesen wäre, dass das bitter Nötige die ganze Zeit schluckte. Nach Göttingen musste ich auch im letzten Moment absagen zu meinem grossen

---

[1] David Lloyd George war seit 1916 Premierminister Großbritanniens.
[2] [Einstein 1921]. Vgl. Brief [45], insbesondere Fußnote 2, Seite 104.
[3] [Heisenberg 1922b].
[4] Brief (2 Seiten, lateinisch), *München, DM, Archiv HS 1977-28/A,78*.
[5] Zwischen Brief [50] und [52].

Leidwesen; ich hätte gern Hilbert persönlich gratuliert.[1] Ihre schrittweise Entwirrung der Spektra beobachte ich mit grosser Bewunderung; wie Sie sich der Fülle des Materials mit diesen paar Auswahlregeln anzupassen vermögen! Das Lichtexperiment ist nun fertig, auch im theoretischen Teile. Laue hat nämlich bestritten, dass die Lichtbiegung von der Undulationstheorie gefordert werde, und ich musste auch zugeben, dass meine Beweisführung mangelhaft war.[2] Jetzt aber habe ich, wie ich glaube, einen wirklich exakten Nachweis erbringen können, der als Anhang in der Publikation erscheinen wird. Bei der Wichtigkeit des Gegenstandes wäre es mir lieb, wenn die Sache möglichst eingehend kritisch gemustert würde.

Bezüglich des Figaro-Artikels wäre ich gerne bereit, Sie zu einem Dementi zu autorisieren, wenn Sie mir den Artikel verschaffen und ich sehe, dass damit Unrecht gethan worden ist. Die Studenten sind wirklich in grosser Not. Aber deren (und der Professoren) politische Haltung, hauptsächlich der Regierung gegenüber erscheint mir sehr unerfreulich, ja thöricht. Denn die Männer, welche jetzt die Last des Regierens tragen, sind an den jetzigen schwierigen Verhältnissen nicht schuld sondern gerade diejenigen, welche am lautesten Kritik üben. Es wäre nach meiner Meinung segensreich für die Ausgleichung der Gegensätze, wenn die ganze Studentenschaft regelmässig Versammlungen abhielte, in welchen unter strenger Wahrung gewisser Formen die Anhänger aller Parteien Vorträge hielten. In den angelsächsischen Ländern hat sich diese Einrichtung als politisch höchst wertvoll erwiesen, auch dadurch, dass sie die jungen Leute auf die Teilnahme am öffentlichen Leben vorbereitet.

Gottlob, dass aus dem blöden Artikel in der Schaubühne keine Affäre gemacht wird. Aber Sie begreifen sicher, dass einem unter solchen Umständen die Lust am öffentlichen Auftreten herabgesetzt wird. Sie können mir glauben, dass mein direktes persönliches Wirken im Ausland immer dazu beigetragen hat, alte freundschaftliche Traditionen anzuknüpfen, ohne dass ich jemals etwas von meinen Überzeugungen geopfert hätte. Andererseits ist es aber nicht zu ändern, dass in solchem Falle die Giftmischer einen Teil der guten Wirkung durch Verdrehung und Lüge aufheben. Dies ist in der ganzen Welt, auch bei uns so. Übrigens stehe ich der Politik so ferne, dass sie uns nicht entzweien könnte auch wenn wir noch so verschiedene Ansichten haben. Schliesslich ist doch jeder von der redlichen Gesinnung des andern überzeugt, sodass schon darum keine Bitterkeit aufkommen kann.

---

[1] Am 23. Januar 1922 feierte David Hilbert seinen sechzigsten Geburtstag.

[2] Vgl. Brief [45]. Am 18. Januar schrieb Einstein: „Laue bekämpft heftig mein Experiment bzw. meine Interpretation zu demselben", [Born 1969, Brief 40].

Was ich an Ihnen besonders bewundere, das ist, dass Sie eine so grosse Zahl junger Talente wie aus dem Boden gestampft haben. Das ist etwas ganz Einzigartiges. Sie müssen eine Gabe haben, die Geister Ihrer Hörer zu veredeln und zu aktivieren. Also schicken Sie mir einmal gelegentlich den Schmierer vom Figaro, nicht seinetwegen sondern unseretwegen.

Sie, Ihre Frau und Familie Anschütz grüsst bestens

Ihr A. Einstein.

[52] *Von Albert Einstein*[1]

28. I. 22.

Lieber Sommerfeld!

Zuerst muss ich Ihnen mitteilen, dass das Experiment, auf das ich so grosse Hoffnungen setzte, nichts beweist, indem die Undulationstheorie bei strenger Betrachtung genau zu denselben Konsequenzen führt wie die Quantentheorie (keine Ablenkung). Wieder etwas klüger und um eine Hoffnung ärmer![2]

Nun der Figaro-Artikel.[3] Ich habe alles gelesen, was Sie angestrichen haben. Kein Zweifel, dass ich mit dem Manne bei einem gemeinsamen Bekannten zu Tisch war; auch Ehrenfest war dabei, der gerade hier war. Ich erkenne das Gespräch an dem Artikel wieder. Es ist, was ich gesagt habe, nur in französischer bengalischer Beleuchtung. Warum ich ausgewandert bin, warum es mir in der Münchner Schule so sehr missfiel, ist sachlich richtig wiedergegeben, nur der *Ton* meiner Rede war anders. Dass ich 1914 die Bedingung stellte, Schweizer zu bleiben, ist richtig, dass ich meine grosse Bewunderung für Poincaré bekannte, ebenfalls, wenn ich ihn auch nicht für *den* bedeutendsten Geist unserer Zeit bezeichnete. Dass ich sagte, dass ein grosser Teil der Gegner meiner Theorie von politischen und antisemitischen Tendenzen geleitet sei, ist richtig, ebenso die Bemerkung über das Manifest der 93 und den Protest gegen dasselbe.[4] Dass ich mir aus all diesem Treiben nichts mache, hat er auch auf Grund einer scherzhaften Bemerkung von mir mit Recht bemerkt. Auch die Bemerkung über meine Ansicht betr. der zukünftigen pol.[itischen] Entwicklung Deutschlands, die übrigens nur heilsam wirken kann, trifft zu.

---

[1] Brief (1 Seite, lateinisch), *München, DM, Archiv HS 1977-28/A, 78*.
[2] [Einstein 1922].
[3] [Recouly 1921] liegt dem Brief bei.
[4] Vgl. [Nathan und Norden 1975, Kapitel 1]; allgemein zum „Krieg der Geister" im Ersten Weltkrieg siehe [Wolff].

Also: Der Mann hatte kein Recht, Aeusserungen von mir zu reproduzieren. Er hat ferner manches – ob mit oder ohne Absicht weiss ich nicht – falsch nuanciert, aber *gelogen* hat er durchaus nicht. Von einem eigentlichen Dementi kann keine Rede sein, höchstens könnte man sagen, dass es verwerflich sei, private Gespräche ohne Autorisierung in der Presse wiederzugeben. Am besten aber ist es, gar nichts zu sagen, weil man dadurch höchstens die Sache wieder aufrühren würde. Das Papier ist geduldig und der Zeitungsleser vergesslich und – in ein paar Jahren sind wir alle tot und die neue Generation plagt und amüsiert sich wieder mit neuen Thorheiten. Den Artikel sende ich Ihnen mit gleicher Post wieder zu.[1]

P. S. Man soll einen ehrlichen Menschen achten, auch wenn er andere Ansichten hat und vertritt als man selbst.

[53] *An Niels Bohr*[2]

München, den 25. März 1922

Lieber Bohr!

Ich habe Ihnen die Correktur einer Arbeit von mir (aus der Festschrift zu Hilbert's 60. Geburtstag, erscheint auch in der Zeitschr. f. Phys.) und von meinem Schüler Heisenberg (erscheint ebenda) zuschicken lassen.[3] Sie werden daraus sehen, dass wir den Ursprung der Termmultiplicitäten in's Magnetische legen, ebenso wie es Paschen aus seinen Beobachtungen geschlossen hat. Wie ich aus Göttingen höre, sind Sie in Ihrem dänischen Vortrage zu dem Resultat gekommen, dass die Multipl.[etts] elektrischen Ursprungs sind. Ich glaube dies nicht, weil aus unserer Annahme sowohl die numerischen Werte der feldfreien Dubletts u. Tripletts als auch die Zeemaneffekte in allen Einzelheiten folgen (cfr. Heisenberg). Besonders überzeugend ist es, dass auch die Voigt'sche Theorie des Überganges vom schwachen zum starken Felde, mit der richtigen Quadratwurzel $\sqrt{1 + \frac{2mv}{2n-1} + v^2}$ (cfr. meine Arbeit), herauskommt. Die Darstellung von Heisenberg ist nicht bequem und hätte mehr geglättet werden sollen. Heisenberg ist Student im 3. Semester und ungeheuer begabt. Ich konnte seinen Publikationseifer nicht länger zügeln und finde seine Resultate so wichtig, dass ich ihrer Veröffentlichung zustimmte, trotzdem die Form der Ableitung noch nicht die definitive sein dürfte.

---

[1] Die Schlußfloskel wurde abgeschnitten; die Nachschrift steht seitlich am Rand.
[2] Brief (2 Seiten, lateinisch), *Kopenhagen, NBA, Bohr*.
[3] [Sommerfeld 1922b] und [Heisenberg 1922b].

Ich möchte gewiss nicht Ihre Kreise stören oder Ihre endgültige Publikation verlangsamen! Aber es schien mir richtig, dass Sie unsere Behauptungen so früh wie möglich zu Gesicht bekommen.

Schicken Sie mir die dänische Arbeit nicht; ich warte lieber auf die deutsche, da ich jene nicht verstehen würde.[1]

Erstaunt bin ich, wie einfach und sicher sich mit Hülfe der „inneren Quantenzahl n_i", Ihrer „Impulsquantenzahl j", die Liniengruppen analysiren lassen. Eine Arbeit von Hn. Götze in den Annalen giebt davon einen Begriff.[2] In meinem Buch, dessen 3. Auflage Ihnen im März zugehen wird, werden Sie weiteres Material darüber finden.

Von Hn. Hevisy[3] höre ich, dass Sie jetzt nach England gehen werden. So wird leider auch in diesem Frühjahr aus unserem gemeinsamen Skilauf nichts werden. Im Sommer werde ich Sie jedenfalls in Göttingen einige Tage aufsuchen.[4]

Herzliche Grüsse auch an Ihre liebe Frau von Ihrem

A. Sommerfeld.

[54] *Von Max Planck*[5]

Grunewald, 28. 4. 22.

Verehrtester Hr. Kollege!

Sie halten wirklich Ihre Lesergemeinde in Athem. Nachdem ich erst vor kurzer Zeit das Studium Ihrer 2. Auflage beendet, empfange ich von der Verlagsbuchhandlung in Ihrem Auftrage schon die mit vielen neuen Schätzen versehene dritte, und bin gewiß, daraus abermals reiche Anregung und Belehrung zu schöpfen. Ich habe eben erst das Vorwort gelesen und verschiedene Einblicke in Einzelheiten genommen, namentlich in das mich aus prinzipiellen Gründen besonders interessirende 5. Kapitel und in die mathematischen Zusätze u. Ergänzungen.[6] Ueberall gewahrt man den Fortschritt und zugleich die systematische Abrundung der von Ihnen entwickel-

---

[1] [Bohr 1921b], [Bohr 1922c].
[2] [Götze 1921].
[3] Georg von Hévésy arbeitete mit Unterbrechungen von 1920 bis 1926 am Bohrschen Institut. Bohr hielt im März 1922 auf Einladung Rutherfords Vorträge in Cambridge, England.
[4] Bohrs Wolfskehl-Vorlesungen, die als „Bohr-Festspiele" in die Physikgeschichte eingingen, fanden vom 12. bis 22. Juni 1922 in Göttingen statt.
[5] Brief (4 Seiten, deutsch), *München, DM, Archiv HS 1977-28/A,263*.
[6] [Sommerfeld 1922a]; das fünfte Kapitel war mit „Wellentheorie und Quantentheorie" überschrieben.

ten Ideen. Freilich kann man auch jetzt noch von Vollendung in dem Sinne, wie sie der klassischen Theorie eigen ist, bei der Quantentheorie nicht sprechen. Selbst das so ungemein förderliche Korrespondenzprinzip vermittelt noch nicht den vollständigen Anschluß an die klassische Theorie. Denn mag die Elektronenbahn auch noch so hochquantig, die emittirte (und absorbirte) Strahlung noch so langwellig sein, ein *einzelnes* Elektron wird niemals klassisch emittiren und absorbiren, weil es doch immer nur eine einzige Frequenz liefert bzw. auf eine solche anspricht, wie Sie das ja auch ausdrücklich hervorheben. (p. 702 unten). Daher versagt die klassische Theorie nicht nur bei schnellen Bewegungen, sondern überhaupt bei *allen* Bewegungen einzelner Elektronen, und für die Ueberbrückung der Kluft zwischen der Dynamik des einzelnen Elektrons und der Statistik einer Menge von Elektronen reicht das Bohrsche Korrespondenzprinzip nicht aus. Dennoch wird ja auch hier einmal Klarheit geschaffen werden.

Mich freut, daß Sie das Problem der Ausbreitung der Kugelwelle noch als ein offenes betrachten. Auch ich bin einstweilen der Ansicht, daß die klassische Wellenoptik, soweit sie sich lediglich auf die *Fortpflanzung* des Lichtes bezieht, mit der Quantentheorie nicht unverträglich ist, auch nicht, wenn man der physikalischen Bedeutung der Entropie der freien Wärmestrahlung auf den Grund geht. Derartige Untersuchungen beschäftigen mich jetzt lebhaft.

Doch nun wieder zur Hauptsache, dem aufrichtigen herzlichen Dank für Ihre wertvolle Gabe! Daß sie bei mir die gebührende Würdigung findet, brauche ich nicht zu versichern.

Mit besten Grüßen Ihr treu ergebener
M. Planck.

[55] *Von Niels Bohr*[1]

Kopenhagen 30 April. 1922.

Lieber Sommerfeld!

Ich danke Ihnen vielmals für die freundliche Zusendung der dritten Ausgabe Ihres Buches,[2] deren so baldiges Erscheinen und so grossen Umfang ja die klarste Kunde gibt von dessen Empfang in der wissenschaftliche Welt und die ausserordentliche Beiträgen die Sie und Ihre Mitarbeitern in den letzten Jahren zu den behandelten Fragen gemacht haben. Zu dieses wollte

---

[1] Brief (4 Seiten, lateinisch), *München, DM, Archiv HS 1977-28/A,28*.
[2] [Sommerfeld 1922a].

ich gern meine beste Glückwünsche und meine Bewunderung aussprechen. Gleichzeitig wollte ich auch gern meine Dankbarkeit Ausdruck geben für die freundliche Gesinnung mit denen Sie Stellung zu die Arbeiten von meinen Mitarbeiteren und mir genommen haben. In die letzteren Jahren habe ich mich oft wissenschaftlich sehr einsam gefühlt unter dem Eindruck dass meine Bestrebungen, nach besten Vermögen die Principien der Quantentheorie systematisch zu entwickelen, mit sehr wenig Verständniss aufgenommen worden ist. Es handelt sich für mich nicht um didaktischen Kleinigkeiten, sondern um einen ernstlichen Versuch einen derartigen inneren Zusammenhang zu gewinnen dass man einen sicheren Boden für den weiteren Aufbau zu erschaffen erhoffen konnte. Ich verstehe wohl wie wenig die Sachen noch geklärt sind, und wie unbeholfen ich bin meine Gedanken in leicht zugänglicher Form auszudrücken. Um eine so grösseren Freude war es mir deshalb in die Stellungsnahmen in die neue Ausgabe Ihres Buches eine Änderung fühlen zu glauben. In eine Entwickelungsstufe der Wissenschaften, wo so vieles in Gärung sich befindet, ist es anderseits natürlich nich[t] zu erwarten, dass jeder dieselbe Ansichten über alles haben kann. Z. B. muss ich gestehen, dass mehrere der Annahmen die Sie und Ihre Mitarbeiteren in der vielversprechende Theorie des anormalen Zeemaneffectes benuzt haben, mir mit eine einheitliche Auffassung der Quantentheorie kaum verträglich[1] erscheint. Auf dergleichen Punkten werde ich tiefer eingehen in eine Abhandlung die demnächst in Zeit. f. Physik erscheinen wird und die eine nähere Erörterung der Ausführungen, die meinen Vortrag über den Atombau unterliegen, enthalten wird[.][2]

Mit herzlichen Grüssen an Sie und allen gemeinsamen Freunde in München von uns alle hier

Ihr N. Bohr.

[56] *Von Max Born*[3]

Göttingen, 13. 5. 22.

Lieber Herr Sommerfeld,

Ich darf wohl annehmen, daß Sie aus Spanien zurückgekehrt sind;[4] hoffentlich haben Sie Erfolg und Erholung mitgebracht. Ich würde mir gern

---

[1] Verträglich.
[2] [Bohr 1921b]; [Bohr 1922c] ist die deutsche Übersetzung.
[3] Brief (2 Seiten, lateinisch), *München, DM, Archiv HS 1977-28/A,34*.
[4] Sommerfeld war am 8. Mai 1922 von einer sechswöchigen Spanienreise mit Gastvorlesungen in Barcelona und Madrid zurückgekehrt, vgl. [Sánchez-Ron 1983].

Ihre Eindrücke erzählen lassen. Können Sie nicht zur Bohrwoche herkommen? Bohr kommt in der Woche nach Pfingsten und hält 6 Vorträge: 3 am Mo. d. 12, Di. d. 13., Mi d. 14 und 3 am Mo. 19., Di. 20., Mi. 21. Juni. Lenz, Pauli, Scherrer, Madelung u. a. wollen auch kommen.[1]

Ich danke Ihnen herzlich für Ihre 3. Auflage, in der sehr viel neues und wertvolles steht. Es ist heute die Bibel des modernen Physikers.

Mein Artikel ist in den Ferien nicht fertig geworden,[2] obwohl ich sehr fleißig war und nur 8 Tage Pause gemacht habe. Aber es ist eine heillose Arbeit. Der Plan geht auf 6 Kapitel: 1) Statik, 2) Dynamik, 3) Optik, 4) Thermodynamik, 5) Elektrostatik, 6) Elektrodynamik des Gitters. Davon sind die ersten 4 bis auf eine Kleinigkeit fertig. Das fünfte wird wohl bis Pfingsten fertig werden, das letzte aber wird mich möglicher Weise noch beträchtlich aufhalten, da ich im Semester nur äußerst wenig Zeit für diese Arbeit habe. Es tut mir sehr leid, daß ich den Termin nicht einhalten kann; aber Sie können leicht durch Rückfrage bei Franck oder Pauli feststellen, daß ich seit Monaten wegen dieser Arbeit zu nichts anderm zu brauchen bin. Es wird aber schließlich ein recht vollständiges, wenn auch sehr knappes Kompendium, das alles enthält, was ein Theoretiker über den festen Körper zu sagen hat. Vor einigen Wochen war ich 2 Tage in Leipzig und habe dort mit Herrn Giesecke der Firma Teubner gesprochen und habe ihn gebeten, das Heft als Einzelbuch erscheinen zu lassen, ebenso wie Paulis Artikel.[3] Ich glaube, daß es viel gekauft werden wird, denn es stehen viele neue Zusammenhänge drin, die ich ohne den Rahmen des Ganzen nicht gut publizieren konnte. Ich erbitte hierdurch Ihre Einwilligung, bitte Sie auch, die Akademie-Kommission (Dyck) um Einwilligung zu ersuchen.[4] Den Umfang schätze ich auf 16 bis 18 Bogen.

Ich habe einige Ideen über Banden und lasse sie von meinem Assistenten Hückel ausführen.[5] Unsere Störungsmethode (übrigens wesentlich dieselbe, die Bohr und Kramers haben) scheint weiter zu führen als Kratzer. Auch

---

[1] Vgl. die ausführliche Darstellung über „Bohr's Wolfskehl Lectures" in [Mehra und Rechenberg 1982a, Kap. III.4].

[2] [Born 1923] wurde am 7. Dezember 1922 abgeschlossen; vgl. auch Brief [20].

[3] Die Encyklopädieartikel [Pauli 1921] und [Born 1923] wurden in der von Otto Blumenthal herausgegebenen Reihe *Fortschritte der mathematischen Wissenschaften in Monographien* als Einzelwerke gedruckt.

[4] Die *Encyklopädie der mathematischen Wissenschaften* war ein Gemeinschaftsunternehmen mehrerer Akademien; die zuständige Kommission wurde von dem Münchner Mathematiker Walther von Dyck geleitet.

[5] [Born und Hückel 1923]. Darin wird im Anschluß an [Kratzer 1920] eine kombinierte Rotations- und Schwingungsbewegung um eine stabile Gleichgewichtslage in einem Molekül störungstheoretisch behandelt, vgl. auch [Born 1925, S. 140-148].

sonst lasse ich jetzt meine Leute „quanteln", um Ihnen ein wenig Konkurrenz zu machen.

Mit den besten Grüßen von Haus zu Haus, sowie an alle Kollegen, Ihr ergebner

M. Born.

[57] *Von Hermann Weyl*[1]

Zürich, d. 19. 5. 22.

Lieber, verehrter Herr Kollege!

Herzlichen Dank für Ihren Brief aus Granada! Auch ich habe es sehr bedauert, daß wir uns unter jenem Himmel nicht begegnet sind.[2] Aber ich hatte Eile heimzukommen, weil bei uns sonderbarerweise das Semester schon vor Ostern begonnen hatte. Mir wird Spanien allmählich schon wieder zu einer fernen schönen Sage; aber ich hoffe doch, mit einigen von den Leuten, die ich dort kennen gelernt, vor allem mit Terradas im Kontakt zu bleiben.[3] Ich bin ihnen für ein paar glückliche Monate zu Dank verbunden; eine reiche Zufuhr neuen Sinnenstoffes tut offenbar auch einer abstrakten Mathematiker-Seele von Zeit zu Zeit recht gut.

Sie sind wenigstens auch sonst mit dieser Sinnenwirklichkeit in engerem Bunde und ziehen die Register ihrer Quantenorgel. Ihr Buch ist jetzt meine physikalische Bibel. In letzter Zeit war ich der Physik wieder merklich ferner gerückt (ich weiß, daß ich ihr Feld immer nur gestreift habe und in ihre Materie niemals eingedrungen bin), möchte aber doch nicht jeden Zusammenhang verlieren. Da ist so ein Führer, der einem nicht nur glatte Theorie, sondern auch einen hübschen Haufen fügsamer und widerspenstiger Erfahrungstatsachen in übersichtlicher Ordnung vorlegt, höchst erwünscht. Haben Sie also herzlichen Dank für Ihre 3. Auflage!

Augenblicklich bereite ich wieder eine neue Auflage von „Raum Zeit Materie" vor.[4] Ich ändere stark: das Gedankliche soll vollständiger zum Ausdruck kommen; anschaulicher, einfacher, konkreter; dafür werden die Schößlinge der phantasierenden Spekulation etwas beschnitten.

---

[1] Brief (2 Seiten, lateinisch), *München, DM, Archiv HS 1977-28/A,365*.
[2] Auf Einladung der katalonischen Regierung hatte Weyl im März 1922 in Barcelona 8 Vorträge gehalten, die er Anfang April in Madrid wiederholte.
[3] Esteban Terradas war Professor für mathematische Physik an der Universität Madrid. Zu Sommerfelds Spanienreise vgl. Seite 35.
[4] [Weyl 1922a].

Über Herrn Juvet[1] bin ich auch empört; ein strenger, Schritt für Schritt vorrückender Gedankengang, in einer sorgfältig überlegten, eindeutig angewendeten Terminologie ausgeprägt, wird in seiner Übersetzung zu verantwortungslosem Geschwätz. Was kann man tun gegen eine solche Verschandelung? ich werde mich wenigstens in der Vorrede zur neuen Aufl. öffentlich von diesem Machwerk lossagen.[2]

Zu großem Dank bin ich Ihnen dafür verbunden, daß Sie bei der Nachfolgerschaft Pringsheims an mich gedacht haben.[3] Bei mir liegen die Dinge in der Tat so, daß außer Zürich für mich fast nur München noch in Betracht kommt; aber ich mache mir über die Wahrscheinlichkeiten keine Illusionen. Und weiß, offen gesagt, nicht einmal ganz sicher, was ich letzten Endes tun würde, wenn ich die Wahl hätte.– Haben Sie in München an Hecke gedacht?[4] ich halte ihn unter allen Mathematikern jünger als Hilbert weitaus für den bedeutendsten.

Mit den besten Grüßen Ihr ergebener   H. Weyl.

[58] Von Albert Einstein[5]

16. IX. 22

Lieber Sommerfeld!

Als ich das letzte Mal in Leiden war, bemerkte ich, dass Ehrenfest recht unglücklich war darüber, dass Sie ihm in der letzten Auflage Ihres Buches die Autorschaft an der Adiabatenhypothese abgesprochen haben.[6] Er hat mir nun in seinem letzten Briefe seine darauf bezüglichen Daten mitgeteilt, in der Meinung, dass ich Sie in Leipzig sehen würde.[7] Vielleicht ändern Sie,

---

[1] Gustave Juvet übersetzte mit Robert Leroy *Raum, Zeit, Materie* ins Französische, [Weyl 1922b].

[2] Davon findet sich im Vorwort zur fünften Auflage nichts.

[3] „Pringsheim hat sich für Oktober 22 zum Rücktritt entschlossen", schrieb Sommerfeld an Klein, er habe „schon Hilbert um ein Gutachten *pro* Herglotz und Weyl und *contra* Perron und Faber gebeten." *A. Sommerfeld an F. Klein, 29. Januar 1922. Göttingen, NSUB, Klein 11.* Berufen wurde Oskar Perron. Zum Streit zwischen Mathematikern und Physikern bei der Nachfolge Alfred Pringsheims siehe [Toepell 1996, S. 287-292].

[4] Erich Hecke war ein Schüler Hilberts und seit 1919 Ordinarius für Mathematik an der Universität Hamburg. Er wurde für die Pringsheimnachfolge nicht in Betracht gezogen.

[5] Brief (2 Seiten, lateinisch), *München, DM, Archiv HS 1977-28/A,78*.

[6] Vgl. die eher beiläufige Erwähnung in [Sommerfeld 1921c, S. 427] im Zusammenhang mit dem Zeemaneffekt: „... ein allgemeines Prinzip, welches P. Ehrenfest unter dem Namen Adiabatenhypothese in die Quantentheorie eingeführt hat."

[7] In Leipzig fand vom 17. bis 24. September 1922 die Naturforscherversammlung statt.

wenn Sie im beiliegenden Brief[1] seine diesbezüglichen Angaben lesen, Ihre Meinung, um den Passus in der englischen und event. späteren sonstigen Auflagen zu ändern. Es würde mich sehr freuen, da ich ihn wegen der Sache ziemlich deprimiert fand.

Es grüsst Sie freundlich
Ihr A. Einstein.

[59] *An Johanna Sommerfeld*[2]

Madison Sonntag, 8. Oktober 22

Liebes!

Dein Brief vom 18ten traf hier am 5ten ein und wurde mit viel Freude genossen. Es bedarf keiner Magnolie, der Lorbeer blüht von selbst. Meine Vorlesungen sind wirklich gut. Nur Vorgeschrittene, zum guten Teil Professoren. Das ist ganz mein Fall. In der einen sämtliche Physikprofessoren: Mendenhall, Mason, Ingersoll, Terry, Roebock nebst Assistenten, in der anderen sämtliche Mathematikprofessoren: Van Vleck, Skinner, Dresden, March + Mason + Assistenten.[3] Ich bringe vieles neu und originell, da ich reichlich Zeit habe, die Dinge zu überlegen.

Schöps war nicht in Dünaburg und Freudenthal nicht in Nürnberg.[4]

Ehrenfest ist ein ekliger* Kerl; dass er auf mich böse ist, weiss ich längst. Er meint, ich hätte Epstein schlecht behandelt, da ich ihm keine Professur in Deutschland besorgt hätte! Ich hoffe sehr, mit ihm *nicht* in Pasadena zusammenzutreffen. Seinen Willen habe ich ihm aber getan und an Bröse eine kleine Correktur für die engl. Auflage geschickt.[5]

Sommerfeld befand sich zu dieser Zeit bereits in den USA, um an der University of Wisconsin, Madison, seine Gastprofessur anzutreten.

[1] Dieser Brief ist nicht erhalten. Vgl. aber die Bemerkung dazu im folgenden Brief.

[2] Brief (2 Seiten, lateinisch), *München, Privatbesitz.*

[3] Charles E. Mendenhall war seit 1905 Professor für Physik, Maxwell Mason seit 1910 für mathematische Physik, Leonard R. Ingersoll und John R. Roebuck associate Professor für Physik in Madison; Nathaniel M. Terry lehrte bis zu seiner Emeritierung 1917 an der United States Naval Academy. Edward B. Van Vleck und Ernest B. Skinner hatten Mathematikprofessuren in Madison inne (Skinner war auch Präsident des Madison School Board), Arnold Dresden und der Sommerfeldschüler Hermann W. March waren Associate Professors für Mathematik in Madison.

[4] Vermutlich Bekannte der Sommerfelds, die er auf Reisen treffen wollte.

[5] Henry L. Brose, Übersetzer der englischen Ausgabe [Sommerfeld 1923e]. Der Adiabatenhypothese wurde in der dritten deutschen Auflage ein eigener Abschnitt gewidmet [Sommerfeld 1922a, S. 374-385].

Lass Dir Wentzel mal zur Begleitung Gretchens kommen; auch Ott würde es gut und gern tun.[1]

Mein Clavierspiel ist hier bereits stadtbekannt. Ich spielte vor 8 Tagen mit einer sehr guten Geige eine Beethoven-Sonate bei Ingersoll, den Tag vorher bei Hohlfeld[2] eine ganze Serie von Beethovens und Chopins. Hohlfelds haben einen sehr guten Flügel. Ich freue mich die lieben Leute einen Nachm. der nächsten Woche zur Musik aufzusuchen. Auch er gefällt mir durchaus, seine Fürsorge für mich in allen Madisoner Lebenslagen ist rührend. Mein Zimmer im Club hatte er mit Göthe–Stieler,[3] Heidelberger Schloss und Rothenburger Stadttor geschmückt. Von dem anderen Germanisten Voss[4] und seiner sehr lieben Frau (sie sang uns deutsche Lieder) bekomme ich Blumen und Weintrauben. Wenn sie verblüht bez. verspeist, hole ich mir neue. Wir sind am Freitag zu seinem Geburtstag geladen. Vorige Woche waren wir einen Abend bei einem deutsch-amerikanischen Arzt, den ich kennen lernte weil er nach Deutschland will u. sich Empfehlungen von mir geben lies. Die Frau (Irin) habe ich aufgefordert Dich zu besuchen. Sie ist nicht sehr fein aber brav, eine „nurse" wie Gretchen. Wir waren *nach* dem Abendbrod bei ihnen. Stärkste Deutschenfreunde und Englandhasser. Kommen etwa im December nach München.

Ich habe eine Fülle von Einladungen nach auswärts u. weiss nicht wie ich sie alle befriedigen soll. Zugesagt habe ich Californien (3 Hochschulen; Pasadena, Berkeley-Univ. in San Francisko und Stanfield[5]) für den Februar. Eingeladen haben Columbia Univ. in New York, General Electric in Schenectady, Massachusets Inst. in Boston[6] (zugleich mit Harvard zu erledigen), ferner aus der näheren Umgebung (innerhalb 12 Stunden Schnellzug) Minnesota, Iowa, Ann Arbor und zu allgemeinem Vortrag in deutscher Sprache: Milwaukee und Cincinnati. Meggers war hier und überbrachte die Einladung nach Washington, die ich natürlich annehme. Bezahlung in den meisten Fällen schwebend gelassen. Ich werde in 14 Tagen beginnen, den collegfreien Rest der Woche von Donnerstag Mittag bis Sonntag Abend auf Eisenbahn und Vortragsreisen zuzubringen. Der Sommer reichte hier

---

[1] Sommerfelds Tochter Margarethe studierte Gesang an der Münchner Musikakademie. Gregor Wentzel und Heinrich Ott waren Sommerfelds Assistenten.

[2] Alexander Rudolf Hohlfeld war seit 1901 Professor für Germanistik in Madison.

[3] Neben anderen Portraits malte Joseph Stiehler 1828 auch Johann Wolfgang von Goethe.

[4] Ernst Karl Johann Heinrich Voss war seit 1901 Professor für *Germanic philology* in Madison.

[5] Stanford.

[6] Massachusetts Institute of Technology (MIT) in Cambridge bei Boston.

bis zum 6. Oktober derart, dass ich keine Unterhosen trug.[1] Seit gestern trübe und relativ kalt. Vorgestern Autofahrt um den See mit Ingersoll zu Ehren der Herbstlichen Wälder, Gestern grosse Autofahrt nach Yerkes, von der Ernst erzählen soll.[2]

Euch allen innige Grüsse von Eurem Vater.

* Lasest Du, was er in seinem Brief über Frau u. Schwägerin („Intellektualhexen") an Einstein schreibt?! St. Sommerfeldus als Quantenpabst hast Du doch gesehen?

[60] *Von Werner Heisenberg*[3]

München 17. 10. [1922][4]

Hochverehrter, lieber Herr Geheimrat!

Für Ihren freundlichen und so interessanten Brief aus Madison danke ich Ihnen herzlich.

Daß das Bohrsche He-Modell nun doch wahrscheinlich falsch ist, ist für meine Ansichten ja außerordentlich erfreulich, denn jetzt haben vielleicht manche Physiker mehr Zutrauen zu den Zeemaneffekten. Trotzdem tut es mir im Interesse der Schönheit in der Physik fast leid, denn was wird nun aus all den übrigen, so überzeugenden Gedanken Bohrs über den Bau der Elemente? Man muß hoffen, daß sie einigermaßen erhalten bleiben. Ich habe jetzt auch stark die Hoffnung, daß das Modell $\frac{1}{2}, -\frac{1}{2}$ (das übrigens auch von Bohr aus Göttingen u. nicht von mir stammt),[5] richtig ist. Wenn Sie es ausrechnen wollen, so freut mich das sehr, denn so wird man am schnellsten erfahren, was eigentlich bei den Systemen mit mehreren Elektronen los ist. (Ich selbst komme auch zunächst nicht dazu, weil ich noch sehr mit der Turbulenz beschäftigt bin.)[6]

---

[1] Gemeint sind lange Unterhosen.

[2] Ernst Sommerfeld begleitete seinen Vater und verbrachte das Semester als Gaststudent an der University of Wisconsin in Madison.

[3] Brief (12 Seiten, deutsch), *München, DM, Archiv HS 1977-28/A,136*.

[4] Jahr der Gastprofessur in Madison.

[5] Bohr hatte in Göttingen ein räumliches Heliummodell vorgestellt, bei dem die Elektronen in gegeneinander gekreuzten Ebenen den Kern umlaufen: $\cos \alpha = \pm\frac{1}{2}$, wobei α die Bahnneigung gegen die xy-Ebene bezeichnet.

[6] Heisenberg hatte im Sommer 1922 eine Arbeit über die Kármánsche Wirbelbewegung publiziert [Heisenberg 1922a] und an der als „hydro-aerodynamische Konferenz" bekannt gewordenen Konferenz vom 10. bis 13. September in Innsbruck teilgenommen.

Über die Turbulenz muß ich Ihnen etwas ausführlicher erzählen, weil sie wirklich jetzt allmählich sehr vernünftig wird. Zunächst hatten mir die Rechnungen, die ich noch vor Innsbruck machte, gezeigt, daß zwar die Resultate sehr vernünftig, die Methoden aber doch nicht hinreichend genau seien, um exakt zu beweisen, daß die gesuchte Lösung der Differentialgl.[1] wirklich existiert. Also mußte ich die Grundlage etwas breiter legen und stellte zunächst allgemein die Frage: Welche Geschwindigkeitsprofile lassen ungedämpfte überlagerte Schwingungen zu, welche nicht? Da zeigte sich, daß für hinreichend große Reynoldsche Zahlen R ein Profil *nur dann* unged.[ämpfte] Schwingungen zuläßt wenn der zweite Differentialquotient des Profiles wenigstens innerhalb eines bestimmten Gebietes von der Größenordnung $\geq R$ ist. In dieser, allerdings etwas qualitativen, Regel sind die meisten bisherigen Resultate über Turbulenz enthalten: das Hopfsche Resultat,[2] da hier der zweite Differ.[ential]quotient stets 0 ist, das Blumenthal'sche Ergebnis, weil dort w'' stets von der Größenordnung 1 ist, endlich das Noethersche Ergebnis, denn Noether benützt ein Profil, bei dem an einer Stelle $w'' \infty$ ist u. findet unged. Schwingungen.[3] Die Methode, durch die man diese Regel erhält, ist im Wesentlichen die von Hopf oder Blumenthal: Es zeigt sich, daß man für *jedes* Profil die asymptotischen Näherungen der Integrale leicht aufstellen kann und dadurch kommt man zu Gleichungen, die Ihrer transzendenten für den Couetteschen Fall sehr ähnlich sehen.[4]

Durch diese Methode kann man aber auch das Problem weiterbehandeln, und da komme ich zum größten Teil zu den früheren Ergebnissen, zum Teil sind allerdings die Rechnungen noch viel zu kompliziert, um endgültige Schlüsse ziehen zu lassen. Ziemlich sicher ist von diesen Ergebnissen folgendes:[5] die Geschwindigkeitsverteilung ist innerhalb des ganzen Kanals im Wesentlichen linear, nur in unmittelbarer Nähe der Wände steigt die Geschwindigkeit rapid zu der der Wände selbst an: Die Di[c]ke der Grenzschicht ist von der Ordnung $b/\sqrt{R}$. Der Differentialquotient tg α des

---

Das Turbulenzproblem der Hydrodynamik, ein im Sommerfeldschen Institut lange diskutiertes Thema (vgl. Band 1, Seite 282–284), wurde zum Gegenstand von Heisenbergs Doktorarbeit.

[1] Es geht um die sogenannte Rayleigh-Gleichung, eine auch aus der Orr-Sommerfeld-Gleichung folgende Differentialgleichung zweiten Grades in w, wobei w das Geschwindigkeitsprofil bedeutet, vgl. [Chandrasekhar 1985].

[2] [Hopf 1914] behandelt lineare Geschwindigkeitsprofile.

[3] In [Noether 1913] und [Blumenthal 1913] wird ein Geschwindigkeitsprofil dritten Grades untersucht.

[4] Von Sommerfeld hinzugefügt: „Lord Rayleigh."

[5] Vgl. [Heisenberg 1924a].

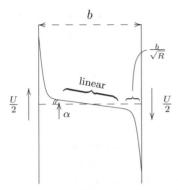

Geschwindigkeitsprofiles im linearen Teil geht bei $R \to \infty$ mit $\bar{U}/bR$; d.h. wenn ich die Geschwindigkeit der Wände beliebig steigere, so ist es *nicht* möglich, dadurch die Geschwindigkeiten im Innern des Kanals beliebig zu steigern; sondern die Geschwindigkeit im Innern nähert sich asymptotisch mit $R \to \infty$ einer gewissen linearen Verteilung an.

Der Differentialquot. dieser Verteilung geht mit $\mu/\varrho \cdot b^2$ (μ Zähigkeit, ϱ Dichte), nimmt also, bei gleicher Flüssigk.[eit], ab mit dem Quadrat der Kanalbreite.

Die vorherrschende Wellenlänge der überlagerten Störungen ist von der Ordnung $2\pi b$.– Was aus den sehr kurzen Wellen wird, von denen ich Ihnen seinerzeit erzählte, läßt sich nach der bisherigen Methode nicht sagen. Die Amplitude der Störungen ist von der Ordnung $R^{-1/4}\, b$ und ist beim Übergang von der linearen Verteilung in die Grenzschicht am größten. Das Wirbelmoment rot v ist wesentlich konstant im ganzen Kanal u. nimmt nur gegen den Rand zu in der Grenzschicht stark ab.

Das Widerstandsgesetz und die Reynoldsche Zahl lassen sich noch nicht mit genügender Näherung berechnen. Bei der schlechten Näherung, die ich noch vor Innsbruck ausrechnete, ergab sich die folgende Gleichung:

$$R^{1/2} = \frac{144\beta^4 + 96\beta^3 + 30\beta^2 + 6\beta + \frac{1}{2}}{24\beta^2 - 1} \cdot \frac{1}{\beta^{\frac{1}{2}}} \cdot \frac{e^{\frac{1}{\beta} \cdot \frac{24\beta^2 + 8\beta + 1}{12\beta^2 + 6\beta + 1}}}{\left(\frac{24\beta^2 + 8\beta + 1}{8 \cdot (12\beta^2 + 6\beta + 1)}\right)^{\frac{1}{2}}}$$

(β ist eine gewisse Verhältniszahl).

Die rechte Seite hat ein *ausgeprägtes Minimum* und liefert so $R_{min}^{1/2} \sim 40$ $R_{min} \sim 1600$.

Dies Resultat fand ich so erfreulich, daß ich beschloß, in Innsbruck ganz kurz darüber zu erzählen, obwohl ich auch schon damals die Genauigkeitsgrenzen kannte.

Ich hab also in Innsbruck, wo es im übrigen sehr interessant war, einen kleinen Vortrag gehalten, (es war sicher weitaus der kürzeste Vortrag, der dort gehalten wurde)[1] und hab die prinzipielle Methode und die vorläufigen Resultate meiner Rechnungen angegeben. Dazu hab ich aber hinzugefügt, daß die Genauigkeit keineswegs ausreicht, um exakt die Existenz der Lösung zu zeigen und hab so jedenfalls nicht mehr behauptet, als ich

---

[1] [Heisenberg 1924b] behandelt nichtlaminare Strömungen in reibenden Flüssigkeiten.

unbedingt verantworten kann. Es schien mir, als ob die meisten Herren sehr einverstanden seien; und ich hoffe, daß Sie es nachträglich auch sind.

Ludloff[1] war auch in Innsbruck und unterstützte mich in schwierigen Situationen (ich hatte aus Versehen Hut u. Mantel in M.[ünchen] gelassen!) sehr nett. Wenn Ludloff die Wirbelnäpfchen[2] rechnen will, so überlasse ich sie ihm natürlich sehr gerne. Ich werde ihn aber erst in Gött.[ingen], wohin ich am 24. fahre, treffen.

Von Landé muß ich Ihnen noch etwas erzählen. L. hat eine neue Arbeit über Zeemaneffekte geschrieben,[3] in der er zu dem für uns erfreulichen Resultat kommt, daß das mit $\frac{1}{2}$ gequantelte Modell das *einzig* mögliche sei. Landé versucht dann hauptsächlich, die Grundannahmen des Dublettmodells auf eine geringere Anzahl zu reduzieren. Ferner zeigt er, daß der Barnetteffekt[4] richtig aus dem Modell folgt (mit dem Faktor 2!). Die Schlüsse, durch welche Landé diese Folgerungen zieht, sind ähnlich denen des nicht publizierten Teils I der Intensitätsarbeit.[5]

Ferner schickte ich Landé die Korrekturen der Intensitätsarbeit. Daraufhin schrieb Landé ziemlich gedrückt wieder, wir hätten im § 6 (Intensität der Zeemankomp.) doch seinen Teil I, § 5 nicht ganz ignorieren sollen, in dem *er* die Intensitätsformeln doch schon angegeben hätte.[6] Diese letztere Behauptung kam mir etwas merkwürdig vor, denn Landé schreibt in seiner Arbeit im ganzen 20 Zeilen darüber, u. zwar rechnet er die Intensitäten aus einem extra dazu konstruierten Ersatzmodell aus u. kommt zu Formeln, die unseren zwar ähnlich, aber sicher nicht gleich sind. Immerhin hab ich, um Landé nicht zu kränken, geantwortet, ich würde bei der 2. Korr. eine Anm. zum § 6 machen u. hab an Springer darum geschrieben.[7]

Hoffentlich sind Sie einverstanden, in solchen Fällen ist es natürlich für mich schwierig, ohne Ihre Meinung das Richtige zu treffen.

Haben Sie nocheinmal, hochverehrter Herr Professor, herzlichen Dank für Ihren Brief u. den Brief an Hn. Prof. Born, den ich natürlich nicht gelesen habe.

Ihr dankbar ergebener
Werner Heisenberg.

---

[1] Hanfried Ludloff studierte bei Sommerfeld in München.
[2] Gemeint sind die Kármánschen Wirbel, die in [Heisenberg 1922a] untersucht werden; Ludloff promovierte 1925 bei Prandtl über ein verwandtes Thema, vgl. [Ludloff 1931a].
[3] [Landé 1922].
[4] Einstein-de Haas-Effekt.
[5] [Sommerfeld und Heisenberg 1922b].
[6] [Landé 1921].
[7] Diese Absicht wurde nicht ausgeführt, vgl. das Ende des folgenden Briefes.

[61] *Von Werner Heisenberg*[1]

München 28. 10. [1922][2]

Hochverehrter, lieber Herr Geheimrat!

Seit ich Ihnen vor einer Woche schrieb, ist soviel passiert, daß ich mich jetzt wieder hinsetzen muß u. Ihnen alles erzählen.

Am letzten Samstag bekam ich plötzlich von Lenz aus Hamburg einen Brief, ob ich nicht die Nachfolge Paulis dort übernehmen wollte.[3] Auf so etwas war ich garnicht vorbereitet; ich besprach dann den Fall mit Herzfeld u. den anderen Mitgliedern des Instituts u. nach langer Beratung beschloß ich, diese Stelle anzunehmen. Leider aber währte der schöne Plan nicht lange, denn gestern abend bekam ich auf meine Zusage hin von Lenz einen zweiten Brief, er habe an mehrere Leute zugleich die Anfrage gerichtet, ob sie die Stelle Paulis übernehmen wollten, u. nun hätte Schottky zugesagt, woraus natürlich folgt, daß ich nicht hinkomme.[4] Ich glaube ja, daß ich es in Göttingen in mancher Hinsicht ebenso gut, vielleicht sogar besser habe, wie in Hamburg, aber mir tut es doch sehr leid; denn der Gedanke – so sehr mein Vater dieser Ansicht widerspricht – einmal nicht mehr vom Verdienste meines Vaters leben zu müssen, wär mir schon sehr lieb gewesen. Aber nun ist es auch so ganz recht, denn ich hätte doch nicht gewußt, ob Sie mit dem Hamburger Plan einverstanden gewesen wären.

Sehr viel erfreulicher aber ist das zweite, was ich Ihnen zu berichten habe. Entgegen dem, was ich Ihnen im letzten Brief schrieb, konnte ich der Neugierde nicht widerstehen u. hab mich an die Berechnung des He $\frac{1}{2}, -\frac{1}{2}$, gemacht. Nach der bisherigen Näherung erhalte ich für die ~~Energie~~ Ionisierungssp[annun]g. *24,6* V. mit einem möglichen Fehler von etwa $\pm \frac{2}{3}$ V., einem wahrscheinlichen Fehler aber von höchstens $\pm \frac{1}{3}$ V. Das stimmt mit dem von Lyman* spektroskopisch gemessenen Werte 24,5 V. bestens überein.[5]

Da Sie inzwischen vielleicht zum selben Resultat gekommen sind, muß

---

[1] Brief (16 Seiten, deutsch), *München, DM, Archiv HS 1977-28/A,136*.
[2] Jahr der Gastprofessur in Madison.
[3] Wolfgang Pauli war seit Mai 1922 Assistent bei Wilhelm Lenz in Hamburg und ging Ende September zu einem einjährigen Studienaufenthalt an das Bohrsche Institut nach Kopenhagen.
[4] Walter Schottky hatte 1912 bei Max Planck promoviert und sich nach einer Industrietätigkeit 1920 bei W. Wien in Würzburg habilitiert, wo er bis 1922 als Privatdozent blieb. Nach kurzer Assistententätigkeit in Hamburg wurde er 1923 Ordinarius für theoretische Physik an der Universität Rostock.
[5] [Lyman 1922]. Vgl. auch Heisenbergs Darstellung in einem Brief an W. Pauli vom 12. Dezember 1922, [Pauli 1979, Brief 30].

ich Ihnen die Methode schreiben, nach der ich die Energie gerechnet habe. Im Wesentlichen hab ich das Born–Paulische Verfahren angewandt.[1] Als „ungestörtes" System wurden zwei Elektronen in $n = 1$ Bahnen betrachtet, die derart miteinander in Phase schwingen, daß das eine im Perihel ist, wenn das andere im Aphhel ist:

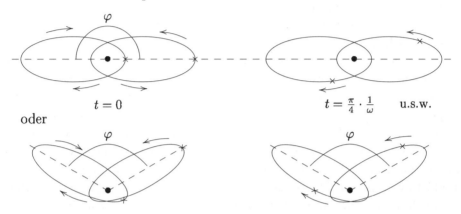

oder

Der gegenseitige Winkel φ zwischen den Ellipsen u. das Impulsmoment $\pm p_\varphi$ der beiden Bahnen sind noch *nicht* irgendwie festgelegt; in p_φ ist das System bis dahin entartet. Die Störungsenergie H_1 wird durch die gegenseitige potentielle Energie der beiden Elektronen gegeben und zerfällt in einen Mittelwert $\overline{H_1}$ über die ungestörte Bahn u. einen in ωt periodischen Teil H_1', beide abhängig von φ u. p_φ. Aus der Konstanz des Gesamtimpulses folgt nun, daß φ der zu p_φ *konjugierte* Winkel ist. Aus $\overline{H_1}$ = const. = W_1 ergibt sich also $p_\varphi = f(\varphi, W_1)$ und wir hätten zu bilden

$$\int p_\varphi \mathrm{d}\varphi = \int f(\varphi, W_1) \mathrm{d}\varphi = n_2 h. \tag{1}$$

In Wirklichkeit ist nun aber diese Funktion $\overline{H_1}(\varphi, p_\varphi)$ u. $f(\varphi, W_1)$ außerordentlich kompliziert, sodaß eine anständige Auswert[un]g. der Bedingung (1) wohl sehr schwierig ist. Also hab ich den folgenden Ausweg eingeschlagen: $\overline{H_1}$ zerlege man in zwei Teile $\overline{H_1^{(1)}}$ u. $\overline{H_1^{(2)}}$, wobei $\overline{H_1^{(2)}} \ll \overline{H_1^{(1)}}$. Der Teil $\overline{H_1^{(1)}}$ soll einer Bewegung der Elektronen entsprechen, wo sie sich zwar in derselben Bahn wie oben, aber in *harmonischer* Weise bewegen, $\overline{H_1^{(2)}}$

---

[1] [Born und Pauli 1922]. Dabei handelte es sich um eine der Himmelsmechanik entlehnte Störungstheorie. Die Arbeit wird ausführlich in [Mehra und Rechenberg 1982a, S. 410-421] und [Mehra und Rechenberg 1982b, S. 86-98] dargestellt.

dem Rest, der naturgemäß klein ist gegen $\overline{H_1^{(1)}}$.

$$\overline{H_1^{(1)}} + \overline{H_1^{(2)}} = \overline{H_1}.$$

Wir haben dann den auch von Born u. Pauli behandelten Fall, wo wir die Störungsfunktion in mehrere Teile zerlegt haben, von denen der folgende stets klein gegen den vorhergehenden ist.

Für die Quantelung des bisher entarteten Freiheitsgrades p_φ, φ ist es jetzt nur nötig $\overline{H_1^{(1)}}$ = const. = W_1 zu setzen. Die Rechnung ergibt:

$$\overline{H_1^{(1)}} = E\left(\left(\frac{2\pi p_\varphi}{h \cdot n}\right)^2 \cdot \sin^2\frac{\varphi}{2} + \cos^2\frac{\varphi}{2}\right) \quad (2)$$

wobei

$$E(k) = \frac{1}{2\pi} \int_0^{2\pi} \frac{\mathrm{d}n}{\sqrt{1 - k\sin^2 n}}.$$

n ist die Quantenzahl des ungestörten Systems, also hier = 1.

Aus (2) folgt jetzt einfach

$$\left(\frac{2\pi p_\varphi}{nh}\right)^2 \sin^2\frac{\varphi}{2} + \cos^2\frac{\varphi}{2} = \text{const} = \mathfrak{c}. \quad (3)$$

$$\oint p_\varphi \mathrm{d}\varphi = \frac{n \cdot h}{2\pi} \oint \frac{\mathrm{d}\varphi}{\sin\frac{\varphi}{2}} \sqrt{\mathfrak{c} - \cos^2\frac{\varphi}{2}}$$

$$= \frac{n \cdot h}{2\pi} \cdot 2\pi \cdot \left(1 - \sqrt{1 - \mathfrak{c}}\right) = n_2 \cdot h. \quad (4)$$

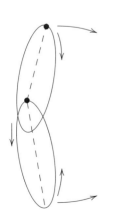 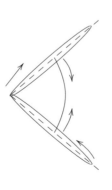

Nun setzen wir $n_2 = \frac{1}{2}$ ($n_2 = 1$ wäre unmöglich!) u. erhalten $\mathfrak{c} = \frac{3}{4}$, woraus W_1 sofort folgt.

Aus (3) läßt sich aber auch der Bewegungstypus sofort ablesen: Zugleich mit φ wird p_φ immer kleiner, bis wir (bei $\varphi = 60°$ in unserem Falle) $p_\varphi = 0$, also *reine Pendelbahnen* der Elektronen haben. [E in (2) wird,] eventuell durch äußere Elektronen, so groß, daß $k = $ const. nicht mehr gilt. Dann muß ich also zur Quantelung von k_1 und k_2 zurückkehren. Diese Schlußweise ist natürlich auch noch recht formal u. qualitativ, aber sie scheint mir verstehen zu lassen, daß überall, wo wir in den Röntgentermen relativistische Dubletts beobachten können, nur *ganze* Quantenzahlen auftreten.–

Der Grundgedanke dessen, was ich hier geschrieben hab, ist also ganz derselbe, wie der in Ihrer Note.[1] Im Resultat scheint mir aber ein Unterschied zu bestehen; denn nach der Störungstheorie sind nur halbe *oder* ganze Quantenzahlen denkbar, während nach Ihrer Note, soviel ich verstanden hab, eventuell ein Übergang möglich wäre.– Eine Erweiterung der Formel (1) auf räumlich angeordnete Atommodelle hab ich mir noch nicht überlegt.

Die Frage, weshalb beim Wasserstoff zum Impuls des Elektrons einmal Ihr schnell veränderlicher Winkel φ, einmal Bohrs langsam veränderliche Periheldistanz, etwa ψ, konjugiert ist, läßt sich folgendermaßen beantworten.

Löst man die Hamiltonsche Differentialgleichg. nach der Separationsmethode, so sind zweifellos p_r, r u. p_φ, φ die konjugierten Koordinaten.

Will ich nun aber Winkelvariable einführen, so müssen an Stelle der p_r, p_φ die entsprechenden Phasenintegrale I_r, I_φ treten. Die Frage ist, wie die zugehörigen konjugierten Winkelvariablen aussehen. Diese bekomme ich einfach nach der Gleichung:

$$w_r = \frac{\partial S}{\partial I_r}, \; w_\varphi = \frac{\partial S}{\partial I_\varphi}$$

wo S die Wirkungsfunktion, als Funktion von $r, \varphi, I_r, I_\varphi$ ist. I_r entspricht Ihrer Quantenzahl n', I_φ Ihrem n, Bohr's k.

Nun führt man mit Bohr nochmal eine Transformation aus durch die Gleichung

$$I_r + I_\varphi = I_n$$
$$I_\varphi = I'_\varphi :$$
$$(I_r = I_n - I'_\varphi).$$

Dann folgt:

$$w_n = \frac{\partial S}{\partial I_n} = \frac{\partial S}{\partial I_r} \cdot \frac{\partial I_r}{\partial I_n} + \frac{\partial S}{\partial I_\varphi} \cdot \frac{\partial I_\varphi}{\partial I_n} = w_r \cdot 1 + w_\varphi \cdot 0 = w_r.$$

$$w'_\varphi = \frac{\partial S}{\partial I_r} \cdot \frac{\partial I_r}{\partial I'_\varphi} + \frac{\partial S}{\partial I_\varphi} \cdot \frac{\partial I_\varphi}{\partial I'_\varphi} = -w_r + w_\varphi.$$

---

[1] In [Sommerfeld 1923c] wird am Schluß bemerkt, daß diese Note erst nach Erhalt eines Briefes von Heisenberg mit der Lösung des Heliummodells veröffentlicht wurde.

Es zeigt sich dann leicht, daß $w_\varphi - w_r$ wirklich der Winkel des Perihels gegen eine feste Achse ist.

Tatsächlich ist auch die Energie $E = N/I_n^2$, also $\partial E/\partial I'_\varphi = 0$; $w_\varphi - w_r =$ const. wie es sein soll.

Die Beantwortung Ihrer Frage läßt sich kurz so zusammenfassen: Die zu einem Impuls p_φ konjugierte Variable kann ich erst dann bestimmen, wenn ich die übrigen Koordinaten des Systems kenne. Es gibt nur *Systeme* kanonisch konjugierter Variabeln, *nicht Paare* solcher Variabeln.

Über Ihre Meinung über die Publikation des He hab ich mich sehr gefreut. Es ist aber doch sehr leicht möglich, daß ich warte, bis Sie von Am.[erika] zurückkommen. Jedenfalls möchte ich zuerst das He so genau wie möglich rechnen – Born versprach mir, mir einen Assistenten für diese schauerliche numerische Arbeit zur Verfügung zu stellen. Ferner möchte ich gerne auch die höheren He-Terme vorher ausrechnen und dann alles zusammen ausführlich publizieren.[1] Die Hoffnung, durch eine genaue Rechnung der ersten drei Störungsglieder die Ionisierungsspannung richtig zu bekommen, erscheint mir sehr groß, da van Vleck 20,7 V, die ersten drei Kramer'schen Glieder aber 20,63 V ergeben, was ja völlig übereinstimmt.[2]

Ferner scheint mir eine wesentliche Schwierigkeit bei der Berechnung der höheren He-Terme nicht vorzuliegen. Überhaupt sehe ich, seit ich hier ausführlich u. intensiv Poincarés Himmelsmechanik[3] studiere (angeregt durch ein Privatseminar bei Born), daß es eigentlich für die Mehrkörperprobleme der Quantentheorie garkeine prinzipielle Schwierigkeit gibt; ich halte z. B. die völlige Beherrschung etwa des Na-Atoms für keineswegs hoffnungslos. Im Poincaré steht wirklich ganz unglaublich viel.– Mit Born schreibe ich augenblicklich an einer Verbesserung der Born–Paulischen Methode, durch die z. B. bewiesen wird, daß die Quantentheorie Phasenbeziehungen zwischen den Elektronen eines Systems fordert; auch dies stammt wesentlich aus Poincaré.– Wenn es Ihnen recht ist, werde ich auch mit der Publikation Ihrer Note warten, bis das He so weit ist.– Ein strikter Beweis für oder gegen halbe Quantenzahlen läßt sich beim *Stark*effekt von He erbrin-

---

[1] Das Heliumproblem wird auch in einem 16seitigen Brief diskutiert: *W. Heisenberg an A. Sommerfeld, 4. Dezember 1922. München, DM, Archiv HS 1977-28/A,136.* Die Arbeit daran wurde zu einem Testfall für die Übertragbarkeit himmelsmechanischer Störungstheorie auf Quantenprobleme; sie führte erst ein halbes Jahr später zu einer Publikation, [Born und Heisenberg 1923].

[2] [Vleck 1922]; vermutlich bezieht sich Heisenberg außerdem auf die erst im Februar 1923 gedruckte Arbeit [Kramers 1923b], deren Inhalt in Göttingen aber schon bei den „Bohr-Festspielen" bekannt geworden sein dürfte.

[3] [Poincaré 1892].

gen; um das Material hab ich an Steubing geschrieben.[1] Seit meinem Zeemaneffektvortrag[2] glauben hier alle Physiker an die Theorie. Landé hat eine *vollständige* Theorie *aller* Multipletts u. ihrer Zeem. E., analog zu der Dublett- und Triplettheorie gefunden!!![3] Mit *stets* halben Quantenzahlen. Mein Zitat zu der Intensitätsarbeit wurde leider von der Druckerei nicht mehr aufgenommen.– Entschuldigen Sie bitte die letzten Sätze, die etwas abrupt sind. Aber ich kann unmöglich doppeltes Porto zahlen. Indem ich Ihnen weiter für Amerika alles Gute u. eines [sic] schönes Weihnachtsfest wünsche, bleib ich

Ihr dankbar ergebener
Werner Heisenberg.

* Diese Arbeit von Lyman soll in Nature stehen, Pauli hat mir davon erzählt.

[62] *Von Werner Heisenberg*[4]

München 4. 1. 23.

Hochverehrter, lieber Herr Geheimrat!

Schon lange hätte ich Ihnen wieder einmal über die neueren physikalischen Ereignisse Bericht erstatten sollen; daß ich es nicht tat, rührt daher, daß ich die Weihnachtsferien wirklich mit aller Konsequenz als Ferien behandelt hab.

Was die He-Frage betrifft, so hilft mir in Göttingen eine Studentin bei den numerischen Rechnungen, u. ich glaube, daß man die Energie sicher auf etwa 2‰ genau bekommen kann.[5] Etwas unglücklich bin ich darüber, daß ich mit all diesen Arbeiten ständig in Widerspruch zu Bohr und Pauli bin. Nach Briefen von Pauli[6] glaubt Bohr immer noch fest an sein He-Modell u. meint deshalb, daß die Mechanik falsch sei, um die richtige Ionisierungsspannung zu bekommen. Aber was ist dann noch richtig? Ferner hat Pauli auf Rat Bohrs eine Arbeit über anomale Zeemaneffekte geschrieben, deren

---

[1] Walther Steubing war ein Mitarbeiter von J. Stark.
[2] Vermutlich während des Besuchs von Bohr im Juni 1922, vgl. [Cassidy 1991, S. 129].
[3] [Landé 1922].
[4] Brief (10 Seiten, deutsch), *München, DM, Archiv HS 1977-28/A,136*.
[5] [Heisenberg und Born 1924].
[6] Paulis Briefe an Heisenberg sind nicht erhalten, vgl. aber die Antwort Heisenbergs [Pauli 1979, Brief 31].

Manuskript ich hier habe.[1] Der wesentliche Inhalt ist folgender: Zuerst kommt eine allgemeine Diskussion über die Hypothesen, die der Theorie der Zeemaneffekte zu Grunde liegen. Aus dieser werden willkürlich (wie bei mir) einige Hypothesen als richtig beibehalten, andere für falsch erklärt (natürlich nicht dieselben, wie bei mir) und als wesentliche Behauptung gesagt, das magnetische Moment sei stets um $1 \cdot \frac{h}{2\pi}$ kleiner, als das Impulsmoment. Also habe das H-Atom das magnetische Moment O^+.[2]

Für die anomalen Zeeman-E. werden die Landé'schen Niveaus beibehalten, also anders mit magnetischen Quantenzahlen numeriert. Ein Beispiel will ich anführen (p_1 Dublett)

Pauli verzichtet also auf das Verständnis der Symmetrieeigenschaften u. behauptet dazu noch, daß stets zwei Niveaus z. B. $m = 2$ u. $m = -1$ u.s.w. zusammenfallen müssen, ein merkwürdiger Zufall! Daß die Linien dann richtig herauskommen scheint mir trivial. Zugleich behauptet Pauli, daß diese Werte m *stets* das magnetische Moment des *ganzen* Atoms um die Feldachse darstellen. Im Paschen-Backeffekt sieht aber das Schema so aus:

Also hat Paschen-Backeffekt mit normalem Zeeman-E. nichts zu tun, die Theorie des letzteren ist ebenso Zufall, wie der Paschen-Backeffekt!! Natürlich kann ich nicht die Paulische Ansicht hier näher ausführen, und fürchte daher, daß man das, was ich hier geschrieben hab, nicht verstehen kann. Einen Versuch, die Rungeschen Nenner zu erklären, macht P. nicht. Eine etwas präzisere Kritik übt P. am Zusatzverbot für $j\, 0 \to 0$. P. meint, daß unsere Begründ[un]g. deswegen hinfällig sei, weil bei den durch Störung (elektr. F.[eld]) erregten Serien $(mp-2p)$ (statt $(mp'-[?])$) die Linie $mp_3 - 2p_3$ relativ stark vertreten ist, d. h. der Übergang $0 \to 0$ ist hier nicht verboten; dies Ergebnis stammt aus neueren englischen Beobachtungen u. scheint der Landéschen Regel zu widersprechen. Mir ist das Resultat aber auch von unserem Standpunkt aus

---

[1] [Pauli 1923a]. Bei dem Manuskript dürfte es sich um eine gemeinsame Arbeit von Bohr und Pauli gehandelt haben, die bereits an die *Zeitschrift für Physik* eingesandt worden war, aber aufgrund aufgetretener Zweifel im März 1923 wieder zurückgezogen wurde. Vgl. für das folgende auch die ausführliche Diskussion zwischen Pauli, Heisenberg und Landé in [Pauli 1979, Briefe 33-36].

[2] Von Sommerfeld zwischen den Zeilen ergänzt: „Ag?"

sehr plausibel. Denn beim Sprunge $mp_3 - 2p_3$ handelt es sich nur um einen Sprung des äußeren Elektrons, für den ich den Rumpf als Zentralfeld ansehen kann. Zum Verbot der fraglichen Linie besteht kein Grund, da durch den Impuls des äußeren Elektrons eine Vorzugsrichtung im Raum definiert ist. Endlich glaubt P., daß Landé Unrecht habe, wenn er den Einstein-d.[e] Haas-E.[ffekt] aus meinem Modell erklärt, P. behauptet, aus meinem Modell folgt immer der *normale* E-d.-H-Effekt. Zum Beweis dieser Behauptung setzt aber P. gerade seine eigenen Hypoth.[ese] voraus u. nicht meine, sodaß ich auch diesen Schluß für recht undefinierbar halte. Alles in allem muß ich als Schlußkritik der P'schen Arbeit schreiben, daß ich garnicht verstehen kann, wie Bohr u. P. sich mit aller Gewalt auf eine so durchaus unkontrollierbare u. unfruchtbare Konsequenz allgemeiner Quantenprinzipien versteifen und, so sehr ich von der Unrichtigkeit der P'schen Ansichten überzeugt bin, so unheimlich ist mir die eiserne Konsequenz, mit der Bohr alles, was falsch heraus kommt, für richtig, u. was richtig herauskommt, für falsch hält. Dieser Zustand der Physik ist mir wirklich recht unsympathisch; ich möchte Sie daher bitten, einen Amerikaner oder Japaner (Takamine?) zu finden, der den Starkeffekt I. Ordnung von He u. Li möglichst gut und schnell mißt.[1] Wenn man den hätte, ließe sich nämlich alles entscheiden. Denn die Starkeffektformel lautet:

$$\Delta E = \frac{3F}{8\pi^2 me} \cdot n \cdot \mathfrak{n}$$

Bei der 1. Nebenserie von He ist nur der d-Term aufgespalten. Ist also n *ganz*zahlig, so würde die Aufspaltung etwa so aussehen

$$\left|\ \left|\ \left|\ \left|\ \left|\right.\right.\right.\right.\right. \quad \text{– ist sie halbzahlig, dann etwa so} \quad \left|\ \left|\ \left|\ \left|\ \left|\right.\right.\right.\right.\right.$$
0 1 2 3 $\quad\quad\quad\quad\quad\quad\quad\quad\quad\quad\quad\quad\quad\quad\quad\quad\quad\quad\quad\ \ \frac{1}{2}\ \frac{3}{2}\ \frac{5}{2}\ \frac{3}{2}$

Natürlich werden durch den Starkeffekt 2. Ordnung im p-Term (einen 1. Ordnung gibt es nicht!) die Verhältnisse komplizierter, aber eine eindeutige Entscheidung wird sicher möglich sein. Und es wäre wirklich gut, wenn man endlich auf festem Boden stünde. Außerdem sind die experimentellen Schwierigkeiten nicht größer, als beim Wasserstoff und wenn Sie einem der Japaner schreiben, glaub ich bestimmt, daß sie sofort die Messungen machen werden.[2]

---

[1] Vgl. Brief [64] und die Briefe *T. Takamine an A. Sommerfeld, 5. und 9. März 1923. München, DM, Archiv HS 1977-28/A,337*.

[2] Vgl. Brief [64], Fußnote 2, Seite 142.

Sonst gibt es von mir aus nicht viel physikalisch zu berichten; vor dem Aufschreiben der He-Arbeit will ich die ~~Experim~~ numerischen Rechnungen abwarten u. mich inzwischen wieder mit Turbulenz beschäftigen. Landé wird in Hannover seine Theorie der Multipletts vortragen,[1] vielleicht möchte ich über das Helium sprechen. Einstweilen hab ich in den Weihnachtsferien nichts von alledem getan, sondern bin eine Woche lang in den Bergen südlich Traunstein Schigefahren, was ganz wundervoll war. Indem ich wünsche, daß Sie auch die Ferien in Amerika schön verbracht haben, bleibe ich

Ihr dankbar ergebener
Werner Heisenberg.

[63] *Von Max Born*[2]

Göttingen, 5. 1. 23.

Lieber Herr Sommerfeld,

Ich danke Ihnen herzlich für Ihren freundlichen Brief und die erfreulichen Worte, die Sie über meinen Encykl.-Artikel sagen.[3] Daß er unverschämt dick geworden ist, hat mich schwer beunruhigt; aber ich habe soviel Arbeit in jede Seite gesteckt, daß ich mich nicht zu Streichungen entschließen konnte. Mit Smekal habe ich mich schon vor einiger Zeit in Verbindung gesetzt und hoffe, daß doppelte Darstellungen vermieden werden.[4] Ich habe ja principielle Fragen der Quantenstatistik fast gar nicht berührt, sondern mich nur bemüht, die Anwendung auf den festen Körper möglichst vollständig darzustellen. Die Überschriften der Nr. 15, 16 (beide Mal „lange Wellen") sind schon richtig; es handelt sich in beiden Abschnitten um den Grenzfall $\lambda = \infty$, während die Teilung in zwei Nummern dem Umstande entspricht, daß ein Teil der Frequenz ν als Funktion der Wellenlänge eine Entwicklung der Form $\nu = \nu_0 + \frac{a}{\lambda} + \ldots$, ein anderer Teil aber $\nu = \frac{\tau}{\lambda} + \ldots$ haben.

Heisenberg habe ich *sehr* lieb gewonnen; er ist bei uns allen sehr beliebt und geschätzt. Seine Begabung ist unerhört, aber besonders erfreulich ist sein nettes, bescheidenes Wesen, seine gute Laune, sein Eifer und seine Begeisterung. Jetzt ist Schottky, der Lenz' Assistent war, als Sterns Nach-

---

[1] [Landé 1923a].
[2] Brief (6 Seiten, lateinisch), *München, DM, Archiv HS 1977-28/A,34*.
[3] [Born 1923] erschien im Oktober 1923.
[4] Mögliche Überschneidungen mit dem erst Anfang 1925 abgeschlossenen Enzyklopädieartikel [Smekal 1926] betrafen die Quantenstatistik.

folger[1] nach Rostock berufen, und die Hamburger wollen an seine Stelle Heisenberg haben. Ich wäre sehr traurig darüber, wenn er wegginge, und will alles daransetzen, ihn hier zu halten. Denn wir sind mitten in schönen Arbeiten, von denen ich Ihnen gleich näheres sagen werde. Heisenberg will im Sommer bei Ihnen in München promovieren. Als ich ihn fragte, was er nachher vorhabe, antwortete er: „Das habe ich doch nicht zu entscheiden! Das bestimmt Sommerfeld!". Sie sind also sein selbsterkorener Vormund, und ich muss mich an Sie halten, wenn ich Heisenberg nach Göttingen ziehen will. Ich möchte nämlich einen Privatdozenten haben, da mir die Lehrtätigkeit zu viel wird. Paul Hertz zählt nicht, er ist zur Philosophie übergegangen;[2] und meine Doktoranden, von denen einige auch recht tüchtig sind, sind noch nicht weit genug, natürlich auch nicht vergleichbar mit Heisenberg. Sie haben Wentzel, und ich nehme an, daß Pauli nach 1 Jahr zu Ihnen zurückkehren wird. Könnten Sie unter diesen Umständen auf Heisenberg verzichten und ihm zureden, sich in Göttingen zu habilitieren? Ich würde natürlich Sorge tragen, daß er materiell gut gestellt wird. Bitte überlegen Sie sich diese Sache. Natürlich wäre auch Pauli mir sehr willkommen; aber der kann das Leben in der Kleinstadt, wie er behauptet, nicht aushalten.

Auch über Ihre andern Leute muss ich Ihnen schreiben, da sie sämtlich behaupten, mit den vorhandenen Themen nicht durchzukommen, und neue haben wollen. Da ist erst Herr Fisher;[3] dieser kann nichts für sein Pech, denn ein Holländer Niessen hat in der Physika einen Aufsatz publiziert, woraus hervorgeht, daß er (anscheinend unabhängig von Pauli) das H_2^+ berechnet hat, und zwar einschließlich des Bandenspektrums.[4] Damit ist wohl Fishers Arbeit erledigt. Nun will er ein Thema von mir. Ich habe ihm gesagt, daß ich ihm vorläufig keins geben kann; er soll im Seminar mitarbeiten, vielleicht stößt er dabei von selbst auf eine brauchbare Aufgabe. Dann Herr Ludloff;[5] um dessen Arbeit (ich glaube, es ist etwas hydrodynamisches) habe ich mich gar nicht gekümmert. Er wollte aber etwas über Atomphysik rechnen; da habe ich ihm eine Rechnung über Banden gegeben, die ich mit

---

[1] Otto Stern wechselte an die Universität Hamburg.

[2] Nach dem Ersten Weltkrieg beschäftigte sich P. Hertz überwiegend mit Erkenntnistheorie und Grundlagenfragen der Logik, vgl. [Hertz 1922], [Hertz 1923].

[3] J. W. Fisher hatte zuvor in München einen Promotionsversuch unternommen, vgl. *A. Sommerfeld an das Rektorat der Universität München, 11. Mai 1922. München, DM, Archiv NL 89, 004.*

[4] W. Pauli und K. F. Niessen hatten im Rahmen ihrer Dissertationen mit den Methoden der Himmelsmechanik das Wasserstoffmolekülion als Zweizentrenproblem berechnet, [Pauli 1922], [Niessen 1922] bzw. [Niessen 1924].

[5] Vgl. Brief [60], Seite 126.

ihm publizieren will. Jetzt scheint er Neigung zu haben, in dieser Richtung weiterzuarbeiten, um damit zu einer Doctorarbeit zu gelangen. Herr Wessel wollte auch ein Thema;[1] ich war aber schon recht ausgepumpt (ich habe außer Ihren 4 Abkömmlingen noch 9 Doctoranden) und habe ihm etwas Optisches anvertraut, wobei, wie ich fürchte, nicht viel herauskommt: Einfluss der Atombewegung in Kristallen durch Dopplereffekt auf Brechung, Reflexion, Zerstreuung etc. Ich möchte nicht, daß Sie denken, ich zöge Ihre Leute von den Themen ab, die sie aus München mitbrachten. Keinesfalls nehme ich einen als Doctoranden an ohne Ihre Einwilligung. Ich denke, daß die Sache Zeit hat bis zu Ihrer Rückkehr. Vielleicht kommen Sie uns auf dem Wege von Hamburg oder Bremen besuchen. Wir sind sehr neugierig, näheres über Ihre amerikanischen Erlebnisse und Eindrücke zu hören. Wenn Sie Epstein in Pasadena sprechen und er etwa auf mich schimpft, so sagen Sie ihm, er solle Ihnen den recht unfreundlichen Brief zeigen, den er mir geschrieben hat, weil er sich durch Paulis und meine Störungsarbeit in seinem Erstgeburtsrecht benachteiligt glaubte.[2] Sagen Sie ihm ferner, daß ich solche Briefe nicht beantworte, ihm aber seine Unhöflichkeit (eine milde Bezeichnung) nicht nachtrage und gern gut Freund mit ihm sein will, wenn er es in angemessener Form wünscht. Übrigens sind wir in den Fragen der Störungsquantelung doch weiter als er. Ihre Bemerkung zur Rechtfertigung des Heisenbergschen Helium-Modells traf gerade zusammen mit Resultaten, die wir hier gewonnen hatten, und alles stimmt auf's schönste zusammen.[3] Wir glauben jetzt beweisen zu können (und zwar mit einer Methode von Bohlin, die ich im Poincaré, Bd. II,[4] entdeckt habe), daß *alle* Atome *einfach* periodisch sind und daß die Quantelung in *allen* Fällen ganz analog zu erfolgen hat, wie bei Heisenbergs Helium. Auch Nordheim ist durch diese Ergebnisse mit seiner H_2-Berechnung weitergekommen.[5] Es scheint ziemlich sicher, daß die beiden H-Atome komplanar sind (also Lenz' Modell),[6] vielleicht gelingt auch die Berechnung der Dissoziationswärme. Der Zusammenhang der merkwürdigen „Einstellungen" der Elektronenbahnen

---

[1] Walter Wessel wurde am 7. November 1924 mit einer numerischen Arbeit über das Massenwirkungsgesetz promoviert, [Wessel 1924].

[2] [Born und Pauli 1922]. Epstein hatte kurz zuvor die Störungstheorie für quantentheoretische Anwendungen aufbereitet, [Epstein 1922a], [Epstein 1922b], [Epstein 1922c].

[3] Vgl. [Born und Heisenberg 1923]. Zur Anwendung der von dem Astronomen Bohlin entwickelten Störungstheorie siehe auch [Mehra und Rechenberg 1982b, S. 82-85].

[4] [Poincaré 1893, Kap. XIX-XXI].

[5] Lothar Nordheim befaßte sich in seiner Dissertation mit der Theorie des Wasserstoffmolekülions, [Nordheim 1923a] und [Nordheim 1923b].

[6] [Lenz 1918].

(Rumpf) mit Stern–Gerlachs Versuchen war uns auch inzwischen aufgegangen; wir haben sogar in unserer kleinen Publikation darüber tiefsinnig philosophiert.[1] Hoffentlich haben wir damit nicht unwissentlich in Ihre Rechte eingegriffen.

Ich sehe es jetzt für durchaus denkbar an, die Bohrschen Atomkonstruktionen wirklich aus Prinzipien mathematisch abzuleiten. Leider habe ich nicht Ihre Fähigkeit, solche Zusammenhänge aus empirischen Spektraldaten abzulesen, sondern muss mich auf dem Wege der allmählichen Reinigung und Klärung der Prinzipien langsam vorwärts tasten.

Auch sonst hätte ich noch allerlei über unsere Arbeiten zu berichten. Ich will, weil der Brief schon lang genug ist, nur eins erwähnen. Ein Schüler von mir, Hermann, hat die optische Aktivität von $NaClO_3$ und $NaBrO_3$ aus der Gitterstruktur berechnet;[2] die Salze sind regulär (also optisch isotrop), aber drehend, und sie verlieren in Lösung das Drehungsvermögen, woraus folgt, daß dieses eine Struktureigenschaft ist. Hermann hat eine Unzahl Ewaldscher Gitterpotentiale ausgerechnet und kriegt tatsächlich die richtigen Werte des Drehungsvermögens so genau, als bei dem sehr rohen Modell (Na-Ion und ClO_3-Ion als einfache Dipole!) zu erwarten ist.

Wenn Sie von Pasadena nach Berkeley fahren, machen Sie unterwegs einen Abstecher nach El Portal und ins Yosemite-Tal; das gehört auch zu meinen schönsten Erinnerungen![3] Dort lernt man den Urwald ein wenig kennen. Wenn Sie noch Ch. G. Darwin in Pasadena treffen, woher er seine Arbeit über Dispersionstheorie (in der Nature) datiert,[4] so sagen Sie ihm, daß Franck und ich seine Idee sehr geistreich finden, aber aus gewichtigen Gründen doch nicht daran glauben. In Berkeley grüßen Sie Lewis und Tolman von mir.[5] Ich habe einen schönen, interessanten Tag bei diesen verlebt, vor mehr als 10 Jahren.

Heute ist ein politischer Tag erster Ordnung: die Pariser Konferenz ist aufgeflogen, und damit wohl die Entente am Ende.[6] Was wird nun kom-

---

[1] [Born und Heisenberg 1923].

[2] [Hermann 1923]. Carl Hermann promovierte bei Born und war 1925 bis 1935 Ewalds Assistent an der TH Stuttgart.

[3] Im Sommer 1912 hatte Born Gastvorlesungen an der University of Chicago gehalten.

[4] [Darwin 1922].

[5] Gilbert N. Lewis leitete seit 1913 das Department of Chemistry and der University of California in Berkeley. Richard C. Tolman hatte 1910 am CalTech promoviert und war dort seit 1922 Professor der physikalischen Chemie und mathematischen Physik.

[6] Vom 2. bis 4. Januar 1923 fand in Paris eine Konferenz zu den Reparationszahlungen Deutschlands statt, nach deren Scheitern französische und belgische Truppen am 11. Januar in das Ruhrgebiet einmarschierten.

men? Sicher etwas scheußliches. Ich bin neugierig auf das, was Sie über die politischen Verhältnisse in Amerika berichten werden, besonders über die Stellung zu Deutschland. Ich freue mich, daß Sie uns dort vertreten. Ich wäre dieser Aufgabe in keiner Hinsicht gewachsen gewesen. Sicherlich trägt Ihre Reise auch politisch gute Früchte.

Franck lässt Ihre Grüße herzlich erwidern. Heisenberg ist noch in den Ferien. Sobald ich Hilbert treffe, werde ich ihn nach Mason fragen.[1] (Ich erinnere mich dunkel, daß er unter den Mathematikern einen guten Namen hat). Meine Frau lässt bestens grüßen.

Ihr M. Born.

[64] *Von Werner Heisenberg*[2]

Göttingen 15. 1. [1923][3]

Hochverehrter, lieber Herr Geheimrat!

Eben bekomme ich Ihren freundlichen und für meine physikalische Moral teilweise notwendigen Brief, ich danke Ihnen herzlich dafür. Ganz so treulos u. für Geld käuflich, wie Sie meinen, bin ich aber doch nicht. Ebenso hab ich nie etwas anderes vorgehabt, als im Sommer dieses Jahres in M.[ünchen] bei Ihnen das Examen zu machen. (Hoffentlich geht es mit der Turbulenz, ich hab in der letzten Zeit wieder daran gearbeitet; weiter bin ich aber noch nicht gekommen, die mathematischen Schwierigkeiten sind, für mich wenigstens, sehr groß). Zweitens hab ich ein zweites Angebot von Lenz an Weihnachten abgelehnt,[4] trotz des großen Geldsacks der Hamburger. Drittens hab ich bei Born gleich bei Annahme der Stelle die Bedingung gestellt, daß ich im Sommer nach M.[ünchen] ginge.– Daß im Mangan Druckfehler stehen geblieben sind,[5] daran bin ich völlig unschuldig; ich mußte nämlich die Korrektur, da meine Abreise nach Göttingen dazwischen kam, in ein paar Stunden lesen u. schrieb Wentzel extra dazu, daß es keine Korrektur sei, sondern *er* müsse sie machen. Aber ich sehe ein, daß das Argument doch etwas nach „fauler Ausrede" aussieht. Also bitt ich um Entschuldigung. In solcher Hinsicht werde ich hier sehr erzogen und der bisherige Erfolg ist, daß Born u. Hilbert meinen, ich könne gut vortragen.

---

[1] Zu Maxwell Mason vgl. Seite 121, Fußnote 3.
[2] Brief (12 Seiten, deutsch), *München, DM, Archiv HS 1977-28/A,136*.
[3] Jahr wegen der Carl-Schurz-Professur von Sommerfeld.
[4] Vgl. Brief [63], Seite 135.
[5] [Sommerfeld 1923a].

Nun möchte ich auf den physikalischen Teil Ihres Briefes antworten.[1] Die Größe $\overline{k'}$ ist in der Tat eine ungenaue ganze Zahl. $\oint k' d\omega'$ ist aber *genau* ganz u. darauf kommt es an. Die Quantenzahlen werden also *genau* halbzahlig, die mittleren Impulse nur ungefähr. Das ist bei den Zeemaneffekten bedenklich. Aber die ganze Ableitung

$$k_1 + k_2 = k$$
$$k_1 - k_2 = k'$$

hat nur dann einen Sinn, wenn die Bewegung in den Variabeln ω, ω' wirklich die Periode 1 hat. Das ist im Allgemeinen wohl nicht der Fall. Für das He aber trifft es im Grundzustand sicher zu. Ich bin also doch sehr im Zweifel, ob bei den angeregten Zuständen die Quantenzahlen $\frac{1}{2}$ sich begründen lassen. An den Grundzustand $+\frac{1}{2}$, $-\frac{1}{2}$ glaub ich aber jetzt ganz bestimmt; Pauli (der gestern u. vorgestern hier war u. mit dem wir sehr interessante physikalische Unterredungen hatten) brachte eine neue Störungsmethode von Kramers mit,[2] nach der die Störungsreihen *sehr stark* konvergieren. Schon das erste Glied hat dann auch bei meinem He die richtige Energie auf 1 % genau! Außerdem kommt nach einer neueren Verbesserung meines Par[a]he[liums] das Elektron dem Kern *nicht* sehr nahe (auch *ohne* Relativität). Man sieht, zureden hilft. Aber über die angeregten Zustände weiß ich garnichts. Daß der Impuls kontinuierlich von $\frac{1}{2}$ bis 1 gehen solle, kann ich wegen der Zeemaneffekte nicht glauben. Denn bei denen ist für alle Bahnen s, p, d, b stets *genaue* Halbzahligkeit vorhanden (oder es müßten He u. Li ganz [zahlig?] sein). Ich möchte eher meinen, daß eine Unstetigkeit in den Quantenzahlen dann eintritt, wenn mechanisch eine solche vorhanden ist d. h. wenn zum ersten Mal die Relativität über die Wechselwirkung überwiegt.

Um das zu entscheiden hab ich mir das allgemeine mechanische Problem ausgerechnet: kleine innere Bahn u. äußeres Elektron in großem Abstand, also eine Verallgemeinerung des Bohrschen Orthoheliums. Aber meine Genauigkeit reicht bis jetzt nicht aus, um wirklich zu entscheiden, wie groß die Quantenzahlen sind.

Interessieren wird es Sie, wie die Physik in Kopenhagen steht. Bohr will die Mechanik jedenfalls nicht mehr gelten lassen;[3] d. h. nur mit gewisser Annäherung. An halbe Quanten u. Helium glaubt er bis jetzt nicht, Pauli sagt aber, daß dieser Nichtglaube unsicherer geworden sei. Wie sehr Bohr

---

[1] Zu den folgenden Ausführungen zur Heliumtheorie vgl. [Born und Heisenberg 1923].
[2] [Kramers 1923b].
[3] Vgl. etwa [Bohr 1923a, S. 272-273] und [Bohr 1976, S. 41].

aber die Übereinstimmung mit der Erfahrung außer Acht läßt u. nur theoretische Gründe gelten läßt, zeigt folgende wahre Geschichte: Bis zum Franckschen Beweis, daß es metastabile Terme gebe,[1] glaubte Bohr (ohne es zu publizieren) fest, daß alle Atome nur aus *ein*quantigen Bahnen bestehen könnten, allen Röntgenspektren zu Spott u. Hohn!! Also ist es sehr verständlich, daß Bohr sich nicht zu halben Quantenzahlen entschließt. Aber die Bohrsche Ansicht, die Mechanik sei falsch, halte ich für richtig, jedoch in einem bestimmten Sinn. Pauli (u. Bohr) gegenüber haben wir uns hier auf folgenden (auch schon von Ihnen im Brief fast genau angegebenen) Satz festgelegt: *Die Abweichung der Quantentheorie von der Mechanik besteht darin, daß die Phasenintegrale nicht nur gegen adiabatische, sondern auch gegen schnellere Prozesse invariant sind.* In dieser Formel sind die Zeemaneffekte u. der Stern–Gerlachsche Versuch eingeschlossen. Auch der Wasserstoff macht keine Ausnahme, die Larmorpräzession ist sehr wohl mit dem Satz verträglich. Die Einstellung der Silberatome heißt in der Tat nichts anderes, als daß die räumliche Quantelung invariant ist, ebenso der Atomrumpf bei den Dubletts. Also ich hoffe, daß der Satz sich bewähren wird. Aber es wird jedenfalls schwer sein, aus dem Satz heraus vernünftige höhere Parhe-Terme zu konstruieren. Der Grundterm wird *nicht* beeinflußt. Für den Grundterm sprechen übrigens noch zwei weitere Tatsachen:

1.) Das Bohr'sche He und alle ähnlichen Modelle sind *labil*. Nur der Gesamtimpuls 0 ist stabil. (Dies wurde gemeinsam mit Pauli festgestellt).
2.) Herr Nordheim rechnet hier die Molekülbildung von H_2 aus u. findet durch systematische Theorie auch den Gesamtimpuls 0. Wenn man nun adiabatisch die beiden Kerne zusammenführt, kommt man wieder zum He mit Gesamtimpuls 0.[2]

Also werd ich doch wohl in nächster Zeit (auch Born hält das für richtig) das He, wenn ich es nach der neuen Kramerschen Methode auf etwa 1 ‰ gerechnet hab, „loslassen" – falls Sie nicht Einspruch erheben.*

Wie gesagt, haben wir mit Pauli (also indirekt mit Bohr) lange verhandelt, u. Pauli gab zu, daß unser Standpunkt sehr konsequent sei; auch sagte er, daß er die Hoffnung ziemlich aufgegeben habe, aus seinem Versuch heraus die Rungeschen Nenner zu verstehen; ich hab die Hoffnung, daß Bohr sich nun doch bekehrt, denn das würde, besonders hinsichtlich der allgemeinen Prinzipien, sehr fruchtbar sein. Pauli glaubt natürlich bis jetzt an Bohr, er ist sehr „verbohrt", wie man hier sagt.– Aber für die Störungstheorie muß ich noch eine Lanze brechen. Die ganze Störungstheorie geht *nur* von den

---

[1] [Franck 1922].
[2] [Nordheim 1923b].

Phasenintegralen aus (vgl. Born u. Pauli).[1] Der einzige Unterschied gegen die Separationsmethode besteht darin, daß man die Hamiltonsche Differentialgleichung durch Potenzentwicklung u. nicht durch Separation integriert. Und das ist doch nur ein mathematischer Unterschied. Ich stimme dafür, daß im Sommerseminar in M.[ünchen] nur Störungstheorie getrieben wird!!

Am Schluß möcht ich Sie nocheinmal bitten, etwa an Takamine zu schreiben, er möchte so schnell wie irgend möglich den Starkeffekt 1. Ordnung von Li (noch besser als von He), I Nebenserie, dazu eine Linie $2p - ns$ messen u. Ihnen oder nach Deutschland mitteilen. Das Experiment ist wirklich von *allergrößter* Wichtigkeit.[2]

Indem ich Ihnen nocheinmal für Ihren Brief herzlich danke bin ich

Ihr dankbar ergebener
Werner Heisenberg.

* Die Einführung der scheinbar halben Quantenzahlen käme natürlich unter Ihren Namen.[3]

[65] *An Niels Bohr*[4]

21. Januar 1923

Lieber Bohr!

Ich habe Ihnen noch nicht zum Nobelpreise gratulirt;[5] ich tue es jetzt, recht herzlich, auf der vieltägigen Reise von Chicago nach Pasadena, im Clubzimmer des Eisenbahnzuges. Hoffentlich hilft Ihnen die allgemeine und frühe Anerkennung Ihres Werkes, die in dem Preise ihren höchsten Ausdruck findet, über die gelegentlichen Misstimmungen hinweg, die Sie als Folge der Überarbeitung öfters befielen. Ihrer lieben Frau und Ihrer lieben Mutter, die beide gewiss sehr stolz auf Sie sind, bitte ich noch einen besonderen Glückwunsch zu bestellen! Vielleicht aber ist Ihre liebe Frau noch

---

[1] [Born und Pauli 1922].
[2] Es ging darum, „wie man bei sehr schwachen elektrischen Feldern zu quanteln hat", [Sommerfeld 1929a, S. 338]. Dies wurde von der Kramers–Bohrschen Theorie des quadratischen Starkeffekts [Kramers 1920] behandelt, die Heisenberg bei den „Bohr-Festspielen" kritisiert hatte. Vermutlich hoffte er, bei Nichtwasserstoffatomen, wo wegen der fehlenden Entartung kein linearer Starkeffekt auftritt, diese Theorie testen zu können. Sommerfelds Anfrage bei Takamine führte zu keiner Klärung, vgl. *T. Takamine an A. Sommerfeld, 5. und 9. März 1923. München, DM, Archiv HS 1977-28/A,337.*
[3] In [Born und Heisenberg 1923] wird Sommerfelds Heliumarbeit nicht erwähnt.
[4] Brief (7 Seiten, lateinisch), *Kopenhagen, NBA, Bohr.*
[5] Niels Bohr hatte den Physiknobelpreis 1922 erhalten, vgl. [Pais 1991, S. 210-217].

zugänglicher für einen Glückwunsch zu dem inzwischen wohl eingetroffenen Familienzuwachs? Junge oder Mädchen?[1]

Ich will Ihnen nicht viel über Amerika erzählen, noch dass ich überall (*fast* überall) freundlich aufgenommen wurde.– Vielleicht geht es beim Fahren[2] mit *Bleistift* besser!– Ich will Ihnen auch nichts über das deutsche Elend vorklagen, obgleich ich, mit gebundenen Händen aus der Ferne zuschauend, es doppelt stark empfinde. Ich will Ihnen lieber von einigen wissenschaftlichen Erfahrungen reden.

Gleich am ersten Tage in Madison sprach ich den jungen Van Vleck, Sohn des Wisconsiner Mathematikers, über seine Berechnung des Bohr–Kemble'schen He-Modelles.[3] Es kann nun wohl kein Zweifel sein, dass dies Modell und Ihre *fürchterliche* Vorstellung vom Magnetismus falsch ist. Ich habe daraufhin das halbzahlige Ellipsenmodell, von dem wir in Göttingen sprachen, [mir] vorgenommen und dafür einen sehr einfachen „Beweis" gefunden, den Sie nicht gelten lassen werden. Ich gehe davon aus, dass beim H-Atom mit Kernbewegung die *Summe* der ~~Quant~~ Phasenintegrale für Kern u. Elektron *ganzz*ahlig, die *Einzel*-Integrale *unganzz*ahlig sind. Beim He-Atom folgt daraus, wegen der Vertauschbarkeit der Elektronen in der Grundbahn die *Halb*zahligkeit der Phasenintegrale für jedes Elektron. Der schwache Punkt ist die Wahl der Coordinaten (Polarcoordinaten). Der wirkliche Beweis dafür aber liegt darin, dass Heisenberg mit seiner ungestümen mathematischen Kraft auf meine Andeutungen hin sofort den richtigen Wert der Ionisierungssp.[annung] berechnet hat, wie Sie vielleicht schon durch Pauli erfahren haben. (Grüssen Sie Pauli von mir!) Heisenbergs Zeemaneffekte bekommen so ein gutes Stück mehr Wahrscheinlichkeit. Ob die Adiabatenhypothese ohne Einschränkung aufrechterhalten werden kann, ist mir zweifelhaft, vgl. auch Stern–Gerlach, Einstein–Ehrenfest.[4]

Eine andere Sache wird Sie interessieren: Sie erinnern sich der Note von Heisenberg u. mir über die relativistischen Röntgendubletts.[5] Wir kommen zum Schluß, dass man, nach Ihrer Ansicht über die Rolle des Strahlungswiderstandes, bei den schwereren Elementen bis zum *dritten* Glied der Entwicklung gehen darf. Ich habe nun einen Schüler in Madison veranlasst,

---

[1] Am 19. Juni 1922 war Aage Bohr als vierter Sohn geboren worden.
[2] Die Schrift ist verwackelt.
[3] [Vleck 1922] und [Kemble 1921]. „Bohr takes the view that the magnetic moment of the atom can not be calculated from its angular momentum ...", [Sommerfeld 1923c, S. 509]. Im Sommerfeldschen Heliummodell wurden die beiden Elektronen auf komplanaren gegenläufig durchlaufenen Ellipsen angeordnet.
[4] Vgl. [Sommerfeld 1924b, S. 397-407].
[5] [Sommerfeld und Heisenberg 1922a].

nachzusehen, ob sich das Resultat verschlechtert, wenn er die vollständige Formel benutzt, d. h. alle höheren Glieder berücksichtigt.[1] Das Resultat ist für Ihre Ansicht *positiv*. Es ergiebt sich eine merkliche Vergrösserung der Abschirmungszahl oberhalb W, die physikalisch keinen Sinn zu haben scheint. Ich möchte also Ihrer Hypothese zustimmen.

Das Interessanteste, was ich in Amerika wissenschaftlich erfahren habe, ist aber eine Arbeit von Arthur Compton in St. Louis. Hiernach würde die Wellentheorie für Röntgenstrahlen endgültig fallen zu lassen sein. Ich bin aber noch nicht ganz sicher, ob er recht hat, weiss auch nicht, ob ich schon über seine Resultate sprechen soll.[2] Ich will Sie also nur darauf aufmerksam machen, dass wir hier eventuell eine ganz fundamentale neue Belehrung erwarten dürfen.

Ich trage hier überall über Ihre neuen Atommodelle vor, die ich durch farbige Diapositive erläutere. Nur Ihre K-Schale ersetze ich natürlich durch meine Ansicht vom He-Modell.[3]

Wenn Sie mir schreiben *wollen*, so adressiren Sie am besten an: Bureau of Standards, Washington D.C. Sie *brauchen* mir aber nicht zu schreiben.

Freuen Sie sich Ihres jungen Ruhmes in einem wohlgeordneten Vaterlande, und im Kreise einer lieben Familie! Und denken Sie daran, wie elend es uns Deutschen geht!

Herzlich Ihr
A. Sommerfeld.

[66] *Von Wolfgang Pauli*[4]

København, den 6. Juni 1923.

Lieber Herr Professor!

Vielen Dank für Ihren Brief,[5] der mich sehr erfreut hat. Ich hatte es mir schon lange vorgenommen, Ihnen zu schreiben, kam aber nie dazu, weil ich in den letzten Monaten furchtbar viel zu tun hatte. Es ist sehr freundlich von Ihnen, wenn Sie wünschen, daß ich mich schließlich in München

---

[1] [Green 1923a], [Green 1923b] und [Sommerfeld 1923b]. Bohr hatte dem Strahlungswiderstand für die Anwendung des Korrespondenzprinzips als Brücke zwischen der klassischen und der quantentheoretischen Vorstellung über die Emission von Strahlung eine zentrale Rolle zuerkannt; vgl. [Sommerfeld und Heisenberg 1922a, Einleitung].

[2] Zur Entdeckung und Rezeption des Comptoneffekts vgl. [Stuewer 1975].

[3] [Sommerfeld 1923c].

[4] Brief (8 Seiten, lateinisch), *Genf, CERN, PLC*.

[5] Der vorliegende Brief – entsprechend [Pauli 1979, Brief 37] – ist der erste erhaltene der Korrespondenz zwischen Pauli und Sommerfeld.

habilitieren soll. Nun ist es damit eine sehr schwierige Sache. Einerseits drängen die Hamburger sehr, daß ich mich dort habilitieren soll; dies ist auch ein wenig verlockend, denn seitdem nun Lenz, Stern und Minkowski dort sind,[1] ist ein sehr schöner wissenschaftlicher Betrieb dort, auch sind die Hamburger Mathematiker sehr vernünftig und interessieren sich immer sehr für die Probleme der Mechanik. Andrerseits will Bohr gerne, daß ich wieder zu ihm komme, sobald er von Amerika zurückkehrt.[2] Dies wäre mir natürlich aus vielen Gründen sehr gelegen, aber es hat auch seine Schwierigkeiten. Denn ich werde ja doch nicht immer hier bleiben können und mich früher oder später an einer deutschen Universität habilitieren müssen; auch ist meine Anwesenheit hier für Bohr dann nicht so dringend, weil er nun über seine Publikationsnot im wesentlichen hinweggekommen ist (worüber sogleich näheres). Bohrs Angebot bestimmt mich aber doch zunächst, die Frage meiner Habilitation noch offen zu lassen. Sicher ist zunächst nur, daß ich nächstes Semester in Hamburg sein werde (es sei denn, daß Bohr noch im letzten Augenblick seine Amerikareise absagt, was zwar sehr unwahrscheinlich, aber nicht ausgeschlossen ist). Was später geschieht, weiß ich vorläufig ebensowenig, wie ein Elektron weiß, wohin es nach 10^{-8} sec springen wird. (Ich habe nur die von München ablenkenden Kräfte beschrieben, doch brauche ich Ihnen nicht besonders zu sagen, daß selbstverständlich auch sehr starke anziehende Kräfte von München ausgehen.) Ich möchte gerne im Herbst Ihnen noch einmal über diese Frage schreiben, falls ich sie [sic] bis dahin nicht persönlich sprechen kann.[3]

Unabhängig davon, ob ich später wieder nach Kopenhagen zurückkommen werde, ist Ihre Frage, ob Heisenberg im Sommer 1924 herkommen kann. Bohr zieht dies sehr ernstlich in Betracht (die pekuniären Mittel hierzu sind jedenfalls vorhanden). Er sagte mir und anderen wiederholt, was er für einen günstigen Eindruck von Heisenberg bekommen hat, als er ihn in Göttingen sprach. Natürlich kann er sich jetzt noch nicht endgültig entscheiden.[4]

Dies ist es, was ich jetzt über die persönlichen Fragen sagen kann. Nun

---

[1] Wilhelm Lenz war 1921 auf das neue Ordinariat für theoretische Physik berufen worden, Otto Stern leitete seit 1923 das neue Institut für physikalische Chemie der Universität, Rudolph Minkowski arbeitete am Physikalischen Staatsinstitut Hamburg. Die Mathematik wurde vertreten durch Emil Artin und Wilhelm Blaschke.

[2] Niels Bohr hielt im Oktober und November 1923 Gastvorlesungen am Amherst College und an der Yale University.

[3] Pauli kehrte Anfang Oktober 1923 zu Lenz als dessen Assistent nach Hamburg zurück, wo er sich im Februar 1924 habilitierte.

[4] Nach seiner Göttinger Habilitation im Juni verbrachte Heisenberg von September 1924 bis Mai 1925 einen ersten Studienaufenthalt bei Bohr in Kopenhagen.

zur Physik. Ich habe inzwischen die Bohrsche Theorie des periodischen Systems genau kennen gelernt u. kenne sowohl ihre Stärken, als auch ihre Schwächen (letzterer ist sich natürlich auch Bohr selbst vollkommen bewußt). Das wichtigste scheint mir die Erklärung des Auftretens der seltenen Erden (und der analogen Triaden) zu sein, welche wieder durch die Einführung der Tauchbahnen ermöglicht ist.[1] (Man weiß nicht nur, daß sich eine Zwischenschale ausbildet, sondern auch, warum dies der Fall ist; es ist keine Korrespondenzfrage, sondern nur eine Frage der Bindungsstärke der verschiedenen n_k-Bahnen.) Endgültig festzustehen scheint mir ferner, daß Bahnen mit denselben Werten der Quantenzahlen n und k im selben Gebiet des Atoms nur möglich sind, wenn die Bahnen äquivalent sind, d. h. dieselbe Form und Umlaufsperiode haben.* (Also z. B. *kein* He oder Li-Modell, bei dem das (resp. die) inneren Elektronen in 1_1 Bahnen sich bewegen, das äußere aber in einer nicht äquivalenten 1_1 Bahn, welche die inneren Bahn(en) umschließt.) Weiter das Zerfallen der Bahnen einer Elektronenschale in Untergruppen gemäß der n_k-Klassifizierung. Die Schwäche der Theorie ist, daß sie keine Erklärung für die Werte 2, 8, 18, 32, ... der Periodenlängen gibt, da man keine sicheren Schlüsse ziehen kann, an welcher Stelle der Abschluß der Perioden erfolgt. Und vor allem, daß sie wegen des Versagens der klassischen Mechanik auch in den stationären Zuständen selbst bei Systemen mit mehr als einem Elektron überhaupt keine ausreichende Grundlage für die quantitative Berechnung der Spektren solcher Systeme liefert.

An diesem Versagen kann kaum mehr gezweifelt werden und es scheint mir eines der wichtigsten Ergebnisse des letzten Jahres zu sein, daß die Schwierigkeiten des Mehrkörperproblems bei den Atomen physikalischer und nicht mathematischer Art sind. (Wenn z. B. bei Born u. Heisenberg die He-Terme falsch herauskommen, so liegt dies gewiß *nicht* daran, daß die Näherung nicht ausreichend ist.)[2] Von großem Interesse ist diesbezüglich auch die von Bohr in seiner Arbeit über die Grundpostulate angedeutete Überlegung, daß das Versagen der klassischen Mechanik in den Quantenzuständen von Systemen mit mehreren Elektronen durchaus zu erwarten ist, da die Mechanik bei den Franck–Hertzschen Stößen versagt. Daß diese elastisch verlaufen, wenn die Anfangsenergie des stoßenden Elektrons kleiner ist als es der Resonanzspannung entspricht, ist mechanisch gewiß unerklärbar. Genau analog ist es aber, daß z. B. bei einer Tauchbahn das

---

[1] Vgl. die von Pauli übersetzte Nobelpreisrede [Bohr 1923b], [Bohr 1977, S. 427-465]. Beim Tauchbahneffekt handelt es sich um die Störung der Bahn eines äußeren Elektrons im Feld der inneren Atomelektronen, siehe [Pais 1991, S. 206-207].

[2] [Born und Heisenberg 1923]; vgl. [Small 1971, S. 190-204].

Elektron wieder mit derselben Geschwindigkeit aus dem Atominneren herauskommt, die es (in derselben Entfernung) vor dem Hineinfallen ins Innere hatte. Betrachtet man z. B. einen s-Term mit sehr großer Hauptquantenzahl, so unterscheidet sich die Bahn in der Nähe des Gebietes der anderen Elektronen nur beliebig wenig von der Bahn eines aus dem Unendlichen kommenden auf ein Ion stoßenden Elektrons.

Der nächstliegende Standpunkt demgegenüber wäre der, daß man in Strenge immer das Atom der klassischen Mechanik durch ein bedingt periodisches System ersetzt[:][1] Z. B. Zentralfeld, oder bloß Beibehaltung der säkularen Störungen bei He, oder zwei Gyrostaten mit den unveränderlichen Momenten $i \cdot \frac{h}{2\pi}$ und $k \frac{h}{2\pi}$, die aufeinander entgegengesetzt gleiche Drehmomente ausüben, deren Richtung senkrecht auf der durch die beiden Gyrostatachsen gelegten Ebene steht und deren Betrag nur vom Winkel dieser Achsen abhängt. Ein solches Modell verwendet man bei der Komplexstruktur der Serienspektren. Es führt zur dritten Quantenzahl j und zur zugehörigen Auswahlregel sowie zur Permanenz der Multiplizität,[2] gibt aber stets eine ungerade Zahl von Niveaus und liefert keine Erklärung des Wechselsatzes.[3] Auch für den anomalen Zeemaneffekt fand ich ein solches bedingt periodisches Modell, mit dem man ein Stück weit, sogar *ziemlich* weit, kommen kann, aber doch nicht bis ans Ende.[4] Es ist also klar, daß man mit diesem Ersatz durch bedingt periodische Systeme auch nicht durchkommt. Die Sache muß vielmehr wesentlich tiefer liegen. Ich denke oft daran, daß vielleicht nicht nur bei der Dispersion, wo es sich um die Einwirkung einer einfach harmonischen, periodischen äußeren Kraft handelt, sondern auch bei der Wechselwirkung der Elektronen im Atom, sich die einzelnen Elektronenbahnen mehr wie ein System von Oszillatoren verhalten, deren Frequenzen nicht mit denen der Bewegung, sondern mit denen der Übergänge übereinstimmen. (Etwas ähnliches hat schon Epstein[5] gesagt.)–

Bohr hat für ein Kayserjubiläumsheft (zu K.s 70. Geburtstag) der Ann. d. Phys. eine Arbeit geschrieben, von der schon vor einiger Zeit die letzten Korrekturbogen abgesandt wurden, die also jeden Augenblick erscheinen

---

[1] Zur Idee solcher „Ersatzmodelle" vgl. den Kommentar in [Pauli 1979, S. 93].
[2] Vgl. [Sommerfeld 1923a, §8]. j bezeichnet die innere Quantenzahl.
[3] Vgl. Fußnote 6, Seite 86.
[4] [Pauli 1923a]. In einem Brief sechs Wochen später erläutert Pauli Details dieser „unglückseligen Arbeit über den anomalen Zeemaneffekt" und gesteht den „Mißerfolg aller meiner modellmäßigen Überlegungen." *W. Pauli an A. Sommerfeld, 19. Juli 1923. München, DM, Archiv HS 1977-28/A,254*, abgedruckt in [Pauli 1979, Brief 40].
[5] Epstein hatte im Sommer 1923 Hamburg besucht, [Pauli 1979, Brief 38].

kann.[1] Sie enthält alles wesentliche, was Bohr derzeit über die optischen Spektren weiß, so wie die Arbeit von Bohr und Coster alles enthält, was Bohr über die Röntgenspektren weiß.[2] Insbesondere enthält sie die Werte der Hauptquantenzahlen für die Terme aller Spektren mit einfacherem Bau und ich glaube, daß diese nun endgültig feststehen. Auch setzt Bohr dort seinen jetzigen Standpunkt zur Komplexstruktur auseinander. Wir haben stundenlang darüber diskutiert und die Arbeit wurde eine große Zahl von Malen umgeschrieben. (Kayser ist so durch Bohr um einige Monate jünger geworden.)[3] Wir sind aber nicht zu einer Lösung des Problems gekommen. Bohr will erstens an der Ganzzahligkeit des k und dessen modellmäßiger Deutung festhalten. Zweitens meint er, daß die Notwendigkeit formal halbe Quantenzahlen j und m einzuführen (er setzt für Dublets die Werte $j = k + 1/2, k - 1/2[;]$ für Triplets die Werte $j = k + 1, k, k - 1$ an) auf eine Seite der Erscheinungen hindeutet, die gegenüber der Theorie der bedingt periodischen Systeme etwas ganz Fremdartiges und Neues bedeutet. (Er pflegt oft gesprächsweise die Theorie der bedingt periodischen Systeme die „klassische Quantentheorie" zu nennen.) Das was ich im Brief an Heisenberg das „Aufbauprinzip" nannte, kann nicht aufrecht erhalten werden.[4] Es scheint vielmehr charakteristisch zu sein, daß eine Elektronenkonfiguration sich als Rumpf anders verhält, als wenn sie frei ist.

Mit dieser Arbeit hat Bohr eigentlich alle seine wesentlichen Resultate veröffentlicht und man soll in Deutschland nicht glauben, daß er irgendwelche schwierigen Begründungen geheimhält. Außer einigen Einzelheiten – die nicht von wesentlicher Bedeutung sind – hat Bohr nun nichts mehr, was er nicht publiziert hat. Er plant aber, im Juli und August noch eine Schlußarbeit für die ZS. f. Phys. zu schreiben, worin auf alle bestehenden Schwierigkeiten hingewiesen wird.[5] Es ist nicht ausgeschlossen, daß diese Arbeit wirklich noch fertig wird. Jedenfalls wird Bohr aber dann nochmals alles gründlich durchdenken und vielleicht fällt ihm dann etwas Neues ein. Bohrs Nobelvortrag habe ich ins Deutsche übersetzt und er ist in den „Naturwissenschaften" im Druck.[6]

Ich habe mich sehr lange mit dem anomalen Zeemaneffekt geplagt, wobei ich oft auf Irrwege geriet und eine Unzahl von Annahmen prüfte und dann

---

[1] [Bohr 1923a]. Die am 23. Mai 1923 ausgegebenen Hefte der *Annalen der Physik* waren dem Herausgeber des *Handbuchs der Spektroskopie* Heinrich Kayser gewidmet.

[2] [Bohr und Coster 1923].

[3] Kaysers Geburtstag war am 31. März.

[4] Dieser Brief ist nicht erhalten.

[5] Eine solche Arbeit ist nicht erschienen.

[6] [Bohr 1923b].

wieder verwarf. Aber es wollte und wollte nicht stimmen! Dies ist mir bis jetzt einmal gründlich schief gegangen! Eine Zeit lang war ich ganz verzweifelt. Auf Bohrs Drängen habe ich schließlich eine kleine Note an die ZS. f. Phys. geschickt,[1] die ohne irgend welche Modellbetrachtungen die Termaufspaltungen in *starken* Feldern für die Multiplets und die formale Symmetrieregel für den Übergang enthält, welche die g-Werte bestimmt und die ich schon in dem Brief an Heisenberg dargelegt habe. Wenn ich die 2. Korrektur bekomme, will ich sie Ihnen senden. Aber ich habe das Ganze mit einer Träne im Augenwinkel geschrieben und habe davon wenig Freude.– Nunmehr rechne ich über den Einfluß eines äußeren *elektrischen* Feldes auf die Komplexstruktur. Darüber liegen schöne Beobachtungen von Takamine, Hansen und Werner aus dem hiesigen Institut am Hg-Spektrum vor, die nunmehr in den Kop.-Akad. Ber. publiziert werden;[2] es werden verschiedene Komplexstrukturkomponenten der Kombination zweier gewöhnlicher p-Terme im Feld hervorgelockt, auch solche, die die Auswahlregel für j nicht erfüllen und zwar mit charakteristischen Intensitäten und Polarisationen. Andrerseits kann man theoretisch mit Korrespondenzprinzip und Störungstheorie den Einfluß eines homogenen elektrischen Feldes auf eine präzessierende Zentralbahn berechnen. Man kann auf diese Weise einige der experimentellen Resultate einfach erklären, aber ich weiß noch nicht, ob man *alles* erklären kann (wenn nicht, so wäre dies nicht sehr verwunderlich, da man ja schon weiß, daß das verwandte Modell nicht in jeder Hinsicht zutrifft.) Der Fall stärkerer elektrischer Felder erfordert ziemlich umfangreiche Rechnungen, die ich z. Teil ausgeführt habe. Vielleicht kann ich dies zu einer Habilitationsschrift ausbauen,[3] vielleicht schließe ich dies auch kurz ab und mache dann eine andere Arbeit.– Den Plan der Schwarzschild-Herausgabe möchte ich gerne fallen lassen. Es war damals geplant, daß ich im zweiten Teil des Buches die Anwendung der Störungstheorie auf die Atome darstellen soll. Da nun aber die Theorie für Atome mit mehr als einem Elektron noch so unklar ist, passt das kaum zusammen. Dann ist eigentlich kein Grund vorhanden, daß ein Physiker diese Herausgabe vornimmt, es kann diese dann besser ein Astronom besorgen.[4] Außerdem habe ich seit dem Enzyklopädieartikel genug von literarischen Arbeiten und ich möchte mir nicht so viel Zeit für meine eigenen Arbeiten wegnehmen.

---

[1] [Pauli 1923a].
[2] [Werner et al. 1923].
[3] Pauli habilitierte sich mit einer Arbeit zur Einsteinschen Strahlungstheorie, vgl. [Pauli 1979, S. 537]. Die erwähnten Rechnungen publizierte er in [Pauli 1925a].
[4] Es war geplant, zum 50. Geburtstag Karl Schwarzschilds eine Festschrift herauszugeben, vgl. [Oppenheim 1923]. Der Enzyklopädieartikel ist [Pauli 1921].

Kramers hat eine sehr schöne Theorie des kontinuierlichen Röntgenspektrums.[1] Der Ansatz ist genau derselbe wie ich ihn seinerzeit machte, man kann einfach das klassische Spektrum der Bewegung auf der Hyperbel (es genügt praktisch, wenn man die Parabel nimmt.) bei der Grenzfrequenz abschneiden. Dann erhielte man die Intensitätsverteilung des Röntgenspektrums bei einer unendlich dünnen Metallschicht. Für den wirklichen Fall muß man das Gesetz der Geschwindigkeitsabnahme der Elektronen mit der Schichtdicke, die durch Ionisation bewirkt wird, in Rechnung stellen. Dafür verwendet Kramers die (theoretisch begründeten) Formeln, wie sie bei Whiddington, J. J. Thomson und in der alten Reichweitetheorie von Bohr abgeleitet werden.[2] (Diese Theorien kannte ich damals nicht.) Die Abhängigkeit von Frequenz, Ordnungszahl und Spannung kommt dann richtig heraus. Auch die Abhängigkeit von der Ordnungszahl ist beim wirklichen Fall eine andere (nämlich lineare) als bei der unendlich dünnen Schicht. Kramers hat zugleich auch eine Theorie der Absorption der Röntgenstrahlen; es kommt heraus, daß der Absorptionskoeffizient proportional $Z^4 \lambda^3$ ist, was mit den Beobachtungen ganz gut stimmt. Er schreibt darüber eine Abhandlung im Phil. Mag., die hoffentlich noch diesen Monat fertig wird.[3]

Ich kann nicht zugeben, daß die Heisenbergsche Theorie für die Dubletts „alles Wünschenswerte leistet".[4] Sie gibt zwar die richtigen Termwerte im Feld, aber sie gibt keine Erklärung dafür, daß die Anzahl der Termwerte im Feld durch das j reguliert wird und auch keine Erklärung dafür, daß das j auch unverändert bleiben kann. Ich habe dies öfters mit Heisenberg besprochen. Es sind dies doch zwei wesentliche Gesetze der Erscheinung.

Bezüglich des Heisenbergschen Modells für den Normalzustand des He meine ich, daß man die Energieberechnung jedenfalls einmal genau durchführen soll, solange man kein besseres Modell hat. Aber ich glaube, daß diesem Modell nur eine geringe Wahrscheinlichkeit zukommt, weil es zwei sehr unangenehme Eigenschaften besitzt. *Erstens* sind die Exzentrizitäten der beiden kongruenten Ellipsen nicht konstant (dies nimmt, soviel ich sehe, auch die Möglichkeit, die Quantelung direkt mit Hilfe der Phasenintegrale $\oint p_r dr$ und $\oint p_\varphi d\varphi$ vorzunehmen), sondern säkularen Störungen unterworfen. Und zwar passiert die Exzentrizität dabei auch den Wert 1, wo die oskulierende Ellipse in eine Gerade ausartet, was im allgemeinen bewirkt, daß die Elektronen *dem Kern beliebig nahe kommen*. Eine Bahn, wo dies

---

[1] [Kramers 1923a]. Pauli hatte 1920/21 Vorarbeiten angestellt, vgl. [Pauli 1979, S. 100].
[2] [Whiddington 1911], [Thomson 1903], [Bohr 1913a], [Bohr 1915b].
[3] [Kramers 1923a] erschien im November 1923.
[4] Zur Heliumtheorie vgl. Brief [64] sowie [Born und Heisenberg 1923].

wirklich der Fall ist, ist gewiß nicht als Quantenzustand möglich, schon deshalb, weil hier die klassisch berechneten Strahlungsreaktionen nicht mehr klein gegen die Coulombschen Kräfte sind (auch die Berücksichtigung der Relativität hilft *dagegen* nichts). Man kann dem nur durch die Annahme einer Kommensurabilität zwischen der säkularen Periode der Änderung der Exzentrizität und der Umlaufsperiode der Elektronen entgehen. Solche Kommensurabilitäten von Perioden werden in der in der ZS. f. Phys. publizierten Arbeit von Born u. Heisenberg allgemein angenommen. Dies ist aber nur eine sehr graue Theorie. Man hat niemals einen Anhaltspunkt finden können, daß so etwas in Wirklichkeit vorkommt (insofern es sich nicht um ein völliges Zusammenfallen von Perioden handelt.) Das Modell ist dann nur bestimmt, wenn man das Periodenverhältnis vorgibt. Aber wie groß soll man es wählen? $1/20, 1/19$ oder $1/21$? Die Energie wird natürlich in höheren Näherungen verschieden sein, je nach dem (rationalen) Wert dieses Verhältnisses. Ich würde mich niemals dazu entschließen, eine solche Unbestimmtheit in die Theorie einzuführen.– *Zweitens* bringt das säkulare Schwanken der Exzentrizität mit sich, daß harmonische Komponenten in der Bewegung auftreten, die *einem Sprung von k um mehr als 1 korrespondieren*. Dies steht im Widerspruch zu den allgemeinen Gesetzen der Absorption der Spektrallinien. Umgekehrt geht aus diesen hervor, daß im wirklichen He die Exzentrizität der Bahnen konstant (eventuell gleich Null) sein muß.– Es wäre endlich doch nur ein großes Wunder, wenn bei einer so verwickelten Bewegung wie im Heisenbergschen He Modell die klassische Mechanik gelten würde, während sie bei der viel einfacheren Bewegung des angeregten Orthohe[liums] bereits versagt. Es scheint mir sicher, daß man beim angeregten He mit einer bloßen Änderung der Quantenvorschriften nicht durchkommt und daß auch die klassischen Bewegungsgesetze modifiziert werden müssen. Ich bin schon sehr neugierig, wie Sie sich mit den He-Termen auseinandersetzen werden und hoffe, daß es Ihnen gelingen wird, damit weiterzukommen.– Über Thorsen[1] sind wir hier ganz Ihrer Meinung und zweifeln nicht, daß das j-Schema sich bei den Spektren aller Atome ausnahmslos bewähren wird. Die Komplikation bei Pb kommt wahrscheinlich daher, daß Einfach- und Triplettterme durcheinander liegen. Herr Thorsen hat jetzt einen Vakuumspektrograph aufgestellt u. sucht weitere Linien im Ultraviolett.– Ich komme zwar im Sommer nach Deutschland, aber nicht so weit nach Süden. Vielleicht kann ich Sie aber in Bonn treffen,[2] was mich sehr freuen würde.–

---

[1] [Thorsen 1923] behandelt das Bleispektrum.
[2] Pauli besuchte die Deutsche Physikertagung im September 1923 in Bonn nicht.

Grüße an alle Bekannten, besonders an Heisenberg von Ihrem dankbaren Schüler

Pauli

Herzliche Grüße von Bohr.

* Es ist aber zu beachten, daß z. B. bei Cs es sowohl eine 3_3 Bahn im Inneren des Atoms (M-Schale) gibt, als auch ganz außen im optischen 3d-Term.

[67] *An Charles E. Mendenhall*[1]

München, den 8. September 1923.

Lieber Professor Mendenhall!

Ich danke Ihnen verbindlichst für die Uebersendung des Bildes.[2] Dass ich ein dauerndes Mitglied Ihres Seminars in effigie sein werde, ist mir eine Freude. Sie wissen, dass ich in persona besonders gern an Ihrem Seminar teilnahm.

Meine weitere Reise in Amerika war nicht so anstrengend als ich gedacht hatte. Es gab viele Anregung und Erfrischung zwischen der Arbeit. Besonders der Aufenthalt in Kalifornien, 14 Tage in Pasadena als Gast des Millikan'schen Hauses und 14 Tage in Berkeley als Gast des Universityclubs war anziehend und lehrreich.

Die Beobachtung und Theorie von Compton über die ich Ihnen zuletzt in Madison vortrug, beschäftigt mich noch sehr.[3] Als ich kürzlich einige Tage mit Einstein zusammen war, haben wir hauptsächlich über diesen fundamentalen Gegenstand gesprochen.

Ich hoffe, dass die englische Übersetzung meines Buches, die inzwischen wohl nach Amerika gekommen ist, gut ausgefallen ist. Ich bin damit beschäftigt eine neue deutsche Auflage vorzubereiten, in der auch meine amerikanischen Erfahrungen verarbeitet sein werden.[4]

---

[1] Durchschlag (1 Seite, Maschine), *München, DM, Archiv NL 89, 003*.

[2] „I am enclosing with this a print of the photograph, which we had taken last winter just before you left", hatte Mendenhall zuvor geschrieben: „I have another copy framed for our seminar room." *C. E. Mendenhall an A. Sommerfeld, 1. August 1923. München, DM, Archiv NL 89, 011*.

[3] Siehe Seite 32.

[4] Grundlage der englischen Übersetzung [Sommerfeld 1923e] war die dritte deutsche

Grüssen Sie bitte Ihren Kollegen, die Herren Max Mason, Benjamin Snow, Ingersoll[,] Terry herzlich von mir.[1] Meine besten Empfehlungen an Mrs. Mendenhall!

Ihr sehr ergebener
[Arnold Sommerfeld]

[68] *An Arthur H. Compton*[2]

München 9. Oktober 23

Sehr geehrter Herr College!

Ihre Entdeckung der Wellenlängen-Änderung der Röntgenstrahlen beschäftigt auch in Deutschland die wissenschaftliche Welt auf's lebhafteste. Ich war im August mit Einstein und Kossel zusammen und wir diskutierten hauptsächlich über Ihren Effekt. Ebenso wurde auf dem Physikertag in Bonn darüber verhandelt im Anschluss an einen Versuch mit Lichtblitzen von α-Strahlen, die Einseitigkeit der Emission visuell nachzuweisen. Der Bericht darüber von Joos erscheint in der Physikal. Zeitschr.[3] Das Ergebnis ist aber sicher noch nicht beweisend. Auch in meinem Buch, an dessen 4. Auflage ich arbeite, habe ich im 1. Kapitel einen § eingeschaltet: über die Quantenstruktur des Lichtes: und habe darin über „Dop[p]lereffekt und Comptoneffekt" gesprochen.[4]

Nach den schönen Versuchen von Ross kann ja kein Zweifel sein, dass Ihre Beobachtung und Theorie vollständig richtig ist.[5] Ich höre, dass auch eine englische Arbeit Ihren Effekt bestätigt, habe sie aber noch nicht gesehn.[6] Ich fasse die unveränderte Linie bei Ross so auf, dass hier das ganze Atom den Rückstoss übernommen hat, wie in der Optik.[7] Es entsteht die Frage,

---

    Auflage; in der vierten deutschen Auflage zeigten sich die US-Erfahrungen z. B. durch einen Abschnitt über den Comptoneffekt, [Sommerfeld 1924b, S. 56-59, S. 758-763].

[1] Benjamin W. Snow war langjähriger Physikprofessor an der University of Wisconsin; zu den Professoren in Madison vgl. Anmerkung 3, Seite 121.

[2] Brief (2 Seiten, lateinisch), *Saint Louis, Olin Library, Arthur H. Compton*.

[3] Vom 16. bis 22. September 1923 hatte in Bonn die zweite Deutsche Physikertagung stattgefunden; vgl. [Joos 1923].

[4] [Sommerfeld 1924b, S. 57].

[5] [Ross 1923]. Die Experimente von P. A. Ross, seit 1916 Assistant Professor an der Stanford University, waren durch Sommerfelds Gastvorlesung in Berkeley angeregt worden, vgl. [Stuewer 1975, S. 241].

[6] [Wilson 1923].

[7] P. A. Ross hatte zuvor erfolglos versucht, auch im Bereich der optischen Wellenlängen einen Comptoneffekt zu finden. Die von ihm festgestellte unverschobene Linie war in der Zwischenzeit auch von Compton verifiziert worden.

wie das Intensitätsverhältnis zwischen unveränderter und verschobener Linie bei schwereren Atomen wird, und ob man nicht auch im Sichtbaren bez. Ultravioletten unter Umständen (bei Cäsium) einen Effekt finden kann. Ich hoffe, Sie werden es mich wissen lassen, wenn etwas Wichtiges hierüber bekannt wird. Auch die Entscheidung über den Randeffekt der Sonne wird mich sehr interessiren.[1]

Sie forderten mich auf, für die Physikalische Zeitschr. über Ihre Resultate zu berichten. Ich bin nicht dazu gekommen und war sehr überrascht, als ich Debye's Note sah, die ja im Wesentlichen mit Ihrer Theorie übereinstimmt.[2] Nur in Bezug auf den Streuungskoefficienten scheint mir seine Methode etwas einleuchtender wie die Ihre. Ich schrieb Debye, dass Sie natürlich nicht nur in den Versuchen sondern auch in der Theorie die Priorität haben. Debye sagte mir übrigens kürzlich, dass er schon vor 3 Jahren die Theorie im Gespräch Hn. E. Wagner[3] mitgeteilt hatte und diesen aufgefordert hatte, Präcisionsversuche über Wellenlängen zu machen – was aber natürlich für die Prioritätsfrage gleichgültig ist.

Wie man jetzt die Kristallinterferenzen auffassen soll, ist sehr dunkel. Die Ansätze von Duane und Breit[4] sind vielleicht nicht so absurd wie sie auf den ersten Blick scheinen!

Ich habe einige Noten über das Magneton publicirt, die ich Ihnen demnächst schicken werde.[5] Ich denke die Ganzzahligkeit in „Bohr'schen" Einheiten und die räumliche Quantelung der magnetischen Axe wird dadurch – auch für feste Salze und Lösungen! – bewiesen.

Meine Amerikareise hat mir viele interessante und angenehme Eindrücke verschafft. Das Interessanteste aber waren Ihre Mitteilungen. Ich habe überall darüber vorgetragen (Pasadena, Berkeley, Bureau of Standards, Harvard, Columbia N.Y); ein (etwas verzerrtes und misverstandenes) Anzeichen davon haben Sie wohl in der Arbeit von Ross bemerkt.[6]

Beste Grüsse von Ihrem A. Sommerfeld.

---

[1] Beim Randeffekt an der Sonne handelt es sich um die dem Comptoneffekt ähnliche inelastische Lichtstreuung an freien Elektronen in der Sonnenatmosphäre, die schon zuvor bemerkt, aber erst durch Compton erklärt wurde, vgl. [Compton 1923].

[2] [Debye 1923].

[3] Ernst Wagner, damals Privatdozent am Röntgenschen Institut in München, war Nachfolger W. Wiens in Würzburg.

[4] William Duane sowie Gregory Breit suchten die Quantennatur im reflektierenden Kristall und nicht in der reflektierten Röntgenstrahlung, vgl. [Stuewer 1975, S. 256].

[5] [Sommerfeld 1923d] und [Sommerfeld 1923f].

[6] Ross glaubte anfangs, Compton widerlegt zu haben, vgl. [Stuewer 1975, S. 241].

[69] *An Max von Laue*[1]

München, den 27. November 1923.

Lieber Laue!

Ich danke herzlich für Ihre Sendung vom 24. X und für Ihre Karte betr. Datum meines Berliner Vortrages.[2] Es war nur ein Lapsus calami[3] meinerseits. Ich werde mich rechtzeitig melden u. hoffe auch Akademiesitzung und Physik. Colloquium bei der Gelegenheit mitnehmen zu können.

Zu Ihrem Brief:[4] Punkt 1) betrifft einen hässlichen Fehler in meinem Buch. Ich war darauf bereits von Debye–Hückel aufmerksam gemacht. Er wird in der von Ihnen angegebenen Weise korrigiert werden.

Punkt 2) scheint mir tiefer zu liegen. Hier kommen nach meiner bez. Kratzers jetziger Auffassung die halben Quanten herein. Mit deren Hülfe wird alles einfach und klar (bis auf die Bedeutung der halben Quanten selbst!). Die ausfallende Linie wird ν_0 selbst und liegt in der *Mitte* der rechten u. linken Nachbarlinie.

Punkt 3). Ihre Darstellung im Marx'schen Handbuch ist sehr schön und systematisch.[5] Schott, der sonst mehr ein Rechenkünstler war, scheint hier etwas wirklich Förderndes gefunden zu haben. Ich habe bei der relativistischen Kepler-Ellipse für die neue Auflage allerlei ergänzt und vervollständigt, ohne aber die Art der Behandlung prinzipiell zu ändern. Ich schicke Ihre Correktur in einigen Tagen zurück zusammen mit einigen Separaten von mir. Zunächst studiert sie noch ein Schüler von mir. Ich glaube nicht, dass ich Sie für's Erste um nähere Aufschlüsse zu bemühen brauche.

Mein Institut ist jetzt mit Wäsche u. Wolldecke (letztere von einer Firma gestiftet) zur Aufnahme von Collegenbesuch vorbereitet. Wenn nicht zu Wien's Geburtstag[6] benutzen Sie es bei anderer Gelegenheit!

Das wichtigste physikal. Geschehnis ist gegenwärtig offenbar der Compton-Effekt, von dem ich schon letzten Weihnachten durch Compton selbst hörte. Wentzel hat eine Arbeit geschrieben über die Quantelung am Gitter, durch die die Interferenz trotz Quantenstruktur des Lichtes erklärt werden

---

[1] Brief (2 Seiten, lateinisch), *Hamburg, IGN, Nachlaß Schimank*.
[2] Am 16. Februar 1924 hielt Sommerfeld auf Einladung der Preußischen Akademie in Berlin einen Vortrag über „Die Erforschung des Atoms", [Sommerfeld 1924e].
[3] Schreibfehler.
[4] Briefe von Laue, Debye oder Hückel zu den im folgenden als Punkt 1 und 2 bezeichneten Details der dritten Auflage von *Atombau und Spektrallinien* liegen nicht vor.
[5] [Laue 1925]. George Adolphus Schott, der das Department für angewandte Mathematik in Aberystwyth leitete, gab in [Schott 1912] ein elegantes Verfahren zur Behandlung relativistischer Bewegungen an, das in [Laue 1924] besonders hervorgehoben wird.
[6] Wilhelm Wien feierte am 13. Januar 1924 seinen sechzigsten Geburtstag.

soll.[1] Es ist dies der Ausbau einer Arbeit von Duane, die im Berliner Colloquium wie mir Einstein sagte seinerzeit verulkt worden ist. Ich glaube nun wirklich mehr und mehr, dass die Wellentheorie (und Feldtheorie) zu verlassen ist. Daher scheint mir auch die Bohr'sche Korrespondenz mehr u. mehr unbefriedigend, so unentbehrlich sie ist.

Seeliger–Hirzel haben einen richtigen Putsch auf die Redaktion der Physikal. Zeitschr. gemacht – offenbar sind Lenard u. Stark die Hintermänner. Born und Debye sind mit Recht wütend.[2]

Zürich u. Basel waren sehr schön, Zürich in schönstem Herbstwetter, die Leute alle riesig nett.[3] Ihre Arbeit zusammen mit Bär wird sehr klärend u. erlösend wirken.[4]

Nochmals vielen Dank u. beste Grüsse, auch an Ihre liebe Frau

von Ihrem
A. Sommerfeld

[70] *Von Werner Heisenberg*[5]

Göttingen 8. 12. 23.

Hochverehrter Herr Professor!

Haben Sie für Ihren freundlichen Brief und die Separata vielen Dank! Herrn Geh.[eim]r.[at] Runge habe ich noch nicht erreichen können; da ich ihn aber am Mittwoch im Seminar spätestens treffen werde, kann ich die Separata sicher noch abliefern – sonst wird sich ja wohl auch die Wohnung feststellen lassen.–

Auch hier in Göttingen wird viel über den Comptoneffekt gesprochen, Pauli's Arbeit finde ich auch sehr schön.[6] Überhaupt wirds in der Strahlung allmählich lichter, selbst bei der Dispersion und Interferenz ahnt man

---

[1] [Wentzel 1924a], [Wentzel 1924b].

[2] Nachdem Born im Namen der DPG bei Hirzel die Zusammenlegung der *Physikalischen Zeitschrift* mit dem *Jahrbuch für Radioaktivität* angeregt hatte, drängten Seeliger und Hirzel darauf, daß Born aus der Leitung der Zeitschrift ausscheide, wobei die Weigerung Borns, dort „bessere Arbeiten" zu publizieren, eine Rolle spielte; vgl. *M. Born an A. Sommerfeld, 24. Oktober 1923. München, DM, Archiv NL 89, 006. A. Sommerfeld an M. Born, 10. November 1923. München, DM, Archiv NL 89, 001. P. Debye an A. Sommerfeld, 5. Januar 1924. München, DM, Archiv NL 89, 018, Mappe 3,7*.

[3] Sommerfeld hatte Anfang November eine Reise in die Schweiz unternommen.

[4] [Bär et al. 1923] untersucht die experimentellen Schwierigkeiten bei der Messung der Ionisierungsspannung von Helium.

[5] Brief (8 Seiten, deutsch), *München, DM, Archiv NL 89, 009*.

[6] [Pauli 1923b]. Diese Arbeit zur Strahlungstheorie war durch den Comptoneffekt motiviert, vgl. [Pauli 1979, Kommentar S. 104 und 127 sowie Brief 48].

die Zusammenhänge. Zusammen mit Hn. Prof. Born hab ich versuchsweise angefangen, die Strahlung eines H-Atoms zunächst klassisch auszurechnen u. dann durch „Diskretitierung" der J (Phasenintegrale) zur Quantenstrahlung überzugehen. (Mit Berücksichtigung von Strahlungswiderstand u.s.w.) Wenn man bei der Dispersion dasselbe macht, kommt jedenfalls die richtige Absorbtion bei den Balmerlinien heraus. Aber es ist alles noch recht vage.[1]

Meine Zeemanarbeit hab ich jetzt zusammengeschrieben, aber ich kann sie Ihnen doch noch nicht schicken, da ich das Manuskript zunächst an Bohr zwecks „Erlangung des päpstlichen Segens", wie ich wohl schon schrieb, gesandt hab.[2] Da ich doch bald nach M.[ünchen] komme, werde ich Ihnen mündlich erzählen. Der Grundgedanke ist ungefähr folgender. Aus dem mechanischen Modell (bei dem der Zeemaneff. des Rumpfes als bekannt vorausgesetzt wird: Schluß von Z auf $Z+1$) muß nicht die Frequenz (wie b. der klassisch. Theorie), auch nicht die Energie H (wie bei Bohr), sondern die Integralinvariante $F = \int H dp dq$ (p, q entsprechen dem Freiheitsgrad des Gesamtimpulses) entnommen werden. Von da geht man zur „quantentheoretischen" Energie u. „quant.th." Frequenz über durch $\Delta F = H_{qu}, \Delta H = \nu_{qu}$ (das letztere ist die Bohrsche Frequenzbedingung). In der klassischen Theorie würde gelten, $\frac{\partial F}{\partial j} = H,$[3] $\frac{\partial H}{\partial J} = \nu$. Man ersetzt also nur den Differentialquot. $\frac{\partial F}{\partial j}$ durch den entsprechenden *Differenzen*quotienten u. dann kommt alles richtig heraus, besonders das Aufbauprinzip, das Summationsprinzip, der Rydbergsche Wechselsatz u.s.w.[4] Wenn man sich nachher überlegt, was man eigentlich gemacht hat, so sieht man deutlich, daß die Modellvorstellungen alle keinen rechten Sinn haben. Die Bahnen sind weder hinsichtlich Frequenz noch Energie real. Einen realen Sinn haben offenbar nur die Koordinaten J u. zwar nur in diskreten Punkten. Wenn man sich dazu radikal entschließt, so sieht man, daß eben z. B. in der Dispersionstheorie niemals die klassischen Frequenzen $\frac{\partial H}{\partial J}$ vorkommen können (da die gar keinen Sinn haben) sondern nur die ΔH.–

---

[1] „Born faßt unsere Aufgaben für die nächste Zeit in dem Wort »Diskretitierung der Atomphysik« zusammen", schrieb Heisenberg an Pauli, [Pauli 1979, Brief 47 und 50].

[2] Vermutlich die unveröffentlichte Arbeit „Über ein neues Quantenprinzip und dessen Anwendung auf die Theorie des anomalen Zeemaneffekts", vgl. [Mehra und Rechenberg 1982b, S. 115].

[3] J ist die Wirkungsvariable, j der Drehimpuls.

[4] Mit Summationsprinzip dürfte die „Summierungsregel" für die g-Faktoren beim anomalen Zeemaneffekt gemeint sein, vgl. z. B. [Pauli 1979, Brief 53]. Allgemein zu Heisenbergs Reaktion auf „Born's discretizing program" siehe [Cassidy 1991, S. 169-171].

Mit der Hydrodynamik bin ich jetzt ziemlich fertig;[1] im I. Teil hab ich die Übergangssubstitutionen streng abgeleitet, die ja etwas anders aussehen, als ich dachte. Bei den teilweise linearen Profilen, für die ich damals gerechnet hätte, bleiben sie natürlich, wie bisher. Bei gekrümmten aber ergab sich, daß diese zunächst fast immer stabil sind. Nur solche Profile, bei denen an beiden Seiten gleiche Geschwindigkeit herrscht (Ström[un]g. zw.[ischen] ruhenden Wänden), erweisen sich als labil. Also auch das Parabelprofil, bei dem die Rechnungen im kritischen Gebiet (kleine Reyn.[olds-]Zahlen) allerdings jetzt sehr schwierig werden, weil die asympt.[otischen] Formeln nicht mehr gelten. Qualitativ bleibt alles, wie bisher, quantitativ hab ichs nicht versucht.– Die Rayleighsche Methode, ein krummes Profil durch ein Polygon anzunähern, erweist sich als prinzipiell falsch. Im II. Teil hat sich noch ein experimentell berühmter Knick im turbulenten Profil aus den Differentialgl. herausholen lassen, womit Prandtl sehr einverstanden schien. Allerdings betont Prandtl mit Recht auch immer wieder, daß die wirklichen Erscheinungen noch um ein vielfaches komplizierter sind, als meine Ansätze. Nach Photografien ist das auch gar nicht zu bestreiten, aber ich glaube doch, daß wenigstens qualitativ die Rechnungen das richtige liefern. Auch hab ich aus den Gesprächen mit Prandtl den Eindruck, daß durch meine Arbeit doch eine Reihe von unzusammenhängenden Stabilitätsfragen unter einen Hut gebracht sind u. eine vernünftige Antwort finden. Sehr schön ist z. B. zu sehen, weshalb die Rayleighsche Annäher[un]g. eines krummen Profils durch ein Polygon nicht geht. Die Stabilitätsfunktion (ausgezogen in der Fig.)

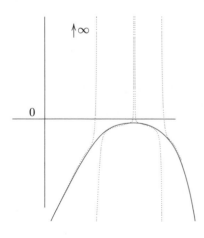

wird nämlich z. B. durch die gestrichelten Kurven angenähert. Da es auf die Schnittpunkte mit der Nullachse ankommt, so ist sofort zu sehen, daß Rayleigh immer soviele Nullstellen, wie Knicke bekommt, während das gekrümmte Profil nichts liefert. An Weihnachten hoffe ich, dies alles mündlich mit Ihnen besprechen zu können.

Grüßen Sie bitte das ganze Institut herzl. von mir!

In aufrichtiger Ergebenheit
Werner Heisenberg.

NB! Könnten Sie nicht so gut sein u. z. B.

---

[1] Vgl. für das folgende [Heisenberg 1924a]. Siehe auch [Mehra und Rechenberg 1982b, Kap. I.7].

Herrn Laporte bitten, die Dissertation von Zitron über das H_2-Spektrum zu holen u. hierher schicken zu lassen, Hr. Hund möchte sie gerne haben.[1]

[71] *An Robert A. Millikan*[2]

München, den 7. Februar 1924.

Lieber Professor Millikan.

Die Nachricht von der Verleihung des Nobelpreises an den Erforscher der Elektronenladung hat mich sehr gefreut.[3] Ihre konsequente Arbeit findet so auch äusserlich eine weithin sichtbare Anerkennung. Es muss ja vielerlei zusammenkommen um so eine ausgedehnte wissenschaftliche Arbeit zu ermöglichen, wie die Ihrige. Die Gaben des Geistes genügen nicht, es müssen auch die Eigenschaften des Charakters dazukommen, die unermüdliche Schaffenslust, die Fähigkeit zur wissenschaftlichen Organisation, sowie Menschenfreundlichkeit und psychologisches Verständnis im Umgang mit Schülern und Mitarbeitern. Da ich das Glück hatte im vorigen Jahre Ihre Tätigkeit in Pasadena kennenzulernen, kann ich beurteilen in wie hohem Masse Ihnen gerade diese Charaktereigenschaften gegeben sind.

Wird auch der nächste Nobelpreis nach Amerika kommen? Die ausserordentliche Bedeutung der Compton'schen Entdeckung, über die ich schon im vorigen Jahre keine Zweifel hatte und die sich inzwischen immer deutlicher gezeigt hat, würde dies rechtfertigen.[4]

Wollen Sie bitte meine besten Empfehlungen und Glückwünsche an Mrs. Millikan bestellen und sagen Sie bitte freundliche Grüsse an Epstein und Ihre anderen Mitarbeiter, die mich so freundlich aufgenommen haben.

Ihr ergebenster
[Arnold Sommerfeld]

[72] *An Gustav Mie*[5]

München 22. IV. 24.

Lieber Mie!

Schade dass wir uns verfehlt haben!

---

[1] [Citron 1924]; Louis Citron hatte bei Wilhelm Wien in München promoviert.
[2] Durchschlag (1 Seite, Maschine), *München, DM, Archiv NL 89, 003.*
[3] Millikan erhielt ihn 1923 für Arbeiten zur Elementarladung und zum Photoeffekt.
[4] A. H. Compton erhielt den Nobelpreis 1927.
[5] Brief (1 Seite, lateinisch), *Kiel, Privatbesitz.*

Ich gratulire Ihnen u. besonders Ihrer l.[ieben] Frau zu Freiburg.[1] Sie gehen wohl hin?

Darf ich ungebeten meine Meinung über Ihre Nachfolge sagen? Ich halte Gerlach für den weitaus tüchtigsten und aktivsten unter den jüngeren Experimentatoren.[2] Sie sehen dies daraus dass, wenn Wien an die Reichsanstalt gehen sollte – was er natürlich nicht tut – ich an 1te Stelle Gerlach auf die Münchener Liste setzen würde. G. soll in Königsberg als Theoretiker vorgeschlagen sein, was natürlich töricht wäre. In Königsberg sollte man Schottky oder einen Ähnlichen nehmen.[3] Es wäre gut, wenn Sie dem zuvorkämen. Gerlach gilt als unverträglich, aber mit Unrecht. Ich habe ihn kürzlich in Frankfurt besucht. Sein Verhältnis zu Madelung[4] ist ideal, sie wohnen in der gleichen Wohnung.

Ich habe etwas mühsame Ferien gehabt, 3 Wochen Holland,[5] die übrige Zeit Neubearbeitung meines Buches. Eine undankbare Sache, weil alles wacklig ist. Wieviel geruhsamer war es früher, Maxwell'sche Gleichungen zu integriren!

Im Februar war ich einige Tage in Rostock, habe von dort einen Dr. med. h. c. mitgebracht. Habe natürlich die schöne Stadt gründlich besehn. Ich glaube, es ist Ihre Heimat?[6]

Schöne Grüsse an Sie beide von Ihrem
A. Sommerfeld

[73] *Von Paul Ewald*[7]

Stuttgart, den 28. IV. 1924.

Lieber Sommerfeld.

Sie sind nun wohl gut aus Holland zurückgekehrt und ich kann Ihnen nochmals für die schöne Besprechung meines Buches danken, die mir

---

[1] Gustav Mie nahm die Berufung zum Ordinarius der Physik an der Universität Freiburg an. Sein Nachfolger in Halle wurde Gustav Hertz.

[2] Walther Gerlach, Extraordinarius für Physik an der Universität Frankfurt, wurde 1924 als Nachfolger Friedrich Paschens an die Universität Tübingen berufen.

[3] In Königsberg wurde Richard Gans 1925 Nachfolger von Paul Volkmann. Walther Schottky war Extraordinarius für theoretische Physik an der Universität Rostock.

[4] Vgl. Fußnote 4, Seite 79.

[5] Sommerfeld hatte im März und April 1924 eine dreiwöchige Reise durch die Niederlande unternommen, bei der er u. a. Lorentz in Haarlem besucht und Vorträge in Utrecht und Amsterdam gehalten hatte.

[6] Mie war in Rostock geboren und hatte dort auch zeitweise studiert.

[7] Brief (2 Seiten, lateinisch), *München, DM, Archiv NL 89, 007*.

Hr. Ott vor einigen Tagen schickte.[1] Besonders freute es mich, dass meine Worte über die Selbstzersetzung des chemischen Valenzbegriffs, die ich etwas mit Zagen schrieb, Ihnen nicht zu stark schienen.

Ich bin eigentlich dabei, die zweite Auflage vorzubereiten, obwohl ich von Springer noch keinerlei Aufforderung dazu habe. Aber ich möchte das ganze Buch doch auf ein fachlicheres Niveau stellen, vor allem die Noten wesentlich ausbauen, und dazu muss erst in eine ganze Reihe von Fragen Klarheit gebracht werden. Nach den neueren Arbeiten scheint es ja als spiele der Comptoneffekt für die Interferenzen keine wichtige Rolle. (z. B. die letzte Arbeit von Ross).[2]

Nach Erscheinen Ihrer Besprechung erhielt ich eine Karte von Laue, der an Ihrer Bemerkung Anstoss genommen hatte, seine Idee sei bei einer Besprechung zwischen ihm, Ihnen und mir gefasst worden, wie er in seiner Nobelrede auch sage. Das sei nicht der Fall, stehe nicht in der Rede und es läge ihm daran, dass nicht verschiedene Lesarten der Entstehungsgeschichte seiner Entdeckung cursierten.[3]

Mein mangelhafter historischer Sinn macht mich in dieser Doktorfrage als Zeugen leider nahezu wertlos. Ich erinnere mich deutlich nur noch des ungeheuren Erstaunens bei mir, dass Laue bei einem Spaziergang im engl. Garten[4] eine absolute Ahnungslosigkeit von der Vorstellung des Raumgitterbaus der Kristalle offenbarte. Ich glaube wohl, dass die Idee der Interferenzen Laue zuerst bei einer Konsultation kam, die in Sachen meiner Dr.arbeit in seiner Wohnung des abends zwischen ihm u. mir stattfand. Das Gespräch, das Sie meinen, fand, soweit ich mich seiner erinnere, statt, als Laue einige Tage später zufällig während einer Besprechung zwischen Ihnen u. mir über meine Dissertation, dazutrat. Aber verbürgen kann ich das alles nicht. Ich halte es auch für nicht sehr wichtig und werde daraus in meiner Antwort an Laue kein Hehl machen. Aber da Laue solchen Wert auf seinen Geistesblitz legt (meiner Ansicht nach könnte er auf manche andere Arbeit mindestens so stolz sein) und da Sie, wie er schrieb, seinen Nobelvortrag besprechen werden, ist es wohl besser, Ihnen seine Klage weiterzugeben, zumal, da vermutlich von 2 verschiedenen Unterredungen geschrieben wird.

Heute habe ich die erste Graphitaufnahme angefangen.

Herrn Ott bitte schönen Dank für seinen ausführlichen Brief, der mich sehr interessiert hat.

---

[1] [Ewald 1923] und [Sommerfeld 1924c]. Heinrich Ott war Sommerfelds Assistent.
[2] [Ross 1924]; vgl. [Stuewer 1975, S. 269-271].
[3] Vgl. Brief [23] sowie [Forman 1969] und [Ewald 1969].
[4] Der Englische Garten ist ein großer Park in München.

Ob Gretchen wohl noch kommt? Frau Schrödinger ist doch nicht gekommen [und] wir sind gänzlich besuchslos und frei für sie.

Ihnen allen herzliche Grüsse Ihr E[wald]

[74] *An Arthur H. Compton*[1]

München, den 14. Mai 1924.

Lieber Herr Kollege!

Ich danke Ihnen verbindlichst für Ihren freundlichen Brief vom 22. I. und für die Abschrift Ihres Vortrags in der American Association,[2] letzteren habe ich bei einer kürzlichen Reise nach Holland mehreren der dortigen Physikern gezeigt. Ich habe nicht nur ein allgemeines Interesse an Ihrer Entdeckung sondern auch ein spezielles. In der neuen Auflage meines Buches habe ich gleich im ersten Kapitel hinter Einsteins photoelektrischem Gesetz Ihren Versuch besprochen. Sollte also seine experimentelle Evidenz inzwischen geschwächt sein, so möchte ich dies gern, wenigstens in einem Zusatz im Schluss des Buches hervorheben. Dies ist noch möglich, da sich der Druck wohl noch einige Monate hinziehen wird.[3]

Es wird Sie interessieren, dass Einstein kürzlich in dem Berliner Tageblatt geschrieben hat.

Sehr eigentümlich sind die Ergebnisse von Bergen Davis, die er mir brieflich mitteilte.[4] Die kontinuierliche Abnahme des $[\Delta\lambda]$ mit wachsendem Atomgewicht kann man vielleicht durch die Annahme einer geeigneten Bindung des Elektrons erklären, aber dass für Lithium das $[\Delta\lambda]$ noch etwas über den quantentheoretischen Wert steigen soll, ist ganz unverständlich. Wenn eine Abhängigkeit vom Atomgewicht da ist, sollte sie eigentlich bewirken, dass man bei den schweren Atomen verschiedene $[\Delta\lambda]$ für die Elektronen von verschiedener Bindungsstärke erhält. Davon ist offenbar weder bei Ihnen noch bei Ross noch bei Bergen Davis etwas zu sehen. Was Duane betrifft, so halte ich es für möglich, dass seine „tertiäre Strahlung" nichts

---

[1] Durchschlag (2 Seiten, Maschine), *München, DM, Archiv NL 89, 001.*

[2] Vermutlich handelt es sich um Comptons Vortrag vom 28. Dezember 1923 bei einem Symposium der American Physical Society, in dem er die Quantennatur der Röntgenstrahlung vertrat, [Compton 1924]; vgl. auch [Stuewer 1975, S. 255-256].

[3] Der Zusatz [Sommerfeld 1924b, S. 758-763] ist mit Juni 1924 datiert.

[4] *B. Davis an A. Sommerfeld, 23. März 1924. München, DM, Archiv NL 89, 007* und *A. Sommerfeld an B. Davis, 15. Mai 1924. München, DM, Archiv NL 89, 001.* Darin wird die Abhängigkeit der Wellenlängenverschiebung $\Delta\lambda$ beim Comptoneffekt vom Atomgewicht der streuenden Substanz diskutiert. In die im Durchschlag freien Stellen ist $\Delta\lambda$ eingefügt.

mit Ihrem Effekt zu tun hat.[1] Bohrs neue Theorie im Phil. Mag.[2] gefällt mir nicht sehr, ich glaube sie wird das Schicksal aller Kompromisse teilen. Ich stimme vielmehr mit dem Standpunkt Ihres Vortrags in der American Assoziation überein als mit Bohr.

Mit besten Grüssen
Ihr [Arnold Sommerfeld]

[75] *Von Heinrich Hirzel*[3]

Leipzig, den 24. Juni 1924

Hochverehrter Herr Geheimrat!

Ich bitte Sie zu entschuldigen, wenn ich heute eine Anfrage an Sie richte, die man wohl eigentlich nicht in Briefform kleiden, sondern mündlich zur Sprache bringen sollte. Ich weiss jedoch nicht, ob ich in diesem Sommer Gelegenheit haben werde, Ihnen in München meinen Besuch zu machen, da die schöne Stadt seit dem 15. Mai für mich nur Trauriges immer wieder wachrufen wird.[4]

Mein Vater hatte sich während seines Aufenthaltes in München fest vorgenommen, Sie zu besuchen, und zwar wollte er eine Bitte an Sie richten, die ich Ihnen jetzt schriftlich unterbreiten möchte. Bei zahlreichen Physikern besteht schon seit langem der Wunsch, Ihre ausgezeichneten Vorlesungen auch einmal in Buchform erscheinen zu sehen, und es war ein besonderer Wunsch meines Vaters, dieses Buch für unseren Verlag zu erwerben, falls Sie sich doch noch einmal dazu bereit erklären würden. Ich weiss, dass Sie nicht mit besonderer Freude an einen derartigen Plan denken werden, da er Sie vielleicht von anderen Arbeiten abhalten würde, obgleich ich nicht glaube, dass es für Sie eine besonders starke Arbeitsbelastung bedeuten würde. Ich habe auch mit meinem Onkel Des Coudres[5] darüber gesprochen, der sich natürlich auch sehr freuen würde, wenn Sie sich hierzu entschliessen könnten. Ich weiss aber, dass das nicht viel nützen würde, denn Sie werden sicher sagen, Des Coudres soll erst selber mal ein Buch schreiben.

---

[1] Bei der von William Duane an der Harvard University gemessenen „tertiären Strahlung" handelte es sich um eine vom Probenbehälter („box-effect") emittierte Fluoreszenzstrahlung, siehe [Stuewer 1975, S. 249-273].

[2] [Bohr et al. 1924]; vgl. Seite 33.

[3] Brief (3 Seiten, Maschine), *München, DM, Archiv NL 89, 025, Mappe Körperschaft*.

[4] An diesem Tag war sein Vater Georg Hirzel gestorben.

[5] Theodor Des Coudres war Direktor des Instituts für theoretische Physik an der Universität Leipzig.

Trotzdem möchte ich Sie aber bitten, sich zu diesem Buch im Interesse Ihrer vielen Schüler und Anhänger zu entschliessen. Ein Buch wie Ihre gesammelten Vorlesungen wird es nur einmal geben und sie müssen einmal in Buchform erscheinen.

Dass der Verlag für eine so bedeutende wissenschaftliche Arbeit ein dementsprechend hohes Honorar zahlen wird, hoffe ich Ihnen beweisen zu können. Ebenso würde ich Ihnen natürlich jederzeit gern eine besondere Schreibhilfe zur Verfügung stellen, die Ihnen bei der Abschrift Ihrer Vorlesungen helfen könnte.–

Vielleicht habe ich die Freude, Sie bei der Innsbrucker Tagung[1] begrüssen zu können, und ich will zuversichtlich hoffen, dass Sie mir bis dahin meine Bitte und Anfrage nicht ganz abschlagen werden.

Mit hochachtungsvoller Empfehlung Ihr sehr ergebener

Heinrich Hirzel[2]

[76] *An Heinrich Hirzel*[3]

München, den 30. Juni 1924.

Sehr geehrter Herr!

Verbindlichsten Dank für Ihren Brief vom 24. Juni. Er erinnert mich an eine Zeit, die 30 Jahre zurückliegt[,] als Des Coudres von mir ein Buch über partielle Differentialgleichungen der Physik für Ihren Verlag haben wollte.[4] Damals kam der „Kreisel" (zusammen mit Klein) und die Mathematische Enzyklopädie dazwischen. Heute steht das Buch über Atombau im Wege, das dauernd neue Auflagen erfordert, sowie die Verpflichtung, für den Riemann–Weber (bei Vieweg) ein Kapitel über partielle Differentialgleichungen zu schreiben.[5]

Ich habe oft an die Herausgabe meiner Vorlesung gedacht, halte sie aber jetzt, wo die Planck'schen Vorlesungen in Ihrem Verlage erscheinen,[6] nicht für dringend. Die Mühe ist viel größer als Sie denken; mit einer Schreibhilfe ist es nicht getan. Am Wichtigsten scheint es mir, dass das [sic] Kapitel im

---

[1] Im September tagten die Naturforscher in Innsbruck.
[2] Auf der Rückseite befindet sich ein stenographischer Entwurf des folgenden Antwortbriefes.
[3] Durchschlag (1 Seite, Maschine), *München, DM, Archiv NL 89, 004*.
[4] Siehe Band 1, Brief [30]; Heinrich Hirzel ist ein Neffe von Theodor Des Coudres.
[5] [Sommerfeld 1927b].
[6] Plancks Vorlesungen über Thermodynamik und über die Theorie der Wärmestrahlung erschienen bei Veit bzw. Barth, [Planck 1897], [Planck 1906]. Sommerfeld meint [Planck 1919] und [Planck 1922].

Riemann–Weber zu einem Buch über partielle Differentialgleichungen zu erweitern. Aber auch hieran kann ich nicht vor Ablauf eines Jahres denken. Bezüglich des Verlegers bin ich noch nicht gebunden.

Ihr freundliches Angebot werde ich im Auge behalten.

Hochachtungsvoll
[Arnold Sommerfeld]

[77] *Von Hendrik A. Kramers*[1]

København, den 6. September 1924.

Lieber Professor Sommerfeld,

Ich danke Ihnen für Ihren freundlichen Brief mit Manuskript. Verzeihen Sie mir, dass ich so spät antworte; die Ferienzeit ist nicht ohne Schuld daran.

Was Ihren Vortrag betrifft,[2] den Bohr und ich mit viel Interesse gelesen haben, so weiss ich nicht, ob nicht gewissermassen ein Missverständnis eingeschlichen ist, was Bohr's ganze Auffassung der Quantentheorie betrifft. Seine Bestrebungen gehen wohl in erster Linie darauf hinaus, nach Gesichtspunkten zu suchen, die eine eindeutige Behandlungsweise der verschiedenen Probleme gestatten. So ist seine Methode, die Quantisierung der stationären Zustände an der Hand der Auflösung der Bewegung in harmonischen Schwingungen zu diskutieren, eben ein Mittel um in befriedigender Weise jede Zweideutigkeit in der Bestimmung dieser Zustände zu beseitigen. Das Korrespondenzprinzip, das sich dabei aufstellen lässt, liesse sich also als ein wesentlicher Zug der Quantentheorie beschreiben der sich ~~nicht nur~~ bei der Beschreibung der Experimente in weitem Umfang bewährt hat; es liegt Bohr fern, das Korrespondenzprinzip als eine Grundlage einer axiomatischen Darstellung der Quantentheorie anzusehen. Bohr's Formulierung des Prinzips ist ja überall tastend und vorsichtig, und es wäre mindestens verfrüht aus den schönen Utrechter Intensitätsmessungen[3] auf ein „Versagen" oder „Unzweckmässigkeit" des Korrespondenzprinzips schliessen zu wollen. Es liegt vielmehr so, dass wir von der Elektronenkoppelung im

---

[1] Brief (3 Seiten, Maschine), *München, DM, Archiv HS 1977-28/A,180*.
[2] Bei der Naturforscherversammlung in Innsbruck referierte Sommerfeld am 23. September 1924 über die „Grundlagen der Quantentheorie und des Bohrschen Atommodelles", [Sommerfeld 1924d]; siehe Seite 33.
[3] In den von L. S. Ornstein und seinen Schülern an der Universität Utrecht gemessenen Intensitäten von Multipletts sah Sommerfeld eine Bestätigung für strenge ganzzahlige Gesetzmäßigkeiten, vgl. [Sommerfeld und Hönl 1925], während nach dem Bohrschen Korrespondenzprinzip „nur Näherungswerte" zu erhalten wären, vgl. [Sommerfeld 1924d, S. 1048]. Siehe auch den folgenden Brief [78].

Atom noch so wenig wissen, dass das Korrespondenzprinzip, soweit wir es bis jetzt erkannt haben, uns nicht im Stande stellt, irgend eine Vermutung über Multiplettintensitäten zu bevorzügen; wir begegnen aber hier einem Problem, wo die bisherige Form der Theorie der Festlegung der stationären Zustände wesentlich versagt; man darf aber vielleicht hoffen, dass der allgemeine Korrespondenzgesichtspunkt an der Hand der Experimente eine Fingerzeig zur Beseitigung dieser Schwierigkeiten geben wird.

Was endlich das Strahlungsproblem betrifft,[1] so sehe ich nicht recht, von welchem physikalischen Gesichtspunkte aus man unser Deutungsversuch, abgesehen davon dass es natürlich falsch sein kann, als uneinheitlicher als irgendwelche Lichtquantentheorie beschreiben soll. Es ist eben ein Versuch, die verschiedenen Beobachtungen möglichst einfach und richtig darzustellen, und uns ist es dabei von besonderer Wichtigkeit, dass eine solche Darstellung als möglich erscheint, ohne dass der Strahlung selbst eine rätselhafte dualistische Natur (Quanten und Wellen) zugeschrieben wird; die Strahlung wird als kontinuierlich beschrieben, wie es der Deutung aller optischen Versuche entspricht, während die Änderungen in den Atomen, auch wieder in Anlehnung an unsere Erfahrung und Versuche, als diskontinuierlich beschrieben werden. Dass wir dabei auf eine strenge Bewahrung des Energieprinzips verzichten, gibt eben den Bestreben Ausdruck bei der Beschreibung der Vorgänge keine Annahmen zu machen, für die die Beobachtungen keine direkte Grundlage darbieten.

Mit freundlichem Gruss, und auf Wiedersehen in Innsbruck, auch von Herrn Bohr,

Ihr sehr ergebener,
H A Kramers

L. Dr. Kr. [2]

Ihren freundl. Brief vom 6. Sept. fand ich erst bei meiner Rückkehr von Innsbruck vor; sonst hätte ich Ihnen mündlich dafür gedankt. Ich hole dies nun in Kürze nach.

Zu dem Punkte Multipl[ett]-Intens.[itäten] und Korr[espondenz]-Prinz. hatte ich bereits von mir aus meine ursprüngl. Fassung ~~abgeschwächt~~ für den Vortrag und für den Druck abgeschwächt u. nur soviel stehen lassen, dass „die korresp. Behandlg der arith.[metischen] Einf.[ührung] d. Tatsachen wenig angemessen scheint". Das ist in der Tat mein Eindruck, dem ich auch in der 4. Aufl. meines Buches zum Ausdruck bringe. Diese wird Ihnen u. Bohr in Kürze zugehn.

---

[1] Vgl. Seite 33 und [Mehra und Rechenberg 1982a, Kap. V.2].
[2] Antwortentwurf von Sommerfeld auf der dritten Seite.

In Bezug auf das Strahlungsproblem dürfen wir wohl von dem Geiger–Bothe'schen Versuch einige Aufklärung hoffen.[1] Auf mich hat der Compton-Versuch, der so natürlich durch die Lichtquanten-Vorstellung wiedergegeben wird, einen grossen Eindruck gemacht.

Mit besten Grüssen auch an Bohr u. Heisenberg

Ihr A S.

[78] *Von Wolfgang Pauli*[2]

Hamburg, den 29. Sept. 1924

Lieber Herr Professor!

Hier der versprochene Brief.– In Ihrer früheren Arbeit (gemeinsam mit Heisenberg)* fanden Sie für das Verhältnis der Intensitäten eines Multiplets[3]

$$I_{+1} : I_0 : I_{-1} = \left(\frac{1+\cos\vartheta}{2}\right)^2 : \frac{1}{2}\sin^2\vartheta : \left(\frac{1-\cos\vartheta}{2}\right)^2.$$

Hierin bedeutet der Index unter I den Sprung von j (es ist $\Delta k = +1$ angenommen) und ϑ den Winkel zwischen dem Impuls k (Normale auf die Bahn des äußeren Elektrons) und dem resultierenden Impuls j. Wird mit r der Rumpfimpuls bezeichnet, so ist

$$\cos\vartheta = \frac{k^2 + j^2 - r^2}{2jk}$$

Natürlich kommt hier wie bei jeder Intensitätsabschätzung auf Grund des Korrespondenzprinzips die Unbestimmtheit wegen Wahl der Anfangs-, End- oder Zwischenbahn zur Geltung, die sich hier in einer Unbestimmtheit des ϑ-Wertes äußert. Betrachtet man aber, wie es in Ihrer Arbeit bereits geschehen ist, den Grenzfall großer k, so wird wegen $|j-k| \leq r$, also endlich, und $j \sim k[:]$ $1 - \cos\vartheta = \frac{r^2-(k-j)^2}{2jk}$, $\frac{1}{2}\vartheta^2 \sim \frac{r^2-(k-j)^2}{2k^2}$, also klein von der Ordn. $1/k^2$ und es wird

$$I_{+1} : I_0 : I_{-1} \sim 1 : \frac{1}{2}\vartheta^2 : \frac{1}{16}\vartheta^4$$

---

[1] In diesem an der PTR durchgeführten Versuch wurde der Comptoneffekt durch eine Koinzidenzmessung von Streustrahlung und Rückstoß des streuenden Elektrons verifiziert, [Bothe und Geiger 1925]; vgl. [Stuewer 1975, S. 299-300].

[2] Brief (4 Seiten, lateinisch), *München, DM, Archiv HS 1977-28/A,254*.

[3] [Sommerfeld und Heisenberg 1922b, S. 142].

Gemessen an der Intensität der stärksten Linie oder, was das gleiche Resultat ergibt, an der Summe der Intensitäten aller Linien des Multiplets, verschwindet also bei großem k die Intensität der Linien mit $\Delta j = 0$ von der Ordnung $1/k^2$ die der Linien mit $\Delta j = -1$ wie $1/k^4$. (Bei Dublets gibt es keine Linien der letzteren Art).

Es ist also *sehr wenig*, was man aus dem Korrespondenzprinzip über die Intensität der Linien schließen kann. Dieses wenige möchte ich aber für sicher halten. Vergleicht man nun die Ergebnisse des Korrespondenzprinzips mit Ornsteins (natürlich viel weitergehenden) Regeln, so sieht man zunächst, daß die Summierungsregeln den Forderungen des Korrespondenzprinzips stets genügen (ohne etwa aus diesen ableitbar zu sein).[1] Denn unter den Linien, deren Intensitäten summiert werden, ist immer gerade *eine* mit $\Delta j = +1$, die bei großem k dominiert. Das Korrespondenzprinzip verlangt nur, daß diese Intensitätssummen für große k asymptotisch gleich werden müssen, und man sieht leicht, daß dies auch nach Ornstein in der Tat der Fall ist.

Anders ist es mit der Zusatzregel, die z. B. bei Triplets die Intensität der schwächsten Linie (mit $\Delta j = -1$) bestimmt. Nach Ornstein soll das Verhältnis der Intensität dieser Linie zur Summe der Intensitäten aller Linien des Triplets gleich sein $1/(6k-3)(6k+3)$, wenn k den Wert dieser Quantenzahl im Endzustand, $k+1$ ihren Wert im Anfangszustand bedeutet. Dies ist für große k von der Ordnung $1/k^2$ statt $1/k^4$, wie das Korrespondenzprinzip verlangt. Aus dem Korrespondenzprinzip folgt überhaupt – vorausgesetzt, daß es eine *rationale* Darstellung der Intensitätsverhältnisse der Multipletlinien wirklich gibt, was ich durchaus für sehr wahrscheinlich halte –, daß der gemeinsame Nenner der rationalen Brüche viel größer sein muß als von Ornstein angenommen, denn er muß für große k von der Ordnung k^4 sein.

Man kann nun zunächst bei Triplets solche Ausdrücke für die Intensitätsverhältnisse suchen, die sowohl die Summierungsregeln exakt erfüllen als auch für große k den Forderungen des Korrespondenzprinzips genügen. Ein Beispiel für solche Ausdrücke schreibe ich im Folgenden hin und darüber zum Vergleich die Ornsteinschen (nach der Zusatzregel berechneten) Werte. Der Übersichtlichkeit halber schreibe ich alle Brüche in Partialbruchzerlegung und habe außerdem alle Ornsteinschen Zahlen, die ja nur Intensitäts*verhältnisse* sind, aus rein formalen Gründen mit 3 multipliziert. Am

---

[1] Diese in den Utrechter Arbeiten [Burger und Dorgelo 1924] sowie [Ornstein und Burger 1924] empirisch festgestellten „Summenregeln" bezeichnen Verhältnisse zwischen den relativen Intensitäten der Spektrallinien innerhalb eines Multipletts; zu ihrer Deutung vgl. [Sommerfeld und Hönl 1925].

Rande stehen die Werte der Summen.

Triplets
A. Ornstein

$1+\frac{2}{2k-1}$	$\frac{1}{6}\frac{1}{2k-1}-\frac{1}{6}\frac{1}{2k+1},$	$\frac{11}{6}\frac{1}{2k-1}-\frac{11}{6}\frac{1}{2k+1},$	$1+\frac{2}{2k+1}$
1	$\frac{11}{6}\frac{1}{2k-1}-\frac{11}{6}\frac{1}{2k+1},$	$1-\frac{11}{6}\frac{1}{2k-1}-\frac{11}{6}\frac{1}{2k+1},$	0
$1-\frac{2}{2k+1}$	$1-\frac{2}{2k-1},$	$0,$	0
	$1-\frac{2}{2k+1},$	$1,$	$1+\frac{2}{2k+1}$

B. Neuer Vorschlag

$1+\frac{2}{2k-1}$	$\frac{2}{2k-1}-\frac{2}{2k+1}-\frac{1}{k^2}**,$	$\frac{1}{k^2},$	$1+\frac{2}{2k+1}$
1	$\frac{1}{k^2},$	$1-\frac{1}{k^2},$	0
$1-\frac{2}{2k-1},$	$1-\frac{2}{2k-1},$	$0,$	0
	$1-\frac{2}{2k+1},$	$1,$	$1+\frac{2}{2k+1}$

Nach Vorschlag B. ist in der Tat für große k asymptotisch

$$I_{+1}:I_0:I_{-1}=1:\frac{1}{k^2}:\frac{4}{4k^4}$$

und dies stimmt mit $1:\frac{1}{2}\vartheta^2:\frac{1}{16}\vartheta^4$ überein, wenn man für große k $\vartheta^2=\frac{2}{k^2}$ setzt.

Daß die angegebenen Ausdrücke die *einzigen* sind, welche sowohl die Summierungsregeln, als auch für große k die korrespondenzmäßigen Forderungen erfüllen, kann ich nicht behaupten. Denn es ist nicht einmal sicher, daß in der Relation $I_{+1}:I_0:I_{-1}=1:\frac{1}{2}\vartheta^2:\frac{1}{16}\vartheta^4$ der Winkel ϑ bei I_0 und I_{-1} als derselbe anzusehen ist (wie ich es hier getan habe), da die Mittelungen zwischen Anfangs- und Endzustand in beiden Fällen verschieden sein können. Nur das Verschwinden von I_{-1} wie $1/k^4$ ist sicher. (Man hätte für die schwächste Linie auch setzen können $-\frac{2}{2k-1}+\frac{2}{2k+1}+\frac{1}{2}\frac{1}{k-1}-\frac{1}{2}\frac{2}{k+1}=-\frac{4}{4k^2-1}+\frac{1}{k^2-1}=\frac{3}{(k^2-1)(4k^2-1)}$ oder Ähnliches).

Das ist alles, was ich über diese Intensitätsfrage weiß.[1]

---

[1] Pauli veröffentlichte diese Überlegungen nicht, aber Sommerfeld gab in einem Nachtrag zu einem im Juni 1924 gehaltenen Vortrag einen Abriß mit dem Hinweis auf Paulis Brief, [Sommerfeld 1925b]; zu Paulis Reaktion darauf siehe Brief [80].

Ich lege noch einen Sonderdruck meiner verrückten Satellitennote für Sie bei.[1] Über Ihren Einwand (verschiedene Intensitätsverteilung je nach Anregung) habe ich noch nachgedacht, ich halte ihn aber nicht für entscheidend. Man muß weitere Experimente machen und versuchen, die Satelliten in Terme zu ordnen. Dann interessiert mich besonders, ob die Satelliten wirklich Multipletstruktur haben, d. h. ob dabei eine Auswahlregel zum Vorschein kommen wird, daß eine neue Quantenzahl (Gesamtimpuls von Kern + Außenelektronen) nur um ± 1 oder 0 springen kann.– Von Hilb erhielt ich brieflich die von Ihnen vorhergesagte Anzapfung wegen seiner Sammlung,[2] die ich rundweg ablehnen werde.– Viele herzliche Grüße an Sie selbst und an die Herren im Institut, besonders auch an meinen Praktikums-Leidgenossen von früher, Herrn Laporte, den ich in Innsbruck leider nicht sah.[3]

Ihr stets dankbarer
Pauli

* Für einen Sonderdruck dieser Arbeit wäre ich dankbar!
** Dies ist gleich $\frac{1}{k^2(4k^2-1)}$.

[79] *An Carl Runge*[4]

München 22. X. 24

Lieber Runge!

Ich bin sehr froh über Ihren Art. u. schicke ihn morgen ab.[5] Ein paar ganz kleine Änderungen, die ich mit Bleistift gemacht habe, werden Sie ja bei der Correktur kontrolliren. Die eine bezweckt, Landé die Priorität mir gegenüber zuzuschreiben (sonst ist er böse!); dann habe ich den Satz gestrichen: „Die p-Terme des einen Systems von Mn gehen durch Addition dreier Konstanten in die p-Terme des anderen Systems über". Das tun doch irgend 3 Größenpaare! Catalan hatte dort einen Kohl gemacht, den ich

---

[1] [Pauli 1924]. Zur Unterteilung der Liniengruppen von Multipletts in Hauptlinien und Satelliten vgl. [Sommerfeld 1923a, S. 38].

[2] Emil Hilb plante für die Akademische Verlagsgesellschaft die Reihe *Mathematik und ihre Anwendungen in Monographien und Lehrbüchern*; Band 1 ist [Oseen 1927].

[3] Otto Laporte und Pauli hatten im Sommersemester 1921 gemeinsam ein physikalisches Praktikum bei W. Wien absolviert. Auf der Naturforscherversammlung in Innsbruck kam es in der Frage der Multiplettintensitäten zu Diskussionen zwischen Pauli, Einstein und Landé, vgl. [Pauli 1979, Briefe 66 und 71].

[4] Brief (2 Seiten, lateinisch), *München, DM, Archiv HS 1976-31*.

[5] Der Encyklopädieartikel [Runge 1925] behandelt die Seriengesetze der Spektren.

in meiner Mn-Arbeit[1] stillschweigend richtig gestellt habe. Diese Arbeit sollten Sie wohl citiren,* da sie den Anfang der Multiplet*theorie* bedeutet. Dass ich die Geradzahligkeit des Mn ohne Zeeman-Effekte nicht erkannt habe, ist klar. Aber ohne meine Vorarbeit hätten auch Back u. Landé nichts machen können.[2]

Dasselbe gilt übrigens auch von meinem „magnetooptischen Zerlegungssatz",[3] der den Ausgang für Landé's endgültige Zeemanformeln bildete. Es steht aber ganz bei Ihnen, was Sie in der Hinsicht bringen wollen. Ich will meine Stellung als Redactor nicht misbrauchen!

Aber ich möchte anregen, ob Sie nicht etwas über die rechnerische Technik beim Ausgleich der Linien und der Serien sagen wollen.[4] Das wissen Sie doch allein auf der Welt! Es wäre mir auch ganz recht, wenn Sie etwas über die experimentelle Technik hinzufügen würden – aber das führt vielleicht zu weit? Jedenfalls sind Zusätze oder Anhänge bei der Correktur noch gut möglich. Dass Sie die *ältere* Geschichte im Anfange streifen, ist mir sehr lieb. Der Art. sollte doch möglichst solche Dinge bringen, die nicht in meinem Buch stehn. Vollständigkeit in den neueren Dingen ist doch nicht zu erreichen, denn jeder Tag bringt Fortschritte.

Vielen Dank u. beste Grüsse!
Ihr A Sommerfeld

* Auch sonst fügen Sie wohl in der Correktur noch einige Citate hinzu, die Sie ja alle in meinem Buch finden, das Ihnen bis dahin in der verabredeten Form zugehen wird. Ferner ändern Sie vielleicht das häufige „wie oben erwähnt" ab in „wie S. X erwähnt".

[80] *Von Wolfgang Pauli*[5]

[November 1924][6]

Nun zu anderen Dingen. Sollte ich einmal zu faul sein, eine Sache selbst zu publizieren oder dies aus irgendwelchen sachlichen Bedenken nicht gerne tun wollen, sollte ich es aber dennoch ganz gerne sehen, wenn die Sache

---

[1] [Sommerfeld 1923a, § 2].
[2] Gemeint sind die Arbeiten [Back 1923b] und [Landé 1923a].
[3] [Sommerfeld 1920a].
[4] Runge kam dieser Bitte im Encyklopädieartikel nicht nach.
[5] Brief (2 Seiten (unvollständig), lateinisch), *München, DM, Archiv HS 1977-28/A,254*.
[6] Das erste Briefblatt ist nicht erhalten. Die Datierung ergibt sich aus der Erwähnung der Arbeit Paulis über die Abhängigkeit des Zeemaneffekts von der Elektronenmasse.

allgemein bekannt wird, so werde ich sie Ihnen brieflich mitteilen.[1] Sie werden sie dann bestimmt in irgend einer Form früher oder später publizieren. (Natürlich werde ich Sie nicht ausdrücklich darum ersuchen, sonst würden sie [sic] es aus pädagogischen Gründen ablehnen.) Es ist dies überhaupt eine sehr angenehme Methode der Veröffentlichung von irgend welchen Überlegungen, die mir schon einmal Herr Landé so gut besorgt hat.[2] Wie dem immer auch sei, jedenfalls freue ich mich diesmal auf Vor- wie Nachtrag.

Mit Herrn Dannemeyer[3] habe ich bisher nur ganz kurz gesprochen, will dies aber nächstens ausführlicher tun. Ich bin sehr skeptisch in Bezug auf die Realität von Resultaten über Intensitäten, die sich nicht auf Linien eines Multiplets, sondern auf verschiedene Serienlinien beziehen. Ich glaube eigentlich kaum, daß im letzteren Fall ganzzahlige Verhältnisse zu erwarten sind. Dagegen ist eine sehr interessante Frage, wie sich Tripletkombinationen und Triplet-Einfachkombinationen bei gleichem Anfangsniveau zueinander verhalten. Korrespondenzmäßig kann man da vorläufig gar nichts darüber aussagen, da es keine einfachen Modelle gibt, die überhaupt zu den Kombinationen zwischen verschiedenen Termsystemen korrespondierende harmonische Schwingungskomponenten besitzen.

Meinen Artikel für den Müller–Pouillet[4] habe ich jetzt Gott sei Dank abgeschickt und will nun meine wiedergewonnene Freiheit ausnutzen, um etwas Vernünftiges zu arbeiten. Sie werden mit diesem Artikel übrigens gar nicht einverstanden sein (aber hoffentlich nicht auf mich böse sein), weil ich in der Entartungsfrage einen zu dem Ihren entgegengesetzten Standpunkt einnehme. Aber seien Sie ganz sicher, in Kopenhagen wird man mit diesem Artikel ebensowenig einverstanden sein wie Sie, wieder aus anderen Gründen. Denn ich glaube nicht, daß die Kopenhagener Auffassung der Strahlungsphänomene einen wirklich nennenswerten Fortschritt bringt und ich bin überzeugt, daß (unabhängig vom Ausfall des Geigerschen Versuches) die Zukunft mehr den Lichtquanten gehört.[5] (Ich habe mir in dieser Richtung auch einiges überlegt, aber das ist noch nicht in mitteilbarer Form.)– Vor kurzem habe ich eine kleine Überlegung über den Einfluß der relativistischen Abhängigkeit der Elektronenmasse von der Geschwindigkeit auf den Zeemaneffekt durchgeführt,[6] die ich wahrscheinlich publizieren wer-

---

[1] Vgl. Fußnote 1, Seite 169.

[2] [Landé 1923b]; vgl. [Pauli 1979, S. 119-123].

[3] Ferdinand Diedrich Dannmeyer war Studienrat in Hamburg und mit Intensitätsmessungen von Spektrallinien befaßt, siehe [Pauli 1979, S. 174].

[4] [Pauli 1929a] ist betitelt „Allgemeine Grundlagen der Quantentheorie des Atombaues".

[5] Siehe Brief [77], Fußnote 1, Seite 167; das Experiment entschied klar gegen die Kopenhagener BKS-Theorie, vgl. [Stuewer 1975, S. 299-302].

[6] [Pauli 1925b]. Zum Zusammenhang mit dem Pauliprinzip [Heilbron 1983, S. 301-303].

de und mit deren Ergebnis Sie wohl sehr einverstanden sein werden. Denn sie zeigt deutlich, daß das resultierende Impulsmoment der K-Schale, wenn überhaupt von Null verschieden, so jedenfalls nicht real im Sinne der gewöhnlichen Mechanik sein kann. Ich bin auch im Prinzip sehr einverstanden mit Ihrer Ansicht (von der mir Lenz berichtete), daß in diamagnetischen Molekülen, wie z. B. HCl, in Wahrheit kein Elektronen-Impulsmoment, sondern ein halbzahliges Gesamtmoment vorhanden ist. Es ist bloß bei den Molekülen nicht schön, daß manchmal auch $\frac{1}{4}$ statt $\frac{1}{2}$ auftritt. Das verstehe ich nicht ganz.[1]

Die herzlichsten Grüße an Sie selbst u. die anderen Herren im Institut auch von Lenz u. Koch

von Ihrem stets dankbaren
Pauli

[81] *Von Werner Heisenberg*[2]

København, den 18. 11. 1924.

Hochverehrter Herr Geheimrat!

Gestern früh erlebte ich die angenehme Überraschung, ein grosses Buch auf meinem Schreibtisch vorzufinden: die 4. Auflage.[3] Ich hab mich wirklich sehr darüber gefreut und zwar nicht nur über das schöne Buch an sich, sondern auch besonders darüber, dass ich daraus sehn kann, dass Sie nicht so sehr böse auf mich sind, wie ich es nach meiner leichtsinnigen Habilitation manchmal gefürchtet hab.[4] Also haben Sie vielen herzlichen Dank!

Hier in Köbenhavn geht es mir, wie Sie sich denken können, recht gut. Zwar hab ich in den ersten zwei Monaten zwei Sprachen lernen müssen, Englisch u. Dänisch, das ist etwas viel auf einmal; aber es geht jetzt einigermassen, von „gut" natürlich keine Rede. Physikalisch haben wir uns hauptsächlich mit den Wood–Ellettschen Versuchen beschäftigt und ich hab eine kleine Arbeit über Polarisation des Fluoreszenzlichtes geschrieben.[5] An sich wär das ja kein so wichtiges Problem, aber man kann doch weitgehende Schlüsse auf das Verhältnis zwischen Quantentheorie u. Mechanik

---

[1] Erst die Quantenmechanik erlaubte eine Erklärung, vgl. [Mecke 1929, S. 500].

[2] Brief (2 Seiten, lateinisch), *München, DM, Archiv HS 1977-28/A,136*.

[3] [Sommerfeld 1924b].

[4] Heisenberg hatte sich auf Drängen Borns, der für das Wintersemester 1924/25 in die USA eingeladen war, überhastet im Juli habilitiert, vgl. [Mehra und Rechenberg 1982b, S. 124]. Im September 1924 hatte er einen Forschungsaufenthalt bei Bohr angetreten.

[5] [Heisenberg 1925a]. Die in [Wood und Ellett 1923] geschilderten Versuche zeigten, daß die von linear polarisiertem Licht bei Quecksilberdampf angeregte Fluoreszenzstrahlung durch Magnetfelder stark beeinflußbar ist; vgl. auch [Bohr 1924].

schliessen. Z. B. findet man, dass die merkwürdigen 100 % Polarisation bei Hg, die Wood beobachtet, auch bei Wasserstoff vorhanden sein müssten, d. h. das Wasserstoffatom im Normalzustand verhält sich wie ein isotroper Oszillator. Dies gibt neue Hoffnung beim Heliumproblem u. ich glaub jetzt ziemlich bestimmt, dass meine Prophezeiung über Li$^+$, die ich an Schüler schrieb, richtig ist. Meine Arbeit bewegt sich sehr in den Bahnen des Korrespondenzprinzips[,] das in diesem Falle eindeutig anwendbar ist. Im übrigen glaub ich aber immer mehr, dass die Frage „Lichtquanten oder Korrespondenzprinzip" mehr eine Wortfrage ist. Alle Effekte in der Quantentheorie müssen ja ihr Analogon in der klassischen Theorie haben, denn die klassische Theorie ist doch *fast* richtig; also haben alle Effekte immer zwei Namen, einen klassischen u. einen quantentheoretischen u., welchen man vorzieht, ist eine Art Geschmackssache. Vielleicht ist die Bohrsche Strahlungstheorie doch eine sehr glückliche Beschreibung dieses Dualismus; ich bin auf den Ausgang des Bothe–Geigerschen Versuchs sehr gespannt.[1]

Mit Kramers will ich eine Note über die „Smekalschen Comptonsprünge" schreiben (Smekal Naturw. 11, 873, 1923);[2] diese Sprünge haben ein sehr hübsches Analogon in der klassischen Theorie u. sind ausserdem nötig zur Erklärung der oben erwähnten Polarisationseffekte.

Haben Sie nocheinmal den herzlichsten Dank für die freundliche Übersendung des Buches und grüssen Sie bitte das ganze Münchner Institut!

In aufrichtiger Ergebenheit
Werner Heisenberg.

[82] *Von Niels Bohr*[3]

København, den 21. November 1924.

Lieber Sommerfeld,

Ich danke Ihnen herzlich für die Zusendung der 4. Auflage Ihres grossen Werkes über Atombau und Spektrallinien. Mit der grössten Bewunderung sehe ich, wie es Ihnen gelungen ist, trotz der grossen Fortschritte auf den verschiedensten Gebieten, Ihr Werk fortwährend auch für alle in dem Gebiet arbeitenden Physiker zu einer unübertroffenen Hilfe zu gestalten. Ich freue mich sehr, das Buch genauer zu studieren. Wie Sie auch selber betonen,

---

[1] [Bothe und Geiger 1925] ist mit 18. April 1925 datiert.
[2] In [Smekal 1923] sowie [Kramers und Heisenberg 1925] wurde der später von Raman beobachtete Effekt einer Verschiebung der gestreuten Lichtwellenlängen um einen diskreten Betrag theoretisch vorweggenommen, vgl. [Singh und Riess 1998].
[3] Brief (3 Seiten, Maschine), *München, DM, Archiv HS 1977-28/A,28*.

ist es ja wegen des unabgeschlossenen Charakters der Theorie natürlich bei einem solchen Vorhaben unumgänglich, dass in Einzelheiten, besonders was die Betonung des inneren Zusammenhangs betrifft, nicht immer Einigkeit herrschen kann.

Ein Punkt, in welchem ich gern Ihre Aufmerksamkeit auf eine solche Auffassungsverschiedenheit lenken möchte, ist die Frage nach der quantentheoretischen Verwertung des klassischen Strahlungswiderstands, die Sie im 6. Kap. § 6 behandeln.[1] Meine Auffassung, die sicherlich unklar und im Anfang vielleicht sogar irreführend in meinen Arbeiten zum Ausdruck kam, ist, dass der Strahlungswiderstand sein quantentheoretisches Gegenbild besitzt in der endlichen Lebensdauer der aktiven stationären Zustände. Eine einfache Möglichkeit, die Lebensdauer mit dem Strahlungswiderstand quantitativ in Verbindung zu bringen, können wir nach dem allgemeinen Charakter der Quantentheorie natürlich nur in der Grenze erwarten, wo benachbarte Zustände wenig voneinander abweichen. Bei kleinen Quantenzahlen haben wir im besonderen mit dem Umstand zu rechnen, dass harmonische Schwingungskomponenten, die wesentlich zur klassischen Strahlung beitragen würden, der Natur der Sache nach keinen möglichen Übergängen entsprechen. Einen extremen Fall bietet ja der Normalzustand, von dem aus überhaupt keine spontane Übergänge möglich sind.

Einen analogen Fall bietet das von Ihnen besprochene Verhalten der Hg-Linie 2536. Für diese darf man nach der Systematik der Spektren annehmen, dass wir es mit einem Übergang von einem 2_2 in einen 6_1-Zustand zu tun haben, und dass daher die Lebensdauer viel länger sein muss, als wenn etwa der Normalzustand einer 1_1-Bahn entspräche, oder der p-Zustand etwa einer 6_2-Bahn. Denn der einzig mögliche Übergang entspricht ja korrespondenzmässig nur einem hohen Obertone in der Bewegung, und es ist daher verständlich, dass seine Wahrscheinlichkeit eine geringe ist. Meiner Ansicht nach bilden die von Ihnen erwähnten Wienschen Versuche zusammen mit der grossen Verschiedenheit der Dispersion der betreffenden Hg-Linie und der Linien der Alkalimetalle eben eine schöne Stütze für die Zuordnung der Quantenzahlen zu den verschiedenen Spektraltermen. Hier im Institut sind auch seit einiger Zeit Untersuchungen im Gange über die Dispersion verschiedener Metalldämpfe, um diesen Gesichtspunkt näher zu prüfen.

Bei den Röntgenspektren verhält sich die Sache insofern ähnlich, als jedes Niveau, soweit es die Elektronen derselben Gruppe betrifft, einen „Normal-

---

[1] Darin wird „eine den Strahlungswiderstand betreffende Hypothese von Bohr" diskutiert und unter Bezug auf [Wien 1919], [Wien 1921] und [Wien 1924] abgelehnt. Sommerfeld betont, „daß die Abklingung der Quecksilberlinie $\lambda = 2537$ erheblich langsamer erfolgt als die der Balmerlinien", im Widerspruch zu Bohr, [Sommerfeld 1924b, S. 465].

zustand" darstellt, und also die Lebensdauer des entsprechenden Zustandes nicht direkt durch die Bewegung der Elektronen dieser Gruppe, sondern nur durch die Wahrscheinlichkeit anderer Elektronen, in die Lücke der Gruppe hineinzufallen, bedingt ist. Die von Ihnen betonte Anwendbarkeit der vollständigen Formel für den Relativitätseinfluss bei wasserstoffähnlichen Spektren in der Systematik der Röntgenspektren[1] ist ein sehr schönes Resultat, dessen Zusammenhang mit den oben erwähnten Fragen bei dem gegenwärtigen Stand der Theorie der Röntgenspektren sich jedoch kaum einfach übersehen lässt. Die Absicht mit der Bemerkung in meiner alten Arbeit, an der Sie Anstoss nehmen,[2] war übrigens keineswegs, zu behaupten, dass eine beschränkte Anzahl von Gliedern in der Relativitätsformel die Phänomene besser darstellen dürften als die vollständige Formel, sondern nur, zu betonen dass der Anwendung dieser letzten Formel eine besondere Hypothese unterliegt, die vom Standpunkt der Theorie zunächst fraglich wäre.

Überhaupt möchte ich nicht, dass Sie den Eindruck bekommen, dass meine Neigung dafür, dunkle und wohl oft auch falsche Analogien zu verfolgen, mich blind macht für den Anteil in der Entwicklung unserer Vorstellungen, der in der Entschleierung der systematischen Ordnung der Tatsachen liegt. Auch wenn ich es wäre, brauchte ich wohl auch nur einen Blick in Ihr Buch zu werfen, um davon geheilt zu werden.

Mit vielen herzlichen Grüssen, auch von Kramers, der sich sehr gefreut hat, Sie in Innsbruck zu treffen,[3] und der ebenfalls für die freundliche Zusendung Ihres Buches bestens dankt,

Ihr sehr ergebener
Niels Bohr.

[83] *Von Wolfgang Pauli*[4]

Hamburg, den 6. Dezember 1924

Lieber Herr Professor!

Ich möchte Ihnen heute besonders dafür danken, daß Sie mir ein Exemplar der Neuauflage Ihres Buches geschenkt haben. Sie haben mir damit

---

[1] In seiner relativistischen Deutung der Röntgendubletts sah Sommerfeld ein vergrößertes Abbild der Feinstruktur beim Wasserstoff, vgl. [Sommerfeld 1924b, S. 442-454].

[2] Unter Bezug auf [Bohr 1923c, S. 94] hatte Sommerfeld bezweifelt, daß Bohrs Ansicht über den Strahlungswiderstand „mit unserem die Relativitätskorrektion vierter Ordnung betreffenden Resultat" verträglich sei, [Sommerfeld 1924b, S. 463].

[3] Vgl. Brief [77].

[4] Brief (4 Seiten, lateinisch), *München, DM, Archiv HS 1977-28/A,254*.

eine große Freude gemacht. Es war wohl das erste Mal, daß ich Ihnen bei der Neuauflage gar nicht geholfen habe, aber vielleicht werde ich das in Zukunft einmal wieder tun können.

Zur Sache hätte ich in den Einzelheiten wohl sehr viel zu sagen, aber heute muß ich mich auf das wichtigste beschränken. Bei der Darstellung der Komplexstruktur fand ich es besonders schön, daß Sie alles modellmäßige beiseite gelassen haben. Die Modellvorstellungen befinden sich ja jetzt in einer schweren, prinzipiellen Krise, von der ich glaube, daß sie schließlich mit einer weiteren radikalen Verschärfung des Gegensatzes zwischen klassischer – und Quanten-Theorie enden wird. Wie namentlich aus Millikans und Landés Befund über die Darstellbarkeit der optischen Alkalidublets durch relativistische Formeln hervorgeht,[1] dürfte die Vorstellung von bestimmten, eindeutigen Bahnen der Elektronen im Atom kaum aufrecht zu erhalten sein. Man hat jetzt stark den Eindruck bei allen Modellen, wir sprechen da eine Sprache, die der Einfachheit und Schönheit der Quantenwelt nicht genügend adäquat ist. Deswegen fand ich es so schön, daß Ihre Darstellung der Komplexstruktur von allen Modell-Vorurteilen ganz frei ist.

Aber nun muß ich Ihnen auch offen gestehen, um so mehr habe ich es bedauert, daß Sie im § 6 des 3. Kap.[itels], über die K-Schale und das He-problem, Ihrem Grundsatz „atommechanische Spekulationen zurückzustellen" ganz untreu geworden sind. Gestatten Sie mir ein freies Wort: Ich glaube nicht, daß Ihre positiven Vorschläge über das He-Modell ernstlich verteidigt werden können.* Andrerseits bin ich *sehr* einverstanden mit Ihrer negativen Behauptung: „Es scheint undenkbar, daß im Innern jedes Atoms ein Kreisel sitzt, der sich nach außen hin nicht bemerklich machen soll." In Verbindung mit meinen Überlegungen über den Einfluß von Relativitätskorrektionen auf den Zeemaneffekt, von denen ich Ihnen das letzte Mal kurz schrieb (ich habe sie inzwischen an die ZS. f. Phys. geschickt),[2] habe ich versucht, auch in der Theorie der Komplexstruktur der optischen Spektren mit der Abschaffung des Impulses der Edelgasschalen Ernst zu machen. Ich bin zwar weit entfernt davon, alle mit der Komplexstruktur und dem anomalen Zeemaneffekt verbundenen prinzipiellen Schwierigkeiten aufklären zu können, aber ich bin doch in einigen Punkten weiter gekommen. Es bezieht sich dies namentlich auf die Frage des Abschlußes der Elektronengruppen im Atom.[3]

---

[1] In [Millikan und Bowen 1923] sowie [Landé 1924] wird die Gleichartigkeit von Röntgen- und optischen Dubletts gezeigt, obwohl sie nach dem vorherrschenden Verständnis auf völlig unterschiedlichen Mechanismen beruhen sollten, vgl. [Forman 1968].

[2] [Pauli 1925b], vgl. Brief [80].

[3] Die beiden folgenden Abschnitte skizzieren [Pauli 1925c]; diese Arbeit enthält den Kern des Pauliverbots, vgl. [Heilbron 1983].

Hierbei hat mir Ihr Buch sehr geholfen, und zwar die besondere Hervorhebung der Arbeit von *E. C. Stoner* im Vorwort Ihres Buches.[1] Über diese Arbeit hatte ich vollständig hinweggelesen, als mir früher dieses Phil. Mag.-Heft unter die Hände kam. Aber kaum hatte ich Ihr Vorwort gelesen, lief ich in die Bibliothek und las die Arbeit von Stoner nach. Ich bin von der Richtigkeit der hierin vorgeschlagenen Modifikation des Bohrschen Schemas überzeugt und bin mit Ihnen darin völlig einig, daß diese Arbeit einen großen Fortschritt bedeutet. Der Stonersche Vorschlag paßte nun außerordentlich gut zu meinen oben erwähnten Überlegungen. Ich glaube, ich kann diesen (durch Betrachtungen über die statistischen Gewichte der stationären Zustände) noch besser physikalisch begründen. Ferner habe ich einen bestimmten Vorschlag einer Verallgemeinerung der Stonerschen Ansätze, so daß nicht nur die Elektronenzahlen in den abgeschlossenen Schalen, sondern auch die *Anzahl der Realisierungsmöglichkeiten (j-Werte) von unabgeschlossenen Schalen* mit gegebenen Elektronenzahlen angegeben werden können. Insbesondere folgt eine einfache Deutung des Wegfallens des Triplett-s-Termes mit derselben Hauptquantenzahl wie der Normalzustand (Singulett-S-Term) bei den Erdalkalien. Als Verallgemeinerung hiervon folgt in den höheren Kolonnen des natürlichen Systems der Elemente ein Wegfallen bzw. Zusammenfallen gewisser Multiplettterme bei der kleinsten Hauptquantenzahl (bei der schon Elektronen vorhanden sind.) In den einfachsten Fällen stimmt meine Theorie (z. B. Alkaliähnlichkeit der Siebenerschale, wie sie in den Röntgenspektren erscheint). Für die kohlenstoffähnlichen Schalen bekomme ich 5 verschiedene p-Terme (zwei mit $j = 2$, zwei mit $j = 0$ und einen mit $j = 1$). Dies stimmt damit überein, daß beim Blei in der Tat 5 p-Terme mit der kleinsten Hauptquantenzahl gefunden sind. Leider sind ihre j-Werte nicht bekannt. Für die höheren Hauptquantenzahlen sollte nach meiner Theorie das Pb-Spektrum von ähnlichem Bau sein wie das Ne-Spektrum (Sing. Tripl. || Tripl., Quint.[)].

Sollte sich in Zukunft meine Verallgemeinerung der Überlegungen von Stoner auch in den komplizierteren Fällen der Erfahrung gegenüber bewähren, so würde dies zugleich bedeuten, daß Sie völlig Recht hatten, beim Problem des Abschlusses der Elektronengruppen im Atom „die größere Hoffnung auf die Zauberkraft der Quanten zu setzen, als auf Korrespondenz- oder Stabilitätsbetrachtungen." Ich glaube in der Tat nicht, daß das Korrespondenzprinzip mit diesem Problem etwas zu tun hat. Es kommt bei mir alles auf Betrachtungen über statistische Gewichte hinaus, in dem Sinne, daß in gewissen geeignet hergestellten stationären Zuständen nicht mehr als *ein* Elektron sich befinden kann.

---

[1] [Stoner 1924].

Ich würde Sie gerne zu Weihnachten in München aufsuchen, um über Einzelheiten mit Ihnen zu sprechen. Es ist nur die Frage, ob vor oder nach den Ferien. Es wäre sehr freundlich von Ihnen, wenn Sie mir mitteilen würden, wann Sie in den Weihnachtsferien in München zu finden, und wann Sie in die Berge zurückgezogen sind (sobald Sie dies selbst wissen).

Noch bei einem anderen Punkt stimme ich der Darstellung in Ihrem Buch sehr zu, nämlich in der Frage „Wellentheorie und Quantentheorie". Ihr „freimütiges ‚non liquet'"[1] ist mir tausend Mal lieber als die zurecht konstruierte, künstliche Scheinlösung des Problems von Bohr, Kramers und Slater** (selbst wenn der Versuch von Geiger u. Bothe im Sinne dieser Theorie ausfallen sollte)[.][2]

Mit den herzlichsten Grüßen an Sie selbst und alle Bekannten (auch von Lenz)

Ihr stets dankbarer
Pauli.

* Näheres können wir vielleicht gelegentlich mündlich besprechen.
** Diese ist stark von der Art wie seinerzeit die 2. Fassung der Planckschen Quantentheorie:[3] Nicht aus einer Erkenntnis, sondern aus Gewissensbissen geboren.

[84] *An Robert A. Millikan*[4]

München, den 9. Februar 1925.

Lieber Professor Millikan!

Ich habe mich sehr gefreut Ihren liebenswürdigen Brief zu erhalten und danke Ihnen verbindlichst für ihr schönes Buch über die Elektronen.[5] In der Grundfrage über die Struktur des Lichtes fühle ich ganz wie Sie (man muss wohl eher sagen „fühlen als denken"). Es scheint mir fast unmöglich den Comptoneffekt anders zu deuten als mit den extremen Lichtquanten. Der Kompromisstandpunkt, den Bohr, Kramers und Slater einnehmen will mir garnicht gefallen. Es hat mich sehr interessiert aus Ihrem Buch zu

---

[1] Es ist nicht klar. Vgl. [Sommerfeld 1924b, S. 59].
[2] Das erst im Mai 1925 publizierte Ergebnis [Bothe und Geiger 1925] gab Pauli, Sommerfeld und den anderen Kritikern der BKS-Theorie recht.
[3] [Planck 1911]; vgl. Band 1, Brief [172].
[4] Durchschlag (1 Seite, Maschine), *München, DM, Archiv NL 89, 003*.
[5] Vermutlich [Millikan 1922], die Übersetzung von [Millikan 1917].

lernen, dass Herr Becker, den ich ja persönlich kennen gelernt habe, einen neuen Fortschritt im Nachweis des Comptoneffektes erzielt hat.[1]

Ich habe in diesem Semester ausführlich über Ihre und Bowens Arbeit im Ultraviolett vorgetragen.[2] Es ist wirklich erstaunlich, wie Sie die Spektroskopie erweitert haben. Besonders überraschend ist Ihre Ausdehnung des Gesetzes der „irregulären Dubletts" auf die optischen Terme. Den schlimmen Widerspruch in der Deutung der Quantenzahlen, den Sie und Bowen im Phys. Rev. hervorheben, gebe ich vollkommen zu und kann ihn vorläufig nicht auflösen, aber ich hoffe, dass Dr. Wentzel bald zur Klärung beitragen wird.[3] Er hat bereits die Abschirmungszahlen der „regulären und irregulären Dubletts" (vergl. pg. 452 und 459 meines Buches, 4. Aufl.) abgeleitet mit der einfachen Vorstellung von Kugelschalen und eindringenden Bahnen.

Schade, dass Sie bei Ihrer Europareise München nicht berühren konnten.

Mit den besten Grüssen und Wünschen für den weiteren Erfolg Ihrer wundervollen Arbeit

Ihr ergebener
[Arnold Sommerfeld]

[85] *Von Erwin Schrödinger*[4]

Zürich, am 7. März 1925.

Hochverehrter, lieber Herr Professor!

Heut' bin ich den ganzen vormittag über den neuen schönen Arbeiten gesessen, welche Sie mir zusammen mit denen von Wentzel schicken zu lassen die Güte hatten, und über den entsprechenden Teilen Ihres Buches. Ich bewundere immer auf's neue Ihre Energie und Umsicht, mit der Sie das ungeheure und oft so unübersichtliche Beobachtungsmaterial verfolgen und da und dort aus dem, was einem anderen eine unwesentliche Einzelheit scheinen würde, das Walten der einfachen Gesetzmässigkeiten herauslesen bzw. bestätigen.

Furchtbar unbefriedigend ist, wie Sie ja auch immer auf's Neue betonen, für mich die offene Frage der „relativistischen" Dubletts.[5] Ich sage

---

[1] [Becker 1924]. Joseph Adam Becker war seit 1924 Professor in Stanford.

[2] [Millikan und Bowen 1923].

[3] In [Wentzel 1925] wird die relativistische Interpretation der Röntgen- *und* der optischen Dubletts bekräftigt, vgl. [Forman 1968, S. 173].

[4] Brief (6 Seiten, Maschine), *München, DM, Archiv HS 1977-28/A,314*.

[5] Vgl. [Forman 1968]. Schrödinger diskutiert im folgenden das Dilemma, beide Arten von Dubletts einheitlich zu erklären: Die relativistische Begründung der Röntgendubletts

mir immer wieder, dass, von allem anderen abgesehen, zwei Bahnen mit verschiedener azimutaler Quantenzahl auch eine radikal verschiedene Abschirmung haben müssen, es ist also, wie auch Lande einmal sagt, ebenso berechtigt und ebenso unberechtigt, die Azimutalzahl verschieden anzunehmen bei *den* Bahnen, die sich *nur* in der Abschirmung unterscheiden wie bei denen, die sich *nur* im Relativitätsglied unterscheiden; modellmässig unverständlich sind beide Vorkommnisse. Die Relativitätsformel ist blos stärker gefühlsbetont.

Nein, ganz richtig ist das doch nicht. Wir *können* verstehen, dass zwei Bahnen bei gleicher Azimutzahl sich *nur* in der Absch.[irmung] unterscheiden, nämlich bei verschiedener Orientierung. Aber das andere – Verschiedenheit *blos* der Relativglieder, bleibt eben doch im Atom mit mehreren Elektronen ganz unverständlich.

Eine gewisse Schwierigkeit verursacht mir die Zuordnung der Röntgen- und optischen Terme. Ein Röntgenterm wird charakterisiert durch eine bestimmte Bahn, die in dem betreffenden Zustand *unbesetzt* ist, ein optischer gerade umgekehrt durch *die* Bahn, auf der sich das Leuchtelektron *befindet*. Wenn ich also z. B. sage, der K-Term entspricht dem (1s)-Term, so ist das nicht ganz richtig; man könnte behaupten, dem K-Term entspreche die Gesamtheit aller übrigen Terme mit Ausnahme des (1s)-Terms. Man kann m. E. die Terme eines unbesetzten Atomgebietes mit denen eines besetzten gar nicht streng in Parallele setzen, es besteht nur eine gewisse Analogie: dem K-Term als *Anfangsterm* einer Röntgenlinie entspricht der (1s)-Term als *Endterm* einer optischen Linie. Der Sachverhalt wird etwas verschleiert dadurch, dass wir im Röntgengebiet die Energien von einem anderen 0-Niveau zu zählen gewohnt und gezwungen sind, nämlich vom normalen Atomzustand, in der Optik dagegen vom völlig ionisierten.– Ich glaube nicht, dass es sich nur um einen formalen Unterschied handelt. Man denkt gewöhnlich so: nehmen wir die Linien, die von einem der 5 M-Niveaus nach dem K-Niveau führen; dabei geht allerdings das Elektron jedes Mal von einer anderen Anfangsbahn aus und da dasselbe im optischen Analogon der Fall ist, scheint die Analogie vollkommen. Nur ist im Röntgenfall *nicht* dieses Ausgehen von einer anderen Anfangsbahn die Ursache der Linienaufspaltung, sondern vielmehr, dass am Ende des Prozesses eine andere Bahn leersteht.[1] Und das scheint mir doch ein wesentlicher Unterschied.

---

beruhte auf unterschiedlichen Formen der kernnahen Ellipsenbahnen, die magnetische Begründung der optischen Dubletts auf unterschiedlichen Orientierungen der Bahnen des Valenzelektrons.

[1] Am Rand von Sommerfeld angemerkt: „Ganz richtig."

Die interessante Figur auf S. 691 Ihres Buches (Kritische Stellen der Aufspaltung bei optischen Multipletts) hat sich mir zu folgender Überzeugung verdichtet,[1] die ich bitten möchte, Ihnen erzählen zu dürfen. Sie wissen, wie Born und Heysenberg [sic!] (ZS. f. Phys. 23, 388, 1924)[2] die Deformierbarkeit der Alkaliionen aus der Abweichung der Terme von den Wasserstofftermen berechnen. Ich bin der Sache nun nachgegangen und finde, dass die Sache nur sehr wenig genau stimmt, wenn man das überhaupt stimmen nennen will. Mir ist unerfindlich, wie man (S. 395, Z. 6 v. u.) von „Ungenauigkeit der Daten" sprechen kann, wenn es sich um Spektroskopie handelt! Die scheinbar kleinen Unstimmigkeiten der Tabelle sind Faustschläge in's Gesicht der experimentellen Spektrometrie. Tatsächlich verhält es sich folgendermassen. Berechnet man z. B. die Polarisierbarkeit des Na-Rumpfes aus der Abweichung des (3d)-Terms vom Wasserstoffterm, und berechnet dann daraus die zu erwartende Abweichung des (4f)-Terms vom H-term, so fällt sie etwa 4mal so gross aus als sie wirklich ist. Oder anders gewendet (so habe ich wirklich gerechnet): wenn die Abweichung vom H-Term auf Polarisation des Rumpfes beruht, so sollte das 9-fache des (3d)-Terms von der Rydbergkonstante nur 7-mal so stark abweichen, wie das 16-fache des (4f)-Terms. Tatsächlich weicht es 26mal so stark ab.

Der Rumpf ist also für die Bahnen mit grösserer Umlaufzeit viel weniger gut polarisierbar als für die hochfrequenten Bahnen. (Ich habe eine ganze Anzahl Alkaliterme nachgesehen, es ist immer dieselbe Geschichte). Das sieht nach einem (normalen) Dispersionseffekt aus.

Ich möchte also annehmen, dass der Rumpf dem Leuchtelektron gegenüber im allgemeinen normale Dispersion zeigt, so als läge seine Eigenfrequenz höher als die Umlaufszeiten der innersten Aussenbahnen, was auch nicht unvernünftig scheint.

Nun zeigt sich aber bei den d- und f-Termen des Li folgende Merkwürdigkeit. Die höheren derselben sind *kleiner*, als die entsprechenden Wasserstoffterme, u. zw. effektiv wirklich kleiner. Vergleicht man sie mit Wasserstofftermen eines Kerns vom Atomgewicht des Li, so wird dieses Kleinersein noch verstärkt. Das heisst also, die betreffenden Li-Bahnen sind weniger stark gebunden, als sie wären, wenn die beiden inneren K-Elektronen mit dem Kern vereinigt wären. Das ist nun doch äusserst merkwürdig! Rein qualita-

---

[1] Es handelt sich um eine die Bergmannterme betreffende Darstellung, die „Aufschlüsse über die Koppelung zwischen Leuchtelektron und Atomrumpf" verspreche und „an die auf Resonanz beruhenden kritischen Umlaufzahlen von Wellen oder Schwingungszahlen von Federn" erinnere, [Sommerfeld 1924b, S. 690-691].

[2] [Born und Heisenberg 1924].

tiv scheint die Beschreibung der Bahnstörungen als einer Polarisation des Rumpfes mit Rückwirkung auf das Aussenelektron doch sicher richtig; man sollte meinen, dass das zu einer Verfestigung der Bindung führt. Wenn es das nicht tut, so muss man glauben, dass der Rumpf mit einer Phasenverschiebung von 180° polarisiert wird. Das wäre der Fall bei Dispersion, wenn die erregende Frequenz *höher* ist als die Eigenfrequenz.

Wie stimmt das nun zu dem früheren Schluss? Ich glaube, es ist nicht ganz unvereinbar damit, man muss nur bedenken, dass die Bahn des Leuchtelektrons auch Obertöne hat. Denken wir uns einfachheitshalber, der Rumpf habe nur eine Eigenfrequenz, dann werden, wenn wir zu weiter und weiter aussen gelegenen Bahnen übergehen, die Obertöne der Bahn einer nach dem anderen über die Eigenfrequenz des Rumpfes hinwegstreichen und, wenn sie auch nicht viel austragen, so wird das doch zu einer gelegentlichen leichten Unterschreitung der Wasserstoffbindungsfestigkeit führen können.

Die Fälle, die Sie an der angeführten Stelle Ihres Buches erwähnen, müssten solche sein, bei denen dieses Ueberstreichen der Rumpffrequenz sich deutlicher bemerkbar macht. Es sind übrigens durchwegs Fälle, wo der Rumpf noch ein oder mehrere Elektronen enthält, die dem Leuchtelektron ursprünglich koordiniert sind. Das mag zur Folge haben, dass er Eigenfrequenzen besitzt, die genügend niedrig sind, um von einem der ersten, noch kräftigeren Obertöne der Leuchtelektronenbahn überstrichen zu werden.–

Ich weiss nicht, ob ich darangehen soll, den Gedanken quantitativ durchzuführen.[1] Es wird sehr widerlich sein, weil man alle Obertöne der Bahn berücksichtigen sollte, und weil, sobald einer davon einer Rumpfeigenfrequenz nahe liegt, die Rumpfpolarisation mit dem Radiusvector des Kerns einen Winkel macht. Zudem sind die Annahmen über die Dispersionseigenschaften des Rumpfes so völlig unsicher. Ausserdem hat man bei allen klassischen Dispersionsrechnungen das bestimmte Gefühl, es ist doch nur Surrogat.

Übrigens scheinen mir die Wentzel'schen Versuche zu einer Quantentheorie der Dispersion zu kommen, die meistversprechenden.[2] Nur deute ich sie mir um nach Bohr–Kramers–Slater.

Nächster Tage kommen Born und Waetzmann (Breslau) auf einer Erholungsreise hier durch, ersterer wohl mit einem Pack Neuigkeiten aus Kopenhagen, wo er eine Woche lang war.[3]

---

[1] [Schrödinger 1925] wurde am 7. April 1925 eingereicht und erschien im Juni 1925.
[2] [Wentzel 1924c].
[3] Erich Waetzmann, Professor der Physik an der TH und Honorarprofessor an der Universität Breslau, beschäftigte sich hauptsächlich mit Akustik.

Von meiner Frau soll ich Sie sehr herzlich grüssen. Sie ist heute – auf dem Ball! Das ist bei uns etwas ganz unerhörtes, eigentlich ist es anachronistischer Weise ihr erster, da ihre Jungmädchenzeit in die Kriegsjahre fiel und auch nachher die Zeitläufte nicht darnach waren. Aufrichtig gesagt, hab' ich's auch jetzt einen Blödsinn gefunden oder hätte jedenfalls ein Studentenkränzchen im deutschen oder österreichischen Stil lieber gehabt als so einen „feinen" Züricher Ball, wo die hiesige Geldaristokratie in Logen à 300 Fr aufprotzt und man als simpler Professor misera plebs ist. Darum hab' ich sie auch unter den Fittichen von Meyer, Bär's und Scherrer's[1] allein gehen lassen – ausserdem war mir die Eintrittskarte von Fr 25 mit *zwei* multipliziert zu viel Geld für das fragliche Vergnügen.

Ich hoffe es geht bei Ihnen gut und Ihre liebe Gemahlin hat sich von dem Schweren, das sie durchgemacht hat, schon wieder etwas aufgerichtet.[2] Es hat uns damals so ausserordentlich leid getan, dass die Karte zu spät kam und wir hernach gar nichts für die gnädige Frau tun konnten. Ich weiss nicht mehr, was los war, ich weiss nur, dass sie es furchtbar ungemütlich und wenig nett bei uns hatte. Besonders arg war mir, dass wir sie dann doch in's Hotel gehen lassen mussten, aber ich wagte keinen Zwang, weil es ja wirklich kein Wunder gewesen wäre, wenn sie den Wunsch hatte, aus dem Wirbel, der zuerst geherrscht zu haben scheint (ich war nicht daheim) heraus zu kommen.

Darf ich Sie bitten, von uns beiden Empfehlungen und Handkuss zu sagen, und auch an Fräulein Gretchen[3] bitte alles Herzlichste!

In Verehrung und Dankbarkeit bin ich stets

Ihr treu ergebener
E. Schrödinger.

[86] *Von William F. Meggers*[4]

Washington June 9, 1925.

My dear Professor Sommerfeld:

You have seen from my paper on "Arc Spectra of the Platinum Metals" that this Bureau has for several years been investigating the chemical and

---

[1] Edgar Meyer und Paul Scherrer waren Ordinarien für Physik an der Universität bzw. ETH Zürich, Richard Bär seit 1922 Privatdozent an der Universität Zürich.

[2] Am 22. Januar war Johanna Sommerfelds Bruder Willy Höpfner in dem 1914 gegründeten Sanatorium Agra bei Lugano gestorben, wo ihn Johanna die letzten beiden Wochen pflegte. Schrödingers hatten ihre Unterstützung angeboten, *E. Schrödinger an A. Sommerfeld, 19. November 1924. München, DM, Archiv HS 1977-28/A,314.*

[3] Margarethe, die 25jährige Tochter Sommerfelds.

[4] Brief (2 Seiten, Maschine), *München, DM, Archiv NL 89, 011.*

physical properties of these six metals.[1] The search for spectral structures of this group was also on our program and considerable preliminary work had already been done when I heard that Messrs. Bechert, Catalán and Sommer were also interested in these spectra.[2] Of course, I realized that these six arc spectra would mean a large undertaking for us, and I was therefore greatly pleased with the arrangement recently made whereby we divide the work with your Institute — we are investigating Ru and Os and you are taking care of the others.[3]

No doubt everyone who has looked at this problem has recognized that there is a sad dearth of experimental data for the analysis of the platinum-metals spectra. There are no Zeeman data worth mentioning, no absorption spectra or temperature classification of the lines, and almost no pressure-effect observations. Dr. Laporte and I have tried to remedy this situation somewhat by studying the absorption spectra of these metals as given by the condensed spark under water. The results have been of great value to us in the case of Ru and we are therefore sending you preliminary results of our experiments with Rh, Pd, Ir, Pt, trusting that they may be useful to our friends, Bechert and Catalán.[4] These first results reach only to 2 200 A in the ultra violet, but this is already beyond the limit of the published spectral tables in most cases. We intend to extend the under-water spark spectra to 2 000 A and have already begun to observe the arc and sparc emission spectra between 2 400 and 2 000 A. These data will be sent to you in a few weeks and we hope that they will give further assistance in the analysis of the spectra.

In the tables of absorption spectra enclosed herewith I have given my own intensity estimates; some of these may perhaps be modified if we find a better basis for comparison than mere visual estimation. A few of the lines are labeled "p" which means that they are "penultimate", that is, they do not involve the lowest level, but probably some level near the lowest. The results for Rh and Ir were obtained from alloys with Pt and there are

---

[1] In [Meggers 1925] werden Ruthenium, Rhodium, Palladium, Osmium, Iridium und Platin untersucht.

[2] Karl Bechert promovierte 1925 bei Sommerfeld und war anschließend für ein Jahr mit einem Rockefellerstipendium bei Miguel A. Catalán in Madrid; Ludwig August Sommer hatte 1923/24 einen mehrmonatigen Studienaufenthalt bei Sommerfeld verbracht und war seit Ende 1924 Assistent von James Franck in Göttingen, wo er sich 1926 mit einer Arbeit über den Zeemaneffekt von Ruthenium habilitierte.

[3] Diese Arbeitsteilung war in einem früheren Brief vereinbart worden, *W. F. Meggers an A. Sommerfeld, 26. März 1925. College Park, AIP, Meggers*. Auch wurde der Studienaufenthalt von Otto Laporte am National Bureau of Standards verlängert.

[4] In [Bechert und Catalán 1926] wird die Mitteilung dankbar erwähnt.

a few cases where lines of one of the former elements may coincide with Pt lines. We can settle these questions by using other alloys. For Ru and Os we used alloys with Zn. We found 85 absorption lines for Ru between 2 255 and 4 705 A and have identified practically all of them either as ultimate or penultimate lines.

We agree with Mr. Bechert that a quintet-D term is the lowest and his quintet-P term with separations 608 and 1 092 was previously recognized from Paulson's terms,[1] F, J, M. A similar one appears to be constituted by Paulson's terms, N, K, H. There is considerable difficulty in assigning azimuthal quantum numbers so we are getting some Zeeman data from Prof. Moore of Nebraska.[2]

Dr. Laporte went to a wedding in New York City last Saturday and has not yet returned. If he does not come back soon, I shall suspect that he got married and went on a honeymoon. If he were here he would surely write too, but he will have more to say when he gets back from New York so I will enclose his greetings and best wishes with my own and promise to write more later.

Very Sincerely,
W. F. Meggers.

Enclosure:
Tables.

[87] *An Wolfgang Pauli*[3]

München 18. VI. 25

Lieber Pauli!

Dieser Tage habe ich Ihre Arbeit über den Schalen-Abschluß (für meine Specialvorlesung) studirt und bin sehr erbaut davon.[4] Sie kommen damit sehr viel weiter als ich. Ich nahm (Physik. Ztschr. und in einer zusammen mit Grimm entworfenen Arbeit)[5] die Stoner'sche Gruppeneinteilung

---

[1] [Paulson 1915].

[2] Burton Evans Moore war Physikprofessor an der University of Nebraska in Lincoln.

[3] Brief mit Zusatz (2 Seiten, lateinisch), *Genf, CERN, PLC*.

[4] [Pauli 1925c].

[5] In [Sommerfeld 1925a] sowie [Sommerfeld und Grimm 1926] werden auch das Stonersche Schema und die Quantenzahlen j, k_1 und k_2 näher erklärt. Zur Arbeit mit Grimm vgl. *A. Sommerfeld an H. G. Grimm, 10. Mai 1925. München, DM, Archiv HS 1978-12B/172*.

axiomatisch an, definirte Abgeschlossenheit der Schale durch $j = 0$ der Grundbahn und ordnete $j = k_2 - \frac{1}{2}$ jedesmal dem ersten Element nach der abgeschlossenen Schale zu, unter k_2 die Charakteristik der betr. neu beginnenden Schale verstanden. Auch den p_0-Term für Neon hätte ich schon damals publicirt, wenn mich nicht Wentzel bange gemacht hätte. Der Reciprocitätssatz[1] kommt auch von meinem Standpunkt aus glatt heraus. Aber Sie kommen viel weiter: Sie können aus Ihrem Princip der 4 Quantenzahlen und aus den Erfahrungen über die Alkali-Z[eeman]-Eff.[ekte] die Stoner'sche Einteilung mit $j = 0$ *beweisen* und die vorhandenen oder ausfallenden Terme bestimmen. Das ist sehr schön u. zweifellos richtig.

Bei O, S, Se, finde ich, sind Sie inkonsequent. Hier sollten Sie außer S_{11} auch S_{21} als abgeschlossene u. nicht weiter angreifbare Schale gelten lassen (S bedeutet L, M, N für O, S, Se).[2] Dass wirklich immer mit $j = 0$ ein besonders hoher Grad von Stabilität erreicht wird, zeigen die Ionisations-Spannungen. Infolge dessen würde ich nur Ihren Fall c) von S. 782 berücksichtigen, der zu $j = 0$ und $j = 2$ führt. Die anderen Fälle sind angeregte Rümpfe, geben also heteromorphe Terme. Es ist gewiss bemerkenswert, dass Ihre Methode auch über solche Terme Aufschluss giebt. Aber sie stehen doch mit den eigentlichen Grundtermen nicht auf einer Stufe.

Nun aber meine Hauptbemerkung:[3] Bei O stimmt Ihr Resultat $j = 0$ und $j = 2$ scheinbar nicht mit der Erfahrung! Denn diese giebt ein Triplett mit $j = 2, 1, 0$, allerdings von sehr ungewöhnlichem Intervall-Verhältnis. Ob dies eine Andeutung dafür ist, dass das Niveau mit $j = 1$ anderen Ursprungs ist? oder ob das Hopfield'sche Triplett[4] noch nicht das Grundtriplett ist? Beides ist mir unwahrscheinlich. Andererseits zweifle ich nicht an der Richtigkeit Ihrer Methode. Ich befinde mich also in einem Dilemma, aus dem Sie mir helfen sollen.

Nebenbei: Warum sagen Sie S. 766, dass Bohr u. Coster die Ordnung der Röntgenspektren nach k_1, k_2 gemacht haben? Sie haben diese doch nur von Wentzel übernommen.[5]

---

[1] Er stellt eine Beziehung zwischen den ersten und letzten Elementen einer Untergruppe im Periodensystem her, deren Elektronenschalen sich um jeweils die gleiche Zahl von der benachbarten Edelgaskonfiguration unterscheidet, [Pauli 1925c, S. 778].

[2] S_{kj} wird in [Sommerfeld 1925a, S. 70] als allgemeines Symbol für einen Röntgenterm der K-, L-, M-, ... Schale definiert.

[3] Vgl. die folgende Antwort Paulis.

[4] Siehe [Sommerfeld 1925a, S. 73] und [Hopfield 1924].

[5] [Bohr und Coster 1923, S. 348] erkennt Wentzel die Priorität zu; zur Rivalität zwischen Coster und Wentzel um die Röntgenspektren vgl. *D. Coster an A. Sommerfeld, 23. Mai und 17. Juni 1921. München, DM, Archiv NL 89, 006*, sowie *G. Wentzel an A. Sommerfeld, 17. Januar 1923. München, DM, Archiv HS 1977-28/A,362*.

Die Arbeit von Wentzel in den Annalen (eben erschienen) scheint mir das Beste zu sein, was über das Dublett-Mysterium der sichtbaren u. Röntgen-Spektren geschrieben ist.[1]

Sagen Sie bitte Lenz herzl. Dank für seinen Brief, der mir in den nächsten Wochen für meine Vorlesung nützlich sein wird. Ich hoffe, seine Besserung ist weiter fortgeschritten!

Es scheint (nach Messungen von Ornstein und Frerichs), dass unsere schöne Intensitätsformel (also auch die von Kronig) falsch ist![2]

Herzliche Grüsse
Ihr A. Sommerfeld[3]

[88] Von Wolfgang Pauli[4]

Hamburg, den 22. Juni 1925

Lieber Herr Professor!

Vielen Dank für Ihren Brief. Es freut mich sehr, daß Sie mit der von mir bei der Behandlung des Schalenabschlusses angewandten Methode im Prinzip einverstanden sind. Nun will ich versuchen, Ihnen über den Fall des Sauerstoffs Auskunft zu geben, so gut ich kann. Der von Ihnen hervorgehobene Sachverhalt war mir sogleich aufgefallen, nachdem ich meine Methode gefunden hatte, und ich habe vor ihrer Publikation sehr eingehend darüber nachgedacht. Gewiß wäre es das Nächstliegende gewesen, bei O die S_{21}-Schale ebenfalls als abgeschlossen zu betrachten, so wie Sie es vorschlagen. Ein solches Verfahren schien mir aber doch nicht hinreichend begründet zu sein. Ich möchte nämlich die Verhältnisse in gewisser Hinsicht vergleichen mit denen bei den angeregten Termen der Erdalkalien. Bei den p-Termen führt meine Methode hier zu zwei Termen mit $k_1 = 2$, $k_2 = 1$ und zwei Termen mit $k_1 = 2$, $k_2 = 2$. Es ist auch durchaus möglich, daß eine solche Gruppierung der p-Terme in zwei Paare tatsächlich eintreten würde, wenn man dieselbe Elektronenkonfiguration bei sehr hoher Kernladungszahl realisieren könnte, wo die Relativitätsglieder groß sind gegen alle Wechselwirkungsenergien der Elektronen. Soviel steht aber fest, daß in den bekannten Fällen drei Triplet-p-Terme zusammengehören und ein einziger Singulet-P-Term abseits liegt. Die Tatsache, daß die absolute

---

[1] [Wentzel 1925], vgl. [Forman 1968, S. 173].
[2] [Sommerfeld und Hönl 1925], [Kronig 1925], [Ornstein und Burger 1924], [Frerichs 1925].
[3] Nachfolgend Notizen von W. Pauli, vgl. auch [Pauli 1979, S. 218].
[4] Brief (6 Seiten, lateinisch), *München, DM, Archiv HS 1977-28/A,254*.

Größe der Intervalle zwischen den *drei* Triplettermen durch relativistische Formeln bestimmt ist, paßt dabei in keiner Weise zur Klassifikation *eines* Elektrons durch die beiden Zahlen k_1, k_2. Es scheint mir deshalb keine so große Überraschung mehr zu bedeuten, wenn dann auch die Einteilung einer n_k-Schale in zwei n_{k_1,k_2}-Schalen ihre Grenzen hat. Es liegt auch beim O eine Umordnung der Terme vor: Statt des Termpaares mit $j = 2$ u. $j = 0$ (der abgeschlossenen S_{21}-Schale als Atomrest entsprechend) und drei weiteren Termen $j = 2, 1, 0$ (angeregten Rümpfen entsprechend), gehören in Wirklichkeit drei Terme mit $j = 2, 1, 0$ mit dem Grundterm physikalisch zusammen und zwei Terme $j = 0$ und 2 sind angeregt. (Ich zweifle nicht daran, daß der Term mit $j = 1$ mit den Termen $j = 0, 2$ ein Triplet bildet und daß das Hopfieldsche Triplet das Grundtriplet ist.)[1] Sie sehen also, physikalisch erklären kann ich die Sache nicht, aber ich habe mich damals dabei beruhigt, *daß die Umordnung der Terme bei O von derselben Art ist, wie das Auftreten von 3 + 1 statt von 2 + 2 Termen bei den Erdalkalien.* Ich erblicke darin einen prinzipiellen Mangel der Klassifikation eines Elektrons durch 4 Quantenzahlen und daher auch der Stonerschen Unterteilung der n_k-Schalen. Solche Umordnungen von Termen hatte ich im Auge, als ich in meiner Arbeit betonte, daß ich nur über die Gesamtzahl der Terme Schlüsse ziehen will, nicht aber über ihre Anordnung.

Eine weitere Aufklärung über die Terme bei Sauerstoff ergibt sich aus einer im Druck befindlichen Arbeit von Heisenberg.[2] Sie enthält zwar keine physikalische Erklärung für solche Vorkommnisse wie die hier in Rede stehenden, bringt sie aber in ein einheitliches und widerspruchsfreies formales System. Vor allem gestattet aber die von Heisenberg vorgeschlagene Auffassung die Verzweigungsregel[3] gegenüber allem bekannten empirischen Material ausnahmslos aufrecht zu erhalten. Heisenberg hat nämlich dort gezeigt, daß man unterscheiden muß zwischen einer eigentlichen Quantenzahl k, welche für die Ordnung der Spektren in Serien, für den Absolutwert des Terms sowie auch für die absolute Größe der Multipletintervalle maßgebend ist, und einer anderen Quantenzahl l, die in der Landéschen g-Formel an Stelle des k fungiert und die Intervall*verhältnisse* bestimmt. Für die Gültigkeit der Landéschen g-Formel gelten einschränkende Bedingungen, die von Heisenberg näher angegeben sind. Dabei behalten Sie Landé gegen-

---

[1] Zur abschließenden Einordnung der von John Joseph Hopfield gefundenen Linien vgl. [Sommerfeld 1929a, S. 468 und 489].

[2] [Heisenberg 1925b].

[3] Sie wurde 1924 von Heisenberg und Landé aufgestellt und beschreibt den Zusammenhang von Einstellungsmöglichkeiten eines Atoms und dem Termsystem, vgl. [Pauli 1979, S. 178 und 181].

über in dem Punkt Recht, daß es keineswegs eine notwendige Bedingung für das Auftreten der gewöhnlichen g-Werte ist, daß nur s-Bahnen zum Impuls des Atoms etwas beitragen. Dieser Fall ist dadurch ausgezeichnet, daß die Quantenzahlen l und k dann übereinstimmen; aber die Bedingung für das Auftreten der gewöhnlichen g-Werte ist eine viel allgemeinere. Es handelt sich dabei um zwei Klassifikationen der Spektren, die nach verschiedenen Gesichtspunkten durchgeführt sind, einander aber nicht widersprechen. Es herrscht nur eine gewisse Unordnung in der Literatur, da manchmal als s-, p-, d-, ... Terme die Terme mit $k = 1, 2, 3 \ldots$ bezeichnet sind (z. B. beim Neon), manchmal aber die mit $l = 1, 2, 3 \ldots$ (dies gilt von allen Spektren in der Fe-Gruppe, u. von Mn, die die gewöhnlichen g-Werte haben). Auch bei den p'- u. d'-Termen der Erdalkalien ist die Klassifikation gemäß Z vorgenommen, die p'-Terme haben z. B. $k = 3$. Darin hat Landé Unrecht, daß diese Terme zu einem Atomrest gehören sollen, bei dem das erste Valenzelektron in einer s-Bahn läuft; natürlich gehört er zu einem Atomrest mit einem 3_3-Elektron, wie Wentzel u. Laporte[1] angenommen haben und wie es aus den Beobachtungen von Russell u. Saunders[2] unzweifelhaft hervorgeht.*
In der k-Klassifikation gilt jedoch die Landé–Heisenbergsche Verzweigungsregel ausnahmslos u. allgemein. (Auch im Fall der gestrichenen Erdalkaliterme). Übrigens habe ich am Schluß einer Arbeit von Catalan in den bayr. Akademieberichten[3] gesehen, daß da immer Terme mit ganz verschiedenem l nahe beisammen liegen. Nach der Heisenbergschen Theorie sind das wohl Terme mit gleichem k. Auch ist es sehr wahrscheinlich, daß die von Ihnen festgestellten „Inkonsequenzen" im Ausbau der Schalen verschwinden werden, wenn man die k-Klassifikation statt der l-"Klassifikation zu Grunde legt.** (In anderen Fällen ist natürlich wieder die l-"Klassifikation die bequemere). Ich will jetzt nicht darauf eingehen, wie allgemein die eine Klassifikation aus der anderen abgeleitet werden kann, (sie werden es ja, von einer noch offen bleibenden Zuordnungsfrage abgesehen, in der sehr bald erscheinenden Heisenbergschen Arbeit[4] lesen), sondern nur noch sagen, daß bei gegebenen k-Werten der einzelnen Elektronen der Wertevorrat der Größe $l-1$ durch vektorielles Zusammensetzen der „j_s – der Anregung" ($j_s = k - 1$) der einzelnen Elektronen resultiert.*** Ein ähnlicher Gesichtspunkt findet sich schon bei Russell und Saunders. Gerade die empirischen Ergebnisse dieser Verfasser stimmen sehr gut zur Heisenbergschen Theorie.

---

[1] [Laporte und Wentzel 1925].
[2] [Russell und Saunders 1925].
[3] [Catalán 1925].
[4] [Heisenberg 1925b] erschien am 30. Juni 1925.

Ich bin auch deshalb auf diese Frage näher eingegangen, weil auch meiner Methode beim Schalenabschluß die Verzweigungsregel zu Grunde liegt. Nun will ich wieder zu den 5 Sauerstofftermen meiner Arbeit zurückkommen. Gemäß der k-Klassifikation sind sie alle als p-Terme zu bezeichnen. Gemäß der l-"Klassifikation wären aber nur die drei Terme von Hopfield als p-Terme (p_0, p_1, p_2) zu bezeichnen, die restierenden Terme mit $j = 0$ und $j = 2$ aber als gestrichene Singuletterme S' und D' (das soll besagen $l = 1$ und $l = 2$). Gestrichen deshalb, weil sie wie p-Terme kombinieren. Sie werden sehen, daß sich bei Einsetzen der zugehörigen gewöhnlichen g-Werte

p_0	p_1	p_2	S'	D'
0/0	3/2	3/2	0/0	1

dieselben g-Summen ergeben wie die in meiner Arbeit angegebenen. (Ähnliches gilt übrigens allgemein, die gewöhnlichen g-Werte bei der l-Klassifikation sind gemäß Heisenberg immer im Einklang mit den nach dem Landéschen Verfahren berechneten g-Summen der k-Klassifikation.) Ob nun diese gewöhnlichen g-Werte und die gewöhnlichen Intervallverhältnisse tatsächlich realisiert sind oder nur die g-Summen stimmen, ist noch eine Frage, die einer besonderen Untersuchung bedarf. Bei O ist das vielleicht der Fall, bei Pb aber sicher nicht.

Nun noch eine Bemerkung zu den von Ihnen und Hönl sowie von Kronig aufgestellten Formeln.[1] Ich kann mich nicht dazu entschließen, zu glauben, daß diese Formeln schlechthin falsch sein sollen. Vielleicht handelt es sich aber darum, ihren Gültigkeitsbereich noch genauer zu präzisieren. Da ist mir kürzlich von Kronig (der momentan in Kopenhagen ist) ein interessanter Gesichtspunkt mitgeteilt worden. Er glaubt nämlich, daß die Formeln nur dann gelten, wenn die gegenseitigen Störungen der verschiedenen Termsysteme schwach sind, also wenn die Interkombinationslinien schwach sind gegenüber den gewöhnlichen Kombinationslinien innerhalb desselben Termsystems. Auch sollen nach seiner Ansicht die Summenregeln nur für die Summe der Intensitäten der gewöhnlichen Linien + der Interkombinationslinien, die von einem Niveau ausgehen, streng gelten. Für diese Auffassung spricht, daß Dorgelo bei Neon eben für diese Totalsummen die Summenregeln als gültig findet (ist in Physica publiziert).[2] Ich weiß aber nicht, ob man mit diesem Gesichtspunkt in allen Fällen empirisch durchkommt.

---

[1] [Sommerfeld und Hönl 1925], [Kronig 1925].
[2] [Dorgelo 1925].

Über den Gesundheitszustand von Lenz bin ich sehr traurig.[1] Nun ist er in ein Sanatorium in der Nähe von Heilbronn verreist (so daß ich ihm Ihre Mitteilung nicht mehr ausrichten konnte). Wenn ihm das nur helfen würde! Aber ich fürchte sein Zustand wird, von geringen Schwankungen abgesehen, chronisch. Mir tut das furchtbar leid. Es ist viel weniger schön in Hamburg, seitdem er so schwer zu fassen ist. Ich habe immer sehr viel Freude und Anregung davon gehabt, mit ihm über physikalische Fragen zu diskutieren, aber leider war das in letzter Zeit nur mehr in sehr beschränktem Maße möglich.

Mit den besten Grüßen an Sie selbst, an Wentzel, dessen letzte Arbeit in den Annalen mir auch sehr gefallen hat,[2] sowie an alle anderen Bekannten in Ihrem Institut

Ihr stets dankbarer
Pauli

* Von Landés letzter bonzenhafter u. unsachlicher Polemik gegen Wentzel u. Laporte[3] war ich wenig erbaut und war sehr betrübt darüber, daß ich dabei als mystische „andere Seite" eine Rolle spiele.

** Herr Hund in Göttingen ist gegenwärtig damit beschäftigt, dies nachzuprüfen.[4]

*** Bei Vorhandensein mehrerer äquivalenter Elektronen fallen davon wieder gewisse Werte aus.

[89] Von Erwin Schrödinger[5]

Zürich, am 21. Juli 1925.

Verehrter, lieber Herr Professor!

Haben Sie vielen, vielen Dank für Ihre liebe gütige Karte von vorgestern. Wie verstehen Sie es, aufzumuntern und zu ermutigen und nachsichtig von Mängeln zu schweigen. Was brauchbar an der Resonanzgeschichte sein

---

[1] Lenz litt an einem Nervenleiden. Im Sommersemester 1925 wurde er von Pauli, im folgenden Wintersemester von Wentzel vertreten, [Pauli 1985, S. 700].

[2] [Wentzel 1925].

[3] In [Landé 1925] wird Paulis Ausschließungsprinzip als Argument benutzt, Pauli jedoch nicht namentlich erwähnt.

[4] [Hund 1925a].

[5] Brief (3 Seiten, Maschine), *München, DM, Archiv HS 1977-28/A,314*.

mag,[1] ist Ihnen zu danken, wie so vieles, was unter einem Dutzend anderer Namen in Deutschland publiziert wird. Diesfalls ist nicht nur die Anregung aus Ihrem Buch, sondern das Kind wäre nie geboren worden, hätten Sie mir nicht in Ihrem lieben Brief vom 20. März eine Injection Münchenin gegeben, indem Sie mich zur Verfolgung des Gedankens anspornten.[2]

Bewundernd stand ich vor Ihrer vollständigen Entwirrung der Multiplettintensitäten.[3] Und wie ich neulich sah, sind unterdessen in Amerika neue umfangreiche Messungsreihen gemacht worden, die ganz Ihren Voraussagen entsprechen.[4] Wie es Ihnen möglich war, ohne eigentliches Modell nur auf das Analogiegefühl mit der klassischen Theorie gestützt diese im tiefsten Grunde doch so ganz andersartigen Gesetzmässigkeiten aus gar nicht so sehr reichem Tatsachenmaterial herauszulesen, bleibt unverständlich für mich. Ich habe Mühe, mir langsam den doch recht verwickelten Aufbau dieser ganzzahligen Formeln klarzumachen, und Sie haben dieselben in das Beobachtungsmaterial hineinkomponiert, so dass sie nun straff sitzen, wie eine Gardeuniform!

Sie haben mit Bothe und Geiger und den fast noch schöneren Versuchen von Compton (Nebeltröpfchenmethode, letztes Heft der American Academy) alles, was nach klassischen Wellen riecht, zu Grabe getragen?[5] Sie werden mich unverbesserlich nennen, aber ich kann mich dazu noch nicht so schnell entschliessen. Ich habe schon auch das Gefühl: da ist irgendetwas ganz, ganz anders als man bisher gedacht. Aber ich glaube nicht, dass man dem, *wie* es ist, auf die Spur kommen kann anders, als dass man beständig die gleichzeitige Existenz jener merkwürdigen scheinbar gerichteten Effekte *und* der durch tausend Versuche der klassischen Optik verbürgten kohärenten Kugelwellen von Meterdicke sich vor Augen hält. Ich sehe gar keine Möglichkeit, das, was bisher durch die letzteren beschrieben worden ist, durch Bilder zu beschreiben, denen *nicht* alle wesentlichen Züge jener meterdicken Kugelwellen zukämen, mögen diese Bilder nun *heissen* wie sie wollen z. B., nach Wentzel, Wahrscheinlichkeitskoppelungen.[6]

---

[1] [Schrödinger 1925] wurde durch [Sommerfeld 1924b, S. 691] angeregt, vgl. Brief [85].
[2] Dieser Brief liegt nicht vor.
[3] [Sommerfeld und Hönl 1925].
[4] [Russell 1925a] und [Russell 1925b], vgl. [DeVorkin und Kenat 1983].
[5] Zu [Bothe und Geiger 1925] vgl. Fußnote 1, Seite 167; parallel dazu wurden in Nebelkammerexperimenten von A. H. Compton und seinem Mitarbeiter A. W. Simon die Spuren von Photoelektronen und Rückstoßelektronen nach Röntgenbeschuß vermessen, die ebenfalls keinen Zweifel an der Quantennatur der Röntgenstrahlung zuließen, [Compton und Simon 1925]; vgl. [Stuewer 1975, S. 301-302].
[6] [Wentzel 1924c].

Vielleicht wäre es nützlich, sich einmal einige einfache optische Erscheinungen und ihre klassisch-optische Deutung von folgendem Gesichtspunkt aus zu überlegen. Diese Deutungen enthalten im Einzelfall oft sehr viel überflüssiges, das sich sozusagen wieder forthebt, weil die Wirkungen verschiedener Teile der Anordnung sich kompensieren. Beispielsweise: beleuchte ich eine einzelne gegen die Wellenlänge schmale Ritze mit einem Parallelstrahlenbündel, so geht auf der anderen Seite Strahlung nach allen Seiten. Setze ich aber n solche schmale Ritzen hart nebeneinander, ohne Zwischenraum, sodass ein Spalt von erheblicher Breite entsteht, so schrumpft die Beugungserscheinung auf ein unbedeutendes Nebenphänomen zusammen. Es geht jetzt nicht mehr Licht nach allen Richtungen, sondern praktisch nur in einer. Die Klassik sagt: nein, von jedem Flächenelement geht auch jetzt noch Licht nach allen Richtungen aus, nur vernichten sich diese Lichter im allgemeinen durch Interferenz. Das ist, wenn man es genau nimmt, eine ungeheuer komplizierte Erklärung des einfachen Schattenphänomens zugunsten des viel subtileren Phänomens der Beugung am schmalen Spalt. Und diese Denkweise ist für die klassische Optik charakteristisch. Es läuft zugunsten der Erklärbarkeit der feineren Phänomene bei den gröberen furchtbar viel Unbeobachtbares Gedankenwerk mit, das sich im Effekt forthebt. Man müsste trachten, diese leerlaufenden Räder zu entfernen, eine Theorie zu machen, welche die Wellenphänomene nur liefert, wenn sie wirklich da sind.

Aber das ist alles nur Gerede, man müsste es eben *machen*.

Ich soll von meiner Frau sehr viele schöne Grüsse sagen. Wir sind in langsamer Aufrollung in irgendeine Sommerfrische begriffen, wissen aber noch nicht wohin. Wahrscheinlich zuerst eine ganz kleine Tour zu Schweizer Sehenswürdigkeiten mit sehr lieben alten Freunden meiner Eltern (Handlirsch), die zum – Gott sei Dank wirklich internationalen – Entomologentag hier sind.[1] (Ich muss mich korrigieren: die Franzosen und Belgier sind natürlich ferngeblieben; aber es ist doch besser so, als anders 'rum.)

Ihnen allen einen recht angenehmen ruhevollen Sommer wünschend grüsse ich Sie in treuer Dankbarkeit als Ihr aufrichtig ergebener

E. Schrödinger

p. s.: Fast hätt' ich vergessen, Ihnen zu sagen (wenn Sie es nicht schon wissen), dass ich in Erwartung eines Rufes nach Innsbruck bin. Ich ginge

---

[1] Anton Handlirsch und Erwins Vater Rudolf Schrödinger waren Biologen. Allgemein zum wissenschaftlichen Internationalismus nach dem Ersten Weltkrieg vgl. [Schröder-Gudehus 1966].

gerne heim, die Schweizer sind gar zu ungemütlich. Allerdings muss ich mir immer vorsagen, dass Innsbruck für mich immer noch vergoldet ist durch die Erinnerung an den letzten Herbst.– Aber wahrscheinlich wird es gar nicht erst nötig sein, dass ich mich überhaupt nach Ihrem Rat erkundige in dieser Sache, denn ich bin gewiss, dass mir die Annahme durch die Ungunst der materiellen Bedingungen unmöglich sein wird; bin es gewiss, seitdem ich höre, dass es unmöglich war, Frisch für die grosse Wiener Lehrkanzel zu gewinnen, obgleich beide Wiener sind und gewiss gern hingemocht hätten.[1]

[90] *An Adolf Kneser*[2]

München, den 21. Juli 1925.

Sehr geehrter Herr Kollege!

Ihre Anfrage will ich nach bestem Wissen und Gewissen beantworten.[3]

1) Unter den von Ihnen genannten Herren steht natürlich *Starck* an erster Stelle, nach wissenschaftlichem Ansehen und Leistungen. Ob er jetzt geneigt ist, eine Universitätsstelle anzunehmen, nachdem er die Würzburger Professur zu Gunsten seiner technischen Interessen aufgegeben hat, entzieht sich meinem Urteil.[4] Es wird Ihnen bekannt sein, dass Starck mit der Fakultät in Würzburg und mit der Abteilung in Aachen persönliche Schwierigkeiten hatte. Im Interesse der deutschen Wissenschaft, die einen Mann von der Bedeutung Starck nicht gut entbehren kann, wäre es nur zu begrüssen, wenn Sie sich an diesen persönlichen Schwierigkeiten nicht stossen wollen. Allerdings müssen Sie dabei in Kauf nehmen, dass *Starck* die beiden grössten wissenschaftlichen Er[r]ungenschaften der Physik des 20. Jahrhunderts, Relativität und Quanten, leidenschaftlich bekämpft und seine Abneigung dagegen zweifellos auch in seinen Universitätsvorlesungen zum Ausdruck bringen wird. Wegen der Art seiner Kritik sollten Sie seine Schrift „Krisis

---

[1] Der Zoologe Karl von Frisch nahm 1925 einen Ruf als Nachfolger seines Lehrers R. Hertwig nach München an. Schrödinger lehnte den Ruf nach Innsbruck ab; statt seiner wurde der Zweitplazierte Arthur March berufen. Vgl. auch Brief [92].

[2] Durchschlag (3 Seiten, Maschine), *München, DM, Archiv NL 89, 030, Mappe Gutachten*.

[3] Kneser hatte Sommerfeld um Empfehlungen für die Nachfolge Otto Lummers an der Universität Breslau gebeten und erwähnt, daß Stark, Schaefer, Pohl und Waetzmann im Gespräch seien. *A. Kneser an A. Sommerfeld, 15. Juli 1925. München, DM, Archiv NL 89, 010.*

[4] 1922 hatte Johannes Stark sein Ordinariat aufgegeben und leitete ein eigenes Unternehmen.

der modernen Physik" ansehen.[1] Im 1. Kapitel wird Einstein, im 2. Bohr und ich, im 3. Nernst abgeschlachtet.

Ebenso hoch wie Starck stelle ich *Gustav Hertz*, den Neffen von Heinrich Hertz, und früheren Mitarbeiter von *I. Franck*[2] in der Ausarbeitung der Methode des Elektronenstosses, die er mit grössten Erfolgen und selbstständiger Vervollkommnung handhabt. Er ist auch persönlich ein ungemein liebenswerter, anregender und hochkultivierter Mann, etwa 40 Jahre alt. Ich hätte ihn, wenn Willi Wien das Präsidium der Reichsanstalt übernommen hätte, auf unsere Münchener Liste gebracht. Er ist seit etwa 5 Jahren in Philips Glühlampenwerken Eindhoven, Holland, tätig, wo er rein wissenschaftliche Arbeiten ausgeführt hat. In Amerika konnte ich mich überzeugen, dass fast alle Laboratorien der U. S. A. mit den von Franck und Hertz entwickelten Methoden arbeiten. Ic[h] weiss, dass Hertz gern an eine deutsche (nicht an eine holländische) Universität zurückkehren würde.

2) Klemens Schäfer[3] ist ein Mann von ausgebreitetem wissenschaftlich[en] Ueberblick auf theoretischem und experimentellem Gebiete. Seine Untersuchungen über die ultraroten Eigenschwingungen der Kristalle sind sehr verdienstvoll. Seine theoretischen Arbeiten scheinen mir zwar keine originellen Leistungen zu sein, zeugen aber von grosser Schulung, insbesondere sein bekanntes Lehrbuch.[4]

Auf gleiche Stufe mit Klemens Schäfer würde ich *Ladenburg* und *Pringsheim* stellen.[5] Ladenburg hat ganz originelle Ideen über Atomphysik entwickelt und sich i[n] den schwierigsten experimentellen Arbeiten glänzend bewährt.

Pringsheim hat auf dem Gebiet der Phosphoreszenz und Fluoreszenz sowie dem des lichtelektrischen Effektes mit vollem Erfolg gearbeitet und die schwierige Vertretung von Rubens in Berlin vortrefflich durchgeführt.

Pohl[6] ist berühmt wegen seiner glänzenden Organisation der Experimentalvorlesung in Göttingen und auch als Forscher vortrefflich. Dass er von Göttingen fortgeht, nachdem er Würzburg abgelehnt hat, scheint mir unwahrscheinlich.

---

[1] [Stark 1922].

[2] James Franck.

[3] Clemens Schaefer war seit 1920 Physikordinarius in Marburg und wurde im folgenden Jahr nach Breslau berufen.

[4] [Schaefer 1914], [Schaefer 1921].

[5] Rudolf Ladenburg war bis 1924 Privatdozent in Breslau gewesen, bevor er eine Professur in Berlin erhielt. Peter Pringsheim war seit 1924 Extraordinarius für Physik an der Universität Berlin.

[6] Robert W. Pohl leitete seit 1920 das I. physikalische Institut der Universität Göttingen.

Mindestens ebenso hoch, wie ihn und die anderen unter 2) genannten schätze ich Geiger (Reichsanstalt);[1] ich glaube aber, dass auch dieser schwer für Sie zu haben sein wird, da er sich inzwischen vielleicht für Kiel verpflichtet hat und auch in Erlangen in 1. Linie in Betrach[t] kommt.

3) Waetzmann ist auf seinem Gebiete (Akustik) vorzüglich, übrigens Ihnen besser bekannt als mir.[2] Ich hatte ihn schon, auf eine Anfrage von F. Nöther wärmstens für die dortige Technische Hochschule empfehlen.

Zwei ausgezeichnete Experimentatoren sind sodann: Steubing, Aachen[,] und Hoffmann, Königsberg,[3] ersterer auf spektroskopischem, letzterer auf radioaktivem Gebiet mit originellen Arbeiten hervorgetreten.

Ihren Sohn haben wir immer gern bei uns gesehen und uns an seiner feinen Art gefreut.[4]

Mit hochachtungsvollen Grüssen
[Arnold Sommerfeld]

[91] *Von William F. Meggers*[5]

Washington November 10, 1925.

My dear Professor Sommerfeld:

I trust that you have had no grave misgivings as to the cause of this long interval between letters. You must pardon me for being slow and perhaps a trifle negligent. You will perhaps recall that I promised in my last letter to enclose next time some new data on the spectra of structures of which are being investigated by Drs. Bechert and Catalán but it is taking much longer to obtain these data than I anticipated.[6] In the meantime we learned that Dr. Bechert moved to Madrid with Catalán. I have now practically finished measuring the absorption spectra and the arc and spark emission spectra of the six metals in the Pd and Pt triads. The data on underwater-spark absorption spectra are complete down to 2 000 A; the emission spectra are finished between 2 000 A and 2 400 A and have been

---

[1] Hans Geiger nahm im gleichen Jahr den Ruf an die Universität Kiel an.
[2] Erich Waetzmann hatte 1904 in Breslau promoviert und lehrte bereits dort. Fritz Noether hatte eine außerordentliche Professur an der TH Breslau inne.
[3] Walther Steubing wurde 1918 Professor an der TH Aachen und 1927 an der Universität Breslau. Gerhard Hoffmann war seit 1917 an der Universität Königsberg.
[4] Hans Otto Kneser studierte in München und promovierte im folgenden Jahr bei Zenneck.
[5] Brief (2 Seiten, Maschine), *München, DM, Archiv NL 89, 011*.
[6] Vgl. Brief [86] sowie [Bechert und Catalán 1926]. Zur Bedeutung dieser Experimente siehe [Sommerfeld 1929a, S. 496-497].

photographed to 3 500 A. These results are apparently of such importance that I have decided to remeasure the emission spectra to 4 500 A and this will keep me busy for several months.

We have been occupied more ore less with analyses of arc and spark spectra of Y, Zr, Cb, Mo and Ru and have been happy to find many interesting things, part of which are being presented by Kiess and myself in a paper to supplement the earlier one on spectra of the preceeding period.[1] Laporte has been exceedingly busy of late, especially since the significance of suggestions by Russell, by Heisenberg and by Pauli has been pointed out by Hund, and we are all very enthusiastic about this new development of the theory.[2] It is really very beautiful, simple and inclusive.

I am wondering if you have any one now in your institute to take the place of Bechert or Catalán and what spectra if any are being investigated. Do you know if Catalán has made any further progress with Mn and Mn^+? Is Bechert doing anything with Co^+ and Ni^+?[3] These spectra are no doubt of great importance for understanding the transition series of chemical elements.

In spite of uninvited competition from Göttingen,[4] Laporte and I have continued our investigation of the Ru spectrum, and the prospect of similar interference with the W spectrum has spurred Laporte to look at it again. We are still depending on the University of Nebraska[5] for Zeeman effect observations but will be able to produce them ourselves in a few months. We have acquired a large electromagnet but it is not yet in operation. It was necessary to send Dr. Coblentz to Sumatra and around the world so that we could excavate the space under his laboratory for our new magnet and spectrograph.[6]

At this point I am impelled to make a request of you, Professor Sommerfeld, and I trust that you are in a mood to grant it unhesitatingly. You will recall that when you saw a photograph of our good friend Professor Kayser in my laboratory I hinted that I should be happy to have one of you too. I

---

[1] [Meggers und Kiess 1924].

[2] [Hund 1925b].

[3] Zu den Arbeiten von Bechert und Catalán vgl. [Sánchez-Ron 1983] sowie [Sánchez-Ron und Roca-Rosell 1993].

[4] Anspielung auf die Ruthenium-Arbeit von Ludwig August Sommer, vgl. Brief [86].

[5] Vgl. Brief [86].

[6] William W. Coblentz war seit 1905 am National Bureau of Standards. Zu dieser Zeit arbeitete er vor allem über die Strahlungsmessungen von Planeten, [Coblentz 1927].

am pleased to tell you that portraits of Fowler,[1] Runge, Zeeman, Eder,[2] Bohr and others who have made spectroscopy so beautiful, are now with Kayser's and we all derive inspiration from their presence. Only your autographed photograph is lacking and Dr. Laporte insists that I must ask you again for this favor. Please do not think me bold in mentioning this again. I am inclined to think that you did not take my hint seriously or that you did not realize how sincerely I would prize the desired photograph.[3]

The new house which we have been building is nearly completed. We shall move into it on November 28th and will celebrate Betty Jane's birthday anniversary a week later.[4] Of course we shall think of you too on Dec. 5th and all of us send you our best wishes for many happy returns of this day.

Very sincerely yours,
W. F. Meggers[5]

---

[1] Alfred Fowler war Professor für Astrophysik am Imperial College London und arbeitete hauptsächlich über Spektralanalyse.

[2] Josef Maria Eder war bis 1923 Ordinarius für Photochemie an der TH Wien; er betrieb auch Spektralanalyse.

[3] Sommerfeld kam dieser Bitte nach in Erinnerung an die „angenehmen Tage, die ich als vereidigter Beamter des Bureaus of Standards verlebt habe", *A. Sommerfeld an W. Meggers, 24. November 1924. College Park, AIP, Meggers.*

[4] Die Tochter Betty Jane hatte am gleichen Tag wie Sommerfeld Geburtstag, dem 5. Dezember.

[5] Antwortentwurf Sommerfelds in Steno auf derselben Seite.

1926 – 1932

Theoretische Physik auf Erfolgskurs

Arnold Sommerfeld auf Weltreise

Theoretische Physik auf Erfolgskurs

Mit der Quantenmechanik begann für die theoretische Physik Mitte der 1920er Jahre ein neues Zeitalter. Vor allem in Gestalt der Schrödingerschen Wellenmechanik wurde sie bald zum unverzichtbaren Instrument für den Ausbau der Atomtheorie mit Anwendungen in der Molekül- und Festkörperphysik und damit zu einem aufstrebenden Forschungszweig für eine neue Theoretikergeneration. In der Kernphysik kam der Durchbruch erst mit neuen experimentellen Entdeckungen Anfang der 30er Jahre, aber auch hier bildete die Wellenmechanik die unerläßliche Grundlage.

Aus der Sicht Sommerfelds entwickelte sich der Erfolg seiner Disziplin nach dem quantenmechanischen Auftakt 1925 in drei sich überschneidenden, aber dennoch wohl unterscheidbaren Schüben. Die erste Phase begann mit den Publikationen Schrödingers Anfang 1926 und der unmittelbaren Umsetzung der neuen Theorie im Sommerfeldschen Vorlesungs- und Seminarbetrieb. Die zweite wurde 1927 durch Sommerfelds Anwendung der Fermi-Diracschen Quantenstatistik auf das klassische Elektronengasmodell in Metallen eröffnet, in deren Folge zahlreiche Arbeiten über die elektronischen Eigenschaften der Materie entstanden. In der dritten, der Konsolidierungsphase, setzten sich Sommerfeld und seine Schüler für die Verbreitung der neuen Theorien ein, indem sie Lehrbücher und Handbuchartikel schrieben sowie auf vielen Reisen ihre Ergebnisse vortrugen. Sommerfelds Rolle als Repräsentant der theoretischen Physik zeigte sich deutlich Ende der 20er Jahre. 1927 wurde ihm die Nachfolge auf dem Lehrstuhl Max Plancks an der Universität Berlin angeboten, und während einer Weltreise erlebten ihn 1928/29 die Physiker von Indien über Japan bis in die Vereinigten Staaten als Verkünder der neuen Physik.

Reaktionen auf die Wellenmechanik

Obwohl es über Entstehung und Rezeption der Wellenmechanik detaillierte Darstellungen gibt[1] und Schrödingers Pionierarbeiten schon 1927 als *Ab-*

---

[1] Vgl. z. B. [Moore 1989, Kapitel 6], [Mehra und Rechenberg 1987], [Gerber 1969].

handlungen zur Wellenmechanik in Buchform zusammengefaßt sowie seine mit Planck, Einstein und Lorentz gewechselten *Briefe zur Wellenmechanik* gedruckt wurden,[1] ist die Korrespondenz zwischen Sommerfeld und Schrödinger aus dem Jahr 1926 von besonderem Interesse. Zum einen setzen die *Briefe zur Wellenmechanik* erst nach dem Erscheinen von Schrödingers erster Abhandlung ein, zum anderen enthalten sie weder die Korrespondenz mit Sommerfeld noch mit den Repräsentanten der Göttinger Matrizenmechanik, so daß gerade die wissenschaftshistorisch besonders interessanten Irritationen über die Unterschiede zwischen den beiden neuen Formen der Atomtheorie darin nicht deutlich werden.

Im Januar 1926 sandte Schrödinger das Manuskript der ersten Abhandlung über „Quantisierung als Eigenwertproblem" nach München mit der erwartungsvollen Frage, „ob Sie die *sehr* hochgespannten Hoffnungen teilen".[2] Da Sommerfeld gerade eine Reise nach England plante und an Vorträgen arbeitete, deren Tenor „aus der früheren Tonart blies", hätte Schrödinger keinen geeigneteren Moment finden können. Das Manuskript habe ihn „wie ein Donnerschlag" getroffen, antwortete Sommerfeld postwendend:[3]

> Ihre Methode ist ein Ersatz der neuen Quantenmechanik von Heisenberg [...] *Denn Ihre Resultate stimmen ganz mit jenen überein.* [...] Natürlich übersehe ich mathematisch noch garnicht, wie das alles zusammenhängt, aber ich bin überzeugt, dass etwas ganz neues daraus werden wird, was die Widersprüche beseitigen kann, die uns jetzt sekieren.

Noch am gleichen Tag berichtete Sommerfeld seinem Schüler Pauli von dem „ganz anderen, total verrückten, Wege", auf welchem Schrödinger im Unterschied zu Heisenberg und Pauli selbst „ganz dieselben Resultate" gefunden habe.[4] Pauli fand Schrödingers Ansatz „doch nicht so verrückt", wie ihn Sommerfeld im ersten Überschwang der Begeisterung charakterisiert hatte.[5] Binnen kurzem gelang ihm der Nachweis, daß die verschiedenen quantenmechanischen Vorgehensweisen äquivalent waren, was Schrödinger bewundernd anerkannte:[6] „Mit Pauli hab ich ein paar lange Briefe gewechselt. Er ist schon ein phänomenaler Kerl. Wie der wieder schnell alles

---

[1] [Przibram 1963]; [Schrödinger 1927].
[2] Brief [92], [Schrödinger 1926a].
[3] Brief [93].
[4] Brief [94].
[5] Brief [95].
[6] Brief [97].

heraussen gehabt hat!" Paulis diesbezüglicher Briefwechsel mit Schrödinger ist nicht erhalten, in einem Brief vom 12. April 1926 an Pascual Jordan ließ Pauli aber keinen Zweifel an seiner Begeisterung über die Schrödingerschen Ergebnisse:[1]

> Ich glaube, daß diese Arbeit mit zu dem Bedeutendsten zählt, was in letzter Zeit geschrieben wurde. Lesen Sie sie sorgfältig und mit Andacht. Natürlich habe ich mich gleich gefragt, wie seine Resultate mit denen der Göttinger Mechanik zusammenhängen. Diesen Zusammenhang glaube ich jetzt vollständig klargestellt zu haben: Es hat sich ergeben, daß die aus dem Schrödingerschen Ansatz folgenden Energiewerte stets dieselben sind wie die der Göttinger Mechanik und daß aus den Schrödingerschen Funktionen ψ, welche die Eigenschwingungen beschreiben, in einfacher und allgemeiner Weise Matrizen hergestellt werden können, die den Gleichungen der Göttinger Mechanik genügen.

Bei seiner Englandreise im März 1926 zeigte sich Sommerfeld davon überzeugt, daß sich die Physiker auf eine neue Epoche einstellen müßten, da die alte Quantentheorie grundlegende Fragen der Atomphysik nicht klären könne:[2]

> It appears that the quantum mechanics which is now in process of development will bring us help. The decisive steps in the formulation of this mechanics have been furnished by Heisenberg. They have been partly generalized and partly simplified by Born, Jordan, Pauli, and Dirac. [...] Schrödinger arrives at the same results as those obtained by the mechanics inaugurated by Heisenberg, but by a road that is presumably far simpler and more convenient.

Am Beispiel des Vektorgerüstmodells in der Theorie des Zeemaneffekts und dem Landéschen g-Faktor machte er das Versagen der bisherigen, an der klassischen Mechanik orientierten Atomtheorie im konkreten Einzelfall deutlich:[3]

> The g-formula is explained not by ordinary mechanics but by the new mechanics together with the idea of the spinning electron.

---

[1] [Pauli 1979, S. 315-316].
[2] [Sommerfeld 1926b, S. 2-3].
[3] [Sommerfeld 1926b, S. 12].

This new mechanics also accounts for the circumstance that wherever j^2 would be expected in the old mechanics, $j(j+1)$ actually occurs. I should further like to remark as a curious fact that in the papers by Schrödinger mentioned above the quantum product $n(n+1)$ enters in exactly the same way as the expression $n(n+1)$ in the differential equation of spherical harmonics. For Schrödinger in the Keplerian problem and similar ones develops the states of vibration in polar co-ordinates, in which spherical harmonics occur, and he infers that the quantum numbers must be integers from the fact that these spherical harmonics must be one-valued (*eindeutig*) in space—which is a very suggestive but at present a very mystic introduction of quantum numbers.

„Es ist furchtbar lieb von Ihnen, dass Sie mir schon in England Propaganda gemacht haben", bedankte sich Schrödinger bei Sommerfeld.[1] Diese Parteinahme für eine völlig neue Theorie durch einen anerkannten und eher der älteren Generation zugehörigen Physiker dürfte eine nicht geringe Rolle für die rasche Akzeptanz der Wellenmechanik gespielt haben. In der weiteren Korrespondenz zwischen Schrödinger und Sommerfeld ist zum Beispiel von „Bedenken Einsteins" die Rede; Schrödinger beeilte sich, Sommerfeld mitzuteilen, daß er die „gegen mich und Heisenberg" gerichteten Einwände entkräften konnte und Einstein geantwortet habe, „ja, es sei in Ordnung, aber bei Heisenberg stimme es doch nicht."[2]

Im Sommer 1926 stellte Schrödinger seine Theorie vor der deutschen Physikerschaft gleichsam offiziell zur Diskussion. Am 16. Juli referierte er vor der Deutschen Physikalischen Gesellschaft in Berlin über die „Grundlagen einer auf Wellenlehre begründeten Atomistik", tags darauf legte er im Kolloquium der Berliner Physiker der dort versammelten Prominenz (Einstein, Planck, Laue) Rechenschaft ab; eine Woche später wiederholte er dieses Gastspiel in München mit Vorträgen vor dem Gauverein der Deutschen Physikalischen Gesellschaft und im Kolloquium der Münchner Physiker.[3] Zuvor hatte Schrödinger bei einer Vortragswoche vom 21. bis 26. Juni 1926 in Zürich vermutlich die Gelegenheit genutzt, mit Sommerfeld persönlich die Probleme der Wellenmechanik eingehend zu diskutieren. Um diese Zeit

---

[1] Brief [97].

[2] Brief [98].

[3] [Przibram 1963, S. 16]; Schrödinger referierte am 23. Juli 1926 in München über „Grundgedanken der Wellenmechanik" und am folgenden Tag über „Neue Resultate der Wellenmechanik", *Physikalisches Mittwoch-Colloquium. München, DM, Archiv Zugangsnr. 1997-5115.*

richtete Sommerfeld auch die Arbeit in seinem Institut schwerpunktmäßig auf die Wellenmechanik aus: Man studiere „here keenly Schrödinger's new Quantum theory", schrieb er an O. W. Richardson, bei dem er während seiner Englandreise zu Gast gewesen war.[1]

Davon zeugen auch die Kolloquiumsvorträge im Sommersemester 1926: Am 4. Juni sprachen Carathéodory und Wentzel „Über Schrödingers Wellenmechanik" und „Über den Zusammenhang zwischen Schrödingers und Heisenbergs Quantenmechanik", am 2. Juli trugen Wentzel und Unsöld über „Wellenmechanik und Quantenbedingungen" bzw. über „Das Heliumproblem in der Wellenmechanik" vor.[2] Albrecht Unsöld war nicht nur der erste Sommerfeldschüler, der mit einer wellenmechanischen Arbeit promovierte, sondern vermutlich der erste Physikstudent überhaupt, in dessen Doktorarbeit die Schrödingersche Theorie auftaucht. Unsöld behielt Sommerfelds spontane Begeisterung für die Wellenmechanik in bleibender Erinnerung:[3]

> Ich entsinne mich noch genau, wie Sommerfeld mich zuerst mit Schrödingers Entdeckung bekannt machte: Nach der großen Vorlesung ging ich – wie oft – zu Sommerfeld in sein Zimmer. Er zeigte gleich ganz begeistert einen Brief von Schrödinger, der hätte das $n(n+1)$ mit den Eigenwerten der Kugelfunktionen in Verbindung gebracht! Das war Sommerfeld, wie er „leibte und lebte".
>
> Etwas ähnlich ging es s. Z. mit meiner Doktorarbeit: Sommerfeld hatte mir erst die wellenmechanische Behandlung des Zweizentrenproblems vorgeschlagen. Ich sah bald, daß das nicht ging und fing an, allerlei besser traktable spektroskopische Dinge zu behandeln. Als ich dann die Arbeit Sommerfeld vorlegte, wurde er erst richtig böse. Als er dann aber sah, daß ich im Bereich der Kugelfunktionen einige neue Methoden bzw. Theoreme gefunden hatte, benotete er die Arbeit mit Summa cum!

Unsöld hatte als Sommerfelds Koautor im Februar 1926 die Feinstruktur des Wasserstoffs im Licht der neuesten vorwellenmechanischen Arbeiten einer kritischen Prüfung unterzogen, die er im Juni anhand der Schrödingerschen Wellenmechanik korrigierte.[4] Die Tatsache, daß er in der Wellenmechanik bewandert war und an astronomischen Anwendungen der Atom-

---

[1] *A. Sommerfeld an O. W. Richardson, 12. Juni 1926. Ransom, Richardson.*
[2] *Physikalisches Mittwoch-Colloquium. München, DM, Archiv Zugangsnr. 1997-5115.*
[3] *A. Unsöld an M. Eckert, 1. September 1982. München, Privatsammlung.*
[4] [Sommerfeld und Unsöld 1926a], [Sommerfeld und Unsöld 1926b]; vgl. Brief [95].

physik Interesse zeigte, qualifizierte ihn in besonderer Weise für das neue Gebiet der theoretischen Astrophysik. Sommerfeld empfahl ihn 1927 für eine Assistentenstelle bei dem Astronomen Freundlich in Potsdam:[1]

> Unsöld [...] ist ein hervorragender Kopf, in allen spektroskopischen Prinzipien bewandert, über die er schon mehrfach in der Zschft. f. Phys. zum Teil mit mir zusammen publiziert hat, mein jüngstes „Wunderkind". Ich hatte ihm schon vor Ihrer Anfrage empfohlen, sich astrophysikalisch zu vertiefen, wozu ich ihm ein Rockefeller-Stipendium für Cambridge–Eddington besorgen wollte.

Auch für andere Sommerfeldschüler gehörte die Begeisterung Sommerfelds für die Schrödingersche Wellenmechanik zu den nachhaltigsten Eindrücken ihres Studiums. „Ich kam zu Sommerfeld im Frühling 1926 nach zwei Jahren Physikstudium in Frankfurt", erinnert sich Hans Bethe:[2] „Es war charakteristisch für Sommerfeld, daß er sein ganzes Theoretisches Seminar im Sommersemester 1926 den Schrödingerschen Arbeiten widmete."

Als Schrödinger am Ende dieses Sommersemesters in München seine Theorie selbst vorstellte, war dies also kein gewöhnlicher Kolloquiumsauftritt, sondern ein mit Spannung erwartetes Ereignis, durchaus vergleichbar mit den Göttinger „Bohr-Festspielen" im Jahr 1922. Die besondere Würze erhielt diese Veranstaltung durch Heisenbergs Anwesenheit, der von Kopenhagen angereist war, wo er kurz zuvor die Assistentenstelle bei Bohr angetreten hatte. „Wir haben Schrödinger hier gehabt, zugleich mit Heisenberg", schrieb Sommerfeld danach an Pauli; Heisenbergs Kritik der Wellenmechanik muß seiner anfänglichen Bewunderung stark zugesetzt haben, denn er fand nun, daß „die fundamentalen Quantenrätsel dadurch nicht im Entferntesten gelöst werden."[3] Heisenberg hatte schon den „Züricher Lokalaberglauben"[4] scharf kritisiert:[5] „Je mehr ich über den physikalischen Teil der Schrödingerschen Theorie nachdenke, desto abscheulicher finde ich ihn. Was Schrödinger über Anschaulichkeit seiner Theorie schreibt", so in einem Brief vom 8. Juni 1926: „Ich finde es Mist." Später erinnerte sich

---

[1] *A. Sommerfeld an E. Freundlich, 14. Januar 1927. München, DM, Archiv NL 89, 001. E. Freundlich an A. Sommerfeld, 5. Januar 1927. München, DM, Archiv NL 89, 008.* Über Unsölds Karriere als Pionier der theoretischen Astrophysik siehe *A. Unsöld, Interview von Martin Harwit, 24. Februar 1984. AHQP.*
[2] [Eckert et al. 1984, Vorwort, S. 8].
[3] Brief [102].
[4] *W. Pauli an E. Schrödinger, 22. November 1926. [Pauli 1979, Brief 147].*
[5] [Pauli 1979, S. 328].

Heisenberg, daß Sommerfeld während der Schrödingerschen Vorträge sehr zurückhaltend gewesen sei. Die Diskussion habe Wilhelm Wien geleitet, der auf Heisenbergs kritische Haltung sehr heftig reagierte:[1] „Er warf mich beinahe aus dem Hörsaal".

Auch nach dem Sommer 1926 blieb die Wellenmechanik das beherrschende Thema unter den Theoretikern. „Die Theorien Heisenberg–Dirac zwingen mich zwar zur Bewunderung, riechen mir aber nicht nach der Wirklichkeit", schrieb Einstein an Sommerfeld, während er von der Wellenmechanik Schrödingers durchaus „eine tiefere Formulierung der Quantengesetze" erhoffte:[2] „Wenn die dort eingeführten undulatorischen Felder nur aus dem n-dimensionalen Koordinatenraum in den 3 bezw. 4dimensionalen verpflanzt werden könnten!" Schrödinger selbst absolvierte mit einem Besuch in Kopenhagen Anfang Oktober 1926 die für ihn persönlich wohl schwierigste Bewährungsprobe seiner Theorie. Dabei kam es insofern zu einer Synthese der „Göttinger Mechanik" mit dem „Züricher Lokalaberglauben", als in der Bornschen Wahrscheinlichkeitsdeutung der Schrödingerschen Wellenfunktion nun eine Interpretation vorlag, die für beide Seiten als Ausgangspunkt neuer Untersuchungen dienen konnte – auch wenn Schrödinger selbst sich dieser Deutung nicht anschließen mochte. Immerhin konnte an der Bedeutung der Wellenmechanik für die weitere Entwicklung der Physik kein Zweifel mehr bestehen. Heisenberg berichtete Sommerfeld, daß Dirac seine neue Arbeit „auch zur Abwechslung in Wellen formuliert" und Pauli nachgewiesen habe, „*dass nach der Matrizenrechnung immer dasselbe herauskommt, wie bei Born*. Ausserdem ist Born u. Schrödinger nur Spezialfall allgemeinerer Gesetze [...] Aber alles, über das ich hier erzähle, ist noch sehr unfertig. Mit Schrödinger hatten wir lange und, ich glaube auch, nützliche Diskussionen."[3]

Für Sommerfeld gehörte die Wellenmechanik zu dieser Zeit bereits zum festen Bestand seines Institutsbetriebs. Als er sich im Dezember 1926 bei Rutherford für die Wahl zum korrespondierenden Mitglied der Londoner Royal Society bedankte, nutzte er die Gelegenheit, um eine auf „Schrödinger's methods in quantum mechanics" beruhende Arbeit seines Gaststudenten Linus Pauling zur Publikation in den Proceedings der Royal Society

---

[1] [Pauli 1979, S. 336]; vgl. auch den dort folgenden Brief von Heisenberg sowie die Darstellungen in [Cassidy 1991, S. 220-221] und [Moore 1989, S. 222]. Sommerfeld schildert seinen Eindruck in Brief [102].

[2] Brief [104].

[3] Brief [105]. Diese Diskussionen bildeten den Auftakt für die „Kopenhagener Deutung der Quantentheorie", vgl. [Heisenberg 1973, S. 92-98].

vorzulegen.[1] Für Pauling, wie auch für andere mehr pragmatisch ausgerichtete Theoretiker, die gegen Ende der zwanziger Jahre das Sommerfeldsche Institut besuchten, standen die mit der neuen Quantenmechanik einhergehenden Möglichkeiten für die Molekular- und Festkörperphysik gegenüber den eher philosophischen Prinzipienfragen deutlich im Vordergrund – und dafür hätten sie kaum einen geeigneteren Lehrer als Sommerfeld finden können. „Wir glauben an Heisenberg, aber wir rechnen nach Schrödinger", so lautete Sommerfelds Antwort, wenn er nach seiner Auffassung im Streit um die Interpretation der Quantenmechanik befragt wurde.[2]

Die Nachfolge Plancks

Zum 1. Oktober 1926 wurde Max Planck emeritiert. Damit stand die prestigeträchtigste Stelle und das älteste Ordinariat der theoretischen Physik in Deutschland zur Neubesetzung an. Als Nachfolger von Kirchhoff und Planck in Berlin zu wirken, bedeutete nicht nur, einen gut dotierten Lehrstuhl zu bekleiden und das zugehörige Institut zu leiten. Auch wenn aus der Berliner Physikalischen Gesellschaft dem Namen nach die Deutsche Physikalische Gesellschaft geworden war, galt Berlin mit seiner traditionsreichen Universität, der Akademie, der Physikalisch-Technischen Reichsanstalt und zahlreichen weiteren Forschungseinrichtungen als Hauptstadt der Physik in Deutschland. Wer dieses Fach hier lehrte, hatte damit eine Repräsentationspflicht für die deutsche Wissenschaft. Planck war zusätzlich ständiger Sekretär der mathematisch-physikalischen Klasse der Preußischen Akademie der Wissenschaften, er hatte als Rektor der Berliner Universität amtiert, und nach seiner Emeritierung übernahm er die Präsidentschaft der Kaiser-Wilhelm-Gesellschaft. Diese Ämter waren nicht direkt mit dem Lehrstuhl verbunden, aber es zeigt sich darin doch, daß von dem Nachfolger Plancks mehr als nur die Lehre und Forschung in der theoretischen Physik erwartet wurde. Es war klar, daß dafür nur ein sehr kleiner Kreis von Kandidaten in Frage kam.

Schon die ersten, im Juni 1926 eingeholten Besetzungsvorschläge nannten Sommerfeld an erster Stelle für die Nachfolge Plancks. Die Meinung über die weitere Reihenfolge war geteilt. Max Born an zweiter und Hans Thirring an dritter Stelle, so lautete ein Vorschlag; ein anderer lautete Schrö-

---

[1] *A. Sommerfeld an E. Rutherford, 13. Dezember 1926.* München, DM, Archiv NL 89, 003. [Pauling 1927] begründete die Möglichkeit quantenmechanischer Rechnungen auch für komplexere Atome, vgl. [Serafini 1989].

[2] Zitiert nach Hans Bethe in [Eckert et al. 1984, Vorwort, S. 8].

dinger vor Thirring, wieder ein anderer nannte Schrödinger hinter Born als Dritt- bzw. Zweitplazierten.[1] Die Namen Einstein und Laue wurden zwar genannt, aber nicht weiter in Betracht gezogen, nachdem klar war, daß Einstein gegenüber seiner freien Forscherstelle bei der Akademie keine Änderung wünschte und eine Berufung Laues, der das zweite Ordinariat für theoretische Physik an der Berliner Universität bekleidete und de facto auch das Institut leitete, nur eine weitere Nachfolgediskussion nach sich ziehen würde. Bohr wurde nicht in die Reihe der Kandidaten aufgenommen, da man es für „zu unwahrscheinlich" hielt, daß er einem Ruf nach Berlin folgen würde. Zur Begründung der so verbliebenen und in dieser Reihenfolge genannten Kandidaten „Sommerfeld, Born, Schroedinger" hieß es in der von 11 Physikern unterzeichneten Empfehlung vom 18. Juni 1926 lapidar:[2]

> Die wissenschaftlichen Leistungen der genannten drei Herren im einzelnen darzulegen, erscheint uns nicht nötig. Besonders hervorheben möchten wir aber bei den Herren Sommerfeld und Born ihr ausserordentliches Lehrtalent und ihre besondere Fähigkeit, hervorragende Schüler auszubilden. Von Herrn Schrödinger, der ja wesentlich jünger, auch als Herr Born ist, ist uns jedenfalls bekannt, dass er besonders gute und klare Vorlesungen hält.

Daß die „Schule-bildende" Qualität bei dieser Wahl besonders hervorgehoben wurde, ist bemerkenswert. Planck arbeitete lieber allein, und die Zahl seiner Doktoranden war eher gering. Der abschließende Bericht der Berufungskommission wich insofern von der Empfehlung ab, als die Reihenfolge von Born und Schrödinger vertauscht wurde. Dies sei „nach reiflicher Überlegung" geschehen, weil man zu der Überzeugung gelangt sei, „dass den physikalischen Leistungen Schroedingers doch wohl eine noch tiefere Originalität und eine stärkere schöpferische Kraft inne wohnt." Bezüglich der Wahl Sommerfelds an erster Stelle gab es keinen Zweifel. Seine Verdienste wurden ausführlich gewürdigt: *Atombau und Spektrallinien* werde „im In- und Auslande als grundlegend" erachtet, er beherrsche „souverän alle Methoden der theoretischen Physik", verfüge über eine „enorme Arbeitskraft"

---

[1] Hans Thirring, 1921 außerordentlicher Professor und 1927 Ordinarius für Physik an der Universität Wien, war vor allem durch seine Arbeiten zur Relativitätstheorie bekannt geworden, so wurde [Thirring 1921] in viele Sprachen übersetzt.

[2] R. Ladenburg, A. Byk, R. Becker, G. Hettner, E. Grüneisen, L. Meitner, F. Simon, K. Bennewitz, P. Pringsheim, W. Grotrian, K. Weissenberg an die Philosophische Fakultät der Friedrich-Wilhelms-Universität Berlin, 18. Juni 1926. Berlin, Archiv der Humboldt-Universität.

und habe „zahlreiche tüchtige Schüler herangezogen und durchgebildet." Nur für den Fall, daß es nicht gelingen sollte, Sommerfeld zu gewinnen, hielt es „die Fakultät für angezeigt, auf die jüngere Generation zurückzugreifen". Zu den „hervorragendsten unter ihnen" zählte sie, „nach ihrem Lebensalter geordnet, die Namen: Max Born, Peter Debye, Erwin Schrödinger, Werner Heisenberg". Debye zog man freilich nicht in Erwägung, da er seit Jahren Direktor eines Instituts für Experimentalphysik sei, was „es fraglich erscheinen lässt, ob er sich bereit finden würde, auf das unmittelbare Verfügungsrecht über die experimentellen Forschungsmittel zu verzichten". Heisenberg würde „später einmal sicherlich zu den Forschern ersten Ranges" gezählt werden, doch es sei zu bezweifeln, ob er „schon jetzt mit seinen 23 Jahren eine führende Rolle in der Wissenschaft" ausüben könne. Heisenberg war zu diesem Zeitpunkt zwar schon zwei Jahre älter, doch das hätte den Berliner Vorstellungen von einer repräsentativen Persönlichkeit auch nicht genügt. So blieb es bei der am 18. November auf einer Fakultätssitzung beschlossenen Liste: 1) Sommerfeld, 2) Schrödinger, 3) Born. Am 4. Dezember 1926 sandte die Fakultät ihren Berufungsvorschlag dem Berliner Kultusministerium.[1] Am 24. März 1927 erging offiziell der Ruf an Sommerfeld, die Nachfolge Plancks anzutreten, verbunden mit der Bitte, sobald als möglich nach Berlin zu reisen, um in mündlichen Verhandlungen die Bedingungen für die Annahme der Berufung zu besprechen.[2]

Sommerfeld befand sich gerade auf einer Balkanreise, als der Brief aus Berlin in München eintraf. Aber er hatte seine Frau in Erwartung des Rufes bereits instruiert, was in diesem Fall zu tun sei. „Nach Berlin hast Du ja wie verabredet geschrieben. Ich selbst schreibe zunächst an Planck und dann dilatorisch nach Berlin, dass ich erst in der Woche nach Ostern komme", schrieb er aus Ragusa.[3] Insgeheim war er vermutlich längst entschlossen, dem Ruf nicht zu folgen, doch dies zu offenbaren hätte den Versuch vereitelt, durch Verhandlungen mit dem preußischen und bayerischen Kultusministerium eine Verbesserung seiner Stellung in München zu erreichen. In einem weiteren Brief an seine Frau schilderte er die Reaktion einer Bekannten, der es unverständlich sei, „dass ich mich nicht über den Berliner Ruf freue. Wie müsste sie Dich erst schimpfen?!"[4] Daß Johanna Sommerfeld einem Umzug nach Berlin wenig Begeisterung entgegenbrachte, wußte auch Max

---

[1] *Protokoll der Fakultätssitzung vom 18. November 1926 und Bericht der Fakultät an den preußischen Kultusminister vom 4. Dezember 1926. Berlin, Archiv der Humboldt-Universität.*

[2] Brief [108].

[3] *A. Sommerfeld an J. Sommerfeld, 30. März 1927. München, Privatbesitz.*

[4] *A. Sommerfeld an J. Sommerfeld, 3. April 1927. München, Privatbesitz.*

Planck, als er der „werten Gattin" Grüße bestellte und sie „um gutes Wetter für Berlin" bat.[1]

Unter Sommerfelds Kollegen sorgte der Ruf aus Berlin für einige Aufregung. „So sehr ich mich freue, dass Ihnen diese Anerkennung zuteil geworden ist, so sehr zittre ich für München", schrieb ihm der Präsident der bayerischen Akademie der Wissenschaften noch am selben Tag, als der Ruf Sommerfelds in München bekannt wurde.[2] Am gleichen Tag schrieb sein Mathematikerkollege Carathéodory, er habe schon im bayerischen Kultusministerium bei dem zuständigen Referenten für Hochschulangelegenheiten vorgesprochen, der ihm zugesichert habe, „alles zu tun, was er kann, um Sie in München zu halten. Ich habe versucht ihm klar zu machen, was es für die Universität bedeuten würde, wenn Sie uns doch verloren gehen sollten."[3] Die eindringlichste und zugleich persönlichste Bitte, München treu zu bleiben, sandte der Rektor der Münchner Universität, Karl Voßler, an Sommerfeld.[4] Unterdessen gab sich Walther Nernst in Berlin schon der Hoffnung hin, „dass es zwei ‚alten Preussen' (wenn auf so jugendliche Herrschaften, wie Sie u. Ihre Gattin, dieser Ausdruck gestattet ist!) doch nicht unlieb sein dürfte, feierlich in Preussen's Hauptstadt einzuziehen! Und zwar, wenn möglich, schon in wenigen Wochen!"[5]

Die Verhandlungen Sommerfelds mit den Kultusministerien in Berlin und München zogen sich über zwei Monate hin. Am 29. April 1927 hielt man in Berlin in einer Aktennotiz als vorläufiges Ergebnis fest, daß Sommerfeld sich bis zum 1. Juni entscheiden werde. Für den Fall seiner Annahme wurden ihm weitgehende Zusicherungen gemacht, ein „Grundgehalt 1 150.– M monatlich" und eine „Kolleggeldgarantie 7 000 M jährlich", Zuzahlungen für Wohnungsmiete oder Hauskauf, die Verlegung des Instituts in zweckmäßigere Räumlichkeiten, neben der planmäßigen Assistentenstelle zwei zusätzliche außerplanmäßige, eine Schreibkraft, Schreibmaschine und Telephon, eine Erhöhung des Institutsetats auf jährlich 1 500 Mark, sowie die allerdings unter Vorbehalten eingeräumte Möglichkeit, seine Amtszeit über 65 Jahre hinaus zu verlängern.[6]

In München war Sommerfelds wichtigste Forderung für die Ablehnung des Berliner Rufs „die Schaffung eines Extraordinariates für theoretische

---

[1] Brief [111].
[2] *M. Gruber an A. Sommerfeld, 28. März 1927. München, DM, Archiv NL 89, 019.*
[3] Brief [109].
[4] Brief [110].
[5] *W. Nernst an A. Sommerfeld, 29. März 1927. München, DM, Archiv NL 89, 019.*
[6] *Aktenvermerk, Preußisches Kultusministerium, 29. April 1927. München, DM, Archiv NL 89, 019.*

Physik", wie er am 16. Mai seiner Fakultät mitteilte. Er wisse sehr wohl, daß diesem Wunsch „gegenwärtig nach der allgemeinen Finanzlage nicht genügt werden" könne, doch er forderte von der Fakultät und dem Ministerium, daß dieser Wunsch vordringlich erfüllt werden solle, sobald der Staat die Mittel dafür zur Verfügung habe.[1] Eine Woche später wurde nach weiteren Verhandlungen zwischen dem bayerischen Kultus- und Finanzministerium als Ergebnis der Bleibeverhandlungen festgehalten, daß Sommerfeld „eine Kolleggeldgarantie von jährlich 6 000 RM gewährt" und ein „einmaliger außerordentlicher Zuschuß von 4 000 RM" für die Modernisierung seines Instituts bereitgestellt werde, daß der Institutsetat ab 1929 „von jährlich 2 000 RM auf jährlich 4 000 RM" aufgestockt werde, die beiden dem Institut zugehörigen Assistentenstellen „ungeschmälert erhalten" blieben sowie die „Mittel für Errichtung einer etatmäßigen a. o. Professur für theoretische Physik an der Universität München beim Landtage" beantragt werden sollten.[2] Wenig später wurde die Kolleggeldgarantie auf den in Berlin zugestandenen Betrag von 7 000 RM angehoben. Damit hatte Sommerfeld seinen Verhandlungsspielraum ausgeschöpft. Er werde künftig „in München wirtschaftlich ebenso gut stehen wie bei dem Berliner Angebot", begründete er gegenüber dem preußischen Kultusminister seine Ablehnung, die Nachfolge Plancks anzutreten; außerdem sprächen für sein Bleiben in München „die soviel einfacheren Arbeits- und Lebens-Bedingungen und die so viel bessere Einrichtung des Institutes".[3]

Sommerfelds Entscheidung fand auch in der Presse Widerhall. „Warum ich Berlin abgelehnt habe?", überschrieb die *Süddeutsche Sonntagspost* einen Artikel, in dem Sommerfeld über seine Motive, München die Treue zu halten, Auskunft gab:[4]

> Ich bin seit zwanzig Jahren in München und habe hier mit meinen Schülern erfolgreiche Arbeit geleistet. Es ist mir zweifelhaft, ob in dem großen und unruhigen Berlin der Kontakt mit den Studierenden ebenso innig zu gestalten sein würde, wie in Mün-

---

[1] *A. Sommerfeld an den Dekan, Philosophische Fakultät, 2. Sektion, 16. Mai 1927. München, DM, Archiv NL 89, 004.*

[2] *Bayerisches Kultusministerium an A. Sommerfeld, 25. Mai 1927. München, DM, Archiv NL 89, 019.* Später wurde ihm die „Errichtung einer etatmäßigen ausserordentlichen Professur für theoretische Physik an der Universität München" zugesagt, „[s]obald es die staatliche Finanzlage gestattet". *Bayerisches Kultusministerium an A. Sommerfeld, 20. Juni 1927. München, DM, Archiv NL 89, 019, Mappe 5,9.*

[3] *A. Sommerfeld an C. H. Becker, Briefentwurf, undatiert (zwischen 31. Mai und 11. Juni 1927). München, DM, Archiv NL 89, 019.*

[4] [Sommerfeld 1927e].

chen. Zwar hat für mich als Alt-Preußen (ich bin in Königsberg i. Pr. im Jahre 1868 geboren) Berlin einen großen Reiz. Zudem ist es die Stadt, in der Helmholtz und Kirchhoff gewirkt haben und in der Planck und Einstein leben, das Zentrum der deutschen Intelligenz und Arbeit. Aber es verbraucht seine Leute schnell, während München, am Fuße der Berge gelegen, auch dem Alternden Erfrischung und Kräfteersatz ermöglicht.

„Schade, – sehr Schade!" schrieb Planck an Sommerfeld, aber er bekundete ihm „volles Verständnis" für seine Entscheidung; das Ministerium habe ihm mitgeteilt, daß nun „bei Schrödinger angefragt" werde.[1] Schrödinger hielt seinerseits Sommerfeld auf dem Laufenden über den Stand seiner Verhandlungen in Berlin. „Das in dieser Hinsicht bis jetzt Erreichte deckt sich fast mit dem Ihrigen. Unterschiede: nicht *ganz* Spitzengehalt, sondern 1 700 M pro anno weniger", schrieb er nach der ersten Verhandlungsrunde.[2] Auch für Schrödinger war die Annahme dieses Rufes nicht selbstverständlich, da er mit der Ausstattung des Instituts unzufrieden war und Streit mit seinem künftigen Kollegen Nernst befürchtete. Er wolle „mit diesem Mann so wenig wie möglich zu tun haben. Seine eminenten intellektuellen Fähigkeiten werden durch Krummheit des Charakters und lächerliche Eitelkeit weit überkompensiert." Alle anderen aber seien ihm jedoch so freundschaftlich begegnet, daß ihm „der Gedanke an eine eventuelle Ablehnung immer schwerer und schwerer" werde. „Ein Zusammensein mit Planck, Laue, Einstein (um nur die ersten zu nennen) wäre unvergleichlich schön und fördernd für mich selbst." Dies scheint den Ausschlag gegeben zu haben; kurz darauf erfuhr Sommerfeld von Wilhelm Wien, Schrödinger habe ihm geschrieben, daß er nun „mehr Lust bekommen" habe, die Nachfolge Plancks anzutreten.[3] Dabei blieb es. Mit Wirkung vom 1. Oktober 1927 bekleidete Erwin Schrödinger die renommierteste Professur für theoretische Physik in Deutschland an der Universität Berlin.

Elektronentheorie der Metalle

Unberührt von der Aufregung um die Nachfolge Plancks ging die wellenmechanische Forschung sowohl bei Sommerfeld in München als auch bei Schrödinger in Zürich weiter. „Heitler und London sind bei mir eingetrof-

---

[1] Brief [114].
[2] *E. Schrödinger an A. Sommerfeld, 14. Juli 1927. München, DM, Archiv NL 89, 019.*
[3] *W. Wien an A. Sommerfeld, 5. August 1927. Berlin, SB, Autogr. I/294.*

fen, Pauling wird erwartet", berichtete Schrödinger im April 1927.[1] Walter Heitler hatte seit 1924 bei Sommerfeld studiert, 1926 unter der Anleitung Herzfelds promoviert und kam nun als Stipendiat der Rockefeller Foundation für das Sommersemester 1927 zu Schrödinger. Fritz London hatte auch bei Sommerfeld studiert, bevor er nach einem Aufenthalt bei Ewald in Stuttgart ebenfalls mit einem Rockefellerstipendium an das Schrödingersche Institut kam. Hier behandelten Heitler und London gemeinsam das Problem der homöopolaren Bindung mit wellenmechanischen Methoden. In einer bahnbrechenden Arbeit zeigten sie, daß nach der Wellenmechanik zwischen neutralen Atomen anziehende Kräfte existierten, die zum Beispiel die Verbindung zweier Wasserstoffatome zu einem Wasserstoffmolekül erklären konnten. Diese „Austauschkräfte" sind ein rein quantenmechanisches Phänomen, zu dem es kein klassisches Analogon gibt. Im August 1927 schickte London das Resultat dieser Zusammenarbeit an Sommerfeld mit der Bemerkung:[2] „Man bekommt sehr den Eindruck, daß diese Fragen jetzt ohne willkürliche neue ad-hoc-Annahmen allein durch konsequente Anwendung von Quantenmechanik + Pauli-Verbot zu behandeln sind"; Linus Pauling, der seit einem Monat in Zürich sei, wolle sich mit weitergehenden numerischen Berechnungen dazu befassen: „An Problemen fehlt es hier nicht".

London kehrte nach dem Züricher Aufenthalt nicht – wie ursprünglich beabsichtigt – zurück in den „guten vertrauten Hafen in München, in dem ich meine besten Studienjahre verlebt", sondern ging mit Schrödinger nach Berlin.[3] In München mangelte es jedoch nicht an Studenten und Gastforschern, die unter Sommerfelds Leitung mit einer Anwendung der Quantenmechanik ihre Theoretikerkarriere beginnen wollten. Die aktuellste Anwendung war die Elektronentheorie der Metalle – und der Anstoß für die Erschließung dieses Gebietes kam von Sommerfeld selbst. Bei einem Besuch in Hamburg Anfang 1927 sah er die Korrekturfahnen einer neuen Arbeit von Pauli, der die Frage untersuchte, welche der beiden Quantenstatistiken, die Bose–Einsteinsche oder die Fermi–Diracsche, „die richtige" sei. Er habe sich „schweren Herzens" zur Fermi-Dirac-Statistik bekehrt, hatte Pauli schon im November 1926 an Schrödinger geschrieben: „Über eine Anwendung davon auf Paramagnetismus will ich eine kleine Note schreiben".[4] Pauli zeigte,

---

[1] Brief [112].

[2] F. London an A. Sommerfeld, 4. August 1927. München, DM, Archiv NL 89, 010. Vgl. [Heitler und London 1927] sowie [Pauling 1928].

[3] F. London an A. Sommerfeld, 21. September 1927. München, DM, Archiv HS 1977-28/A,207.

[4] W. Pauli an E. Schrödinger, 22. November 1926. Zitiert nach [Pauli 1979, S. 357], vgl. auch [Pauli 1927]. Zu Sommerfelds Hamburgbesuch vgl. Brief [107].

daß die Elektronen in einem nach Fermi–Dirac entarteten Elektronengas nur zu einem kleinen Bruchteil ihre magnetischen Momente entlang der Richtung eines äußeren Magnetfeldes ausrichten konnten, so daß der schwache und annähernd temperaturunabhängige Paramagnetismus von Metallen plausibel wurde. Pauli verstand diese Anwendung primär als einen Testfall für die Fermi-Dirac-Statistik. Eine breitere Anwendung für ein Verständnis von Metalleigenschaften lag ihm fern. Dies kam jedoch sofort Sommerfeld in den Sinn, als er mit Pauli darüber diskutierte; denn damit ließen sich auch andere bislang rätselhafte Festkörpereigenschaften verstehen, insbesondere, warum die Metallelektronen nur einen so geringen Beitrag zur spezifischen Wärme lieferten. Pauli erinnerte sich viele Jahre später an Sommerfelds Reaktion:[1]

> The next day he said to me that he was very much impressed by it and that one should make further application to other parts of metal theory like the Wiedemann–Franz law, thermoelectric effects, etc. As I was not eager to do that, he made then this further application himself.

Wie bei der Bohrschen Atomtheorie 1915/16 stellte Sommerfeld auch jetzt seine Ideen zum Ausbau der Elektronentheorie der Metalle zuerst in einer Spezialvorlesung vor dem kleinen Kreis seiner fortgeschrittenen Studenten zur Diskussion. Nach dieser im Sommersemester 1927 gehaltenen Vorlesung war das Thema reif für eine Publikation in den *Naturwissenschaften*:[2]

> Die Arbeit von mir beansprucht mit den neuen statistischen Methoden von Fermi das uralte Problem des galvanischen Stromes der Voltadifferenz, der Thermokraft etc. in Ordnung zu bringen. [...] Natürlich werde ich über denselben Gegenstand in extenso auch in der Zeitschrift für Physik berichten[,] desgleichen in Como bei dem Voltakongress.

Beim „Voltakongress", einer im September 1927 anläßlich des hundertsten Todestages von Alessandro Volta abgehaltenen Konferenz in Como, fand Sommerfeld mit seiner „schönen Theorie"[3] bei der versammelten internationalen Physikerprominenz großes Interesse. Einstein, dem Sommerfeld im November 1927 einen Abdruck seiner Arbeit zugeschickt hatte, „weil

---

[1] *W. Pauli an F. Rasetti, Oktober 1956. AHQP.*
[2] [Sommerfeld 1927c]; *A. Sommerfeld an A. Berliner, 6. August 1927. München, DM, Archiv NL 89, 001.*
[3] H. A. Lorentz in [Sommerfeld 1927a, S. 470].

Sie Ähnliches in der Berl.[iner] Acad.[emie] gelegentlich Ihrer Statistik geäussert haben", gewann nach der Lektüre den Eindruck, „dass dies in der That die im Prinzip zutreffende Rettung desjenigen sei, was an der ursprünglichen Elektronentheorie der Metalle wahr ist."[1] Fermi folgte nach der Tagung in Como dem von Sommerfeld gewiesenen Weg, indem er sogar die Elektronenhülle eines einzelnen Atoms mit dieser Methode behandelte. Es sei ihm gelungen, schrieb Fermi im Februar 1928 an Sommerfeld, zu zeigen, „dass die statistische Betrachtung der Elektronen eines Atoms als eine Atmosphäre eines entarteten Gases berechtigter ist als es a priori scheinen würde."[2] Mit Hilfe der neuen „wellenmechanischen Statistik", wie sie von Sommerfeld auch genannt wurde,[3] eröffneten sich ungeahnte Möglichkeiten – nicht nur in Bezug auf die Theorie der Metalle, sondern auch für die Physik von Vielelektronenatomen, die nun nach der sogenannten Thomas-Fermi-Methode (oder auch Thomas-Fermi-Modell, benannt nach Enrico Fermi und Llewellyn H. Thomas) erforscht werden konnten.

Nachdem in den Arbeiten von Unsöld, Pauling, London und Heitler die Wellenmechanik als neues Werkzeug der theoretischen Physiker erprobt war und nun durch Kombination mit der Fermi-Dirac-Statistik weitergehende Anwendungen nahe lagen, wurde das Sommerfeldsche Institut stärker als je zuvor zu einer begehrten Adresse für ambitionierte Theoretiker aus dem In- und Ausland. Im Anschluß an Sommerfelds eigene ausführliche Publikation zur Elektronentheorie der Metalle erschienen in der *Zeitschrift für Physik* 1928 die daran anknüpfenden Arbeiten von William V. Houston, Carl Eckart und anderen amerikanischen Gaststudenten.[4] Hans Bethe schloß im Sommer 1928 sein Studium mit einer Doktorarbeit ab, die Sommerfeld als „einen fundamentalen Fortschritt in der Theorie der Metallelektronen" wertete.[5] Hermann Brück promovierte um dieselbe Zeit über die „wellenmechanische Berechnung von Gitterkräften", die Wellenmechanik habe nämlich, führte Sommerfeld in seinem Votum aus, „für die Theorie der Festkörper (Kristalle) neue Untersuchungsmöglichkeiten eröffnet".[6]

Der neue Forschungsschwerpunkt spiegelt sich auch in der Korrespondenz wieder. „I was extremely interested in your recent papers on metallic

---

[1] Briefe [116] und [117].

[2] *E. Fermi an A. Sommerfeld, 18. Februar 1928.* München, DM, Archiv HS 1977-28/A,91.

[3] [Sommerfeld 1928a].

[4] [Sommerfeld 1928b], [Houston 1928a], [Eckart 1928], [Sommerfeld 1928c] und [Houston 1928b].

[5] *Promotionsakte Hans Bethe*, München, UA, OC-N, Nr. 259; [Bethe 1928].

[6] *Promotionsakte Hermann Brück*, München, UA, OC-N, Nr. 245; [Brück 1928].

conduction, etc.", schrieb Karl Compton im März 1928 aus Princeton;[1] er freute sich, daß Carl Eckart, „one of our best students whom we had in Princeton", nun Gelegenheit habe, sich in München weiter in dieses Gebiet einzuarbeiten. Da er gehört habe, daß Sommerfeld im Rahmen seiner bevorstehenden Weltreise (siehe unten) 1929 auch eine ausgedehnte Vortragstour durch die USA plane, regte er an, Princeton „for two or more lectures" auf die vorgesehene Reiseroute zu setzen. Eckart sei „wirklich ein genialer Kopf", stimmte Sommerfeld zu.[2] „Er hat mir bei den Metall-Elektronen wesentlich geholfen und in das schwierige Problem des Volta-Effektes endlich Klarheit gebracht." Auch werde er Princeton im nächsten Jahr gerne besuchen und dort vortragen. „As the subject of my lectures I propose: The new quantum statistics of the electrons in metals", antwortete Sommerfeld auch auf die Einladung an das Carnegie Institute of Technology in Pittsburgh.[3] Ähnlich reagierte er auf die Einladungen der University of Michigan in Ann Arbor, nach Ithaca an die Cornell University und an die University of Wisconsin in Madison, um nur einige zu nennen.[4] Die Metalltheorie bildete auch das Thema ausführlicher Diskussionen mit Jakow Frenkel, der schon in Como nach Sommerfelds Vortrag auf der Voltakonferenz dazu Stellung genommen hatte und nun brieflich weitere Einzelheiten erörterte.[5]

Zwar war Sommerfelds Elektronentheorie der Metalle ein großer Fortschritt, doch konnte die Behandlung der Metallelektronen als ein freies Gas nur den Auftakt für eine quantenmechanische Berechnung darstellen. Sommerfeld hatte lediglich anstelle der klassischen Maxwell-Boltzmann-Statistik das Pauliverbot und die damit verknüpfte Fermi-Dirac-Statistik benutzt, ansonsten jedoch die schon von Drude, Lorentz und anderen verwendeten klassischen Verfahren der kinetischen Gastheorie benutzt. In welcher Richtung der quantenmechanische Ausbau denkbar sei, deutete Herzfeld in einem Brief aus den USA an. Die Sommerfeldsche Elektronentheorie sei hier ein vieldiskutiertes Thema, er habe „in Washington auch Brillouin und Bridgman davon erzählt, die sich sehr dafür interessierten". Doch Bridg-

---

[1] *K. Compton an A. Sommerfeld, 6. März 1928. München, DM, Archiv HS 1977-28/A,55.*

[2] *A. Sommerfeld an K. Compton, 23. März 1928. München, DM, Archiv NL 89, 001.*

[3] *T. Baker an A. Sommerfeld, 10. Oktober 1928. München, DM, Archiv NL 89, 019.*

[4] *H. Randall an A. Sommerfeld, 28. Januar 1929. München, DM, Archiv NL 89, 019, F. K. Richtmyer an A. Sommerfeld, 11. Februar 1929. München, DM, Archiv NL 89, 019, C. Mendenhall an A. Sommerfeld, 13. Februar 1929. München, DM, Archiv NL 89, 019.*

[5] *J. Frenkel an A. Sommerfeld, 8. und 13. März 1928. München, DM, Archiv HS 1977-28/A,103.*

man habe auch ihre „stärkste Lücke" benannt, die mangelnde Berücksichtigung der Kristallstruktur. Vielleicht, spekulierte Herzfeld, könne man „das Gas als Eigenschwingungen" auffassen.[1] Houston versuchte die Vorgänge in Metallen genauer zu ergründen, indem er über „die Verträglichkeit der Elektronen-Beugung mit dem Pauli-Prinzip" nachdachte; Bloch, der gerade bei Heisenberg sei, verwende eine andere Methode, um die Leitfähigkeit zu berechnen.[2]

Heisenberg war kurz zuvor auf den Lehrstuhl für theoretische Physik an die Universität Leipzig berufen worden; die von Felix Bloch im Rahmen seiner Doktorarbeit bei Heisenberg entwickelte Methode begründete das Bändermodell, eine der wichtigsten Säulen der modernen Festkörperphysik. Weitere Grundlagen wurden bei Pauli an der ETH Zürich erarbeitet, der dort seit dem Sommersemester 1928 als Ordinarius für theoretische Physik wirkte und mit Heisenberg und Sommerfeld einen regen Austausch an Studenten, Assistenten und Forschungsthemen pflegte.[3]

Die Anwendung der Quantenmechanik auf Festkörperprobleme wurde für einige Semester in der Sommerfeldschule und ihren Filialen in Zürich und Leipzig beinahe zu einer Art Sport. Die Teilnehmer an diesem Wettkampf, wie Peierls, Bloch und Bethe, brachten als Assistenten und als Rockefellerstipendiaten eine Vielzahl neuer Ideen von einem Institut zum anderen. So berichtete zum Beispiel Bethe 1930 von einem Forschungsaufenthalt im englischen Cambridge, was dort über Supraleitung und andere Teilgebiete der Theorie fester Körper gedacht wurde.[4] Abgesehen von der Supraleitungstheorie, die noch sehr lange ein offenes Problem darstellen sollte, entstanden die wichtigsten Arbeiten zur Quantentheorie fester Körper innerhalb weniger Jahre in diesem Umfeld. Für Promotionen und Habilitationen, als Thema von Seminararbeiten oder während Forschungsaufenthalten in einem Zentrum der frühen Atomtheorie wie München, Göttingen, Kopenhagen, Zürich, Leipzig – die Anwendung der Quanten- oder Wellenmechanik auf feste Körper erwies sich von 1927 bis etwa 1932 als ein unerschöpfliches Reservoir für neue Untersuchungen mit der Aussicht auf raschen Erfolg.[5]

---

[1] Brief [124].
[2] *W. Houston an A. Sommerfeld, 30. Mai 1928.* München, DM, Archiv HS 1977-28/A,149.
[3] Brief [139].
[4] Brief [146].
[5] Vgl. [Hoddeson et al. 1987], [Eckert 1990] und [Hoddeson et al. 1992, Kap. 2].

Unterwegs „als deutscher Culturbote"

Sommerfeld spielte bei dieser Erschließung neuer Anwendungsbereiche für die theoretische Physik nicht nur als Autor richtungsweisender Arbeiten zur Elektronentheorie der Metalle eine maßgebliche Rolle. Von vielleicht noch größerer Bedeutung war die Breitenwirkung, die er dank seines Einflusses und seiner Lehrpersönlichkeit ausübte. Angesichts der raschen quantenmechanischen Bearbeitung des gesamten Problembereichs elektronischer Festkörpereigenschaften hatte die semiklassische Theorie Sommerfelds eher didaktischen Wert als Brückenschlag zwischen der alten Vorstellung eines freien Elektronengases und dem quantenmechanischen Bändermodell. Niemand sah diese Funktion klarer als Sommerfeld selbst. Er wurde nicht müde, bei Gastvorlesungen, populären Vorträgen und Veröffentlichungen für das neue Gebiet zu werben.[1]

Wie an der Plancknachfolge deutlich wurde, stand Sommerfeld in diesen Jahren auf dem Gipfel seines wissenschaftlichen Ansehens. Hinzu kam das Bewußtsein des Erfolgs als Lehrer einer ansehnlichen Schülerzahl, die „auch nachdem sie flügge geworden sind, mit grosser Anhänglichkeit an ihrem früheren Führer hängen", wie ihm Debye als Organisator einer Festschrift zum sechzigsten Geburtstag versicherte.[2] Die von Sommerfeldschülern erschlossenen Anwendungen der neuen Quantenmechanik von der Atom-, Molekül- und Festkörperphysik bis zur Astrophysik demonstrieren eindrucksvoll den Erfolgskurs, auf dem sich die theoretische Physik nicht zuletzt dank Sommerfelds jahrzehntelanger Bemühungen befand. Auch als Lehrbuchautor zog Sommerfeld 1929, fünf Jahre nach dem Erscheinen der vierten Auflage von *Atombau und Spektrallinien*, eine Erfolgsbilanz: Er habe „einen Ergänzungsband" verfaßt, schrieb er an Debye aus Kalifornien, wo er Gastvorlesungen am CalTech abhielt. „Ich lese darüber für Millikan und Gen.[ossen] mit grosser Freude".[3]

Erfolg und Anerkennung brachten Sommerfeld zahlreiche Einladungen zu Gastvorträgen im In- und Ausland ein, denen er bei aller Beschwerlichkeit des Reisens nur zu gerne nachkam. „Als ich im vorigen Jahre eine Einladung zu einer Gastprofessur in Pasadena, California, für die ersten Monate des Jahres 1929 erhielt", schrieb er über den Anlaß seiner im August 1928 angetretenen Weltreise, „stand mein Entschluß fest, nicht den ordinären westlichen Weg dorthin zu nehmen, sondern den extraordinären Weg über

---

[1] [Eckert 1987].
[2] Brief [133].
[3] Brief [134].

den fernen Osten, über Indien und Japan."[1] Die Repräsentanz deutscher Kultur im Ausland war ihm ein tiefempfundenes Anliegen. Die Formulierung seines Sohnes, daß er „als deutscher Culturbote ins Ausland ginge", gefiel ihm selbst so gut, daß er sie bei seiner Weltreise „in der Einleitung zu einem grossen Vortrag vor dem Japan.-deutsch-Cultur-Inst." benutzte.[2]

Der Plan einer Weltreise war vermutlich im Anschluß an den Voltakongreß im Herbst 1927 gereift, bei dem Millikan erstmals die Möglichkeit einer Gastprofessur für Sommerfeld am CalTech erwähnte. Danach war zuerst an eine Doppeleinladung Sommerfelds nach Chicago und Pasadena für jeweils ein Viertel eines akademischen Jahres gedacht.[3] Die Gastprofessur in Chicago, wo Sommerfeld 1922/23 im Rahmen seiner Carl-Schurz-Professur schon einmal zu Vorträgen ein- und dann wieder ausgeladen worden war (siehe Seite 37), kam nicht zustande; am CalTech jedoch zögerte man nicht lange: „pasadena wants you definitely winter quarter twentynine", telegraphierte Millikan Ende November 1927 an Sommerfeld.[4] Sommerfeld sagte nach kurzer Bedenkzeit zu und schrieb Millikan auch von seiner Idee, daß er den Kalifornienaufenthalt mit einer Weltreise verbinden wolle. Millikan war über die Zusage sehr erfreut.[5] Unterdessen bat Sommerfeld Meghnad N. Saha, den er ebenfalls bei der Voltakonferenz getroffen hatte, und Chandrasekhara V. Raman, für ihn ein etwa vierwöchiges Reise- und Gastvorlesungsprogramm in Indien zusammenzustellen.[6] Für Japan übernahm sein Schüler Otto Laporte die Vorbereitungen. Er verbrachte Anfang 1928 in Kyoto einen Forschungsaufenthalt und konnte für Sommerfeld Kontakte zu mehreren japanischen Instituten aufnehmen.[7]

Gastvorträge an den verschiedenen Universitäten von Indien über China und Japan bis zu den USA waren für Sommerfeld eine Möglichkeit, der wissenschaftlichen Ausgrenzung Deutschlands nach dem Ersten Weltkrieg entgegenzuwirken. Als ihn sein spanischer Kollege Blas Cabrera in seiner Eigenschaft als Mitglied des nach dem Kriege neu gegründeten Internationalen Forschungsrates um eine freimütige Meinungsäußerung bat, wie sich die deutschen Gelehrten zu einer künftigen Mitgliedschaft in dieser Organi-

---

[1] [Sommerfeld 1929f].
[2] *A. Sommerfeld an J. Sommerfeld, 21. Dezember 1928. München, Privatbesitz.*
[3] Brief [115].
[4] *R. Millikan an A. Sommerfeld, 25. November 1927. München, DM, Archiv HS 1977-28/A,232.*
[5] Brief [119].
[6] *M. N. Saha an A. Sommerfeld, undatiert. München, DM, Archiv NL 89, 024.* Vgl. die Briefe [120], [123] und [126]; siehe auch [Singh 2001].
[7] Brief [122].

sation stellten, äußerte sich Sommerfeld „nicht gerade schmeichelhaft", denn „der aus dem politischen Hass geborene Conseil kostet viel Geld und hat, soviel ich weiss, bisher keine Leistungen aufzuweisen"; am besten wäre es, „den Conseil einschlafen zu lassen".[1]

Sommerfeld verstand seine Mission „als deutscher Culturbote" nicht als Repräsentant einer Wissenschaftsorganisation oder als Vertreter einer politischen Richtung. Worauf es ihm ankam, war die Stärkung eines Bewußtseins für die Werte deutscher Kultur. Dies wurde besonders an der Tung Chi Universität in Shanghai deutlich, einer deutschen Kolonialgründung aus dem Jahr 1908, wo auch nach dem Ersten Weltkrieg unter chinesischer Leitung durch ein überwiegend deutsches Professorenkollegium die Vorkriegstradition aufrechterhalten wurde. Es sei ihm „eine große Freude", begann Sommerfeld seinen Vortrag vor den chinesischen Studenten,[2]

> auf diesem vorgeschobensten Posten deutscher Wissenschaft und Kultur vor Ihnen sprechen zu dürfen und noch dazu in meinem geliebten Deutsch. [...] Sie haben das Glück, die moderne Wissenschaft aus der Hand vortrefflicher Lehrer zu empfangen. Sie sind dadurch ausgezeichnet vor Millionen Ihrer Landsleute; Sie können an dem Ausbau der Wissenschaft teilnehmen in mehr oder minder selbständiger oder bescheidener Weise. In der Natur ist alles Gesetz und Ordnung, in der Gesellschaft und in der Politik aber herrschen leider Unordnung und Ungerechtigkeit. Es ist ein großer Vorzug für Sie, daß Sie einen Blick tun dürfen in die Gesetzmäßigkeit der Natur. Wenn Sie ihrem Beispiel folgen, dann wird Ihr Studium Erfolg haben und die Universität, die von deutschen Kollegen mit soviel Energie und Aufopferung hochgehalten wird, wird durch Zusammenarbeit zwischen Lehrern und Studenten gedeihen.

Der Vortrag berichtete „Über die Entwicklung der Atomphysik in den letzten zwanzig Jahren", aber die am Beginn und am Ende der Rede geübte Kulturpropaganda war mehr als nur rhetorische Umrahmung. Sommerfeld war sich der politischen Rolle seines Gastspiels durchaus bewußt. Der Deutsche Generalkonsul in Shanghai hatte ihn zwei Wochen vor seiner dortigen Ankunft persönlich um diesen Vortrag gebeten, da er sich „von dem Auftreten eines hervorragenden deutschen Gelehrten einen besonders nachhaltigen Eindruck auf die chinesischen Studenten verspreche" und hoffte,

---

[1] Brief [127] und Antwort [128].
[2] [Sommerfeld 1929d, S. 75 und 87].

„dass dadurch der deutsche kulturelle Einfluss auf die Tung Chi Universität eine neue wertvolle Kräftigung erfährt."[1] In sein Reisetagebuch notierte Sommerfeld nach diesem Auftritt:[2]

> Vortrag deutsch: Atome. Gut. Besonders das Schlußwort an die Studenten: bevorzugt vor Millionen anderen dadurch dass sie von deutschen Lehrern beste Wissenschaft lernen. Pflicht zum Idealismus.

Auch sonst entsprach Sommerfeld nicht dem Klischee des unpolitischen Wissenschaftlers im Elfenbeinturm. Unabhängig von seiner Kulturmission registrierte er sehr genau das politische Umfeld, dem er bei den verschiedenen Stationen seiner Weltreise begegnete. „Politisches aus Calcutta" lautet eine Überschrift in seinem Reisetagebuch, unter der er den englischen Kolonialismus kritisierte: „Die Inder müssen alles aus England kaufen, von den Streichhölzern bis zu den Lokomotiven." Allgemein werde beklagt, „dass nicht genug für *education* ausgegeben wird. Alles andere erscheint nebensächlich." Er zeigte sich beeindruckt von der indischen Kultur, nicht jedoch von ihrem überkommenen Herrschaftssystem: „Die Maharajas taugen nichts u. sind eine Stütze der engl. Herrschaft", fand er. „Die meisten Inder erstreben nicht ‚Los von England' sondern den Status der Dominions, den England früher oder später bewilligen muß und wird, weil es klug ist."[3]

Zu der Flut neuer Eindrücke und der Last seiner Vortragspflichten kamen beunruhigende Nachrichten aus München. Am 30. August 1928, kurz nach Beginn von Sommerfelds Weltreise, war Wilhelm Wien unerwartet nach einer Gallensteinoperation verstorben. Sommerfeld mußte befürchten, daß Johannes Stark auf den Münchner Experimentalphysiklehrstuhl berufen würde. Die Münchner Kollegen hielten Sommerfeld über den Fortgang der Nachfolgefrage in Telegrammen und Briefen auf dem Laufenden und versicherten, „dass in der Sache nichts geschehen wird, was Sie nicht wollen."[4] Sommerfeld gab aus der Ferne Empfehlungen, war sich aber nicht

---

[1] *F. Thiel an A. Sommerfeld, 13. November 1928.* München, DM, Archiv NL 89, 021, Mappe 9,6.

[2] *Tagebuch Weltreise 1928/29. Eintrag vom 27. November 1928.* München, Privatbesitz.

[3] *Tagebuch Weltreise 1928/29. Eintrag zwischen 27. und 28. Oktober 1928.* München, Privatbesitz.

[4] Brief [129]. Die Todesnachricht und die von der Fakultät danach getroffenen Maßnahmen erfuhr Sommerfeld auch aus den Briefen *M. Wien an A. Sommerfeld, 5. September 1928.* München, DM, Archiv NL 89, 019, *A. Schmauß an A. Sommerfeld, 10., 11. September und 16. Oktober 1928.* München, DM, Archiv NL 89, 019, und *A. Wilkens an A. Sommerfeld, 31. Oktober 1928.* München, DM, Archiv NL 89, 019.

sicher, ob in seiner Abwesenheit die Nachfolge Wiens in seinem Sinne geregelt werden konnte: „Wenn wir dennoch Stark bekommen sollten, so weiss ich wirklich nicht, was ich tun soll. In Princeton erwartet mich, wie ich höre, ein sehr dicker Ruf", schrieb er aus Kyoto nach München.[1] Johannes Stark war sogar bei Sommerfelds Frau vorstellig geworden, offenbar um sich bei ihr nach seiner Haltung in der Nachfolgefrage zu erkundigen. „Zugesehn hätte ich aber doch gern, wie Du Giovanni Robusto mit kühlster Höflichkeit u. grösster Naivität hast abfahren lassen", reagierte Sommerfeld auf diese Nachricht. Ansonsten war ihm aber nicht zum Spaßen zumute:[2]

> Ich muß gestehn, daß ich die Situation trotz Cara[théodory] nicht für ungefährlich halte. Auch die Maßnahmen der Fakultät sind mir nicht ganz recht. Wenn sich das Ministerium bei Debye u. Franck einen Korb geholt hat, so kann es sich leichter tun mit einem Angebot an Stark, als wenn wir, wie ich wollte, an die erste Stelle deutlich einen Mann gesetzt hätten, den wir bekommen würden, nämlich Gerlach.

Stark wandte sich wenig später auch brieflich an Sommerfeld, um eine „Klärung des persönlichen Verhältnisses zwischen Ihnen und mir" herbeizuführen; Sommerfeld widersprach dem Eindruck Starks, bei seinen Berufungsvorschlägen sei die „angebliche persönliche Feindschaft zwischen Ihnen und mir wesentlich gewesen"; doch was „unsere wissenschaftlichen Differenzen betrifft", so machte er ebenso unmißverständlich deutlich, daß er Stark nicht für einen geeigneten Kandidaten hielt.[3] Sommerfelds Mißstimmung wurde noch dadurch verstärkt, daß seine Hoffnung auf den Nobelpreis auch in diesem Jahr nicht in Erfüllung ging: „Briefe u. Gedichte von [zu] Haus gelesen, leider auch Notiz über Nobel-Preis", so beendete er am 5. Dezember, dem Tag seines sechzigsten Geburtstages, seinen Tagebucheintrag.[4]

Der ‚Ernstfall' trat jedoch nicht ein. Noch in Kalifornien erfuhr Sommerfeld von seinen Münchner Freunden und Fakultätskollegen per Glückwunschtelegramm, „daß Stark jetzt wohl endgültig außer Betracht" sei. „Jetzt kommt wohl sicher Gerlach".[5] So konnte er den Rest seiner Weltreise unbeschwert genießen. Er habe Gerlach „Unbedingt annehmen" tele-

---

[1] Brief [132]. In den Akten des Universitätsarchivs Princeton finden sich keine Unterlagen für eine Berufung Sommerfelds.
[2] Brief [130].
[3] Briefe [135] und [136]. Zur Haltung der Fakultät vgl. Brief [131].
[4] *Tagebuch Weltreise 1928/29*. München, Privatbesitz; vgl. insbesondere Brief [132].
[5] *Telegramm von H. Anschütz-Kaempfe und 16 weiteren Unterzeichnern, 23. Februar 1929*. München, DM, Archiv NL 89, 019.

graphiert, schrieb er seiner Frau Anfang März aus Pasadena; der drohenden Kontroverse mit Stark, der sich damit nicht zufriedengeben würde, sah er gelassen entgegen: „Stark kann mir den Puckl rauf rutschen mit seiner Polemik-Drohung."[1] Zu guter Letzt ehrten ihn die amerikanischen Kollegen auch noch mit der Mitgliedschaft in der Washingtoner *National Academy*. Sommerfeld befand sich schon auf der Rückreise nach Europa, als ihm diese Nachricht telegraphisch von Millikan übermittelt wurde. „I am very proud to have becomen in this way a membre of the American Physics Scolarship", versicherte er Millikan, den er für den Initiator dieser Ehrung hielt: „I am sure, you had a chief part in proposing and recommending this election."[2]

Sommerfelds Weltreise fand auch außerhalb der Wissenschaft große Beachtung: „German Scientist Lectures in Tokyo", „German Physicist Talks About Wave Mechanics" und ähnlich lauteten die Überschriften von Zeitungsartikeln, in denen über seine Gastvorlesungen in aller Welt berichtet wurde.[3] Nagaoka sprach Sommerfeld sein Bedauern darüber aus, „that progress in the new branch of physics in Japan is still very meagre", was die Bedeutung seiner Gastvorlesungen aber nur um so mehr unterstreiche:[4]

> The seeds for nurturing new physics were sown, but the soil is too arid to see them creep out as buds. Your lectures had no doubt an effect of balmy dew falling on the tender leaves beginning to sprout.

Galten Indien, China und Japan zur Zeit von Sommerfelds Besuch in der Physik noch als Entwicklungsländer, so traf dies auf die USA sicher nicht mehr zu. Dennoch erinnerte man sich auch dort mit großer Herzlichkeit an seinen Aufenthalt. „Greetings from America and the pleasantest of recollections of your inspiring visit!" schrieb ein Kollege von der Cornell University aus Ithaca an Sommerfeld – und bestellte gleichzeitig Kristallmodelle, die in Sommerfelds Institutskeller nach Berechnungen seines Assistenten von seinem Mechaniker hergestellt und in alle Welt geliefert wurden.[5] Die Physik in Amerika, so Sommerfeld später, sei im Jahr 1929 nicht mehr wie während seines Aufenthaltes 1922/23 „neu" gewesen, sie stand „jetzt dort in *höchster Blüte* und wurde in allen Laboratorien überaus sachgemäß gefördert". Besonderen Eindruck machten auf ihn die astrophysikalischen Entdeckungen

---

[1] *A. Sommerfeld an J. Sommerfeld, 3. März 1929. München, Privatbesitz.*
[2] Brief [137].
[3] Sammlung von Zeitungsausschnitten in *München, DM, Archiv NL 89, 019.*
[4] Brief [138].
[5] *F. K. Richtmyer an A. Sommerfeld, 22. Mai 1929. München, DM, Archiv NL 89, 012.*

am Mount Wilson Observatory: „Hier hörte ich zum erstenmal von dem ‚Expanding Universe' aus dem Munde seines Entdeckers Edwin Hubble", und „aus einem Vortrag des hervorragenden Astrophysikers H. N. Russell" habe er die bis dahin genauesten Daten über die Häufigkeit der chemischen Elemente auf der Sonne erfahren, „die sicherer sind als dieselben Zahlen für die Erde."[1]

Anders als im Fernen Osten, wo Sommerfeld seine Mission als „Culturbote" verstand, begegnete ihm in den USA eine Wissenschaftskultur, die den Rückstand gegenüber Europa aufgeholt hatte und in manchen Bereichen bereits weiter fortgeschritten war. Sommerfeld war sichtlich beeindruckt von den Veränderungen, die in der kurzen Zeitspanne seit seinem letzten Besuch in der amerikanischen Physik stattgefunden hatten. Seit 1922 waren zwei Nobelpreise an amerikanische Physiker verliehen worden: 1923 an R. A. Millikan für seine Bestimmung der Elementarladung und Arbeiten zum Photoeffekt sowie 1927 an A. H. Compton für den von ihm gefundenen Effekt. Doch die Veränderungen betrafen nicht nur die Experimentalphysik. An der University of Michigan in Ann Arbor wurden seit 1923 alljährlich Sommerschulen abgehalten, die binnen kurzem auch international zu einem Begriff für fortgeschrittene theoretische Physik wurden. In den USA eröffneten sich neue Stellenmöglichkeiten, so daß sich der eine oder andere Theoretiker jetzt dort eine bessere Zukunft erhoffen konnte als in Europa. Paul S. Epstein, Karl F. Herzfeld und Otto Laporte – um nur drei Sommerfeldschüler zu nennen – illustrieren diesen Trend:[2] Epstein lehrte seit 1921 in Pasadena, nach Gastvorlesungen wurde Herzfeld 1926 an die Johns Hopkins University berufen und Laporte übernahm 1926 eine Physikprofessur an der University of Michigan, nachdem er zuvor am National Bureau of Standards gearbeitet hatte.

Entsprechend gab es auch im Münchner Kolloquium Kostproben von der gesteigerten Internationalität in der Physik: Herzfeld berichtete bei seinen Besuchen über neue amerikanische Arbeiten, ebenso Laporte, der im Wintersemester 1928/29 nach München kam, um den abwesenden Sommerfeld bei den Vorlesungen zu vertreten, und nicht zuletzt Sommerfeld selbst, der nach der Rückkehr im Kolloquium einen Vortrag über „Die Physik in Indien, Japan und Amerika" hielt.[3]

---

[1] [Sommerfeld 1945b].
[2] Vgl. [Sopka 1980].
[3] Münchner Kolloquium am 6. Juli 1928, 7. Dezember 1928, 31. Mai 1929, *Physikalisches Mittwoch-Colloquium. München, DM, Archiv Zugangsnr. 1997-5115*. Vgl. auch [Sommerfeld 1929e].

Sommerfeld war kaum drei Monate von seiner Weltreise zurückgekehrt, da zog es ihn schon wieder in die Ferne: „Ich habe durchaus Lust 1931 nach Ann Arbor zu kommen", teilte er Herzfeld seine Absicht mit, an der Sommerschule der University of Michigan in diesem Jahr teilzunehmen.[1] Zusammen mit Pauli gedachte er dort „eine sehr nette Zeit" zu verbringen,[2] und diese Erwartung ging vollständig in Erfüllung. Amerika erschien ihm in einem noch angenehmeren Licht als bei seinen vorangegangenen Aufenthalten:[3]

> Alle Organisation ist vorzüglich in diesem Lande: im Unterricht, im Geldwesen, in der Geselligkeit (Anzug unglaublich lax für Männer, so dass ich fast dauernd in Sandalen u. indischem Hemd herumlaufe); alles darauf zugeschnitten, möglichst viel „good time" und Leistung bei kleinster Mühe und Sorge zu erzielen, genau umgekehrt wie bei uns!

Die Konsolidierung quantenmechanischer Erfolge

Die beiden Vorlesungsreihen Sommerfelds auf dem „Symposium of Theoretical Physics" 1931 in Ann Arbor waren mit „Electron Theory of Metals" und „Selected Problems of Wave Mechanics" überschrieben.[4] Ähnlich hatten auch die Vortragsthemen bei der Weltreise 1928/29 gelautet, und unter diese Rubriken können im großen und ganzen alle für Sommerfeld bestimmenden Themen der theoretischen Physik zwischen 1926 und 1932 eingeordnet werden. Es ging ihm in erster Linie um die Anwendungen der Wellenmechanik in der Atom-, Molekül- und Festkörperphysik. Die eigenen Publikationen widmete er meist der Elektronentheorie der Metalle, wo er nach seinen ausführlichen Arbeiten des Jahres 1928 nun als Koautor seinen Schülern Aufmerksamkeit verschaffte. Zusammen mit Nathaniel H. Frank stellte er zum Beispiel die thermoelektrischen und thermomagnetischen Metalleigenschaften in den *Reviews of Modern Physics* dar; Sommerfeld betonte dabei, daß jene Teile des gemeinsamen Artikels, die über das von ihm selbst schon 1928 in der *Zeitschrift für Physik* Veröffentlichte hinausgin-

---

[1] Brief [140].
[2] Brief [144].
[3] *A. Sommerfeld an J. Sommerfeld, 9. Juli 1931. München, Privatbesitz.*
[4] *Symposium on Theoretical Physics and Courses in Physics. Summer Session, 1931, June 29 to August 21. University of Michigan Official Publication, Vol. XXXII, Nr. 54, April 4, 1931, S. 9.*

gen, „are due mainly to Dr. Frank".[1] Desweiteren vertiefte Sommerfeld die Thomas-Fermi-Methode[2] sowie die Theorie des Photoeffekts.[3]

Bei diesen Arbeiten stand die Anwendung der Quantenmechanik im Vordergrund. An den zur gleichen Zeit von Bohr, Einstein, Schrödinger, Heisenberg und anderen diskutierten Grundfragen der Interpretation beteiligte er sich nicht. „Wie das zugeht, bleibt völlig undurchsichtig. Aber die Konsequenzen dieses Postulates müssen durchdacht werden", hatte er 1927 bei seiner ersten Anwendung der Fermi-Dirac-Statistik auf die Metallelektronen geäußert.[4] Nach diesem Motto verfuhr er auch bei anderen Anwendungen. Er sei, schrieb er Oseen 1930, „nicht sehr glücklich mit der ‚unbestimmten Physik', besonders wenn darüber stundenlang von jungen Ent[h]usiasten resp. Formalisten im Seminar vorgetragen wird, obwohl ich die Berechtigung der ganzen Betrachtungsweise anerkennen muss."[5]

Um so energischer sorgte er für die breite Konsolidierung dessen, was ihm für die Anwendung der neuen Atomtheorie wichtig erschien. Er glaube, einem allgemeinen Wunsche zu entsprechen, wenn er die neue Entwicklung darstelle, „welche seit den Jahren 1924 bis 1926 (L. de Broglie, Heisenberg, Schrödinger) die äußere Form der Atomphysik umgestaltet hat."[6]

> Ich habe diesen Ergänzungsband als „wellenmechanisch" bezeichnet, weil die Schrödingerschen Methoden in der praktischen Handhabung offensichtlich den spezifischen „quantenmechanischen" Methoden überlegen sind. [...] Als Leser habe ich, wie auch bei den früheren Auflagen des Hauptteiles, ebenso sehr den experimentell, wie den theoretisch gerichteten Physiker vor Augen gehabt. [...] Ich wollte dem bisherigen Charakter meines Buches treu bleiben und mich deshalb möglichst an konkrete Fragen halten.

---

[1] [Sommerfeld und Frank 1931, S. 1]. N. H. Frank verbrachte einen Forschungsaufenthalt in München, bevor er als Professor der Physik an das MIT zurückkehrte. Vgl. auch A. Sommerfeld an N. Frank, 27. November 1930. München, DM, Archiv NL 89, 001. N. Frank an A. Sommerfeld, 15. Dezember 1930. München, DM, Archiv HS 1977-28/A,101.

[2] [Sommerfeld 1932d], [Sommerfeld 1932b] und [Sommerfeld 1933]. Vgl. auch die Briefe [159], [162] und H. Bethe an A. Sommerfeld, 1. Mai 1932. München, DM, Archiv HS 1977-28/A,19.

[3] [Sommerfeld und Schur 1930]. Vgl. auch J. Frenkel an A. Sommerfeld, 22. November 1931. München, DM, Archiv HS 1977-28/A,103, sowie die Briefe [159] und [163].

[4] [Sommerfeld 1927c, S. 825].

[5] Brief [151].

[6] [Sommerfeld 1929a, S. III-V]; das Vorwort des Wellenmechanischen Ergänzungsbandes ist mit August 1928 datiert.

Der letzte Satz war als Gegenpol zu den „allgemeinen Spekulationen der Transformationstheorie von Wahrscheinlichkeiten" und den „prinzipiellen Fragen über Unschärfe und Beobachtbarkeit" gedacht, worüber es „bald andere Darstellungen von berufener Seite geben" werde. Vermutlich spielte Sommerfeld damit auf Heisenbergs *Physikalische Prinzipien der Quantentheorie* an, die dieser im Frühjahr 1929 in einer Vorlesungsreihe an der University of Chicago behandelte und anschließend veröffentlichte. „Der Zweck des Buches scheint mir erfüllt", erklärte Heisenberg die völlig andere Art seiner Darstellung, „wenn er etwas beiträgt zur Verbreitung jenes ,Kopenhagener Geistes der Quantentheorie', wenn ich so sagen darf, der ja der ganzen Entwicklung der neueren Atomphysik die Richtung gewiesen hat."[1] Sommerfeld nannte zwar „die allgemeinen Gedanken, welche Heisenberg zur Aufstellung der Quantenmechanik geführt haben, auch für den Ausbau der Wellenmechanik unentbehrlich", aber er mochte die mit der Kopenhagener Deutung einhergehende Revolutionsrhetorik nicht. Für ihn handelte es sich vielmehr um einen evolutionären Wandel:[2] „Die neue Entwicklung bedeutet nicht einen Umsturz, sondern eine erfreuliche Weiterbildung des Bestehenden mit vielen grundsätzlichen Klärungen und Verschärfungen."

Daß die Konsolidierung und der Ausbau der Wellenmechanik als Fortsetzung der älteren Atomtheorie und nicht als deren Ablösung zu verstehen sei, unterstrich Sommerfeld mit der fünften Auflage von *Atombau und Spektrallinien*. Diese Neubearbeitung des 1924 noch auf vorquantenmechanischer Grundlage entstandenen Manuskripts zog sich bis November 1931 hin. Für den Verlag Vieweg waren Herstellung, Kalkulation und Vertrieb dieses Werkes inmitten der Weltwirtschaftskrise kein einfaches Unterfangen – und Sommerfeld als Autor nicht immer ein leicht zufriedenzustellender Verhandlungspartner.[3] Die Abstimmung mit dem gerade erschienenen und doch schon wieder veralteten *Wellenmechanischen Ergänzungsband* bereitete einige Schwierigkeiten. Die nächste Auflage des Ergänzungsbandes sollte als Band 2 von *Atombau und Spektrallinien* erscheinen, so daß die fünfte Auflage den Untertitel „I. Band" erhielt. „Der 1. Band entspricht inhaltlich der bisherigen 4. Auflage, der 2. Band wird eine Erweiterung des Ergänzungsbandes sein", erklärte Sommerfeld dem Verlag.[4] Im Vorwort unterstrich er noch einmal die Kontinuität der Entwicklung:[5]

---

[1] [Heisenberg 1930, S. VI].
[2] [Sommerfeld 1929a, S. III].
[3] Brief [143].
[4] Brief [147].
[5] [Sommerfeld 1931, S. III-IV].

> Es ist klar, daß ein Verständnis der neuen Theorie nur auf der Grundlage der älteren Theorie möglich ist. Deshalb mußten in diesem ersten Bande, außer den empirischen Grundtatsachen, auch die Bahnvorstellungen behandelt werden, soweit sie zur Einführung der Quantenzahlen nötig sind und der wellenmechanischen Rechnung als Vorbild dienen. Die Endresultate werden stets in solcher Form gegeben, wie sie durch die neue Theorie geliefert werden; infolgedessen waren häufige Verweise auf den zweiten Band erforderlich und mußten gelegentliche Lücken in der Beweisführung zugelassen werden.

Sommerfeld sprach damit vielen Physikern aus dem Herzen, die solche Lücken gerne in Kauf nahmen, um im Gegenzug die „empirischen Grundtatsachen" und eine Art historische Begründung für viele atomtheoretische Konzepte vermittelt zu bekommen. „Vielleicht wird später die Theorie der reinen Mechanik für sich entwickelt, aber jetzt braucht man immer noch die ältere Methode wenn auch nur um ein Modell zu besitzen, um sich die Sachen elementar vorzustellen."[1] Dieser Ansicht Léon Brillouins, der sich gerade mit Anwendungen der Quantenmechanik auf Festkörperprobleme beschäftigte, dürften die meisten pragmatisch denkenden Physiker zugestimmt haben. Auch Stefan Meyer vom Institut für Radiumforschung in Wien bestätigte Sommerfeld, er habe mit der Neuauflage wieder ein Werk verfaßt, „das uns allen unentbehrlich ist".[2]

Sommerfeld war für die Redakteure von Sammelwerken und Handbüchern eine erste Adresse, wenn es galt, Autoren für maßgebende zusammenfassende Darstellungen theoretisch-physikalischer Teilgebiete zu gewinnen. „Ich selbst muss alle meine Musse auf Neuauflagen meines Atombaubuches verwenden", entschuldigte er sich im Herbst 1929 bei Erich Marx, der im Auftrag der Leipziger Akademischen Verlagsgesellschaft das *Handbuch der Radiologie* redigierte und bei Sommerfeld angefragt hatte, ob er „oder einer Ihrer Schüler eine gedrängte Darstellung der metallischen Leitung auf der Grundlage der Quantenmechanik" geben könne.[3] Auch wenn weder Sommerfeld noch die von Marx als Kandidaten genannten Sommerfeldschüler Peierls und Bethe den Artikel übernahmen, verdeutlicht die Anfrage, wie stark die wissenschaftlichen Verlage an einer kompetenten Bearbeitung der neuen quantenmechanischen Anwendungen interessiert waren.

---

[1] Brief [158].
[2] *S. Meyer an A. Sommerfeld, 16. Februar 1932. München, DM, Archiv NL 89, 011.*
[3] *E. Marx an A. Sommerfeld, 16. Oktober 1929. München, DM, Archiv NL 89, 011*, und Brief [142].

Der Redakteur des bei Springer verlegten *Handbuchs der Physik* Adolf Smekal hatte mit seiner ganz ähnlich lautenden Bitte im April 1931 mehr Glück. Es gelang ihm, Sommerfeld und Bethe als Verfasser eines Artikels über die Elektronentheorie der Metalle zu gewinnen. Bethe hatte, wohl durch die Vermittlung Sommerfelds, schon zuvor zugesagt, einen Artikel über „Quantenmechanik der Ein- und Zwei-Elektronenprobleme" zu schreiben, so daß er begreiflicherweise vor einer neuerlichen Zusage zögerte. Sommerfeld wollte jedoch, wie er Bethe schrieb, auf das Angebot „nur eingehen, wenn Sie 90 % der Arbeit u. des Honorars übernehmen würden. Überschrift: ... von A. Sommerfeld u. H. Bethe". Er warnte ihn jedoch gleichzeitig, sich nicht „zu viel Schreiberei" aufzubürden.[1] Bethe reizte das Thema und das nicht geringe Honorar, er machte aber einen späten Ablieferungstermin für den Elektronentheorieartikel zur Bedingung; Smekal ging darauf „so glatt" ein, daß Bethe sich „dadurch sozusagen moralisch gezwungen" sah, anzunehmen.[2]

Für Bethe wurde so die lehrbuchmäßige Darstellung der neuesten Atomphysik und der Elektronentheorie der Metalle zu einer Hauptbeschäftigung. Er verstand es, diese „Schreiberei" mit seinen Forschungsaufenthalten als Rockefellerstipendiat in Cambridge und Rom sowie seinen Pflichten als frischgebackener Privatdozent und Betreuer von Doktorarbeiten im Sommerfeldschen Institut in einer Weise zu kombinieren, die diesen Handbuchbänden größte Aktualität verlieh und sie zu Standardwerken der modernen quantenmechanischen Atom- und Festkörperphysik werden ließen. Wie Sommerfeld in *Atombau und Spektrallinien* die neuesten Forschungsergebnisse in eine breite Gesamtdarstellung der Atomphysik einband, so integrierte auch Bethe in diesen mehr als 600 Druckseiten umfassenden Handbuchartikeln die Ergebnisse der neuesten Forschung.[3]

Die Hälfte der Artikel des „Quanten- und Festkörperbandes",[4] wie dieser legendäre, 1933 in zwei Teilen gedruckte Band 24 des Springerschen Handbuchs intern genannt wurde, verfaßten Sommerfeldschüler. Kein anderes Werk symbolisiert die Konsolidierung der neuen Atomtheorie und den Stellenwert Sommerfelds und seiner Schule deutlicher: Adalbert Rubinowicz gab einen Überblick über die ältere Quantentheorie, Wolfgang Pauli behandelte die allgemeinen Grundlagen der Wellenmechanik, Bethe die Anwendungen auf einfache Atome, die komplizierten Mehrelektronensysteme übernahm

---

[1] Brief [153].
[2] Briefe [154] und [155].
[3] Briefe [157], [159] und [163]; vgl. [Bethe 1933] sowie [Sommerfeld und Bethe 1933].
[4] Brief [153].

Friedrich Hund, Gregor Wentzel die Stoßvorgänge; im Festkörperteil dieses Handbuchbandes beschrieb Herzfeld „Größe und Bau der Moleküle".[1] Das Paradestück war zweifellos der Bethe–Sommerfeldsche Artikel, dessen Bedeutung für die Entwicklung der Festkörperphysik kaum zu überschätzen ist. „Für die übrigen Mitarbeiter an diesem Handbuchbande ist es eine besondere Ehre, in Ihrem Gefolge erscheinen zu dürfen", bedankte sich Smekal als Redakteur bei Sommerfeld, als der Teilband „Aufbau der zusammenhängenden Materie" im Herbst 1933 herauskam.[2]

---

[1] [Rubinowicz 1933], [Pauli 1933], [Bethe 1933], [Hund 1933], [Wentzel 1933], [Herzfeld 1933].
[2] *A. Smekal an A. Sommerfeld, 28. November 1933*. München, DM, Archiv NL 89, 013.

Briefe 1926–1932

[92] *Von Erwin Schrödinger*[1]

Zürich, am 29. Januar 1926.

Hochverehrter Herr Professor!

Es ist so sehr lange, dass ich Sie nichts mehr von mir habe hören lassen, dass ich nun schnell schreiben muss, damit nicht etwa Sie mir noch früher schreiben, wenn Sie meine Quantenarbeit angesehen haben, die ich an Herrn Geheimrat Wien für die Annalen sandte mit der Bitte, Sie Ihnen vorher zu zeigen.[2] Ich bin natürlich auf niemandes Urteil so gespannt wie auf das Ihre, ob Sie die *sehr* hochgespannten Hoffnungen teilen, die ich an die Ableitung der Quantenvorschriften aus einem Hamiltonschen Prinzip knüpfe.

Ich habe seither ein paar weitere mechanische Probleme in die neue Vorstellungsweise übertragen. Soweit meine Mathematik ausreicht, entfaltet sich alles in der schönsten Weise – und ist doch *kein* Abklatsch der alten Quantenregeln, sondern unterscheidet sich in charakteristischen Punkten.

Der *lineare Oszillator*[3] ist mit denselben analytischen Hilfsmitteln zu behandeln wie das Keplerproblem* (man muss in der Schwingungsgleichung, die man für die Funktion ψ erhält, das *Quadrat* der Abszisse als unabhängige Veränderliche einführen). Wieder tritt der sonderbare Fall ein, dass eine allgemein *nicht* durch gewöhnliche Quadraturen integrierbare Gleichung sich gerade für die Eigenwerte sogar durch elementare Funktionen integrieren lässt – ein Beweis wie liebenswürdig die Natur darauf bedacht ist, uns ihr Verständnis zu erleichtern. Als Eigenwerte (Energieniveaus) ergeben sich: $\frac{2n+1}{2} h\nu$, also sogenannte halbzahlige Quantelung. Wenn auch hier die Quanten*differenzen* ungeändert bleiben, sehe ich darin doch eine gute Vorbedeutung, denn $\frac{2n+1}{2}$ ist das *arithmetische Mittel* aus n und $n+1$.

Der *Rotator* („Hantelmodell") in drei Dimensionen (d. h. mit den zwei Variablen ϑ, φ) ist *ganz* einfach, die Eigenfunktionen sind gewöhnliche Kugelflächenfunktionen, die Eigen*werte* (Energieniveaus) sind $n(n+1)\frac{h^2}{8\pi^2 J}$. Dieses charakteristische $n(n+1)$ kommt aus der Differentialgleichung der Kugelflächenfunktionen. Ich finde es wieder hocherfreulich, nicht gerade wegen des vorliegenden Falles, sondern weil es hoffen lässt, man werde bei weiterem Ausbau auch an *den* Stellen $n(n+1)$ statt n^2 erhalten, wo

---

[1] Brief (4 Seiten, Maschine), *München, DM, Archiv NL 89,' 013*.

[2] [Schrödinger 1926a] bildet den Auftakt der Wellenmechanik und ging am 27. Januar 1926 bei den *Annalen der Physik* ein, vgl. Seite 203.

[3] Das Problem des eindimensionalen harmonischen Oszillators und das weiter unten dargestellte „Hantelmodell" werden in der „Zweiten Mitteilung" [Schrödinger 1926b] behandelt, die am 23. Februar 1926 bei den *Annalen der Physik* einging.

man es nötig hat (Ihre Intensitätsformeln und die Formeln für die anomale Zeemanaufspaltung).[1] Im Falle des Rotators wird man sich im Gegenteil erst überlegen müssen, ob die Erklärung der Bandenspektren nicht Schaden nimmt. Ich glaube aber kaum. Der Effekt ist, wie man leicht überlegt, eine ganz kleine Verschiedenheit des *linearen* Gliedes im positiven und im negativen Zweig, und die ist, wenn ich mich recht erinnere, ohnedies wirklich vorhanden (oder so was ähnliches, ich hab' das alles erst gestern gerechnet und noch nicht nachsehen können.)

Für die freie Bewegung eines Massenpunktes erhält man, dass jeder Energiewert möglich ist, wenn der Massenpunkt sich im unendlichen Raum befindet. Befindet er sich in einem Kasten, den man als Grenzbedingung für die ψ-Funktion aufzufassen hat, so erhält man *diskrete* Energiestufen u. zw. ungefähr dieselben wie durch „Quantelung der Zik-zakbewegung". Die Eigenfunktionen entsprechen für den „freien" Massenpunkt, wenn man relativistisch rechnet, den de Broglie'schen „Phasenwellen", für den „Massenpunkt im Kasten" sind es stehende Eigenschwingungen des Kastenvolumens mit dem Dispersionsgesetz der de Broglie'schen Phasenwellen.–

Als nächstwichtige Aufgabe erscheint, ausser der Durchrechnung wichtiger Spezialfälle, wie Starkeffekt,[2] Zeemanneffekt und relativistische Keplerbewegung, die Aufstellung einer Regel für Intensität und Polarisation, welche an Stelle des Korrespondenzprinzips zu treten hat. Da ich glaube, dass die ψ-Funktion die Vorgänge im Atom wirklich beschreibt, die die Ursache der Lichtaussendung sind, so muss *sie* darüber Auskunft geben. Man muss die Intensitätsschwebungen zwischen zwei gleichzeitig angeregten Eigenschwingungen und ihre (der Schwebungen) räumliche Verteilung untersuchen. Dabei wird die reiche mathematische Theorie (Orthogonalität der Eigenfunktionen, Bedeutung der Eigenwerte als Extremwerte des Hamiltonschen Integrals usw.) sicher zu einfachen Sätzen führen.

Sorge macht mir das relativistische Keplerproblem. Ich bin nicht *sicher*, ob es wahr ist, was ich in der Abhandlung sage, dass die Kernmitbewegung so wesentlich ist bei der *neuen* Art der Behandlung. Noch weniger möchte ich meine Bemerkung aufrechthalten, dass sie es vielleicht schon bei der alten Art der Behandlung sein könnte, und würde Sie bitten, diese Bemerkung zu streichen, wenn Sie es für Unsinn halten.

Aber freilich für mich kann nur von der Kernbewegung die Hilfe kommen, sonst kriegt man halbe Teilquanten – im Widerspruch mit der Erfahrung.

---

[1] Vgl. [Sommerfeld 1924a] sowie [Sommerfeld und Hönl 1925].

[2] Die am 16. Mai 1926 eingegangene dritte Arbeit [Schrödinger 1926c] behandelt den Starkeffekt.

Und diese halben Teilquanten rühren gerade von jenem $n(n + 1)$ der Kugelfunktionen her, das auf der anderen Seite so begrüssenswert ist.

Ich möchte schliesslich noch sagen, dass die Auffindung des ganzen Zusammenhangs, wenn das auch äusserlich nicht ersichtlich ist, auf Ihre schöne komplexe Integrationsmethode zur Auswertung des radialen Quantenintegrals zurückgeht.[1] Es war das charakteristische und vertraute $-\frac{B}{\sqrt{A}} + \sqrt{C}$, das plötzlich wie ein heiliger Gral aus den Exponenten α_1 und α_2 hervorleuchtete.–

Ich hoffe, dass Sie, hochverehrter Herr Professor, und alle die Ihren wohlauf sind. Mit den besten und ergebensten Grüssen von Haus zu Haus bleibe ich stets

Ihr in treuer Dankbarkeit ergebener
E. Schrödinger.

Nachschrift: Innsbruck ist offiziell noch nicht entschieden.[2] Ich denke aber wohl, ich bleibe hier. Es ist hauptsächlich das Abgehen Schweidlers nach Wien, das mich entscheidet. Herzfeld schrieb mir, nachdem er mit Ihnen gesprochen (ich weiss nicht, ob noch direkt als *Ihre* Meinung), man sollte sich für Smekal einzusetzen versuchen. Ich glaube, es wird schwer sein, weil March äquo loco genannt ist und schon geraume Zeit suppliert. Doch will Thirring es ohnedies tun und hat mir seinerzeit geschrieben, ich möchte ihn nach offizieller Entscheidung benachrichtigen. Sachlich wäre es sicher richtiger.

Bitte stellen Sie meine Entscheidung im Gespräch noch nicht als sicher hin. Es wäre mir den beiden Ministerien gegenüber unangenehm. Und mir ist andererseits die Verzögerung ganz sympathisch, weil ich jetzt hier nach vieler Mühe doch ein Bissel was bekommen werde, nämlich eine neue Tafel im Hörsaal und, hoffentlich, ein Bisschen mehr Etat für die Seminarbibliothek.

* es ist *nicht einfacher*, aber auch nicht komplizierter.

---

[1] [Sommerfeld 1924b, S. 772-779].

[2] Vgl. die Nachschrift von Brief [89]. Der bisherige Ordinarius Egon Schweidler war gerade zum Leiter des I. Physikalischen Instituts der Universität Wien berufen worden. Der bisherige Privatdozent Arthur March trat dessen Nachfolge (unter Herabstufung zum Extraordinariat) im folgenden Jahr an. Smekal wurde 1927 a. o. Professor an der Universität Wien und 1928 Ordinarius in Halle. Thirring, zuvor Extraordinarius, wurde 1927 Ordinarius an der Universität Wien. Die Nachfolge Schweidlers als Vorstand des Instituts trat Friedrich von Lerch an, Professor für Experimentalphysik.

[93] *An Erwin Schrödinger*[1]

München, den 3. Februar 1926.

Lieber Schrödinger!

Das ist ja furchtbar interessant, was Sie schreiben, in Abhandlung und Brief. Meine persönliche Meinung zur Ganzzahligkeitsmystik muss dabei schweigen, auch meine persönliche Bequemlichkeit: Ich war gerade dabei, für Vorträge in London (diesen März) ein Konzept zu machen, das aus der früheren Tonart blies. Da traf, wie ein Donnerschlag, Ihr Manuskript ein. Mein Eindruck ist dieser: Ihre Methode ist ein Ersatz der neuen Quantenmechanik von Heisenberg, Born, Dirac (R. Soc. Proc. 1925)[2] und zwar ein vereinfachter, sozusagen eine analytische Resolvente des dort gestellten algebraischen Problems. *Denn Ihre Resultate stimmen ganz mit jenen überein.* Das Ergebnis über den Resonator   erwähnt schon Heisenberg.[3] Dieser sagte mir auch, dass er das $j(j+1)$ der Landé'schen Formeln ableiten kann. Dass dies jetzt mit dem uralten $n(n+1)$ der Kugelfunktionen zusammenhängen soll, geht über jede Hutschnur. Ebenso ergeben sich die halben Quanten des Rotators nach Heisenberg und Ihnen. Dass sie empirisch gefordert werden ist nach Kratzer ausser Zweifel, vgl. S. [712] meines Buches.[4] Und nun der relativistische Wasserstoff! Gerade war ich dabei[,] die mitfolgende Arbeit, die Sie behalten und evtl. Debye zeigen können, an die Zeitsch. f. Physik abzuschicken.[5] Sie sehen eine Quantennummerierung nach Art der Alkalien wird hier durch das Experiment gebieterisch gefordert. Pauli, der viel mit der neuen Quantenmechanik gerechnet hat (Starkeffekt, Balmerserie) hatte bei der Feinstruktur Schwierigkeiten. Auch er bekommt mein Manuskript und wird darauf hin vermutlich den Mut fassen, die Quantenbezifferung zu ändern. Vermutlich wird er dasselbe finden, wie Sie.[6]

Natürlich übersehe ich mathematisch noch garnicht, wie das alles zusammenhängt, aber ich bin überzeugt, dass etwas ganz neues daraus werden wird, was die Widersprüche beseitigen kann, die uns jetzt sekieren.

Bis S. 13 bin ich ganz einverstanden, aber von da ab werde ich obsti-

---

[1] Durchschlag (3 Seiten, Maschine), *München, DM, Archiv NL 89, 004*.
[2] [Heisenberg 1925c], [Born 1924], [Dirac 1925].
[3] Vgl. [Mehra und Rechenberg 1982b, Kap. V]. Die Lücke im Durchschlag dürfte im Originalbrief den Ausdruck $n + \frac{1}{2}$ enthalten haben.
[4] [Sommerfeld 1924b, S. 712]; Lücke für die Seitenzahl.
[5] [Sommerfeld und Unsöld 1926a]. Vgl. auch die nach der Schrödingerschen Arbeit im Juni 1926 eingesandten „Berichtigungen und Zusätze" [Sommerfeld und Unsöld 1926b].
[6] Vgl. [Pauli 1985, S. 700].

nat. Als physikalische Realität möchte ich Ihre Dinge vorläufig nicht gelten lassen. Das Kombinationsprinzip (oder die Einstein'sche Gleichung) ist mir heilig. Bei Ihnen kommt es nur dadurch zustande, dass sich im Differenzton das unbekannte C von S. 13 herausheben soll, das kommt mir ganz ungehörig vor, gegenüber einem so fundamentalen Naturgesetz. Sie versprechen zwar dies relativistisch auszubessern, bis dahin bin ich aber gegen die reale Schwingungsdeutung. Sind übrigens Ihre Schwingungen ungedämpft?[1] Strahlen sie überhaupt nicht aus oder erhalten sie das ausgestrahlte ersetzt?

Eigentümlich ist die Verschiedenheit der Ausgangspunkte bei Gleichheit der Resultate zwischen Ihnen und Heisenberg. Heisenberg geht von der Erkenntnistheoretischen Forderung aus, nicht mehr in die Theorie hineinzustecken, als man beobachten kann. Sie stecken alle möglichen hochfr[e]quenten Vorgänge, Knotenlinien und Kugelfunktionen, hinein. Nachdem unser erkenntnistheoretisches Gewissen durch die Relativitätstheorie geschärft ist, kommt auch mir der viele unbeobachtbare Ballast in Ihrer Darstellung einstweilen bedenklich vor.

Nun noch ein paar Kleinigkeiten: Die Mitbewegung des Kerns macht für die mechanische Behandlung sicher nichts aus, das hat Darwin gezeigt (vgl. S. 421 meines Buches).[2] Da ich Ihre Schwingungsbehandlung als eine Verbesserung der mechanischen ansehe, muss ich annehmen, dass auch bei Ihnen die Kernbewegung nebensächlich ist. Ich habe daher Ihre Bemerkung S. 12 gestrichen, wie Sie mir nahe legten.

Wenn Sie zu Gl. 14 die Analogie mit meiner Auswertung der Phasenintegrale hervorheben wollen, so wird das für manche Leser die Sache klären.

Besteht etwa da eine Analogie zwischen Ihrer Formulierung des Variationsprinzips und dem Ritz'schen schwingenden Rechteck, das ihn zur Ritzformel geführt hat??[3] Kein Mensch denkt mehr an diese abstruse Konstruktion, vielleicht aber bringen Sie sie wieder zu Ehren.

Schade wäre es, wenn das nachbarliche Innsbruck wissenschaftlich ausgeschaltet würde. Ich schrieb Ihnen wohl schon, dass ich mit Ihnen oder Smekal den bayerischen Gauverein der Deutschen Physikalischen Gesellschaft zu einem bayerisch-tiroler Gauverein erweitern wollte.

Mit herzlichen Grüssen auch an Ihre liebe Frau

stets Ihr [A. Sommerfeld]

---

[1] Gemeint ist ψ.
[2] [Darwin 1920].
[3] Walther Ritz hatte in seiner Doktorarbeit 1902 den Versuch unternommen, die Serienspektren als Lösungen einer zweidimensionalen Schwingungsgleichung abzuleiten, vgl. [Mehra und Rechenberg 1987, S. 538-543].

[94] *An Wolfgang Pauli*[1]

München, den 3. Februar 1926.

Lieber Pauli!

Die beiliegende Arbeit wird Ihnen vermutlich bei Ihrer Bearbeitung der Wasserstofffeinstruktur nützlich sein.[2] An einer Stelle, Anfang von § 3 habe ich ausdrücklich bemerkt, daß unsere Hamburger Gespräche diese Arbeit beeinflußt haben.[3] Hoffentlich haben Sie inzwischen nicht schon ganz dasselbe gemacht. Sie zeigen das Manuskript natürlich auch Wentzel. Es geht gleichzeitig an Scheel ab.[4]

Hier ist ein Manuskript von Schrödinger für die Annalen eingelaufen.[5] Schr. scheint ganz dieselben Resultate zu finden, wie Heisenberg und Sie[6] aber auf einem ganz anderen, total verrückten, Wege, keine Matrixalgebra, sondern Randwertaufgaben. Sicher wird aus alle dem bald in irgend einer Form etwas vernünftiges und definitives entstehen.

Seien Sie mir nicht böse, daß ich Ihnen für Ihr Manuskript über Termstruktur[7] noch nicht direkt gedankt habe, ich habe die Sache liegen lassen müssen und werde wohl erst nach meiner englischen Reise darauf zurückkommen können.[8]

Mit freundlichen Grüssen, auch an Koch, Wentzel, etc.

Ihr [Arnold Sommerfeld]

[95] *Von Wolfgang Pauli*[9]

Hamburg, den 9. Febr. 1926

Lieber Herr Professor!

Vielen Dank für Ihren Brief und das Manuskript der Arbeit von Ihnen

---

[1] Durchschlag (1 Seite, Maschine), *München, DM, Archiv NL 89, 003*.

[2] In [Sommerfeld und Unsöld 1926a] werden die Wasserstoffdubletts unter Bezug auf [Goudsmit und Uhlenbeck 1925] „alkaliähnlich" umgedeutet, die Ergebnisse der alten Feinstrukturtheorie mit geänderter Quantenbezifferung wiedergewonnen und der anomale Zeemaneffekt bei Wasserstoff erklärt.

[3] Sommerfeld hatte im November 1925 dem Physikalischen Staatsinstitut und der Universität Hamburg, wo Pauli Assistent bei Lenz war, einen Besuch abgestattet. Wentzel hielt im Wintersemester 1925/26 für den erkrankten Lenz die Vorlesungen.

[4] Karl Scheel war Herausgeber der *Zeitschrift für Physik*.

[5] [Schrödinger 1926a].

[6] Vgl. den Briefwechsel Pauli–Heisenberg in [Pauli 1979, insbesondere Brief 103].

[7] Diese Arbeit wurde wegen der Spinhypothese nicht veröffentlicht, [Pauli 1985, S. 700].

[8] Sommerfeld unternahm im März 1926 eine dreiwöchige Vortragsreise durch England.

[9] Brief (4 Seiten, lateinisch), *München, DM, Archiv HS 1977-28/A,254*.

und Unsöld.[1] Auf Grund der Hansenschen Arbeit in den Annalen war ich auch bereits zur Überzeugung gekommen, daß die von Goudsmit und Uhlenbeck vorgeschlagene „alkaliähnliche" Deutung der Wasserstoff-Feinstruktur allein mit den beobachteten Intensitäten der Komponenten verträglich ist.[2] Denn aus den Hansenschen Beobachtungen folgt eindeutig, daß die bei der bisherigen Bezifferung dem Übergang von 3_1 nach 2_1 entsprechende Feinstrukturkomponente von H_α auch abgesehen von Störfeldern vorhanden ist, so daß die Auswahlregel $\Delta k = \pm 1$ verlassen bezw. eine dritte Quantenzahl j mit $\Delta j = 0, \pm 1$ eingeführt werden muß.

Sehr wesentlich u. neu an Ihrer Arbeit war mir aber die Feststellung, daß auch der Zeemaneffekt als völlig analog dem bei den Alkalien aufgefaßt werden kann. Ich dachte bisher immer, die vorliegenden Beobachtungen hätten bei 5000 Gauß doch ein merklich anderes Bild geben müssen, wenn der Zeemaneffekt wirklich alkaliähnlich wäre. (Goudsmit hatte in seiner Arbeit auch einen Vorbehalt bez. Zeemaneff. gemacht.)[3] Dies lag aber wohl nur daran, daß ich den partiellen Paschen-Backeffekt nicht genügend berücksichtigt habe. Nach der Diskussion im § 3 der Arbeit von Ihnen u. Unsöld bin ich jetzt völlig bekehrt. Und es ist ja auch vom theoretischen Standpunkt aus viel einfacher, wenn zugleich mit den Auswahlregeln auch die Zeemantypen vollständig alkaliähnlich sind. Hier habe ich aber noch einen kleinen Wunsch: Es liegen am He^+ Messungen des Zeemaneffektes der Feinstrukturkomponenten von *Hansen* (der *andere* Hansen) u. *Jakobsen* vor, die 1921 in den Mitteil. der dänischen Ges. der Wissensch. publiziert sind.[4] Ich kann mich auch erinnern, daß Sie einen Sonderdruck dieser Arbeit besitzen u. daß wir damals viel darüber diskutiert haben. Soviel ich weiß sind die Messungen (die sich übrigens im Gegensatz zu Hansen und Försterling auch auf die σ-Komponenten erstrecken)[5] sehr sorgfältig und zuverlässig und ich weiß nicht, warum Sie u. Unsöld sie gar nicht herangezogen haben. Partieller Paschen-Backeffekt muß dort wohl auch vorliegen und ich zweifle kaum, daß sich auch diese Beobachtungen Ihrer alkali-analogen Deutung

---

[1] [Sommerfeld und Unsöld 1926a].

[2] [Hansen 1925] sowie [Goudsmit und Uhlenbeck 1925]; vgl. für das folgende auch [Pauli 1979, S. 205-206 und 291-294].

[3] [Goudsmit 1925].

[4] [Hansen und Jacobsen 1921]. Hans Marius Hansen war seit 1923 Professor für Biophysik an der Universität Kopenhagen, Gerhard Hansen seit 1924 Assistent am Physikalischen Institut der Universität Jena. Jacob Christian Jacobsen war Experimentalphysiker am Bohrschen Institut.

[5] [Försterling und Hansen 1923]. Als π- bzw. σ-Komponenten werden die parallel bzw. senkrecht zum Magnetfeld polarisierten Linien bezeichnet.

gut einfügen werden. Es wäre aber, glaube ich, doch schön, wenn Sie u. Unsöld im § 3 noch etwas darüber hinzufügen würden.[1]

Nun aber ein anderer Punkt, wo ich Ihnen leider nicht ganz zustimmen kann. Es betrifft den im § 1 gezogenen Schluß von den Intensitäten einer Multipletgruppe zur nächsten. Daß innerhalb desselben Multiplets die Intensitätsverhältnisse alkaliähnlich sein müssen, ist klar, aber ich glaube kaum, daß der Proportionalitätsfaktor von Gruppe zu Gruppe gleich 1 zu wählen ist. Es kann dies zwar mit einer gewissen Annäherung richtig sein und für die Diskussion der vorliegenden Beobachtungen, die ja hinsichtlich der Intensitäten nur qualitativen Charakter haben, ausreichen; daß dies exakt richtig sein soll und daß dieser Regel eine tiefere theoretische Bedeutung zukommt, scheint mir aber sehr unwahrscheinlich. Zur Begründung verweisen Sie auf eine Arbeit von *Heitler*.[2] Ich kenne diese Arbeit nicht, aber schon das, was in Ihrer Arbeit von ihr erwähnt wird, macht sie mir äußerst verdächtig. Es scheint mir doch von vornherein ganz unmöglich, aus allgemeinen statistischen Überlegungen heraus, ohne speziellere Modellvorstellungen heranzuziehen, die Burger–Dorgeloschen Summenregeln abzuleiten. Auch dürfte die Funktion $F(E_1, E_2)$, in der Formel $J = F(E_1, E_2)\, g_1 g_2$ nicht so aufzufassen sein, daß es sich um eine universelle Funktion handelt,[3] in die nichts anderes eingeht als die Energiewerte E_1 und E_2 von Anfangs- u. Endzustand. Man hat ja z. B. schon bei den Multiplets analytisch ganz verschiedene Ausdrücke für F, je nachdem bei dem betreffenden Übergang $\Delta j = +1$ oder -1 oder 0 ist, obwohl die zugehörigen Energiewerte nahezu gleich sind. Ebenso muß man auch für die Übergänge mit $\Delta k = +1$ und $\Delta k = -1$ (z. B. $p \to s$ und $p \to d$) verschiedene analytische Ausdrücke erwarten, und sie werden auch im Limes verschwindender Feinstruktur (bzw. Serienstruktur) verschieden bleiben. Es wird also zwecks einer quantitativen theoretischen Bestimmung der Intensitäten der Feinstruktur doch nötig sein, auf besondere modellmäßige Betrachtungen vom Standpunkt der neuen Quantenmechanik zurückzugreifen. Summenregeln nach Art derjenigen von Burger u. Dorgelo sind nur dann zu erwarten wenn es sich in der klassischen Mechanik um eine überlagerte Drehung handelt u. die Gestalt und Größe der Bahn von der betreffenden Wirkungsvariable (Impuls) nicht abhängt. Da aber die Gestalt der Keplerellipse zwar nicht von j und m, aber

---

[1] Die Korrektur erfolgte mit [Sommerfeld und Unsöld 1926a, S. 274].
[2] [Heitler 1926].
[3] Vgl. [Sommerfeld und Unsöld 1926b, S. 237-238], wo diese Heitlersche Annahme als „nicht mehr für richtig" erachtet und daher „unsere Intensitätsangaben als irrig" bezeichnet werden.

gerade wesentlich von k abhängt, hat man wohl Summenregeln bei Multiplets und Zeemaneffekt, nicht aber (auch nicht im lim kleiner Serien- u. Feinstruktur) bei *verschiedenen* Multiplets (Übergänge von k) zu erwarten. Natürlich bleibt die alkaliähnliche Auffassung der Wasserstoffeinstruktur von diesem Bedenken ganz unberührt und ich glaube auch nicht, daß die von mir bezweifelte Intensitätsregel für die Diskussion der Beobachtungen unentbehrlich ist.

Was die modellmäßige Deutung der Wasserstoffeinstruktur und des anomalen Zeemaneffektes auf Grund der neuen Quantenmechanik betrifft, so ist die Lage noch nicht geklärt. Wenn das Goudsmitsche Modell des magnetischen Elektrons richtig wäre, so würde schon beim H-Atom zur eigentlich relativistischen Energie noch eine magnetische Energie von derselben Größenordnung hinzukommen, die vom Winkel zwischen der magnetischen Achse des Elektrons und der Bahnnormale abhängt. Dies könnte vielleicht helfen, die Auswahlregel $\Delta j = 0, \pm 1$ beim H-Atom zu erklären, da nach diesem Modell in der Tat die Bahnebene des Elektrons (auch beim H-Atom) um die j-Achse präzessieren würde. Nach Rechnungen von Heisenberg u. mir scheint es jedoch nicht möglich zu sein, mit dem Goudsmitschen Modell quantitativ auszukommen. Jedenfalls teile ich Ihren am Schluß Ihrer Arbeit eingenommenen Standpunkt vollständig, daß, gleichgültig ob man die Energie nun als relativistisch oder als teilweise magnetisch oder sonstwie modellmäßig deutet, Ihre Formel für die Feinstrukturniveaus von 1916 quantitativ beibehalten werden muß.[1]– Ihre Mitteilung über die Arbeit von Schrödinger hat mich sehr interessiert. Vielleicht ist sein Weg doch nicht so verrückt.– Viele Grüße von Wentzel, der Ihnen demnächst wieder schreiben will, und von Ihrem stets dankbaren

Pauli.

[96] *Von Erwin Schrödinger*[2]

Zürich, am 20. Februar 1926.

Hochverehrter, lieber Herr Professor!

Haben Sie vielen herzlichen Dank für Ihren langen Brief[3] und für das übersandte Manuskript, das gegenwärtig bei Debye ist (habe ich wohl recht verstanden, dass Sie es *nicht* zurück haben wollen!?)

---

[1] Diese Vermutung bestätigten [Gordon 1928] und [Darwin 1928].
[2] Brief mit Beilage (8 Seiten, Maschine), *München, DM, Archiv HS 1977-28/A,314*.
[3] Brief [93].

Sie können sich denken, dass mir diese Neuorientierung des guten alten Wasserstoffs vom denkbar grössten Interesse war. Ich bewundere, wie schon so oft, Ihr Vermögen, den Ergebnissen der Beobachtung bis in Ihre feinsten Details nachzugehen und die einzige einfache und ungezwungene theoretische Ordnung zu antecipieren, die das Tatsachenmaterial erheischt. Darüber kann kaum ein Zweifel sein, dass die jetzige Ordnung der Dinge die befriedigendere ist, da nun der Wasserstoff mit allen wasserstoffähnlichen Spektren *einheitlich* aufgefasst wird. Es ist besser, dass nun auch er die grosse Unverständlichkeit teilt, die sich zum ersten mal in dem Bestehen der zweierlei Röntgendubletts zeigte.[1] Denn nun ist nur *eine* Sache zu erklären, und nicht noch als zweites: warum sich gerade der Wasserstoff anders verhält. Es ist der ganz fundamentale Charakter der Unstimmigkeit gezeigt und sichergestellt.

Aber was bedeutet die dritte Quantenzahl beim Wasserstoff? Sie ist freilich zunächst nur virtuell, soll aber doch beim Anlegen eines Magnetfeldes in Erscheinung treten.

Das Nachdenken, wie ich mit meiner Schwingungstheorie der Sache beikommen könnte, hat bis jetzt keinen Erfolg gehabt. Nur ist es mir jetzt viel weniger unangenehm als früher, dass ich naiv geradeaus rechnend beim relativistischen Elektron *und beim Zeemanneffekt* keinen Erfolg habe, bezw. falsches herausbekomme. So ist noch Hoffnung, den Schlüssel zu finden – ich glaube es ganz bestimmt, dass er gefunden werden wird und dass dann die relativistische Unstimmigkeit und die ganzen anomalen Zeemanneffekte mit *einem* Schlage aufspringen.

Vorläufig bewege ich mich auf der Linie kleinsten Widerstandes und mache, was ich zusammenbringe. Davon ist das erfreulichste, dass der Starkeffekt vollkommen gleich mit Epstein herauskommt – das Gegenteil wäre katastrophal gewesen.[2] Denn ohne Magnetfeld und Relativistik geht alles fast zwang[s]läufig, es ist kaum mehr eine Aenderung denkbar.

Ich schicke nächster Tage an Herrn Geheimrat Wien ein[e] zweite Mitteilung für die Annalen[3] und bitte ihn wieder, sie Ihnen vor dem Druck zu geben (ich möchte nur gern das „Eingelaufen" drauf haben, wegen der vielen Parallelarbeit jetzt auf diesem Gebiet.) Die Note enthält hauptsächlich die allgemeine Begründung der Theorie, wie ich sie mir denke, und dann ein paar einfache Beispiele, aber noch nicht den Starkeffekt, den hab' ich erst gestern gerechnet.

---

[1] Vgl. [Forman 1968].
[2] Zu den Epsteinschen Rechnungen vgl. Band 1, Seite 441-443.
[3] [Schrödinger 1926b] ging am 23. Februar ein.

Bei der allgemeinen Begründung hat sich die Beziehung zwischen Energie und Frequenz als exakte Gleichung, wie Sie es fordern, auch in der klassischen Mechanik ganz von selbst ergeben.

Sie fragen: sind die ψ-Schwingungen ungedämpft, strahlen sie überhaupt nicht oder erhalten sie das ausgestrahlte ersetzt?[1]

Ich glaube es ist so, dass *prinzipiell zwei* ψ-Schwingungen mit verschiedenem ν sich superponieren müssen, damit durch ihr Zusammenwirken Ausstrahlung erfolgen kann. Es muss Bedingungen geben, die selbst beim Zusammenwirken zweier verschieden frequenter Eigenschwingungen die Ausstrahlung verhindern (Auswahlprinzip). Es muss irgendwie mit dem Integral über das Produkt der beiden Funktionen oder vielmehr der einen Funktion in die Derivierte der anderen zusammenhängen.

Die ψ-Schwingungen sind natürlich nicht elektromagnetische Schwingungen im alten Sinn. Zwischen beiden muss irgendwelche *Kopplung* bestehen, die der Kopplung zwischen Feldvektoren und dem Viererstrom in [den] Maxwell–Lorentz'schen Gleichungen entspricht. Dabei entsprechen die ψ-Schwingungen dem Viererstrom, d. h. anstelle des Viererstroms muss etwas treten, das aus der Funktion ψ abgeleitet ist, etwa der vierdimensionale Gradient von ψ. Aber das ist alles reine Phantasie, ich habe in Wirklichkeit noch gar nicht ordentlich darüber nachgedacht.

Uebrigens nähert sich meine allgemeine Darstellung ihren Wünschen noch in einem zweiten Punkt, nämlich hinsichtlich der „physikalischen Realität der ψ-Schwingungen." Dadurch dass ψ im allgemeinen von viel mehr als 3 Variablen abhängt, wird die unmittelbare Deutung als Schwingungen im dreidimensionalen Raum in jeder nur irgend wünschenswerten Weise erschwert.– Hingegen muss ich mich bei aller Reverenz vor der Erkenntnistheorie dagegen verwehren, dass ich so sehr viel möglicher Weise Unnötiges in die Theorie *hineinstecke*. Knotenlinien, Kugelfunktionen usw. das steckt doch alles unweigerlich in der Schwingungsgleichung drin, genau wie die Elektronenbahnen mit ihren Schleifen, Periheldrehungen usw. in den Grundgleichungen der Mechanik. Hineinstecken tu ich *jetzt* eigentlich gar nichts mehr als die Gleichung $\nu = E/h$. Und auch diese ist liegt eigentlich schon durch die Hamilton'sche Theorie präformiert da.–

Haben Sie vielen Dank für die Richtigstellung des Punktes: Mitbewegung des Kerns. Ich hab die Darwin'sche Arbeit selbst noch nicht nachgesehen,[2] bin aber nun überzeugt, dass für die *Punktmechanik* alles in Ordnung ist.

---

[1] Atomare Emissions- und Absorptionsprozesse werden in der „Vierten Mitteilung" [Schrödinger 1926d] behandelt.

[2] [Darwin 1920].

Für die Wellenmechanik kann immer noch *dort* der Haken liegen, weil da eben die Stelle $r=0$ eine so prominente Rolle spielt. In grosser Kernnähe kommt nicht nur die Mitbewegung des Kerns stark ins Spiel, sondern die ganze relativistische Elektronenmechanik wird zweifelhaft wegen der grossen Beschleunigungen, die *magnetischen* Wechselwirkungen kommen ins Spiel usw.

Die Ritz'schen Rechteckschwingungen hab' ich nachgesehen, mit Schaudern, natürlich auch mit Bewunderung. Ich glaube nicht, dass das irgendetwas mit dem gegenwärtigen Versuch zu tun hat. Leider hat Ritz sich stets bemüht, die *Linien*frequenzen darzustellen, er glaubte Eigenwerte von der Gestalt $1/n^2 - 1/m^2$ auftreiben zu müssen, während es sich um die *Term*werte $1/n^2$ handelt. Das musste natürlich die Sache kolossal komplizieren. Ritzens eigenste grosse und unvergängliche Entdeckung, das Kombinationsprinzip, war damals noch zu neu, um auch nur von ihm selbst in ihrer ganzen Tragweite erfasst zu werden. 23 Jahre später hat man es freilich leichter!–

Den Hinweis auf die komplexe Auswertung der Phasenintegrale werde ich in der Korrektur einfügen, er ist sicher nützlich. Ich wollte ich hätte die Zeichen A, B, C für die gewissen Koeffizienten eingeführt um den Sachverhalt noch klarer hervortreten zu lassen.

In einer Beilage zu diesem Brief (weil auf der Maschine die Formeln so störend sind) möchte ich mir erlauben, Ihnen zwei Dinge vorzutragen. 1) Den relativistisch-magnetischen *Knoten*, über den ich vorläufig nicht hinwegkomme. 2) Die schöne einfache „Störungstheorie", die den Mathematikern wohl sicher bekannt ist, mir aber grosse Freude gemacht hat, weil sie mit einem Schlag eine Fülle von Problemen in analytische Greifweite der neuen Theorie rückt.–

Innsbruck ist immer noch nicht offiziell entschieden, es sind mehr als zwei Monate seit meinem letzten Brief nach Wien verflossen.[1] Unterdessen ist das Ministerium in den zwei Innsbrucker Zeitungen meinetwegen angegriffen worden, weil ich zu teuer sei und man in Oesterreich sparen müsse. Dabei ist mit dem *Namen* auf *March* hingewiesen, der viel billiger sei. Wenn ich mein Wiener Ministerium recht kenne, wird das zur Folge haben, dass, wenn ich ablehne, Smekal berufen wird.

Seien Sie, hochverehrter Lehrer, nochmals bedankt für Ihr gütiges Interesse und für hundertfältige direkte und indirekte Hilfe, die ich Ihnen schulde. Mit den besten Grüssen und Handküssen von Haus zu Haus bleibe ich stets Ihr treu ergebener

E. Schrödinger

---

[1] Vgl. den Schluß der Briefe [89] und [92].

Beilage.[1]

1.) *Ein* Massenpunkt (Elektron) im statischen elektrisch-magnetischen Feld, *mit* Relativität:
Die Hamiltonsche Funktion ist:

$$H = \frac{mc^2}{\sqrt{1-\beta^2}} + eV$$

Führt man hier die Impulse ein (*mit* Rücksicht auf das Magnetfeld) und bildet die Hamilton'sche partielle Differenzialgleichung (in der Form, welche die *Zeit* noch enthält) so erhält man:[2]

$$\frac{\partial W}{\partial t} + mc^2 \cdot \sqrt{1 + \frac{1}{m^2c^2}\left[\left(\frac{\partial W}{\partial x} - \frac{e}{c}\mathfrak{A}_x\right)^2 + \cdot + \cdot\right]} + eV = 0$$

oder nach Entfernung der Irrationalität:

$$-\left(\frac{1}{c}\frac{\partial W}{\partial t} + \frac{e}{c}V\right)^2 + \left(\frac{\partial W}{\partial x} + \frac{e}{c}\mathfrak{A}_x\right)^2 + \cdot + \cdot = 0$$

Ich führe die Variablen x, y, z, $u = ict$ ein und das Viererpotential Φ mit den Komponenten $\frac{e}{c}\mathfrak{A}_x$, $\frac{e}{c}\mathfrak{A}_y$, $\frac{e}{c}\mathfrak{A}_z$, $i\frac{e}{c}V$. Dann lautet die Gleichung:

$$(\operatorname{Grad} W - \Phi)^2 = m^2c^2$$
$$\text{oder} \quad |\operatorname{Grad} W - \Phi| = mc \qquad (\text{x})$$

Zu dieser Gleichung gehört sicherlich eine einfache „Wellengleichung", in dem Sinne, daß alle durch vorstehende Gleichung definierten W-Flächenscharen als Phasenflächen fortschreitender Wellen der Wellengleichung auftreten können. (Dabei ist vorübergehend eine „supramundane Zeit" einzuführen.)– Was ich *direkt* finde, ist, daß (x) einer leicht anisotropen Wellenausbreitung *verbunden mit Strömung* entspricht. Hauptachsen des Huyghensschen elementaren Ellipsoides: $1/(1-\frac{\Phi^2}{m^2c^2})$ *in* der Richtung von Φ, $1/\sqrt{1-\frac{\Phi^2}{m^2c^2}}$ *senkrecht* dazu; Strömungsverschiebung $-\frac{\Phi}{mc}/1-\frac{\Phi^2}{m^2c^2}$. Beim Aufstellen der Wellengleichung ist die Anisotropie außerordentlich lästig. Ich habe bis jetzt noch Scheu davor, in der, wahrscheinlich törichten, Hoffnung, es geht einfacher.

---

[1] In deutscher Schrift. Die unter 2) diskutierte Störungstheorie wird in [Schrödinger 1926c] behandelt.

[2] Im Original wurde die schließende eckige Klammer vergessen.

Würde Φ^2 *nur* das magnetische Potential enthalten, so würde ich es kaltherzig streichen. Aber es enthält das skalare auch, das in Kernnähe über alle Grenzen wächst.–

2) „Störung" eines Eigenwerts.

Sei
$$py'' + p'y' + (E - \varrho)y = 0$$
eine totale Differentialgleichung 2. Ordn., in selbstadjungierter Form; d. h. p, ϱ sind Funktionen von x; p' der Differenzialquotient von p nach x. E ist eine Konstante, der „Eigenwertparameter".

Sei nun E_0 ein Eigenwert der Gleichung für irgendein Gebiet und irgendwelche Randbedingungen, und sei $y = u(x)$ die zugehörige Eigenfunktion. Nun füge ich dem $\varrho(x)$ ein kleines Störungsglied hinzu, $\lambda\varphi(x)$, wo λ eine kleine Zahl. Die Gleichung
$$py'' + p'y' + (E - \varrho - \lambda\varphi)y = 0$$
wird einen Eigenwert in der Nähe von E_0 und eine Eigenfunktion in der Nähe von $u(x)$ haben. Ich setze den neuen Eigenwert und die neue Eigenfunktion an in der Form
$$E_0 + \lambda\varepsilon + \cdots \quad ; \quad u + \lambda v + \cdots$$
und will zunächst nur die Eigenwertstörung in erster Ordnung, d. h. das ε finden. Ich setze ein
$$pu'' + \lambda pv'' + p'u' + \lambda p'v' + (E_0 + \lambda\varepsilon - \varrho - \lambda\varphi)(u + \lambda v) = 0$$
oder
$$pu'' + p'u' + (E_0 - \varrho)u + \lambda[pv'' + p'v' + (E_0 - \varrho)v + (\varepsilon - \varphi)u] = 0$$
wenn ich höhere Glieder in λ^2 fortlasse. Der λ-freie Teil ist 0, weil ja E_0, u Eigenwert und zugehörige Eigenfunktion der ursprünglichen Gleichung. Also muß
$$pv'' + p'v' + (E_0 - \varrho)v = (\varphi - \varepsilon)u$$
v muß also einer zur ursprünglichen Gleichung gehörigen *inhomogenen* Gleichung genügen, wobei für E der Eigenwert eingesetzt ist. Aber – das ist nun der Witz – gerade für den Eigenwert hat die inhomogene Glg. nur dann eine

Lösung (die denselben Randbedingungen genügt) wenn die rechte Seite auf der zugehörigen Eigenfunktion *orthogonal* ist. Also muß

$$\int (\varphi - \varepsilon) u^2 \mathrm{d}x = 0$$

über das Grundgebiet erstreckt. Also ist

$$\varepsilon = \frac{\int \varphi u^2 \mathrm{d}x}{\int u^2 \mathrm{d}x}.$$

Oder, wenn u schon normiert ist ($\int u^2 \mathrm{d}x = 1$):

$$\varepsilon = \int \varphi u^2 \mathrm{d}x.$$

Ist das nicht fein? Der Satz ist das genaue Analogon des mechanischen Satzes, daß die Energiestörung gleich ist, in erster Ordnung, der über die ungestörte Bewegung gemittelten Störungsfunktion.

Der Satz ist verallgemeinerungsfähig, in zwei Richtungen, erstens auf partielle Differentialgleichungen, wo dann mehrfache Eigenwerte (entartete Systeme) besonderes Interesse bieten; zweitens auf die Störungen höherer Ordnung. Ich bin ganz glücklich drüber. Die mechanische Störungstheorie war mir nämlich immer zu kompliziert, ich hab' sie nie verstanden. Hier ist alles so einfach und schön, weil man sich eben im linearen Gebiet bewegt.

[97] Von Erwin Schrödinger[1]

Zürich, am 28. April 1926.

Lieber, hochverehrter Herr Professor!

Auf Ihren lieben Brief von gestern[2] muss ich Ihnen sogleich antworten, da Sie entsetzlicher Weise Ihr Kommen nach Stuttgart von meinem Kommen und Vortragen abhängig machen.[3] Entsetzlich ist das deshalb, weil Ewald ohnedies schon schrecklich schimpft, dass ich *nicht* komme. Wenn er nun hört, dass ich auch noch schuld bin, dass Sie mit Ihren Schülern nicht kommen, dann hab ichs für immer mit ihm verdorben.

---

[1] Brief (3 Seiten, deutsch), *München, DM, Archiv HS 1977-28/A,314*.
[2] Der Brief liegt nicht vor.
[3] Ende Mai 1926 fand eine Tagung der Gauvereine Württemberg, Baden, Bayern und der Schweizer Mitglieder der DPG in Stuttgart statt; Sommerfeld hielt den Vortrag [Sommerfeld 1926c]. Schrödingers Besuch in Stuttgart fand erst am 11. Juli 1926 statt, vgl. *E. Schrödinger an A. Sommerfeld, 8. Juli 1926. Berlin, SB, Autogr. I/331*.

Ich würde gerne fahren, getraue mich aber nicht, weil ich in etwas überarbeitetem Zustand ins neue Semester getreten bin und eigentlich befürchte, ich werde mir im Laufe desselben einmal eine Woche nehmen müssen, um auszuspannen. Ich habe keinen Assistenten, der wenigstens die Uebungen abhalten könnte – da verlieren die Leute doch zu viel. Ausserdem sitze ich jetzt noch an einer ganz dicken dritten Mitteilung (Störungstheorie und Starkeffekt, einschliesslich der Intensitäten), die nun endlich hinaus *muss*, weil sie mir schon auf die Nerven geht.[1]

Ich bin auch nach Berlin aufgefordert worden, zu irgendeiner Gauvereinsitzung des Sommersemesters zu kommen. Ich wage auch da keine definitive Zusage. Doch steht da als letzter Termin noch der 9. Juli zur Verfügung.[2] Vielleicht könnt ich es dann so machen, wenn ich bis dahin durchgehalten habe und den Stoff der Vorlesungen weit genug gefördert habe, dass ich ein paar Tage früher Schluss mache und auf der Rückreise über München komme. (Offizieller Schluss ist freilich erst am 17. Juli.) Ich würde brennend gern mit Ihnen sprechen und diskutieren.[3]

Es ist furchtbar lieb von Ihnen, dass Sie mir schon in England Propaganda gemacht haben.[4]

Mit Pauli hab ich ein paar lange Briefe gewechselt.[5] Er ist schon ein phänomenaler Kerl. Wie der wieder schnell alles heraussen gehabt hat! In ein[em] zehntel der Zeit, die ich dazu gebraucht hab. Er hat mir auch von dem kreiselnden Elektron näheres geschrieben. Es ist mir völlig gewiss, dass es auch in der Wellenmechanik seinen Platz bekommen muss, aber das muss mit sehr viel B̶e̶d̶a̶c̶h̶t̶hutsamkeit gemacht werden. Mit der Einführung neuer Freiheitsgrade, die füglich auch fortbleiben könnten, wenn die Erfahrung sie zufällig nicht forderte, wär ich nicht recht zufrieden. Ich habe die k̶ü̶h̶n̶e̶ überhebliche Absicht, dass es in Zukunft in der Theorie des Atoms wieder hübsch zwang[s]läufig zugehen soll. Oder doch wenigstens so, dass einen eine neue Einführung, die man macht, auch innerlich mehr befriedigt als die frühere Annahme und nicht *nur* durch ihre bessere Anpassung an die Erfahrung legitimiert wird. Und das ist doch beim r̶o̶t̶i̶e̶r̶e̶n̶d̶e̶n̶ kreiselnden Elektron bei Gott n̶i̶c̶h̶t̶ der Fall – jeder Mensch wäre höchst zufrieden ge-

---

[1] [Schrödinger 1926c] trägt das Eingangsdatum 16. Mai 1926.

[2] Die Berlinreise wurde um eine Woche verschoben, vgl. den Briefwechsel Schrödingers mit Planck in [Przibram 1963, S. 16].

[3] Schrödinger trug am 23. und 24. Juli im Münchner Kolloquium über „Grundgedanken der Wellenmechanik" bzw. „Neue Resultate der Wellenmechanik" vor. *Physikalisches Mittwoch-Colloquium. München, DM, Archiv Zugangsnr. 1997-5115.*

[4] Vgl. Brief [93] und [Sommerfeld 1926b, S. 3].

[5] Es scheint nur ein Brief aus dieser Zeit erhalten zu sein, vgl. [Pauli 1979, S. 324-327].

wesen, wenn es ohne das abgegangen wäre. Aber damit will ich natürlich die ganz *fundamentale* Bedeutung des Uhlenbeck–Goudsmitsschen Gedankens auch nicht um ein Jota verkleinern – nur meine ich er muss erst noch assimiliert werden.[1]

Was die Heisenbergmechanik anlangt, so erscheint Sie mir derzeit etwa unter folgenden Bild. Denken Sie ein Mensch wäre zufällig auf einem *solchen* Weg zur komplexen Funktionentheorie gelangt, dass er unter einer *Funktion* eine abzählbare Reihe von Konstanten verstünde, nämlich das, was *wir* die Koeffizienten ihrer Potenzreihe nennen. Es muss prinzipiell möglich sein, die ganze Funktionentheorie auf dieser Basis zu entwickeln, ohne von der *Vorstellung*, die *wir* von einer analytischen Funktion haben, irgend Notiz zu nehmen. Vielleicht würden sich sogar interessante neue Aspekte ergeben, weil man den Begriff der F. dabei nicht auf solche Koeffizientenreihen zu beschränken brauchte, die, als Potenzreihenkoeffizienten aufgefasst, einen nicht verschwindenden Konvergenzradius haben. Aber gleichwohl würde der grösste Teil *unserer* Funktionentheorie auf diesem Asketenweg nur unter allergrösster Mühsal zugänglich sein, weil die Fähigkeiten zum anschaulichen Vorstellen, die wir nun doch einmal aus dem gewöhnlichen Leben mitbringen, dabei in ganz unzureichendem Masse ausgenützt würden.

Darf ich mir, was die „Einstein'sche Gastheorie" anlangt, erlauben, Ihnen einfach den Durchschlag eines Briefes an Einstein beizulegen, in dem ich die Stellen angestrichen habe, die sich darauf beziehen (nur damit Sie sich nicht zu bemühen brauchen, den ganzen Brief zu lesen, wenn Sie nicht Zeit haben).[2]

Mit besten Empfehlungen und Grüssen an Ihre verehrte Gemahlin und Fräulein Grete bin ich in aufrichtigster Ergebenheit stets

                              Ihr dankschuldiger Schrödinger.

Nachschrift:
1.) *Fues* wird in Stuttgart etwas über die Wellenmechanik erzählen, in der Gauvereinstagung.[3]
2.) Würden Sie bereit sein, mir Herrn London nächstes Jahr mit Rockefeller nach Zürich zu geben?[4] Würde er wohl wollen? Und würden Sie es gut finden? Oder wüßten Sie jemand anderen?

---

[1] Zur Einführung des Spins durch Uhlenbeck und Goudsmit vgl. [Pais 1989].

[2] Vgl. [Einstein 1925] und [Schrödinger 1926e]. Zum Briefwechsel zwischen Einstein und Schrödinger siehe [Przibram 1963, S. 21-25].

[3] [Fues 1926b].

[4] Fritz London studierte in München und ging anschließend zu Ewald nach Stuttgart; ab 1927 war er als Rockefeller-Stipendiat bei Schrödinger in Zürich und Berlin.

[98] *Von Erwin Schrödinger*[1]

Zürich, am 11. Mai 1926.

Lieber und hochverehrter Herr Professor!

Oh das wäre furchtbar lieb, wenn Sie uns die Freude machten, nach Zürich zu kommen. Bitte tun Sie es wirklich! Wenn Sie nichts weiter schreiben, rechnen wir damit, Ihr Zimmer wird am 28. gerichtet sein.[2]

Sie schreiben[3] von einem Bedenken Einsteins gegen mich und Heisenberg. Es ist vermutlich dasjenige, das er Einstein mir vor einiger Zeit brieflich mitgeteilt hat, beruht aber auf Irrtum, er hatte einfach die Differentialgleichung falsch in Erinnerung und dachte folgendes: wenn man zwei Systeme rein gedanklich zu *einem* System zusammenfügt, ohne übrigens wirklich Wechselwirkung anzunehmen, so kämen – dachte er – als Energieniveaus (oder Frequenzen) des Gesammtsystems *nicht* alle möglichen additiven Verknüpfungen der Einzelniveaus heraus.[4] Dieser Einwand wäre katastrophal, aber er trifft, wie gesagt nicht zu. Als ich es aufgeklärt hatte, schrieb er zurück: ja, es sei in Ordnung, aber bei Heisenberg stimme es doch nicht. Das ist mir ziemlich rätselhaft. Denn der einzige formell-mathematische Unterschied, den ich finden konnte, besteht in der inkorrekten Normierung oder Symmetrisierung der H-funktion bei den Göttingern – vielleicht normieren sie privatim richtig, aber in den zwei grossen Arbeiten konnte ich es nicht finden. Aber jedenfalls kann das doch nicht *so* schlimme Folgen haben, dächt ich. Es scheint, dass Einstein die Göttinger Mechanik sehr stark ablehnt, noch viel mehr als ich es tue.

Ich bin natürlich *sehr* froh, wenn *irgendjemand* von Ihnen zu mir kommt, auch Heitler.[5] Selbst eingeben möchte oder kann ich niemand. Es ist nicht die Regel, die Regel ist, dass der augenblickliche „Vorgesetzte" (superior) den Antrag stellt, der andere ihn nur unterstützt. Hauptsächlich aber kann ich es aus dem Grunde *leider* nicht tun, weil ich von Herr Trowbridge[6] auf

---

[1] Brief (2 Seiten, Maschine), *München, DM, Archiv HS 1977-28/A,314*.

[2] Sommerfeld reiste zu der vom 21. bis 26. Juni 1926 in Zürich von Debye veranstalteten Vortragswoche, die dem Magnetismus gewidmet war.

[3] Von März bis Juni liegen keine Briefe Sommerfelds an Schrödinger vor.

[4] Vgl. Einsteins Briefe an Schrödinger vom April 1926 in [Przibram 1963, S. 21-25].

[5] Walter Heitler ging nach Studium und Promotion bei Sommerfeld im Wintersemester 1926/27 als Rockefeller-Stipendiat zu Bohr; den Sommer verbrachte er in Zürich bei Schrödinger, wo er London traf; während dieses Aufenthalts entstand das nach beiden benannte Verfahren zur Berechnung der Wechselwirkung zweier neutraler Atome.

[6] Augustus Trowbridge war der für Europa zuständige Direktor der Abteilung Naturwissenschaften des International Education Board der Rockefeller Foundation in Paris, vgl. [Gray 1978, S. 19].

einen vorfühlenden Brief eine ziemlich dumme Antwort bekommen habe: ich möge mir doch ja vor Augen halten, dass der Zweck der Stipendien durchaus nicht der sei, einem Professor einen Assistenten zu verschaffen oder einen speziellen Zweig der Forschung zu fördern, wie wichtig er auch sein möge.– Darauf hin möcht ich nun nicht gern irgendetwas unternehmen, als höchstens, sobald wir Probedrucke von Fuesens erster Note (über Bandenspektren)[1] haben, seine „Verlängerung" versuchen; im übrigen aber warten, bis jemand nach Zürich zu kommen verlangt. Dass Heitler das schon getan hat, ist mir natürlich gerade in diesem Zusammenhang besonders erwünscht.

Von der „zweiten Mitteilung"[2] habe ich skandalöser Weise bis heute noch keine Sonderdrucke, habe heute reklamiert und sende dann sogleich die gewünschten Exemplare nach München.

Heute Nachmittag referieren wir im Kolloquium Heitlers quantenstatistische Arbeiten.[3] Ich muss offen gestehen, ich konnte noch nicht ganz klug daraus werden. A.[uf] S. 102 der zweiten Note heisst es in der 6. Zeile: Es wird sich nun tatsächlich herausstellen, dass diese B-Prozesse keine Daseinsberechtigung haben.– Ich habe vergeblich darnach gesucht, *wo* und *wie* sich das herausstellt, und kann keinen anderen Grund dafür finden, als die *Meinung* des Verfassers. Zweifellos, zu dem ganzen Bild, das sich H.[eitler] macht, passt nur das Fortlassen der B-Prozesse. Ich finde aber nirgends bewiesen oder plausibel gemacht: *anders geht es nicht* vernünftig.

Ich eile, da ich eben von Ewalds höre, dass Sie vielleicht am Freitag dort erwartet werden.[4]

In aufrichtigster Ergebenheit

Ihr dankschuldiger Schrödinger.

Das Starkeffekt-MS.[5] haben Sie unterdessen wohl von Geheimrat Wien erhalten!

---

[1] [Fues 1926a]. Nach seiner Habilitation bei Paul Ewald an der TH Stuttgart war Erwin Fues im November 1925 mit einem Rockefeller-Stipendium zu Erwin Schrödinger nach Zürich gekommen.

[2] [Schrödinger 1926b] war am 6. April erschienen.

[3] [Heitler 1925] und [Heitler 1926]; in der ersten Arbeit werden analog zur induzierten Emission bei der Einsteinschen Strahlungstheorie sogenannte B-Prozesse eingeführt, die aber in der zweiten Arbeit als physikalisch unhaltbar erklärt werden.

[4] Vgl. Fußnote 3, Seite 250.

[5] Das Manuskript zu [Schrödinger 1926c] war am 16. Mai 1926 bei den *Annalen der Physik* eingegangen.

[99] Von Max Born[1]

Göttingen, 15. Juni 1926.

Lieber Herr Sommerfeld,

Vor einigen Tagen erhielt ich einen Brief von H. A. Lorentz mit der Einladung am Solvay-Congress 1927 in Brüssel teilzunehmen. Dabei wurde erwähnt, daß auch Planck, Heisenberg, Schrödinger, Einstein eingeladen seien.

Da ich nicht wusste, wie ich mich verhalten solle, habe ich mich an Planck gewandt. Dieser rät mir die Einladung anzunehmen, und ich habe darauf hin die Absicht es zu tun. Ich denke, daß auch Heisenberg, mit dem ich in Fühlung bin, dasselbe tun wird.[2]

Ich möchte Ihnen dies mitteilen, weil es mich sehr befremdet hat, daß Ihr Name nicht unter den Eingeladenen genannt wird. So viel ich weiß, waren Sie auf dem ersten Quantenkongress 1911, und seitdem haben Sie doch so großen Anteil an der Entwicklung genommen, daß Ihr Name an der Spitze der zum neuen Quantenkongress eingeladenen Deutschen stehen sollte. Es bedrückt mich ohne Sie dort erscheinen zu sollen. Andrerseits habe ich das Gefühl, daß eine Absage nicht am Platze ist, da doch offenbar der Wille vorhanden ist, mit den deutschen Physikern die Freundschaft wieder anzuknüpfen. Ich meine, daß man alles unterstützen soll, was geeignet ist, die dunklen Zeiten des Haders vergessen zu machen. Seit ich in Amerika war,[3] fühle ich verstärkt Europa als Einheit. Da ich anderseits gar nicht weiß, welche Gesichtspunkte für die Einladung bestimmend waren, so glaube ich nicht an der Wahl Kritik üben zu müssen, zumal das Planck, wie er mir mitteilte, getan hat. Das Gewicht seiner Person ist ja auch viel größer als das meine. Mir liegt nur daran nichts ohne Ihr Wissen (und das der andern Münchner Kollegen) zu tun.

Mit den besten Grüßen
Ihr Max Born.

---

[1] Brief (2 Seiten, lateinisch), *München, DM, Archiv NL 89, 006*.

[2] Sommerfeld war nicht eingeladen; Born nahm neben Debye, Einstein, Heisenberg, Pauli und Planck an der Tagung teil. Nach Rücksprache mit Sommerfeld hatte Albert Einstein als einzig Eingeladener der Mittelmächte es abgelehnt, an der Solvaytagung 1924 teilzunehmen, [Marage und Wallenborn 1999, S. 115]. Zur zögerlichen Beendigung des nach dem Ersten Weltkrieg gegen die deutsche Wissenschaft erklärten Boykotts durch die internationalen Wissenschaftsorganisationen siehe [Schröder-Gudehus 1966, S. 236-265].

[3] Born hatte das Wintersemester 1925/26 in den USA verbracht, wo er am Massachusetts Institute of Technology (MIT) Gastvorlesungen hielt, vgl. [Born 1926].

[100] *Von William F. Meggers*[1]

Washington July 8, 1926.

My dear Professor Sommerfeld:

It is really a shameful long time since I have written to you, but you will no doubt understand that we have been exceptionally busy during the last months of Dr. Laporte's stay with us.[2] We worked steadily and earnestly to complete all the problems we could. Dr. Laporte will tell you the details very soon, and you will see them somewhat later in our publications. For my part I am very proud of our accomplishments and I wish that we might extend them indefinitely.

Now that Dr. Laporte has left us I must tell you how sorry we are that he is not coming back here. When he first came nearly two years ago, you will recall that I had some faint doubts about him. Sometimes he seemed a little too "Frech", too positive and boastful. We naturally assigned this to the enthusiasm and recklessness of youth. Now as then, I want to be strictly honest with you and Dr. Laporte. We soon learned to know him better, and as he became more familiar with our customs and psychology he ingratiated himself with almost everyone. He has shown that in spite of his youth he has a well developed character, an excellent sense of humor, a considerable amount of world experience, and above all a superb training in mathematical physics. We tried for a little while to make an experimental scientist out of him but failed completely. Nevertheless I think he has acquired a better understanding of some of the technical difficulties and natural aggravations of experimental science, not to mention the financial and political troubles in operating a laboratory such as ours.

He is perhaps, still a little too prone to blame purely experimental investigators like A. Fowler because they do not appear to enthuse over each new development in quantum theory, not realizing sufficiently that most men become conservative with age, and that just as he himself is tempermentally unsuited for experimental science others are thus handicapped in respect to mathematical methods.

There has been such an avalanche of theoretical developments during the past year from Pauli, Heisenberg, Hund, Born and Jordan, Schrödinger, and others that Dr. Laporte has been more than busy keeping himself and others informed. We have depended upon him so much on this information and for its application, that we nicknamed him our Herr Geheimrat, and shall miss him very acutely in the future. Shortly after he came he orga-

---

[1] Brief (2 Seiten, Maschine), *München, DM, Archiv HS 1977-28/A,225*.
[2] Nach seinem zweijährigen Aufenthalt am National Bureau of Standards wurde Otto Laporte 1926 Professor der Physik an der University of Michigan in Ann Arbor.

nized a colloqui[u]m which has been maintained mainly by his energy and enthusiasm. All of us derived great benefit from these meetings, and we regret that the leading spirit is gone. Many of us recognize that lack of a permanent employee of Dr. Laporte's type is a serious defect in the organization of our Bureau and I have suggested to our Herr Geheimrat that we will try to get him a permanent appointment just as soon as he becomes an American citizen. In all outward forms, speech, dress and manners, he is now 99 % American, and a year at Ann Arbor will make him 100 %.

I think that our recent publications will demonstrate that we have had a strong combination of experimental and theoretical physics at work.[1] The emphasis which you and Dr. Laporte have placed upon our spectroscopic efforts has benefitted our laboratory in still another way. By drawing attention to our work you have made it possible for us to increase our experimental facilities. During the past year we have acquired an electromagnet for Zeeman-effect observations, quartz Lummer–Gehrcke plates for fine-structure analysis, and new gratings for vacuum spectrographs. If this continues we shall soon have a fully equipped laboratory, one which will perhaps attract more Research Fellows of the International Education Board, or similar foundation.

Let me tell you again that I am deeply grateful to you, Professor Sommerfeld, first for your kind interest in our work in 1923, second, for sending us Dr. Laporte in 1924, and third for extending his time with us a second year. I am positive that your influence made it possible for Laporte and me to lay the foundation of a lifelong friendship which I trust will continue to involve close cooperation in spectral interpretations and in some measure help to wash away the sins of the war.

Kindest regards to you and your family from Mrs. Meggers and myself.

Very sincerely yours,
William F. Meggers

[101] *An James Franck*[2]

München, den 20. Juli 1926.

Lieber Franck!

Sie haben mir freundlich Ihr Buch zuschicken lassen, das soviel wichtiges und wohlgeordnetes Material enthält.[3] Ich sage Ihnen und Herrn Jordan herzlichen Dank.

---

[1] [Meggers und Laporte 1926a], [Meggers und Laporte 1926b], [Meggers und Kiess 1926].
[2] Durchschlag (1 Seite, Maschine), *München, DM, Archiv NL 89, 001.*
[3] [Franck und Jordan 1926].

Dass Sie sich hinsichtlich der Quantenzahlbezeichnungen jetzt ganz auf meinen (und Pauli's etc.) Standpunkt stellen, freut mich. So kann man hoffen, dass bald eine Einigung erzielt wird.

Ihre These, dass die zusammenfallenden Wasserstoffniveaus auch physikalisch gleich sein müssen, und dass es daher keine metastabilen Zustände beim Wasserstoff gäbe, hat zunächst etwas bestechendes.[1] Ich glaube aber Ihre These wird sich nicht ha[l]ten lassen angesichts der tatsächlich vorhandenen Intensitätsanomalien. Ich habe mit Unsöld eine berichtigende Note in der Zsch. f. Phys. geschrieben,[2] welche auch kurz auf die Metastabilität nochmals kurz eingeht. Ich hörte übrigens in England, dass Sie schon lange bevor mir die Metastabilitätsmöglichkeit im Anschluss an Hansen und Gehrke aufgegangen war, darüber haben experimentieren lassen.[3]

Noch eines: Ich bin zur Hundertjahrfeier von Volta für 1927 nach Como zu einer kleinen Bonzenkonferenz eingeladen. Ich habe grosse Bedenken hinzugehen, weil ich annehme, dass die Italiener die Gelegenheit nicht vorüber gehen lassen werden Politik zu machen und Mussolini vorzuführen. Wenn Sie jemand wissen, der hingeht oder absagt, wäre es mir sehr lieb, dies zu erfahren.[4]

Mit herzlichen Grüssen
Ihr gez. A. Sommerfeld

[102] *An Wolfgang Pauli*[5]

München, den 26. Juli 1926.

Lieber Pauli!

Sie haben mit Ihrem Handbuchartikel wieder eine Riesenarbeit geleistet, er erinnert in seiner Zuverlässigkeit fast an den berühmten Enzyklopädieartikel.[6] Haben Sie herzlichen Dank für die Sendung und besonders für die liebe Widmung. Da ich den Band bereits gekauft hatte (ich bestellte

---

[1] In [Franck und Jordan 1926, S. 116-117] wird argumentiert, daß der Term zu den Quantenzahlen $n = 2$, $k = 1$ metastabil sein sollte, falls es sich im Wasserstoffspektrum um Singuletterme handle; da jüngste Experimente immer mehr auf ein Dublettsystem hindeuteten, sei „*kein* metastabiler Term im H-Spektrum zu erwarten".

[2] [Sommerfeld und Unsöld 1926b].

[3] [Hansen 1925], [Gehrcke 1925], [Blackett und Franck 1925].

[4] Eine entsprechende Anfrage richtete er auch an Laue, vgl. *A. Sommerfeld an M. Laue, 22. Juli 1926. München, DM, Archiv NL 89, 002.*

[5] Brief (1 Seite, Maschine), *Genf, CERN, PLC.*

[6] [Pauli 1926] und [Pauli 1921].

ihn hauptsächlich wegen Ihres Artikels), werde ich den Artikel an Unsöld verschenken, aber die Widmung in den Handbuchband übernehmen.

Mit Ihrer Karte an Wentzel haben Sie ganz recht.[1] Ich hatte selbst von der schnellen Publikation gerade dieser Note energisch abgeraten, allerdings nicht, weil ich einen Fehler darin nachweisen konnte, wie Sie, sondern weil das Resultat negativ war.

Wir haben Schrödinger hier gehabt, zugleich mit Heisenberg.[2] Mein allgemeiner Eindruck ist der, dass die „Wellenmechanik" zwar eine bewundernswürdige Mikromechanik ist, dass aber die fundamentalen Quanträtsel dadurch nicht im Entferntesten gelöst werden. Ich glaube Schrödinger vorläufig von dem Augenblich [sic] an nicht mehr, wo er mit den c_k (den Amplituden der verschiedenen gleichzeitigen Eigenschwingungen) zu rechnen beginnt.

Herzliche Grüße
Ihr A. Sommerfeld

[103] *An Albert Einstein*[3]

München, den 5. August 26.

Lieber Einstein!

Ich habe den Auftrag von unserem Ausschuss für Gastvorlesungen erhalten, Sie freundlichst zu bitten, uns Anfang December dieses Jahres einige Vorträge zu halten, einen oder besser zwei (ev. drei) für ein allgemeines Publikum im Auditorium Maximum, also wohl über Grundfragen der Physik oder *Naturphilosophie*, ferner einen speciell für Physiker über ein Specialthema. Wir erstatten die Reise 2. Classe und zurück oder etwas mehr. Ferner bitte ich Sie – falls Anschütz nicht anders verfügt – bei mir in einem *sehr* bescheidenen Gastzimmer vorlieb zu nehmen. Ihr allgemeines Einverständnis haben Sie mir bereits vorigen Herbst zu diesem Plane erklärt. Die Frage wird sein, ob Sie Anfang December die Zeit finden werden. Wenn Sie nur *eine* allgemeine Vorlesung geben wollen, so könnten Sie uns dafür vielleicht *2* Specialvorlesungen halten. Aber diese Details sowie das Nähere zum Datum liegen ganz in Ihrer Hand.

Es wäre schön, wenn wir uns auf diese Weise ausgiebig wiedersehen könnten. Es giebt so manches zu besprechen. Sie versuchen wohl schon, das

---

[1] [Pauli 1979, Brief 138]; Pauli kritisiert darin die Arbeit [Wentzel 1926].
[2] Vgl. Heisenbergs Bericht an Pauli, [Pauli 1979, S. 337-338].
[3] Brief (2 Seiten, lateinisch), *Jerusalem, AEA, Einstein*.

Spinnende Elektron (das unentbehrlich ist!) in die allgem. * Relativitätstheorie einzuordnen? Das wäre der grösste Triumph der Rel. Th.

Viele Grüsse von Ihrem getreuen
A. Sommerfeld.

* Rauchen ist eine Schweinerei.[1] Entschuldigen Sie dieses Indicium!

[104] *Von Albert Einstein*[2]

Berlin. 21. VIII. 26.

Lieber Sommerfeld!

Ich finde Ihren Brief erst jetzt vor, da ich in Ferien verreist war. Die Wahrheit zu sagen, fällt manchmal schwer, aber es muss doch sein: ich habe nichts zu sagen, was mir für die ins Auge gefassten Vorträge belangreich genug zu sein scheint. Deshalb muss ich schweigen und solche reden lassen, welche etwas Bedeutsames zu sagen haben, was die andern noch nicht wissen. Sie werden diesen Grund einer Absage gewiss billigen.[3] Ich habe mich viel geplagt, die Beziehung zwischen Gravitation und Elektromagnetismus herauszufinden, bin aber nun überzeugt, dass alles [was] bisher von mir und anderen versucht wurde, vergeblich war.[4]

Ich gebe Ihnen gerne zu, dass an dem spinnenden Elektron nicht zu zweifeln ist. Aber einstweilen ist wenig Hoffnung, seine Notwendigkeit *von innen heraus* zu begreifen. Von den neuen Versuchen, eine tiefere Formulierung der Quantengesetze zu erhalten, gefällt mir der von Schrödinger am besten. Wenn die dort eingeführten undulatorischen Felder nur aus dem n-dimensionalen Koordinatenraum in den 3 bezw. 4dimensionalen verpflanzt werden könnten! Die Theorien Heisenberg–Dirac zwingen mich zwar zur Bewunderung, riechen mir aber nicht nach der Wirklichkeit.[5]

Herzlich grüsst Sie
Ihr A. Einstein.

---

[1] Brandfleck.

[2] Brief (1 Seite, lateinisch), *München, DM, Archiv HS 1977-28/A,78*.

[3] Sommerfeld versuchte Einstein umzustimmen, doch es blieb bei der Absage, vgl. [Hermann 1968, S. 108-111].

[4] Zu Einsteins Bemühungen um eine vereinheitlichte Feldtheorie vgl. [Fölsing 1993, S. 627-656].

[5] Vgl. auch den Briefwechsel zwischen Erwin Schrödinger und Albert Einstein in [Przibram 1963].

[105] *Von Werner Heisenberg*[1]

København, den 6. 11. 1926.

Sehr verehrter Herr Geheimrat!

Haben Sie vielen Dank für die Übersendung Ihrer „Three lectures",[2] ich freu mich sehr darauf, sie in den nächsten Tagen, wenn die übrigen Pflichten mit Vorlesungen u.s.w. etwas geschafft sind, näher zu studieren. Bis jetzt hab ich nur die ersten und letzten Seiten in Neugierde studiert und fand sie sehr schön.

Von der Physik hier weiss ich nicht allzuviel zu berichten. Die *Dirac*sche Statistik (oder besser Fermi–Diracsche Statistik) haben Sie ja wohl gesehen.[3] Dirac hat weiter über die Frage der *relativistischen Quantenmechanik* gearbeitet und seine Comptoneffekt-Arbeit auch zur Abwechslung in Wellen formuliert.[4] Dann hat er eine grössere Arbeit über die Frage, welche Probleme in der Qu.[anten-]M.[echanik] gestellt werden dürfen und *welche nicht*, in Gang.[5] Pauli schrieb uns, dass er über die Bornschen Streuprobleme Neues gefunden habe:[6] *man kann beweisen, dass nach der Matrizenrechnung immer dasselbe herauskommt, wie bei Born.* Ausserdem ist Born u. Schrödinger nur Spezialfall allgemeinerer Gesetze: Man kann z. B. auch Wellen im p-Raum konstruieren und damit die Eigenwerte ausrechnen, oder solche im J-Raum, w-Raum, ganz wie es zweckmässig ist. Schrödingers Wellen sind wohl immer am zweckmässigsten. Ich selbst hab über Schwankungserscheinungen (Energieschwankungen in einem mechanischen System u. ähnl) nachgedacht,[7] man kann dann beweisen, dass die Qu.[anten] M.[echanik] immer die gleichen Schwankungen gibt, wie die reine Diskontinuumstheorie (Lichtquanten). Es ist so etwas ähnliches, wie in der alten Arbeit Qu. M. II, Kap. 4 § 3 über das Kristallgitter, aber allgemeiner.[8] Dann arbeite ich an den Mehrkörperproblemen weiter;[9] man kann wohl die ganzen Grundzüge der Theorie der kompliz.[ierten] Spektra jetzt auch mit der *Resonanz* verstehen. Hund hat die Sache auf Moleküle ausgedehnt und sehr schöne

---

[1] Brief (2 Seiten, lateinisch), *München, DM, Archiv HS 1977-28/A,136*.
[2] [Sommerfeld 1926b].
[3] [Fermi 1926] und [Dirac 1926b].
[4] [Dirac 1926a].
[5] Vermutlich [Dirac 1927].
[6] Vgl. [Pauli 1979, Brief 143].
[7] Vgl. die am gleichen Tag bei der *Zeitschrift für Physik* eingegangene Arbeit [Heisenberg 1926b].
[8] [Born et al. 1926].
[9] [Heisenberg 1926a] und [Heisenberg 1927].

Resultate über H_2^+, H_2 erhalten.[1] Aber alles, über das ich hier erzähle, ist noch sehr unfertig. Mit Schrödinger hatten wir lange und, ich glaube auch, nützliche Diskussionen.[2]

Nun nochmal vielen Dank und viele herzliche Grüsse ans ganze Institut

Ihr sehr ergebener
Werner Heisenberg.

[106] Von Wilhelm Lenz[3]

Hamburg d. 17. Dez. 26.

Lieber Herr Professor!

Unser Dekan hat Ihnen vor kurzem die Einladung von Fakultäts wegen zugehen lassen und wir hoffen sehr, dass Sie uns die Freude machen werden, zuzusagen. Da Sie mir gesprächsweise mitteilten, dass Sie erst nach Weihnachten vortragen wollten so war die Zustellung der Einladung nicht sogleich zu Beginn des Semesters erfolgt; es tut mir sehr leid, dass Sie einer Bemerkung Koch's zufolge, im Zweifel waren was mit der Einladung geschehe, die ich Ihnen angekündigt hatte.

Über den Termin bitten wir Sie, selbst zu verfügen. Aber es ist Ihnen sicherlich lieb zu wissen, welche Veranstaltungen im Ganzen für die zweite Hälfte des W.[inter]-S.[emesters] hier in Hamburg vorliegen.

Zunächst kommt Herglotz vom 11.–15. Jan. Ferner hat Langevin gelegentlich eines Besuchs von O. Stern in Paris auf Anfrage einen Besuch in Hamburg in Aussicht gestellt. Wir haben ihn nur privatim eingeladen u. gebeten, er möchte wenn irgend möglich es sich so einrichten, dass er auf der Gauvereinstagung am 5. u. 6. Februar hier sei. Er konnte dies nach jüngst eingetroffenem Brief an Stern noch nicht ganz bestimmt versprechen, es besteht aber große Hoffnung, dass er zu diesem Termin kommt.

Ich nehme an, dass es Sie vielleicht freuen würde ihn wieder einmal zu sehen und möchte für diesen Fall den ganz unverbindlichen Vorschlag machen, dass Sie vielleicht am 3. oder 4. Februar vortrügen und anschließend zur Gauvereinstagung hier wären. Langevin würde *nach* der Tagung vortragen. Da wir Ihre Anwesenheit gern durch ein Fakultätsessen feiern würden, würden wir Sie gern vor der Tagung und vor Langevin oder falls Ihnen dies

---

[1] [Hund 1927].
[2] Schrödinger war von Ende September bis Anfang Oktober 1926 in Kopenhagen und referierte am 4. Oktober über seine Theorie. Heisenberg berichtete viele Jahre später über die Diskussionen zwischen Bohr und Schrödinger in [Heisenberg 1973, S. 92-98].
[3] Brief (4 Seiten, lateinisch), *München, DM, Archiv NL 89, 010*.

nicht in Ihre Disposition passen sollte erst nach Langevin's Besuch bei uns sehen. Man möchte beim Fakultätsessen vermeiden einen Angehörigen des ehemals feindlichen Auslands am Orte zu wissen, und möchte daher die Termine so wählen, dass dieser Fall nicht eintritt.

Sowohl die Physiker als auch die Mathematiker haben Ihren Vorschlag, über Beugungstheorie vorzutragen, sehr lebhaft begrüßt.[1]

Wollen Sie die vorstehenden Bemerkungen bitte lediglich als orientierende Daten betrachten, die Ihnen bei der Wahl des Termins von Interesse sein können.

Über das Gleichgewichtsproblem im Weltraum habe ich viel diskutiert u. nachgedacht, bin aber noch zu keinem mich ganz befriedigenden Ergebnis gekommen.[2] Besonders nicht deshalb, weil es sich als notwendig zu erweisen scheint, das metrische Problem als eine Art anderer Ausdrucksweise für das dynamische Problem zu betrachten und diese Fragestellung sehr tief eingreift in die Interpretation der Grundlagen der allg.[emeinen] Rel.[ativitäts-]Th[eorie].–

Da das Semester erst wieder am 10. Jan. beginnt habe ich vor,* in's Gebirg zu fahren zum Skilaufen. Ich weiß aber noch nicht recht wohin, da ich mir keine Gesellschaft ausgemacht habe. Darf ich unverbindlich anfragen ob Sie etwas vorhaben? Ich getraue mich nicht, mir beliebige Hüttenprimitivität und beliebige Anstrengungen zuzumuten, weil sonst die Wirkung des Erholungsaufenthalts negativ wäre.

Mit herzlichen Wünschen für das Weihnachtsfest und Grüßen an Sie und die Ihren

Ihr dankbar ergebener
W. Lenz.

* nach den Feiertagen

[107] *An Wilhelm Lenz*[3]

München, den 24. Dezember 1926.

Lieber Lenz!

Besten Dank für Ihren Brief vom 17.. Meine Pläne sind diese: Ich fahre hier am Freitag, den 28. Januar ab, bin am 29. und 30. in Frankfurt,

---

[1] Für [Sommerfeld 1927b, Kapitel 13] bearbeitete Sommerfeld dieses Thema gerade neu.
[2] [Lenz 1926].
[3] Durchschlag (1 Seite, Maschine), *München, DM, Archiv NL 89, 002.*

wohin mich der dortige physikalische Verein eingeladen hat und wo ebenfalls gerade Gauverein stattfindet. In der Nacht vom 30. zum 31. fahre ich nach Hamburg und gehe vermutlich gleich weiter nach Kiel für einen Tag, einem Wunsche von Kossel entsprechend.[1] Am Diens[t]ag den 1. komme ich zu guter Zeit nach Hamburg und trage dort im mathematischen Kolloquium nachmittags 5 Uhr vor.[2] Dann bleibe ich in Hamburg bis Sonntag abend. Kochs Gastfreundschaft werde ich also von Dienstag bis Sonntag in Anspruch nehmen. Langevin habe ich im Sommer in Zürich getroffen, wir waren natürlich gleich wieder sehr gut befreundet.[3] Dass Sie meine Anwesenheit mit einem Fakultätsessen verbinden wollen ist sehr freundlich, da ich alte Freunde in der Nähe von Hamburg an einem Nachmittag besuchen muss, wäre es mir ganz lieb, das Datum dieser Veranstaltung rechtzeitig zu erfahren. Sie sind wohl so freundlich den Interessenten, z. B. Koch und Blaschke, von dem Vorstehenden Mitteilung zu machen.[4]

Meine Weihnachtspläne sind diese: ich will am 28. und 29. zusammen mit Ernst auf dem Sudelfeld in der Selmayr'schen Schihütte sein, darauf vielleicht nach Seefeld gehen,[5] um mit Herglotz und Caratheodory zusammenzutreffen und schließlich zwei Tage in Garmisch zubringen. Ernst wird entweder länger auf dem Sudelfeld bleiben oder Turen mit Freunden machen. Auf dem Sudelfeld ist jetzt ein gutes Berghotel erbaut. Wenn sie dort wohnen wollen, hätten Sie Selmayr und evtl. Ernst in der Nähe.

Mit herzlichen Grüssen
Ihr [Arnold Sommerfeld]

[108] *Von Wolfgang Windelband*[6]

Berlin, den 24. März 1927.

Hochgeehrter Herr Geheimrat,

Ich habe die Ehre Ihnen mitzuteilen, daß mein Herr Minister sich entschlossen hat, Ihnen die bisher von Geheimrat Planck innegehabte ordentliche Professur für Theoretische Physik an der Universität Berlin zum 1. Oktober 1927 anzubieten.[7]

---

[1] Walther Kossel war seit 1921 Ordinarius für theoretische Physik in Kiel.
[2] Sommerfeld hielt wohl mehrere Vorträge über verschiedene Themen; [Sommerfeld 1927d] ist ein Vortrag „auf Einladung der naturwissenschaftlichen Fakultät".
[3] Sommerfeld und Langevin kannten sich seit dem Jahre 1906; vgl. auch Brief [209].
[4] Peter Paul Koch leitete das Physikalische Staatsinstitut Hamburg, Wilhelm Blaschke war Ordinarius für Mathematik an der Universität.
[5] Karl Selmayr war der Institutsmechaniker, Ernst Arnold Sommerfelds Sohn.
[6] Brief (2 Seiten, Maschine), *München, DM, Archiv NL 89, 019, Mappe 5,9*.
[7] Planck war zum 1. Oktober 1926 emeritiert worden; vgl. Seite 210.

Ich wäre Ihnen sehr dankbar, wenn Sie sobald es Ihre Zeit erlaubt, mich zu mündlichen Verhandlungen hier aufsuchen würden.[1]

Mit verbindlichen Glückwünschen zu dieser Berufung bin ich in ausgezeichneter Hochachtung

Ihr sehr ergebener
Windelband[2]

[109] *Von Constantin Carathéodory*[3]

München den 28ten März 1927.

Lieber Sommerfeld,

Gestern Abend erhielt ich durch Perron[4] die Nachricht, dass Sie endlich den Ruf nach Berlin bekommen haben. Perron bat mich mit ihm heute ins Ministerium zu gehen, da er schon Morgen fortreist. Wir waren also heute früh bei Hauptmann,[5] der versprochen hat alles zu tun, was er kann, um Sie in München zu halten. Ich habe versucht ihm klar zu machen, was es für die Universität bedeuten würde, wenn Sie uns doch verloren gehen sollten.

Trotzdem eine kleine Gefahr vorliegt, dass Sie München verlassen könnten, freue ich mich sehr für Sie über diesen Ruf, der Ihnen erlauben wird verschiedene alte Wünsche zu verwirklichen. Deshalb gratuliere ich Ihnen aus ganzem Herzen und meine Frau tut dasselbe.

Mit vielen Grüssen Ihr ergebener
C. Carathéodory.

[110] *Von Karl Voßler*[6]

München, den 30. III. 1927

Sehr verehrter u. lieber Herr Kollege,

Meinen herzlichsten Glückwunsch zu dem ehrenvollen Ruf nach Berlin. Er bedeutet wohl die höchste äußere Anerkennung, die einem Vertreter

---

[1] Sommerfeld kehrte erst am 12. April von einer Balkanreise nach München zurück.
[2] Auf der Rückseite notierte Sommerfeld Stichworte für die Berliner Verhandlungen: „Gehalt, Colleggeld, Pension, Wohnung, 2 Assistenten? 5 Zimmer, Schreibmaschinistin, Seminar-Bibliothek, Altersgrenze, Auto, Pens. 17310."
[3] Brief (2 Seiten, lateinisch), *München, DM, Archiv NL 89, 019, Mappe 5,9.*
[4] Oskar Perron war Ordinarius für Mathematik an der Universität München.
[5] Anton Hauptmann war Referent für Hochschulangelegenheiten im bayerischen Kultusministerium.
[6] Brief (4 Seiten, deutsch), *München, DM, Archiv NL 89, 019, Mappe 5,9.*

Ihrer Wissenschaft in Deutschland zu teil werden kann. So wenig ich mich wundere, daß *Ihnen* dies geworden ist, so sehr freue ich mich für Sie u. in gewissem Sinn auch für unsere Universität darüber. Freilich, der letztere Punkt würde sich aus einem glänzenden alsbald in einen schwarzen für die Münchner Universität verwandeln, wenn es den Berlinern wirklich gelingen sollte, Sie uns wegzuholen. Ich bitte Sie daher als derzeitiger Rektor von Herzen, uns wenn es irgend möglich ist treu zu bleiben u. die Pflichten des Dankes u. die Aufgaben der Zukunft, durch die Sie nun einmal mit München verwachsen sind, bei Ihren Erwägungen ausgiebig mitsprechen zu lassen. Seien Sie auch versichert, daß die Münchner Universität es ihrerseits an Zeichen des Dankes Ihnen gegenüber nicht fehlen lassen wird.

Zunächst bitte ich Sie über meine Vermittlung u. Bemühung in den Verhandlungen rückhaltlos zu verfügen. Ich bin zu jedem Schritt bereit, von dem Sie sich eine günstige Wendung für München versprechen. Auch bin ich überzeugt, daß der Senat mich in jeder Aktion unterstützen wird, die geeignet wäre, Sie in München zu halten.

Lassen Sie mich nun noch als Hausgenossen u. persönl. Freund zwei Worte beifügen. Meine Frau, meine Kinder u. ich würden einen nicht wieder gut zu machenden menschlichen Verlust erleiden durch Ihren Abzug. Der Abschied würde uns sehr schwer werden, u. wir haben keineswegs die Absicht, *Ihnen* u. den *Ihrigen* den Abschied zu erleichtern.

Mit herzl. Gruß Ihr ergebener
K. Vossler

[111] *Von Max Planck*[1]

Berlin-Grunewald 7. 4. 27.

Lieber verehrter Herr Kollege!

Nun ist es also doch wahr geworden, was ich bei der zögernden Haltung unseres Ministeriums fast schon etwas zu bezweifeln begonnen hatte, daß der erste Vorschlag der Fakultät berücksichtigt wurde; und ich darf Ihnen aus ganzem vollen Herzen meine Freude darüber aussprechen und die zwar selbstverständliche Versicherung hinzufügen, daß ich alles, was in meinen Kräften steht, tun werde, um Ihnen die Annahme der Berufung schmackhaft zu machen. Ganz leicht wird es ja wohl nicht gehen, namentlich da das hiesige „Institut für theoretische Physik" verhältnismäßig außerordentlich bescheiden dotiert ist. Auch kommt hinzu, daß Sie Sich mit Laue werden

---

[1] Brief (2 Seiten, deutsch), *München, DM, Archiv NL 89, 019, Mappe 5,9.*

verständigen müssen, der das Institut schon seit mehreren Jahren übernommen hat. Aber dieses letztere wird, hoffe ich, keine Schwierigkeiten machen. Andererseits hat mir gestern Hr. Min.rat Windelband die Versicherung gegeben, daß die Regierung den Ruf sehr ernst nimmt und Ihnen so weit als irgend möglich entgegenkommen wird. Das läßt mich auf einen günstigen Ausgang hoffen.

Für Ihren freundlichen Brief vom 31. 3. aus Ragusa[1] danke ich Ihnen bestens. Ja, auch mir würde sehr daran liegen, Sie zu sprechen und Ihnen auf allerlei Fragen Rede zu stehen. Natürlich bitte ich Sie, wenn Sie herkommen, bei mir abzusteigen. Nun ist allerdings in Betracht zu ziehen, daß ich bald auf einige Tage verreisen möchte, nachdem ich bisher die ganzen Ferien hier gesessen und gearbeitet habe. Meine Reisepläne sind folgende: Ostersonntag früh (d. 17.) fahre ich mit Frau und Sohn in den Odenwald und bleibe dort etwa 14 Tage; danach komme ich auf 2–3 Tage hierher zurück zum Anfang der Vorlesungen, und muß dann zur Jahresversammlung des Deutschen Museums nach München. Am 9. Mai bin ich wieder hier.

Hoffentlich haben Sie von Ihrer schönen Reise recht gute Erholung mitgebracht und sich gehörig Kräfte gesammelt für die bevorstehenden Verhandlungen. Zur glücklichen Absolvierung des Abiturs gratuliere ich bestens Ihrem Jüngsten[2] und empfehle mich auch Ihrer werten Gattin, die ich um gutes Wetter für Berlin bitte.

Stets Ihr treu ergebener
M. Planck.

[112] *Von Erwin Schrödinger*[3]

Zürich, 29. April 1927.

Lieber und verehrter Professor Sommerfeld!

Es war sehr, sehr lieb von Ihnen, mir sogleich zu schreiben, nachdem der Ruf Sie in Ragusa erreicht hatte. Ich hab' die Karte erst vor wenigen Tagen in Zürich vorgefunden, darum danke ich erst heute dafür. Wenn ich das schöne blaue Meer mit den weissen Felsen anschaue und mir das Bild von Ragusa, das ich einmal an einem schönen Ostersonntag durchwanderte, in's Gedächtnis rufe, so stell' ich es mir nicht sehr angenehm vor, ausgerechnet

---

[1] Dubrovnik; der Brief liegt nicht vor.
[2] Eckart hatte am 28. März das Abitur bestanden, vgl. *E. Sommerfeld an A. Sommerfeld, undatiert. München, DM, Archiv NL 89, 019, Mappe 5,9.*
[3] Brief (4 Seiten, deutsch), *München, DM, Archiv NL 89, 019, Mappe 5,9.*

dort und 14 Tage vor Ostern die Berufung nach Berlin zugestellt zu bekommen. Aber hoffentlich haben Sie sich nicht allzu schwer stören lassen und trotzdem schöne, behagliche Ostertage an einer wirklich blauen Adria zugebracht.

Seither sind Sie nun aber wohl sicher schon in Verhandlungen getreten. Meine Frau hörte auf der Durchreise von Ewalds in Stuttgart, sie hielten es nicht mehr für so unwahrscheinlich, daß Sie doch noch Berlin annehmen. So sehr ich das von allem Anfang an objektiv und sachlich für das Richtige gehalten habe, so wage ich doch nicht, mich rein darüber zu freuen. Denn ich fürchte, wenn diese Wendung wirklich eingetreten ist, so ist sie es nicht, weil Berlin Ihnen sympathischer, sondern weil München Ihnen unsympathischer geworden ist. Und wenn Sie auf *diese* Art „für Berlin gewonnen" würden, wäre es doch recht traurig.– Doch wie immer, dies darf ich wohl sagen: *wenn* Sie sich entschließen, wird niemand Sie herzlicher und aufrichtiger beglückwünschen als ich (höchstens vielleicht der preußische Unterrichtsminister!). Das Problem Berlin wäre damit auf die glänzendste und schönste Art gelöst.–

Wenn ich nun bei Ihnen wäre, würden Sie mich wohl fragen, wie mir Amerika gefallen hat;[1] also soll ich wohl darauf antworten. Ich bin weder enttäuscht noch das Gegenteil. Ich fand dieses Land gerade so wenig anziehend als ich es mir vorgestellt hatte. Das Merkwürdigste ist, daß dieser Eindruck um nichts abgeschwächt wird durch den nicht zu leugnenden Umstand, daß die *Menschen* mit wenigen Ausnahmen so rührend gut und lieb zu einem sind, als man sich nur irgend vorstellen kann. Und trotzdem gefällt einem das Ganze gar nicht. Ich kann an keinen von den guten, lieben Menschen, die ich dort getroffen habe, denken ohne eine größere oder geringere Beimischung von *Mitleid*. Dies in dem wohlhabendsten Lande der Erde! Erforsche ich mich genauer, so gilt das Mitleid auch nicht der materiellen Situation sondern einer Seite der geistigen Situation. Ein immaterieller Alpdruck liegt auf dem Land, eine seelische Knechtschaft und Gebundenheit, gegen die alle Konventionen, denen wir im alten Europa gehorchen müssen, noch ein Kinderspiel sind. Ich habe gerade von den Besten, die ich drüben kennen gelernt, das Gefühl: sie stoßen an die Decke, sie haben den Versuch, sie zu heben, aufgegeben, haben lahm die Flügel sinken lassen und spielen nun das Spiel der anderen, weil es nun mal nicht anders geht. Ein Beispiel im größten und tragischsten Maßstab ist ja unser Leonhard in Madison.[2] Aber ich sah ähnliche Züge auch noch an manchem anderen, z. B.

---

[1] Schrödinger war am 10. April 1927 von einer US-Reise zurückgekehrt, [Meyenn 1982].

[2] Zu den psychischen Problemen von William E. Leonard, Professor am English Department der University of Wisconsin, vgl. *W. Leonard an A. Sommerfeld, 23. September 1923. München, DM, Archiv NL 89, 019, Mappe 4,1.*

R. W. Wood,[1] so kreuzfidel und temperamentvoll er auch als Gesellschafter sein kann.–

Heitler und London sind bei mir eingetroffen, Pauling wird erwartet.[2] Wenn die Armen nur wirklich hier etwas haben. Ich fühle mich arg ausgepumpt und bin außerdem in der Literatur der letzten Monate stark im Rückstand. Bezüglich der Deutung der Quantenmechanik bin ich unsicherer denn je. Die Arbeiten Unsölds und Paulings[3] geben mir zwar wieder großes Vertrauen zu den „verschmierten Elektronen" aber die Schwierigkeiten der Kontinuumsauffassung lassen sich doch nicht fortleugnen. Ich kann sogar schon ein Bißchen das Ärgernis verstehen, das ich vielen gegeben habe dadurch, daß ich in einer großen, wenig kritischen Menge ein Siegesgeheul wachgerufen habe: „Nieder mit den Quanten! Die Kontinuumsauffassung gerettet!" Ich muß den anderen ein Bißchen als Demagoge erscheinen, der auf die Leichtgläubigkeit der Menge spekuliert und ihr nach Wunsch redet.– Nun, es wird sich schon klären. Der stürmende Most, den wir jetzt von allen Seiten schlürfen, gibt wohl noch einen ganz guten Wein.

Aber ich darf Sie jetzt nicht länger mit meinen abgegriffenen Metaphern bewerfen – Sie haben jetzt wichtigere Briefe zu lesen und zu beantworten. Bitte Handküsse und Empfehlungen allen Ihren Lieben, und auch von meiner Frau alles Herzlichste.

In steter Verehrung und Dankbarkeit bin ich stets

Ihr treu ergebener
Schrödinger.

[113] *An das preußische Kultusministerium*[4]

München, den 11. Juni 1927.

Herrn Ministerialdirektor Professor Dr. Richter

Nachdem das Bayerische Kultusministerium meine Wünsche bezüglich meiner hiesigen Stellung sämtlich erfüllt hat, nicht nur in Hinsicht auf meine persönlichen Bezüge, sondern auch mit Bezug auf die Ausgestaltung des

---

[1] Robert W. Wood war Professor der Physik in Madison und Baltimore.
[2] Walter Heitler und Fritz London verbrachten den Sommer 1927 bei Schrödinger als Rockefeller-Stipendiaten, siehe Seite 215. Linus Pauling war im März 1926 als Guggenheim-Stipendiat für ein Jahr an das Sommerfeldsche Institut gekommen; nach einem Zwischenaufenthalt in Kopenhagen im Mai/Juni 1927 ging er für fünf Monate nach Zürich, um bei Debye und Schrödinger Vorlesungen zu hören; 1928 wurde er Professor am CalTech in Pasadena.
[3] [Unsöld 1927], [Pauling 1927].
[4] Durchschlag (1 Seite, Maschine), *München, DM, Archiv NL 89, 004.*

Institutes und des Unterrichtes,[1] sehe ich mich gezwungen, auf den mir angetragenen Berliner Lehrstuhl zu verzichten. Ich bitte mir zu glauben, dass ich die Ehre, in der Berliner Fakultät als Nachfolger von Max Planck's zu wirken, voll zu würdigen weiss. Der Entschluss auf diese Ehre zu verzichten, wurde mir durch die Erwägung erleichtert, dass ein jüngerer Mann die Berliner Stelle vielleicht besser auszufüllen im Stande sein wird, als ich.

Mit dem Ausdruck meiner grössten Hochachtung
[Arnold Sommerfeld]

[114] *Von Max Planck*[2]

Berlin-Grunewald 12. 6. 27.

Lieber Hr. Kollege!

Schade, – sehr Schade! Sie hätten hier viel nützen können, nicht nur in wissenschaftlicher Beziehung. Aber Sie wissen, daß ich für die Gründe Ihrer Entscheidung volles Verständnis habe, besonders auch dafür, daß Sie damit den Aufgaben, die Sie Sich gestellt haben, am besten dienen zu können glauben. So will ich mich denn auch ins unabänderliche finden und mich damit trösten, daß diese ganze Sache doch wenigstens für Sie einen realen Nutzen gehabt hat.

Besonders danke ich Ihnen, daß Sie sogleich, nachdem Sie Sich entschieden hatten, die Nachricht hierher gelangen ließen. Denn nun können ja die weiteren Verhandlungen sofort eingeleitet werden, und ich hoffe sehr, daß wir noch vor dem Semesterschluß zu einem positiven Resultat kommen. Nach dem, was mir Hr. Windelband telephonisch mitteilt, soll nun zunächst bei Schrödinger angefragt werden, und ich hoffe zuversichtlich, daß derselbe sich bald zu einer Zusage entschließen wird.

Wie ich sehe, verbringen Sie die Pfingstwoche in Lautrach.[3] Sollte Ihre Frau Gemahlin auch da sein, so bitte ich auch ihr einen herzlichen Gruß zu sagen. Wenn sie sich auch gewissenhaft „neutral" verhalten hat, wird sie doch mit diesem Ausgang nicht unzufrieden sein.

In unveränderter Freundschaft Ihr
M. Planck.

---

[1] Vgl. Seite 213.

[2] Brief (2 Seiten, deutsch), *München, DM, Archiv NL 89, 019, Mappe 5,9*.

[3] Das von dem Kunsthistoriker, Erfinder und Mäzen Hermann Anschütz-Kaempfe erworbene Schloß in Lautrach bei Memmingen diente Professoren der Münchner Universität und ihren Freunden als Gästehaus.

[115] *Von Robert A. Millikan*[1]

October 22, 1927

Dear Professor Sommerfeld:

I have spoken with the responsible officials of the University of Chicago and find them agreeable to extending you a joint invitation[2] to lecture at the University of Chicago in the fall quarter and to repeat the same course at the California Institute in the winter quarter either of the academic years 1928–1929 or 1929–1930. The stipend for the two quarters, namely from October 1st to March 22nd to be $5,000, this stipend to be half provided by the University of Chicago and half provided by the California Institute.

The only uncertainty on this side is to whether it would be more convenient for us to have you with us in 1928–1929 or 1929–1930, and we shall know this by the time this letter reaches you. You may therefore expect a cable from me about November 7th or 8th informing you as to this latter point, if we have a choice.

Let me assure you on behalf of all of us how great a pleasure it will be to us to have you here once more on this side of the water, and let me express the hope that nothing will prevent the realization of this plan. If you come to Pasadena again[3] I shall promise you beforehand not to steal another pair of rubbers.

With cordial greetings from Mrs. Millikan and myself to Mrs. Sommerfeld, your daughter, and yourself, I am

Very sincerely yours,
R. A. Millikan

P.S. The foregoing is, of course, not to be regarded as an official commitment of the University of Chicago, since I am not an official of that institution. It represents, rather the official commitment of the California Institute plus information as to the attitude of the University of Chicago. I myself have little doubt that the official commitment of the University of Chicago can be obtained as soon as dates can be satisfactorily arranged.

---

[1] Brief (1 Seite, Maschine), *München, DM, Archiv HS 1977-28/A,232*.

[2] Dieser Plan war möglicherweise bei der Voltakonferenz in Como erörtert worden, wo Millikan und Sommerfeld im September 1927 zusammengetroffen waren.

[3] Sommerfeld hatte Pasadena im Januar/Februar 1923 im Anschluß an die Carl-Schurz-Professur in Madison einen ersten Besuch abgestattet, bei dem er im Hause Millikan zu Gast war, vgl. Seite 35.

[116] *An Albert Einstein*[1]

München 1. XI. 27

Lieber Einstein!

Die beiliegende Note interessirt Sie vielleicht, weil Sie Ähnliches in der Berl.[iner] Acad.[emie] gelegentlich Ihrer Statistik geäussert haben.[2] Eigentlich sollte ich Sie aber bitten, nicht diese Note, sondern die vollständige Arbeit in der Z. f. Phys. zu lesen, die ich gerade abschliesse.[3] Darin wird alles besser u. vollständiger gesagt als in dieser Note.

Es tut mir schon manchmal leid, dass ich nicht nach Berlin gekommen bin; meine lieben Münchener Collegen haben mich inzwischen schon reichlich geärgert.[4]

Viele Grüsse von Ihrem
A. Sommerfeld

[117] *Von Albert Einstein*[5]

9. XI. 27.

Lieber Sommerfeld!

Ich habe Ihre Theorie mit grossem Interesse gelesen und den Eindruck gewonnen, dass dies in der That die im Prinzip zutreffende Rettung desjenigen sei, was an der ursprünglichen Elektronentheorie der Metalle wahr ist. Es ist wirklich schade, dass Sie nicht hergekommen sind. Ich glaube wirklich, dass die Männer, mit denen Sie es hier zu thun gehabt hätten, Ihnen in menschlicher Beziehung weniger Enttäuschungen bereitet hätten. Zu der „Quantenmechanik" denke ich, dass sie bezüglich der ponderablen Materie etwa ebenso viel Wahrheit enthält wie die Theorie des Lichtes ohne Quanten. Es dürfte eine richtige Theorie statistischer Gesetze aber eine unzureichende Auffassung der einzelnen Elementarprozesse sein.

Herzlich grüsst Sie
Ihr A. Einstein.

---

[1] Postkarte (2 Seiten, lateinisch), *Jerusalem, AEA, Einstein*.
[2] [Sommerfeld 1927c] behandelt Metallelektronen nach der Fermi-Dirac-Statistik, vgl. Seite 215. Einstein hatte die Anwendung der Bose-Einstein-Statistik auf das freie Elektronengas in Metallen diskutiert, aber verworfen, vgl. [Einstein 1924], [Einstein 1925].
[3] [Sommerfeld 1928b].
[4] Sommerfeld hatte im Juli 1927 für das Amt des Rektors der Universität München kandidiert; nach heftiger Polemik von seiten rechter und nationalsozialistischer Kreise im Vorfeld war Sommerfeld unterlegen, vgl. [Eckert et al. 1984, S. 134-139].
[5] Brief (1 Seite, lateinisch), *München, DM, Archiv HS 1977-28/A,78*.

[118] *An Arthur H. Compton*[1]

München, den 28. November 1927.

Lieber Compton!

Ich möchte mit meinem Glückwunsch zum wohlverdienten Nobelpreis nicht länger warten.[2] Jetzt kann mich Ihre Frau nicht mehr schlagen, wenn ich von Ihrem Nobelpreise spreche, wie sie es auf der Fahrt von Frascati nach Rom tat.[3] Als ich Millikan vor zwei Jahren zu seinem Preise gratulierte, schrieb ich ihm, indem ich an Sie dachte:[4] Ob nicht der nächste Nobelpreis wieder nach Amerika kommt? Nun ist es der zweitnächste geworden. Was ich bei Ihrer Entdeckung von Anfang an bewundert habe, war nicht nur die Neuheit und Schönheit des Resultates, sondern auch die theoretische Gesinnung, die Ueberzeugung von der Allgemeingültigkeit der mechanischen Prinzipien. Früher hat man ja viel Arbeit darauf verwendet, die Elektro-Dynamik mechanisch zu deuten. In Ihren Gedankengängen, wie Sie sie auch in Como vortrugen, ist gerade soviel von den früheren Bestrebungen erhalten, als daran fruchtbar war.

Mit vielen Grüssen,
stets Ihr A. Sommerfeld

[119] *Von Robert A. Millikan*[5]

February 6, 1928

Dear Dr. Sommerfeld:

I was greatly delighted to receive your letter of December 27th, which gave me the definite information that, so far as you can at present plan, you anticipate spending the fall quarter of this year in the Orient and the following winter quarter in Pasadena.[6] As you request, I will at this time make no attempt to make arrangements for lectures for you in the East, for there will be plenty of time to do that after you reach Pasadena and you

---

[1] Brief (1 Seite, Maschine), *Saint Louis, Olin Library, A. H. Compton.*
[2] Mit dem Physiknobelpreis des Jahres 1927 wurde außer der Entdeckung des Comptoneffekts auch die experimentelle Arbeit C. T. R. Wilsons ausgezeichnet, der die Spuren elektrisch geladener Teilchen in einer Nebelkammer sichtbar gemacht hatte.
[3] Im Anschluß an die Voltatagung in Como vom 10.–17. September 1927 hatte Sommerfeld zusammen mit anderen Physikern eine dreiwöchige Reise durch Italien und Sizilien unternommen.
[4] Brief [71].
[5] Brief (1 Seite, Maschine), *München, DM, Archiv NL 89, 011.*
[6] Zum Plan der Weltreise siehe Seite 222.

will be in a better position then to make decisions as to what points you would prefer to visit.

With respect to visits in Seattle, Vancouver, and Berkeley, since all of the universities are closed during the Christmas holidays it would probably be difficult to make lecture engagements in these institutions unless you are able to leave Japan early enough to reach Vancouver say by the middle of December. Since I suspect that with your large schedule in the Orient this will be impossible and that the most probable event is that you will spend the Christmas holidays on the voyage from Japan to Vancouver or Seattle, I suggest you consider coming directly to Los Angeles (our winter quarter opens about January 3rd), and then if desirable, arrange to go East via Berkeley and Seattle, say, about March 15th,—that is, at the end of our winter quarter. As an alternative you might perhaps merely visit these towns on your way from Japan to Pasadena; but attempting to lecture in the holidays would be, I think, of doubtful wisdom. Won't you write me as to whether or not you are in agreement with this sort of a plan?

I note that you wish these arrangements to be considered as subject to the willingness of the Government to grant you a recess. This will be satisfactory to us, but we shall take no other steps to fill our exchange professorship for next year, anticipating that your request will be allowed. In case there should be any contrary decision, I shall be very glad to be informed as early as possible.[1]

With keen anticipation of having you with us next winter, I am

Very cordially yours,
R. A. Millikan

[120] *An Chandrasekhara Venkata Raman*[2]

München, February 28, 1928

Dear Professor Raman:

I thank you sincerely for your kind cable:[3] I shall be very glad to spend some time with you in Calcutta and to give some lecture there. Please

---

[1] „Ich kann Ihnen berichten, dass mein Urlaubsgesuch von Behörden, Universität und Ministerium, mit Beifall aufgenommen. [...] Sie können als sicher annehmen, dass ich Anfang Januar in Californien [...] eintreffen werde." *A. Sommerfeld an R. Millikan, 26. März 1928. München, DM, Archiv NL 89, 025.*

[2] Durchschlag (1 Seite, Maschine), *München, DM, Archiv NL 89, 024, Mappe Indien.*

[3] „calcutta university inviting you lecture honorarium two thousand rupees kindly wire date arrival india = professor raman". *C. V. Raman an A. Sommerfeld, 11. Februar 1928. München, DM, Archiv NL 89, 024, Mappe Indien.*

write me how long you expect me to stay at your university. I made, at Como, a provisional arrangement with Prof. Saha to come for some days to Alahabad.[1] I hope you may be willing to put in order my program for India together with Prof. Saha.[2] Therefore I am enclosing my letter for Saha, and beg you to read it and to send it on. I shall have altogether something like four weeks to spend in India.

Very faithfully yours,
[A. Sommerfeld]

[121] *Von Toshio Takamine*[3]

Tokyo. March 19, 1928

Dear Professor Sommerfeld,

Dr. O. Laporte brought with him the glad tiding that in the coming winter, there may be a chance for us to have the pleasure + honour of being visited by you, + if possible, to hear your lectures a few times in Japan.

When I obtained this information I consulted with Professor Nagaoka, as he is certainly the first man in Physics in Japan,[4] + for an important matter like this it is best that he should himself consult with our Director Viscount Okochi.[5]

Professor Nagaoka told me that our Director is certainly wishing to have your visit + that things seem to go quite hopeful. I understand Prof. Nagaoka already wrote you directly about this matter.[6]

I am sorry to state that since I had a bad nervous-break-down, I suffer rather frequently from sleeplessness. I am afraid, at the time of your visit, this illness of mine may prevent me from doing my share in welcoming you (especially in a social affair) to the extent I should like to do. But, as I am quite willing to do what I can in accomplishing this welcome visit of you in Japan, please do not hesitate to ask me whatever you would like to have done.

---

[1] Meghnad N. Saha war Professor für Physik an der Universität von Allahabad.
[2] Vgl. Sahas Antwortbrief [123].
[3] Brief (3 Seiten, lateinisch), *München, DM, Archiv NL 89, 019, Mappe 4,3*.
[4] Hantaro Nagaoka war seit 1926 Abteilungsleiter für Physik am Institut für physikalische und chemische Forschung in Tokio (RIKEN).
[5] Masatoshi Graf Okochi war seit 1921 Direktor des Instituts.
[6] Nagaoka hieß Sommerfeld in Japan willkommen, bedauerte aber, selbst voraussichtlich zu dieser Zeit in Europa zu sein. *H. Nagaoka an A. Sommerfeld, 16. Mai 1928. München, DM, Archiv NL 89, 019, Mappe 4,3*.

Dr. Laporte is now temporarily in Kyoto Univ., giving lectures there. He will be back to Tokyo in a month or so.

With best regards + assuring you our welcome, Yours most sincerely,

T. Takamine.

[122] *Von Otto Laporte*[1]

Kyoto, 15. April 1928.

Hochverehrter Herr Geheimrat:

Sie haben wohl inzwischen meinen Brief sowie ein Schreiben Takamines erhalten.[2] Vorgestern erhielt ich nun Ihren liebenswürdigen Brief vom 21. 3. worin Sie Ihre Abreise von Genua auf den 21. 8. festsetzen. Ich habe darauf nocheinmal Hrn. Takamine geschrieben und ihn gebeten, die Absendung der endgültigen Einladung etwas zu beschleunigen. Im Hinblick auf Ihren Plan „die Zeit etwa zu gleichen Teilen zwischen Tokyo und Kyoto zu teilen", habe ich auch mit Prof. Kimura, dem Direktor des hiesigen Instituts (der aber auch eine Art „Research Associate" des Tokyo Instit. f. Phys. & Chem. Res. ist)[3] gesprochen. Er wird sich mit Takamine und auch mit den Universitätsautoritäten hier ins Einvernehmen setzen. Ich glaube, dass sich beide Aufenthalte in befriedigender Weise werden arrangieren lassen. Die Japaner haben gewaltig viel „red tape" und einen ehrwürdig langsamen und nie umgangenen Instanzenweg, doch will ich alle meine Kräfte anwenden, die Sache etwas zu beschleunigen. In etwa einem Monat, sagt Kimura, wird alles *definitiv* erledigt sein.

Ihr liebenswürdiges Angebot, bis Weihnachten zweistündig „Probleme der Spectroscopy" zu lesen, nehme ich dankbar an.[4] Ich würde gern wissen, ob ich Gruppentheory à la Wigner treiben darf, oder bloss die Russel–Hund'sche Theory mit Anwendungen.[5]

---

[1] Brief (3 Seiten, lateinisch), *München, DM, Archiv NL 89, 019, Mappe 4,3*.

[2] Laporte hatte von Ann Arbor aus über seinen geplanten Japanaufenthalt berichtet, *O. Laporte an A. Sommerfeld, 4. Januar 1928. München, DM, Archiv HS 1977-28/A,195*.

[3] Masamichi Kimura war seit 1917 Professor an der kaiserlichen Universität Kyoto.

[4] Laporte vertrat zusammen mit den Assistenten Heinrich Ott und Karl Bechert Sommerfeld im Wintersemester 1928/29 an der Universität München, vgl. *H. Ott an A. Sommerfeld, 17. November 1928. München, DM, Archiv NL 89, 017, Mappe 2,2*.

[5] Eugene Wigner hatte zur quantenmechanischen Beschreibung von Vielelektronensystemen die Gruppentheorie herangezogen, was vor allem die Theorie der Multipletts vereinfachte, [Wigner 1927]; in [Hund 1925a] sowie [Russell und Saunders 1925] findet sich die konventionelle Darstellung.

Dass Fermi eine Arbeit über das periodische System hat, interessiert mich sehr.[1] Leider dauert es sehr lange bis Zeitschriften hierher kommen; wir haben hier sogar Dirac's Arbeit über das „spinnende" Electron noch nicht.[2]

Mit herzlichen Grüssen Ihr sehr ergebener

Otto Laporte.

[123] *Von Meghnad N. Saha*[3]

Allahabad, India The 25th April, 1928.

Dear Prof. Sommerfeld,

Prof. C. V. Raman kindly sent to me the letter you addressed to me. I am very glad to learn that you have accepted the invitation of the Calcutta University to deliver a course of lectures there on atomic physics. Immediately I received your letter, I addressed a number of letters to the other Universities in India. I think some of these universities will extend their invitation to you to deliver one or two lectures. I am practically sure of Patna, Lahore and Luchnow.

Prof. Raman was here a week ago in connection with our annual examinations, and I had a long talk with him regarding your tour in India. In the meantime, Prof. D. M. Bose's[4] letter sent from Munchen on March 18th arrived, and after perusal of his letter, we draw the following programme.[5]

Colombo.—Sept. 7. Three days in Ceylon—see the old ruins of Anuradhapur, Nuruwa Eliya etc.

Madras.—From Colombo take the train for Madras. After seeing the ruins above mentioned cross over to the mainland, and break the journey at *Madura*, and see the Great temple there which is the best specimen for a South Indian Temple.

Madras.—Sept. 11—Stop for a day at Madras, and if the University invites you, you can stop for another day to deliver a lecture there. Five

---

[1] Gemeint ist das Thomas-Fermi-Modell, das die Elektronenhülle des Atoms als Gas mit der Fermi-Dirac-Statistik behandelt. Schon in der ersten Arbeit [Fermi 1928a] werden Konsequenzen für die Anordnung der Elemente im Periodensystem gezogen, vgl. *E. Fermi an A. Sommerfeld, 18. Februar 1928. München, DM, Archiv HS 1977-28/A,91.*

[2] [Dirac 1928].

[3] Brief (3 Seiten, Maschine), *München, DM, Archiv NL 89, 024, Mappe Indien.*

[4] Saha meint vermutlich nicht Debendran Mohan Bose, sondern dessen Onkel Jagadish Chandra Bose, der gerade die Sommerfelds und W. Wien besuchte, *B. Dasannachary an A. Sommerfeld, 24. Juli 1928. München, DM, Archiv NL 89, Mappe Indien.*

[5] Sommerfeld folgte diesem Programm weitgehend; in [Sommerfeld 1929f] beschreibt er viele der im folgenden aufgeführten Sehenswürdigkeiten.

hours' journey from Madras is the city of Bangalore in the Mysore state, where we have the Indian Institute of Science founded by the late Indian millionaire and philanthrophist J. J. Tata[1]—you can make a tour there if you receive an invitation.

Calcutta.—Sept 15 to Sept. 30—From Madras, you can come straight to Calcutta, deliver your lectures there on Atomic Structure with special reference to Wave mechanics, which every physicist will be eager to hear. You can go for a couple of days to *Darjeeling* to see the Himalayas, and to *Dacca* if the University extends to you an invitation.

Patna, Benares, Allahabad, Leaving Calcutta sometime about the 1st of October, you travel upcountry and stop for a day at *Patna*, the University has already expressed its opinion to invite you. You can stop for two days at *Benares*, the metropolis of religious Hindu India. The Benares Hindu University will probably like you to deliver one or two lectures there.

Allahabad—There is nothing to be seen in this city, but I hope you will kindly stop with me at my house for a few days.

Agra—You should try to finish the up-country tour and reach Agra on the 14th October. From the 15th to the 25th all places in Northern India up to Delhi will remain closed on account of one of our big festivals. You can devote a week to see Agra, where the world famous Tajmahal is situated, and spend about a week in seeing Delhi, the present capital of India, Jeypore, a beautiful old city and seat of Capital of one of our Indian states.

Lahore.—You can deliver, in case you accept, your lecture at Lahore by the 22nd October. The great festival I referred to is unknown here. From Lahore, you can proceed straight to Bombay via Delhi—then there are two ways one via *Mount Abu*, one of the lovliest spots in India where you can see the famous Jaina temples if you like to do so. I doubt however very much whether you would have sufficient time at your disposal for travelling this way—as an alternative, I can suggest the route Agra – Jhansi – Sanchi – Bombay. Sanchi is a little station on the way where you have the famous Buddhist stupas, which form, according to the archeologists, the grandest Buddhist monuments in the world. You can stop at Sanchi and have a look at the monuments, if you so desire. This means one extra day. On the way to Bombay, there are the famous rock cut temples of Ellora and Ajanta, but as they are a bit out of the way, I would suggest to you to proceed to Bombay, where you can see the *Elephanta caves* which are of course not so striking as those above mentioned.

---

[1] Jamsetji Nusserwanji Tata versuchte, mit seinem in Handel und Industrie gewonnenen Vermögen die Modernisierung Indiens voranzutreiben.

I have asked the Bombay University to invite you, but Bombay is rather the city of Mammon, and Goddess of Learning is at discount there. From Bombay, you can proceed straight to Colombo, via Poona, a lovely city at a height of 2500 feet where we have the head quarters of the Indian meteorological department. Here you will find some scientists whom you may be knowing, my former colleague Dr. N. K. Sur and Dr. S. C. Ray.[1] I think that if you have time, you can rest there for a day.

It shall be a great help to me if you would kindly let me know if you approve of this tour-programme, and let me know the dates on which you expect to reach the different cities. I shall write to my friends to fix up the dates accordingly.

Looking forward to the pleasure of meeting you, I am

Yours sincerely,
M. N. Saha

P. S. I have received your reprints for which many thanks. In spite of the striking success of the Fermi-Statistics,[2] it seems to me to be lacking in logical consistency. I hope to discuss the matter when you come here.

[124] *Von Karl F. Herzfeld*[3]

30. April 1928
fortgesetzt am 5. Mai

Hochverehrter Herr Geheimrath!

Meinen ergebensten Dank für Ihren freundlichen Brief vom 28./III. Zuerst das Geschäftliche. Ich habe bis zur Versammlung der Am. Phys. Ges. am 20, 21/IV. in Washington gewartet, da mir mündliche Erledigung einfacher scheint. Ich habe zuerst mit Mendenhall gesprochen, der mir sagte, er hätte direkt von Ihnen gehört. Er sagte, Wisconsin würde am liebsten versuchen, Sie bis zum Ende des Spring-term, d. h. bis Anfang Juni, zu haben, ich meinte aber, das würde kaum möglich sein, da Sie Anfang Mai zurück sein wollten, aber jedenfalls sind die Wisconsinleute auch sehr erfreut, wenn Sie wenigstens einige Vorträge halten.

Bezüglich A. H. Compton habe ich es für das Klügste gehalten, den auf Chicago bezüglichen Teil Ihres Briefes K. T. Compton zu zeigen und ihn

---

[1] Nalini Kanta Sur leitete seit 1927 das Meteorologische Amt in Poona. Die Zuordnung von S. C. Ray ist unklar.
[2] Vermutlich [Sommerfeld 1928b] und [Sommerfeld 1928c].
[3] Brief (4 Seiten, lateinisch), *München, DM, Archiv NL 89, 019, Mappe 4,3*.

zu bitten, mit seinem Bruder zu reden.[1] Das hat er getan und mir zwei Tage darauf gesagt, der einzige Grund, warum A. H. noch nicht geschrieben habe, sei, weil er nicht Sicheres wußte, er habe bloß von einer beiläufigen Bemerkung in einem Brief an (ich weiß nicht mehr Hoyt oder) Dempster gehört, Sie dächten daran, herüber zu kommen.[2] Selbstverständlich werde Chicago Sie um Vorträge bitten und er Sie bitten, bei ihm zu sein. Er wird Ihnen direkt schreiben. Leider habe ich vergessen, mit Swann zu reden.[3]

Von jetzt an wird die Phys.[ical] Rev.[iew] direkt nach München kommen, mit folgender Adresse: Dr. K. Herzfeld, Inst. f. chem. Physik der Universität, Ludwigstr. 17. Es muß so adressiert werden, bitte sagen Sie allen, die sich um die Post kümmern, daß das die für das Institut bestimmte Nummer ist. Wohin die Kunz'schen gesandt werden sollen, weiß ich noch nicht.[4]

Es könnte sein, daß auch die Science Abstracts[5] so an das Münchner Institut kommen. Bitte veranlassen Sie, daß diese an das Institut für Radiumforschung, Wien IX. Boltzmanngasse 3, gesandt werden.

Ihre Sonderabdrucke und den Durchschlag habe ich mit dem allergrößten Interesse gelesen, ich finde es wunderschön. Ich habe in Washington auch Brillouin und Bridgeman davon erzählt, die sich sehr dafür interessierten.[6] Nach Bridgeman's Ansicht ist die stärkste Lücke, daß die Theorie ebensowenig wie die klassische die Richtungs-Abhängigkeit der Leitfähigkeit in Metall(einzel)kristallen erklärt, da die freie Weglänge durch die mittlere Zeit zwischen zwei Stößen hineinkommt und daher Richtungsmittel über ev. anisotrope Abstände im Kristall ist. Vielleicht gibt die Houston'sche Wellenbehandlung der freien Weglänge das besser.[7] Ebenso fehlt nach Bridge-

---

[1] Arthur H. Compton war in Chicago, sein Bruder Karl T. Compton an der Princeton University Professor der Physik.

[2] Frank C. Hoyt war Professor am *Ryerson Physical Laboratory* in Chicago. Arthur J. Dempster bekleidete seit 1927 eine Professur für Experimentalphysik an der Universität Chicago.

[3] William F. G. Swann war bis 1927 Professor für Physik an der Yale University, bevor er als Direktor der Bartol Research Foundation, Franklin Institute, nach Chicago wechselte.

[4] Sommerfeld hatte auch mit Jacob Kunz von der University of Illinois in Urbana die Zusendung von physikalischen US-Fachzeitschriften vereinbart.

[5] Die *Science Abstracts in Physics and Electrical Engineering* waren ein von der *Institution of Electrical Engineers* in den USA herausgegebenes Referateorgan.

[6] Vermutlich handelte es sich um die jüngsten Arbeiten zur Elektronentheorie der Metalle [Sommerfeld 1928b] und [Sommerfeld 1928c]. Zur Bedeutung von Léon Brillouin und Percy Bridgeman für die Festkörperphysik vgl. [Hoddeson et al. 1992].

[7] W. V. Houston war als Gastforscher im Sommerfeldschen Institut seit Ende 1927 am Ausbau der Elektronentheorie unmittelbar beteiligt, vgl. [Houston 1928b], [Houston 1929] und [Rohrschach Jr. 1970].

man eine Erklärung der „inneren Thermokräfte" (Richtung im Kristall). Ich weiß nicht, ich habe eine dunkle Idee, daß wenn man die Elektronen wie Schrödinger in der Phys. Z. das Gas als Eigenschwingungen behandelt,[1] man vielleicht „Dichteanisotropie" erhalten könnte, was mit Ihrer Formel dann Thermokräfte nach verschiedenen Richtungen gibt.

Bei mir gibt es nichts Neues. Ich beabsichtige am 7. Juni mit der „Karlsruhe" zu fahren, zuerst nach Wien zu gehen, dann den Juli (ab 1.) in München zu verbringen und freue mich schon sehr darauf.

Hoffentlich haben Sie, hochverehrter Herr Geheimrat, und Ihre Familie einen angenehmen Winter gehabt.

Handküsse der gnädigen Frau, ergebenste Empfehlungen Ihnen und dem gnädigen Fräulein,[2] viele Grüße im Institut

in Dankbarkeit
Karl Herzfeld

[125] *Von Arthur H. Compton und Albert A. Michelson*[3]

May 4, 1928

Dear Professor Sommerfeld:

I was much pleased to learn in a recent letter from Dr. Eckart[4] that you are to have the pleasure of a trip through the Orient and through this country next year. My colleagues are joined with me in the hope that you may find it possible to visit us at Chicago while you are in this country.

I have been following with interest the success of your new theory of electric conduction.

Mrs. Compton joins me in expressing to you and to Mrs. Sommerfeld our best personal regards.

Sincerely yours,
Arthur H. Compton

Dear Professor Sommerfeld:

May I add my personal welcome to your proposed visit.

Sincerely yours
A. A. Michelson

---

[1] Vgl. [Schrödinger 1924].
[2] Margarethe Sommerfeld.
[3] Brief (1 Seite, Maschine), *München, DM, Archiv HS 1977-28/A,54*.
[4] Carl Eckart hatte bei Karl Compton in Princeton studiert und verbrachte gerade einen Forschungsaufenthalt bei Sommerfeld, vgl. Seite 219.

[126] *Von Chandrasekhara Venkata Raman*[1]

Calcutta. May 14, 1928.

Dear Professor Sommerfeld,

I am in receipt of your kind letter of the 25th April.

As already mentioned in my previous letter[2] to you which you no doubt have received by this time, the dates proposed by you for your lectures at Calcutta will suit us very well.

I am informing Professor P. Seshadri, M. A., Benares Hindu University, who is the Secretary of the Inter-University Board in India,[3] of your dates of arrival and departure from India and have requested him to inform the various Indian Universities so that they could utilize this remarkable opportunity of having you in their midst. I have no doubt Prof. Seshadri will take action on the matter. I shall be much obliged if you will kindly keep me informed of your movements so that I can communicate with you as early as possible regarding the replies which Prof. Seshadri would receive from the various Universities.

I am these days with my collaborators engaged chiefly in investigating the optical analogue of the Compton Effect which we have discovered.[4] In several papers appearing in the Indian Journal of Physics, we have shown that the difference of frequencies between the incident and the scattered spectral lines is exactly identical with the infra-red frequency of the molecule;[5] as each molecule has several characteristic infra-red frequencies, we have an equal number of modified spectral lines. A large field of research has thus been opened up.

With best regards, Yours sincerely,
C. V. Raman

[127] *Von Blas Cabrera*[6]

S. Sebastian, 7 Août 1928

Mon cher collègue et ami :

Je viens de connaître par Catalán votre prochain et longe voyage et c'est à cause de ça que je m'empresse à vous écrir à propos d'une question qui

---

[1] Brief (2 Seiten, Maschine), *München, DM, Archiv NL 89, 024, Mappe Indien.*
[2] *C. V. Raman an A. Sommerfeld, 24. März 1928. München, DM, Archiv NL 89, 024, Mappe Indien.*
[3] Das Inter-University Board, gegründet 1925, diente dem Austausch und der Zusammenarbeit auf wissenschaftlichem und kulturellem Gebiet; vgl. auch [Seshadri 1935].
[4] Zur Entdeckung und Rezeption des Ramaneffekts siehe [Singh und Riess 1998].
[5] [Raman 1928b], [Raman und Krishnan 1928], [Raman 1928a].
[6] Brief (4 Seiten, lateinisch), *München, DM, Archiv NL 89, 006.*

intéresse à tous les savants du monde : Retablir partout des rapports scientifiques, et si possible amicales, puisque l'experience nous a montré déjà qu'il n'y a pas des obstacles insurmontables.

Peut être vous saurez déjà qu'à la dernier reunion du Conseil de Recherches à Bruxelles (13 juillet 1928) a été nommée une Commission chargée de proposer les modifications qui doivent s'introduire aux Stàtuts actuels.[1] L'intention de la Royal Society de Londres, qui a fait la proposition, des Academies d'Amsterdam et Madrid, qui l'ont appuyé, et de toute l'Assemblée, qui l'a pris à l'uninamité, a été au fond d'obtenir qu'une telle modification soit fait de façons à vous attirer à une collaboration.

Les membres de cette Commission nous sommes autorisés pour nous diriger aux personnes qui chacun croit convenable en demand de son opinion, et je suis sûr de ce que nous ferons tous le mieux qui chacun sache pour réussir. A mon avis nous devons comencer pour connaître directement l'état d'esprit de nos amis allemands et c'est la question dont je vous prie d'avoir l'obligence de m'informer, à titre confidenciel si vous le préfériez et avec le délai que vous croyez necesaire.

Evidemment nous, tous les neutres nous serons d'accord à ce que le Conseil future soit établie sur une base d'égalité absolue, éliminant tout souvenir de la guerre.

Avant de finir, cher collègue et ami, je vous prie de fair mes hommages à Mad. Sommerfeld et transmettre mes amitiés à Mr. Bechert et d'autres amis de Munich. Encore je veux vous désirer un splendide voyage et vous assurer de nouveau mes sentiments très cordiaux

B. Cabrera[2]

Commission nommée[3]
Kellog et Schlessinger (Etats U. de Am.)
Pelseneer (Belgique)
Glazebrook et Lyons (Angleterre)
Piccard et Ferrié (France)

---

[1] Zur Reorganisation des Internationalen Forschungsrates vgl. [Schröder-Gudehus 1966, S. 261-262].

[2] Auf der letzten Briefseite befindet sich der Beginn eines Antwortentwurfs: „Lieber, verehrter Herr Kollege! Es wäre viel besser, die alte".

[3] Oliver D. Kellogg, Mathematik; Frank Schlesinger, Astronomie; Paul Pelseneer, Biologie; Richard T. Glazebrook, Physik; Henry G. Lyons, Geologie; Émile Picard, Mathematik; Gustave Auguste Ferrié, Telegraphie; Vito Volterra, Mathematik; Amedeo Giannini, Luftfahrt; Martin Knudsen, Physik; Blas Cabrera, Physik; Fusaki Sakurai, Physik; Friedrich A. F. C. Went, Botanik; Kazimierz Kostanecki, Anatomie; Manne Siegbahn, Physik.

Volterra et Giannini (Italie)
Knüdsen (Danemark)
Cabrera (Espagne)
Sakuraï (Japon)
Went (Pays Basses)
Kostanecki (Pologne)
Siegbahn (Suede)

[128] *An Blas Cabrera*[1]

München, den 11. August 1928.

Mein lieber Herr Kollege!

Seien Sie überzeugt, dass ich die gute Meinung Ihres liebenswürdigen Briefes vom 7. August vollkommen zu schätzen weiss, aber gestatten Sie mir, dass ich mich frei äussere, in einer Weise, die für den Conseil de Recherches nicht gerade schmeichelhaft ist. Die alte internationale Association der Akademie[n][2] hat positive Arbeit geleistet, der aus dem politischen Hass geborene Conseil kostet viel Geld und hat, soviel ich weiss, bisher keine Leistungen aufzuweisen. Seine Organisation ist von Anfang an verfehlt und verrät die böse Meinung seines Ursprungs. Marokko, Aegypten, Tunis mit selbständigen Vertretungen! *Man nennt das Demokratie*, in Wirklichkeit bezweckt es nichts anderes, als die Unterstützung törichter französischer Ansprüche. Das Beste wäre den Conseil einschlafen zu lassen und die internationale Association der Akademien wieder zu beleben.

Aber in der Politik geschieht ja meistens nicht das was vernünftig ist, sondern das was im Augenblick möglich ist. Vielleicht wird sich Deutschland aus internationaler Höflichkeit gezwungen sehen dem Conseil beizutreten.[3] Vorbedingung ist, dass die albernen Beleidigungen der deutschen Wissenschaft, die in den ursprünglichen Statuten standen, nicht nur beseitigt, sondern auch offiziell bedauert werden.

---

[1] Durchschlag (2 Seiten, Maschine), *München, DM, Archiv NL 89, 001*.

[2] Nachdem sich bereits 1893 die Akademien von Wien, München, Leipzig und Göttingen zu einem Kartell zusammengeschlossen hatten, wurde im Oktober 1899 die Internationale Assoziation der Akademien gegründet. Bis 1913 hatten sich dieser Organisation 22 Akademien angeschlossen. Zu den Zielen und Mitgliedern der Assoziation siehe [Schröder-Gudehus 1966, S. 271-272].

[3] 1931 wurde der International Research Council aufgelöst und als International Council of Scientific Unions (ICSU) neu gegründet, dem Deutschland noch im Gründungsjahr beitrat; vgl. [Greenaway 1996].

Ich schreibe dies in großer Eile kurz vor meiner Abreise und nur in meinem Namen. Ich glaube aber, dass viele meiner Kollegen ebenso denken, wie ich. Dass der jetzige Zustand geändert werden muss, ist jedem klar. Ich persönlich wünsche besonders, dass diese Aenderung im freundlichem Geiste und gegenseitigem Vertrauen geschehen möge, aber der Conseil de Recherches scheint mir nach seiner ganzen Vorgeschichte kein geeignetes Mittel dazu zu bieten, so sehr ich Ihre Teilnahme an der Kommission und die vieler anderer Kollegen zu schätzen weiss.

Mit freundschaftlichen Grüssen
stets Ihr [Arnold Sommerfeld]

[129] Von Heinrich Wieland[1]

München, 10. September 1928

Lieber Herr Sommerfeld.

Der jähe Tod von Wien wird Sie ebenso erschüttert haben wie uns alle.[2] Fast ohne merkbare Krankheit wurde dieser kräftige Mann dahin gerafft. Bei der Bedeutung von Wiens Professur mussten wir uns naturgemäss alsbald Gedanken über die Regelung seiner Nachfolge machen und in diesem Zusammenhang ist es, dass ich Ihnen schreiben möchte.[3]

Die hier greifbaren Fakultätsmitglieder – Schmauss, Drygalski, Wilkens, Hönigschmid, Fajans, Hertwig und ich[4] – hielten am Samstag eine Beratung über die Frage ab, als deren Ergebnis Sie noch in Madras ein Telegramm erhalten haben,[5] in dem wir Sie um ein Gutachten für die Besetzung der Physikprofessur baten. Wir waren einstimmig der Auffassung, dass der Fall keine Änderung Ihres Reiseprogramms notwendig mache, da die Besetzung von Wiens Stelle aller Wahrscheinlichkeit nach ohne Komplikation und nach Ihrem Wunsche, den wir kennen, sich vollziehen werde. Wenn Sie also daran gedacht haben sollten, auf das unerwartete Ereignis hin, das Sie gewiss besonders nahe berührt, die Heimreise anzutreten, so möchte ich Sie, im Namen der Kollegen und auch von mir selbst aus, bitten, dies nicht zu tun. Sie dürfen die feste Überzeugung haben, dass in der Sache

---

[1] Brief (2 Seiten, Maschine), *München, DM, Archiv NL 89, 019, Mappe 5,10*.
[2] Wilhelm Wien war am 30. August 1928 nach einer Gallensteinoperation verstorben.
[3] Siehe Seite 224.
[4] August Schmauß, Meteorologe; Erich von Drygalski, Geograph; Alexander Wilkens, Astronom; Otto Hönigschmid, Chemiker; Kasimir Fajans, Physikochemiker; Richard Hertwig, Zoologe.
[5] Sommerfeld hatte am 20. August 1928 von Genua aus seine Weltreise angetreten.

nichts geschehen wird, was Sie nicht wollen. Sollte wider alles Erwarten die Entwicklung doch einen anderen Weg nehmen, dann würde ich bei der Fakultät durchsetzen, dass die Angelegenheit suspendiert wird, bis Sie wieder zu Hause sind. Das sage ich aber nur, um Sie vollkommen zu beruhigen.

Sie sagten mir vor einiger Zeit einmal, das[s] Sie Gerlach sehr hoch schätzen und dass Sie, vor der Möglichkeit, Wien durch seine Berufung an Berlin zu verlieren, an Gerlach als dessen Nachfolger gedacht hätten.[1] Neben Gerlach kommt wohl vor allem J. Franck als Kandidat in Betracht.[2] Gerlach ist wohl der jüngere, frischere und für den Unterricht geeignetere, Franck zweifellos von bedeutenderem wissenschaftlichem Rang. Setzt man die beiden Gelehrten auf die Vorschlagsliste, so müsste wohl Franck an die erste Stelle kommen. Tertio loco käme unsrer Meinung nach Hertz oder Pohl,[3] wobei bei Pohl der Nachdruck auch auf seine Lehrbegabung, weniger auf seine wissenschaftliche Leistung zu legen wäre. Aber das wissen Sie ja viel besser und Ihr Gutachten wird uns darüber unterrichten.

Es ist also, soweit ich sehen kann, sehr wahrscheinlich, dass eine Liste Franck, Gerlach und vielleicht pari passu Hertz und Pohl ohne jede Reibung zustande kommen wird, und wenn sich diese mit Ihrem Vorschlag deckt, so ist alles auf dem besten Weg. Etwaige Meinungsverschiedenheit über die Rangierung der beiden ersten Kandidaten könnten auf telegraphischem Weg discutiert werden.

Noch ein Wort über Stark, der natürlich auch auf der Bildfläche auftaucht, nicht als Kandidat auch nur eines Mitgliedes der Fakultät natürlich, sondern als durchaus ungewollter, aber vielleicht nicht ganz ungefährlicher Aspirant.[4] Sein Bestreben, einen Arbeitsplatz im physikalischen Institut zu erhalten, schlagen wir dadurch ab, dass wir Schmauss zum stellvertretenden Direktor gewählt haben, der jede Änderung der bestehenden Verhältnisse a limine ablehnen wird. Auch werden wir zu gegebner Zeit die Augen offen halten, ob nicht etwa im Ministerium sich Strömungen kundtun, die zu einer Berufung ohne Berücksichtigung der Fakultätsvorschläge führen könnten. Es ist ja nicht wahrscheinlich, dass die Erfahrungen in Würzburg

---

[1] Walther Gerlach war seit 1924 Ordinarius für Physik an der Universität Tübingen. W. Wien hatte 1924 einen Ruf als Nachfolger von W. Nernst an die Physikalisch-Technische Reichsanstalt abgelehnt.

[2] James Franck leitete das II. physikalische Institut der Universität Göttingen.

[3] Gustav Hertz war Ordinarius für Physik an der Technischen Hochschule Berlin-Charlottenburg, Robert W. Pohl an der Universität Göttingen.

[4] Johannes Stark hatte 1922 seine Professur an der Universität Würzburg im Streit mit der dortigen Fakultät niedergelegt und sich als Unternehmer versucht, strebte jedoch eine Rückkehr auf eine Universitätsprofessur an; vgl. [Stark 1987, S. 60-61].

die bayrische Regierung besonders für Stark erwärmen werden.[1] Aber wir sind der Gefahr, die an diesem Namen hängt, eingedenk.

So können Sie Ihre schöne Reise in aller Ruhe fortsetzen. Bleiben Sie gesund und seien Sie von meiner Frau und von mir recht herzlich gegrüsst
Ihr getreuer H. Wieland.

[130] *An Johanna Sommerfeld*[2]

On board S. S. Nagasaki-Maru 1. Dezember 1928.

Liebste Frau!

Deine beiden Briefe nach Shanghai haben mich erreicht; kaum war das Schiff gelandet, als sie mir gebracht wurden. Da ich noch eine Stunde auf meinen Abholer von der „Quest Society" warten musste,[3] hatte ich alle Muße, um mich in die kleinen u. grossen Dingen zu Hause liebevoll zu vertiefen. (Von Deinen Colombo-Briefen habe ich übrigens nur 2 bekommen*). Müssen Dich denn gerade die grössten physikalischen Proleten, Sommer u. Stark, meine Abwesenheit benutzen, um Dich zu öden?![4] Zugesehn hätte ich aber doch gern, wie Du Giovanni Robusto mit kühlster Höflichkeit u. grösster Naivität hast abfahren lassen; die Frau soll besser sein als er. Ich muß gestehn, daß ich die Situation trotz Cara[5] nicht für ungefährlich halte. Auch die Maßnahmen der Fakultät sind mir nicht ganz recht. Wenn sich das Ministerium bei Debye u. Franck einen Korb geholt hat, so kann es sich leichter tun mit einem Angebot an Stark, als wenn wir, wie ich wollte, an die erste Stelle deutlich einen Mann gesetzt hätten, den wir bekommen würden, nämlich Gerlach.[6]

---

[1] Die vor allem mit Starks Assistenten Glaser in Würzburg aufgetretenen Probleme, die das Ministerium schließlich zu Glasers Entlassung veranlaßten, werden dargestellt in *G. Rost an A. Sommerfeld, 4. Juni 1940. München, DM, Archiv HS 1977-28/A,292.*

[2] Brief (7 Seiten, lateinisch), *München, Privatbesitz.*

[3] Der Astronom Herbert Chatley hatte ihn zu einem Vortrag über Atomphysik vor der Gesellschaft eingeladen, *H. Chatley an A. Sommerfeld, 16. August 1928. München, DM, Archiv NL 89, 019, Mappe 4,3.*

[4] Zu den Bemühungen Starks um die Wiennachfolge siehe die Briefe [135] und [136]. Ludwig August Sommer war Assistent von James Franck; zu Sommerfelds negativer Einschätzung Sommers vgl. *A. Sommerfeld an M. Wien, 29. Januar 1931. München, DM, Archiv NL 89, 030, Mappe Gutachten.*

[5] Constantin Carathéodory hatte sich in Göttingen davon überzeugt, daß James Franck ein geeigneter Kandidat für die Wiennachfolge sei, vgl. den folgenden Brief [131].

[6] Die Berufungsliste lautete: 1. Debye, Franck; 2. Gerlach; 3. G. Hertz. *A. Wilkens an den Senat der Universität, 15. November 1928. München, DM, Archiv NL 89, 019, Mappe 5,10.*

In Shanghai war ich 3 Tage. Erster Abend Vortrag in der „Quest Society" (auf englisch), zweiter Abend Vortrag im Paulun-Hospital, dritter Tag Besuch der Tung Chi Universität mit Ansprache an die Studenten unter dem Bilde von Sun Yat-sen, des augenblicklichen National-Heiligen,[1] die beiden letzten Vorträge auf deutsch, da die Chinesischen Studenten dieser Univers. auf deutsch unterrichtet werden.[2] Nach dem Vortrag im Paulun Hospital hatten wir ein gemeinsames Chinesisches Essen mit Reiswein, Haifisch-Flossen, Tauben-Eiern, (die bestellten Schwalben-Nester fehlten) alles mit Stäbchen zu Eßen, mit denen man in gemeinsamer Schüssel herumfischt. Am letzten Abend war dann noch ein diplomatisches Essen mit dem neuen Gesandten für Berlin, der kein Wort Deutsch, Engl.[isch] oder Französ.[isch] kann.

Soeben erhalte ich ein Radio-Telegramm, dass nicht nur der Professor Kuwaki von einer Nachbar-Univ[ersität], sondern auch Takamine aus Tokyo (24 Stunden Fahrt) mich in Nagasaki begrüssen wollen.[3] Ich werde also in einer Stunde erfahren, wie sich mein Programm für Japan gestalten wird. Die vorläufigen Eindrücke von der japanischen Höflichkeit sind überwältigend: Der Capitän, der sich mir vorstellen lässt, der Purser,[4] der für meinen Schlafwagen telegraphirt, die unzähligen Stewarts, die stets die tiefsten Diener machen.

Tokyo 4. XII.

Die Japaner verstehen es wirkl. einem das Leben angenehm zu machen. Ich habe zwei Adjutanten, die mich überall mit Auto hinfahren u. meine Wünsche auszuforschen suchen, während ich dann die Wünsche der Japaner auf Schleichwegen zu erraten suche. Dass ich meinen Geburtstag in Japan feiern werde, wurde als besondere Liebenswürdigkeit meinerseits gegen Japan ausgelegt. Sie haben aber den 6ten als meinen Geburtstag erklärt u. gewissermaßen zum Nationalfeiertag. Mittags wird mir der Rektor ein Essen im Club geben, abends Graf Ookotzi, Vorstand des Research Institutes, der gleichzeitig seinen 50ten Geburtstag hat.[5] Auch die deutschen Vereine, die mich Ihrerseits feiern wollten, wie mir Botschafter Solf[6] sagte, sind da-

---

[1] Der 1925 verstorbene Sun Yat-sen war führend an der Revolution von 1911/12 beteiligt, die zur Abschaffung der Monarchie führte, sich aber erst nach dem Bürgerkrieg von 1926–1928 landesweit durchsetzen konnte.

[2] [Sommerfeld 1929d].

[3] Ayao Kuwaki war seit 1911 Professor an der Universität Kyushu, Toshio Takamine seit 1922 am RIKEN in Tokio.

[4] Zahlmeister.

[5] Masatoshi Graf Okochi war seit 1921 Direktor des RIKEN in Tokio.

[6] Wilhelm Heinrich Solf hatte die Stelle von 1920 bis 1928 inne.

zu eingeladen. Übrigens war eines der ersten Themata, über die Solf sprach als ich ihn gestern besuchte: Sommer mit seinen Taktlosigkeiten in Japan, während er Laporte mit recht aufs Höchste lobte.[1] Heute Ausflug, da das Wetter Gutes verspricht, in die Nähe von Yokohama, morgen beginnen die Vorlesungen u. der Trubel. Ich schreibe also erst viel später auf all eure Geburtstagsgrüsse, die ich noch *nicht* gelesen habe (nur Eckarts netten Brief), u. will diesen Brief nicht länger zurückhalten.

Herzlichst Euer
Vater.

Die Einlage wegen Meixner an Bechert![2]

* aber der letzte Brief nach Calcutta ist mir nach Tokio nachgeschickt

[131] *Von Alexander Wilkens*[3]

München, den 3. Dez. 1928.

Verehrtester Herr Kollege,

am Samstag ist die Berufungsfrage der Nachfolge Wien auch vom Senat verabschiedet worden, weshalb ich es jetzt an der Zeit halte, Sie ein bischen zu benachrichtigen, zumal ich hoffe, dass keine beunruhigenden Momente mehr eintreten können. Durch die Fakultät u. den Senat ist die Frage glatt hindurchgelangt, vor allem in Jhrem Sinne der Abwehr von J. Starck.[4] Staatsrat Dr. Hauptmann[5] hat mir vor 8 Tagen selbst gesagt, dass er nicht glaube, dass in Sachen Starck noch etwas unerwartetes passieren könne, u. ferner hat er mir erklärt, dass er den Ruf beschleunigt veranlassen werde d. h. nach Empfang der Akten wenige Stunden darauf die Unterzeichnung des Ministers herbeiführen werde. Heute ist der kritische Tag, ich habe aber noch keine Nachricht, weshalb ich diesen Brief noch bis morgen früh liegen lassen werde, um ev. noch die neueste Nachricht für Sie hinzuzufügen.

---

[1] Laporte hielt sich auf Einladung Takamines im Frühjahr 1928 in Japan auf, *O. Laporte an A. Sommerfeld, 4. Januar 1928.* München, DM, Archiv HS 1977-28/A,195.

[2] Die Einlage liegt nicht vor. Josef Meixner studierte am Institut und hatte ein Gesuch eingereicht; *K. Bechert an A. Sommerfeld, 2. November 1928.* München, DM, Archiv NL 89, 017, Mappe 2,2.

[3] Durchschlag (4 Seiten, Maschine), *München, DM, Archiv NL 89, 019, Mappe 5,10.*

[4] Johannes Stark.

[5] Anton Hauptmann, Referent für Hochschulangelegenheiten im bayrischen Kultusministerium.

Die Liste ist so geblieben, wie ich Jhnen telegraphiert hatte. Debye u. Franck haben wir hinzugefügt gehabt, nachdem Debye gelegentlich erklärt hatte, dass er bei einem Rufe nach München nicht soviel fordern würde wie seinerzeit für Leipzig; in gutem Sinne darf man hier wohl sagen: cherchez la femme: denn diese ist ja eine Münchenerin.[1] Hauptmann sagte mir, dass Wien 27 000 M. Kolleggeldeinnahme hatte, in Leipzig hat Debye 30 000 M. garantiert, sodass kein grosser Unterschied besteht. Ferner hat Caratheodory in Göttingen im Gespräch mit Franck festgestellt, dass das Gerücht, das auch zu mir durch viele Gutachten gedrungen war, dass Fr. keine Lust zum Lesen der Experimentalphysik habe, eine glatte Lüge sei, wie Franck selbst sich ausgedrückt hat, u. zwar eine Lüge, gegen die er selbst schon vergebens angekämpft habe. So konnten wir also Debye u. Franck mit gutem Gewissen u. Hoffnung auf die Liste nehmen. Sollten beide absagen, was trotz allem immer noch möglich ist, so würden wir sicher den Jhnen offenbar genehmsten Kandidaten Gerlach bekommen. Zu Jhrer Orientierung füge ich in einer Anlage eine Abschrift des Berufungsschreibens bei, in der Hoffnung, dass es Jhre Billigung findet.[2] Ursprünglich ist es von mir allein aufgesetzt worden, auf Wunsch von Wieland u. Fajans habe ich auf deren spezielle Wünsche der Darlegung der Forschungsart unserer Kandidaten Rücksicht genommen. Die Kommission hatte mich auch beauftragt, eine ausführliche nachträgliche Anmerkung über die Ablehnung von Starck zu verfassen, sie ist auch von der Kommission angenommen worden u. liegt hier ebenfalls als Anlage bei; in der Sitzung der Fakultät erhob aber Schmauss Bedenken, trotzdem er selbst zur Kommission gehörte u. erreichte sogar, dass die Fakultät nur mit einem einzigen kurzen Satze, wie Sie ersehen werden, eine Kandidatur Starck ablehnt.[3] Wir haben lange debattiert, ob das richtig war, nun, der Erfolg wird es zeigen. Kollege v. Drygalski, ein wirklich besonnener Mann, hielt das Verfahren für falsch, ebenso v. Goebel,[4] ebenso wie ich, nach wie vor, da der Minister nichts in der Hand hat, wenn etwa Abgeordnete sich der Sache annehmen u. eine Jnterpellation beim Minister vornehmen sollten. Wir drei waren der Ansicht, dass es mehr in Jhrem Jnteresse gelegen

---

[1] 1913 hatte Debye Mathilde Alberer geheiratet.

[2] Wohl *Dekanat Philosophische Fakultät, 2. Sektion, an Senat der Universität München, 15. November 1928. München, DM, Archiv NL 89, 019, Mappe 5,10 (Abschrift)*.

[3] Im offiziellen Schreiben des Dekanats an den Senat (vgl. vorige Fußnote) lautet der letzte Satz eines vierseitigen Schreibens: „Die Fakultät hat auch eingehend Stellung genommen zu einer Kandidatur J. Starck, ist aber in Übereinstimmung mit dem abwesenden Geheimrat Sommerfeld, der einstimmigen Ansicht, dass diese Kandidatur nicht in Frage kommen kann."

[4] Karl Ritter von Goebel war Professor der Botanik an der Universität München.

hätte, wenn wir eine ausführlichere Begründung der Ablehnung von Starck gegeben hätten. Nun qui vivra, verra!

Zum Schlusse erlaube ich mir noch, Sie zu Jhrem indischen Ehrendoktor aufs herzlichste zu beglückwünschen,[1] ebenso zu Jhrem 60. Geburtstage, wenn ich Jhnen auch bereits ein Glückwunschtelegramm am 1. Dez. übermittelt habe, in der Hoffnung, dass es Sie pünktlich erreiche. Möge dieser Tag eine freundliche Gedankenübertragung bringen u. mögen Sie den Tag bei Jhren ausländischen Freunden aufs angenehmste verbringen.

Mit den herzlichsten Wünschen für einen weiteren guten Fortgang Jhrer Reise und mit den besten Grüssen,

Jhr ergebenster
[A. Wilkens]

[BEILAGE][2]

Die Fakultät möchte schliesslich kurz begründen, warum Professor J. Starck, früher Professor der Physik in Würzburg, seitdem Privatmann und seit ganz kurzer Zeit in München angesiedelt, nicht auf die Vorschlagsliste gebracht werden konnte. Wenn Professor Starck auch Nobelpreisträger ist, besonders für seine Entdeckung der elektrischen Aufspaltung der Spektrallinien, so hat er, besonders neuerdings, eine Fülle spekulativer Schriften publiziert, in welchen er die derzeit führenden und in der ganzen Welt als überaus fruchtbar anerkannten physikalischen Jdeen meist ohne tiefere Begründung ablehnend, sie durch eigene unzulängliche, unklare und oft nachweisbar falsche Theorien zu ersetzen sucht.[3] Ein Mann von dieser Einstellung ist nicht in der Lage, als Leiter eines Universitätslaboratoriums zu wirken, ~~zu~~ dessen ~~wichtigsten~~ Obliegenheiten die Erziehung junger Forscher zur Mitwirkung an der Entwicklung ihres Faches, zur wissenschaftlichen Objektivität und Selbstkritik bildet. Ferner besteht alle Ursache, nachdrücklichst darauf hinzuweisen, dass die deutsche Physik sich zur Zeit auf experimentellem Gebiete die allergrösste Mühe zu geben hat, wenn sie nicht dem Auslande gegenüber ins Hintertreffen geraten will; deshalb ist das grösste Gewicht darauf zu legen, dass für den Lehrstuhl Röntgens und Wilhelm Wiens, als dem zur Zeit bedeutendsten Lehrstuhl für Experimentalphysik in Deutschland nur ein seine Wissenschaft weitestens umfassender

---

[1] Sommerfeld hatte von der Universität Kalkutta den Dr. of Science h. c. erhalten.
[2] Es werden hier nur die beiden Seiten wiedergegeben, die nicht im amtlichen Schreiben aufgenommen wurden, vgl. Seite 290, Fußnote 2.
[3] Vgl. etwa [Stark 1927] und [Stark 1987, S. 68-73].

Physiker in Frage kommen kann. Ferner stimmen die älteren Gutachter, bedeutende Physiker, die alle älter als 60 Jahre sind, sodass sie als Kandidaten für uns nicht in Erwägung stehen, einhellig darin überein, dass Professor Starks Persönlichkeit so grosse Schwierigkeiten bietet, dass sein unerträgliches Temperament und persönliches Wesen seiner Berücksichtigung im Wege stehen, sodass er bei den in den letzten Jahren erfolgten Berufungen auf physikalische Ordinariate – Marburg, Breslau, Tübingen und Berlin – ausscheiden musste. Professor Starck besitzt persönlich nicht die für einen, zumal bedeutenden Lehrstuhl grundlegende und solide Bildung und Haltung, die die Voraussetzung für eine vernünftige Ausbildung junger Physiker oder für eine allgemeine Vorlesung über Experimentalphysik für Hörer verschiedener Fakultäten ist.

Wilkens
Dekan.

[132] *An Heinrich Wieland*[1]

Kyoto, 13. XII. 28.

Mein lieber Wieland!

Von meiner Frau höre ich, dass Sie den Nobelpreis bekommen haben.[2] Heil und Sieg! Ich gratulire auch Ihrer lieben Frau zu ihrem berühmten Mann. Nach allem, was ich von Ihnen weiss, bin ich überzeugt, dass die Wahl wohlverdient war.

Um aber nicht in den Verdacht unberechtigter Bescheidenheit zu kommen, will ich zugleich bemerken, dass es sich allmählich zum öffentlichen Skandal auswächst, dass ich den Preis immer noch nicht bekommen habe. Ich wurde in Indien mehrmals darauf angesprochen wie das kommt. Saha, der Siegbahn darüber interpellirt hatte, meinte: Bohr sei daran schuld, aus Rivalität. Ich weiss nicht, welche Kräfte im Spiel sind. Aber ich weiss, dass ich mehrmals in der engeren Wahl gestanden bin.[3] Einmal hat sogar die Stockholmer Presse um mein Bild gebeten. Jedenfalls wäre es das einzig Richtige u. Anständige gewesen, nachdem Bohr den Preis 1922 erhalten hatte, mir ihn 1923 zu geben. Die R.[oyal] Society z. B. hat Bohr u. mich gleichzeitig zu fellows gemacht, wie es sich gehört.[4]

---

[1] Brief (4 Seiten, lateinisch), *München, DM, Archiv NL Wieland.*
[2] Wieland erhielt den Chemienobelpreis des Jahres 1927.
[3] Sommerfeld war seit 1917 in jedem Jahr mit Ausnahme von 1921 vorgeschlagen worden und 1917 und 1924 in die engere Wahl gekommen.
[4] Die Wahl zum korrespondierenden Mitglied der Royal Society erfolgte 1926.

Soviel zur Erleichterung des Herzens und zur Steuer der Wahrheit.

Im Übrigen geht es mir sehr gut. Die Japaner sind reizend, die Inder waren rührend zu mir. Mein Geburtstag, den die Japaner versehentlich auf den 6ten verlegt hatten, wurde im feinsten japanischen Club (mit untergeschlagenen Beinen, ausgezogenen Schuhen, Stäbchen statt Meßer und Gabel) unter Vorsitz eines Grafen und Gegenwart der Tokyo-Collegen und mehrerer Deutschen, auch des Botschafters Solf, solenne gefeiert. Für den Glückwunsch der Fakultät werde ich mich noch besonders bedanken.

Ich hielt es nicht für richtig u. diplomatisch, Gerlach an die 2te Stelle der Liste zu setzen. Aber ich wollte keine Schwierigkeiten machen u. habe daher meine abweichende Meinung nur als Amendement gestellt. Franck will nicht lesen und prüfen und Debye ist im Grunde Theoretiker u. erst in zweiter Linie Experimentator. Wenn er gewählt wird, wird man sagen, ich hätte meinen Duzfreund u. früheren Schüler unberechtigt bevorzugt. Aber das kann mir gleich sein. Natürlich wären mir beide als Collegen willkommen, wie ich das ja alles schon von Bangalore aus geschrieben habe. Ich werde wohl erst in Pasadena hören, wie Ihre Vorschläge und die Verhandlungen des Ministeriums gelaufen sind. Wenn wir dennoch Stark bekommen sollten, so weiss ich wirklich nicht, was ich tun soll. In Princeton erwartet mich, wie ich höre, ein sehr dicker Ruf.[1] Ob ich ihn im gedachten Falle annehmen werde?

Herzliche Grüsse und *neidlose* Glückwünsche von Ihrem getreuen

A. Sommerfeld

Musikalischer Abend in Tokyo: Bach, Beethoven, Schubert. Japanische Musik für mich einstweilen ungeniessbar.
Ihren Schlangen-Freund in Lucknow habe ich nicht gesehen.[2]

[133] *Von Peter Debye*[3]

Leipzig, den 21. Dezember 1928

Lieber Sommerfeld!

Gestern habe ich ein Exemplar der Festschrift,[4] welche wir, d. h. 30 Deiner Schüler, zu Deinem 60ten Geburtstage verfasst haben, an Deine Adresse

---

[1] Darüber konnten keine Quellen gefunden werden.
[2] Lucknow ist eine Universitätsstadt in Indien.
[3] Brief (4 Seiten, Maschine), *München, DM, Archiv HS 1977-28/A,61*.
[4] [Debye 1929b].

in Pasadena geschickt. Die Absendung ist etwas später als beabsichtigt erfolgt, weil Hirzel und wir Wert darauf legten, diesem Exemplar ein hübsches äusseres Gewand zu geben. Mein Telegramm, das ich nach Tokio schickte, wirst Du erhalten haben, und ich hoffe, dass es uns gelungen ist, Dir mit der Herausgabe der Festschrift eine Geburtstagsfreude zu bereiten. Lasse mich jetzt zu dem Telegramm noch hinzufügen, dass alle, ohne Ausnahme, mit wirklicher Begeisterung die Idee aufgenommen haben, Dir und der Umwelt durch ihre Mitarbeit zu zeigen, dass sie auch nachdem sie flügge geworden sind, mit grosser Anhänglichkeit an ihrem früheren Führer hängen.

Deinen Brief aus Tokio bezüglich der Münchner Berufung habe ich schon vor 14 Tagen erhalten und zunächst abgewartet. Sonntag, den 16. Dezember, erhielt ich morgens einen Brief von Fajans, in dem er mir mitteilte, dass die Fakultät mich mit Franck an erster Stelle auf die Liste gesetzt und das Ministerium gebeten habe, sich zuerst an mich zu wenden. Dann erzählt Fajans weiter, wie das Ministerium nun die Fakultät benachrichtigt habe, dass es nicht in der Lage sei, den Ruf an mich ergehen zu lassen und zwar deshalb, weil ich in Leipzig noch keine zwei Jahre sei. Zwischen den Ministerien der verschiedenen Länder besteht die Abmachung, unter solchen Umständen keinen Ruf zu erteilen. Das Bayerische Ministerium hat sich an das Sächsische Ministerium gewandt mit der Frage, ob es gewillt wäre, mich fortzulassen, und dieses hat geantwortet, dass es nicht daran denke. Fajans teilt dann weiter mit, dass er mit einigen Kollegen beim Ministerium vorstellig werden wolle, um eine Änderung dieses Standpunktes herbeizuführen, dass sie aber vorher von mir erfahren möchten, ob Aussicht bestehe, dass ich einen Ruf annehme. Einige Stunden später hat Fajans dann noch antelephoniert und die Sache mündlich mit mir besprochen. Ich habe gleich geantwortet und zwar in dem Sinne, dass eine Berufung nach München für mich in der Tat eine sehr ernste Angelegenheit sei, dass ich, wie alle wissen, sehr gern in München bin, dass aber andererseits eine Gewähr dafür vorhanden sein müsse, dass die notwendigen Mittel zur Durchführung der zu meinen Ideen gehörigen experimentellen Untersuchungen zur Verfügung gestellt werden können. Dienstag hat Fajans erneut antelephoniert und mir mitgeteilt, dass die Herren inzwischen beim Ministerium vorgesprochen hätten, dass aber Herr Hauptmann erklärt habe, er könne von der zwischen den Ministerien bestehenden Abmachung nicht abweichen. Fajans schlug weiter vor, ich möge auch ohne einen Ruf zu haben, gewissermassen privatim, nach München kommen, um die Sache mit ihnen, und wenn ich wünsche auch mit dem Ministerium zu besprechen, um zu sehen, ob sich nicht doch ein Ausweg finden lasse. Am Telephon habe ich hierzu „ja" gesagt, habe mir dann aber erlaubt, über diesen Vorschlag mit dem Dekan Lichtenstein und dem Fakultätsältesten Le Blanc vertraulich zu sprechen.[1] Die Herren hatten grosse Bedenken, welche mir einleuchteten. Es stellte sich heraus, dass am Donnerstag der zuständige Ministerialrat aus Dresden in Leipzig sein würde, und wir verabredeten, dass ich keine endgültige Entscheidung über die Reise treffen sollte, bevor ich mit diesem Herrn geredet hatte. Von dieser neuen Phase habe ich sofort Fajans Mitteilung gemacht und ihm zugesagt, gleich nach meinem Gespräch mit dem Ministerialrat zu telegraphieren. Das Gespräch fand gestern, Donnerstag, statt. Es stellte sich heraus, dass der bayerische Referent tatsächlich mit dem Sächsischen Ministerium in Briefwechsel gestanden hatte, dass er sich eingehend über meine Leipziger Verhältnisse erkundigt hatte, und dass er sich schliesslich so fest seinen Ministeriumskollegen gegenüber gebunden hat, dass er nicht in der Lage ist, von der Abmachung über die zwei Jahre abzuweichen. Das bisherige Endresultat war folgendes: Auf Grund dieses Gespräches habe ich Fajans telegraphiert: „Reise unmöglich; würde vom hiesigen Ministerium als unfreundlicher Akt meinerseits angesehen werden." Es steht zu befürchten, dass damit die Angelegenheit überhaupt erledigt ist, ohne dass ich in der Lage bin, eine Entscheidung auf Grund einer klaren Sachlage zu treffen. Ich will garkein weiteres Kommentar hinzufügen und die Tatsachen für sich sprechen lassen.

Hoffentlich bist Du wieder ganz hergestellt und hat die Reise über den Pazifischen Ozean Dir die Ruhe geschenkt, die Du gewiss dringend brauchst.

Mit besten Grüssen
Dein P. Debye[2]

[134] *An Peter Debye*[3]

Pasadena, den 11. Januar 29

Mein lieber Debye!

Ich habe Dein liebes Telegramm in Tokyo und Deinen lieben Brief in Pasadena erhalten. Mit meinem Dank wollte ich warten, bis ich die Festschrift in Händen haben würde.[4] Allerdings habe ich das mir zugedachte Exemplar noch nicht bekommen; aber ich konnte meine Neugier nicht be-

---

[1] Leon Lichtenstein war Ordinarius für Mathematik an der Universität Leipzig, Max Julius Le Blanc seit 1906 Direktor des physikalisch-chemischen Instituts.
[2] Antwortentwurf in Steno am Briefrand.
[3] Brief (3 Seiten, lateinisch), *Berlin, MPGA, Debye*.
[4] [Debye 1929b].

zwingen und habe mir von Pauli das Seinige geben lassen.[1] Daher danke ich jetzt Dir und allen Teilhabern herzlich für die schöne Gabe und für die freundschaftliche Gesinnung, aus der sie entsprungen ist. Das Buch wird mir eine liebe Erinnerung sein an alle 30 Gratulanten und an ihren Anführer. Die Japaner haben mir übrigens zum 5ten December auch ein richtiges Fest gegeben. Der Tag scheint durch Laporte bekannt geworden zu sein.

Was Du mir weiter schreibst, ist ja nun garnicht erfreulich. Ich hatte zwar, wie ich Dir andeutete, nicht recht an Deine „Verkrijgbarkeit" geglaubt. Ich hätte mir denken können, dass Deine Berufung an der Autogarage (ich meine im übertragenen Sinne)[2] hätte scheitern können. Dass sie aber durch einen reinen Formalismus fallen soll, will mir garnicht in den Sinn. Ich kann von hieraus natürlich nichts tun, aber die Münchner scheinen sich ja ordentlich in's Zeug gelegt zu haben.

Wenn die Regirung mir jetzt etwa doch Stark auf die Nase setzen sollte, so tausche ich mit Heisenberg, wenn Du willst und wenn er will und wenn die Fakultäten wollen, und dann kommen wir doch noch einmal zusammen.

Wie gut, dass bei der Elektrolyse keine Unbestimmtheits-Relation und kein Verbot der zeitlichen Lokalisirung herrscht! Da sieht man doch, wie, wo und warum. Aber ich habe mich jetzt auch mit der neuen Quantentheorie ausgesöhnt und habe darüber sogar einen Ergänzungsband zu meinem Buch geschrieben,[3] der Dir wohl inzwischen zugeschickt ist. Ich lese darüber für Millikan u. Gen.[ossen] mit grosser Freude.

Pasadena wird von Jahr zu Jahr schöner. Auch das Wetter ist ganz herrlich.

Einen herzlichen Gruss an die liebe Frau und die Kinder von Deinem alten aber immer noch ziemlich unternehmendem

A. Sommerfeld

[135] *Von Johannes Stark*[4]

Grosshesselohe bei München, 30. 1. 29.
Sehr geehrter Herr Kollege!

Ihre Karte aus Pas[a]dena habe ich soeben mit bestem Dank erhalten. Sie veranlasst mich, diese Zeilen an Sie zu richten zur Klärung des persönlichen Verhältnisses zwischen Ihnen und mir.

---

[1] Möglicherweise meint Sommerfeld Linus Pauling.
[2] Debyes Forderungen bei Berufungsverhandlungen waren sprichwörtlich.
[3] [Sommerfeld 1929a].
[4] Brief (2 Seiten, Maschine), *München, DM, Archiv NL 89, 019, Mappe 5,10*.

Von zwei, wie mir bisher schien, vertrauenswürdigen Seiten wurde mir mitgeteilt, dass Sie der letzte und entscheidende Urheber der Vorschlagsliste zur Besetzung des Wienschen Lehrstuhles sind. Indem diese Liste mich übergeht, bedeutet sie eine öffentliche Deklassierung meiner Persönlichkeit und meiner wissenschaftlichen Leistungen. Sie werden verstehen, dass ich mich gegen diese Deklassierung zur Wehr setze und ihre wissenschaftlichen Gründe von meinem Standpunkt aus sichtbar mache. Doch ist dies eine mehr wissenschaftlich-sachliche Angelegenheit. Es wurde mir aber auch bestimmt erklärt, dass für meine Übergehung auch mein persönliches Verhältnis zu Ihnen in die Wagschale geworfen wurde.[1] Es soll geltend gemacht worden sein, dass Sie und ich persönlich scharf verfeindet seien. Nun steht allerdings fest, dass Sie und ich in gewissen wissenschaftlichen Fragen verschiedener Meinung sind. Aber meinerseits habe ich diese wissenschaftliche Differenz niemals in die Sphäre des Persönlichen übertragen. Im Gegenteil habe ich mich mit Rücksicht auf meine alte Bekanntschaft mit Ihnen und der Familie Ihrer Frau Gemahlin in der wissenschaftlichen Auseinandersetzung Ihnen gegenüber zurückgehalten. So wollte ich aus dieser Rücksicht auch eine Kritik der Theorie Schrödingers vor einer Aussprache mit Ihnen nicht veröffentlichen, da durch Ihr Eintreten für diese Theorie auch Ihre wissenschaftliche Stellung durch meine auf neue Erfahrungen gegründete Kritik berührt wird.[2] Zudem glaubte ich auch aus Ihrer persönlichen Haltung mir gegenüber schliessen zu dürfen, dass auch auf Ihrer Seite keine feindschaftlichen Gefühle bestehen. Um so mehr war ich erstaunt über die Mitteilung, dass die persönliche Feindschaft zwischen Ihnen und mir bei meiner Übergehung als wesentlicher Grund geltend gemacht wurde. Ich hätte dieser Mitteilung nicht geglaubt, wenn sie mir nicht von zwei anscheinend gut unterrichteten und glaubwürdigen Seiten zugegangen wäre. Dieser Glaube wird nun erschüttert durch Ihre Karte aus Pasadena. Ich kann mir nicht denken, dass Sie bei Ihren Vorschlägen für die Besetzung der Wienschen Professur, wenn auch nicht offiziell, Ihre angebliche persönliche Verfeindung mit mir geltend machten und trotzdem einen höflichen persönlichen Verkehr mit mir fortsetzen. Um mir aber Gewissheit zu verschaffen, habe ich mir gestattet, in den vorstehenden Zeilen offen mit Ihnen zu sprechen.

Mit bestem Gruss
Ihr ergebener Stark.

---

[1] Vgl. Brief [131] mit Beilage.
[2] Auf [Stark 1929] folgte eine weitere öffentliche Auseinandersetzung: [Sommerfeld 1929b], [Stark 1930a], [Stark 1930b], [Sommerfeld 1930a], [Sommerfeld 1930b].

[136] *An Johannes Stark*[1]

Pasadena, Cal., 18. Februar 1929.

Sehr geehrter Herr Kollege!

Ich bitte Sie, mir freundlichst die Namen derjenigen beiden Herren mitzuteilen, die Ihnen gesagt haben, dass für meine Beratung der Fakultät die angebliche persönliche Feindschaft zwischen Ihnen und mir wesentlich gewesen sei, damit ich diese Herren zur Rechenschaft ziehen kann. Auf anonyme Verdächtigungen kann ich nicht antworten. In der Tat sehe ich es als beleidigende Verdächtigung an, zu behaupten, dass ich mich in einer Angelegenheit, in der ich als Sachkundiger zu gutachten hatte, von anderen als rein *sachlichen* Gesichtspunkten hätte leiten lassen.

Dass die Fakultät meine Vorschläge über die Berufungsliste eingeholt hat, ist selbstverständlich. Aber sie ist diesen Vorschlägen nicht in allen Punkten gefolgt. Nicht ich, sondern die Fakultät trägt daher die Verantwortung für die Berufungsliste.

Was unsere wissenschaftlichen Differenzen betrifft, so wissen Sie, dass ich die Bedeutung Ihrer Entdeckungen in meinem Buche aufs stärkste betont und zur allgemeinen Anerkennung gebracht habe.[2] Auf eine vor sechs Jahren erschienene Broschüre, in der Sie mich einer engen Quanten-Orthodoxie beschuldigt haben,[3] habe ich geglaubt, nicht antworten zu sollen, weil sie nichts Tatsächliches enthielt. Dagegen habe ich auf eine Reihe sachlicher Einwände, die Sie mir vor etwa acht Jahren im Jahrbuch für Elektronik gemacht haben, in sachlicher Weise geantwortet.[4] Dasselbe wird zweifellos Schrödinger tun, wenn Sie gegen seine Theorie polemisieren werden.[5]

Die Offenheit Ihres Briefes weiss ich zu schätzen; ich antworte in ebenso offener Weise.

Mit bestem Gruss Ihr ergebener
[A. Sommerfeld]

[137] *An Robert A. Millikan*[6]

An Bord des D.[ampfers] „Stuttgart" April 25th 1929

Dear Dr. Millikan,

I had a delightful departure from New York because of your kindnes[s] to let me know by cable the great honour, my American colleagues conveyed

---

[1] Durchschlag (1 Seite, Maschine), *München, DM, Archiv NL 89, 019, Mappe 5,10*.
[2] Davon zeugt noch [Sommerfeld 1931, Kap. 6, § 2].
[3] [Stark 1922, S. 20].
[4] [Stark 1920b], [Sommerfeld 1920b].
[5] Vgl. [Stark 1929]. [Schrödinger 1929] geht nicht darauf ein.
[6] Brief (2 Seiten, lateinisch), *CalTech, Millikan 42.17*.

to me.[1] I am very proud to have becomen in this way a membre of the American Physics Scolarship. As I stated many times, I felt very happy in your country, especially in Pasadena. It gives me great satisfaction, that my appreciation of the American Physics and my friendly feeling towards the American Physicist is answered by the kind attitude of my American friends electing me in your Academy. I am sure, you had a chief part in proposing and recommending this election.

With kindest regards yours
A. Sommerfeld

[138] *Von Hantaro Nagaoka*[2]

Tokyo. May 3 1929

Dear Professor Sommerfeld,

Your visit to Japan marks an event in the history of the development of mathematical physics in Japan. Where local interests are found, such as biology, scientists are willing to come to us. Physics is however unique and has only slight tinge of local character. Our country is far distant from the centre of learning so that there is always retardation in the progress of science. The time of relaxation is tolerably long and years are sometimes necessary to reach an asymptotic value, which is not very high. Your visit to such a country was quite unexpected when I first heard of your coming, but I thought that if it turns out to be realised, the impetus you will give to physical research in Japan must be of a great moment. I believe you have spent your precious days in Japan from pure love of science and desire for the diffusion of knowledge. The various hints you gave in your lectures will remain long imprinted in the memory of the auditors, and kindle the fire of investigation in the new domain of physics. I hope you will keep watch of the effect of the match you applied to fire a torch of mathematical physics in the Far East during your visit.

I confess that my indebtedness to your papers and books is indeed very great. While lecturing on dynamics during the first half of my university life, I have made constant use of the 'Theorie des Kreisels', of which I am still continuing to consult the third part in connection with world shaking earthquakes.[3] Your theory of the propagation of electrical waves over the

---

[1] Sommerfeld war neues Mitglied der National Academy of Science, *R. Millikan an A. Sommerfeld, 24. April 1929. München, DM, Archiv NL 89, 020, Mappe 6,3*.

[2] Brief (3 Seiten, Maschine), *München, DM, Archiv NL 89, 019, Mappe 4,3*.

[3] [Klein und Sommerfeld 1903] behandelt auch die geophysikalischen Anwendungen.

surface of the earth was so fascinating, that I have communicated the main part of your investigation immediately after the appearance of the paper in the Annalen to the Society of Electric Engineers, most of whom were still ignorant of the important result you have obtained.[1] But above all stands the 'Atombau und Spektrallinien'. I obtained great help from it during the last half of my professorship. The publisher Vieweg u. Sohn sent to me five copies of the Ergänzungsband, which were duly distributed to those cited on the cover. I wish to tender my cordial thanks for the gift.

I regret very much that progress in the new branch of physics in Japan is still very meagre. The seeds for nurturing new physics were sown, but the soil is too arid to see them creep out as buds. Your lectures had no doubt an effect of balmy dew falling on the tender leaves beginning to sprout. We are ever anxious to reap rich harvest of science in the Far East by tightening the band of connexion between the scientific circles of Germany and Japan in course of time. I must call for your help in fulfilling this ardent desire.

Apologizing for a long delay in answering to your letter of March 10th from Pasadena and with kind regards, I remain

Faithfully yours,
H. Nagaoka

[139] *Von Wolfgang Pauli*[2]

Zürich, 16. Mai 29.

Lieber Herr Sommerfeld!

Vielen Dank für Ihren zwischen Pasadena und Chicago geschriebenen Brief. Ich freue mich, daß Sie schöne Eindrücke von Ihrer großen Reise gehabt haben, aber ich freue mich noch mehr, daß Sie wieder zurück sind. Nun sind wir ja nicht sehr weit voneinander entfernt[3] und ich hoffe in Zukunft auf einen engeren Kontakt zwischen der Züricher und der Münchener Physik. Es ist schade, daß Sie nicht zu unserem kleinen Röntgenstrahlphysik-Kongreß kommen wollen, auch Herr Scherrer bedauert das sehr.[4] Vielleicht sind Sie aber bis Ende Juni schon ausgeruht, und Sie überlegen es sich doch noch! Aber abgesehen davon will ich jedenfalls im Laufe des Sommersemesters eine Gautagung in Süddeutschland (Stuttgart?) besuchen und

---

[1] [Sommerfeld 1909], [Sommerfeld 1926a].
[2] Brief (4 Seiten, lateinisch), *München, DM, Archiv HS 1977-28/A,254*.
[3] Pauli war zum 1. April 1928 als Ordinarius an die ETH Zürich berufen worden.
[4] Die Physiker der ETH veranstalteten jedes Jahr eine Tagung über ein Spezialthema, zu der prominente Vertreter eingeladen wurden, vgl. [Pauli 1979, Brief 221].

vielleicht sehe ich Sie dort; eventuell kann ich auch einmal nach München kommen.

Vorläufig muß ich mich aber damit begnügen, den Kontakt zwischen der Züricher und der Münchener Physik auf schriftlichem Wege herzustellen. Ist es sehr unverschämt, wenn ich dies durch eine Kritik Ihres Ergänzungsbandes[1] zu bewerkstelligen beginne?– Nun, ich habe die schöne Entschuldigung, Sie hätten es so gewollt, ich kann mich da auf Ihren letzten Brief berufen. Ich möchte Ihnen aber gerne noch sehr dafür danken, daß Sie mir diesen Band geschenkt haben. Mit Ihrer allgemeinen Einstellung zu dem Verhältnis von Wellen- und Matrizenmechanik und zum Dualismus Welle–Korpuskel bin ich vollkommen einverstanden und die Kritik bezieht sich nur auf mathematische Einzelheiten.

Ich möchte da gerne zunächst eine spezielle Frage herausgreifen, die Richtungs-abhängigkeit der Photo-elektronen. Für diese spielt eine wesentliche Rolle die Größe[2]

$$A(E') = \int \frac{\partial \psi_k}{\partial y} \psi^*(E') e^{-2\pi i \frac{x}{\lambda}} \mathrm{d}\tau \qquad (*)$$

(Gl. (7), S. 212 und S. 216). Ich habe nun große Bedenken gegen die Benutzung des asymptotischen Ausdruckes von $\psi^*(E')$ für große r (Gl. (4), S. 210) bei der Berechnung von $A(E')$. Anläßlich einer Vorlesung, die ich noch in Hamburg gehalten habe, sah ich, daß man auf diese Weise ganz unzuverlässige Werte für Matrixelemente wie $A(E')$ bekommt. Fügt man nämlich für $\psi^*(E')$ noch die *weiteren* Terme der asymptotischen Entwicklung nach Potenzen von $1/\lambda$ hinzu, so werden die entsprechenden Beiträge zu $A(E')$ keineswegs sukzessive kleiner, sondern sind alle von derselben Größenordnung. Das bedeutet aber, *daß es* (entgegen dem früher von Wentzel benutz[t]en Weg) *bei Ausführung der Integration über r in* (*) *notwendig ist, für $\psi^*(E')$ den exakten Ausdruck einzusetzen.*– Sie werden leicht sehen, daß zwar die Begründung des Gesetzes $I \sim \cos^2 \vartheta$ für langwelliges Licht hiervon

---

[1] [Sommerfeld 1929a] war im Januar 1929 erschienen; um die letzten Korrekturen hatte sich Karl Bechert gekümmert, vgl. *K. Bechert an A. Sommerfeld, 2. Januar 1929. München, DM, Archiv NL 89, 024, Mappe Indien.*

[2] Sommerfeld behandelte den Photoeffekt im Grundzustand des Wasserstoffatoms störungstheoretisch nach der Schrödingerschen Dispersionstheorie. A ist die Amplitude einer Komponente des Vektorpotentials, die nach Eigenfunktionen ψ_k des ungestörten Wasserstoffatoms entwickelt wird; E steht für die dazugehörigen Eigenwerte der Energie. Vgl. für das folgende die angegebenen Stellen in [Sommerfeld 1929a] sowie die verbesserte Darstellung in [Sommerfeld und Schur 1930]. Siehe auch *G. Wentzel an A. Sommerfeld, 17. Mai 1929. München, DM, Archiv HS 1977-28/A,362.*

unberührt bleibt,[1] daß aber der Faktor von $\cos\vartheta$ in der Klammer $\{\ldots\}$ von Gl. (19), S. 218 Ihres Buches in Wirklichkeit einen gänzlich anderen Wert haben kann.– Momentan ist ein Doktorand von Wentzel damit beschäftigt, die Rechnung exakt auszuführen.[2]

Glücklicherweise ist eine exakte Berechnung von Ausdrücken der Form $A(E')$ wenigstens bei Wasserstoffatom-Eigenfunktionen nicht allzu schwierig. Man bekommt eine hypergeometrische Reihe für $A(E')$, die bei Übergängen von diskretem zu kontinuierlichem Spektrum stets abbricht und bei der K-Schale sogar nur aus einem einzigen Glied (mit allerlei exakt angebbaren Faktoren) besteht. Unabhängig von der *Richtungs*verteilung der Photoelektronen wurden solche exakten Rechnungen für die Größe der Absorptionskoeffizienten der Röntgenstrahlen (also zugleich auch die Gesamtausbeute an Photoelektronen) bei langwelligem Licht von den Herren *Rabi* und *Nishina* ausgeführt mit dem Resultat, daß bei kleineren Werten der Ordnungszahl keine Übereinstimmung mit der Erfahrung bestand, bei größeren Werten von Z aber ganz gute.[3] Es ist darüber seinerzeit eine kurze Note in den Mitteilungen der deutschen Phys. Ges. 1928, S. 6; (Nr. 1) erschienen. Meine Vermutung ist, daß die Nicht-Übereinstimmung mit der Erfahrung darauf zurückzuführen ist, daß die Annahme der Wasserstoffähnlichkeit der Eigenfunktionen bei kleineren Z unerlaubt ist. Herr Rabi ist jetzt hier in Zürich damit beschäftigt, nachzusehen, ob das Resultat dadurch verbessert werden kann, daß man die Abschirmung der Kernladung durch die äußeren Elektronen berücksichtigt.[4]

Nun noch eine Bemerkung zur Theorie der Comptonelektronen. Hier muß man etwas achtgeben mit der Weise, wie der Faktor $e^{2\pi i \frac{x}{\lambda}}$ einzufügen ist. Man muß nämlich unterscheiden zwischen Matrizen

$$A_{jk} = \int \frac{\partial \psi_k}{\partial y} \psi_j^* e^{2\pi i \frac{x}{\lambda}} \, d\tau$$

und $$Q_{jk} = \int y \, \psi_k \, \psi_j^* \, e^{2\pi i \frac{x}{\lambda}} \, d\tau$$

Zwischen beiden besteht für kleines λ keine einfache Beziehung, während

---

[1] I bedeutet die Intensität der Photoemission.
[2] J. Fischer; vgl. *G. Wentzel an A. Sommerfeld, 25. Januar 1931. München, DM, Archiv HS 1977-28/A,362.*
[3] [Nishina 1928].
[4] I. I. Rabi verbrachte einen längeren Forschungsaufenthalt in Europa, wo er unter anderem mit O. Stern in Hamburg, W. Heisenberg in Leipzig und W. Pauli in Zürich zusammenarbeitete, vgl. [Rigden 1987, Kap. 3].

für $\lambda \sim \infty$

$$\int \frac{\partial \psi_k}{\partial y} \psi_j^* \, d\tau = \frac{4\pi^2 m}{\lambda^2} (E_\lambda - E_j) \cdot \int y \, \psi_j^* \, \psi_k \, d\tau$$

wird. Eine nähere Diskussion zeigt, daß die allgemeine Formel für die Smekal-sprünge[1] bei kleinem λ so geschrieben werden muß, daß nur die A_{jk} auftreten, die Q_{jk} überhaupt nicht. Ihre Formel (36), S. 207 ist für kleines λ nicht richtig (obwohl sie für den Fall, daß $e^{2\pi i \frac{x}{\lambda}} \sim 1$ gesetzt werden darf, stimmt). In den früheren Arbeiten von *Wentzel* ist derselbe Fehler gemacht, die richtige Formel steht bei *Waller* (Naturwissenschaften und Phil. Mag.)[2]

Weniger wichtige Punkte in Ihrem Buch können wir vielleicht einmal mündlich besprechen. Dagegen möchte ich gerne noch etwas über das kontinuierliche Röntgenspektrum bemerken, weil aus Ihrem letzten Brief an Scherrer hervorging, daß Sie sich damit beschäftigen.[3] Die Sache ist die, daß Herr *Oppenheimer* bei mir in Zürich eine Arbeit über diesen Gegenstand gemacht hat, die sich schon seit einiger Zeit in der ZS. f. Phys. im Druck befindet.[4] Er hat dort unter der Annahme wasserstoffähnlicher Eigenfunktionen mit einwandfreien Methoden wohl alles darüber ausgerechnet, was man wünschen kann. Experimentelle Daten hatten wir nicht viele; was vorliegt, ist durch Bremsvorgänge im Metall sehr verwickelt. Wenn Herr Kuhlenkampff neue Resultate mit ganz dünnen Folien hätte, wäre es sehr schön![5] Auf Grund der Erfahrungen bei der Absorption der Röntgenstrahlen kann man wohl nicht im Voraus wissen, wie weit die Annahme der Wasserstoffähnlichkeit stimmt. Der Gedanke bei der Oppenheimer'schen Arbeit war nun der, daß in den Sternen, wo die äußeren Elektronen der Atome weitgehend abdissoziiert sind, diese Annahme jedenfalls zutreffend sein muß. Und er hat das positive Resultat gewonnen, daß der Absorptionskoeffizient, den Eddington in seiner Theorie der Sterne gebraucht hat,[6] und

---

[1] Smekal hatte 1923 die 1928 von Raman gefundene inelastische Lichtstreuung an Molekülen vorhergesagt, vgl. [Singh und Riess 1998]; zur Beziehung zwischen diesem Ramaneffekt und dem hier diskutierten Comptoneffekt vgl. [Sommerfeld 1937a].
[2] [Wentzel 1927], [Waller 1927a] und [Waller 1927b].
[3] [Sommerfeld 1929c].
[4] [Oppenheimer 1929]. J. Robert Oppenheimer hielt sich als Stipendiat des International Education Board in Zürich auf, vgl. [Pauli 1979, Brief 215].
[5] Helmut Kulenkampff war Privatdozent für Physik an der TH München, vgl. [Kulenkampff 1929].
[6] [Eddington 1926].

der nach der alten Kramers'schen Formel[1] nicht stimmen wollte, sich nun richtig ergibt!– Auf Ihren Brief an Scherrer hin haben wir veranlaßt, daß Sie Korrekturen der Oppenheimer'schen Arbeit direkt von Scheel geschickt bekommen.[2] Hoffentlich bedeutet aber diese Arbeit keine Durchkreuzung Ihrer eigenen Arbeitspläne, das würden wir alle sehr bedauern!

Ich habe jetzt einen ziemlich großen Betrieb hier in Zürich. Herr Bloch ist zur Zeit mit der Ausarbeitung einer Theorie der Supraleitung beschäftigt. Die Sache ist noch nicht fertig, scheint aber zu gehen.[3] Herr Peierls treibt Theorie der Wärmeleitung in festen Körpern.– Selber will ich den in der Arbeit von Heisenberg und mir über Quantenelektrodynamik eingeschlagenen Weg noch weiter verfolgen.[4] Obwohl ich weiß, wie ungeheuer dürftig die bisher erzielten Resultate im Verhältnis zur aufgewandten Mühe sind, glaube ich dennoch, daß wenigstens die *Methoden*, die in dieser Arbeit Verwendung finden, sich in Zukunft noch bewähren werden.– Von Eddingtons $\alpha = 1/136$ glaube ich keine Silbe und auch Darwins Note in der Nature scheint mir wenig befriedigend.[5]

Nochmals vielen Dank und viele herzliche Grüße (auch von Scherrer) von Ihrem alten

W. Pauli

Wentzel läßt grüßen und wird Ihnen nächstens schreiben. Gestern Abend habe ich bis 12 Uhr mit ihm zusammen Schnaps getrunken.

[140] *An Karl F. Herzfeld*[6]

München, den 25. Juli 1929.

Mein lieber Herzfeld!

Vielen Dank für Ihr Anerbieten mit dem Supplement von Physical Review.[7] Ich glaube, dass Kunz es nicht schicken wird, sonst wird es von hier nach Graz weitergeschickt werden. Die anderen Bände von Physical Rev.

---

[1] [Kramers 1923a].
[2] Karl Scheel gab die *Zeitschrift für Physik* heraus, in der die Arbeit Oppenheimers erschien.
[3] Zu den Arbeiten über die Theorie fester Körper siehe [Hoddeson et al. 1992, Kap. 2].
[4] [Heisenberg und Pauli 1929] sowie [Heisenberg und Pauli 1930].
[5] α ist die Sommerfeldsche Feinstrukturkonstante, vgl. A. Eddington an A. Sommerfeld, 12. März 1929. München, DM, Archiv HS 1977-28/A,74, [Eddington 1929] und [Darwin 1929]. Eddingtons „Zahlenspielereien" sorgten für Kritik und Spott, vgl. Brief [152].
[6] Durchschlag (1 Seite, Maschine), *München, DM, Archiv NL 89, 002*.
[7] Vgl. Brief [124].

sind von Ihnen richtig eingegangen, aber Kunz hat sein Exemplar in diesem Jahr, wo er in Europa sich aufhält, nicht hergeschickt, wenn er es nach seiner Rückkehr nachholt, wie er verspricht, so wird Graz diese Exemplare bekommen.

Wir haben nach erheblichen Mühen meinerseits Gerlach gewonnen. Ich habe dies auch an Karl Compton mitgeteilt, weil ich anderenfalls evtl. den Ruf nach Princeton nötig gehabt hätte.[1] Im Physik. Institut wird zr. Zt. der Hörsaal etwas erweitert, aber nicht mit Staatsgeldern, sondern mit Geldern die gewissermassen von der Universität gestohlen sind.

Ich habe durchaus Lust 1931 nach Ann Arbor zu kommen.[2] Laporte und ich unterhandelten gestern mit Pauli. Sonst denke ich an Kratzer Kossel oder Hopf. Randall hat mir nämlich liebenswürdiger Weise anheimgestellt einen zweiten Mann vorzuschlagen. Was Sie mir über das diesmalige Symposion schrieben interessierte mich sehr.

Leider ist Bechert immer schwer krank, Rippenfellentzündung, so dass das Semester doppelt mühsam war.[3]

Ich denke noch gern an unsere gemeinsamen Tage in Baltimore und an Ihre Fürsorge für mich.

Herzlich Ihr
[A. Sommerfeld]

[141] *An Peter Debye*[4]

München, den 26. Juli 1929.

Lieber Debye!

Ich freue mich sehr Dein neues Buch zu besitzen, nachdem ich es schon für das Institut angeschafft hatte;[5] es steht vieles drin, was ich nicht oder nicht ordentlich weiss. Ich werde es in den Ferien genauer lesen. Da ich selbst erst wieder ein Buch zur Strecke gebracht habe,[6] darf ich mich eigentlich nicht darüber wundern, dass auch andere Zeit finden, neben Institut und Forschung Bücher zu schreiben, oder wie in Deinem Falle Bücher neu aufzulegen. Aber bei dem Leiter eines fünfzigköpfigen Experimentalinstitutes

---

[1] Vgl. Brief [132].
[2] Vom 29. Juni bis 21. August 1931 veranstalteten die Physiker der University of Michigan in Ann Arbor die nächste der in zweijährigem Turnus abgehaltenen Sommerschulen über theoretische Physik, an der Sommerfeld teilnahm; siehe Seite 227.
[3] Karl Bechert war Sommerfelds Assistent.
[4] Brief (1 Seite, Maschine), *Berlin, MPGA, Debye*.
[5] [Debye 1929a].
[6] [Sommerfeld 1929a].

ist doch das doch bemerkenswerter als bei dem Leiter eines theoretischen Idylls.[1]

Ich habe Dir auch noch für die schönen Photographien von CCl$_4$ etc. zu danken.[2]

Die Berufung von Gerlach war eine Pferdearbeit.[3] Das Ministerium zeigte eine unglaubliche Harthörigkeit in Geldsachen. Ich fürchte, Du bist so verwöhnt durch Zürich und Leipzig, dass die Münchener Verhältnisse für Dich unmöglich gewesen wären, selbst wenn die bürokratische Zweijahr-Karenz nicht dazwischen gestanden hätte.[4]

Viele Grüsse an die liebe Familie, auf Wiedersehen in den Ferien!

Dein A. Sommerfeld

[142] *An Erich Marx*[5]

München, den 19. Oktober 1929.

Lieber Marx!

Ich bin sehr damit einverstanden, wie ich schon Herrn Jakobi sagte, dass der Artikel Sommerfeld–Wentzel, in Ihrem Band 6, als nicht mehr zeitgemäss kassiert wird.[6] Aber ich fühle mich damit meiner Autorenpflichten gegen Ihr Handbuch entbunden. Soviel ich sehe, wird Ihnen auch Wentzel nicht dienen können, umsomehr als er um Weihnachten für einige Zeit nach Amerika gehen wird. Das Beste ist, dass Laue den einleitenden Artikel in Regie nimmt und ihn von einem jüngeren Berliner (London, Möglich, Szillard etc.) schreiben lässt.[7] Dadurch wird die Kooperation für alle Teile am

---

[1] Zur Debyeschule in Leipzig siehe [Windsch und Franke 1985].

[2] Debye unternahm entsprechende Röntgeninterferenzversuche, vgl. P. Debye an A. Sommerfeld, 21. Juni 1929. Berlin, MPGA, Debye.

[3] Die Ernennungsurkunde von Walther Gerlach zum ordentlichen Professor an der Universität München ist mit 27. Juni 1929 datiert, [Heinrich und Bachmann 1989, S. 65].

[4] Vgl. Brief [133].

[5] Durchschlag (1 Seite, Maschine), *München, DM, Archiv NL 89, 003*.

[6] Das von Marx herausgegebene *Handbuch der Radiologie* wurde neu aufgelegt; im Rahmen der Umorganisation wurde der von Sommerfeld in Zusammenarbeit mit Wentzel geplante Artikel „Anwendung der Quantentheorie auf die Physik der Atome" obsolet; Marx wünschte von beiden stattdessen einen Artikel zur Elektronentheorie der Metalle, *E. Marx an A. Sommerfeld, 16. Oktober 1929. München, DM, Archiv NL 89, 011*. Kurt Jacoby war der Schwiegersohn des Inhabers der Akademischen Verlagsgesellschaft.

[7] [Laue 1933] behandelt allgemein Korpuskular- und Wellentheorien. Weder Fritz London noch Friedrich Möglich oder Leo Szilard übernahmen einen Artikel für die Neuauflage des *Handbuchs der Radiologie*.

leichtesten werden. Ich selbst muss alle meine Musse auf Neuauflagen meines Atombaubuches verwenden. Ich habe soeben auch Eucken gegenüber energisch abgelehnt, für den Müller–Pouillet nochmals über Wellenmechanik zu schreiben.

Herr Peierls ist in Zürich, vielleicht wäre er nicht abgeneigt für Sie die metallische Leitung zu übernehmen. Bethe ist bei mir in München. Ich würde ihm zu dieser Arbeit nicht zureden, da er sonst genug zu tun hat. Aber Sie können es ihm natürlich anbieten.[1]

Ich hoffe, dass Sie meine Absage als endgültig ansehen werden.

Mit freundlichen Grüssen Ihr
[Arnold Sommerfeld]

[143] *Ernst Webendoerfer an Vieweg*[2]

Braunschweig, 18. Januar 1930.
Akten-Notiz. Besprechung mit Geheimrat A. Sommerfeld in München am Dienstag, den 14. Januar 30.

Die Verhandlungen waren ausserordentlich schwierig, da trotz wiederholter gegenteiliger Versicherungen Sommerfeld ausserordentlich misstrauisch und kleinlich war und wiederholt, nachdem er bereits Zugeständnisse gemacht hatte, diese wieder zurücknahm. Er ist damit einverstanden, dass auch für die neue Auflage[3] die Berechnung des Honorars nach dem Preise für das broschierte Exemplar erfolgt, wobei er mir die Versicherung abnahm, dass der Einbandpreis nicht über Gebühr teuer wird. Diese Zusicherung muss im Begleitschreiben zum Vertragsentwurfe noch einmal erwähnt werden. Seine Angaben beruhten auf der Annahme, dass der Preis für das broschierte Exemplar Rm 10.50 betrüge, was wir ihm auch seinerzeit mitgeteilt hätten.

In der Frage der Einnahme aus der englischen Uebersetzung[4] war nur nach hartem Kampf von ihm das Einverständnis mit einer Teilung 2/3 Sommerfeld 1/3 Vieweg zu erhalten.

Die Rm 400.– Beteiligung an der Unterstützung seines Assistenten[5] sagte ich zu. Er bittet, diesen Betrag demnächst an ihn zu überweisen, da er den Betrag schon gezahlt habe.

---

[1] Der Artikel wurde von Felix Bloch verfaßt.
[2] Aktennotiz (2 Seiten, Maschine), *Braunschweig, Vieweg, Sommerfeld*.
[3] [Sommerfeld 1931].
[4] [Sommerfeld 1923e].
[5] Karl Bechert.

S. beschwert sich, wie immer, über mangelnde Propaganda; vor allem sei es notwendig, den ausländischen Zeitschriften Prospekte beizulegen und sich mit ihm vorher in Verbindung zu setzen, da er gute Beziehungen zur „Physikal Revenue"[1] habe. Bei dieser Zeitschrift gäbe es „Letters to the Edition"; er könne vielleicht, wenn wir einen Prospekt beilegten, einen Brief an die Schriftleitung richten, in dem er besonders auf sein Buch und die neue Ausgabe hinwiese. Ich machte darauf aufmerksam, dass das sehr leicht falsch aufgefasst werden könnte, wenn ein Mann wie er von sich aus für den Absatz seines Buches, das auch so ginge, Propaganda mache, sagte ihm aber zu, dass wir gegebenenfalls etwas Besonderes für die neue Auflage tun wollten. Vor allen Dingen müsste diese Propaganda auch vor Erscheinen der englischen Uebersetzung erfolgen, wie er vor allem auch dafür sorgen würde, dass die englische Uebersetzung durch ihn, der ja doch Verbesserungen gegenüber der deutschen Auflage darin schaffen solle, so verzögert würde, dass wir mindestens ein Jahr mit der deutschen Ausgabe Vorsprung hätten.[2] Bei dem neuen Vertrage sind 50 Freiexemplare vorzusehen. S. ist der Meinung, dass die neue Auflage nicht so reichlich gewählt werden solle wie bisher, er denkt bei dem ersten Bande an 3 000 Exemplare, da dieser gewissermassen immer gleichbleibende Grundlagen der ganzen Lehre enthält, und bei dem zweiten Bande,[3] der verhältnismässig schneller veraltet, an 2 000 Exemplare.

Er sprach dann weiter über die ihm zuletzt gesandten Probeabzüge der Abbildungen, die in der letzten Auflage z. T. zu schlecht geworden waren, besonders die Figuren 5 und 10. Es wird hier erforderlich sein, noch einmal einen richtigen Maschinenabzug auf dem Auflagepapier zu machen, weil das Bild so, wie es von der Kunstanstalt abgezogen wird, sicher nicht herauskommt. Auch ist die Abbildung 3a zu flach, sie müsste mindestens so tief werden wie 3b, gegebenenfalls müssen die Aufnahmen retouschiert, aber dann vorher S. zur Begutachtung eingesandt werden.

Webendoerfer

[144] *An Wolfgang Pauli*[4]

München, den 24. Juni 1930.

Lieber Pauli!

Dank für Ihre Karte. Ich weiss es als Vertrauensbeweis zu schätzen, dass

---

[1] Gemeint ist die *Physical Review*.
[2] Eine englische Übersetzung der 5. Auflage erschien erst 1934, vgl. [Sommerfeld 1934d].
[3] [Sommerfeld 1939].
[4] Durchschlag (1 Seite, Maschine), *München, DM, Archiv NL 89, 003*.

Sie mir Ihre eheliche[n] Schwierigkeiten freimütig mitteilen.[1] Wie merkwürdig sich die Dinge verschieben! Ihre Frau hatte Lust auf Amerika, Sie keine. Jetzt haben Sie zwar keine Frau, aber Lust auf Amerika. Offengestanden werde ich lieber mit Ihnen allein, als zu zweit reisen.

Colby sagte mir,[2] dass Sie ihn ernstlich gefragt hätten, ob mir Ihre Begleitung auch recht sei. Wie können Sie daran zweifeln? Ich brauche Sie nur daran zu erinnern, dass ich Sie im vorigen Sommer in allererster Linie gegenüber Laporte genannt habe.[3] Ich bin überzeugt, dass wir eine sehr nette Zeit zusammen haben werden. Ich verspreche auch, nicht zu „streng" mit Ihnen sein zu wollen.

Ich bin im Begriffe, mir ein Häuschen zu bauen.[4]

Mit dem Solvay-Bericht habe ich noch nicht recht angefangen[,] aber ich lese darüber.[5]

Herzlich
Ihr [Sommerfeld]

[145] *Von Robert Emden*[6]

[September/Oktober 1930][7]

Lieber Sommerfeld!

Deinem Wunsche nachkommend will ich rasch einige Gedanken niederschreiben, od. richtiger gesagt nur skizzieren, die mir beim Lesen Deines Briefes gekommen sind.

Das Zusammenwirken der Physiker u. Astronomen in Amerika u. England, das Du schilderst, ist ja vorbildlich u. kann einen, namentlich hier

---

[1] Pauli hatte am 23. Dezember 1929 Käthe Deppner geheiratet; die Ehe wurde am 26. November 1930 schon wieder geschieden.

[2] Walter F. Colby, der an der University of Michigan in Ann Arbor Physik lehrte, hatte Sommerfeld im April 1930 in München besucht.

[3] Vgl. Brief [140].

[4] Ab Oktober 1930 lautete Sommerfelds Adresse Dunantstr. 6.

[5] Vom 20. bis 25. Oktober 1930 fand in Brüssel der 6. Solvay-Kongreß statt, der dem Thema Magnetismus gewidmet war. Sommerfeld referierte über „Magnetismus und Spektroskopie", [Sommerfeld 1932c].

[6] Brief (3 Seiten, deutsch), *München, DM, Archiv NL 89, 007*.

[7] Zwischen dem Erscheinen von Heft 3 (abgeschlossen am 18. September) und 4 (abgeschlossen 25. Oktober 1930) der *Zeitschrift für Astrophysik*. Vermutlich besteht ein Zusammenhang mit einem im Oktober für die Notgemeinschaft angefertigten Gutachten Sommerfelds „über den Stand der deutschen Astrophysik" *A. Sommerfeld an F. Schmidt-Ott, 16. Oktober 1930. München, DM, Archiv NL 89, 004.* Vgl. auch *A. Unsöld an A. Sommerfeld, 26. September 1930. München, DM, Archiv NL 89, 014.*

in München, mit bitterem Neide erfüllen. Aber anderseits habe ich den Eindruck, daß Du die deutsche astrophysikalische Forschung doch unterschätzst. U. daß sie auch sonst vielfach unterschätzt wird, ist mit in erster Linie in dem bisherigen Mangel eines deutschen Fachorganes begründet. Die Amerikaner haben ihr Astroph. Journal, die Engländer die vielseitigen Monthly Not.;[1] die deutschen Arbeiten aber erscheinen vielfach in englischer Uebersetzung od. in den verschiedenen rein physikalischen Zeitschriften, teils sind sie in den Berichten der Sternwarten vergraben. Da wird nun die neue Zeitschrift hoffentlich Wandel schaffen.[2] Es kam selbst mir überraschend, daß seit ihrer Gründung im Juni dieses Jahres bereits wertvolle Beiträge für über 5 Hefte, von denen 3 erschienen sind, einliefen. Daß die Zeitschrift auch im Auslande Beachtung findet, geht daraus hervor, daß Heft 4 nur Beiträge aus Holland u. Norwegen bringen wird.[3] (Milne hat hier bereits publiziert).[4] Du bist zu Deinem scharfen Urteile wohl dadurch gekommen, daß Du Deinen eigenen Arbeiten gemäß in erster Linie auf das Problem Atom–Stern eingestellt bist. Dies ist selbstverständlich von grundlegender Bedeutung u. steht heute im Vordergrund des Interesses, aber es füllt den Rahmen längst nicht aus. Aus andern Arbeitsgebieten greife ich als nächstliegend heraus: Wolf[5] hat auf dem Königsstuhl namentlich in Bezug auf Nebel u. die Milchstraße ein Beobachtungsmaterial allerersten Ranges geliefert. In Bezug auf Temperatur der Fixsternstrahlung haben Scheiner u. Wilsing klassische Arbeiten geliefert, u. Rosenberg hat auf diesem Gebiet photographische, Brill theoretische Arbeiten geliefert von bleibendem Werte.[6] In Radiometer u. Thermosäule haben die Amerikaner zwar neue Beobachtungsinstrumente von verblüffender Wirksamkeit gefunden, aber dafür ist in Neu-Babelsberg die Anwendung der lichtelektrischen Zelle zu hoher Vollendung ausgebaut worden.[7]

---

[1] Das *Astrophysical Journal* erschien seit 1895, die *Monthly Notices* der Royal Astronomical Society seit 1922.

[2] Der erste Artikel für die *Zeitschrift für Astrophysik* ging am 17. April 1930 ein, die Zeitschrift wurde von Emden herausgegeben, Sommerfeld war einer der Mitwirkenden.

[3] Das Heft enthielt nur die beiden Arbeiten [Minnaert 1930] und [Störmer 1930].

[4] [Milne 1930]. Edward Arthur Milne war Professor am Wadham College in Oxford.

[5] Max Wolf war seit 1902 Professor für Astrophysik und Geophysik an der Universität Heidelberg und leitete die Landessternwarte auf dem Königsstuhl.

[6] Der Frankfurter Professor Alfred Brill arbeitete über die Leuchtkraftbestimmung von Sternen; Hans Rosenberg leitete seit 1925 die Sternwarte der Universität Kiel; der 1913 verstorbene Julius Scheiner war Hauptobservator, der 1921 in den Ruhestand getretene Johannes Wilsing Observator in Potsdam gewesen.

[7] Vgl. allgemein [Wolfschmidt 1997], zu Wolf S. 161-165, lichtelektrische Photometer S. 237-240 und Rosenberg S. 240-241.

Wie ist nun Deutschland gegenüber Amerika so ins Hintertreffen geraten? Die Antwort lautet, so paradox es auch klingt, zum Teil daran, daß die deutsche Astrophysik zu früh da war. Als junge Wissenschaft hat sie einst unter Vogel die führende Stelle eingenommen, u. das Potsdamer Institut wurde für damalige Ansprüche mustergültig ausgebaut.[1] Erst später wurde das Institut auf dem Mount Wilson gegründet, ursprünglich lediglich zu dem eng umgrenzten (damals) Gebiete der Sonnenforschung. Beim Auftauchen neuer Probleme konnte es dank der reichen zur Verfügung stehenden Hülfsmittel sich diesen anpassen u. unter zielbewußter Leitung zu seiner heutigen Bedeutung entwickeln. In Potsdam ruhte man auf den gewonnenen Lorbeeren aus, die Weiterentwicklung blieb aus u. heute genügt Potsdam modernen Ansprüchen nicht mehr. Selbst Schwarzschild hat, seit er die Leitung dieses Institutes übernahm, keine bedeutende experimentelle Arbeit mehr geliefert.[2] Neuen Ansprüchen genügend wird jetzt im Einsteinturm gearbeitet,[3] Neu Babelsberg ist nach dieser Richtung hin erweitert worden u. ich war überrascht zu sehen, wie viel in der Göttinger Sternwarte mit den von der Notgemeinschaft gestellten Mitteln Zweckmäßiges geschaffen werden konnte.

U. nun noch einige Worte zur Gründung eines deutschen Institutes. Da ist mit in erster Linie die Platzfrage von Bedeutung. Da müßten meines Erachtens nach beinahe ausschließlich die klimatologischen Faktoren ausschlaggebend sein u. über diese kann einzig u. allein die Erfahrung Aufschluß geben. Wenn Du bedenkst, daß bei Spektralaufnahmen jedes (cum grano salis) punktförmige Sternbild auf einem engen Spalte stundenlang festgehalten werden muß, so wirst Du einsehen, daß eine geringe Luftunruhe, die sich sonst wenig störend erweist, falls sie nur länger andauernd, die Arbeit illusorisch macht. Nach meinem Gefühl sind Inseln die denkbar schlechtesten Orte,[4] da dank der Temperaturdifferenz Land–Wasser die weit ins Land hinein wehenden Land- u. Seewinde im 12.stündigen Wechsel sich einstellen u. bei Lage südlich des (rund) 35. Breitengrades, andauernd der Passatwind wirkt. Theoretisch kommen in erster Linie weitgedehnte, hoch gelegene Ebenen in Betracht, mit einem Minimum an Gewässern. Die Harvard Sternwarte hat ihr Observatorium von Arequippa (2 400[Meter])

---

[1] Hermann Carl Vogel war seit 1882 Direktor des Astrophysikalischen Observatoriums in Potsdam.
[2] Karl Schwarzschild war 1909 Direktor des Astrophysikalischen Observatoriums in Potsdam geworden.
[3] Vgl. [Hentschel 1992b].
[4] In einem Vorschlag von Freundlich aus dem Jahre 1928 wurde eine Mittelmeerinsel als Standort vorgeschlagen; vgl. [Wolfschmidt 1997, S. 497-501].

nach Südafrika verlegt, u. die Lick Sternwarte ihr Observatorium auf dem Mount Christal der katholischen Universität in Chile abgetreten.[1] Doch wie gesagt, hier kann allein die Erfahrung Aufschluß geben u. muß Ausschlag gebend sein, denn sonst liefe man Gefahr, schwer Lehrgeld bezahlen zu müssen. Hier sollte in erster Linie Kollege Kohlschütter, der auf diesem Gebiete große Erfahrung besitzt, gehört werden.[2] U. wie soll (die Personalfragen lasse ich ganz bei Seite) das Institut eingerichtet werden? Mit Geldmitteln u. Hurrastimmung ist's nicht getan. U. nichts wäre nach meiner Meinung nach verfehlter, als würde man das Institut allen möglichen Wünschen Rechnung tragend einrichten wollen. Hier müßte unbedingt von dem Grundsatze ausgegangen werden Multum non multa. Es müßte ein sorgfältig überlegter Arbeitsplan aufgestellt werden mit der Absicht, vorderhand ein engeres Arbeitsgebiet in erstklassiger Weise zu bearbeiten u. dann nach Maßgabe vorhandener Geldmittel für neue Probleme zu erweitern. Nur so ist man, da alles im Flusse ist, gegen Veralten des Instituts geschützt[.] Man nehme sich hier den Mount Wilson zum Muster.

Das beneidenswerte Zusammenarbeiten von Physikern u. Astronomen, auf das Du hingewiesen hast, läßt sich natürlich nicht erzwingen; selbst wenn die Persönlichkeiten vorhanden wären, kommen noch viele Imponderabilien hinzu. Im Einsteinturm findet regelmäßig Kolloquium statt, an dem die Herrn der 3 nahe zusammenliegenden Institute teilnehmen u. jeder in die Nähe kommende Kollege wird zu einem Vortrag eingefangen. In München wirkst Du als einer der ersten Atomphysiker, ich bin in einigen Gebieten der Astrophysik auch bewandert, München hätte zu einem Mittelpunkt theoretischer Astrophysik werden können.[3] Aber – –

Hast Du einmal an die Möglichkeit gedacht, das in Aussicht genommene Institut an das Kaiser-Wilhelms-Institut anzugliedern?[4] Vielleicht könnte so viel an Ausmessungsgerät gespart werden u. die Verbindung Atom–Stern ließe sich so am innigsten herstellen.

In alter Freundschaft
Dein R. Emden.

---

[1] Nach Schwierigkeiten mit der chilenischen Regierung wurde die Sternwarte 1928 übertragen, vgl. [Stone 1982]. Arequipa wurde 1927 aufgegeben und Mazelport–Bloemfontein im gleichen Jahr in Betrieb genommen, [Wolfschmidt 1997, S. 496].

[2] Arnold Kohlschütter war von 1926 bis 1946 Direktor der Universitätssternwarte Bonn.

[3] Sowohl der 1924 verstorbene Ordinarius Hugo von Seeliger als auch sein Nachfolger Alexander Wilkens standen der modernen Astronomie ablehnend gegenüber, vgl. [Litten 1992, S. 43-60].

[4] Möglicherweise ist damit das nur auf dem Papier bestehende, erst 1936 mit einem eigenem Institutsgebäude gegründete Kaiser-Wilhelm-Institut für Physik gemeint.

[146] Von Hans Bethe[1]

Cambridge, 2 XI 30

Lieber und sehr verehrter Herr Professor!

Entschuldigen Sie bitte, dass ich Ihnen nicht schon früher geschrieben und gedankt habe – denn schliesslich zeichnen Sie ja verantwortlich für die Tatsache meines Aufenthalts hier,[2] und diese Tatsache empfinde ich als äusserst angenehm. Alle Leute hier im Institut sind ganz besonders nett, und besonders Fowler kümmert sich sehr viel um mein Seelenheil. Mit Dirac ist es ja bekanntlich schwierig sich zu unterhalten, da 1 Dirac = 1 Wort pro Lichtjahr ist; dafür höre ich aber seine Vorlesung die sich ziemlich eng an sein Buch anschliesst, aber doch auch manche hübsche Beispiele zwischendurch bringt.[3] Ich bin von seiner Methode, zunächst eine exakte Fundierung der Quantentheorie zu geben und dann erst zu rechnen, sehr angetan – allerdings glaube ich, dass jemand, der noch nichts von Quantentheorie gehört hat, sich äusserst wenig vorstellen kann, wenn er von abstrakten ψ-Symbolen und ebenso abstrakten „observables" hört statt von Elektronen und Atomen, von denen er wohl erwartet etwas zu hören.

Besonders angenehm hier ist die grosse Häufigkeit von offiziellen und inoffiziellen Kolloquien, die alle auf einem ausserordentlich hohen Niveau stehen. Bei den offiziellen meetings ist natürlich Kernphysik das Haupt-Thema, und ich war überrascht, wie weit man doch schon in diesem Gebiet gekommen ist – besonders bezüglich Bestimmung von Kern-Niveaus.

Daneben tagt einmal in der Woche der „Kapitza-Klub"[4] in einem Privatraum in einem College, etwa 20 Leute, die mehr allgemeine Physik diskutieren, wobei Kapitza sich sehr aktiv beteiligt und alle 2 Minuten wissen will, „why". Besonders interessant war ein Report von Fowler über den Umsturz der Eddingtonschen Theorie des Sterninneren durch Milne:[5] Eddington hat eine singuläre Lösung der Stationaritäts-Bedingung für das Sterninnere genommen, die bekanntlich einen viel zu hohen Wert für den Absorptions-

---
[1] Brief (8 Seiten, lateinisch), *München, DM, Archiv HS 1977-28/A,19*.
[2] Bethe verbrachte auf Empfehlung Sommerfelds ein Jahr als Rockefeller-Stipendiat in Cambridge und Rom.
[3] [Dirac 1930]. Zur Physik in Cambridge vgl. [Hendry 1984].
[4] Vgl. die mikroverfilmten Protokolle von 1900–1958, *College Park, AIP*. Pjotr L. Kapitza arbeitete am Cavendish Laboratory.
[5] Milnes Theorie ergab eine um den Faktor 10 000 höhere Zentraldichte in den Sternen gegenüber Eddington; die verschiedenen Theorien des Sternaufbaus wurden auf einer Sitzung der Royal Astronomical Society am 9. Januar 1931 diskutiert, *Nature* No. 3195, Vol. 127, S. 130-131.

Koeffizienten voraussetzt. Alle anderen Lösungen scheinen viel höhere Dichten (nahezu dichtgepackte Kerne und Elektronen) und Temperaturen (10^{11} – 10^{12} Grad) für das Zentrum des Sterns zu geben – „that's just the nice hell one desires to have for the formation of nuclei etc." meinte Fowler.

Gestern hatten wir ein meeting in London, wo ich Darwin, den jüngeren Bragg und noch einige andere Leute kennen lernte.[1] Tagesordnung war Bericht über den Solvay-Kongress, worüber ich Ihnen natürlich nichts Neues sagen kann.[2]

Sie sehen, es ist viel „los" hier, und es ist vielleicht das Schönste hier, dass man in all diese Diskussions-Klubs so leicht hereinkommt, bezw. dass Fowler mich überall einführt und „awfully sorry" ist, wenn mir eine derartige Sache entgeht, wie neulich ein Vortrag von Eddington, in dem er das Massenverhältnis von Proton und Elektron zu $136^2/10$ ($10 = \frac{1}{2} \cdot 4 \cdot 5$, 4 = Dimensionszahl der Welt) berechnete.[3]

Mit der Sprache geht es mir sehr wechselnd. Vorträge in Kolloquien verstehe ich im allgemeinen ganz vollständig, dagegen sind Diskussionen äusserst kompliziert, weil die Leute meist schnell, leise und undeutlich sprechen. Immerhin sind hier Fortschritte zu konstatieren, ebenso in meinem Sprechen, das nicht mehr so unmöglich ist wie seinerzeit im Gespräch mit Tisdale.[4] Manchmal glaube ich sogar, es richtig zu können, werde aber gewöhnlich bald eines Besseren belehrt. Das schwierigste ist das Verstehen von Privat-Unterhaltungen, die nicht direkt an mich gerichtet und infolgedessen mit grosser Geschwindigkeit durchgeführt werden. In einem Monat soll ich übrigens im Kapitza-Klub über Metallelektronen sprechen – wie das geht, ist mir vorerst noch nicht klar.

Mit Kapitza hatte ich ein langes Gespräch über Franks Theorie usw., und ich konnte nicht übermässig viel pro Frank sagen.[5] Besonders dass die Au-Experimente von Meissner und Scheffers keinerlei Sättigung zeigen,[6]

---

[1] Charles Galton Darwin war Tait Professor für Natural Philosophy an der Universität Edinburgh, William Lawrence Bragg Physikprofessor an der Universität Manchester.

[2] Ende Oktober hatte in Brüssel der 6. Solvay-Kongreß stattgefunden, an dem auch Sommerfeld teilgenommen hatte.

[3] Vgl. Brief [152].

[4] Wilbur E. Tisdale war Beauftragter der Rockefeller Foundation für den Bereich Naturwissenschaften mit Amtssitz in Paris.

[5] Das folgende bezieht sich auf die Temperaturabhängigkeit des elektrischen Widerstands von Metallen in einem Magnetfeld bei tiefen Temperaturen, vgl. [Kapitza 1929] sowie [Sommerfeld und Frank 1931].

[6] [Meißner und Scheffers 1929], [Meißner und Scheffers 1930] sowie [Kapitza 1930]. Zu dieser Kontroverse vgl. den Briefwechsel Meißner-Kapitza im Nachlaß Meißner, München, Deutsches Museum.

während sie es nach Frank schon zeigen müssten, und noch mehr die äusserst schlagende Abhängigkeit des Geltungsbereichs des quadratischen Gesetzes von der Güte des Kristalls sind wohl schwer zu überwindende Schwierigkeiten für die Theorie. Ausserdem wirkte versöhnend auf mich, dass Kapitza seine Theorie nicht als Theorie ansieht. Seine Ansicht, dass der Widerstand bei tiefen Temperaturen mit e^{-T} abfällt, glaube ich allerdings nicht. Dagegen finde ich die Hypothese, dass Supraleitfähigkeit = Verschwinden der Störung durch Verunreinigungen und garkein elementarer Effekt ist, mindestens beachtenswert.[1]

Was meine eigene Arbeit betrifft, so bin ich jetzt zu dem Thema gekommen, was ich eigentlich in München hätte treiben sollen, nämlich Metallelektronen. Die Widerstands-Abhängigkeit vom Magnetfeld hat sich nicht sehr befriedigend weiter entwickelt: Man bekommt zwar die richtige Grössenordnung bei flüssiger-Luft-Temperatur, aber eine ganz verkehrte Temperatur-Abhängigkeit, nämlich eine ähnliche wie bei Ihnen (ZS. 47, 56)[2]

$$\frac{\Delta\varrho}{\varrho} = \text{const} \cdot (l\,H)^2 = \text{const.}\,(\sigma H)^2$$

(l = freie Weglänge, σ = Leitfähigkeit), d. h.

$$\Delta\varrho = \text{const.}\,H^2\sigma$$

d. h. die absolute Widerstandsänderung sollte umgekehrt proportional dem Widerstand selbst sein, während sie nahe[zu] temperaturunabhängig ist, sogar etwas mit abnehmender Temperatur abnimmt. Allerdings bin ich nicht ganz sicher, ob ich nicht etwas übersehen habe, da ich die Rechnungen nur skizziert habe.

Fowler hetzte mich zunächst auf den Thomson-Koeffizient,[3] und sagte mir, er käme bei Ihnen mit dem falschen Vorzeichen heraus. Das ist Tatsache: Wenn der positive Strom zu hohen Temperaturen fliesst, also die Elektronen mit dem Temperaturgefälle, wird normalerweise weniger als die Joulesche Wärme produziert nach Ausweis der Experimente (ausgenommen natürlich Fe etc.). Man sollte das Umgekehrte erwarten, weil ja die Elektronen sozusagen neben der elektrischen noch eine vermehrte thermische Energie in die Gebiete tiefer Temperatur mitführen, und so kommt es

---

[1] Zu den erfolglosen Bemühungen bei der Deutung der Supraleitung vgl. [Hoddeson et al. 1992, Kap. 2.6].
[2] [Sommerfeld 1928c].
[3] Das folgende betrifft die thermoelektrischen Eigenschaften von Metallen, vgl. [Sommerfeld 1928c, § 6].

auch bei Ihnen heraus: Q ist kleiner als J^2/σ, wenn J (was bei Ihnen aber den Elektronenstrom bedeutet) und $\partial T/\partial x$, der Temperaturanstieg, gleiche Richtung haben. Ich habe nun gesehen, dass der Thomson-Effekt sehr empfindlich ist gegen Änderung in der Funktion, welche die Abhängigkeit der Energie von der Wellenzahl beschreibt. Vor allem handelt es sich um die Frage nach der Anzahl $\Omega(E)$ der Phasenzellen mit einer Energie zwischen E und $E + dE$, und zwar geht $(\partial \Omega/\partial E)_{E_0}$ ($E_0 = kT \lg A =$ Grenzenergie der Fermi-Verteilung) ein. Dies wird aber durch die Wirkung des Gitterpotentials nach Bloch stark verändert. Ausserdem muss man aber, um das richtige Vorzeichen des Thomsoneffekts zu bekommen, annehmen, dass die freie Weglänge mit zunehmender Elektronen-Geschwindigkeit bei festem T abnimmt, und dieser „Ramsauereffekt" erscheint,[1] wenn man sich die Blochsche Arbeit genauer ansieht, wahrscheinlich.– In letzter Zeit habe ich viel über die Wechselwirkung der Elektronen im Metall nachgedacht, ohne zu einem endgültigen Resultat zu kommen (Verbindung zwischen Blochs und London–Heitlers Methode der Behandlung des Kristalls).[2]

Ich hoffe, in München geht alles gut und bin mit herzlichsten Grüssen

Ihr dankbarer Hans Bethe

[147] *An Vieweg*[3]

München, den 11. November 1930.

Sehr geehrter Herr!

Besten Dank für Ihren Brief vom 7. November.[4] Zunächst bemerke ich dass meine Adresse nicht Duna*r*strasse sondern Duna*nt*strasse 6 ist.

Ich möchte gern den Preis von Band 1 unterhalb 30 M halten, also etwa 29 oder 28 M gebunden, weil dies für die Verbreitung des Buches wesentlich sein dürfte. Vielleicht wird der Umfang kleiner als 45 Bogen werden. Ich will das meinige dazu tun. Ich glaube jetzt, dass Sie die Auflage von 2 500 riskieren können.

---

[1] Der Ramsauereffekt bezeichnet den bei der Streuung von Elektronen an Gasatomen festgestellten Befund, daß für langsame Elektronen das Gas durchlässiger wird – was im Rahmen der klassischen Streutheorie unverständlich blieb; [Bloch 1928]. Vgl. auch Brief [155], Seite 331.

[2] Vgl. [Hoddeson et al. 1987, S. 291-300] und [Hoddeson et al. 1992, S. 107-110].

[3] Brief (1 Seite, Maschine), *Braunschweig, Vieweg, Sommerfeld.*

[4] In diesem Brief wird Sommerfeld gebeten, über die Abgrenzung des *Wellenmechanischen Ergänzungsbandes* (das ist Band 2) gegenüber *Atombau und Spektrallinien* (das ist Band 1) bei den geplanten Neuauflagen Auskunft zu geben. Vgl. auch die Aktennotiz [143].

Ich bin der Meinung, dass Band 1 und 2 voneinander unabhängig sein sollen, so wie bisher das Hauptwerk und der Ergänzungsband unabhängig verkauft wurden. Chemiker und Mediziner werden nur den ersten Band kaufen, Physiker, die schon die 4. Auflage haben, vielfach nur den 2. Band. Sie werden den 2. Band kaum früher herausgeben wollen, als der Ergänzungsband vergriffen ist. Glauben Sie dass dies bis zum Sommer der Fall sein wird? Ich werde von Amerika Anfang Oktober wieder zurück sein.[1] Manches z. B. Register kann auch in meiner Abwesenheit von Dr. Bechert erledigt werden.[2]

Im 1. Bande wird zwar oft auf den 2. wellenmechanischen Band verwiesen. Aber die Trennung des Inhalts ist strenge durchgeführt. Der 1. Band entspricht inhaltlich der bisherigen 4. Auflage, der 2. Band wird eine Erweiterung des Ergänzungsbandes sein.[3]

Mit hochachtungsvollem Gruss
A. Sommerfeld

[148] *An Max Born*[4]

München, den 11. November 1930.

Lieber Born!

Anbei das Corpus delicti, für das Sie sich freundlichst interessieren wollten.[5] Der heikle Punkt ist folgender: Stark reitet auf dem vierwertigen Kohlenstoff herum und gerade bei diesem setzt die Spin-Theorie von London etwas aus. Eine neuere Untersuchung hierüber ist mir nicht bekannt, vielleicht weiss Heitler mehr darüber, als London in Band 46 der Zschft. f. Phys. publiziert hat.[6]

Eine Abhandlung will ich nicht schreiben. Die Erwiderung ist schon länger geworden, als mir lieb ist. Zu meiner persönlichen Beruhigung wird mir natürlich auch eine längere Auseinandersetzung willkommen sein, ohne dass ich mich binde, sie im Druck zu benutzen.

---

[1] Sommerfeld kehrte Anfang September von der Sommerschule in Ann Arbor zurück.
[2] Das Vorwort von [Sommerfeld 1931] ist mit „November 1931" datiert.
[3] [Sommerfeld 1939].
[4] Durchschlag (1 Seite, Maschine), *München, DM, Archiv NL 89, 001*.
[5] [Sommerfeld 1930a], vgl. Brief [135]. Born fühlte sich an der jüngsten Auseinandersetzung zwischen Sommerfeld und Stark „nicht ganz unbeteiligt", da er Sommerfeld bei einer Unterhaltung in Göttingen „etwas aufgehetzt" habe, vgl. *M. Born an A. Sommerfeld, 1. Oktober 1930. München, DM, Archiv NL 89, 024, Mappe Starkiana.*
[6] [London 1928]. Heitlers aktuelle Arbeiten dazu waren [Heitler 1930], [Heitler und Herzberg 1929].

Ich habe die Erwiderung solange herausgeschoben, dass es mir lieb wäre, sie jetzt bald abschicken zu können.

Wenn Sie an Ihrer Denkschrift für das Recheninstitut festhalten, so werde ich sie bei dieser Gelegenheit gern durchlesen.[1]

Mit freundlichen Grüssen an Sie und Heitler
[Arnold Sommerfeld]

[149] *Von Max Born*[2]

Göttingen, den 13. 11. 1930.

Lieber Herr Sommerfeld,

Heitler und ich haben Ihre „Erwiderung" gelesen und durchgesprochen.[3] Wir hatten beide den Eindruck, daß sie im Ton und Inhalt vortrefflich ist: sachlich scharf und doch höflich. Sehr gut ist, daß Sie Stark offen vorhalten, er habe die Originalarbeiten nicht gelesen.

Ich möchte nun noch einige sachliche Bemerkungen machen, die Sie benützen können, wie es Ihnen beliebt.

Die quantenmechanische Theorie der binären Bindungen hat neben London auch Heitler behandelt und die allgemeine Formel für die Bindungsenergie zweier Atome aufgestellt (s. das Referat von Heitler in der Phys. Zeitschr. *31*, 1930, S. 185, Heft 5);[4] der tiefste Zustand hat danach die Energie

$$W = W_0 + kI,$$

wo k die kleinere der beiden Zahlen n, m ist, die die Anzahlen der Valenzelektronen der beiden Atome bedeuten (W_0 Coulombsche Energie, I Austauschintegral). Die einfachste Ableitung dieser Formel steht in meiner letzten Arbeit; dabei ist statt der Gruppentheorie das Verfahren von Slater benützt.[5] Mit dieser neuen Methode haben jetzt Heitler und Rumer eine Menge *mehr*atomiger Verbindungen rechnen können und dabei teilweise die Valenzstrich-Lehre der Chemiker bestätigt, teils Abweichungen gefunden;[6]

---

[1] Im Vorgängerbrief hatte Born geschrieben, er habe für sein „altes Projekt eines physikalischen Recheninstitutes" an die Adresse der Rockefeller Foundation „eine Art Denkschrift" verfaßt, *M. Born an A. Sommerfeld, 1. Oktober 1930. München, DM, Archiv NL 89, 024, Mappe Starkiana*. Vgl. auch den Antwortbrief [149].

[2] Brief (5 Seiten, lateinisch), *München, DM, Archiv NL 89, 024, Mappe Starkiana*.

[3] [Sommerfeld 1930a].

[4] [Heitler 1930].

[5] [Slater 1929], [Born 1930].

[6] [Heitler und Rumer 1931]. Georg Rumer hatte die UdSSR wegen Angriffen gegen die Relativitätstheorie verlassen, vgl. [Born 1969, Brief 59].

in letzterem Falle stimmt aber die neue Theorie *besser* mit der Erfahrung als das Valenzschema der Chemiker (z. B. bei Cyansäure CNOH). Das sollte man eigentlich Stark vorhalten; nur ist die Arbeit leider nicht erschienen (kommt in ein paar Wochen).

Was nun den Kohlenstoff betrifft, so haben Heitler und Herzberg (Z. f. Phys. *53*, 1929, S. 52)[1] gezeigt, daß folgende Auffassung richtig ist:

Der Grundzustand des C-Atoms (im ungebundenen Zustande) ist natürlich (außer den beiden K-Elektronen):

L-Schale: s s p p ^{3}P.

In Verbindungen aber führt nicht dieser Zustand, sondern ein leicht *angeregter* zum tiefsten Molekülzustande; nämlich dieser C-Atom-Zustand:

L-Schale: s p p p ^{5}S;

bei diesem sind alle 4 Spins parallel gerichtet (keine zwei „abgesättigt"), das gibt also „4 Valenzen". (Die Gesammtheit der tiefsten Zustände dieser sppp-Anordnung sind außer dem ^{5}S-Zustande: ^{3}D ^{3}P ^{3}S ^{1}D ^{1}P, alle mit gleicher Hauptquantenzahl $n = 2$). Heitler und Herzberg betrachten zum Beweise ihrer Behauptung das CN-Molekül, dessen Energiekurven (Bindungsenergie als Funktion des Kernabstandes) so aussehen:

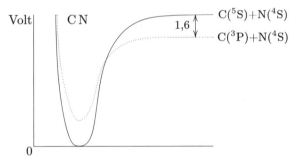

CN dissoziert in ~~einen angeregten Zustand~~ C + N, wobei eines von beiden, C oder N angeregt sein muss, und zwar um etwa 1,6 Volt. Da aber die niedrigste Anregungsspannung von N 2,4 Volt beträgt, muss es das C-Atom sein, das beim Dissoziieren angeregt übrig bleibt. Die niederste Anregungsstufe des C ist eben jener ^{5}S-Zustand. Es gibt aber noch andere experimentelle Beweise dafür.

Natürlich wird es völlig unmöglich sein, Stark klar zumachen, daß

1) das C-Atom in seinen Verbindungen nicht im Grundzustande ist (wobei in diesem übrigens nicht alle 4 Elektronen gleichberechtigt sind: sspp und die „Valenz" gleich 2 ist);

2) der in Verbindungen erscheinende sppp ^{5}S-Zustand von uns mit recht als *4-wertig* bezeichnet wird (weil alle 4 Spins gleich $+\frac{1}{2}$ sind, Summe

---

[1] [Heitler und Herzberg 1929].

$4 \cdot \frac{1}{2} = 2$, Multiplizität $2 \cdot 2 + 1 = 5$), obwohl die 4 Elektronen *nicht* alle gleich gebunden sind, sondern eines im s-, 3 im p-Zustande.

Die Hoffnung, Stark dies klar zu machen, habe ich nicht. Ich schreibe es nur zu Ihrer Orientierung, weil Sie die spätere Arbeit (Bd. 53) nicht zu kennen scheinen.

Was die Denkschrift über das Recheninstitut betrifft,[1] so schicke ich sie Ihnen lieber jetzt noch nicht. Wenn Sie von selbst zu der Meinung kommen, daß beim Rechnen von Atom- und Molekülzuständen u. ähnlichem organisierte Zusammenarbeit von Vorteil sein wird, so werde ich Ihnen gern meine Pläne unterbreiten. Inzwischen werde ich sie verbessern und durchdenken. Für so etwas muss die Zeit reif sein. Nur eines möchte ich sagen: Außer den sachlichen Gründen habe ich noch solche der Personal-Politik. In Deutschland sind für absehbare Zeit alle Stellen für theoretische Physik besetzt, die Gründung neuer ausgeschlossen. Andrerseits gibt es eine *Schar besonders tüchtiger Leute*; ich zähle auf, was mir gerade einfällt: Wigner, London, Heitler, Bethe, Nordheim, Peierls u.s.w. Bei Ihnen wachsen sicher neue heran, auch ich habe einige *sehr* gute: Weißkopf, Stobbe, Delbrück, Maria Goeppert. Sicher gibt's in Berlin, Leipzig, Zürich noch mehr. Was soll aus all denen werden? Sie beginnen bereits nach Amerika abzuwandern, wie es Herzfeld, Laporte und die Holländer Uhlenbeck, Goutsmith, Diecke vorgemacht haben.[2] Aber dort ist es auch schon schwer, unterzukommen. Ich glaube, daß die Gründung eines großen Recheninstituts auf internationaler Basis viele wertvolle Kräfte der Wissenschaft erhalten könnte. Doch dies ist nur ein Nebenmotiv.

In diesem Winter promovieren zwei meiner besten Leute.[3] Wissen Sie irgendwo eine freie Assistenten-Stelle?

Mit besten Grüßen von Haus zu Haus
Ihr M. Born.

---

[1] Vgl. Fußnote 1, Seite 318.

[2] Karl F. Herzfeld wurde 1926 Professor an der Johns Hopkins University in Baltimore, Otto Laporte folgte nach einem einjährigen Gastaufenthalt 1924 am National Bureau of Standards 1926 einem Ruf an die University of Michigan in Ann Arbor, George E. Uhlenbeck und Samuel Goudsmit wechselten 1927 als Instructor an die University of Michigan, Gerhard Heinrich Dieke kam 1930 an die Johns Hopkins University. Eine vollständige Liste findet sich in [Sopka 1980, S. A.29].

[3] Zu dieser Zeit promovierten Martin Stobbe, Victor F. Weisskopf und Maria Goeppert-Mayer bei Born, *M. Born an A. Sommerfeld, 13. Mai 1931. New York, Leo Baeck Institute, Born AR-B.231 1984.*

[150] An Arthur March[1]

München, den 12. Januar 1931.

Sehr geehrter Herr Kollege!

Ich danke Ihnen verbindlichst für die freundnachbarliche Sendung Ihres Buches durch Herrn Sauter,[2] den wir wohl beide gleich hoch schätzen. Ihr Buch zeigt, wie liebevoll und intensiv Sie sich mit der neuen Theorie beschäftigt haben. Sie nehmen dabei den revolutionären, ich den evolutionären Standpunkt ein. Sie lassen, wie mir scheint, der alten Theorie nicht volle Gerechtigkeit widerfahren, ich habe die neue Theorie nicht in ihrer vollen Bedeutung gewürdigt. Mein Buch wird Ihnen direkt vom Verlag aus zugehen.

Mit freundlichen Grüssen
[Arnold Sommerfeld]

[151] An Carl Wilhelm Oseen[3]

München, 22. II. 1931.

Lieber Oseen!

Wir haben lange nichts voneinander gehört. Ich komme heute wegen einer hydrodynamischen Frage zu Ihnen. Es handelt sich um die „Ringwellen", die entstehen, wenn man einen Stein in's Wasser wirft, also: $y = 0$ für $t = 0$, ausser in einem kleinen kreisförmigen Gebiet σ, für das $\int y \, d\sigma = 1$. Ich habe dies Problem, im Anschluss an eine Vorlesung, einem jungen, nicht sehr begabten Manne als Examens-Arbeit gestellt (nicht als Doctorarbeit!). Die „englischen" Methoden von W. Thomson[4] (Methode der stationären Phase) befriedigen mich nicht. Ich bin überzeugt, dass sie durch die „Methode der Sattelpunkte" ersetzt werden müssen. Ich habe in den Arbeiten von Hogner nachgesehn, da ich überzeugt bin, dass bei Ihnen die Frage exakt behandelt sein dürfte.[5] Können Sie mir Literatur oder zweckdienli-

---

[1] Durchschlag (1 Seite, Maschine), *München, DM, Archiv NL 89, 025, Mappe von AS.*
[2] Nach der Promotion 1928 in Innsbruck bei March wurde Fritz Sauter 1931 Assistent von R. Becker an der TH Berlin. [March 1930] ist die Neuauflage von [March 1919].
[3] Brief (2 Seiten, lateinisch), *Stockholm, Akademie, Oseen.*
[4] William Thomson, Lord Kelvin.
[5] Die fast vier Wochen verzögerte Antwort entschuldigte Oseen: „Die Erklärung gibt die beigelegte Skizze von Hogner. Nur zaghaft und nach vielen Ueberlegungen zwischen Hogner und mir sende ich Ihnen diese Blätter. Wir haben das Gefühl Eulen nach Athen zu tragen." *C. W. Oseen an A. Sommerfeld, 16. März 1931. München, DM, Archiv NL 89, 011.* Siehe auch [Hogner 1928] und [Oseen 1930].

che Ratschläge dazu geben? Der mathematische Ansatz ist klar – Integral mit Bessel'schen Funktionen; aber die Ausführung macht Schwierigkeiten, wegen des Dispersions-Gesetzes der Schwerewellen (tiefes Wasser vorausgesetzt). Was Lamb darüber sagt,[1] ist sehr unbefriedigend. Meine eigenen Rechnungen stecken, wegen mannigfacher Semesterarbeit, zu der unglücklicher Weise auch die Neuauflage meines Buches kommt, noch in den Anfängen.[2]

Ich bin nicht sehr glücklich mit der „unbestimmten Physik", besonders wenn darüber stundenlang von jungen Entusiasten resp. Formalisten im Seminar vorgetragen wird, obwohl ich die Berechtigung der ganzen Betrachtungsweise anerkennen muss. Aber vielleicht lässt sie sich doch einmal durch etwas „Metaphysik" überwinden (alle Physik ist nach Einstein Metaphysik). Wie unschön würde z. B. die allg. Relativitäts-Theorie werden, wenn man auch dort überall die Mess-Genauigkeit berücksichtigen würde!

Mit vielen Grüssen stets Ihr
A. Sommerfeld.

[152] *Von Hans Bethe*[3]

Rom, 9 IV 31

Lieber und sehr verehrter Herr Professor,

sehr vielen herzlichen Dank für Ihren Brief. Entschuldigen sie bitte, dass ich erst heute antworte. Ich habe also anliegend einen Brief für die Notgemeinschaft vorbereitet und danke Ihnen im Voraus sehr, dass Sie ihn unterstreichen wollen. Würden Sie wohl so gut sein und 250 M für mich beantragen? Die Aussichten für Bewilligung von mehr als 200 sind allerdings wohl nicht sehr gross.[4]

Ich bin inzwischen ganz begeistert von Rom. Man kann jeden Tag eine neue schöne Entdeckung in der Stadt machen. Besonders das Colosseum hat es mir sehr angetan, wie überhaupt die antiken Gebäude. Zu den allzu prunkvollen Kirchen der Renaissance und Barockzeit kann ich weniger ein Verhältnis finden.

Das Beste an Rom ist aber unbedingt Fermi.[5] Es ist ganz fabelhaft,

---

[1] [Lamb 1924, Art. 238].
[2] Vgl. die Behandlung in [Sommerfeld 1945c, S. 185-194]. Sommerfeld ließ das Thema später in einer Dissertation behandeln, vgl. [Widenbauer 1934].
[3] Brief (12 Seiten, lateinisch), *München, DM, Archiv HS 1977-28/A,19*.
[4] Zu den Details der finanziellen Förderung vgl. Briefe [156] und [157].
[5] Vgl. für den folgenden Absatz [Holton 1974].

wie er bei jedem Problem, das ihm vorgelegt wird, sofort die Lösung sieht, und wie er es versteht, so komplizierte Dinge wie die Quantenelektrodynamik* ganz einfach darzustellen, und sogar einem so grossen Auditorium wie dem Kongress der Italienischen Physikalischen Gesellschaft, der neulich hier tagte, einen Begriff darüber zu geben. Er kümmert sich ausserordentlich viel um alle Arbeiten, die im Institut gemacht werden, auch um die experimentellen (Rasetti und Segré) und unterhält sich fast jeden Tag mit jedem Einzelnen. Ich bewundere, dass er trotzdem noch zu eigenen Arbeiten kommt. Ausserdem tut es mir jetzt eigentlich leid, dass ich nicht länger hierbleiben kann, bezw. dass ich nicht die ganze Rockefeller-Zeit hierhergegangen bin. Obwohl Cambridge sehr interessant zu sehen war und man von den vielen Kapazitäten dort natürlich sehr viel profitieren kann – die Anregung, die ich hier von Fermi habe, ist um Grössenordnungen grösser; schon deshalb natürlich, weil hier viel weniger Leute sind, aber auch sonst – Dirac spricht bekanntlich nur ein Wort pro Lichtjahr, und die anderen Leute in Cambridge haben bei weitem nicht den Überblick über die Quantentheorie wie Fermi.

Ich arbeite hier – und auch schon in der letzten Zeit in Cambridge – wieder an den Absorptionsspektren der Kristalle. Die Anregung dazu kam durch Versuche von Schnetzler, die bei Joos in Jena gemacht sind, über den Zeemaneffekt der Absorptionslinien eines kubischen Kristalls ($CrAl(SeO_4)_3$).[1] Er fand eine sehr ausgesprochene Abhängigkeit des Aufspaltungsbildes von der Richtung des Magnetfeldes relativ zu den Kristallaxen. Ich hatte früher gefunden, dass die Grösse der Termaufspaltung unabhängig von der Feldrichtung ist. Jetzt habe ich Intensität und Polarisation der Zeemankomponenten berechnet und gefunden, dass diese tatsächlich eine überaus starke Richtungsabhängigkeit besitzen, die qualitativ in Übereinstimmung mit dem Experiment ist. Sie geht soweit, dass einige Komponenten, die für ein Magnetfeld parallel zu einer Würfelkante ganz ausfallen, bei anderen Feldrichtungen neu auftreten und bei Feld parallel der Würfeldiagonale zu den stärksten Komponenten überhaupt gehören! Ausserdem fand ich, dass in einem Fall (der aber bei Schnetzler nicht realisiert ist) sogar die Termaufspaltung im Magnetfeld richtungsabhängig wird (entgegen meiner früheren Behauptung). Dann habe ich jetzt die Terme eines Ions in einem Kristall von beliebiger Symmetrie mit Berücksichtigung des Spins und der Wechselwirkung der Elektronen eines Ions unter sich berechnen können und gefunden, dass die Formeln, die ich früher für die Kristallterme eines Ions mit einem einzelnen Elektron gefunden hatte, ganz

---

[1] Vgl. [Bethe 1930], [Joos und Schnetzler 1933].

allgemein gelten.[1] Bei dieser Gelegenheit habe ich mich auch mit der Theorie der Multiplett-Spektren ganz im allgemeinen etwas befasst, und einige Beziehungen allgemein beweisen können, die in der Arbeit von Slater (Phys. Rev. 34) scheinbar zufällig herauskommen:[2] Z. B. hat ein Atom mit 2, 3, 7 oder 8 d-Elektronen je einen 3 P bezw. 4 P und einen 3 F bezw. 4 F-Term (sonst nur Singletts bezw. Dubletts) und es zeigt sich, dass der jeweilige Abstand der beiden Terme (F und P) für alle vier Atome durch die gleiche Formel $\alpha\, F^2 + \beta\, F^4$ (α und β sind gleich für alle 4 Atome, F^2 und F^4 sind zwei Integrale, die nur von den radialen Eigenfunktonen abhängen, z. B. $F^2 = \int_0^\infty r^2 \cdot \psi^2(r) \cdot r^2 \mathrm{d}r \int_0^r \frac{1}{\varrho^3}\psi^2(\varrho)\varrho^2 \mathrm{d}\varrho$ und sich deshalb kontinuierlich mit steigender Atomnummer ändern) gegeben ist. Das liegt daran, dass beim Atom mit 3 Elektronen gerade 2 an einer halbvollen Schale fehlen, und für die Austauschintegrale sind halbvolle Schalen (bei höchster Multiplizität, alle Elektronen haben gleiche Spinrichtung) ebensogut wie ganz volle und fehlende Elektronen natürlich so gut wie vorhandene. Dasselbe wiederholt sich bei f-Elektronen: Für 2, 5, 9 oder 12 hat man (Triplett bezw. Sextett) H F P-Terme, für 3, 4, 10, 11 f-Elektronen Quartett bezw. Quintett J G F D S-Terme, in jeder der beiden Gruppen sind immer die Abstände zwischen den verschiedenen Termen höchster Multiplizität durch die gleiche Funktion der radialen Eigenfunktionen gegeben. Ausserdem bestehen noch Beziehungen zwischen der relativen Lage der Terme zweithöchster Multiplizität (etwa Quartetts des Fe^{+++}) zum Term höchster Multiplizität (^{6}S beim Fe^{+++}) beim Atom mit halbvoller Schale einerseits und der Lage der Terme des Atoms mit zwei Elektronen in der Schale andererseits – man hat fast den Eindruck, dass alle Multiplett-Abstände aller Atome mit einer unabgeschlossenen Schale etwas miteinander zu tun haben.–

Bezüglich der Kristallspektren habe ich weiter gesehen, dass alle Absorptions-Linienspektren ausschliesslich aus verbotenen Linien bestehen.[3] Denn es lagern sich z. B. bei den seltenen Erden die Elektronen der 4f-Schale um, dieser Übergang ist aber nach der Laporteschen Regel verboten (die Summe der azimutalen Quantenzahlen aller Elektronen des Atoms muss sich beim Übergang um eine ungerade Zahl ändern). Quadrupol-Absorption

---

[1] Vgl. [Bethe 1929] und [Bethe 1930].

[2] [Slater 1929].

[3] Die Emission und Absorption von Multipolstrahlung unterliegt verallgemeinerten Auswahlregeln; bezogen auf die für elektrische Dipolstrahlung formulierten Auswahlregeln können also „verbotene Linien" auftreten. Die „Laportesche Regel" wurde am Eisenspektrum für elektrische Dipolübergänge formuliert und besagt, daß nur Terme miteinander kombinieren, für welche die Summe der Bahndrehimpulse gerade bzw. ungerade ist, vgl. [Sommerfeld 1931, S. 481].

lässt sich wegen der beobachteten Polarisation ausschliessen; die Übergänge werden vielmehr vom Kristallfeld selbst erst erzwungen – und damit das möglich ist, darf das Ion nicht Inversionszentrum des Kristalls sein, d. h. es muss in einer Lage sein wie etwa das Diamantatom. Dementsprechend sind die Übergangswahrscheinlichkeiten klein und entsprechen etwa 10^{-8} Dispersionselektronen pro Linie, was mit dem Experiment (anomale Dispersion) übereinstimmt. Ausserdem habe ich festgestellt, welche Bedingungen erfüllt sein müssen, um überhaupt Linien-Absorptionsspektren von Kristallen zu bekommen: Innere unabgeschlossene Schale von kleinem Durchmesser und grosser Abstand gleichartiger Ionen voneinander. Jetzt will ich noch die Temperatur-Verbreiterung der Linien rechnen.

Es hat sich ergeben, dass der Paramagnetismus der Jonen im Kristall für $kT \gg$ Kristallaufspaltung mit dem der freien Jonen übereinstimmt;[1] bei Zimmertemperatur ist das i. allg. erfüllt, wenn die Kristallstruktur nicht zu sehr von kubischer abweicht. Dann gibt es auch keine (oder nur kleine) Richtungsabhängigkeit des Paramagnetismus (bei kubischer Symmetrie gibt es natürlich nie eine Richtungsabhängigkeit). Bei tiefen Temperaturen wird alles ganz anders als bei freien Ionen, der Paramagnetismus ist meist (aber nicht stets) kleiner als beim freien Ion und richtungsabhängig, bei einaxigen Kristallen folgt er z. B. für Magnetfeld parallel der Hauptaxe dem Curieschen Gesetz bei tiefsten Temperaturen (nach einer Unterbrechung bei Temperaturen von der Grössenordnung $\frac{1}{k} \cdot$ Kristallaufspaltung $\sim 100°$ abs.), für Feld senkrecht dazu erreicht er einen konstanten Wert, wenn das Jon eine gerade Anzahl Elektronen besitzt, und folgt nur bei ungerader Elektronenzahl dem Curie-Gesetz mit anderer Konstante als bei Magnetisierung in der Hauptaxe. Ich glaube, dass sich im Anschluss daran eine Anzahl interessanter magnetischer Experimente ergeben, die allerdings tiefe Temperatur voraussetzen. Aber vielleicht sieht man schon was bei flüssiger Luft.–

Die Widerstandsänderung im Magnetfeld habe ich sehr bald aufgegeben.[2] Ich glaube nicht, dass sich viel mehr herausbekommen lässt als die Temperaturabhängigkeit, ehe man wirklich die Eigenfunktionen eines Metallkristalls kennt, und das scheint beinahe hoffnungslos. Peierls scheint sich die Mühe gemacht zu haben weiterzurechnen, hat aber offenbar auch wenig herausgebracht.[3] Auch die thermoelektrischen Effekte sind nicht weitergekommen; man kann bloss sehen, dass die Blochsche Theorie andere Re-

---

[1] Dies blieb unpubliziert.
[2] Vgl. Brief [146] sowie [Sommerfeld und Bethe 1933, Ziffer 48, 49].
[3] Vgl. [Peierls 1930] und [Peierls 1980, S. 35].

sultate gibt als die Ihrige, weil es sich um empfindlichste Differenzeffekte handelt, und die Abweichungen gehen in Richtung auf den experimentellen Wert. Aber es hat keinen Sinn weiterzurechnen, da auch die Blochsche Theorie wohl noch eine zu grobe Näherung darstellt.

Es hat mir ausserordentlich leid getan, dass Ihnen meine Note in den Naturwissenschaften so missfallen hat.[1] Wir wollten wirklich nur den Lesern der Naturwissenschaften ein bischen Spass machen, und ganz gewiss waren wir uns nicht bewusst, dass dies ein Affront gegen Berliner wäre.[2] Im Gegenteil – da die Naturwissenschaften relativ sehr frei von unsinnigen Arbeiten sind, meinten wir, dass es dort am wenigsten als gegen die Redaktion gerichtet aufgefasst werden könnte; eine Auffassung, die etwa bei der von Pokrowskis, Andersons, Klingelfüssen und Gerold von Gleichs überschwemmten ZS. f. Ph. nahegelegen hätte.[3] Ausserdem liegen die Zuschriften der Naturw. ja ausserhalb der Verantwortung der Redaktion. Und schliesslich verfolgten wir neben der scherzhaften, die uns durchaus gelungen ist, auch noch eine durchaus ernste Absicht: Wir wollten sagen, dass man mit Zahlenspielereien, wie der von Eddington, tatsächlich alles beweisen kann, und ich glaube, dass die letzte Arbeit von E. über das Massenverhältnis von Proton und Elektron $= 136^2/10$ nicht besser fundiert ist als eine Verwechslung von Freiheits- und Temperaturgraden. Die meisten Leute, die uns geschrieben oder mit denen ich gesprochen habe, wie Gamow, Peierls, Dirac, Fowler, die Leute in Stuttgart, Frankfurt und Leipzig, haben sich nicht nur über die Sache amüsiert, sondern die Tendenz durchaus gebilligt. Umsomehr tat es mir leid, dass Sie darin nur eine Herabwürdigung der Naturwissenschaften sahen, und dass offenbar auch Berliner sich verletzt fühlte und mir einen entsprechenden Brief schrieb. Nichts lag mir ferner als das – aber es war natürlich, wie Sie schreiben, jugendlicher Übermut, nicht diese möglichen Konsequenzen zu bedenken. Warum nicht Nature, erklärt sich daraus, dass „degree" schlechthin Fahrenheit meint, und die plötzliche Einführung von Centigrades doch zu unvermittelt gewesen wäre. Die Widerstandsänderung habe ich in der Nature quasi als Visitenkarte für das Land abgegeben, wo ich zu Gast war.[4]

Dieser Brief ist eine Abhandlung geworden, ohne dass ich es merkte. Schnell noch das Sachliche: Selbstverständlich werde ich gern bei der Abfassung von Distels Arbeit helfen.[5] Ich bin vorläufig ganz frei in meinen

---

[1] [Beck et al. 1931].
[2] Arnold Berliner war Herausgeber der *Naturwissenschaften*.
[3] Etwa [Pokrowski 1930], [Anderson 1930], [Klingelfuss 1930], [Gleich 1930].
[4] [Bethe 1931a].
[5] Fritz Distel promovierte im März 1931 bei Sommerfeld mit [Distel 1932].

Dispositionen für Juli bis September. Nach München würde ich im Juli allerdings nur dann kommen, wenn Sie das aus irgendwelchen Gründen für erstrebenswert halten, andernfalls möchte ich nach Hause gehen. Mit Distel könnte ich mich in Tübingen, Stuttgart oder irgendwo im Schwarzwald treffen; wie erreiche ich ihn? Ob ich im Juli gleich nach Deutschland reise oder mir hier noch einiges ansehe, weiss ich noch nicht; das hängt u. a. von der Temperatur hier ab und davon, ob Sie meinen, dass ich nach M.[ünchen] kommen sollte. Da Sie selbst aber nicht da sind, hat es glaube ich nicht sehr viel Sinn. Ist übrigens Sauter noch in München? Er sollte seine relativistische Elektronenstosstheorie publizieren, und ich muss ihn noch verschiedenes darüber fragen.

Hoffentlich haben Sie bei der Lektüre dieses Briefs nicht die Geduld verloren! Verzeihen Sie mir meinen jugendlichen Übermut und haben Sie nochmals sehr vielen Dank für alles, was ich durch Sie augenblicklich von der Welt zu sehen bekomme!

Ihr dankbarer
Hans Bethe

* Übrigens ist nichts bei seiner Theorie herausgekommen, und er hat jetzt die Qu.[anten-]E.[lektrodynamik] ganz aufgegeben.[1]

[153] *Von Adolf Smekal*[2]

Halle (Saale), den 17. April 1931.

Hochverehrter Herr Geheimrat!

Für Ihren freundlichen Brief vom 16. März noch vielen Dank! Es hat mich sehr gefreut, Bethes Zusage zur Mitarbeit am Quantenband der Neuauflage des Handbuches der Physik vor einigen Tagen erhalten zu haben.[3]

Bei der weiteren Durcharbeitung der Disposition des Quanten- und Festkörperbandes hat sich die Idee herausgebildet, die Probleme der von Ihnen geschaffenen Elektronentheorie der Metalle, sowie jene der Theorie des Ferromagnetismus zu einer möglichst einheitlichen „Quantentheorie des metallischen Zustandes" zusammenzufassen. Da nach einer solchen Darstellung

---

[1] Vgl. [Fermi 1932].

[2] Brief (2 Seiten, Maschine), *München, DM, Archiv NL 89, 013*.

[3] Der von Smekal herausgegebene Band 24 des *Handbuchs der Physik* behandelte in zwei Teilbänden die Quantentheorie und Festkörperphysik; Bethe lieferte für beide Teilbände Beiträge, vgl. [Bethe 1933] und [Sommerfeld und Bethe 1933].

zweifelsohne in den weitesten Kreisen ein ausgesprochenes Bedürfnis vorliegt, möchte ich mir erlauben, Ihnen diesen Plan vorzulegen. Für die Fachwelt wie für das Handbuch der Physik könnte es keinen größeren Gewinn geben, als wenn Sie sich selbst entschließen könnten, Ihr Werk und die ihm nahestehenden Ergebnisse in maßgebender Weise darzustellen.

Da ich weiß, daß Sie gerade im Begriffe sind, nach Amerika zu fahren,[1] scheint meine Anfrage und Bitte keinen guten Zeitpunkt gewählt zu haben; doch darf ich bemerken, daß für die Fertigstellung der Manuskripte zum neuen Band 24 der 1. 1. oder 1. 2. 1932 in Aussicht genommen werden wird, so daß wohl ein längerer Zeitraum zur Verfügung steht.

Mit den besten Empfehlungen und Wünschen für eine gute Amerikafahrt bin ich

Ihr stets sehr ergebener
A. Smekal

P.S. Ich vergaß ganz zu erwähnen, daß das Verlagshaus Springer für die Beiträge zum Handbuch ein Bogenhonorar von RM 250,- anbietet.

18. IV. 31.

L. Bethe![2]

Ich würde auf das umstehende Angebot nur eingehen, wenn Sie 90% der Arbeit u. des Honorars übernehmen würden. Überschrift: ... von A. Sommerfeld u. H. Bethe. Aber ich rede Ihnen *durchaus nicht* zu. Sie dürfen sich nicht zu viel Schreiberei übernehmen! Wenn Sie Nein sagen, werde ich Nordheim vorschlagen, der mir gerade die Correktur eines umfangreichen u. wie es scheint sehr vernünftigen Annalen-Aufsatzes zugeschickt hat, der bezweckt, meine Formeln für hohe Temperaturen zu rechtfertigen.[3]

Ihr getreuer
A. Sommerfeld.

Ich fahre morgen auf 5 Tage nach Paris, wo ich einige Vorträge halten soll.[4] Ist das Datum des römischen Congresses im Oktober schon festgesetzt?[5]

---

[1] Sommerfeld trat am 19. Juni 1931 seine Reise nach Ann Arbor an, wo er vom 29. Juni bis 21. August 1931 an der Sommerschule der University of Michigan teilnahm.
[2] Entwurf von Arnold Sommerfeld in lateinischer Schrift auf der Rückseite.
[3] [Nordheim 1931a] und [Nordheim 1931b].
[4] [Sommerfeld 1932a].
[5] Vom 11. bis 18. Oktober 1931 fand in Rom ein internationaler Kongreß über Kernphysik statt.

[154] Von Hans Bethe[1]

Rom, 25 IV 31

Lieber und sehr verehrter Herr Professor,

vielen herzlichen Dank für Ihre beiden Briefe und noch besonders dafür, dass Sie die ganze Welt in Bewegung setzen, um mir 250 M im Monat zu verschaffen. Es würde mich sehr freuen, wenn Berliner sich durch Ihre Vermittlung versöhnen liesse.[2]

Ausserdem danke ich Ihnen für das Angebot, den Handbuchartikel über Metall-Elektronen mit Ihnen zusammen zu schreiben. An sich würde mich das natürlich sehr reizen, aber ich fürchte, genau wie Sie selbst, dass ich mir zuviel Schreiberei auflade. Hier in Rom will ich natürlich noch nicht zu schreiben anfangen, um die Zeit richtig auszunutzen, und zwei Handbuchartikel (den ersten verdanke ich ja vermutlich auch Ihnen!) von Juli bis Dezember würde wohl ziemlich kontinuierliche Beschäftigung mit Handbuch-Schreiben bedeuten, und das ist doch etwas viel. Etwas Anderes wäre es, wenn der Termin für die Ablieferung später, etwa im April 32, läge; dann würde mich die Sache, bei der ich bestimmt noch viel lernen würde, zusammen mit dem sehr anständigen Honorar genügend reizen, um „ja" zu sagen. Unter den gegebenen Verhältnissen möchte ich es aber lieber ablehnen, besonders da ich weiss, dass Sie derselben Meinung sind.–

Über den Paramagnetismus der Kristalle habe ich neuerdings noch gefunden, dass die mittlere paramagnetische Suszeptibilität bis zu sehr tiefen Temperaturen herunter mit der des freien Ions nahezu übereinstimmt.[3] „Mittlere" Susz. bedeutet Mittelung über alle Orientierungen des Kristalles zum Magnetfeld, also etwa Susz. eines Kristallpulvers. „Tiefe Temperaturen" heisst kT etwa gleich $1/5$ der Aufspaltung des Grundterms des Ions im Kristall, die bei seltenen Erden von der Grössenordnung $200\,\text{cm}^{-1}$ = ca. 300° ist, evtl. auch zwei- bis dreimal soviel, wenn das Kristallfeld sehr unsymmetrisch ist. Zum mindesten ist bei Zimmertemperatur der Einfluss des Kristallfeldes noch vernachlässigbar klein. Misst man aber die Suszeptibilitäten in verschiedenen Richtungen eines Einkristalles, so findet man schon bei relativ hohen Temperaturen ($kT \sim$ Aufspaltung des Grundterms im Kristall, also etwa Zimmertemperatur) erheblich verschiedene Suszept. in den verschiedenen Richtungen (für $T = \infty$ sollte der Kristall magnetisch isotrop sein) und einen starken Gang mit der Temperatur, der natürlich

---

[1] Brief (4 Seiten, lateinisch), *München, DM, Archiv HS 1977-28/A,19*.
[2] Vgl. Brief [152].
[3] Vgl. [Hoddeson et al. 1992, Kap. 6, insbesondere S. 408-415].

für die verschiedenen Richtungen entgegengesetzten Sinn hat. Für Lösungen muss man, ganz grob gesprochen, natürlich etwas ähnliches bekommen wie für Kristallpulver, aber ich habe bisher noch keinen vernünftigen Ansatz für Lösungen gefunden, d. h. keinen, der weniger schematisch wäre als der von van Vleck, und der die Konstanten des Potentialgesetzes wirklich abzuschätzen erlaubt.[1] Fermi wusste übrigens noch nichts von der van Vleckschen Behandlung der Flüssigkeiten,[2] es würde mich natürlich sehr interessieren, was dabei herauskommt.

Peierls, der sich nebenbei plötzlich verheiratet hat, war übrigens garnicht einverstanden mit meiner Bemerkung zur Widerstandsänderung im Magnetfeld in der Nature.[3] Er sagt, dass bei tiefen Temperaturen ($T < \Theta$),[4] wo die Blochsche Theorie durch seine „Umklappprozesse" korrigiert werden muss, auch die Temperaturabhängigkeit des magnetischen Effektes anders wird, so dass der Effekt langsamer mit abnehmender Temperatur wächst als ich angenommen habe.

Nächsten Sonntag fahre ich nach Florenz, um dort einen Vortrag über Elektronenstoss zu halten. Bei dieser Gelegenheit will ich mir Stadt und Umgebung etwas ansehen und wahrscheinlich über Siena zurückfahren. Pfingsten habe ich einen Ausflug nach Neapel vor – Sizilien ist für einpaar Tage doch etwas weit.

Mit den besten Grüssen, natürlich auch von Fermi, bin ich

Ihr stets ergebener
Hans Bethe

Das Datum des römischen Kongresses heisst immer noch „ungefähr Mitte Oktober".

[155] *Von Hans Bethe*[5]

Capri, 30 V 31

Lieber Herr Professor,

es ist mir eigentlich sehr recht, dass Smekal so glatt auf die Zeit-Bedingung eingegangen ist und mich dadurch sozusagen moralisch gezwungen

---

[1] Vgl. [Vleck 1973].
[2] [Vleck 1932].
[3] [Bethe 1931a]. Zu Peierls' „Umklappprozessen" und seinen weiteren Beiträgen zur Quantentheorie fester Körper vgl. [Peierls 1980] und [Hoddeson et al. 1987, S. 293-300]. Peierls heiratete die russische Physikerin Jewgenia Kannegiesser.
[4] Θ ist eine gitterabhängige Grenztemperatur, vgl. [Peierls 1931, S. 102].
[5] Brief (4 Seiten, lateinisch), *München, DM, Archiv HS 1977-28/A,19.*

hat, „ja" zu sagen. Während ich die Disposition verfasste, von denen ich zwei Exemplare beilege (für Smekal und für Sie selbst),[1] fand ich es doch sehr reizvoll, einmal klar herauszustellen, bis wohin die Konzeption des freien Elektrons trägt, und wo die genaueren Eigenfunktionen der Elektronen und vor allem die feinere Abhängigkeit der Energie von der Geschwindigkeit eine Rolle zu spielen anfangen. Dementsprechend habe ich die Disposition gemacht, wobei die thermoelektrischen Effekte von Rechts wegen eigentlich ins zweite Kapitel gehören werden; aber bisher ist die Behandlung dieser Effekte nach dem Blochschen Modell so wenig fruchtbar gewesen, dass man wohl besser nur die Grössenordnung berechnet, so wie Sie es seinerzeit gemacht haben, und dann feststellt, dass eine Aenderung im Zusammenhang von Energie und Geschwindigkeit evtl. das Vorzeichen von Thomsoneffekt etc. ändern kann (Differenzeffekt!), aber nicht die Grössenordnung.– Weiter möchte ich überall statt der freien Weglänge die Zeit zwischen zwei Zusammenstössen $\tau = l/v$ einführen, die auch wellenmechanisch ihren Sinn behält, während sich l in der Blochschen Theorie nur noch künstlich definieren lässt. In allen Rechnungen erreicht man dadurch eine kleine Vereinfachung.

Der Artikel kommt mir auch insofern ganz recht, als ich angefangen habe, Ferromagnetismus zu rechnen. Den Ausgangspunkt bildete die Arbeit von Ludloff über Entropie am absoluten Nullpunkt in einem der letzten Hefte der ZS.[2] Man kann zunächst für das Ludloffsche Problem – Kette von Atomen in p-Zuständen ohne Spin – leicht allgemein die Eigenfunktionen finden, aus denen man die Eigenwerte von Ludloff sofort abliest (L. hatte für den allgemeinen Fall, in dem bei mehr als zwei Atomen der Kette der Elektronendrehimpuls nach rechts gerichtet ist, die Eigenwerte nur geraten, allerdings richtig). Jetzt habe ich eine Methode, um auch das Problem des Ferromagnetismus „exakt" (d. h. in der ersten Näherung der London–Heitlerschen Methode) zu behandeln.[3] Die Komplikation in diesem Fall – Kette von Atomen im s-Zustand mit Spin – liegt darin, dass man verschiedene Energien erhält, jenachdem wieviele Paare gleichgerichteter Spins jeweils nebeneinander lagen. Bisher habe ich den Fall durchgeführt, dass zwei Spins nach rechts, alle anderen nach links zeigen. Es gibt dort zwei Typen von Eigenfunktionen: Entweder bewegen sich die beiden Spins im Wesentlichen unabhängig voneinander durch die Atomkette hindurch, und

---

[1] Die dem Brief beigelegte Gliederung ist nicht vorhanden. Vgl. für das folgende [Sommerfeld und Bethe 1933].

[2] [Ludloff 1931b].

[3] [Bethe 1931b]. Bethe hoffte, in einer Folgearbeit auch den zwei- und dreidimensionalen Fall zu erledigen, was jedoch nicht gelang, vgl. [Bethe 1980].

nur, wenn sie sich „überholen" wollen, tritt eine Störung dieser Spinwellen ein. Diese Lösungen hatte im Wesentlichen schon Bloch, nur hat er sie nicht genau genug diskutiert und meinte infolgedessen, er bekäme auf diese Weise zuviele Eigenfunktionen, während es in Wirklichkeit zu wenige sind. Beim zweiten Typ kleben die beiden Spins zusammen, d. h. die Wahrscheinlichkeit dass zwischen den beiden Spins n Atome liegen, fällt wie e^{-xn} ab. Wenn mehr als zwei Spins nach rechts gerichtet sind, fehlen mir noch eine Reihe Lösungen, aber ich hoffe durchzukommen und fände es sehr hübsch, wenn man das Problem des Ferromagnetismus jetzt wirklich anständig behandeln könnte.[1] Auch sonst kommt vielleicht einiges für die Metalltheorie heraus, wenn man die Eigenfunktionen wirklich rechnen kann.

Die finanziellen Aussichten für den Winter scheinen ja dank der bayrischen Bureaukratie nicht allzugut.[2] Aber immerhin bringen die Handbuchartikel ja allerhand, und ich danke Ihnen sehr für Ihr liebenswürdiges Angebot, mir monatlich 50 M darauf vorzuschiessen, bis die erste Zahlung einläuft. Ich nehme das sehr gerne an.

Momentan habe ich einen wunderschönen Blick auf den Golf von Neapel und ruhe mich von Ferromagnetismus, Neapel, Pompeii, Paestum und Amalfi aus. Pompeii ist viel interessanter als ich mir Archaeologie je vorgestellt habe, und Amalfi ein Gedicht.

Mit den besten Grüssen Ihr momentan zu verwöhnter
Hans Bethe

[156] *Von Hans Bethe*[3]

B.-Baden, 29 VII 31

Lieber Herr Professor,

heute morgen kam Ihr Telegramm und ich habe also gleich an Madelung abgeschrieben.[4] Ich möchte Sie heute zunächst um Entschuldigung bitten

---

[1] Zu den Bemühungen um eine quantenmechanische Theorie des Ferromagnetismus vgl. [Hoddeson et al. 1987, S. 304-311].

[2] Vermutlich hegte Sommerfeld die Hoffnung, daß er Bethe das Extraordinariat für theoretische Physik verschaffen könne. Bethe war von Sommer 1931 bis Herbst 1932 in München, unterbrochen durch einen weiteren Aufenthalt von Februar bis Mai 1932 in Rom. Er wurde in dieser Zeit durch Stipendien der Notgemeinschaft und der Rockefeller Foundation unterstützt.

[3] Brief (2 Seiten, lateinisch), *München, DM, Archiv HS 1977-28/A,19*.

[4] Bethe hatte bereits früher Angebote von P. Ewald und E. Madelung für Assistentenstellen erhalten, vgl. *P. Ewald an A. Sommerfeld, 20. Dezember 1928. München, DM, Archiv HS 1977-28/A,88*.

wegen meines Telegramms. Ich fand es aber bei der augenblicklichen finanziellen Situation in Deutschland doch richtig, das Angebot von Madelung nicht von vornherein abzulehnen, sondern Sie erst deswegen anzufragen. Jetzt danke ich Ihnen natürlich umsomehr für Ihr grosszügiges Angebot, das für Sie persönlich doch ein sehr grosses Geldopfer darstellt. Wenn ich recht verstanden habe, haben Sie 30 $ von irgendeinem netten Amerikaner ergattert und wollen aus Ihrer eigenen Tasche 80 M plus 100 M Darlehen zulegen. Das ist so viel, dass ich nicht weiss, ob ich das annehmen darf, besonders da ich ja von meiner Rockefellerzeit noch etwa 1000 M übrig habe. Jedenfalls darf ich Ihnen vielleicht, wenn aus der von Fermi und mir beantragten Verlängerung meines Rockefellerstipendiums um drei Monate im nächsten Frühjahr etwas wird, auch die 80 M ganz oder teilweise wieder zurückzahlen?– Die Aussichten dafür, dass Kirchner wegkommt,[1] scheinen ja allerdings noch nicht allzugross zu sein; ich fragte ihn deswegen an, als ich Madelungs Angebot bekam, und er antwortete, dass die Prager noch garnichts entschieden haben.

Ich schrieb Ihnen vor einer Woche einen Brief, als die Notgemeinschaft abgelehnt hatte, ich aber Madelungs Offerte noch nicht hatte. Ich adressierte ihn aber „Ann Arbor, Wisconsin" und weiss deshalb nicht, ob er zu Ihnen gekommen ist.

Also nochmal vielen herzlichen Dank für alles, was Sie für mich getan haben von Ihrem

H. Bethe

[157] *Von Hans Bethe*[2]

B.-Baden, 21. IX. 31

Lieber Herr Professor,

vielen Dank für Ihren Brief. Ich war sehr erstaunt, dass Sie schon wieder in Deutschland sind – die Amerikaner haben also auch nicht mehr genug Geld!

Ihr Angebot war genau so wie Sie sich erinnerten: 30 $ + 180 M, wovon 100 M rückzahlbar vom Handbuch-Honorar. Ich habe nun zwar ziemlich festes Zutrauen zur deutschen Valuta, aber bestimmt wissen kann man die weitere Entwicklung ja nie. Deshalb wäre mir ein kleiner $-Rückhalt

---
[1] Fritz Kirchner bekleidete als Experimentalphysiker eine der beiden Assistentenstellen Sommerfelds. Er war seit 1925 habilitiert, erhielt aber erst 1934 einen Ruf als a. o. Professor der Physik an die Universität Leipzig.
[2] Brief (4 Seiten, lateinisch), *München, DM, Archiv HS 1977-28/A,19.*

ganz angenehm, und ich möchte Ihnen einen Mittelweg zwischen Ihrem zweiten und dritten Projekt vorschlagen: Können Sie wohl die Hälfte der Dollars gleich kommen lassen, und die restlichen 150 $ bis zum Frühjahr in Chicago stehen lassen und dann herüber beordern?[1] Ich würde dann von Oktober bis Februar je 126 M bekommen und späterhin den Gegenwert von 30 $ zu dem Kurs, den sie im Frühjahr haben werden. Das macht wohl weniger Mühe und Spesen als eine allmonatliche $-Überweisung und ist eine grössere Sicherheit als die a-priori-Umwandlung in Mark.– Darf ich Ihnen übrigens einen kleinen finanziellen Rat geben? Wenn möglich, lassen Sie Ihre Chicagoer Bank schon Mark besorgen und gleich Mark überweisen, Sie bekommen dann etwa 1 % mehr als wenn Sie hier die $ einlösen, weil der deutsche Dollarkurs künstlich niedrig gehalten wird.

Wenn die Notgemeinschaft doch noch etwas zahlen würde, so wäre das natürlich sehr hübsch. Sie schrieb ja auch, dass sie im Herbst die Frage nochmal prüfen würden. Angeblich sollen übrigens auch in der letzten Zeit noch Stipendien bewilligt worden sein.

Madelung sagte mir, er wollte Elsasser als Assistenten nehmen.[2] Es sollte sich übrigens nur um ein Jahr Vertretung für Lanczos handeln, dann kommt L. von Amerika zurück.[3]

Das Rockefeller-Stipendium für nächstes Frühjahr ist natürlich ebenso ungewiss wie alle Zukunfts-Dispositionen im Augenblick: Hanson[4] schrieb mir seinerzeit, er würde die Sache gern mit seinen Kollegen überlegen, wenn ich im Oktober oder November nochmals an die Foundation heranträte, aber das ist natürlich nicht bindend. *Wenn* es aber bewilligt würde, möchte ich es doch möglichst voll ausnutzen, d. h. 3 Monate gehen. Es trifft sich insofern günstig, als Pfingsten nächstes Jahr besonders früh liegt – 15. Mai – und mit all den Feiertagen davor (Himmelfahrt) das Semester vorher doch nicht so recht in Gang kommt. Wenn ich also in der Woche nach der Pfingstwoche, etwa am 23., anfinge zu lesen, so brauchte ich im Februar nur

---

[1] Sommerfeld hatte angesichts der wirtschaftlichen Situation in Deutschland bei einer Bank in Chicago ein Konto eröffnet und dort einen Teil seiner Einkünfte aus den Gastvorlesungen in den USA angelegt.

[2] Walter Elsasser hatte 1927 bei Born promoviert; er erhielt die Assistentenstelle bei Madelung an der Universität Frankfurt und blieb dort bis zu seiner Entlassung 1933. Anschließend emigrierte er nach Frankreich und später in die USA.

[3] Kornel Lanczos nahm eine Gastprofessur für theoretische Physik an der Purdue University in Lafayette an; 1932 wurde er außerordentlicher Professor in Frankfurt; 1933 emigrierte er auf Dauer als Professor der Physik nach Lafayette.

[4] Möglicherweise Elmo H. Hanson.

ganz wenige Tage früher zu schliessen, um 3 Monate herauszuholen ohne besondere Störung des Semesters.[1]

Die Vorlesungsthemata machen mir etwas Kopfzerbrechen, besonders weil ich garnicht weiss, wie Sie und Bechert disponiert haben. Weitaus am liebsten möchte ich „Einführung in die Wellenmechanik" lesen, dann im Sommer Theorie der festen Körper anschliessen und entweder parallel dazu oder im nächsten Winter „Elektronenstoss".[2] Was eventuell gegen diese Einteilung spricht, ist Kirchners Kolleg über Grundlagen der Atomphysik – es wäre evtl. besser, erst im Anschluß daran im Sommer die Einführung in die Wellenmechanik zu bringen. Andererseits ist mir das Wintersemester wegen seiner grösseren Länge sympathischer, und man kann die meisten speziellen Dinge nicht bringen, ohne Wellenmechanik vorauszusetzen. Wenn Sie meinen, ich sollte die Wellenmechanik verschieben, würde ich gern Dispersionstheorie bringen, und zwar erst klassische Elektronentheorie und dann wellenmechanische, mit Theorie der Emission und Absorption, die ja mit hineingehören – vielleicht würde man also „Theorie des Lichts" sagen.[3] Evtl. könnte ich auch die Theorie der festen Körper jetzt bringen; ich würde dann vor allem auch auf Metalle zu sprechen kommen und nur zwei Stunden lesen.–

Meine Mutter würde sehr froh sein, wenn ich noch nicht am ersten nach München fahre, sondern erst, wenn Sie von Rom zurückkommen. Das würde wohl etwa am 14. sein? Sie dankt Ihnen sehr für Ihr Angebot, dass ich vor dem 8. X nicht zu kommen brauche. Ist es Ihnen aber auch wirklich recht so?

Distel hat noch nicht seine revidierte Arbeit geschickt,[4] obwohl ich ihm schon eine Mahnkarte geschickt habe. Ich mahne ihn heute nochmal, und lasse ihn dann hierher kommen.

Mit den besten Grüssen bleibe ich

Ihr ergebener H. Bethe

---

[1] Bethe hielt sich im Frühjahr 1932 noch einmal mit einem Rockefeller-Stipendium bei Fermi in Rom auf, vgl. Brief [159].
[2] Laut Vorlesungsverzeichnis der Universität München las Bechert im Wintersemester 1931/32 über Relativitätstheorie und Probleme der mathematischen Physik, Bethes Thema wurde nicht spezifiziert. Im Sommersemester 1932 las Bethe über Elektronenstoß und im Wintersemester 1932/33 über die Theorie der chemischen Bindung.
[3] Sommerfeld hat die Reihenfolge von „klassische Elektronentheorie" und „Theorie der festen Körper" vertauscht und im folgenden Satz vor Metalle ein „insbes." eingefügt, wohl mit Bezug auf „Theorie der festen Körper".
[4] Vgl. Brief [152].

[158] *Von Léon Brillouin*[1]

Paris, le 14 Déc. 1931

Lieber Professor Sommerfeld

Ich muß Ihnen so sehr danken für die Übersendung Ihres Buches über „Atombau und Spektrallinien["];[2] das erste Band hat mir immer sehr gefallen, mit der Masse von experimentellen Tatsachen die sie dort resumieren. Ich glaube auch das die ältere Theorie eine natürliche Einführung dar bietet. Wenn man die Bohrschen Bahnen nicht kennte, würde man die ganze Sprachweise der Quantentheorie gar nicht verstehen. Vielleicht wird später die Theorie der neuen Mechanik für sich entwickelt, aber jetzt braucht man immer noch die ältere Methode wenn auch nur um ein Modell zu besitzen, um sich die Sachen elementar vorzustellen.

Mit besten Dank, und meine herzlichste Grüße für Ihre Frau Gemahlin

Ihr treu ergebener
L. Brillouin

[159] *Von Hans Bethe*[3]

Rom, 20 IV 32

Lieber und sehr verehrter Herr Professor,

haben Sie sehr vielen Dank für Ihren Brief. Ihr Manuskript habe ich gleich Fermi gegeben, er hat es selbst übersetzt und schon an die Lincei weitergeleitet.[4] Sie fragen, ob über das Ion gerechnet wird: Das statistische Potential für das Ion hat Fermi vor etwa zwei Jahren berechnet,[5] und dann auch gleich die Rydberg-Korrektionen für die s-Elektronen *dreifach ionisierter* Atome berechnet. Wie zu erwarten war, ist die Übereinstimmung mit der Erfahrung besser als für neutrale Atome (ca. 0,2 mittlerer Fehler in der Rydbergkorrektur, soviel ich erinnere). Das Potential für die Ionen weicht fast bis zum Rande des Atoms nur sehr wenig vom neutralen Atom ab, solange

---

[1] Brief (2 Seiten, lateinisch), *München, DM, Archiv NL 89, 022*.

[2] Zur fünften Auflage vgl. Seite 230.

[3] Brief (14 Seiten, lateinisch), *München, DM, Archiv HS 1977-28/A,19*.

[4] [Sommerfeld 1932b]. Es handelt sich um eine Weiterführung des Thomas-Fermischen Atommodells.

[5] Von Sommerfeld hinzugefügt: „Wo?" Dies war Gegenstand in [Fermi 1928b]. Für das folgende vgl. [Sommerfeld 1932d] und [Sommerfeld 1933], wo Sommerfeld auf Bethes Verbesserungsvorschlag eingeht. Als Rydberg-Korrektion werden Abweichungen vom Term Rh/n^2 bezeichnet (R Rydbergkonstante, h Plancksches Wirkungsquantum, n Hauptquantenzahl).

es sich um niedrige Ionisierungsgrade handelt. Fermi setzt daher für die φ-Funktion des Ions $\varphi = \varphi_0 + \kappa\eta$, wo φ_0 das Potential des neutralen Atoms ist und κ eine kleine Konstante, die von $z/Z =$ Ionisierungsrad/Ordnungszahl abhängt. Die Differentialgleichung $\varphi'' = \varphi^{3/2}/\sqrt{x}$ wird nach η entwickelt und gibt $\eta'' = \frac{3}{2}\sqrt{\frac{\varphi_0}{x}}\eta$ als Diffgl. für η. Grenzbedingungen für η: $\eta = 0$, $\eta' = 1$ (willkürlich) für $x = 0$. κ wird natürlich so bestimmt, dass am Rande des Atoms ($\varphi = 0$, $x = x_0$) $-\varphi'(x_0) \cdot x_0 = z/Z$ ist, was ja aequivalent ist mit der Bedingung, dass das Atom $Z - z$ Elektronen hat. Will man ganz genau sein, so muss man für das letzte Stück vor dem Atomrand, etwa von $x = \frac{3}{4}x_0$ bis x_0, die Diffgl. für φ numerisch integrieren, weil man nicht mehr nach $\kappa\eta/\varphi_0$ entwickeln darf, aber man bekommt praktisch dasselbe, wenn man bis zum Atomrand $\varphi = \varphi_0 + \kappa\eta$ setzt. Natürlich gilt das alles umso besser, je niedriger der Ionisationsgrad ist, während *Ihre Rechnungen wohl speziell auf hohe Ionisationsgrade zugeschnitten sind*. Wenn Sie eine Tabelle von η haben wollen sowie von κ als Funktion von z/Z, kann ich die natürlich ohne Weiteres bekommen. Im Moment wird hier nichts mehr über das Ionenpotential selbst gerechnet, sondern ausschliesslich Anwendungen davon gemacht: Es werden die Eigenfunktionen aller Atome ausgerechnet, und zwar wird als Potential, was auf die Elektronen wirkt, nicht das statistische Potential für das neutrale Atom eingesetzt, sondern das Fermipotential des einfachen Ions, um dem Rechnung zu tragen, dass ein Elektron nicht auf sich selbst wirkt.

Nun zu unseren beiden jungen Leuten: Ich glaube, dass das Thema, was ich Herrn Voss vorschlug, wirklich recht reizvoll ist.[1] Leider scheint es mir, dass er nicht recht heranwill und stattdessen einige überflüssige Dinge gerechnet hat, wie den Ramsauereffekt an Neon mit Fermipotential, was natürlich für so leichte Atome eine ganz schlechte Näherung ist. Er scheint auch nicht ganz verstanden zu haben, was ich eigentlich mit meiner Abschnürungs-Idee will, und ich möchte Ihnen das deshalb lieber direkt erzählen: Es kommt mir nur darauf an, *qualitativ* den Ramsauereffekt zu verstehen, was meiner Ansicht nach bisher in keiner Arbeit geschehen ist. Quantitative Übereinstimmung anzustreben hat wenig Sinn, weil es dafür, wie Holtsmark gezeigt hat, ganz eminent auf das spezielle Feld des Atoms ankommt und wahrscheinlich ausserdem auf Austausch.[2] Zunächst kann man auf Grund meiner Idee verstehen, warum der Ramsauereffekt ganz überwiegend die Streuwellen $l = 2$ oder 3 betrifft (siehe die Arbeiten von

---

[1] In [Voss 1933] wird untersucht, wann der Ramsauereffekt auftritt; Voss dankt Sommerfeld für die Anregung des Themas der Doktorarbeit und Bethe für Diskussionen.
[2] [Holtsmark 1928], vgl. auch [Bethe 1933, S. 492].

Holtsmark), dass dagegen die kugelsymmetrische Streuwelle und die Streuwelle $l = 1$ i. allg. keinen Effekt zeigen: Wenn man nämlich $-\Phi = V + \frac{l(l+1)}{r^2}$ als Funktion von r aufträgt, so hat die Kurve für $l = 2, 3 \ldots$ ausgesprochene Maxima (Potentialberge), für $l = 0$ und 1 verläuft sie sehr flach, sodass von einer Abschnürung der inneren Potentialmulde vom Aussengebiet nicht die Rede sein kann. Ramsauereffekt (Maximum) tritt ungefähr gerade dort auf, wo die Energie des Elektrons zur Überwindung des Potentialberges eben ausreicht. Da das Maximum von $V + \frac{l(l+1)}{r^2}$ ziemlich weit aussen im Atom liegt, sieht man, dass es für die Höhe des Potential-Maximums (und damit für die Energie des Ramsauer-Maximums) wesentlich auf die Verteilung der *äusseren* Elektronen ankommt, d. h. dass die Fermiverteilung unbrauchbar ist, die Hartreeverteilung aber einigermassen brauchbar.[1] Ausserdem folgt daraus, dass es auf die äusseren Elektronen ankommt, ein ungefährer Zusammenhang mit dem periodischen System. Daneben spielt auch allerdings das Phasenintegral über die innere Potentialmulde eine Rolle, das wohl kaum mit der Stelle im periodischen System zu tun hat, aber strenge Periodizität besteht ja auch garnicht. Schliesslich kann man sagen, dass leichte Atome (He!) für den Ramsauereffekt ungeeignet sind, weil dort keine innere Potentialmulde für d-Elektronen existiert, und dass für schwere Atome der „Ramsauereffekt der f-Elektronen" (Streuwelle $l = 3$) immer wichtiger wird gegenüber dem der „d-Elektronen".

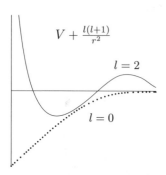

Das ist das Qualitative. Nun möchte ich gern an einem Beispiel sehen, wie der Übergang vom abgeschnürten Inneren zum freien Verkehr zwischen Aussen- und Innenraum nun wirklich vor sich geht. Dazu dachte ich, das Potential in der Nähe des Maximums zu idealisieren durch den Ansatz $V + \frac{l(l+1)}{r^2} = \alpha - \beta (r - r_0)^2$. Das ist sicher eine gute Näherung für jedes beliebige Potential, das überhaupt einen Verlauf ähnlich der Kurve $l = 2$ meiner Figur hat. Die Schrödingergleichung wird bis auf das Vorzeichen vom gleichen Typ wie die des harmonischen Oszillators, nämlich

$$\psi'' + \left(E - \alpha + \beta (r - r_0)^2\right) \psi = 0$$

Ich bin überzeugt, dass sich die Lösungen dieser Gleichung und ihr asympto-

---

[1] Es handelt sich um die in [Hartree 1928] begründete selbstkonsistente Methode zur Berechnung von Vielelektronenatomen. Darauf gründeten die unten erwähnten Slaterschen Eigenfunktionen, vgl. [Slater 1930] und [Slater 1975, S. 62].

tisches Verhalten für grosse positive und negative r, r_0 ohne grosse Schwierigkeit angeben lassen muss. Es wäre natürlich sehr schön, wenn Sie einen Rat wüssten, wie man die Gleichung am besten behandelt, sonst soll sich, finde ich, Herr Voss ruhig etwas die Zähne daran ausbeissen. Wenn man die Lösung einmal hat, kann man natürlich ohne Weiteres die Streuung von $E = 0$ bis ∞ qualitativ verfolgen. Das Fermipotential sollte übrigens nach meiner Absicht Herrn Voss nur einen Anhaltspunkt geben, in welcher Grössenordnung sich α, β und r_0 etwa bewegen, dagegen sollte er nicht quantitative Übereinstimmung damit erzielen. Nebenbei ist mit WKB und der Ergänzung, die Voss machen soll, jedes beliebige Potential leicht quantitativ auszuixen.

Hennebergs Resultate sind sehr hübsch,[1] und ich habe das auch einigermassen erwartet, denn bei schweren Atomen und schnellen Elektronen *muss* das Fermipotential eine gute Näherung sein. Es kommt ja für die δ_l's immer nur sozusagen auf einen Mittelwert des Potentials über ein ziemlich weites Gebiet an. Trotzdem möchte ich gern, dass H. vor der endgültigen Publikation noch untersucht, welchen Einfluss der Schalenaufbau des Atoms hat. Etwa indem er die Slaterschen Eigenfunktionen nimmt und daraus das Potential des Atoms aufbaut (natürlich nicht in der Allis'schen Weise,[2] dass er die Elektronen alle auf eine Kugelschale setzt, sondern indem er sie nach Massgabe der abgeschirmten Wasserstoff-Eigenfunktionen verteilt). Die wirkliche Elektronenverteilung wird wohl zwischen Fermi und Slater liegen, wie Hartree mal durch Vergleich mit seiner Verteilung gezeigt hat.– Ausserdem bleibt natürlich die Summierungsmethode zu verbessern, woran er etwas sehr lange herumarbeitet, und schliesslich hätte ich gern eine Übertragung auf andere Atome, was mit Hilfe der Fermistatistik nicht allzuschwierig ist, aber auch wegbleiben kann, und ausserdem (was mir noch mehr am Herzen liegt), den Übergang zur Bornschen Streuung bei hohen Geschwindigkeiten. Sie werden allerdings wohl mit Recht finden, dass ich sehr anspruchsvoll bin. Aber es ist natürlich wesentlich zu wissen, was H.[enneberg] weiter tun soll, um das Publikationsproblem zu entscheiden. Wenn Sie meinen, dass er schon im Juni die Arbeit einreichen soll, so hat die voreilige Mitteilung natürlich keine Berechtigung. Ich ging von der Idee aus, dass sich die endgültige Publikation doch noch einige Zeit hinziehen würde, und war aus diesem Grunde sehr für baldige Publikation der bisherigen Resultate. Dafür, dass sie im Wesentlichen richtig sind und nicht bereut

---

[1] In [Henneberg 1932] und [Henneberg 1933] wird die Streuung von Elektronen an schweren Atomen mit der WKB-Methode berechnet.
[2] [Allis und Morse 1931].

zu werden brauchen, bürge ich durchaus. Die Summation über l geschickter zu machen, ist doch bloss eine Detailfrage. Und es wäre doch schade, wenn diese wirklich schöne Arbeit von jemand anders vorweggenommen würde. Also wenn ich ehrlich meine Meinung sagen soll: Falls Sie entschlossen sind, Henneberg im Juni einreichen zu lassen, gleichgültig wieviel von den obenerwähnten Punkten dann erledigt sind, bin ich gegen vorläufige Mitteilung. Falls Sie aber finden, dass er eine Anzahl dieser Punkte auf jeden Fall noch erledigen soll, kann man wohl einen bestimmten Zeitpunkt für den Abschluss noch nicht festsetzen, und dann bin ich sehr für die Absendung des bisherigen Resultats. Wie gesagt, auf meine Verantwortung.– Übrigens ist in einem der letzten Hefte des Phys. Rev. für Argon der Anstieg der Streuung nach 180° hin bei Argon experimentell gefunden worden,[1] es scheint das eine allgemeine Erscheinung zu sein.–

Frau Scheibes Mitteilung eilte den Tatsachen leider etwas voraus.[2] Ich habe nur ein Kapitel des Handbuchartikels 1 fertig, über die Übergangswahrscheinlichkeiten und was dazu gehört. Jetzt steht noch die Elektronenstosstheorie an, die mir leicht, und die Theorie des H_2^+, H_2, H He, He_2, die mir schwerer fällt.

Bei der Theorie der Übergangswahrscheinlichkeiten habe ich sehr viel gelernt und allerhand Fragen erklärt, die bisher noch unbeantwortet waren – oder falsch beantwortet. Zunächst habe ich gefunden, dass das vielumstrittene 2s-Niveau des Wasserstoffs in Abwesenheit von Störungen doch metastabil ist. Das folgt aus der Diracschen Strahlungstheorie. Stört man es, etwa durch ein elektrisches Feld, so bleibt seine Lebensdauer noch bis zu ziemlich hohen Feldern (ca. 20 Volt/cm) sehr viel (etwa 5mal) grösser als die des $2p_{1/2}$-Zustandes. Trotzdem ist dieser Befund vereinbar mit den experimentellen Resultaten (Snoek, v. Keussler),[3] dass die beiden Feinstrukturkomponenten von H_α in Absorption nahezu das theoretische Intensitätsverhältnis haben, weil die Wahrscheinlichkeit der *Anregung* des 2s-Zustandes durch Elektronenstoss viel kleiner ist als für den 2p-Zustand. Ausserdem konnte ich einige Experimente von Ornstein über die Intensitätsverhältnisse von Balmer- und Paschenserie erklären, ein bischen die Intensitätsanomalieen beim Starkeffekt verstehen, und eine Anzahl Sätze über die Linienintensitäten bei Wasserstoff aus einfachen Summensätzen ableiten. Hauptsächlich habe ich mich aber mit dem Photoeffekt befasst, und fand, dass alles in bester Übereinstimmung mit der Erfahrung ist, sobald man

---

[1] [Hughes und McMillen 1932b], [Hughes und McMillen 1932a].
[2] Maria Scheibe hat vermutlich das Manuskript von [Bethe 1933] ins Reine geschrieben.
[3] [Snoek und Ornstein 1928], [Keußler 1930].

die richtigen (Slaterschen) Abschirmungszahlen verwendet (Stobbe, Ann. 7, tat das nicht konsequent und bekam überall dort keine Übereinstimmung, wo er falsche Abschirmungszahlen verwandte). Ausserdem habe ich gesehen, dass die Winkelverteilung (ohne Voreilung!) für die aus der 2p-Schale (und anderen p-, d-Schalen) ausgelösten Elektronen durch Rechnungen im gewöhnlichen Coulombfeld (siehe Schur)[1] nicht richtig wiedergegeben werden kann in dem Sinne, dass der isotrope Bestandteil i. allg. *grösser* ist als beim Coulombfeld (in Übereinstimmung mit dem Experiment). Und zwar ist für die Richtungsverteilung die Phasendifferenz der kontinuierlichen Eigenfunktionen für $l = 0$ und $l = 2$ in unendlicher Entfernung vom Atom wesentlich, und diese unterscheidet sich von der entsprechenden Phasendifferenz im Coulombfeld um $\delta_0 - \delta_2$, wo δ_l die gleiche Phase ist, die bei der Streuung immer eine Rolle spielt. Ähnliches gilt höchstwahrscheinlich für die gebremsten Elektronen beim Röntgenbremsspektrum. Ich möchte diese Fragen später genauer verfolgen, es scheint einiges Interessante zu geben, z. B., dass die Intensität des isotropen Bestandteils des Photoeffektes als Funktion der Ordnungszahl des Mutteratoms periodisch zu- und abnimmt.– Weiter habe ich noch mit Hilfe des Fermipotentials die relativistischen Eigenfunktionen der Elektronen 2s, $3p_{1/2}$, $3p_{3/2}$ für Hg ausgerechnet und das Intensitätsverhältnis der Röntgenlinien $L_I M_{II} : L_I M_{III}$ bestimmt: Es kommt $1 : 1,2$ heraus statt $1 : 1,4$ beobachtet und $1 : 2$ nach statistischen Gewichten. Die Rechnung ist noch nicht sehr genau, scheint mir aber eher einfacher als die analytische Rechnung von Bechert,[2] und ausserdem gibt es keine Willkür mehr bezüglich Abschirmungszahlen.

Zwischendurch habe ich mich mit Streuung schneller Elektronen beschäftigt und auf Grund einer Arbeit von Moller, ZS. 70, die Formel für den Energieverlust von Elektronen höchster Energieen ausgerechnet, d. h. also meine Habilitationsarbeit nach der relativistischen Seite hin ergänzt.[3] Es ist das dieselbe Sache, die auch Sauter mal in München rechnete, aber damals mit einem noch mangelhaften Ansatz für die Wechselwirkungsenergie schneller Elektronen.[4] Ich habe die Arbeit gerade an die Naturwissenschaften geschickt.– Ausserdem habe ich mich, der augenblicklichen Mode folgend, mit dem Chadwick'schen Neutron beschäftigt und versucht, dessen Stosswahrscheinlichkeit auszurechnen. Für Zusammenstösse von Neutronen und Protonen oder schwereren Kernen kam auch was Vernünftiges heraus,

---

[1] [Sommerfeld und Schur 1930].
[2] [Bechert 1930].
[3] [Møller 1931], [Bethe 1932].
[4] [Sauter 1929].

dagegen sollte die Wahrscheinlichkeit des Zusammenstosses mit Elektronen nahezu Null sein, was der Erfahrung zu widersprechen scheint. Ich glaube, man muss auf diese Weise vorgehen, wenn man überhaupt etwas über das Neutron wissen will, nämlich indem man verschiedene plausible Ansätze für die Wechselwirkungsenergie mit anderen Teilchen macht und damit die Streuung ausrechnet und mit der Erfahrung vergleicht. Jedenfalls ist das Neutron eine höchst interessante Sache und endlich mal wieder was prinzipiell Neues in der Physik.

Weiteres Arbeitsthema bei mir: Der Isotopeneffekt bei schweren Atomen.[1] Schüler hat z. B. für Hg die Verschiebung der Linien der verschiedenen Isotopen gegeneinander sehr genau gemessen, und fand, dass sie fast genau aequidistant sind, wenn man sie nach dem Atomgewicht ordnet.[2] Das zeigt wohl eindeutig, dass der Effekt von der Mitbewegung des Kerns herkommt und nicht, wie man eine Zeitlang annahm, von irgendwelchen Multipolen des Kerns: Denn im letzteren Fall wäre nicht zu verstehen, warum der Effekt vom Atomgewicht in einfacher Weise abhängen sollte. Andererseits kann es kein normaler Mitbewegungseffekt wie bei Wasserstoff sein, denn dann wäre der Abstand von Hg_{200} und Hg_{202} etwa $0,001 \text{ cm}^{-1}$, während $0,2 \text{ cm}^{-1}$ beobachtet sind. Ich glaube nun, dass der Effekt darauf beruht, dass sich die Elektronen nicht unabhängig voneinander bewegen, sondern sich möglichst weit voneinander entfernt aufhalten und möglichst entgegengesetzt zueinander bewegen, 1) wegen des Austauscheffekts, 2) wegen der Coulombschen Wechselwirkung. Allerdings bekam ich bisher keine quantitative Übereinstimmung: durch Berechnung von einer Menge von Eigenfunktionen des Hg im Fermipotential fand ich $0,04 \text{ cm}^{-1}$ für den Abstand $Hg_{200} - Hg_{202}$ (Resonanzlinie), das ist also viel besser als der elementare Effekt, aber immer noch viel zu wenig. Ich habe dabei noch viel vernachlässigt, aber augenblicklich drängt mich mein Gewissen zum Handbuch.

Smekal schrieb übrigens, dass unser gemeinsamer Artikel auch in den zweiten Halbband (Feste Körper) hineinkommen könnte, was mir auch sachlich richtiger scheint. Aber er will trotzdem am 1. August den Artikel 2 haben, und ich werde ihm schreiben, dass ich das nicht versprechen kann, da ich genau weiss, dass es unerfüllbar ist. Wollen Sie vielleicht auch in diesem Sinne schreiben, oder halten Sie es für unnötig?[3]

Fermi macht Experimente über Neutronen bezw. die Vorbereitungen da-

---

[1] Für das folgende vgl. [Bethe et al. 1986, S. 143-145].
[2] [Schüler und Keyston 1931], [Schüler 1931].
[3] [Sommerfeld und Bethe 1933] verzögerte sich bis November 1933, vgl. *A. Smekal an A. Sommerfeld, 28. November 1933. München, DM, Archiv NL 89, 013.*

zu, ich sehe ihn daher leider etwas weniger oft als letztes Jahr. Das Handbuch ist auch daran mit schuld, denn ich habe weniger zu erzählen. Ausser mir ist Placzek hier und Teller, ausserdem bis vor kurzem London.[1] Wir haben sehr viele interessante Diskussionen miteinander und machen auch gemeinsame Ausflüge. Rom ist immer wieder schön!

Kiel hat mich natürlich etwas enttäuscht, aber es war wohl kaum zu verlangen.[2] Jedenfalls danke ich Ihnen für die Mitteilung und für Ihre Fürsprache. Mit den besten Grüssen bleibe ich immer

Ihr dankbarer H. Bethe

[160] Von Wilhelm Lenz[3]

Hamburg, den 5. Mai 32.

Lieber Herr Professor!

Mein Brief vom 30. 4. ist schon in einigen Punkten überholt.[4] Von der Notgemeinschaft war ein Brief eingelaufen, der mir versehentlich nicht nachgeschickt worden ist; es wurde darin um Ergänzung meines Antrags für Hn. Jensen gebeten. Die Sache läuft also und man muß abwarten.

Ferner ist Unsöld's Position hier insofern verändert, als er ein „Rufoid" (nach Ihrer treffenden Bezeichnung) nach Kiel erhalten hat. Er soll Kossel vertreten und zwar sofort. Eine Berufung ist nicht zustande gekommen, weil der Minister nicht mit der Liste zufrieden war: Kramers, Hund, Unsöld; er hält das sehr richtig für eine Ein-Mann-Liste, weil die beiden ersten gewiss nicht kommen werden.[5]

Nun habe ich versucht, einen Druck auf die hiesige Hochschulbehörde auszuüben, dass sie mir für Unsöld Ersatz genehmigt; unter diesen Umständen würde ich Unsöld hergeben. Ich fürchte, man kommt ohne solche taktischen Mätzchen heutzutage nicht durch. Die Entscheidung kann erst in

---

[1] George Placzek war 1931 in Leipzig und ging anschließend nach Kopenhagen. Fritz London arbeitete seit November 1932 mit einem Rockefeller-Stipendium bei Fermi, Teller war zuvor Assistent in Göttingen.

[2] Die Berufungsliste für die Nachfolge Kossel lautete: 1) H. A. Kramers, 2) F. Hund und A. Unsöld; *W. von Staa an A. Sommerfeld, 18. März 1932. München, DM, Archiv NL 89, 030, Mappe Gutachten.*

[3] Brief mit Zusatz (3 Seiten, lateinisch), *München, DM, Archiv HS 1977-28/A,199.*

[4] Vermutlich meint er *W. Lenz an A. Sommerfeld, 29. April 1932. München, DM, Archiv HS 1977-28/A,199.* In diesem im Taunus geschriebenen Brief erwähnt er eine überfällige Antwort der Notgemeinschaft auf einen Antrag für Jensen und äußert sich kritisch über Unsöld.

[5] Unsöld wurde im September 1932 als Ordinarius für theoretische Physik berufen.

ein paar Tagen gefällt werden, weil die zuständigen Herren nicht anwesend sind. Soviel ich aber von deren Vertreter hörte, darf mit Bestimmtheit mit einer Genehmigung gerechnet werden. Ich stehe daher vor der Frage, wie ich Ersatz schaffen kann. Dabei darf nicht außer Acht gelassen werden, daß möglicherweise die Frage der Nachfolge Unsölds akut wird; ich möchte in diesem Fall nicht auf einem etwa unbedacht gewählten Ersatzmann sitzen bleiben. Als Nachfolger dachte ich an Bloch oder Bethe, von dem ich höre, dass er in Rom ist und (evtl.) dass Sie ihn mir evtl. überlassen würden, worüber ich mich sehr freuen würde.[1]

Deshalb möchte ich gern einen guten jüngeren, möglichst noch nicht habilitierten Mann nehmen, dem man zutrauen könnte, dass er evtl. aushilfsweise einmal ein paar Stunden Vorlesung vortragen könnte. Wir haben darüber beraten, aber es ist uns kein geeigneter Mann eingefallen. Es bestand allgemein die Vermutung, dass Sie vielleicht Jemanden zur Verfügung hätten. Ich würde allerdings größten Wert darauf legen, dass er schon gleich nach Pfingsten hier anträte. Wenn ich alles durchsetze, was ich vorhabe, erhielte er Unsöld's Gehalt d. h. es würde ihm etwa 300 M monatlich ausbezahlt, alle Steuern und Kürzungen sind dabei schon abgezogen.[2]

Obwohl noch keine Entscheidung getroffen ist schreibe ich Ihnen heute schon weil die Sache ja nun leider durch die späte Erteilung des Rufoid's an Unsöld sehr dringend geworden ist. Sobald die Entscheidung der Hochschulbehörde vorliegt, gebe ich Ihnen darüber Nachricht.

Wie ich höre ist Herr David nach München gegangen.[3] Er hält sich stark zurück u. es wird das Beste sein, wenn Sie sich ihn einmal herausgreifen. Er ist jetzt siebentes Semester und muß unbedingt eine selbständige Arbeit anfangen so sehr er sich sträuben mag, in der Meinung er wisse nicht genug. Bei mir war er seit langem der Beste der mir vorgekommen ist.

Es tut mir leid, dass ich Sie mit Hamburgischen Angelegenheiten so sehr behellige; ich wäre Ihnen für Vorschlag oder Beratung sehr dankbar. Mit herzlichen Grüßen Ihr sehr ergebener

W. Lenz.

---

[1] Von Sommerfeld am Rande notiert: „Maue Weisskopf Stobbe Güttinger Peierls". Der frisch promovierte Maue hielt sich im Frühjahr zu einem Forschungsaufenthalt in Hamburg auf; Victor Weisskopf und Martin Stobbe hatten im Wintersemester 1930/1 bei Born in Göttingen promoviert und wurden anschließend Assistenten, Stobbe an den Universitäten Zürich und Göttingen, Weisskopf 1933 an der ETH Zürich bei Pauli; Paul Güttinger promovierte gerade bei Pauli; Peierls war Assistent Paulis und wurde zum Sommersemester Privatdozent an der ETH Zürich.

[2] Vgl. Brief [164].

[3] Erwin David wurde 1934 bei Lenz promoviert.

Bitte an Hamburg 13 Johnsallee 11 adressieren.
Die Vertretung würde voraussichtlich am 31. Juli ablaufen, denn wenn auch Unsöld berufen wird, dann doch wohl zum 1. Oktober; er käme dann also im August hierher zurück.

[161] *An George Jaffé*[1]

München, 22. Mai 32.

Lieber Herr College!

Ihr Brief war sehr entgegenkommend gegen meine Anregung.[2] Wenn ich nochmals schreibe, so geschieht es, um Ihnen eine allgemeine Erwägung nahe zu legen. Ich sprach neulich mit J. Franck über unseren experimentellen Nachwuchs. Wir kamen darin überein, dass es bedauerlicher Weise an Extraordinariaten für die jüngeren Docenten fehlt, seitdem diese Stellen ausschliesslich an Theoretiker gegeben werden (u. nach Lage der Sache gegeben werden müssen) resp. in theor. Ordinariate umgewandelt sind. Wenn Sie in Ihrem Falle neben Ihrem persönlichen Ordinariat kein zweites Ordinariat erhalten können, könnten Sie sich mit einem Extraordinariat begnügen, etwa so, dass die grosse Vorlesung alternierend von Cermak u. dem neuen Mann gelesen würde.[3] In Amerika ist es sehr oft so, dass der „head of department" ein älterer Herr ist, der mit Unterricht u. Organisation beschäftigt ist, während die eigentlichen Forscher jünger, ev. schlechter bezahlte Leute sind. Dort geht das meist reibungslos von statten.

Dieser Brief verlangt *keine* Antwort!

Ihr A. S.

[162] *Von Vannevar Bush*[4]

September 10, 1932

Dear Dr. Sommerfeld:

It was very kind of you to send me the reprint of your recent article

---

[1] Brief (2 Seiten, lateinisch), *Berkeley, Bancroft Library, Jaffé Box 1.*
[2] Sommerfeld hatte Fritz Kirchner als Nachfolger Walther Bothes für das Experimentalphysikordinariat in Gießen empfohlen, *A. Sommerfeld an G. Jaffé, 28. April 1932. Berkeley, Bancroft Library, Jaffé Box 1.*
[3] Nachfolger Bothes wurde Ch. Gerthsen. Paul Cermak war seit 1929 ordentlicher Professor in Gießen. Zur Umwandlung von Extraordinariaten in Lehrstühle für theoretische Physik in den 1920er Jahren vgl. [Jungnickel und McCormmach 1986, S. 355-356].
[4] Brief (2 Seiten, Maschine), *München, DM, Archiv HS 1977-28/A,47.*

on the Thomas-Fermi equation.[1] I have intended to write you for some time, but have been waiting for some further results which were in process. During the past summer, collaborating with Dr. Vallarta,[2] we have worked out the solution of the Thomas-Fermi equation by means of the differential analyzer, including the relativity correction. This was done as a result of the suggestion of Dr. Debye, and in order to determine principally whether that correction was of serious import. Professor Vallarta had intended to get together this summer a special discussion of this matter for you, but unfortunately he has had a slight illness which has prevented this from being done. His paper however will appear shortly, and I will see that a reprint is sent to you.[3]

We have also been working on the Schrodinger equation, this time with Mr. Caldwell as the principal active participant, but with the collaboration of Professor Morse and some others.[4] Caldwell has developed a very ingenious way of obtaining the self-consistent solutions for the helium-like atoms on the differential analyzer, and has now proceeded with solutions for the atomic numbers 2 to 8 inclusive. In the case of 2 he checks Hartree's results. I think that this set of results will prove to be interesting and important and that these also will be published before long, so that I can send you a copy of the entire results.

We are now considering a program for the coming winter. For example, after the various serious difficulties involved had been studied and had become understood, it was possible to make a complete solution of the Schrodinger equation and obtain a normalized self-consistent result in two days of operations. We feel therefore that important work can be done, and we are studying a program with the attempt to make this work of greatest value generally.[5] In this connection we would certainly greatly value your suggestions.

With my best regards
Very sincerely yours,
V. Bush

---

[1] [Sommerfeld 1932d].

[2] Manuel Vallarta forschte am MIT vor allem über kosmische Strahlung. Er gehörte zusammen mit Philip M. Morse zu den ersten Nutzern des von V. Bush kurz zuvor entwickelten „differential analyzer", vgl. [Morse 1977, S. 119-122]; zum „differential analyzer" siehe [Bush 1931].

[3] [Vallarta und Rosen 1932].

[4] Vgl. [Morse 1977, S. 121], [Bush und Caldwell 1931] sowie [Goldstine 1983, S. 103]. Samuel H. Caldwell war langjähriger Mitarbeiter Bushs am MIT.

[5] Vgl. [Hartree 1940].

[163] *Von Hans Bethe*[1]

Baden-Baden, 1 X 32

Lieber Herr Professor,

eben bekam ich die direkte Aufforderung von Herrn Lenz.[2] Sie sind wohl über den wesentlichen Inhalt seines Briefs unterrichtet: Ich muss am 1. November nach Hamburg kommen, weil sonst Gefahr besteht, dass die Stelle gestrichen wird. Andererseits scheint Lenz sehr entgegenkommend zu sein bezüglich späterer Exkursionen nach München. Wann und auf wie lange er sich das dachte, weiss ich allerdings nicht, aber darüber hat er Ihnen wohl ausführlicher geschrieben.

Sehr enttäuscht war ich von den finanziellen Bedingungen: Ich erwartete, dass es die gleichen sein würden wie seinerzeit bei Unsöld. Soviel ich mich erinnere, hatte er eine Assistentenstelle plus Lehrauftrag, was ihm zusammen etwa 500 M einbrachte. Nach Kürzungen und Steuern rechnete ich mit fast 400 M. Statt dessen schrieb mir Herr Lenz, dass es sich nur um eine gewöhnliche Assistentenstelle handelte, und dass mir monatlich ca. 250 M ausgezahlt würden. Das ist zwar immerhin etwas, aber für das recht teure Hamburg doch ziemlich mager. Trotzdem scheint mir, dass ich die Sache doch wohl annehmen muss, denn man kann ja wirklich nicht wissen, wie lange die Notgemeinschaft noch zahlungswillig ist und wie lange es Ihnen möglich sein wird, das Notgemeinschaftsstipendium zu „ergänzen" – ganz abgesehen davon, dass ich Ihnen nicht zumuten möchte, dauernd die Sorge um meine Versorgung auf sich lasten zu haben. Aber immerhin, ich hatte mir wesentlich grössere Hoffnungen gemacht, und unter den augenblicklichen Umständen sprechen eben nur zwei Dinge für Hamburg: die Sicherheit der Stelle und daneben die Zusammenarbeit mit Stern,[3] während ich sehr viel mehr in München zurücklasse.

Also ich denke schon: annehmen. Aber ich wollte Sie doch noch einmal fragen, ob Sie es für richtig halten, wenn ich Herrn Lenz gegenüber meine Enttäuschung über die Bedingungen ausdrücke. Ich glaube zwar kaum, dass er etwas machen kann – das Kuratorium wird jedenfalls den Daumen auf die Tasche drücken – aber es wäre doch vielleicht denkbar, dass ja. Oder glauben Sie, dass Lenz das übelnehmen könnte? Natürlich ist ein einigermassen sicheres Einkommen von 250 M immerhin etwas, aber man kann davon doch nicht so leben wie man möchte.–

---

[1] Brief (4 Seiten, lateinisch), *München, DM, Archiv HS 1977-28/A,19*.
[2] Zum Angebot der Nachfolge Unsölds auf der Assistentenstelle in Hamburg vgl. den Folgebrief [164] und die Situationsschilderung von Lenz in Brief [160].
[3] Otto Stern, Ordinarius in Hamburg, hatte dort die Molekularstrahlmethode entwickelt.

Ich denke, vom 15. Oktober bis zum 1. November nach München zu kommen (Vorher muss ich noch einen Freund in Frankfurt verheiraten). Wahrscheinlich werden dann auch einige Doktoranden da sein, sodass ich sie mit einigen guten Ratschlägen für das kommende Semester versehen kann. Hoffentlich sind Sie um diese Zeit in München?

Im übrigen schreibe ich sehr fleissig Handbuch[1] und habe in der Zeit hier schon ungefähr 60 Seiten „geleistet". Fermistatistik und spezifische Wärme gebundener Elektronen, Austrittserscheinungen – also Berechnung von Durchlässigkeitskoeffizienten der Metalloberfläche, wobei ich feststellte, dass der Richardsoneffekt bei Berücksichtigung des Durchlässigkeitskoeffizienten wie $T^{5/2} e^{-\frac{W_k - W_i}{kT}}$ geht, was zwar praktisch gleichgültig ist, aber glaube ich unbekannt. Dann Austritt in elektrischen Feldern, Voltadifferenz, Potentialsprung an einem Wackelkontakt. Jetzt schreibe ich Photoeffekt an Metallen.– Der Artikel Nr. 1[2] ist übrigens wieder verlängert worden, d. h. die Theorie des Elektronenstosses auf Wunsch von Smekal und Wentzel wieder aufgenommen.

Darf ich Sie vielleicht bitten, mir bald zu schreiben, wie ich Herrn Lenz antworten soll? Mit sehr vielem Dank bleibe ich

Ihr ganz ergebener
Hans Bethe

[164] *Von Wilhelm Lenz*[3]

Hamburg, den 20. Nov. 32.

Lieber Herr Professor!

Ihr Brief kam gerade an, als ich begonnen hatte bei der Behörde zu sondieren was sich zur Gewinnung eines auswärts habilitierten und etwa festsitzenden Assistenten tun lässt. (Die Lage ist nämlich etwas entspannt, da eine Kommission zur Prüfung der Frage ob sich die Aufhebung der Universität finanziell lohnt zu einem negativen Ergebnis gekommen ist). Da es mir gelungen ist, Jensen als vollgültigen Assistenten einstweilen anstellen zu lassen fühle ich mich nicht mehr so stark beunruhigt über eine etwa befürchtete Streichung bzw. Rückverwandlung meiner Assistentenstelle. Angesichts Ihres Briefes dachte ich daher daran Bethe zum 1. April zu nehmen wenn er dann frei ist. *Ich darf die Angelegenheit nicht mehr sehr lange in*

---

[1] [Sommerfeld und Bethe 1933].
[2] [Bethe 1933].
[3] Brief (2 Seiten, lateinisch), *München, DM, Archiv NL 89, 010.*

der Schwebe lassen, denn zum 1. April muß ich spätestens für eine ordentliche Besetzung gesorgt haben und ich weiß aus trüben Erfahrungen, wie lange sich Verhandlungen mit in Betracht kommenden hinziehen können. Hr. Bethe ist Stern u. mir am liebsten; ich will es deshalb angesichts der unerwartet günstigen Momente, die inzwischen eingetreten sind, wagen die endgültige Besetzung erst zum 1. April vorzunehmen *wenn er wirklich bis dahin fest zu haben ist und ich dies in nächster Zeit bestimmt weiß*. Ich habe deshalb an Geiger geschrieben, als dem sicherlich am besten Informierten.[1] Über den (Sommer) 1. April hinaus kann ich allerdings nicht warten.

Ich hatte inzwischen daran gedacht Hn. Teller, Schüler von Heisenberg u. jetzt Assistent bei Eucken, zu nehmen.[2] Er will aber noch 1 Jahr auf Rockefeller-Stipendium weg u. ich säße dann wieder alleine da; außerdem ist er mir in seiner wissenschaftlichen Persönlichkeit noch gar zu wenig durchsichtig.

Mit herzlichem Dank für Ihre Zeilen und herzlichen Grüßen

Ihr sehr ergebener
W. Lenz.

P. S. Mit der Entwicklung der Fermiverteilung in großer Entfernung vom Atomkern hatte sich Jensen ursprünglich sehr abgeplagt aber nichts herausgekriegt. Wir haben uns deshalb sehr für Ihr elegantes Verfahren interessiert.[3] Leider ist aber weiter draußen die Fermi-Verteilung nichts wert.

---

[1] Bethe hatte von Hans Geiger das Angebot bekommen, vertretungsweise die Vorlesungen der theoretischen Physik an der Universität Tübingen zu halten, was er ab November 1932 tat.

[2] Edward Teller war Assistent bei Arnold Eucken am Institut für Physikalische Chemie der Universität Göttingen. Vor seiner Emigration 1933 in die USA verbrachte er einen Studienaufenthalt am Bohrschen Institut als Rockefeller-Stipendiat.

[3] [Sommerfeld 1932d].

1933–1939

Zeitenwende

Rötelzeichnung von Günther Christlein
nach einer Photographie
aus dem Jahre 1937

Zeitenwende

Die nationalsozialistische „Machtergreifung" bedeutete auch für die Physik in Deutschland einen tiefen Einschnitt. „Nichtariern" wurde jegliche akademische Zukunft verbaut: Professoren wurden entlassen, Nachwuchskräften die Möglichkeit zur Habilitation verwehrt. Den Betroffenen blieb meist nur der Weg in die Emigration.[1] Die theoretische Physik sah sich von Ideologen und Verfechtern einer „Deutschen Physik" besonderen Anfeindungen ausgesetzt. Sommerfeld, „der Hauptpropagandist jüdischer Theorien",[2] stand im Zentrum der Angriffe. 1935 begann um seine Nachfolge ein Streit, der bis in die höchsten Kreise der nationalsozialistischen Machthaber Wellen schlug.

Diese durch äußere Ereignisse bedingte Zeitenwende ging einher mit einer Umorientierung der physikalischen Forschung. Neue kernphysikalische Entdeckungen – Neutron, Positron, schwerer Wasserstoff, künstliche Radioaktivität – und die erfolgreiche Anwendung der Quantenmechanik in der Theorie fester Körper eröffneten ungeahnte Möglichkeiten. Kern- und Festkörperphysik wurden in den 1930er Jahren zur Herausforderung für eine neue Generation von Theoretikern, denen es nicht mehr um die Konsolidierung der Quantenmechanik, sondern um ihre Anwendung in neuen Forschungsfeldern ging.

Wissenschaftsemigration

„Wie schon so oft, muss ich Sie auch heute wieder um Ihren Rat fragen. Sie werden wahrscheinlich nicht wissen, dass meine Mutter Jüdin ist".[3] Mit diesen Worten begann Hans Bethe im April 1933 einen achtseitigen Brief an Sommerfeld. Kritisch prüfte er seine Chancen in den verschiedenen europäischen Ländern sowie den Vereinigten Staaten. Vor allem mit Blick auf

---

[1] Für einen kurzen Überblick vgl. [Wolff 1993].
[2] [Stark und Müller 1941, S. 22]. Allgemein zur „Deutschen Physik" siehe [Beyerchen 1982].
[3] Brief [165].

die USA erhoffte er sich von Sommerfeld Unterstützung: „Sie haben doch zu Amerika immer besonders gute und freundschaftliche Beziehungen gehabt, könnten Sie wohl an einige der in Frage kommenden Leute schreiben?"

Der Grund für diesen Brief war das am 7. April 1933 erlassene „Reichsgesetz zur Wiederherstellung des Berufsbeamtentums". Wer als „nicht arisch" oder als Regimegegner eingestuft wurde und keine Ausnahmeklausel, z. B. als Frontkämpfer im Ersten Weltkrieg, geltend machen konnte, wurde aus dem Beamtenverhältnis entlassen.[1] Von den Schülern Sommerfelds traf dies außer Bethe auch Herbert Fröhlich, Walter Heitler, Ludwig Hopf, Fritz London und Lothar Nordheim. Den Doktoranden Walter Henneberg und Werner Romberg war die deutsche Hochschullaufbahn schon vor Beginn verschlossen. Nur wenige Betroffene wechselten in die Industrie wie Walter Henneberg, die Mehrzahl emigrierte.

Bethe fand zuerst am Braggschen Institut in Manchester eine Arbeitsmöglichkeit. Hier kamen auch Heitler, Peierls und andere vorübergehend unter, so daß Manchester kurze Zeit einen Spitzenplatz in der theoretischen Physik einnahm. Die Interessensgebiete reichten von den Grundlagen der Quantenelektrodynamik bis zur Metallphysik.[2] Bethes Stelle war auf ein Jahr befristet, doch in Bristol, wo gerade ein Zentrum theoretischer Festkörperphysik entstand,[3] wurde ihm im Anschluß daran für ein weiteres Jahr eine Position angeboten. Hier erreichte ihn bald das Angebot einer Assistenzprofessur an der Cornell University in den USA – verbunden mit der Aussicht auf eine Dauerstellung.[4] Bethe zögerte nicht lange und nahm den Ruf an, obwohl er „mit sehr gemischten Gefühlen nach Amerika ging", und sich „vorkam wie ein Missionar, der in die schwärzesten Teile Afrikas geht, um dort den wahren Glauben zu verbreiten. Schon nach einem halben Jahr war ich nicht mehr der Meinung, und heute würde ich kaum mehr nach Europa zurückgehen selbst wenn man mir ebensoviele Dollars anbieten würde wie in Cornell."[5]

Beispielhaft für die Zeitenwende in der Physik nach 1933 zeigt Bethes Fall die mit der Emigration einhergehenden Umorientierungen. Forschte er anfangs im Bereich der Elektronentheorie der Metalle, die von einem Ide-

---

[1] Für eine entsprechende Einstufung genügte es, wenn „ein Großelternteil nicht arisch" war. Englische, ausführlich kommentierte Übersetzung in [Hentschel und Hentschel 1996, S. xxvii und 21-26]. Der deutsche Wortlaut im Reichsgesetzblatt I, 1933, S. 175, abgedruckt in [Fieberg 1989, S. 74-75].
[2] Briefe [177], [186] und [187].
[3] [Keith und Hoch 1986].
[4] [Bernstein 1981, S. 43].
[5] Brief [200].

alkristall ausging, wandte er sich dann einer Festkörpertheorie zu, die reale Materialien – Isolatoren, Metalle, Legierungen, Halbleiter – in den Blick nahm, und zuletzt stand die Kernphysik im Mittelpunkt seiner Arbeiten. In einem Interview meinte Bethe später, in Deutschland hätte er wohl noch länger an der Theorie fester Körper gearbeitet:[1]

> I imagine that probably after a few more years, I would also have been captivated with nuclear physics. But it came earlier because I got into contact with people who were doing nuclear physics. England was full of nuclear physicists when I came there in '33.

In den Vereinigten Staaten traf Bethe auf ein noch stärkeres Interesse für Kernphysik. 1936 schätzte er, daß „90 % aller Arbeiten in diesem Gebiet in Amerika gemacht sind".[2] Um diese Zeit war er schon dabei, mit seinen neuen Kollegen Robert F. Bacher und M. Stanley Livingston von der Cornell University einen dreiteiligen systematischen Überblick über die Kernphysik für die *Reviews of Modern Physics* zu schreiben. „Nuclear physicists immediately termed the result the Bethe Bible", heißt es in der Einführung zu einem Neudruck dieser epochalen Arbeit,[3] die unter den Kernphysikern eine ebenso große Wertschätzung fand wie der 1933 abgeschlossene Handbuchartikel von Bethe und Sommerfeld zur Elektronentheorie der Metalle bei den Festkörperphysikern.

In anderer Hinsicht ist Bethes Fall weniger typisch. Meist sahen sich die Emigranten mit erheblich größeren Schwierigkeiten bei der Stellensuche im Ausland konfrontiert. Sommerfeld hatte Bethes Weg in die Emigration mit glänzenden Empfehlungen geebnet.[4] Obwohl es zu spontanen Hilfsaktionen für die aus ihren Stellen vertriebenen Physiker kam und Sommerfeld „unseren bedrohten Collegen" seine Solidarität bekundete,[5] war die Entlassung oder die Verweigerung einer Anstellung für die meisten Betroffenen der Beginn eines langen und existenzbedrohenden Leidensweges. Das „Hinausgestossenwerden aus der einzigen Gemeinschaft, in die man hinein gehört, in den leeren Raum hinaus, ist sehr schmerzlich", beschrieb Ludwig Hopf, Sommerfeldschüler der ersten Generation, seine Gefühle nach der Entlassung an der TH Aachen.[6] Hopf wollte nur im Notfall emigrieren und legte

---

[1] Zitiert nach [Hoddeson et al. 1992, S. 156].
[2] Brief [200].
[3] [Bethe et al. 1986, S. xi].
[4] Abgedruckt in [Eckert et al. 1984, S. 146-147].
[5] Briefe [168], [169] und [171].
[6] Brief [170].

anfänglich, Schopenhauer zitierend, einen „ruchlosen Optimismus" an den Tag.[1] Jedoch schon bald sah er sich zu einer realistischeren Einschätzung seiner Situation gezwungen. Selbst eine Emigration nach Indien, wo Raman eine Stelle an seinem Institut in Bangalore ausgeschrieben hatte, erschien ihm nun annehmbar: „Wenn Sie meine Aussichten durch Empfehlung verbessern könnten, so wäre ich sehr dankbar", bat er Sommerfeld im Januar 1934.[2]

Auf diese Stelle machten sich aber auch Peierls und Nordheim Hoffnungen, die sich beide ebenfalls mit der Bitte um Unterstützung an Sommerfeld wandten.[3] Der sprach sich daraufhin Raman gegenüber an erster Stelle für Peierls aus, „ein scharfsinniger, kritischer Mann, der besonders in der Elektronentheorie der Metalle und ihrer wellenmechanischen Verfeinerung mitgearbeitet" habe, unterstützte aber auch Hopf, der über seine speziellen hydro- und aerodynamischen Kenntnisse hinaus auf allen Gebieten der Physik versiert und „ein hervorragender Lehrer" sei.[4] Hopf bedankte sich und gab sich zuversichtlich. Er habe jetzt „mehrere Instanzen im Ausland mobil gemacht und hoffe, dass irgendwo in absehbarer Zeit" sich eine Stelle für ihn fände.[5]

Weder Hopf noch Peierls noch Nordheim erhielten die Stelle in Indien. Sie wurde Max Born angeboten, der sich bei Sommerfeld als einem Kenner der Verhältnisse in Bangalore vor Reiseantritt Ratschläge erbat.[6] Born war nach seiner Beurlaubung in Göttingen auf dem Weg nach England: „Man kann einem Staate nicht dienen, der einen als Bürger zweiter Klasse behandelt und die Kinder gar noch schlimmer."[7]

„Über Schrödingers Weggehen aus Deutschland werden Sie ebenso unzufrieden sein, wie ich", schrieb Heisenberg wenig später an Sommerfeld:[8] „Planck will versuchen, Schrödingers Rücktritt entweder rückgängig zu machen oder ihn doch wenigstens in einen vorübergehenden Urlaub zu

---

[1] Brief [172].
[2] Brief [182].
[3] R. Peierls an A. Sommerfeld, 28. Januar 1934. München, DM, Archiv HS 1977-28/A,258 und L. Nordheim an A. Sommerfeld, 1. Februar 1934. München, DM, Archiv HS 1977-28/A,247.
[4] Brief [183].
[5] Brief [184].
[6] M. Born an A. Sommerfeld, 8. April 1935. New York, Leo Baeck Institute, Born AR-B.231 1984. Born reiste im August 1935 nach Indien und kehrte im folgenden Frühjahr nach England zurück, nachdem es nicht gelungen war, die befristete in eine Dauerstelle umzuwandeln.
[7] Brief [173].
[8] Brief [175].

verwandeln.– Über Ehrenfests Tod waren wir alle sehr traurig." Ehrenfest hatte sich und seinen geisteskranken Sohn getötet, eine Tat, die durch die Entlassung und Vertreibung so vieler Kollegen zusätzliche Motivation erhalten hatte.

„Was fangen wir eigentlich mit all den Leuten an, denen das Leben in Deutschland unmöglich gemacht wird?", fragte Ewald.[1] Er trat unter Protest von seinem Amt als Rektor der TH Stuttgart zurück, da es ihm unmöglich sei, „in der Rassenfrage den Standpunkt der nationalen Regierung zu teilen",[2] und ging wenige Jahre später selbst den Weg der Emigration.

Sommerfeld sagte die für 1933 geplante USA-Reise zur Entgegennahme einer Ehrendoktorwürde der University of Wisconsin in Madison und zum Besuch der Weltausstellung in Chicago ab, um „bei den zu erwartenden organisatorischen Änderungen an unserer Universität meinerseits mitzuwirken."[3] Einstein gegenüber machte Sommerfeld keinen Hehl daraus, wie bedrückend er die Maßnahmen der nationalsozialistischen Politik seit 1933 und die opportunistische Haltung vieler Kollegen dazu empfand: „Leider kann ich meine Landsleute nicht entschuldigen angesichts all des Unrechts, das Ihnen und vielen anderen angetan worden ist", schrieb er von Italien aus, da der Brief über den deutschen Postweg kaum Einstein erreicht hätte; in einer durchgestrichenen Passage des Briefentwurfes fuhr er fort:[4]

> Übrigens kann ich Sie versichern, dass das nationale Gefühl, das bei mir stark ausgeprägt war, mir gründlich durch Misbrauch des Wortes National seitens unserer Machthaber abgewöhnt wird. Ich hätte jetzt nichts mehr dagegen, wenn Deutschland als Macht zu Grunde ginge und in einem befriedeten Europa aufginge.

Auch im physikalischen Zeitschriftenwesen zeigten die politischen Veränderungen Wirkung. Arnold Berliner, der die im Springer-Verlag[5] erscheinende Zeitschrift *Die Naturwissenschaften* redigierte, bat Sommerfeld eindringlich um Unterstützung für den Erhalt seiner Zeitschrift:[6] „Wenn Ihnen

---

[1] *P. Ewald an J. Sommerfeld, 21. April 1933. München, DM, Archiv HS 1977-28/A,88.*

[2] *P. Ewald an den Senat der TH Stuttgart, 20. April 1933. München, DM, Archiv HS 1977-28/A,88.*

[3] Brief [166].

[4] Brief [189].

[5] Nach den Nürnberger Gesetzen 1935 mußte Julius Springer als Mitinhaber ausscheiden, vgl. [Sarkowski 1992, S. 341-346].

[6] *A. Berliner an A. Sommerfeld, 31. Oktober 1933. München, DM, Archiv HS 1977-28/A,17.*

an der Erhaltung der Naturwissenschaften gelegen ist, so bitte ich Sie sehr, der Zeitschrift auch in Zukunft Ihr Wohlwollen, und zwar ein sehr aktives, bewahren zu wollen." Einen von Sommerfeld daraufhin zugesandten Beitrag quittierte er mit der Bemerkung: „Jeder Aufsatz, den ich jetzt bekomme, ist wirklich Hilfe in der Not."[1] Auch später bat Berliner um neue Aufsätze, um die Qualität der Zeitschrift zu erhalten, bevor er im August 1935 entlassen wurde.[2] Darüber hinaus informierte er die Physikerschaft auch über drohende Veränderungen bei anderen Zeitschriften, etwa der *Physikalischen Zeitschrift*:[3]

> Man sollte doch unter den Physikern etwas mehr Entschlossenheit gegen solche Uebergriffe zeigen als das im allg. unter den deutschen Gelehrten bisher der Fall gewesen ist. Wollen Sie nicht auch Herrn Sommerfeld dafür interessieren?

Durch diese an Laue gerichtete und von diesem an Sommerfeld weitergeleitete Mitteilung wurde offenkundig, daß Johannes Stark weit über seine Präsidentenstellung an der Physikalisch-Technischen Reichsanstalt hinaus Einfluß auf die Physik in Deutschland zu nehmen begann. Die Affäre um die *Physikalische Zeitschrift* endete mit der Entfernung Rudolf Seeligers aus der Redaktion, eine Maßnahme, die von Seeligers Redaktionskollegen Peter Debye ohne Widerspruch hingenommen wurde und in gegenseitiger Verstimmung endete.[4]

Fortschritte in der Physik

Die Niedergeschlagenheit über die politisch bedingte Beeinträchtigung ihres Faches stand in krassem Gegensatz – und oft unvermittelt – zur Begeisterung über die jüngsten Fortschritte in der Physik. Heisenberg berichtete im selben Brief, in dem er Schrödingers Rücktritt und Ehrenfests Tod beklagte, geradezu euphorisch über die kurz zuvor entdeckten „positiven Elektronen", die Diracs Löchertheorie bestätigten.[5] Aus den Briefen von Hans Bethe und Lothar Nordheim gewann Sommerfeld einen lebhaften Eindruck

---

[1] Brief [176].
[2] Brief [191] und *A. Berliner an A. Sommerfeld, 20. August 1935. München, DM, Archiv HS-1977-28/A,17.*
[3] Brief [179].
[4] Briefe [178], [180] und [181].
[5] Brief [175].

von den rasanten Entwicklungen in England und den USA, insbesondere in der Kern- und Festkörperphysik.[1] Auch wenn nun die interessantesten Nachrichten meist aus dem Ausland kamen, war in Deutschland die theoretische Physik nicht völlig zum Erliegen gekommen. Heisenberg und Friedrich Hund unterhielten in Leipzig einen lebhaften Forschungsbetrieb. Heisenbergs Korrespondenz mit Pauli zeigt die Fortschritte auf dem Gebiet der Kern- und Hochenergiephysik.[2] Hund konzentrierte sich stärker auf die Molekül- und Festkörperphysik. In Kiel demonstrierte Albrecht Unsöld erfolgreich die Anwendung der Atomtheorie auf die Astrophysik.[3]

Sommerfelds Publikationen aus den 30er Jahren lassen erkennen, daß er nach wie vor aktiv an der aktuellen Forschung Anteil nahm. Einen großen Teil seiner Arbeitskraft nahm die Neuauflage des *Wellenmechanischen Ergänzungsbandes* in Anspruch, die seit 1933 in Planung war, aber erst 1939 als „Band II" von *Atombau und Spektrallinien* erschien.[4] Sommerfeld machte sich über den Umfang dieser Arbeit, die dem Fortschritt in der Quantenmechanik seit 1928 Rechnung tragen sollte, keine Illusion:[5]

> Der einzige Weg, den ich sehe, um in absehbarer Zeit zum Ziel zu kommen, ist der, meinen Assistenten u. Privatdozenten Dr. K. Bechert zu beteiligen, derart dass er sowohl auf dem Titelblatt von Bd. II stehen, als auch am Honorar teilnehmen würde.

Sommerfelds wissenschaftliches Interesse galt vor allem festkörperphysikalischen Themen. Vom 15. bis zum 20. Oktober 1934 fand in Genf eine internationale Konferenz über Metallphysik statt, die Sommerfeld noch einmal Gelegenheit bot, mit seinen Schülern Pauli und Bethe zusammenzutreffen.[6] Er nutzte den Aufenthalt bei seinen Genfer Gastgebern auch als eine „unverfängliche Correspondenz-Möglichkeit" mit Einstein. „Genf war in jeder Hinsicht ausgezeichnet, menschlich u. wissenschaftl.", schrieb er seiner Frau nach der Tagung.[7] Kurz darauf reiste er nochmals in die Schweiz, um an der Jubiläumstagung zum 50jährigen Bestehen der Züricher Physikalischen Gesellschaft teilzunehmen. Sie war dem Thema „Der feste Körper"

---

[1] Briefe [186], [187], [200] und [201].
[2] [Pauli 1985].
[3] Brief [212].
[4] [Sommerfeld 1939].
[5] *A. Sommerfeld an Vieweg, 10. August 1933. Braunschweig, Vieweg, Sommerfeld.*
[6] Brief [187].
[7] *A. Sommerfeld an J. Sommerfeld, 21. Oktober 1934. München, Privatbesitz*; vgl. auch die Briefe [187] und [189].

gewidmet.[1] Auch die Forschung seines letzten Assistenten, Heinrich Welker, befaßte sich mit einem Problem der Festkörperphysik, der Supraleitung. Dieses Thema widerstand im Gegensatz zu vielen anderen Phänomenen im Umfeld der Elektronentheorie der Metalle hartnäckig allen Lösungsansätzen. Neben anderen hatten sich Bohr und Bloch ohne Erfolg daran versucht. Auch Welkers Theorie war letztendlich kein Erfolg beschieden, doch die Reaktion aus Leipzig zeigt, wie aufmerksam diese Bemühung verfolgt wurde: „Gestern hat Hund uns hier ausführlich die Welker'sche Arbeit referiert," berichtete Heisenberg nach München, „ich habe jetzt den Fortschritt, der darin erzielt ist, viel besser als früher verstanden und bin hinsichtlich der Supraleitung viel optimistischer."[2]

„Es ist wirklich schade", schrieb Heisenberg 1938 an Sommerfeld, als der Streit um dessen Nachfolge voll entbrannt war, „dass man in einer Zeit, in der die Physik so wunderbare Fortschritte macht und in der es wirklich Spass macht, daran mitzuarbeiten, immer wieder mit diesen politischen Dingen zu tun bekommt."[3] Weder Heisenberg noch Sommerfeld konnten verhindern, daß drei Jahrzehnte erfolgreicher Tradition Münchner Physik durch „den denkbar schlechtesten Nachfolger", wie Sommerfeld in seiner autobiographischen Skizze bemerkte,[4] auf deprimierende Weise zuende gingen.

Die Sommerfeldnachfolge

Bei den zeitgeschichtlichen Arbeiten zur Physik in der NS-Zeit nimmt der Streit um die Sommerfeldnachfolge zurecht einen hohen Stellenwert ein, denn die Auswirkungen reichten weit über München hinaus. Die in der Ideologie der „Deutschen Physik" angesiedelten Motive der Gegner Sommerfelds und Heisenbergs wurden zum Gegenstand umfassender Darstellungen.[5] Aus einem biographischen Blickwinkel heraus wurde gezeigt, wie der Streit für Heisenberg zu einem Balanceakt zwischen den verschiedenen politischen Machtinteressen des nationalsozialistischen Systems wurde.[6]

---

[1] [Sommerfeld 1938b]; vgl. Brief [204].
[2] Brief [225]; vgl. auch [Hoddeson et al. 1992, S. 140-153 und 506-507].
[3] Brief [211].
[4] [Sommerfeld 1968a, S. 679].
[5] [Beyerchen 1982, S. 210-227], [Walker 1995] sowie [Hentschel und Hentschel 1996, Introduction, 5.3]. Siehe auch die Studie [Richter 1980] und [Hermann 1993, S. 163-175].
[6] [Cassidy 1991, S. 346-414].

In einer Arbeit über den Nachfolger Sommerfelds Wilhelm Müller wird die Entwicklung aus dem Blickwinkel der Universität München geschildert.[1]

Die Emeritierung

Im Januar 1935 wurde mit einem neuen Gesetz über die Emeritierung von Hochschullehrern „aus Anlass des Neuaufbaus des deutschen Hochschulwesens" das Höchstalter der aktiven Professoren von bisher 68 auf 65 Jahre herabgesetzt. „Nach den Bestimmungen des neuen Hochschulgesetzes (§ 1) wird nach Ablauf dieses Semesters unser Kollege Sommerfeld, der das 65. Lebensjahr bereits überschritten hat, von seinen amtlichen Verpflichtungen entbunden", leitete Heinrich Wieland, Nobelpreisträger der Chemie, am 6. Februar 1935 einen Antrag an die Fakultät der Münchner Universität ein, der Sommerfeld ein weiteres Verbleiben im Amt ermöglichen sollte.[2] Dem Antrag schlossen sich die Mathematiker an, wobei sie wie Wieland argumentierten, daß aufgrund von Sommerfelds Ruf als international angesehenem Lehrer und Forscher in diesem Fall die Emeritierung aufgeschoben werden müsse:[3]

> Daß ein Ausnahmefall vorliegt, wie einer von gleicher Gewichtigkeit nur schwer zu finden wäre, braucht nicht betont zu werden bei einem Gelehrten, der als Forscher ein solches Ansehen diesseits und jenseits des Ozeans genießt wie Sommerfeld, der in solchem Maße Schüler einzuführen und bis zu den höchsten Höhen der modernen theoretischen Physik auszubilden wußte und von dem die Mathematiker mit Stolz sagen dürfen, daß er auch auf ihrem Gebiet erfolgreich gearbeitet hat. Von Nah und fern strömen Schüler zu dem in unverminderter Schaffenskraft wirkenden berühmten Lehrer. Ihn zu behalten liegt im dringendsten Interesse der studierenden Jugend, die unsere Alma Mater aufsucht.

Die Fakultät richtete daraufhin an das Rektorat der Universität die Bitte, beim bayerischen Kultusministerium einen Antrag auf „Verlängerung der

---

[1] [Litten 2000, Kap. 1.2.3]. Wir danken Freddy Litten für zahlreiche Hinweise im Zusammenhang mit der Universität München im Nationalsozialismus.
[2] *H. Wieland an die Philosophische Fakultät, 2. Sektion, 6. Februar 1935. München, UA, E-II-N Sommerfeld.* Das neue Gesetz ist auf den 21. Januar 1935 datiert, *Reichsgesetzblatt, 1935, I, S. 23–24.*
[3] *Mathematisches Seminar der Universität München an die Philosophische Fakultät, 2. Sektion, 9. Februar 1935. München, UA, E-II-N Sommerfeld.*

Amtstätigkeit über das 65. Lebensjahr hinaus" zu richten. Der Rektor Karl Escherich kam der Bitte nach, ohne daß von seiten des Ministeriums eine Reaktion erfolgte. Nach Rücksprache mit dem „Führer der Dozentenschaft, Herrn Dr. Führer", der den Antrag unterstützte,[1] bat der Dekan der Fakultät den Rektor, den Antrag noch einmal „in Erinnerung bringen zu wollen". Am 1. April 1935 ging aus dem nun zuständigen Berliner Reichserziehungsministerium der Bescheid ein:[2]

> Kraft Gesetzes sind Sie mit Ende März 1935 von den amtlichen Pflichten entbunden. Der Abschied geht Ihnen noch besonders zu. Ihr Einverständnis vorausgesetzt, beauftrage ich Sie mit der vertretungsweisen Wahrnehmung Ihres bisherigen Lehrstuhls im Sommer 1935.

„Was ich über Ihre Emeritierung denke", schrieb Arnold Berliner auf diese Nachricht hin nach München, „will ich dem Papier lieber nicht anvertrauen."[3]

Wunschkandidat Heisenberg

Sommerfelds Vertretung seines eigenen Lehrstuhls war mit der Auflage verbunden, umgehend „Vorschläge zur Wiederbesetzung der o. Professur für theoretische Physik" zu machen. „Herr Sommerfeld verliest hierauf einen Vorschlag der Fachvertreter unter Würdigung der in Vorschlag gebrachten Herren", heißt es im Protokoll der am 24. April einberufenen Fakultätssitzung:[4]

> 1. Werner Heisenberg geb. 1901 Nobelpreisträger
> 2. Peter Debye, Leipzig geb. 1884
> 3. Richard Becker, Charlottenburg geb. 1887

Der Vorschlag fand „die Billigung der Fakultät". Auch von dem bei der Sitzung anwesenden Wilhelm Führer – SS-Mitglied, Partei- und Dozentenschaftvertreter – ist kein Widerspruch vermerkt. Allerdings wünschte er,

---

[1] Zur Berufungspolitik und zur Einführung des Führerprinzips an den Hochschulen vgl. [Seier 1964], zum Astronomen Wilhelm Führer [Litten 2000, S. 237-238].

[2] *A. Schmauß an das Rektorat, 24. Februar 1935. München, UA, E-II-N Sommerfeld, B. Rust an A. Sommerfeld, Durchschlag, ausgestellt am 23. März 1935, mitgeteilt am 1. April 1935, Empfang von Sommerfeld quittiert am 17. April 1935. München, UA, E-II-N Sommerfeld.*

[3] Brief [193].

[4] *Sitzungsprotokoll, Philosophische Fakultät, 2. Sektion, 24. April 1935. München, UA, OC-N-1d.*

vom Rektor als Leiter der Dozentenschaft offiziell zur Stellungnahme aufgefordert, „die Besetzung des Lehrstuhls für theoretische Physik solange hinauszuschieben, bis die Frage der Besetzung des Lehrstuhls für Physik an der T. H. Berlin, für den Prof. Gerlach genannt wird, geklärt" sei; dem schloß sich der Rektor und in Folge auch das bayerische Kultusministerium an.[1]

Heisenberg war von Anfang an Sommerfelds Wunschkandidat. „Dass Sie mich als Ihren Nachfolger haben wollen, ist sehr nett von Ihnen und ich werde mir sehr Mühe geben, die Tradition der ‚Schule Sommerfeld' aufrechtzuerhalten", antwortete Heisenberg auf die erste Nachricht von der bevorstehenden Emeritierung im Januar 1935.[2] Er dankte Sommerfeld für die Übersendung einer Abschrift „des für mich beschämend freundlichen Fakultätsbeschlusses", hoffte aber, Sommerfeld werde „noch eine möglichst lange Zeit aktiv mithelfen, einen jüngeren Nachwuchs grosszuziehen."[3] Debye, den Sommerfeld ebenfalls schon vor Aufstellung dieser Liste konsultiert hatte, schloß für sich die Sommerfeldnachfolge aus, da er für Berlin als Direktor des neugebauten Kaiser-Wilhelm-Instituts für Physik zugesagt habe:[4]

> München liebe ich und Deine Stelle zusammen mit dem kleinen Laboratorium, in dem ich einige Ideen durch gute Leute experimentell bearbeiten lassen könnte, reizt mich indertat. So wie aber die Sachlage ist, muss ich treu zu Planck halten und hoffen, dass ich meine Kraft werde einsetzen können, so wie er es plant. Wehmütig bin ich, wenn ich das sage.

Die zunächst nur für ein Semester als Übergangsregelung gedachte Vertretung seines eigenen Lehrstuhls wurde zu einem mehrjährigen Provisorium, da mit einer sofortigen Berufung Heisenbergs nicht zu rechnen war. „Manche Anzeichen sprechen dafür", informierte Sommerfeld im Juli 1935 Debye,[5] „dass man mich im Winter mit meiner weiteren Vertretung beauftragen wird. Ich habe aber unserem Rektor gesagt, dass man es dann bis zur Vollendung des 68ten Lebensjahres tun solle, damit ich und meine Studenten wissen, woran wir sind." Er befürchtete, Debye wolle für Heisenberg eine Berufung nach Berlin erwirken. „Nimm nur nicht H.[eisenberg] als Collegen

---

[1] [Litten 2000, S. 65].
[2] Brief [190]. Es wird fast die gesamte erhaltene Korrespondenz Sommerfeld–Heisenberg zwischen 1935 und 1939 abgedruckt, nur zwei von 26 Briefen fehlen.
[3] Brief [194].
[4] Brief [192].
[5] Brief [195].

nach Berlin mit! Es ist besser für ihn u. die Physik, wenn er nach Mü.[nchen] geht." „Was Heisenberg betrifft", beruhigte Debye Sommerfeld, „der möchte nach München, und ich bin der Meinung, dass man alles tun soll, damit sein Wunsch in Erfüllung geht."[1] Allerdings erfuhr er von Schwierigkeiten, da der zuständige Referent im Reichserziehungsministerium Heisenberg nach Göttingen versetzen wolle und daher die Münchner eine neue Berufungsliste aufstellen sollten. In Göttingen war Borns Lehrstuhl für theoretische Physik verwaist, und Heisenberg galt als bester Nachfolger. Debye habe dem Referenten jedoch auseinandergesetzt, „dass Heis.[enberg] selbst nicht wolle und München vorzieht."[2]

Wie von Debye angekündigt, erging eine entsprechende Aufforderung an die Münchner Fakultät. Die für die Sommerfeldnachfolge eingesetzte Fakultätskommission kam dieser Aufforderung ohne ihren Widerwillen zu verhehlen nach und benannte weitere Kandidaten, bat jedoch „dringend" darum,[3]

> die Kandidatur *Heisenberg* erneut in Erwägung zu ziehen. Ein Forscher vom Range Heisenbergs wird seine für Wissenschaft und Unterricht gleich wertvollen Kräfte am besten entfalten, wenn man ihm diejenige Stelle gibt, die er selbst für seine Arbeitsrichtung am geeignetsten hält.

Der Angriff der „Deutschen Physik"

Bis zu diesem Zeitpunkt deutete kaum etwas darauf hin, daß sich die Sommerfeldnachfolge zu einer politischen Affäre entwickeln würde. Ende Mai 1936 informierte der Leiter der Dozentenschaft, Wilhelm Führer, das bayerische Kultusministerium, daß er Stark und Tomaschek um Vorschläge gebeten habe; allerdings kämen nach Mitteilung Rudolf Mentzels vom Reichserziehungsministerium weder Sauter, der Kandidat Tomascheks, noch Falkenhagen, der Kandidat Starks, für München in Frage.[4]

Bereits im Sommer 1934 hatte Johannes Stark der NSDAP gegenüber deutlich gemacht, daß ihm die Frage der Neubesetzung dieses Lehrstuhls sehr wichtig sei.[5] Die Gelegenheit, diese Haltung auch öffentlich zu vertreten, ergab sich im Dezember 1935 bei der feierlichen Umbenennung des physikalischen Instituts der Universität Heidelberg, das nun „Philipp-Lenard-

---

[1] Brief [196].
[2] Brief [197].
[3] Brief [198].
[4] [Litten 2000, S. 68].
[5] [Walker 1995, S. 28].

Institut" heißen sollte. Stark hielt die Festrede und nutzte die Gelegenheit zu einem ersten Angriff gegen Heisenberg. Der „theoretische Formalist, Geist vom Geiste Einsteins, soll sogar durch eine Berufung ausgezeichnet werden", entrüstete er sich: „Einstein ist heute aus Deutschland verschwunden und kein ernsthafter Physiker sieht mehr in seinen Relativitätstheorien eine unantastbare Offenbarung. Aber leider haben seine deutschen Freunde und Förderer noch die Möglichkeit, in seinem Geiste weiter zu wirken".[1] Die Rede wurde am 29. Januar 1936 auszugsweise im *Völkischen Beobachter* unter der Überschrift „Deutsche und jüdische Physik" abgedruckt. In dem Artikel wurde auch für eine stärkere Berücksichtigung der „deutschen Physik" im Unterricht plädiert. Als Autor zeichnete Willi Menzel, ein Student der Physik an der TH Berlin.[2] Diese Ideologie von einem jugendlichen Physiker verbreiten zu lassen, war ein Propagandamittel, denn der Jugend galt ein Hauptaugenmerk der Nationalsozialisten. Die Physik Heisenbergs wurde als „undurchsichtig und formalistisch" abgelehnt; nur ganz wenige hätten „während der Verfallszeit des deutschen Volkes die Gefahr, die der deutschen Wissenschaft droht, gesehen"; nun sei es an der Zeit, dem entgegenzutreten: „Wir Jungen wollen heute den Kampf fortführen für eine deutsche Physik."[3]

Heisenberg war zunächst unschlüssig, wie er auf diesen Angriff reagieren sollte. Nach Gesprächen mit einem Leipziger NSDAP-Vertreter und mit Leopold Kölbl, dem späteren Rektor der Universität München und damaligen Dekan der philosophischen Fakultät, wurde ihm aber rasch klar, daß er der weiteren Entwicklung nicht tatenlos zusehen durfte. Das Reichserziehungsministerium nahm gegenüber der „Deutschen Physik" zwar eine distanzierte Haltung ein und stand in Person von Rudolf Mentzel sogar in ausgesprochener Opposition zu den Bestrebungen Starks. Doch die Publikation im *Völkischen Beobachter*, dem offiziellen Parteiorgan, offenbarte eine starke Allianz von Partei und „Deutscher Physik", so daß man im Berliner Ministerium die Münchner Berufungsfrage bis zu einer Klärung der Angelegenheit vertagte. Heisenberg zögerte nicht lange: „Inzwischen habe ich versucht, einen Artikel gegen den von W. Menzel in dem V.[ölkischen] B.[eobachter] zu lancieren".[4] Der Artikel erschien am 28. Februar 1936, allerdings mit einem von der Redaktion verfaßten Vorspann, daß man sich „mit den in dieser Entgegnung geäußerten Ansichten in keiner Weise ein-

---

[1] [Stark 1936, S. 109].
[2] Nicht zu verwechseln mit Rudolf Mentzel vom Reichserziehungsministerium.
[3] Zitiert nach [Hermann 1993, S. 165].
[4] Brief [199].

verstanden erklären" könne, und mit einer „Stellungnahme" Starks, in der Heisenbergs Aufsatz als neuerlicher Beleg für die „Grundeinstellung der jüdischen Physik" gewertet wurde und die in der Forderung gipfelte: „Es muß die so anmaßend auftretende Theorie in ihre Schranken zurückverwiesen werden."[1]

Heisenbergs Entgegnung in einem offiziellen NS-Organ fand ein lebhaftes Echo: „Evidently courage is not quite dead in the universities", hieß es in einem Leitartikel der *New York Times*.[2] Die von der „Deutschen Physik" angeprangerte Abstraktheit der modernen theoretischen Physik traf bei vielen auf offene Ohren, ohne daß sie die weitergehenden Angriffe guthießen. Sommerfeld übergab daher dem Dekan eine ausführliche Argumentationshilfe, damit er bei Verhandlungen mit den Ministerialbeamten darlegen könne, daß Heisenbergs Arbeiten auch „von grösster praktischer Tragweite" seien.[3] Heisenberg tat gleiches im Berliner Reichserziehungsministerium, wo man ihn bat, dem Minister eine Vorlage an die Hand zu geben, um bei den zu erwartenden Auseinandersetzungen mit Sympathisanten der „Deutschen Physik" in der NSDAP Stellung beziehen zu können.

Das daraufhin von Heisenberg und den Experimentalphysikern Max Wien und Hans Geiger verfaßte Memorandum markiert eine Wende im Streit um die Sommerfeldnachfolge. Die Angriffe gegen die moderne theoretische Physik schädigten das „Ansehen der deutschen Wissenschaft im Auslande erheblich", sie „schrecken die Studenten allgemein vom Studium der Physik ab, insbesondere aber die Physikstudenten vom Studium der theoretischen Physik", so daß dem „großen Bedarf an Physikern in Technik und Heer" mangels Nachwuchs nicht begegnet werden könne.[4] Das Memorandum wurde von 75 Professoren unterzeichnet und im Oktober 1936 dem Reichserziehungsminister unterbreitet. Sommerfeld freute sich in einem Brief an Heisenberg:[5] „Kölbl berichtete mir aus dem Berliner Minist.[erium], dass Sie in Ihrer Auseinandersetzung mit St.[ark] u. L.[enard] sowohl ‚wissenschaftlich' wie ‚moralisch' gesiegt hätten. Wann aber das Min.[isterium] daraus die Consequenzen ziehen wird, ist zweifelhaft. Man scheint jetzt Leipzig nicht weiter schädigen zu wollen."

Auch in den folgenden Monaten kam es zu keiner Entscheidung. Aus Zürich schrieb Sommerfeld im Januar 1937 an Einstein: „Seit 2 Jahren bin

---

[1] Zitiert nach [Hermann 1993, S. 166].
[2] Zitiert nach [Cassidy 1991, S. 352].
[3] *A. Sommerfeld an L. Kölbl, 17. Februar 1936. München, DM, Archiv NL 89, 004.*
[4] Zitiert nach [Hermann 1993, S. 168]; siehe auch [Cassidy 1991, S. 352].
[5] Brief [202].

ich emeritiert, wie alle Professoren über 65 Jahren, habe aber noch keinen Nachfolger und vertrete mich daher selbst. Heisenberg ist zur Zeit nicht zu haben."[1] Das Reichserziehungsministerium war zu dieser Zeit gerade in einer Phase der Umorganisation. Mit Beginn des Vierjahresplans und einer stärkeren politischen Einbindung der SS wurden Rudolf Mentzel, Leiter der Abteilung Wissenschaft und selbst SS-Mitglied, und sein Stellvertreter Wilhelm Dames zu den maßgeblichen Beamten für Hochschulfragen. Stark wurde als Präsident der Deutschen Forschungsgemeinschaft von Mentzel abgelöst. Die „Deutsche Physik" schien entmachtet, und im März 1937 sollte mit einem *fait accompli* auch die leidige Angelegenheit der Münchner Berufung erledigt werden: Dames unterbreitete Heisenberg das offizielle Angebot seines Ministeriums, mit Wirkung zum 1. April 1937 die Sommerfeldnachfolge anzutreten.[2]

Der Nachfolgestreit eskaliert

Heisenberg war gerade im Begriff zu heiraten und wollte nicht unvorbereitet seinen Lehr- und Forschungsbetrieb in München eröffnen. Er bat um Aufschub bis zum 1. August, der ihm auch gewährt wurde. Heisenbergs Gegnern bot dieser Aufschub die Gelegenheit, einen neuen Angriff zu starten. Am 15. Juli 1937 erschien in der SS-Zeitschrift *Das Schwarze Korps* ein mit „Weiße Juden in der Wissenschaft" überschriebener und mit einer Nachschrift von Stark versehener Artikel, der alle bisherigen Angriffe gegen Heisenberg an Vehemenz übertraf. Unter der Überschrift „Gesinnungsjuden" wurde zunächst begrifflich das Feindbild ausgemacht:[3]

> Der Volksmund hat für solche Bazillen die Bezeichnung „Weißer Jude" geprägt, die überaus treffend ist, weil sie den Begriff des Juden über das Rassische hinaus erweitert. Man könnte im gleichen Sinne auch von Geistesjuden, Gesinnungsjuden oder Charakterjuden sprechen. Sie haben den jüdischen Geist willfährig aufgenommen, weil es ihnen an eigenem mangelt. Sie sind Anbeter des spitzfindigen Intellekts, weil ihnen natürliche Instinkte fehlen [...] Am klarsten erkennbar ist der jüdische Geist wohl im Bereich der Physik, wo er in Einstein seinen „bedeutendsten" Vertreter hervorgebracht hat.

---

[1] Brief [204].
[2] [Cassidy 1991, S. 371].
[3] Als Faksimile wiedergegeben in [Cassidy 1993b, S. 76-77].

Dann folgt unter der Schlagzeile „Die Diktatur der grauen Theorie" der Hauptangriff:

> Die Juden Einstein, Haber und ihre Gesinnungsgenossen Sommerfeld und Planck regelten fast unbeschränkt die Nachwuchsfrage der deutschen Lehrstühle. Sommerfeld allein durfte sich rühmen, zehn Ordinariate mit seinen Schülern besetzt zu haben. [...] Wie sicher sich die „Weißen Juden" in ihren Stellungen fühlen, beweist das Vorgehen des Professors für theoretische Physik in Leipzig, Professors [sic] Werner Heisenberg [...] Dieser Statthalter des Einsteinschen „Geistes" im neuen Deutschland wurde 1928 im Alter von 26 Jahren als Musterzögling Sommerfelds Professor in Leipzig, in einem Alter also, das ihm kaum Zeit geboten hatte, gründliche Forschungen zu betreiben. [...] Heisenberg ist nur ein Beispiel für manche andere. Sie allesamt sind Statthalter des Judentums im deutschen Geistesleben, die ebenso verschwinden müssen wie die Juden selbst.

Stark fand diese Ausführungen in seinem Nachwort „in grundsätzlicher Hinsicht so treffend und vollständig", daß sich eigentlich seine Ergänzung erübrige. Wenn er dennoch nicht darauf verzichte, so nur, um einmal mehr „die Fortdauer des jüdischen Einflusses in den deutschen akademischen Kreisen" anzuprangern:

> Während der Einfluß des jüdischen Geistes auf die deutsche Presse, Literatur und Kunst sowie auf das deutsche Rechtsleben ausgeschaltet worden ist, hat er in der deutschen Wissenschaft an den Universitäten seine Verteidiger und Fortsetzer in den arischen Judengenossen und Judenzöglingen gefunden; hinter der Kulisse der wissenschaftlichen Sachlichkeit und unter Berufung auf die internationale Anerkennung wirkt er ungeschwächt weiter und sucht seine Herrschaft sogar durch eine taktische Einflußnahme auf maßgebende Stellen zu sichern und zu stärken.

Heisenberg, Sommerfeld und befreundete Kollegen versuchten zu retten, was zu retten war. Heisenbergs Mutter, gut bekannt mit der Mutter des „Reichsführers der SS" Heinrich Himmler, versuchte auf diesem Weg, eine Rehabilitierung ihres Sohnes zu erwirken. Heisenbergs Kollege Friedrich Hund beschwerte sich beim Reichserziehungsminister. Sommerfeld wandte sich über den Rektor seiner Universität an das bayerische Kultusministerium. Gegen die „grobe Beschimpfung" Heisenbergs werde sich dieser selbst wehren, er fühle sich in seiner Person besonders durch eine Passage Starks beleidigt, in der ihm und anderen „weissen Juden" vorgeworfen werde, sich nur „äusserlich als national" zu gebärden.[1] Der Rektor leitete Sommerfelds Beschwerde wunschgemäß weiter – ohne „auf die Frage der Physik oder auf die Persönlichkeit eingehen zu wollen" – und fügte die Bitte hinzu, „die nötigen Schritte zu unternehmen, daß derartige Angriffe auf Hochschullehrer im Interesse des Ansehens des Staates und der Wissenschaft künftig unterbleiben."[2]

Was die Nachfolgefrage betraf, wurde die Entscheidung nur noch zum geringsten Teil vom bayerischen Kultusministerium beeinflußt. Die maßgeblichen Akteure saßen in der Münchner NSDAP-Zentrale von Rudolf Heß und den ihm nahestehenden Gruppierungen wie dem NS-Dozentenbund, im Berliner Reichserziehungsministerium und im Stab der SS. Sommerfeld erhoffte sich Unterstützung vom Leiter der Politischen Abteilung des Auswärtigen Amtes Ernst von Weizsäcker, dem „die in der Sache Heisenberg auch gegenüber dem Ausland auf dem Spiel stehenden Gesichtspunkte" am Herzen lagen. Ernst von Weizsäcker war als Vater von Heisenbergs Schüler Carl Friedrich von Weizsäcker mit der Sache schon vertraut und antwortete, er habe bereits von sich aus „verschiedene in Betracht kommende Persönlichkeiten aus dem Gesichtswinkel des Auswärtigen Amts dafür zu interessieren" versucht und „hoffe, dass dies nicht ganz ohne Wirkung geblieben ist."[3]

Heisenbergs Rehabilitierung durch die SS

Im Reichserziehungsministerium verhielt man sich abwartend. Solange Himmler sich nicht für eine Rehabilitierung Heisenbergs aussprach, wagte der Minister nicht, den Ruf zu erteilen. Heisenberg hatte sich auf den Rat seiner Mutter hin mit einem Brief persönlich an Himmler gewandt, um die Wiederherstellung seiner Ehre und Schutz vor weiteren Angriffen zu erbitten; doch Monat um Monat verstrich ohne eine Antwort.[4] Bei der SS wurde begonnen, den Fall Heisenberg gründlich zu untersuchen, doch nach einem halben Jahr war noch keine Lösung in Sicht. Am 30. Dezember 1937 klagte Sommerfeld gegenüber Einstein:[5]

---

[1] Brief [207].
[2] *Das Rektorat der Universität München an den bayerischen Kultusminister, 22. Oktober 1937. München, UA, E-II-N Sommerfeld.*
[3] Brief [208].
[4] [Cassidy 1991, S. 386-387].
[5] Brief [209].

> Die Politik meiner intimsten Feinde, Giovanni Fortissimo und Leonardo da Heidelberg, die mir Heisenberg nicht als Nachfolger gönnen wollen, zwingt mich, mein Amt weiter zu versehen und meine jetzt kleine Herde zu betreuen.

Während sich die Untersuchung des Falles durch die SS hinzog, schwankte Heisenberg zwischen Zuversicht und Niedergeschlagenheit.[1] Im April 1938 war er nahe daran, seinen Rücktritt zu erklären. Ein Jahr zuvor war er von der Columbia University eingeladen worden, „entweder für ein Semester oder für dauernd zu kommen".[2] Jetzt schrieb er an Sommerfeld: „Dass es mir sehr schmerzlich wäre, aus Deutschland fortzugehen, wissen Sie; ich möchte es nicht tun, wenn es nicht unbedingt sein muss. Aber ich hab auch keine Lust, hier als Mensch zweiter Klasse zu leben."[3] Kurz darauf sah er in der bloßen Tatsache, daß man ihn noch nicht aus seinem Amt entfernt habe, schon wieder einen Hoffnungsschimmer und wertete dies als Beleg, „dass das Ministerium die Angelegenheit des Schw.[arzen] Korps für erledigt hält."[4] Sommerfeld weigerte sich unterdessen, seine eigene Stelle weiter zu vertreten, und bat den Dekan, den Vorlesungsbetrieb in theoretischer Physik nach dem Sommersemester 1938 durch seinen Privatdozenten August Wilhelm Maue aufrecht erhalten zu lassen.[5]

Die Rehabilitierung Heisenbergs durch die SS kam letztendlich durch eine Initiative Ludwig Prandtls zustande, der als der führende Aerodynamiker Deutschlands einen für die Aufrüstung der Luftwaffe sensiblen Bereich repräsentierte und deshalb bei den Machthabern des NS-Staates Einfluß besaß. Bei einem Bankett hatte er Himmler auf den Fall Heisenberg angesprochen und ihm danach in einer Denkschrift auseinandergesetzt, wie man sowohl der theoretischen Physik wie der NS-Ideologie gerecht werden könne. Bei der Lehre der Relativitätstheorie solle die Nennung von Einsteins Namen vermieden werden. Mit diesem für beide Seiten als annehmbar befundenen Kompromiß und nach eingehender, mit Spitzel- und Geheimdienstmethoden durchgeführten Untersuchung, die keine gegen Heisenberg verwertbaren Fakten zutage förderte, war das letzte Hindernis auf dem Weg zur Rehabilitierung Heisenbergs und der modernen theoretischen Physik aus dem Weg geräumt.[6] Am 21. Juli 1938 erhielt Heisenberg endlich

---

[1] Briefe [210], [211] und [213].
[2] Brief [217].
[3] Brief [214].
[4] Brief [215].
[5] *A. Sommerfeld an das Dekanat, undatiert. München, DM, Archiv NL 89, 004.*
[6] [Cassidy 1991, S. 392-393] und [Walker 1995, S. 132-138].

die lange erwartete Nachricht Himmlers:[1]

> Ich habe, gerade weil Sie mir durch meine Familie empfohlen wurden, Ihren Fall besonders korrekt und besonders scharf untersuchen lassen.
>
> Ich freue mich, Ihnen heute mitteilen zu können, dass ich den Angriff des Schwarzen Korps durch seinen Artikel nicht billige, und dass ich unterbunden habe, dass ein weiterer Angriff gegen Sie erfolgt.

Allerdings forderte Himmler in einem Postskriptum Heisenberg auf, „in Zukunft die Anerkennung wissenschaftlicher Forschungsergebnisse von der menschlichen und politischen Haltung des Forschers klar vor Ihren Hörern [zu] trennen." Heisenberg verfuhr später nach dieser Vorgabe, wenn er sich in seinen Vorlesungen, um politische Konflikte zu vermeiden, damit begnügte, „die sachliche Richtigkeit der speziellen Relativitätstheorie" zu betonen, „völlig unabhängig von der historischen Entwicklung".[2]

Was darüber hinaus hinter den Kulissen bei der SS vorging, läßt sich einem Brief Himmlers an den SS-Gruppenführer Reinhard Heydrich entnehmen, der die Untersuchung des Falles durchgeführt und mit einem „sehr sachlichen und guten Bericht über Prof. Werner Heisenberg" dessen Rehabilitierung gefördert hatte. Himmler erklärte sich mit Heydrichs Bericht einverstanden und wollte Heisenberg sogar für künftige SS-Projekte gewinnen; ferner sollte Heisenberg die Möglichkeit erhalten, seinen Standpunkt in der *Zeitschrift für die gesamte Naturwissenschaft* auch der nationalsozialistischen studentischen Jugend darzulegen,[3]

> da ich ebenfalls glaube, dass Heisenberg anständig ist, und wir es uns nicht leisten können, diesen Mann, der verhältnismässig jung ist und Nachwuchs heranbringen kann, zu verlieren oder tot zu machen.

Die Berufung Wilhelm Müllers

Heisenberg schrieb die Nachricht seiner Rehabilitierung durch Himmler umgehend an Sommerfeld, der seinerseits den Rektor der Münchner Universität darüber informierte.[4] Unterdessen war die Gegenseite jedoch nicht untätig.

---

[1] Abgedruckt in [Goudsmit 1986, S. 119].
[2] Brief [264].
[3] Abgedruckt in [Goudsmit 1986, S. 116].
[4] Briefe [216] und [218].

Anfang 1938 bat Bruno Thüring Stark um Unterstützung für eine Kandidatur von Johannes Malsch, Assistent am Institut für theoretische Physik der Universität Köln. Stark drängte jedoch Thüring, der an der Münchner Universität Astronomie lehrte, selbst das Ordinariat für theoretische Physik zu übernehmen, zunächst zeitweise, später womöglich auf Dauer.[1] Thüring lehnte ab, da er nicht genügend kompetent für theoretische Physik sei und verwies auf die schwierige Lage in München.

Zum Tragen kam der Vorschlag Malsch, als die Dozentenschaft für die Vertetung Sommerfelds im Sommersemester nicht dessen Wunschkandidaten Maue vorschlug, sondern Malsch. Nach dem Hinweis Sommerfelds auf die fehlende fachliche Qualifikation von Malsch[2] zog die Fakultät ihre Unterstützung für ihn zurück. Thüring nahm das zum Anlaß, abermals die schnelle Wiederbesetzung des Lehrstuhls zu fordern und schlug seitens der Dozentenschaft die Liste 1. Malsch, 2. W. Müller, 3. G. Joos vor, wobei ersterer sofort die Vertretung übernehmen solle.[3] Nach der Ablehnung Malschs, nur für eine Vertretung nach München zu kommen, wurde diese tatsächlich Maue übertragen. Das Reichswissenschaftsministerium forderte aber die Universität auf, bei der Wiederbesetzung auch an Ludwig Flamm – als Vertreter Österreichs – und Georg Joos zu denken. Später wurden von Berlin noch die Namen Otto Scherzer und Richard Becker ins Spiel gebracht.

In einem Schreiben an das Dekanat, das auch an den Rektor weitergeleitet wurde, nahmen Gerlach und Sommerfeld Anfang November 1938 ausführlich zum aktuellen Stand der Wiederbesetzung Stellung. Flamm käme nicht in Frage, da er weder ein herausragender Forscher sei noch Schüler habe; Scherzer wird zwar als hoffnungsvoller Sommerfeldschüler gelobt, aber für einen so wichtigen Lehrstuhl als noch zu jung beurteilt; Richard Becker sei zwar geeignet, aber vom Ministerium als in Göttingen unabkömmlich eingestuft worden; es bleibe also nur Heisenberg, und nachdem die Vorwürfe im *Schwarzen Korps* erledigt seien, stehe seiner Berufung nichts mehr im Wege.[4]

Aber Thüring ließ nicht locker. Er konnte den Dekan Friedrich von Faber überzeugen, dem Rektorat eine neue Berufungsliste vorzulegen, auf der nach Malsch und Müller nicht Joos, sondern der Physikochemiker Hans Fal-

---

[1] [Litten 2000, S. 71].

[2] Sommerfeld führte dem Dekan gegenüber aus, daß nach Auskunft von Debye und Joos „Dr. Malsch zwar ein braver und hoffnungsvoller Experimentalphysiker ist, aber für meine Vertretung in der Mechanik-Vorlesung völlig ungeeignet", [Litten 2000, S. 74].

[3] [Litten 2000, S. 75-78].

[4] [Litten 2000, S. 79-82].

kenhagen genannt wurde. Der Wunschkandidat auf der Thüringschen Liste war jedoch Malsch, Müller und Falkenhagen eher Verlegenheitslösungen, um eine Dreierliste präsentieren zu können. Entsprechend dem Wunsch des Ministeriums wurde auch zu den anderen Kandidaten Stellung genommen. Flamm sei wissenschaftlich zu unbedeutend, Becker entspräche nicht den ideologischen Anforderungen und Scherzer komme als Sommerfeldschüler nicht in Betracht.[1]

Müller, Ordinarius für Mechanik an der TH Aachen, war sicherlich der ideologischste der drei Kandidaten. Aufgrund seines frühen Bekenntnisses zum Nationalsozialismus und seinem Antisemitismus besaß er auch die Sympathie Starks. Müller konnte auf eine „zweite Karriere" als ein von völkischer Ideologie durchdrungener Publizist zurückblicken.[2] Müllers Antisemitismus wandelte sich erst nach 1933 zu jenem hetzerischen Rassenhaß, wie er etwa auch in Starks Pamphleten verbreitet wurde; zunächst präsentierte sich Müller als ein von Mythologie, Erkenntnistheorie und Philosophie inspirierter antisemitischer Kulturkritiker. In der Relativitätstheorie sah Müller ein Beispiel jüdischer Zersetzung und warnte vor einer jüdischen „Netzwerkbildung" an den Universitäten. 1925 verstand er dies noch als eine leidenschaftslos zu führende geistige Auseinandersetzung, die nicht „in das Fahrwasser des politischen, hetzerischen Antisemitismus hinein geraten" sollte.[3] Später bewies er mit „Judentum und Führertum"[4] und anderen Schmähschriften einen ähnlich haßerfüllten Antisemitismus wie Stark.

Als Sommerfeld von dieser Entwicklung erfuhr, bat er Prandtl, „mir ein Gutachten über W. Müller zu schreiben, das ich den Berufungsbehörden, Rektorat [und] ev.[entuell] Ministerium, vorlegen kann" – unter Betonung der „Eignung für die modernen Quanten- und Atom-Probleme".[5] Prandtl bescheinigte Müller, daß er in der Strömungslehre brauchbare Arbeit geleistet habe, doch was die Eignung für die Münchner Professur betraf, ließ seine Auskunft an Deutlichkeit nichts zu wünschen übrig: „Irgendeine Aeußerung des Herrn Müller über Physik ist mir nicht bekannt geworden".[6]

Die „Deutschen Physiker" und ihre Helfer vor Ort hätten mit ihrer Liste wenig bewirken können, wenn sie sich nicht seitens höchster Parteikreise

---

[1] [Litten 2000, S. 85-89]. Vgl. auch den *Berufungsantrag des Dekanats an das Rektorat der Universität München, 29. Dezember 1938. München, UA, O-N-10a*.

[2] Zu den philosophisch-politischen Schriften Müllers, die er teilweise unter dem Namen Müller-Walbaum veröffentlichte, vgl. [Litten 2000, Kap. 2.2].

[3] [Müller 1925, S. 107].

[4] [Müller 1933].

[5] Brief [219].

[6] Brief [220].

nach wie vor starker Unterstützung erfreut hätten. Dames, der zuständige Referent im Reichserziehungsministerium, sei „zur Gegenpartei übergegangen", berichtete Heisenberg nach einem Besuch in Berlin Anfang November 1938.[1] Hitlers Stellvertreter Rudolf Heß, dessen Parteizentrale die stärkste Stütze für die „Deutsche Physik" war, schrieb an den Reichserziehungsminister Rust im Januar 1939, daß Heisenbergs politisches Verhalten eine Berufung unmöglich mache. Zeitweilig wurde als Kompromiß die Möglichkeit erwogen, dem Wunsch der SS nach einer Rehabilitierung Heisenbergs durch dessen Berufung nach Wien zu entsprechen, und den Parteiwünschen durch die Berufung eines „Deutschen Physikers" nach München. Vor Ort waren die politischen Instanzen ebenso unterschiedlicher Auffassung wie Heß und Himmler. Während in München der Dozentenbundführer Walter Schultze die Position der Heßschen Parteizentrale vertrat, war der in Leipzig auf Heisenbergs Seite: „Gestern war wieder ein Abgesandter des Reichsführers bei mir, um nähere Informationen über den Physik-Krieg einzuholen", informierte Heisenberg Sommerfeld Ende November 1938, „das ist kein ungünstiges Zeichen."[2]

So blieb die Angelegenheit weiter in der Schwebe. Heisenberg erhielt „mehrmals Besuch von dem Abgesandten H.[immler]'s"[3], was immer wieder seinen Optimismus aufleben ließ, der jedoch empfindlich gedämpft wurde, als er von einer Äußerung des Referenten im Reichserziehungsministerium erfuhr:[4]

> In einer Gesellschaft hat vor drei Tagen Dames (die Quelle dieser Information wünscht nicht genannt zu werden) offiziellen Persönlichkeiten gesagt: ,Der Minister habe nunmehr beschlossen, Ihre Professur anderweitig zu besetzen, da der Rektor und der Dekan schriftlich auf die Berufung Heisenbergs verzichtet hätten. Zwar habe sich Himmler bei Hess für mich verwandt, Hess habe aber an seiner Ablehnung festgehalten und nunmehr hätten auch Rektor und Dekan auf meine Berufung verzichtet.'

Er regte an, Sommerfeld möge Dekan und Rektor mit dieser Äußerung konfrontieren.[5] Am 28. Februar berichtete Sommerfeld Heisenberg über das Ergebnis dieser Unterredung:[6]

---

[1] Brief [221].
[2] Brief [222].
[3] Brief [224].
[4] Brief [225].
[5] Brief [226].
[6] Brief [227].

> Der Rektor hat nach Anhörung des Senats die Entscheidung
> dem Berliner Ministerium überlassen, mit der Motivierung, dass
> eine Einigung zwischen den Standpunkten der beiden Gutachten in München nicht zu erzielen sei. Der Rektor wird Anfang
> nächster Woche in Berlin sein und im Ministerium klarstellen,
> dass er, wenn das Ministerium für Sie entscheiden würde, nichts
> dagegen zu erinnern haben werde. Er nimmt an, dass auch Dekan und Dozentenschafts-Führung nicht opponieren werden.

Von den erwähnten „beiden Gutachten" war das eine von Sommerfeld und Gerlach verfaßt worden. Es war ein Votum pro Heisenberg, wobei auf Drängen des Reichserziehungsministeriums noch weitere Kandidaten genannt wurden: Hund, Wentzel, Kronig, Unsöld, Stückelberg, Fues, Sauter, Jordan und C. F. von Weizsäcker. Das andere Gutachten war die Vorschlagsliste des Dekans der Fakultät, in der Malsch, Müller und Falkenhagen als Kandidaten genannt wurden und Heisenberg gar nicht erst in Betracht gezogen wurde, da „von der Münchner Dozentenschaft sowohl wie von den hier zuständigen Instanzen des NS-Dozentenbundes bis hinauf zur Reichsamtsleitung desselben die schwerwiegendsten persönlichen wie weltanschaulichen Einwände gegen eine Kandidatur Heisenberg ins Feld geführt" würden.[1]

„Meine Nachfolge geht nicht vom Fleck", schrieb Sommerfeld im März 1939 an Richard Becker.[2] Für den Fall, daß die Angelegenheit nicht bis zum Beginn des Sommersemesters geregelt würde, beantragte Sommerfeld erneut bei der Fakultät, daß Maue, unterstützt von Heinrich Welker, mit den Kursvorlesungen beauftragt werde.[3] Auf Sommerfelds Befürchtung, „dass das Ministerium plötzlich einen Mann à la Müller ernennen könnte", entgegnete Heisenberg, daß nach Auskunft von „gut unterrichteter" Seite nun von Weizsäcker „primo loco auf der Münchner Liste" stünde, dieser aber nicht ohne Absprache mit ihm handeln würde.[4] Kurz darauf mußte er aber einsehen, daß Sommerfelds Besorgnis berechtigt war und der Ruf vermutlich an Müller gehen werde.[5] Im Mai 1939 teilte er Sommerfeld die Hintergründe mit, die letztendlich gegen seine Berufung den Ausschlag

---

[1] *Berufungsantrag des Dekanats an das Rektorat der Universität München, 29. Dezember 1938. München, UA, O-N-10a.*

[2] *A. Sommerfeld an R. Becker, Antwortentwurf, nach dem 1. März 1939. München, DM, Archiv HS 1977-28/A,15.*

[3] *A. Sommerfeld an das Dekanat der naturwissenschaftlichen Fakultät, 7. März 1939. München, DM, Archiv NL 89, 004.*

[4] Brief [229].

[5] Brief [230].

gegeben hätten:[1] „In der Frage der Münchner Professur hat die Partei gegen mich entschieden, es wäre also ein Prestigeverlust der Partei, wenn ich nach München käme." Himmler habe diese Auffassung zwar nicht geteilt, doch auch „keine Lust" gehabt, „sich hier sozusagen mit Gewalt für mich einzusetzen, da es ja sein könnte, dass ich mich dann in München doch als schlechter Nationalsozialist herausstellen könnte."

Was letztendlich das Reichserziehungsministerium bewog, nicht Malsch, den Erstplazierten von der Liste der „Deutschen Physiker", sondern den Verlegenheitskandidaten Müller zu berufen, ist nicht klar.[2] Vielleicht sollte Malsch nicht aus Köln abgezogen werden, wo er gerade die außerordentliche Professur für angewandte Physik erhalten hatte. Es wurde auch vermutet, daß sich Stark bei Rust persönlich für Müller verwendete. „An der Sache Sommerfeld–Müller ist nächst dem früheren Dozentenbund übrigens Johannes Stark besonders beteiligt gewesen", schrieb Rudolf Mentzel nach dem Krieg an Gerlach: „St.[ark] hat damals unter Umgehung aller Sachbearbeiter unmittelbar eine Entscheidung von Rust zu Gunsten von Müller erhalten [...]"[3] Heisenbergs Ansicht nach habe Dames durch die Berufung Müllers die „Deutsche Physik" lächerlich machen wollen. „Er will dadurch die Gegenkräfte gegen die Lenardklique mobilisieren und – wenn das nicht gelingt – diese Gruppe durch Müller blamieren."[4]

Im Juni 1939 machte Heisenberg einen neuen Vorstoß im Reichserziehungsministerium: Auch wenn der Ruf nicht an ihn selbst gehen könne, so „solle doch dafür gesorgt werden, dass nach München ein vernünftiger Physiker käme, nicht Herr Müller."[5] Als wenig später der Krieg ausbrach, hoffte er, nun werde auch die Frage der Sommerfeldnachfolge „noch lange unentschieden bleiben, bis die grossen Entscheidungen über die Herrschaft in Europa gefallen sind".[6]

Die offizielle Berufung Müllers durch den Reichserziehungsminister erfolgte am 20. November 1939 mit Wirkung „zum 1. Dezember 1939".[7] Allen Beteiligten war klar, „dass hier ein äusserst unsauberer Kuhhandel getrieben wurde", schrieb Heisenberg danach an Sommerfeld. Beim „Stabe Himmlers" sei ihm versichert worden, daß man damit „sehr unzufrieden" sei

---

[1] Brief [231].
[2] Vgl. [Litten 2000, S. 95-104].
[3] *R. Mentzel an W. Gerlach, 20. Dezember 1948. München, DM, Archiv NL 80, 118.*
[4] Brief [231].
[5] Brief [232].
[6] Brief [233].
[7] *B. Rust an den Reichsstatthalter in Bayern, 20. November 1939. Durchschlag. München, UA, E-II-2524.*

und damit rechne, „dass Müller höchstens einige Jahre in München bleiben werde".[1]

Die Resonanz auf diesen Ausgang der Sommerfeldnachfolge war entsprechend. „Daß der Aachenmüller Ihre Nachfolge bekommen hat ist bedeutend mehr als traurig. München scheint ja die Hauptstadt der physikalischen Gegenbewegung zu werden", kommentierte Karl Bechert aus Gießen.[2] Was die „Deutsche Physik" als „Gegenbewegung" anging, überschätzte Bechert ihre Bedeutung, denn kaum ein Jahr später erlitt sie eine entscheidende Niederlage.[3] Was die Münchner Verhältnisse betraf, markierte Müllers Berufung den Auftakt jahrelanger Streitigkeiten und Skandale (siehe Teil 4).

Heisenberg wurde nach dem „faustischen Handel" um seine Rehabilitierung, so wertete sein Biograph die Annäherung an die SS,[4] zum Direktor „am" Kaiser-Wilhelm-Institut für Physik nach Berlin berufen. Hinter dieser Formulierung verbarg sich eine weitere, von dem Betroffenen Peter Debye, dem amtierenden Direktor „des" Instituts, als Skandal erachtete politische Einmischung, über die er Sommerfeld in einem ausführlichen Brief berichtete.[5] Debye wurde vor die Wahl gestellt, entweder die deutsche Staatsangehörigkeit anzunehmen, da das Institut künftig „für Zwecke der Kriegführung" genutzt werde, oder die Direktion des Instituts niederzulegen. Er ließ sich daraufhin zur Wahrnehmung einer Gastprofessur an der Cornell University in Ithaca beurlauben und kehrte nicht wieder nach Deutschland zurück. Heisenberg arbeitete am KWI für Physik vor allem auf dem Gebiet der Kernphysik, das zentrale Anliegen des „Uranvereins", der die Ausnutzung der 1938 entdeckten Atomkernspaltung für Kriegszwecke untersuchen sollte.[6]

---

[1] Brief [234].
[2] *K. Bechert an A. Sommerfeld, 30. Dezember 1939.* München, DM, Archiv HS 1977-28/A,12.
[3] Zu dem sogenannten „Münchner Religionsgespräch" vgl. Seite 481.
[4] [Cassidy 1993b, S. 75].
[5] Brief [235]; vgl. auch [Kant 1993].
[6] [Walker 1990].

Briefe 1933–1939

[165] *Von Hans Bethe*[1]

Baden-Baden, 11 IV 33

Lieber und sehr verehrter Herr Professor,

wie schon so oft, muss ich Sie auch heute wieder um Ihren Rat fragen. Sie werden wahrscheinlich nicht wissen, dass meine Mutter Jüdin ist: Ich bin also nach dem neuen Beamtengesetz „nicht arischer Abstammung" und folglich nicht würdig, Beamter des Deutschen Reiches zu sein.[2]

Das Gesetz bezieht sich nun zunächst bloss auf Entlassung bisheriger Beamter. Es ist aber wohl anzunehmen, dass man in absehbarer Zeit nicht gerade die Leute neu zu Beamten, d. h. zu Professoren, machen wird, die man eben gerade abgebaut hat. Es scheint ausserdem, als ob man in der „Säuberung" sehr weit gehen will, und als ob z. B. schon im nächsten Semester aus Tübingen nichts würde.[3] Ob dort mein Geburtsfehler bekannt ist und woher, habe ich keine Ahnung – jedenfalls bekam ich auf Anfrage, was geschehen würde, den inliegenden Brief von Geiger, dessen Kürze ich eigentlich als fast beleidigend empfinde, und nach dessen Wortlaut ich nicht mehr glaube, dass ich in Tübingen noch viele Worte zu reden habe.[4] Ich hatte eigentlich gedacht, dass ein so schnelles und radikales „Arbeiten" garnicht möglich wäre aus dem einfachen Grunde, weil es garnicht so viele arische Theoretiker gibt.

Im übrigen scheint mir aber die Frage des nächsten oder selbst *der* nächsten Semester von sekundärer Bedeutung. Das Wesentliche scheint mir, dass unter dem heutigen Kurs meine Aussichten, jemals in Deutschland eine Professur zu bekommen, sehr klein geworden sind. Denn es ist wohl nicht anzunehmen, dass der Antisemitismus sich in absehbarer Zeit abschwächen wird, und auch nicht, dass man die Definition des Ariers abändern wird. Ich muss also wohl oder übel die Konsequenzen ziehen und versuchen, irgendwo im Ausland unterzukommen. Dass mir das nicht leicht fällt, werden Sie verstehen – ich weiss genau, dass ich mich nirgends im Ausland zu Hause fühlen werde und nirgends so wohl wie in Deutschland. Aber soweit man das übersehen kann, bleibt mir ja nur die Wahl, in Deutschland als Privatge-

---

[1] Brief (8 Seiten, lateinisch), *München, DM, Archiv HS 1977-28/A,19*.
[2] Vgl. Seite 354.
[3] Vgl. Brief [164], Fußnote 1, Seite 349, und [Wolff 1993].
[4] Hans Geiger war Ordinarius für Experimentalphysik an der Universität Tübingen, bevor er 1936 an die TH Berlin als Nachfolger von Gustav Hertz berufen wurde. Der Brief ist nicht erhalten. Bethe erinnerte sich später, daß Geiger auf seine Nachfrage mit einem „completely cold letter" reagiert habe: "There was no kind word, no regret—nothing." Zitiert nach [Bernstein 1981, S. 35].

lehrter zu verhungern oder fortzugehen. Und lieber gleich die Konsequenzen ziehen als warten, bis die letzten Reserven aufgebraucht sind!

Was ich Sie nun fragen möchte, ist einmal, ob Sie diesen Entschluss billigen, und zweitens, was Sie mir raten zu unternehmen. Natürlich will ich nicht Hals über Kopf die erste beste Stelle haben, die es ausserhalb Deutschlands gibt, sondern bin darauf vorbereitet, ein oder sogar zwei Jahre auf etwas Passendes zu warten. Ich möchte aber gern, dass die massgebenden Leute wissen, das[s] ich will.

Soviel mir bekannt ist, gibt es in *Manchester* eine Stelle für theoretische Physik, die immer nur auf kurze Zeit besetzt worden ist und zuletzt von einem überaus unfähigen Mann besetzt war – vorher war Mott dort.[1] Ich dachte schon daran, an Bragg deswegen zu schreiben – ich kenne ja Bragg persönlich und halte es für wahrscheinlich, dass ich diesen Lehrauftrag bekommen könnte, wenn er gerade unbesetzt ist.– England ist mir überhaupt sehr sympathisch, sowohl persönlich wie der Sprache wegen. Natürlich haben die Engländer selbst viele Leute, aber auch eine ganze Menge Stellen, Stipendien usw. Da ich die meisten persönlich kenne, dachte ich auch daran, an Fowler zu schreiben, ob er etwas für mich tun kann (obwohl persönliche Bettelbriefe nicht besonders angenehm sind).[2] Ich fürchte bloss, dass man in England zwar verhältnismässig leicht eine Assistentenstelle, aber nur sehr schwer etwas Besseres bekommen wird, sofern man Ausländer ist.

Ich dachte auch an Italien, d. h. an Fermi. Dort gibt es wenig gute Leute und viele noch freie Stellen, aber auch wenig Geld. Ausserdem müsste ich die Sprache besser lernen, was aber eine cura posterior ist.– In anderen Ländern Europas ist glaube ich nichts zu machen. Bohr wird zuerst (wenn er überhaupt dazu imstande ist) für die Leute seiner näheren Bekanntschaft sorgen, wie Bloch usw.[3] Wie weit in Schweden Möglichkeiten bestehen, d. h. ob man Siegbahn suggerieren könnte, dass er einen Theoretiker braucht, weiss ich nicht. Frankreich hätte natürlich theoretische Physik sehr nötig, ist mir aber selbstverständlich aus politischen Gründen wenig sympathisch. Wenn sich etwas bieten würde, würde ich es natürlich nicht ausschlagen.

Bleibt schliesslich Amerika. Wäre dort die Wirtschaftslage etwas besser

---

[1] William Lawrence Bragg war der Experimentalphysiker in Manchester. Neville Mott arbeitete ab Herbst 1929 für ein Jahr als Theoretiker bei Bragg, die Nachfolge trat E. J. Williams an. Zu den Verhältnissen in Manchester vgl. Brief [177].

[2] Ralph Howard Fowler bekleidete seit 1932 den *Plummer chair* für theoretische Physik in Cambridge, England.

[3] Bohrs Hilfsmaßnahmen für die emigrierten Physiker werden ausführlich dargestellt im Kapitel *The refugee problem, 1933 to 1935* von [Aaserud 1990, S. 105-164].

als sie ist, so wäre es ja zweifellos leicht, dort was Passendes zu finden. Unter den heutigen Umständen ist das Alles erschwert – aber andererseits glaube ich, dass eine grosse Sympathie für die deutschen Juden besteht (und für die, die nach deutschem Gesetz dazugerechnet werden, wie ich). Diesbezüglich habe ich nun die grösste Bitte an Sie: Sie haben doch zu Amerika immer besonders gute und freundschaftliche Beziehungen gehabt, könnten Sie wohl an einige der in Frage kommenden Leute schreiben?[1] Denn im Gegensatz zu England und Italien kenne ich ja in U.S.A. niemand näher. Es scheint mir trotz der wirtschaftlichen Depression U.S.A. immer noch die grösste Chance zu sein.–

In zweiter Linie fragt es sich dann, was in der nächsten Zeit geschehen soll, bis ich irgendetwas anderes gefunden habe. Durch das Handbuch bin ich ja finanziell für die nächsten 2 Jahre gesichert.[2] Als Assistenten darf mich vielleicht niemand anstellen, sonst hatte ich an sich von Madelung das Angebot, für den nächsten diesen Sommer zu ihm zu kommen.[3] Ob Heisenberg mich im Winter aufnehmen darf, kann man natürlich auch nicht wissen. Bloch muss er ja vielleicht schon jetzt entlassen.[4] (Im übrigen hatte ich Herrn Madelung Henneberg als Assistenten empfohlen – da er den Vorzug hat, dass er (meines Wissens) keine jüdische Mutter oder Grossmutter besitzt, sind die Aussichten für ihn verbessert;[5] man kann wohl erwarten, dass die Leute, deren Abstammung in Ordnung ist, unter dem heutigen Kurs auch dann etwas werden können, wenn sie nicht ganz first class sind, und ich glaube daher, dass man Henneberg heute nicht mehr unter allen Umständen auf den Mittelschullehrer hindrängen soll.)

Wahrscheinlich wird es also darauf hinauskommen, dass ich im nächsten Semester reuig nach München zurückkomme. Finanzielle Beihilfen werden kaum zu erhalten sein – sicher nicht von der Notgemeinschaft – und sind momentan wohl auch nicht notwendig. Aber man muss wohl zunächst abwarten.

---

[1] Es sind keine entsprechenden Briefe aus dieser Zeit erhalten; vgl. auch Brief [200].

[2] Vgl. die Briefe [186], [154] und [155].

[3] Vgl. Brief [156].

[4] Felix Bloch hatte angesichts der politischen Lage von sich aus seine Leipziger Assistentenstelle aufgegeben. Er verbrachte ein Jahr als Rockefeller-Stipendiat in Paris, Kopenhagen und Rom, bevor er im Februar 1934 in die USA emigrierte und Physikprofessor an der Stanford University wurde.

[5] Bethe hatte in München Hennebergs Dissertation betreut, vgl. Brief [159]. Zu den erfolglosen Bemühungen, Henneberg „trotz Grossmutter" eine Assistentenstelle zu verschaffen, siehe *A. Sommerfeld an E. Madelung, 18. Mai 1933. München, DM, Archiv NL 89, 003*, und *W. Henneberg an A. Sommerfeld, 3. Dezember 1933. München, DM, Archiv NL 89, 017, Mappe 2,3*. Henneberg kam später bei der AEG in Berlin unter.

Sie werden in diesen Tagen vermutlich noch mehrere solche Briefe bekommen haben. Haben Sie jedenfalls im Voraus sehr vielen Dank für alle Mühe, die Sie sich meinetwegen machen müssen und viele Grüsse von Ihrem
stets dankbaren
Hans Bethe

[166] An die Philosophische Fakultät, 2. Sektion[1]

München, den 13. Mai 1933.

Philosophische Fakultät II. Sektion.

Ich erlaube mir mitzuteilen, dass ich mich entschlossen habe, von dem beantragten und wie ich höre bewilligten Urlaub nach Amerika keinen Gebrauch zu machen.[2] Mein vorgestern abgegangenes Absage-Telegramm nach Amerika lautete: „Urlaub bewilligt, kann aber aus persönlichen Gründen nicht kommen". Ausschlaggebend war für mich der Wunsch, bei den zu erwartenden organisatorischen Änderungen an unserer Universität meinerseits mitzuwirken und mich den betreffenden Fakultäts-Beratungen nicht zu entziehen.[3]

[A. Sommerfeld]

[167] An Glenn F. Frank[4]

München, den 15. Mai 1933.

Hochgeehrter Herr Präsident!

Zu meinem grössten Bedauern muss ich Ihnen mitteilen, dass ich meine Reise nach Chicago und Madison aufgeben muss.[5] Mein Urlaub ist zwar

---

[1] Durchschlag (1 Seite, Maschine), *München, DM, Archiv NL 89, 004*.

[2] Sommerfeld beabsichtigte, zur Annahme der Ehrendoktorwürde der University of Wisconsin im Juni 1933 in die USA zu reisen. *C. Mendenhall an A. Sommerfeld, 16. März 1933. München, DM, Archiv NL 89, 011.*

[3] Vermutlich wollte Sommerfeld an den für die nächste Fakultätssitzung geplanten Rektoren- und Senatorenwahlen teilnehmen, die auf einen späteren Zeitpunkt verschoben wurden, vgl. *Sitzungsprotokoll, Philosophische Fakultät, 2. Sektion, 5. Juli 1933. München, UA, OC-N-1d.*

[4] Durchschlag (1 Seite, Maschine), *München, DM, Archiv NL 89, 001*.

[5] Sommerfeld hatte gehofft, bei der Verleihung der Ehrendoktorwürde anwesend zu sein, *A. Sommerfeld an G. Frank, 29. März 1933. München, DM, Archiv NL 89, 025, Mappe Körperschaften.* Mit ähnlicher Begründung sagte er auch die Teilnahme an der Weltausstellung 1933 in Chicago ab, vgl. *R. Dawes an A. Sommerfeld, 27. März 1933. München, DM, Archiv NL 89, 007, und A. Sommerfeld an R. Dawes, 15. Mai 1933. München, DM, Archiv NL 89, 025, Mappe Körperschaften.*

von der Regierung bewilligt worden. Trotzdem glaube ich, meine Universität jetzt nicht verlassen zu dürfen, da gerade im nächsten Monat bei uns entscheidende organisatorische Änderungen bevorstehen. Vermutlich haben Sie von diesem meinem Entschluss schon durch Professor Mendenhall gehört, der telegraphisch davon benachrichtigt worden ist. Es liegt mir aber daran, Ihnen persönlich zu sagen, wie leid es mir tut, meine alten Beziehungen zur Wisconsin-Universität nicht erneuern zu können.

So muss ich mich darauf beschränken, Ihnen wiederholt zu schreiben, wie tief ich die mir zugedachte Ehre fühle und wie sehr ich der Wisconsin-Universität verbunden bleibe.

Ihr sehr ergebener
[A. Sommerfeld]

[168] *Von Paul Ehrenfest*[1]

Leiden, 21 Mai 1933.

Hochverehrter Herr Sommerfeld!

Gestatten Sie mir, mich mit folgender Bitte an Sie zu wenden. Durch einige NICHT-juedische Theoretiker ersten Ranges, die sich nach bestem Wissen fuer die juedischen Physiker bemuehen bekomme ich die Informationen ueber die jeweils Beurlaubten oder Entlassenen Physiker.[2] Aber diese Informationen bleiben ersichtlich sehr unsymmetrisch, was die regionale Verteilung betrifft.

Deshalb gestatte ich mir, Sie zu bitten, zu veranlassen, dass mir (falls dies moeglich ist) Informationen ueber die jeweils entlassenen oder Beurlaubten Physiker in SUEDDEUTSCHLAND zugesendet werden.

Am wichtigsten sind mir die Namen. Lassen sich aber weiter Angaben ueber Alter, bisherige Stellung, Arbeitsrichtung, Familienverhaeltnisse d. h. ob verheiratet und Kinder beifuegen, so ist das natuerlich erwuenscht. Ich waere fuer jede Angabe dankbar, die sich schon sofort machen laesst auch wenn sie spaeter ergaenzt werden muesste.– Wegen der allzu schweren moralischen Anspannung waere mir erwuenscht, dass nicht die Betroffenen selbst an mich schreiben.

Im Vorhinein bestens dankend und mit respectvollen Gruessen

Ihr P. Ehrenfest

Adresse: P. Ehrenfest
Leiden, Holland
((keine weitere Beifügung!))

---

[1] Brief (1 Seite, Maschine), *München, DM, Archiv NL 89, 024, Mappe Nazizeit*.
[2] Es existierten verschiedene Listen, vgl. [Hentschel und Hentschel 1996, S. lxii].

[169] *Von Max von Laue*[1]

Zehlendorf, 21. 5. 33.

Lieber Sommerfeld!

Ich danke Ihnen für Ihre beiden Briefe;[2] die Namen der vom Beamten-„Gesetz" Betroffenen melde ich nächste Woche, wenn wieder mehrere Listen zusammengekommen sind, erstens an P. Ehrenfest in Leiden, zweitens an den Hamburger Banquier Dr. C. Melchior, (Hamburg 1, Ferdinandstr. 75).[3] Ersterer führt die Namen einer holländischen Organisation zu, welche sich wohl bald mit dem internationalen Hilfsausschuß für vertriebene Gelehrte vereinigen wird, letzterer dem Hilfswerk der deutschen Juden. Was dann weiter geschieht, kann ich zurzeit nicht sagen.

Sie regen einen Besuch Plancks beim Minister für J. Franck an. Ich glaube, da ist schon Manches geschehen, was man nicht in weiteren Kreisen weiß und wissen soll.[4] Aber solange Rust mit Goebbels[5] um die Regierung der Hochschulen kämpfen muß, scheinen mir alle solche Schritte hoffnungslos; auch spielen die sogenannten Studenten dabei eine wenig erfreuliche Rolle. Ich glaube nicht einmal, daß Franck so ohne Weiteres seine Göttinger Stelle wieder annähme, und hoffe, daß man ihn auf andere Art der deutschen Physik erhalten kann.

Eine Einberufung des „auswärtigen" Ausschußes der deutschen Physiker ist m. E. aus zwei Gründen im gegenwärtigen Auge[n]blick zwecklos. Selbst wenn der Ausschuß jetzt den Beitritt zur Union anriete, müßten erst die Vorstände der beiden Gesellschaften ihn beschließen; das erscheint mir vor Salzburg unmöglich.[6] Sodann aber bin ich,[7] wie ich die technischen Physiker kenne, gerade jetzt ganz ausgeschloßen, daß der Ausschuß sich im positiven Sinne ausspricht. Also lassen wir die Sache noch ein wenig ruhen.

---

[1] Brief (2 Seiten, Maschine), *München, DM, Archiv NL 89, 024, Mappe Nazizeit*.

[2] Dies ist der erste erhaltene Brief des Briefwechsels zwischen Sommerfeld und Laue aus dem Jahre 1933.

[3] Carl Melchior, Mitglied der deutschen Delegation bei den Verhandlungen zum Young-Plan, war Mitbegründer des Zentralausschusses der deutschen Juden für Hilfe und Aufbau. Auf Einladung Laues hatte Ehrenfest die Lage Anfang Mai in Berlin besprochen, [Wolff 1993, S. 269].

[4] Zum Rücktritt von James Franck vgl. [Beyerchen 1982, S. 36-41]. Möglicherweise spielt Laue auf das Treffen Plancks mit Hitler im Mai an, vgl. [Albrecht 1993a].

[5] Bernhard Rust war Reichsminister für Erziehung, Joseph Goebbels für Propaganda.

[6] Die für Salzburg vorgesehene gemeinsame Jahrestagung der DPG und der Deutschen Gesellschaft für technische Physik fand vom 18. bis 22. September in Würzburg statt. Vermutlich ging es um den Beitritt zur International Physics Union.

[7] Satzbruch; das hier eigentlich fehlende „überzeugt" paßt nicht zur Fortsetzung des Satzes; für den Rest des Satzes müßte hier stehen: „Sodann aber halte ich es für".

Ich möchte auch meinen, die ausländischen Kollegen werden einiges Verständnis dafür haben, daß wir jetzt andere, weit schwerere Sorgen haben.

Mit den besten Empfehlungen an Ihre Frau Gemahlin und mit herzlichem Gruß

Ihr M. Laue

[170] *Von Ludwig Hopf*[1]

Aachen, 24. 5. 33.

Lieber Herr Professor!

Ihr und Ihrer lieben Frau so warm empfindende Briefe haben uns sehr wohl getan; es ist so schön zu empfinden – woran wir ja nie gezweifelt haben –, dass man immer noch in gleicher Weise zu seinen Freunden gehört und dass man fest in der alten Gemeinschaft wurzelt; das gibt die Hoffnung, dass vielleicht doch ein Zurückwachsen möglich ist. Freilich sind es zunächst die materiellen Sorgen, vor allem für die Zukunft der Kinder, die uns in Anspruch nehmen; aber das kommt vielleicht in Ordnung. Aber dies Hinausgestossen werden aus der einzigen Gemeinschaft, in die man hineingehört, in den leeren Raum hinaus, ist sehr schmerzlich; der Mensch ist eben kein Einzelgänger, und die letzten Zeiten haben mich richtig gelehrt, was Heimat, Vaterland, Volk (beileibe nicht im Sinn der Nationalisten) bedeuten. Ins Ausland gehen, hiesse für mich doch „Verbannung", und ich würde dies nur gezwungen tun, damit die Kinder wieder eine Heimat finden.

Im übrigen bin ich gar nicht pessimistisch; das Gesetz schliesst mich ja nicht aus, da ich an der Front die Schlacht an der Somme mitgemacht habe, und da wahrscheinlich auch die Privatdozentur vor August 1914 in dieser Hinsicht schützt.[2] Auch die Kollegen, von denen sich Eilender[3] am energischsten meiner annimmt, sind dieser Ansicht. Und vernunftgemäss glaube ich ja auch, dass in 3 Monaten das meiste wieder zurückgenommen werden wird. Ein Volk, das sich seit 14 Jahren über das Ausnahmegesetz gegen sich beschwert, *kann* doch nicht seinerseits Ausnahmegesetze verhängen; und ein Volk, das stets energisch für die Rechte der Minderheiten eingetreten ist, *kann* doch nicht seinerseits Minderheiten derartig behandeln. Aber woher soll das Vertrauen auf Vernunft und Gerechtigkeit genommen werden?

[1] Brief (6 Seiten, lateinisch), *München, DM, Archiv HS 1977-28/A,148*.
[2] Hopf hatte sich im März 1914 habilitiert; an der Sommeschlacht nahm er von Juni bis September 1916 als Kraftfahrer teil; vgl. [Müller-Arends 1995].
[3] Walter Eilender war von 1928 bis 1949 Ordinarius für Eisenhüttenkunde an der TH Aachen. Vgl. auch *W. Eilender an A. Sommerfeld, 6. August [1934]. München, DM, Archiv HS-1977-28/A,77*.

Nun zum Tatsächlichen: Bei uns hat sich nichts geändert. Hans studiert in Göttingen, treibt fleissig Zoologie, ist mit seinen S.A.-Kollegen gut Freund und hält sich ganz ruhig.[1] Wenn alles gut vorüber geht, so waren sein jugendliches Ungestüm und die jetzige Notwendigkeit zu schweigen ganz erziehlich für ihn. Nach München wollte ich ihn auf keinen Fall zurückgehen lassen; er war dort in einer geistig sicher wertvollen, aber gefährlichen Gesellschaft. So riskierte ich die Exmatrikulation und Übersiedlung nach Göttingen; er wurde auch anstandslos immatrikuliert, sass allerdings erst sehr einsam und bedrückt da, ist aber jetzt – wie ich hoffe – in gutem Fahrwasser. Die Sorge, ob Peter nächste Ostern zum Studium zugelassen wird, stelle ich einstweilen zurück. Meiner Mutter ist das Scheiden aus ihrer Tätigkeit, die Auflösung der Vereine u.s.w. sehr schwer gefallen;[2] aber sie ist gesundheitlich wohlauf und materiell zunächst nicht gefährdet. Blumenthal ist nach 15-tägiger Haft, die nur von einem kurzen, ganz belanglosen Verhör unterbrochen war, entlassen worden;[3] vor Aufnahme seiner Vorlesungen wurde er aber, offenbar auf Betreiben der Studentenschaft, gleichfalls beurlaubt. Er hat seiner Frau nach einigen Tagen Unsicherheit die Verhaftung und jetzt auch die Beurlaubung mitgeteilt, und das tat recht gut, die Depression ist durch die wirkliche Sorge eher gemildert worden, die Lunge scheint wieder ziemlich in Ordnung. Der Badenweiler Aufenthalt wird sich wohl noch etwas hinziehen; aber es geht aufwärts. Das Haus ist nun gerade im ungeschicktesten Zeitpunkt im Bau.[4] Margarete ist in Köln; Ernst ist etwas ausgeworfen; er blieb hier immatrikuliert, soll aber nicht an die Hochschule, wo er als politisch unsicher angesehen wird.[5] Als fleissiger und strebsamer Blumenthal kann er sich zu Hause gut beschäftigen.

Ich erfahre aus Ihrem Brief, dass andere gerade so ausgeworfen und nervös sind, wie ich, oder sogar noch mehr. Ich kann mir doch nicht denken, dass Born und Ewald, die beide im Feld waren, gefährdet sind.[6] Das Verfahren

---

[1] Der Sohn Hans Hopf war im November 1932 von der Münchner Universität verwiesen worden, nachdem er auf einer „antifaschistischen Studentenliste" unterschrieben hatte, vgl. [Eckert 1993, S. 167]; siehe auch *L. Hopf an A. Sommerfeld, 16. Dezember 1933. München, DM, Archiv HS 1977-28/A,148*.

[2] Im April 1933 waren neben dem Gesetz zur Wiederherstellung des Berufsbeamtentums weitere Gesetze erlassen worden, die Juden die Ausübung verschiedener Berufe verboten, vgl. [Herbst 1996, S. 73-79].

[3] Otto Blumenthal, Ordinarius für Mathematik an der TH Aachen, war nach studentischen Denunziationen am 27. April verhaftet worden, vgl. [Butzer 1995, S. 189].

[4] Das neue Heim entstand nahe dem Aachener Wald.

[5] Beide Kinder konnten noch 1933 nach Großbritannien emigrieren, wo sie studierten und später arbeiteten.

[6] Vgl. Brief [173] und [Beyerchen 1982, S. 41-45, 73-74].

der süddeutschen Staaten, gar nicht zu beurlauben, sondern abzuwarten, ist sicher richtiger gewesen als das preussische;[1] die Beurlaubungen haben nur die Disziplin geschwächt und Unruhe hereingetragen.

Ich habe wohl selbst auch Fühler wegen einer eventuellen neuen Tätigkeit ausgestreckt, natürlich auch an Kármán geschrieben;[2] aber meine offiziellen aerodynamischen Beziehungen – ich bin erst neulich member of the Institute of aer. sciences[3] geworden – will ich erst verwenden, wenn ich die Brücken hinter mir abbrechen muss. Und wenn ich kann, dann bleibe ich natürlich. Wenn nicht, so werden sich wohl Möglichkeiten ergeben; vor einigen Tagen machte mich Rosenthal, der selbst nicht bedroht scheint, auf eine Stelle in England aufmerksam;[4] aber da schien jüdische Konfession Bedingung, und der gehöre ich nicht mehr an. Stieber ist übrigens ein alter Bekannter von mir aus Adlershof; er hat im Februar bei uns über Flugmotoren vorgetragen. Seine Schmiermittel-Arbeit liegt auf meinem Tisch;[5] doch konnte ich mich noch nicht damit beschäftigen.

Wenn eine Zukunftsmöglichkeit für mich in Ihr Gesichtsfeld tritt, so machen Sie mich bitte darauf aufmerksam. Und im Übrigen bleiben Sie uns weiter so freundschaftlich verbunden. Für Sie, wie für uns hier, wird ja auch die nächste Zeit noch oft Wechsel von Vertrauen und Mutlosigkeit bringen. Versuchen wir, die optimistischen Stunden überwiegen zu lassen! Meine Frau schreibt nächstens auch einmal.

Herzliche Grüsse Ihnen allen!

Ihr treu ergebner
L. Hopf.

[171] An Paul Ehrenfest[6]

11. Juni 1933.

Lieber Herr Ehrenfest!

Ich muss mich entschuldigen, dass ich Ihnen so spät antworte; und ich muss Ihnen innig danken für alle Fürsorge, die Sie unseren bedrohten Collegen zuwenden.

---

[1] Hopf war am 28. April 1933 beurlaubt worden.

[2] Theodore von Kármán war bis 1933 Ordinarius an der TH Aachen und seit 1930 zusätzlich Direktor des Guggenheim Aeronautical Laboratory am CalTech in Pasadena, wohin er 1934 dauerhaft übersiedelte; vgl. [Hanle 1982, S. 133].

[3] Institute of Aeronautical Sciences.

[4] Der Mathematiker Artur Rosenthal war als Frontkämpfer ausgenommen; er wurde erst nach einem Studentenboykott 1935 emeritiert, vgl. [Mußgnug 1988, S. 70-73].

[5] [Stieber 1933]. In Berlin-Adlershof befand sich die Deutsche Forschungsanstalt für Luftfahrt, an der Hopf während des Ersten Weltkrieges tätig war.

[6] Brief mit Beilage (2 Seiten, lateinisch), *Leiden, MB*.

Ich bin überzeugt, dass Sie inzwischen durch Laue als Vorsitzenden der d. Phys. Ges.[1] eine viel vollständigere Liste der Betroffenen erhalten haben als ich sie Ihnen geben könnte. Was ich Ihnen hier beilege,[2] ist auch an Laue abgegangen, also Ihnen wohl sicher bekannt.

Ich werde Ihnen, sobald ich etwas Neues über süddeutsche Collegen höre, sofort schreiben.

Mit freundlichen Grüssen
Ihr A. Sommerfeld.

[172] Von Ludwig Hopf[3]

Aachen, 28. 6. 33.

Lieber Herr Professor!

Schönsten Dank für Ihren freundlichen Brief![4] Die invariante Form der hydrodynamischen Gleichungen steht sonst nirgends in der Literatur; ich habe sie aber nicht selbständig hingeschrieben, sondern dazu die Hilfe meines Kollegen F. Krauss[5] in Anspruch genommen, der Spezialist in Tensorrechnung ist. Dass ich den Faktor 2 an der einen Stelle der Gleichungen für Zylinderkoordinaten verloren habe, also wahrscheinlich eines von den 2 beitragenden Dreiindicessymbolen gleich Null gesetzt habe, ist ärgerlich; ich bin Ihnen für den Hinweis sehr dankbar.[6] Vielleicht gibt es einmal eine 2. Auflage, dann wird es mir ergehen, wie jetzt bei der Aerodynamik; es muss alles neu geschrieben werden, besonders die Turbulenztheorie ist extrem erweitert. Sie ist mir wieder in den Gesichtskreis gerückt, als ich neulich einen kleinen Prandtl-Kongress in Göttingen mitmachte,[7] und als letzte Woche Heisenberg hier ein paar Vorträge hielt. Das ist doch ein wundervoller Kerl!!

Was meine Existenz-Angelegenheit anlangt, so kann ich eigentlich nur von Stimmungen schreiben. Die ersten Wochen waren fürchterlich; jetzt geht es mir – so ruchlos das klingen mag – seit einiger Zeit recht gut und ich habe mehr Vertrauen auf die Zukunft als vernunftgemäss berechtigt ist. Das kommt von der Einsicht, dass es uns nicht schlechter geht als allen andern, die wir früher für unsre Volksgenossen gehalten haben; nur merken die es noch nicht alle. Es geht rapid in den Abgrund hinein; wie sollen

---

[1] Laue übte in der Zweijahresperiode von 1931 bis 1933 den DPG-Vorsitz aus.
[2] Durchschlag der Beilage in *München, DM, Archiv NL 89, 024, Mappe Nazizeit.*
[3] Brief (4 Seiten, lateinisch), *München, DM, Archiv HS 1977-28/A,148.*
[4] Der Brief liegt nicht vor.
[5] Franz Krauß war seit 1930 Extraordinarius an der TH Aachen.
[6] Dies bezieht sich eventuell auf eine nicht veröffentlichte Ergänzung zu [Hopf 1931].
[7] Wohl die 25-Jahr-Feier der Aerodynamischen Versuchsanstalt am 30. Mai 1933.

sich die noch beklagen, die ein paar Minuten früher hineingestossen worden sind!

Da ich aber nicht von der Illusion loskomme, dass der liebe Gott vielleicht doch gescheiter und liebenswürdiger ist als ich, habe ich mich ein wenig umgetan und einige Hoffnungen eingesammelt. Bei der jetzigen Radikalisierung ist wohl an eine Wiedereinstellung nicht zu denken; und wenn, wie soll ich meinen Kindern zumuten, unter einem Ausnahmegesetz zu leben, das ihnen selbst die Bildungsmöglichkeiten nimmt! Aber in England wird ein grosszügiges Hilfsunternehmen speziell für die ausgetriebenen deutschen Gelehrten organisiert; vielleicht fällt da auch etwas für mich ab.[1] Für August hat mich Kollege Goldstein (genialer junger Hydrodynamiker) nach Cambridge zu sich eingeladen;[2] vielleicht lässt sich da etwas anspinnen. Ausserdem hat mir Einstein versprochen, dass er mir genügend Einladungen zu populären Vorträgen verschafft – Erfolg meines Relativitätsbüchleins[3] –, um mich einige Zeit über Wasser zu halten. Bei einer solchen Tournée finde ich dann schon auch etwas Dauerndes. Kurz ich sehe der Zukunft mit einer Stimmung entgegen, die Schopenhauer „ruchlosen Optimismus" genannt hat.[4] Meine Frau ist allerdings nicht so obenauf wie ich, sondern noch sehr deprimiert, und die Kinder fühlen sich auch tief gekränkt und drängen fort, bis auf – Hans, der auf einmal viel nationaler ist, wie wir alle und die Verwandtschaft des jetzigen Regimes mit seinen Anschauungen sehr wohl fühlt; er arbeitet fleissig in Göttingen und hat es dort auch recht gut, nur fehlt ihm die Gelegenheit, sich einmal richtig auszuschimpfen.[5]

Dieter spielt jetzt die Frühlingssonate von Beethoven, und manchmal mit mir mein Lieblingsstück, das Largo aus der 5. Sonate von Bach. Neulich hat mir meine Schwiegermutter zum Trost die schönsten Platten geschenkt, die ich je gehört habe, die allein die Anschaffung eines Grammophons lohnen: das D-moll Klavierkonzert von Bach, gespielt von Edwin Fischer. Wenn ich das höre, komme ich auf den ketzerischen Gedanken, ich sei doch ein richtiger Deutscher und der Amoklauf, den wir miterleben, gehört eher einer slavisch-barbarisch-bolschewistischen Welt an.

Ihnen allen herzlichste Grüsse, auch von meiner Frau!

Ihr treu ergebner
L. Hopf.

---

[1] Vermutlich meint Hopf den *Academic Assistance Council*, der allerdings nicht speziell für Flüchtlinge aus Deutschland sorgte; vgl. [Wolff 2000, S. 27-34].
[2] Sydney Goldstein wurde 1933 Lecturer of Applied Mathematics am St. John's College.
[3] [Hopf 1931].
[4] „Die Welt als Wille und Vorstellung" IV 59.
[5] Vgl. Brief [170], besonders Fußnote 1, Seite 387.

[173] *Von Max Born*[1]

Selva-Gardena, 1. 9. 33.

Lieber Sommerfeld,

Ihr freundlicher Brief hat mich sehr erfreut.[2] Ich überlege, ob nicht doch eine Zusammenkunft möglich sein sollte. Weyl und Frau Schrödinger sind hier im Hotel Post (Erwin Schr. ist in Sulden). Morgen reist meine Frau nach Deutschland, um den Umzug nach Cambridge zu besorgen.[3] (Ich bleibe mit meinem Jungen[4] bis zum 20. Sept. hier, dann fahren wir mit Aufenthalt in Bozen und Zürich nach England). Morgen kommt mein früherer Mitarbeiter Prof. Joe Mayer aus Baltimore zu mir zu Gast.[5] Und Montag kommen Mark und Eucken,[6] um hier in den Dolomiten Hochtouren zu machen. Also beinah ein mathematisch-physikalischer Kongress! Lockt das Sie nicht? Pauli war eine Woche hier, ist aber schon wieder weg.– Etwa am 10. bringe ich meine zweite Tochter nach Bozen, von wo sie nach Salem zur Schule reist (sie soll vorläufig noch dort bleiben);[7] wahrscheinlich fahren wir in Frau Schrödingers Auto weiter zum Gardasee, um Lindemann (Oxford) zu sprechen, der in Malcesine sein will.[8] Vielleicht könnten wir uns da in Bozen treffen? Oder später zwischen 20. und 25. Sept.? Ich wohne in Bozen in der sehr netten Pension Lindele. In München werde ich Sie nicht besuchen können, da ich gar nicht durch Deutschland reisen will.

Das[s] Sie über die Zustände sehr traurig sind, begreife ich nur zu gut! Auch ich hatte recht verzweifelte Zeiten. Aber eigentlich haben wir, die wir einem unausweichlichem Schicksal folgen müssen, es besser, als Sie, die sich doch irgendwie mit dem System solidarisch fühlen müssen, ohne es zu wollen. Ich habe gefunden, daß man mit fleißiger Arbeit über alles hinwegkommt, besonders hier in der schönen Natur. Meine Frau, die aus Göttingen stammt und dort verwurzelt ist, hat es viel schwerer. Aber sie ist sehr tapfer und nimmt die praktischen Fragen des Umzugs, der Umschulung der Kinder u. dergl. mit großer Energie in die Hand.– Gestern waren wir mit

---

[1] Brief (3 Seiten, lateinisch), *München, DM, Archiv NL 89, 006*.
[2] Der Brief liegt nicht vor.
[3] Born wurde für das Jahr 1934 als *Stokes Lecturer of Applied Mathematics* eingeladen.
[4] Der Sohn Gustav war 12 Jahre alt.
[5] Joseph E. Mayer von der Johns Hopkins University hatte 1928/29 ein Jahr als Mitarbeiter von Franck und Born in Göttingen verbracht.
[6] Hermann Mark, bis 1932 Direktor des Forschungslabors der I. G. Farben in Ludwigshafen, war Professor der Chemie an der Universität Wien. Arnold Eucken leitete das physikalisch-chemische Institut der Universität Göttingen.
[7] Margaret Born, geboren 1915, besuchte das bekannte südbadische Internat Salem.
[8] Der mit Born befreundete Frederick Lindemann reiste „kreuz und quer durch Deutschland und versuchte, Physiker von Rang für Oxford zu gewinnen", [Born 1969, S. 158].

Frau Schrödinger und Weyl (in ihrem Auto) bei Plancks im benachbarten Villnös-Tal. Der alte Planck ist sehr bedrückt, seine Stimmung ist wohl dieselbe wie die Ihre. Er hätte gern gesehen, daß ich mich auf ein paar Jahre beurlauben ließe, um dann wiederzukehren. Aber das schien mir unwürdig. Man kann einem Staate nicht dienen, der einen als Bürger zweiter Klasse behandelt und die Kinder gar noch schlimmer. Darum habe ich um meine Entlassung gebeten.[1] Ich denke, daß wir es in Cambridge wissenschaftlich und menschlich gut haben werden. Meine Frau war dort, um ein Häuschen zu mieten, und ist von Rutherford, Fowler u. a. rührend aufgenommen worden. Mein Einkommen wird knapp sein, aber vielleicht lässt es sich allmählich steigern. In London, Oxford, Manchester werden viele gute Freunde und Kollegen aus Deutschland sein.

Daß Ihnen mein kleines Buch gefallen hat, freut mich sehr.[2] Allerdings ist die Darstellung nur zum Teil mein Stil; Herrn Sauter's Ausarbeitung gab das Gerüst ab. Ich habe dies Büchlein letzten Sommer ganz nebenbei erledigt, während ich noch an den letzten Korrekturen meines Optikbuchs saß.[3] Darein habe ich eine ungeheure Arbeit gesteckt, und wenn Sie dieses Buch billigten, so wäre mir das eine große Genugtuung. (Sie sollten sich dazu den Berichtigungszettel von Springer kommen lassen; in der Beugungstheorie ist ein arger Bock).

Daß ich auch hier nicht untätig war, sondern sogar recht kühne Spekulationen betrieb, möge Ihnen beiliegende Notiz aus Nature zeigen. Eine größere Arbeit soll in der Roy. Soc. erscheinen.[4] Leider ist es mir noch nicht gelungen Weyl und Pauli zu meinen Ansichten zu bekehren.

Ich wünsche Ihnen recht gute Erholung! Hoffentlich auf Wiedersehn! Mit herzlichen Grüßen, auch von meiner Frau,

Ihr M. Born.

[174] *Von Max Born*[5]

Selva, 5. 9. 33.

Lieber Sommerfeld,

Herzlichsten Dank für Ihren Brief. Unsere Pläne sind inzwischen so verändert, daß es mir nicht sehr wahrscheinlich scheint, daß wir uns treffen kön-

---

[1] Die Eingabe wurde ignoriert, Born blieb beurlaubt, [Beyerchen 1982, S. 63].
[2] Vgl. die Rezension [Sommerfeld 1934a] über [Born und Sauter 1933]. Es ging aus einer Vorlesungsreihe Borns an der TH Berlin hervor, wo Fritz Sauter Assistent war.
[3] [Born 1933b].
[4] [Born 1933a] und [Born 1934]; vgl. den letzten Absatz des folgenden Briefes [174].
[5] Brief (2 Seiten, lateinisch), *München, DM, Archiv NL 89, 006*.

nen.[1] Erstens kommt am 9. oder 10. mein Freund und früherer Mitarbeiter Prof. Joe Mayer (Baltimore) auf einige Tage als Gast zu mir. Zweitens will Fr. Schrödinger nicht, wie sie ursprünglich beabsichtigte, über Bozen direkt zum Gardasee fahren, sondern erst ihren Mann in der Ortler-Gegend abholen und dann mit ihm am Gardasee bleiben; die Rückfahrt müsste ich also per Bahn machen. Ich würde Sie sehr gern sprechen, aber ich kann heute nichts bestimmtes sagen. Die Möglichkeit besteht noch, daß Fr. Schrödinger eine Fahrt durch's Fleimstal als reine Spazierfahrt in den nächsten Tagen unternimmt; aber ich glaube nicht recht daran.– Wenn es doch noch geht, schicke ich Ihnen einen Tag zuvor ein Telegramm. Aber rechnen Sie lieber nicht damit.

Was meine Feldgleichungen betrifft, so sind diese *nicht* linear, können es auch nicht sein, da sonst unmöglich die Existenz eines Elektrons herauskommen könnte.[2] Aber in Abständen, die groß sind gegen den Radius des Elektrons, sind die nicht-linearen Glieder verschwindend klein, sodaß für Lichtwellen das Superpositionsprinzip gilt. Die klassisch berechnete Bewegungsgleichung stimmt mit der Lorentzschen überein, nur ist die Masse exakt berechenbar (ich glaube: $m_0 c^2 = 0, 8 \ldots \frac{e^2}{r_0}$). Die vorkommenden Zahlenwerte sind ganz eigenartige Transzendente (Werte von Modulfunktionen, Perioden elliptischer Integrale).– Aber mit der Quantisierung komme ich noch nicht recht weiter.

Weiter gute Erholung! Herzl. Grüße von

Ihrem M. Born.

[175] *Von Werner Heisenberg*[3]

Leipzig, 9. Oktober 1933.

Sehr verehrter lieber Herr Professor!

Leider ist es mir diesmal nicht gelungen, Sie in München zu treffen, daher muss ich jetzt schriftlich um ihre Auskunft bitten. Wir hatten doch im Sommer verabredet, dass ich eventuell in München einen Vortrag über „Atomtheorie und Naturerkenntnis" oder ähnlich halten sollte; wie steht es eigentlich damit, wann soll er stattfinden?[4] Ich möchte das gerne mög-

---

[1] Sommerfeld erholte sich Ende August/Anfang September auf dem Zirmer Hof in Fontanafredde, Südtirol.

[2] Born hoffte, das Problem der Selbstenergie des Elektrons durch Modifikation der Maxwellgleichungen lösen zu können, vgl. [Born 1933a], [Born 1934], siehe auch den Übersichtsartikel [Jordan 1934].

[3] Brief (2 Seiten, lateinisch), *München, DM, Archiv HS 1977-28/A,136*.

[4] Ein solcher Vortrag ist nicht im Münchner Kolloquiumsbuch verzeichnet.

lichst bald wissen, da natürlich seine Vorbereitung einige Zeit in Anspruch nehmen wird.– Was sagen Sie zu den positiven Elektronen?[1] Es scheint doch, dass Dirac wieder einmal viel mehr Recht gehabt hat, als man bisher dachte. Ich war die letzten Wochen über in Kopenhagen und hab viel mit Dirac über seine Löchertheorie gesprochen; bisher macht es noch Schwierigkeiten, die Löchertheorie sauber gegen die Probleme abzugrenzen, die man beim gegenwärtigen Stand der Theorie doch nicht lösen kann: Wert von e^2/hc, Elektronenradius etc. Aber für eine Reihe von Fragen: Meitner-Hupfeldeffekt, Bremsung von Elektronen unter Ausstrahlung etc. scheint die Theorie durchaus zu genügen.[2] Auch Bohr war sehr begeistert davon.–

Über Schrödingers Weggehen aus Deutschland[3] werden Sie ebenso unzufrieden sein, wie ich. Planck will versuchen, Schrödingers Rücktritt entweder rückgängig zu machen oder ihn doch wenigstens in einen vorübergehenden Urlaub zu verwandeln.– Über Ehrenfests Tod waren wir alle sehr traurig.[4]

Hoffentlich finden Sie im Wintersemester von der Politik genug Ruhe, um sich über die positiven Elektronen zu freuen.

Mit vielen Grüssen und vielen Empfehlungen an die Frau Geheimrat
Ihr dankbarer
Werner Heisenberg.

[176] *Von Arnold Berliner*[5]

Berlin, den 8. Dezember 1933.

Hochverehrter Herr Geheimrat!

Ich beeile mich, Ihnen meinen besten Dank für Ihren freundlichen Brief vom 7. Dezember auszusprechen und ganz besonders für die mir in Aussicht gestellte Hilfe.[6] Es geht den Naturwissenschaften tatsächlich sehr schlecht und ich habe Monate hinter mir, in denen ich bisweilen, wenn ich ein Heft zusammengestellt hatte, nicht gewusst habe, wie ich das nächste fertig brin-

---

[1] Zu Heisenbergs Reaktion auf die Entdeckung des Positrons 1932 und Diracs Interpretation siehe [Pauli 1985, Briefe 319–321 und 323–331].

[2] Der Meitner-Hupfeld-Effekt beschreibt die vor der Entdeckung des Positrons unverständliche Absorption von Gammastrahlen bei der Streuung an Atomkernen, die die Dirac-Theorie als Paarerzeugung beschreibt, vgl. [Sime 1996, S. 122-125].

[3] Schrödinger war nicht entlassen worden, sondern nahm seinen Abschied, weil er von der NS-Herrschaft die „Nase voll" hatte, wie er Pauli gegenüber äußerte; er nahm ein Angebot der Universität Oxford an, wohin er im November 1933 übersiedelte; vgl. [Moore 1989, Kap. 7–8] sowie [Hoch und Yoxen 1987].

[4] Ehrenfest hatte sich am 25. September 1933 das Leben genommen.

[5] Brief mit Beilage (3 Seiten, Maschine), *München, DM, Archiv HS 1977-28/A,17*.

[6] Vgl. Seite 357.

gen würde. Jeder Aufsatz, den ich jetzt bekomme, ist wirklich Hilfe in der Not. Ich veröffentliche daher den Aufsatz, den Sie mir freundlicherweise zugedacht haben, unmittelbar, nachdem Sie die Korrektur erledigt haben werden. Der neue Jahrgang beginnt mit dem Nachruf auf Correns (von Wettstein), das zweite Heft würde ich dann mit Ihrem Aufsatz beginnen und das dritte Heft mit einem Aufsatz von Staudinger über hochmolekulare organische Verbindungen.[1] Für Januar sind Die Naturwissenschaften also wieder einmal gerettet, denn der Staudingersche Aufsatz zieht sich durch zwei Hefte hin. Dann habe ich noch einen Aufsatz über Krebssterblichkeit, aber der Verfasser heisst – horribile dictu – Wolff und man kann heute nie wissen, an welchen Namen die Leute Anstoss nehmen.[2] Ich bin bereits sanft darauf aufmerksam gemacht worden, dass ich zu viel „Nichtarier" unter den Autoren habe. Das hört nun allmählich von selbst auf. Ich könnte Ihnen über dieses Thema allerlei berichten, was sich aber nicht für die briefliche Mitteilung eignet, nur eine Probe erlaube ich mir Ihnen in der beifolgenden Abschrift eines Briefes von Herrn Dingler zu überreichen.[3] Leider kann ich den Brief nicht veröffentlichen aus Rücksicht auf den Verlag Julius Springer, der schon Schwierigkeiten genug hat.[4]

Für das kommende Jahr wünsche ich Ihnen wie stets das Beste und den Naturwissenschaften die Erhaltung Ihres freundlichen Interesses.

Mit besten Empfehlungen, Ihr Ihnen in aufrichtiger Verehrung ergebener
A Berliner

[177] *Von Hans Bethe*[5]

B.-Baden, 23 XII 33

Lieber Herr Professor,

ich habe ein sehr schlechtes Gewissen. Jede Woche wollte ich mich hinsetzen und Ihnen etwas von Manchester erzählen – und jetzt ist schon ein Vierteljahr vorbei und ich habe es immer noch nicht getan.[6] Aber vor al-

---

[1] [Wettstein 1934], [Staudinger 1934] und [Sommerfeld 1934b].
[2] [Wolff 1934].
[3] *H. Dingler an Die Naturwissenschaften, 20. November 1933. Beilage zu Brief [176].* Dingler hält darin den Abdruck einer Rezension eines seiner Bücher in den *Naturwissenschaften* „aus naheliegenden Gründen für unter meiner Würde". Sommerfeld reichte Brief und Beilage an einen Kollegen (E. Reinhardt) weiter und notierte dazu: „Was sagen Sie zu unserem Freunde Dingler? Ich sage einfach Lümmel!"
[4] 1935 mußte Julius Springer als Inhaber ausscheiden, [Sarkowski 1992, S. 344-346].
[5] Brief (8 Seiten, lateinisch), *München, DM, Archiv HS 1977-28/A,19.*
[6] Vgl. Seite 354.

lem will ich Ihnen heute alles Gute zu Weihnachten wünschen und hoffen, dass das neue Jahr Ihnen nur Erfreuliches bringen wird, mehr als das letzte!

Also Manchester ist weit über meine Erwartungen hübsch. Schon die Stadt ist lange nicht so dreckig wie ich sie in Erinnerung hatte – es ist eigentlich sauberer als London, was schon darin zum Ausdruck kommt, dass der Nebel weiss ist und nicht braun. Draussen in den Vororten gibt es sogar richtige Landschaft, grüne Wiesen und Golfplätze, kleine Flüsschen und hübsche Spaziergänge. Wir wohnen in so einem Vorort, Didsbury, wo auch Hartree sein Haus hat.[1] Ich wohne zusammen mit Peierls und seiner sehr temperamentvollen Frau (plus ebensolchem Baby) in einem der vielen Tausende gleich aussehender Häuser (man findet sich sofort zurecht, wenn man irgendwo eingeladen ist).[2] Das Zusammenwohnen hat Nachteile für unser Englisch, aber Vorteile für allgemeines Wohlbefinden und Physik. Unbequem beim „Wohnen in der Natur" ist nur der unendliche Weg zum Institut in der unendlich weit ausgedehnten Stadt Manchester, 25 Minuten mit der Trambahn + 10 Minuten Weg dorthin und Wartezeit.

Das Beste an Manchester sind die Leute im Institut. Bragg ist ganz grossartig, menschlich wie physikalisch. Er macht allen Leuten im Institut das Leben angenehm, wo er kann; er stellte uns einer Menge von netten Leuten vor (unphysikalischer Natur), und ich war mehrfach draussen in seinem Schloss, das Sie ja auch kennen.[3] Wissenschaftlich habe ich auch sehr viel von ihm; er macht sehr interessante Versuche über die Anordnung der Atome in Legierungen (Übergitter) und ich versuche, die Theorie dazu zu machen.[4] Es ist sehr angenehm, ihm zu erzählen: Er versteht in kürzester Zeit alle wesentlichen Punkte, während das sonst bei Experimentatoren meist sehr schwierig ist[.]

Die Sterne zweiter Grösse sind auch meist aussergewöhnlich nett: Besonders James, der ja auch viele schöne Arbeiten zusammen mit Bragg geschrieben hat.[5] Ich arbeite im Institut im gleichen Zimmer mit ihm, und sehe ihn auch sehr häufig ausserhalb des Instituts. Dann gibt es noch einen älteren lecturer, Bell,[6] der glaube ich wissenschaftlich nicht beson-

---

[1] Douglas R. Hartree war Professor für angewandte Mathematik an der Universität.
[2] Rudolf Peierls hatte ebenfalls eine befristete Stelle am Braggschen Institut. Bethe lebte mit Peierls und dessen Frau Jewgenia ein Jahr in einem Haus, vgl. [Peierls 1985, S. 99-104].
[3] Sommerfeld hatte während seiner Englandreise im April 1933 die Braggs besucht.
[4] [Barrett 1965].
[5] Etwa [Bragg et al. 1926]. Reginald William James war Dozent für Physik an der Universität Manchester.
[6] Bell wurde nicht ermittelt.

ders bedeutend ist, aber einen herrlichen Humor hat und ausserdem immer mit grösstem Vergnügen das Englisch unserer Arbeiten und Vorlesungen korrigiert – er behauptet allerdings, es wäre nicht viel zu korrigieren.

Im vergangenen term habe ich eine Vorlesung für den „staff" gehalten, d. h. für die vielen Leute, die bei Bragg im Institut unterrichten, arbeiten oder doktorieren, das sind mindestens 25. Ausserdem kamen Polanyi[1] und seine Leute und verschiedene Mathematiker. Thema Einführung in die Wellenmechanik. Im nächsten term werden dann spezielle Probleme behandelt, hauptsächlich Theorie der komplizierteren Atome und Moleküle von Hartree. Am Schluss (Sommersemester) soll Peierls das Spinelektron und, wenn möglich, noch die Strahlungstheorie machen. Diese kombinierte Vorlesung ist glaube ich eine gute Idee, jedenfalls sind die Zuhörer sehr wissbegierig und haben sich in den letzten Stunden sogar Matrizenmechanik gefallen lassen.

Im nächsten Semester soll ich dann für Studenten im 3. Jahr Atomtheorie mit experimentellen Grundlagen lesen. Das ist etwas schwieriger, weil elementar.

Was ich am meisten entbehre, sind Doktoranden – ich hatte mich bei Ihnen so sehr daran gewöhnt und hatte viel Vergnügen daran. Auf der anderen Seite hat die Nicht-Existenz von Doktoranden den Vorteil, dass man mehr zum eigenen Arbeiten kommt. Eine Arbeit ist gerade fertig, über Entstehung von positiven Elektronen.[2] Mechanismus: Ein einfallendes Lichtquant erzeugt im Feld eines schweren Atoms ein positives und ein negatives Elektron, oder, „gelehrter" gesagt: Übergang eines Elektrons von einem Zustand negativer Energie zu einem mit positiver Energie durch Absorption von Licht, d. i. Photoeffekt. Die Wahrscheinlichkeit dafür ist schon von Oppenheimer ausgerechnet worden, aber falsch, dann richtig von Sauter und Heitler.[3] Man wunderte sich sehr über das Resultat: Die Wahrscheinlichkeit wurde unerwartet gross. Man bekam dann in Kopenhagen heraus, dass die Abschirmung sehr wesentlich ist (vorher hatte man reines Coulombpotential für das Atom angenommen, in dessen Feld der Photoeffekt vor sich geht; ohne „Katalyse" durch ein Atomfeld geht es natürlich nicht, weil ein freies Elektron bekanntlich nicht absorbieren kann). Ich habe es jetzt mit Abschirmung gerechnet (Fermipotential), wobei die Berechnung der Wahr-

---

[1] Michael Polanyi, bis 1933 am Kaiser-Wilhelm-Institut für Faserstoffe in Berlin, war Professor für physikalische Chemie in Manchester. Seine Arbeit galt vor allem der Festigkeit von Kristallen, vgl. [Hoddeson et al. 1992, S. 330-331].
[2] Vgl. [Bethe und Heitler 1934].
[3] [Oppenheimer und Plesset 1933], [Heitler und Sauter 1933].

scheinlichkeit des Elementarprozesses sehr einfach und die Integration über die Winkel zwischen den Emissionsrichtungen der verschiedenen Teilchen sehr kompliziert ist. Resultat: Die Wahrscheinlichkeit bleibt sehr gross und erreicht bei hoher Energie des einfallenden Lichtquants einen konstanten Grenzwert. Bei $h\nu > 20\,mc^2$ ist Erzeugung von Elektronenpaaren viel häufiger als Comptoneffekt, und ein Quant von etwa $100\,mc^2$ kann nur etwa $1\frac{1}{2}$ cm Pb durchdringen, ehe es ein Paar von Elektronen erzeugt!

Bei derselben Rechnung ergibt sich auch die Röntgenbremsstrahlung schnellster Elektronen; sie ist auch ungeheuer stark, und der durch sie bedingte Energieverlust viel grösser als der durch Stösse. Auch schnelle Elektronen haben nur 1–2 cm Reichweite in Pb (in Luft sehr viel mehr, weil die Intensität der Ausstrahlung proportional Z^2 ist).

Ich glaube daher jetzt, dass die Höhenstrahlung primär ausschliesslich schwere Teilchen (Protonen und evtl. Neutronen) enthält. Deren Energie muss etwa 10^{11} betragen, wenn sie bis auf den Grund des Bodensees kommen. Protonen würden gut mit dem magnetischen Ost-West-Effekt stimmen, der *positive* Teilchen anzeigt.[1] Ich habe nun folgende kühne Theorie der shower:[2] Ein Proton mit Energie E, Masse M, kann durch gewöhnlichen Stoss Elektronen mit Energie $2\,mc^2 \cdot (E/Mc^2)^2$ erzeugen, d. s. 10^{10} Volt, wenn das Proton 10^{11} Volt hat. Das Elektron gibt (laut Theorie) seine Energie innerhalb weniger cm in Form von mehreren Quanten (durchschnittlich vielleicht 5) ab, diese erzeugen, ebenfalls innerhalb weniger cm, Paare von positiven und negativen Elektronen, diese wieder Quanten usw. Man bekommt eine grosse Anzahl Elektronenpaare, die von nahe beieinander liegenden Punkten ausgehen – und das entspricht den neuesten genauen Messungen[3] von Blackett.– Möglich ist allerdings (sogar wahrscheinlich), dass die Theorie der Paarerzeugung und der Emission der Bremsstrahlung verkehrt wird, wenn die Wellenlänge der Elektronen von der Grössenordnung des Elektronenradius e^2/mc^2 wird, d. h. für Energie $= 137\,mc^2$. Dann würde für noch höhere Energien die Reichweite wieder ansteigen, und entsprechend die Teilchen eines sehr energiereichen showers etwas weiter verteilt sein.

Wenn ich diese Arbeit geboren habe (ich publiziere sie zusammen mit der unabgeschirmten Rechnung von Heitler), will ich noch die Erzeugung

---

[1] Allgemein zur Höhenstrahlung vgl. [Galison 1989, Kap. 3]. Geladene Teilchen werden aufgrund des Erdmagnetfeldes nach Osten bzw. Westen abgelenkt. Dieser 1930 vorhergesagte Effekt war 1933 von drei Arbeitsgruppen im Sinne positiver Teilchen nachgewiesen worden. Zu den Versuchen im Bodensee vgl. [Regener 1933].

[2] Vgl. [Cassidy 1981].

[3] [Blackett und Occhialini 1933].

von Paaren (positives plus negatives Elektron) durch Elektronen und Protonen rechnen.[1] Es sieht allerdings aus, als ob die weniger häufig wäre als Erzeugung durch Lichtquanten.

Sehr ausgiebig habe ich mich im Anfang meines Manchesterer Aufenthalts mit der quantitativen Berechnung der Energieniveaus in Kristallen beschäftigt (entsprechend einer Arbeit von Wigner im Phys. Rev., etwa Juni 1933, von der ich Ihnen schon erzählte).[2] Ich glaube, man wird da ganz viel sagen können, ich habe nur die Rechnung unterbrochen, weil mich das positive Elektron mehr interessierte. Bisher kommt heraus, dass die Überdeckung von zwei Energiebändern viel seltener zu sein scheint als ich immer angenommen habe: Z. B. liegt bei Na das Band, das dem 3p-Niveau entspricht, etwa 10 Volt über dem 3s-Band (gegen 2 Volt im Atom!)

Ausserdem die Legierungen: Es handelt sich darum, dass die Atome bei tiefen Temperaturen sich regelmässig anordnen, z. B. bei einer Legierung wie FeAl die Fe-Atome in den Ecken der Würfel eines kubischraumzentrierten Gitters, die Al-Atome in den Mitten. Bei hohen Temperaturen herrscht dagegen Unordnung. Das Problem ist, die „Ordnung" als Funktion der Temperatur auszurechnen. Bragg hat dafür schon eine Näherungsformel angegeben, und Peierls und ich haben es jetzt genauer untersucht. Peierls ist jetzt dabei, den Widerstand einer solchen halbgeordneten Legierung auszurechnen, was sehr kompliziert scheint.[3]

Und wie ist es bei Ihnen inzwischen gegangen? Ich habe gehört, dass Bechert einen Ruf nach Giessen hat, und mich ganz besonders darüber gefreut, dass man dort eine so vernünftige Wahl getroffen hat.[4] Ausserdem erzählt man, dass Scherzer an seiner Stelle Ihr Assistent wird.[5] Da wird es nach wie vor im Münchner Institut sehr angeregt sein. Ob wohl Henneberg Scherzers Stelle bei der AEG kriegen wird?[6] Und wie geht es den anderen? Hat Kirchner neue Zertrümmerungen gefunden, und Soden den Dr. gemacht?[7] Und haben Sie selbst, Herr Professor, gerade etwas in Arbeit?

---

[1] [Bethe und Heitler 1934].

[2] [Wigner und Seitz 1933]. Es handelt sich um die Wigner-Seitz-Methode, vgl. [Hoddeson et al. 1992, S. 184-189]. Bethe erweiterte diese Methode in [Bethe 1934].

[3] [Peierls 1934a].

[4] Karl Bechert erhielt den Lehrstuhl des zwangspensionierten George Jaffé.

[5] Otto Scherzer hatte 1931 bei Sommerfeld promoviert und kehrte nach einer Tätigkeit im AEG-Forschungsinstitut in Berlin 1934 zurück nach München, um sich bei Sommerfeld zu habilitieren.

[6] Walter Henneberg wurde Ende 1933 bei der AEG angestellt, vgl. *W. Henneberg an A. Sommerfeld, 3. Dezember 1933. München, DM, Archiv NL 89, 017, Mappe 2,3*.

[7] [Kirchner 1934]. Dietrich von Soden promovierte am 6. Dezember 1933 an der Universität München.

Sehr gefreut hat mich übrigens auch der Nobelpreis dieses Jahr:[1] Die Leute haben endlich mal wieder vernünftige Ideen gehabt.

Nun wünsche ich Ihnen und Ihrer Familie nochmal alles Gute zum Fest und zum neuen Jahr

Ihr H. Bethe.

Meine Mutter lässt herzlich grüssen!

[178] *Von Rudolf Seeliger*[2]

Greifswald, 3I. Jan/33[3]

Verehrter Herr Geheimrat!

Vor einigen Tagen erhielt ich von Hirzel die Mitteilung, dass er mit Stark dessen Eintritt in die Redaktion der Phys. ZS. vereinbart habe. Stark habe „gewünscht", Einfluss auf die Phys. ZS. zu bekommen und habe insbesondere „gefordert", die bisher von mir besorgten zusammenfassenden Berichte nun selbst zu leiten und von jetzt ab von seinen Herrn der Reichsanstalt schreiben zu lassen.[4] Hirzel hat also das getan, was die übrigen Verleger abgelehnt haben, weder er noch Stark haben es für nötig gehalten, sich vorher mit mir in Verbindung zu setzen und von Stark habe ich überhaupt keine Zeile zu dieser gelinde gesagt merkwürdigen Angelegenheit erhalten. Das überrascht mich nicht. Was mich aber betrübt und sehr gewundert hat ist, dass auch Debye – der in der Redaktion verbleiben wird – es nicht für notwendig gehalten hat, mir auch nur eine Zeile zu schreiben. Schon dass er nun sich mit Stark vor denselben Wagen spannen lässt, der in entgegengesetzter Richtung zieht, wie es den Absichten wohl der meisten deutschen Physiker entsprechen dürfte, ist mir unverständlich. Weiss er denn gar nichts von den Dingen, die sich in der letzten Zeit bei den Verlegern und Physikern abgespielt haben und weiss er denn nicht, worum es jetzt geht? Ich hatte erwartet, dass er aus der Redaktion austritt. Nicht, weil man mich in so unglaublicher Weise hinausgeworfen hat, sondern weil Hirzel umgefallen ist und sich auf Starks Seite begeben zu müssen glaubte.

---

[1] P. A. M. Dirac und E. Schrödinger erhielten die Auszeichnung.
[2] Brief (2 Seiten, Maschine), *München, DM, Archiv HS 1977-28/A,322.*
[3] Datum offensichtlich falsch wegen der Briefe [179] und [180]. Vermutlich datiert der Brief vom 3. Januar 1934.
[4] Johannes Stark war mit Wirkung vom 1. April 1933 Nachfolger des aus Altersgründen zurückgetretenen Friedrich Paschen Präsident der Physikalisch-Technischen Reichsanstalt geworden.

Ich kann aus den vielen Urteilen, die ich in den letzten Jahren hörte, nur entnehmen, dass die zusammenfassenden Berichte allgemein gefallen haben und vielen Fachgenossen fast unentbehrlich geworden sind. Ich glaube aber nicht, dass Stark der richtige Mann ist, diese Berichte in der bisherigen Form weiterzuführen; er bekämpft das, was wir anderen die heute interessierende moderne Physik nennen und er wird auch unter seinen Beamten der Reichsanstalt mit Ausnahme von Meissner wohl kaum geeignete Mitarbeiter finden.[1] Deshalb versuche ich nun, die Berichte in der bisherigen Form an anderer Stelle zu erhalten. Ich selbst kann natürlich kein objektives Urteil über mein eigenes Kind haben, die Physikalische Gesellschaft hat sich – ich hatte an Herrn Mey geschrieben – als für nicht zuständig erklärt.[2] Nun trage ich Ihnen diese ganze Angelegenheit vor und bitte Sie um Ihre Meinungsäusserung dazu und vielleicht um Ihre Hilfe für die Erhaltung der Berichte, worüber ich Ihnen noch schreiben darf, sobald ich selbst Definierteres weiss. Auch dafür wäre ich Ihnen dankbar, wenn Sie an Debye schreiben wollten, wie er sich zu dem Verhalten Starks und Hirzels stellt; denn selbst will ich dies aus wohl begreiflichen Gründen nicht tun. Sie sind einer der wenigen deutschen Physiker von Rang und Gewicht, die noch da sind und Sie sind von diesen der einzige, dem ich – wie ich wenigstens und dies mit Stolz annehme – nahe stehe.

Ihnen und Ihrer Familie die besten Wünsche zum neuen Jahr. Hoffentlich bringt es Gutes!

Ihr ergebenster
R. Seeliger.

[179] *Von Max von Laue*[3]

Berlin-Zehlendorf, den 10. Januar 1934.

Lieber Sommerfeld!

Dr. Berliner schreibt mir aus Locarno:

„Seeliger schreibt (30. 12): Hirzel hat ihn soeben vor die vollendete Tatsache gestellt, dass Stark Einfluss auf die Phys. Zeitschr.

---

[1] Walther Meißner gehörte seit 1908 der PTR an, wo er die Tieftemperaturphysik zu Weltruf brachte. 1934 folgte er einem Ruf auf ein Ordinariat für Technische Physik an der TH München.

[2] Karl Mey war Vorsitzender der Deutschen Physikalischen Gesellschaft und der Deutschen Gesellschaft für Technische Physik.

[3] Brief (1 Seite, Maschine), *München, DM, Archiv HS 1977-28/A,197.*

und insbesondere auf die Gestaltung der Berichte[1] zu erhalten „wünscht", dass er ab 1. 1. 34 anonym in die Redaktion eintritt und dass er insbesondere „verlangt" hat, die Berichte von nun ab allein zu besorgen.

Ich habe S. geraten, sich mit Ihnen in Verbindung zu setzen, um mit Ihnen zu besprechen, in welcher Weise man hier gegen das dolose[2] Verhalten sowohl von Hirzel wie von Stark – der nicht etwa S. benachrichtigt hatte – vorgehen soll. Man sollte doch unter den Physikern etwas mehr Entschlossenheit gegen solche Uebergriffe zeigen als dass [sic] im allg. unter den deutschen Gelehrten bisher der Fall gewesen ist. Wollen Sie nicht auch Herrn Sommerfeld dafür interessieren?"

Ich habe mich auf jedenfall einmal mit Herrn Dr. Mey, als den Vorsitzenden der beiden Physikalischen Gesellschaften, in Verbindung gesetzt. Allerdings sehe ich nicht, wie jemand da eingreifen soll, der nicht Beziehungen zur Physikalischen Zeitschrift besitzt. Aber wenn Sie einen Weg dazu sehen, so bitte ich um freundliche Mitteilung.

Mit den besten Empfehlungen an Ihre Frau Gemahlin und herzlichem Gruss

Ihr M. Laue.

[180] *An Peter Debye*[3]

München, 13. I. 34.

Lieber Debye!

Ich habe zwei Briefe zu beantworten, einen von Seeliger u. einen von Laue,[4] die sich auf die Organisations-Änderung der Phys. ZS. beziehen. Bevor ich das tue, möchte ich eine Äußerung von Dir haben.

Zunächst: *keiner* der beiden Briefe beklagt sich über Dein Verhalten, sondern nur über Hirzel und Giovanni[5]. Ich denke mir, Du wirst Dir sagen: für die Phys. ZS. ist die Mitarbeit der Reichsanstalt wichtiger als die von Seeliger. Deshalb hast Du die unbequeme Teilnehmerschaft von Giovanni in Kauf genommen, unbequem besonders deshalb, weil sie unverantwortlich

---

[1] Vgl. Beginn des Briefes [181].
[2] Arglistige.
[3] Brief (2 Seiten, lateinisch), *Berlin, MPGA, Debye*.
[4] Briefe [179] und [178].
[5] Johannes Stark.

und anonym ist. Aber man kann über solche Interna von aussen her nicht urteilen, zumal wenn dabei die wirtschaftl. Interessen, wie hier von Hirzel, im Spiel sind. Daher wäre es mir sehr lieb, wenn Du mir soviel mitteilst als zur Beantwortung der Briefe von Laue u. Seeliger Dir gut scheint.

Seeliger scheint die Berichte an anderer Stelle fortführen zu wollen. Das werde ich versuchen ihm auszureden, da wir doch schon zu viel Referier-Tätigkeit in Deutschland haben.

Du wirst wohl genug Ärger von der Sache gehabt haben, was ich bedaure. Aus der Anfrage des Rektors wegen Gerlach ersiehst Du, dass wir auch unsern Ärger haben;[1] auch hinter unserem Ärger scheint Giovanni zu stecken. Dass Du damit behelligt bist, tut mir leid.

Ich hatte schöne Schneeferien mit Ernst u. Wettstein's[2] in Cortina u. fühle mich wieder allen Widerwärtigkeiten gewachsen, hoffentlich Du auch. Dein Peter[3] soll uns mal besuchen.

Treulich Dein
A. Sommerfeld

[181] *Von Peter Debye*[4]

Leipzig, den 17. Jan. 1934.

Lieber Sommerfeld!

Am besten erzähle ich Dir ausführlich über die Zeitschrift-Angelegenheit, so dass Du genau unterrichtet bist und selbst Schlüsse ziehen kannst.

Die Phys. Zeitschrift hat früher nichts mit zusammenfassenden Berichten zu tun gehabt; diese kamen, wie Du Dich entsinnen wirst, in eine Art Jahrbuch, das von Stark herausgegeben wurde.[5] Infolge der Verschlechterung aller Verhältnisse durch den Krieg musste das Jahrbuch als selbständige Zeitschrift eingehen. Da es aber doch gute Arbeit geleistet hatte, wurde die Sache so arrangiert, dass die Phys. Ztschr., soweit das möglich war, durch zusammenfassende Berichte die Tätigkeit des Jahrbuchs fortsetzte.

---

[1] Walther Gerlach war wegen Mißachtung des zum Nationalfeiertag erklärten „Tag von Potsdam", dem 21. März 1933, ein Vorlesungs- und Prüfungsverbot erteilt worden, das 1934 aufgrund von Gutachten (u. a. von Debye) wieder aufgehoben wurde; vgl. [Lindern 1997, S. 11, 108-109].

[2] Der Zoologe Friedrich Ritter von Wettstein war zu dieser Zeit Dekan der Philosophischen Fakultät, 2. Sektion, an der Universität München.

[3] Peter Debyes gleichnamiger Sohn war 17 Jahre alt.

[4] Brief (4 Seiten, Maschine), *München, DM, Archiv HS 1977-28/A,61*.

[5] Das *Jahrbuch der Radioaktivität und Elektronik* war kurz nach dem Ersten Weltkrieg mit der *Physikalischen Zeitschrift* zusammengelegt worden.

Das geschah unter der Redaktion von Seeliger und dieser ist immer – ich muss schon sagen – eifersüchtig darauf bedacht gewesen, dass er innerhalb der Physikalischen Zeitschrift ein absolut ungestörtes Eigenleben führen konnte. So hat er beispielsweise selbst jede Andeutung einer Anregung, die auf die Wahl der Themata oder auf deren Bearbeiter Bezug hatte, in den allermeisten Fällen schroff abgelehnt[.] So war die Situation Ende 1933.

Da kam Herr Hirzel eines Tages zu mir und eröffnete mir, dass Stark nicht zufrieden sei mit der Art, wie Seeliger „seine (Stark's) frühere Tätigkeit" fortgesetzt habe und gern einen Einfluss bekommen möchte auf die zusammenfassenden Berichte. Ausserdem hatte Stark Hirzel gebeten, bei mir nachzufragen, ob ich damit einverstanden sei, dass er die Veröffentlichungen der Physikalisch-Technischen Reichsanstalt in Zukunft in der Phys. Zeitschrift erscheinen liesse. Ich habe dann Hirzel gegenüber gesagt, dass wir natürlich gar nichts dagegen haben könnten, sondern es nur begrüssen würden, wenn die Phys.-Techn. Reichsanstalt in der Phys. Zeitschrift publiziert.[1] Was die zusammenfassenden Berichte betrifft, sagte ich Hirzel, dass ich nicht gern in diese Angelegenheit hereingezogen werden möchte, aber ihm trotzdem nahelege dafür zu sorgen, dass Seeliger – wenn auch vielleicht in etwas abgeänderter Form – für zusammenfassende Berichte weiter sorge. Es haben dann noch mehrere Besprechungen von Hirzel mit Stark stattgefunden, ohne dass ich über die Einzelheiten dieser Besprechungen etwas sagen könnte. Das Endresultat war, dass Stark mich eines Tages durch Hirzel bitten liess, ihn doch zusammen mit Hirzel in Berlin aufzusuchen. Das habe ich kurz vor Weihnachten getan, und bei dieser Gelegenheit wurde von Stark mir gegenüber klar ausgesprochen, dass er selber durch Herren der Reichsanstalt für zusammenfassende Berichte sorgen lassen wolle und dass er mit Hirzel sich darüber geeinigt habe, dass unter diesen Umständen Seeliger auszuscheiden habe. Ich habe dann, obwohl mich das ja eigentlich nichts anging, versucht, Stark umzustimmen und Seeliger doch noch einen Einfluss zu lassen. Auch habe ich vorgebracht, dass es mir unangenehm wäre zuzusehen, dass Seeliger durch sein Ausscheiden gewisse Einnahmen verliere. Starks Ansicht aber war, dass er nicht mit Seeliger auskommen könne und in bezug auf die Einnahme erwiderte er mir, dass Seeliger einen „ganz guten Kontrakt" mit Siemens habe, der ihm Nebeneinnahmen durch eine Art technische Beratung zuführe. Dadurch war die Angelegenheit der Redaktion Seeliger erledigt, umsomehr als diese Angelegenheit eigentlich nicht die Physikalische Zeitschrift als solche angeht und ich in jedem Fall

---

[1] Die folgenden Ausgaben der *Physikalischen Zeitschrift* erschienen mit dem Zusatz „unter Mitwirkung der Physikalisch-Technischen Reichsanstalt".

nicht die Befugnis hatte, mehr zu tun als geschehen war. Immerhin aber habe ich bei derselben Gelegenheit mit Stark verabredet, dass ich nunmehr von mir aus nicht daran behindert bin, auch den einen oder den anderen zusammenfassenden Bericht zu bringen, wenn derselbe mir wegen des Themas oder wegen des Autors erwünscht erscheint.

Was nun die eigentliche Phys. Zeitschrift betrifft, so ist die folgende Verabredung getroffen worden. Ich erkläre mich bereit, jede Arbeit, die von der Phys.-Techn. Reichsanstalt kommt, ohne weiteres abzudrucken; sie muss aber als solche gekennzeichnet sein und zwar nicht durch einen Namen, sondern durch Angabe der Phys.-Techn. Reichsanstalt als Anstalt. Der Umfang und der Preis der Zeitschrift soll nicht vermehrt werden. Nur wenn die Abonnentenzahl der Zeitschrift zunimmt, soll eine Vermehrung der Bogenzahl stattfinden. Dieses soll aber dann zu Lasten der erhöhten Einnahmen geschehen, ohne dass der Preis der gesamten Zeitschrift zunimmt. Damit hat sich Hirzel ausdrücklich einverstanden erklärt. Schliesslich wurde noch verabredet, dass es von nun an möglich sein soll, Briefe an den Herausgeber der Zeitschrift zu veröffentlichen, und zwar ohne Verzug in der jeweils nächsten Nummer.

Das ist der ganze Verlauf der Angelegenheit. Mir hat Seeliger bis heute gar nicht geschrieben. Von seinem Schritt bei der Deutschen Physikalischen Gesellschaft und von seinen Absichten habe ich Anfang der vergangenen Woche erst erfahren durch den Vorsitzenden der Gesellschaft, der unsere Gautagung in Halle besuchte.

Ich will genau an meiner am Anfang ausgesprochenen Absicht festhalten und nichts weiter hinzufügen.

Mit den herzlichsten Grüssen
Dein P. Debye

[182] *Von Ludwig Hopf*[1]

Aachen, 31. 1. 34.

Lieber Herr Professor!

Herzlichsten Dank für Ihren und Ihrer Frau Gemahlin freundlichen Brief![2] Sie haben ganz richtig getippt: Research Institute in Bangalore;[3] Anfrage Ramans bei der „Notgemeinschaft deutscher Wissenschaftler

---

[1] Brief (2 Seiten, lateinisch), *München, DM, Archiv HS 1977-28/A,148*.
[2] Der Brief liegt nicht vor.
[3] Wegen dieses Stellenangebots in Indien siehe Seite 356.

im Ausland (Zürich)".[1] Meine Nennung erfolgte anfangs November; vor wenigen Tagen schrieben sie mir, dass die Sache nicht vor Ende Februar entschieden werde. Mir würde die Stellung sehr gefallen, wenn das Gehalt für meine grosse Familie ausreicht; dass kein Unterricht damit verbunden ist, betrachte ich nicht als Nachteil; dann kann ich geruhig ins Englische hineinwachsen und muss nicht zu sehr murksen. Auch das experimentelle Arbeiten würde mich nicht schrecken. Die Frage scheint mir nur, ob man dort wirklich für angewandte Physik einen Mann meiner Vorbildung und Arbeitsrichtung will. Wenn Sie meine Aussichten durch Empfehlung verbessern könnten, so wäre ich sehr dankbar. Raman hat mir hier gesagt, dass er meine „Aerodynamik"[2] gut kenne.

Ob eine andere indische Universität für mich geeignet wäre, kann ich nicht recht beurteilen. Soviel ich sehe, haben nur wenige Landstriche Indiens – darunter eben Bangalore – ein Klima, in dem der Europäer mit Freuden dauernd leben kann. Ich würde gegebenenfalls meine Familie unbedingt mitnehmen; die 2 ältesten natürlich würden zunächst in England bleiben und studieren. Aber ich möchte doch den Kindern dann eine wirkliche Heimat schaffen – wenn möglich.

Will denn Ewald auch fort? Ich glaubte ihn fest in seinem Amt.[3] Übrigens soll Bangalore mehrere Stellen besetzen; wenn wir zusammen hinkönnten, das wäre ja herrlich!

Mit herzlichstem Gruss und Dank!
Ihr getreuer L. Hopf.

[183] An Chandrasekhara Venkata Raman[4]

München, den 1. Februar 1934.

Lieber Kollege Raman!

Herr Peierls bittet mich, ihn für die Stelle eines Assistant Professor an Ihrem Institut zu empfehlen, die in Nature Nr. 3349 vom 6. Januar ausgeschrieben ist.[5] Ich tue dies mit gutem Gewissen, Peierls ist ein scharfsin-

---

[1] Die zuerst in Zürich, später in London angesiedelte „Notgemeinschaft deutscher Wissenschaftler im Ausland" war eine von Emigranten gegründete Selbsthilfeorganisation, der es mit Unterstützung britischer Wissenschaftsorganisationen gelang, vielen Vertriebenen eine vorübergehende Stelle zu verschaffen, vgl. [Weiner 1969, S. 212].
[2] [Fuchs und Hopf 1922].
[3] Siehe Seite 357.
[4] Durchschlag (1 Seite, Maschine), *München, DM, Archiv NL 89, 003*.
[5] *R. Peierls an A. Sommerfeld, 28. Januar 1934. München, DM, Archiv HS 1977-28/A,258.*

niger, kritischer Mann, der besonders in der Elektronentheorie der Metalle und ihrer wellenmechanischen Verfeinerung mitgearbeitet hat. Er studierte in München, ging aber nach Leipzig, als ich 1928 meine Reise nach Indien antrat. Später war er Assistent von Pauli.

Ich will aber gleich noch eine andere Empfehlung hinzufügen, welche mit der ersten konkurriert. Mein alter Schüler und Freund L. Hopf schreibt mir, dass er hoffe, eine Stelle in Indien zu erhalten, nachdem er seine Professur in Aachen verloren hat. Er ist neben Karman und Prandtl der beste Fachmann in Hydrodynamik und Aerodynamik, aber auch auf allen anderen Gebieten der klassischen Physik kompetent. Er hat hübsche populäre Bücher über Relativitätstheorie und partielle Differential-Gleichungen der Physik geschrieben.[1] Er ist ein hervorragender Lehrer, ist auch über Quantenmechanik gut orientiert und hat darüber Vorlesungen gehalten. Er ist auch ein besonders angenehmer Mensch und Kollege.

Peierls ist unverheiratet,[2] Hopf hat Frau und 5 Kinder. Dies ist der Grund, weshalb ich ein besonderes Wort für Hopf einlegen möchte. Ich nehme an, dass auch er sich um Ihre Stelle beworben hat oder noch bewerben wird. Seine Familie würde er nicht oder nur zum Teil nach Indien mitnehmen. Hopf ist ebenso wie Peierls jüdischer Abstammung.

Ich hoffe, dass es Ihnen, Lady Raman und Ihren Kindern an dem neuen Wohnsitz gut geht und dass Ihre Tätigkeit dort ebenso erfolgreich sein wird, wie in Calcutta.[3] Ich bitte Sie, auch Professor Metcalf von mir zu grüssen, der mich während meiner Krankheit in Bangalore so freundlich gepflegt hat.[4]

Ihr getreuer
[A. Sommerfeld]

[184] *Von Ludwig Hopf*[5]

Aachen, 11. 2. 34.

Lieber Herr Professor!

Herzlichen Dank für Ihre Empfehlung am [sic] Raman. Es wäre schon reizvoll, wenn diese Sache was würde; aber das wäre für mich ja gerade das

---

[1] [Hopf 1931] und [Hopf 1933].
[2] Peierls war verheiratet und hatte ein Kind, vgl. [Peierls 1985, S. 68-69] und Brief [177].
[3] 1933 wurde C. V. Raman Präsident des Indian Institute of Science in Bangalore.
[4] Der Arzt E. Metcalfe versorgte Sommerfeld während eines Fiebers in Bangalore; vgl. *A. Sommerfeld an J. Sommerfeld, 18. September 1928. München, Privatbesitz.*
[5] Brief (2 Seiten, lateinisch), *München, DM, Archiv HS 1977-28/A,148.*

Wesentliche, dass ich mit Sack und Pack fort könnte und für die Kinder eine rechte Heimat schaffen. Und dort wäre es so etwas ganz anderes als hier, dass ich mir nie sagen müsste, die Stellung sei nun ähnlich wie früher aber schlechter. Zunächst muss ich etwas an meine Reserven gehen und abwarten; ob vielleicht doch auch in Deutschland wieder einmal für uns erträgliche Zustände kommen?! Columbus–Ohio scheint weggeschwommen zu sein; wenigstens hat A.[lbert] E.[instein] auf seinen Brief die Antwort erhalten, es sei kein Geld mehr da.[1] Dann ist wohl auch der schöne Empfehlungsbrief von Zeppelin ins Leere gegangen.[2] Jedenfalls habe ich jetzt mehrere Instanzen im Ausland mobil gemacht und hoffe, dass irgendwo in absehbarer Zeit etwas herauskommt. Einstweilen hoffe ich the best of it machen zu können und einige wissenschaftliche Ansätze weiter zu verfolgen. Aber vor allem muss das Buch fertig werden;[3] immerhin halte ich im letzten Kapitel.

Mit herzlichen Grüssen von Haus zu Haus!

Ihr getreuer
L. Hopf.

[185] *Von Max von Laue*[4]

Berlin-Zehlendorf, den 15. Februar 1934.

Lieber Sommerfeld!

Ihrem Wunsche entsprechend sende ich Ihnen hiermit Debyes Brief vom 17. Januar zurück.[5] Ich glaube nicht, dass in der Angelegenheit der Physikalischen Zeitschrift irgendjemand eingreifen kann, wenngleich ich die Befürchtung nicht ganz unterdrücken kann, dass Debye bei der jetzigen Regelung gelegentlich wissenschaftlich und vielleicht sogar juristisch verantwortlich wird für Dinge in seiner Zeitschrift, auf die er wenig Einfluss hat. Aber das ist schliesslich *seine* Angelegenheit. So lange er niemand um Unterstützung in solchen Fragen angeht, kann man sie ihm nicht aufdrängen.

---

[1] An der Ohio State University hatte man auf das Gerücht, Sommerfeld sei in München entlassen worden, mit dem Angebot reagiert, ihn mit Mitteln der Rockefeller Foundation nach Columbus einzuladen; Sommerfeld empfahl an seiner Stelle Hopf. *J. B. Green an A. Sommerfeld, 18. November 1933. München, DM, Archiv HS 1977-28/A,120*, und *L. Hopf an A. Sommerfeld, 16. Dezember 1933. München, DM, Archiv HS 1977-28/A,148*.
[2] Zeppelin ist nicht zuzuordnen.
[3] [Hopf 1934].
[4] Brief (1 Seite, Maschine), *München, DM, Archiv HS 1977-28/A,197*.
[5] Brief [181].

Dass das Kultusministerium die für mich beantragte hauptamtliche Stellung in der Akademie ohne Begründung abgelehnt hat, wissen Sie wohl schon.[1]

Mit herzlichem Gruss und besten Empfehlungen an Ihre Frau Gemahlin
Ihr M. Laue.

[186] *Von Hans Bethe*[2]

Manchester, 25 II 34

Lieber Herr Professor,

ich weiss nicht, wieso – aber in jedem Brief muss ich mich jetzt entschuldigen, dass er so spät kommt. In diesem Fall bin ich besonders schuldbewusst: erstens warteten Sie auf Antwort, zweitens habe ich mich so ganz besonders über Ihren Brief nach Weihnachten gefreut. Vor allem darüber, dass es Ihnen wieder ganz gut geht und die Depression vom letzten Sommer völlig überwunden ist![3]

Also die Separ[a]ta![4] Zunächst möchte ich vorschlagen, dass wir jeder 3 bis 4 zurückhalten, für spätere dringende Reflektanten oder zum gelegentlichen Ausleihen. Als Empfänger möchte ich vorschlagen in der „kontinentalen Zone":[5]

Bloch (z. Zt. Rom)	Pauli	Grüneisen	Gudden?
Fermi?	Heisenberg	Fröhlich (Strassburg, Rue de l'Observatoire 20)	
Nordheim (Paris)	Frenkel		
Brillouin	Schottky	Meissner, Berlin?	

---

[1] Zu dieser Zeit erhielt Laue durch das Ministerium eine Rüge wegen seiner Ansprache und Nachrufe auf den im Januar 1934 durch Selbstmord verstorbenen Fritz Haber, die als Protest gegen das NS-Regime gewertet wurden, vgl. [Beyerchen 1982, S. 97-100] sowie [Hentschel und Hentschel 1996, Dokument 29].

[2] Brief (6 Seiten, lateinisch), *München, DM, Archiv HS 1977-28/A,19*.

[3] Im Gefolge der Entlassungswelle nach der Machtergreifung.

[4] Der gerade erschienene Handbuchartikel über die Elektronentheorie der Metalle [Sommerfeld und Bethe 1933] umfaßte 289 Seiten.

[5] Felix Bloch, Enrico Fermi, Wolfgang Pauli, Werner Heisenberg, Eduard Grüneisen, Herbert Fröhlich, Bernhard Gudden, Lothar Nordheim, Léon Brillouin, Jakow Frenkel, Walther Schottky, Walther Meißner, Ralph Howard Fowler, Neville Mott, Rudolf Peierls, William Lawrence Bragg, Pjotr L. Kapitza, Johannes W. de Haas, Hendrik A. Kramers, Niels Bohr, John Slater, Percy Bridgman, Owen W. Richardson, Clinton J. Davisson. Von Sommerfeld wurden die Namen Fröhlich, Grüneisen, Gudden, Heisenberg, Meissner und Schottky durchgestrichen, Brillouin, Fermi, Nordheim, Pauli einfach sowie Bloch doppelt angestrichen.

In England, Amerika, Holland etc:

Fowler	Bragg	Kramers?	Bridgeman?
Mott	Kapitza	Bohr?	Richardson?
Peierls	de Haas	Slater?	Davisson?

Ich habe 9 befragezeichnet; da 15 fragezeichenlose vorhanden sind, können wir etwa 4 von den fraglichen beliefern.– Mott und Peierls haben schon ihre Exemplare.

Der Thomsoneffekt der Alkalien ist ja wunderschön,[1] und beinahe eine Voraussage der Theorie! Die bei tiefen Temperaturen auftretende Änderung ist ebenfalls vollkommen in Ordnung, d. h. die Theorie sagt, dass unterhalb der Debyetemperatur die Formeln ganz anders werden müssen (siehe § 51 unseres Artikels). Eine wirkliche Prüfung der Theorie ist wohl schwierig, da sie nur Aussagen über das Verhalten der Thermokraft (und damit des Th.[omson-]Eff.[ekts]) bei *sehr* tiefen Temperaturen macht (Proportionalität mit T^3 für T kleiner als, sagen wir, $\frac{1}{4}\Theta$) und so weit werden die Messungen von Bidwell wohl nicht reichen? Immerhin, die mystischen „2 Modifikationen" sind damit sehr zwanglos erklärt.

Wesentlich weniger einverstanden bin ich mit Rother und Bomke – das heisst, sehr unparlamentarisch, aber treffend gesagt, halte ich ihre Arbeit für absoluten Unsinn.[2] Ich finde, offen gesagt, dass Sie den beiden unbedingt zuviel Ehre angetan haben mit der ausführlichen Besprechung, obwohl Sie ja auch schon kritisiert haben. Aber: Es ist doch völlig unmöglich, dass für so eine komplizierte Grösse wie die Austrittsarbeit eine einfache Formel gilt. Allenfalls für die Alkalien, wo es ja wirklich freie Elektronen gibt. Aber schon für Edelmetalle spielen doch die Atompotentiale eine ausschlaggebende Rolle – und die können doch gewiss durch keine einfache Formel beschrieben werden. Die chemische Maximalvalenz, die *zwei* diskreten Kurven, die Annahme von 1 Leitungselektron pro Atom bei *allen* Metallen sind schlimm. Unter anderem scheint die Theorie von R.[other] u. B.[ohmke] auch radioaktive Elemente vorhersagen zu können: Sie behaupten, auf dem einen Kurvenast lägen „nur die radioaktiven Metalle". Z. B.

---

[1] Der Thomsoneffekt (Temperaturänderung bei Stromfluß in einem homogenen Leiter) der Alkalimetalle war Sommerfeld und Bethe bei Abfassung des Handbuchartikels nicht bekannt; den Nachtrag [Sommerfeld 1934c], auf den sich Bethe bezieht, schrieb Sommerfeld nach Kenntnisnahme der bereits 1924 publizierten Messungen von Charles C. Bidwell.

[2] [Rother und Bohmke 1933]. Sommerfeld hatte deren „interessanten Versuch" zum Richardsoneffekt besprochen, bei dem es um die Bestimmung der Austrittsarbeit von Metallen ging, vgl. [Sommerfeld 1934b].

Mo, Ta, La, Al usw! Das ist überraschend. Die anliegende Zeichnung[1] gibt übrigens das Diagramm von R. und B. *ohne* die zwei Kurven[.] Finden Sie, dass diese reinen Messpunkte sehr auf zwei diskrete Kurven hindeuten?–

Ich habe inzwischen mit Heitler die Erzeugung der positiven Elektronen mit und ohne Abschirmung aufgeschrieben und an die Proceedings geschickt.[2] Bei $2{,}6 \cdot 10^6$ Volt-γ-Strahlung stimmt der berechnete W.[irkungs-] Q.[uerschnitt] für die Erzeugung von Paaren exakt (innerhalb weniger Prozent) mit den neuesten Messungen von Blackett (für Pb).[3] Das spricht erstens sehr für die Diracsche Löchertheorie, die ja auch sowieso immer bestätigt wird, und zweitens zeigt es, dass die Bornsche Stosstheorie überraschenderweise für Pb gilt. Umso eindrucksvoller ist es, dass dann für die Bremsstrahlung der Elektronen von $300 \cdot 10^6$ Volt die Theorie mindestens 15mal zu grosse Werte gibt: Anderson fand in Pb Energieverluste von ca. $35 \cdot 10^6$ Volt/cm,[4] die Strahlungsverluste sollten (trotz Abschirmung) von der Grössenordnung der Gesamtenergie in einem cm Pb sein, und $20 \cdot 10^6$ Volt sind noch vom experimentellen Verlust zu subtrahieren für die Bremsung durch unelastische Stösse. Das zeigt mit Sicherheit die Ungültigkeit der Quantenmechanik oberhalb $137\,mc^2$ Energie, die bisher nur vermutet war.

In Bezug auf Abänderung der Quantenelektrodynamik hat Peierls eifrig den Born studiert.[5] Resultat: 1) Es gibt unendlich viele Lagrangefunktionen, die dasselbe leisten wie die von Born, d. h. einen endlichen Grenzwert für die elektrische Feldstärke geben. 2) Bei Borns Funktion wird die Selbstenergie eines magnetischen Dipols immer noch unendlich, sogar vielleicht noch schlimmer als in der klassischen Elektrodynamik. Man kann Lagrangefunktionen finden, die das vermeiden. 3) Die Quantisierung der nichtlinearen Maxwellgleichungen ist jedenfalls äusserst unangenehm. Borns Weg ist vermutlich kein Weg.

Ausserdem haben wir, Peierls und ich, uns einiges über das Neutrino überlegt, das neutrale Teilchen mit Spin und ungefähr Elektronenmasse, das Pauli vor etwa 3 Jahren erfand, um die Kernstatistik und die kontinuierlichen β-Spektren in Ordnung zu bringen. Die Evidenz für das Neutrino ist stark verbessert, seitdem Ellis und Mott (Proc. 141) gezeigt haben, dass für die *Maximal*energie (nicht mittlere) der β-Teilchen der Energiesatz gilt, und Fermi mit der Neutrino-Hypothese die β-Zerfallskonstanten berechnet hat.[6] Mit Fermis Annahmen haben wir gefunden, dass das Neutrino eine

---

[1] Die Zeichnung liegt nicht mehr vor.
[2] [Bethe und Heitler 1934]; vgl. auch Brief [177].
[3] [Chadwick et al. 1934].
[4] Vgl. [Anderson 1961].
[5] [Born 1933a] und [Born 1934]; [Peierls 1934b].
[6] [Ellis und Mott 1933] sowie [Bethe und Peierls 1935a], vgl. auch [Brown 1978].

Reichweite von 10^{16} km hat, d. h. unbeobachtbar ist – vorausgesetzt dass es nicht noch eine weitere Wechselwirkung mit Elektronen hat ausser der gemeinsamen Erzeugung beim β-Zerfall.

Sonst gibt es hier wenig Neues, ausser dass Bragg nach Amerika ist, was das Institut stark verlangweiligt hat.[1] Wir haben es aber immer noch sehr schön – ich schrieb Ihnen wohl schon, dass ich zusammen mit Peierls ein Haus bewohne. Frau Peierls führt uns die Wirtschaft – Sie kennen sie, glaube ich, aus Odessa,[2] sie ist sehr lebendig und amüsant. Ausser uns hat sie noch ihr Baby zu pflegen, das 6 Monate alt ist, sehr brav und (meiner geringen Erfahrung nach) sehr intelligent.

Mit den besten Grüssen, auch an Ihre Frau Gemahlin und die Bekannten im Institut, bin ich stets Ihr dankbarer

H. Bethe

[187] *Von Hans Bethe*[3]

Manchester, 7 V 34

Lieber Herr Professor,

Konferenz in Genf ist eine sehr hübsche Aussicht;[4] Peierls und ich freuen uns schon sehr darauf. Mit der Zeit ist es natürlich immer schwierig, es so vielen Beteiligten recht zu machen: *Anfang Oktober ist für die Engländer nicht sehr geeignet, da hier die Vorlesungen schon am 1. X. anfangen.* ~~Die letzte Septemberwoche ist auch besetzt durch die Kernkonferenz der British Association; und noch vorher pflegen viele Leute in exotische Länder zu reisen.~~ *Ich möchte daher stark für Ihren Vorschlag „9. Juli" eintreten, ich glaube das wird hier wohl allen Leuten recht sein – die Examina sind dann gerade zu Ende und die Sommerreise hat noch nicht angefangen.* ~~Auch eine Woche später dürfte allgemeinen Anklang finden.~~ *Falls es aber im Juli nicht geht,* ~~ist jede Woche im Oktober ziemlich gleich gut – vielleicht~~ *wird es leichter sein für die meisten Leute, sich etwas später*[5] *freizumachen, als gerade am Beginn des Semesters.*

---

[1] W.L. Bragg gab im Frühjahr 1934 Vorlesungen an der Cornell University in Ithaca.
[2] Sommerfeld hatte im August 1930 mit seinen Schülern W. Pauli, R. Peierls u. a. am 7. Allunionskongreß der sowjetischen Physiker in Odessa teilgenommen, während dem Peierls Jewgenia Kannegiesser kennenlernte, die er bald darauf heiratete, vgl. [Peierls 1985, S. 63].
[3] Brief (4 Seiten, lateinisch), *München, DM, Archiv HS 1977-28/A,19*.
[4] Es ging um die Planung einer Konferenz über Metalle, die schließlich vom 15. bis 20. Oktober 1934 in Genf stattfand.
[5] Von Sommerfeld eingefügt: „im Oktober".

Bezüglich der Einzuladenden möchte ich noch einige Zusatzvorschläge machen, falls das finanziell geht (Da Bloch nicht in Frage kommt, ist wohl 1 Platz frei.[1] Ausserdem könnte ich mir denken, dass Pauli absagt; er interessiert sich nicht mehr sehr für Metalle).[2] Nämlich 1) *Mott*. Er hat viel über Metalle nachgedacht und vor allem neuerdings eine Theorie des Widerstands flüssiger Metalle gemacht.[3] Höchst einfach: der Unterschied gegen das feste Metall besteht im Wesentlichen in einer Abflachung der Potentialmulde, in der sich das einzelne *Atom* bewegt, d. h. eine Verkleinerung der Schwingungsfrequenz ν_0. Diese geht in die Leitfähigkeit quadratisch ein (Formel (36.12) des Handbuchartikels; $\sigma \sim \Theta^2 \sim \nu_0^2$). Die Änderung von ν_0 beim Schmelzen kann aus der Schmelzwärme abgeschätzt werden; das so berechnete Verhältnis $\sigma_{\text{flüssig}}/\sigma_{\text{fest}}$ stimmt für alle Metalle (ausser Bi und Verwandten) überraschend gut mit dem Experiment. Man muss daraus schliessen, dass die Unordnung über grössere Abstände nichts ausmacht.– Ausserdem hat Mott zusammen mit Zener die optischen Konstanten aller Metalle sehr sorgfältig analysiert, Absorptionsbanden gefunden etc.[4] Mott ist glaube ich zur Zeit mit der Aktivste und Erfolgreichste unter den Metallikern.

2) *Wigner*, dessen Methode zur Berechnung von Eigenfunktionen der Metallelektronen ich auf S. 405/6 unseres Handbuchs eingehend besprochen habe.[5] Es scheint mir die einzig vernünftige Methode zu sein. Inzwischen hat Wigner sie mit aller Raffinesse ausgebaut, hat die „Korrelation" der Elektronen untereinander berücksichtigt, d. h. dass sie möglichst weit voneinander entfernt sein wollen wegen der elektrostatischen Abstossung usw. Vor allem findet er, dass für Na die Elektronen sich überraschend genau wie freie benehmen: Energie = $E_0 + \frac{\hbar^2}{2m} \cdot 0.998 \cdot k^2$, wo k die Wellenzahl ist – also nur 0.2 % Abweichung von freien El.[ektronen.] Entsprechend fast keine optischen Übergänge zu anderen Bändern! (Entspricht der Beobachtung). Wigner ist den Sommer über hier in Manchester, er ist sehr anregend. Wenn die Konferenz im Juli ist, wäre es schön ihn einzuladen – im Oktober wird er wieder in Amerika sein.

Sonst gibt es hier wenig Neues. Ich rechne über den unelastischen Elektro-

---

[1] Felix Bloch hatte im März 1934 eine Stelle an der Stanford University angetreten.
[2] Pauli nahm an der Konferenz teil, vgl. [Pauli 1985, Brief 392].
[3] [Mott 1934].
[4] [Mott und Zener 1934]. Allgemein zu den Arbeiten Motts zur Festkörperphysik vgl. [Hoddeson et al. 1992, S. 196-198] und [Mott 1980b].
[5] Gemeint ist die sogenannte Wigner-Seitz-Methode. Bethes Beitrag zur Genfer Metallkonferenz bestand in einer Erweiterung dieser Methode [Bethe 1934].

nenstoss, wie ich glaube ich schon schrieb.[1] Es scheint jetzt richtig herauszukommen. Ausserdem lerne ich dabei viel über optische Übergangswahrscheinlichkeiten ins Kontinuum – z. B. bei Übergängen von der 4d-Schale des Cs zu kontin. f-Zuständen hat die Übergangswahrschkt. eine Nullstelle, als F[unktio]n. der Energie des oberen Zustands sieht sie so aus:

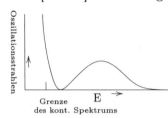

Das würde auch den Photoeffekt aus solchen Schalen betreffen; das Phänomen kommt, vermute ich, bei vielen „mittleren Schalen" (Ion.[isierungs-]Spannung 5–100 Rydberg) vor.

Mit herzlichen Grüssen

Ihr H. Bethe

[188] *Von Arnold Berliner*[2]

28. Juli 1934

Herrn Geheimrath Sommerfeld mit bestem Gruss zur gefälligen Kenntnisnahme.

A. Berliner

ABSCHRIFT!

Herrn Geheimrat Professor Dr. M. Planck, Grunewald.
Hochgeehrter Herr Geheimrat!

Die deutsche Optische Wochenschrift vom 22. Juli d. J. enthält an erster Stelle einen Artikel „Gegen Einstein", der sich mit einer Broschüre von Hermann Fricke, Oberregierungsrat und Mitglied des Reichspatentamtes, „Die im Innern erdähnliche Sonne" beschäftigt.[3] Eine Eingabe Frickes zur Beurteilung dieser Schrift hat der Preussische Minister für Kunst und Wissenschaft an den Präsidenten der Physikalisch-Technischen Reichsanstalt weiter geleitet. Der Präsident der Reichsanstalt schreibt an den Minister:[4]

„Zu den von Herrn Fricke dem Ministerium übersandten und mir zur Prüfung und Stellungnahme zugeleiteten Veröffentlichungen der Deutschen

---

[1] Vgl. *H. Bethe an A. Sommerfeld, 12. April 1934. München, DM, Archiv HS 1977-28/A,19.* [Bethe und Heitler 1934].

[2] Brief mit Abschriften (2 Seiten, lateinisch und Maschine), *München, DM, Archiv HS 1977-28/A,17.*

[3] [Fricke 1934], [Krebs 1934].

[4] Präsident der PTR war Johannes Stark, preußischer Kultusminister (und Reichserziehungsminister) Bernhard Rust.

Gesellschaft für Weltätherforschung[1] habe ich Herrn Direktor Prof. Dr. Gehrcke, der die Einsteinsche Relativitätstheorie kennt und zu beurteilen vermag,[2] Stellung nehmen lassen. Herr Gehrcke äussert sich wie folgt: Die Veröffentlichungen der Deutschen Gesellschaft für Weltätherforschung greifen in wissenschaftliche Tagesfragen wie: Relativitätstheorie, Weltäther, Goethe als Naturforscher ein und sind deshalb besonders bemerkenswert, weil sie die bisher herrschenden Lehren, besonders von Einstein, Planck und anderen bekämpfen. Wenn in Bezug auf die Relativitätstheorie Einsteins ausgeführt wird, dass sie „ein ungeheuerlicher Unsinn" sei, so möchte ich mich dem auch heute restlos anschliessen, desgleichen wenn dargelegt wird, dass es in erster Linie Planck gewesen ist, der „die Kritik Andersdenkender, die Stimme des gesunden Menschenverstandes, die freie Meinung der Wissenschaft" unterdrückt hat. Auch dass Dr. Berliner, der Schriftleiter der Zeitschrift „Die Naturwissenschaften", jahrzehntelang die Einsteinlehre propagiert und jede andere Meinung von der Diskussion ausgeschlossen hat, trifft zu und kann durch Einzelbeispiele belegt werden. Dem Wunsche, über die meteorologischen Anschauungen Goethes eine „geordnete Diskussion" herbeizuführen, wird man im Interesse der „Freiheit der Wissenschaft", die von Einstein, Planck usw. oft gefordert, aber ebenso oft unterdrückt worden ist, zustimmen müssen.

gez. Gehrcke 27. 5. 34.
gez. Stark."

Ich habe Ihnen von dieser Veröffentlichung Mitteilung gemacht, da ich Ihr Interesse dafür voraussetze. Dass ich stolz darauf bin, neben Ihnen als Unterdrücker der freien Meinung der Wissenschaft zu stehen, bedarf kaum einer besonderen Versicherung. Ich habe die Nummer der Deutschen Optischen Wochenschrift bestellt und werde sie Ihnen zusenden, da es Ihnen vielleicht doch wertvoll ist, über die Aeusserungen von Herrn Fricke und von dem Herausgeber der Deutschen Optischen Wochenschrift orientiert zu sein. Es ist eine ziemlich weit verbreitete Zeitschrift. In dem Artikel selbst kommt die Verlogenheit zum Vorschein, die das Signum der heutigen Zeit ist.

In grösster Verehrung Ihr Ihnen sehr ergebener
[A. Berliner]

---

[1] Zu dieser zur Förderung der Vorstellungen Hermann Frickes ins Leben gerufenen Gesellschaft vgl. [Fricke 1939b], besonders [Fricke 1939a].
[2] Ernst Gehrcke war ein erklärter Gegner der Relativitätstheorie, vgl. Brief [25].

[189] *An Albert Einstein*[1]

Zirmerhof, Südtirol 26. VIII. 34.[2]

Lieber Einstein!

Wie lange ist es her, dass wir nichts direkt von einander gehört haben! Und was ist alles seitdem passirt! Zuletzt sahen wir uns 1930 in Caputh. Es scheint so, als ob der Taumel, in dem die Welt seit 1914 lebt, ~~jetzt seine schlimmsten Stadien durchläuft~~ immer weiter geht.

Ich schreibe diesen Brief aus Italien. Wenn ich ihn von Deutschland aus schriebe, würde er ~~wohl~~ kaum in Ihre Hände gelangen. Auch so werden Sie ihn verspätet erhalten, da Sie wohl gegenwärtig in Europa sind.[3]

Leider kann ich meine Landsleute nicht entschuldigen angesichts all des Unrechts, das Ihnen und vielen anderen angetan worden ist; auch nicht meine Collegen von der Berliner und Münchener Akademie;[4] Viel Schuld hat die politische Unreife~~, Leichtgläubigkeit und Dummheit~~ des deutschen Volkes, ~~ebenso~~ viel Schuld auch die Politik unserer Kriegsgegner. ~~Übrigens kann ich Sie versichern, dass das nationale Gefühl, das bei mir stark ausgeprägt war, mir gründlich durch Misbrauch des Wortes National seitens unserer Machthaber abgewöhnt wird. Ich hätte jetzt nichts mehr dagegen, wenn Deutschland als Macht zugrunde ginge und in einem befriedeten Europa aufginge.~~

Vielleicht interessirt es Sie, dass ich meine allgemeine Wintervorlesung über Elektrodynamik wie in früheren Jahren in's Vierdimensionale ausklingen lies und mit einer Einführung in die spec. Rel. Th. krönte. Die Studenten waren begeistert, nicht einer opponierte. Ebenso bei der Sommervorlesung über Optik, die ich mit Ihrer Optik bewegter Medien einleitete. Nicht ein einziges Mal ist die Nennung Ihres Namens beanstandet worden. Wollen Sie daraus entnehmen, dass der deutsche Student die geistige Tyrannei längst ~~verschmäht~~ überdrüssig, in die ihn eine kleine Gruppe von „Führern" einspannen möchte, und dass er sich nach der freien Luft des Geistes sehnt.

Wie frei mag die Luft jetzt in dem schönen Princeton wehen! Eigentlich haben Sie die Aufgabe, zusammen mit Weyl, den ich zu grüssen bitte,[5] die

---

[1] Briefentwurf (2 Seiten, lateinisch), *München, DM, Archiv NL 89, 015*.
[2] Beim abgesandten Brief wurden die durchgestrichenen Passagen weggelassen, *A. Sommerfeld an A. Einstein, 27. August 1934. Jerusalem, AEA, Einstein*.
[3] Einstein verbrachte diese Wochen im Feriendomizil eines befreundeten Arztes auf Rhode Island; er kehrte Anfang Oktober nach Princeton zurück.
[4] Vgl. die Briefe [304], [306] und [307].
[5] Hermann Weyl hatte 1933 einen Ruf an das Princeton Institute for Advanced Studies angenommen.

allgemeine Rel. Th. noch zu einer neuen Höhe zu führen! In Einklang zu bringen mit den Bedürfnissen der Mikromechanik! Dass sie für die Mechanik des Kosmos die unentbehrliche Grundlage ist, bezweifelt heute kein Vernünftiger.

Dieser Brief bedarf keiner Antwort, zumal ~~er ja auch keinen eigentlichen Inhalt hat~~ da mich ein Brief von Ihnen in München doch nicht erreichen würde. Sollten Sie mir etwas zu sagen haben, so tun Sie es durch Condon,[1] unter Vermeidung Ihres Namens. Übrigens werde ich vom 15ten bis 20ten Oktober in Genf sein, unter der unverfängl. Adr. Prof. J. Weigle, Faculté des Sciences, ~~als unverfängliche Correspondenz-Möglichkeit~~.[2] Ich würde sehr glücklich sein, wenn wir uns trotz allem einmal wieder sehen könnten! Ihr getreuer

A. Sommerfeld

[190] *Von Werner Heisenberg*[3]

Leipzig 18. 1. 3[5][4]

Sehr verehrter lieber Herr Geheimrat!

Haben Sie vielen Dank für Ihren Brief, dessen Inhalt mir wie allen anderen Physikern sehr leid tut.[5] Gerade jetzt, wo so viele gute Theoretiker aus Deutschland vertrieben sind, hätten wir Ihre Führung in München noch so lange notwendig brauchen können.– Denn wenn Sie auch in Zukunft für uns Jüngeren u. die ganze deutsche Atomphysik nach wie vor der Lehrmeister sind, so wird es eben in Zukunft doch eine Stelle weniger geben, an der die Studenten Atomphysik lernen können. Und wieviel gerade die „Schule Sommerfeld" für unsere Wissenschaft bedeutet hat, brauche ich Ihnen nicht zu schreiben. Aber die Politik folgt eben ihren eigenen Gesetzen.

Dass Sie mich als Ihren Nachfolger haben wollen, ist sehr nett von Ihnen und ich werde mir sehr Mühe geben, die Tradition der „Schule Sommerfeld" aufrechtzuerhalten, wenn das Schicksal mich an diese Stelle setzen sollte. Da Sie bei den Besprechungen in der Fakultät wahrscheinlich häufig nach meinem politischen „Vorleben" gefragt werden, so will ich Ihnen die an sich

---

[1] Edward Condon war Professor am Palmer Physical Laboratory der Princeton University.

[2] Dort fand die Konferenz über Metallphysik statt, vgl. Brief [187].

[3] Brief (2 Seiten, lateinisch), *München, DM, Archiv HS 1977-28/A,136*.

[4] Im Original: 38. Das Jahr 1938 ist jedoch wegen der erwähnten Berufungen Debyes und Kirchners auszuschließen; vgl. auch Brief [199].

[5] Zum Nachfolgestreit um Sommerfeld siehe Seite 361. Der Brief liegt nicht vor.

nicht sehr interessanten Daten schreiben: Von April bis Juni 1919 war ich im „Kavallerie-Schützenkommando 11" an dem Kampf gegen die Räterepublik in München beteiligt. Danach mehrere Jahre (bis 1925) in der „Deutschen Freischar". 1920-21 hab ich eine Zeit lang an den Volkshochschulkursen (in Astronomie und Musik) mitgearbeitet. Mitglied einer politischen Partei war ich nie.-- Wollen wir sehen, wie das Schicksal entscheidet.

Steincke war schon das letzte Mal als Nr. 2 auf unserer Liste.[1] Er würde also jetzt vielleicht als Nr. 1 auftreten, wenn wir die Professur sofort besetzten. Es scheint uns aber wichtiger, noch zu warten, da aller Voraussicht nach Debye nach Berlin an's K.W.I. berufen wird.[2] Dies muss sich in den nächsten Wochen oder Monaten entscheiden, und es ist doch dann vernünftig, die Kirchnersche Professur erst zu besetzen, wenn die Hauptprofessur besetzt ist.- Dass Kirchner von hier wegging, fand ich auch unvernünftig. Aber er wollte halt ein Ordinariat haben.

Über Physik will ich ein anderes Mal schreiben.

Mit vielen herzlichen Grüssen Ihr dankbarer
Werner Heisenberg.

[191] *Von Arnold Berliner*[3]

Berlin, den 15. April 1935.

Hochgeehrter Herr Geheimrat!

Zur Einleitung meines Briefes erlaube ich mir Ihnen eine Tatsache mitzuteilen, die den gegenwärtigen Stand der literarisch-wissenschaftlichen Produktion bei uns wie mit einem Scheinwerfer beleuchtet: Für das Heft der Kaiser Wilhelm Gesellschaft, das die Naturwissenschaften zur Jahresversammlung der Gesellschaft zu veröffentlichen haben, sind bis zu dem als Ablieferungstermin festgesetzten Tage zwei Arbeiten eingegangen. Die Arbeiten fordert die Kaiser Wilhelm Gesellschaft an, und zwar mit einem von Herrn Planck unterzeichneten Briefe. Diesem Zustande entspricht die gegenwärtige Lage unserer Zeitschrift, obwohl sie dem äusseren Anschein nach sich im besten Zustand befindet. Das kommt aber nur daher, dass ich alles, was nicht wirklich Qualität besitzt, fern halte, und dann und wann auch

---

[1] Es ging um die Nachfolge F. Kirchners auf dem Extraordinariat für Experimentalphysik an der Universität Leipzig. Eduard Gottfried Steinke war außerordentlicher Professor für Physik in Königsberg. Kirchner wurde zum Sommersemester 1935 als Ordinarius für Physik nach Köln berufen.
[2] Vgl. Brief [192].
[3] Brief (4 Seiten, Maschine), *München, DM, Archiv HS 1977-28/A,17.*

Originalarbeiten angenommen habe, obwohl die Veröffentlichung von Originalarbeiten nicht zu den Aufgaben der Naturwissenschaften gehört. Aber eine Arbeit wie die kürzlich von Franck veröffentlichte sich entgehen zu lassen, wäre eine Unterlassungssünde ohnegleichen gewesen.[1]

Ich komme nun wieder mit einer Bitte um Hilfe zu Ihnen. Ich würde es aber kaum wagen, wenn ich nicht in der Lage wäre, einige Vorschläge zu machen, die Ihnen vielleicht beachtenswert erscheinen. Ich hoffe auch kaum darauf, dass selbst wenn sie Ihnen beachtenswert erscheinen, ich nun sehr bald auf Erfüllung meines Wunsches rechnen dürfte, denn Sie sind sicherlich mit dem zweiten Band Ihres Atombaubuches beschäftigt. Aber ich halte es für möglich, dass Sie gelegentlich auf meine Bitte und meine Vorschläge zurückkommen. Es handelt sich um drei ganz verschiedene Themen. Das erste betrifft die Entwicklung der theoretischen Physik der letzten fünfzig Jahre. Darüber ist im Zusammenhang, soviel mir bekannt ist, noch niemals irgendwo berichtet worden. Und dennoch ist das ein Thema, das einmal behandelt werden sollte, und meines Erachtens nur von einem theoretischen Physiker, der selber für die theoretische Physik in dieser Periode viel getan hat und daher den Ueberblick hat, den ein draussenstehender „Nur-Historiker" niemals haben kann. Natürlich könnte eine solche Darstellung nur in einer Reihe von einzelnen Aufsätzen bestehen, da der Gegenstand für einen einzelnen Aufsatz naturgemäss viel zu umfangreich ist.[2] Man könnte aber diese Aufsätze zum Schluss als Sonderdruck herausbringen, aber das ist sicherlich eine Cura posterior.

Das zweite Thema, dessen Bearbeitung mir am Herzen liegt, entspringt einer Anregung von Felix Klein. Er hat bei der Begründung der Zeitschrift angeregt, über die Fortschritte der mathematischen Behandlung der Naturwissenschaften zu berichten. Die vielen theoretischen Physiker, mit denen ich darüber gesprochen habe, haben die Anregung durchweg für sehr wertvoll, ihre Ausführung aber für unmöglich erklärt. Ich nenne nur Born, Ewald und Schoenflies. Nur einer hat sich an dieses Thema gewagt, und zwar mit einem meines Erachtens vorbildlichen Aufsatz: Kármán mit dem Aufsatz über das Gedächtnis der Materie aus Anlass des Erscheinens des Buches von Volterra, mit einer Vorlesung über Integraldifferentialgleichungen (1914).[3]

---

[1] [Franck 1935] sowie [Franck und Levi 1935].

[2] Jahre später erschien „Zur Feinstruktur der Wasserstofflinien. Geschichte und gegenwärtiger Stand der Theorie." [Sommerfeld 1940a].

[3] [Volterra 1914], [Kármán 1916, Zitat S. 489]. Kármán geht der Frage nach: „Ist die Änderung des Zustandes völlig bestimmt durch den augenblicklichen Zustand? Oder mathematisch gesprochen: Sind die Naturgesetze restlos durch Differentialgleichungen darzustellen?"

Tatsächlich aber ist der Wunsch von Felix Klein unerfüllt geblieben. Ich halte es nicht für unmöglich, dass Sie die Anregung von Felix Klein für wertvoll und ihre Ausführung auch für möglich halten und erlaube mir deswegen, Sie darauf aufmerksam zu machen.[1]

Das dritte Thema ist Lord Ra[y]leigh's Bedeutung für die theoretische Physik. Ich habe mich bei seinem Tode bemüht, einen Aufsatz über ihn zu bringen – aber vergeblich, und ich fürchte, die Bemühungen darum werden auch vergeblich bleiben, es sei denn, dass Sie sich dieser Aufgabe irgendwann einmal unterziehen.[2]

Vielleicht kommen Ihnen meine Wünsche und Anregungen und Vorschläge oder wie Sie es sonst nennen wollen, sehr unbescheiden vor. Aber wenn ich heute nicht alles versuchte, was mir irgendwie aussichtsvoll erscheint, den Naturwissenschaften ihr Ansehen zu erhalten, so geht die Zeitschrift in nicht sehr langer Zeit zugrunde – aus Mangel an Mitarbeit. Ich werde mich niemals dazu entschliessen, die Zeitschrift auf Kosten ihrer Qualität am Leben zu erhalten. Dieser Aufgabe müsste sich dann ein anderer unterziehen. Mit der Bitte, der Zeitschrift auch fernerhin Ihr freundliches Interesse zu erhalten und in der Hoffnung, Ihnen mit meinen Vorschlägen nicht gar zu sehr auf die Nerven zu gehen,

Ihr Ihnen in Verehrung ergebener
A. Berliner

[192] Von Peter Debye[3]

Leipzig, den 16. 4. '35.

Lieber Sommerfeld!

Das Beste ist wohl, dass ich Dich zunächst über den Stand der Dinge unterrichte und Dir dann, wenn Du die Tatsachen kennst, sage, was ich denke.

Von Lüttich aus[4] bin ich ein Mal in Berlin (bei Planck und dem Generaldirektor der K. W. Ges. Glum) gewesen.[5] Dort war auch der Architekt Professor Sattler aus München und wir sollten damit anfangen einen Plan

---

[1] [Sommerfeld 1940b] behandelt die Fourieranalyse zur Bestimmung der Dichte von Elektronen in Kristallen. Er wurde auch ins Spanische übersetzt, [Sommerfeld 1941].

[2] Lord Rayleigh war 1919 gestorben, Sommerfeld verfaßte einen Nekrolog für die Münchner Akademie, [Sommerfeld 1919b]; einen Artikel für *Die Naturwissenschaften* schrieb er nicht.

[3] Brief (2 Seiten, lateinisch), *München, DM, Archiv HS 1977-28/A,61*.

[4] Debye war von Oktober 1934 bis April 1935 Gastprofessor an der Universität Lüttich.

[5] Max Planck war Präsident der Kaiser-Wilhelm-Gesellschaft.

für das neuzubauende K. W. Inst. f. Phys. zu entwerfen, oder doch damit den Anfang zu machen.[1] Das geschah und seitdem bin ich mit Herrn Sattler dauernd in Verbindung. In Wirklichkeit hatte Planck mich aber wohl etwas zu früh kommen lassen, denn das Geld war noch nicht gesichert. Er hatte angenommen, dass er nur Hn. Tisdale mitzuteilen brauchte die Regierung sei mit allen von ihm (Tisdale) gestellten Bedingungen einverstanden.[2] Von Paris aus wurde Planck aber benachrichtigt, dass die endgültige Zusage erst noch in New-York gefasst werden musste. Inzwischen hat mir Planck (vor 3 Tagen) mitgeteilt, dass die von der Rockefeller-Stiftung vorgesehene Summe von 1,5 Millionen Mark nunmehr definitiv zur Verfügung gestellt worden ist. Er hat mich ferner gebeten die Arbeit mit Herrn Sattler stetig fortzusetzen.

Ich bin, wie Du siehst, jetzt in einer etwas eigenartigen Lage. Ich habe längst angefangen Pläne zu entwerfen mit dem offiziellen Architekten, aber irgendwelche Verhandlungen, die einigermassen als offiziell gelten könnten, (über meine zukünftige Position) haben noch nicht stattgefunden.[3] Natürlich ist das unbehaglich in vielerlei Hinsicht[.]

Nun zu dem, was ich denke. Obwohl die Situation reichlich unklar ist, halte ich mich Planck gegenüber für gebunden. Sollten allerdings Schwierigkeiten auftreten, aus denen ich schliessen müsste, dass ich weniger willkommen bin, dann werde ich die meines Erachtens unvermeidliche Consequenz ziehen. Leipzig und insbesondere die Verhältnisse im Institut gefallen mir nicht. München liebe ich und Deine Stelle zusammen mit dem kleinen Laboratorium, in dem ich einige Ideen durch gute Leute experimentell bearbeiten lassen könnte, reizt mich indertat.[4] So wie aber die Sachlage ist, muss ich treu zu Planck halten und hoffen, dass ich meine Kraft werde einsetzen können, so wie er es plant. Wehmütig bin ich, wenn ich das sage.

Heisenberg möchte gern nach München kommen, der neue Rektor hier hat ihn gebeten die Dekanstelle zu übernehmen, ich glaube daher nicht, dass seine Wahl durch haltbare Bedenken verhindert werden kann.[5] Wentzel

---

[1] Zur Gründung des Kaiser-Wilhelm-Instituts (KWI) für Physik vgl. [Kant 1993].

[2] Wilbur E. Tisdale war Beauftragter der Rockefeller Foundation für den Bereich Naturwissenschaften mit Amtssitz in Paris. Zur Rolle der Rockefeller Foundation bei der Gründung des KWI für Physik siehe [Macrakis 1989].

[3] Debye wurde erst im März 1936 rückwirkend zum Oktober 1935 als Direktor des KWI für Physik mit gleichzeitiger Professur an der Universität nach Berlin berufen, obwohl er seit dem Beginn der Planungen 1933 für diesen Posten vorgesehen war.

[4] Debye stand auf der ersten Berufungsliste für die Sommerfeldnachfolge an zweiter Stelle, vgl. Seite 362.

[5] Zu den Schwierigkeiten Heisenbergs in Leipzig 1935 im Zusammenhang mit einem erfolglosen Protest gegen die Entlassung von Kollegen vgl. [Cassidy 1991, Kap. 16].

wird wohl indertat unerreichbar sein.[1] Hund ist gewiss etwas farblos im Benehmen, aber dass er langweilig sei, kann man nicht sagen. Ich glaube ausserdem, dass Gerlach viel von ihm haben würde. Madelung halte ich für ausgeschlossen, ihm ist doch schon so sehr lange nichts mehr eingefallen. Becker dagegen ist wirklich frisch, ausserdem ist seine Denkart im besten Sinne physikalisch.

Mich stimmt es traurig, wenn ich sehen muss, dass fortan München ohne Sommerfeld sein wird. Ich hoffe nur, dass Du selber anders fühlst und die Freude über die kommende frei verfügbare Zeit überwiegt.

Mit vielen herzlichen Grüssen
Stets Dein P. Debye

[193] *Von Arnold Berliner*[2]

Berlin, den 24. April 1935.

Hochgeehrter Herr Geheimrat!

Ich danke Ihnen bestens für Ihr freundliches Schreiben vom 19. April und hoffe, Ihrer Anregung folgend, Herrn Emden zur Abfassung des Aufsatzes bewegen zu können.[3] Sehr erfreut bin ich, aus Ihrem Schreiben zu sehen, dass Sie möglicherweise doch einmal auf eines der von mir vorgeschlagenen Themen zurückkommen werden, wenn auch erst nach Vollendung des zweiten Bandes Ihres Buches.

Was ich über Ihre Emeritierung denke und über den knappen Brief, der sicherlich wieder von der Ahnungslosigkeit der zuständigen Stellen Zeugnis ablegt, will ich dem Papier lieber nicht anvertrauen. Man kann sich auf die Zitierung der Bibelstelle beschränken: „Herr, vergib ihnen usw.".[4]

Mit bestem Dank und besten Empfehlungen

Ihr Ihnen in Verehrung ergebener
A Berliner

---

[1] G. Wentzel war als Nachfolger Schrödingers an die Universität Zürich berufen worden. Friedrich Hund hatte seit 1929 ein persönliches Ordinariat für mathematische Physik an der Universität Leipzig, Erwin Madelung bekleidete seit 1921 den Lehrstuhl für theoretische Physik der Universität in Frankfurt am Main, Richard Becker war Ordinarius an der TH Berlin, bevor er 1937 Nachfolger Borns in Göttingen wurde.

[2] Brief (1 Seite, Maschine), *München, DM, Archiv HS 1977-28/A,17*.

[3] Die Antwort auf Brief [191] liegt nicht vor. In den *Naturwissenschaften* der Jahre 1935 und 1936 erschien kein Artikel von Emden.

[4] Lukas 23, 34.

[194] *Von Werner Heisenberg*[1]

Leipzig 14. 6. [1935][2]

Sehr verehrter, lieber Herr Geheimrat!

Haben Sie vielen Dank für Ihren Brief und die Abschrift des für mich beschämend freundlichen Fakultätsbeschlusses.[3] Die Lösung, die Sie vorschlagen, wäre mir in jeder Weise *sehr* recht und ich hoffe sehr, dass das Ministerium darauf eingeht. Es ist auch für die theoretische Physik in Deutschland sehr wichtig, dass Sie noch eine möglichst lange Zeit aktiv mithelfen, einen jüngeren Nachwuchs grosszuziehen. Also hoffen wir das Beste!

In Berlin hörte ich, Gerlach solle als Nachfolger von Hertz nach Berlin kommen;[4] weiss man in München etwas davon?

In der letzten Zeit hab ich immer abwechselnd zwei verschiedene Dinge versucht: Aus den Resultaten von Euler u. Kockel über die Streuung von Licht an Licht physikalische Konsequenzen zu ziehen,[5] und den Aufbau der Kerne à la Wigner–Majorana zu verstehen.[6] Das erstere Problem scheint mir sehr schwierig; ein wirkliches Verständnis für den Zahlwert Ihrer Konstante $e^2/\hbar c$ liegt noch in weiter Ferne, ich bin da nicht recht weitergekommen. Dagegen kann man den Aufbau der Kerne wirklich sehr befriedigend nach der Quantenmechanik verstehen. Auch die letzte Arbeit von Bethe (Phys. Review)[7] passt ausgezeichnet in das allgemeine Programm.

Im Juli hoffe ich Sie in München besuchen zu dürfen. Mit vielen herzlichen Grüssen

Ihr dankbar ergebener
W. Heisenberg.

---

[1] Brief mit Zusatz (2 Seiten, lateinisch), *München, DM, Archiv HS 1977-28/A,136*.

[2] Das Jahr ergibt sich aus der Nachfolge von Gustav Hertz. Die von fremder Hand ergänzte Datumsangabe „[1938?]" ist falsch.

[3] Vgl. Seite 362 und Brief [195].

[4] Gustav Hertz war aufgrund der Ausnahmeklausel für Frontkämpfer 1933 im Amt geblieben, gab aber 1935 dem politischen Druck nach und wechselte in die Industrie. Für seinen Lehrstuhl an der TH Berlin waren W. Gerlach und H. Geiger im Gespräch; der Ruf ging mit Wirkung zum 1. Oktober 1936 an Geiger. Vgl. [Cassidy 1979b] und [Schröder 1993].

[5] Hans Euler promovierte unter Mitwirkung von Bernhard Kockel bei Heisenberg über die Photon-Photon-Streuung mit quantenfeldtheoretischen Methoden, vgl. [Cassidy 1991, S. 338-340], [Euler und Kockel 1935] sowie [Heisenberg und Euler 1936].

[6] Eugene Wigner und Ettore Majorana hatten das von Heisenberg begründete Konzept der Austauschkraft für den Zusammenhalt von Atomkernen weiterentwickelt, vgl. [Peierls 1979].

[7] [Bethe und Peierls 1935b].

[195] An Peter Debye[1]

München, 7. VII. 35.

Lieber Debye!

Ich gratuliere zur Nachfolge von Helmholtz und freue mich, dass Berlin auf diese Weise wieder hochkommen wird![2]

Meine Zukunft liegt noch ganz im Dunkeln. Manche Anzeichen sprechen dafür, dass man mich im Winter mit meiner weiteren Vertretung beauftragen wird. Ich habe aber unserem Rektor gesagt, dass man es dann bis zur Vollendung des 68ten Lebensjahres tun solle, damit ich und meine Studenten wissen, woran wir sind. Das wird man jedoch in Berlin nicht wollen, weil man dort den Schwebezustand liebt. Du kommst wohl jetzt öfter in's Berliner Ministerium.[3] Kannst Du dort etwas in meiner Sache tun? Es ist mir auch sehr recht, wenn man jetzt gleich Heisenberg als Nachfolger ernennt. Nimm nur nicht H. als Collegen nach Berlin mit! Es ist besser für ihn u. die Physik, wenn er nach Mü.[nchen] geht.

Wir werden vom 26. VII bis etwa 26. VIII fort sein. Hoffentlich sehen wir uns vorher oder nachher in München.

Herzlich Dein A. S.

[196] Von Peter Debye[4]

Leipzig, den 19. Juli 1935.

Lieber Sommerfeld!

Dein Brief kam nach Leipzig, währenddem ich in Oxford war, um einen Ehrendoktor in Empfang zu nehmen. Erst seit wenigen Tagen bin ich zurück, sodass ich leider nicht früher antworten konnte. Die ganze Familie ist schon in Prien, und ich hoffe bald auch dorthin zu gehen, aber ich werde wohl erst nach eurer Reise in der Dunantstr. erscheinen können.[5]

Es wäre mir sehr lieb, wenn wir uns bei dieser Gelegenheit etwas über die theoretische Physik und die Besetzungen unterhalten könnten. Zwar habe ich nicht den Eindruck, dass ich einen Einfluss im Ministerium habe. Aber man kann doch vielleicht gelegentlich suggestiv wirken. Was Heisenberg betrifft, der möchte nach München, und ich bin der Meinung, dass man alles

---

[1] Brief (2 Seiten, lateinisch), *Berlin, MPGA, Debye*.
[2] Vgl. Brief [192], insbesondere Fußnote 3, Seite 421.
[3] Gemeint ist das Reichserziehungsministerium.
[4] Brief (2 Seiten, Maschine), *München, DM, Archiv HS 1977-28/A,61*.
[5] Die Sommerfelds wohnten in der Münchner Dunantstraße 6; die Debyes hielten sich in Prien am Chiemsee zur Sommerfrische auf.

tun soll, damit sein Wunsch in Erfüllung geht. Jedenfalls befolge ich keine andere Politik solange die Möglichkeit München für Heisenberg besteht.

Ich selber soll zwar ordentlicher Professor an der Universität Berlin werden, offiziell als Nachfolger von Nernst, aber ich werde keine allgemeinen Vorlesungen übernehmen. Auch werde ich nur insofern mit dem dortigen Physikalischen Institut zu tun haben, als ich mir das Recht ausbedungen habe, über die Hilfsmittel des I. Physikal. Instituts für Vorlesungszwecke verfügen zu dürfen. Das Kaiser Wilhelm Institut genügt mir vollauf, um so mehr als ich in meiner Eigenschaft als Professor an der Universität dort gemachte Arbeiten als Dissertationen vorlegen kann. Wenn ich also einen Ei[n]fluss habe, so wird es ein stiller sein. Er wird jedenfalls nicht durch allgemeine Vorlesungen zur Geltung kommen. Man kann eben nicht alles gleichzeitig tun.

So ist der Plan, schriftliches Angebot der Regierung liegt vor, unterschrieben habe ich noch nicht. Die Pläne für das K.W. Institut liegen jetzt bei der Baupolizei, und ich will alles daran setzen, dass es noch vor Winter unter Dach kommt und bis April experimentelle Arbeiten darin angefangen werden können.[1]

Ich hoffe sehr, dass Du noch bis 1938 im Amt bleiben wirst. Das ist die allerbeste Lösung! Ich habe das schon an manchen Stellen gesagt, vielleicht nützt es doch.

Ich freue mich sehr darauf, Deine Frau und Dich nach Euren Ferien wiederzusehen; hoffentlich in blühendster Gesundheit.

Viele herzliche Grüsse
Dein P. Debye

[197] *Von Peter Debye*[2]

Berlin, den 20. 9 1935

Lieber Sommerfeld!

Gestern mit Bachér gesprochen.[3] Er möchte dass „die Münchener" sich eine neue Liste überlegen, weil er Heisenberg nach Göttingen haben will. Ich habe ihm dargestellt, dass Heis. selbst nicht wolle und München vorzieht. Vorgeschlagen, dass er (Bachér) sich mit Heisenberg selbst unterhält,

---

[1] Der Institutsbau wurde im Laufe des Jahres 1936 errichtet, die physikalischen Arbeiten kamen im Frühjahr 1937 in Gang; die offizielle Schlüsselübergabe an Debye erfolgte erst am 30. Mai 1938, vgl. [Kant 1993].

[2] Brief (2 Seiten, lateinisch), *München, DM, Archiv HS 1977-28/A,61*.

[3] Der Chemiker Franz Bachér war stellvertretender Leiter der Abteilung für Wissenschaft im Reichserziehungsministerium.

was wohl sicher geschehen wird. Man müsste für Göttingen einen annehmbaren anderen Kandidaten finden.[1] Ich habe mich gestern *nicht* da hinein gesteckt.

Ferner: Kandidatur Madelung sei *niemals* in Betracht gezogen worden.[2] Der Beisitzer im Zimmer wird zum Zeugen angerufen, dass auch im Gespräch mit Gerlach der Name Madelung nicht genannt wurde. Ich glaube Bachér. Schliesslich: Kulenkampf soll entweder nach Leipzig oder nach Jena kommen. Ich schlug vor: ein halbes Jahr Vertretung von mir in Leipzig, danach Besetzung der beiden Stellen. Kuhlenkampf wird also eine der beiden erhalten.[3]

Ich bin nicht sicher, ob ich Dich Sonntag vor der Abreise noch sehen kann. Daher dieser Brief.

In Eile Dein P. Debye

[198] *An die Philosophische Fakultät, 2. Sektion*[4]

München, den 4. November 1935.
An das Dekanat der Philosophischen Fakultät zu Nr. 501
(Rektorats-Zuschrift Nr. 4575)

Wir erhielten durch Zuschrift des Dekanats vom 17. IX. die Aufforderung, für die Nachfolge Sommerfeld neue Vorschläge einzureichen. Bevor wir dieser Aufforderung nachkommen, möchten wir dringend bitten, die Kandidatur *Heisenberg* erneut in Erwägung zu ziehen.[5] Wir wiederholen aus unserem Gutachten vom 13. VII. die Sätze: „Wir möchten dazu beitragen, Heisenberg den Arbeitsplatz zu verschaffen, *den er sich wünscht*. In München wird er, besser als irgendwo anders, für den Nachwuchs in der theoret. Physik sorgen können und wird die begabtesten Schüler des In- und Auslandes an sich ziehen, entsprechend einer fast dreissigjährigen Tradition des zu besetzenden Lehrstuhles." Im Sinne dieser Sätze möchten wir hinzufügen: Ein Forscher vom Range Heisenbergs wird seine für Wissenschaft und Unterricht gleich wertvollen Kräfte am besten entfalten, wenn man ihm diejenige Stelle gibt, die er selbst für seine Arbeitsrichtung am geeignetsten hält.

---

[1] Als Nachfolger Borns wurde 1936 Richard Becker nach Göttingen berufen.
[2] Vgl. Ende von Brief [192]. Gerlach hatte offenbar bei Madelung wegen der Sommerfeldnachfolge angefragt und ihn auch für die TH Berlin vorgeschlagen, [Heinrich und Bachmann 1989, S. 78], [Litten 2000, S. 65].
[3] Helmuth Kulenkampff wurde als Nachfolger von Max Wien auf den Lehrstuhl für Experimentalphysik nach Jena berufen.
[4] Abschrift (2 Seiten, Maschine), *München, DM, Archiv NL 89, 004*.
[5] Vgl. Seite 364 sowie [Cassidy 1991, S. 348].

[198] An die Philosophische Fakultät, 2. Sektion

Wir nennen zunächst 3 Namen jüngerer Kollegen, die wenn auch in weitem Abstande hinter Heisenberg für den Münchener Lehrstuhl in Betracht gezogen werden können.

1) Friedrich *Hund* geb. 4. 2. 96 in Karlsruhe ist ein Schüler von M. Born und in Göttingen promoviert. Seine wichtigsten Arbeiten liegen auf dem Gebiet der Serien- und Bandenspektren und im Zusammenhange damit der chemischen Bindungen. Die „Hund'sche Theorie" der Multipletts ist allgemein anerkannt und bedeutet einen grossen Fortschritt gegenüber den früheren Arbeiten von Sommerfeld, auf denen sie aufbaut. Hund ist ein guter Lehrer, er regt seine Schüler zu eigenen Arbeiten an.

2) Gregor *Wentzel* geboren in Düsseldorf am 17. II. 98, Frontkämpfer. Er promovierte 1922 in München, wo er Assistent und Privatdozent war, wurde als Extraordinarius nach Leipzig, als Ordinarius nach Zürich (Universität) berufen. Wentzel hat namhafte Verdienste um die Theorie der Röntgenspektren und um die Ausbildung der wellenmechanischen Methoden. Er arbeitet jetzt mit seinen Schülern an dem schwierigen Problem der Quanten-Elektrodynamik. Ob er seine anregende Tätigkeit in Zürich aufgeben würde, können wir nicht beurteilen.

3) An 3. Stelle nennen wir 2 Gelehrte, die nur zum Teil deutscher Abstammung sind, deren Gewinnung uns aber als glückliche Ergänzung der deutschen theoretischen Physik erscheinen würde:

R. de L. *Kronig*, Sohn eines österreichischen Vaters und einer holländischen Mutter, aufgewachsen und ausgebildet in Amerika (Columbia University, New York), zr. Zt. gehobener Assistent an der Universität Groningen. Er ist äusserst begabt und vielversprechend. Trotz grosser Jugend hat er sich auf verschiedenen Gebieten einen Namen gemacht (Feinstruktur der Röntgengrenzen, Molekülbindung, Metall-Elektronen). Sein Auftreten bei der Physikertagung in Stuttgart war auch vom nationalen Standpunkte aus sehr sympathisch.[1]

Sodann, wenn auch im Abstand hinter ihm: E. C. G. *Stückelberg*, Sohn eines Basler Vaters und einer deutschen Mutter. Durch einen längeren Aufenthalt in Amerika und als Rockefeller-Stipendiat in München hat er sich einen weiten Gesichtskreis verschafft. Seine vorzüglichen Arbeiten behandeln besonders chemische Reaktionen mit wellenmechanischen Methoden. Er ist kürzlich als Extraordinarius nach Genf berufen worden.

Wir hätten nicht versäumt, in unsere Liste den in jeder Hinsicht bewährten Erwin *Fues*, geboren 17. I. 93 in Stuttgart, Professor in Breslau, aufzunehmen, wenn er nicht infolge seiner Kriegsverletzungen schwer lei-

---

[1] Ralph de Laer Kronig hielt auf der 11. Deutschen Physikertagung Ende September 1935 einen Vortrag über Festkörperphysik, [Kronig 1935].

dend wäre, so dass er den gegenüber Breslau gesteigerten Anforderungen der Münchener Stellung kaum standhalten würde.

Unter der jüngsten Generation sticht durch Begabung und Leistungen Fritz *Sauter* hervor, geboren in Innsbruck 9. VI. 06[,] zr. Zt. in Göttingen.[1]

Ein vorzüglicher Gelehrter und Lehrer ist A. *Unsöld* in Kiel, geb. 20. IV. 1905 in Bolheim, Württemberg. Er promovierte in München mit einer ausgezeichneten wellenmechanischen Arbeit, hat sich dann aber ganz der Astrophysik zugewandt, für die er von jung auf interessiert war und in Pasadena als Rockefeller-Stipendiat ausgebildet wurde. Wir wünschen ihm, entsprechend seinen Neigungen, einen Posten, auf dem er seine ganze Kraft der Astrophysik widmen und eine bedauerliche Lücke in der deutschen Astronomie ausfüllen kann.[2]

Ein Gelehrter von Ruf ist auch Pascual *Jordan*, geb. 18. X. 1902 in Hannover, zr. Zt. in Rostock.[3] Er hat an der Grundlegung der Quantenmechanik, zusammen mit Heisenberg und Born, mitgearbeitet und die Entwicklung derselben nach der prinzipiellen Seite hin mehrfach gefördert. Seine seitdem veröffentlichten Arbeiten sind von äusserster Abstraktheit und haben keine Beziehung zum Experiment. Diese Richtung widerspricht den Anforderungen und der langjährigen Übung der Münchener Stelle. Wir halten ihn daher nicht für einen geeigneten Nachfolger Sommerfelds.

gez.

A. Sommerfeld   W. Gerlach   C. Caratheodory   Wieland.

[199] *Von Werner Heisenberg*[4]

14. 2. 36.

Sehr verehrter lieber Herr Geheimrat!

Vorgestern abend hab ich ausführlich mit Herrn Rektor Kölbel gesprochen, er wird Ihnen ja davon erzählt haben.[5] Inzwischen habe ich versucht, einen Artikel gegen den von W. Menzel in dem V.[ölkischen] B.[eobachter]

---

[1] Sauter war seit 1934 Assistent mit Lehrauftrag an der Universität Göttingen.

[2] Albrecht Unsöld war seit 1932 Ordinarius für theoretische Physik in Kiel.

[3] Zu Beginn des Wintersemesters wurde Jordan vom außerordentlichen zum planmäßigen ordentlichen Professor an der Universität Rostock hochgestuft; er war Mitglied der NSDAP und der SA, vgl. [Mahnke 1991, S. 47].

[4] Brief (2 Seiten, lateinisch), *München, DM, Archiv HS 1977-28/A,136*.

[5] Leopold Kölbl, zuvor Dekan, war seit November 1935 Rektor der Universität München. Sommerfeld widerlegte in einem ausführlichen Schreiben die Ansicht, „als ob die Arbeitsrichtung von Heisenberg mehr philosophisch als physikalisch wäre". *A. Sommerfeld an L. Kölbl, 17. Februar 1936. München, DM, Archiv NL 89, 004.*

zu lancieren; wahrscheinlich ohne Erfolg.[1] Ausserdem wurde mir hier von einem Beamten der Kreisleitung der N. S. D. A. P. geraten, mich über die inzwischen publizierte Rede von J. St.[ark] in Heidelberg an höchster Stelle zu beschweren.[2] Über diese Möglichkeit will ich mich in den nächsten Tagen mit meinem Ministerium unterhalten. Sonst ist aber alles in Ordnung. Über Physik weiss ich nicht viel Neues; Bohr schickte mir ein längeres Manuskript über die Wirkungsquerschnitte der langsamen Neutronen, er glaubt die Bethe'sche Theorie an einigen Stellen korrigieren und erweitern zu sollen.[3]

Mit vielen herzlichen Grüssen ans ganze Institut

Ihr dankbar ergebener
W. Heisenberg.

[200] *Von Hans Bethe*[4]

Cunard White Star RMS Queen Mary 1. August 1936
Lieber Herr Professor Sommerfeld,

ich muss mich wirklich schämen. Jeder, der von Deutschland nach Amerika kam, richtete mir aus, ich sollte Ihnen doch endlich schreiben. Und jedesmal musste ich nicht nur zugeben, dass Sie sehr recht haben, über mich böse zu sein, sondern ausserdem, dass ich immer noch nicht geschrieben hatte. Der Liegestuhl auf dem Promenadedeck dieses hübschen Schiffchens ist nun aber endlich eine gute Gelegenheit.

Sie haben jedenfalls schon von gelegentlichen Besuchern, wie Grantham, gehört, dass es mir in Cornell vorzüglich geht.[5] Sie wissen vielleicht, dass ich mit sehr gemischten Gefühlen nach Amerika ging; dass mich zwar die Dollars lockten, dass ich aber auf der anderen Seite mir vorkam wie ein Missionar, der in die schwärzesten Teile Afrikas geht, um dort den wahren Glauben zu verbreiten. Schon nach einem halben Jahr war ich nicht mehr der Meinung, und heute würde ich kaum mehr nach Europa zurückgehen selbst wenn man mir ebensoviele Dollars anbieten würde wie in Cornell.

America hat wirklich viele Vorzüge. Persönlich: dass man sehr leicht „hereinkommt". Es dauert nur sehr kurze Zeit bis man als zugehörig betrachtet

---

[1] Heisenbergs Entgegnung erschien am 28. Februar 1936, vgl. Seite 365 (auch für das folgende) und [Cassidy 1991, S. 351-353].
[2] [Stark 1936].
[3] Vermutlich [Bohr 1936], worin das „compound nucleus"-Modell des Atomkerns begründet wird, vgl. [Bethe 1979, S. 20].
[4] Brief (14 Seiten, lateinisch), *München, DM, Archiv NL 89, 005.*
[5] Guy Everett Grantham war seit 1928 Assistenzprofessor in Cornell.

wird. Anders als etwa in England, wo alle Leute zwar immer sehr freundschaftlich waren, wo ich mich aber immer als Fremder fühlte, trotz allem. Die englische Selbstsicherheit und der, wenn auch ungern zugegebene, Inferioritätskomplex der Amerikaner sind wohl die Ursache. Typisch ein Ausspruch eines Hotelbesitzers in den White Mountains über die Einwanderer: "These aliens—they earn their living here, and then they don't want to become naturalized". Wer bereit ist sich zu assimilieren, ist willkommen.

Wissenschaftlich ist Amerika noch erfreulicher als persönlich.[1] Das Charakteristische der Amerikanischen Physik ist team work. Zusammenarbeit in den grossen Instituten, wo in jedem eigentlich alles gemacht wird, was es in der Physik gibt, und wo dauernd der Experimentator mit dem Theoretiker, der Kernphysiker mit dem Spektroskopiker seine Probleme diskutiert. Durch diese Zusammenarbeit werden viele Schwierigkeiten sofort erledigt, die in einem spezialisierten Institut Monate kosten.

More team work: Die häufigen Kongresse der American Physical Society. Die Vorträge selbst sind zwar völlig nutzlos, jeder dauert 10 Minuten und da kann man beim besten Willen nichts sagen, kaum Reklame machen. Aber man geht nicht zu den Vorträgen, sondern diskutiert, was einen gerade interessiert, draussen auf dem Gras. „Was einen gerade interessiert", ist natürlich Kernphysik. Mit dem Resultat, dass 90 % aller Arbeiten in diesem Gebiet in Amerika gemacht sind. Mit dem weiteren, weniger erfreulichen, Resultat dass man über ein aktuelles Thema wie Kernphysik keine Dr. Arbeit geben kann, denn irgendjemand anders wird dasselbe gemacht haben lange ehe der Doktorand angefangen hat.

Neben den Physical Society Meetings gibt es noch beliebig viele andere Gelegenheiten, wo man „sich trifft". Die Summer Session in Ann Arbor kennen Sie ja, und Sie wissen, dass in erster Näherung jeder dort ist.[2] Dann gibt es kleinere Symposiums von drei Tagen oder so – in Washington im Frühling, bei uns in Cornell vor der Summer Session, etc. Es gibt immer gute Diskussion.

Was ich selbst getan habe, sehen Sie im wesentlichen in der Physical Review und Reviews of Modern Physics.[3] Es ist alles über Kerne, und das meiste davon sind nicht eigene Rechnungen, sondern bloss Versuche, die Rechnungen anderer Leute zu koordinieren. Es scheint mir, dass wir jetzt schon ziemlich viel über die Form der Kernkräfte wissen – natürlich noch sehr wenig über ihre Ursache (Neutrinotheorie?). Zur Zeit interessieren mich

---

[1] Zum Aufschwung der amerikanischen Physik seit den 1920er Jahren siehe [Sopka 1980, Kap. 4], vgl. auch die Darstellung [Bethe 1979].

[2] Vgl. Seite 227.

[3] Vgl. das Vorwort und die wieder abgedruckten Artikel in [Bethe et al. 1986].

am meisten die Bohr'schen Ideen über die schweren Kerne, ich habe einen Artikel im Druck über die Dichte der Energieniveaus in schweren Kernen als Funktion der Anregungsenergie des Kerns.[1] Die Neutronen und Protonen im Kern werden einfach als Fermigas behandelt; infolgedessen sieht die Arbeit genau aus wie Ihre Metallarbeit.

Ausserdem habe ich, wie Sie vielleicht gesehen haben, angefangen Experimentalphysik zu machen. Ich scheine einen negativen Paulieffekt[2] zu haben, denn die Geigerzähler funktionieren jedesmal besser, wenn ich im Zimmer war. Zum Glück für die Experimente habe ich mich dem eigentlichen Apparat nie auf weniger als einen Meter genähert, sondern mich damit begnügt, das Experiment auszudenken und zu interpretieren. Ich glaube, man wird aus Neutronenexperimenten noch viel über schwere Kerne lernen können, sehr viel mehr als aus Experimenten mit geladenen Teilchen. Das Interessanteste sind natürlich die leichten Kerne, bei denen man hoffen kann, dass man bald eine vernünftige Lösung der Schrödingergleichung kriegen wird. Jedenfalls haben Wigner und Feenberg recht befriedigende Resultate für die niedrigen Energieniveaus der Kerne von He^4 bis O^{16}, und ich habe ein Resultat für das magnetische Moment von Li^7, das zu gut mit der Erfahrung stimmt, nämlich 3,1 „Magnetinos" (der Ausdruck stammt von Condon) statt 3,3 beobachtet.[3]

In Cornell gibt es eine Anzahl guter junger Leute. Am besten über Physik unterhalten kann man sich mit Bacher, der früher mit Goudsmit arbeitete.[4] Er hat Kritik, was in Amerika selten ist, und war sehr brauchbar bei dem Rev. Mod. Phys. Artikel.– Livingston ist ein vorzüglicher Experimentator;[5] er kann Apparate in Gang setzen wie kaum jemand. Dabei hat er nicht den Fehler, dauernd nur die Apparatur zu verbessern (wie z. B. sein früherer Chef Lawrence in Californien) sondern hat das richtige Gleichgewicht zwischen Apparat und Resultat. Von Theorie weiss er nichts, aber er weiss das selbst und hört gern auf Vorschläge.– Smith ist viel besser als ich in München dachte.[6] Das sage ich nicht nur, weil er die Hauptschuld daran

---

[1] [Bohr 1936] und [Bethe et al. 1986, S. 166-169].
[2] Häufig schlugen Experimente fehl, wenn Pauli anwesend war.
[3] [Feenberg und Wigner 1937], [Bethe et al. 1986, S. 131-146]. Edward U. Condon war Physikprofessor der Princeton University.
[4] Robert F. Bacher hatte an der University of Michigan promoviert und 1935 an der Cornell University eine Professur erhalten. [Bethe und Bacher 1935].
[5] M. Stanley Livingston hatte bei Ernest O. Lawrence an der University of California in Berkeley über das Zyklotron promoviert und war 1934 an die Cornell University gekommen, um auch dort ein Zyklotron aufzubauen.
[6] Lloyd Preston Smith gehörte 1932 zu den von Bethe in München betreuten amerikanischen Forschungsstipendiaten.

hat, dass ich in Cornell bin. Seine wesentliche Stärke liegt in der Anwendung der Theorie zur Erfindung hübscher experimenteller Tricks; z. B. hat er eine Ionenquelle erfunden, die mit Hilfe einer witzigen Focussierung sehr grosse Intensität liefert; schon der erste Versuch gab 3mal soviel wie die beste bisher bekannte Quelle. In reiner Theorie weiss er zwar viel, ist aber nicht sehr produktiv.– Ramberg ist leider vor einem Jahr zur Radio Corporation gegangen.[1] Seit einem Vierteljahr habe ich einen research assistant, bezahlt von der Philosophical Society, der sehr gut und beliebig fleissig ist. Er war Uhlenbecks Schüler und heisst Rose.[2] Nächstes Jahr kriege ich noch einen Schüler von Uhlenbeck, Konopinski,[3] der mit U. zusammen die zurzeit richtige Modification der Fermischen β-Theorie gemacht und daraufhin eine der 3 National Research Fellowships gekriegt hat.[4]

Das meiste Verdienst an der Entwicklung Cornell hat Gibbs, der zwar kein sehr guter Physiker ist, aber ein fabelhafter Institutsdirektor.[5] Er hat eine grossartige Nase, um genau den Mann zu entdecken, der für den gegebenen Preis am besten für den Posten ist, und er kriegt ihn auch. Er beschäftigt sich den ganzen Tag damit, Geld für das Institut zu kriegen und dafür zu sorgen, dass jeder alles hat, was er zum arbeiten braucht. Oder er schreibt überallhin, um eine Stelle für einen Doktoranden zu kriegen.

Der einzige, der Gibbs nicht anerkennt, ist Richtmyer.[6] Er ist sehr autokratisch und wünscht, dass das ganze Institut X-ray physics macht, mit ihm selbst als Direktor. Er umgibt sich gern mit schlechten Doktoranden, weil die alles tun was er sagt. Mich liebt er nicht (a) weil ich Ausländer bin (b) weil ich Gibbs sehr schätze und (c) weil ich zuviel Physik weiss. Es ist sehr schade, ich habe mir viel von Richtmyer versprochen.

Kennard ist persönlich sehr nett, aber physikalisch nicht sehr produktiv.[7] Ein sehr guter Mann ist natürlich Kirkwood im Chemischen Institut,[8] wir sind sehr viel zusammen.

---

[1] Vgl. den ausführlichen Bericht *E. Ramberg an A. Sommerfeld, 24. November 1935.* München, DM, Archiv HS 1977-28/A,278.

[2] Morris E. Rose klärte zusammen mit Bethe die Frage, welche maximale Energie im Zyklotron erreicht werden kann, vgl. [Heilbron und Seidel 1989, S. 466-471].

[3] Emil John Konopinski hatte zuvor mit G. E. Uhlenbeck an der University of Michigan über den β-Zerfall gearbeitet.

[4] Zur Rolle dieser Stipendien in den USA vgl. [Kevles 1977, S. 249-250].

[5] R. Clifton Gibbs war selbst erst unmittelbar vor Bethes Ankunft *chairman* des Physikdepartments geworden.

[6] Floyd Karker Richtmyer war seit 1918 Physikprofessor in Cornell.

[7] Earle H. Kennard hatte 1927 bis 1928 die ersten Vorlesungen über Quantenmechanik an der Cornell University gehalten.

[8] John G. Kirkwood war zuvor *research associate* für physikalische Chemie am MIT.

Es würde mich natürlich schrecklich interessieren zu hören wie es Ihnen geht. Ewald erzählte mir, dass Sie sich noch immer selbst vertreten. Dieser Zustand ist wahrscheinlich nicht besonders erfreulich. Wie sind die Aussichten, dass Heisenberg nach München kommt? Das wäre doch sehr schön!

Ich fahre jetzt zu meiner Mutter nach Baden-Baden, Gunzenbachstr. 29, und wir wollen zusammen in die Schweiz fahren, nach Selisberg.

Hoffentlich habe ich durch die Länge dieses Briefes teilweise gutgemacht was ich durch die Späte verschuldet habe. Aber jedenfalls möchte ich Sie zum Schluss nochmal um Entschuldigung bitten.

Immer Ihr
Hans Bethe

[201] *Von Lothar Nordheim*[1]

Lafayette, Indiana 24. Oktober 1936.

Sehr verehrter, lieber Herr Geheimrat.

Vielen Dank für Ihre freundliche Karte. Das Manuscript der Arbeit über die Leitfähigkeit der einwertigen Metalle wird von uns gerade für den Druck fertig gemacht.[2] Ich hoffe, dass das in etwa einer Woche geschehen sein wird und ich werde Ihnen dann sofort einen Durchschlag senden, der Sie damit sicher noch rechtzeitig für die Konferenz in Zürich erreichen wird.[3]

Das Resultat der Rechnungen ist, dass die Leitfähigkeiten von Na, K, Cu, Ag, Au ungefähr gleichgut innerhalb 30% vom experimentellen Wert herauskommen, während die Formel in Ihrem Artikel mit Bethe unter Benutzung der Wigner–Seitz Eigenfunktionen für Na etwa 6 mal zu gross wird.[4]

Der Grund für das Versagen der älteren Theorie liegt, meiner Ansicht nach, darin, dass man die Wechselwirkung zwischen Gitterschwingungen und Elektronenbewegung in der Weise behandelt, dass man ein verzerrtes Potential als Störung auf die ungestörten Elektronenwellen wirken lässt. Nun sind die Eigenfunktionen und das Potential gross und rasch veränderlich in der unmittelbaren Nachbarschaft der Ionen. Der frühere Ansatz verschiebt gerade diese grossen Teile gegeneinander, während in Wirklichkeit sicher der innere Teil der Eigenfunktionen nahezu adiabatisch der Ionenbewegung folgen wird.

---

[1] Brief (3 Seiten, Maschine), *München, DM, Archiv HS 1977-28/A,247.*
[2] [Peterson und Nordheim 1937].
[3] Vom 13. bis 16. Januar 1937 fand dort aus Anlaß des 50jährigen Bestehens der Physikalischen Gesellschaft Zürich eine Tagung über Festkörperphysik statt, bei der Sommerfeld über die Elektronentheorie der Metalle vortrug.
[4] Für das folgende vgl. [Peterson und Nordheim 1937]. Sommerfeld gab in seinem Züricher Vortrag einen kurzen Abriß dieser Theorie, [Sommerfeld 1938b, S. 129-130].

Ich habe daher versucht, diese Mitführung von vornherein in meinen Ansatz hereinzunehmen. Man kann die Eigenfunktionen in einem ungestörten Kristall ja so behandeln, dass man zunächst diejenige für ein ruhendes Elektron (u_0) nach der Wigner Seitz Methode und dann diejenige für ein sich bewegendes Elektron durch die Störungsrechnung bestimmt, wobei man für die einwertigen Metalle findet, dass die Eigenwerte sehr angenähert durch die Formel für freie Elektronen und die Eigenfunktionen durch Multiplikation von u_0 mit einer Exponentialfunktion $e^{2\pi i(kr)}$ wiedergegeben werden. Mein Verfahren zur Berechnung des Widerstandes ist nun dies, dass ich zuerst wieder eine Eigenfunktion U für ein „ruhendes" Elektron in einem durch elastische Wellen verzerrten Kristall zu finden suche. Für sich bewegende Elektronen, die wieder nach Störungsrechnung behandelt werden, findet man dann, dass sie nicht durch ebene Wellen allein, wohl aber durch Ueberlagerung solcher, d. h. entweder stehende Wellen oder laufende Wellen mit Uebergängen zwischen ihnen beschrieben werden können. Das Uebergangsmatrixelement für die Streuung wird

$$H_{kk'} = \frac{\vec{k} \cdot (\vec{k} - \vec{k'})h^2}{2m} \int e^{2\pi i(k-k')\cdot r} U^2 \mathrm{d}\tau_n$$

für den Uebergang von dem Elektronenzustand mit der Wellenzahl $\vec{k}$ nach $\vec{k'}$, wo U eben die Eigenfunktion für ein ruhendes Elektron im verzerrten Kristall ist und daher noch von der Oscillatoramplitude und Wellenzahl abhängt. Die Bestimmung von U sollte konsequenterweise durch die Hartree Methode geschehen.[1] Hierfür habe ich eine recht grobe Näherung machen müssen, indem ich eine Funktion konstruierte, die die wichtigsten Eigenschaften von U wiedergibt, nämlich 1. verhält sie sich in der Nähe der Ionen wie eine ungestörte Eigenfunktion, 2. jede Elementarzelle (in unserem Falle verzerrt) muss die Ladung 1 enthalten, da wegen der grossen Beweglichkeit der Elektronen keine Raumladungen auftreten können. In erster Näherung sind dann wieder nur Uebergänge möglich, die der Interferenzbedingung genügen und auf die genaue Form der Eigenfunktion kommt es nicht sehr an, so dass man alle einwertigen Metalle behandeln kann. In dieser Betrachtungsweise stellt es sich heraus, dass hauptsächlich nur die Volumenänderung der Elementarzellen wesentlich für den Widerstand ist. Daher geben auch hier die transversalen Wellen keinen Beitrag und ebenso kann man verstehen, dass auch im flüssigen Zustand nur die elastischen

---

[1] In [Hartree 1928] werden quantenmechanische Mehrkörperprobleme mit einem selbstkonsistenten Feld behandelt.

Kompressionswellen wirksam sind, wie nach Motts Theorie, während die übrige unregelmässige Anordnung keinen merklichen Beitrag liefert.[1]

In der letzten Zeit habe ich mich mehr mit Höhenstrahlen und Kernphysik als mit Metallen beschäftigt. Ich versuche jetzt abzuschätzen, wie die Verhältnisse der Wahrscheinlichkeiten für die Heisenberg Mehrfachprozesse in der Höhenstrahlung sind, je nachdem sie durch verschiedene Strahlungen (Elektronen, Photonen, Neutrinos, schwere Teilchen) ausgelöst werden.[2] Ausserdem untersuche ich genauer den Teil des Matrixelements in der Fermi'schen β-Zerfallstheorie, der von der Integration über die Koordinaten der schweren Teilchen herrührt und den man bisher immer als von der Grössenordnung 1 angenommen hat.[3] Ich habe schon herausgefunden, wie die Symmetrieeigenschaften der Kerne sinngemäss zu berücksichtigen sind und möchte noch den Unterschied der Lebensdauern für leichte und schwere Kerne auf Variationen dieses Matrixelements zurückführen.

Uns ist es soweit in Amerika recht gut gegangen, nur sind wir wieder einmal auf der Stellensuche, da mein Vertrag wegen der Fremdenfeindlichkeit der Administration der hiesigen Universität nicht über das laufende akademische Jahr verlängert werden kann. Bis jetzt haben wir noch keinerlei andere Aussicht.[4]

Hoffentlich geht es Ihnen recht gut und haben Sie eine schöne Fahrt nach Zürich. Ich erinnere mich immer noch mit Freude an die so besonders gelungene Konferenz in Genf vor zwei Jahren.[5]

In herzlicher Verehrung und mit besten Grüssen, auch von meiner Frau

Ihr Lothar Nordheim

[202] *An Werner Heisenberg*[6]

München, 9. XI. 36

Lieber Heisenberg!

Mark möchte, wie Sie schon wissen, Ewald nach Graz bringen.[7] Um das

---

[1] Vgl. [Mott 1980a].
[2] [Nordheim 1936]. Zu den weiteren Arbeiten Nordheims über Höhenstrahlung vgl. [Cassidy 1981] sowie [Brown und Rechenberg 1991].
[3] Vgl. [Bethe et al. 1986, S. 109-112] sowie [Nordheim und Nordheim 1937].
[4] Nordheims Stelle an der Purdue University in Lafayette war befristet und wurde von Emigrantenhilfsorganisationen und der Rockefeller Foundation finanziert.
[5] Vgl. Seite 359.
[6] Brief (2 Seiten, lateinisch), *München, MPI Physik, Heisenberg Physik und Philosophie*.
[7] Hermann Mark war Direktor des I. chemischen Instituts der Universität Wien. Mit Ewald verband ihn das gemeinsame Interesse an der Röntgenstrukturanalyse.

bei der Österr. Regierung zu erleichtern, hält er es für nötig, dass einer der Wiener Mattauch und Stetter, die sonst für Graz in Betracht kämen, Aussicht hätte, nach Deutschland berufen zu werden.[1] Er hat bereits von einem potenten Chemiker eine allgemeine Zusage. Aber M.[attauch] u. St.[etter] sind Physiker. M. hat in der 1. Oktober-Nr. von Phys. Rev. seinen sehr schönen Maßen-Spektrogr.[aphen] beschrieben, mit dem er selbst Bainbridge überlegen scheint;[2] ich habe seine Resultate kürzlich selbst in Wien gesehn. St. ist ein richtiger Abkömmling des Wiener Radium-Instituts. Ich sagte Mark, dass ja bei Ihnen noch die Kirchner-Professur zu besetzen sei.– (Beide Candidaten würden mit einem Extra-Ord. zufrieden sein)[3] Eine Schwierigkeit sehe ich darin, dass, wenn Sie Hoffmann bekommen,[4] dieser wahrscheinlich einen seiner guten Leute für das Extra-Ord. wird mitbringen wollen. Für diesen Fall wäre es schön, wenn Sie mit Hoffmann u. indirekt mit Smekal, der beide Leute von Wien her gut kennt, eine unverbindliche Verabredung treffen könnten, dass dann einer der beiden Wiener für Halle in Erwägung gezogen werden würde.[5] Sie sehen: eine etwas difficile und hypothetische Situation.

Meine Bitte ist, dass Sie mir, wenn Sie in diesem Sinne mit H.[offmann] gesprochen haben, schreiben, ob Aussichten für einen der beiden Wiener, sei es in L.[eipzig] oder H.[alle] bestehen, und mich autorisieren, diese *unverbindliche* Äußerung an Mark weiter zu geben. Wir würden dadurch den Weg für Ewald erheblich ebnen.

Kölbl berichtete mir aus dem Berliner Minist., dass Sie in Ihrer Auseinandersetzung mit St.[ark] u. L.[enard] sowohl „wissenschaftlich" wie „moralisch" gesiegt hätten.[6] Wann aber das Min. daraus die Consequenzen ziehen wird, ist zweifelhaft. Man scheint jetzt Leipzig nicht weiter schädigen zu wollen. Eigentlich könnte aber L.[eipzig] doch froh sein, dass es einen so guten Mann wie Hund behält.

Ich bin gerade dabei, mit einigen anderen Collegen, gegen die fürchterli-

---

[1] Josef Mattauch war Privatdozent an der Universität Wien, bevor er dort 1937 ein Extraordinariat erhielt; Georg Stetter wurde 1939 Ordinarius an der Universität Wien und war zuvor Titularprofessor.

[2] Vgl. [Mattauch 1936] sowie [Jordan und Bainbridge 1936].

[3] F. Kirchner hatte ein Extraordinariat für Experimentalphysik an der Universität Leipzig bekleidet, bevor er 1935 Ordinarius in Köln wurde.

[4] Gerhard Hoffmann wurde 1937 von Halle nach Leipzig als Nachfolger Debyes auf den Lehrstuhl für Experimentalphysik berufen.

[5] Adolf Smekal war Ordinarius für theoretische Physik in Halle. Hoffmanns Nachfolger auf dem Lehrstuhl für Experimentalphysik der Universität Halle wurde Wilhelm Kast.

[6] Siehe Seite 366.

chen Vorschriften über auswärtige Vorträge und deren Anmeldepflicht anzugehen.[1]

Weizsäckers Buch[2] sieht ja sehr schön und lesbar aus, ich habe es flüchtig durchsehen können.

Herzlich Ihr A. S.

[203] *An das Rektorat der Universität München*[3]

München, den 12. November 1936.

Betreff: Vorträge von Professoren im Ausland.

Euer Magnifizenz

bitten die Unterzeichneten, die hier folgenden Wünsche und Erwägungen an zuständiger Stelle vertreten zu wollen.

Nach Anordnung des Reichs-Cultus-Ministeriums müssen alle Professoren für Vorträge im Ausland, zu denen sie eine Einladung erhalten haben, um die ministerielle Erlaubnis in Berlin nachsuchen.[4] Unserer Überzeugung nach liegt in dieser Anordnung ein unberechtigtes Misstrauen gegen die amtierenden Professoren, deren Stellung gegenüber dem Auslande dadurch beeinträchtigt wird.

Bald nach dem Kriege waren Einladungen an deutsche Gelehrte aus vorher neutralen und auch aus feindlichen Ländern besonders häufig, wegen der damals günstigen wirtschaftlichen Lage dieser Länder. Die Professoren hatten dabei Gelegenheit, das alte Ansehen der deutschen Wissenschaft wiederherzustellen. Ja es kam vor, dass deutsche politische Vertreter solche Besuche von Professoren benützten, um in ungezwungener Weise den gesellschaftlichen Verkehr mit den ausländischen Kreisen wieder anzuknüpfen. Da es sich fast immer um Vorträge über Gebiete des wissenschaftlichen Fachs handeln wird, kann man es unserer Meinung nach dem Eingeladenen ohne jedes Wagnis überlassen, ob er Vorträge halten will oder nicht. Wir glauben auch, dass den jetzt an den deutschen Hochschulen wirkenden Gelehrten dasjenige Mass an Urteil und Takt zuerkannt werden sollte, das sie davor schützt, im Ausland irgend etwas zu tun oder zu sagen, was dem

---

[1] Vgl. Brief [203].
[2] Carl Friedrich von Weizsäcker hatte 1936 „Über die Spinabhängigkeit der Kernkräfte" bei Heisenberg promoviert und im Anschluß daran ein Kernphysikbuch verfaßt, [Weizsäcker 1937].
[3] Brief (2 Seiten, Maschine), *München, DM, Archiv NL 89, 004*.
[4] Zu der zwischen 1934 und 1936 erfolgten Gleichschaltung von Auslandsvorträgen siehe [Walker 1992a, S. 344-346].

Interesse des Deutschen Reichs abträglich sein könnte. Wir haben vielmehr das feste Vertrauen, dass sie überall im Ausland der deutschen Sache nur nützen werden.

Es würde unsere deutschen Verhältnisse blos stellen, wenn man genötigt wäre, eine Einladung in's Ausland dahin zu beantworten, dass man ihre Annahme von der Genehmigung der vorgesetzten Behörde abhängig machen müsse. Einige von uns erinnern sich des schlechten Eindrucks, den es bei einer wissenschaftlichen Versammlung in Rom machte, als ein eingeladener russischer Gelehrter wegen versagter oder verspäteter Genehmigung seine Mitteilungen durch einen Italiener verlesen lassen musste.[1] Es kann erfahrungsgemäss auch vorkommen, dass man bei einer privaten Auslandsreise einen Kollegen besucht und dieser um einen Vortrag für seine Studenten bittet, in welchem Falle also ein Genehmigungs-Gesuch überhaupt ausgeschlossen ist.

Bei internationalen Kongressen, zu denen nicht der einzelne, sondern die Gesamtheit der einschlägigen Fachgenossen eingeladen wird, liegt die Sache wegen der Devisenfrage anders; hier mag es nötig sein, die Teilnehmerzahl einheitlich zu regeln. Bei Gast-Vorträgen dagegen, die fast immer honoriert werden, macht die Devisenfrage keine Schwierigkeit; sie dienen, im Gegenteil, wenn auch in bescheidenem Masse der Stärkung unserer Devisen.

Unserer Überzeugung nach wäre die Frage der Auslandsvorträge deutscher Professoren am zweckmässigsten derart zu regeln, das[s] der Eingeladene dem Rektor seiner Hochschule von einer Einladung, die er anzunehmen beabsichtigt, alsbald Mitteilung macht. Etwaige Bedenken wären dann immer noch zur Geltung zu bringen. Die derzeitigen Anordnungen sind praktisch kaum durchführbar und dem Ansehen der deutschen Wissenschaft im Auslande abträglich.[2]

[204] *An Albert Einstein*[3]

Zürich 16. I. 37.

Lieber Einstein!

Ich höre von Laue, dass Sie Ihre liebe Frau verloren haben[4] und benütze den Aufenthalt in diesem glücklichen Lande, um Ihnen einen freundschaft-

---

[1] Auf der Kernphysiktagung 1931 in Rom verlas Max Delbrück am 17. Oktober den Vortrag von George Gamow, vgl. [Convegno].
[2] Ohne Unterschrift; wegen der Verfasser vgl. den Schluß von Brief [202].
[3] Brief (2 Seiten, lateinisch), *Jerusalem, AEA, Einstein*.
[4] Elsa Einstein war am 20. Dezember 1936 in Princeton gestorben.

lichen Händedruck zu senden. Ihr Leben wird in Zukunft noch einsamer werden, als Sie es ohnehin zu gestalten wünschen, und Sie werden oft die sorgende langjährige Lebens-Gefährtin vermissen.

Hier war eine kleine Tagung über den festen Körper zum 50. Jubiläum der Zürcher physik. Gesellschaft.[1] Bei den rückblickenden Ansprachen wurde Ihrer oft gedacht. Es herrscht ein guter Geist in dieser Stadt, der Sinn hat für die Würde der Wissenschaft.

Seit 2 Jahren bin ich emeritiert, wie alle Professoren über 65 Jahren, habe aber noch keinen Nachfolger und vertrete mich daher selbst. Heisenberg ist zur Zeit nicht zu haben. In meiner laufenden Vorlesung über Elektrodynamik werde ich bald zur relativistischen vierdimensionalen Form übergehn. Als ich dies ankündigte, erfolgte begeistertes Trampeln der Hörer. Sie sehen daraus, dass Sie in den deutschen Hörsälen nicht ausgebürgert sind.

Stodola[2] war sehr „excited" über Ihre Controverse mit Bohr u. Schrödinger.[3] Er bat um meinen Besuch; er nahm meine Auskünfte mit dem gewohnten gravitätischen Interesse entgegen.

Emden, bei dem ich wohne, trägt mir einen Gruss auf.[4]

Ich denke mir Ihr Leben in dem hübschen Princeton angenehm-idyllisch und fühle manchmal Sehnsucht nach dem unproblematischen und gutartigen Godsland.

Seien Sie innig gegrüsst von Ihrem getreuen alten

A. Sommerfeld.

[205] *Von Albrecht Unsöld*[5]

Kiel, den 16. II. 1937.

Sehr verehrter, lieber Herr Geheimrat!

Ihrem frdl. Wunsch bin ich sehr gerne nachgekommen u. habe Dorothee v. Tr.[aubenberg][6] ein nettes Sträußchen mit einer Orchidee u. allerlei Frühlingsgrün besorgt.* v. Traubenbergs freuen sich sehr, um so mehr als sich schon düstere Wolken zusammenzogen, die nun zu der üblen Entladung ge-

---

[1] Vom 13. bis 16. Januar 1937; vgl. den Tagungsband [Sänger 1938].
[2] Aurel Stodola, emeritierter Professor für Maschinenbau an der ETH Zürich.
[3] Zur Kontroverse in der Folge der 1935 publizierten Paradoxa von Einstein-Podolsky-Rosen und Schrödingers Katze vgl. [Fölsing 1993, S. 783-786].
[4] Robert Emden war nach seiner Entlassung 1933 als Professor für Astrophysik an der TH München in sein Geburtsland Schweiz zurückgekehrt.
[5] Brief (2 Seiten, lateinisch), *München, DM, Archiv HS 1977-28/A,345*.
[6] Die Tochter Heinrich Rauschs von Traubenberg, Ordinarius für Physik an der Universität Kiel, vgl. [Anderson et al. 1998, S. 1472].

führt haben: Herr v. Tr. ist nach § 6 von heute auf morgen pensioniert.[1] Haben Sie noch Worte? Wir sind alle einfach vernagelt bzw. geladen ob des auch in menschlicher Hinsicht einfach kadavermäßigen Benimms des hiesigen Universitätskurators, der ein Maß an Taktlosigkeit u. Charakterlosigkeit entwickelt hat, das schon selbst quantenmechanische Beschreibungsmöglichkeiten übersteigt. Was mit dem Institut wird, ist noch ganz dunkel u. auch Herr v. Tr. weiß noch nicht, was er machen soll. In Industrie oder Ausland etwas passendes zu finden, ist nicht leicht, zumal seine Gesundheit nicht die beste ist.

Neben diesen tristen Verhältnissen haben wir – um Ihnen nicht nur schlechtes zu berichten – viel Freude mit unserem kleinen „Stöps",[2] der sich nett entwickelt und schon ganz groß und rund ist! – In den Ferien hoffe ich die fehlenden $1\frac{1}{2}$ Kapitel meines Buches fertigzubekommen,[3] um dann wieder mehr freie Hand für die Forschung zu haben.

Mit herzlichen Grüßen, auch von Haus zu Haus

Ihr Ihnen sehr ergebener
A. Unsöld.

* 1.– [Mark] bitte [col.?] auf Konto 11053 H, Kieler Spar- u. Leihkasse

[206] *Von Albrecht Unsöld*[4]

Kiel, den 7. VI. 1937.

Sehr verehrter, lieber Herr Geheimrat!

Zunächst muß ich mich vielmals entschuldigen, daß ich jetzt erst dazukomme, auf Ihre frdl. Frage bezüglich der Planetenarbeit von Kothari zurückzukommen.[5] Ich habe in den letzten Wochen das Manuskript meines Buches vollends abgeschlossen u. kam daneben zu überhaupt nichts anderem. Andererseits wollte ich Ihnen auch keine Antwort geben, ehe mir die Sache nicht ganz klar war.

---

[1] Nach dem Beamtengesetz vom 21. Januar 1937 mußten auch die Ehegatten eines Beamten „arisch" sein, vgl. [Hentschel und Hentschel 1996, Dokument 36].
[2] Hans Jürgen war im Vorjahr zur Welt gekommen.
[3] [Unsöld 1938].
[4] Brief (5 Seiten, lateinisch), *München, DM, Archiv HS 1977-28/A,345*.
[5] Bei der Feier des 200. Geburtstages von Galvani vom 17. bis 20. Oktober 1937 in Bologna hielt Sommerfeld einen Vortrag „Über einen Zusammenhang zwischen der Theorie der Planeten und der weissen Zwerge", bei dem er die Theorie des indischen Astrophysikers D. S. Kothari vorstellte; [Sommerfeld 1937b], [Kothari 1936].

Der – zwischen dem etwas umfangreichen Formelapparat *Kotharis* etwas verdeckte – Grundgedanke seiner hübschen Arbeit ist tatsächlich sehr einfach u. findet sich übrigens, wie ich nachträglich sah, fast klarer in dem noch hübscheren Artikel von *Hund* in Erg. d. exacten Naturwiss. XV.[1] Er geht aus von folgender Fragestellung:

Die kleinsten Himmelskörper sind die Planeten. Ihre mittleren Dichten liegen zwischen 0.71 (Saturn) und 5,52 (Erde).

Die an Masse nächstgrößeren Körper sind die weißen Zwergsterne mit Dichten $> 10^3$.

Wie ist der Zusammenhang beider Konfigurationen? Die Antwort gibt in klarster Form *Hunds* Zustandsdiagramm l. c. S. 199: Bei einem Druck von $\sim 10^8$ atm und nicht zu hoher Temperatur geht die Materie vom Zustand des Festkörpers in den des entarteten Elektronengases über und man kann leicht abschätzen, daß bei Jupitermasse dieser Druck im Inneren noch nicht erreicht wird, während bei etwas schwereren Himmelskörpern der Mittelpunktsdruck die krit. Zahl überschreitet. D. h. Himmelskörper, die leichter als Jupiter sind, haben eine Dichte von der Größenordnung gewöhnlicher Festkörper, schwerere dagegen gehen in den „Fowler'schen Zustand" über mit sehr größer [sic] Dichte.[2]

Das Zustandekommen dieses Überganges kann man mit Hund (l. c. S. 195) anschaulich so beschreiben: In einem gewöhnlichen Festkörper sind die meisten Phasenzellen mit Elektronen besetzt. Komprimiert man nun sehr stark, so werden die räumlichen Bewegungsmöglichkeiten erheblich eingeschränkt, es werden daher von den „Elektronen ohne Raum" die noch freistehenden Gegenden der 3 Impuls-Dimensionen im Phasenraum „ausgenützt". D. h. die Nullpunktsenergie steigt u. wird schließlich $\gg$ die Coulomb-Energien. Dann aber ist man schon beim weißen-Zwerg-Zustand, d. h. entartetem Elektronengas angelangt.

Die Masse M–Radius R–Beziehung Kotharis besteht dementsprechend aus einem linken Ast (kleine Massen), wo wegen $\sim$ konstanter Dichte trivialerweise $M \sim R^3$ ist und einem rechten Ast (großer Masse) wo – dies folgt aus der Zustandsgleichung des entarteten Elektronengases, wenn man frei nach Emden integriert[3] – $M \sim R^{-3}$. D. h. wenn man für weiße Zwerge und Planeten R als Funktion von M aufträgt, so muß diese Kurve für Gebilde, deren Mittelpunktsdruck bei $\sim 10^8$ atm liegt, ein Maximum ha-

---

[1] [Hund 1936].
[2] R. H. Fowler hatte als erster die Fermi-Dirac-Statistik in der Astrophysik angewandt und Weiße Zwerge als ein entartetes Elektronengas behandelt, [Fowler 1926].
[3] [Emden 1907].

ben. Damit dürfte das Wesentlich[e] klargestellt sein; die sehr verwickelten Rechnungen der Milne'schen Schule[1] scheinen mir etwas an hypertrophia calculans zu leide[n] u. ich fand es deshalb sehr verdienstlich, daß Hund sich die Mühe machte, sie einmal zu „sortieren". Für die Sternatmosphären hoffe ich die ebenso nötige Arbeit in meinem Buch ausreichend besorgt zu haben.

Haben Sie übrigens Saha's schöne Arbeit in den Proceedings gesehen?[2] Der von ihm geforderte enorme Überschuß an U.V.-Strahlung von der Sonne erscheint zunächst etwas phantastisch, aber im Zusammenhang mit der Theorie der Protuberanzen habe ich noch drei ganz unabhängige Argumente für die Notwendigkeit dieser Annahme gefunden, so daß man sie kaum bezweifeln kann, wenn auch die tiefere Ursache noch ganz verborgen ist.

Doch nun will ich Sie nicht mehr länger stören. Seien Sie also herzlichst gegrüßt

von Ihrem dankbaren
A. Unsöld.

[207] *An die Universität München*[3]

München, den 26. Juli 1937.

An das Rektorat der Universität München

mit der Bitte um Weitergabe an das Bayerische Kultusministerium für Unterricht und Kultus.

In der Ausgabe vom 15. Juli 1937 bringt das „Schwarze Korps" einen Aufsatz, in dem einige der angesehensten theoretischen Physiker als „weisse Juden" bezeichnet und beleidigt werden. Mit Namen genannt werden Planck, Heisenberg und ich. Der zweite Teil des Aufsatzes ist von Herrn J. Stark unterzeichnet; der erste Teil, zu dem Herr Stark offensichtlich Material geliefert hat, wird von ihm als treffend empfohlen. Da Herr Stark als Präsident der Physikalisch-technischen Reichsanstalt an hervorragender Stelle steht, können seine Äusserungen nicht stillschweigend hingenommen werden.

Auf die grobe Beschimpfung, der Herr Heisenberg als „Ossietzky[4] der Physik" ausgesetzt wird, will ich nicht eingehen, weil er, wie ich höre, dar-

---

[1] Milnes Arbeit über den Sternaufbau war wichtig für Chandrasekhars Theorie der Weißen Zwerge, vgl. [McCrea 1951, besonders S. 429-431].
[2] [Saha 1937].
[3] Brief (2 Seiten, Maschine), *München, UA, E-II-N Sommerfeld*.
[4] Der Friedensnobelpreisträger und Pazifist Carl von Ossietzky, Herausgeber der *Weltbühne*, war gleich nach der Machtergreifung 1933 von der Gestapo verhaftet worden.

über selbst Beschwerde führt. Ich persönlich fühle mich besonders durch Folgendes beleidigt: Unter der Überschrift „die Taktik wechselt" heisst es: „Sie (die weissen Juden) gebärden sich nunmehr äusserlich als national, frühere Pazifisten drängen sich zum Militärdienst" ... Durch diesen Satz wird mir die nationale Ehre abgesprochen. Demgegenüber kann ich feststellen: Ich bin bei meinen Reisen in's Ausland, insbesondere als erster Carl-Schurz-Professor[1] nach dem Kriege im Jahre 1922/23 erfolgreich für das Ansehen des deutschen Namens eingetreten und habe der deutschen Wissenschaft mehr genützt, als Herr Stark ihr mit seinen masslosen Ausfällen schaden kann.

Die besondere Feindschaft des Herrn Stark habe ich mir dadurch zugezogen, dass er nach dem Tode von W. Wien nicht auf die Vorschlagsliste unserer Fakultät gekommen ist.[2] Ein entscheidender Grund dafür war der, dass Herr Stark das Geld seines Nobelpreises, unter Aufgabe der Würzburger Professur, zum Ankauf einer Porzellan-Fabrik verwendet hatte, in schärfstem Gegensatz zu den Absichten der Nobel-Stiftung. Dieser Umstand veranlasste den damaligen Kultus-Minister, Dr. Goldenberger, von der Candidatur Stark endgültig abzusehen.

Ich bitte das Rektorat, bei dem Staatsministerium dahin vorstellig zu werden: Es möge die vorgesetzte Dienststelle des Herrn Stark veranlassen, diesem im Interesse des Ansehens der deutschen Wissenschaft zu verbieten, derartige Äußerungen künftig in die Presse zu bringen und ihn wegen des beiliegenden Artikels zur Rechenschaft zu ziehen.

Heil Hitler!
Prof. Dr. A. Sommerfeld

[208] *Von Ernst Freiherr von Weizsäcker*[3]

Berlin, den 30. September 1937.

Sehr verehrter Herr Professor,

Ihre vertrauensvollen Zeilen vom 25. September habe ich mit verbindlichstem Dank erhalten.[4] Ich muss allerdings gleich bemerken, dass ich nicht der Staatssekretär des Auswärtigen Amts bin, sondern lediglich der Leiter der Politischen Abteilung des Amts, und daß daher die von Ihnen berührte Frage nicht in meinen eigenen Geschäftsbereich fällt. Ich habe

---

[1] Vgl. Seite 35.
[2] Vgl. Seite 224.
[3] Brief (2 Seiten, Maschine), *München, DM, Archiv HS 1977-28/A,360*.
[4] Dieses Schreiben an den Vater Carl Friedrich von Weizsäckers liegt nicht vor.

aber, da mir die in der Sache Heisenberg auch gegenüber dem Ausland auf dem Spiel stehenden Gesichtspunkte durchaus einleuchten und geläufig sind, schon vor dem Eingang Ihrer Anregung mir erlaubt, verschiedene in Betracht kommende Persönlichkeiten aus dem Gesichtswinkel des Auswärtigen Amts dafür zu interessieren.[1] Ich hoffe, dass dies nicht ganz ohne Wirkung geblieben ist. Allerdings vermag ich nicht zu beurteilen, ob speziell die von Ihnen genannte Antwort erteilt werden wird, hoffe aber andererseits bestimmt, dass Deutschland Heisenberg nicht verlieren wird.

Mit meinen angelegentlichen Empfehlungen bin ich

Ihr sehr ergebener
Weizsäcker

[209] *An Albert Einstein*[2]

München, 30. XII. 37

Lieber Freund!

Der beiliegende officielle Brief soll Sie nicht ohne ein Lebenszeichen von mir erreichen.[3] Ich erwarte keine Antwort, da diese mich entweder zu spät oder garnicht erreichen würde. Zur Erläuterung meines Vorschlags will ich nur bemerken, dass ich de Broglie auf Wunsch von Planck an die erste Stelle gesetzt habe, trotzdem ja Fermi zehnmal bedeutender ist. Aber ich konnte nicht umhin den Wunsch von Pl. widerspruchslos zu erfüllen. Politisch ist mir die Reihenfolge 1) de Br. 2) Fe. sogar sympathischer; aber das spielt ja in diesem Falle gottlob keine Rolle.[4]

Ich hörte von Weyl, der uns besuchte, dass Sie den Elementarpartikeln unermüdlich nachspüren,[5] in den verborgensten Falten und Verzweigungen der allgemeinen Welt-Differential-Gleichungen. Ob ich es noch erleben werde, dass das Elektron nicht mehr ein Fremdling in der Elektrodynamik ist, wie Sie etwa 1908 einmal gesagt haben??[6] Ich bin jetzt im 70ten

---

[1] Er sprach u. a. mit Rust, vgl. Brief [213].

[2] Brief (2 Seiten, lateinisch), *Jerusalem, AEA, Einstein*.

[3] Es handelte sich um das an alle Preisträger der Max-Planck-Medaille geschickte Schreiben, in dem Sommerfeld um Vorschläge für die Verleihung des Jahres 1938 bat, vgl. *A. Sommerfeld an A. Einstein und andere, 13. Dezember 1937*. Berlin, DPG, Max Planck-Medaille. Sommerfeld schlug für die Auszeichnung Louis de Broglie und Enrico Fermi vor.

[4] Sommerfeld stand dem faschistischen Italien kritisch gegenüber. Die Max-Planck-Medaille des Jahres 1938 wurde an Louis de Broglie verliehen; Fermi erhielt sie – nach seiner Flucht aus Italien – erst 1954.

[5] [Einstein und Rosen 1935].

[6] Vgl. Band 1, Brief [117].

Lebensjahr, (aber trotzdem gestern noch mit meinem Ältesten Ski gelaufen). Gegenwärtig scheint mir der waghalsige Eddington'sche Abzählungsweg wieder einmal der verheissungsvollste wegen seiner numerischen Erfolge (nicht nur Feinstruktur-Constante, sondern auch magnetisches Moment des Protons und Wechselwirkung Proton–Proton).[1] Aber verstehen tut diesen Weg niemand.

Die Politik meiner intimsten Feinde, Giovanni Fortissimo und Leonardo da Heidelberg,[2] die mir Heisenberg nicht als Nachfolger gönnen wollen, zwingt mich, mein Amt weiter zu versehen und meine jetzt kleine Herde zu betreuen. Ich kann es allenfalls noch leisten, wenn auch nicht mit gleicher Energie wie früher. Mit der Kernphysik habe ich mich nur sehr oberflächlich befasst, bin also, nach amerikanischem Maaßstab gemessen, ein ganz ungebildeter Mensch. Die Zukunft sieht trübe aus für die deutsche Physik; ich muss mich damit trösten, dass ich ihr goldenes Zeitalter 1905–1930 tätig miterlebt habe.

In der Familie ist alles in Ordnung. Meine Frau pflegt Haus und Garten. Zwei Kinder sind verheiratet. Wir haben zwei Enkel.

Treulich Ihr
A. Sommerfeld.

[210] *Von Werner Heisenberg*[3]

16. 1. 38.

Sehr verehrter lieber Herr Geheimrat!

Zunächst möchte ich Ihnen herzlich danken für Ihren netten Glückwunsch.[4] Es geht meiner Frau und den Kindern ausgezeichnet und wir sind beide schrecklich glücklich über die neue grosse Familie. Wie es sich gehört, ist der Bub temperamentvoll und eigensinnig, das Mädel sanft und friedfertig, und beide erfüllen ihre ersten Erdenpflichten: zu essen und zu schlafen zu vollster Zufriedenheit.– Meine Frau hat sich über den Brief ihrer Frau Gemahlin auch sehr gefreut und lässt sehr herzlich dafür danken.

Nun wollte ich noch über den Stand der Berliner Sache kurz berichten. Ich war gestern in Berlin und sprach, allerdings nur telefonisch, mit

---

[1] In [Eddington 1929] wird von der Diracgleichung ausgehend durch „Abzählen" der Freiheitsgrade die Zahl 136 erschlossen, deren Kehrwert nahe an der Feinstrukturkonstante liegt, vgl. das nachgelassene Werk [Eddington 1946]. In [Sommerfeld 1940a, S. 422] wird die Eddingtonsche Voraussage angesichts jüngster Messungen des magnetischen Moments des Protons als „nicht bestätigt" verworfen.
[2] Johannes Stark und Philipp Lenard.
[3] Brief (2 Seiten, lateinisch), *München, DM, Archiv HS 1977-28/A,136*.
[4] Zur Geburt der Zwillinge Maria und Wolfgang Heisenberg.

Dames.[1] Die Untersuchung im Ministerium ist abgeschlossen, der schriftliche Entscheid zirkuliert augenblicklich zur Unterschrift im Ministerium. Einzelheiten dieses Entscheids hab ich nicht erfahren können, doch scheint er im Ganzen für mich günstig zu sein. Ob nach Absendung und Veröffentlichung des Entscheides allerdings die Berufung nach München erfolgen wird, steht auf einem anderen Blatt. In diesem Punkt bin ich skeptisch. Gleichzeitig und unabhängig läuft übrigens eine Untersuchung des Falles im Büro Himmlers. Diese wird sicher erst nach der im Ministerium zu Ende kommen und wird, wie ich bestimmt hoffe, die Zurück[nahme] des Artikels durch das Schw.[arze] K.[orps] zur Folge haben.[2] Doch das wird noch Zeit und Anstrengung kosten.

Dass Dr. Wesch den Weg zur Futterkrippe als Professor für theor. Physik gefunden hat, haben Sie wohl gelesen.[3] Da er nie eine Arbeit über theoret. Physik veröffentlicht hat, ist der Fall wenigstens auch für Unbeteiligte völlig klar. Dass man aber im Dritten Reich keine andere Methode fand, ihm den Mund zu stopfen, ist tief bedauerlich und ganz sicher nicht im Sinne Hitlers.– Wenn Sie in Berlin etwas für die Münchner Pläne tun könnten, wäre dies natürlich sehr schön.[4] Es wäre mir auch schon sehr wertvoll, wenn ich erfahren könnte, was geschehen wird – gleichviel ob dies positiv oder negativ ist –; die ewige Unsicherheit ist greulich.

Nun viel Glück für Ihre Berliner Reise und nochmal vielen herzlichen Dank!

Ihr dankbar ergebener
Werner Heisenberg.

[211] *Von Werner Heisenberg*[5]

Leipzig 12. 2. 38.

Sehr verehrter lieber Herr Geheimrat!

Gestern war ich in Berlin und versuchte, etwas Näheres über den Stand der Angelegenheit Schw.[arzes] K.[orps] zu erfahren. Aus Dames' Äusserun-

---

[1] Vgl. Seite 367. Wilhelm Dames, SS-Offizier und zuständig für Mathematik- und Physikberufungen, vertrat eine hinhaltende Taktik, siehe auch Brief [221].

[2] Zu den Angriffen im Vorjahr in der SS-Zeitschrift *Das Schwarze Korps* siehe Seite 367 und [Cassidy 1991, Kap. 20].

[3] Ludwig Wesch, SS-Obersturmführer und Assistent Lenards, wurde a. o. Professor der theoretischen Physik in Heidelberg. Dies war auch unter der Rubrik „Personalien" in der *Physikalischen Zeitschrift* vom 1. Februar 1938 zu lesen.

[4] Sommerfeld hielt sich am 22. und 23. Januar in Berlin auf.

[5] Brief (2 Seiten, lateinisch), *München, DM, Archiv HS 1977-28/A,136*.

gen war indirekt zu entnehmen, dass die Sache schon einige Wochen beim Reichsminister[1] liegt, und es steht zu befürchten, dass sie noch einige Zeit dort liegen wird. Ich habe mich daraufhin beim Adjutanten von Rust gemeldet und um eine Unterredung mit dem Minister gebeten; die ist mir aber einstweilen nicht bewilligt worden. Es steht also einstweilen alles recht schlecht. Am unangenehmsten ist mir, dass ich nicht weiss, was geschehen wird; ob ich hier bleibe oder nicht. Wenn die Versetzung jetzt nicht erfolgt, ist ja auch mit Sicherheit anzunehmen, dass Stark von Neuem stänkern wird. Eine gute Gelegenheit wird ihm dadurch gegeben werden, dass wie ich läuten hörte, Born ausgebürgert werden soll, weil er sich feindlich gegen das jetzige Deutschland geäussert habe.[2]

Ich wäre Ihnen dankbar, wenn Sie diesen Stand der Dinge K.[3] erzählen könnten, der in den nächsten Tagen nach Berlin fahren wollte, und wenn Sie ihn bitten könnten, nach allen Kräften eine Klärung der Frage herbeizuführen, ob ich im Sommer noch hier bleibe. K. hatte mir versprochen, nach seinem Besuch in Berlin in Leipzig Station zu machen.

Auch von anderen Stellen hörte ich ungünstige Nachrichten. Sauter schrieb mir, dass sein Bleiben in Königsberg zweifelhaft sei, da ihn irgendjemand (wahrscheinlich der Assistent Stuarts: Volkmann) als politisch unzuverlässig verleumdet habe.[4] Es ist wirklich schade, dass man in einer Zeit, in der die Physik so wunderbare Fortschritte macht und in der es wirklich Spass macht, daran mitzuarbeiten, immer wieder mit diesen politischen Dingen zu tun bekommt.

Der erfreulichste Teil ist für uns augenblicklich der kleine Kreis der Familie: die beiden Kleinen wachsen und gedeihen, auch meiner Frau geht es wieder vollständig gut. Hoffentlich geht es auch Ihnen und Ihrer Familie immer gut.

                    Mit vielen herzlichen Grüssen Ihr dankbar ergebener
                    Werner Heisenberg.

---

[1] Bernhard Rust.

[2] Max Born wurde im Rahmen einer „Verordnung über eine Sühneleistung der Juden deutscher Staatsangehörigkeit vom 12. 11. 1938" die deutsche Staatsangehörigkeit entzogen und sein Vermögen beschlagnahmt, vgl. [Lemmerich 1982, S. 128].

[3] Leopold Kölbl, der amtierende Rektor der Universität München.

[4] Friedrich Sauter leitete seit 1936 kommissarisch das Institut für theoretische Physik der Universität Königsberg; Herbert Arthur Stuart, zuvor in Königsberg, vertrat seit 1936 den Lehrstuhl für theoretische Physik an der Universität Berlin; Harald Volkmann war Assistent an der Universität Königsberg.

[212] *Von Albrecht Unsöld*[1]

Kiel, 14. II. 38.

Sehr verehrter, lieber Herr Geheimrat!

Darf ich mir erlauben, Ihnen eine „Sternatmosphäre"[2] zu überreichen? Ganz so ordentlich wie in den Atomen sieht es darin sicher noch nicht aus, aber ich hielt es eben deshalb doch für nützlich, die in den letzten Jahren etwas turbulent gewordene Entwicklung der Astrophysik wieder in etwas stetigere Bahnen zu lenken. Bei dieser Gelegenheit möchte ich Ihnen zugleich auf das herzlichste danken für das frdl. Interesse, das Sie diesen Problemen seit ihren ersten Anfängen entgegenbrachten und für Ihre tatkräftige Förderung, ohne die sie wohl nie ordentlich in Gang gekommen wären. Es lohnt sich doch sehr, wenn auch im „astrophysikalischen Laboratorium" einige mit der bei den Astronomen ja nicht immer sehr beliebten analytischen Bohrmaschine Eddingtons[3] umgehen können (oder wenigstens damit umzugehen versuchen)!–

Ende März (zwischen 20. u. 25ten) hoffe ich 2–3 Tage in München zu sein. Wenn Sie um diese Zeit nicht noch verreist sind,[4] würde ich dann gerne auch einmal wieder selbst hereinschauen.

Mit herzlichen Grüßen und vielem Dank

Ihr ergebener
A. Unsöld.

[213] *Von Werner Heisenberg*[5]

23. 2. 38.

Sehr verehrter lieber Herr Geheimrat!

Haben Sie vielen Dank für Ihren Brief. Ich habe an v. W.[eizsäcker] geschrieben und dieser hat seinen Vater gefragt, ob er etwas unternehmen könne.[6] v. W.'s Vater meinte jedoch, das Gespräch mit R.[ust] sei seinerzeit von dessen Seite so wenig erfreut verlaufen, dass es schwer für ihn wäre, ohne sichtbares Motiv noch einmal davon anzufangen; es sei auch unklar, ob der Erfolg eines solchen Versuches positiv oder negativ wäre. Er möchte

---

[1] Brief (2 Seiten, lateinisch), *München, DM, Archiv HS 1977-28/A,345.*
[2] [Unsöld 1938].
[3] Vermutlich ist der Eddingtonsche Ansatz gemeint, direkt von der Bohrschen Atomtheorie ausgehend zu astrophysikalischen Ergebnissen zu gelangen.
[4] Sommerfeld unternahm in der letzten Märzwoche eine Italienreise.
[5] Brief (2 Seiten, lateinisch), *München, DM, Archiv HS 1977-28/A,136.*
[6] Vgl. Brief [208].

jetzt also nichts unternehmen. Mir scheint die Angelegenheit jetzt ziemlich hoffnungslos; denn ich glaube nicht, dass ohne energische Anstrengung von dritter Seite R. irgendeine Entscheidung unterschreiben wird.

Ihr Vorschlag, bei Ihnen zu wohnen, ist sehr nett und sehr verlockend; haben Sie vielen Dank! Aber abgesehen davon, dass meine Mutter wohl protestieren würde, wenn ich nicht bei ihr wohnte, so glaube ich nicht mehr daran, dass das Ministerium mich schon im Sommer nach München beordern wird. Mein Häuschen, das ich mir vor einiger Zeit dort gekauft hatte, werde ich jedenfalls wohl besser wieder vermieten und einstweilen hier weiterarbeiten. Allerdings ist auch das nicht einfach. Z. B. hatte ein Student aus Münster ein Notgemeinschaftsstip.[endium] beantragt und erhalten, bei mir hier zu studieren. Nach den Angriffen im Schw.[arzen] K.[orps] hat er auf das Stipendium und Studium verzichtet, weil er fürchtet (wie er schreibt), dass ihm das Studium hier politisch schaden könne. Es ist ja auch kein Wunder, dass die Studenten kopfscheu werden, wenn das offizielle Organ der Reichsstudentenführung,[1] das noch dazu von der Notgemeinschaft finanziert wird, dauernd gegen die theoretische Physik hetzt.– Aber Sie haben natürlich recht, dass man sich mit Geduld und Dickfälligkeit [sic] gegen solche Unbill wappnen soll. Nur verliere ich manchmal alle Hoffnung, dass sich in Deutschland die Anständigen durchsetzen werden – und Beispiele dafür, dass sich in einem Lande auch für Jahrzehnte die schlechtesten Elemente durchsetzen können, gibt es ja in der Geschichte genug. Aber entschuldigen Sie diesen vielleicht unrechten Pessimismus. Mit vielen herzlichen Grüssen
Ihr dankbar ergebener W. Heisenberg.

[214] *Von Werner Heisenberg*[2]

Leipzig 14. 4. 38.

Sehr verehrter lieber Herr Geheimrat!

Seit meinem letzten Brief hat sich leider die Lage unserer Angelegenheit weiter verschlimmert. Wie Sie wissen, hatte ich mich seinerzeit direkt an Himmler gewandt und ihn um den Schutz meiner Ehre gebeten. Nun erhielt ich heute Antwort von einem untergeordneten SS-Führer, der mir seine Hilfe zugesagt hatte: „Leider konnte ich in Ihrer Angelegenheit nichts erreichen. Ich habe mit verschiedenen massgebenden Stellen gesprochen, u. a. auch mit der Schriftleitung des Schw.[arzen] K[orps]. Die Entscheidung liegt beim Reichsführer SS, der in Ihrer Sache m. E. nichts mehr unternehmen will.

---

[1] Gemeint ist die *Zeitschrift für die gesamte Naturwissenschaft*.
[2] Brief (2 Seiten, lateinisch), *München, DM, Archiv HS 1977-28/A,136*.

Ich schicke Ihnen deshalb die Unterlagen in der Anlage wieder zurück." Ich glaube, man darf mit Bestimmtheit annehmen, dass diese Entscheidung zwischen Himmler und Rust vereinbart worden ist; dass ich also nie eine Entscheidung zugesandt bekommen werde. Nun sehe ich eigentlich keine andere Möglichkeit, als um meine Entlassung zu bitten, wenn mir der Schutz meiner Ehre hier versagt wird. Ich möchte Sie aber vorher noch um Ihren Rat bitten. Dass es mir sehr schmerzlich wäre, aus Deutschland fortzugehen, wissen Sie; ich möchte es nicht tun, wenn es nicht unbedingt sein muss.[1] Aber ich hab auch keine Lust, hier als Mensch zweiter Klasse zu leben. Ich bin also im Augenblick ganz unklar, was nun weiter geschehen soll.

In Berlin hörte ich, – und es sei auch in der Phys. Z. gestanden –, dass Dames neben seinem jetzigen Amt eine Stellung als Regierungsrat an der Phys. Technisch. Reichsanstalt erhalten hätte![2] Diese Sache – wenn sie richtig ist – hat ja wohl auch mit unserer Angelegenheit zu tun.

Neulich war ich für vierzehn Tage bei Blackett in Manchester und hab ausserdem in Cambridge kurz Station gemacht.[3] Dort ist die wissenschaftliche Arbeit in schönstem Gang, freilich ist die Sorge vor den kommenden politischen Ereignissen auch dort sehr gross. Die Aufrüstung wird in Tag- und Nachtschichten mit äusserster Energie betrieben. Gegen wen? Aber man darf die Hoffnung wohl nie aufgeben. Entschuldigen Sie diesen pessimistischen Brief.

Mit vielen herzlichen Grüssen Ihr dankbar ergebener
Werner Heisenberg.

[215] *Von Werner Heisenberg*[4]

Leipzig 29. 6. 38.

Sehr verehrter lieber Herr Geheimrat!

Nach meinem Brief von neulich, in dem ich Ihnen ja leider nicht viel Vernünftiges berichten konnte, ist mir noch etwas eingefallen, was es vielleicht für Kölbl und Ihre Fakultät *leichter machen könnte*, sich an das R.[eichs-]K.[ultus-]Min.[isterium] zu wenden. Ende des letzten Jahres wurde ich hier

---

[1] Vgl. Brief [217].

[2] Die *Physikalische Zeitschrift* berichtete am 1. Februar 1938, daß der „wissenschaftliche Assistent Dr. Wilhelm Dames zum Regierungsrat in der Physikalisch-Technischen Reichsanstalt in Berlin" ernannt worden sei.

[3] Patrick M. Blackett und Douglas R. Hartree hatten Heisenberg zu Vorträgen über Kernphysik und kosmische Strahlung eingeladen, vgl. seinen Briefwechsel mit Pauli in [Pauli 1985, S. 558-564].

[4] Brief (2 Seiten, lateinisch), *München, DM, Archiv HS 1977-28/A,136*.

zum stellvertr. Sekretär der math. phys. Klasse der Akademie gewählt, und diese Wahl bedarf der Bestätigung durch das Sächsische Ministerium. Diese Bestätigung ist vor einigen Monaten erfolgt. Nun kann man vielleicht sagen, dass diese Bestätigung, zusammen mit der Tatsache, dass ich hier noch im Amte bin, als Zeichen dafür aufzufassen ist, dass das Ministerium die Angelegenheit des Schw.[arzen] Korps für erledigt hält. Ihre Fakultät hätte also die Möglichkeit, obwohl Rust die Entscheidung über das Disziplinar-Verfahren wohl nie fällen wird, darauf hinzuweisen, dass das Ministerium sich ja mit mir einverstanden erklärt hätte, und meine Versetzung nach München zu beantragen. Ob ein solcher Antrag Erfolg haben wird, ist dabei natürlich stets zweifelhaft.– Ob wohl K.[ölbl] auf der Rektorenkonferenz etwas erreicht hat?[1] Im Laufe der nächsten Woche werden wir auf der Reise ins Allgäu durch München kommen, und ich darf Sie dann wohl anrufen und fragen, wann ich Sie sprechen kann.

In Leipzig sind wir jetzt alle sehr begeistert für die Yukawa'sche Theorie des schweren Elektrons.[2] Insbesondere haben Euler u. ich festgestellt, dass man aus drei ganz verschiedenen Höhenstrahlungsexperimenten die Zerfallszeit des „Yukon's" berechnen kann und es ergibt sich stets übereinstimmend etwa $2,5 \cdot 10^{-6}$ sec, was gut zur Yukawatheorie passt.[3]

Mit vielen herzlichen Grüssen Ihr dankbar ergebener
Werner Heisenberg.

[216] *Von Werner Heisenberg*[4]

Fischen 23. 7. 38.

Sehr verehrter lieber Herr Geheimrat!

Heute kann ich Ihnen eine etwas erfreulichere Nachricht melden: Ich bekam einen Brief von Himmler, in dem er mir als Ergebnis seiner Untersuchung mitteilt, dass er den Angriff des Schw.[arzen] Korps nicht billige

---

[1] Zur Rolle der Rektorenkonferenzen für die NS-Hochschulpolitik siehe [Heiber 1992, S.295-316]. Die für Sommer 1938 geplante Konferenz wurde mehrfach verschoben und kam nicht zustande; möglicherweise meint Heisenberg ein informelles Treffen von Rektoren am Rande der Jahrestagung der Kaiser-Wilhelm-Gesellschaft in Berlin am 2. Juni 1938, [Heiber 1992, S. 307].
[2] Hideki Yukawa hatte die Kernkräfte durch den Austausch „schwerer Elektronen", auch „Yukonen" genannt, zwischen Protonen und Neutronen im Atomkern erklärt. Erst 1939 setzte sich dafür die Bezeichnung „Mesonen" durch. Vgl. [Pais 1986, S. 430-436].
[3] [Euler und Heisenberg 1938], vgl. [Cassidy 1991, S. 408], [Cassidy 1981] sowie [Brown und Rechenberg 1991].
[4] Brief (2 Seiten, lateinisch), *München, DM, Archiv HS 1977-28/A,136*.

und dass er weitere Angriffe gegen mich unterbunden habe;[1] ferner will er mich im Herbst persönlich sprechen.– Ich habe nun Himmler gebeten, Abschriften dieses Briefes den verschiedenen Stellen (Rust, Kölbl) vorlegen zu dürfen. Ich wollte Ihnen aber schon vorher von dem Brief schreiben, wozu ich ja wohl berechtigt bin, da Sie von dem Inhalt etwa bei der Dozentenschaft Gebrauch machen können. Wenn sich bei der Besprechung mit der Dozentenschaft irgendetwas Wichtiges ergeben hat, wäre ich Ihnen für eine kurze Nachricht dankbar.

An Kölbl habe ich auch kurz geschrieben, konnte ihm aber natürlich den Wortlaut des Briefes noch nicht mitteilen.

Sonst geht es hier in Fischen der ganzen Familie ausgezeichnet, ich selbst werde nur durch die Korrekturen zur Höhenstrahlungsarbeit[2] ab und zu an die Physik erinnert, bin aber sonst unglaublich faul. In der nächsten Woche geht der Ernst des Lebens in Sonthofen an.[3]

Mit vielen guten Ferienwünschen Ihr dankbar ergebener
W. Heisenberg.

[217] *Von Werner Heisenberg*[4]

z. Zt. Fischen/Allg. den 31. 8. 38.
Sehr verehrter, lieber Herr Geheimrat!

Haben Sie vielen Dank für Ihren Brief. Mit dem Ruf an die Columbia University hat es folgende Bewandtnis: schon im Sommer des vergangenen Jahres überbrachte mir Professor Betz der Columbia University eine Einladung, dor[t]hin entweder für ein Semester oder für dauernd zu kommen.[5] Diesen Ruf habe ich zunächst dem Ministerium nicht mitgeteilt; als dann ein Rundschreiben von oben kam, nachdem jeder derartige Ruf mitgeteilt werden müsse, habe ich ihn an das Ministerium gemeldet. Ich habe damals dazu geschrieben, ich hätte bisher derartige Rufe stets abgelehnt, da ich jedenfalls auf die Dauer in Deutschland bleiben möchte; die Tatsache, daß ich in der Angelegenheit Stark noch keine Antwort des Reichserziehungsministeriums bekommen habe, zwinge mich allerdings, nunmehr in Verhandlungen mit der Columbia University einzutreten. Auf diesen Brief, den ich etwa im Juni abgeschickt habe, hat das Ministerium auch nicht

---

[1] Der Brief ist abgedruckt in [Goudsmit 1986, S. 119].
[2] [Heisenberg 1938]. Diese Arbeit widmete Heisenberg Sommerfeld zum 70. Geburtstag.
[3] Heisenberg absolvierte eine Militärübung.
[4] Brief (1 Seite, Maschine), *München, DM, Archiv HS 1977-28/A,136*.
[5] Vgl. [Cassidy 1991, S. 412-413]. Möglicherweise ist der Mathematiker Herman Betz gemeint.

geantwortet. An die Columbia University habe ich geschrieben, dass ich in Deutschland bleiben wolle, und dass ich zunächst nur für kürzere Zeit einmal nach drüben kommen wolle. Für diesen Besuch habe ich die Zeit von Februar bis Mai 1939 in Betracht gezogen, aber auch dies noch nicht endgültig festgelegt. Es schadet nichts, wenn Sie Kölbl gegenüber dieses alles erwähnen; aber es ist natürlich die Frage, ob er es verwenden kann. Das wird man wohl am besten Kölbl überlassen.

Der Militärdienst macht mir manchmal viel Freude, obwohl die Anstrengungen auch gelegentlich recht unangenehm sind. Die Nachbarschaft von Fischen erleichtert natürlich die Strapazen beträchtlich.

Mit den besten Wünschen für schöne Ferien Ihr dankbar ergebener
Werner Heisenberg

[218] *An Philipp Broemser*[1]

München, den 1. September 1938.

Sehr verehrter Herr Rektor!

Sie haben, wie ich höre, die Mitteilung von Heisenberg erhalten, dass der Reichsführer SS die Erlaubnis gegeben hat, seinen Brief an Heisenberg amtlich zu verwerten. Um letzteres möchte ich hierdurch bitten. Sie können sich vorstellen, dass Heisenberg mit der Zeit etwas nervös wird, da er bisher noch garnichts Amtliches gehört hat. Ist denn noch irgendeine Aussicht vorhanden, dass die Sache vor dem 1. November erledigt werden kann? Wenn Sie mir darüber eine inoffizielle Mitteilung zukommen lassen könnten, die ich an Heisenberg weitergeben darf, wäre ich Ihnen sehr dankbar.

Ich werde vom 11. bis 18. die Physiker-Tagung in Baden-Baden besuchen, vorher und nachher bin ich im Wesentlichen zu Hause.

Ihr aufrichtig ergebener
[A. Sommerfeld]

[219] *An Ludwig Prandtl*[2]

München, 21. X. 38.

Lieber Prandtl!

Darf ich Sie an Ihre freundliche Zusage erinnern mir ein Gutachten über W. Müller zu schreiben, das ich den Berufungsbehörden, Rektorat [und] ev.

---

[1] Durchschlag (1 Seite, Maschine), *München, DM, Archiv NL 89, 019, Mappe 5,11.*
[2] Brief (2 Seiten, lateinisch), *Berlin, MPGA, Prandtl III. Abt., Rep. 61, Nr. 1538.*

Ministerium, vorlegen kann?[1] Es müsste neben allgemeinem Urteil über wissenschaftliche Begabung auch die Eignung für die modernen Quanten- und Atom-Probleme enthalten!? Ich hoffe, Sie werden kein Blatt vor den Mund nehmen.

Darf ich Ihnen gleichzeitig eine Arbeit über „entartete" Mechanik zuschicken?[2]

Ihr getreuer
A. Sommerfeld

[220] *Von Ludwig Prandtl*[3]

28. X. 38.

Vertraulich!
Lieber Herr Sommerfeld!

Auf Ihre Anfrage betreffend Eignung von Professor Wilhelm *Müller*, Aachen, für eine Professur für theoretische Physik habe ich mich mit der verdienstvollen Aerodynamikerin Frau *Flügge-Lotz* in Friedrichshagen, früher Göttingen, in Verbindung gesetzt, die seinerzeit gleichzeitig mit Herrn W. Müller eine Assistentenstelle an der Technischen Hochschule in Hannover innehatte und ihn von dieser Zeit her gut kennt.[4] Der Brief von Frau Flügge-Lotz ist so kennzeichnend, daß ich ihn Ihnen in wörtlicher Abschrift übermitteln will. Mir selbst bleibt daraufhin nicht mehr viel zu sagen. W. Müller hat sich mit der Hydrodynamik der reibungslosen Flüssigkeiten und mit den Lösungen der Navier-Stokesschen Gleichungen für reibende Flüssigkeiten befaßt und über beide Abschnitte je ein brauchbares Buch geschrieben.[5] Seine Originalarbeiten auf dem Gebiet der reibenden Flüssigkeiten sind wohl mathematisch in Ordnung, aber insofern meinem Empfinden nach uninteressant, als er allen nichtlinearen Problemen konsequent aus dem Wege geht und immer nur das macht, wo man mit ~~klassischer Mechanik und~~ klassischer Mathematik durchkommt. Ich emp-

---

[1] Vgl. Seite 371.
[2] [Sommerfeld 1938a] behandelt die Theorie der Weißen Zwerge, bei der die Gasentartung nach Fermi–Dirac eine Rolle spielt, vgl. Brief [206].
[3] Durchschlag (2 Seiten, Maschine), *Berlin, MPGA, Prandtl III. Abt., Rep. 61, Nr. 1538*.
[4] Wilhelm Müller hatte sich 1922 mit einer Arbeit zur Tragflügeltheorie an der TH Hannover habilitiert und war dort bis 1929 auf dem Gebiet der Strömungsforschung tätig. Das im folgenden erwähnte Gutachten von Irmgard Flügge-Lotz ist auszugsweise in [Litten 2000, S. 78-79] abgedruckt.
[5] [Müller 1928] und [Müller 1932].

finde überhaupt seine Einstellung zu allen Dingen reichlich formal, was ja wohl mit seinem Werdegang zusammenhängt.[1] Irgendeine Aeußerung von Herrn Müller über Physik ist mir nicht bekannt geworden (die Prüfung im Höheren Lehramt für Physik, die er ja wohl abgelegt hat, dürfte wohl kaum einen ausreichenden Befähigungsnachweis für eine Professur darstellen).

Mit bestem Dank für Ihren Sonderabdruck über Planeten und weiße Zwergsterne, den ich, ohne im einzelnen folgen zu können, mit Respekt zur Kenntnis nahm, und mit den besten Grüßen bin ich

Ihr sehr ergebener L. P.

[221] *Von Werner Heisenberg*[2]

Leipzig 5. 11. 38.

Sehr verehrter lieber Herr Geheimrat!

Bei dem Versuch, mit H.[immler] zu sprechen, (– der bisher offenbar dank der Bemühungen von Dr. D.[ames] noch nicht gelungen ist –), hörte ich von einem Bekannten, dass er zusammen mit H. am 9. November[3] in München sein werde. Diese Anwesenheit H's in München wird sicher von Kubach und Thüring benützt werden, um direkt oder indirekt H. zu beeinflussen.[4] Aus diesem Grunde riet der Bekannte, es sollte doch wenn möglich der Rektor oder der frühere Rektor versuchen,[5] mit H. über die Frage zu sprechen. Ich weiss nicht, ob der Rektor dazu Lust hat, aber es schien mir richtig, die Anregung weiterzugeben, da es ja sicher die Partei Thüring–Kubach an Bemühungen nicht fehlen lassen wird. Übrigens ist es so üblich, dass H. während seines Aufenthaltes in München dauernd Besuche empfängt.

Meine Mutter schrieb mir, dass Sie gestern mit Broemser gesprochen hätten. Ich bin natürlich sehr gespannt, ob B. herausbekommen hat, wer den Brief an das Ministerium, von dem Dames sprach, unterzeichnet hat.[6] Sehr optimistisch bin ich freilich, das muss ich gestehen, überhaupt nicht

---

[1] Nach seiner Assistenzzeit an der TH Hannover wurde Müller 1929 Ordinarius für Mechanik an der deutschen Technischen Hochschule in Prag; seit 1934 war er Ordinarius für Mechanik an der TH Aachen.

[2] Brief (2 Seiten, lateinisch), *München, DM, Archiv HS 1977-28/A,136*.

[3] Jahrestag des Hitlerputsches 1923.

[4] Der NS-Dozentenbund-Vertreter Bruno Thüring und der Sprecher der „Reichsfachgruppe Naturwissenschaft" Fritz Kubach redigierten zusammen mit Ernst Bergdolt vom Münchner NS-Studentenbund die *Zeitschrift für die gesamte Naturwissenschaft*.

[5] Philipp Broemser hatte die Nachfolge von Leopold Kölbl angetreten.

[6] Die Rolle dieses Briefes ist unklar. Später vermutete Heisenberg, daß es sich um eine Fälschung handelte, vgl. Brief [230].

mehr. Die Tatsache, dass Dames zur Gegenpartei übergegangen ist, ist ein riesiger Erfolg für Stark. Aber man muss eben abwarten.[1]

Seit meinem letzten Besuch in München habe ich neue Experimente von Auger und andere von Blackett[2] über die Radioaktivität des schweren Elektrons („Mesotron's" nach Millikan) kennengelernt. Die stimmen herrlich mit der übrigen Theorie überein.

Recht viele Grüsse von Ihrem dankbar ergebenen

Werner Heisenberg.

[222] *Von Werner Heisenberg*[3]

Leipzig 24. 11. 38.

Sehr verehrter lieber Herr Geheimrat!

Haben Sie vielen Dank für den Bericht und Ihren Brief. Mit dem Zusatz zu den Planck-Statuten[4] bin ich natürlich einverstanden.– Dass der Bericht noch nicht abgehen konnte, ist ja sehr bedauerlich;[5] auch dass er dann offenbar mit einem Gutachten Thürings zugleich nach Berlin kommt, wird seine Wirkung praktisch fast aufheben. Denn wie Thürings Gutachten aussehen wird, weiss ich. Th. hat vor wenigen Tagen ein Gutachten an die hiesige Dozentenschaft über mich abgegeben und sich beschwert, dass der hiesige Dozentenführer ein so günstiges Gutachten über mich ausgestellt hatte. Th. spricht darin auch wieder davon, dass ich „durch und durch von jüdischem Geist durchseucht" sei. (Den Wortlaut kenne ich nicht genau, ich entnehme ihn einem Gespräch mit dem Dozentenführer). Der hiesige Dozentenführer will nun gegen Th. energisch Stellung nehmen. Vielleicht können Sie Brömser darauf hinweisen, dass der hiesige Dozentenführer entgegengesetzter Meinung ist wie Thüring, und es wäre sehr gut, wenn Brömser diese Tatsache auch an Schultze weitergeben könnte.[6] Es ist nämlich möglich, dass Thüring die Verwaltung für Schultze macht und dabei Briefe des hiesigen Dozentenführers unterschlägt.–

---

[1] Zum Verhalten von Dames vgl. [Cassidy 1991, S. 398].
[2] [Auger 1938] und [Blackett 1938].
[3] Brief (4 Seiten, lateinisch), *München, DM, Archiv HS 1977-28/A,136*.
[4] Sommerfeld hatte die Träger der Max-Planck-Medaille um Zustimmung gebeten, Überschüsse aus dem für die Planck-Medaille vorgesehenen Fonds als Stipendien zu vergeben, vgl. *A. Sommerfeld an N. Bohr, 25. Oktober 1938. Kopenhagen, NBA, Bohr*.
[5] Heisenberg bezieht sich vermutlich auf die von Gerlach und Sommerfeld unterzeichnete Liste an das Berliner Ministerium, vgl. Brief [227].
[6] Walter Schultze war der Führer des NS-Dozentenbundes, der sich eng an den ideologischen Parteizielen von Rudolf Heß orientierte.

Wenn Brömser auf Th. bei der Besprechung Wert legt, so habe ich nichts dagegen; nur wird dann die Diskussion kriegerisch werden, ausserdem ist eine grosse Zahl von Teilnehmern nicht förderlich. Auf jeden Fall wäre es aber gut, wenn Brömser die Teilnahme Schultzes sichern könnte, bevor er mit Th. gesprochen hat. Denn sonst würde sich Th. in jeder Weise bemühen, die Zusammenkunft zu verhindern; wenigstens würde ich dies nach seinem bisherigen Verhalten für wahrscheinlich halten. Alles in allem kann man etwa sagen: die aktivsten Vertreter der Lenard-Richtung sind wohl z. Z. Thüring, Kubach und Bühl.[1] Der erste ist sicher principiell unbelehrbar, die beiden anderen kenne ich nicht. Sie haben alle drei grossen Einfluss auf alle Besetzungsfragen durch Schultze. Man muss also versuchen, Schultze zu gewinnen. Ohne Schultze ist sicher überhaupt nichts zu machen. Gestern war wieder ein Abgesandter des Reichsführers bei mir, um nähere Informationen über den Physik-Krieg einzuholen; das ist kein ungünstiges Zeichen.

Auf die gemeinsamen Tage in München freue ich mich sehr. Mein Vortrag wird übrigens ganz friedlich und „experimentell" werden und keinen Grund zur Attacke durch Th. geben.[2]

Nun nochmal vielen Dank und viele Grüsse! Ihr dankbar ergebener

W. Heisenberg.

[223] *An Wolfgang Pauli*[3]

München, 1. I. 39

Lieber Pauli!

Die liebsten Briefe werden zuletzt beantwortet, Ihrer erst im Jahre 39, das uns allen gnädig sein möge!

Sie haben in Ihrem Briefe[4] so feingestimmte Töne angeschlagen, dass ich Sie lebhaft vor mir sehe, nachdenklich und zugleich schalkhaft – ich meinerseits ganz ohne „ernstes Stirnrunzeln". Hinter Ihrem Brief steht wohl auch der Gedanke, dass über die intellektuellen Bande doch noch die charakterliche Verbundenheit geht und dass dies ein Geheimnis ist, das „sich selbst bewahrt".

Sie haben inzwischen vielleicht in dem Planck-Heft der Annalen gesehn, dass ich mich seit Kurzem auch für die nicht-ganzen Quantenzahlen u. die

---

[1] Alfons Bühl war ein NS-Dozentenbundvertreter aus Karlsruhe.
[2] Im Münchner Kolloquiumsbuch ist kein Vortrag Heisenbergs verzeichnet.
[3] Brief (2 Seiten, lateinisch), *Genf, CERN, PLC*.
[4] Pauli hatte Sommerfeld zum 70. Geburtstag gratuliert, [Pauli 1985, Brief 537a].

künstlichen Randbedingungen interessiere.[1] (Der Sicherheit halber werde ich Ihnen ein Separatum zuschicken, obwohl ich nicht besonders stolz darauf bin). Aber schöner waren doch unsere ganzen Zahlen und als Höhepunkt derselben Ihr „Verbot".

Es war ein lieber Gedanke von Ihnen, dass *Sie* auf meine premières amoures zurückgekommen sind.[2] Ihre Funktionen $S_m(w)$ und deren Zusammenhang mit den confluenten hypergeometrischen sind ein sauberes Stück Arbeit. Mein vereinzelt dastehendes Resultat für $n = 2$ wird dadurch in sehr befriedigender Weise verallgemeinert.[3]

Bezüglich der Zukunft unserer Wissenschaft bin ich nach Anleitung meines Lehrers Klein ein überzeugter Optimist. Daher glaube ich, dass man in absehbarer Zeit die Elementarteilchen, das Pauli-Verbot und auch die störenden Divergenzen verstehen wird.[4] Vor 1914 war ich auch Optimist bezüglich des allgemeinen kulturellen Fortschritts. Daran hat sich heute manches geändert. Vielleicht liegt die Zukunft der Cultur nicht „auf dem Wasser", sondern jenseits des grossen Wassers.

Ich hoffe trotz aller Barrieren in diesem Jahre wieder nach Zürich zu kommen, z. B. für einen Vortrag von Welker über Supraleitung,[5] worüber ich mit Wentzel sprach. Bestellen Sie diesem bitte bei Gelegenheit, dass Löb mir sofort in ziemlich verheissungsvollem Tone geantwortet hat.[6]

Treulich Ihr alter
A. Sommerfeld.

Gruss an die liebe Frau!

Lieber Herr Pauli!

Der Vater drückte mir eben diesen Brief in die Hand und ich will die Gelegenheit benützen um Ihnen im Andenken an unsere gemeinsame Rad-

---

[1] [Sommerfeld und Welker 1938]; das Heft der *Annalen der Physik* war Max Planck zu dessen 80. Geburtstag gewidmet.

[2] [Pauli 1938] behandelt die Theorie der Beugung. Der Beitrag erschien in dem Festheft der *Physical Review* zu Sommerfelds 70. Geburtstag; zur Organisation dieser Festschrift vgl. [Pauli 1985, Briefe 517, 523 und 524].

[3] Die Bezeichnungen beziehen sich auf die Darstellung in [Sommerfeld 1935, S. 847-853]. Der Fall $n = 2$ bezeichnet die Lösung der Wellengleichung auf einer zweiblättrigen Riemannschen Fläche und wurde von Pauli für beliebiges n erweitert.

[4] Vgl. [Pais 1986, Kap. 16].

[5] Diese Reise kam vermutlich nicht zustande. Zur Welkerschen Supraleitungstheorie vgl. [Welker 1939] und [Fröhlich 1961].

[6] Es ist nicht klar, worum es sich handelt. Leonhard Loeb hatte Sommerfeld nur geantwortet: "I am taking what steps I can to carry out your request." *L. Loeb an A. Sommerfeld, 16. Dezember 1938. München, DM, Archiv HS 1977-28/A,205.*

tour vor 15 oder mehr Jahren einen Gruß zu schicken. Vorigen Sommer habe ich die Gegend von damals wieder unsicher gemacht, allerdings nicht in sportlicher Weise auf 2 Rädern mittels Muskelantrieb, sondern sehr viel fauler auf 4 Rädern und einem zeitgemäßen Benzin-Antrieb. Das ist für eine Fahrt mit den Eltern bedeutend vorzuziehen. Im übrigen ist nur zu erzählen dass ich dem „Sport" nicht ganz untreu geworden bin, dass aber mein Beruf sich recht erheblich von der väterlichen Linie entfernt hat. Ich bin Patentanwalt geworden und die technisch-wissenschaftliche Erbmasse hat nur dazu geführt, dass ich bei Telefunken in Berlin arbeite und nicht rein juristisch.

Herzliche Grüsse
Ihr Ernst Sommerfeld

[224] *Von Werner Heisenberg*[1]

Leipzig 30. 1. 39.

Sehr verehrter lieber Herr Geheimrat!

Leider hat sich in der Frage der Partei-Stellungnahme zur theoretischen Physik noch nichts ereignet. Ich hatte in den letzten Wochen mehrmals Besuch von dem Abgesandten H.[immler]'s; nach dessen letztem Besuch in Berlin teilte er mir mit, dass der Reichsführer doch mich sprechen wolle, bevor ich mit Sch.[ultze] verhandeln solle. Jedoch sei der Zeitpunkt der Unterredung noch nicht festgesetzt. Der Abgesandte ist jedoch der bestimmten Meinung, dass die Unterredung demnächst stattfinden werde. Inzwischen werde ich die neuen Angriffe der Gegenseite[2] zum Anlass nehmen, um in den nächsten Tagen nach Berlin zu fahren und das Büro Himmlers zu besuchen. Danach schreibe ich Ihnen wieder.– Es hat wohl wenig Zweck, dass der Rektor auf eine Entscheidung bei Rust drängt, bevor Himmler entschieden hat. Aber wenn er versucht, auf Sch.[ultze] einen günstigen Einfluss auszuüben, so wäre das wohl sehr nützlich. Für Holland alles Gute![3] Ihr dankbar ergebener

Werner Heisenberg.

---

[1] Brief (2 Seiten, lateinisch), *München, DM, Archiv HS 1977-28/A,136*.

[2] Am 12. Januar 1939 hatte sich Rudolf Heß, bis 1941 Stellvertreter Hitlers, an das Reichserziehungsministerium gewandt und Heisenberg aufgrund seines politischen Verhaltens als ungeeignet für eine Berufung erklärt, vgl. [Cassidy 1991, S. 398].

[3] Möglicherweise betrifft dies die am 25. Februar 1939 von der Amsterdamer Akademie ausgesprochene Verleihung der Lorentz-Medaille, zu deren Annahme Sommerfeld im Juni 1939 in die Niederlande reiste, vgl. *P. Zeeman an A. Sommerfeld, 22. März 1939. Haarlem, RANH, Zeeman, inv.nr. 143.*

[225] *Von Werner Heisenberg*[1]

Leipzig 15. 2. 39.

Sehr verehrter lieber Herr Geheimrat!

Da ich Ihnen versprochen hatte, zu berichten, sobald in meiner Angelegenheit etwas Neues vorgefallen sei, will ich Ihnen schreiben, obwohl ich leider nichts erfreuliches berichten kann.

Zunächst: die Besprechung mit Himmler hat immer noch nicht stattgefunden. Ich war zwar neulich in Berlin, wurde von einem Mitglied des Stabes empfangen und sehr freundlich behandelt, aber es wird mir immer nur mitgeteilt, dass der Reichsführer mich „demnächst" sprechen wolle, doch sei die Zeit noch nicht festgesetzt. Hier bleibt also einstweilen nichts übrig, als zu warten.

Wichtiger aber ist folgendes: In einer Gesellschaft hat vor drei Tagen Dames (die Quelle dieser Information wünscht nicht genannt zu werden) offiziellen Persönlichkeiten gesagt: „Der Minister habe nunmehr beschlossen, Ihre Professur anderweitig zu besetzen, da der Rektor und der Dekan schriftlich auf die Berufung Heisenbergs verzichtet hätten. Zwar habe sich Himmler bei Hess für mich verwandt, Hess habe aber an seiner Ablehnung festgehalten und nunmehr hätten auch Rektor und Dekan auf meine Berufung verzichtet." Falls diese Äusserung des Dames wahr ist, so fürchte ich, dass nichts mehr zu machen ist. Wenn sie nicht wahr ist, so wäre es wohl gut, wenn Dames gezwungen würde, die Wahrheit zu sagen; denn Dames hat die Mitteilung an offiziell wichtige Persönlichkeiten gegeben. Vielleicht könnten Sie in diesem zweiten Falle einfach gelegentlich mit Dames sprechen (eventuell telephonisch), allerdings ohne direkte Berufung auf seine Äusserung*.– Wenn die Aussage von Dames wahr ist, so wäre der einzige Weg noch, dass ich versuchte, mit Hess in Verbindung zu kommen, was aber wohl zu schwierig würde.–

Entschuldigen Sie, dass ich Ihnen nichts erfreulicheres schreiben kann. Aber Sie haben sich ja bisher immer so freundlich für diese Frage interessiert, deshalb darf ich Ihnen wohl alle meine Sorgen schreiben.

Gestern hat Hund uns hier ausführlich die Welker'sche Arbeit referiert;[2] ich habe jetzt den Fortschritt, der darin erzielt ist, viel besser als früher verstanden und bin hinsichtlich der Supraleitung viel optimistischer. Über zwei Punkte würde ich noch gerne mehr von Welker erfahren: 1.) Wie verhält sich sein Modell thermodynamisch in der Gegend des Sprungpunktes (*ohne*

---

[1] Brief (4 Seiten, lateinisch), *München, DM, Archiv HS 1977-28/A,136*.
[2] [Welker 1939]. Zu Heisenbergs Weiterführung der Supraleitungstheorie siehe die Briefe [290] und [321].

Magnetfeld)? Kann Welker dort den Sprung in der spezifischen Wärme deuten? 2.) Was für Ströme sollen bei Welker die Supraleitung bedingen? Denkt W. daran, den diamagnetischen Strom direkt zu benützen (wie?) oder glaubt er, dass seine Lücke im Energieband irgendwie die Wechselwirkung zwischen Elektronen u. Gitter verhindern könne? Vielleicht könnte W. so freundlich sein, und mir gelegentlich seine Meinung darüber schreiben.– Euler und ich arbeiten zusammen über die „Explosionen" in der Höhenstrahlung und haben viel Freude davon.[1] Man kann jetzt wirklich durch das experimentelle Material durchschauen.–

Viele herzliche Grüsse Ihr dankbar ergebener
W. Heisenberg.

* Etwa in der Form, dass Sie sich nach dem Stande der Angelegenheit erkundigten. (Evt. gemeinsam mit Brömser?)

[226] *Von Werner Heisenberg*[2]

Leipzig 25. 2. 39.

Sehr verehrter, lieber Herr Geheimrat!

Sauter hat Ihnen ja wohl ausführlich über den ungünstigen Stand unserer Angelegenheit erzählt.[3] Inzwischen ist mir noch ein Verfahren eingefallen, das vielleicht unsere Situation etwas verbessern könnte: Wenn Sie mit Brömser oder Kölbl gesprochen haben und genau wissen, wie die ganze Angelegenheit steht (ich nehme an, dass die Darstellung von Dames wohl weitgehend unwahr ist), so könnten Sie einen etwas ausführlicheren Bericht hierüber (insbesondere über die Stellung der verschiedenen Personen zur Berufungsfrage) an den Stab von Himmler schicken. Sie könnten sich dabei auf mich berufen; könnten also schreiben, dass Sie durch mich gehört hätten, dass der Stab v. Himmler u. der betr. Herr persönlich sich mit der Frage beschäftige. Die Adresse des massgebenden Herrn lautet: H. Obersturmbannführer *Ehlich*, Berlin C, Wilhelmstr. 102. SS-Hauptamt. Ein solcher Bericht hätte den grossen Vorteil, dass in den Akten eine genaue Darstellung des Sachverhaltes auftaucht, während durch Dames offenbar eher

---

[1] Hans Euler, Heisenbergs Assistent, hatte über dieses Thema habilitiert und 1938 mit Heisenberg eine zusammenfassende Darstellung verfaßt, [Euler und Heisenberg 1938].

[2] Brief (2 Seiten, lateinisch), *München, DM, Archiv HS 1977-28/A,136*.

[3] Friedrich Sauter wurde zum 1. April Direktor des Instituts für theoretische Physik der Universität Königsberg.

eine Verschleierung erstrebt wird. Dabei wäre es aber natürlich wichtig, dass die Stellungnahme von Kölbl und Brömser möglichst genau wiedergegeben wird. Auf die Gespräche mit Kölbl u. Brömser müsste man dabei hinweisen.– Dies soll natürlich nur ein Vorschlag, nicht eine Bitte sein; ich weiss nicht, ob Sie ein solches Verfahren für gangbar halten.– Auch mich selbst würde die Stellung von Dekan u. Rektor sehr interessieren. Im März werde ich einmal kurz durch München kommen, dann darf ich Sie wohl besuchen.

Mit vielen herzlichen Grüssen Ihr dankbar ergebener
W. Heisenberg.

[227] An Werner Heisenberg[1]

München, den 28. Februar 1939.

Lieber Heisenberg!

Ich habe heute eine ausführliche Unterredung mit dem Rektor Brömser über meine Nachfolge gehabt. Bei der Schilderung der gegenwärtigen Sachlage halte ich mich wörtlich an die Äusserungen des Rektors:

Es lagen zwei Gutachten vor, eines von Gerlach und mir, in dem eine Reihe von Anfragen des Reichskultusministeriums (z. B. vom 15. X. 38) beantwortet werden und der Satz vorkommt: „Rektorat und Fakultät sind niemals in ihrem Wunsche wankend geworden, diesen Gelehrten (nämlich Heisenberg) für München zu gewinnen", ein zweites Gutachten von der Dozentenschafts-Führung, in dem die Liste: Malsch,[2] W. Müller,[3] und Falkenhagen[4] aufgestellt wird. Der Dekan hat sich dem zweiten Gutachten angeschlossen. Der Rektor hat nach Anhörung des Senats die Entscheidung dem Berliner Ministerium überlassen, mit der Motivierung, dass eine Einigung zwischen den Standpunkten der beiden Gutachten in München nicht zu erzielen sei. Der Rektor wird Anfang nächster Woche in Berlin sein und im Ministerium klarstellen, dass er, wenn das Ministerium für Sie entscheiden würde, nichts dagegen zu erinnern haben werde. Er nimmt an, dass auch Dekan und Dozentenschafts-Führung nicht opponieren werden.

Es wird mich sehr freuen, wenn Sie durch Ihre Beziehung zum Stabe der SS unter Benutzung dieses Briefes erreichen können, dass ein Druck auf

---

[1] Durchschlag (1 Seite, Maschine), *München, DM, Archiv NL 89, 019, Mappe 5,11*.
[2] Johannes Malsch, ein Schüler von Max Wien, war Assistent am Institut für theoretische Physik der Universität Köln.
[3] Wilhelm Müller war Ordinarius für Mechanik an der TH Aachen.
[4] Hans Falkenhagen war Ordinarius für theoretische Physik an der TH Dresden.

das Kultus-Ministerium zu Gunsten Ihrer Nachfolge ausgeübt wird. Die Schwierigkeit liegt darin, dass nach Angabe des Dekans die massgebende Stelle der Partei gegen Ihre Berufung ist.

Ihr getreuer
[A. Sommerfeld]

[228] Von Werner Heisenberg[1]

Leipzig 3. 3. 39.

Sehr verehrter lieber Herr Geheimrat!

Ihr Bericht entspricht ganz meinen Erwartungen. Nur die Sache mit Kölbl hat mir leid getan – glauben Sie, dass er sich die genannten Verfehlungen tatsächlich hat zu Schulden kommen lassen?[2] Es wäre ja auch denkbar, dass er aus politischen Gründen verhaftet worden ist.– In unserer Angelegenheit halte ich es für das Wichtigste, dass Zeit gewonnen wird. Ich habe mich gestern sofort an die SS gewandt und hoffe von dort eine offizielle Mitteilung zu bekommen, dass der Reichsführer über die Stellung der Partei zu meiner Berufung noch entscheiden wird. Wenn ich diese Mitteilung bekomme und Ihnen weitergeben darf, so wäre es wohl das Richtigste, dass Sie oder Gerlach den Standpunkt verträten: So lange diese Entscheid[un]g. nicht gefallen sei, hätte es keinen Sinn neue Vorschläge zu machen.[3] Danach muss sich ja auch die Fakultät richten. Sehr interessiert hat mich, was Sie über einen „Umbruch" in der Doz.schaft schrieben. Können Sie darüber näheres erfahren?[4] Ich könnte mir nämlich denken, dass es mit unserer Sache in Verbindung steht.[5] – – Ob v. W.[eizsäcker] die Münchner Professur annehmen würde, hängt wohl davon ab, was ich ihm riete. Wahrscheinlicher wäre, dass das Minist. Becker beriefe und der annehmen würde.[6] Am besten ist jedenfalls, wenn zunächst garnichts geschieht. Also nächstens mehr! Ihr dankbar ergebener

Werner Heisenberg.

---

[1] Brief mit Zusatz (2 Seiten, lateinisch), *München, DM, Archiv HS 1977-28/A,136*.
[2] Leopold Kölbl war am 10. Februar 1939 wegen „Unzucht zwischen Männern" verhaftet worden, [Litten].
[3] Bemerkung von Sommerfeld: „Nein".
[4] Von Sommerfeld hinzugefügt: „Nein".
[5] Anstreichung am Rand mit Bemerkung von Sommerfeld: „Nein".
[6] Von Sommerfeld hinzugefügt: „Nein". Richard Becker war in Göttingen Nachfolger Borns geworden.

[229] *Von Werner Heisenberg*[1]

Leipzig 30. 3. 39.

Sehr verehrter lieber Herr Geheimrat!

Ihre Besorgnis, dass das Ministerium plötzlich einen Mann à la Müller ernennen könnte, teile ich im Augenblick nicht. Natürlich kann ich mich irren, aber es deutet mir alles darauf hin, dass das Ministerium einstweilen nichts tut. Es ist also gut, wenn Maue weiter beauftragt wird.[2] Auch die Unterredung mit Hess wird kaum möglich sein, bevor Himmler entschieden hat. Dort steht alles ganz günstig, nur verzögert die ganze Politik alle Entscheidungen. Wenn Sie wegen einer plötzlichen Entscheidung besorgt sind, könnten Sie ja bei Dames anfragen – möglicherweise würde er Ihnen über diesen Punkt Auskunft geben.– v. Weizsäcker schrieb mir, ihm sei von „gut unterrichteter" Seite mitgeteilt worden, er stünde jetzt primo loco auf der Münchner Liste. Ich habe W. genau über alles unterrichtet, was wir besprochen haben. Er wird also jedenfalls nichts tun, ohne mich vorher zu fragen. Ich glaube also, man muss wieder einmal warten und Geduld haben, aber das habe ich inzwischen ja gelernt.– Ich schreibe gerade an einer Arbeit über Mesotronenschauer, die mir viel Freude macht.[3] Mit vielen herzlichen Grüssen

Ihr dankbar ergebener
W. Heisenberg.

[230] *Von Werner Heisenberg*[4]

Badenweiler, Ostersonntag.[5]

Sehr verehrter, lieber Herr Geheimrat!

Es ist ja sehr traurig, dass Ihre Befürchtungen doch recht behalten haben. Ihre Informationen scheinen besser zu sein als meine; ich bin mir auch noch garnicht klar darüber, was eigentlich geschehen ist. Ende Februar hatte das Ministerium doch eine Anfrage an die Fakultät gerichtet und eine neue Liste erbeten. Daraus würde folgen, dass die alte Liste aufgegeben worden ist.

---

[1] Brief (2 Seiten, lateinisch), *München, DM, Archiv HS 1977-28/A,136*.

[2] Sommerfeld hatte die Fortsetzung seiner Vertretung durch A. W. Maue beim Dekanat beantragt, *A. Sommerfeld an die Universität München, 7. März 1939. München, DM, Archiv NL 89, 004*.

[3] [Heisenberg 1939].

[4] Brief (2 Seiten, lateinisch), *München, DM, Archiv HS 1977-28/A,136*.

[5] Der Ostersonntag 1939 – das Jahr ergibt sich aus der Nachfolgediskussion für Sommerfeld – fiel auf den 9. April.

Offenbar hat nun Thüring darauf gedrängt, doch die alte Liste weiter zu verfolgen. Es ist ja offenbar nicht gelungen, nachzuweisen, dass der mysteriöse Brief, den Dames im Sommer bekam, eine Fälschung war. Dass Dames nun den unmöglichsten Mann dieser Liste berufen hat,[1] ist vielleicht zu erklären aus der Hoffnung, daraus würde dann doch nichts. Und selbst wenn Müller annähme, würde ja die Professur in einigen Jahren wieder frei werden.[2] Bis dahin sieht dann vielleicht alles anders aus; und letzten Endes halten wir es ja wohl länger aus, als die Arbeiter- und Soldatenräte à la Thüring.

Jedenfalls kann ich selbst leider nichts tun, als möglichst energisch die Unterredung mit dem Reichsführer betreiben. Dass sie stattfinden wird, glaube ich bestimmt; ob viel dabei herauskommen wird, lässt sich schwer vorher beurteilen.

– Ich hoffe, Sie lassen sich durch all diese Scheusslichkeiten nicht Ostern allzusehr verderben. Hier scheint heute die Sonne und wir geniessen sie nach dem alten Grundsatz: heute ist heut.

Mit vielen herzlichen Grüssen Ihr dankbar ergebener
Werner Heisenberg.

[231] *Von Werner Heisenberg*[3]

Leipzig 13. 5. 39.

Sehr verehrter lieber Herr Geheimrat!

Vielen Dank für den beiliegenden Brief Debyes, dessen Inhalt ja genau mit meinen Erfahrungen übereinstimmt. Die Besetzung Ihrer Professur ist eine rein politische Frage geworden.

Vor einigen Tagen wurde ich wieder von Verhandlungen unterrichtet, die zwischen Himmler u. der Dozentenführung (also offiziell: Schultze in München)[4] stattgefunden haben. Mein Gewährsmann teilte mir mit (wohl im Auftrage Himmlers), dass Himmler sich für meine Berufung, auch nach München, eingesetzt habe. Schultze dagegen stelle sich auf den Standpunkt: In der Frage der Münchner Professur hat die Partei gegen mich entschieden, es wäre also ein Prestigeverlust der Partei, wenn ich nach München käme. Himmler ist vielleicht mit dieser Meinung Schultzes, die wahrscheinlich durch Hess gestützt wird, nicht ganz einverstanden; hat aber auch kei-

---

[1] Das bayerische Kultusministerium war am 4. März 1939 vom Reichsministerium angewiesen worden, Verhandlungen mit Müller aufzunehmen, [Litten 2000, S. 79].
[2] W. Müller erreichte 1945 die Altersgrenze.
[3] Brief (4 Seiten, lateinisch), *München, DM, Archiv HS 1977-28/A,136*.
[4] Vgl. Seite 456, Fußnote 6.

ne Lust, sich hier sozusagen mit Gewalt für mich einzusetzen, da es ja sein könnte, dass ich mich dann in München doch als schlechter Nationalsozialist herausstellen könnte. Darum würden sich ja Thüring u. Consorten bemühen, und Himmler will sich vor der Partei sozusagen nicht mit mir blamieren. Himmler hat mir einstweilen zugesagt, jedenfalls jede andere Berufung für mich zu befürworten; aber es scheint dass überhaupt noch nicht das letzte Wort gesprochen ist.

Der entscheidende Mann in der ganzen Angelegenheit ist zweifellos Schultze. Wenn er in dieser Frage, wie es scheint, auch auf einen Wunsch Himmlers nicht reagiert, so ist daraus zu schliessen, dass er sehr starken Kräften von der Gegenseite (Thüring u.s.w.) ausgesetzt ist. Eine grosse Verstärkung hat ja diese Seite jetzt durch Tomascheck erhalten und es wird seit seiner Berufung noch viel schwerer sein, den Widerstand dieser Richtung zu überwinden.[1] Ich könnte mir z.B. denken, dass Schultze in irgendeiner Weise direkt von der Thüringschen Richtung abhängig ist und dass er ohne den stärksten Zwang von anderer Seite garnicht gegen diese Leute entscheiden kann. Jedenfalls wird die ganze Frage letzten Endes allein von Schultze entschieden. Wenn Sie also durch irgendwelche Beziehungen die Möglichkeit hätten, auf ihn Einfluss auszuüben, so könnte das (vielleicht) helfen. Aber es ist ja sehr unwahrscheinlich, dass sich solche Beziehungen finden. Dass Himmler jetzt meiner Berufung freundlich gesinnt ist, glaube ich zu wissen. Ob er mit Gewalt etwas für mich unternehmen wird, scheint mir aber sehr zweifelhaft. Vielleicht wird er aber sehr energisch versuchen, die Gruppe Thüring von weiterem Einfluss auszuschalten.

Die Einzelheiten der letzten Verhandlungen erfahre ich in den nächsten Tagen, wenn mein Gewährsmann, der augenblicklich krank ist, wieder gesund geworden ist.

Dass Dames die Berufung Müllers betreibt, finde ich sehr begreiflich: Er will dadurch die Gegenkräfte gegen die Lenardklique mobilisieren und – wenn das nicht gelingt – diese Gruppe durch Müller blamieren. Die rein politische Frage des Lenardeinflusses in der Dozentenführung ist ihm natürlich auch wichtiger als die Münchner Professur.

Wenn ich neuere Nachrichten habe, werde ich Ihnen schreiben. Was ich selbst tun kann, werde ich tun, aber die Möglichkeiten sind ja sehr beschränkt.

Mit vielen herzlichen Güssen Ihr dankbar ergebener
W. Heisenberg.

---

[1] Rudolf Tomaschek, ein Schüler Lenards, war kurz zuvor an die TH München berufen worden.

[232] Von Werner Heisenberg[1]

Leipzig 8. 6. 39.

Sehr verehrter lieber Herr Geheimrat!

Heute bekam ich einen Brief von Himmler, der mir mitteilt, ich werde nunmehr einen Ruf an die Universität Wien erhalten.[2] Aus diesem Grunde – und da ich ja mit seinen Sachbearbeitern ausführlich gesprochen hätte – sei wohl z. Z. kein Grund mehr für ein Gespräch zwischen ihm und mir. Ich habe nun diesem Sachbearbeiter gegenüber die Bedingung gestellt: ich würde nur dann nach Wien gehen, wenn auch die benachbarten Professuren so besetzt würden, dass sie mir etwas helfen. Ausserdem habe ich den dringenden Wunsch geäussert, es solle doch dafür gesorgt werden, dass nach München ein vernünftiger Physiker käme, nicht Herr Müller. Die Erfüllung dieser Wünsche wurde mir zugesagt; – was freilich leider nicht bedeutet, dass es später auch geschehen wird. Auch habe ich gefordert, einmal mit Schultze persönlich über die Besetzungen in Wien sprechen zu können; wie weit das gelingt, ist unklar.– Es tut mir leid, dass ich nichts besseres erreichen konnte. Hoffentlich können Sie nun doch wenigstens Becker oder Weizsäcker bekommen. Mit vielen herzlichen Grüssen

Ihr dankbar ergebener
Werner Heisenberg.

[233] Von Werner Heisenberg[3]

Urfeld 4. 9. 39.

Sehr verehrter lieber Herr Geheimrat!

Über Ihren Besuch haben wir uns so sehr gefreut. Doch ist uns jetzt, als seien Monate seitdem vergangen. Ich warte täglich auf meine Einberufung, die merkwürdigerweise noch nicht erfolgt ist.[4] So weiss ich noch garnicht, was mit mir geschehen wird. Meine Familie soll hier in den Bergen bleiben, bis der Krieg zu Ende ist. Die Frage Ihrer Professur wird ja nun auch

---

[1] Brief (2 Seiten, lateinisch), *München, DM, Archiv HS 1977-28/A,136*.

[2] Es ging um die Nachfolge von Hans Thirring, der wegen seiner pazifistischen Gesinnung aufgrund eines Dekrets vom 10. November 1938 von den Nationalsozialisten zwangspensioniert worden war.

[3] Brief (2 Seiten, lateinisch), *München, DM, Archiv HS 1977-28/A,136*.

[4] Heisenbergs Kriegsdienst begann am 26. September als wissenschaftlicher Leiter des „Uranvereins", der dem Heereswaffenamt unterstand und die militärischen Anwendungen der Kernspaltung untersuchen sollte, vgl. [Cassidy 1991, S. 418] und [Walker 1990, S. 30-33].

noch lange unentschieden bleiben, bis die grossen Entscheidungen über die Herrschaft in Europa gefallen sind. Hoffen wir, dass der Weg bis dahin nicht zu viele Menschenleben kostet. Ihnen und Ihrer Familie tausend gute Wünsche!

Ihr dankbar ergebener
Werner Heisenberg.

[234] *Von Werner Heisenberg*[1]

Leipzig 17. 12. 39.

Sehr verehrter lieber Herr Geheimrat!

Das Unglück mit ihrer Professur war wohl nicht mehr aufzuhalten, seit Tomaschek in München eingezogen ist. Ich hatte damals ja gleich das Gefühl, dass jetzt die Sache der theoretischen Physik – wenigstens bis auf weiteres – verloren sei. Ich war gestern beim Stabe Himmlers in Berlin. Es wurde mir versichert, man sei dort mit der Lösung Müller sehr unzufrieden, auch sei man der Ansicht, dass Müller höchstens einige Jahre in München bleiben werde. Aber die SS habe keine Möglichkeit mehr gehabt, einzugreifen, da ja „die Fakultät (u. der Rektor?) sich eindeutig für Müller entschieden habe". Auf meine Richtigstellung dieser Behauptung hin wurde mir gesagt: Es sei zwar möglich, dass es sich hier um eine Privataktion des Dekans gehandelt habe, aber jedenfalls habe die Fakultät auch nicht dagegen protestiert – ausgenommen Sie u. Gerlach. Der wahre Kern der Sache scheint zu sein, dass alle Beteiligten, auch die Schuldigen, wissen, dass hier ein äusserst unsauberer Kuhhandel getrieben wurde u. dass niemand die Verantwortung dafür übernehmen will. Im übrigen glaube ich: Eine energische Stellungnahme der Kollegen oder noch besser: eine drastische Stellungnahme der Studenten könnte noch Gutes tun. Aber leider haben die Fakultäten heute kein Rückgrat mehr u. nur wenige Kollegen würden den Mut haben, den Betreffenden etwa wirklich schlecht zu behandeln. Und ob die Studenten heute noch den Mut haben, ihre Meinung zu zeigen, so wie sie das früher hatten, scheint mir auch zweifelhaft. Also man wird nichts tun können als warten. Ich glaube bestimmt, dass Sie und ich noch bessere Zeiten erleben werden, und ich bitte Sie deshalb, sich über diese Zwischenperiode nicht zu sehr zu grämen. Was wird mit Maue u. Welker?[2] Welkers

---

[1] Brief (2 Seiten, lateinisch), *München, DM, Archiv HS 1977-28/A,136.*

[2] A. W. Maue, der von 1937 bis 1939 die Spezialvorlesungen, zuletzt auch die Hauptvorlesung in theoretischer Physik abgehalten hatte, wurde zum Kriegsdienst eingezogen.

Arbeit über Supraleitung hab ich mit grösstem Interesse studiert.–
– Es ist schön, dass es Ihren Söhnen gut geht; hoffentlich bleiben sie an wenig gefährdeter Stelle.

Mit den besten Wünschen für Weihnachten Ihr dankbar ergebener
Werner Heisenberg.

[235] *Von Peter Debye*[1]

Berlin-Dahlem, den 30. 12. 39

Lieber Sommerfeld!

Ich bin noch auf der Suche nach einem Vertreter als erster Vors. der D. P. G.[2] Dem werde ich Dein Schreiben weitergeben: es ist natürlich klar, dass Deinem Vorschlage gemäss zunächst keine Planck-Medaille vergeben werden wird.[3]

Ich muss Dir nun erzählen wie meine Situation aussieht.[4] Du sollst alles genau auch in Einzelheiten wissen, damit Du nicht auf teilweise unsinnige Gerüchte zu hören brauchst.

Etwa vor 3 Monaten erschien plötzlich Dr. Telschow der Generalsekretär der K.W.G. bei mir und sagte er habe einen sehr unangenehmen Auftrag, den er leider auszuführen gezwungen sei. Er habe mir a) die Frage vorzulegen ob ich gewillt sei meine holländische Staatsangehörigkeit aufzugeben und b) mir zu sagen, dass, falls ich nicht gewillt sei, er mich aufzufordern habe die Direktion des Institutes niederzulegen. Zu diesen Schritten sei er gezwungen worden, nach einer *Conferenz*, die am Abend vorher stattgefunden habe zwischen *ihm, Hn. Prof. Mentzel* und einigen *Herren des Heereswaffenamtes*.[5] Bevor ich seine Frage beantwortete habe ich festge-

---

H. Welker ließ sich nach dem Amtsantritt W. Müllers an die „drahtlostelegraphische und luftelektrische Versuchsstation" nach Gräfelfing bei München dienstverpflichten, wo er mit Radarforschung betraut war, vgl. [Eckert 1993, S. 216-222] und [Handel 1999, S. 75-93]. Zur Supraleitung vgl. die Anmerkungen zu den Briefen [223] und [225].

[1] Brief (3 Seiten, lateinisch), *München, DM, Archiv HS 1977-28/A,61*.
[2] Zuerst übernahm Zenneck das Amt, im September 1940 wurde Ramsauer gewählt.
[3] Sommerfeld hatte als „Geschäftsführer des Komités der Planck-Medaille" den DPG-Vorstand ersucht, die Verleihung während des Krieges auszusetzen, *A. Sommerfeld an P. Debye, 27. Dezember 1939. Berlin, MPGA, Debye*.
[4] Vgl. für das folgende [Kant 1993, S. 175-177].
[5] Rudolph Mentzel leitete den von ihm initiierten Reichsforschungsrat und war stellvertretender Leiter der Abteilung Forschung im Reichserziehungsministerium. Das Heereswaffenamt hatte seit Oktober 1939 den Plan verfolgt, das KWI für Physik zu übernehmen, wo die Uranforschung betrieben werden sollte. Dies wurde nach Debyes „Beurlaubung" umgesetzt, vgl. [Walker 1990, S. 32-33].

stellt, dass er die Schritte auf eigene Verantwortung unternehme und dass der Präsident der Gesellschaft Geh.[eimer] R.[at] Bosch nicht unterrichtet sei.[1] Ich habe dann geantwortet auf a) Aufgabe meiner Staatsangehörigkeit (deren Beibehaltung mir übrigens schriftlich vom amtierenden Minister garantiert sei) käme für mich unter keinen Umständen in Frage; auf b) ich weigere mich mein Amt niederzulegen und müsse es dem Ministerium überlassen mich aus meinem Amte zu entfernen, selber werde ich keine Initiative ergreifen. Ich lasse mir nicht nachsagen, ich sei davongelaufen.

Einige Wochen später hatte ich dann eine Unterredung mit Hn. Prof. Mentzel im Ministerium. Er sagte mir, dass er nicht mehr in der Lage sei *Geld für Forschung zur Verfügung zu stellen,* alle Bemühungen müssten jetzt auf Verwertung der vorhandenen Kenntnisse und Ausarbeitung von Ansätzen concentriert werden und das nur insofern als diese *Kenntnisse und Ansätze für Zwecke der Kriegführung* von Wichtigkeit seien. Mich könne er dabei nicht brauchen da ich holländischer Staatsangehöriger sei. Er müsse deshalb das Institut haben, ich könne vielleicht ein *Paar Zimmer im Physikalischen Inst. der Universität erhalten, oder ein Buch schreiben.* Ich habe dann darauf aufmerksam gemacht, dass im Ministerium noch ein Gesuch vorliege, auf das bisher nicht geantwortet worden sei, in dem ich bitte mich zu beurlauben um das *George Fisher Baker lectureship* an der *Cornell Univ.* in Ithaca wahrzunehmen während der ersten Hälfte des Jahres 1940. Ich schlage vor diesen Urlaub zu erteilen und halte es für das Richtigste den Urlaub später zu *verlängern,* falls die Verhältnisse sich nicht geändert haben würden. Ich müsse darauf sehen meine Fähigkeiten dort einzusetzen, wo mir Gelegenheit dazu geboten sei und könne mich nicht damit begnügen als Mitesser und Nichtsnutz mitgeschleppt zu werden.

Der Urlaub ist inzwischen vom Ministerium, sowie von der K.W.G. unter Belassung meines Gehaltes erteilt worden für das halbe Jahr in Ithaca. Ich werde am 16ten Januar mit dem Conte di Savoia von Genua abfahren. Peter ist in U.S.A. (er konnte, wegen Kriegsausbruch, im September nicht zurückkommen, nachdem er 2 Monate dort Bekannte besucht hatte) und wird in Ithaca arbeiten. Hilde und Maida wollen lieber hier abwarten, wie sich die Sachen entwickeln, sie werden nach wie vor das Haus Harnackstr. 5 bewohnen.

Inzwischen hat sich die Luftfahrtakademie,[2] unter Mitwirkung von Zenneck, dafür eingesetzt, dass mir das Kältelabor meines Instituts zur

---

[1] Carl Bosch war seit 1936 Präsident der KWG.
[2] Die Deutsche Akademie für Luftfahrtforschung war 1936 unter der Präsidentschaft Hermann Görings gegründet worden, vgl. [Trischler 1992, S. 238-239].

Verfügung stehen solle, damit ich hier eine wissenschaftliche Aufgabe habe. Diese Sache ist noch nicht geregelt. Ich höre jetzt, dass am 2. Jan. zwischen der K.W.G. und dem Heereswaffenamt ein *Vertrag* unterzeichnet werden soll, wonach das *Institut dem Heereswaffenamt übergeben wird*. Nach diesem Vertrag wird ein neues Konto eröffnet, über das ich kein Verfügungsrecht habe. Auf dieses neue Konto wird das Ministerium die RM. 85 000 einzahlen, die bisher dem Institut unter meiner Leitung zuflossen. Das Heereswaffenamt wird den gleichen Betrag jenem Konto zukommen lassen. Telefonisch wurde ich darüber verständigt, dass Herr General Becker[1] bereit sei mir das *Kältelabor* für meine eigenen Zwecke zur Verfügung zu stellen und diese Nachricht wurde ausdrücklich als *offiziell* bezeichnet.

Ob das ein Ausweg ist, der mich befriedigen kann, hängt von Einzelheiten ab. Ausserdem ist die Finanzierung zunächst unklar. Während der ersten Woche des neuen Jahres muss sich zeigen, wie die Nachricht von General Becker gemeint ist.

Wir wollen uns nicht verhehlen, dass die *Lage kritisch* ist. Ich kann natürlich kein Interesse daran haben mich aufzudrängen dort, wo ich nicht gewünscht werde, wie stark mein Interesse für die Physik in Deutschland auch ist.

Lasse Dich nicht zu traurig stimmen durch all diese Dinge. Es hat doch keinen Zweck, dass ich herumlungre, besser ist es auf alle Fälle, dass ich etwas schaffe. Ich bin gar nicht traurig und meine Angehörigen sind es auch nicht. Es hat allen Anschein, dass die Angelegenheit noch längere Zeit in der Schwebe bleiben wird.

Natürlich habt ihr Sorgen im Überfluss wegen der beiden „Buben".[2] Aber es kommt mir nach Deinem Briefe doch so vor, als ob die nicht zu gross zu sein brauchen. Nach jedem Gewitter hat es bisher immer noch wieder Sonnenschein gegeben. Also nicht verzagen und stets bereit stehen das Gute, was vorbeihuscht, zu fassen ohne dem Schlechten mehr Platz zu gönnen als unbedingt nötig ist. Das ist ein Prinzip, was mir schon viel Nutzen gebracht hat. Hoffentlich bringt das neue Jahr mehr Gutes, als unsere Kleingläubigkeit in diesem Augenblick wahr haben will.

Mit vielen herzlichen Grüssen
Dein P. Debye

---

[1] Karl Emil Becker leitete die Abteilung Ballistik und Munition im Heereswaffenamt. Ihm unterstand auch das Raketenprogramm.

[2] Sommerfelds Söhne Ernst und Eckart waren 40 und 31 Jahre alt. Sie wurden beide zum Kriegsdienst eingezogen.

1940–1951

Vorlesungen über theoretische Physik

Johanna und Arnold Sommerfeld
an dessen 80. Geburtstag

Vorlesungen über theoretische Physik

Im Alter von über 70 Jahren begann Sommerfeld mit der Herausgabe seiner sechssemestrigen *Vorlesungen über theoretische Physik*. Er war dazu schon mehrfach aufgefordert worden.[1] Aber er faßte den Entschluß zu dieser monumentalen Aufgabe erst, als seine in mehr als drei Jahrzehnten aufgebaute Münchner „Pflanzstätte" binnen kürzester Zeit unter seinem Nachfolger zu einer Stätte absurder Skandale und Intrigen verkam. Der Krieg erschwerte die Durchführung dieses Werkes, doch Sommerfeld fand darin die innere Zuflucht, die ihn das äußere Elend ertragen ließ: „Ohne diese Arbeit hätte ich die politischen Erschütterungen der Kriegszeit kaum überstehen können", schrieb er in einer autobiographischen Skizze, als der vorletzte Band im Druck war.[2] Das Erscheinen des letzten Bandes erlebte er nicht mehr.

Obgleich die *Vorlesungen* eine Art Leitmotiv für die letzte Lebensphase darstellen, soll damit nicht der Eindruck erweckt werden, als ob sich Sommerfeld gänzlich in seine Studierstube zurückgezogen und den Kriegs- und Nachkriegsentwicklungen in der theoretischen Physik keine Aufmerksamkeit mehr geschenkt hätte. Er versuchte, den an seinem ehemaligen Institut von 1940 bis 1945 herrschenden Zuständen ein Ende zu setzen, er erforschte – wenn auch ohne großes Engagement – im Auftrag der Kriegsmarine funktechnische Detailprobleme, er nahm Anteil an der Entnazifizierung und zeigte als „Urgroßvater der Feinstruktur" großes Interesse für den Lambshift, einem mit der neuen Radartechnik in den USA nachgewiesenen, für die Quantenelektrodynamik wichtigen Effekt.

„Ein öffentlicher Skandal sondergleichen"

Wilhelm Müller trat zum 1. Dezember 1939 die Sommerfeldnachfolge an.[3] Als zweiter „Deutscher Physiker" am Institut wirkte Ludwig Glaser,[4] ein

---

[1] Vgl. die Briefe [75] und [76].
[2] [Sommerfeld 1968a, S. 679].
[3] Allgemein zur Entwicklung des Instituts unter Müller vgl. [Litten 2000, Kap. 1.2.4].
[4] Vgl. [Litten 2000, S. 110-114].

Schüler Starks, dem Müller im Februar 1940 einen Lehrauftrag „für theoretische Physik mit besonderer Berücksichtigung der technischen und kriegswissenschaftlichen Bedürfnisse" verschaffte, anscheinend auf Vermittlung von Hugo Dingler. Glaser habe sich bemüht, „genauere Verfahren für die einwandfreie Festlegung wichtiger physikalischer Konstanten auszuarbeiten, die für die Grundlegung der atomphysikalischen Theorie von Bedeutung sind", argumentierte Müller; darüber hinaus sei Glaser „bereits frühzeitig (seit 1920) als Kämpfer gegen wirtschaftliche und wissenschaftliche Versklavung durch das Judentum hervorgetreten".[1]

In ihren Publikationen hatten Glaser und Müller schon vor 1940 angedeutet, in welche Richtung sich die Physik zu bewegen habe: „Bohr, Sommerfeld, Heisenberg, Born und Dirac mit ihren relativistischen Vorstellungen" hätten Schiffbruch erlitten, schloß Glaser 1939 eine Abhandlung über „Die Sommerfeldsche Feinstrukturkonstante als prinzipielle Frage der Physik".[2] Nun habe die Atomphysik „freie Bahn und wird das werden, was sie sein muß, wenn sie eine bleibende Stätte in der Physik finden soll, eine Physik des Äthers." Müller machte den „Ungeist, der in der relativistischen Welttheorie seinen vollendeten Ausdruck gefunden" habe, in der gesamten theoretischen Physik aus:[3] „Mir scheint es deswegen auch erforderlich zu sein, die Lehrstühle für theoretische Physik von der Verbindung mit der durch Einstein geschaffenen, standpunktslosen Pseudophysik vollständig loszulösen und ihnen andere Aufgaben zuzuweisen, die mehr in den Kreis der Lebensbedingungen und Lebensnotwendigkeiten der deutschen Nation hineingehören."

Einen noch deutlicheren Ausdruck fanden diese Ansichten bei der von Stark und Müller vorgenommenen „Eröffnung des Kolloquiums für theoretische Physik an der Universität München":[4]

> Ganz eigenartig liegen die Verhältnisse in der theoretischen Physik [...] In der Tat herrscht eine auffallend einmütige Ablehnung gegen jeden Versuch einer kritisch-historischen Nachprüfung, z. B. der atomistischen Glaubenslehre, die bekanntlich gern gegen die sog. klassische Physik ausgespielt wird. Es muß hier mit aller Offenheit und ohne jede Einschränkung festgestellt werden, daß das System dieser bewußt gegenklassischen

---

[1] W. Müller an die Naturwissenschaftliche Fakultät der Universität München, 24. Februar 1940. München, UA, O-N-10a.
[2] [Glaser 1939, S. 331].
[3] [Müller 1939, S. 170, 175].
[4] [Stark und Müller 1941, S. 8-11].

> Physik, wie wir es heute in seiner letzten Auswirkung sehen, im Interesse einer systematisch betriebenen Hochschulpolitik aufgestellt und festgelegt ist, die besonders in der Systemzeit alle Lehrstühle der Physik nach einem einheitlichen Plane zu besetzen bemüht war und heute danach trachtet, die liberalistische Tradition unter dem Schutze der Wissenschaft und in vielfach anpassungsbereiter Tarnung und Täuschung fortzusetzen.

Die „üblen Gewohnheiten geistiger Vergewaltigung und priesterlicher Willkür", die „Einsteinsche Lehre, dieser große jüdische Weltbluff", die „relativistische Massensuggestion", welche „immer wieder neue Ableger jener Inflationsphysik" hervortreten lasse – all dies bezeuge die „Instinktlosigkeit und Urteilslosigkeit der maßgebenden Physiker aus der Systemzeit". Heisenberg habe noch 1936 im *Völkischen Beobachter* die Relativitätstheorie verteidigt, „Planck, der langjährige Förderer Einsteins und des jüdischen Einflusses, kann noch heute die Veröffentlichung von Abhandlungen im jüdischen Geist ermöglichen."[1]

> Und Sommerfeld, der Hauptpropagandist jüdischer Theorien, war noch bis vor kurzer Zeit akademischer Lehrer. [...] Sommerfeld vermochte sogar die Leitung des Deutschen Museums in München zu veranlassen, Modelle von Atomen auf Grund der Theorie der Wimmelbewegung gemäß der Gleichung Schrödingers in der Reihe der Meisterwerke aus Naturwissenschaft und Technik aufzustellen.[2] [...] Darum begrüße ich auch die Entscheidung des Reichserziehungsministeriums, durch die zum Nachfolger des Dogmatikers Sommerfeld an der Münchener Universität nicht ein Zögling des jüdisch-dogmatischen Geistes, sondern der pragmatische Theoretiker W. Müller berufen worden ist. Die judengeistigen Dogmatiker mögen wissen, daß ihre Zeit in Deutschland vorbei ist; für sie ist kein Platz mehr in der deutschen Physik.

Neben dieser öffentlichen Polemik setzte der Astronom Bruno Thüring, Wortführer des NS-Dozentenbundes in München, eine Kampagne in Gang, die Sommerfeld nicht nur einer judenfreundlichen Gesinnung, sondern der Vertuschung der jüdischen Abstammung bezichtigte. „Die Dozentenschaft beantragt, den von Geh. Rat Sommerfeld geführten Nachweis seiner ari-

---

[1] [Stark und Müller 1941, S. 21-22, 30].
[2] Vgl. [Eckert 1985].

schen Abstammung einer eingehenden Prüfung zu unterziehen und nötigenfalls seinen Stammbaum einer amtlichen Erforschung zuzuführen".[1] Thüring begründete dies mit Veröffentlichungen, in denen Sommerfeld zu den „jüdischen Intelligenzen" gezählt wurde. „Durch die vorhandenen Tatsachen ist jedenfalls schon soviel bewiesen, daß Sommerfeld von den Juden als ihresgleichen angesehen wird; es ist aber zu prüfen, ob sich nicht die Abstammung Sommerfelds als tatsächlich jüdisch erweist." Der Rektor der Universität Philipp Broemser, an den der Antrag des Dozentenbundes gerichtet war, sah jedoch für einen erneuten Ariernachweis keinen Grund. Ihm genügte das Ergebnis des Sachverständigen für Rasseforschung beim Reichsinnenministerium aus dem Jahre 1933, wonach „die Abstammung des Geheimen Hofrates Professor Dr. Sommerfeld bis zu seinen Urgroßeltern nachgeprüft" und festgestellt worden sei, „daß die Ahnen des Prof. Sommerfeld arischer Abkunft sind."[2]

Es war nur eine Frage der Zeit, bis der Streit wieder aufflammte. Nach einer Art Gewohnheitsrecht wurde emeritierten Professoren von ihren Nachfolgern in bescheidenem Umfang die Möglichkeit zur Weiterarbeit geboten, indem ihnen ein Studierzimmer zur Verfügung gestellt und eine jederzeitige Benutzung der Institutsbibliothek eingeräumt wurde. Sommerfeld hatte dies bereits im April 1936 beim Rektor der Münchner Universität offiziell beantragt, der jedoch darüber erst nach der Berufung eines Nachfolgers entscheiden wollte.[3] Als Sommerfeld den Antrag im Januar 1940 erneut stellte, erklärte er sich angesichts der Raumnot der Universität auch bereit, mit einem Raum im Keller vorlieb zu nehmen.[4] Wichtig war ihm vor allem der Zugang zur Institutsbibliothek, in der er auch ihm selbst gehörende Literatur aufgestellt hatte. Der Dekan der naturwissenschaftlichen Fakultät beschied dem Universitätsbauamt, das für die Raumverteilung zuständig war: „Ein direktes Interesse für die Universität, daß Geheimrat Sommerfeld über Raum im Universitätsgebäude verfügt, liegt *nicht* vor."[5] Müller habe „ausdrücklich erklärt, daß er alle Räume in seinem Institut für seine Arbeiten braucht und unter keinen Bedingungen die Benutzung des Kellerraumes durch Geheimrat Sommerfeld zulassen kann und daß er auch die Einbehaltung der Privatbibliothek in dem Institut ablehnen muss." Der Dekan brachte diesem Standpunkt Müllers sein „volles Verständnis entgegen".

---

[1] *B. Thüring an den Rektor der Universität, 28. März 1939.* München, UA, E-II-N.
[2] *P. Broemser an das Kultusministerium, 31. März 1939.* München, UA, E-II-N.
[3] *L. Kölbl an A. Sommerfeld, 6. Mai 1936.* München, UA, E-II-N.
[4] *A. Sommerfeld an das Rektorat, 9. Januar 1940.* München, UA, E-II-N.
[5] *F. v. Faber an das Bauamt der Universität, 8. Februar 1940.* München, UA, E-II-N.

Auch ein direktes Schreiben Sommerfelds an Müller mit dem Angebot, seine Literatur „bis auf Weiteres im Institut zu belassen, unter der Voraussetzung, dass mir die Benutzung der Institutsbibliothek im Lesezimmer und zur Entleihung jederzeit freisteht", war erfolglos.[1] Die Antwort Müllers eine Woche später ließ an Deutlichkeit nichts zu wünschen übrig:[2]

> Auf Ihr Schreiben vom 8. März habe ich Ihnen mitzuteilen, daß ich bereits vor mehreren Wochen den Rektor gebeten habe zu veranlassen, daß die Privatbibliothek aus dem Institut entfernt wird. [...] Im Übrigen möchte ich Sie ersuchen, endlich die in diesem Falle einzig mögliche Konsequenz zu ziehen, die schon lange von Ihnen erwartet wurde und in Zukunft das Institut unbehelligt zu lassen.

Einen Monat später teilte Sommerfeld einem Kollegen „zur Verwendung im Reichskultusminist." mit, „dass meine Nachfolge ein öffentlicher Skandal sondergleichen ist, und dass mein Nachfolger mich aus meinem Institut herausgeschmissen hat".[3] Im Juli 1940 beschwerte sich Sommerfeld im Berliner Reichserziehungsministerium persönlich über Müller. In einer Niederschrift protokollierte er die von ihm vorgebrachten Beschwerden und die Antworten des Universitätsreferenten Dames:[4]

> S[ommerfeld]: Durch die Berufung M.[üllers]'s sollte der Docentenbund ad absurdum geführt werden (kein Widerspruch). Das Ziel ist erreicht. Es ist mir aber nicht schmeichelhaft, dass ich dabei das Versuchskaninchen sein musste.
>
> D[ames]: Der Weg ist folgender: Rektor und Dekan sollen nach Berlin berichten, dass M. seiner Stellung nicht gewachsen ist. Im Interesse des Ansehens der Univ.[ersität] und der Ausbildung der Studierenden möge M. auf einen Lehrstuhl der technischen Mechanik versetzt werden. Das ist leicht möglich, da viele Stellen frei.

Zusammen mit Gerlach und den befreundeten Fakultätskollegen Wieland und Carathéodory folgte Sommerfeld dieser Anregung. Der Kern ihrer Vorwürfe gegen Müller war, daß sein Vorlesungsangebot im wesentlichen nur

---

[1] *A. Sommerfeld an W. Müller, 8. März 1940. München, DM, Archiv NL 89, 003.*

[2] Zitiert nach [Litten 2000, S. 107].

[3] *A. Sommerfeld an H. G. Grimm, 8. April 1940. München, DM, Archiv 1978-12B/172.* Ähnlich auch in Brief [251].

[4] *Niederschrift über eine Unterredung mit Dr. Dames, 16. Juli 1940*, vgl. [Eckert et al. 1984, S. 160].

die Mechanik abdecke und der Breite der theoretischen Physik nicht gerecht werde.[1] Müller nahm dazu umgehend Stellung. Er habe „im ersten Trimester dieses Jahres über ‚Einleitung in die theoretische Physik' (mathematische Methoden u. Hilfsmittel und Überblick über das Gesamtgebiet), im zweiten Trimester über ‚Mechanik deformierbarer Körper' (einschliesslich Wellentheorie) und zwar in sehr gründlicher und umfassender Weise, insbesondere in der zweiten Vorlesung bisher vernachlässigte, aber physikalisch und für die Anwendungen äusserst wichtige Probleme behandelt".[2] Im folgenden Trimester werde er „über weitere, für die Gegenwartsforschung grundlegende Gebiete (Hydrodynamik, Aerodynamik u. Gasdynamik) lesen". Daher sei ihm der Vorwurf „völlig unverständlich", sein Vorlesungsangebot beinhalte keine theoretische Physik. „Sollte aber eine Anspielung auf meine besondere Stellung zu den theoretisch-physikalischen Fragen darin enthalten sein, so muss ich bemerken, dass allerdings die dogmatische und talmudistische Physik, etwa die Fragen der Relativitätstheorie in meinen Vorlesungen nicht vorkommen, wie ich das in einer programmatischen Vorrede zu Beginn meiner Lehrtätigkeit ausgeführt habe". Er müsse die Vorwürfe „als eine unbefugte schulmeisterliche Einmischung in meine Lehrtätigkeit auffassen und mit aller Entschiedenheit gegen diese Art der Störung meiner Arbeit Verwahrung einlegen". Dies sei „im Zusammenhang mit einer seit langem betriebenen systematischen Hetze gegen meine Person und gegen die Wiederaufbauarbeit im Institut zu beurteilen". Er wisse „von zuverlässiger Seite", daß „Herr Sommerfeld mit seinem Anhang ‚fieberhaft daran arbeitet', meine und die Stellung der von mir eingesetzten Mitarbeiter, z. B. von Prof. Glaser zu erschweren und zu untergraben". Ohne die Quelle seiner als wörtliches Zitat angegebenen Information zu nennen, sah er darin einen Beleg dafür, daß er Zielscheibe von „geheimen Sabotage-Aktionen" sei. Für ihn handelte es sich „um einen Kampf gegen meinen weltanschaulichen Auftrag", bei dem er sich vom Dekanat wie auch vom Dozentenbund Rückendeckung erwartete.

Tatsächlich wurde die „Deutsche Physik" nun auf breiter Front in die Defensive gedrängt. Im Oktober 1940 bat Heisenberg Sommerfeld, er möge ihm „in kurzen Stichworten die ganze Leidensgeschichte Ihrer Nachfolgefrage" skizzieren, da hierüber demnächst in Berlin auf politischer Ebene verhandelt werde.[3] Schon zuvor war versucht worden, die Führung des Dozentenbundes von ihrer Unterstützung der „Deutschen Physik" abzubrin-

---

[1] Briefe [238] und [239].
[2] W. Müller an den Dekan der Naturwissenschaftlichen Fakultät der Universität München, 11. September 1940. München, DM, Archiv NL 89, 030.
[3] Brief [242].

gen. Die Initiative dazu ging von Wolfgang Finkelnburg aus, der – wie er nach dem Krieg argumentierte – im Dozentenbund an seiner Heimatuniversität, der TH Darmstadt, aktiv geworden war, um von innen heraus „den Kampf mit der Partei gegen die Gruppe Stark–Müller–Bühl aufnehmen" zu können.[1] Die Münchner Vertreter des Dozentenbundes wiesen Finkelnburgs Ansinnen zurück, doch man einigte sich auf eine Debatte in größerem Rahmen.

Diese später als „Religionsgespräch" bezeichnete Auseinandersetzung fand am 15. November 1940 in München statt.[2] Als Gegner der „Deutschen Physik" traten außer Finkelnburg selbst Carl Friedrich von Weizsäcker, Otto Scherzer, Georg Joos, Otto Heckmann und Hans Kopfermann auf; sie repräsentierten ein breites Spektrum von dem Astronomen Heckmann bis hin zum Industriephysiker Joos. Die „Deutsche Physik" wurde vertreten durch die Münchner Professoren Müller, Bruno Thüring und Rudolf Tomaschek, der gerade an die TH berufen worden war, Alfons Bühl und Harald Volkmann von der TH Karlsruhe sowie den Heidelberger Ludwig Wesch. Das Ergebnis des Streitgesprächs war nicht im Sinn der „Deutschen Physiker". Müller und Thüring verließen die Versammlung vorzeitig, nachdem ihnen der Leiter der Abteilung Wissenschaft im Dozentenbund, der Arzt Gustav Borger, dem die Diskussionsleitung oblag, sein Mißfallen über ihr Auftreten unmißverständlich zum Ausdruck gebracht hatte. In einer in fünf Punkten zusammengefaßten Kompromißformel wurde festgehalten: Die theoretische Physik mit allen mathematischen Hilfsmitteln ist ein notwendiger Teil der Gesamtphysik, zu der auch die spezielle Relativitätstheorie und ihre vierdimensionale Darstellungsweise gehört; Quanten- und Wellenmechanik sind als vorläufig gültige Beschreibung der Atomvorgänge zu akzeptieren, bedürfen jedoch noch eines tieferen Verständnisses. Die Allgemeine Relativitätstheorie wurde in dem Kompromiß nicht erwähnt. Eine Verknüpfung von Relativitätstheorie und einem allgemeinen Relativismus wurde aber als unzulässig abgelehnt.

Sommerfeld nannte das Ergebnis in einer ersten spontanen Reaktion „dünn und trivial".[3] Laue sah darin „doch eigentlich einen großen Triumpf", womit er die politische Bedeutung dieser von ihm als „Konkordienformel" bezeichneten Einigung im Auge hatte.[4] Auf jeden Fall waren damit die mehrheitlich von den Physikern vertretenen Auffassungen offiziell sanktioniert. Die Zersplitterung der „Deutschen Physik" nach dem Re-

---

[1] Brief [285].
[2] Siehe [Beyerchen 1982, S. 238-242].
[3] Zitiert nach Heckmann in [Beyerchen 1982, S. 241].
[4] Brief [246].

ligionsgespräch war unübersehbar. Lenard beschuldigte Bühl des Verrats. Tomaschek, dem Heisenberg zuvor eine Schlüsselrolle für die Durchsetzung der Berufung Müllers nach München zugewiesen hatte, löste sich mehr und mehr von dieser Bewegung. „Thüring u. Müller sind ja wohl die dümmsten u. daher am meisten fanatischen Anhänger der Gegenpartei, während der schlaue Tomaschek schon die Änderung des Windes von oben vorauswittert", fand Heisenberg nach der „Münchner Sitzung", mit deren Ergebnis „man recht zufrieden sein" könne.[1] Tomascheks Kehrtwende wurde wenig später deutlich, als er für die Berufung auf das Extraordinariat für theoretische Physik auch aus Heisenbergs Sicht „lauter tüchtige Theoretiker" vorschlug. Für Heisenberg war dies freilich nur ein weiterer Beleg dafür, „dass Tomaschek zwar der einzige tüchtige, aber charakterlich weitaus unerfreulichste Mann der Gegenseite ist."[2] Tomaschek war zum Sommersemester 1939 an die TH München berufen worden. Nach dem Krieg rechtfertigte Tomaschek sein Verhalten damit, daß er „nach einiger Zeit der Orientierung die Unsachlichkeit und Unwissenschaftlichkeit der Gruppe Müller" erkannt und sogar vor dessen Berufung nach München gewarnt habe; ferner hielt er sich zugute, daß es ihm gelungen sei, „die Verbindung unter den Physikern hier zu wahren und durch die Durchsetzung der Berufung von Prof. Sauter hierher durch persönliche Intervention in Berlin eine unter den obwaltenden Verhältnissen sehr günstige Atmosphäre zu schaffen".[3]

Nichtsdestotrotz blieb Müller auf seinem Posten und wurde im Frühjahr 1941 sogar zum Dekan der Naturwissenschaftlichen Fakultät ernannt. Die Institutsbezeichnung wurde durch den Zusatz „und angewandte Mechanik" so abgeändert, daß Müllers beschränktes Vorlesungsangebot weniger Anstoß erregte. Aus der Sicht Sommerfelds bestand auch nach dem „Religionsgespräch" kein Grund zum Optimismus. Von seinem Mechaniker Karl Selmayr, der nach wie vor am Institut arbeitete, wurde er detailliert über die Ereignisse unterrichtet, die sich unter Müller dort abspielten.[4] Dies blieb Müller nicht verborgen. Selmayr betätige sich „in hetzerischem Sinne als Werkzeug der Judengenossen Sommerfeld und Gerlach", beschwerte er sich beim Rektor.[5] Selmayr habe ihm gegenüber sogar offen erklärt, „dass er alles tun wird, um meine Arbeit zu stören". Er müsse „dringender als bisher bitten, den Oberwerkmeister Selmayr möglichst umgehend aus

---

[1] Brief [247].
[2] Brief [249].
[3] Brief [282]; zu den Berufungen Tomascheks und Sauters an die TH München vgl. [Wengenroth 1993, S. 248-250].
[4] Vgl. [Litten 2000, S. 107-110].
[5] *W. Müller an W. Wüst, 23. Juni 1941.* München, DM, Archiv NL 89, 030.

meinem Institut zu entfernen, mit welchen Mitteln und in welcher Form ist mir völlig gleichgültig." Selmayr wurde an das benachbarte Institut für physikalische Chemie versetzt, das von Clusius geleitet wurde. Wegen institutsübergreifender, als kriegswichtig erklärter Arbeiten behielt Selmayr aber Zugang zum Müllerschen Institut und konnte seine Materialsammlung über die dortigen Zustände weiterführen.

Über Glaser, der 1941 an die neue Reichsuniversität Posen berufen wurde, urteilte Thüring gegenüber Müller, er benehme sich „immer wilder und unzugänglicher", er sei „wie ein Elefant im Porzellanladen" und mache auch vor denen nicht Halt, „die seine Freunde sind und ihm immer geholfen haben. Sein unaufhörlich gehendes Mundwerk nach Art eines Waschweibes macht ihn geradezu manchmal gefährlich [...] er ist und bleibt ein Psychopath."[1] Müller warf Glaser „schweren Mißbrauch einer Vertrauensstellung" vor und sah sich sogar dazu veranlaßt, bezüglich der Person Glasers „die verantwortlichen Stellen der Reichsuniversität dringend zu äußerster Vorsicht" zu mahnen.[2] Später schrieb er, Glaser habe hinter seinem Rücken über verschiedene Personen der Münchner Universität „an die Kanzlei des Führers berichtet und dabei sogar meine Frau mit hineingezogen. Ich muss schon sagen, dass mir eine derartige GPU-Spitzelnatur noch nicht vorgekommen ist."[3] An den zunächst als Nachfolger für Glaser vorgesehenen Hans Bomke, dessen Übersiedlung nach München an „dem unverantwortlichen Geschwätz von Glaser" scheiterte, schrieb Müller: „Nach meinem heutigen Standpunkt ist Glaser ein hoffnungslos Geisteskranker und ausserdem gemeingefährlich. [...] Es wird nachgerade Zeit, dass man diesen Menschen unschädlich macht und ihn dahin steckt, wo er hingehört. Er hat unseren ganzen Kampf gestört und unsere Fahne beschmutzt."[4]

Während sich Müller als Opfer von Intrigen sah, setzte er ungeachtet der Waffenstillstandsformel im „Religionsgespräch" die Polemik gegen die moderne theoretische Physik immer ungehemmter fort. Glaser, „diesem verdienten Physiker", sei lange eine angemessene Stellung verwehrt geblieben, aber man habe „dem international gebundenen und auf Einstein verschworenen Geheimrat Arnold Sommerfeld die Möglichkeit geboten", eiferte er sich öffentlich im Dezember 1940, „fünf Jahre über seine Altersgrenze hinaus mitten im Werden des neuen Deutschland und mitten im Prozeß der

---

[1] *B. Thüring an W. Müller, 24. Juni 1941. München, DM, Archiv NL 89, 030.*

[2] *W. Müller an W. Geisler, 18. September 1942. München, DM, Archiv NL 89, 030.*

[3] *W. Müller an W. Geisler, 4. Januar 1943. München, DM, Archiv NL 89, 030.*

[4] *W. Müller an H. Bomke, 4. Januar 1943. Abschrift. München, DM, Archiv NL 89, 030.* Hans Bomke war seit 1941 Laborleiter der Forschungsanstalt der Reichspost in Berlin und wechselte 1943 an das Flugfunkforschungsinstitut nach Oberpfaffenhofen.

Entjudung unseres kulturellen Lebens, seinen alten, wenn auch des vormaligen Glanzes beraubten Hohepriestersitz der theoretischen Physik zu erhalten."[1] In diesem der Situation der theoretischen Physik gewidmeten Aufsatz plädierte er auch dafür, der Anwendung gegenüber der reinen Theorie wieder mehr Gewicht einzuräumen:

> Das würde übrigens nur die Wiederaufnahme eines bereits von Felix Klein angestrebten Programmes sein, der bekanntlich als erster die Universitätsinstitute für angewandte Mathematik, Physik und Mechanik ins Leben rief und die Berufung eines Ingenieurs, Prof. Prandtl, als Leiter der Göttinger aerodynamischen Versuchsanstalt durchsetzte und damit also eigentlich den ersten Anstoß zu einer weittragenden, für die Flugtechnik bedeutungsvollen Entwicklung gab. Nach meiner Ansicht spricht nichts dagegen, daß solche Institute auch an die Lehrstühle für theoretische Physik angegliedert werden. Es ist mehr wie unverständlich, daß an gewissen Universitäten dieser technischen Entwicklung fast überhaupt nicht Rechnung getragen, sondern nur formalistische Physik mit der einseitigen atomtheoretischen Zielrichtung gelehrt und getrieben wird. In der Bibliothek des theoretisch-physikalischen Instituts der Universität München fand sich nach dem Abgang Sommerfelds zwar eine große Sammlung von ausländischen Zeitschriften, aber nicht ein Buch, das einen wesentlichen Zugang zu technischen Fragen hätte vermitteln können.

Sommerfeld reagierte auf diese Zeilen mit einer Mischung aus Belustigung und Ärger:[2]

> Lesen Sie doch spasseshalber den Artikel von Wilh. Müller in dem Schandblatt „ZS f. d. gesamte Naturwiss." letztes Heft. Wir kommen beide drin vor, Sie als sein Kronzeuge (!), ich als ein der Technik u. Wirklichkeit gänzlich abgewandter Mathematiker (!). Sie wissen vielleicht noch nicht, dass Müller mich aus meinem Institut herausgeschmißen hat; er macht alles, unter dem Druck des Docentenbundes, so dumm wie möglich.

Prandtl bat Sommerfeld um weitere Informationen, da er die Absicht hatte, „irgendetwas in der Sache zu unternehmen".[3] Prandtl, weltweit anerkannte

---

[1] [Müller 1940, S. 295].
[2] Brief [251] an Ludwig Prandtl.
[3] Brief [252].

Autorität in Sachen Strömungsforschung, war aufgrund seiner jahrzehntelangen Aufbauarbeit für die aerodynamischen Forschungseinrichtungen in Göttingen auch für das Berliner Reichsluftfahrtministerium eine wichtige Persönlichkeit, etwa für Adolf Baeumker, Erhard Milch und Hermann Göring.[1] Allerdings hatten die Kriegsplaner vor dem Angriff auf die Sowjetunion im Sommer 1941 kaum ein offenes Ohr für den Streit um die „Deutsche Physik", so daß Prandtls Bemühungen vorerst im Sande verliefen.

Eine von Glaser veranlaßte Bestellung eines Windkanals, der dann unbezahlt und unbenutzt auf dem Gelände der Münchner Universität dahinrostete, bot Sommerfeld erneut Gelegenheit, Prandtl an „die in meinem ehemaligen Institut herrschende Unzucht" zu erinnern:[2]

> Müller ist ein vollendeter Trottl; die Aufgaben seiner Münchener Stelle wachsen ihm einfach über den Kopf, zumal er auch noch Dekan geworden ist (!!). Der Windkanal könnte ihm leicht moralisch und amtlich den Garaus machen. Also Glückauf zu diesem löblichen Scharfrichtertum!

Für Müller blieb die Affäre folgenlos, da er selbst den Windkanal zurückgeben wollte. Aber Prandtls Initiative kam darüber in Gang und ließ am Ende nichts an Deutlichkeit zu wünschen übrig.[3] Prandtls Aktion traf sich mit Bemühungen Finkelnburgs und Carl Ramsauers, die als Vertreter der Deutschen Physikalischen Gesellschaft im Januar 1942 in einer an den Reichserziehungsminister adressierten „Eingabe der Deutschen Physikalischen Gesellschaft" – gestützt auf eine ausführliche Dokumentation – einen Niedergang der Physik in Deutschland konstatierten.[4] Schuld daran seien auch die Angriffe gegen so verdiente Theoretiker wie Sommerfeld und Heisenberg, denn dies habe „die Schaffensfreudigkeit unserer Theoretiker gelähmt und den Nachwuchs von der Pflege der theoretischen Forschung abgeschreckt", während es in den angelsächsischen Ländern, insbesondere den USA, gelungen sei, „eine zahlenmäßig starke, sorgenfrei und freudig arbeitende junge Forschergeneration heranzuziehen".

---

[1] [Trischler 1992, S. 238-261].
[2] Brief [253].
[3] Briefe [254], [255], [256], [257] und [258].
[4] [Beyerchen 1982, S. 247-250], [Eckert 1993, S. 203-206]. Die Eingabe wurde nach dem Krieg in gekürzter Form unter Weglassung der Loyalitätsbekundungen für das NS-Regime als Rechtfertigung für den Widerstand gegen die „Deutsche Physik" publiziert, [Ramsauer 1947]. Ausführliches dazu findet sich im Nachlaß Prandtl Berlin, MPGA, vgl. auch die Dokumente in [Hentschel und Hentschel 1996, Teil IV].

„Es scheint, dass Müller wackelt", schrieb Sommerfeld im März 1942 an Prandtl.[1] Tatsächlich schien Müller dem Druck nicht länger standzuhalten. „Die Ereignisse der letzten Zeit haben mich so mitgenommen, dass ich einen völligen Nervenzusammenbruch fürchten muss", bekannte Müller.[2]

Obwohl das Reichserziehungsministerium nicht offiziell auf die Eingabe der Deutschen Physikalischen Gesellschaft reagierte, wurde damit das schon nach dem „Religionsgespräch" erkennbare Ende der „Deutschen Physik" besiegelt. Ramsauer und seine Mitstreiter hatten Kopien der Eingabe auch an verschiedene Persönlichkeiten von Wehrmacht und Industrie geschickt; Prandtls Aktivitäten bei den verschiedenen Instanzen der Rüstungsforschung wirkten in dieselbe Richtung. Ab Sommer 1942 unterstützte auch das von Göring geleitete Reichsluftfahrtministerium die Physiker bei der Abwehr ideologisch motivierter Eingriffe. Im November 1942 fand in dem Tiroler Kurort Seefeld eine zweite Begegnung mit „Deutschen Physikern" statt, die von Heisenberg als eine „Siegesfeier" gewertet wurde.[3] Bühl, Thüring und Tomaschek gaben bei dieser Veranstaltung den Argumenten der Mehrheit der Physiker nach und erkannten Quantenmechanik und Relativitätstheorie als festen Bestandteil der Physik an. Später schrieb Tomaschek an Sommerfeld:[4]

> Auch hier hat meine nur von dem Streben nach wissenschaftlicher Erkenntnis geleitete Haltung mir grosse Anfeindungen von Seiten der Nationalsozialisten eingetragen. Ich glaube ferner, dass alle Teilnehmer der Zusammenkunft in Seefeld von der Art und Weise der Durchführung durchaus befriedigt waren und dass wir alle redlich bemüht waren, diese schwierigen Fragen vorurteilslos zu prüfen.

Soweit aus den erhaltenen Unterlagen ersichtlich, scheint nach 1942 das Müllersche Institut weitgehend durch einen Boykott der Physiker und Mathematiker an den Instituten für Experimentalphysik (Gerlach), physikalische Chemie (Clusius), Mathematik (Perron, Carathéodory) und an der Technischen Hochschule (Tomaschek, Sauter) zur Wirkungslosigkeit verurteilt gewesen zu sein. Seminare und Kolloquien über moderne theoretische Physik fanden in diesen benachbarten Instituten oder im privaten

---

[1] Brief [259].

[2] *W. Müller an den Rektor der Universität, 28. Juni 1942.* München, DM, Archiv NL 89, 030.

[3] In einem Interview mit A. Beyerchen am 13. Juli 1971. Zum Niedergang der „Deutschen Physik" vgl. [Beyerchen 1982, S. 250-259].

[4] Brief [282].

Kreis in Sommerfelds Wohnung statt. Müller beklagte sich im April 1943 bei Stark: „Gerlach und die Mathematiker, die im Grunde der Sommerfeldschen Richtung angehören, arbeiten mit einer Einigkeit, die einer besseren Sache würdig wäre, gegen mich und suchen mir auch die Hörer abspenstig zu machen."[1] In einem vermutlich Anfang 1943 verfaßten Schreiben an das Reichserziehungsministerium kündigte Müller an, daß er demnächst persönlich im Ministerium vorsprechen wolle, um „um meine Versetzung an eine technische Hochschule nachzusuchen. [...] Ich würde nur für das Fach der Mechanik im allgemeineren Sinne, also einschließlich Festigkeitslehre, besonders auch Aerodynamik in Frage kommen. Die Sache ist für mich um so wichtiger als meine Tätigkeit hier sehr stark eingeschränkt ist und mit dem Maßstab des totalen Krieges gemessen dem für mich möglichen Einsatz nicht entspricht."[2] Müller war sich seiner eigenen Fehlbesetzung als Ordinarius für theoretische Physik durchaus bewußt. Das Reichserziehungsministerium hätte mit seiner Versetzung also allen Beteiligten einen Gefallen getan, doch unter den Verhältnissen des Krieges trat der Streit in München mehr und mehr in den Hintergrund. Es blieb daher bis Kriegsende bei den von allen Seiten – wenn auch aus ganz unterschiedlichen Gründen – als skandalös empfundenen Verhältnissen. Nach dem Krieg wurde Müller von der amerikanischen Militärregierung umgehend aus seinem Amt entfernt.[3]

Kriegsarbeit

Dem Verfall seiner „Pflanzstätte" ohnmächtig zusehen zu müssen, ging dem auch mit über siebzig Jahren noch überaus tatenfreudigen Sommerfeld sehr nahe. Der Politik des NS-Regimes im Großen dürfte er so wenig Sympathie entgegengebracht haben wie den wissenschaftspolitischen Maßnahmen im Kleinen, deren schädliche Auswirkungen er nicht nur in München sah. Bekundungen nationaler Begeisterung wie im Ersten Weltkrieg äußerte er im

---

[1] *W. Müller an J. Stark, 24. April 1943. München, DM, Archiv NL 89, 030.* Vgl. auch die Vortragsverabredungen für München, z. B. *C. F. v. Weizsäcker an A. Sommerfeld, 28. Januar 1942. München, DM, Archiv HS 1977-28/A,359, A. Sommerfeld an A. Eucken, 17. April 1943. München, DM, Archiv HS 1977-28/A,86, E. C. G. Stückelberg an A. Sommerfeld, 29. Februar 1944. München, DM, Archiv NL 89, 013.*

[2] *W. Müller an Ministerialrat v. Rottenburg, undatierte Abschrift. München, DM, Archiv NL 89, 030.* In einem Folgeschreiben erklärte er: „Aus mehreren Gründen sehe ich mich genötigt, zunächst von dieser Unterredung abzusehen", *W. Müller an Dr. Fischer, 26. Mai 1943. München, DM, Archiv NL 89, 030.*

[3] Zum Schicksal Müllers nach dem Kriege vgl. [Litten 2000, Kap. 1.3].

Zweiten Weltkrieg nicht mehr. Dennoch zeigte er ein lebhaftes Interesse an den politischen und militärischen Entwicklungen. Er verfolgte zum Beispiel regelmäßig die Berichte eines Schweizer Rundfunksenders, um ein ungeschminktes Bild über die Kriegslage zu erhalten.[1] Seine Haltung dürfte der von Max Planck nicht unähnlich gewesen sein, der in einer Mischung aus Nationalstolz und Niedergeschlagenheit im Mai 1940 an Sommerfeld schrieb:[2]

> Unsere militärischen Erfolge sind ja wundervoll, die Leistungen der Armee bewunderungswürdig. Und doch kann man sich nicht von Herzen freuen, wenn Tag für Tag Menschenleben geopfert und Millionenwerte zerstört werden. [...] Mir krampft sich das Herz zusammen, wenn ich an die befreundeten Kollegen in England, Norwegen, Dänemark, Holland denke.

Wie die Mehrzahl der Physiker sah Sommerfeld keinen Widerspruch darin, sich für die militärische Anwendung wissenschaftlicher Ergebnisse einzusetzen. Der Anstoß zu einem Kriegsauftrag an ihn kam von seinem Würzburger Kollegen Friedrich Harms, der als Experimentalphysiker seit langem für das Nachrichtenmittelversuchskommando (NVK) der Kriegsmarine in Kiel Forschungsaufträge durchführte. Zuvor hatte Sommerfeld Harms in der Angelegenheit des Müllerschen Assistenten Glaser um Auskunft über dessen früheres Verhalten in Würzburg gebeten. Harms informierte Sommerfeld bei dieser Gelegenheit eher beiläufig auch darüber, daß er im Rahmen seiner Arbeit für das NVK häufig mit Telefunkenmitarbeitern zusammentreffe und einer von ihnen, Wilhelm Moser, bei ihm angefragt habe, „ob Sie wohl für ein Problem: Antennen-Ausbreitung komplizierterer Art zu haben sein würden".[3]

Sommerfeld hatte eine doppelte Beziehung zu der Frage: Sein Sohn Ernst war bis zu seiner Einberufung zum Kriegsdienst bei Telefunken beschäftigt, und die Ausbreitung elektromagnetischer Wellen in der drahtlosen Telegraphie gehörte zu seinen Lieblingsthemen. Er sei von seinem Sohn darüber informiert worden, schrieb der von Harms erwähnte Mitarbeiter kurz darauf an Sommerfeld, „dass Sie selbst ein Interesse daran hätten, theoretische Aufgaben aus dem Gebiete der drahtlosen Telegraphie, insbesondere dringliche Probleme zu bearbeiten."[4] Sommerfeld erbat sich für die be-

---

[1] *Interview von M. Eckert mit F. Renner, 25. November 1996.*

[2] Brief [237].

[3] *F. Harms an A. Sommerfeld, 12. Februar 1940. München, DM, Archiv HS 1977-28/A,132.*

[4] *W. Moser an A. Sommerfeld, 1. April 1940. München, DM, Archiv NL 89, 020, Mappe 7,3.*

vorstehenden, als kriegswichtig eingestuften Arbeiten einen vom NVK zu bezahlenden Assistenten. Er zog dafür Kandidaten in Betracht, die kurz zuvor bei ihm promoviert hatten oder deren Promotion durch den Krieg unterbrochen wurde. Doch deren Reklamation durch das NVK stieß auf Schwierigkeiten. Die Wahl fiel schließlich auf Fritz Renner, der ebenfalls bei ihm promoviert hatte und bereits zum NVK abkommandiert war, um dort Unterwasserschallfragen zu bearbeiten.

Gegenstand der von Sommerfeld und Renner zu bearbeitenden Aufgaben waren „Theoretische Probleme aus dem Gebiete der drahtlosen Telegraphie". Als Aufgabensteller fungierte das NVK, aber die konkreten Gesprächspartner waren gewöhnlich Mitarbeiter von Telefunken, die der Kriegsmarine letztendlich die Resultate der Zusammenarbeit in konkrete technische Produkte umzusetzen hatten. Als erstes sollte berechnet werden, wie unter Berücksichtigung der Erdkrümmung und der Brechung in der Troposphäre elektromagnetische Wellen mit einer Wellenlänge von 20 bis 200 Metern von Vertikal- und von Horizontalantennen empfangen werden, d. h. „mit welchem Betrag bei gegebenen Sendebedingungen die einzelnen Komponenten der Feldstärken am Empfangsort einfallen."[1]

Die Kriegsarbeit für Telefunken und das NVK war nicht so aufwendig, daß sie Sommerfelds ganze Energie in Anspruch genommen hätte. Schon im November 1940 teilte er Moser mit, „dass wir mit dem Formelapparat unseres Problems (Horizontalantenne über beliebiger gekrümmter Erde bei homogener Luft) fertig sind, sodass die numerische Rechnung beginnen kann."[2] Fritz Renner, der die ganze Kriegszeit hindurch zu Sommerfeld abkommandiert und in dessen Haus einquartiert war, erinnerte sich, daß er Sommerfeld nicht nur als wissenschaftlicher Mitarbeiter für die Kriegsaufträge des NVK, sondern auch als Sekretär und später, mit Einsetzen der Bombenangriffe, als Hausgehilfe diente und wie ein Familienmitglied behandelt wurde. Eine junge tatkräftige Hilfe in der Nähe zu wissen, war für Sommerfeld und seine Frau in diesen Kriegsjahren ein großes Bedürfnis, da ihre erwachsenen Kinder alle außer Haus waren.[3] Telefunken und Marine schienen diesen Forschungen keine allzu große Dringlichkeit oder Kriegswichtigkeit beizumessen, da Besprechungstermine immer wieder verschoben und die Ergebnisse gewöhnlich nicht mit höchster Geheimhaltung behandelt wurden, auch wenn sich Sommerfeld zur Vorlage bei offiziellen

---

[1] *W. Moser an A. Sommerfeld, Niederschrift über eine Besprechung am 30. August 1940.* München, DM, Archiv NL 89, 020, Mappe 7,3.
[2] *A. Sommerfeld an W. Moser, 14. November 1940.* München, DM, Archiv NL 89, 020, Mappe 7,3.
[3] *Interview von M. Eckert mit F. Renner, 25. November 1996.*

Stellen durch das NVK formell bestätigen ließ, daß er „mit besonders kriegswichtigen Arbeiten betraut" sei.[1]

Bei den NVK-Besprechungen wurde Sommerfeld nicht nur mit funktechnischen Anwendungen der Physik im Krieg konfrontiert. Wenn etwa von einer „Ausarbeitung des akustischen Beugungsproblemes" die Rede war, so scheint dies im Umfeld der Schallortung von U-Booten akut geworden zu sein. Sommerfeld wollte seinen ehemaligen Assistenten Adalbert Rubinowicz in Lemberg in diese Arbeit einbeziehen, der eine besondere mathematische Methode für die Behandlung solcher Beugungsprobleme entwickelt hatte: „Ich würde gern von Ihnen hören, ob Sie glauben, diese Methode für akustische Zwecke, die Ihnen noch näher angegeben würden, weiter ausführen zu können", schrieb er nach Lemberg.[2] Rubinowicz sah jedoch unter den Verhältnissen im besetzten Polen keine Möglichkeit zu einer Mitarbeit: „Gegenwärtig stehen mir nicht einmal die Hilfmittel der physikalischen Institute zur Verfügung, da die kommissarische Verwaltung der Universität in den Händen der Ukrainer liegt und uns der Zutritt versagt ist", schrieb Rubinowicz bedauernd zurück.[3] Sommerfeld konnte seine eigenen Ausarbeitungen über dieses akustische Problem wenig später veröffentlichen; der militärisch vermutlich wichtige Fall kurzer Ultraschallwellen war darin ausgeklammert. In der Sprache der Mathematik formuliert – es handelte sich um Lösungen der Wellengleichung unter speziellen Randbedingungen – war hier ebensowenig wie bei seiner funktechnischen Annalenarbeit die Herkunft aus dem Umfeld der Kriegsmarine zu erkennen.[4]

Feldpost

Unabhängig von seinen Kontakten zum Nachrichtenmittelversuchskommando, die ihm aus dem Blickwinkel der Marine ein ungeschminktes Bild des Kriegsverlaufs vermittelt haben dürften, wurde Sommerfeld in zahlreichen Feldpostbriefen seiner Schüler aus erster Hand über die Ereignisse an den verschiedenen Kriegsschauplätzen informiert. In den ersten Kriegsjahren wurden die meisten jüngeren Physiker nicht für rüstungsrelevante Forschungen, sondern unabhängig von ihrer Ausbildung zum direkten Mili-

---

[1] *Kommandeur des NVK Bathe an Ministerialdirektor Dr. Erb, undatierte Abschrift. München, DM, Archiv NL 89, 020, Mappe 7,3*. Teilergebnisse wurden sogar mitten im Krieg zur Veröffentlichung freigegeben, etwa [Sommerfeld 1942].

[2] *A. Sommerfeld an A. Rubinowicz, 24. Februar 1942. Warschau, Privatbesitz.*

[3] *A. Rubinowicz an A. Sommerfeld, 19. März 1942. München, DM, Archiv HS 1977-28/A,295.*

[4] [Sommerfeld 1943a], [Sommerfeld 1943d] und [Sommerfeld 1948a].

tärdienst eingezogen. Fritz Sauter und Walter Franz hatten den Kriegseinsatz in Polen mitgemacht, Josef Meixner tat vorübergehend Dienst bei einer Eisenbahnersatzbatterie in Pommern, August Wilhelm Maue und Günther Christlein wurden zuerst nach Frankreich und später an die Ostfront geschickt.[1]

Auch wenn angesichts der unterschiedlichen Schicksale nicht von einem „typischen" Fall die Rede sein kann, sei am Beispiel Günther Christleins stellvertretend für andere das Verhältnis zwischen Sommerfeld und seinen Schülern eingehender beschrieben. Es zeigt, wie Sommerfeld auch nach seiner Emeritierung als Lehrer und Ratgeber respektiert wurde. Besonders deutlich wird, daß Sommerfelds Lehrerpersönlichkeit auf die Studenten weit über den Hörsaal hinaus gleichermaßen intellektuell und emotional ausstrahlte. Umgekehrt muß es Sommerfeld nach den Enttäuschungen mit seiner Nachfolge einigen Trost gebracht haben, sich in solcher Weise von anhänglichen Schülern verehrt zu wissen.

Günther Christlein hatte als Student im dritten Semester im Winter 1935/36 seine erste Vorlesung bei Sommerfeld gehört; 1937 betraute ihn Sommerfeld mit einer Zulassungsarbeit „Zur Theorie der Multipolstrahlung", und nach Abschluß des Staatsexamens für das höhere Lehramt im Frühjahr 1939 begann er mit seiner Doktorarbeit „Zur Quantentheorie der Supraleitung", die eine Theorie Heinrich Welkers weiterführen sollte. Doch die Verhältnisse am Sommerfeldschen Institut und der Ausbruch des Krieges machten die Durchführung der Promotion zu einem Hindernislauf mit ungewissem Ausgang. Sommerfelds Wertschätzung für Christlein geht aus einem Zeugnis hervor, mit dem er Christleins kurzfristige Beurlaubung vom Heeresdienst für die Promotion unterstützte:[2]

> Herr Günther *Christlein* gehört zu meinen begabtesten und hoffnungsvollsten Schülern. Er hat das Lehramts-Examen als weitaus bester bestanden [...] Die [Doktor-]Arbeit ist soweit gediehen, dass sie in einem Semester beendet werden kann. Für die wissenschaftliche und berufliche Entwicklung von Christlein wird es von grossem Nutzen sein, wenn er seine Doktorpromotion in Kürze bewerkstelligen kann.

---

[1] *F. Sauter an A. Sommerfeld, 22. November 1939. München, DM, Archiv NL 89, 020, Mappe 7,1, J. Meixner an A. Sommerfeld, 3. November 1939. München, DM, Archiv NL 89, 020, Mappe 7,1, G. Christlein an A. Sommerfeld, 28. April 1941, 19. Februar 1942. München, DM, Archiv NL 89, 020, Mappe 7,1, A. W. Maue an A. Sommerfeld, 29. August 1940, 28. Januar 1942. München, DM, Archiv NL 89, 020, Mappe 7,1.*

[2] *Zeugnis, 1. September 1940. München, DM, Archiv NL 89, 020, Mappe 7,1.*

Der Urlaub wurde zwar bewilligt, erwies sich jedoch als zu kurz. Je länger Christlein Militärdienst leistete, desto unwirklicher erschien der Promotionsplan. „Seit meinem Staatsexamen sind mehr als $2\frac{1}{2}$ Jahre verflossen", schrieb er im Oktober 1941 an Sommerfeld. „Ich möchte jetzt nicht einmal in Physik und Mathematik unvorbereitet eine Prüfung ablegen. [...] So werde ich möglicherweise das Ende dieses Krieges abwarten müssen, bis ich wieder an diese Sache herantreten kann."[1] Ganz abgesehen von den Schwierigkeiten, den zur Vorbereitung nötigen Urlaub zu erhalten, bereitete auch die Frage Probleme, an welcher Universität Christlein promovieren könnte. Zunächst bestand der Plan, die Promotion an der Universität Erlangen abzuwickeln, wo Rudolf Hilsch großes Interesse an der Christleinschen Arbeit zeigte; doch der Dekan der Erlanger naturwissenschaftlichen Fakultät bestand auf einer strikten Einhaltung der vom Reichserziehungsministerium erlassenen Regelung, die ein Mindeststudium von zwei Semestern an der die Promotion erteilenden Universität vorsah.[2] Es bedurfte eines Antrags an das bayerische Kultusministerium auf Erteilung einer Ausnahmegenehmigung. Doch Christlein reichte das Sommerfeld schon zur Befürwortung vorgelegte Gesuch gar nicht erst ein, da die Aussichten auf Bewilligung eines Urlaubs immer geringer wurden.[3] Die Versetzung Christleins an die Ostfront schien das Ende der Pläne zu sein:[4]

> Nun sitze ich seit einigen Wochen im Osten und könnte Ihnen Frontberichte schreiben. [...] Die Kälte war ganz außerordentlich, die Leistungen der Truppe übermenschlich. [...] Man glaubt sich plötzlich auf die Kulturstufe der Steinzeit zurückversetzt. [...] Es ist natürlich schade, daß meine Doktorprüfung wieder auf unbestimmte Zeit verschoben ist. Ich habe aber doch Hoffnung, daß im Sommer oder im Herbst die Lage soweit geklärt ist, daß ich wieder für einige Zeit oder vielleicht für ganz zur Wissenschaft zurückkehren darf.

Daß Christlein selbst in dieser Situation die Hoffnung nicht aufgab, imponierte Sommerfeld: „Ich freue mich über Ihre verhältnismäßig hoffnungsvol-

---

[1] *G. Christlein an A. Sommerfeld, 15. Oktober 1941.* München, DM, Archiv NL 89, 020, Mappe 7,1.

[2] *R. Hilsch an A. Sommerfeld, 27. November 1941.* München, DM, Archiv NL 89, 020, Mappe 7,1.

[3] *G. Christlein an A. Sommerfeld, 30. November und 19. Dezember 1941.* München, DM, Archiv NL 89, 020, Mappe 7,1.

[4] *G. Christlein an A. Sommerfeld, 19. Februar 1942.* München, DM, Archiv NL 89, 020, Mappe 7,1.

le Stimmung", schrieb er zurück, „Ihren Brief schicke ich an Hilsch weiter."
Dann berichtete er über die aktuellen Münchner Angelegenheiten:[1]

> Welker arbeitet experimentell bei Clusius im Kältelabor. [...]
> Der Kampf Selmayr c[ontr]a. Müller nähert sich seinem Höhepunkt. Sicher wird Müller schlecht abschneiden. Letztes Colloquium in diesem Semester: Clusius u. Sommerfeld über He II.

Wenigstens brieflich auf Tuchfühlung mit der Wissenschaft zu bleiben und sogar über die Interna der Münchner Verhältnisse informiert zu werden, gab Christlein Rückhalt und Hoffnung. „Was Sie mir von München schreiben, erscheint mir trotz allem Einschränkenden wie Sirenengesang", antwortete er. Inzwischen sei er als Kartenzeichner eingesetzt; er hoffte, das „Ende des Russenkrieges" bald zu erleben:[2] „Möge es mir vergönnt sein, dann im Herbst wieder zur Wissenschaft zurückzukehren."

Im Sommer 1942 wurde Christlein auf eigenen Wunsch zur Artillerie versetzt, wo er Vermessungsaufgaben übernahm. Auf die Nachricht, daß Heisenberg Direktor des Kaiser-Wilhelm-Instituts für Physik geworden und von Göring ein Reichsforschungsrat gebildet worden sei, hoffte er, auch bald wieder wissenschaftlich arbeiten zu können:[3]

> Wenn man so lange in den öden russischen Ebenen gelebt hat, bekommt man geradezu Hunger nach Integralen und Differentialgleichungen.

Sommerfeld antwortete umgehend:[4]

> Was Sie mir schreiben, interessiert mich alles sehr. [...] Sie müssen aber bedenken, dass die Rückkehr in die wissenschaftliche Arbeit um so schwerer sein wird, je nützlicher Sie sich beim Militär machen.
>
> Ich bedaure es fast, dass Heisenberg die Direktion des K. W. Institutes übernommen hat. Er wird dadurch der theoretischen Arbeit zu sehr entzogen. Die Umorganisation des Reichsforschungsrates geht auf die Wünsche der militärischen Stellen zurück; diese wissen, daß sie die Wissenschaft so nötig brauchen wie Panzer u. Munition.

---

[1] *A. Sommerfeld an G. Christlein, 5. März 1942. Dillingen, Privatbesitz.*
[2] *G. Christlein an A. Sommerfeld, 30. März 1942. München, DM, Archiv NL 89, 020, Mappe 7,1.*
[3] Brief [262].
[4] Brief [263].

Diese nüchterne, fast kritische Haltung hatte nichts mehr gemein mit Sommerfelds nationaler Hochstimmung im Ersten Weltkrieg, als er seine Kriegsforschung für „befriedigender wie die rein-wissenschaftliche" hielt.[1]

Im Herbst 1942 schien sich die Hoffnung auf einen Abschluß der Promotion für Christlein endlich zu erfüllen. Er übersandte Sommerfeld das Manuskript seiner Dissertation und vermutlich einen Zeitplan, wann er die Prüfung in Erlangen, für die ihm die gewünschte Ausnahmegenehmigung erteilt wurde, ablegen könnte. Sommerfeld war erfreut: „Bravo! So wird es am besten gehn. Ihre Arbeit liegt in meinem Safe. Wegen ihrer Druckfertigmachung werden wir im Dezember reden u. auch Welker dazu heranziehen."[2] Wieder folgte die Enttäuschung postwendend: „Leider hat uns das OKH wieder einmal einen Strich durch die Rechnung gemacht", schrieb Christlein nach München. „Der Studienurlaub wurde für das Ostheer abgesagt und ich habe meinen Antrag, der schon genehmigt war, wieder zurückbekommen. Das ist eine kleine Enttäuschung, aber im Augenblick läßt sich da wohl nichts dagegen machen."[3]

Das Auf und Ab währte noch ein Jahr. Christlein durchlebte einen weiteren furchtbaren russischen Winter. Im Sommer 1943 keimte neue Hoffnung auf, als er zu einem Lehrgang in einer Artillerieschule abkommandiert wurde, und im Herbst 1943 konnte er während eines Urlaubs endlich die Doktorprüfung bei Hilsch in Erlangen ablegen.[4] Das Votum zur Doktorarbeit wurde von Sommerfeld verfaßt, so daß Christlein ungeachtet der Emeritierung Sommerfelds als letzter Doktorand und Schüler Sommerfelds angesehen werden kann. Gleichzeitig bekundet dieses Votum das ungebrochene Interesse Sommerfelds an der aktuellen Forschung:[5]

> Nachdem Herr Christlein sich in meinem Seminar durch Vorträge und in seiner Zulassungsarbeit zum Lehramtsexamen (über Multipolstrahlung) besonders ausgezeichnet hatte, habe ich ihm als Doktorarbeit das schwierige und besonders aktuelle Thema vorgeschlagen, einige Punkte in der Theorie der Supraleitung mathematisch nachzuprüfen. Diese Theorie hatte Dr. hab. H. Welker auf die Annahme begründet, dass im Energiespektrum

---

[1] Vgl. Band 1, Seite 602.
[2] *A. Sommerfeld an G. Christlein, 16. Oktober 1942.* Dillingen, Privatbesitz.
[3] *G. Christlein an A. Sommerfeld, 31. Oktober 1942.* München, DM, Archiv NL 89, 020, Mappe 7,1.
[4] *G. Christlein an A. Sommerfeld, 17. August und 4. September 1943.* München, DM, Archiv NL 89, 020, Mappe 7,1. Das Doktorexamen fand am 24. November 1943 statt.
[5] *Zur Beurteilung der Promotionsarbeit von Herrn G. Christlein, undatiert.* Dillingen, Privatbesitz.

> der Leitungselektronen oberhalb der erlaubten Elektronenzustände bei $T = 0$ eine Lücke vorhanden sei, die den Elektronen unzugänglich ist und nur durch eine zusätzliche (thermische oder magnetische) Anregungsenergie von ihnen überwunden werden kann. Den Ursprung dieser Lücke sieht Welker in der magnetischen Austauschkraft der Elektronenbahnen, die bei $T = 0$ zu einer gitterartigen Anordnung der Geschwindigkeitsrichtungen mit entgegengesetztem Richtungssinn der Nachbar-Elektronen führt. [...] Die Christleinsche Arbeit befaßt sich nicht mit der elektronentheoretischen Begründung dieser Vorstellungen, sondern nimmt sie als gegeben an und entwickelt ihre Folgerungen [...]

Welkers Theorie und die Christleinsche Erweiterung stellen in der Geschichte der Supraleitung nur einen von vielen Versuchen dar. Von der Entdeckung des Phänomens im Jahr 1911 bis zu der mit Nobelpreisen bedachten Theorie von John Bardeen, Leon Cooper und J. Robert Schrieffer im Jahr 1953 hatten sich zahlreiche Koryphäen der theoretischen Physik, von Niels Bohr bis Werner Heisenberg, erfolglos daran versucht.[1]

Christlein wurde nach dem Abschluß der Promotion wieder nach Rußland geschickt: „[...] aufs Neue Dienst an der Front, diesmal bei Tscherkassy. Die Einschließung und dann der Ausbruch aus dem Kessel von Tscherkassy – Das waren meine letzten militärischen Erlebnisse", erinnerte er sich später.[2] Danach wurde er „zur Kriegsforschung an der TH München entlassen", wo er zusammen mit Fritz Sauter Probleme aus der Funktechnik bearbeitete. Nach dem Krieg studierte Christlein Theologie, stark von den Kriegserlebnissen beeinflußt; auch jetzt noch fühlte er sich Sommerfeld gegenüber der „Rechenschaft schuldig", denn die „Sorge um meine Zukunft war ja bisher zum größten Teil in Ihren Händen gelegen".[3]

Die Herausgabe der *Vorlesungen*

Im März 1942 gab Sommerfeld erstmals zu erkennen, was ihn für den Rest des Krieges und die Jahre danach am stärksten gefangen nahm. „Ich arbeite fleissig an der Herausgabe meiner Vorlesungen", schrieb er Christlein nach Rußland.[4] Christlein freute sich über diese Nachricht ganz besonders:

---

[1] [Hoddeson et al. 1992, S. 492-507] und [Handel 1994].
[2] *G. Christlein an M. Eckert, 27. März 1997. Persönliche Mitteilung.*
[3] Brief [284].
[4] *A. Sommerfeld an G. Christlein, 5. März 1942. Dillingen, Privatbesitz.*

„Sie werden damit allen Sommerfeld-Schülern ein großes Geschenk machen, vor allem auch denjenigen, die wie ich ihr Studium jahrelang unterbrechen mußten."[1] Die Nachricht von der bevorstehenden Veröffentlichung der Sommerfeldschen Vorlesungen wurde mit großer Vorfreude aufgenommen. Damit werde „ein Wunsch vieler in Erfüllung" gehen, schrieb Maue. „Die bisherigen Methoden, Ihrer Vorlesungen habhaft zu werden, wenn man nicht gerade in München war, waren doch etwas umständlich. Ich denke z. B. an das Photographieren der Vorlesungsausarbeitung mit Schmalfilm-Apparat."[2]

Der Wunsch nach einer gedruckten Lehrbuchfassung der sechssemestrigen Hauptvorlesung Sommerfelds war seit langem wiederholt geäußert worden. Vordringlichere Projekte hatten Sommerfeld jedoch immer wieder gezwungen, diesen Plan zu vertagen.[3] Wenn er sich nun, im Jahr 1942, daran machte, dieses Vorhaben anzugehen, „so geschah dies teils auf Anregung ehemaliger Schüler, teils auf wiederholtes Drängen des Verlegers Dr. W. Becker".[4] Er konnte dabei auf eigene Manuskripte sowie Vorlesungsausarbeitungen zurückgreifen, die Studenten und Assistenten seit den 1920er Jahren angefertigt hatten; außerdem versicherte er sich der Unterstützung von Kollegen, die ihm halfen, bei verschiedenen Teilkapiteln den aktuellen Forschungsstand zu berücksichtigen.[5]

In den Jahren des unerquicklichen Streits mit seinem Nachfolger war Sommerfeld diese Aufgabe nicht zuletzt eine willkommene Ablenkung und eine Rückbesinnung auf erfreulichere Zeiten seiner Münchner Lehrtätigkeit. Dennoch blieb ihm auch hier eine Einmischung der nationalsozialistischen Politik nicht erspart. Kurz vor der Drucklegung des ersten Vorlesungsbandes über die Mechanik schrieb ihm Heisenberg auf Wunsch eines Bekannten, der „politisch tätig ist und der uns schon viele wertvolle Hilfe geleistet" habe:[6]

> In ihren Vorlesungen, die bei Becker und Erler erscheinen sollen und auf die wir uns alle (incl. dieses Bekannten) sehr freuen, ist

---

[1] G. Christlein an A. Sommerfeld, 30. März 1942. München, DM, Archiv NL 89, 020, Mappe 7,1.

[2] A. W. Maue an A. Sommerfeld, 5. Oktober 1942. München, DM, Archiv NL 89, 020, Mappe 7,1. Vgl. auch die Reaktion Werner Rombergs in Norwegen, Brief [270].

[3] Siehe Brief [76].

[4] [Sommerfeld 1943e, S. V]. Sommerfeld hatte 1940 mit Walter Becker von der Leipziger Akademischen Verlagsgesellschaft korrespondiert, um in einem Streit über die dort verlegte *Zeitschrift für Kristallographie* zu vermitteln, vgl. die Briefe [244] und [245].

[5] Vgl. etwa die Hilfe Prandtls bei der Aerodynamik, Briefe [271], [272], [273], [274].

[6] Brief [264].

in dem Abschnitt über die Relativitätstheorie der Name Einstein reichlich oft erwähnt. Und dieser Bekannte von mir fragt an, ob Sie an dieser Stelle nicht dem Zeitgeist etwas mehr Rechnung tragen könnten.

Dieser Wunsch war ein Nachspiel zur Rehabilitierung Heisenbergs durch die SS. Himmler hatte daran die Bedingung geknüpft, Heisenberg solle künftig bei der Relativitätstheorie Person und Werk trennen, also den Namen Einstein nicht erwähnen. Damit hatte Heisenberg keine Probleme:[1]

> Den Rat Himmlers habe ich eigentlich, auch ohne daß er mir gegeben wurde, in Privatgesprächen etc. schon von selbst befolgt, da mir Einsteins Haltung der Öffentlichkeit gegenüber niemals sympathisch war. In Vorträgen habe ich allerdings immer über rein wissenschaftliche Fragen gesprochen und daher keine Gelegenheit gehabt, über die Person Einsteins (oder über die Starks) etwas zu sagen. Aber ich werde den Rat Himmlers gern dahingehend befolgen, daß ich dann, wenn ich über die Relativitätstheorie spreche, gleichzeitig betone, daß ich politisch und „weltanschaulich" eine andere Stellung einnähme, als Einstein – was Herr Himmler übrigens schon daraus sehen könnte, daß ich nicht die Absicht hatte oder habe, Deutschland zu verlassen.

Sommerfeld war solch ein Vorgehen zuwider. Es erstaunte ihn, daß „im Geheimen gründliche Vorzensur geübt" werde.[2] Außerdem ging es ihm „einigermassen gegen die Autorenehre", Einsteins Namen „auszumerzen"; gleichwohl autorisierte er seinen Verleger, „das Ihnen nötigscheinende Ihrerseits zu veranlassen."[3] Daraufhin entfernte man den Namen Einsteins in dem Abschnitt über die spezielle Relativitätstheorie, die unter der Überschrift „Raum, Zeit und Bezugssysteme" behandelt wurde. Lediglich als Begründer der allgemeinen Relativitätstheorie blieb es bei der Namensnennung, worauf Sommerfeld ausdrücklich bestanden hatte. Als die *Mechanik* im Frühjahr 1943 erschien und Heisenberg sich bei Sommerfeld für die Übersendung eines Exemplars bedankte, war von diesen durch den „Zeitgeist" bedingten Mißtönen nichts mehr zu spüren. Er fühlte sich bei der Lektüre an die eigene Studienzeit erinnert, die mit einer Mechanikvorlesung bei Sommerfeld 1920 begonnen hatte; besonders „die vielen Beispiele in Ihrem Buch,

---
[1] *W. Heisenberg an L. Prandtl, 8. März 1938. Berlin, MPGA, Prandtl-Nachlaß.*
[2] Brief [265].
[3] Brief [266].

die die Mechanik eigentlich zum Mustergut der Physik machen", freuten ihn.[1] Darin sah auch Sommerfeld selbst den Hauptvorzug seines Lehrwerks. „Gegenüber den Vorlesungen von Planck, die im systematischen Aufbau einwandfrei sind, glaube ich zugunsten meiner Vorlesungen eine größere Reichhaltigkeit an Stoff und eine freiere Handhabung des mathematischen Apparates anführen zu können", verglich er seine Darstellungsweise mit den klassischen Planckschen *Vorlesungen über Thermodynamik*, den *Vorlesungen über die Theorie der Wärmestrahlung* und der fünfbändigen Planckschen *Einführung in die theoretische Physik*.[2] Er nahm bewußt in Kauf, daß bei seiner Darstellung „in der systematischen Begründung und der axiomatischen Folgerichtigkeit einige Lücken bleiben"; denn vor allem anderen wollte er seinen Lesern ein „lebendiges Bild von dem reich gegliederten Stoff verschaffen, den die Theorie von geeigneter mathematisch-physikalischer Warte aus zu umfassen gestattet", und sie „nicht durch langwierige Untersuchungen mathematischer oder logischer Art abschrecken und von dem physikalisch Interessanten ablenken."[3]

Diesem im Vorwort der *Mechanik* erklärten Vorgehen blieb Sommerfeld auch in den Folgebänden treu. Schon ein Jahr später war die *Mechanik der deformierbaren Medien* druckfertig, doch wurde ein Teil der Arbeit am 5. Dezember 1943 durch einen Bombenangriff zunichte gemacht: „Vielleicht haben Sie schon gehört, dass die Engländer einen Tag vor diesem Geburtstage den Bd. II meiner Vorlesungen im Satz völlig zerstört haben", berichtete Sommerfeld nach dem Krieg einem Kollegen.[4] Der Inhalt dieses Bandes – Elastizitätstheorie, Hydro- und Aerodynamik – lag Sommerfeld besonders am Herzen, und er hätte wohl unter anderen Zeitumständen noch wesentlich mehr Material hinzugefügt, „mußte es jedoch unterlassen, um den Druck nicht weiter zu erschweren". Was diesem Band, der aufgrund einer beträchtlichen Dosis einführender Mathematik theoretischer als die *Mechanik* erschien, dennoch Praxisnähe verlieh, waren vor allem die „reichen Erfahrungen des Göttinger Arbeitskreises".[5] Damit bedankte sich Sommerfeld bei Ludwig Prandtl und seinen Mitarbeitern von der Göttinger Aerodynamischen Versuchsanstalt und dem Kaiser-Wilhelm-Institut für Strömungsforschung.

---

[1] Brief [268].
[2] [Planck 1897], [Planck 1906] und [Planck 1916], [Planck 1919], [Planck 1922], [Planck 1927], [Planck 1930].
[3] [Sommerfeld 1943e, S. VI].
[4] A. Sommerfeld an P. Jordan, 8. September 1945. Berlin, SB, Nachlaß 606 Jordan.
[5] [Sommerfeld 1945c, S. V-VII].

Prandtl gehörte seit 1901 zu Sommerfelds beständigsten Briefpartnern.[1] Ein Drittel ihrer Korrespondenz (19 von 58 erhaltenen Briefen) entfällt auf die Zeit des Zweiten Weltkriegs. Prandtls „teils indirekte, teils auch direkte Mitwirkung bei Bd. II meiner Vorlesungen" war ihm „sehr wertvoll und beruhigend", schrieb Sommerfeld Anfang 1944 nach Göttingen, da er „die neuere Entwicklung der Strömungslehre nicht genügend verfolgt habe". Bei den Abschnitten über Prandtls eigene Pionierarbeit, die Grenzschichttheorie, und über den „besonders problematischen Paragraphen über Turbulenz" war ihm diese Zuarbeit besonders wichtig.[2] Prandtl erfüllte diese Bitte gerne und freute sich, daß Sommerfeld von seinen Ausführungen „so ausgiebig Gebrauch machen" wolle.[3] Dann mußte Sommerfeld die Arbeit erneut unterbrechen, da ihn eine Krankheit ans Bett fesselte: „Die Turbulenz aus meinem Bd. II bleibt Ihnen nicht erspart; aber der Neusatz geht furchtbar langsam vorwärts."[4] Als der Band endlich erschien, war Sommerfeld mit dem Buch „im gedruckten Zustand sehr unzufrieden", schrieb dies aber mehr seiner „gesundheitlichen Depression" als dem Zwang zu häufigen Korrekturen zu. Am Ende war er „nicht mehr so pessimistisch" und erkannte dankbar die wohl zum Teil recht harsche Kritik Henry Görtlers an, einem Mitarbeiter Prandtls, die ihm „ausgezeichnete Dienste geleistet" habe.[5]

Der Druck der weiteren Bände wurde durch die Verhältnisse bei Kriegsende erschwert. Im Dezember 1945 bat Sommerfeld einen amerikanischen Kollegen um Unterstützung für den Druck seiner Vorlesungsbände in den Westzonen. Band II sei jetzt in der sowjetischen Besatzungszone erhältlich, Band VI im Manuskript fertiggestellt. Wenn der Druck künftig nicht mehr in Leipzig ausgeführt werden könne, möchte er ihn „entweder dem Münchener Verlag Oldenbourg oder dem Wiesbadener Dieterich übergeben". Ein offizielles Schreiben, „welches den beschleunigten Druck empfiehlt mit Rücksicht auf mein hohes Alter und auf das Interesse, das z. B. auch die amerikanische Wissenschaft an meinem Buch nimmt", wäre ihm dazu sehr erwünscht.[6] Im März 1946 legte er das Manuskript von Band VI, den er „sehr schön" fand, der russischen Zensur in Berlin zur Genehmigung vor.[7]

---

[1] Band 1, Brief [58].
[2] Brief [271].
[3] Brief [272].
[4] Brief [273]; vgl. auch den übrigen Briefwechsel der beiden.
[5] Brief [277]. Das Turbulenzkapitel bereitete ihm jedoch weiter Kopfzerbrechen. Der Band war noch nicht erschienen, als er Prandtl bereits Ideen für eine Neugestaltung des Turbulenzproblems mitteilte, vgl. die Briefe [278] und [280].
[6] *A. Sommerfeld an H. P. Robertson, 1. Dezember 1945. München, DM, Archiv NL 89, 015.*
[7] *A. Sommerfeld an A. Unsöld, 9. Dezember 1945. Kiel, Privatbesitz,* und Brief [293].

In einem Brief an Schrödinger schrieb er Ende Mai 1946 über den aktuellen Stand: „2 bescheidene Bände sind erschienen, ein dritter im Druck, ein vierter im Entstehen. Nur dadurch konnte ich mich über die Unbilden des Krieges und Friedens hinwegsetzen."[1]

Bei der in Arbeit befindlichen Vorlesung handelte es sich um Band III, die *Elektrodynamik*. Er erschien 1948 im Westen, ebenso wie der 1947 erschienene Band VI *Partielle Differentialgleichungen der Physik*, der zuvor schon in der Ostzone herausgekommen war. Der Ost-West-Konflikt fand bis in die Publikationsweise der Vorlesungsbände einen Niederschlag, denn sie erschienen in unterschiedlichen Auflagen sowohl bei der Akademischen Verlagsgesellschaft in Leipzig als auch beim Wiesbadener Verlag Dieterich. „Bisher konnte der Buchhandel im Westen, nach allem was ich höre, nicht von Ihnen versorgt werden", schrieb Sommerfeld im Oktober 1948 an seinen Verleger in Leipzig:[2] „Das ist erst durch den Dieterich-Verlag geschehen. Sie werden mir nachempfinden, daß ich die große Arbeit, die ich in die Herausgabe meiner Vorlesungen stecke, nicht für den beschränkten Kreis Ihrer Lieferungsmöglichkeiten unternehmen kann." Zeitweise wurde erwogen, eine Westvertretung des Leipziger Verlages in Wiesbaden zu gründen, aber der Plan scheiterte, wie Sommerfeld vom Inhaber des Dieterichschen Verlages erfuhr:[3] „Die Amerikaner haben auch kein Interesse daran, einem Geschäft, das sich in sowjetisch lizenzierter Hand befindet, zu gestatten, hier eine Filiale zu eröffnen, deren Gewinne nach dem Osten gehen und die hier die ohnehin so sehr beschränkten Herstellungsmöglichkeiten zusätzlich in Anspruch nehmen will."

Ost- und Westausgaben der *Vorlesungen über theoretische Physik*

Band	Ausgabe Ost	West
1. Mechanik	$1943^1, 1944^2, 1947^3, 1948^4$	1949^4
2. Mechanik deformierbarer Medien	$1945^1, 1949^2$	1947^2
3. Elektrodynamik	1949^1	1948^1
4. Optik		1950^1
5. Thermodynamik		1952^1
6. Partielle Differentialgleichungen	$1945^1, 1948^2$	1947^2

---

[1] A. Sommerfeld an E. Schrödinger, 31. Mai 1946. München, DM, Archiv NL 89, 015. Vgl. auch Brief [297].

[2] A. Sommerfeld an F. Portig, 22. Oktober 1948. München, DM, Archiv NL 89, 005.

[3] W. Klemm an A. Sommerfeld, 27. Oktober 1948. München, DM, Archiv NL 89, 007.

So blieb es bei dem verwirrenden Nebeneinander von Ost- und Westausgaben, das noch zusätzlich durch die Notwendigkeit von Neuauflagen verstärkt wurde. Die vorstehende Tabelle gibt einen Überblick über die von Sommerfeld noch selbst bearbeiteten Bände und ihr Erscheinen, wobei die Hochzahlen die Auflage bezeichnen; spätere Neuauflagen wurden von Erwin Fues, Fritz Bopp, Josef Meixner und Fritz Sauter bearbeitet.

Bereits unmittelbar nach Kriegsende wurde auch der Wunsch nach Übersetzungen vorgetragen. Im November 1945 schrieb Gilberto Bernardini von der Universität Rom an Sommerfeld, er habe bereits die Übersetzung der *Mechanik* ins Italienische bei dem Verlagshaus Sansoni veranlaßt und wolle dort auch die anderen Bände baldmöglichst übersetzen lassen.[1] Im September 1946 fragte Ewald seinen ehemaligen Lehrer: „Liegt Ihnen an einer engl.[ischen] oder amerik.[anischen] Ausgabe, wie bei Ihren früheren Büchern?"[2] 1947 war die Arbeit an den Übersetzungen ins Englische und Italienische in vollem Gang. Im selben Jahr erschien bereits eine russische Übersetzung der *Mechanik*. Ein Jahr später, gleichsam als ein Geschenk zu Sommerfelds 80. Geburtstag, kündigte der Verleger das Erscheinen der amerikanischen Übersetzung von Band VI an,[3] der bedingt durch die verwickelte Publikationsgeschichte der deutschen Ausgaben als erster Band in den USA erschien:[4]

> We are proud that we can do our share to distribute your "Lebenswerk" throughout English-speaking countries, and we are delighted to be able to tell you that the first reaction to our announcement of *Partial Differential Equations In Physics* met with a very enthusiastic reception.

„Persilscheine"

Wie andere nationalsozialistisch unbelastete Persönlichkeiten sah sich Sommerfeld nach dem Ende des Krieges mit einer menschlich wie politisch nicht leicht zu bewältigenden Aufgabe konfrontiert: Er wurde von Kollegen, Schülern und Bekannten, die – sei es aus Überzeugung oder um der Karriere willen – einer NS-Organisation beigetreten waren, um ein Zeugnis ihres

---

[1] *G. Bernardini an A. Sommerfeld, 24. November 1945. München, DM, Archiv NL 89, 005.*
[2] *P. Ewald an A. Sommerfeld, 5. September 1946. München, DM, Archiv NL 89, 007.*
[3] [Sommerfeld 1949c].
[4] *K. Jacoby an A. Sommerfeld, 16. Dezember 1948. München, DM, Archiv NL 89, 005.*

politisch und charakterlich untadeligen Verhaltens im Nationalsozialismus gebeten. Im Nachlaß Sommerfelds finden sich Dutzende solcher „Persilscheine". Sie dienten zur Vorlage bei den für die „Entnazifizierung" in der britischen und amerikanischen Besatzungszone eingerichteten Behörden.[1] Für die Betroffenen, die sich meist als Opfer schematisch durchgeführter Verfahren sahen, in denen ihre persönlichen Lebensumstände nicht angemessen berücksichtigt wurden, konnte von diesen „Weißwasch-Zertifikaten" die weitere berufliche Existenz abhängen. Die Wiedereinstellung eines Beamten und somit auch von Universitätsprofessoren setzte einen nur geringen Belastungsgrad auf der fünfstufigen Skala des Entnazifizierungsschemas voraus. Wenn es schon nicht gelang, als „unbelastet" zu gelten, so doch höchstens als „Mitläufer".

In der Praxis verlief die Entnazifizierung nicht nach einem einheitlichen Muster. Politische Bemühungen um Entnazifizierung wurden konterkariert durch strategisch-taktische Überlegungen. Unbeschadet ihrer Verstrickung in das NS-System wurde zum Beispiel eine große Zahl von Luftfahrtexperten und Forschern anderer rüstungsrelevanter Sektoren in geheimen Aktionen zur militärischen Forschung in die USA verbracht. In der Ostzone wurden auf ähnliche Weise viele Spezialisten in die Sowjetunion überführt.[2] In der britischen Besatzungszone hatte man für die aus der Internierung in Farmhall nach Göttingen entlassenen Mitarbeiter des „Uranvereins" in Absprache mit amerikanischen Stellen besondere Maßnahmen getroffen (siehe unten). Schon vor diesem Hintergrund wäre es problematisch, eine pauschale Einschätzung der Entnazifizierung zu geben. Im Fall der an Sommerfeld herangetragenen Entlastungsgesuche kommen noch die „Deutsche Physik" und die Münchner Verhältnisse während der Ära Müller als Besonderheit hinzu.

Der Fall Wolfgang Finkelnburgs zeigt die ganze Bandbreite dieser Problematik. Er wandte sich noch vor der offiziell angeordneten Entnazifizierung im Oktober 1945 an Sommerfeld mit der Bitte, ihm eine Bescheinigung über seine „physik-politische Tätigkeit" auszustellen, um so seine Berufung auf den Experimentalphysiklehrstuhl an der TH Darmstadt zu erleichtern.[3] Sommerfeld hatte Finkelnburgs Auftreten gegen die „Deutsche Physik" nicht vergessen.[4] In seiner „Erklärung" bestätigte Sommerfeld zwar die Angaben Finkelnburgs, sah sich aber nur als indirekten Zeu-

---

[1] [Niethammer 1972], [Brower 1981] und [Vollnhals 1991].
[2] [Lasby 1971], [Gimbel 1990], [Hunt 1991], [Albrecht et al. 1992].
[3] Brief [285].
[4] Vgl. Seite 481.

gen:[1] „Die vorstehenden Angaben habe ich gewissermaßen in Vertretung von W. Heisenberg gemacht, der Herrn Finkelnburg persönlich nahesteht und nähere Angaben über seine politische Betätigung zu machen imstande gewesen wäre."

Finkelnburg wurde trotz des positiven Zeugnisses nicht nach Darmstadt berufen. Er betätigte sich während der ersten Nachkriegszeit vor allem als Lehrbuchautor. Seine *Einführung in die Atomphysik* wende sich „an *alle* Studenten der Physik, Chemie usw. vom 4. Semester an und will ihnen *alles* das, aber auch *nur* das bringen, was der Physiker, Chemiker usw. heute m. E. von der Atom- und Molekülphysik wissen muss", erläuterte er Sommerfeld.[2] Außerdem sei er von amerikanischen und englischen Stellen mit Übersetzungsarbeiten beauftragt worden. „Es wurde sogar von der Möglichkeit gesprochen, dass man mir die experimentelle Fortsetzung [meiner Arbeit] für einige Jahre an einer englischen Universität anbieten wolle, doch sei noch nichts definitives in dieser Richtung entschieden."

Finkelnburgs Arbeitsgebiet betraf insbesondere die Molekülspektren und das Verhalten von Materie bei höchsten Temperaturen. Während man sich besonders in den USA dafür stark interessierte, konnte Finkelnburg in Deutschland damit seine Karriere als Professor der Experimentalphysik an keiner Universität fortsetzen – „trotz rechtskräftiger Entnazifizierung!", wie er nicht ohne Bitterkeit im Mai 1947 Sommerfeld gegenüber feststellte.[3] Um diese Zeit entschloß er sich, „eines der immer dringender werdenden amerikanischen Angebote für zunächst ein halbes Jahr anzunehmen", doch er „hoffe immer noch sehr, im nächsten Frühjahr auf eine Professur oder wenigstens eine Diätendozentur nach Deutschland zurückkommen zu können". Kurz vor der Abreise in die USA begründete er Sommerfeld gegenüber seinen Entschluß noch einmal mit dem „Fehlschlagen aller Berufungshoffnungen hier in Deutschland". Er wolle sich höchstens zwei Jahre dort binden, „in der Hoffnung, dass man mich dann doch hier wieder haben will":[4]

> Augenblicklich sieht es ja wirklich so aus, als hätte man in Deutschland nur Aussichten, wenn man in Göttingen die Priesterweihen empfangen hat. [...] wenn man so genau weiss, dass

---

[1] Brief [286].
[2] *W. Finkelnburg an A. Sommerfeld, 8. November 1945. München, DM, Archiv HS 1977-28/A,92.* Seine „Einführung in die Atomphysik", die zu einem Klassiker wurde und viele Auflagen erlebte, widmete er Sommerfeld, vgl. [Finkelnburg 1948].
[3] *W. Finkelnburg an A. Sommerfeld, 28. Mai 1947. München, DM, Archiv NL 89, 008.*
[4] *W. Finkelnburg an A. Sommerfeld, 8. August 1947. München, DM, Archiv NL 89, 008.*

man hierher gehört, hier Aufgaben hätte und auch weiss, dass man als Hochschul*lehrer* hier richtig am Platze wäre, – dann ist es hart, weggehen zu *müssen* [...]

In anderen Fällen verlief die Wiederherstellung der beruflichen Existenz im Nachkriegsdeutschland unproblematisch. Josef Meixner versicherte Sommerfeld, als er ihn um einen „Persilschein" bat, für den „Wiederaufstieg einer anständigen, vorurteilsfreien Wissenschaft" sorgen zu wollen; er fügte hinzu, „dass gerade Ihre Schüler dazu den Beitrag geben werden, den zu leisten in ihren Kräften steht."[1] Sommerfelds „Erklärung" bestätigte Meixner, daß er „nie ein Anhänger des Nazisystems" gewesen sei.[2] Er habe stets die Unterscheidung zwischen „deutscher" und „jüdischer Physik" verurteilt und in seiner Arbeit nur sachliche Gesichtspunkte gelten lassen. „Daß er als Assistent an der Gießener Universität zur SA gegangen ist und von da aus unter dem Druck des dortigen Dozentenbundführers, der sich an kleinen Universitäten in alle Angelegenheiten des Hochschulwesens zu mischen pflegte, zur Partei gegangen ist, war wohl unvermeidlich." Meixner konnte seine Stelle als Ordinarius für Theoretische Physik an der TH Aachen behalten und dort die Tradition der Sommerfeldschule fortsetzen. Ähnlich wie in Meixners Fall rechtfertigte Sommerfeld auch die NS-Verwicklungen anderer, die um Ihrer Karriere willen in die SA oder eine andere NS-Organisation eingetreten waren. In den meisten Fällen konnten die Betroffenen ihre Karriere danach fortsetzen.

Sommerfeld erteilte jedoch auch Absagen, wenn ihm das Ersuchen um einen „Persilschein" nicht gerechtfertigt erschien. Als sich der Geologe Karl Beurlen im März 1946 an Sommerfeld wandte, da man ihn an der Universität seines „Dienstes enthoben" habe und er „nun als Bauhilfsarbeiter tätig" sei,[3] erhielt er zur Antwort:[4]

Aus Ihrer Dekanatstätigkeit im Falle meines Mitarbeiters Maue habe ich den Eindruck gewonnen, dass Sie den Wünschen der Herren Müller, Thüring und Genossen mehr als billig nachgegeben haben. Ich glaube daher nicht als Zeuge für die unpartei-

---

[1] *J. Meixner an A. Sommerfeld, 19. November 1945. München, DM, Archiv NL 89, 020, Mappe 8,3.*

[2] *A. Sommerfeld, Erklärung für Meixner, 14. Dezember 1945. München, DM, Archiv NL 89, 020, Mappe 8,3.*

[3] *K. Beurlen an A. Sommerfeld, 6. März 1946. München, DM, Archiv NL 89, 020, Mappe 8,3.*

[4] *A. Sommerfeld an K. Beurlen, 12. März 1946. München, DM, Archiv NL 89, 020, Mappe 8,3.*

ische Führung Ihrer akademischen Ämter aussagen zu sollen, so
sehr ich auch Ihre jetzigen Schwierigkeiten bedaure.

Das Beispiel Maues zeigt, daß selbst überzeugte Nationalsozialisten in doppelter Weise Opfer werden konnten. Maue war als Sommerfelds letzter Assistent im Dritten Reich in besonderer Weise den Anfeindungen der „Deutschen Physik" ausgesetzt. Gleichwohl war Maue ein „voller Hitler-Verehrer", er „wurde etwa 1936 SS-Mann u. glaubte bis zuletzt an unseren Sieg", schrieb Sommerfeld 1946 an Heisenberg, als dieser sich für Maue verwenden wollte. „Hier habe ich es garnicht versucht", fuhr Sommerfeld fort, „weil es bei den Amerik. hoffnungslos gewesen wäre, so leid es mir tut."[1]

Selbst im Fall von Johannes Stark ging die Feindschaft unter den Physikern nicht so weit, daß ihm jegliches Mitgefühl verweigert worden wäre. Stark wurde in einem Spruchkammerverfahren im Juni 1947, nicht zuletzt aufgrund von Unterlagen, die Sommerfeld dem Gericht zur Verfügung gestellt hatte, als Hauptschuldiger eingestuft und zu vier Jahren Arbeitslager verurteilt. Das Urteil wurde jedoch nicht vollzogen, da Stark am Tag nach der Verkündung einen Schlaganfall erlitt und in ein Krankenhaus überführt wurde. Am 16. Juli 1947 schrieb Laue, der mit Stark kurz zuvor noch eine Kontroverse in den *Physikalischen Blättern* ausgetragen hatte, an Sommerfeld: „Ich höre von Walther Meißner, daß Sie versuchen, eine Strafmilderung für Johannes Stark durchzusetzen. Bitte sagen Sie mir, ob ich Sie dabei unterstützen kann."[2] Nach einem sich zwei Jahre hinziehenden Prozeß, bei dem selbst Einstein um eine Meinungsäußerung gebeten wurde, kam die Kammer zu dem Entschluß, die Angelegenheit nicht mehr strafrechtlich und auf der Grundlage der Entnazifizierungsgesetze zu behandeln, sondern als einen Streit innerhalb der Wissenschaft. Das Verfahren endete 1949 mit einer Geldstrafe in Höhe von 1 000 DM.[3]

Die Praxis der Entnazifizierung stieß nicht nur bei den Betroffenen auf Kritik. Auch erklärte Nazigegner wie Karl Bechert verurteilten diese Art der Vergangenheitsbewältigung:[4]

> Die Demokraten, die „Antifaschisten" sind meist nicht oder nicht wesentlich besser als die Nationalsozialisten, sie wollen sich rächen, sie wollen Stellungen haben, Macht andere zu unterdrücken, „wenn es mir so geht, soll es allen so gehen". Es ist kläglich.

---

[1] Briefe [299] und [300].
[2] Brief [320].
[3] [Kleinert 1983].
[4] *K. Bechert an A. Sommerfeld, 28. Dezember 1945. München, DM, Archiv NL 89, 005.*

Bechert war als nationalsozialistisch völlig unbelastet nach dem Krieg als Rektor der Gießener Universität eingesetzt worden, die jedoch im Juli 1945 geschlossen und kurz darauf in eine Hochschule für Landwirtschaft und Tiermedizin umgewandelt wurde. Als seine Bemühungen, von den amerikanischen Besatzungsbehörden eine Rücknahme dieser Entscheidung zu erwirken, erfolglos blieben, erklärte Bechert seinen Rücktritt und folgte einem Ruf an die Universität Mainz. Hier machte er die Erfahrung, daß ehemalige Mitglieder des Herausgeberstabes der *Zeitschrift für die gesamte Naturwissenschaft* schon wieder bei Berufungsfragen Einfluß nahmen.[1] Sommerfeld war für Bechert auch in solchen Fragen eine Instanz, auf deren Unterstützung er zählte. Als ihm Sommerfeld später die Nachfolge in München antrug, nahm er dies zum Anlaß, die Hochschulpolitik in der amerikanischen Zone scharf zu kritisieren. Die Entnazifizierungsstellen ließen sich von „Denunziationen durch den deutschen Pöbel" beeinflussen:[2]

> Es war charakteristisch, dass diese Denunziationen in Giessen nie die wirklich üblen Nazis betrafen [...] Es hat mir grosse Mühe gekostet, zu erreichen, dass die schlimmsten Judenhetzer unter den evangelischen Theologen nicht wieder bestätigt wurden, während ich nicht verhindern konnte, dass eine grosse Zahl tüchtiger und anständiger Leute entlassen wurden. Ich habe auch, weil ich das Säuberungsgesetz in seiner jetzigen Form für eine ungeheure Dummheit halte, abgelehnt, in Grosshessen das Kultusministerium zu übernehmen, das mir angeboten war.
>
> [...] Eindeutig für München spricht, abgesehen von der Auszeichnung, die richtiger Heisenberg, Jordan oder Hund zukäme, das hohe wissenschaftliche Niveau der Universität, besonders die Freude, von Ihnen lernen zu können, und das schöne Isartal und die Vorberge mit ihren Seen.

Die Sommerfeldnachfolge 1945

Auch zehn Jahre nach seiner Emeritierung hätte Sommerfeld am liebsten Heisenberg als seinen Nachfolger in München gesehen. Nun standen jedoch neue Gründe einer Berufung Heisenbergs entgegen. Als wissenschaftlicher

---

[1] *K. Bechert an A. Sommerfeld, 11. September 1946, 8. Dezember 1946. München, DM, Archiv HS 1977-28/A,12.*

[2] *K. Bechert an A. Sommerfeld, 4. Februar 1947. München, DM, Archiv HS 1977-28/A,12.* Zu Bechert vgl. [Hanle und Jehle 1981].

Leiter des „Uranvereins" und dennoch im Sinn der Entnazifizierung unbelasteter Repräsentant deutscher Wissenschaft war Heisenberg für die Besatzungsmächte zu wichtig, als daß ihm eine freie Wahl seiner Wirkungsstätte gestattet werden konnte. Die erste Nachkriegszeit war er zusammen mit Carl Friedrich von Weizsäcker und anderen Physikern des „Uranvereins" auf dem englischen Landsitz Farmhall interniert.[1] Danach siedelte man Heisenberg und einen Teil der früheren Mitarbeiter des Kaiser-Wilhelm-Instituts für Physik in Göttingen an, wo unter der Aufsicht der Briten mit den nicht nationalsozialistisch kompromittierten Repräsentanten der Kaiser-Wilhelm-Gesellschaft Otto Hahn, Werner Heisenberg, Max von Laue und anderen die deutsche Wissenschaftspolitik einen Neuanfang machen sollte.

Sommerfeld hatte von Heisenberg im Krieg vermutlich zuletzt Nachricht aus Hechingen erhalten, wo die Reaktorversuche des „Uranvereins" in einem Felsenkeller bis Kriegsende fortgeführt wurden und Heisenberg den „Gang der Weltgeschichte" abwartete.[2] Während der Internierung hielt Heisenbergs Frau Sommerfeld auf dem Laufenden über das weitere Ergehen ihres Mannes. Im November 1945 übermittelte Sommerfeld amerikanischen Kollegen die Bitte, einen Brief von Frau Heisenberg an ihren Mann weiterzuleiten und so „eine Verständigung zwischen den Eheleuten" zu ermöglichen.[3] Das erste Lebenszeichen von Heisenberg selbst erhielt er erst im Februar 1946 kurz nach dessen Rückführung nach Deutschland. In einem sechs Seiten langen Brief schilderte Heisenberg seine Erfahrungen in Farmhall und seine Erwartungen über die politische Zukunft Deutschlands. Was die eigene künftige Bewegungsfreiheit anging, so machte er sich keine Illusionen:[4] „Gegenüber Deutschland haben die Politiker die These vertreten: die Deutschen hätten die Atombombe beinahe auch gemacht; die deutschen Atomphysiker sind also gefährlich, sie müssen auf jeden Fall gehindert werden, etwa mit den Russen oder den Franzosen zu verhandeln." Sein Schicksal und das der anderen nach Göttingen gebrachten Physiker sei „noch ganz ungewiss. Die englischen Physiker bemühen sich in jeder Weise, für uns vernünftige Arbeitsmöglichkeiten zu schaffen; in die amerikanische Zone soll ich aber nicht kommen, jedenfalls nicht für dauernd."

---

[1] [Cassidy 1991, Kap. 25 und 26]. Nach der Veröffentlichung der bis 1992 geheimgehaltenen Abhörprotokolle aus Farmhall wurden zahlreiche, zum Teil kontroverse Darstellungen über die Kriegstätigkeit Heisenbergs publiziert, vgl. [Cassidy 1993a], [Walker 1993], [Hoffmann 1993], [Bernstein 1996], [Rose 1998] und die Anhänge in [Frayn 2001].

[2] Brief [276].

[3] A. Sommerfeld an K. Compton und H. P. Robertson, 13. November 1945. München, DM, Archiv NL 89, 020, Mappe 8,3.

[4] Brief [290].

„Herzlich willkommen auf deutschem Boden!", freute sich Sommerfeld und bekräftigte, daß Heisenberg nach wie vor sein Wunschkandidat für die Nachfolge in München sei:[1] „Unsere Liste würde sein: 1) Heisenberg, 2) v. Weizsäcker, 3) Hund." Bis zur Klärung sollte die Professur von Richard Gans vertreten werden.[2] Heisenberg verspürte zwar „Sehnsucht nach Bayern", sah aber keine Veranlassung zu glauben, „dass die Amerikaner ihren Beschluss, mich nach Göttingen zu setzen, revidieren werden".[3]

Was für Heisenberg galt, war auch für den Zweitplazierten auf Sommerfelds Wunschliste, Carl Friedrich von Weizsäcker, das Haupthindernis. Der „Plan, nach München zu gehen", antwortete er im November 1946 auf Sommerfelds Anfrage, sei für ihn ebenso unausführbar wie für Heisenberg:[4] „Bisher war jedenfalls unsere Behandlung in diesen Dingen völlig parallel." Die Angelegenheit blieb weiter in der Schwebe. Er habe zwar „keinen konkreten Anhaltspunkt" dafür, schrieb Weizsäcker im Februar 1947 an Sommerfeld, daß sich die Haltung der englischen und amerikanischen Besatzungsstellen geändert habe: „Wenn aber ein Ruf an mich ausgesprochen würde, so würde die Frage dadurch natürlich von neuem aufgerollt", und er baue darauf, „daß das Problem unserer Freizügigkeit gelegentlich durch konkrete Anlässe wieder aufgerührt wird."[5]

Solange die Professur durch Gans vertreten wurde, konnten Heisenberg und Weizsäcker auf den Faktor Zeit setzen und hoffen, daß sich die Lage schließlich in ihrem Sinne klären lassen würde. Heisenberg war darüber „eigentlich ganz froh", wie er Sommerfeld gestand, „denn vor einigen Jahren wird die Zukunft von uns allen noch so unsicher sein, dass man nicht vernünftig planen kann".[6] Einerseits fühlte er sich in seiner neuen Rolle als Wissenschaftsorganisator gefordert; es sei „ein schwerer Schlag für den ganzen Göttinger K.W.G.-Plan", wenn er in dieser entscheidenden Planungsphase des Neubeginns seinen Abschied aus Göttingen nehme. „Aber mein Herz sagt etwas ganz anderes, und zaubert vor mein geistiges Auge den blauen Himmel von den bayerischen Vorbergen, die Erinnerungen an meine Studienzeit bei Ihnen und an den ganzen Glanz des früheren München." Hin- und hergerissen gab er sich am Ende schicksalsergeben: „Wenn Sie Weizsäcker u. mich auf die Liste setzen, kann man ja sehen, wie die hohen Herren darauf reagieren."

---

[1] Brief [291].
[2] Briefe [292] und [293]. [Swinne 1992, S. 132-142].
[3] Brief [298].
[4] Brief [306].
[5] Brief [309].
[6] Brief [308].

In einem Brief an Karl Bechert faßte Sommerfeld die Situation zusammen:[1]

> Heisenberg hat mir sehr lieb geschrieben, die Chance ihn zu bekommen ist aber minimal. Auch an Hund haben wir geschrieben; er wird mit seiner grossen Familie kaum die russische Zone verlassen können. Jordan ist zu belastet, um ihn überhaupt in Vorschlag bringen zu können. Wir denken auch an Fues, der an sich in einem Jahr bereit wäre. Ich möchte ihm aber eigentlich nicht zumuten, seine gesicherten Lebensbedingungen in Stuttgart aufzugeben, da seine Frau kränklich u. er auch kein Riese ist. [...] Dr. Lamla, der Gans kommiss.[arisch] vertreten soll, ist immer noch nicht bestätigt, obgleich er für das Syndikat der Akademie schon als unbelastet festgestellt ist.

Sommerfeld gingen Heisenbergs „Skrupel" zwar „sehr zu Herzen, mehr aber noch meine eigenen Sorgen", wie er Ende Februar 1947 nach Göttingen schrieb.[2] Inzwischen hatte Gans nämlich einen Ruf nach Argentinien angenommen, und die weitere Vertretung durch Ernst Lamla drohte daran zu scheitern, daß diesem „noch nicht die Lizenz zur stellvertretenden Weiterführung der Vorlesungen" erteilt worden war. Außer Heisenberg und Weizsäcker zog er eine Reihe weiterer Kandidaten für seine Nachfolge in Betracht:[3] „Mein Vertreter Gans macht sich zwar sehr gut, ist aber doch keine analytische Fortsetzung der Sommerfeldschule", schrieb er im November 1946 an Bethe, dem er diese Aufgabe am liebsten übertragen hätte, „wenn Heisenberg für München definitiv nicht zu haben ist." Bethe fühlte sich aber an der Cornell University in Ithaca so wohl, daß er eine Rückkehr nach Deutschland auf Dauer nicht in Erwägung zog. Die Zeit des Nationalsozialismus und seine eigenen schlechten Erfahrungen in Deutschland 1933, denen er seine positive Aufnahme in den USA gegenüber stellte, machten ihm diesen Entschluß leicht, auch wenn es ihm leid tat, seinem nach wie vor sehr verehrten Lehrer diese Absage mitteilen zu müssen.[4]

Auch mit Born und Schrödinger konnte Sommerfeld nicht ernsthaft gerechnet haben, doch er wollte nichts unversucht lassen. Born fühlte sich „zu alt, um nochmals zu wechseln", auch sei inzwischen „so viel passiert, und ich bin hier in Schottland und England heimisch geworden."[5] Schrödinger

---

[1] *A. Sommerfeld an K. Bechert, 15. Februar 1947. Bremen, Privatbesitz.*
[2] Brief [310].
[3] Brief [305].
[4] Brief [317].
[5] Brief [312].

kam es „gewagt vor", für seine Person „noch so weitreichende Pläne zu hegen", sagte jedoch nicht grundsätzlich ab und freute sich, daß Sommerfeld ihn „im Spiel lassen" wollte.[1]

Kronig schrieb an Sommerfeld:[2]

> Nach den Ereignissen des Krieges und vor allem des letzten Kriegsjahres, die alle schlimmen Erwartungen weit übertroffen haben, bin ich nicht bereit jetzt in Deutschland einen Lehrstuhl anzunehmen.

Bechert bekräftigte seine Absage mit persönlichen Gründen und mit der Abneigung gegenüber der „Kulturpolitik", wie sie in der amerikanischen Besatzungszone praktiziert werde.[3] Außerdem fürchtete er, „dass andre Physiker mir sagen könnten, Ihre Nachfolge gebührte ja eigentlich andern."[4]

An Fritz Bopp, einen Mitarbeiter Heisenbergs, hatte sich Sommerfeld Ende April 1947 erstmals gewandt:[5] „Wir denken an Sie als Extraordinarius, unter ev. Mitwirkung von Fues als Honorarprofessor, oder zunächst als kommissarischen Vertreter". Bopp war dazu gerne bereit, allerdings rechnete Sommerfeld mit Problemen bei der Entnazifizierung, denn Bopp hatte einer nationalsozialistischen Flugsportorganisation angehört. Zwar sah die französische Besatzungsmacht darin keinen Grund, Bopp die Erlaubnis zur Vertretung einer Professur an der Universität Tübingen zu verweigern, aber ob man in der amerikanischen Zone ebenso reagieren würde, schien ungewiß. Außerdem hatte Bopp im „Uranverein" mitgearbeitet, so daß seine „Loslösung von Hechingen", der von Göttingen abgespaltenen Außenstelle des Kaiser-Wilhelm-Instituts für Physik, einer Klärung bedurfte.[6]

Am Ende erwiesen sich diese Bedenken als überflüssig. „Seine Berufung ist merkwürdig glatt gegangen", berichtete Sommerfeld im September 1947 erleichtert an Heisenberg. Aus einem Bericht Heisenbergs „über die deutschen Uran-Arbeiten" im Krieg habe er auch „mit Befriedigung ersehen", schrieb Sommerfeld weiter, „dass Bopp dabei aktiv beteiligt war."[7] Einige

---

[1] E. Schrödinger an A. Sommerfeld, 16. August 1947. München, DM, Archiv HS 1977-28/A,314.
[2] Brief [316].
[3] K. Bechert an A. Sommerfeld, 5. März 1947. München, DM, Archiv HS 1977-28/A,18.
[4] K. Bechert an A. Sommerfeld, 26. März 1947. München, DM, Archiv NL 89, 005.
[5] Brief [314].
[6] Briefe [315] und [318].
[7] A. Sommerfeld an W. Heisenberg, 24. September 1947. München, MPI Physik, Heisenberg, Physik und Philosophie. Vgl. auch [Heisenberg 1946a] und [Walker 1990, S. 154, 225-226]. Heisenbergs Bericht gab Anlaß zu einer bis heute andauernden Kontroverse über den „Mythos der deutschen Atombombe", vgl. z. B. [Walker 1992b].

Zeit später gab er zu erkennen, daß er mit Bopp „als Nachfolger sehr zufrieden" sei.[1] Auch bei den Studenten finde Bopp großen Anklang, obwohl er sehr hohe Anforderungen stelle.[2]

Die letzten Jahre

Die Ära Sommerfelds, Plancks und Einsteins, den Exponenten der theoretischen Physik am Beginn des 20. Jahrhunderts, ging mit dem Zweiten Weltkrieg in mehr als nur einer äußerlichen Weise zu Ende. Sommerfeld stand mit beiden in einer Verbindung, die das bloß Kollegiale weit überstieg und ihnen in der Erfahrung einer geteilten glücklicheren Vergangenheit ein tiefes Gemeinsamkeitsgefühl verlieh. Planck hatte sich 1944 noch einmal wehmütig an die fast fünfzig Jahre zurückliegende Zeit erinnert, als er mit Sommerfeld auch „menschlich zum ersten Mal näher" bekannt geworden war.[3] Seine letzten Lebensjahre wurden überschattet von dem Verlust seines Sohnes, der in der Folge des gescheiterten Attentats auf Hitler vom 20. Juli 1944 verhaftet und hingerichtet worden war.[4] „Ja, die Welt hat sich seit 8 Jahren grausam verändert", schrieb Planck ein Jahr nach Kriegsende an Sommerfeld. „Die einzige Rettung aus diesem Elend ist die Flucht in eine höhere geistige Welt".[5] Planck starb am 5. Oktober 1947. Einen Tag danach konstatierte Heisenberg: „Mit Planck ist der letzte grosse Deutsche der klassischen Epoche der Physik dahingegangen; obwohl er ja alles Neue begonnen hat".[6]

Einstein gegenüber fühlte Sommerfeld eine vielleicht noch stärkere Verbundenheit. Er empfand es nach dem Ende des Krieges „als eine Erlösung", daß er wieder an ihn schreiben konnte; Sommerfeld bat Einstein bei dieser Gelegenheit auch im Namen der bayerischen Akademie der Wissenschaften, die ihn 1933 zum Austritt aufgefordert hatte, „das Kriegsbeil zu begraben und die Akademie-Mitgliedschaft wieder anzunehmen".[7] Aus Einsteins Sicht war dies jedoch eine Zumutung: „Nachdem die Deutschen meine jüdischen Brüder in Europa hingemordet haben, will ich nichts mehr mit

---

[1] Brief [327].
[2] *A. Sommerfeld an K. Bechert, 13. Dezember 1947.* Bonn, Ebert, Nachlaß Karl Bechert.
[3] Brief [275].
[4] Briefe [327] und [281]. Siehe auch den Nachruf auf Planck [Sommerfeld 1947a] sowie [Eckert 1997].
[5] Brief [295].
[6] Brief [321].
[7] Brief [304].

Deutschen zu tun haben, auch nichts mit einer relativ harmlosen Akademie"; davon ausgenommen seien die „paar Einzelnen, die in dem Bereiche der Möglichkeit standhaft geblieben sind".[1] Er habe sich gefreut zu hören, daß Sommerfeld zu diesen wenigen zähle, so daß es ihm eine besondere Freude bereitet habe, „Ihre leibhaftigen Zeilen nach all den finsteren Jahren zu empfangen. So Furchtbares wie wir erlebt haben hätten wir uns wohl Beide nicht träumen lassen."

Sommerfeld ließ sich Enttäuschung über Einsteins „freundschaftlichen, wenn auch für unsere Akademie schmerzlichen Brief[2]" nicht anmerken:[3]

> Wir hören von dem Plan Ihrer Weltreise. Wenn Sie Deutschland nicht etwa grundsätzlich meiden wollen, bitten wir Sie sehr, in unserer Münchner Physikalischen Gesellschaft einen ganz zwanglosen Vortrag über Ihre neuesten Arbeiten zu halten.

Vielleicht entspräche auch ein Vortrag vor der „Münchener Friedensgesellschaft" dem Zweck der Reise, fügte er hinzu.[4] Die Meldung von der Weltreise sei „natürlich falsch wie gewöhnlich", antwortete Einstein: „Nun bin ich ein alter Kracher und mache keine Reisen mehr, nachdem ich die Menschen hinlänglich von allen Seiten kennengelernt habe."[5]

Wie tief die durch NS-Herrschaft und Krieg aufgerissenen Gräben waren, mußte Sommerfeld in den Nachkriegsjahren mehrfach schmerzlich zur Kenntnis nehmen. Schrödinger sprach 1949 mit Blick auf Pascual Jordan von einer „Schädigung des Intellekts durch jahrelange Imbibition von Naziphilosophie".[6] Oskar Perron kam noch 1950 zu der pessimistischen Einschätzung, daß es für ein Angebot zur Wiederaufnahme von Emigranten in die bayerische Akademie der Wissenschaften zu früh sei:[7]

> Denn wir haben sie alle im Stich gelassen. Wir sollten uns vor ihnen nicht groß machen, sondern uns lieber ins hinterste Mausloch verkriechen und schämen. [...] Denn was haben wir, was hat die Akademie im dritten Reich zur Rettung der verfolgten Gelehrten getan? Nichts. Wir nehmen uns die bequeme Ausrede, daß wir nicht die Macht hatten, daß wir nicht konnten. In Wahrheit haben wir es aber gar nicht ernstlich versucht [...]

---

[1] Brief [307].
[2] Brief [326].
[3] Brief [329].
[4] Brief [329].
[5] Brief [331].
[6] Brief [336].
[7] Brief [344].

Daß sich „die internationale Geltung Deutschlands wieder aufrichten" möge, war Sommerfeld nach dem Zweiten Weltkrieg ein besonderes Anliegen.[1] Darin wußte er sich einig mit Heisenberg, der ihm nach einer Englandreise berichtete: „Der Empfang durch die Kollegen war sehr herzlich; von einer bewussten Deutschfeindlichkeit war höchstens bei den jüdischen Kollegen gelegentlich im Unterton etwas zu spüren". In Cambridge seien bei seinem Vortrag mehrere hundert Studenten gekommen und hätten ihm „Ovationen" gebracht, „die ganz ausdrücklich sagen wollten: wir wissen zwar, dass Du Deutscher bist, aber gerade deshalb wollen wir Dir besonders zeigen, dass wir Dich gern hören."[2] Für Sommerfeld waren diese „interessanten Mitteilungen über England" Anlaß, sich ebenfalls über die politischen Zukunftsaussichten zu äußern. Im Gegensatz zu den jüngsten Ausfällen des bayerischen CSU-Politikers Johannes Semler gegen die amerikanischen Maßnahmen in den inzwischen zu einer Bizone vereinigten britischen und amerikanischen Besatzungszonen setze er auf „die Angloamerikaner, von denen ich schon viel Liebes erfahren habe".[3]

Nicht nur in privaten Briefen, auch der Öffentlichkeit gegenüber bekundete Sommerfeld diese Haltung. Am 18. November 1945 erschien in der Sonntagsausgabe der *Neuen Zeitung* ein Aufsatz Sommerfelds über „Atomphysik in Amerika", der die Verbundenheit mit den USA hervorhob: „Meine amerikanischen Freunde und meine deutschen Fachgenossen sind darin einig, daß auf unserem Gebiet jeder von den anderen lernen muß, daß hier nur die friedliche Rivalität des Fortschritts und kein Streit oder Mißtrauen herrschen darf."[4]

Für die aktuellen Fragen der Physik zeigte Sommerfeld ein ungebrochenes Interesse. Einstein und Schrödinger unternahmen seit 1943 neue Anstrengungen, um zu einer allgemeinen Feldtheorie zu gelangen, in der die Gravitation, der Elektromagnetismus und möglichst auch noch die Quantentheorie auf eine gemeinsame Grundlage gestellt würden. Sommerfeld bat Schrödinger 1946, den Stand dieser Theorie in der von ihm als Mitherausgeber aus der Taufe gehobenen neuen *Zeitschrift für Naturforschung* den deutschen Lesern zusammenfassend darzustellen,[5] doch Schrödinger dämpfte allzu große Erwartungen. Er fand,[6]

---

[1] Brief [323].
[2] Brief [324].
[3] Brief [325].
[4] [Sommerfeld 1945b].
[5] *A. Sommerfeld an E. Schrödinger, 31. Mai 1946. München, DM, Archiv NL 89, 015.*
[6] Brief [301].

[...] daß alle unitären Feldtheorien mit dem Erbfluch belastet zu sein scheinen: solange sie noch nicht ganz fertig sind, versetzen sie den Erzeuger in helle Begeisterung, sobald man aber die formalen Schwierigkeiten einigermaßen bewältigt hat, kommt eine Ernüchterung, um nicht zu sagen ein Katzenjammer; der untriviale Teil des opus erscheint bedenklich und der unbedenkliche trivial.–

Die Presse hatte „Schrödingers neue Theorie" bereits als Sensation gefeiert, und Schrödinger sich einem zweiten Nobelpreis nahe gefühlt, doch schließlich blieb nur der Katzenjammer. Einstein erkannte der Theorie allenfalls mathematisch-formale Qualitäten zu und war über Schrödingers Publizitätssucht erzürnt. Schrödinger legte die Angelegenheit, die die beiden Theoretiker über Jahre in Bann geschlagen hatte, am Ende unter der Aufschrift „Die Einstein Schweinerei" ad acta.[1]

Im Unterschied zu Schrödinger und Einstein konnte sich Sommerfeld mit der Quantennatur als einer nicht weiter reduzierbaren Grundlage der Physik abfinden: „Viele glauben", schrieb er 1948 über den Welle-Teilchen-Gegensatz, „daß diese Dualität unerträglich sei und daß die Zukunft eine Vereinheitlichung beider Gesichtspunkte bringen müsse." Er sei dessen nicht sicher, ja sogar „in vieler Hinsicht von dieser Dualität befriedigt." Er sah darin einen Beitrag „zu einer der höchsten Fragen der allgemeinen Philosophie, dem alten Problem der Beziehung von Stoff und Geist, von Körper und Seele." In Anlehnung an Bohrs Komplementarität sah er die „Aufgabe eines Kants der Zukunft" darin, „eine Erkenntniskritik zu schaffen, in der beide Auffassungen nebeneinander Platz haben und sich gegenseitig ergänzen."[2]

Man ist versucht, aus diesen Sätzen auf ein gesteigertes philosophisches Interesse Sommerfelds während der letzten Lebensjahre zu schließen, doch Sommerfeld nannte dieses „philos. Glaubensbekenntnis" selbstironisch ein „Gelegenheitsprodukt".[3] Mehr als die Philosophie lag ihm die Physik am Herzen. Begeistert reagierte er etwa auf die von Heisenberg mitten im Krieg konzipierte „S-Matrix"-Theorie: Die Meinung sei „allgemein verbreitet", schrieb er in einem nicht veröffentlichten Bericht über die in der theoretischen Physik erzielten „Beiträge deutscher Forscher während der Jahre 1939–1945", daß damit „eine neue Phase der Quantentheorie eingeleitet"

---

[1] [Moore 1989, S. 429-435].
[2] [Sommerfeld 1948c, S. 100].
[3] *A. Sommerfeld an A. Landé, Dezember 1948. Berlin, SB, Nachlaß 70 Landé, Sommerfeld.*

werde. Aber wie bei der Einstein–Schrödingerschen einheitlichen Feldtheorie blieben auch in diesem Fall die erreichten Ergebnisse hinter den hochgesteckten Erwartungen zurück. „Heisenbergs Arbeiten über die S-Matrix", fand Pauli im Oktober 1946, hätten zwar „sehr anregend gewirkt", doch „einen wirklichen Fortschritt der Theorie in den prinzipiellen Fragen" könne man davon nicht erwarten.[1]

Besonders interessiert zeigte sich Sommerfeld an den in den 1940er Jahren entwickelten Vorstellungen über die Supraleitung. Nach den Arbeiten Welkers und Christleins (siehe Seite 494) sorgte Heisenberg für neue Spannung: „Ich habe eine Theorie der Supraleitung gemacht".[2] Heisenberg publizierte seine Theorie kurz darauf in der neuen *Zeitschrift für Naturforschung*.[3] „Ihre Supraarbeit habe ich begonnen zu studieren", schrieb Sommerfeld im August 1947 an Heisenberg. „Ich gehe selbst, anläßlich meines fast fertigen Elektrodynamikbandes, seit einiger Zeit mit einer dahin zielenden Idee schwanger. Aber ich will Ihnen u. Laue erst schreiben, wenn das Kind da ist."[4] Inzwischen führte Heisenberg zusammen mit seinem Mitarbeiter Heinz Koppe die eigenen Vorstellungen weiter und teilte Sommerfeld mit, er sei „jetzt überzeugt, dass unser Modell der Supraleitung qualitativ richtig ist."[5] Sommerfeld brachte „das Kind" nicht zur Welt, doch er beteiligte sich aktiv an den weiteren Diskussionen in dieser Frage.[6] Am Ende erwies sich die Euphorie über diese jüngsten Supraleitungstheorien als ebenso verfrüht wie bei allen vorangegangenen Versuchen. Wie beim Turbulenzproblem und der einheitlichen Feldtheorie war es Sommerfeld auch bei der Supraleitung nicht vergönnt, die Klärung zu erleben.

Die Genugtuung, ein von ihm aus der Taufe gehobenes Forschungsgebiet in neuer Blüte zu sehen, wurde ihm jedoch bei der Feinstruktur der Spektrallinien zuteil. Am 31. Oktober 1947 schrieb ihm Wolfgang Pauli „über das erste, nach dem Krieg in U.S.A. ausgeführte Experiment", das „wirklich wissenschaftlich interessant" erschien: „Es handelt sich um eine Präzisions-bestimmung der Lage der $2\ ^2S_{1/2}$, $2\ ^2P_{1/2}$ und $2\ ^2P_{3/2}$ Niveaus

---

[1] Brief [303] und *A. Sommerfeld: Bericht über theoretische Physik.* unveröffentlicht. München, DM, Archiv NL 89, 021, Mappe 9,11. Siehe auch [Rechenberg 1989].

[2] Brief [290].

[3] [Heisenberg 1947].

[4] *A. Sommerfeld an W. Heisenberg, 1. August 1947.* München, MPI Physik, Heisenberg, Physik und Philosophie.

[5] Brief [321].

[6] *H. Welker an A. Sommerfeld, 12. Dezember 1947.* München, DM, Archiv HS 1977-28/A,361, *A. Sommerfeld an W. Heisenberg, 31. Oktober 1948.* München, MPI Physik, Heisenberg, Physik und Philosophie und *W. Heisenberg an A. Sommerfeld, 5. November 1948.* München, DM, Archiv HS 1977-28/A,136.

im H-Atom."[1] Robert C. Retherford und Willis E. Lamb hatten mit der neuen, im Krieg entwickelten Radartechnik einen in der Sommerfeldschen wie auch der Diracschen Theorie des Wasserstoffatoms nicht erklärbaren Energieunterschied der $2\ ^2S_{1/2}$ und $2\ ^2P_{1/2}$ gemessen. Die Entdeckung dieses „Lambshift" wurde zum experimentum crucis der modernen Quantenelektrodynamik – mit der Sommerfeldschen Feinstrukturkonstante als fundamentaler Größe. Sommerfeld hatte sich „seit Jahren", wie er 1949 an William Meggers schrieb, „nicht mehr mit der theoretischen Spektroskopie beschäftigt".[2] Es ist daher unwahrscheinlich, daß er die Fortschritte der Quantenelektrodynamik noch in dem Detail verfolgte, wie dieses Gebiet nun von seinen wissenschaftlichen Schülern und Enkeln ausgebaut und zur Erklärung der Feinstruktur herangezogen wurde. Gleichwohl dürfte ihm die Entdeckung des „Lambshift" eine besondere Freude bereitet haben. „Es war sehr aufmerksam von Ihnen", bedankte er sich bei Retherford und Lamb, „dem 81 jährigen Urgrossvater der Feinstruktur Ihre wundervolle Arbeit vor dem Druck zuzuschicken."[3]

Ende 1948 erfuhr Sommerfeld, daß er von der American Association of Physics Teachers mit der Oerstedt-Medaille ausgezeichnet werden solle.[4] Dabei handelte es sich um eine jährlich verliehene „recognition for notable contributions to the teaching of physics", wie Sommerfeld im November 1948 dem offiziellen Schreiben des Präsidenten der amerikanischen Physiklehrerorganisation entnehmen durfte.[5] Die Zeremonie zur Verleihung der Medaille fand am 28. Januar 1949 in der Columbia University in New York statt. Sommerfeld sandte an die Veranstalter eine Dankesrede, die noch einmal seine besondere Verbundenheit mit der amerikanischen Physik deutlich werden ließ. Die Laudatio zählte eine Reihe von berühmten Physikern auf, die ihre Karriere unter Sommerfelds Fittichen begonnen hatten. „From among the scores of physicists who have been trained in whole or in part under Sommerfeld it is easy to list many for whom the surname is quite sufficient identification". Obwohl damit keineswegs eine „exclusive list of Sommerfelds best men" gegeben sei, spreche daraus zur Genüge das einzigartige Lehrtalent Sommerfelds.[6]

Dies war nicht die einzige Anerkennung, die Sommerfeld für seine Lebensarbeit zuteil wurde. Der 80. Geburtstag wurde in noch stärkerem Maß

---

[1] Brief [322].
[2] Brief [341].
[3] Brief [342].
[4] Brief [333].
[5] Brief [335].
[6] [Sommerfeld 1949a]. Vgl. auch Brief [340].

als die zurückliegenden runden Geburtstage zum Fest einer internationalen Physikergemeinschaft. Die *Zeitschrift für Naturforschung* widmete dem Jubilar vier Festhefte mit zahlreichen Beiträgen von Sommerfeldschülern aus dem In- und Ausland,[1] in München ehrten ihn Schüler, Freunde und Kollegen mit einer Festveranstaltung und einer Ausstellung – ganz zu schweigen von einer Flut von Geburtstagsschreiben, zu deren Beantwortung Sommerfeld eigens eine Dankeskarte drucken ließ.[2] Die größte Freude dürfte ihm Millikans Glückwunschbrief bereitet haben, in dem auch die für Sommerfeld schmerzliche unterbliebene Ehrung der Schwedischen Akademie der Wissenschaften zur Sprache kam: Die Arbeit zur Erklärung der Atomspektren „should have brought you the Nobel Prize long ago".[3]

Anders als etwa Einstein, der gegenüber den ihm erwiesenen Ehrungen eher eine belustigt-ironische Haltung einnahm, war Sommerfeld dafür empfänglich. Sie waren ihm wichtige Anlässe für die Bekundung von Respekt und die Anerkennung wissenschaftlicher Verdienste, nicht nur was die eigene Person betraf. So nahm er auch das über viele Jahre hinweg ausgeübte Amt als Vorsitzender des Komitees für die Verleihung der Max-Planck-Medaille der Deutschen Physikalischen Gesellschaft sehr ernst.[4] Im Jahr 1950 wurde Peter Debye diese Auszeichnung verliehen. Die Laudatio hielt Sommerfeld selbst. Sie war ihm noch einmal Anlaß, auf die Anfänge ihrer gemeinsamen Lehr- und Forschungstätigkeit in Aachen und München Rückschau zu halten, wo Debye „seinen Siegeszug durch die Physik und Chemie" angetreten hatte.[5] Diese, bei Gelegenheit einer DPG-Tagung in Bad Nauheim vorgenommene Preisverleihung war Sommerfelds letzter öffentlicher Auftritt. Alter und Schwerhörigkeit zum Trotz hatte er sogar noch vorgehabt, im Herbst 1950 an einer Mathematikerkonferenz in den USA teilzunehmen, es dann aber bei der Übersendung einer Grußadresse belassen.[6]

Am 28. März 1951 wurde Sommerfeld beim Überqueren einer Straße von einem Auto erfaßt und erlitt dabei Verletzungen, von denen er sich nicht mehr erholte. Er starb am 26. April 1951.

---

[1] Die Hefte 8 bis 11 von Band 3a der *Zeitschrift für Naturforschung* enthalten 22 Beiträge.
[2] *München, DM, Archiv NL 89, 017, Mappe 2,5 und NL 89, 042.*
[3] Brief [334].
[4] Vgl. z. B. die Briefe [328] und [338].
[5] [Sommerfeld 1950b].
[6] *A. Sommerfeld an A. Unsöld, 17. Dezember 1949. Kiel, Privatbesitz; J. von Neumann an A. Sommerfeld, 18. September 1950. München, DM, Archiv NL 89, 011.*

Briefe 1940–1951

[236] *An die Universität München*[1]

München, den 18. Januar 1940
An das Dekanat der Naturwiss. Fakultät der Universität *München*.

Wie wir hören wird beim Rektorat der Münchener Universität die Meinung vertreten, dass die Naturwiss. Fakultät unserer Universität in der Frage der Wiederbesetzung der Professur für theoretische Physik in sich gespalten gewesen sei.[2] Demgegenüber stellen wir fest, dass der unterzeichnete, von dem Herrn Dekan eingesetzte Ausschuss bei mehrfachen Besprechungen in der Fakultät niemals auf einen Widerspruch gegen die von dem Ausschuss aufgestellte Liste gestossen ist, ausser bei dem Herrn Dekan selbst, der sich einer von dem Docentenschaftsführer der Fakultät vertretenen Liste angeschlossen hat.[3] Die Liste der Fakultät enthielt in ihrer ersten Fassung vom 13. VI. 35 die Namen Heisenberg und Debye an erster Stelle, R. Becker an zweiter Stelle. Sie wurde auf Einspruch des Reichsministeriums unter dem Datum des 4. XI. 35 abgeändert und ergänzt zu der folgenden Liste:[4] Heisenberg, Hund, Wentzel, Kronig (Holland), Unsöld (Kiel)[,] Stückelberg (Genf), E. Fues (Breslau), F. Sauter (Königsberg)[,] Jordan (Rostock).

Auf weitere Anfragen des Reichsministeriums wurde Stellung genommen zu den Vorschlägen Flamm, G. Joos, P. Scherzer [sic] in mehr oder minder zustimmenden Sinne, sowie zu den Vorschlägen Malsch, W. Müller in entschieden ablehnendem Sinne; über den letzteren Candidaten wurden, da er den Fachgenossen vollkommen unbekannt war, Gutachten von Professor L. Prandtl in Göttingen als erstem Sachverständigen der technischen Mechanik beigebracht.[5]

Ferner wurde in einer Fakultätssitzung der Name C. F. von Weizsäcker unter allgemeiner Zustimmung der Fakultät genannt, wobei uns aber keine formelle Möglichkeit gegeben wurde, diesen Vorschlag in einer erneuten Eingabe an das Berliner Ministerium zu begründen.

Wir wissen, dass gegen die inzwischen erfolgte Entscheidung des Reichsministeriums der Fakultät keine Möglichkeit des Einspruchs zusteht, wir bitten aber das Dekanat, unsere Darlegung des Tatbestandes der Fakultät zur Kenntnis zu bringen und zu den Fakultätsakten zu nehmen. Ein Durchschlag für die Akten des Rektorates liegt bei.

C. Carathéodory   Walther Gerlach   A. Sommerfeld   H. Wieland

---

[1] Brief (2 Seiten, Maschine), *München, UA, O-N-10a*.
[2] Zur Sommerfeldnachfolge vgl. Seite 361 bis 377.
[3] Dekan während der Endphase des Nachfolgestreits war der Biologe Friedrich von Faber, Dozentenschaftsführer der Astronom Bruno Thüring.
[4] Vgl. Brief [198].
[5] Brief [220].

[237] *Von Max Planck*[1]

Berlin-Grunewald 23. 5. 40.

Lieber Herr Kollege!

Endlich finde ich einmal die gehörige Zeit und Muße, ein wenig mit Ihnen zu plaudern, im Anschluß an Ihre beiden mir so wertvollen Briefe.[2] In welcher Zeit leben wir jetzt! Jeder Tag bringt neue Ueberraschungen, und wir müssen auf das unerwartetste gefaßt sein. Unsere militärischen Erfolge sind ja wundervoll, die Leistungen der Armee bewunderungswürdig.[3] Und doch kann man sich nicht von Herzen freuen, wenn Tag für Tag Menschenleben geopfert und Millionenwerte zerstört werden. Die Hoffnung, daß auch im Völkerleben sich im Lauf der Zeiten eine gewisse Ethik herausbilden wird, ist jedenfalls auf Jahrhunderte hinaus begraben, und man muß schon mit ganz anderen Zeitdimensionen rechnen, wenn man den Glauben an einen Fortschritt der Menschheit festhalten will. Mir krampft sich das Herz zusammen, wenn ich an die befreundeten Kollegen in England, Norwegen, Dänemark, Holland denke. Noch im vorigen Sommer habe ich die Verleihung der Lorentz-Medaille an Sie mit besonderer Freude begrüßt.[4] Was würde H. A. Lorentz, wenn er heute noch lebte, über uns Deutsche sagen? Ich mag lieber nicht daran denken, und wünsche mir jetzt nur das eine, daß das Blutvergießen und die Zerstörungswut bald ein Ende finde, und daß man wieder an einen Aufbau gehen kann. Der ist auf *allen* Gebieten bitter notwendig, auch in unserer Wissenschaft und deren Betrieb, wozu ja Ihre Erzählung von den Münchner Verhältnissen eine gute Illustration liefert. Möchten wir doch die Wendung zum Besseren, die ja einmal kommen wird, noch erleben.

Aber nun zu Ihrem zweiten Brief und zu dem, was ich Ihnen auf Ihre verschiedenen Bemerkungen sagen möchte.[5] Ich knüpfe dabei der Reihe nach an die einzelnen Punkte an.

1.) Die Frage der Normierbarkeit der Eigenfunktionen glaubte ich einstweilen noch zurückstellen zu dürfen, weil diese Frage, wie Sie ja auch bemer-

---

[1] Brief (4 Seiten, deutsch), *München, DM, Archiv NL 89, 012.*

[2] Diese Briefe Sommerfelds liegen nicht vor.

[3] Am 13. Mai 1940 hatte die Wehrmacht die Maas bei Sedan überquert, zwei Tage später kapitulierten die Niederlande, am 17. wurde Brüssel, am 18. Antwerpen besetzt.

[4] Die 1926 von der Niederländischen Akademie der Wissenschaften gestiftete Medaille war Sommerfeld im Frühjahr 1939 verliehen worden; Ende Juni nahm er sie persönlich entgegen. Vgl. *Akademie an A. Sommerfeld, 3. März 1939. München, DM, Archiv NL 89, 030, Mappe Hochschulangelegenheiten. A. Sommerfeld an J. Sommerfeld, 28. Juni 1939. München, Privatbesitz.*

[5] Dies bezieht sich auf „Versuch einer Synthese zwischen Wellenmechanik und Korpuskularmechanik", [Planck 1940a] und [Planck 1940b].

ken, in den von mir benutzten Gleichungen keine Rolle spielt. Meine Rechnungen beziehen sich ja nur auf stationäre (strahlungslose) Vorgänge. Die Strahlungsintensität, und damit die Normierung, gewinnt aber Bedeutung erst für den Uebergang von einem stationären Zustand zu einem anderen stationären Zustand. Nur wenn die Behauptung zuträfe, (was ich aber nicht glaube) daß es prinzipiell unzulässig ist, einen stationären strahlungslosen Vorgang zu betrachten, dann müßte ich allerdings die Waffen strecken.

2.) In einigem Zusammenhang damit steht die Frage, ob die Beschränkung des Problems auf den zweidimensionalen Fall in der von mir angenommenen Form zulässig ist. Sie haben ganz Recht, wenn Sie sagen, daß mein Ansatz (14) nicht mit der allgemeinen Gleichung (1) übereinstimmt, weil der Winkel ϑ unabhängige Variable ist und daher nicht $= \frac{\pi}{2}$ gesetzt werden darf. Aber die entsprechende Korrektur ändert nichts an den weiteren Rechnungen. Denn die genaue Lösung lautet stets (14):

$$\Psi = e^{-\frac{i}{\hbar} \cdot \varepsilon \cdot t} \cdot R \cdot \Phi \cdot \Theta,$$

wo Θ nur von ϑ abhängt, und Θ hebt sich in allen folgenden Gleichungen fort, also wie jeder andere von r, φ und t unabhängige Faktor. Dies hängt natürlich damit zusammen, daß ich immer nur eine einzige Partikularlösung, niemals eine Summe mehrerer betrachte.

3.) Ganz einverstanden. Auf die Bezeichnung der Welle R als „Kugelwelle" lege ich keinen Wert. Denn der Gegensatz zwischen der Auffassung als „ebene Welle" und der als „kugelförmige Welle" kommt ja im vorliegenden Falle, soweit ich sehe, nur darauf hinaus, daß man den Uebergang $r \to \infty$ im ersten Fall *vor* der Integration, im zweiten Fall erst *nach* der Integration der Differentialgleichung für R ausführt.

4.) Für den Hinweis des engen Zusammenhangs mit der Wentzel-Kramers-Brillouin-Methode und mit Ihren früheren Rechnungen[1] bin ich Ihnen sehr dankbar. Wäre es mir gegenwärtig gewesen, hätte ich ihn natürlich erwähnt. So beruhige ich mich mit dem Gedanken, daß mir bei der Ausführung meiner Reihenentwicklung irgend ein Anspruch auf Originalität nicht in den Sinn gekommen ist.

5.) Sie zeigen, daß, relativistisch gesehen, die Beziehung $\varepsilon = h \cdot \nu$ in der vektoriell verallgemeinerten Broglie-Beziehung $\vec{p} = \hbar \vec{k}$ enthalten ist. Natürlich. Ich meine nur, daß diese Formel noch nicht den vollständigen Inhalt der Quantenmechanik darstellt, sondern nur eine Vorbedingung derselben, und daß sie daher besser durch eine andere ersetzt wird, in der sie ihrerseits mit enthalten ist.

---

[1] [Sommerfeld 1939, Kap. X.7].

6.) Glauben Sie mir, daß mein Interesse weniger auf eine Rettung der Klassik als vielmehr auf die Hebung der Schwierigkeiten und Unklarheiten gerichtet ist, die, wie ich zu Anfang meines Aufsatzes zu zeigen suchte, der gegenwärtigen Wellenmechanik noch anhaften. Wenn dies auf anderem Wege als durch Anlehnung an die klassische Auffassung gelingen könnte, wäre ich auch zufrieden, auch mit der statistischen Auffassung. Aber wenn diese wirklich zu Recht bestünde, müßte man z. B. doch verlangen, daß die Wahrscheinlichkeit, das Wasserstoffelektron zu einer Zeit t in dem von der klassischen Theorie geforderten Zustand anzutreffen, bei hinreichend kleinem $\hbar$ nahezu $= 1$ ist.[1] So lange es nicht gelingt, einen derartigen Satz aufzuzeigen, – und das scheint mir überhaupt unmöglich – werde ich die statistische Auffassung nicht als die endgültige betrachten können, was mich natürlich nicht hindert, ihre eminente Fruchtbarkeit und Unentbehrlichkeit anzuerkennen.

Mit allen guten Wünschen und herzlichem Gruß, auch an Ihre liebe Gattin, Ihr getreuer

M. Planck.

[238] Von Walther Gerlach[2]

27/ August 1940.

Lieber Herr Sommerfeld,

herzl. Dank für Ihren Brief.[3] Ich hatte schon von mir aus an den Dekan geschrieben und ihn darauf hingewiesen daß schon seit einigen Semestern keine theoret. Physik mehr gelesen wird u. welche Folgen das haben muß.[4]

Ich werde am Sonntag kaum wieder zurück sein, vielleicht am Montag Nachmittag; auch das ist aber unsicher. Schade, aber es ist halt Krieg für mich.[5]

Sehr in Eile, gerade wieder auf dem Sprung zum Bahnhof.

Herzliche Grüße
stets Ihr Walther Gerlach.

---

[1] Beim WKB-Verfahren wird eine Lösung der Schrödingergleichung gesucht, die sich als Reihenentwicklung nach Potenzen von $\hbar$ darstellen läßt. Die nullte Näherung $\hbar = 0$ entspricht dem klassischen Grenzfall; der semiklassische Fall $\hbar \to 0$ ist bis heute ein aktuelles Forschungsgebiet.

[2] Brief (1 Seite, deutsch), *München, DM, Archiv NL 89, 022*.

[3] Der Brief liegt nicht vor.

[4] Gerlach wollte Brief [239] nicht unterschreiben. Siehe auch Brief [240] und Seite 479.

[5] Gerlach war als Experte auf dem Gebiet des Magnetismus und der Metallphysik für die Kriegsmarine tätig, vgl. [Heinrich und Bachmann 1989, S. 82-92].

[239] *An die Universität München*[1]

München, den 1. September 1940
An das Rektorat der Universität München

Der unterzeichnete, von dem Herrn Dekan seinerzeit eingesetzte Ausschuss[2] in Sachen der Wiederbesetzung der Professur für theoretische Physik bittet den nachfolgenden Bericht dem Reichserziehungsministerium vorzulegen.

Mit Wirkung vom 1. Dezember 1939 ist Dr. Wilhelm Müller zum Professor für theoretische Physik in München ernannt worden. Ueber diesen hatten zwei der unterzeichneten Ausschussmitglieder (Gerlach und Sommerfeld) dem Dekan am 10. November 1938 Gutachten zweier Sachkenner desjenigen Gebietes, auf dem Prof. Müller ausschliesslich gearbeitet hat, nämlich von Prof. L. Prandtl in Göttingen und von Frau Dr. ing. Flügge-Lotz vorgelegt, welche beide die Eignung von Prof. Müller für eine theoretisch-physikal. Professur vollkommen ablehnten.[3] In dem gleichzeitigen Bericht der beiden genannten Ausschussmitglieder an das Dekanat wurde daher die „Berufung von W. Müller auf einen grossen Lehrstuhl der theoretischen Physik" als eine „Unmöglichkeit" bezeichnet. Dieser Bericht mit den zugehörigen Gutachten ist, wie wir annehmen, dem Reichsministerium zugeleitet worden.

Wir bemerkten damals, dass Herr W. Müller in Physikerkreisen vollkommen unbekannt ist. Prof. Müller hat niemals in einer physikalischen Fachzeitschrift publiziert[4] und hat nie eine der jährlichen Physikerversammlungen besucht. Er ist auch heute noch nicht Mitglied der Deutschen Physikalischen Gesellschaft. Er wurde lediglich von dem damaligen Dozentenschaftsführer vorgeschlagen. Aus gelegentlichen Aeusserungen des Dekans unserer Fakultät, Professor v. Faber, haben wir entnommen, dass sich dieser der Liste des Dozentenschaftsführers angeschlossen hat, während die Fakultät stets den vom unterzeichneten Ausschuss aufgestellten Berufungslisten zugestimmt hat.

Wir möchten heute über die bisherige Vorlesungstätigkeit von Prof. Müller berichten. In den zwei vergangenen Trimestern hat er lediglich über Teilgebiete der Mechanik vorgetragen, trotzdem in den beiden vorangegan-

---

[1] Durchschlag (3 Seiten, Maschine), *München, DM, Archiv NL 89, 019, Mappe 5,11*.
[2] Der Berufungsausschuß bestand aus Constantin Carathéodory, Walther Gerlach, Arnold Sommerfeld und Heinrich Wieland, vgl. das Schreiben [198].
[3] Vgl. Brief [220].
[4] Diese Aussage ist unrichtig, [Müller 1934] und [Müller 1936] erschienen beispielsweise in den *Annalen der Physik*.

genen Semestern in Verfolg des hier üblichen Kurses von Dr. Maue ebenfalls gerade Mechanik gelesen worden war.[1] Auch für das kommende Trimester hat Prof. Müller nur eine Vorlesung über Hydrodynamik und Aerodynamik angezeigt. Auf diese Weise haben unsere Studenten in den letzten 5 Tri- resp. Semestern keine Gelegenheit gehabt eine der physikalischen Hauptvorlesungen über Elektrodynamik, Optik oder Thermodynamik zu hören, geschweige denn sich über Atomphysik, Strahlungs- oder Quantentheorie zu unterrichten. Offenbar liegen die eigentlich physikalischen Gebiete Prof. Müller, entsprechend seinem formal mathematischen Bildungsgang und seiner bisherigen technischen Tätigkeit,[2] ganz fern. Auch an Lehramts- und Doktorprüfungen ist Prof. Müller bisher nicht beteiligt worden.

Wir ersuchen daher das Rektorat mit uns beim Reichsministerium im Interesse des Ansehens unserer Universität und der Ausbildung unserer Studierenden dahin vorstellig zu werden, dass Prof. Müller auf einen auswärtigen Lehrstuhl für technische Mechanik versetzt und die Besetzung des hiesigen Lehrstuhls für theoretische Physik erneut erwogen werden möge.

Da eine endgültige Berufung während des Krieges vielleicht auf Schwierigkeiten stösst, möchten wir, für den Fall der Versetzung von Prof. Müller, anheimgeben als provisorischen Vertreter des Faches den Privatdozenten an der Berliner Universität C. F. v. Weizsäcker zu ernennen. Der Name v. Weizsäcker wurde in einer Fakultätssitzung am 27. Februar 1939 genannt und fand allgemeine Zustimmung. Es lag damals aber keine formelle Möglichkeit vor, diesen Vorschlag in einer erneuten Eingabe an das Reichsministerium zu begründen.

      C. Carathéodory A. Sommerfeld H. Wieland

[240] *An Walther Gerlach*[3]

München, den 10. IX. 40.

Lieber Gerlach!

Vor meiner Abreise von Berlin habe ich Dames antelephoniert, um ihm verabredungsgemäss über das Resultat meiner Unterredung mit dem Rektor zu berichten. Ich sagte ihm also, dass der Rektor von sich aus nichts

---

[1] Sommerfeld hatte seine eigene Vorlesungstätigkeit im Sommersemester 1938 mit der Kursvorlesung über die partiellen Differentialgleichungen der Physik, dem letzten Teil seines sechssemestrigen Zyklus, beendet. A. W. Maue setzte den Turnus in den beiden folgenden Semestern mit Mechanik und Mechanik der Kontinua fort.
[2] Vgl. [Litten 2000, Kap. 1.1].
[3] Brief (1 Seite, Maschine), *München, DM, Archiv NL 80, 431*.

tun werde. Dames meinte, er müsste irgend einen Anstoss von München her haben, um eine Rückfrage an die Universität über Müller richten zu können. Ich sagte ihm, dass Sie an den Dekan einen Protest wegen der Müllerschen Vorlesungen gerichtet hätten, der ihm ev. zugehen würde. Dabei kam nebenbei zur Sprache, dass ich mich als entpflichtetes Mitglied der Universität natürlich auch an das Ministerium wenden könne, dass es aber wirkungsvoller sein würde, wenn Sie es im Interesse des Unterrichtes täten. Von der geplanten Eingabe der Berufungskommission habe ich ihm natürlich nichts gesagt. Heute hatte ich Gelegenheit mit Wieland über die Sache zu sprechen. Er war ebenso wie ich der Meinung, dass Sie nachdem Sie unsere Eingabe nicht unterschreiben wollten, nunmehr Ihrerseits dafür sorgen müssten, dass Ihr Protest über den Rektor an das Ministerium käme.[1] Auf diese Weise haben Sie leider etwas Mühe von der Sache, die ich Ihnen gern durch meine Eingabe erspart hätte. Wenn Sie also einmal etwas Musse haben, werden Sie nicht umhin können, an den Dekan zu schreiben (der von sich aus natürlich nichts tun wird) und diesen aufzufordern, Ihr Schreiben über das Rektorat an das Ministerium weiterzuleiten.

Mit freundlichen Grüssen
Ihr A. Sommerfeld

[241] *An Max Steenbeck*[2]

den 26. Okt. 1940.

Sehr geehrter Herr Kollege!

Auf Rat von Herrn Zenneck schreibe ich statt an den Vorsitzenden der Gesellschaft,[3] den ich bestens zu grüssen bitte, an Sie, da Sie z. Z. mit den Kassenverhältnissen am besten vertraut sein dürften. Es handelt sich um Folgendes:[4]

Seit meiner Emiritierung habe ich zusammen mit meinem Kollegen Clusius in dessen Institut ein Kolloquium über theoretische Physik, das von Kollegen und Studenten stark besucht ist. Um gelegentlich auswärtigen Vortragenden die Reisekosten ersetzen zu können, bitte ich die Physikalische Gesellschaft, mir die Summe von 300.– Reichsmark bewilligen zu wollen,

---

[1] Gerlach schrieb am 15. September an den Dekan, der sich aber hinter Müller stellte, [Heinrich und Bachmann 1989, S. 80].
[2] Durchschlag (2 Seiten, Maschine), *München, DM, Archiv NL 89, 018, Mappe 3,12*.
[3] Im September 1940 war Carl Ramsauer gewählt worden.
[4] Vgl. die Darstellung in [Steenbeck 1977, S. 123-124].

über die ich nach Verbrauch Rechenschaft ablegen werde. Ich nehme an, dass ich mit der Summe länger als ein Jahr auskommen werde.

Ich hatte zunächst daran gedacht, die Summe aus der Planck-Medaillen-Stiftung zu erbitten, die ja an Ueberschüssen leidet.[1] Doch scheint mir die Verwendung zu wenig mit den Statuten der Stiftung übereinzustimmen, während sie dem Zwecke der Gesellschaft (Förderung der Physik) zweifellos entspricht.

Sollten Sie doch dafürhalten, dass die Summe aus dem Medaillenfond bestritten werden soll, so würde ich Sie bitten, die Einwilligung von Herrn Planck telephonisch einzuholen.

Ich nehme an, dass Sie meinen Antrag in der für Ende dieses Monats angesetzten Vorstan[d]ssitzung zur Sprache bringen werden.[2]

Mit freundlichen Grüssen

Ihr sehr ergebener
[Arnold Sommerfeld]

[242] *Von Werner Heisenberg*[3]

Leipzig 27. 10. 40.

Sehr verehrter lieber Herr Geheimrat!

Eine Besprechung, die ich vor einigen Tagen mit einem Politikus[4] hatte, veranlasst mich, in der alten und unerfreulichen Angelegenheit Sie um folgendes zu bitten: Könnten Sie auf etwa ein bis zwei Schreibmaschinenseiten in kurzen Stichworten die ganze Leidensgeschichte Ihrer Nachfolgefrage, – etwa vom Sommer 1937 bis zur Berufung Müllers – schriftlich niederlegen? Dabei dürften nur ganz sichere Dinge geschrieben werden, oder unsichere Zwischenhandlungen als solche gekennzeichnet werden. Ich kenne ja den Gang der Handlung ungefähr: Plan der Berufung u. Telefongespräch mit

---

[1] Im September 1938 waren die Statuten der Planck-Medaillen-Stiftung so geändert worden, daß etwaige Überschüsse für Stipendien junger theoretischer Physiker zu verwenden seien, vgl. *A. Sommerfeld an N. Bohr, 25. Oktober 1938.* Kopenhagen, NBA, Bohr.

[2] Um keinen „Präzedenzfall" zu schaffen, wurde Sommerfeld abschlägig beschieden und an Planck verwiesen, dem „eine gewisse Summe zur Förderung der theoretischen Physik" zur Verfügung stehe, *M. Steenbeck an A. Sommerfeld, 31. Oktober 1940.* München, DM, Archiv NL 89, 018, Mappe 3,12. Vgl. Brief [243].

[3] Brief (2 Seiten, lateinisch), *München, DM, Archiv HS 1977-28/A,136.*

[4] Möglicherweise handelt es sich um Mathias Jules vom Reichssicherheitshauptamt der SS, der schon bei der Rehabilitierung Heisenbergs 1938 eine wichtige Rolle spielte, vgl. [Cassidy 1991, S. 390-391].

Dames April 1937. Angriff im Schwarzen Korps Juli 1937. Gegenliste von Thüring: Müller, Malsch, ?, wohl im Sommer 1938 als offizielle Liste der Fakultät abgesandt. Rehabilitierung durch Himmler, auch Sommer 1938. Im Herbst 1938 hat dann wohl Thüring das Parteiurteil durch Hess gegen mich durchgesetzt. Daraufhin Sieg der Gegenpartei auf der ganzen Linie: Tomaschek setzt sich nach München gegen den Willen der Fakultät, wohl Frühjahr 1939.[1] Dann Berufung Müllers Herbst 1939, Beigabe Glasers[2].– So etwa hab ichs in Erinnerung; aber mir fehlen die einzelnen Daten. Wichtig wäre auch eine Übersicht über alle die Briefe, die nicht an die zuständige Stelle weitergegeben worden sind.

Wenn ich eine knappe und sichere Schilderung dieses ganzen Werdeganges bis zum 4. November ds. J. bekommen könnte, so würde ich diese Schilderung an den betreffenden Politiker weitergeben, der am 10. Nov. eine Besprechung in dieser Angelegenheit haben wird. Der Nutzeffekt einer einzelnen derartigen Aktion ist ja immer gering, aber vielleicht hat sie in Verbindung mit den Leistungen Müllers eine gewisse Wirkung.–

In Berlin traf ich neulich Gerlach, der auch ziemlich wütend schien; er erzählte, einer seiner Assistenten habe in seinem Auftrag Theorie lesen sollen, dies sei aber durch Thüring + Dekan verboten worden.– – Ich bin jetzt regelmässig die zweite Wochenhälfte im Debyeschen Institut in Berlin. Dadurch geniesse ich auch häufig Luftalarme, die gelegentlich von $1^h - 6^h$ dauern; neulich sah es, bei den grossen Bränden in Neukölln, richtig wie im Kriege aus. Hoffentlich haben sie in München ruhige Nächte.

Mit vielen herzlichen Grüssen Ihr dankbar ergebener

Werner Heisenberg.

[243] Von Max Planck[3]

Berlin-Grunewald, 2. 11. 40.

Lieber verehrter Herr Kollege!

Ihnen als dem Vorsitzenden des Medaillen-Komittees der Planck[-]Stiftung halte ich mich verpflichtet zur Kenntnis zu bringen, daß nach einer Mitteilung des Schatzmeisters der deutschen Physikalischen Gesellschaft,[4] die mir gestern zuging, der Vorstand der Gesellschaft beschlossen hat, aus

---

[1] Zur Berufung Tomascheks an die TH München siehe [Wengenroth 1993, S. 243-245].

[2] Ludwig Glaser war ein Schüler von J. Stark und dessen Assistent in Würzburg, siehe Seite 475.

[3] Brief (2 Seiten, deutsch), *München, DM, Archiv HS 1977-28/A,263.*

[4] Max Steenbeck. Vgl. zum folgenden Brief [241].

den wirklich vorhandenen Mitteln des Reservefonds der Stiftung mir den Betrag von RM. 600,– zur Förderung der theoretischen Physik, im übrigen aber zu völlig freiem Gebrauch zur Verfügung zu stellen. Ich habe diese Zuwendung und den damit verbundenen Auftrag, den ich als einen ehrenvollen Vertrauensbeweis betrachte, mit aufrichtigem Dank angenommen.

Gleichzeitig ist mir von privater Seite bekannt geworden, daß Ihnen zur Förderung Ihres Colloquiums ein Zuschuß von etwa 300 RM. erwünscht ist. Ich wüßte für die mir zur Verfügung gestellten Mittel keine bessere Verwendung als die Ueberweisung dieses Betrages an Sie, und bitte Sie daher um die Angabe Ihres Postscheckkontos.

Hoffentlich haben Sie und die Ihrigen den Winter in befriedigendem Gesundheitszustand angetreten. Auch ich kann in dieser Beziehung Gutes vermelden. Freilich sind ja die Zeiten für uns alle von traurigem Ernst. Wenigstens ich sehe in dem, was heute vorgeht, im Grunde nur eine sinnlose Selbstzerfleischung der arisch-germanischen Rasse. Wohin das schließlich führen soll, wissen die Götter.

Alles Gute Ihnen u. Ihrer werten Gattin!

Stets Ihr getreuer
M. Planck

[244] *Von Max von Laue*[1]

Berlin, 17. 11. 40.

Lieber Sommerfeld!

Sie könnten mir einen großen Dienst mit einem Schreiben an die Akademische Verlagsgesellschaft leisten.

Wie Sie vielleicht schon gesehen haben, geben jetzt Prof. Menzer vom K.W.I. für Physik und ich die Zeitschrift für Kristallographie (A) heraus. Das war im Mai so mit dem Verlage abgemacht, als Niggli die Redaktion niederlegte, und die Weiterführung von Ewalds Namen auf dem Titelblatt Niemandem hätte nützen, wohl aber schaden können. Die Abmachung gilt für die Kriegszeit, danach soll jedenfalls der eine oder andere Ausländer wieder in die Redaktion kommen, schon um den internationalen Charakter der Zeitschrift zu wahren, der für sie lebensnotwendig ist.[2] Wir dachten anfangs an Niggli, doch ist das keineswegs sicher.

---

[1] Brief (2 Seiten, Maschine), *München, DM, Archiv HS 1977-28/A,197.*
[2] Dank der Annahme eines Vorschlags von Ewald 1927 auch englisch- und französischsprachige Arbeiten zuzulassen, gelang der Zeitschrift früh eine Internationalisierung, vgl. [Ewald 1962, S. 698].

Kürzlich ist nun das erste Heft der Zeitschrift erschienen, auf dem Menzer und ich als Herausgeber genannt sind. Schon vorher aber hatten die deutschen Mineralogen von der Änderung in der Redaktion erfahren und einen „Beschluß" dagegen gefaßt. Wie der lautet, und wie er zustande gekommen, ersehen Sie aus den beiliegenden beiden Briefen.[1]

Die Mineralogen beanspruchen darin die Leitung der Zeitschrift für sich. Daß sie Herrn Menzer, der bei Johnsen groß geworden und noch unter Ramdohr Assistent gewesen ist, der z. B. die erste Struktur[bestimmung] eines Silikates (Granat) erfolgreich durchgeführt hat,[2] nicht als einen der Ihren anerkennen, ist eine kleine kollegiale Liebenswürdigkeit, die man nur am Rande anmerken soll. Wichtiger ist die sachliche Grundlage ihres Anspruchs: In den letzten 10 Bänden sind unter 506 Arbeiten 13% von Autoren, die man als deutsche Mineralogen zu bezeichnen hat. Der Rest stammt von Ausländern oder ausgesprochenen Physikern, Physico-Chemiker einbegriffen. Weiter: P. Groth, der die Zeitschrift begründete, ist seinen Büchern nach typisch Kristall-*Physiker*, gehört also zu einer Menschenklasse, welche unsere heutigen Mineralogen auf ihren Lehrstühlen nicht haben wollen. Es ist nicht ganz konsequent, wenn sie sich trotzdem als die legitimen Erben Groths aufspielen.

Weiter: Was wären die voraussichtlichen Folgen der beanspruchten Aufnahme zweier deutschen rechtgläubigen Mineralogen in die Redaktion? Ich sehe für die Frieden[s]zeit Schwierigkeiten über Schwierigkeiten voraus. Ausländische Redaktionsmitglieder braucht die Zeitschrift aus dem oben genannten Grunde. Nimmt man aber welche hinein, so kommt die Redaktion auf 5–6 Köpfe, was zuviel ist. Oder es müßen deutsche Mitglieder ausscheiden. Daß sich Menzer und ich dazu freiwillig bereit erklären, ist nicht gut zu verlangen, um so weniger, als nach dem Kriege jeder Ausländer lieber mit uns zusammengehen wird, als mit Herrn Eitel.[3] Die Zukunft der Zeitschrift ist ohnehin bedroht; schon vor diesem Kriege drohte uns immer ein[e] in

---

[1] In den beiden hier nicht abgedruckten Briefen informiert P. Ramdohr, Vorsitzender der Deutschen Mineralogischen Gesellschaft (DMG), W. Becker von der Akademischen Verlagsgesellschaft, daß auf einer Tagung der DMG die Meinung vertreten worden sei, daß Niggli für eine Herausgeberschaft nicht mehr in Frage komme und daß neben zwei Physikern auch zwei Mineralogen als Herausgeber fungieren müßten, wofür Hermann Steinmetz und Wilhelm Eitel vorgeschlagen werden; ein „eigentlicher Beschluß" konnte darüber nicht gefasst werden, „da ja die Initiative im Grunde genommen doch Sache des Verlages sein muß."

[2] [Menzer 1926]. Paul Ramdohr war Ordinarius für Mineralogie und Lagerstättenkunde an der TH Aachen, bevor er 1934 an die Universität Berlin wechselte, wo auch die Kristallographen Arrien Johnsen und Georg Heinrich Menzer wirkten.

[3] Wilhelm Eitel war seit 1926 Leiter des KWI für Silikatforschung.

England oder Am[e]rika zu gründende Konkurrenz.[1] Wenn man nun noch neue Schwierigkeiten schafft, so ist es kaum wahrscheinlich, daß sie noch lange besteht.

Könnten Sie nicht unter diesen Umständen den Verlag darauf aufmerksam machen, daß die Physiker doch auch einen Anspruch auf die Zeitschrift für Kristallographie und die Besetzung ihrer Redaktion haben? Um den 10. Dezember herum soll eine Sitzung in Leipzig stattfinden, bei der außer den Vertretern des Verlages, Menzer und mir auch Ramdohr und Drescher-Kaden[2] zugegen sein sollen. Bis dahin müßte Ihr Brief beim Verlag eingetroffen sein. Wenn er erst kurz vorher dort ankommt, ist das vielleicht am Besten.

Den Berliner Physikern und ihren Instituten haben die Engländer bisher nichts getan, nur Gerth[s]ens Institut[3] büßte, wie Sie wohl gehört haben, einmal die Fensterscheiben der Hofseite ein. Da aber auch schon in Dahlem Bomben gefallen sind, haben wir ein Ölbild und eine Büste Plancks, die dem K.W.I. gehören, in den Keller gesteckt.

Daß Pauli in Princeton sitzt und wohl kaum nach Zürich zurück geht, daß Bär beurlaubt ist und auch nicht in Zürich steckt, wissen Sie wohl schon.[4] Aber wo sind die Pringsheims, Vater, Sohn und dessen Frau?[5] Seit Anfang August habe ich keine Nachricht von ihnen erhalten, trotz mehrmaliger Anfrage in Zürich und Brüssel. Dabei hat Peter Pr. einen Ruf nach Berkeley.

Mit freundlichem Gruss
Ihr M. Laue

[245] *An Walter Becker*[6]

München, den 20. November 1940.

Sehr geehrter Herr Doktor!

Gestatten Sie eine unbefugte aber ganz bescheidene Einmischung in Ihre Verlagsgeschäfte. Ich höre von gewissen Schwierigkeiten, die bei der Redak-

---

[1] Vgl. [Ewald 1962, S. 698-700].
[2] Der Mineraloge Friedrich Karl Drescher-Kaden hatte 1936 die Nachfolge V. M. Goldschmidts in Göttingen angetreten.
[3] 1939 hatte Christian Gerthsen als Nachfolger von Nernst das I. Physikalische Institut der Universität Berlin übernommen.
[4] Richard Bär war Titularprofessor an der Universität Zürich.
[5] Alfred Pringsheim war im Oktober 1939 nach Zürich emigriert; Peter Pringsheim war 1933 nach Brüssel, später über Frankreich in die USA geflohen, wo er 1941 Gastprofessor an der University of California in Berkeley wurde.
[6] Durchschlag (2 Seiten, Maschine), *München, DM, Archiv NL 89, 015*.

tion der Zeitschrift für Kristallographie aufgetreten sind. Diese Zeitschrift war ein Muster internationalen Charakters, wie wir es auf unserem Gebiet in früheren Zeiten nur bei der Zeitschrift für Physik gehabt haben, wo Russen, Skandinavier, Schweizer u.s.w. publiziert haben. Der internationale Charakter der Zeitschrift für Kristallographie muss nach dem Kriege unbedingt wiederhergestellt werden.[1] Das werden Sie auch aus Verlagsgründen bestätigen. Es müssen daher Plätze in der Redaktion für ein oder zwei auswärtige Mitglieder offengehalten werden (womöglich einen Vertreter englischer oder amerikanischer Wissenschaft und Herrn Niggli). Eine weitere notwendige Voraussetzung ist, dass Laue in der Redaktion bleibt, dessen Namen mit der modernen Kristallphysik unlösbar verbunden bleibt und der allein den erforderlichen internationalen Klang hat. So viel ich weiss braucht v. Laue als Beirat Prof. Menzer, der ja von Hause aus nicht Physiker sondern Mineraloge ist. Ich glaube daher, dass zwei weitere deutsche Redaktöre zuviel sind. Insbesondere möchte ich von Herrn Eitel abraten, der meiner unmassgeblichen Meinung nach der internationalen Zusammenarbeit nicht förderlich sein würde. Eher wäre, wenn Sie dem Wunsche der Mineralogen nachgeben zu sollen meinen, Herr Steinmetz tragbar, der ein konzilianter Mann ist.[2] Für Ablehnung von Eitel spricht auch der Umstand, dass nicht die ganze Redaktion in Berlin sitzen sollte. Der Standpunkt der Mineralogen kommt mir sehr eng vor. Ich erwähne dazu zwei Parallelen. Ich war in Leipzig von Karl Neumann etwa 1903 als Professor für theoretische Physik vorgeschlagen, wurde aber von dem Experimentalphysiker abgelehnt, weil ich „Mathematiker" wäre.[3] Aehnlich unser bester Astrophysiker Unsöld. Er bekommt keinen astronomischen Lehrstuhl, weil er „theoretischer Physiker" sei.[4]

Zusammenfassend möchte ich sagen: Nur keine nationale und keine fachliche Engherzigkeit!

Auf Ihre freundliche, mich betreffende Anregung hat Ihnen wohl mein Kollege Clusius schon geantwortet, dass ich diese in ernstliche, aber unverbindliche Erwägung ziehen werde.[5]

Mit freundlichen Grüssen
[Arnold Sommerfeld]

---

[1] Zur Nachkriegsentwicklung vgl. Brief [302].
[2] Hermann Steinmetz war seit 1928 Ordinarius für Mineralogie an der TH München.
[3] Vgl. Band 1, Seite 156 bis 158.
[4] Unsöld war seit 1932 Ordinarius für theoretische Physik an der Universität Kiel.
[5] Vermutlich hatte Becker angeregt, daß Sommerfeld seine Vorlesungen in Buchform bringe, vgl. [Sommerfeld 1943e, Vorwort].

[246] *Von Max von Laue*[1]

Berlin, 4. 12. 40.

Lieber Sommerfeld!

Zunächst herzlichen Glückwunsch zu Ihrem Geburtstage! Das letzte Lebensjahr hat Ihnen doch eigentlich einen großen Triumpf gebracht in der Konkordienformel, auf die sich die 14 Leute in ihrem Religionsgespräch vom 15. 11. geeinigt haben.[2] Möge das kommende Ihnen eine ähnliche Genugtuung bereiten.

Für Ihren Brief vom 1. 12. danke ich vielmals.[3] Becker und Erler kommen morgen zu einer Vorbesprechung hierher. Ich will ihnen und den Herrn von der Mineralogie schon klar machen, daß *Eitel*keiten die Existenz eines so alten Kulturgutes, wie es die Zeitschrift ist, nicht gefährden dürfen, und daß sie die Götterkomplexe, die sie gegenüber Herrn Menzer zu empfinden schienen, aus dem gleichen Grunde zurückstellen müßen. N. B. Sie wissen doch die Herkunft des „Götterkomplexes"? Das ist einer der schönsten Druckfehler für Gitterkomplex, der sich in den „Internationalen Tabellen für die Bestimmung von Kristallstrukturen" an mehreren Stellen findet.[4]

Wenn Frau Pr.[ingsheim] im September noch von sich hören ließ, so war ihrem Manne bis dahin jedenfalls nichts geschehen. Aber ob er zu der Zeit in Brüssel war, wissen Sie wohl auch nicht?

Wie mir mein Sohn mitteilt, ist Meyerhof und Frau in U.S.A. „endlich eingetroffen."[5] Desgleichen sitzt H. Mark jetzt in Brooklyn und ist an einer New Yorker Verlagsanstalt für Naturwissenschaft beteiligt.[6] Odysseus, der Vielgewandte, ist gegen Mark doch nur ein Waisenknabe!

Die Beurlaubung Bärs ist eine freiwillige;[7] das ging aus dem ganzen Zusammenhang hervor, in dem ich die Nachricht erhielt. Auch an Edgar Meyers Bleiben in Zürich glaubt man nicht so recht.[8]

Mit den besten Empfehlungen an Ihre Gattin und herzlichem Gruß

Ihr M. Laue

---

[1] Brief (1 Seite, Maschine), *München, DM, Archiv HS 1977-28/A,197*.
[2] Siehe Seite 481.
[3] Der Brief liegt nicht vor.
[4] Zur Situation bei den kristallographischen Publikationen vgl. [Ewald 1962, S. 698-700].
[5] Otto Meyerhof, bis 1938 Direktor des Heidelberger Kaiser-Wilhelm-Instituts für medizinische Forschung, war über Frankreich in die USA emigriert, wo er 1940 eine Gastprofessur für physiologische Chemie an der University of Pennsylvania in Philadelphia erhielt. Theodor von Laue studierte an der Princeton University Geschichte.
[6] Möglicherweise im Zusammenhang mit dem Schwager des Verlegers Kurt Jacoby.
[7] Richard Bär verstarb am 13. Dezember 1940.
[8] Der langjährige Direktor des Physikinstituts der Universität Zürich blieb im Amt.

[247] *Von Werner Heisenberg*[1]

4. 12. 40.

Sehr verehrter lieber Herr Geheimrat!

Haben Sie vielen Dank für Ihren Brief. Leider werde ich diesmal an Weihnachten nicht nach Bayern kommen, da meine Frau unseren Jüngsten[2] noch nicht verlassen kann und ich nicht allein fahren will. Sonst hätte ich Sie selbstverständlich besucht. Vielleicht kann ich aber Ende Februar durch München kommen, wenn ich nach Wien und Budapest zu Vorträgen reise.[3] Es ist ja noch nicht sicher, ob aus dieser Reise etwas wird. Aber wenn ich einen Tag in München einschieben kann, so würde ich natürlich auch gerne in Ihrem Kolloquium vortragen; etwa über die Eigenschaften des ‚*Mesons*‘, mit dem ich mich neben der Kriegsarbeit immer wieder beschäftige.–

Mit dem Ergebnis der Münchner Sitzung kann man recht zufrieden sein.[4] Dass Thüring u. Müller vor der Unterzeichnung der Einigungsformel verschwanden, ist wohl auch ganz befriedigend. Thüring u. Müller sind ja wohl die dümmsten u. daher am meisten fanatischen Anhänger der Gegenpartei, während der schlaue Tomaschek schon die Änderung des Windes von oben vorauswittert.[5] Ich stelle mir vor, dass jetzt in München unter der Gegenpartei grosser Krach herrscht und die tollsten Intrigen gesponnen werden. Thüring muss natürlich jetzt versuchen, Herrn Dr. Borger[6] als Judensöldling etc. hinzustellen und das im Frühjahr geplante Dozentenbundslager[7] zu sabotieren. Tomaschek wird dabei wie immer zwischen den Parteien lavieren. Glaser war letzte Woche in Berlin, um auf dem Ministerium u. bei anderen Parteistellen zu stänkern.[8] Ich könnte mir aber vorstellen, dass

---

[1] Brief mit Zusatz (2 Seiten, lateinisch), *München, DM, Archiv HS 1977-28/A,136*.
[2] Der Sohn Jochen war im Vorjahr zur Welt gekommen.
[3] Heisenberg hielt am 30. April 1941 in Wien vor der Chemisch-Physikalischen Gesellschaft einen Vortrag über „Die durchdringende Komponente der Höhenstrahlung", [Heisenberg 1941a]; zwei Tage zuvor hatte er in Budapest vor der Gesellschaft für kulturelle Zusammenarbeit über „Goethesche und Newtonsche Farbenlehre im Lichte der modernen Physik" vorgetragen, [Heisenberg 1941b]. Vgl. [Walker 1992a, S. 359-360].
[4] Gemeint ist das Münchner „Religionsgespräch", vgl. Seite 481.
[5] Am oberen Briefrand in Sommerfelds Handschrift: „Konkordienformel. Besuch von Dr. Führer. Tom.[aschek] Liste."
[6] Gustav Borger, Leiter der Abteilung Wissenschaft im NS-Dozentenbund, hatte die Diskussion geleitet.
[7] Für Ende März 1941 plante die Reichsdozentenführung eine weitere Aussprache unter den Physikern, vgl. *W. Finkelnburg an W. Gerlach, 28. Januar 1941. München, DM, Archiv Nachlaß Gerlach*, auszugsweise abgedruckt in [Heinrich und Bachmann 1989, S. 80].
[8] Zu den Intrigen Ludwig Glasers vgl. [Litten 2000, S. 111-113].

diese ganze Betriebsamkeit doch nicht mehr sehr lange helfen wird. Trotzdem wird es wohl noch lange dauern, bis in München wieder befriedigende Zustände einziehen.–

Die Kriegsarbeit ist in jeder Weise interessant, nur ist der Doppelberuf in Leipzig und Berlin etwas anstrengend.[1] Von Debye's gab es neulich in Berlin gute Nachricht: Frau Debye, die ja schwer krank in der Schweiz in einem Sanatorium weilte, ist soweit wieder hergestellt, dass sie im Flugzeug über Spanien nach Amerika reisen kann u. dies wohl in diesen Tagen tut. Debye's Tochter und Tante wohnen noch in Berlin. Debye soll um *einige Jahre Urlaub* gebeten haben,[2] während des Krieges wird er also leider nicht zurückkommen.–

Mit vielen herzlichen Grüssen und Empfehlungen an Frau Geheimrat
Ihr dankbar ergebener
Werner Heisenberg.

P. S. Eben fällt mir ein, dass morgen der 5. Dez. ist,[3] also viele, viele Glückwünsche!

[248] *Von Niels Bohr*[4]

20. Dezember 40.

Lieber Sommerfeld,

Vielen Dank für Ihren freundlichen Brief.[5]– Trotz der unruhigen und traurigen Verhältnisse geht die wissenschaftliche Arbeit hier noch ungestört weiter und, wie Sie vielleicht aus verschiedenen Zeitschriftenartikeln gesehen haben, ich interessiere mich in Verbindung mit der wundervollen Entdeckung der Uranzertrümmerung wieder lebhaft für die Bremsung geladener Teilchen.[6] Infolge der erschwerten Postverbindungen erfährt man ja leider nur wenig über die wissenschaftliche Tätigkeit in anderen Ländern; gerade deshalb war es mir eine besondere Freude, vor wenigen Tagen

---

[1] Heisenberg war gleichzeitig Ordinarius für theoretische Physik an der Universität Leipzig und Leiter des KWI für Physik in Berlin.
[2] Vgl. Brief [235] und [Kant 1993].
[3] Sommerfelds und Heisenbergs Geburtstag.
[4] Durchschlag (1 Seite, Maschine), *Kopenhagen, NBA, Bohr.*
[5] Sommerfeld hatte sich nach dem wissenschaftlichen Betrieb in Kopenhagen erkundigt, *A. Sommerfeld an N. Bohr, 12. Dezember 1940. Kopenhagen, NBA, Bohr.*
[6] Zu den kernphysikalischen Arbeiten am Bohrschen Institut während der 1930er Jahre vgl. [Aaserud 1990, S. 228-251], über Bohrs Aktivitäten im Krieg vgl. [Aaserud 1999] und [Pais 1991, Kap. 21].

Ihre schöne Abhandlung über die wundervollen Fortschritte der Analyse der Kristalle in den „Naturwissenschaften" zu lesen.[1]

Die Mitteilung in dem mir zugesandten Rundschreiben betreffend die Verleihung der Planck-Medaille – dass es diesmal beabsichtigt ist, die Medaille zwei Forschern zu überreichen – finde ich sehr erfreulich, und ich kann mich den Vorschlägen von Herrn Planck und Ihnen selbst für das Jahr 1939 und das Jahr 1940 durchaus anschliessen.[2] Sowohl die genannten deutschen wie auch die ausländischen Physiker haben sich ja ausserordentliche Verdienste um die Entwicklung der Quantentheorie erworben.

Mit freundlichen Grüssen and [sic] herzlichen Wünschen, auch an Herrn Planck,

Ihr [Niels Bohr]

[249] *Von Werner Heisenberg*[3]

Leipzig 5. 1. 41.

Sehr verehrter lieber Herr Geheimrat!

Entschuldigen Sie bitte diese reichlich späte Antwort auf Ihren Brief.[4] Ich hatte gehofft, Ihnen schon den Termin meiner Südlandreise schreiben zu können, aber – wer könnte auf eine Genehmigung durch den Reichserziehungsminister warten![5] Also ich weiss noch nicht, wann ich reisen werde; möchte mich aber in München gerne auf das intimere Kolloquium beschränken, schon um Missdeutungen der Gegenseite zu entgehen.

Dass Tomaschek jetzt für das Extraordinariat an der T. H. lauter tüchtige Theoretiker vorschlagen will,[6] im Gegensatz zu seiner sonstigen Haltung, bestätigt mir meine alte Ansicht, dass Tomaschek zwar der einzige tüchtige, aber charakterlich weitaus unerfreulichste Mann der Gegenseite ist. Sonst hab ich übrigens in den letzten Wochen nichts mehr von der „deutschen Physik" gehört.

---

[1] [Sommerfeld 1940b].

[2] 1939 bis 1941 wurden keine Verleihungen vorgenommen, nachdem Sommerfeld vorgeschlagen hatte, diese während der Kriegszeit auszusetzen; er erinnerte daran, daß im Vorjahr Dirac, Jordan und Hund genannt worden waren. *A. Sommerfeld an P. Debye, 27. Dezember 1939. Berlin, MPGA, Debye.*

[3] Brief (1 Seite, lateinisch), *München, DM, Archiv HS 1977-28/A,136*.

[4] Aus den Jahren 1940 und 1941 liegen keine Briefe Sommerfelds an Heisenberg vor.

[5] Vgl. Fußnote 3, Seite 534.

[6] Am 18. Dezember 1940 hatten W. Meißner und R. Tomaschek dem Dekan Boas an erster Stelle Sauter, an zweiter Flügge und an dritter Meixner vorgeschlagen, *Archiv der TU München, Berufungsakten 1938–1943, Registrar II 1a, Band 4, Nr. 7.*

Nun wünsch ich Ihnen noch ein recht gutes Neujahr – wir haben ja für dieses Jahr einen solchen Haufen Wünsche bereit, dass man sie garnicht alle aufzählen kann. So will ich nur den einen schreiben, dass es Ihnen und Ihrer Familie stets gut gehen möge!

Ihr dankbar ergebener
Werner Heisenberg.

[250] *Von Werner Heisenberg*[1]

Leipzig, den 17. Febr. 1941.

Sehr verehrter lieber Herr Geheimrat!

Es tut mir sehr leid, dass ich Ihnen wegen des Münchener Vortrags immer noch nichts Definitives schreiben kann. Aus einem Telefongespräch, das ich vorgestern mit der Austauschstelle in Berlin hatte, schien hervorzugehen, dass die Entscheidung des Auswärtigen Amtes über die Frage, ob und wann ich in Budapest reden soll, in dieser Woche getroffen werden soll.[2] Sobald ich diese Entscheidung habe, werde ich Ihnen schreiben.

Das Verdienstkreuz habe ich mit etwas geteilten Gefühlen angenommen.[3] Aber zusammen mit der Berufung Weizsäckers an das Ordinariat in Strassburg kann es vielleicht doch als Zeichen für einen etwas frischeren Wind in Fragen der Physik gewertet werden.[4] Im übrigen haben Thüring und Genossen ja das im März geplante Lager offenbar, wie zu erwarten war, sabotiert.[5] Jedenfalls erhielt ich jetzt die Mitteilung, dass es nicht stattfinden soll. Da ich den offiziellen Stellen gegenüber immer betont habe, dass die Gegenseite vor einer sachlichen Diskussion sicher grosse Angst haben würde, ist das Ausfallen des Lagers wahrscheinlich kein Unglück.– Auch wenn der Vortrag in Budapest nicht stattfinden sollte, komme ich am Semesterschluss nach München und will mich für einige Wochen mit meiner Frau am Walchensee erholen.

Mit vielen herzlichen Grüssen Ihr dankbar ergebener
Werner Heisenberg.

---

[1] Brief (1 Seite, Maschine), *München, DM, Archiv HS 1977-28/A,136*.
[2] Vgl. Fußnote 3, Seite 534. Mit der Austauschstelle ist vermutlich die „Kulturpolitische Abteilung" des Auswärtigen Amtes gemeint, die die Auslandsreisen deutscher Professoren betreute, vgl. [Hausmann 2001].
[3] Die meisten Mitglieder des „Uranvereins" erhielten eine militärische Auszeichnung.
[4] C. F. von Weizsäcker wurde erst im Herbst 1942 nach Straßburg berufen, vgl. Brief [261].
[5] Vgl. Fußnote 7, Seite 534.

[251] *An Ludwig Prandtl*[1]

München 1. März 41

Lieber College Prandtl!

Von Ludwig Föppl höre ich heute, dass Ihre Frau gestorben ist.[2] Im Sommer vorigen Jahres konnte ich sie noch begrüssen und ihr sagen, wie dankbar wir ihr immer für ihre treue Hilfsbereitschaft gegen meine arme Schwägerin gewesen sind.[3] Es drängt mich, Ihnen meine innigste Teilnahme zu sagen.

Über Noether's Schicksal habe ich nichts erfahren, Sie offenbar auch nicht.[4] Vielleicht sind unsre Briefe garnicht bis zur russischen Akademie gelangt![5]

Mit treuen Grüssen Ihr
A. Sommerfeld

Lesen Sie doch spasseshalber den Artikel von Wilh. Müller in dem Schandblatt „ZS f. d. gesamte Naturwiss." letztes Heft.[6] Wir kommen beide drin vor, Sie als sein Kronzeuge (!), ich als ein der Technik u. Wirklichkeit gänzlich abgewandter Mathematiker (!). Sie wissen vielleicht noch nicht, dass Müller mich aus meinem Institut gerausgeschmißen [sic] hat; er macht alles, unter dem Druck des Docentenbundes, so dumm wie möglich.

Ihr A S

[252] *Von Ludwig Prandtl*[7]

22. 3. 41.

Lieber Herr Sommerfeld!

Haben Sie zunächst herzlichen Dank für Ihre freundlichen Worte der Teilnahme anläßlich des Todes meiner lieben Frau. Sie erwähnten dabei das

---

[1] Brief (3 Seiten, lateinisch), *Berlin, MPGA, Prandtl III. Abt., Rep. 61, Nr. 1538*.
[2] Gertrud Prandtl, gestorben im Dezember 1940, war eine Schwester von Ludwig Föppl, Ordinarius für technische Mechanik an der TH München.
[3] Lina Höpfner, geborene Zöppritz, verstarb 1932.
[4] Der in die Sowjetunion emigrierte Fritz Noether wurde am 10. September 1941 in einem Gefängnis bei Moskau hingerichtet, vgl. [Schlote 1991].
[5] *A. Sommerfeld an die Akademie der Wissenschaften der UdSSR, 6. August 1940. München, DM, Archiv NL 89, 024, Mappe Nazizeit*.
[6] [Müller 1940, S. 284 und 295], vgl. den Auszug auf Seite 484.
[7] Durchschlag (2 Seiten, Maschine), *Berlin, MPGA, Prandtl III. Abt., Rep. 61, Nr. 1538*.

freundschaftliche Verhältnis meiner Frau zu Ihrer Schwägerin Frau Höpfner, der wir ob ihres lieben Wesens sehr zugetan waren und die nun ja schon lange von ihrem Leid erlöst ist. Meine Frau hat, wie mein Schwager Ihnen wohl schon erzählte, seit den letzten Jahren schon gekränkelt und ist schließlich ihrem Darmleiden zum Schluß sehr rasch erlegen. Daß sie sich nicht allzu lange hat quälen müssen, ist natürlich ein tröstliches Bewußtsein.

Sehr stark bewegt mich die Angelegenheit mit Ihrem „Nachfolger". Ich habe mir das Heft nach einigem Suchen verschaffen können und den Aufsatz zum größten Teil gelesen. Da ich die Absicht habe, irgendetwas in der Sache zu unternehmen, würde ich Sie bitten, mir (und zwar wegen meiner beabsichtigten Abreise in die Osterferien möglichst bald) die Liste Ihrer regelmäßigen Kursusvorlesungen für die Studenten zu schicken (nicht der höheren für die Spezialisten).

Hoffend, daß es Ihnen sonst gut geht, bin ich mit besten Grüßen

Ihr sehr ergebener
L. P.

[253] *An Ludwig Prandtl*[1]

Mü.[nchen] 10. X. 41.

Lieber Prandtl!

Sie schrieben mir vor einiger Zeit, dass Sie etwas gegen die in meinem ehemaligen Institut herrschende Unzucht (ich habe keinen anderen Namen dafür!) unternehmen wollten; und ich höre von R. Becker, dass Ihre diesbez. Mühen vergeblich waren.[2]

Sie könnten aber in einer anderen Sache wirkungsvoll eingreifen.

Das besagte Institut hat von Ihrer Versuchsanstalt einen Windkanal für 15 000 M bestellt. Selbiger liegt, da Dr. Glaser inzwischen verduftet ist,[3] herrenlos auf dem Universitätshof herum. Lassen Sie doch ja das Geld einfordern! Mit seinen 3 000 M Etat kann das Inst. diese Summe nie bezahlen.

---

[1] Brief (2 Seiten, lateinisch), *Berlin, MPGA, Prandtl III. Abt., Rep. 61, Nr. 1538.*
[2] Richard Becker war Ordinarius für theoretische Physik an der Universität Göttingen. Prandtl hatte sich erfolglos wegen der „Abwendung einer schweren Gefahr für den Nachwuchs an deutschen Physikern" an Hermann Göring gewandt und beklagt, „daß eine Gruppe von Physikern, die leider das Ohr des Führers besitzt, gegen die *theoretische Physik* wütet und die verschiedensten theoretischen Physiker verunglimpft", *L. Prandtl an H. Göring, 28. April 1941. Berlin, MPGA, Prandtl, III. Abt., Rep. 61, Nr. 541.*
[3] L. Glaser wurde als Direktor eines neuen Instituts für angewandte Physik an die Universität Posen berufen.

Wenn Sie Müller vergeblich gemahnt haben, so wenden Sie sich bitte Beschwerde führend an das bayr. Cultusminist., zu Händen von Ministerialrat von Jahn, ~~etwa unter Sendung einer Abschrift an das Rektorat~~*?

Müller ist ein vollendeter Trottl; die Aufgaben seiner Münchener Stelle wachsen ihm einfach über den Kopf, zumal er auch noch Dekan geworden ist (!!). Der Windkanal könnte ihm leicht moralisch und amtlich den Garaus machen. Also Glückauf zu diesem löblichen Scharfrichtertum!

Mit vielen Grüssen Ihr
A. Sommerfeld.

* Nein, lieber nicht! Das Rektorat erfährt davon besser erst officiell von der Sache durch das Ministerium; denn das Rektorat ist Partei u. würde zu vertuschen suchen.

[254] *Von Ludwig Prandtl*[1]

22. 10. 41.

Lieber Sommerfeld!

Auf Ihren Brief vom 10. Oktober hin habe ich mich bei der Aerodynamischen Versuchsanstalt, die ich ja selbst nicht mehr leite,[2] nach dem Sachverhalt wegen des an das Münchener Institut gelieferten Windkanals erkundigt. Ich habe aber festgestellt, daß *Müller* bereits seit August in Verhandlungen mit der Göttinger Anstalt steht wegen Rücknahme des Windkanals, der für ihn durch den Weggang von *Glaser* unverwendbar geworden sei. Ich habe seinen Brief selbst gelesen, der durchaus manierlich ist. Man kann ihm daher aus der Sache in keiner Weise einen Strick drehen.

Meine Eingabe ist seinerzeit wahrscheinlich daran gescheitert, daß sie wenige Wochen vor der russischen Offensive im Büro des Vierjahresplanes einging und man unter diesen Umständen offenbar Göring damit nicht behelligen wollte.[3] Aber aufgeschoben ist nicht aufgehoben!

---

[1] Durchschlag (1 Seite, Maschine), *Berlin, MPGA, Prandtl III. Abt., Rep. 61, Nr. 1538*.

[2] Prandtl leitete das KWI für Strömungsforschung; die mehr auf technische Fragen ausgerichtete Aerodynamische Versuchsanstalt (AVA) unterstand seinem Schüler A. Betz. Zur Geschichte dieser von Prandtl gegründeten Göttinger Forschungsinstitute siehe [Trischler 1992].

[3] Hermann Göring war seit 1936 mit der Leitung des Vierjahresplans, der zur Stärkung der Autarkie vor allem in der Rüstungswirtschaft aufgestellt worden war, beauftragt. Der Angriff auf die Sowjetunion begann am 22. Juni 1941.

In der Zeitung las ich, daß Sie kürzlich das goldene Doktorjubiläum gefeiert haben. Ich möchte nicht versäumen, Ihnen dazu noch meine Glückwünsche zu senden.

Mit vielen Grüßen
Ihr L. P.

[255] An Ludwig Prandtl[1]

München, 24. X. 41.

Lieber Prandtl!

In Berlin habe ich gehört, daß Sie in Ihrer Familie abermals Trauer haben durch den Verlust Ihres vorzüglichen Schwiegersohns.[2] Wie lange wird diese Leidenszeit noch dauern?!

Für Ihre Auskunft über den Windkanal sage ich besten Dank. Also liegt hier keine grobe Inkorrektheit vor, so dass die Sache fallen zu lassen ist. Aber ich möchte Ihnen noch eine Sache vorlegen, die nicht Hn. Müller sondern Hn. L. C. Glaser betrifft. In einem hier eingereichten Lebenslauf desselben findet sich der beiliegende Passus:[3]

Der Interessent, in dessen Namen ich schreibe, möchte wissen, ob irgend eine „gemeinsame Arbeit" zwischen Glaser und Ritz[4] stattgefunden hat. Am liebsten wäre es ihm, wenn Ihre ev. Antwort ohne meine Anschrift so gehalten wäre, dass er sie dem Rektor als Beweisstück vorlegen könnte.

Vielleicht ist es Ihnen zu widerlich, in diesen Schmutz hineingezogen zu werden. Dann lassen Sie diesen Brief unbeantwortet. Ich werde es Ihnen gewiss nicht verübeln. Wenn Sie sich doch dazu entschließen, könnten Sie dazu beitragen, die Clique um Glaser, zu der ja auch Müller gehört, zu diskreditieren.

Mit herzlichem Gruss Ihr
A. Sommerfeld

[256] Von Ludwig Prandtl[5]

13. 11. 41.

Lieber Sommerfeld!

Inzwischen ist es mir nun gelungen, Herrn *Ritz* über Professor *Glaser* zu sprechen. Wunschgemäß gebe ich Ihnen die Antwort von Herrn Ritz auf

---

[1] Brief (1 Seite, lateinisch), *Berlin, MPGA, Prandtl III. Abt., Rep. 61, Nr. 1538.*
[2] Ende Juni 1941 war Wolfgang Weber vor Riga gefallen.
[3] Der Lebenslauf liegt nicht vor.
[4] Ludolf Ritz leitete das Institut für Kälteforschung an der AVA.
[5] Durchschlag (2 Seiten, Maschine), *Berlin, MPGA, Prandtl III. Abt., Rep. 61, Nr. 1538.*

einem besonderen Blatt zur beliebigen Verwendung. Den mir übersandten Schnippel, der vielleicht noch benötigt wird, lege ich wieder bei.

Ich benütze die Gelegenheit um Ihnen noch mitzuteilen, daß sich zur Zeit gegen die Saboteure der theoretischen Physik eine neue Aktion zusammenbraut, bei der meine Denkschrift vom April auch eine Rolle spielen wird.[1]

Mit den besten Grüßen
Ihr L. P.

Auf Grund einer mir zugegangenen Anfrage wegen einer Zusammenarbeit von Professor *Glaser* mit dem Kälte-Institut der Aerodynamischen Versuchsanstalt in Göttingen habe ich mit dessen Leiter, Dipl.-Ing. *Ritz*, gesprochen. Herr Ritz erklärte, von einer „gemeinsamen Arbeit" mit dem Göttinger Kälte-Institut könne keine Rede sein. Es hätten lediglich mehrfache unverbindliche Besprechungen über Versuche betreffend das Verhalten von Leichtmetallen in der Kälte stattgefunden. Glaser hatte vor, verschiedene Leichtmetallproben in einem hierzu besonders einzurichtenden Laboratorium zu erschmelzen. Es ist aber dazu nicht gekommen und infolgedessen ist auch eine Untersuchung dieser Legierungen im Göttinger Kältelaboratorium unterblieben.

Göttingen, den 13. November 1941.
L. P.

[257] *An Ludwig Prandtl*[2]

München, 15. XI. 41

Lieber Prandtl!

Haben Sie vielen herzlichen Dank für Ihren heutigen Brief mit der Erklärung von Dr. Ritz! Sie ist sehr willkommen und zweckdienlich.

Ich werde Sie jetzt kaum mehr zu inkommodieren brauchen. Aber ich möchte Ihnen resp. dem Forschungsinstitut den dringenden Rat geben: Seien Sie nicht zu entgegenkommend in Sachen des Windkanals.[3] Dieser liegt *ungenutzt* seit 2 Jahren *auf dem Hof der Universität*, in einer offenen Halle,

---

[1] Vgl. Fußnote 2, Seite 539. Ein Abschnitt aus Prandtls Denkschrift an Göring wurde als Anhang einer Eingabe an das Reichserziehungsministerium beigefügt, mit der der Vorsitzende der DPG Carl Ramsauer seine Befürchtungen über die Zukunft der Physik in Deutschland ausdrückte, *C. Ramsauer an B. Rust, 20. Januar 1942. Durchschlag in Berlin, MPGA, Prandtl, III. Abt., Rep. 61, Nr. 1302.*

[2] Brief (1 Seite, lateinisch), *Berlin, MPGA, Prandtl III. Abt., Rep. 61, Nr. 1538.*

[3] Vgl. die Briefe [253] und [254].

also Wetter und Regen ausgesetzt. Das beste wäre, *ein Beauftragter des Institutes sähe sich die Situation an.* Sonst kriegen Sie vielleicht ein unbrauchbares Gerümpel zurück!

Müller hat den Kanal unter Suggestion des verrückten Glaser bestellt, ohne sich um die Bezahlung zu kümmern. Die 15 000 M. würden ihm hier den Hals brechen. Auch nur eine Entschädigung für Transport und unsachgemässe Lagerung von sagen wir 3 000 M würde dem Ministerium endlich die Augen öffnen, welche Laus es sich in den Pelz gesetzt hat.

Viele Grüsse von Ihrem
A. Sommerfeld.

[258] Von Ludwig Prandtl[1]

Göttingen 10. 12. 41.

Lieber Sommerfeld!

Es wird Sie interessieren, daß der Verwaltungsleiter der Aerodynamischen Versuchsanstalt sich weigert, den von Müller für Glaser gekauften Windkanal zurückzunehmen, sondern Bezahlung verlangt. Meine frühere Mitteilung gründete sich auf die Stellungnahme des zunächst zuständigen Abteilungsleiters,[2] die aber von der Direktion abgelehnt worden ist mit der Begründung, daß ein bindender Kaufakt vorläge und daher bezahlt werden müsse. Also alles so, wie Sie es sich wünschen.

In der Angelegenheit meiner Eingabe an den Vierjahresplan wegen der theoretischen Physik sind nun vier Abschriften meines damaligen Textes ins Laufen gekommen, eine durch einen hiesigen Kollegen an den Staatssekretär des Reichsinnenministeriums, eine durch die Deutsche Physikalische Gesellschaft an Generaloberst Fromm und eine durch mich selbst an Generalfeldmarschall Milch, von dessen Büro ich nun gebeten wurde, eine vierte Abschrift an einen Wehrwirtschaftsführer zu schicken.[3] Ich bin begierig, was daraus wird. An Deutlichkeit ließ mein Text nichts zu wünschen übrig.

Mit besten Grüßen
Ihr L. Prandtl.

---

[1] Brief (1 Seite, Maschine), *München, DM, Archiv HS 1977-28/A,270*.

[2] Vermutlich ist der Leiter des Instituts für Windkanalforschung Reinhold Seiferth gemeint, vgl. [Trischler 1992, S. 202-203].

[3] Erhard Milch, Generalinspekteur der Luftwaffe, war auch Staatssekretär im Reichsluftfahrtministerium; Friedrich Fromm leitete die Heeresrüstung; die vierte Abschrift ging an den Flugzeughersteller Willy Messerschmidt, *L. Prandtl an C. Ramsauer, 23. Januar 1942. Berlin, MPGA, Prandtl, III. Abt., Rep. 61, Nr. 1302*. Zur Eingabe vgl. Brief [254].

[259] An Ludwig Prandtl[1]

München, den 12. III. 42.

Lieber Prandtl!

Es scheint, dass Müller wackelt. Ein Anstoss von Ihrer Seite – Zahlungsbefehl wegen des Windkanals, zugleich Mitteilung darüber an das Bayer. Kultusministerium – könnte ihm den Rest geben.

Seien Sie nicht böse wegen meiner Hartnäckigkeit. Ich erwarte keine Antwort!

Anbei ein Separatum, das aus Aufgaben der Marine hervorgegangen ist.[2]

Mit herzlichen Grüssen
Ihr A. Sommerfeld.

[260] An Karl Bechert[3]

23. VI. 42

Lieber Bechert!

Endlich habe ich Ihren Planckbrief gelesen, im Garten, bei schönstem Sonnenschein. Der Unterschied zwischen W *gross* und h *klein*, den Sie so überzeugend herausarbeiten ist wirklich sehr bemerkenswert und zunächst etwas überraschend.[4] Ein bischen ähnlich wie die Plancksche Schwierigkeit ist die, die ich auf S. 423 meiner Wellenmechanik unter Nr. 2 erwähne:[5] die klassisch-relativist. Mechanik taugt nicht zur Ableitung der relativistisch korrigierten Termformel, während die klass. unrelat. Mechanik direkt zur ursprünglichen Rutherford-Formel führt. (Ich weiss wohl, dass die Analogie zu Ihrem Fall sehr mager ist).

Ihre Betrachtungen haben mich umsomehr gefesselt, als sie mehr als billig fernliegen, vgl. mein Buch! Schön ist Ihr Beispiel von S. 5: Cohärenz oder Incohärenz der Energieniveaus.

Dass die Dualität Welle–Corpuskel das Wesentliche an der Quantenmechanik ist, betont jetzt auch Heisenberg besonders. Dem entsprechend fordern Sie für den Übergang zur klass. Mech. mit Recht dass die Wellenlänge sich nicht geltend macht. Aber Planck werden Sie das nicht klar machen können. Er ist zu sehr naiver Realist. Ich sah das aus seinem Vortrag, den

---

[1] Brief (1 Seite, Maschine), *Berlin, MPGA, Prandtl III. Abt., Rep. 61, Nr. 1538*.
[2] [Sommerfeld 1942]; siehe auch Seite 488.
[3] Brief (2 Seiten, lateinisch), *Bonn, Ebert, Nachlaß Karl Bechert*.
[4] Vgl. auch Brief [237].
[5] In [Sommerfeld 1939, S. 423] geht es um den klassischen Grenzfall einer aus der Diracgleichung abgeleiteten Streuformel.

ich zufällig in Rom hörte (derselbe, der schon in den Naturw. gedruckt ist).[1] Darin behauptet er ganz kühn, dass die Corpuskeln „in Wirklichkeit Wellen sind"!

Schade, dass Sie all' Ihre Gegengründe gegen Pl. nicht veröffentlichen wollen und können. Ich würde auch nichts gegen Pl. drucken. Übrigens ist keine Gefahr, dass man ihm in diesen seinen letzten Bestrebungen folgen wird.

Ich drucke mächtig an meiner Mechanik.

Treulich Ihr
A. Sommerfeld

[261] *Von Carl Friedrich von Weizsäcker*[2]

Berlin-Dahlem, 4. 7. 42

Sehr verehrter Herr Geheimrat!

Nach einigem Nachdenken und einem Gespräch mit Heisenberg möchte ich noch einmal meine Stellung zu Ihrer Frage formulieren.[3] Ich freue mich sehr darüber, dass Sie an mich denken und möchte sehr gerne nach München kommen. Voraussichtlich wird allerdings die Berufung nach Strassburg schneller da sein.[4] Diese werde ich nicht mit dem Hinweis auf die immerhin unsichere Münchener Möglichkeit ablehnen können. Ich werde nur darauf hinweisen, dass meines Wissens an verschiedenen anderen Stellen Absichten bestehen, mich auf ein Ordinariat zu berufen (ich weiss, dass man in Freiburg und in Wien solche Gedanken hat), und dass ich natürlich, falls eine solche Berufung käme, nicht auf dem Strassburger Extraordinariat sitzen bleiben könnte. Die Münchener Sache kann *ich*, wie mir scheint, nicht im Ministerium zur Sprache bringen, auch nicht unter Berufung auf Ihre Mitteilung. Dies müsste vielmehr Sache der Münchener Fakultät sein. Vielleicht wäre es gut, wenn das, sei es auch in ganz inoffizieller Form, rasch geschähe. Denn sonst besteht eventuell die Gefahr, dass das Ministerium sich darauf festlegt, ich sei jetzt für Strassburg bestimmt und überhaupt für ein Ordinariat zu jung, und dann mich einfach nicht anderswohin berufen lässt.

---

[1] [Planck 1940c]. Planck hielt den Vortrag im deutsch-italienischen Kulturinstitut am 14. April 1942; *A. Sommerfeld an J. Sommerfeld, 14. April 1942. München, Privatbesitz.*
[2] Brief (3 Seiten, lateinisch), *München, DM, Archiv HS 1977-28/A,359.*
[3] Es ging um eine mögliche Neubesetzung der Müllerschen Stelle, vgl. Seite 486.
[4] Die Berufung auf die außerordentliche Professur für theoretische Physik erfolgte zum 15. Oktober 1942, anfangs nur vertretungsweise, vgl. [Kant 1997].

Zur Frage einer bloss kommissarischen Übernahme des Münchener Lehrstuhls möchte ich sagen: Kommt dieser Auftrag früher als eine andere Berufung (speziell als Strassburg), so nehme ich ihn selbstverständlich an. Kommt er, wenn ich schon in Strassburg bin, so bin ich bereit, ihn ebenfalls anzunehmen, wenn mir Sicherheit gewährt wird, dass ich nachher – falls H[eisen]b[er]g. noch nach München kommt – nicht auf ein Strassburger Extraordinariat zurückmuss, sondern ein vollwertiges Ordinariat bekomme. Mein Wunsch wäre, dann mit H[eisen]b[er]g. zu tauschen, zwar nicht puncto KWI, aber an der Universität.[1] Denn wenn man überhaupt in dieser Weise vorweg Absichten für seine Laufbahn äussern kann, so ist mein letztes Ziel jedenfalls wieder Berlin. Dies hat nicht unmittelbar mit der Physik zu tun – da wäre der Münchener Lehrstuhl wohl schon etwas vom besten möglichen – sondern mit persönlichen Bindungen und Möglichkeiten, die für mich sehr wesentlich sind. Da Heisenberg andererseits doch einen Drang in seine Heimat hat, wäre vielleicht mit einem solchen Tausch eines Tages uns beiden geholfen.

Dies wäre ungefähr, was ich auf Ihre Anfrage zu sagen hätte. Anderen Stellen gegenüber spreche ich nicht davon. Es bleibt mir nun nur, Ihnen noch einmal zu danken als

Ihr stets ergebener
Carl Friedrich Weizsäcker

[262] *Von Günther Christlein*[2]

23. Juli 1942.

Sehr verehrter Herr Geheimrat!

Nach langer Zeit möchte ich Ihnen wieder ein Lebenszeichen senden und Ihnen dabei einiges Neue von mir berichten. Seit einiger Zeit bin ich Artillerist; auf meinen Wunsch wurde ich versetzt. Ich bin beim Abteilungsstab als Vermessungsmann. Es handelt sich um ganz einfache geometrische Dinge. Meine jetzige Stellung ist aber angenehmer als die vorhergehende, weil man ständig im Freien ist und nicht immer von Vorgesetzten umgeben ist. Ich soll übrigens später in einer Offiziersstelle verwendet werden.– Den Stellungskrieg und die Offensive habe ich bisher ohne Schaden überstanden.[3]

---

[1] Heisenberg wurde am 1. Juli 1942 Direktor am KWI für Physik in Berlin und am 1. Oktober Ordinarius an der Universität Berlin.

[2] Brief (2 Seiten, deutsch), *München, DM, Archiv NL 89, 020, Mappe 7,1.*

[3] Am 28. Juni hatte der deutsche Angriff auf Stalingrad und den Kaukasus begonnen.

Im „Reich"[1] las ich gestern zwei Dinge, die mich sehr interessiert haben. Einmal, daß Heisenberg Direktor des Kaiser-Wilhelm-Instituts für Physik geworden ist. Zum andern, daß der Führer den Reichsmarschall beauftragt hat, einen Reichsforschungsrat zu bilden,[2] „weil vor allem auch im Krieg alle Kräfte der Wissenschaft im Staatsinteresse zur höchsten Entfaltung gebracht werden sollen." Diese Umorganisation gibt mir die Hoffnung, daß auch für mich wieder Aussicht besteht, zu wissenschaftlicher Arbeit zurückzukehren. In meiner jetzigen Stellung habe ich freilich Aussicht, rasch befördert zu werden. Aber Sie können sich natürlich denken, sehr verehrter Herr Geheimrat, daß ich viel lieber wieder zu einer anständigen wissenschaftlichen Arbeit zurückkehren würde. Wenn man so lange in den öden russischen Ebenen gelebt hat, bekommt man geradezu Hunger nach Integralen und Differentialgleichungen.

Ich wäre Ihnen sehr dankbar, wenn ich wieder einmal etwas von Ihnen hören würde.

Mit den besten Wünschen und Grüßen verbleibe ich

Ihr sehr ergebener
Günther Christlein.

Wie geht es Dr. Welker und der Supraleitung?
Neue Feldp. Nr. 20633 A

[263] *An Günther Christlein*[3]

München 14. August 42

Lieber Christlein!

Was Sie mir schreiben, interessiert mich alles sehr. Sie sind also rechnender Artillerist und wollen etwas Ähnliches werden wie Officier. Sie müssen aber bedenken, dass die Rück[k]ehr in die wissenschaftliche Arbeit um so schwerer sein wird, je nützlicher Sie sich beim Militär machen.

Ich bedaure es fast, dass Heisenberg die Direktion des K.W. Institutes übernommen hat. Er wird dadurch der theoretischen Arbeit zu sehr entzogen. Die Umorganisation des Reichsforschungsrates geht auf die Wünsche der militärischen Stellen zurück; diese wissen, daß sie die Wissenschaft so nötig brauchen wie Panzer u. Munition.

---

[1] *Das Reich. Deutsche Wochenzeitung.*
[2] Am 9. Juni 1942 hatte Hitler einen Erlaß zur Umorganisation des Reichsforschungsrates unterzeichnet, der künftig Göring unterstand, vgl. [Zierold 1968, S. 240].
[3] Brief (2 Seiten, lateinisch), *Dillingen, Privatbesitz.*

Die beiliegende Arbeit ist ein Auszug aus einer grösseren Annalenarbeit, enthält aber alle Resultate derselben.[1]

Welker arbeitet experimentell bei Clusius, aber zunächst nicht über Supraleitung;[2] über letztere weiss ich nichts Neues.

Sauter ist Professor an der T. H. geworden. Müllers Stellung ist dadurch untergraben: er hat keine Studenten u. keinen Mechaniker mehr.[3] Er fühlt sich sehr unglücklich in München.

Hilsch schätzt Sie sehr; er ist ein warmherziger Mensch.[4]

Ich bin dabei meine Cursusvorlesungen herauszugeben. Bd. I ist fast fertig gedruckt. Ihr Student, der alle Bücher Sommerfeld's lesen wollte, wird es in Zukunft noch schwieriger haben als bei meinem 70ten Geburtstag.

B. M. W[.] wird umorganisiert. Vielleicht kann die neue Leitung mehr erreichen als die alte.[5]

Viele herzliche Grüsse von Ihrem getreuen

A. Sommerfeld.

[264] *Von Werner Heisenberg*[6]

Berlin-Dahlem, den 8. 10. 1942

Einschreiben

Lieber Sommerfeld!

Die Schrödingerschen Abhandlungen schicke ich Ihnen, leider reichlich verspätet, heute zurück.[7] Die zum Teil sehr eleganten mathematischen Methoden der Schrödingerschen Arbeit haben mir viel Freude gemacht. Übrigens bin ich zur Zeit selbst sehr energisch mit theoretischen Arbeiten beschäftigt. Ich habe, nachdem der Aufsatz für das Geiger-Heft fertig war,[8]

---

[1] Vermutlich ein Manuskript zu [Sommerfeld 1943a]; Ausgangspunkt der Arbeit waren Probleme bei der Schallortung von U-Booten, vgl. Seite 490.

[2] Welker erforschte Halbleitermaterialien zur Verwendung als Radardetektoren, vgl. [Eckert 1993, S. 218-219] und [Handel 1999, S. 79-83].

[3] Vgl. Seite 483.

[4] Rudolf Hilsch war seit 1939 Ordinarius für Experimentalphysik an der Universität Erlangen und betreute die Promotion Christleins.

[5] Im Frühjahr 1941 hatte sich Christlein vergeblich bemüht, eine Zusammenarbeit mit BMW zu initiieren; *G. Christlein an A. Sommerfeld, 18. Mai 1941. München, DM, Archiv NL 89, 020, Mappe 7,1.*

[6] Brief (2 Seiten, Maschine), *München, DM, Archiv NL 89, 024, Mappe Nazizeit.*

[7] Möglicherweise [Schrödinger 1940] und [Schrödinger 1941].

[8] [Heisenberg 1942a] untersucht die beobachtbaren Größen in der Elementarteilchentheorie; dieses Heft der *Zeitschrift für Physik* wurde Hans Geiger zum 60. Geburtstag gewidmet.

noch eine zweite Abhandlung geschrieben,[1] und wenn ich auch nicht weiß, ob Sie mit der Physik ganz einverstanden sein werden, so glaube ich doch, daß Ihnen die Mathematik darin gefallen wird. Ich werde Ihnen Korrekturen von den beiden Arbeiten schicken, sobald ich welche bekomme.

In den letzten Tagen war noch einmal ein Abgesandter von Herrn Dr. Roessler bei mir und hat das Problem, über das wir damals korrespondierten, nochmal ausführlich mit mir durchgesprochen.[2] Zur endgültigen Entscheidung soll noch ~~einmal~~ ein Versuch gemacht werden. Die ringförmigen Polschuhe eines Magneten sollen in schnelle Rotation um die Ringachse versetzt werden und dann sollen zwischen den Polschuhen Messungen von der Art stattfinden, wie sie im Flugzeug geplant waren. Ich glaube, daß das ein hübscher Versuch von der Art der Versuche von Röntgen und von Fitzgerald sein wird und ich habe dem Herrn sehr geraten, den Versuch durchzuführen, falls er Geld und Material dafür bekommt.[3]

Nun muß ich Ihnen noch etwas schreiben, wofür Sie mir hoffentlich nicht allzu böse sind. Ein Bekannter von mir,[4] der politisch tätig ist und der uns schon viele wertvolle Hilfe geleistet hat, hat mich gebeten, an Sie die folgende Frage zu richten. In Ihren Vorlesungen, die bei Becker und Erler erscheinen sollen[5] und auf die wir uns alle (incl. dieses Bekannten) sehr freuen, ist in dem Abschnitt über die Relativitätstheorie der Name Einstein reichlich oft erwähnt.[6] Und dieser Bekannte von mir fragt an, ob Sie an dieser Stelle nicht dem Zeitgeist etwas mehr Rechnung tragen könnten. Die allgemeine Linie hinsichtlich der Relativitätstheorie, die jetzt von offizieller Seite vertreten werden soll, ist ja z. B. aus dem beiliegenden Artikel im Deutschen Wochendienst zu ersehen.[7] Ich glaube auch, man muß im

---

[1] [Heisenberg 1942b].

[2] Es handelt sich um die Bestimmbarkeit der Bewegung eines Flugzeugs relativ zum Erdmagnetfeld. Sommerfeld korrespondierte über diese Frage mit dem Ingenieur Roessler aus dem Reichsluftfahrtministerium und dem Leipziger Physikprofessor Hoffmann, vgl. *E. Roessler an A. Sommerfeld, 10. Juni 1942. München, DM, Archiv HS 1977-28/A,289*, *W. Heisenberg an A. Sommerfeld, 19. Juni 1942. München, MPI Physik, Heisenberg, Alphabetisch*, und *G. Hoffmann an A. Sommerfeld, 8. Juli 1942. München, DM, Archiv HS 1977-28/A,145*.

[3] Röntgen hatte 1888 durch Rotation eines Dielektrikums in einem Plattenkondensator mittels des später sogenannten Röntgenstroms ein Magnetfeld erzeugt, vgl. [Röntgen 1888]. George F. FitzGerald warf 1900 die Frage auf, ob ein rotierendes Elektron ein Magnetfeld bewirke, [Lees 1900, S. 564].

[4] Vermutlich Mathias Jules, vgl. Seite 527, Fußnote 4.

[5] Walter Becker und Erler leiteten die Akademische Verlagsgesellschaft in Leipzig nach der Arisierung.

[6] [Sommerfeld 1943e, § 2].

[7] Der Artikel liegt vor, vgl. die Antwort Sommerfelds.

Augenblick zufrieden sein, wenn festgestellt wird, daß die spezielle Relativitätstheorie richtig ist, und daß sie auch ohne Einstein entstanden wäre. Ich pflege mir in diesen schwierigen politischen Fragen jetzt so zu helfen, daß ich die sachliche Richtigkeit der speziellen Relativitätstheorie betone völlig unabhängig von der historischen Entwicklung. Wenn es notwendig ist, die historische Entwicklung zu schildern, so ist es wahrscheinlich am besten, alle Einzelheiten ausführlich zu schildern, d. h. die Arbeiten von Lorentz, Poincaré und Hasenö[h]rl und Einstein alle nach der Reihe zu erwähnen, so wie es z. B. Pauli in seinem Enzyklopädie-Artikel getan hat.[1] Ich glaube also, daß man sachlich und historisch alles völlig korrekt darstellen kann, ohne in Konflikt mit politischen Stellen zu kommen, daß man aber durch eine sehr starke Hervorhebung Einsteins die politischen Verhältnisse unnötig kompliziert. Diese Bitte meines Bekannten möchte ich also gern an Sie weitergeben.[2] Wenn es Ihnen recht ist, können wir ja auch nächstens in München mündlich über diese Fragen sprechen; denn ich werde auf der Durchreise nach der Schweiz wahrscheinlich für einen oder einen halben Tag in München sein können.[3] Wann die Reise stattfindet, weiß ich noch nicht genau. Ich hoffe aber in der 2. Hälfte des November.

Mit vielen herzlichen Grüßen Ihr stets dankbarer
W. Heisenberg.

6 Anlagen[4]

[265] *An Werner Heisenberg*[5]

Mü. 14. X. 42

Lieber Heisenberg!

Vielen Dank für Ihren Brief vom 10ten h. mit den Schrödinger'schen Arbeiten! Auf Ihre Correkturen freue ich mich im Voraus.

Der Versuch mit dem rotierenden Magneten kann ja über die praktische Frage des elektrischen Erdfeldes nichts aussagen. Es gehört wohl zum Capitel der „unipolaren Induktion", das um 1900 viel traktiert wurde und das ich

---

[1] [Pauli 1921].
[2] Zum Ergebnis vgl. Brief [266]; siehe auch Seite 497.
[3] Heisenberg hielt sich vom 17. bis 24. November 1942 zu Vorträgen in Zürich, Bern und Basel auf, vgl. [Walker 1992a, S. 373]. Anschließend wollte er nach München kommen, *W. Heisenberg an A. Sommerfeld, 16. November 1942. München, MPI Physik, Heisenberg, Alphabetisch.*
[4] Nicht beiliegend.
[5] Brief (2 Seiten, lateinisch), *München, MPI Physik, Heisenberg, Alphabetisch.*

mir früher nie recht klar gemacht habe.[1] Neues werden wir kaum durch den Versuch erfahren, aber es ist sehr schön, wenn er gemacht wird. Ich wundere mich, dass die militärischen Stellen bei der jetzigen Kriegslage soviel Zeit und Energie für die reine Wissenschaft aufbringen. Es kommt mir etwas wie Galgenhumor vor.

Zur Frage der Einstein-Citate lege ich meinen Brief an Becker bei,[2] der Sie und Ihren „Bekannten" befriedigen wird. Es wird, wie ich aus Ihrer Mitteilung sehe, im Geheimen gründliche Vorzensur geübt. Die betr. Not.[iz] des Wochendienstes war mir schon von anderer Seite zugeschickt.[3] Die von mir zugelassenen, von Becker anzubringenden Correkturen folgen ganz brav den dort gegebenen „Richtlinien".

Es wäre *sehr* schön, wenn ich Sie bei Ihrer Reise nach der Schweiz sprechen könnte. Telefonieren Sie mich an, ich stehe jeder Zeit u. jeden Orts zur Verfügung. Ich möchte besonders auch über die Münchener Probleme, die noch nicht dringend sind, mit Ihnen reden.

Stets Ihr
A. S.

[266] *An Walter Becker*[4]

den 15. Oktober 42.

Sehr geehrter Herr Doktor!

Ich werde durch Heisenberg in sehr diskreter Weise gebeten, den Namen Einstein am Anfang meiner Mechanik nach Möglichkeit auszumerzen. Da ein mir unbekannter politischer Vertrauensmann diesen Wunsch an ihn wohl nicht ohne Ihr Zutun heranbringen konnte, so möchte ich Sie bitten das Ihnen nötigscheinende Ihrerseits zu veranlassen. Mir selbst geht es einigermassen gegen die Autorenehre hierin etwas direkt zu tun.

Ich habe soviel ich sehe den Namen Einstein an folgenden 5 Stellen genannt: S. 1, S. 12, S. 15 (2mal) und S. 19. Wie aus den beifolgenden Fahnen zu ersehen ist, die ich nicht mehr brauche, bin ich damit einverstanden, dass die ersten drei Zitate die sich auf die *spezielle* Relativitätstheorie beziehen, gestrichen werden. Die beiden anderen Zitate beziehen sich auf die *allgemeine* Relativitätstheorie, von diesen muss das Erste S. 15 unten unbedingt

---

[1] Vgl. [Sommerfeld 1948b, S. 272 und die Übungsaufgabe IV,1].
[2] Brief [266].
[3] Das im Sommerfeldnachlaß erhaltene Exemplar trägt die Aufschrift: „Mit herzlichen Grüßen übersandt von Wilhelm Westphal".
[4] Durchschlag (1 Seite, Maschine), *München, MPI Physik, Heisenberg, Alphabetisch.*

stehen bleiben. Das Zweite auf S. 19 kann allenfalls gestrichen werden; ich würde es aber lieber erhalten sehen. Sie mögen entscheiden![1]

Mit freundlichem Gruss
[Arnold Sommerfeld]

[267] Von Carl Friedrich von Weizsäcker[2]

Strassburg (Elsass), 22. 1. 43

Sehr verehrter Herr Geheimrat!

Dürfte ich Sie um Angabe des Ihnen erwünschten Wochentags für meinen Vortrag bitten? Ich bin zeitlich ziemlich in die Enge getrieben. Am besten würde mir Samstag, d. 27. Februar passen, am zweitbesten Freitag, d. 26. abends. Geht beides nicht, so käme noch der 1., 2. oder allenfalls der 3. März in Betracht.

Meine Zeitbedrängnis ist insofern erfreulich, als sie darauf beruht, dass es hier Studenten und überhaupt sinnvolle Arbeit gibt. Dazu kommt dann die Kriegsarbeit.[3] Im ganzen bedauere ich gar nicht, hierher gekommen zu sein.

Mit meinen besten Empfehlungen bin ich Ihr sehr ergebener

Carl Friedrich Weizsäcker

[268] Von Werner Heisenberg[4]

26. 3. 43

Lieber Sommerfeld!

Sie waren so freundlich, mir Ihre neue Mechanik durch den Verlag zuschicken zu lassen.[5] Haben Sie herzlichen Dank dafür. Ich habe Ihr Buch schon ein paar Tage mit größtem Vergnügen studiert. Erstens weckte dieses Studium mir liebe Erinnerungen an mein erstes Semester in München, als ich noch bei Herrn Weihnacht Übungsarbeiten abliefern mußte.[6] Zweitens haben die vielen Beispiele in Ihrem Buch, die die Mechanik eigentlich zum Mustergut der Physik machen, mir große Freude bereitet. Man merkt

---

[1] In [Sommerfeld 1943e] wird der Name Einstein auf den Seiten 15 und 203 genannt, jeweils im Zusammenhang mit der allgemeinen Relativitätstheorie.
[2] Brief (2 Seiten, lateinisch), *München, DM, Archiv HS 1977-28/A,359*.
[3] Zu Weizsäckers Mitarbeit im „Uranverein" vgl. [Walker 1990].
[4] Durchschlag (1 Seite, Maschine), *München, MPI Physik, Heisenberg, Alphabetisch*.
[5] [Sommerfeld 1943e].
[6] Josef Weinacht hatte im Sommer 1921 bei Sommerfeld promoviert.

am Text des Buches, daß sie auch Ihnen sehr viel Freude gemacht haben, und das ist ja wohl auch der Grund dafür, daß Ihre Mechanik mich damals – ebenso wie manche andere Studenten – endgültig für das Studium der theoretischen Physik gewonnen hat. Also noch einmal herzlichen Dank und viel[e] Grüße

Ihr H[eisenberg]

[269] *An Eberhard und Elfriede Buchwald*[1]

München, 13. VII. 43

Lieber Freund Buchwald, liebe Frau Buchwald!

Ich bin wohlbehalten hier angekommen, erfüllt von Erinnerungen an gastfreundliche Aufnahme und tiefdringende Gespräche.[2] Die Reise verlief planmässig. In Charlottenburg stand Ernst am Zuge. Vormittags gingen wir zusammen nach Telefunken. Glücklicherweise wurde ich von der schwerwiegenden Frage (U-boots Tarnung, von der auch in Jena die Rede war) entbunden; ich bekam nur ein harmloseres Problem, das im Wesentlichen mein Assistent behandeln kann. Von dort fuhr ich ohne Pause in die Berliner Akademie zu einer feierlichen Sitzung, bei der auch unser hoher Chef Rust zugegen war. Da die Sitzung sich sehr ausdehnte, war ich dem Schlaf näher als dem Wachen. Am Sonntag hatte ich eine Besprechung mit Planck u. Laue. Pl., wunderbar frisch, kam gerade von einer abermaligen Vortragsreise zurück, schien aber in betreff der Danziger Reise etwas skeptisch zu sein. Dann noch zwei Tage in Jena. Ich besuchte auch die mit 79 Jahren prachtvolle Ricarda Huch:[3] Sie sehen, auch ich wage mich an literarische Namen heran. Als ich in München telephonisch ihrer Freundin Marianne Plehn von diesem Besuch berichtete, fragte sie mich, ob ich in Danzig auch einen Prof. Buchwald gesehen hätte!

Hier in M.[ünchen] ereilte mich eine alarmierende Nachricht von Vieweg: Ich soll nach Weisung des Ministeriums Nachdrucke von „Atombau" I u. II veranstalten; das bedeutet viel Arbeit für mich, die mir jetzt sehr in die Quere kommt.

---

[1] Brief (2 Seiten, lateinisch), *Gdańsk/Danzig, Technical University, Atomic Physics (Sommerfeld)*.

[2] Sommerfeld war vermutlich zur Feier des 20jährigen Dienstjubiläums von Buchwald nach Danzig gefahren; vgl. *A. Sommerfeld an E. Buchwald, 6. Mai 1943. Gdańsk/Danzig, Technical University, Atomic Physics (Sommerfeld)*.

[3] Die 1933 aus der Preußischen Akademie der Künste ausgetretene Dichterin war vor allem durch die Bearbeitung historischer Stoffe bekannt geworden.

Zu den beiden Sonderdrucken: die „indischen Reiseeindrücke"[1] können Sie, wenn Sie irgend Wert darauf legen, behalten, da ich noch zwei Abdrucke habe. Die „deutsche Revue", S. 100,[2] muß ich zurück erbitten. Sie werden, wie ich bei der abermaligen Lektüre sagen: Inhalt dürftig, Form gut.

Was hatte ich Ihnen sonst noch von Lesestoff versprochen? Ich glaube, wir sprachen von Frisch, „Zehn kleine Hausgenossen";[3] aber die sind leider verborgt. Oder von dem Briefwechsel Keller–Exner?[4] Der stünde zur Verfügung!

An Kossel schreibe ich nächstens; die Hilbert-Ansprache geben Sie ihm wohl freundlichst.[5]

Die 92,50 M. sind angekommen; besten Dank!

Das Leben ist zu kurz, die Danziger Tage, in denen die Nehrungsträume nicht reiften, waren es auch!

Lassen Sie sich den Glauben an den Sinn des Lebens nicht rauben und fliehen Sie, wenn nötig, wie Budha in einen Wald der Betrachtung oder auf den Stengel einer Lotosblume.

Treulich und dankbar Ihr
A. Sommerfeld

[270] *Von Werner Romberg*[6]

Oslo-Blindern, 28. 12. 43.

Sehr geehrter, lieber Herr Geheimrat!

Für die Übersendung Ihrer Sonderdrucke danke ich Ihnen sehr.[7] Ich freute mich einerseits darüber, dass Sie sich meiner erinnerten, andererseits, dass es Ihnen gelingt, so fruchtbar wissenschaftlich zu arbeiten, trotz der Zeiten, die Ihnen sicher oft aufregende Ereignisse oder schmerzliche Nachrichten bringen. Das traurige Schicksal Hennebergs[8] teilten wohl leider noch manche Ihrer Schüler. Ich danke meinen Ahnen,[9] dass es mir

---

[1] [Sommerfeld 1929f].
[2] [Sommerfeld 1917b].
[3] [Frisch 1940].
[4] [Keller 1927].
[5] Vermutlich [Sommerfeld 1943c], da [Sommerfeld 1943f] allgemein zugänglich war.
[6] Brief (2 Seiten, lateinisch), *München, DM, Archiv HS 1977-28/A,290*.
[7] Vermutlich [Sommerfeld 1943b], H. Wergeland an A. Sommerfeld, 26. Juni 1943. München, DM, Archiv HS 1977-28/A,364.
[8] Walter Henneberg fiel am 28. März 1942 an der Ostfront.
[9] Werner Romberg war mit dem 1919 ermordeten Kurt Eisner verwandt, vgl. [Eckert 1993, S. 150-153].

vergönnt war, mein Arbeiten für die Wissenschaft fortzusetzen. Es bestand hauptsächlich in numerischen Berechnungen für Prof. Hylleraas.[1]

Zunächst berechneten wir die Eigenschwingungen eines durch Meridiane begrenzten Meeres, um zu erklären, weshalb die Gezeiten so viel stärker sind, als die einfachen Theorien ergeben, die mit einem unbegrenzten Meere rechnen.[2] Lange Zeit arbeitete ich an der Berechnung der He-Matrixelemente für die Übergänge kontinuierlich-diskret; Unsöld hatte in einem Brief an Hylleraas den Wunsch geäussert, dass sie berechnet werden, da sie für die Astrophysik, den Sternaufbau, Bedeutung haben. Die Berechnungen sind abgeschlossen und bald druckfertig; ich werde sie aber sicher erst nach dem Kriege veröffentlichen. Ausserdem helfe ich Hylleraas beim Manuskript seines Buches „Mathematische Physik", das nach dem Kriege in norwegischer Sprache erscheinen soll,[3] und in dem er versucht, seine mehr physikalische Auffassung der Mathematik und seine stark mathematische Auffassung der Physik zum Ausdruck zu bringen.

Jetzt mussten wir etwa 14 Tage lang unsere Tätigkeit unterbrechen; aber nun scheint wenigstens die wissenschaftliche Arbeit bald wieder in Gang zu kommen, nachdem die meisten Professoren wieder zurückkehren konnten.

Hier lernte ich vor einiger Zeit Jensen kennen.[4] Wir verstanden uns recht gut. Er erzählte viel Interessantes von daheim. Von David wußte er, dass er bei einem Angriff auf seine Arbeitsstelle mit dem Leben, wenn auch nicht mit ganz heiler Haut davonkam.[5] Jensen meinte, dass ich nach dem Kriege zu ihm kommen soll.

Ganz besonders erfreut war ich, als ich von ihm hörte, dass Sie Ihre Vorlesungen in Buchform herausgeben. Einige der mir so lieben und wertvollen Kolleghefte Ihrer Vorlesungen waren mir 1937 bei meiner etwas eiligen Abreise aus R.[ussland] verlorengegangen.[6] Jetzt darf ich hoffen, dass diese mir bald in neuer Form wieder zugänglich werden.

Ich wünsche Ihnen ein frohes und erfolgreiches neues Jahr, das uns hoffentlich nun endlich den Frieden bringt.

Mit den besten Grüssen Ihr sehr ergebener
Werner Romberg.

---

[1] Egil Hylleraas war seit 1937 Nachfolger von Vilhelm Bjerknes auf dem Lehrstuhl für Physik an der Universität Oslo.

[2] [Hylleraas und Romberg 1941].

[3] [Hylleraas 1950].

[4] Johannes Jensen war Mitarbeiter Paul Hartecks in der Hamburger Gruppe des „Uranvereins".

[5] Erwin David arbeitete in Peenemünde.

[6] Vor den Stalinschen Säuberungen floh er aus Dnjepropetrowsk nach Prag.

[271] *An Ludwig Prandtl*[1]

München 15. II. 44.

Lieber Prandtl!

Für Ihre teils indirekte, teils auch direkte Mitwirkung bei Bd. II meiner Vorlesungen möchte ich Ihnen herzlich danken. Sie ist mir sehr wertvoll und beruhigend, zumal ich ja, wie Sie gesehen haben werden, die neuere Entwickelung der Strömungslehre nicht genügend verfolgt habe. Ihre Umarbeitung meines § über die Grenzschicht habe ich natürlich in Ihrer Faßung glatt übernommen und werde davon im Vorwort Rechenschaft ablegen. Ich bitte Sie nun auch besonders um Ihre Kritik meines besonders problematischen Paragraphen über Turbulenz. Es wird aber noch mehrere Wochen dauern, bis Ihnen Herr Görtler[2] die neue Fahnenkorrektur davon vorlegen wird.

Bis dahin bleibe ich mit herzlichen Grüssen
Ihr A. Sommerfeld.

[272] *Von Ludwig Prandtl*[3]

19. 2. 44.

Lieber Herr Sommerfeld!

Der Leiter des Instituts für instationäre Vorgänge der Aerodynamischen Versuchsanstalt Göttingen e.V., Professor Dr.-Ing. H.-G. *Küssner*, der in seinem Geschäftsbereich für die flugtechnische Aerodynamik alle Aufgaben nichtstationärer Art behandelt (Verhalten des Flugzeugs in böiger Luft, Flatterbewegungen der Tragflügel und Ruderflächen, auch akustische Probleme) und in der theoretischen Behandlung solcher Aufgaben sehr beachtliche Erfolge aufzuweisen hat, hat sich in seinen Mußestunden mit den Grundlagen der Physik befaßt und sich besonders den Fragen gewidmet, wie die Physik auf der Grundlage einer diskontinuierlichen Struktur der Welt aufgebaut werden kann und hat nach seiner Erzählung zu urteilen das Eddingtonsche Problem der großen dimensionslosen Zahlen lösen können und auch die Gravitationskonstante nach Vorzeichen und Zahlwert berechnen können. Die Sache klingt zunächst phantastisch, aber ich kann nur sagen,

---

[1] Brief (2 Seiten, lateinisch), *Berlin, MPGA, Prandtl III. Abt., Rep. 61, Nr. 1538.*

[2] Henry Görtler, der zeitweise bei Sommerfeld studiert hatte, war seit 1937 Mitarbeiter Prandtls in Göttingen; 1944 nahm er einen Ruf als Professor der Mathematik an der Universität Freiburg an.

[3] Durchschlag (2 Seiten, Maschine), *Berlin, MPGA, Prandtl III. Abt., Rep. 61, Nr. 1538.*

daß Professor Küssner durch seine dienstlichen Arbeiten den Anspruch erheben kann, durchaus ernst genommen zu werden. Er hat nun den Wunsch, daß Sie die Arbeit, die einer seiner Mitarbeiter, Dr. *Billing*,[1] selbst ein erfolgreicher Akustiker, Ihnen überbringt und die sicher ihrem Gegenstand nach Ihr Interesse haben wird, sich näher ansehen möchten.[2]

Ich bestätige noch mit bestem Dank Ihre freundlichen Zeilen betreffend meine Aenderungsvorschläge zu Ihrer Hydrodynamik und freue mich, daß Sie von diesen so ausgiebigen Gebrauch machen wollen. Ich bin auch gerne bereit, die weiter kommenden Kapitel über Turbulenz in gleicher Weise durchzusehen.

Mit herzlichen Grüßen
Ihr L. P.

[273] *An Ludwig Prandtl*[3]

Mü.[nchen] 24. II. 44

Lieber Prandtl!

Mein früherer Assistent Dr. Welker ist mit einem Kriegsauftrag betr. Gleichrichter betraut.[4] Er ist bei Prof. Dieckmann angestellt,[5] arbeitet aber im Institut von Clusius, mit dem er sogar ein Patent über diesen Gegenstand gemeinsam eingereicht hat.[6] Ausserdem hat W. das schwierige Problem der Supraleitung mit einigem Erfolg angegriffen.

W. möchte seine Tätigkeit nach Wien verlegen, wo ihm der dorthin berufene theoret. Physiker[7] Fues eine Assistenten- u. Docentenstelle angeboten hat. W. ist überzeugt, dass die Übersiedelung auch seinem Kriegsauftrag zugute kommen würde. Dieckmann macht aber Schwierigkeiten, offenbar aus Instituts-Egoismus. Ich habe bereits mit Ministerialdir. Bäumker[8] te-

---

[1] Heinz Billing wurde nach dem Krieg einer der Pioniere der Computerentwicklung, vgl. [Petzold 1992, S. 222-223].
[2] Vgl. *H. Küssner an A. Sommerfeld, 2. März 1944. München, DM, Archiv NL 89, 010*, und den folgenden Briefwechsel.
[3] Brief (2 Seiten, lateinisch), *Berlin, MPGA, Prandtl III. Abt., Rep. 61, Nr. 1538*.
[4] Welkers Erforschung von Halbleitergleichrichtern hatte die Entwicklung von Radardetektoren zum Ziel, vgl. [Handel 1999, S. 75-93].
[5] Max Dieckmann leitete die Drahtlostelegraphische und Luftelektrische Versuchsanstalt Gräfelfing bei München.
[6] *Klaus Clusius, Erich Holz, Heinrich Welker: Gleichrichteranordnung, 1942. Patent DBP 966 387*.
[7] Vgl. Brief [232].
[8] Adolf Baeumker war Ministerialdirigent im Reichsluftfahrtministerium.

lephonisch darüber gesprochen u. W. bei ihm eingeführt. W. hat den Eindruck, dass B. seine Entscheidung von Ihrer Stellungnahme als Vorsitzendem des Forschungs-Ausschußes abhängen lassen will. Ich bitte Sie also, den Wünschen von W. entgegen zu kommen; die Gegengründe von Dieckmann scheinen mir unsachlich zu sein.[1]

Die Arbeit Ihres Hn. Küssner hat mir grossen Eindruck gemacht, wenn ich auch viele Bedenken dagegen habe. Sie lassen sich wohl meinen Brief an K. vorlegen, wo ich alles auseinander gesetzt habe.

Ich liege augenblicklich im Bett, ebenso meine Schreibhilfe. Daher die schlechte Handschrift.

Die Turbulenz aus meinem Bd. II bleibt Ihnen nicht erspart; aber der Neusatz geht furchtbar langsam vorwärts.

Herzliche Grüsse von
Ihrem A. Sommerfeld.

[274] Von Ludwig Prandtl[2]

31. 3. 44.

Lieber Sommerfeld!

Auf Ihren Brief in der Angelegenheit von Dr. *Welker* möchte ich Ihnen antworten, daß nach meiner Ansicht der Betriebsführer des Instituts, in diesem Fall Professor *Dieckmann* allein zuständig ist. Nach den heutigen Bestimmungen kann der Betriebsführer erklären, daß er dem von dem Gefolgschaftsmitglied gewünschten Stellungswechsel nicht zustimmt und damit die Sache endgültig entscheiden. Vielleicht gibt es eine Berufung an das Arbeitsamt. Der Einzige, der, und zwar immer nur durch Rücksprach[e] mit dem Betriebsführer, auf die Angelegenheit Einfluß nehmen kann[,] ist bei einer Luftfahrtforschungsanstalt „der Vorsitzende des Vorstandes", in diesem Fall Herr Ministerialdirigent *Baeumker*[.] Ich selbst habe keinerlei Kompetenzen in diesem Fall. Ich hätte sie, wenn es sich um einen Wechsel in der Person des Anstaltsleiters handeln würde. Ich kann also leider in dieser Angelegenheit für Sie nichts tun.

Ihren Brief an Herrn *Küssner* werde ich mir geben lassen.

Der Zusendung Ihrer Korrekturbogen über Turbulenz sehe ich gern entgegen.

---

[1] Welkers Plan einer Übersiedlung nach Wien wurde erst verzögert und dann doch nicht realisiert, vgl. [Handel 1999, S. 87–88].

[2] Durchschlag (2 Seiten, Maschine), *Berlin, MPGA, Prandtl III. Abt., Rep. 61, Nr. 1538*.

Sie erwähnen, daß Sie den Brief im Bett geschrieben haben. Hoffentlich ist es nichts Schlimmes.

Ich bestätige der Ordnung halber noch Ihre freundlichen Zeilen vom 15. 2. 44[1] und bin mit herzlichen Grüßen

Ihr L. P.

[275] Von Max Planck[2]

Amorbach Unterfranken 27. 4. 44.

Lieber verehrter Herr Kollege!

Ihr so freundlicher Brief vom 17. d. M.[3] erreichte mich hier in Amorbach, wo ich auch im vorigen Jahr meinen Geburtstag verbrachte. Ich danke Ihnen von ganzem Herzen für Ihre guten Wünsche, die man ja in dieser übeln Zeit besonders gut brauchen kann, und ich freue mich, daß es Ihnen und den Ihren wenigstens körperlich wohl ergeht.

Mit Ihrem Brief gleichzeitig kam auch die Sendung mit den vielen interessanten Separatabdrucken. Ich vertiefte mich gleich in die Lektüre Ihres nach Form und Inhalt gleich ausgezeichneten Boltzmann-Vortrags[4] und hatte einen wahren Genuß daran. Denn er verbindet strenge Sachlichkeit mit köstlicher Poesie und originellem Humor.

Sie erwähnen in Ihrem Briefe die verschiedenen Gelegenheiten, bei denen wir im Lauf der Jahre, seit 1898, zusammentrafen. Aber eine derselben haben Sie nicht erwähnt. Das war die Naturforscherversammlung in Königsberg.[5] Ich habe sogar das Gefühl, daß wir uns gerade auf dieser Versammlung auch menschlich zum ersten Mal näher traten. Erinnern Sie Sich noch an unsere gemeinsame Fahrt über die russische Grenze nach Krottingen[6] und an die lustige Verwechslung der Pässe. Wie mag es da jetzt aussehen. Gut, daß man nicht dort ist.

Mir selber geht es nicht sehr gut. Ein Leistenbruch verursacht mir schmerzhafte Beschwerden, und ich hoffe sehr auf eine Operation. Denn die Bruchbinde ist eben auf die Dauer recht unbequem.

Mit allen guten Wünschen für die Wiederherstellung Ihrer zerstörten[7]

---

[1] Brief [271].
[2] Brief (2 Seiten, deutsch), *München, DM, Archiv HS 1977-28/A,263*.
[3] Der Brief liegt nicht vor.
[4] [Sommerfeld 1944b].
[5] In Königsberg fand 1910 die 82. Versammlung statt.
[6] Krottingen/Kretinga in Litauen.
[7] Im Vorwort von Band II der *Vorlesungen* heißt es: „Der fast fertige Satz wurde im Dezember 1943 bei einem Luftangriff restlos zerstört." [Sommerfeld 1945c, S. V].

Manuskripte und recht herzlichem Gruß, auch an Ihre werte Gattin, Ihr treu ergebener

M. Planck

Diese glückliche Gegend kennt keinen Alarm. Aber in München muß es furchtbar gewesen sein. Es ist uns bisher nicht gelungen, eine telephonische Verbindung dorthin zu bekommen, und wir müssen auf das Schlimmste in Bezug auf das Haus meiner Schwiegermutter in der Georgenstraße gefaßt sein.

[276] *Von Werner Heisenberg*[1]

Hechingen 8. 8. 44.

Lieber Sommerfeld!

Durch Ihren netten Brief[2] haben Sie mir eine grosse Freude gemacht, denn wir hatten grosse Sorge, wie es Ihnen bei all den Angriffen auf München ergangen sein könnte. Dass Ihr Haus noch fast unbeschädigt steht, ist ja ein wunderbares Glück. Ich war neulich für eine Stunde in München, da ich dort umsteigen musste, und hab die Umgebung des Bahnhofs gesehen; auch in Berlin ist ein solches Ausmass an Zerstörung selten. Und wie lange wird es dauern, bis die Spuren dieses Wahnsinns verwischt sind.–

Seit vierzehn Tagen bin ich in Hechingen und geniesse die Ruhe dieses kleinen, verschlafenen Städtchens.[3] Die nächsten vier Wochen will ich versuchen, hier Physik zu treiben – was hier natürlich viel besser geht als in Berlin – und im September will ich in Urfeld Ferien machen. Dort scheint alles so gut zu gehen, wie man es in der heutigen Zeit nur hoffen darf. Meine Frau hat genügend Hilfe, sogar nette und tüchtige Hilfe, und zur Zeit gibt es sogar genug zu essen, Gemüse und Kartoffeln, und Beeren aus dem Berliner Garten. Was nach dem September ist, hängt vom Gang der Weltgeschichte ab.– Hoffentlich haben Sie von Ihren Söhnen stets gute Nachricht; mit Ihrer Frau Tochter hab ich neulich von Urfeld aus telefoniert,[4] da ich wissen wollte, wie es Ihnen geht.

Die herzlichsten Wünsche für Ihre ganze Familie

Ihr Werner Heisenberg.

---

[1] Brief (2 Seiten, lateinisch), *München, DM, Archiv HS 1977-28/A,136*.
[2] Dieser Brief ist nicht erhalten.
[3] Das KWI für Physik wurde 1943/44 von Berlin nach Hechingen ausgelagert; die Reaktorversuche des „Uranvereins" wurden in einem nahegelegenen Felsenkeller in Haigerloch fortgeführt, vgl. [Haigerloch 1982].
[4] Margarethe Hoffmann lebte mit ihrer Familie in Garmisch.

[277] *An Ludwig Prandtl*[1]

München, den 3. November 1944.

Lieber College Prandtl!

Ihre mir freundlichst zugesandte Note über die Oberflächenspannung habe ich genau und mit Nutzen studiert.[2] Ich könnte daraus für die zweite Aufl. meines Bd. II zwei schöne Uebungsaufgaben machen: „nach einer ungedruckten Note von Hn. Prandtl".[3] Von Ihrer Kritik des energetisch angehauchten Misstrauens gegen die Oberflächenspannung fühle ich mich in meiner allerdings sehr oberflächlichen Darstellung derselben zu meiner Befriedigung nicht getroffen, da ich die Oberflächenspannung hier direkt mit der Spannung einer Saite oder einer Membran vergleiche. Natürlich geht Ihre Darstellung viel tiefer als die meine, da sie S und p_1 aus der molekularen Wirkungssphäre zu berechnen gestattet. Uebrigens sollte Ihre Formel (8) für

$$\varphi(r) = \begin{cases} cr.. & r < R \\ 0.. & r > R \end{cases}$$

in Ihre Gl. (7) übergehen, was sie *nicht* tut. Nach Laplace–Minkowski (Encykl. Math. Wiss. V, 1, S. 597)[4] ist sie abzuändern in:

$$S = \frac{1}{2} \int_0^\infty \mathrm{d}r \int_\vartheta^\infty s^2 \mathrm{d}s \int_1^\infty \varphi(t)\mathrm{d}t,$$

was, auf Ihr φ spezialisiert, in der Tat Ihre Gl. (7) liefert.[5]

Zu meinem Band II hatte ich Görtler geschrieben, dass ich damit im gedruckten Zustand sehr unzufrieden sei. Das lag zum Teil an einer allgemeinen gesundheitlichen Depression, die ich jetzt überwunden habe. Ich denke jetzt darüber nicht mehr so pessimistisch und betone bei dieser Gelegenheit gern, dass Görtler mir mit seiner eingehenden Kritik meiner Korrektur ausgezeichnete Dienste geleistet hat, für die ich ihm sehr dankbar bin.

Mit herzlichen Grüssen
Ihr A. Sommerfeld.

---

[1] Brief (1 Seite, Maschine), *Berlin, MPGA, Prandtl III. Abt., Rep. 61, Nr. 1538.*
[2] In [Prandtl 1947] bezeichnet S die Oberflächenspannung, p den Druck und ϕ das Potential.
[3] Darüber findet sich kein Hinweis in den späteren Auflagen von [Sommerfeld 1945c].
[4] [Minkowski 1907].
[5] Am unteren Briefrand vermerkte Prandtl mit Datum vom 28. 1. 47 und einer kurzen Rechnung, die beanstandete Gleichung sei richtig.

[278] *An Ludwig Prandtl*[1]

München, 31. I. 45

Lieber Prandtl!

Es ist zwar keine Zeit zu festlicher Stimmung und Sie selbst sind von den Ereignißen der letzten Jahre auf's Schwerste betroffen.[2] Trotzdem werden Ihre Schüler es sich nicht nehmen lassen, Ihnen zum 4ten Februar ihre Liebe und Dankbarkeit zu zeigen.[3] Auch ich möchte unter Ihren Gratulanten nicht fehlen, obschon bei den desolaten Münchner Postverhältnißen dieser Brief wahrscheinlich zu spät in Ihre Hände kommen wird. Dass Sie weite Gebiete der Mechanik geebnet und befruchtet haben und dass Sie eine vorbildliche Personalunion von theoretischer Überlegung und experimenteller Verwirklichung vorstellen, weiß ja jeder von uns. Ich möchte aber als Kenner auf dem Gebiete der wissenschaftlichen Schulebildung auch zum Ausdruck bringen, wie viel menschliche Güte und neidlose Entsagung dazu gehört, um einen grossen Kreis von Schülern um sich zu sammeln und zu harmonischer Zusammenarbeit zu führen, wie es Ihnen seit Jahren geglückt ist.

Als ich Ihnen vor einiger Zeit zu Ihrem Kapilaritäts-M[anu]s[kript] schrieb, habe ich vielleicht schon bemerkt, dass ich dabei bin, meinen Bd. II, obgleich er immer noch nicht erschienen ist, an manchen Stellen umzuarbeiten, bevor er auf Matern gebracht wird.[4] Bei der ominösen Turbulenz glaube ich dadurch zum Ziel gekommen zu sein, dass ich den Abschnitt B des betr. §, dessen Überschrift „zur Grundfrage der Turbulenz" Sie mit Recht beanstandet haben, in drei Abschnitte zerlegt habe, nämlich B „Ältere Versuche zur mathem. Erklärung des Stabilitätskriteriums" (die sämtlich negativ verlaufen sind); C „Neuere Untersuchungen über die *Entstehung* der Turbulenz" (die unter Ihrer Führung zu positiven Ergebnissen gelangt sind; ich habe diese früher leider nicht genügend gekannt),[5] worauf sich dann, viel bescheidener als früher unter D anschließt: „Ein mathem. Modell zum Turbulenzproblem" (Burgers).[6] Die Besonderheit des Standpunktes C habe ich durch Sätze wie diese charakterisiert: „der Weg

---

[1] Brief (2 Seiten, lateinisch), *Berlin, MPGA, Prandtl III. Abt., Rep. 61, Nr. 1538.*

[2] Während des Krieges waren Prandtls Frau, ein Schwiegersohn und ein Enkel gestorben.

[3] Prandtl feierte am 4. Februar 1945 seinen siebzigsten Geburtstag.

[4] Laut Vorwort hatte Sommerfeld im Oktober 1944 erneut den Satz erstellt, aber bis zum Erscheinen verging noch ein Jahr, vgl. *A. Sommerfeld an H. Robertson, 1. Dezember 1945. München, DM, Archiv NL 89, 015.*

[5] Prandtl hatte 1926 die Vorstellung einer charakteristischen „Mischungslänge" in die Theorie der Turbulenz eingeführt, vgl. [Schlichting 1975, S. 303-304].

[6] [Burgers 1939].

zur Laminarströmung oberhalb R_{krit} ist durch instabile Profile versperrt"[1] oder „die Stabilität hängt von der *Vorgeschichte* des gefragten Zustandes ab" – höchst sonderbar!

Ob die Zukunft überhaupt noch Möglichkeiten geben wird zum Bücherdrucken u. zu ruhiger wissenschaftlicher Arbeit?!

In treuem Gedenken
Ihr A. Sommerfeld.

In der T. H. wird im Keller gelesen! ähnlich in der Universität. Mein Haus steht noch.

[279] *Von Max Planck*[2]

Rogätz 4. 2. 45.

Lieber Herr Kollege!

Da ich weiß, daß Sie auch an dem, was mich persönlich betrifft, Anteil nehmen, muß ich Ihnen denn Mitteilung machen, daß mein ältester Sohn Erwin unmittelbar nach den Geschehnissen des 20. Juli v. J. lediglich auf Grund der Tatsache, daß einige der Attentäter zu seinem Bekanntenkreis gehörten, verhaftet und vom Volksgerichtshof zum Tode verurteilt wurde.[3] Das Urteil ist, wie ich nur auf indirektem Wege erfahren habe, am 23. v. M. vollstreckt worden, und ich damit meines nächsten und besten Freunds beraubt. Mein Schmerz ist nicht mit Worten auszudrücken. Ich ringe nur um die Kraft, mein zukünftiges Leben durch gewissenhafte Arbeit sinnvoll zu gestalten.

Ihnen und den Ihrigen alles gute wünschend mit herzlichem Gruß

Ihr getreuer
M. Planck

[280] *Von Ludwig Prandtl*[4]

20. 2. 45.

Lieber Herr Sommerfeld!

In der erheblichen Flut von Gratulationsbriefen zu meinem 70. Geburtstag, in der besonders Freunde und ehemalige Schüler meiner gedacht hatten,

---

[1] R_{krit} bezeichnet die Reynoldszahl für den Umschlag zur Turbulenz.
[2] Brief (1 Seite, deutsch), *München, DM, Archiv HS 1977-28/A,263*.
[3] Zur Verwicklung Erwin Plancks in den Attentatsversuch auf Hitler vom 20. Juli 1944 vgl. die Literatur- und Quellenhinweise in [Heilbron 1986, S. 194-195].
[4] Durchschlag (2 Seiten, Maschine), *Berlin, MPGA, Prandtl III. Abt., Rep. 61, Nr. 1538*.

war der Ihrige einer von denjenigen, die mir am meisten Freude gemacht haben, vor allem wegen der überaus freundlichen Beurteilung dessen, was ich wissenschaftlich erreicht habe.[1] Eines möchte ich dabei aber doch berichtigen. Sie sprechen von der „neidlosen Entsagung", die dazu gehöre, um einen großen Kreis von Schülern um sich zu sammeln und zu guter Zusammenarbeit zu führen. Ich habe von dieser Entsagung eigentlich kaum etwas empfunden, da mir doch noch genug blieb, was mir keiner streitig machen kann. Ich habe übrigens gefunden, daß Außenstehende sehr leicht geneigt sind, die Arbeiten der Schüler als in jedem Stück von dem Lehrer beeinflußt zu betrachten, und ich hatte gerade des öfteren Mühe, zum Ausdruck zu bringen, daß diese oder jene Arbeit wirklich ganz auf dem eigenen Acker des Schülers gewachsen ist und es nicht erlaubt sei, sie mir anzurechnen! Allerdings hatte ich auch einen Fall, bei dem der Witz gemacht worden ist, als jemand die guten Arbeiten des Herrn N. N. sehr lobte, daß dann Einer, der hinter die Kulissen gesehen hatte, sagte: „Ja, wissen Sie denn nicht, daß N. N. ein Pseudonym von Prandtl ist?" (Dabei bleiben aber die experimentellen Verdienste von N. N. auf alle Fälle unbestritten. Er brauchte nur wesentlich mehr Lenkung als die übrigen.)[2]

Was Sie mir über Ihre Absichten bezüglich der Neufassung des Kapitels „Turbulenz" in Ihrem Buch schreiben, hat natürlich mein volles Einverständnis. Bei der Theorie der ausgebildeten Turbulenz bin ich im letzten Vierteljahr noch einen Schritt weitergekommen und hoffe Ihnen in einigen Wochen eine Arbeit darüber zusenden zu können.[3] Im Augenblick kann ich Ihnen einen Sonderabdruck eines Vortrags in der Luftfahrt-Akademie über meteorologische Strömungslehre zusenden,[4] den Sie vielleicht gelegentlich bei einer Tasse deutschen Kaffee[5] lesen mögen. Hier in Göttingen geht es uns immer noch relativ gut. Es kommen nur jetzt allerhand vertriebene Leute, auch ganze Dienststellen, hierher, so daß sich die Stadt bedenklich füllt.

Mit dem Wunsch, daß Ihnen Ihr Haus auch weiterhin unbeschädigt erhalten bleiben möchte und Sie die Möglichkeit des Weiterarbeitens behalten, bin ich mit herzlichem Gruß Ihr

gez. L. Prandtl.

1 Anlage

---

[1] Brief [278].
[2] Vgl. die Erinnerungen eines Prandtlschülers [Oswatitsch 1974].
[3] [Prandtl 1945].
[4] [Prandtl 1944].
[5] Kaffeebohnen wurden in der Kriegszeit häufig durch Eicheln ersetzt.

[281] Von Max Planck[1]

Rogätz 27. 2. 45.

Lieber Herr Kollege!

Von ganzem Herzen danke ich Ihnen für die freundlichen Worte, mit denen Sie mit Ihrer werten Gattin Ihre Teilnahme an meinem Kummer bekunden.[2] Ich weiß, wie ernst sie gemeint sind. Wenn damit auch sachlich nichts geändert wird, so empfinde ich doch ein solches äußeres Zeichen des Mitgefühls wohltuend, schon weil ich mir dadurch Ihrer freundschaftlichen Verbundenheit aufs neue bewußt werde.

Was Sie mir sonst in Ihrem Brief am 15. d. M. mitteilen,[3] hat mich natürlich alles sehr interessiert. Es ist gut, daß die Frage der diesjährigen Medaillenverteilung nun auch ihre Erledigung gefunden hat.[4]

Mit allen guten Wünschen, auch für Ihre beiden Söhne, grüßt Sie herzlich, auch im Namen meiner Frau, Ihr getreuer

M. Planck

[282] Von Rudolf Tomaschek[5]

München, 25. Juli 1945

Sehr verehrter Herr Geheimrat!

Wahrscheinlich haben Sie schon erfahren, dass ich meine Tätigkeit in der Technischen Hochschule bis auf Weiteres unterbrechen musste.[6] Ich nehme an, dass ein Verfahren gegen mich auf Amtsenthebung wegen nationalsozialistischer Tätigkeit im Gange ist. Da ich glaube, dass Sie als der bedeutendste Physiker und ohne Vorbelastung, in dieser Angelegenheit massgeblich zu Rate gezogen werden dürften, so erlaube ich mir, mich an Sie zu wenden und Ihnen einige Darlegungen zu übersenden. Ich meine, dass dies nicht unnötig ist, denn meiner Erfahrung nach beruhen die meisten Urteile über

---

[1] Brief (1 Seite, deutsch), *München, DM, Archiv HS 1977-28/A,263*.
[2] Zur Hinrichtung seines Sohnes Ernst vgl. Brief [279].
[3] Der Brief liegt nicht vor.
[4] Sommerfeld hatte vorgeschlagen, 1945 keine Planckmedaille zu verleihen, *A. Sommerfeld an die Medaillenträger, 30. Januar 1945. Berlin, DPG, Max Planck-Medaille*.
[5] Brief mit Antwort (12 Seiten, Maschine), *München, DM, Archiv NL 89, 013*.
[6] „Zufolge besonderer Anordnung der Militärregierung wird dem o. Professor Dr. Tomaschek mit sofortiger Wirkung das Betreten der Techn. Hochschule München und der zugehörigen Institute verboten [...] ". *Bayerisches Kultusministerium an die TH München, 14. Juli 1945. München, TU Archiv, Personalakte Tomaschek*. Er wurde am 22. Januar 1948 laut rechtskräftigem Spruchkammerbescheid als Mitläufer eingestuft.

Menschen auf meist unzulänglich und einseitig begründeten Meinungen, Äusserungen oder Gerüchten, die sehr oft manches Tatsächliche in ganz anderem Licht erscheinen lassen, als diesem in Wirklichkeit zukommt. Da ich mich ja kaum zu irgendwelchen gegen mich vorgebrachten Anwürfen werde äussern können, bleibt mir nichts anderes übrig, als jemandem, dem ich vertraue und der mit der Angelegenheit befasst ist, über die vermutlich zur Sprache kommenden Punkte einige Aufklärungen zu geben.

Was meine Wirksamkeit hier in München anlangt, so sind Ihnen die näheren Umstände ja zur Genüge bekannt, so dass ich darauf nicht im Einzelnen einzugehen brauche. Sie wissen, welche schwierige Lage ich bei meinem Herkommen hier vorgefunden habe. Ich habe, wie Sie wissen, nach einiger Zeit der Orientierung die Unsachlichkeit und Unwissenschaftlichkeit der Gruppe Müller, vor dessen Berufung nach München ich übrigens gewarnt hatte, erkannt und ich glaube, dass es mir gelungen ist, die Verbindung unter den Physikern hier zu wahren und durch die Durchsetzung der Berufung von Prof. Sauter hierher durch persönliche Intervention in Berlin eine unter den obwaltenden Verhältnissen sehr günstige Atmosphäre zu schaffen,[1] die leider durch die Auswirkungen des Krieges sich nicht so ganz durchsetzen konnte, da dadurch insbesondere die von mir ersehnte Zusammenarbeit mit Gerlach unterbunden wurde. Dass ich bei dem Allem von nationalsozialistischer Seite grossen Anfeindungen ausgesetzt war, wird Ihnen vielleicht nicht so bekannt sein. Aber ich habe stets so gehandelt, wie ich es vor meiner Überzeugung und vor meinem wissenschaftlichen Gewissen verantworten konnte, ohne mich um irgendwelche persönliche Vor- und Nachteile zu kümmern.

Dass mein Verhalten die Missbilligung der Nationalsozialisten gefunden hat, ist schon daraus ersichtlich, dass mir keine politischen Ämter und auch keine leitenden Funktionen in der Hochschule übertragen wurden, sondern dass ich stets gegen einen mehr oder weniger starken Widerstand zu kämpfen hatte. Hierzu kam wohl auch, dass es mein Gerechtigkeitsgefühl nicht zuliess, irgendwelche Nichtarier oder Ausländer ungerecht zu behandeln. Ich hatte noch in den letzten Jahren Nichtarier unter meinen engeren Schülern und Ausländer als Mitarbeiter, was mir ebenfalls übel genommen wurde, ebenso wie die Tatsache, dass ich nichtarischen Studenten, wenn sie tüchtig waren und etwas konnten, auch die entsprechend guten Noten gegeben habe. Herr Dr. Singh,[2] ein Inder, der noch heute im Institut arbeitet, Frl. Schnetzer, eine Rumänin oder Herr Dr. Ehrenberg[3] können über mein Verhalten,

---

[1] Vgl. Brief [249].

[2] Sohan Singh hatte 1943 an der TH München promoviert.

[3] Zu Schnetzer und Ehrenberg befindet sich im Archiv der TU München nichts.

das sehr oft gegen den Widerstand der Hochschulbehörden durchgehalten werden musste, Aussagen machen.

Wie ich vermute, wird man mir den stärksten Vorwurf daraus machen, dass ich in letzter Zeit in stärkerer Beziehung zum Dozentenbund gestanden habe. Es handelt sich hier um die letzten Monate des Krieges, etwa vom August 1944 an, denn vorher habe ich nur lose und gelegentliche Beziehungen zum Dozentenbund gehabt, die sich zum grössten Teil in gelegentlichen Gutachten, wie sie von einer grossen Anzahl verschiedenster Fachgenossen ebenfalls eingeholt wurden, erschöpften. Diesen Gutachten habe ich keinen besonderen Wert beigemessen, denn der Dozentenbund hatte in Berufungsfragen in seiner damaligen Form kaum einen Einfluss.

Meine Bemühungen um eine Klärung der Fragen der Relativitätstheorie sind Ihnen ja wohl bekannt. Auch hier hat meine nur von dem Streben nach wissenschaftlicher Erkenntnis geleitete Haltung mir grosse Anfeindungen von Seiten der Nationalsozialisten eingetragen. Ich glaube ferner, dass alle Teilnehmer der Zusammenkunft in Seefeld von der Art und Weise der Durchführung durchaus befriedigt waren und dass wir alle redlich bemüht waren, diese schwierigen Fragen vorurteilslos zu prüfen.[1]

Meine stärkere Bindung an den Dozentenbund in den letzten Monaten hatte folgende Gründe: Als ich nach anfänglich gespanntem Verhältnis (da ich ja als schlechter Nationalsozialist angeschrieben war) Dr. Scheel[2] persönlich kennen lernte, erkannte ich in ihm einen Mann, der im Gegensatz zu allen übrigen führenden Nationalsozialisten für die Wissenschaft wirklich ein tiefgehendes und verständiges Interesse hatte. Es war hier die Hoffnung vorhanden, der deutschen Physik wenigstens einigermassen allmählich die Unterstützung zu verschaffen, die sie in der ganzen Zeit seit 1933 so sehr entbehrt hatte und die zu ihrem immer stärkeren Niedergang geführt hat. Ich folgte hier einem Bestreben, wie es Gerlach durch den Reichsforschungsrat, leider auch nur mit recht mässigem Erfolg, versucht hat. Hinzu kam, dass Dr. Scheel, zu dem ich ursprünglich, wie schon erwähnt, in einem gewissen Gegensatz stand, nach einem Vortrage dem er beiwohnte, eine rein menschliche, *nicht politische*, Wertschätzung mir gegenüber gewann. Es ist dies der Vortrag über Kraft und Stoff gewesen, den ich zuerst hier in München im Deutschen Museum gehalten habe. (Sie waren leider damals nicht anwesend und ich erlaube mir daher den Schluss des Vortrages, so wie er

---

[1] In einem Interview bezeichnete Heisenberg dieses Treffen als Siegesfeier gegen die Deutsche Physik, vgl. [Beyerchen 1982, S. 258].

[2] Gustav Scheel, Angehöriger des SD, gehörte zu den führenden Repräsentanten des NS-Dozentenbundes und war anscheinend gegenüber der Deutschen Physik eher kritisch eingestellt, vgl. [Beyerchen 1982, S. 221].

damals und in der Folgezeit gehalten worden ist, in der Anlage beizufügen.)[1] Diese Änderung der Situation erfolgte etwa im Juli 1944. Leider war die zur Verfügung stehende Zeit zu kurz und die sich überstürzenden Ereignisse machten es vollends unmöglich, irgend ein positives Ergebnis für die deutsche Physik zu erreichen, das auch bei einem verlorenen Krieg doch die Lage der Institute und der wissenschaftlichen Mitarbeiter hätte besser dastehen lassen.

Ich habe Andeutungen vernommen, ich hätte diese Beziehungen zur Erlangung persönlicher Vorteile benutzt. Hierzu ist folgendes zu bemerken: Durch die Luftangriffe des Jahres 1944 wurde das Institut immer mehr beschädigt, so dass schliesslich eine jede weitere Arbeit trotz übermenschlicher Anstrengungen meiner Mitarbeiter nicht mehr möglich war. Schon vorher war an die Errichtung einer Ausweichstelle gegangen worden, nachdem auf meine ausdrückliche Anfrage bei der Leitung der Technischen Hochschule mir mitgeteilt worden war, dass diese Verlagerung jedes Institut von sich aus durchführen muss und irgendwelche Unterstützung von der Hochschule nicht gegeben werden kann, wie es ja auch im Folgenden der Fall war. Ebenso kümmerten sich die militärischen Instanzen nicht um die Unterstützung der Institute in dieser Hinsicht.

Der nach längerem Suchen als zweckmässig befundene Ausbau einer Ausweichstelle in Gmund am Tegernsee stiess auf grösste Schwierigkeiten, deren Quelle und Ursachen mir nicht ganz klar geworden sind und offenbar örtlichen Zusammenhängen sowie gewissen Gegenströmungen von Seiten der SS, die ebenfalls auf das Gebäude reflektierte, entsprangen, die aber einen rechtzeitigen Ausbau der Ausweichstelle verhinderten. Als im Herbst 1944 das Institut restlos arbeitsunfähig wurde und die Ausweichstelle Gmund infolge behördlicher Sperrung der Bauarbeiten (!) nicht beziehbar war, wandte ich mich, (da ich auch bei der Gauleitung Bayern auf Widerstand stiess, weil offenbar Gauleiter Giesler gegen mich eingenommen war (vermutlich unter anderem wegen der Weigerung meiner Frau der Frauenschaft beizutreten)) an Dr. Scheel als dem einzigen, der für die Wissenschaft ein offenes Ohr hatte, mit der Bitte, ob in seinem Bereich eine Möglichkeit für den schnellen Ausbau einer Ausweichstelle bestünde. Er nahm sich der Sache mit der ihm eigenen Energie an und es gelang tatsächlich in Zell am See *gegen den Widerstand,* der mir dort *insbesondere von Parteiseite* entgegengestellt wurde, eine Ausweichstelle zu errichten. Sie konnte wenn auch mit vieler Mühe und Anstrengung so weit fertig gestellt werden, dass vor Kriegsende

---

[1] Die hier nicht abgedruckte Beilage beginnt mit einem Sommerfeldzitat; vgl. [Tomaschek 1942].

die Arbeiten dort anlaufen konnten. Die Wahl dieser Stelle hat sich tatsächlich bewährt. Es sind nicht nur alle Instrumente und Bücher erhalten geblieben, sondern die Stelle wird zur Zeit sogar von den Amerikanern, so viel mir mitgeteilt wurde, weiter in Betrieb gehalten, ein Beweis, dass die von mir getroffenen Massnahmen richtig waren.

Irgendwelche persönlichen Vorteile habe ich *nicht* gehabt, nur unendliche und undankbare Arbeit und Mühe. Ich selbst habe leider niemals in Zell arbeiten können, da ich wegen der unaufschieblichen, dauernden Verwaltungsarbeiten fast ständig unterwegs sein musste und die Vollendung der Ausweichstelle nur 2 Tage lang erlebt habe. Ich habe stets unter Hintanstellung aller persönlichen Bedürfnisse und Vorteile *nur* das Wohl des mir anvertrauten Institutes als einzige Richtschnur vor Augen gehabt. Ich habe sehr unerfreuliche persönliche Verhältnisse, die ich leicht hätte autoritativ ändern können, hingenommen, weil ich das Wohl des Instituts und seine Arbeit stets höher stellte als persönliche Erleichterungen der Zusammenarbeit. Ich habe vollkommen ohne Entschädigung und unter schwerer Schädigung meiner wirtschaftlichen Lage durch die dadurch hervorgerufene Einschränkung meiner schriftstellerischen Tätigkeit alle zusätzlichen Arbeiten für das Institut auf mich genommen und dabei im Laufe meiner Münchner Tätigkeit meine ganzen ererbten Ersparnisse von etwa 25 000 Rm restlos zugesetzt, ohne mir ein bequemes, ja auch nur in irgend einer Richtung anspruchsvolles Leben geleistet zu haben. Den Vorwurf persönliche Vorteile irgendwie herausgeschlagen zu haben, *kann man mir wirklich nicht machen.* Im Gegenteil kommt jetzt noch hinzu, dass wahrscheinlich meine 70-jährige Mutter im Zuge der Aussiedlung der Deutschen aus der Tschechoslovakei ihre angestammte Heimat verlassen muss und nach Verlust ihres gesamten Hab und Gutes meine Familie mit drei Kindern noch vermehren wird, die ohnedies durch die mehrfache Plünderung des Hauses schwer geschädigt ist.[1]

Im Zusammenhang damit, dass ja die Möglichkeit einer wissenschaftlichen Weiterarbeit für mich auf dem Spiele steht mit allen ihren Konsequenzen der Unmöglichkeit weiteren auch literarischen Schaffens werden Sie meine derzeitigen Arbeitspläne interessieren, denen ich mich endlich nach Beendigung der erzwungenen Kriegstätigkeit widmen zu können hoffe.

Es sind drei Hauptarbeitsgebiete:

I. Phosphoreszenz:[2] Wir haben in den letzten Jahren unter anderem zwei interessante Entdeckungen gemacht, deren Verfolgung einen wichtigen Bei-

---

[1] Auf der gerade stattfindenden Potsdamer Konferenz wurde die Zwangsaussiedlung sanktioniert; die Familie Tomascheks stammte aus Budweis in Südböhmen.

[2] Vgl. [Tomaschek 1943].

trag zur Aufdeckung des Verhaltens der Elektronen in isolierenden festen Körpern liefern dürfte. Es ist dies einerseits die Feststellung und nähere Verfolgung der Umwandlung von ultrarotem Licht in sichtbares Licht unter Beteiligung des Phosphoreszenzmechanismus. Sie zeigt sehr eigentümliche bisher anderweitig noch nicht beobachtete Verknüpfungen mit der Energiewanderung in festen Körpern.

Andererseits ist es die Beobachtung einer stark tilgenden Wirkung von Kathodenstrahlen auf geeignet zusammengesetzte Leuchtschirme, die eine merkwürdige Rolle zusätzlich in den Körper gebrachter Elektronen im Isolator erkennen lässt.

Eine dritte Forschungsrichtung in diesem Gebiet ist die Erweiterung der von mir ausgebauten Methode der Linienfluoreszenzspektren in festen Körpern (mit Hilfe der Seltenen Erden) auf undurchsichtige Körper unter Verwendung der ultraweichen Röntgenstrahlen, wozu insbesondere auch die Übertragung der bisherigen Bethe'schen Theorie der Linienspektren in festen Körpern, die uns sehr gute Dienste geleistet hat, auf dieses Zwischengebiet interessant sein wird.

II) Schwerkraftuntersuchungen:[1] Diese mussten infolge des Krieges unterbrochen werden. Ich möchte sie nun wieder aufnehmen mit zweifacher Forschungsrichtung.

A) Wir haben seinerzeit festgestellt, dass die simultanen Flutwerte der festen Erde an verschiedenen Orten (gemessen wurde von uns in Dresden, Berchtesgaden, Beuthen/Oberschl. und Marburg/Lahn) bemerkenswerte Differenzen zeigen, die darauf hindeuten, dass Eigenbewegungen innerhalb der Schollen des Kontinents stattfinden. Hieraus können Schlüsse auf die tektonische Struktur der Kontinentalschollen gewonnen werden; insbesondere scheinen diese Versuche geeignet, über die Frage der Kontinentalschollen selbst und ihre Verschiebungen (Wegener) Aufschluss geben zu können.[2] Diese Versuche bedürfen einer grösseren internationalen Organisation, wofür sich die Amerikaner seinerzeit vor dem Kriege anlässlich eines meiner Vorträge darüber in Lissabon sehr interessiert haben.

B) Wir haben als Nebenbeschäftigung während des Krieges unser Gravimeter weiter verbessert (vor allem auch durch genauere theoretische Analyse), so dass wir glauben bei geeigneter Aufstellung und Behandlung Änderungen der Schwerkraft im Betrage von 10^{-10} bis 10^{-12} feststellen zu können. Ich möchte diese Genauigkeit dazu benützen, um die bisher unzugängliche Frage nach einer Beeinflussung der Gravitationswirkungen durch die

---

[1] [Tomaschek 1957].

[2] Die 1912 erstmals von Alfred Wegener vertretene Theorie der Kontinentalverschiebung war lange sehr umstritten.

Weltkörper zu untersuchen. Ich denke insbesondere daran, die Aufzeichnungen eines solchen Gravimeters in der Totalitätszone einer Sonnenfinsternis zu verfolgen und nach Interferenz- und Absorptionswirkungen Ausschau zu halten.[1] Erstere sind auch nach der allgemeinen Relativitätstheorie nicht undenkbar, so dass man unbedingt versuchen sollte, die bisher nicht erreichbare Genauigkeit der Schwerkraftmessungen für solche Fragen auszunützen. Man könnte Schwankungen der Schwerewirkung der Sonne bis zu Bruchteilen von Prozenten feststellen, was immerhin bei einem so grossen störenden Körper wie es der Mond ist, vielleicht als Einfluss sich ergeben könnte.

III. Am meisten am Herzen liegt mir folgender, seinerzeit in Seefeld vorgeschlagener Versuch. Ich halte die Aussage der Relativitätstheorie, dass die Zeitbestimmung von der Bewegung abhängt, für die eigentlich revolutionäre Leistung derselben, die tatsächlich in ihrer weiteren Verfolgung der seit Galilei eingeleiteten Forschungsmethode der Mechanik einen ganz neuen Charakter geben kann. Wir haben bis jetzt für diese Voraussage nur ziemlich indirekte Hinweise z. B. aus der Lebensdauer des Mesons.[2] Eine direkte Untersuchung scheint auf folgende Weise möglich: Der Zerfall eines radioaktiven Präparates, das im Laboratorium ruht, wird verglichen mit dem Zerfall eines Präparates, das sich in Form von Kanalstrahlen in einer Entladungsröhre sehr schnell bewegt. Durch die Wahl von künstlich radioaktiven Stoffen kleinen Atomgewichts kann man wahrscheinlich Geschwindigkeiten von 1/3 Lichtgeschwindigkeit mit den heute zur Verfügung stehenden Spannungen erreichen und auch in der grossen Zahl künstlich radioaktiver Elemente die mit passenden Zerfallskonstanten, die natürlich sehr gross sein müssen, auswählen. Es wäre das eine direkte experimentelle Bestätigung der Relativität der Zeit bzw. des Einflusses der Bewegung auf die in einem Körper ablaufenden Vorgänge und zweifellos von fundamentaler Bedeutung. Dieser Versuch bedarf allerdings längerer und gründlicher Vorbereitung, aber ich halte seine Durchführung für durchaus möglich.[3]

Ich hoffe, dass Ihnen obige Ausführungen einige Anhaltspunkte für eine gerechte Beurteilung geben mögen und wünsche nichts sehnlicher als die durch den Krieg unterbrochenen wissenschaftlichen Arbeiten wieder im Sinne der reinen, ihren Idealen zugewendeten Wissenschaft aufnehmen zu können.

In ausgezeichneter Hochachtung Ihr sehr ergebener

Rudolf Tomaschek

---

[1] Stehen Erde, Mond und Sonne in gerader Linie, sind Überlagerungen und allgemein Beeinflussungen besonders deutlich.
[2] Vgl. z. B. [Nordheim 1939], [Yukawa und Sakuta 1939], [Rossi und Hall 1941].
[3] Für Mesonen vgl. etwa [Rossi und Hall 1941] oder [Frisch und Smith 1963].

S.[ehr] g.[eehrter] H.[err] Coll[ege]![1]

Ich bin in Ihrer Angelegenheit nicht befragt worden, habe aber Ihren freundlichen Brief den maaßgebenden Stellen der T. H. zugestellt.

Ihr physikalisches Programm hat mich natürlich sehr interessiert, besonders die radioaktive Realisierung der relativistischen Zwillinge.

Bestens grüssend
Ihr [Arnold Sommerfeld]

[283] *Von Marga Planck*[2]

Göttingen, den 13. September 1945

Lieber Herr Geheimrat!

Gestern erhielten wir Ihr Briefchen[3] und freuen uns, daß es Ihnen gut zu gehen scheint. Ich hoffe, daß auch dieses rasch in Ihre Hände kommt. Wir sind seit 14 Tagen nach mehrfacher Umquartierung endlich hier bei unseren Verwandten zur Ruhe gekommen;[4] es war Zeit, denn meinem Mann fällt jede Umstellung sehr schwer. Nach 5 Wochen Krankenhaus und Novokain-Injektionen sind die Schmerzen doch erheblich besser geworden.[5] Aber im Großen und Ganzen ist es doch kein schöner Zustand: er geht nur sehr mühsam und ist oft so schrecklich müde. Sie würden sich wundern, zu sehen, was in 1 Jahr aus ihm geworden ist. Denn auch in geistiger Beziehung hat er sehr nachgelassen, das Gedächtnis versagt, und wenn er müde ist, fällt es ihm schwer, sich zu konzentrieren; jeder Brief bedeutet ihm eine große Mühe; dazwischen scheint er ganz der Alte zu sein. Jedenfalls ist es gut, daß wir hier sind, im Hause ist es reizend und die Kollegen sind rührend. Von unserer armen Schwiegertochter in Berlin haben wir leidliche Nachricht, sie arbeitet an der Charité – dagegen ist unser Jüngster noch nicht aufgetaucht.[6]

Für die Vermittlung des Briefes meines Bruders vielen Dank, er kam gut an, auch für die Grüße unseres Vetters Rohmer.[7] Mit München ist

---

[1] Antwortentwurf von Sommerfeld in lateinischer Schrift auf der Rückseite der Beilage.
[2] Brief (2 Seiten, deutsch), *München, DM, Archiv HS 1977-28/A,262*.
[3] Aus dem Jahre 1945 liegen keine Briefe Sommerfelds an die Plancks vor.
[4] Marga und Max Planck übersiedelten zu einer Nichte Plancks nach Göttingen.
[5] Planck litt an Arthritis. Novokain ist ein lokales Betäubungsmittel.
[6] Hermann Planck arbeitete am statistischen Zentralamt Berlin. Die 1710 gegründete Charité ist ein staatliches Krankenhaus in Berlin. Nelly war mit dem im Januar 1945 hingerichteten Erwin Planck verheiratet.
[7] Möglicherweise der Staatsrat Gustav Rohmer. Heinrich von Hoesslin, Marga Plancks Bruder, war Professor der Medizin in München.

die Verbindung immer noch schwierig; darf ich Sie ev. wieder in Anspruch nehmen?

Mit vielen herzlichen Grüßen von meinem Mann und mir an Sie und Ihre liebe Frau

Ihre Marga Planck.

[284] *Von Günther Christlein*[1]

München, den 22. 9. 45.

Hochverehrter Herr Geheimrat!

Ich möchte Sie von einer persönlichen Entscheidung in Kenntnis setzen, über die ich Ihnen Rechenschaft schuldig bin. Ich möchte im kommenden Wintersemester in Erlangen mit dem Studium der Theologie beginnen.

Dieser Entschluß ist kein plötzlicher; aber er ist erst jetzt spruchreif geworden. Im Verlauf mehrerer Gespräche mit einem Seelsorger ist die Entscheidung gefallen.

Nun muß ich Sie, hochverehrter Herr Geheimrat, um Verzeihung bitten, daß ich Sie so plötzlich mit dieser Entscheidung überfalle. Die Sorge um meine Zukunft war ja bisher zum größten Teil in Ihren Händen gelegen, und der Vorwurf der Undankbarkeit aus Ihrem Munde würde mir schwer auf der Seele liegen.

Der Gedanke, Pfarrer zu werden, ist mir zum ersten Male nach meinem vierten Semester nahegetreten, nachdem ich die Glaubensgrundlage für mein Leben gefunden hatte. Aber ich spürte doch keine so starke, innere Berufung, daß ich den Entschluß zum Umsatteln gefaßt hätte. Und so schlug mich die Physik immer stärker in ihren Bann, und vor dem Ausbruch des Krieges war ich fest entschlossen, die wissenschaftliche Laufbahn einzuschlagen.

Dann kam der Krieg und führte mich nach Rußland. Dort lernte ich die Hölle der Trostlosigkeit, des hoffnungslosen Untergangs von Tausenden kennen. Ich selbst hatte ja den Trost des Glaubens. Ich wußte: wenn ich hier den Tod in der trostlosen Schneewüste finden würde, so wäre das der Eingang in ein besseres Leben. Aber was war mit all den vielen Tausenden rings um mich her, die keine Hoffnung hatten?

In dieser tieftraurigen Lage habe ich etwas verspürt von dem Jammer der Menschheit, und da ist der Entschluß in mir gereift: Wenn ich aus dieser Hölle wieder zurückkehren würde, dann sollte mein ganzes Leben dafür da sein, meinen Mitmenschen zu helfen.

---

[1] Brief (4 Seiten, deutsch), *München, DM, Archiv NL 89, 020, Mappe 7,1.*

Nun bin ich hier und habe die Freiheit der Entscheidung. Der Rat eines seelsorgerlichen Freundes und meine eigene Erkenntnis weisen mich auf einen neuen Weg: den Beruf des Pfarrers.

Man kann freilich in jedem Beruf Gott dienen, man kann auch in jedem Beruf Menschen in ihrer tiefsten Not helfen und sie zu Gott führen. Aber ich glaube, es geht jetzt doch um noch größere Dinge.

Der Ausgang des Krieges hat uns vor ein furchtbares Trümmerfeld gestellt. Noch furchtbarer als das Trümmerfeld der zerstörten Städte ist der moralische und geistige Zusammenbruch in unserem Volke.

Wo sollen die Kräfte herkommen für einen geistigen Wiederaufbau unseres Volkes?

Es ist meine tiefe Überzeugung, daß allein die Kräfte des christlichen Glaubens imstande sind, das wieder aufzubauen, was in den letzten Jahrzehnten an geistigem Halt in unserem Volk zusammengebrochen ist.

Ich weiß nicht, ob der Versuch, sich dem hereinbrechenden Chaos entgegenzustemmen, Erfolg haben wird. Ich weiß aber eines: nur durch Opfer, nur durch völlige Hingabe dürfen wir hoffen, neue, noch furchtbarere Zusammenbrüche aufzuhalten.

Darf ich Sie im Laufe der kommenden Woche einmal besuchen? Ich glaube, es gibt noch einige physikalische Dinge zu besprechen.

Meine Liebe zur Physik wird unverändert bleiben. Ich glaube, eine Liebe muß nicht darum schlechter sein, daß sie hoffnungslos ist. Und wollen Sie mir ein wenig glauben, daß ich die Gefühle der Dankbarkeit und der Verehrung Ihnen gegenüber, sehr verehrter Herr Geheimrat, nie vergessen werden, auch wenn ich sie nicht durch Taten beweisen kann?

In der Hoffnung, Sie bald persönlich sprechen zu dürfen, verbleibe ich

Ihr sehr ergebener
Günther Christlein.

[285] *Von Wolfgang Finkelnburg*[1]

Nördlingen, den 14. Okt. 1945

Sehr verehrter Herr Geheimrat!

Für Ihren freundlichen Brief, den mir Dr. Renner vor einiger Zeit mitbrachte, danke ich Ihnen herzlich und werde in dem Zusammenhang Ihnen in Kürze ausführlicher schreiben. Heute habe ich eine besondere Bitte. Ich komme eben aus Karlsruhe zurück, wo mir Rektor und Dekan mitteilten,

---

[1] Brief (2 Seiten, Maschine), *München, DM, Archiv NL 89, 020, Mappe 8,3.*

dass man u. a. auch mich für den Experimental-Lehrstuhl von Bühl in Betracht zöge.[1] Man bat mich, mir doch eine Bescheinigung von Ihnen über meine physik-politische Tätigkeit zu erbitten, die viel helfen könne. Darf ich Sie mit dieser Bitte belästigen? Es handelt sich um die mich jetzt belastende Tatsache, dass ich im August 1940 für einige Monate mich zur kommissarischen Verwaltung der Dozentenführung der TH Darmstadt bereit erklärt habe, mit der ausdrücklichen Bedingung, dass ich dann den Kampf mit der Partei gegen die Gruppe Lenard–Stark–Müller–Bühl aufnehmen könne. Sie wissen, dass ich dann trotz aller Warnungen vor persönlichen Nachteilen den Kampf eröffnet und die Münchner Besprechung vom November 1940 herbeigeführt habe,[2] in der zum ersten Mal gegen die Diskriminierung der theoretischen Physik und ihrer hervorragendsten Vertreter in Deutschland energisch Stellung genommen wurde. Heisenberg schrieb mir später, seine Berufung nach Berlin sei ohne mein Eingreifen nicht möglich gewesen. Leider ist er zur Abgabe eines Zeugnisses jetzt nicht erreichbar.[3] Sie wissen, dass die Partei dann den Kampf umgekehrt gegen mich richtete, meine im März 1941 ausgesprochene Berufung nach Strassburg bis zum Oktober 1942, d. h. über anderthalb Jahre verschleppte und schliesslich durchsetzte, dass ich nur a. o. wurde trotzdem ich alle Geschäfte führte und Direktor eines der grössten deutschen Physikalischen Institute war.[4] Ich wäre Ihnen also für eine Erklärung in der Frage, die der Mil.[itär-]Reg.[ierung] vorgelegt werden könnte, *sehr* dankbar. Diese müsste wohl enthalten, dass ich das Amt nur übernommen habe, um den Kampf gegen die Partei in dieser für die Allgemeinheit wichtigen Frage zu führen. Diese Erklärung würde ich bitten, mir zur Weiterleitung zuzusenden.– Mit sehr herzlichem Dank im Voraus und vielen Grüssen!

Ihr ergebenster W. Finkelnburg.

[286] *An Wolfgang Finkelnburg*[5]

Erklärung

Herr Wolfgang Finkelnburg hat als stellvertretender Vorsitzender der Deutschen Physikalischen Gesellschaft neben dem ersten Vorsitzenden C.

---

[1] Alfons Bühl wurde nach Kriegsende als Ordinarius für Experimentalphysik von der TH Karlsruhe entlassen, *Karlsruhe, Archiv der Universität, Personalakte Bühl.*
[2] Das sogenannte „Religionsgespräch", vgl. Seite 481.
[3] Heisenberg war mit anderen Physikern im englischen Farmhall interniert.
[4] Vgl. [Kant 1997].
[5] Durchschlag (1 Seite, Maschine), *München, DM, Archiv NL 89, 020, Mappe 8,3.*

Ramsauer bei den Eingaben der Gesellschaft an das Reichskultusministerium vom Januar 1942 und August 1944 eine Rolle gespielt. Diese Eingaben richteten sich zum Teil gegen die Diskriminierung der theoretischen Physik, also gegen die Agitation der Gruppe Lenard–Stark–Bühl.

Die Wahl von Finkelnburg in den Vorstand der Deutschen Phys. Gesellschaft war dadurch veranlaßt, daß er 1940 für einige Monate die kommissarische Vertretung der Dozentenführung an der TH Darmstadt übernommen und in ausgesprochenem Gegensatz zu der genannten Gruppe durchgeführt hatte. Durch seine Bemühungen kam eine Besprechung der NS-Dozentenführer in München, November 1940 zustande, in der u. a. gegen die Besetzung meiner Professur durch Wilhelm Müller Einspruch erhoben und eine sachgemäßere Vertretung der physikalischen Interessen verlangt wurde. Daß Finkelnburg dabei die treibende Kraft war, wurde mir von Heisenberg bestätigt, der an der Sitzung teilgenommen hatte.

Finkelnburg hatte sich durch seine Stellungnahme bei dem rabiaten Flügel der Dozentenführung reichlich unbeliebt gemacht und bekam dies dadurch zu spüren, daß seine Berufung nach Straßburg über länger als ein Jahr verzögert und ihm dort nur eine a. o. Professur zugebilligt wurde.

Die vorstehenden Angaben habe ich gewissermaßen in Vertretung von W. Heisenberg gemacht, der Herrn Finkelnburg persönlich nahesteht und nähere Angaben über seine politische Betätigung zu machen imstande gewesen wäre.

[287] *An Gustav Herglotz*[1]

21. X. 45

Lieber Herglotz!

Dank für Ihre Karte! Ihre Collegen Cara, Tietze, Perron, Faber, Lense sind heil,[2] Eberh. Hopf[3] wohnt in meinem Hause, seine Familie in Reichenhall. Faber hat grosszügiger Weise das Rektorat der T. H. übernommen.[4] Uni u. TH sollen in Kürze in Betrieb gesetzt werden, wenn „gesäubert".[5]

---

[1] Postkarte (2 Seiten, lateinisch), *Göttingen, NSUB, Herglotz F 135*.

[2] Constantin Carathéodory, Georg Faber, Josef Lense, Oskar Perron, Heinrich Tietze.

[3] Der in Salzburg geborene Eberhard Hopf, vor dem Krieg Ordinarius für Mathematik an der Universität Leipzig, war 1944 nach München berufen worden. Seine Arbeitsgebiete umfaßten die Hydro- und Aerodynamik (Turbulenz).

[4] Georg Faber war schon 68 Jahre alt.

[5] Zur Situation direkt nach dem Krieg vgl. [Boehm 1984] und [Huber 1984].

Haben Sie vor Monaten den Durchschlag einer Berichtigung zu meiner „Kolbenmembran" bekommen?[1] Rücksendung war nicht verlangt, wenn Sie einverstanden wären. Die Ann. d. Phys. konnten sie nicht mehr drucken. Ich hätte den Durchschlag nun doch gern zurück, bei passender Gelegenheit. Wir können noch nicht direkt in die engl. Zone schreiben.– In Wien ist Thirring wieder eingesetzt; Fues musste das Feld räumen.[2] Mehrere wissensch.[aftliche] Z.[eit]S[chrifte]n von Springer sollen dort erscheinen.[3]

Ihr A. S.

Viele herzl. Grüße Ihr E. Hopf

[288] *Von Linus Pauling*[4]

Pasadena November 6, 1945

Dear Professor Sommerfeld:

It has been a source of happiness to me to learn through a friend that you and Mrs. Sommerfeld are well. We have thought about you often during past years, and we hope to see you again before too many years have passed.

Now that the war is over, we are again taking up our work in the fundamental fields of science. I have become deeply interested in the problems of biology and medicine, and I am working on the application of the methods and ideas of chemistry and physics to these problems. For several years I have been carrying on research in immunology.[5]

Our oldest son Linus Jr. has been in the Army Air Forces for two years. He is now radar operator on a transport. Our three younger children are well, and my wife is well also. I myself had a severe attack of nephritis[6] four years ago, but my condition has improved steadily—the only treatment required is a minimum-protein diet.

When my wife and I listened to a Beethoven trio on Sunday we thought of the time sixteen years ago when you, Roscoe Dickinson, and Ralph Day

---

[1] [Sommerfeld 1943a] und [Sommerfeld 1948a]. Diese Arbeit war Gegenstand einer vorangegangenen Korrespondenz, *A. Sommerfeld an G. Herglotz, 30. August, 14. September, 2. Oktober, 8. Oktober 1943, 26. Juni 1944 und 13. Januar 1945. Göttingen, NSUB, Herglotz F 135*. Herglotz hatte mit Kugelfunktionsberechnungen beigetragen.
[2] Hans Thirring war 1938 als Professor für theoretische Physik an der Universität Wien von den Nationalsozialisten zwangspensioniert und durch Erwin Fues ersetzt worden.
[3] Ab 1948 erschien im Wiener Springer-Verlag beispielsweise das *Archiv für Meteorologie, Geophysik und Bioklimatologie*.
[4] Brief mit Antwort (2 Seiten, lateinisch), *München, DM, Archiv HS 1977-28/A,255*.
[5] Vgl. [Goodstein 1984].
[6] Nierenentzündung.

played the same work.[1] I am sorry to say that Dickinson died three months ago from cancer. Other members of our staff are in good health.

Sincerely,
Linus Pauling

To Prof. Arnold Sommerfeld
Courtesy of Dr. Merrill[2]

Lieber Pauling![3]

Ich habe mich herzlich über Ihren Brief gefreut. Grüssen Sie Ihre liebe Frau von mir. Ich gratuliere zu der 4-köpfigen Kinderstube.

Ihre biologischen chemischen Arbeiten haben trotz des Krieges auch in Deutschland Beachtung gefunden. Eine neue Zeitschrift für Naturforschung, die als Ersatz für die vielen zerstörten Verlage dienen soll, bringt in ihrer Nr. 1 Referate über 8 Ihrer Arbeiten.[4] D. Robertson in Princeton hat, wie ich höre, 150 Copien der Zeitschrift für USA bestellt.[5]

Ich bin damit beschäftigt, meine Münchener Vorlesungen für den Druck auszuarbeiten. 2 Bde sind erschienen, der 3te soll bald in Ob mein hohes Alter und die ökonomischen Bedingungen Deutschlands die Vollendung Durchführung dieses Plans erlauben werden?

Mutter Ewald lebt hochbetagt bei ihrem Sohn in Belfast. Meine Söhne sind heil durch den Krieg gekommen. Meine Tochter ist in Partenkirchen an den dortigen Pfarrer verheiratet und hat 5 Kinder[.]

Ihr getreuer [Arnold Sommerfeld]

[289] *An Vieweg*[6]

München, den 24. 1. 1946

Sehr geehrte Herren!

Endlich möchte ich Ihre freundlichen Briefe vom 17. und 30. Oktober 1945 beantworten.[7]

---

[1] Während seiner Weltreise besuchte Sommerfeld Pasadena im Frühjahr 1929. Dickinson war dort Professor für Physik. Ralph Day, ein Enkel Kohlrauschs, promovierte 1930 am CalTech.
[2] Vermutlich Donald Merrill.
[3] Entwurf auf Rückseite.
[4] [Friedrich-Freksa 1946].
[5] Howard Percy Robertson, Professor an der Princeton University, war Wissenschaftsberater der US-Militärregierung in Deutschland.
[6] Durchschlag (1 Seite, Maschine), *München, DM, Archiv NL 89, 014*.
[7] *München, DM, Archiv NL 89, 014*.

Dass Atombau und Spektrallinien im Göttinger Buchhandel war, hatte ich schon von anderer Seite gehört. Ich hoffe, Sie haben nicht unterlassen die von mir zuletzt eingesandten Korrekturen zu Band 2 auf besonderem Zettel beizulegen.* Sie schreiben von vier durchschossenen Exemplaren, ich brauche nur eines. Über die mir zustehenden Dedikationsexemplare (ich glaube 20 Stück) werde ich verfügen, wenn Sie mir mitteilen werden, dass u. für welche Zonen Sie sie versenden können.

Ihre Mitteilung über „Wissenschaft und Technik" hat mich interessiert.[1] Die „Physikalischen Blätter" mögen aussterben, sie sind nicht ganz Ihres Verlages würdig.[2] Von „Zeitschrift für Naturforschung" wird Heft 2 dieser Tage erscheinen. Kuratorium: Sommerfeld, Clusius, Kühn.[3] Redaktion: Jüngere Herren der K. W. Institute, jetzt in Tübingen. Professor Robertson in Frankfurt hat 120 Exemplare für USA abonniert.[4]

Band 2 meiner Vorlesungen ist in Leipzig erschienen.[5] Für Band 6 steht die russische Druckerlaubnis in naher Aussicht.[6]

Mit freundlichen Grüßen
Ihr A. S.

* Jedenfalls dürfen Sie es in der Folge nicht versäumen.

[290] *Von Werner Heisenberg*[7]

Alswede, 5. 2. 46.

Lieber Sommerfeld!

Seit einigen Wochen sind wir wieder in Deutschland,[8] und seit ein paar Tagen ist meine Frau hier und so wachsen wir wieder ins Leben in Deutsch-

---

[1] Diese von Vieweg geplante Zeitschrift sollte „in erster Linie den Gebieten der Mathematik und der exakten Naturwissenschaften sowie der Technik" gewidmet sein und „neben den Besprechungen neuer Bücher auch Autoreferate noch nicht veröffentlichter Arbeiten" bringen, was Sommerfeld mit der Randbemerkung „gut" versah. *Vieweg an A. Sommerfeld, 30. Oktober 1945. München, DM, Archiv NL 89, 014.*
[2] Diese 1944 von Ernst Brüche gegründete Zeitschrift erschien bis Dezember 1944 bei Vieweg. Der Jahrgang 1945 entfiel. 1946 erschien sie im Verlag Franz Mittelbach in Stuttgart; kurz danach wechselte erneut der Verlag.
[3] Der Zoologe Alfred Kühn leitete das KWI für Biologie in Hechingen.
[4] Vgl. Fußnote 5, Seite 578.
[5] [Sommerfeld 1945c].
[6] [Sommerfeld 1945a].
[7] Brief (6 Seiten, lateinisch), *München, DM, Archiv HS 1977-28/A,136.*
[8] Die Rückführung der in Farmhall internierten zehn Physiker in die britische Besatzungszone nach Alswede erfolgte am 3. Januar 1946, vgl. [Frank 1993, S. 293-294].

land herein. Vor allem möchte ich Ihnen danken dafür, dass Sie sich meiner Frau so nett angenommen haben; das war ja doch eine sehr schlimme Zeit für meine Frau, und Ihre Freundschaft hat sehr viel dazu beigetragen, es ihr zu erleichtern.[1] Ich will Ihnen kurz mein Schicksal in den letzten Monaten erzählen:[2] Wir wurden zuerst gut behandelt, kamen nach Heidelberg, dann nach Paris (ein kleines Landschlösschen bei Versailles); dann kam Befehl, uns schlechter zu behandeln, wogegen sich unser netter englischer Major mit Geschick u. Erfolg zur Wehr setzte. Dann kamen wir auf einen einsamen Landsitz in Belgien, schliesslich im Juli in ein Landhaus bei Cambridge. Auch dort waren wir lange Zeit völlig abgeschlossen; erst im September sahen wir Darwin, später einmal Blackett, und schliesslich waren Hahn, Laue u. ich zweimal in der Royal Institution in London eingeladen, wo wir Bragg, Thomson, Hill, Blackett u. andere trafen.[3] Damit dies alles verständlich ist, muss ich vielleicht kurz die politische Entwicklung in Amerika u. England schildern, so wie ich sie verstehe: Die Atombombe wurde in Amerika zwar von den Physikern gemacht, aber schon früh haben dort die Militärs u. die Politiker in Anbetracht der grossen politischen Bedeutung der Sache alle Kraft darauf verwandt, die Wissenschaftler vom politischen Einfluss fernzuhalten.[4] Die Argumente von Seiten dieser Politiker waren die weltüblichen: Die Wissenschaftler sind international, z. Teil russenfreundlich, also politisch unzuverlässig.

Die Physiker waren dem politischen Intrigenspiel sicher zunächst nicht gewachsen. Gegenüber Deutschland haben die Politiker die These vertreten: die Deutschen hätten die Atombombe beinahe auch gemacht; die deutschen Atomphysiker sind also gefährlich, sie müssen auf jeden Fall gehindert werden, etwa mit den Russen oder den Franzosen zu verhandeln. Nach Roosevelt's Tod[5] haben sich wohl auch in der Amerikanischen Innenpolitik Gruppen durchgesetzt, die mehr zum Isolationismus drängten; d. h. kein Interesse an Europa, Zerstörung u. Schwächung Deutschlands, damit es, auch wenn die Amerikaner Europa verlassen, keine Macht besitzt. Der Einfluss dieser Leute wird wohl etwas kompensiert durch die Angst vor Russland, aber einstweilen bewegt sich die amerikanische Politik wohl noch auf der Li-

---

[1] Vgl. [Heisenberg 1991, Kap. 8].

[2] Eine ausführliche Darstellung der Festnahme und Verhöre der deutschen Kernphysiker bei Kriegsende gibt [Goudsmit 1986].

[3] Patrick Blackett, George Paget Thomson, William Lawrence Bragg, Charles Galton Darwin, Archibald Hill; vgl. den im Anschluß an diese Treffen für General L. Groves angefertigten Bericht vom 8. Oktober 1945 in [Frank 1993, S. 221-227].

[4] [Smith 1965a].

[5] Der US-Präsident Franklin D. Roosevelt war am 12. April 1945 gestorben.

nie: Keine Wissenschaft oder Technik in Deutschland. Die Wissenschaftler drüben haben demgegenüber die umgekehrte These vertreten: Internationale Zusammenarbeit der Wissenschaftler, Stützung der deutschen Wissenschaft als Gegengewicht gegen die Verrohung und Proletarisierung, aktives Eingreifen zur Ordnung Europa's. Ich war sehr glücklich zu sehen, dass die Physiker auf der Welt diesmal die Probe bestanden haben; ich habe keinen drüben getroffen, der von der Geisteskrankheit des Nationalismus ergriffen gewesen wäre; alle waren genau so nett zu uns, wie vor dem Krieg, auch die jüdischen Kollegen; und die Physiker in Amerika haben den Kampf gegen die Nationalisten mit der äussersten Schärfe aufgenommen. Als ein amerikanischer General das Zyklotron des Nishina in Tokio gesprengt hatte, veröffentlichten vierhundert Atomphysiker in U.S.A., darunter wahrscheinlich Oppenheimer, ein Statement: der betreffende General müsse als War criminal vor's Kriegsgericht gestellt werden, da seine Handlung als sinnlose Zerstörung von Kulturgut die Amerikaner auf eine Ebene mit den Nazi's stellte.[1] Natürlich zeigt dieses Statement auch, dass die Physiker sich auf dem normalen Wege *nicht* durchgesetzt haben; aber ich glaube, dass die Besten unter ihnen durchaus Chancen haben, sich auf die Dauer gegen die Nationalisten durchzusetzen. Aber zunächst geht die Welle von geistiger Umnachtung, die Hitler gestartet hat, noch um die ganze Welt. In dieser Hinsicht macht mich aber folgender Umstand doch auch wieder optimistisch, besonders bezüglich Amerika's: die amerikanischen Offiziere, die ich getroffen habe, waren menschlich allererster Qualität; auch die Leistungen der Amerikaner bei der Herstellung der Atombomben sind ja über alles Lob erhaben (– dass sie die Bomben geworfen haben, steht auf einem anderen Blatt –). Ich möchte also denken, dass sich ein so enorm tüchtiges Volk auf die Dauer auch eine politische Führung verschaffen kann, die die Probleme in Europa richtig behandelt.

Die Engländer haben sich eine Labour-Regierung gegeben, die offenbar politisch wieder genau so klug ist, wie alle früheren englischen Regierungen.[2] Ihre Stellung zu Deutschland war massvoll u. vernünftig; sie sind sich klar darüber, dass die 70 Millionen Menschen hier irgendwie leben müssen, und sie denken nach darüber, wie das gemacht werden kann. Viele sehen wohl auch, dass die Schaffung eines machtpolitischen Vakuums in Europa einfach bedeuten würde, dass Europa in einigen Jahrzehnten russisch wird. Das wollen sie offenbar nicht. Trotzdem gibt es im englischen Volk sicher

---

[1] Vgl. „The Destruction of the Japanese Cyclotron" in [Groves 1983, S. 367-372].

[2] Nach der Kapitulation Deutschlands verließ die Labour Party die Regierung und gewann die Unterhauswahlen.

auch viele Leute, die es ganz gerne sähen, wenn die Verhältnisse in Deutschland in den nächsten fünf Jahren so trostlos würden, dass sich die Bevölkerung um zehn Millionen Menschen verkleinert.– Die englischen Politiker haben beschlossen, die Wissenschaft in Deutschland zu unterstützen, wenigstens innerhalb gewisser Grenzen, während die Amerikaner das einstweilen nicht wollen.[1] Experimentelle Kernphysik wird wohl nur in der französischen und der russischen Zone wirklich gefördert werden, die Engländer u. Amerikaner wollen sie jedenfalls sehr einschränken. Die englischen u. amerikanischen Politiker haben angeordnet, dass die Kaiser-Wilhelm-Institute f. Chemie u. Physik in die englische Zone verlagert werden sollen, aber darüber müssen natürlich noch Verhandlungen mit den Franzosen stattfinden, die nicht von uns, sondern von den Politikern geführt werden. Deshalb ist unser Schicksal noch ganz ungewiss. Die englischen Physiker bemühen sich in jeder Weise, für uns vernünftige Arbeitsmöglichkeiten zu schaffen; in die amerikanische Zone soll ich aber nicht kommen, jedenfalls nicht für dauernd. Vielleicht darf ich im März mal nach Urfeld reisen.[2] Materiell geht es uns hier sehr gut; jedenfalls viel besser, als wenn wir vollständig frei wären.

In der nächsten Woche wollen Hahn u. ich nach Göttingen übersiedeln.[3] Das hat jedenfalls den Vorteil, dass wir dort wieder in Kontakt mit den Physikern kommen. Gerlach ist mit seiner Frau nach Bonn gefahren, wo er am physikalischen Institut arbeiten soll.[4] Ob diese Lösung für ihn befriedigend ist, muss sich erst herausstellen. Harteck ist schon in Hamburg.[5] Die anderen, die hier sind, sollen bald nach Göttingen nachkommen.

Meine Frau will in der nächsten Woche über Göttingen nach Urfeld zurückkehren.– Übrigens erzählte mir meine Frau, daß Herr Koppe bei Ihnen gewesen sei.[6] Da meine Frau den Herrn Koppe ziemlich greulich findet und mir auch von Ihnen die gleiche Reaktion berichtete, will ich ein

---

[1] Zur US-Besatzungs- und Wissenschaftspolitik vgl. [Cassidy 1994].
[2] Heisenberg besaß in Urfeld am Walchensee ein Ferienhaus.
[3] Dies geschah.
[4] Walther Gerlach trat an die Stelle von Christian Füchtbauer; er hatte die Auflage, die britische Besatzungszone nicht zu verlassen.
[5] Zu Paul Hartecks Rolle im „Uranverein", wo er vor allem mit der Isotopentrennung befaßt war, vgl. [Walker 1990]. Nach kurzem Aufenthalt in Hamburg übersiedelte Harteck 1950 in die USA.
[6] Heinz Koppe promovierte bei Heisenberg 1946 und war bis 1954 Assistent am Kaiser-Wilhelm-/Max-Planck-Institut für Physik in Göttingen. Er arbeitete zusammen mit Heisenberg an einer Theorie der Supraleitung.

paar Worte über ihn schreiben. Dass dieser Mann zunächst wie ein greulicher sächsischer Spiesser aussieht und es wohl in vielen Teilen seines Wesens auch ist, das merkt man ja auf den ersten Blick. Ich war am Anfang auch überzeugt, dass es sich überhaupt nicht lohnt, sich mit dem Mann abzugeben. Mir ist es aber so mit ihm ergangen: ich hab ihm, eigentlich nur um ihn loszuwerden, ein paar Fragen über Quantentheorie der chemischen Bindung vorgelegt, über die er nachdenken sollte – mit dem Erfolg, dass er mir einige Wochen später eine wirklich sehr gute Arbeit über diesen Gegenstand brachte. Dann hab ich ihm die Aufgabe gestellt, die Geschwindigkeitsverteilung der Neutronen in Substanzen verschiedener Temperatur auszurechnen – ein Problem, das von den Russen experimentell behandelt worden war –. Für diese Frage braucht man die ganze kinetische Theorie, Quantentheorie der Metallelektronen u.s.w. und das hat er so gut gemacht, dass ich die Arbeit als Dissertation akzeptiert habe.[1] Seine mündlichen Prüfungen hat er, soviel ich weiss, alle mit 1 bestanden. Also er ist zweifellos mathematisch *weit* über dem Durchschnitt begabt, und es ist ein wahres Unglück, dass er daneben natürlich trotzdem ein greulicher sächsischer Spiesser ist u. bleibt, ohne viel Erziehung u. ohne geistige Interessen. Was meinen Sie über ihn oder allgemein über einen solchen Fall?–

Wissenschaftlich war die Zeit unserer Gefangenschaft sehr ergiebig. Ich habe eine Theorie der Supraleitung gemacht,[2] über die ich Ihnen vielleicht im März erzählen kann, habe eine dicke Arbeit im Zusammenhang mit der „η-Matrix" geschrieben,[3] und, im Anschluss an eine Weizsäcker'sche Arbeit, eine Arbeit über Turbulenztheorie (!) (On revient toujours ... !).[4] Weizsäcker hat eine *sehr* schöne Arbeit über Kosmogonie gemacht, von deren Richtigkeit ich fest überzeugt bin, und hat bei dieser Gelegenheit eine ausgezeichnete Idee zur Turbulenztheorie gehabt, die auch Taylor in Cambridge sofort gebilligt hat.[5] Über dies alles hoffentlich nächstens mündlich!

Die herzlichsten Grüsse!

Ihr stets dankbarer
Werner Heisenberg.

---

[1] [Koppe 1949] war bereits im November 1944 eingegangen.
[2] Heisenberg referierte darüber bei einem Physikertreffen in Göttingen vom 4. bis 6. Oktober 1946, vgl. [Heisenberg 1946b].
[3] [Heisenberg 1946c].
[4] Vgl. [Heisenberg 1948]; Heisenberg hatte über Turbulenz promoviert, vgl. Brief [60].
[5] [Weizsäcker 1948b].

[291] *An Werner Heisenberg*[1]

München, den 17. II. 46

Lieber Heisenberg!

Herzlich willkommen auf deutschem Boden! Frau Ruth hat uns alles erzählt.[2] Frau Elisabeth wird, wie wir hoffen, bei ihrer Rückkehr eine kurze Rast bei uns machen. Der einliegende Brief[3] kam schon vor mehreren Tagen an u. verleitete mich zu der offenbar irrigen Hoffnung, dass der Adressat bald folgen würde.

Sie können natürlich vorläufig nichts über Ihre Zukunft entscheiden, aber Sie können uns vielleicht doch raten, wielange wir Ihre Entscheidung abwarten sollen.[4] Unsere Liste würde sein: 1) Heisenberg, 2) v. Weizsäcker, 3) Hund. Gans soll kommissarischer Vertreter werden und wird als solcher sicher gern jede von uns gewünschte Zeit amtieren. Eigentlich wollte ich Welker als komm. Vertreter haben, aber der wurde politisch abgelehnt (!! wegen S.A.) Glauben Sie, dass die englische Clausur für v. W. ebenso streng sein wird wie für Sie? Für den Fall, dass Sie wirklich auf Mü.[nchen] verzichten müßen und dass v. W. zunächst nach Bonn geht, würden wir ihn ja wohl von dort herziehen können?

Ernst ist auf Besuch aus Berlin hier,[5] wird aber bald wieder dorthin zurückkehren. Endlich ist auch Eckart aus engl. Gefangenschaft heimgekehrt.

Ich hoffe bald von Ihnen, direkt oder indirekt, zu hören!

Stets Ihr A. Sommerfeld

[292] *Von Werner Heisenberg*[6]

Göttingen 24. 2. 46.

Lieber Sommerfeld!

Eben kam Ihr Brief, inzwischen haben Sie aber sicher mit meiner Frau gesprochen und meinen ausführlichen Brief bekommen. Da sich die Fragen Ihres Briefes am besten mündlich klären lassen, ist es wohl am besten, wenn ich mit der Antwort warte: ich hoffe, in einigen Wochen nach Bayern

---

[1] Brief (2 Seiten, lateinisch), *München, MPI Physik, Heisenberg, Alphabetisch.*
[2] Walther Gerlachs Ehefrau Ruth und Heisenbergs Ehefrau Elisabeth hatten die Internierten in Alswede besucht.
[3] Nicht mehr vorhanden.
[4] Zur Besetzung des Sommerfeldschen Lehrstuhles nach dem Kriege vgl. Seite 508.
[5] Ernst Sommerfeld war als Patentanwalt für Telefunken tätig.
[6] Postkarte (1 Seite, lateinisch), *München, DM, Archiv HS 1977-28/A,136.*

reisen zu dürfen, und werde dann bestimmt gleich auf der Hinreise zu Ihnen kommen. Auf das Wiedersehen mit Ihnen freue ich mich sehr. Mit den herzlichsten Grüssen an Ihre ganze Familie

Ihr stets dankbarer
Werner Heisenberg.

[293] An Werner Heisenberg[1]

München 4. III. 46.

Lieber Heisenberg!

Ihren ausführlichen Brief habe ich mit vielem Dank erhalten, ebenso heute Ihre Postkarte. Wir werden uns also in Geduld fassen und auf Ihren Besuch hoffen. Für die Vorlesung im kommenden Semester haben wir als kommiss. Vertreter Gans bestellt;[2] er ist aber noch nicht hier, der Beginn des Semesters ist immer noch unbestimmt. Ernst war längere Zeit zu Besuch hier; jetzt auf der Rückreise nach Berlin, mit dem Ms. zu meinem Bd. VI,[3] den er der russischen Zensur vorlegen wird.

Herzlich Ihr
A. S.

[294] Arnold und Johanna Sommerfeld an Walther Gerlach[4]

München, 7. III. 46

Lieber Gerlach!

Herzlich willkommen in Deutschland![5] Genießen Sie den Bonner Frühling, auch wenn er sein blaues Band über Ruinen flattern lässt. Über München weht heute statt des blauen Bandes wieder eine grau-trübselige Fahne.

Wir warten sehr auf Sie, werden aber wohl noch lange warten müssen! Für den armen Rüchardt, der nun alle Instituts- und Vorlesungssorgen auf sich nehmen muss, werden wir versuchen, eine Entschädigung in Gestalt

---

[1] Postkarte (2 Seiten, lateinisch), *München, MPI Physik, Heisenberg, Physik und Philosophie.*
[2] Vgl. [Swinne 1992, S. 132-142].
[3] [Sommerfeld 1945a].
[4] Brief (2 Seiten, lateinisch), *München, DM, Archiv NL 80, 333-02.*
[5] Nach seiner Internierung in Farmhall war Gerlach über Alswede bei Hannover Anfang Februar 1946 in Bonn angekommen, wo er an Füchtbauers Stelle an der Universität wirkte.

eines persönlichen Ordinariats zu erwirken;[1] Clusius hat Ihnen darüber vielleicht schon berichtet.[2] Ich werde durch Gans im nächsten Semester kommissarisch vertreten werden, nachdem man Welker, den ich eigentlich vorgezogen hätte, als S.A[.]-belastet, abgelehnt hat.[3] In Wiederaufnahme unserer letzten Berufungs-Vorschläge warten wir zunächst die Entscheidung über Heisenberg ab; wenn auch mit geringer Hoffnung. Nach ihm käme v. Weizsäcker, Hund in Betracht, dann der liebe und gediegene Fues, der in Wien Thirring Platz machen musste u. jetzt an der Stuttgarter T.H. ein Auto-Forschungsinstitut zu betreuen hat.[4] Rüchardt hat übrigens ein sehr nettes Colloquium zustande gebracht, in dem ich selbst zweimal vorgetragen habe. Haxel hat mehrere *glänzende* Vorträge gehalten, auch der hochintelligente u. sympathische Gora ist ein treffliches Glied Ihres Instituts geworden.[5]

Gern würde ich Ihnen Bd. II meiner Vorlesungen schicken, aber er ist dafür zu *schwer* (ich meine nicht sachlich, sondern postalisch, weil nur 500 gr zugelassen werden). Er ist nur in der russischen Zone erhältlich.[6] Vielleicht haben Sie nicht einmal Bd. I bekommen? Bd. VI ist fertig u. soll gesetzt werden, sobald er die russische Censur passiert hat, zu welchem Zweck ihn Ernst vor einigen Tagen mit nach Berlin genommen hat. Er war 4 Wochen bei uns auf „Dienstreise". Auch Eckhart ist endlich aus engl. Gefangenschaft zurück. In Dunantstr. 6 war ein Familientag mit 3 Kindern u. 3 Enkeln. Vielleicht wird Bd. VI zweimal gedruckt werden, einmal für die russische u. einmal für die westl. Zonen.

Grüssen Sie Konen von mir; seine humanen Eigenschaften habe [ich] stets

---

[1] Eduard Rüchardt, Schüler W. Wiens, war seit 1926 als Extraordinarius am Institut für Experimentalphysik an der Universität München. Im Zweiten Weltkrieg und bis zur Rückkehr Gerlachs 1948 leitete er kommissarisch das Institut, seit 1946 als Ordinarius.

[2] *K. Clusius an W. Gerlach, 19. Februar 1946.* München, DM, Archiv NL 080, 407. Teilweise abgedruckt in [Heinrich und Bachmann 1989, S. 124].

[3] Welker war 1934 der SA beigetreten und hatte sich 1937 um die Aufnahme in die NSDAP bemüht, aber 1939 „nachweisbar alle Beziehungen zur Partei und ihren Gliederungen eingestellt", vgl. *A. Sommerfeld an die Universität München, 29. März 1946.* München, DM, Archiv NL 89, 018, Mappe 3,17.

[4] Erwin Fues hatte 1943 an der Universität Wien den Lehrstuhl des zwangspensionierten Thirring übernommen. 1946 bekam er an der TH Stuttgart den Lehrstuhl für technische Physik.

[5] Edwin K. Gora, ein Heisenbergschüler, wurde im März 1944 Haustheoretiker am Gerlachschen Institut; er half Sommerfeld beim Vorlesungsband zur Elektrodynamik, vgl. die Erinnerungen in [Kleint und Wiemers 1993, S. 92-93]. Otto Haxel war bis 1950 Assistent am MPI für Physik in Göttingen.

[6] [Sommerfeld 1945c] erschien in der Leipziger Akademischen Verlagsgesellschaft; die Westausgabe ist erst [Sommerfeld 1947b].

geschätzt, seine Rektoratsrede an die Studenten war so grossartig, dass ich sie mir abschreiben ließ.[1] Füchtbauer, den W. Wien besonders geliebt hat, hat hypertrophische wissenschaftliche Scheuklappen, war berühmt wegen seiner unmöglichen Vorlesungen und mir, trotz seiner wissenschaftlichen Bravheit, unerträglich.

Meine Frau grüsst herzlich, sie hat bisher alle Widerwärtigkeiten der Wirtschaft, Zimmer-Abgabe, Hausbeschädigungen und übersstandenen Familiensorgen, tapfer ertragen. Es sieht nicht so aus als ob die Zukunft viel leichter sein wird als die Gegenwart; aber die Vergangenheit war noch schlimmer.

Treulich Ihr
A Sommerfeld

Lieber Herr Gerlach,[2]

ich hab gar nichts weiter zu sagen, als daß ich so froh war, daß Ruth Sie besuchen konnte u. noch froher sein würde, wenn R's Wünsche in Erfüllung gingen u. Sie den Oleander-Flor Ihrer Terasse, der letztes Jahr zauberhaft war, in diesem wieder mitgenießen könnten [???]

Ihre alte J. S.

[295] *Von Max Planck*[3]

Göttingen, 5. 5. 46.

Lieber verehrter Herr Kollege!

Nehmen Sie meinen herzlichen Dank für Ihre freundlichen Geburtstagsglückwünsche. Ja, die Welt hat sich seit 8 Jahren grausam verändert. An die Stelle ruhiger Arbeit und behaglicher Lebensführung ist wilde Aufregung und tiefes Leid getreten. Die einzige Rettung aus diesem Elend ist die Flucht in eine höhere geistige Welt, die von derjenigen, in der wir zu leben gezwungen sind, nicht berührt wird, und ich weiß, daß Sie eine solche Welt gefunden haben, indem Sie rastlos fruchtbare Werte für die Wissenschaft schaffen. Möge Ihnen dies auch fernerhin gelingen.

Mit freundlichem Gruß, auch an Ihre werte Gattin,

In treuer Verbundenheit, Ihr ergebenster
Dr. Max Planck.

---

[1] 1933 zwangsemeritiert, war Heinrich Konen nach dem Kriege bis 1947 Rektor der Universität Bonn und seit 1946 Kultusminister von Nordrhein-Westfalen.
[2] Zeilen von Johanna Sommerfeld in deutscher Schrift.
[3] Brief (1 Seite, deutsch), *München, DM, Archiv HS 1977-28/A,263*.

[296] *Von Max Born*[1]

Edinburgh, 24. Mai 1946.

Lieber Sommerfeld,

Paul Ewald hat mir einige Briefe von Ihnen geschickt.[2] Ich habe mich gefreut zu hören, daß Sie diese schreckliche Zeit überstanden haben und so wohl sind, daß Sie den Herzogenstand besteigen konnten.[3] Auch was Sie über Ihre Arbeit berichten, hat mich sehr interessiert. Ich werde versuchen Ihre „Vorlesungen", so weit sie erschienen sind, zu bekommen.

Uns ist es recht gut gegangen. Die ersten Kriegsjahre, solange ein Nazi-Einfall in das Land möglich schien, waren schrecklich genug. Wussten wir doch, was uns dann bevorstand. (Inzwischen habe ich erfahren, daß all meine Verwandten, die nicht herauskonnten, zu Grunde gegangen sind). Edinburgh hatte wenig unter Bomben zu leiden. Mein Sohn und beide Schwiegersöhne waren im Kriegsdienst. Mein Sohn ist noch in Japan, als Militärarzt. Der Mann meiner Ältesten ist Schuldirektor in Cambridge, der der Jüngeren Professor – Sie kennen vielleicht seinen Namen als theoretischen Physiker, Maurice Pryce.[4] Beide Töchter haben zwei Kinder. Meine Frau und ich sind eben von Ägypten zurückgekommen, wo ich 2 Monate Vorlesungen zu halten hatte.[5] Es war schön wieder einmal richtigen Sonnenschein zu genießen, den es hier in Schottland kaum gibt, und so viele interessante Dinge zu sehen.– Mein Institut ist wieder in vollem Betrieb.[6] Ich habe 7 Doktoranden und noch einige Mitarbeiter. Wir arbeiten über verschiedene Sachen, Feld-Quantisierung, Kristalle etc. Vor allem haben wir eine kinetische Theorie der Flüssigkeiten, die ebenso streng und exakt ist wie die kinetische Gastheorie nach Hilbert–Enskog–Chapman. Diese Arbeit ist im Druck.[7] Fürth (Prag) ist hier seit 1939 und hat schöne Arbeiten gemacht, unter anderem, zusammen mit einem jungen Schotten Pringle[8] und mit mir, einen photo-elektrischen Fourier-Transformer gebaut, der die transfor-

---

[1] Brief (4 Seiten, lateinisch), *München, DM, Archiv NL 89, 006*.

[2] P. Ewald war 1939 an die Queens University nach Belfast berufen worden.

[3] Gemeint ist der 1761 Meter hohe Herzogstand in den Bayerischen Voralpen.

[4] Maurice Pryce lernte Margaret Born während seines Studiums in Cambridge kennen; Irene Born war mit Brim Newton-John verheiratet.

[5] Nach Ablehnung eines Rufes an die Universität Alexandria nahm Born kurz darauf eine Einladung als Visiting Professor in Kairo für zwei Monate an, vgl. *M. Born an J. Franck, 17. April 1946. Franck Papers, Box 1, Folder 7, University of Chicago Library*. (Wir danken Arne Schirrmacher für diesen Hinweis.)

[6] Vgl. [Lemmerich 1982, S. 149-150].

[7] [Born und Green 1946].

[8] [Pringle et al. 1945].

mierte Kurve instantan auf dem Schirm eines Oscillographen zeigt.[1] Das Instrument wird jetzt von einer großen Firma gebaut.

Ich war mehrmals in Dublin zu Besuch, um Vorlesungen an Schrödingers Institut zu geben,[2] und habe auf dem Wege Ewald in Belfast besucht. Von Schrödingers wurde mir auch Ihr Glückwunsch zum 60. Geburtstag übermittelt, für den ich Ihnen von Herzen danke. Übrigens geht hier das Gerücht, daß Schrödinger Dublin verläßt; doch weiß ich nichts Näheres.– Unser Experimental-Physiker hier ist, nach Barkla's Tode, jetzt Feather, aus Rutherford's Schule.[3] In Glasgow ist Dee, in St. Andrews Randall, beides gute Cambridge-Leute.[4] So ist die Physik in Schottland gut versehen.

Ich habe gehört, daß Planck, Laue, Heisenberg und andere in Göttingen sind. Meine Frau ist im Briefwechsel mit ihrem Bruder dort.[5] Pohl hat mir einmal geschrieben.[6] Kürzlich hatten wir einen Brief von Iris Runge.[7] So werden alte Fäden wieder angeknüpft. Aber vieles, das uns teuer war, ist auf immer dahin.

Ich würde mich sehr freuen einmal von Ihnen direkt zu hören. Mit besten Grüßen an Ihre Frau, auch von der meinen, Ihr ergebner

Max Born.

[297] *An Max Born*[8]

München, den 16. VI. 46

Lieber Born!

Ihr freundlicher Brief hat mich sehr gefreut. Ich war zweimal in Edinburg als Gast des lieben G. Darwin, der so brav für Ihre Berufung gesorgt hat.[9]

---

[1] Der „Fouriertransformer" wurde „von dem Edinburgher Zweig der Firma Ferranti weiter entwickelt", habe sich „aber nicht in die Praxis eingeführt", [Born 1969, S. 209].

[2] Zur Zusammenarbeit von Born und Schrödinger vgl. [Moore 1989, S. 382-384].

[3] Norman Feather hatte im Oktober 1945 die Nachfolge des ein Jahr zuvor verstorbenen Charles Barkla angetreten.

[4] John Turton Randall übernahm den Lehrstuhl für *Natural philosophy* in Saint Andrews 1944; Philip Ivor Dee hatte den Kelvinschen Lehrstuhl von 1945 bis 1972 inne.

[5] Rudolf Ehrenberg war von 1918 bis 1935 und wieder nach 1945 Professor der Physiologie an der Universität Göttingen.

[6] R. W. Pohl leitete seit 1920 das I. Physikalische Institut der Universität Göttingen.

[7] Die Tochter von Carl Runge arbeitete bei Osram in Berlin, wo sie sich 1947 an der Humboldt-Universität habilitierte.

[8] Brief (2 Seiten, lateinisch), *Berlin, SB, Nachlaß Born, 735.*

[9] Im Frühjahr 1933 hielt Sommerfeld die James Scott Lecture; bereits 1926 hatte er Schottland besucht. Nach Darwins Wechsel 1936 nach Cambridge hatte Born dessen Nachfolge in Edinburgh angetreten.

Einmal habe ich in der dortigen R.[oyal] Soc.[iety] über Erkenntnistheoretische Fragen* geplaudert. Beidemal habe ich Barkla zum Gesang begleitet. ~~Hat er sich über sein J-Phänomen beruhigt, grüssen Sie ihn von mir, auch Fürth, den ich gut von Prag her kenne.~~[1]

Ich lese nicht mehr, werde von Gans komissar. vertreten. Wir hoffen immer noch Heisenberg oder Weizs.[äcker] herzubekommen.

Familie und Haus sind gesund über die Krise gekommen. Die Tochter, Pfarrfrau von Partenkirchen, hat 5 Kinder. Wissen Sie, dass Frau Hilbert ein Jahr nach David gestorben ist? Meinen Nachruf auf ihn (in den Göttinger Nachr.) werde ich versuchen, Ihnen zuzuschicken.[2]

Meine erste Arbeit war ein Fourier-Analysator;[3] Ihr Fourier-Transformer wird mich interessieren, natürlich auch Ihre kinet. Flüssigkeiten. Wenn Schrödinger zurückkäme (Graz?) wäre das herrlich; ich glaube aber nicht daran.[4]

Von meinen Vorlesungen ist der dritte Band** im Druck[5] (mit einer ziemlich neuen Methode über die Green'sche Funktion). Am 4ten schreibe ich.[6] Um Ägypten beneide ich Sie, auch um Ihre jugendliche Schaffenskraft. Ich wirke ein bißchen mit an einer Ersatzzeitschrift „Naturforschung",[7] ohne mich aber um die Redaktion zu kümmern. Göttingen blüht mehr als alle anderen Universitäten. München ist ein Trümmerhaufen. Einen Gruß an Ihre liebe Frau!

Ihr getreuer
A. Sommerfeld

* James Scott Lecture
** Partielle Diff. Gln. d. Physik

---

[1] Grenzen der Durchstreichung nicht klar. Barkla, der bereits 1944 gestorben war, hatte 1917 geglaubt, eine harte Röntgenstrahlung gefunden zu haben, vgl. Band 1, Brief [285]. Fürth hatte Sommerfeld Ende 1924 zu mehreren Vorträgen nach Prag eingeladen, *R. Fürth an A. Sommerfeld, 13. Oktober 1924.* München, DM, Archiv NL 89, 008.

[2] [Sommerfeld 1943c]. David Hilbert war im Februar 1943, Käthe im Januar 1945 gestorben.

[3] [Sommerfeld und Wiechert 1890], vgl. Band 1, Seite 18 bis 19.

[4] Schrödinger stimmte im Februar 1946 einer Berufung an die Universität Wien zu, falls man in Dublin einen geeigneten Nachfolger fände; auch die Möglichkeit einer Rückberufung nach Graz wurde erwogen. Er ging, nach einer Gastprofessur in Innsbruck 1950/51, erst 1956 dauerhaft nach Wien.

[5] [Sommerfeld 1945a].

[6] [Sommerfeld 1948b].

[7] *Zeitschrift für Naturforschung.*

[298] *Von Werner Heisenberg*[1]

Göttingen 29. 6. 46.

Lieber Sommerfeld!

Schon lange hatte ich vor Ihnen zu schreiben. Nun sind mir die Bilder Ihres Göttinger Hauses, die mir meine Frau als Gruss von Ihnen gab, ein willkommener Anlass. Zuerst muss ich wohl erzählen, wie sich meine äusseren Lebensumstände inzwischen entwickelt haben. Leider kann ich da nicht viel Günstiges berichten. Die Nachricht der „Neuen Zeitung", dass ich „meinen Lehrstuhl in Göttingen wieder eingenommen habe" ist natürlich reiner Unsinn. An der Universität hier habe ich noch keinerlei Stellung, halte natürlich auch keine Vorlesung, und werde vielleicht im Winter Honorarprofessor werden. Dagegen bin ich theoretisch Direktor eines K. W. Instituts f. Physik, von dem wenigstens das Gebäude und 4 Mitarbeiter vorhanden sind; arbeiten können wir noch nicht, da wir noch keine Werkstatt u. erst ganz wenige Instrumente haben. Mein Hechinger Institut soll nicht hierher kommen, das Berliner Institut ist von den Russen restlos ausgeplündert worden.[2] Auch die Aussichten, eine brauchbare Wohnung zu bekommen, sind noch sehr gering. Ihr Haus wollen die Engländer einstweilen nicht hergeben. Da inzwischen auch mein Münchner Haus beschlagnahmt worden ist, rechne ich halb u. halb mit der Möglichkeit, dass wir noch Jahre lang in Urfeld wohnen werden. In Anbetracht der hiesigen Entwicklung ist natürlich meine Sehnsucht nach Bayern im Ganzen gestiegen, auch wird sie durch Hunger u. miserables Wohnen (Strohsack statt Bett etc) verstärkt. Leider sehe ich aber einstweilen nicht, dass die Amerikaner ihren Beschluss, mich nach Göttingen zu setzen, revidieren werden;[3] an Prof. Barnett habe ich neulich nochmal geschrieben.– Der einzige Trost in der letzten Zeit war der Besuch meiner Frau, die noch eine Woche hierbleiben will und mir seelisch und leiblich das Leben um Vieles erleichtert; ohne einen solchen Trost wäre es auch hier kaum zu ertragen.– Trotz alledem versuche ich, am wissenschaftlichen Leben teilzunehmen; an Kolloquien u. Seminaren beteilige ich mich gelegentlich durch Vorträge, ansonsten hoffe ich, die Arbeit über Supraleitung[4] fertig zu bekommen.– Ich lege noch die Abschrift eines Briefes von Schrödinger an v. Laue bei, der als Barometer der Stimmung unserer Kollegen im Ausland ganz charakteristisch ist.– – Ich hoffe, im August nochmal nach Bayern zu dürfen, einstweilen ist mir aber die Reise nach Sü-

---

[1] Brief mit Beilage (4 Seiten, lateinisch), *München, DM, Archiv HS 1977-28/A,136*.
[2] Vgl. [Rechenberg 1981].
[3] Vgl. [Cassidy 1991, Kap. 27].
[4] Vgl. [Heisenberg 1946b] und [Heisenberg 1947].

den noch nicht erlaubt worden. Pauli schrieb aus Zürich.[1] Viele herzliche Grüsse Ihnen allen, auch von meiner Frau!

Ihr Werner Heisenberg.

Abschrift SCHRÖDINGER AN V. LAUE.[2]

Dublin 9. 6. 46

Lieber und verehrter Freund!

Es war eine große Freude wieder direkt Nachricht von Ihnen und durch sie über viele andere zu haben; und zu hören daß nach bewegten Schicksalen doch eine gewisse Aussicht auf ein etwas normaleres Leben für viele von Ihnen besteht. Vor allem möchte ich aber Sie persönlich – und uns – dazu beglückwünschen, daß Sie noch leben. Wenn in der Zeit vor dem Ende von Ihnen die Rede war, hatte ich öfters (wo es ohne Sie noch mehr zu gefährden erlaubt schien) gesagt: das war der mutigste Kerl von allen, wenn sie den zum Schluß am Leben lassen, ist's ein Wunder. Gott sei Dank ist das Wunder geschehen.

Anny[3] hatte von Planck und besonders von Marga Planck einen ausführlichen – schrecklichen Brief. Seltsames Schicksal dieses Mannes. Erfolg, Ehren, Anerkennung, innere Befriedigung im Bewußtsein größter Leistung – und doch vom bittersten Unglück verfolgt sein ganzes Leben lang, immer ärger, immer ärger, genau wie im Buch Hiob.

Sie schreiben nicht, ob auch Sie nach England kommen. Vielleicht wissen Sie es noch nicht. Ich komme wahrscheinlich nach Cambridge, aber nicht zu der Londoner Newton Feier.[4] Das hat bestimmte Gründe. Wenn ich übrigens komme, so ist es hauptsächlich eben um Planck und Sie zu sehen; und natürlich ein paar andere, wie Blackett und ein paar jüngere.– Im Sommer soll ich in die Schweiz zu ein paar Versammlungen, mag aber eigentlich gar nicht.[5] Es ist so wunderschön hier im Sommer. Im Winter ist es das nicht. Es ist darum viel vernünftiger, im Winter fortzufahren[.]

Ich gäbe viel drum, mit Ihnen sprechen zu können. Die ganze Situation ist ja so trostlos. Vielleicht gerade weil mir selbst nichts passiert und in all diesen Jahren nichts abgegangen ist – mir und den meinen – vielleicht gerade darum deprimiert mich dieses Ende, ich habe mehr Zeit darüber nachzudenken gehabt. Sehnlichster Wunsch, das tiefverhaßte régime vernichtet zu

---

[1] [Pauli 1993, Brief 818] vom 26. Mai.
[2] Diese Zeile in Heisenbergs Handschrift, Rest Maschine.
[3] Schrödingers Ehefrau Annemarie.
[4] Anfang Juli 1946 veranstaltete die Londoner Royal Society eine Feier zum 300. Geburtstag von Isaac Newton, die wegen des Krieges hatte verschoben werden müssen.
[5] Schrödinger reiste im August 1946 in die Schweiz, wo er in Zürich und Ascona zu Vorträgen eingeladen worden war.

sehen – jahrelang schwebender Wunsch – endlich erfüllt – und nun? Ein guter Freund schrieb aus Wien, die Haltung der intellektuellen Anhänger des früheren régimes sei jetzt, kühl und überlegen von oben herab: Na – ist es jetzt besser? – Und – *ist* es jetzt besser?

Wie oft hab ich mir in all diesen Jahren anhören müssen (und Sie auch, wenn Sie's riskiert haben, das Radio aufzudrehen) der Krieg geht gegen die Nazibande, nicht gegen das deutsche Volk. Ja – prost Mahlzeit.– Eine Zeit lang hat man sich jetzt anhören müssen: die Deutschen sollen jetzt eine ackerbautreibende Nation werden.[1] Ausgezeichnete Idee. Man lebt so viel glücklicher. Man wird bloß zuerst 5/6 von ihnen umbringen müssen. Es ist ja toll.

Eine hiesige (echt) philanthropische Gesellschaft hat mit bitterem Sarkasmus in einem Aufruf empfohlen, die jetzt unverwendeten Gaskammern der Nazis zur schmerzlosen Tötung deutscher Kinder zu verwenden, weil bekanntlich der Hungertod von allen der grausamste sei.

Leben Sie wohl, und hoffentlich nächstens auf Wiedersehen. Bitte grüßen Sie alle Freunde.

Ihr treu ergebener
gez. E Schrödinger.

[299] *Von Werner Heisenberg*[2]

Göttingen, den 2. Juli 1946.

Lieber Sommerfeld!

Nachdem ich Ihnen vor einigen Tagen geschrieben und den Brief in den Kasten geworfen hatte, entdeckte ich, daß ich eine wichtige Frage vergessen hatte: Sauter schrieb an Becker, daß wir Göttinger doch versuchen sollten, für Herrn Maue etwas zu tun, der in der Nähe von Münster in englischer Gefangenschaft sei.[3] Bevor ich mich an die englischen Behörden wende, möchte ich Sie nun fragen, welches die Vorgeschichte der Gefangenschaft von Maue ist, und ob Maue evtl. in politischer Beziehung irgendwie belastet ist. Wenn in der letzteren Beziehung keine Schwierigkeiten vorliegen, so halte ich es für möglich, daß man bei den englischen Behörden etwas erreichen kann.

Mit vielen herzlichen Grüßen
Ihr H[eisenberg]

---

[1] Zum Morgenthauplan vgl. [Gelber 1965].
[2] Durchschlag (1 Seite, Maschine), *München, MPI Physik, Heisenberg, Alphabetisch.*
[3] A. W. Maue befand sich bis August bei Münster in US-Gefangenschaft, anschließend bis Oktober 1947 unter britischer Obhut im Sauerland.

[300] *An Werner Heisenberg*[1]

München 5. VII. 46.

Lieber Heisenberg!

Maue ist ein grundanständiger Idealist, auch wissenschaftlich sehr zuverlässig und belesen (nicht sehr produktiv im höheren Sinne). Er hat mir bei Abfassung der Wellenmechan. u. Sauter bei seinen Deuteron Isotopen vortreffliche Dienste geleistet.[2] Aber er war voller Hitler-Verehrer, wurde etwa 1936 SS-Mann u. glaubte bis zuletzt an unseren Sieg. Den Krieg hat er bis zum Caucasus als regulärer Soldat (Feldwebel, nicht S.S[.]-Truppe) mitgemacht, wurde dann zum NVK[3] kommandiert u. hat sich, als alles flüchtete, nochmal zur Front begeben. Sie werden unter diesen Umständen kaum etwas für ihn tun können. Hier habe ich es garnicht versucht, weil es bei den Amerik.[anern] hoffnungslos gewesen wäre, so leid es mir tut.

Dank für Ihren Brief vom 19. VI. Daß Sie immer noch nicht in unserem Haus sind! Und nicht einmal ein anständiges Bett haben! Barnett hat auf seine Gerlach-Initiative keine Antwort von den Engländern erhalten; den Sie betreffenden Vorstoß wird er daher wohl noch nicht geführt haben. Ihre Turbulenz ist von Hopf viel studiert u. zwischen uns besprochen worden;[4] auf Ihre Supraleitung (die Sie wohl direkt an die Redaktion d. Z. S. schicken werden)[5] freue ich mich.

Treulich Ihr
A. Sommerfeld

[301] *Von Erwin Schrödinger*[6]

Dublin 15. Juli 1946.

Lieber, verehrter Herr Sommerfeld!

Vielen Dank für Ihren lieben Brief vom 31. Mai,[7] den ich kürzlich in 14-tägige Nichtstu-ferien nachgeschickt erhielt.– Ich werde natürlich gern Alles tun, was Sie wollen, wenn auch mit Verzug, denn zu meinem Leidwesen

---

[1] Brief (2 Seiten, lateinisch), München, MPI Physik, Heisenberg, *Physik und Philosophie*.
[2] [Sommerfeld 1939].
[3] Nachrichtenmittelversuchskommando der Marine.
[4] Zu Eberhard Hopf vgl. Fußnote 3, Seite 576. Die im Dezember 1946 bei der *Zeitschrift für Physik* eingegangene Turbulenzarbeit erschien erst 1948, vgl. [Heisenberg 1948].
[5] [Heisenberg 1947].
[6] Brief (4 Seiten, deutsch), München, DM, Archiv HS 1977-28/A,314.
[7] München, DM, Archiv NL 89, 015. Sommerfeld hatte Schrödinger um einen Artikel über den aktuellen Stand der vereinheitlichten Feldtheorie für die *Zeitschrift für Naturforschung* gebeten.

ist dieser Sommer keine Zeit der Muße sondern wird bis Mitte September mit Herumreiserei zu Kongressen und Vorbereitung von ein paar Vorträgen dafür sehr besetzt sein.–

Aber das wäre das Wenigste. Schlimmer ist, daß alle unitären Feldtheorien mit dem Erbfluch belastet zu sein scheinen:[1] solange sie noch nicht ganz fertig sind, versetzen sie den Erzeuger in helle Begeisterung, sobald man aber die formalen Schwierigkeiten einigermaßen bewältigt hat, kommt eine Ernüchterung, um nicht zu sagen ein Katzenjammer; der untriviale Teil des opus erscheint bedenklich und der unbedenkliche trivial.– Ich will sehen, wie ich die Sache im Herbst auf[zäumen?] kann. Ich hatte eine lange Korrespondenz mit Einstein darüber und zugleich über seinen eigenen neuen* Versuch.[2] Die beiden führen *formal mathematisch* merkwürdig nahe zusammen. Merkwürdig, weil die Ausgangspunkte eigentlich sehr verschieden sind. Ich kann Ihnen den formal-mathematischen Schlüsselpunkt mit einigen Worten angeben. Nichtwahr, in der allgem. Rel. Theorie gibt es eine Metrik g_{ik} und einen affinen Zusammenhang Γ^i_{kl} und die hängen so zusammen:

$$g_{ik;\alpha} \equiv \frac{\partial g_{ik}}{\partial x_\alpha} - \Gamma^\lambda_{i\alpha} g_{\lambda k} - \Gamma^\lambda_{k\alpha} g_{i\lambda} = 0.$$

Diese Glngen bestimmen die Γ eindeutig in Funktion der g und ihrer Ableitungen,** *wenn* man für beide Symmetrie vorausgesetzt: $g_{ik} = g_{ki}$, $\Gamma^i_{kl} = \Gamma^i_{lk}$.

Schön. Als natürliche Verallgemeinerung erscheint, diese Symmetrie fallen zu lassen. *Das ist aber unbrauchbar.* Die Glngen sind dann für *beliebige* g widerspruchsvoll. Für solche g, für welche sie Γ-Lösungen haben, sind letztere nicht eindeutig.

Hingegen spricht sehr viel dafür die Glngen wie folgt zu schreiben:

$$g_{\underset{+-}{ik};\alpha} \equiv \frac{\partial g_{ik}}{\partial x_\alpha} - \Gamma^\lambda_{i\alpha} g_{\lambda k} - \Gamma^\lambda_{\alpha k} g_{i\lambda} = 0.$$

Dann haben sie stets*** eindeutige Lösungen nach den Γ. Aber die Auflösung dieser 64 linearen Glngen ist algebraisch so verwickelt, daß einem Hören und Sehen vergeht. Einstein nennt sie „ein Geschenk von des Teufels Großmutter".

Ich und Einstein halten es für sehr wahrscheinlich, daß wir hier wirklich vor der „korrekten" Verallgemeinerung der allgemeinen Rel. Theorie stehen. Aber wir kommen nicht durch. Man kommt durch, wenn man die schiefsymmetrischen Teile der g_{ik} als *klein* ansieht, d. h. nach ihnen entwickelt. Es ist aber sehr zweifelhaft ob diese Annahme erlaubt ist.–

---
[1] Vgl. [Moore 1989, S. 424-435].
[2] [Einstein 1946].

Ob ich zurückkehre? Früher oder später wohl sicher. Seit diese Nazipest, Gott sei Dank, aufs Haupt geschlagen ist, getraue ich mich wieder zu sagen, wie innig ich mich der deutschen Geisteskultur verbunden fühle, die doch, da mag einer sagen was er will, die tragende und führende ist in unserer neuen Zeit, so wie die hellenische es war, aus der wir entsprungen sind. Die Kultur des versklavten Griechenlands hat die Macht der siegreichen römischen Reiter schon jetzt um anderthalb Jahrtausende überdauert. Ebenso unvergänglich ist die deutsche.

Laue und Planck sind in London.[1] Ich hoffe sie Ende dieser Woche zu sehen.

Viele herzliche Grüße von Ihrem treuergebenen
E. Schrödinger.

* *nicht* den mit Bargmann,[2] den hat er aufgegeben.

** nämlich $\Gamma^i_{kl} = \left\{ {i \atop kl} \right\}$

*** vielleicht mit Ausnahme singulärer Fälle

[302] *Von Paul Ewald*[3]

5 Spt. 1946

Liebe Sommerfelds,

Ihr Brief, der heute eintraf, kam gerade bevor ich geschrieben hätte – nur als [Besüchle?], ohne tieferen Grund. Wir beneiden Sie um ihre Sonne – denn davon haben wir seit dem Frühling nicht viel gehabt. Gestern abend ist vor lauter Regen sogar ein Plafond im Dachzimmer eingestürzt – es erinnerte an den Anblick nach den Bomben. Gut dass Sie wenigstens mehr Sonne hatten als wir denn es gibt zu vieles auszugleichen.

Ich war im Mai in Stockholm, da gab es herrliche Sonne, und auch sonst viele gute Dinge, ich hoffe ein 5 kg Päckchen hat Sie von dort erreicht. Im Juli war ich 3 Wochen in London, zu Tagungen der Kristallographen, der Unionen (u. a. der Physik) und der Physiker.[4] Es war eine grosse Freude,

---

[1] Sie nahmen an der Newtonfeier teil, vgl. Fußnote 4, Seite 592.

[2] Valentin Bargmann war 1937 bis 1945 Einsteins Mitarbeiter in Princeton; Schrödinger meint jedoch wohl Peter G. Bergmann. [Einstein und Bergmann 1938] behandelt eine Modifikation der fünfdimensionalen Kaluza-Theorie, vgl. [Fölsing 1993, S. 790].

[3] Brief (4 Seiten, lateinisch), *München, DM, Archiv NL 89, 007*.

[4] Die Kristallographietagung wurde von W. L. Bragg geleitet. Dabei wurde Ewald zum Herausgeber der neuen *Acta Crystallographica* gewählt, die die *Zeitschrift für Kristallographie* ablöste, vgl. die Briefe [244] bis [246]. Ewald war auch Vizepräsident der International Union of Pure and Applied Physics und beteiligte sich 1948 an der Gründung der International Union of Crystallography, siehe [Bethe 1988].

viele alte Freunde wiederzusehen, u. a. Laue, beide Plancks, Scherrer, Weigle, Wentzel, Pauli, Londons, Wykoff, Germer. Die Verhandlungen waren sehr interessant; die Kristallographen haben die Bildung einer eignen Union sowie einer Zeitschrift, der Acta Cristallographica, beschlossen und ich habe deren Betreuung übernommen. Ich glaube das war unter den gegebenen Verhältnissen auch im Groth'schen Sinne gehandelt: es wahrt die Kontinuität und Einheit der kristallograph. Zeitschrift. Falls Frl. Groth noch unter Ihren Besuchern ist, erzählen Sie es ihr doch bitte.[1]

Jetzt sehe ich einem Umzug in ein etwas weniger primitives Department entgegen und dann dem Anfang des Lehrjahres – leider mal wieder ohne Assistenten, da mein geplanter Assistent in Manchester eine bessere Stelle bekam.[2] Die Not an Theoret. Physikern ist hier gross – erstens ist der Bedarf in Industrie- und Universtätsstellen gross, und zweitens gibt es ja nicht theor. Physik als selbständiges Fach, wenigstens nur bei Born & Mott; sonst gibt es nur Applied Mathematics, was aber nicht das gleiche ist.

Wie langsam gehen die Friedensverhandlungen in Paris vonstatten, und wann wird der Friede mit Deutschland diskutabel werden![3] Bis zu jenem Zeitpunkt wird wohl das bisherige Provisorium weitergehen. Das ist für vieles sehr hinderlich.

Im Januar denke ich nach Paris zu fahren, wenigstens habe ich (als Sekretär der Union of Physics) zu einer Hauptversammlung am 3 – 6 Jan. dorthin eingeladen. Siegbahn ist z. Zt. der Präsident.

Ich freue mich über den Fortgang des Druckes Ihrer Vorlesungen. Liegt Ihnen an einer engl. oder amerik. Ausgabe, wie bei Ihren früheren Büchern? Wahrscheinlich würde B[r]ose–Blackett einerseits, Jacoby andererseits dafür zu interessieren sein.[4] Wenn Sie wollen, kann ich vorfühlen – doch wäre es möglicherweise auch hierfür nötig, den Friedensvertrag abzuwarten, bevor

---

[1] Helene Groth, Tochter des Gründers der *Zeitschrift für Kristallographie*, hatte ihren Vater bis zum Tode gepflegt; Sommerfeld versuchte mehrfach, sie zu unterstützen. *A. Sommerfeld an die Universität, 2. März 1928. München, DM, Archiv NL 89, 004. A. Sommerfeld an K. Fajans, 25. Mai 1937. Berlin, SB, Nachlaß Fajans 46 Sommerfeld.*

[2] Ewalds letzter Assistent in Belfast war Jose Moyal, der später Professor für Physik im australischen Canberra wurde. Zuvor war James Hamilton sein Assistent, der Professor an der Universität Cambridge wurde.

[3] Vom 29. Juli bis 15. Oktober 1946 hatte in Paris eine erste Friedenskonferenz stattgefunden, auf der die Deutschland betreffenden Fragen ausgeklammert wurden.

[4] Die erste von Henry L. Brose besorgte Übersetzung von *Atombau und Spektrallinien* [Sommerfeld 1923e] erschien bei Methuen. Sommerfeld hatte sich über sie ablehnend geäußert, *A. Sommerfeld an Methuen, 17. Juni 1939. München, DM, Archiv NL 89, 025, Mappe Atombau.* Die englischen Übersetzungen der *Vorlesungen* erschienen bei Academic Press in New York, die Kurt Jacoby nach seiner Emigration 1942 mit seinem Schwager gegründet hatte.

etwas ernstliches unternommen wird. Ella oder Mutter werden wohl noch schreiben wollen. Also Schluss meinerseits und viele herzliche Grüsse.

Ihr Paul.

[303] Von Wolfgang Pauli[1]

Zürich, 4. Oktober 1946

Lieber Professor Sommerfeld.

Es ist nun wohl höchste Zeit, daß ich Ihnen wieder schreibe. Seit unserem letzten Briefwechsel ist ja so Vieles geschehen! Natürlich habe ich mich gleich nach der Besetzung Deutschlands nach Ihnen erkundigt und ich war überaus froh, daß die Nachrichten über Ihr persönliches Schicksal günstig waren. Colby hat mir von Ihnen erzählt und Blakeney hat mir sogar Photographien gezeigt, die er von Ihnen und Ihrer Frau im August 1945 aufgenommen hat.[2]

Was mich betrifft, so traf ich im April dieses Jahres wieder in Zürich ein, das ich Ende Juli 1940 verlassen hatte.[3] Der Aufenthalt in Amerika war für mich, dank dem Institut in Princeton, sehr friedlich (ich hatte nichts mit der Kriegsarbeit so vieler anderer Physiker zu tun). Trotz verlockender Angebote einer ständigen Professur in Princeton und einer anderen an der Columbia University (da ist jetzt Rabi head of the physics Dept.)[4] habe ich mich nun schließlich entschlossen, meine Professur in Zürich zu behalten und eine eventuelle Reise nach Amerika vorläufig zu verschieben. Es hat viele Gründe[,] u. a. scheint es mir doch, wer nicht muß, soll in Europa nicht aufgeben.

Während der Kriegsjahre habe ich hauptsächlich Mesontheorie getrieben und die Vorlesungen, die ich im Herbst 44 darüber gehalten habe, erscheinen nun (in Amerika) als eine kleine Broschüre.[5] Diese Fragen sind noch alle recht ungeklärt und es dürfte wohl noch einige Zeit dauern, bis neues, theoretisch verwertbares experimentelles Material zur Hand sein wird.

---

[1] Brief (2 Seiten, lateinisch), *München, DM, Archiv HS 1977-28/A,254*.

[2] Walter F. Colby, Physikprofessor an der University of Michigan in Ann Arbor, war ein langjähriger persönlicher Bekannter von Sommerfeld; Walker Bleakney hatte die Sommerfelds Ende 1945 besucht, *A. Sommerfeld an K. Compton, 13. November 1945*. München, DM, Archiv NL 89, 020, Mappe 8,3.

[3] Vgl. [Pauli 1993, S. XXVII-XXIX].

[4] Vgl. [Pauli 1993, S. 374 und Brief 828]. Während des Krieges war Isidor I. Rabi führend an der Radarforschung und am Manhattan Project beteiligt.

[5] [Pauli 1946].

Heisenbergs Arbeiten über die S-Matrix[1] haben auf jeden Fall sehr anregend gewirkt. Es scheint mir allerdings *nicht*, daß sie in ihrer jetzigen Form einen wirklichen Fortschritt der Theorie in den prinzipiellen Fragen bringen können. Mein chinesischer Mitarbeiter Ma in Princeton hat gefunden, daß die S-Matrix in der komplexen Ebene neben den Nullstellen, die nach der Wellenmechanik den diskreten stationären Zuständen entsprechen, auch noch andere, überzählige oder „falsche" Nullstellen hat, die offenbar nichts mit stationären Zuständen zu tun haben.[2] (Der letztere Effekt ist nur dann ausgeschlossen, wenn die potentielle Energie bei einem genügend großem aber *endlichem* r-Wert *scharf* abgeschnitten wird).[3] Ich habe kürzlich an Heisenberg über diese Sache geschrieben. Wenn nur die S-Matrix gegeben ist, die Schrödinger-Gleichung aber nicht als bekannt vorausgesetzt wird (wie das bei Heisenberg der Fall ist), gibt es keine vernünftige Methode, die „richtigen" von den „falschen" Nullstellen zu sondern! Es wurde auch von verschiedenen Autoren die Frage diskutiert, ob es in den Fällen, wo die übliche Theorie der Feldquantisierung zu Divergenzen führt, eine Methode gibt, um die S-Matrix wirklich zu berechnen. Eine in vielen Fällen brauchbare Näherung hierfür haben Heitler und Wilson gefunden (unabhängig von Heisenbergs Arbeiten).[4] Aber einen Anspruch auf exakte Gültigkeit kann deren Methode sicher nicht erheben, auch gibt es Probleme, die man mit diesen Methoden bestimmt nicht lösen kann.

Ich bin sehr neugierig, wann und von welcher Seite her sich schließlich ein prinzipieller Fortschritt der Theorie ergeben wird. Die letzten Jahre haben keine neuen Anhaltspunkte für einen solchen Fortschritt gebracht und die Lage scheint so dunkel wie zuvor!

Leider weiß ich noch nicht genau, wann und wo ich Sie wiedersehen werde. Es ist aber eine gewisse Hoffnung berechtigt, daß es im nächsten Frühjahr außerhalb Deutschlands sein wird. Alle, die Sie persönlich kennen, wissen, daß Ihre moralische und geistige Haltung in diesen schwarzen Jahren mit zu dem Wenigen gehört, was während dieser Zeit in Deutschland erfreulich gewesen ist!

Mit vielen herzlichen Grüßen, auch von meiner Frau und auch an Ihre Familie

Stets Ihr W. Pauli.

---

[1] [Heisenberg 1944].
[2] [Ma 1946].
[3] Dies wird in dem Brief an Heisenberg ausgeführt, [Pauli 1993, Brief 834].
[4] [Heitler 1941] und [Wilson 1941].

[304] *An Albert Einstein*[1]

München 27. X. 46.

Lieber Einstein!

Ich empfinde es als eine Erlösung, dass ich wieder an Sie schreiben kann. Wir müssen den Amerikanern dankbar sein, dass sie so schnell über den Rhein kamen. Sie haben uns dadurch nicht nur von der Naziherrschaft sondern auch von einem drohenden schrecklichen Bürgerkrieg befreit.

Der eine Anlass zu diesem Schreiben war ein begeisterter Brief von Rusch, der Ihre Bemühung um ihn pries.[2] Mein Eintreten für ihn in Berlin war vergeblich gewesen. Ich kenne ihn nur wenig, er scheint etwas quärulant zu sein. Der Hauptanlass aber ist dieser: Unsere bayrische Akademie hat Sie im Jahre 1933 höchst unpassender Weise aufgefordert, Ihren Austritt zu nehmen. Bei dem plötzlich ausgebrochenen Wahnsinn war nichts dagegen zu machen. Unsere Akten sind inzwischen verbrannt, so dass wir den Wortlaut unseres und Ihres Briefes nicht feststellen können. Ich erinnere mich aber, dass Sie die beiden Briefe der bayrischen und preussischen Akademie in Ihrem Büchlein „Comme je vois la vie" veröffentlicht haben. (Ich las es 1934 in Genf und habe mich dabei auch über die Wahrheiten gefreut, die Sie dem Völkerbund über die Sabotage der Abrüstung gesagt haben.)[3] Nun ist aber der Wahnsinn zu Ende und die Akademie möchte Ihnen wieder ihre Schriften zuschicken, unter Zurücknahme des Briefes ihres damaligen Klassensekretärs (v. Dyck). Eine Weigerung Ihrerseits wäre uns natürlich peinlich. Ich bitte Sie daher, das Kriegsbeil zu begraben und die Akademie-Mitgliedschaft wieder anzunehmen. (Die Welt wird zwar noch lange nicht in Ordnung kommen, aber wir müssen doch das unsere tun, um sie wieder einzurenken.) Also schreiben Sie mir bitte ein Wort, das ich der Akademie vorlegen kann.[4] Oder noch einfacher, schreiben Sie der Akademie, dass Sie Ihren Austritt zurücknehmen. Wenn Sie es vorziehen an mich zu schreiben, so sagen Sie mir vielleicht auch, wie Sie jetzt über „Continu et discontinu" denken. Oder halten Sie auch in dieser Hinsicht die Situation für hoffnungslos?

Treulich Ihr
A. Sommerfeld

---

[1] Brief (3 Seiten, lateinisch), *Jerusalem, AEA, Einstein*.
[2] Franz Rusch hatte sich 1936 an Sommerfeld mit der Bitte um eine Stellenvermittlung im Ausland gewandt und dabei auch Einsteins Unterstützung erwähnt. *F. Rusch an A. Sommerfeld, 10. Dezember 1936. München, DM, Archiv HS 1977-28/A,299*.
[3] [Einstein 1953, Briefe S. 105-111, Völkerbund und Abrüstung S. 74-75].
[4] Vgl. Brief [307].

[305] An Hans Bethe[1]

München, den 1. November 1946.

Lieber Bethe!

Von Ihrer Produktivität in den letzten Jahren weiss ich bisher nur, dass Sie zwei Kinder erzeugt haben. Meinen Glückwunsch! Was machen die Probleme? Die roten Riesen? Die Supraleitung? Wissen Sie jetzt endlich, wie das Deuteron zusammenhält? Pauli schreibt mir, dass Heisenberg's η-Matrix noch einige Löcher hat, nämlich falsche Nullstellen, die keinen stationären Zuständen entsprechen.[2]

In meinen Vorlesungen schreibe ich wesentlich über klassische Physik, schiele dabei aber nach den Quanten.

Nun aber die Hauptsache: Hätten Sie den Mut, nach Deutschland zurückzukommen, wenn Heisenberg für München definitiv nicht zu haben ist? Sie hätten ja in Holzhausen einen schönen Aufenthalt für Frau und Kinder und brauchen in München nur ein Absteigequartier.[3] Ich weiss allerdings, wie gut es sich in U.S. arbeitet und wie schön Ithaka ist. Aber vielleicht fühlen Sie doch eine Anhänglichkeit an die alte Heimat und eine gewisse Dankbarkeit für Ihre wissenschaftliche Heimat.

Ich schreibe dies im Einvernehmen mit unserem Dekan Clusius. Ausser Ihnen denken wir an v. Weizsäcker.

Antworten Sie mir bald (Luftpost). Ich erwarte eigentlich schon längst einen Brief von Ihnen. Sie können sich denken, wie gern ich Sie als meinen Nachfolger hier hätte. Mein Vertreter Gans macht sich zwar sehr gut, ist aber doch keine analytische Fortsetzung der Sommerfeldschule.

Treulich Ihr A. S.

[306] Von Carl Friedrich von Weizsäcker[4]

Göttingen, 16. Nov. 1946

Sehr verehrter Herr Geheimrat!

Für Ihren Brief vom 10. XI. möchte ich Ihnen herzlich danken. Es ist sehr freundlich von Ihnen, in dieser Weise an mich zu denken. Allerdings fürchte ich, daß der Plan, nach München zu gehen, für mich zur Zeit ebenso

---

[1] Durchschlag (1 Seite, Maschine), *München, DM, Archiv NL 89, 015.*
[2] Vgl. Brief [303].
[3] Bethes Schwiegereltern Ewald besaßen in der Gemeinde im Münchner Umland ein Haus.
[4] Brief (1 Seite, Maschine), *München, DM, Archiv NL 89, 014.*

unausführbar ist, wie für Heisenberg. Bisher war jedenfalls unsere Behandlung in diesen Dingen völlig parallel. Ich hatte bereits Anfragen, ob ich nach Tübingen, Heidelberg oder Stuttgart gehen wolle. Aus Anlaß einer dieser Anfragen habe ich mich erkundigt und erfahren, daß ich solche Fragen zur Zeit nur negativ beantworten kann. Ich glaube also, daß ein Ruf an mich erst in demselben Augenblick Aussicht hätte, in dem auch ein Ruf an Heisenberg Aussicht hätte, und dann müßte man die Frage ja wieder von neuem stellen.

Zum Glück sind die Göttinger Bedingungen für mich so, daß ich sie mir kaum besser wünschen kann. Der einzige Nachteil ist, daß es etwas zuviele Leute gibt, mit denen man sich interessant unterhalten kann, und die auch etwas von einem wollen, so daß ich mir die Zeit für die Arbeit mühsam erkämpfen muß. Ich bin jetzt recht eifrig bei der Kosmogonie und hoffe, die Entwicklung der Spiralnebel und die Entstehung der Sterne im einzelnen verstehen zu können.[1]

Mit nochmaligem Dank und meinen besten Grüßen bin ich

Ihr stets ergebener
Carl Friedrich Weizsäcker

[307] *Von Albert Einstein*[2]

Princeton, den 14. Dezember 1946

Lieber Sommerfeld:

Es war eine wirkliche Freude für mich, Ihre leibhaftigen Zeilen nach all den finsteren Jahren zu empfangen. So Furchtbares wie wir erlebt haben hätten wir uns wohl Beide nicht träumen lassen.

Der Rusch ist ein braver Kerl und ein armes Luder.[3] Er hat wohl auch jetzt darunter zu leiden, dass er sich von den Nazis distanziert hat.

Abschriften von der damaligen Korrespondenz mit der Bayrischen Akademie lege ich hier bei.[4] Nachdem die Deutschen meine jüdischen Brüder in Europa hingemordet haben, will ich nichts mehr mit Deutschen zu tun haben, auch nichts mit einer relativ harmlosen Akademie. Anders ist es mit den paar Einzelnen, die in dem Bereiche der Möglichkeit standhaft geblieben sind. Ich habe mit Freude gehört, dass Sie zu diesen gehört haben.

---

[1] [Weizsäcker 1947], [Weizsäcker 1948a].
[2] Brief (3 Seiten, Maschine), *München, DM, Archiv HS 1977-28/A,28*.
[3] Vgl. Brief [304].
[4] Sie befinden sich zusammen mit einer Abschrift dieses Briefes in der Personalakte Einsteins im Archiv der Bayerischen Akademie der Wissenschaften.

Ich glaube allen Ernstes immer noch, dass schliesslich die Klärung der Basis der Physik vom Kontinuum aus erfolgen wird, schon deshalb, weil das Discontinuum keine Möglichkeit für die relativistische Darstellung von Fernwirkungen zu bieten scheint. Ich sende Ihnen, sobald es möglich sein wird, zwei Arbeiten, die wenigstens zeigen, in welcher Richtung ich suche.[1] Ich stehe in eifrigstem Briefwechsel mit Schrödinger,[2] der soviel ich weiss nach Wien zu gehen beabsichtigt.

Mit freundlichen Grüßen und Wünschen
Ihr A. Einstein.

2 Anlagen!

[308] *Von Werner Heisenberg*[3]

Göttingen, 7. 2. 47.

Lieber Sommerfeld!

Ihr Brief an v. Weizsäcker über Ihre Münchner Professur hat mich mehr [bew?]egt, als Sie vielleicht glauben. Ich war eigentlich ganz froh, dass die Frage, wer Ihr Nachfolger würde, noch einige Jahre hinausgeschoben werden konnte; denn vor einigen Jahren wird die Zukunft von uns allen noch so unsicher sein, dass man nicht vernünftig planen kann. Nun muss nach dem Weggang von Gans die Frage vorzeitig entschieden werden.[4] Ob einer von uns Göttingern nach München gelassen wird, solange Gerlach nicht kommen darf, ist mehr als zweifelhaft.[5] Ausserdem wäre der Weggang von einem von uns aus Göttingen ein schwerer Schlag für den ganzen Göttinger K.W.G.-Plan.[6] Was Clusius über die Verhältnisse in München schreibt, klingt auch völlig entmutigend; offenbar hat die hohe amerikanische Führung keine anderen Wünsche, als deutsche Wissenschaftler für Rüstungsaufgaben in U.S.A. einzuspannen.[7]

---

[1] Vermutlich [Einstein 1945] und [Einstein 1946].
[2] Vgl. den Abschnitt „The Einstein debacle" in [Moore 1989, S. 429-435].
[3] Brief (4 Seiten, lateinisch), *München, DM, Archiv HS 1977-28/A,136.*
[4] Gans hatte kurzfristig ein Angebot der argentinischen Regierung angenommen, vgl. [Swinne 1992, S. 132-142].
[5] Gerlach kehrte erst im April 1948 nach München zurück.
[6] Vgl. [Heinemann 1990a].
[7] Vgl. [Cassidy 1994, S. 201] und [Gimbel 1990]; Clusius hatte im Krieg an der Isotopentrennnung gearbeitet, so daß er durchaus Grund zu der Sorge hatte, in die USA ‚eingeladen' zu werden; sein Name taucht in den Paperclip-Darstellungen nicht auf.

So sagt mir mein Verstand zwar, ich solle einstweilen hier bleiben, bis sich der Unsinn ausgetobt hat. Aber mein Herz sagt etwas ganz anderes, und zaubert vor mein geistiges Auge den blauen Himmel von den bayerischen Vorbergen, die Erinnerungen an meine Studienzeit bei Ihnen und an den ganzen Glanz des früheren München. Dann kommt der Verstand wieder und erinnert mich an alle Ruinen in München, an die Tatsache, dass mein Münchner Haus beschlagnahmt ist und dass ich hier recht gut wohne. Aber das Herz gibt nicht nach und erinnert an die Segelbootfahrten auf dem Starnberger See, an den Pulverschnee vor der [Unters?]berger Schihütte und die Luft im Frühling, wenn der Föhn von den Bergen weht. Was soll man da nun machen?

Wenn Sie Weizsäcker u. mich auf die Liste setzen, kann man ja sehen, wie die hohen Herren darauf reagieren. Aber viel Aussicht besteht nicht, dass sie uns nach Bayern lassen; und selbst wenn sie es tun, müsste man die Zukunft voraussehen können, um einen richtigen Entschluss zu fassen. So bleibt also einstweilen für uns nichts, als abzuwarten, was geschieht und wie sich im Grossen oder Kleinen die Weltgeschichte entwickelt.

Im April hoffe ich, für vier Wochen mit meiner Frau nach Rom zu fahren; Amaldi hat mich eingeladen.[1] Ich wäre froh, für einige Wochen der düsteren deutschen Atmosphäre zu entfliehen.– Unserer Familie geht es wieder gut, nachdem die Kinder lange krank waren (Keuchhusten u. Masern). Ihnen und den Ihren die herzlichsten Wünsche von meiner Frau u. mir!

Ihr stets dankbarer
Werner Heisenberg.

[309] *Von Carl Friedrich von Weizsäcker*[2]

Göttingen, 11. 2. 47

Sehr verehrter Herr Geheimrat,

Herr Heisenberg hat mir gesagt, daß er auf Ihren Brief vom 20. 1., den ich ihm zeigte, schon geantwortet habe. In Bezug auf mich gilt ungefähr dasselbe wie für ihn. Im Augenblick habe ich keinen konkreten Anhaltspunkt für die Annahme, ich würde nach München gehen können. Die Auskunft von Herrn Michels ist sicher nicht hinreichend. Das habe ich vor allem an der Entwicklung der Angelegenheit von Gerlachs Rückkehr nach München gesehen. Wenn aber ein Ruf an mich ausgesprochen würde, so würde die

---

[1] Die Reise scheint nicht zustande gekommen zu sein.
[2] Brief (1 Seite, Maschine), *München, DM, Archiv NL 89, 014*.

Frage dadurch natürlich von neuem aufgerollt, und ich möchte Ihnen nicht, so wie ich es z. B. im Falle von Heidelberg und Tübingen getan habe, von vorn herein sagen, daß ich im Augenblick keine Aussicht sehe, einem solchen Ruf Folge zu leisten, denn es scheint mir besser, daß das Problem unserer Freizügigkeit gelegentlich durch konkrete Anlässe wieder aufgerührt wird.

Heisenberg sagte mir, er habe Ihnen außerdem geschrieben, daß ihm die Entscheidung über die Besetzung so wichtiger Lehrstühle im jetzigen Augenblick noch schwer erscheine, und daß er persönlich ein etwas längeres Interim für zweckmäßiger halten würde, bis man die Lage in den verschiedenen Teilen Deutschlands besser übersieht. Ich möchte nur für meine eigene Person hinzufügen, daß dasselbe auch für meine Pläne zu sagen wäre. Es würde mir im Augenblick nicht leicht fallen, von Göttingen, wo ich jetzt eine wohleingerichtete Existenz habe, die mir alle erwünschten Arbeitsbedingungen bietet, in einen ungeklärten Zustand fortzugehen, und auf der anderen Seite weiß ich natürlich nicht, ob es richtig wäre, auf Grund der jetzigen Verhältnisse Entscheidungen zu treffen, die dann für viele Jahre gelten.

In steter Verehrung bin ich Ihr sehr ergebener

C. F. v. Weizsäcker

[310] *An Werner Heisenberg*[1]

Mü. 23. II. 47

Lieber Heisenberg!

Ich benutze den geflügelten Boten, um für Ihren lieben Brief vom 7. h. zu danken. Ihre Skrupel gehen mir sehr zu Herzen, mehr aber noch meine eigenen Sorgen. Wir werden den berechtigten Wunsch v. Weizsäckers, dem ich auch für seinen Brief zu danken bitte, berücksichtigen: eine Klärung der Lage durch einen officiellen Ruf herbeizuführen. Unsere augenblickliche Schwierigkeit besteht besonders darin, dass Dr. Lamla immer noch nicht die Lizenz zur stellvertretenden Weiterführung der Vorlesungen erhalten hat, wo er doch als stellvertretender Akademie-Sekretär längst bestätigt ist.

Ich will gleich noch einen anderen, ganz nebensächlichen Punkt zur Sprache bringen: Prof. Küssner jammert darüber, dass sein Buch[2] in der Naturforsch. noch nicht besprochen ist. Klemm[3] sagte mir, dass Bopp es bespre-

---

[1] Brief (3 Seiten, lateinisch), *München, MPI Physik, Heisenberg, Physik und Philosophie.*
[2] [Küssner 1946]; vgl. Brief [272] und den anschließenden Briefwechsel zwischen Sommerfeld und Küssner, *München, DM, Archiv NL 89, 010.*
[3] Wilhelm Klemm war Inhaber der Dieterichschen Verlagsbuchhandlung in Wiesbaden, in der auch die *Zeitschrift für Naturforschung* herausgegeben wurde.

chen sollte, der auch Lust zu haben scheint. Ich würde dafür sorgen, dass meine Einwendungen gegen K. (sein Skepticismus gegen die Rel.-Th., seine Überbewertung der Ausgleichung von Beobachtungen, seine überspannte Berechnung aller Naturkonstanten à la Eddington) zum deutlichen Ausdruck komme. Sie lehnen K. grundsätzlich ab. Ich glaube aber, dass er nicht totgeschwiegen werden darf, um so mehr als er, wie ich höre, vielfache Beachtung findet (Mie, Fues). Da Sie demnächst als Mitherausgeber zeichnen werden, können Sie schon jetzt verlangen, dass in die Z. S. kein Ihnen verdächtiges Kukuksei gelegt wird. Würden Sie P. v. H.[1] eine mündliche Botschaft an mich mitgeben, wie Sie sich zu einem im obigen Sinn abgefassten Referat stellen?

Wissen Sie schon, dass das obere Niveau des Walchensees bis nahezu an die Höhe der Kesselbergstr. verlegt werden soll, also bis dicht an Ihr Haus? Die Sache wird im Ministerium verhandelt. Mir sagte R. v. Miller davon.[2] Es handelt sich natürlich um Elektrizitätsversorgung im Winter.

Grüße an Frau Elisabeth!

Ihr A. Sommerfeld

[311] *Von Paul Ewald*[3]

Belfast 1 Apr. 1947.

Lieber Sommerfeld,

Ich danke Dir sehr für die Verleihung der neuen Auszeichnung, die ich mindestens so hoch einschätze wie die einzige ihr vergleichbare – als ich, ich glaube 1938 auf Vorschlag von Eucken, zum korresp.[ondierenden] M[i]tgl.[ied] der Gött.[inger] Ges.[ellschaft] d. Wiss.[enschaften] ernannt wurde. Ich schätze Dein ‚Du' um so höher, als ich wohl kaum zu erwarten habe, dass ein Jahr später eine höfl. Aufforderung nachkommen wird, ich sollte, falls ich mich nicht-arisch fühlte lieber selbst meinen Austritt aus der Reihe der korr. Mitglieder nachsuchen.– Ich erinnere mich lebhaft der Zeit als Du Debije das Du anbotest. Es war wohl als er nach Utrecht ging?[4] Jedenfalls schien mir Debye, bis dahin ein menschlicher Hercules, nun erst zum Halbgott geschlagen zu sein.

---

[1] Der Nachrichtentechniker Paul von Handel hatte „Gedanken über Physik und Metaphysik" veröffentlicht, [Handel 1947]; vgl. *A. Sommerfeld an H. G. Grimm, 7. Oktober 1948. München, DM, Archiv HS 1978-12B/172.*

[2] Rudolf von Miller, der Sohn des Erbauers des Walchenseekraftwerks Oskar von Miller, führte das Ingenieurbüro seines Vaters fort.

[3] Brief (6 Seiten, lateinisch), *München, DM, Archiv NL 89, 007.*

[4] *P. Debye an A. Sommerfeld, 29. März 1912. München, DM, Archiv HS 1977-28/A,61.*

Wir Emigranten in England sind durch die (scheinbare) Formlosigkeit des Landes und die soviel bequemere generelle Anrede you für hoch & niedrig, nah und fernstehende verwöhnt und nennen uns grossenteils mit Vornamen und Du, soweit wir uns der deutschen Sprache bedienen. Englisch ist recht bequem, und als ich den ersten Brief auf Deutsch schrieb, nach dem Krieg – ich glaube an Euch – war er so gestelzt und hölzern, dass ich ganz erschrocken war. Denn Ella Dota & ich sprechen immer deutsch; mit Linda auch meist, obwohl sie, wenn sie lebhaft wird, Englisch vorzieht.[1] Mit den Kindern schreiben wir uns fast stets Englisch.

Also schönen Dank – es bestärkt meinen Wunsch, es mündlich an Euch zu üben. Diesen Sommer wird es nicht dazu kommen, denn Ella wird hoffentlich Rose's Einladung Ende Juni folgen können, sie zu besuchen und die Enkel kennen zu lernen und auf einige Wochen zu übernehmen, um ihr & Hans eine lang verdiente Ausspannung zu ermöglichen.[2] So bin ich an's Haus gebunden.

Seit Euer Brief mit der Nachricht von Ernst's Verlobung kam, habe ich fast täglich Euch schreiben wollen. Denn wir haben uns alle sehr gefreut, und möchten ihn wissen lassen, dass wir Anteil an ihm nehmen und ihm viel Glück wünschen. ‚Was lange währt wird gut' möge sich bewahrheiten. Haben sich seine Übersiedlungspläne nach München zerschlagen, oder sind sie nur noch nicht zur Reife gelangt?

Hans werde ich Deinen Brief weitergeben. Ich selbst bin auch ohne die erwartete Antwort auf einen Brief an ihn geblieben. Ich vermute dass er sehr überladen ist. Er hat nach der Rückkehr von Los Alamos eine sehr grosse und schöne Stellung in Ithaca bekommen, als wissenschaftlicher Direktor eines Kernforschungsinstitutes fast ohne Vorlesungsverpflichtungen; ausserdem ist er Berater bei der General Electric Co. die ebenfalls ein grosses ähnliches Laboratorium hat. Ich glaube nicht, dass bei ihm oder Rose irgendwelche Absichten bestehen, nach Deutschland zurückzukehren. Die jüngeren Menschen, von Hitler und von ihren akademischen Meistern (z. B. in Hans' Fall von Geiger in Tübingen)[3] als unerwünscht bezeichnet, haben begreiflicherweise an Deutschland keine besondere Anhänglichkeit. Zudem überblickt man vom Ausland her vielleicht noch besser als im Inland wie hoffnungslos die politische Lage Deutschlands ist und bleiben wird selbst Jahrzehntelang nach dem Friedensschluss, der immerhin die erste

---

[1] Ella war Pauls Ehefrau und Linda eine der Töchter, Dota wurde seine Mutter Clara Ewald genannt.
[2] Hans Bethe ist mit P. Ewalds Tochter Rose verheiratet.
[3] Vgl. Brief [165], Seite 380, Fußnote 4.

Grundlage für einen Wiederaufbau wäre. Nach Deutschland zurückzugehen hiesse für sie nicht nur wieder umlernen, ihr Misstrauen gewaltsam zu unterdrücken, Not und Elend mit denen zu teilen die ihnen geflucht haben, ihrer mit Mühe erlangten Bürgerrechte und Sicherheiten verlustig zu gehen, die Hilfe für ihre Angehörigen und Schicksalsgenossen aufzugeben, sondern zudem sich vorsätzlich von der lebendigen Weiterentwicklung ihres eigentlichen Forschungsgebietes abzuschneiden. Ich glaube das letztere kann man nur voll würdigen wenn man mindestens den Smyth-Report über die Arbeit an der Kernbombe gelesen hat.[1] Kennst Du den? Wenn nicht, will ich versuchen ihn Dir zu schicken. Er erschien übrigens abgedruckt als ein Heft Reviews of Modern Physics – bekommt Ihr das in München?

Sachlich glaube ich also, Dich in Deiner Vermutung einer Ablehnung durch Hans nur bestärken zu können – aber natürlich ist das nur meine persönliche Meinung, und Hans muss selbst antworten.[2] Übrigens hatte ich vor einiger Zeit eine Anfrage vom Badischen Ministerium (Gross-Hessen & Baden) ob ich „eine Professur in Marburg" übernehmen würde. Zufällig wusste ich, dass es sich um Kristallphysik drehte, doch war das nicht gesagt. Ich habe prompt abgesagt, in der Hoffnung dass C. Hermann berufen werden würde.[3] Ob das erfolgt ist, weiss ich nicht.

Hans' Theorie der Erzeugung der Sonnenenergie ist, glaube ich als im Wesentlichen richtig angenommen.[4] Doch wird man jetzt vermutlich bessere Daten für die Wirkungsquerschnitte der Einzelprozesse haben – davon weiss ich als outsider nichts.

Ich habe hier Vieles in puncto Mechanik gelernt und bedaure, nicht an Jaumanns Stelle Deine Vorlesungen mit Dir durchsprechen zu können.[5] Bitte grüsse ihn unbekannterweise – seine Arbeit über Rö[ntgen]interferenzen hat mir grosse Hochachtung vor ihm beigebracht. Was ist übrigens aus Gans geworden?[6] Ist Gerlach in Bonn?[7]

Herzlichst Paul.

---

[1] [Smyth 1945].
[2] Brief [317].
[3] Carl Hermann war 1935 aus politischen Gründen von der Hochschule zu den I. G.-Farben gewechselt. Wegen Unterstützung jüdischer Mitbürger wurde er zu einer langjährigen Freiheitsstrafe verurteilt. Nach kurzer Dozententätigkeit in Darmstadt folgte er dem Ruf auf den neuen Lehrstuhl für Kristallographie an der Universität Marburg.
[4] [Bethe 1938]; dafür wurde Bethe 1967 mit dem Physiknobelpreis ausgezeichnet.
[5] Johannes Jaumann kam 1944 auf Veranlassung von W. Gerlach nach München und unterstützte Sommerfeld bei der Herausgabe der Vorlesungen, *A. Sommerfeld an J. Jaumann, undatiert. München, DM, Archiv NL 89, 020, Mappe 8,4.*
[6] Anmerkung von Sommerfeld: „Argentinien!" Vgl. Seite 603, Fußnote 4.
[7] Gerlachs Tätigkeit an der Universität Bonn währte bis Ende März 1948.

[312] Von Max Born[1]

Edinburgh 24. April 1947

Lieber Sommerfeld,

Mr. Stephenson[2] hat mir heute morgen Ihren Brief gebracht und mir viel von Ihnen erzählt. Ihr Vorschlag, als Ihr Nachfolger nach München zu kommen, ist mir eine große Ehre und Auszeichnung. Wäre ich noch in Deutschland, so wüsste ich nichts, was ich lieber getan hätte. Aber inzwischen ist so viel passiert, und ich bin hier in Schottland und England heimisch geworden. Meine Kinder sind in England verheiratet, meine Enkel können schon nicht mehr deutsch sprechen. Ich habe hier eine gute Stellung und kann bis zum 70. Jahr im Amte bleiben. Auch bin ich zu alt, um nochmals zu wechseln. Es tut mir leid Ihnen eine Enttäuschung zu bereiten, aber ich kann nicht nach Deutschland zurückkommen.

Mr. Stephenson hat mir erzählt, daß Sie eifrig an der Veröffentlichung Ihrer Vorlesungen arbeiten. Wir erwarten dies Werk mit großer Spannung.

Wir arbeiten hier eifrig an unserer kinetischen Theorie der Flüssigkeiten, die sehr gut geht.[3] Wir haben die klassische und die Quantentheorie fertig und sind dabei, die letztere auf flüssiges Helium anzuwenden. Ich bin eingeladen, im Juni darüber in der Royal Society vorzutragen.

Mit herzlichen Grüßen, auch von meiner Frau,

Ihr Max Born.

[313] An Ralph de Laer Kronig[4]

München, den 25. April 1947

Lieber Kronig!

Die Frage meiner Nachfolge stößt auf große Schwierigkeiten. Vor dem Kriege waren Sie geneigt, einen Ruf nach Deutschland anzunehmen. Würden Sie unter den jetzigen erschwerenden Umständen nach München kommen? Eine natürlich unverbindliche Antwort durch Telegramm oder Luftpost wäre für unsere Beratungen höchst erwünscht.[5] Sie können sich den-

---

[1] Brief (2 Seiten, lateinisch), *München, DM, Archiv NL 89, 006*.
[2] H. K. Stephenson arbeitete in Karlsruhe bei der FIAT (siehe dazu Fußnote 3, Seite 613), vgl. *F. Portig an A. Sommerfeld, 24. Februar 1947. München, DM, Archiv NL 89, 005*.
[3] Vgl. Brief [296].
[4] Brief (1 Seite, Maschine), *Zürich, ETH, HS 1045*.
[5] Brief [316].

ken, daß ich unsere Jugend gern Ihren bewährten Händen anvertrauen möchte.

Ihr ergebenster
A. Sommerfeld.

Wie schön war es in Holland, Frühjahr 1939,[1] wo ich ja auch bei Ihnen einkehren durfte!

[314] An Friedrich Bopp[2]

München, den 25. April 1947

Lieber Bopp!

Am 30. h. müssen wir in der Fakultät über meine Vertretung beschließen. Wir denken an Sie als Extraordinarius, unter ev. Mitwirkung von Fues als Honorarprofessor, oder zunächst als kommissarischen Vertreter: *spätestens* im nächsten Wintersemester, womöglich, wenn die für das Sommersemester vorgesehene Vertretung versagen sollte, schon früher.

Sind Sie bereit? Haben Sie die Spruchkammer passiert? Sind Sie belastet? ~~Verheiratet oder ledig?~~ Sind Sie in Hechingen jederzeit abkömmlich?

Die neue Fassung Ihrer Arbeit über Statistik hat mich gefreut.[3] Kommt sie in die Naturforschung? Werden Sie das Referat über Küssner schreiben? Mit oder ohne mein Zutun? Die vernichtende Kritik von Flügge in den Naturwiss. scheint mit übertrieben.[4] Heisenberg ließ mir sagen, daß er mit einer teilweisen Anerkennung, teilweisen Zurückweisung, wie ich sie mir dachte, einverstanden ist.

Mit der Bitte um recht baldige Antwort

Ihr ergebenster A. S.

[315] Von Friedrich Bopp[5]

Hechingen, am 10. Mai 1947

Sehr geehrter Herr Geheimrat!

Ihr freundlicher Brief vom 25. 4. hat mich erst am 7. d. M. erreicht, so dass meine Antwort zu der angezeigten Fakultätssitzung nicht mehr zurecht kommen kann.

---

[1] Sommerfeld hatte im Juni 1939 die Lorentz-Medaille entgegengenommen.
[2] Durchschlag (1 Seite, Maschine), *München, DM, Archiv NL 89, 006*.
[3] [Bopp 1947].
[4] [Flügge 1946].
[5] Brief (2 Seiten, Maschine), *München, DM, Archiv NL 89, 006*.

Nachdem das Sommersemester in Tübingen bereits anfangs April begonnen hat, werde ich im laufenden Semester hier nicht mehr abkömmlich sein. Denn seit einiger Zeit lese ich in Vertretung von Braunbeck den theoretischen Kurs als Lehrbeauftragter der Universität Tübingen, allerdings ohne umhabilitert zu sein.

Im übrigen bin ich grundsätzlich gern bereit nach München zu kommen. An Hechingen fühle ich mich nach der erzwungenen Spaltung des Heisenbergschen Institutes nicht gebunden.[1] Meine Verpflichtung in Tübingen gilt jeweils nur für ein Semester. Da mich Heisenberg in dem Bestreben, das Verhältnis der Teilinstitute in Hechingen und in Göttingen zu klären, in Verhandlungen mit französischen Dienststellen nach Göttingen angefordert hat und da ich mich offiziell bereit erklärt habe, nach Göttingen zu gehen – der Berufungsfall war in meiner Erklärung allerdings ausgenommen – scheint es mir angemessen, ehe ich endgültig zusage, mit Heisenberg über Ihr Angebot zu sprechen. Doch wird dieser Vorbehalt m. E. mit Rücksicht auf Heisenbergs Wünsche an das Hechinger Institut höchstens retardierend wirken. Nach Art der Behandlung der Heisenbergschen Personalwünsche durch die Franzosen darf man damit rechnen, wenngleich endgültige Entscheidungen noch nicht vorliegen, dass der Zonenwechsel keine Schwierigkeiten machen wird.

Eine Spruchkammer habe ich noch nicht passiert. Es liegt nur eine mündliche Entscheidung von Joliot vor, dass ich weiterarbeiten kann.[2] Sie reicht immerhin so weit, dass ich in Tübingen Braunbeck vertreten kann.– Ich war nicht in der Partei, bin aber 1936 in den Luftsportverband in Breslau eingetreten, um einen Sport, den ich 1929/31 in der akademischen Fliegergruppe in Frankfurt betrieben habe, wieder aufzunehmen. Nach der korporativen Überführung des Luftsportverbandes in das NSFK (1937) bin ich von 1938 an langsam ausgetreten, was etwa um die Zeit des Kriegsausbruchs de jure bestätigt wurde. Ich weiss nicht, wie man diese Situation im Lande Bayern beurteilt. Da einige Chance besteht, dass mir hier und in Göttingen den tatsächlichen Verhältnissen entsprechend keine Schwierigkeiten entstehen, möchte ich natürlich solche nicht unnötig provozieren. Es wäre darum nützlich, sich zu überlegen, wie man meine hier de facto vollzogene Anerkennung auch in Bayern wirksam machen kann.

---

[1] Hechingen lag in der französischen Besatzungszone; zur Erweiterung der zunächst nur die Institute der britischen Besatzungszone umfassenden Max-Planck-Gesellschaft vgl. [Heinemann 1990a].

[2] Frédéric Joliot übte unter der ersten Nachkriegsregierung in Frankreich wichtige politische Ämter aus, unter anderem betraute ihn de Gaulle mit dem Aufbau der französischen Atomenergiekommission.

Nach Heisenbergs Stellungnahme und nach Klärung der Spruchkammerangelegenheit, wenn Sie erst Ihre Anfrage konkreter formulieren können, würde ich mich freuen, wenn ich Gelegenheit hätte, mit Ihnen über die gegenwärtige wissenschaftliche Situation in München und über die Möglichkeiten zu sprechen, sich dort mit einer zahlreichen Familie niederzulassen.–

Die Statistikarbeit wird demnächst in der Naturforschung erscheinen, voraussichtlich im Aprilheft.[1] Das Referat über Küssner habe ich inzwischen übernommen.[2] Ich werde es Ihnen vor seiner Publikation zeigen. Nach Flügges Ablehnung des Buches in den Naturwissenschaften kommt es m. E. darauf an, selbst weniger dogmatisch zu verfahren und ein sehr gut begründetes Urteil zu formulieren. Dafür werde ich noch etwas Zeit brauchen.

Mit herzlichem Dank für Ihre freundliche Anfrage und mit besten Grüssen bin ich

Ihr sehr ergebener
Fritz Bopp

[316] *Von Ralph de Laer Kronig*[3]

Delft 19. Mai 1947.

Lieber Sommerfeld,

Ihr Brief vom 25. April erreichte mich erst heute. Leider ist Beantwortung per Post z. Zt. die einzig mögliche Methode und ich hoffe, dass Sie meine Antwort schneller bekommen.

Ihr Vorschlag erfüllte mich mit sehr gemischten Gefühlen. Nach den Ereignissen des Krieges und vor allem des letzten Kriegsjahres, die alle schlimmen Erwartungen weit übertroffen haben, bin ich nicht bereit jetzt in Deutschland einen Lehrstuhl anzunehmen. Dazu kommt noch, dass ich in 1941 wieder verheiratet bin und zwei Kinder von 2 und 5 Jahren habe, die ich nicht den materiellen Verhältnissen aussetzen will, die augenblicklich in Deutschland herrschen.

Dagegen hätte ich Ihnen persönlich, als Mann von gutem Willen, gerne eine positivere Antwort geschickt. Ich begreife, dass es für Sie mit Ihren Jahren ausserordentlich traurig sein muss anzusehen, wie eine Welt, früher der Ort einer grossen wissenschaftlichen Tradition, der Sie selbst Ihre besten Kräfte gegeben haben, jetzt materiell und geistig zertrümmert daliegt.

---

[1] [Bopp 1947].
[2] Vgl. Brief [310]. Bis zum Tode Sommerfelds 1951 erschien in der *Zeitschrift für Naturforschung* keine entsprechende Rezension.
[3] Brief (1 Seite, Maschine), *München, DM, Archiv NL 89, 010.*

Ich hoffe, dass in nicht allzu ferner Zukunft die Gelegenheit kommt einander wieder zu sprechen. Inzwischen mit besten Grüssen

Ihr ergebener
R. Kronig.

[317] Von Hans Bethe[1]

20. May 1947

Lieber und sehr verehrter Herr Geheimrat,

ich habe diesen Brief lange hinausgeschoben, weil ich immer noch hoffte, Ihren eigenen Brief zu bekommen.[2] Aber bis heute ist er nicht angekommen, und daher wahrscheinlich verloren gegangen. Aber von den indirekten Mitteilungen (durch die FIAT,[3] durch meinen Schwiegervater und durch Prof. Debye) weiss ich ja den wesentlichen Inhalt Ihres Briefes.

Es hat mich sehr gefreut und sehr geehrt, dass Sie an mich als Ihren Nachfolger gedacht haben. Wenn alles seit 1933 ungeschehen gemacht werden könnte, so wäre ich sehr glücklich, dieses Angebot anzunehmen.

Es wäre schön, zurückzukehren an den Ort, wo ich von Ihnen Physik lernte, und lernte, Probleme sorgfältig zu lösen. Und wo ich nachher, als Ihr Assistent und Privatdozent, vielleicht die fruchtbarste Periode meines wissenschaftlichen Lebens hatte. Es wäre schön, zu versuchen, Ihr Werk fortzusetzen und die Münchener Studenten in demselben Sinne zu unterrichten wie Sie es immer getan haben: Bei Ihnen war man sicher, immer die neuesten Entwicklungen der Physik zu hören, und gleichzeitig die mathematische Präzision zu lernen, die so viele theoretische Physiker heute vernachlässigen.

Leider ist es nicht möglich, die letzten 14 Jahre auszulöschen. Mein Schwiegervater hat Ihnen schon darüber geschrieben – und ich glaube, er hat meine Gefühle sehr gut ausgedrückt.[4] Für uns, die wir in Deutschland von unseren Stellungen vertrieben wurden, ist es nicht möglich, zu vergessen. Die Studenten von 1933 wollten nicht theoretische Physik von mir hören (und es war eine starke Gruppe der Studenten, vielleicht sogar

---

[1] Brief (6 Seiten, lateinisch), *München, DM, Archiv HS 1977-28/A,19*.
[2] Brief [305].
[3] Field Intelligence Agency, Technical. Diese Besatzungsbehörde war für die Auswertung der naturwissenschaftlich-technischen Arbeiten in Deutschland während der Kriegszeit zuständig. Bethe war am 3. Februar 1947 durch einen FIAT-Offizier von Sommerfelds Angebot unterrichtet worden, vgl. *H. Bethe an M. W. Miller, 18. Februar 1947. München, DM, Archiv NL 89, 005.*
[4] Brief [311].

die Majorität), und selbst wenn die Studenten von 1947 anders denken, ich kann ihnen nicht trauen. Und was ich höre über die wieder erwachende nationalistische Einstellung der Studenten an vielen Universitäten, und vieler anderer Deutschen auch, ist nicht ermutigend.

Vielleicht noch wichtiger als meine negativen Erinnerungen an Deutschland ist meine positive Einstellung zu Amerika. Es kommt mir vor (schon seit vielen Jahren), dass ich in Amerika viel mehr zu Hause bin als ich es je in Deutschland war. Als ob ich nur aus Versehen in Deutschland geboren wäre, und erst mit 28 in meine wirkliche Heimat gekommen. Die Amerikaner (fast alle) sind freundlich, nicht steif und reserviert oder gar ablehnend, wie die meisten Deutschen. Es ist hier natürlich, allen anderen Menschen freundlich entgegen zu kommen. Professoren und Studenten verkehren kameradschaftlich, ohne künstlich aufgerichteten Wall. Wissenschaftliches Arbeiten ist meist gemeinschaftlich, und nirgends sieht man Konkurrenzneid zwischen Wissenschaftlern. Und politisch sind die meisten Professoren und Studenten liberal und denken nach über die Aussenwelt – das war eine Offenbarung für mich, denn in Deutschland war es üblich, reaktionär zu sein (lang vor den Nazis) und die Schlagworte der Deutschnationalen Partei nachzuplappern. Kurz, ich finde es sehr viel angenehmer, mit Amerikanern zu leben als mit meinen Deutschen Volksgenossen.

Dazu kommt, dass mich Amerika sehr gut behandelt hat. Ich kam hierher unter Umständen, die mir nicht gestatteten, sehr wählerisch zu sein. In sehr kurzer Zeit hatte ich eine ordentliche Professur, wahrscheinlich schneller als ich sie in Deutschland bekommen hätte, wenn Hitler nicht gekommen wäre. Es wurde mir, einem ziemlich neu Eingewanderten, gestattet, in den Kriegslaboratorien mit zu arbeiten, und an prominenter Stelle.[1] Jetzt, nach dem Krieg, hat Cornell ein grosses neues Kernphysik-Laboratorium im wesentlichen „um mich herum" aufgebaut. Und 2 oder 3 der besten amerikanischen Universitäten haben mir verlockende Angebote gemacht.

Ich brauche kaum die materielle Seite zu erwähnen, sowohl was mein eigenes Gehalt angeht als auch die Ausstattung des Instituts. Und ich hoffe, lieber Herr Sommerfeld, dass Sie verstehen werden: Verstehen, was ich an Amerika liebe und dass ich Amerika viel Dankbarkeit schulde (ganz abgesehen davon, dass ich gern hier bin). Verstehen, welche Schatten zwischen mir und Deutschland liegen. Und vor allem verstehen, dass ich trotz meines Nein Ihnen sehr dankbar bin dafür, dass Sie an mich dachten.

Hoffentlich wird es bald einmal eine Gelegenheit geben, Sie wieder zu sehen, entweder of dieser Seite des Oceans oder auf der anderen. Ich denke

---

[1] Bethe hatte zuerst am Radarprojekt und dann als Leiter der Theorieabteilung in Los Alamos am Atombombenprojekt mitgearbeitet.

daran, möglicherweise im Herbst 1948 für ein Sabbatic Leave nach Europa zu kommen.[1]

Viele freundliche Grüsse, auch von Rose, und von Ihrem

immer ergebenen
Hans Bethe

[318] *Von Friedrich Bopp*[2]

Frankfurt/Main, am 24. Mai 1947

Sehr geehrter Herr Professor!

Für Ihren freundlichen Brief vom 15. d. M. danke ich herzlich![3] In der „Neuen Zeitung" habe ich die Notiz über Lamlas Schicksal gelesen. Handelt es sich dabei um eine zufällige Entscheidung oder muß man mit einer Wiederholung rechnen? Nach Aalen[4] geht mit gleicher Post eine Anfrage. Aus der französischen Zone werde ich wahrscheinlich eine ministerielle Bescheinigung kriegen, daß ich dort nach einer vorläufigen Prüfung meiner Papiere durch Regierung und Militärregierung ohne Unterbrechung und uneingeschränkt weiterarbeiten konnte. Mit Fues habe ich soeben über Ihren Punkt 4 gesprochen,[5] Heisenberg werde ich nach Pfingsten aufsuchen. Wenn es den Lauf des Kurses nicht zu sehr stört, möchte ich mit *Mechanik* beginnen. Vor einer Planung des Seminars möchte ich erst etwas mit den Münchner Gewohnheiten vertraut werden. Da auch meine Loslösung von Hechingen Zeit beanspruchen wird, da andererseits, soweit ich sehe, Münchner Entscheidungen erst in letzter Minute zu erwarten sind, muß man sich fragen, von welchem Zeitpunkt an man Ihre Anfrage als hinreichend offiziell ansehen kann. Würden Sie auch als passenden Zeitpunkt die Bewilligung der Stelle durch das Münchner Ministerium ansetzen? Ich würde mich freuen, wenn sich in einiger Zeit Gelegenheit ergäbe, die Münchner Verhältnisse persönlich kennen zu lernen. Mit herzlichen Grüßen

Ihr sehr ergebener
Fritz Bopp.[6]

---

[1] Bethe plante für Juli 1948 eine Europareise, vgl. Brief [342].
[2] Brief (1 Seite, lateinisch), *München, DM, Archiv NL 89, 006.*
[3] *A. Sommerfeld an F. Bopp, 15. Mai 1947. Briefentwurf. München, DM, Archiv NL 89, 006.* Darin hatte Sommerfeld Bopp zur baldigen Ablegung des Spruchkammerverfahrens geraten, damit er das Münchner Extraordinariat antreten könne.
[4] Randbemerkung Sommerfelds: „Spruchkammer Aalen. Es handelt sich um N.S.F.K."
[5] Fues hatte ein gemeinsames Seminar zugesagt.
[6] Auf der zweiten Briefseite befinden sich Zusätze von Sommerfeld, denen zu entnehmen ist, daß er nicht damit rechnete, daß die Entscheidungen in der französischen Besatzungszone durch die amerikanische Besatzungsbehörde anerkannt würden.

[319] *An Walther Gerlach*[1]

München, den 5. VII. 47

Lieber Gerlach!

Ihr eingehender Brief vom November ist immer noch nicht beantwortet.[2] Entschuldigen Sie! Das Leben ist jetzt auch für einen Emeritus so kompliziert!

Von Bethe habe ich eine glatte Absage, ebenso von Wentzel (Zürich), Bechert und Kronig.[3] Die Bereitwilligkeit Schrödingers herzukommen war zu unbestimmt u. auf zu lange Sicht,[4] ebenso die von Hund[5]. Dass Gans nach Argentinien wollte, stand von Anfang an fest;[6] dass er so plötzlich gehen musste, war eine Katastrophe. Ich habe es wirklich nicht daran fehlen lassen, ihm hier die Wege zu ebnen.

Gestern habe ich das Gutachten für Bopp als a. o. Prof. geschrieben. Der Referent verspricht mir, die Berufung zu beschleunigen. Mit ihm zusammen soll und will Fues als Honorarprofessor fungieren, indem er alle 8 oder 14 Tage von Stuttgart herüberkommt, wo er Ordinarius bleibt. Das ist in Anbetracht seiner Gesundheits- und Wohnverhältnisse das Einzige, was wir von seiner rührenden Hilfsbereitschaft annehmen können.

Dieses Semester bin ich eingesprungen mit „Übungen", die in Wirklichkeit mein Assistent als Vorlesung abhält.[7] Ich habe sie nur persönlich eingeleitet u. werde sie mit 2 Stunden Vortrag beschliessen. Ihr Gedanke mit Kappler war glänzend.[8] Seine Übungen (Vektorr.[echnung]) werden von meinen Assistenten bestritten.

Ich habe eigentlich bedauert, dass Sie die Reichsanstalt abgelehnt haben, in ihrem u. Ihrem Interesse.[9] Ich sagte schon der lieben Ruth, dass

---

[1] Brief mit Zusatz (2 Seiten, lateinisch), *München, DM, Archiv NL 80, 431*.
[2] Der Brief liegt nicht vor.
[3] Brief [317]; Wentzels Absage liegt nicht vor; *K. Bechert an A. Sommerfeld, 26. März 1947. München, DM, Archiv NL 89, 005.* Brief [316].
[4] „*Sehr bald* gehe ich wohl weder hierhin noch dorthin. Die Welt ist noch in einem Ausnahmezustand, man weiß nicht, was kommt", *E. Schrödinger an A. Sommerfeld, 19. September 1946. München, DM, Archiv HS 1977-28/A,314*.
[5] Der Brief scheint nicht erhalten.
[6] Vgl. Fußnote 4, Seite 603.
[7] Sommerfelds Assistent war vermutlich Paul August Mann, vgl. *K. Clusius an A. Sommerfeld, 28. Februar 1947. München, DM, Archiv NL 89, 006*.
[8] Eugen Kappler war ein Schüler und langjähriger Mitarbeiter Gerlachs. Während Gerlachs Abwesenheit führte er mit Rüchardt das Institut.
[9] Gerlach hatte im Juni 1946 einen Ruf zur Präsidentschaft der PTR erhalten und Anfang Juli 1947 abgelehnt, vgl. [Heinrich und Bachmann 1989, S. 179, 187].

Sie mit dem Übertritt in die amerik. Zone vorsichtig sein sollten. Sie wissen, dass die Fakultät trotzdem neuerdings darum vorstellig geworden ist. Im nächsten So.[mmer-]Se.[mester] will Herzfeld als Gastprofessor herkommen.[1] Laporte hatte das für dies Semester angeboten, musste es aber leider zurückziehen.[2]

Meine Frau grüsst herzlich,* ebenso Ihr

A. Sommerfeld

* Das tut sie wirklich![3]

[320] *Von Max von Laue*[4]

Göttingen, 16. Juli 1947

Lieber Sommerfeld,

Ich höre von Walther Meißner, daß Sie versuchen, eine Strafmilderung für Johannes Stark durchzusetzen.[5] Bitte sagen Sie mir, ob ich Sie dabei unterstützen kann. Ich habe mir schon einige Tage den Kopf zerbrochen, auf welchem Wege das wohl zu machen wäre.

Ich könnte, sofern es erforderlich ist, den Versuch machen, bei der Septembertagung der Deutschen Physikalischen Gesellschaft der Britischen Zone den Vorstand zu einem Schritt zugunsten Starks zu veranlassen. Ich glaube, daß der Vorstand dazu zu bewegen wäre, zumal er kürzlich sich auf das wärmste dafür eingesetzt hat, daß Philipp Lenard einen Nachruf in den „Naturwissenschaften" erhält.[6]

Im August bin ich in Tailfingen, Krs. Balingen, Württemberg, zu erreichen und wohne dort bei meinem Schwiegersohn, Dr. Kurt *Lemcke*, Schloßstr. 6. Tailfingen liegt in der französischen Zone.

Mit bestem Gruß von Haus zu Haus,

Ihr M. v. Laue

---

[1] Vgl. Brief [327].
[2] Vgl. *O. Laporte an A. Sommerfeld, 12. Februar 1947. München, DM, Archiv NL 89, 010.*
[3] Fußnote von Johanna Sommerfeld.
[4] Brief (2 Seiten, Maschine), *München, DM, Archiv NL 89, 010.*
[5] Stark war im Juni 1947 als Hauptschuldiger zu vier Jahren Arbeitslager verurteilt worden; vgl. Seite 505.
[6] Philipp Lenard starb am 20. Mai 1947; es erschien kein Nachruf in den *Naturwissenschaften*.

[321] *Von Werner Heisenberg*[1]

Göttingen, 6. 10. 47.

Lieber Sommerfeld!

Gestern erhielt ich von der Akad. Verl. Ges. Ihre Partiellen Differential-Gleichungen.[2] Haben Sie vielen herzlichen Dank dafür. Ich finde das Buch ganz besonders schön – Sie sind da so richtig „in Ihrem Element" – und es hat mich wieder an die alte Zeit in München in der erfreulichsten Weise erinnert.

Bei den Kapiteln über die asymptotischen Darstellungen fiel mir übrigens mein altes Dr.-Arbeit-Problem ein (Turbulenz). Neulich gab mir Tollmien[3] einige Untersuchungen über die Genauigkeit der asymptotischen Formeln bei dieser Diff. Gleichung der vierten Ordnung.[4] Es hat mir Spass gemacht, zu sehen, dass offenbar der wesentliche Inhalt meiner Dissertation doch in Ordnung war. Insbesondere sind die Hydrodynamiker jetzt offenbar darüber einig, dass das Parabelprofil tatsächlich labil ist, so wie ich es damals behauptet hatte, und dass auch die Berechnung des Labilitätsgebiets im Wesentlichen richtig war. In Amerika hat der Chinese Lin (Quarterly of Applied Mathematics 1945 u. 46)[5] das Gleiche gefunden.–

In den letzten Monaten habe ich, zusammen mit Koppe, die Supraleitung weiter gefördert und ich bin jetzt überzeugt, dass unser Modell der Supraleitung qualitativ richtig ist.[6] Auch die Wärmeleitung des Supraleiters u. die Temperaturabhängigkeit der Konstante λ kommen richtig heraus.–

Sie haben sicher längst erfahren, dass Planck gestern gestorben ist; wir waren heute früh bei Frau Planck, auch seine Schwiegertochter war hier, da das Ende seit Wochen erwartet werden musste. Die Beisetzung wird übermorgen vormittag stattfinden. Mit Planck ist der letzte grosse Deutsche der klassischen Epoche der Physik dahingegangen; obwohl er ja alles Neue begonnen hat.– Ihnen und den Ihren viele herzliche Wünsche von

Ihrem Werner Heisenberg.

---

[1] Brief (2 Seiten, lateinisch), *München, DM, Archiv HS 1977-28/A,136*.
[2] [Sommerfeld 1945a].
[3] Walter Tollmien, ein Schüler Prandtls, verfaßte gerade für FIAT einen Beitrag über laminare Grenzschichten, der sich eingehend mit dem Stabilitätsproblem befaßte, vgl. [Tollmien 1953].
[4] Gemeint ist die Orr-Sommerfeld-Gleichung, vgl. Band 1, Seite 283.
[5] [Lin 1945]; vgl. auch [Heisenberg 1952] und [Chandrasekhar 1985].
[6] Vgl. [Heisenberg 1947, speziell S. 198-199], [Koppe 1948]. λ ist ein Maß für die Trägheit der Elektronen.

[322] *Von Wolfgang Pauli*[1]

Zürich, 31. Oktober 1947

Lieber Herr Sommerfeld,

Ich habe schon sehr schlechtes Gewissen, daß ich Ihnen so lange nicht geschrieben habe. Im September und in der ersten Hälfte des Oktober war ich in Kopenhagen und in Schweden (Upsala, Stockholm und Lund). Dort sah ich auch Siegbahn, der sich sehr nach Ihnen erkundigt hat und froh war, durch mich wieder von Ihnen zu hören.

Was die Kuben in meiner Nobel-vorlesung betrifft, so ist es wohl möglich, daß mein sonst so zuverlässiges Gedächtnis mich diesmal getäuscht hat, indem die Kuben-idee zwar in München seinerzeit diskutiert worden ist, sie aber gar nicht von Ihnen gebilligt wurde.[2] In diesem Falle bitte ich sehr um Entschuldigung.

Was Jordans fünfdimensionale Rel.-th. betrifft,[3] so läßt sie sich einfacher als projektiv so formulieren, daß man in Kaluzas ursprünglicher Form der Theorie das g_{55} nicht eins setzt, sondern als neue Feldgröße zuläßt. (Man kann beweisen, daß die projektive Formulierung von Jordan damit ganz äquivalent ist.) Ob das aber einen physikalischen Sinn hat, weiß ich nicht – auch nicht, ob es wirklich einer zeitabhängigen Gravitationskonstante entspricht. (Nur der erste Teil von Jordans Arbeit war mir bisher zugänglich.) – Ihrem negativen Urteil über Einsteins jetzige Physik stimme ich ganz zu.– Auf Ihren Band Elektrodynamik und Rel.-theorie bin ich sehr neugierig.[4] Was meinen eigenen Enc.-Art. betrifft, so empfinde ich es als schweren Mangel, daß die (cyklischen) Identitäten von Bianchi für den (*nicht*-verjüngten) Krümmungstensor nicht darin stehen.[5] Auch würde ich jetzt den Tensorkalkül anders darstellen: zuerst gar keine Metrik voraussetzen und Tensorbildung durch Differentation mit Hilfe der (verallgemeinerten) Integralsätze von Gauß und Stokes behandeln. Sodann affiner Standpunkt mit (symmetrischen) Γ^i_{rs}, Parallelverschiebung, covariante Ableitung und geodätische Linien. Erst zum Schluß Metrik und Rückführung

---

[1] Brief (4 Seiten, lateinisch), *Genf, CERN, PLC*.
[2] Pauli erhielt den Physiknobelpreis 1945 für die Entdeckung des Ausschließungsprinzips, vgl. [Pauli 1947]; 1918 hatten Landé und Born Elektronenanordnungen von würfelförmiger und tetraedischer Symmetrie im Atom anstelle ebener Elektronenringanordnungen diskutiert, um damit die Röntgenspektren zu erklären – eine Vorstellung, die auch in München auf lebhaftes Interesse stieß; vgl. [Heilbron 1967].
[3] [Jordan 1945], [Jordan 1946].
[4] [Sommerfeld 1948b].
[5] [Pauli 1921, S. 212].

der Γ^i_{rs} auf die Metrik (Christoffel-symbole) durch die Forderung $g_{ik;l} = 0$. Im Gegensatz zu Schrödinger möchte ich aber immer alle Tensoren in ihre irreduziblen Bestandteile zerlegen. (Eine Zusammenfassung z. B. eines symmetr. und eines antisymm. Tensors 2. Ranges in einen einzigen scheint mir mathematisch vollkommen willkürlich. Deshalb sehe ich keinen Grund, anzunehmen, daß Schrödingers letzte Gleichungen etwas mit der Natur zu tun haben.)[1]

Über die zukünftige Entwicklung der USA-Physik habe ich allerdings verschiedene Bedenken. Hoffentlich werden sie sich als unbegründet erweisen. Heute will ich Ihnen aber gerne über das erste, nach dem Krieg in U.S.A. ausgeführte Experiment schreiben, das mir wirklich wissenschaftlich interessant zu sein scheint. Es handelt sich um eine Präzisions-bestimmung der Lage der $2\,{}^2S_{1/2}$, $2\,{}^2P_{1/2}$ und $2\,{}^2P_{3/2}$ Niveaus im H-Atom.[2] Sie erinnern sich ja sicher, daß die allerdings recht unsicheren spektroskopischen Messungen von Houston u. anderen gewisse Diskrepanzen mit der Theorie ergeben haben.[3] Mit der jetzigen Radar-technik war es nun möglich, in einem äußeren Magnetfeld die Übergänge ${}^2S_{1/2} - {}^2P_{3/2}$ und ${}^2S_{1/2} - {}^3P_{1/2}$ (gleiche Hauptquantenzahl 2 in beiden Termen) nach allen Regeln der Kunst auszumessen (Mikrowellen, Resonanz zwischen Wechselfeld-frequenz u. Larmorfrequenz).* Das Ergebnis ist definitiv, *daß der $2\,{}^2 > S_{1/2}$-term (entgegen der Diractheorie) relativ zum $2\,{}^2P_{1/2}$-term um $0.033\,cm^{-1}$ nach oben verschoben ist.*** (Die Differenz $\Delta\nu$ der $2\,{}^2P_{1/2}$ und $2\,{}^2P_{3/2}$-terme stimmt mit der theoretischen Formel überein). (− Die Experimente werden noch verbessert und fortgesetzt.) Wie ist das nun theoretisch zu verstehen? Ein Effekt der Proton-Kernstruktur von dieser Größenordnung ist ausgeschlossen, weil die experimentellen Niveaus für Deuteron − statt Proton-wasserstoff dieselben sind. (Es ist auch sonst unwahrscheinlich, weil aus anderen Experimenten obere Grenzen für die Elektron-Neutronwechselwirkung folgen, die viel kleiner sind.)

Nun haben Weisskopf und Schwinger eine gute theoretische Idee gehabt, nämlich die Termverschiebung des S-Niveaus als einen elektrodynamischen Effekt zu deuten:[4] Die Selbstenergie des Elektrons hängt nach der jetzigen Theorie vom Bindungszustand des Elektrons ab.*** Man kann sich auf den Standpunkt stellen, daß die Selbstenergie eines freien Elektrons keine physikalische Bedeutung hat, da sie in der empirischen Masse des Elek-

---

[1] Vgl. [Schrödinger 1944].
[2] Zu dieser Messung des Lambshifts vgl. [Schweber 1994, S. 215-219].
[3] [Houston 1937].
[4] [Schweber 1994, S. 228-247].

trons enthalten sein muß. Dagegen kann man versuchen, die Differenz der Selbstenergie eines Elektrons im H-Atom minus der Selbstenergie eines Paketes von freien Elektronen mit derselben Geschwindigkeitsverteilung auszurechnen. (Natürlich ist die Differenz $\infty - \infty$ nicht eindeutig, man muß eben versuchen, plausible Vorschriften einzuführen.) Weisskopf fand, daß in der Löchertheorie, (wo ja die Selbstenergie des freien Elektrons nur logarithmisch divergiert) diese Differenz endlich ist. Sie ist übrigens von der richtigen Größenordnung, nämlich $1/137$ $(e^2/\alpha c)$ mal erste Relativitäts-korrektur und in 1. Näherung nur für S-Terme von Null verschieden. Die genaueren Zahlfaktoren müssen noch gerechnet werden, auch muß kontrolliert werden, ob die erhaltene theoretische Formel mit den experimentellen Daten über die Abschirmungsdublets der Röntgenterme verträglich ist. (Weisskopf war in Kopenhagen und ich habe das Alles mit ihm durchdiskutiert.)[1]

Es handelt sich also jedenfalls um einen elektrodynamischen Effekt, der über die Grenzen der jetzigen Theorie hinausgeht. Es freut mich, daß ich Ihnen wie in alten Zeiten über Theorie der spektroskopischen Terme schreiben kann!–

Das Nahrungsmittelpaket von der E.T.H., das Sie erhalten haben, hat Frau Scherrer veranlaßt (es war gar nicht leicht, das festzustellen.)–

Wentzel hat sich leider definitiv entschlossen, einen Ruf nach Chicago anzunehmen und wird uns nächstes Frühjahr verlassen! Ich bin sehr betrübt darüber, zumal es äußerst schwierig sein wird, einen gleichwertigen Nachfolger für ihn zu finden.[2]

Herzliche Grüße
Ihr stets getreuer W. Pauli

  * Eine kurze Mitteilung ist im Heft des Phys. Rev., 1. Aug. dieses Jahres erschienen von W. E. Lamb u. R. C. Retherford, Columbia University.[3]

 ** Dies bestätigt eine Diskussion der früheren Experimente von *Pasternack*, Phys. Rev. *54*, 1138, 1938.[4]

*** Vgl. meinen Handbuch-Artikel über Wellenmechanik, S. 270 oben.[5]

---

[1] In seinen Memoiren [Weisskopf 1991, S. 200] schrieb er über seinen Beitrag zur weiteren Ausgestaltung der Lambshifttheorie: „Ich habe zu dieser Verfeinerung der Theorie, welche ihr eine einfache und elegante mathematische Form gab, nichts beigetragen."
[2] Nach längeren Verhandlungen nahm Heitler Anfang 1949 den Ruf an.
[3] [Lamb und Retherford 1947].
[4] [Pasternack 1938].
[5] [Pauli 1933].

[323] *An Albrecht Unsöld*[1]

14. XII. 47

Lieber Unsöld!

Nur ein kurzer, aber sehr aufrichtiger Dank für Ihr treues Gedenken und Ihre mir stets erhaltene Anhänglichkeit. Sie sind einer der Pfosten, an denen sich die internationale Geltung Deutschlands wieder aufrichten soll.

Von Wilkens ist noch nichts Definitives zu hören.[2] Es ist wohl gut, dass sich die Sache ad cal.[endas] gr.[aecas] verschiebt. Ihr Bergedorfer Plan leuchtet mir ein im Interesse Ihrer Entlastung. Sie werden bei Heckmann einen sehr angeregten Kreis finden. Das erste Heft der Astrophys. Z. S. machte mir einen ausgezeichneten Eindruck mit ten Bruggenk. pro Jordan; ebenso wird mich Heckm. c[ontr]a. Jordan interessieren.[3]

Herzlich Ihr alter A. Sommerfeld

[324] *Von Werner Heisenberg*[4]

Göttingen 5. 1. 48.

Lieber Sommerfeld!

Eigentlich hatte ich vor, am 5. Dez. mit einem Brief als Gratulant bei Ihnen zu erscheinen,[5] dann hab ichs auf Weihnachten aufgeschoben u. jetzt ist leider sogar Neujahr schon vorbei. Nun will ich Ihnen einfach ohne festliche Begründung kurz erzählen, wie es mir in den Wochen in England ergangen ist.[6] Ich war nach Cambridge, Edinburgh und Bristol zu Vorträgen eingeladen. Der Empfang durch die Kollegen war sehr herzlich; von einer bewussten Deutschfeindlichkeit war höchstens bei den jüdischen Kollegen gelegentlich im Unterton etwas zu spüren. Ich muss aber besonders Borns hervorheben, die ganz reizend gastfreundlich waren, ganz so wie in der alten Zeit. Am meisten hat mich aber die Reaktion der englischen Studenten gefreut; in Cambridge waren mehrere Hundert in den doch reichlich

---

[1] Postkarte (2 Seiten, lateinisch), *Kiel, Privatbesitz.*
[2] Alexander Wilkens, nach seiner Entlassung als Ordinarius für Astronomie nach Argentinien emigriert, sollte zurückberufen werden, nachdem sein Nachfolger W. Rabe, der 1933 die Stelle eingenommen hatte, von der Militärregierung aus seinem Amt entfernt worden war, vgl. [Litten 1992, S. 81-82].
[3] [Bruggencate 1948]. Jordan hatte Feldgleichungen mit zeitlich veränderlicher Gravitationskonstante aufgestellt; die Meinungsverschiedenheit mit Heckmann wurde beigelegt, vgl. [Heckmann et al. 1951].
[4] Brief (2 Seiten, lateinisch), *München, DM, Archiv HS 1977-28/A,136.*
[5] Vgl. Sommerfelds Antwortbrief [325].
[6] Die Reise fand im Dezember 1947 statt.

theoretischen Vortrag über „Theorie der Elementarteilchen" gekommen und brachten Ovationen, die ganz ausdrücklich sagen wollten: wir wissen zwar, dass Du Deutscher bist, aber gerade deshalb wollen wir Dir besonders zeigen, dass wir Dich gern hören.

In der wissenschaftlichen Welt ist jedenfalls die Feindschaft gegen Deutschland im Abflauen; in der grossen Politik wirkt sie sich durch die der Politik innewohnende Trägheit zwar noch aus, ich bin aber doch überzeugt, dass schon in diesem Jahre sich die ersten Anzeichen einer beginnenden Besserung zeigen werden. Für das Bewusstsein der Angelsachsen ist begreiflicher Weise Deutschland ein sehr untergeordnetes Problem, die eigentliche Frage ist der Gegensatz zwischen Ost und West, für den man sich bisher schwer eine Lösung vorstellen kann. Mir selbst geht es so, dass ich nach der Zerstörung der westlichen Illusionen, mit denen ich bis 1945 gelebt hatte, finde, dass die „klassische Theorie" der Politik, die in allen alten Geschichtslehrbüchern steht, die Tatsachen recht gut beschreibt, und dass man für das Quantum an Menschlichkeit u. Rechtlichkeit, das die Angelsachsen darüber hinaus besitzen, doch dankbar sein muss.–

An Weihnachten waren die Kinder gesund; mein Ältester,[1] der sich im Oktober den Oberschenkel gebrochen hatte, konnte schon wieder im Hause herumhumpeln. So hatten wir eine sehr friedliche, schöne Weihnachtszeit. Ihnen und den Ihren die herzlichsten Wünsche für ein gutes neues Jahr von uns allen.

Ihr stets dankbarer
Werner Heisenberg.

[325] *An Werner Heisenberg*[2]

15. I. 48

Lieber Heisenberg!

Für den 5. December stand ja unser „Nichtangriffspakt" noch in Kraft.[3] Deshalb gehe ich auf ihn garnicht ein. Aber für Ihre interessanten Mitteilungen über England will ich Ihnen doch gleich danken. Während der bayrische Spiesser auf Hn. Semmler setzt,[4] setze auch ich auf die Angloamerikaner, von denen ich schon viel Liebes erfahren habe. Amerika übersetzt schon

---
[1] Wolfgang Heisenberg war neun Jahre alt.
[2] Brief (2 Seiten, lateinisch), *München, MPI Physik, Heisenberg, Physik und Philosophie.*
[3] Sommerfelds wie auch Heisenbergs Geburtstag fiel auf den 5. Dezember.
[4] Johannes Semler, Mitbegründer der CSU, hatte am 4. Januar 1948 scharfe Angriffe gegen die amerikanische Besatzungspolitik gerichtet.

fleissig an meinen „Vorlesungen".[1] Von „Fiat" bekomme ich alles, worum ich bitte: Farbbänder für die Schreibmaschine, Cereisen[2] für das Feuerzeug etc.

Bopp macht seine Sache sehr gut u. weiss die Studenten zu den Höhen der abstrakten Physik emporzureissen, so dass wir den guten Fues nicht merklich zu bemühen brauchen.[3] Sie können übrigens Ihrer lieben Frau sagen, dass wir trotzdem noch nicht alle Hoffnung auf unseren ursprünglichen Candidaten aufgegeben haben.

Aber wer kann heutzutage Zukunftspläne machen?

Treulich Ihr
A. Sommerfeld

[326] *An Albert Einstein*[4]

München, den 24. 2. 1948

Betr.: Planck-Medaille für 1948.

Nach § 1 der Satzungen soll die Verleihung alljährlich, in der Regel am 23. April stattfinden. Die in Göttingen geplante Gedächtnisfeier des 90. Geburtstages[5] von Planck liefert den naturgemäßen Rahmen dazu. Zwar wird es auf absehbare Zeit nicht möglich sein die Medaille in Gold zu verleihen; ich höre aber von Herrn Kossel, daß die ihm 1944 verliehene Medaille sehr schön in Bronze ausgeführt sei. Das wird auch jetzt vermutlich möglich sein, trotzdem die Berliner Gießerei verbombt ist.

Die bei den letzten Abstimmungen genannten Namen waren, soweit sie nicht zum Zuge gekommen sind:

R. Becker, M. Born, A. H. Compton, P. Debye, P. M. A. [sic] Dirac, H. Yukawa.

Nach § 5 der Satzungen bitte ich die Mitglieder je zwei Namen, einen an erster, einen an zweiter Stelle mir mitzuteilen, und erlaube mir hinzuzufügen, daß ich persönlich 1) M. Born, 2) P. Debye nennen werde.[6] Den Beschluß

---

[1] [Sommerfeld 1950a] und [Sommerfeld 1952] erschienen bei Academic Press.
[2] Legierung zur Herstellung von Zündsteinen.
[3] Friedrich Bopp war zum Wintersemester 1947/48 zunächst als Extraordinarius, ab 1950 als ordentlicher Professor, auf den Lehrstuhl für theoretische Physik berufen worden. Zu Erwin Fues vgl. die Briefe [318] und [319].
[4] Rundbrief mit Zusatz (1 Seite, Maschine), *Jerusalem, AEA, Einstein*.
[5] 23. April 1948.
[6] Die Planck-Medaille für 1948 wurde Max Born verliehen; Peter Debye erhielt sie 1950.

über die Verleihung faßt der Vorstand der Deutschen Physikalischen Gesellschaft, z. Zt. vertreten durch die Deutsche Physikalische Gesellschaft in der britischen Zone.

Mit kollegialem Gruß stets Ihr
A. Sommerfeld

Dank für Ihren freundschaftlichen, wenn auch für unsere Akademie schmerzlichen Brief![1] Für den Fall, dass Sie Willstätter gekannt und wie ich geliebt haben, lege ich ein Erinnerungsblatt an ihn bei.[2]

[327] An Max Born[3]

München 8. April 48

Lieber Born!

Sie haben natürlich längst die Correktur Ihrer Arbeit für das Planckheft erhalten und erledigt.[4] Das mir freundlichst zugeschickte Duplikat habe ich mit grösstem Interesse gelesen. Es bedeutet ersichtlich einen grossen Fortschritt an Übersichtlichkeit und Vollständigkeit gegenüber der älteren Arbeit von Pauli. Augenblicklich studiert Bopp Ihre Arbeit, mit dem ich übrigens als Nachfolger sehr zufrieden bin; er ist energisch und erfolgreich im Unterricht und Institutsbetrieb. Jetzt ist der gute Herzfeld als Gastprofessor hier, aus purer Anhänglichkeit und Treue, trotz der Schwierigkeiten der Reise und des Lebens u. trotz seiner starken Beanspruchung an der Cath. Univ. in Washington[.][5]

Werden Sie zum 90ten Geburtstag von Planck nach Göttingen fahren?[6] Dies ist eine rhetorische Frage, die Sie höchstens an die Göttinger Adresse zu beantworten brauchen. Man würde Sie natürlich herzlich aufnehmen; auch Frau Planck schrieb davon. Für Sie ist das Reisen in Deutschl. vielleicht nicht so schwierig wie für uns. Ich werde deshalb nicht hinfahren. Ich

---

[1] Vgl. Brief [307].

[2] Richard Willstätter war 1942 gestorben; möglicherweise bezieht sich Sommerfeld auf seinen erst nach dem Krieg erschienenen Nachruf [Sommerfeld 1946].

[3] Brief (2 Seiten, lateinisch), *Berlin, SB, Nachlaß Born, 735*.

[4] [Born 1948] behandelt den Entropiesatz vom Standpunkt der Quantenmechanik aus, was Pauli erstmals in der Festschrift zu Sommerfelds 60. Geburtstag tat, [Pauli 1929b].

[5] Vgl. *K. F. Herzfeld an A. Sommerfeld, 9. Januar 1948. München, DM, Archiv NL 89, 009*.

[6] Aus diesem Anlaß fand am 23. April 1948 in der Göttinger Universität eine Gedenkfeier statt, vgl. [Keiper 1948]. Born nahm daran nicht teil.

bin zwar körperlich ganz rüstig, abgesehn von meinem immer schlechter werdenden Gehör; aber ich bleibe lieber und besser in meinem Gehäuse.

Ich schreibe fleissig an meinen Vorlesungen; wenn möglich werde ich Ihnen demnächst eine Probe davon schicken; die Elektrodyn.[amik] steht kurz vor dem Druck.[1] Aber alles geht sehr zäh bei uns.

Einen schönen Gruss an Ihre liebe Frau von Ihrem getreuen

A Sommerfeld.

[328] *Von Max von Laue*[2]

Göttingen, den 26. 5. 48

Lieber Sommerfeld!

Haben Sie herzlichen Dank für Ihren freundlichen Brief vom 21. 5. 48.[3]

Wenn nach Ihrer Planck-Medaille die Gussformen für 5 spätere gemacht werden können, so begrüsse ich das sehr. Es wäre wichtig, dass eine davon, die für Max Born,[4] Anfang September fertig ist, Sie müssten auch die Giesserei darauf aufmerksam machen, dass auf die Rückseite jedes Mal der Name dessen eingraviert wird, der die Medaille bekommt. An den Kosten wird sich die Deutsche Physikalische Gesellschaft in der Britischen Zone selbstverständlich beteiligen.

Es fragt sich nun aus welchem Material die Medaillen hergestellt werden sollen. Meines Erachten[s] käme in Betracht Bronze und Silber und in beiden Fällen könnte man doch wohl an eine Vergoldung denken. Aber diese technischen Fragen werden Sie am besten mit der Firma klären, wobei Sie sich im Bedarfsfalle vielleicht des Rates von Prof. Meissner oder eines Metallographen, sofern ein solcher an einer der Münchner Hochschulen zu finden ist, bedienen. Eine Korrespondenz darüber scheint mir umständlich und wenig aussichtsreich. Dr. Ebert erreichen Sie unter der Adresse „Deutsches Amt für Mass und Gewicht, Weida i. Thüringen."[5]

Sie regen an, die Medaille bald einmal an Lise Meitner zu geben.[6] So gern

---

[1] [Sommerfeld 1948b].

[2] Brief (1 Seite, Maschine), *München, DM, Archiv NL 89, 010*.

[3] Der Brief liegt nicht vor.

[4] Max Born erhielt die Planck-Medaille für 1948, *A. Sommerfeld an die DPG, 11. April 1948. Berlin, DPG, Max Planck-Medaille.*

[5] Hermann Ebert, zuvor an der PTR, war seit 1946 Abteilungsleiter am Deutschen Amt für Maß und Gewicht.

[6] „Der Vorschlag Lise Meitner geht auf den guten Herzfeld zurück und fand begeisterten Anklang bei Frau Planck." *A. Sommerfeld an E. Schrödinger, 31. Dezember 1948. München, DM, Archiv NL 89, 018, Mappe 3,12.*

ich dem zustimmte, muss ich doch sagen, ich habe Bedenken, Lise Meitner vor Otto Hahn eine solche Medaille zu geben. Nun werden beide im Laufe des nächsten Winters (am 7. November Lise Meitner und am 8. März Otto Hahn) 70 Jahre alt. Könnte man deswegen und weil so viele Jahre keine Medaille verliehen werden konnte beiden die Medaille geben?[1] Sofern die Vorstände aller Deutschen Physikalischen Gesellschaften damit einverstanden sind, halte ich dies[e] Ausnahmemassregel in diesen Ausnahmezeiten für richtig.

Schliesslich möchte ich noch hinzufügen, dass ich persönlich kein Skrupel empfände auch an Ausländer die Planck-Medaille in Bronze oder Silber zu verleihen.

Ihr Vorschlag, sogleich 3 Medaillen, eine davon an Strassmann, zu verleihen, scheint mir etwas zu weit zu gehen. Sofern man Strassmann überhaupt in Betracht ziehen will, kann man ihn später einmal bedenken.[2]

Ich bin Ihnen von Herzen dankbar, dass Sie sich der Medaillen-Angelegenheit mit so viel Eifer annehmen und

verbleibe mit herzlichem Gruss
Ihr M. v. Laue

[329] *An Albert Einstein*[3]

München den 4. August 1948

Lieber Einstein!

Ich habe Ihnen noch nicht für Ihre prompte, wenn auch leider ablehnende Antwort[4] auf meine, unsere Akademie betreffende Anfrage, gedankt.

Wir hören von dem Plan Ihrer Weltreise. Wenn Sie Deutschland nicht etwa grundsätzlich meiden wollen, bitten wir Sie sehr, in unserer Münchner Physikalischen Gesellschaft einen ganz zwanglosen Vortrag über Ihre neuesten Arbeiten zu halten. Eine andere Frage ist die, ob Sie geneigt wären, in der Münchener Friedensgesellschaft zu sprechen, was vielleicht dem Zweck Ihrer Weltreise entspräche. Im letzteren Fall müssten wir eine frühzeitige Antwort wegen der erforderlichen Vorbereitungen erbitten. Für den physikalischen Vortrag würde eine kurzfristige Angabe des Termins genügen.

Mit allen guten Wünschen
Ihr getreuer [Arnold Sommerfeld]

---

[1] Diesem Vorschlag folgte man 1949.
[2] Fritz Strassmann wurde nicht mit der Planck-Medaille ausgezeichnet. Zu seiner Rolle bei der Entdeckung der Kernspaltung siehe [Krafft 1981].
[3] Brief (1 Seite, Durchschlag), *Jerusalem, AEA, Einstein.*
[4] Brief [307].

[330] *Von Ludwig Prandtl*[1]

26. August 1948.

Sehr verehrter, lieber Herr Sommerfeld!

Durch die Dieterichsche Verlagsbuchhandlung in Wiesbaden haben Sie mir sehr freundlicherweise ein Exemplar der zweiten Auflage Ihres zweiten Bandes zugehen lassen.[2] Nehmen Sie herzlichen Dank dafür. In einigen Monaten hoffe ich Ihnen die Neuauflage meiner Strömungslehre als Gegengabe übersenden zu können.[3]

Beim Durchblättern des Buches fand ich im Abschnitt „Turbulenz" auf S. 261 und 268 bis 271 eine teilweise Neufassung des Textes vor und möchte Ihnen sagen, daß mich die Neufassung überall gut befriedigt hat.

Wenn ich gewußt hätte, daß die Neuauflage kommt, hätte ich auch wohl auf einige nicht mehr ganz zeitgemäße Stellen in dem Abschnitt „Hydrodynamische Theorie der Schmiermittelreibung" hinweisen mögen. Hier ist doch in den letzten Jahrzehnten einiges Gute dazugekommen und Professor G. *Vogelpohl*, der seit etwa 2 Jahren in Göttingen ist, hält mich einigermaßen auf dem Laufenden und wir selbst im Kaiser Wilhelm-Institut für Strömungsforschung haben uns ja auch mit derartigen Dingen etwas befaßt. Ich möchte Ihnen im Augenblick nur folgendes mitteilen. Ihre eigene alte Rechnung[4] bezieht sich auf das vollumschlingende Lager, bei dem angenommen ist, daß das Öl den Spalt lückenlos erfüllt. Das gibt aber nach der Rechnung ebensoviele Überdrücke wie Unterdrücke. Die letzteren werden im allgemeinen nicht wie die ersteren nach Dutzenden oder Hunderten von Atmosphären gehen können. Es ist vielmehr Kavitation zu erwarten und nach unseren eigenen Versuchen ist das mit Luft gesättigte Öl, wenn es Gleitbewegungen ausgesetzt ist, von der Art, daß sich Luft, natürlich vermischt mit flüchtigen Bestandteilen des Öles, nicht nur bei Vakuum sondern auch bis zum Atmosphärendruck hin ausscheidet. Man muß also eine Lösung nehmen, bei der jeder Unterdruck vermieden wird. Dadurch entsteht niemals die in Ihrer Figur 60 gezeichnete Lage, vielmehr weicht die Richtung OO′ im Allgemeinen nur um sehr mäßige Winkel von der Senkrechten ab. Was nun die Figur 63 betrifft,[5] so sagt mir Professor Vogelpohl, daß

---

[1] Durchschlag (2 Seiten, Maschine), *Berlin, MPGA, Prandtl III. Abt., Rep. 61, Nr. 1538*.

[2] [Sommerfeld 1947b].

[3] [Prandtl 1949].

[4] [Sommerfeld 1904].

[5] Darin wird ein „Ähnlichkeitsgesetz der Schmiermittelreibung" veranschaulicht: Wie auch immer sich ein aus den Lagerabmessungen und der Art des Schmiermittels zu bestimmender Wert ändere, bei gleichem z erhält man gleiche Werte von $y = M/P \cdot d$,

die rechte Seite des Diagramms durch die heutigen Versuche durchaus bestätigt wird, also die strichpunktierte Linie rechts und auch die zugehörige Bemerkung ruhig wegbleiben können. Ich meine, daß derartige Dinge eben doch mindestens erwähnt werden sollten.

Im übrigen meinerseits die Bemerkung, daß wenn Turbulenz im Spiel wäre, ja eine Abweichung vom theoretischen Gesetz nach *oben* eintreten müßte, denn die Veränderliche y ist ja dem widerstehenden Drehmoment M des Lagers proportional. Was die Abweichung links betrifft, so würde ich statt monomolekulare Schichten heranzuziehen, die ja an sich sicher interessant sind, lieber einfach schreiben: „metallische Berührung".

Vielleicht werden Sie doch noch einmal eine dritte Auflage machen können, bei der Sie derartige Dinge auch noch werden berücksichtigen können.

Eine kleine Bemerkung noch. Ich habe im Titel des Buches die Bemerkung „Zweite Auflage" vermißt. Man sieht allerdings auf der Rückseite des Titelblatts die Bemerkung: „3. bis 7. Tausend" und findet ein „Vorwort zur zweiten Auflage".

Mit herzlichen Grüßen Ihr Ihnen sehr ergebener

L. Prandtl

[331] *Von Albert Einstein*[1]

den 5. September 1948

Lieber Sommerfeld:

Ich freute mich sehr über Ihren Brief vom 4. August. Er erinnerte mich an alte Episoden in Bern im Bierhaus visavis vom Zeitglockenturm.[2] Dann später in München, als Ihre Frau eine Wiege für unser Neugeborenes brachte.[3]

Nun bin ich ein alter Kracher und mache keine Reisen mehr, nachdem ich die Menschen hinlänglich von allen Seiten kennengelernt habe. Die Zeitungsmeldung war natürlich falsch wie gewöhnlich.

Mit herzlichen Grüssen Ihr
A. Einstein.

---

wobei M das Reibungsmoment um die Mittellinie des Zapfens pro Längeneinheit des Lagers, P den Zapfendruck und d die Dicke der Schmierschicht bedeuten.

[1] Durchschlag (1 Seite, Maschine), *Jerusalem, AEA, Einstein.*

[2] Von einem Treffen bei der Naturforscherversammlung 1909 in Salzburg abgesehen, lernten sie sich erst Ende August 1910 in Zürich näher kennen, vgl. *A. Sommerfeld an J. Sommerfeld, 27. August 1910. München, Privatbesitz.*

[3] Einstein besuchte Sommerfeld in München am 2. April 1911 auf der Reise nach Prag; der Sohn Eduard war erst 8 Monate alt.

[332] *An Ludwig Prandtl*[1]

München 9. IX. 48

Lieber Prandtl!

Vielen Dank für Ihren Brief vom 26. VIII!

Bei meiner antiquierten Darstellung glaubte ich die neuere Entwickelung durch Verweisung auf Ihre Strömungslehre (Anm. zu S. 246) abtun zu können. Sie haben aber natürlich ganz recht. Ich habe daher an Ihren Collegen Vogelpohl geschrieben und ihn um Verbesserungsvorschläge gebeten.[2] Ich kann sie gerade für die New Yorker Ausgabe, für die sich Mises freundlicher Weise interessiert hat, gebrauchen.[3]

Freundlichst grüssend Ihr
A. Sommerfeld

[333] *Von Karl Bechert*[4]

Gau-Algesheim, 30. 10. 48

Lieber Herr Professor!

Ich schicke Ihnen ein Schreiben von Prof. Kirkpatrick von der Stanford University, Kalifornien,* und bitte Sie, die darin enthaltenen Fragen mir bald beantworten zu wollen und mir dann gleichzeitig den Brief zurückzuschicken.[5] Ich würde mich sehr freuen, wenn aus dem Vorschlag der Amerikaner etwas würde, Sie zur Verleihung der Oerstedt-Medaille nach den Vereinigten Staaten einzuladen. Ich weiss aber nicht, ob dies in Ihre Plaene für den Januar 1949 passt.

Mit herzlichen Grüssen bin ich
Ihr Bechert

* Scherzer hatte aus Amerika die Nachricht gebracht, dass man Sie für die Oersted-Medaille vorschlagen wolle, und ich hatte auf Scherzers Vorschlag an Kirkpatrick geschrieben.

---

[1] Postkarte (2 Seiten, lateinisch), *Berlin, MPGA, Prandtl III. Abt., Rep. 61, Nr. 1538.*

[2] Georg Vogelpohl wollte einen Beitrag zur Schmiermittelreibung aus Anlaß von Sommerfelds 80. Geburtstag verfassen, doch da seine Arbeiten noch im Fluß waren, konnte er diese Absicht nicht verwirklichen, vgl. [Eckert et al. 1984, S. 24].

[3] Dieser Band wurde von Richard von Mises' Assistent Gustav Kuerti ins Amerikanische übersetzt, vgl. *K. Jacoby an A. Sommerfeld, 24. August 1948. München, DM, Archiv NL 89, 005, G. Kuerti an A. Sommerfeld, 7. Januar 1949. München, DM, Archiv HS 1977-28/A,184*, und [Sommerfeld 1950a].

[4] Brief (1 Seite, Maschine), *München, DM, Archiv NL 89, 005.*

[5] Paul Kirkpatrick war 1947 Präsident der American Association of Physics Teachers, die als ihre höchste Auszeichnung alljährlich die Oersted Medaille verlieh, vgl. Brief [335].

[334] *Von Robert A. Millikan*[1]

November 26, 1948

Dear Dr. Sommerfeld:

I have had the "hunch" ever since receiving the lovely letter of congratulations from the Bayerische Academie der Wissenschaften on the occasion of my eightieth birthday that this move must have been stimulated by you, and that has made me appreciate it more than anything else could have done.[2]

Now it is my turn to congratulate you on your eightieth birthday, which I have looked up and find that it comes on the 5th of December, 1948. Although I myself have been emeritus since 1946 I have been wide enough awake to be aware of the fact that your brain and pen are still as active as ever and that you have been putting out since the war a book and other new writings of the same extraordinary quality which you showed during World War I, at which time you put the whole of the development of modern physics into compendious form in your amazing book "Atombau und Spectrallinien."[3] In that wonderful work you not merely put together all our recently developed physics, but added greatly to what anybody else had done at that time by your analysis of the origin of doublets, triplets, etc., in a way which was not at all understood prior to the appearance of that book. It is outstanding work which should have brought you the Nobel Prize long ago.[4]

The two winters which you spent with us here at the California Institute[5] will long be memorable in this institution for your contribution to the development of this as a research center in physics of some significance. I wish you could be here again and meet in our discussions as you did in those memorable years. Your picture still hangs on the wall in that discussion room in the Bridge Laboratory, in which we all got so much out of your leadership.

I see you still, too, as I saw you in Göttingen in the spring of 1896, when you were Klein's assistant, always carrying your little portmanteau as you moved in and out of the class rooms in Göttingen in which I was visiting

---

[1] Durchschlag (1 Seite, Maschine), *CalTech, Millikan 42.17*.
[2] Millikans Geburtstag fiel auf den 22. März.
[3] [Sommerfeld 1919a].
[4] Millikan hatte Sommerfeld erfolglos für den Nobelpreis nominiert, vgl. *R. Millikan an das Nobelkomitee, 27. Dezember 1924. Stockholm, Akademie, Nobelakten.*
[5] Sommerfeld verbrachte 1923 und 1929 mehrwöchige Aufenthalte in Pasadena.

lectures by Voigt, Klein, and Nernst.[1] What a wreck has been made of this old world since then! When, if ever, it shall get back to decent peace-time living "is in the lap of the gods." Any way, I am thankful that you and I have lived through this period of extraordinary change and have had a little hand in some of the real *advances*, because *everything* has not been retrogression although in many ways we *have* gone backward. Let's hope that the coming years will see forward movements again in international affairs.

With very heart-felt greetings to you as you cross the threshhold of four score years. May you keep as well and as useful in the years immediately ahead as you have in the years that are behind you. Some of my finest moments were those spent with you and your good wife in Munich in 1931.[2]

Cordially yours,
[Robert A. Millikan]

[335] *Von J. William Buchta*[3]

November 26, 1948

Dear Professor Sommerfeld:

The American Association of Physics Teachers each year awards a medal known as the Oersted medal as a recognition for notable contributions to the teaching of physics.[4] I am happy to inform you that the committee this year has selected you as the recipient of this medal. This action is taken in recognition of your contribution to the broad field of the teaching of physics both directly here and elsewhere and through students who have worked with you. I hope you will accept the medal and permit us to enter your name along with others who have received it in past years.

Those in this country who received the medal earlier have attended the annual meeting of the Association and talked briefly upon the occasion of the presentation of the medal. That meeting will be held this year at Columbia University in New York on January 27, 28 and 29. Would there be any possibility of your coming to New York at that time and possibly visit some of the universities of this country? If there is such a possibility,

---

[1] Auf einer längeren Europareise 1895/6 hatte Millikan auch Göttingen besucht; zu Sommerfeld in dieser Zeit vgl. Band 1, Seite 26 bis 35.

[2] Die Millikans hatten München Ende Oktober besucht, vgl. O. v. Miller an A. Sommerfeld, 23. Oktober 1931. München, DM, Archiv Verwaltung Allgemeines 0357.

[3] Brief (1 Seite, Maschine), München, DM, Archiv NL 89, 005.

[4] Siehe Seite 516.

our Association would attempt to acquire funds for the cost of traveling. A large number of American physicists would be delighted to have you visit us again, and I hope your health and other circumstances will permit you to come.

Sincerely yours,
J W Buchta

P. S. Please reply by air mail.

[336] *Von Erwin Schrödinger*[1]

13. Februar 1949.

Hochverehrter, lieber Sommerfeld!

Wie viel hätte ich Ihnen zu sagen. Und es entsetzt mich wahrhaft, das Datum auf Ihrem lieben Brief zu lesen (25. XI. 48),[2] der mit den gleichzeitig eingetroffenen Sonderdrucken seit damals an auffälliger Stelle auf meinem Küchentisch liegt und eigentlich den Namen „Geburtstagsbrief" verdient, soferne *Sie mir* ihn zu Ihrem Geburtstag geschickt hatten, während ich mich damals mit einem schäbigen Telegramm sozusagen entschuldigt hatte. (Oder sollte man dann von einem „negativen" Geburtstagsbrief sprechen – gleicher Absolutbetrag, bloß der Vectorpfeil umgekehrt?)

Ihr philosophischer Aufsatz[3] hat mich natürlich weit über die gelegentliche ehrenvolle Nennung meiner Person hinaus interessiert.– Während ich mit Einstein und mit der allgemeinen Bewunderung seines ganz ohne jeden Vergleich phantastisch extensiven und intensiven Lebenswerks völlig einig gehe (unser bedauerliches Zerwürfnis ist rein persönlich),[4] hege ich, umgekehrt, für Niels Bohr zwar die freundschaftlichsten Gefühle, habe auch, selbstverständlich, den höchsten Respekt für das Werk, bei dem er seit 1912 führend war und das für immer grundlegend bleibt auch für jene neuere Entwickelung, die 1925 mit de Broglie und Heisenberg eingesetzt hat; dagegen halte ich für verfehlt und bedauerlich den Einfluss, den er kraft seiner ungeheuren Autorität auf diese neuere Entwicklung selbst genommen hat, vor allem durch Erfindung einiger Schlagworte, als da sind: Komplementarität, direkter Einfluss des Beobachters auf das zu Beobachtende, Verwischen der Grenze zwischen Subjekt und Objekt, Unmöglich-

---

[1] Brief (5 Seiten, Maschine), *München, DM, Archiv HS 1977-28/A,314.*
[2] Der Brief liegt nicht vor.
[3] [Sommerfeld 1948c].
[4] Vgl. [Moore 1989, S. 434].

keit von Modellen, Wissenschaft = Prophezei-rezept usw. bis zur physikalischen Theorie der Willensfreiheit.[1] Letztere ist (um das beiläufig zu sagen) m. E. schon mit der heute akzeptierten Deutung der Quantenmechanik rein physikalisch ~~abzulehnen~~ im Widerspruch, ganz abgesehen von den viel tiefer liegenden philosophischen Einwänden (von denen ich jetzt *nicht* reden will). Eine statistische Aussage ist nämlich, so weit sie reicht, ebenso scharf, wie eine dynamische oder jede andere mathematisch formulierte Aussage. Es ist ein Denkfehler, zu glauben, dass man eine solche Aussage für wahr halten und doch zugleich innerhalb der Schwankungsbreite durch andere Umstände (freier Willensentschluss einer Person) das Einzelereignis bestimmt denken kann. Es heisst nämlich, daß das Einzelereignis doch nicht ganz „frei" und zufällig, sondern eben vom Entschluss abhängig ist. Dann sind bloss zwei Fälle möglich. Entweder das Entschluss-Ensemble durchbricht zuweilen die statistische Voraussage, oder dies ist nicht der Fall, d. h. das Entschluss-Ensemble produziert geradezu das von der Theorie statistisch vorhergesagte Ensemble der Resultate. Die erste Alternative widerstreitet der physikalischen Voraussetzung offen, genau wie es Newton's Gesetz widerstreiten würde, wenn ein Engel einen Planeten aus seiner Bahn lenkte; sie ist also auszuschliessen. Die zweite Alternative führt, etwa im Sinne von Boltzmann und Gibbs, das statistische Gesetz auf ein tiefer liegendes dynamisches zurück, nämlich eben auf die Dynamik der Willensentschlüsse. Letztere werden damit als direkte physikalische Agentien in das raum-zeitliche Weltbild eingebaut. Das ist erstens nicht nur keine neue, sondern eine ziemlich alte naive philosophische Auffassung – man erinnere des Cartesius Zirbeldrüse;[2] zweitens entspricht es wohl kaum der Meinung der heutigen Quantenmechaniker, als welche ja die Unmöglichkeit einer Zurückführung ihrer statistischen Aussagen auf irgendwelche tiefer gelegene Dynamik unter Beweis gestellt zu haben glauben (J. von Neumann).[3]

Der obige Schlagwortkomplex hat sich mit geringen Modulationen nun schon durch zwei Jahrzehnte geschleppt, und man scheint nicht zu bemerken, dass er – sehr im Gegensatz zu Bohrs früheren Intuitionen (bis einschliesslich Korrespondenzprinzip) – zu keinem einzigen greifbaren Erfolg geführt hat. Mir fällt dabei immer das Andersensche Märchen von „des Königs neuen Kleidern" ein. Jeder glaubt, es muss was dahinter sein, weil alle

---

[1] Zu Schrödingers Kritik an der Kopenhagener Deutung der Quantenmechanik vgl. [Baumann und Sexl 1987, S. 27-29 und 98-129].

[2] Descartes nahm an, daß die Seele durch ein besonderes Organ, die Zirbeldrüse, mit dem Körper verbunden sei.

[3] Danach sind verborgene Parameter in der Quantenmechanik unmöglich, vgl. [Neumann 1932, S. 157-170].

anderen so tun als sähen sie was dahinter. Ich gebe ernstlich zu bedenken, ob es nicht vielleicht doch bloss die Worte sind, die sich zu rechter Zeit eingestellt haben, wo Begriffe fehlen.[1] Wie dem aber auch sei, so scheint mir während dieses zwanzigjährigen Herumgeredes, und durch es, der wichtigste Fund der „neuen Mechanik" in Vergessenheit geraten zu sein, der physikalisch *und* philosophisch bedeutungsvollste Aufschluss. Jeder Physiker weiss darum, aber man spricht nicht davon, hält es für minder wichtig, überdeckt die Sache durch einen bequemen, aber verschleiernden Jargon. *Die Korpuskel ist kein identifizierbares Individuum.* Individualität im absoluten Sinn gibt es nicht mehr. Eine Partikel ist näherungsweise identifizierbar, wenn sie nicht zu langsam bewegt ist in einem Gebiet, in dem die Partikel dieser Art nicht zu dicht gedrängt sind. Wenn p der Impuls der Partikel, n ihre Zahldichte, so muss

$$p\,n^{-1/3} \text{ gross sein gegen } h,$$

(wie sich leicht aus einer Dimensionsüberlegung ergibt).[2] Dass wir der Korpuskel grundsätzlich die Individualität absprechen müssen, das ist m. E. der Kernpunkt der neuen Mechanik. Man hat sich gewöhnt, ihn zu übersehen. Der Jargon sagt dafür, dass die Korpuskel „einer anderen Statistik gehorcht", entweder der Fermischen oder der Boseschen; und bloss wenn obige Bedingung gut erfüllt ist, dürfe man näherungsweise die Boltzmannsche verwenden. Man sollte aber, wenn man schon von „gehorchen" spricht, als erste Forderung stellen, dass das Denken des Physikers der Logik gehorchen soll. Tut es das, dann folgen echte Partikel, d. h. Partikel *mit* Individualität, denknotwendig der Boltzmann Statistik. Mit derselben logischen Notwendigkeit folgt, dass es sich bei Partikeln ohne Individualität anders verhält; man denke an die Jeans–Debyesche Ableitung des Planckschen Gesetzes mit Boltzmannscher Statistik für die (höchst individuellen) Hohlraumoszillatoren und die Bosesche Ableitung mit Bose Statistik für die (nicht individuellen) Energiequanten.[3] In jedem Fall, in dem die Erfahrung uns zwingt, auf etwas das man zunächst als Partikel angesprochen hat, etwas anderes als Boltzmannsche Statistik anzuwenden, soll man wissen, dass man diesen Partikeln damit die Individualität abspricht. Dies scheint mir die grundlegende Neuerung, viel wichtiger als die wechselseitige Unbestimmtheit von Ort und Impuls, oder gar die rührende Geschichte von der unvermeidlichen Störung des einen bei der sogenannten Messung (recte Prokrustie)[4] des

---

[1] J. W. Goethe, Faust I, Vers 1995–1996 (Mephistopheles): „Denn eben wo Begriffe fehlen, da stellt ein Wort zu rechten Zeit sich ein."
[2] $n^{-1/3}$ hat die Dimension einer Länge.
[3] [Bose 1924].
[4] Richtig: Prokrustesbett.

anderen. Denn wenn mir jemand Nachricht von „meinem Vetter" gibt, so scheint es mir wichtiger, zu wissen, dass eigentlich nicht feststeht, welchen von meinen 7 Vettern er meint, als dass er zwar seine Körpergrösse, aber nicht die Farbe seiner Augen anzugeben weiss.– Obige Ungleichung, die ja aus der Theorie der Gasentartung geläufig ist, lässt sich in der Sprache der Unbestimmtheitsrelation folgendermassen ausdrücken. Die Partikel behält einen gewissen Grad von Individualität, wenn folgende Bedingung erfüllt ist:

Bestimme ich ihren Ort mit einer Genauigkeit etwas grösser als (d. h. *schärfer* als) $n^{-1/3}$, so soll die damit verbundene Unschärfe des Impulses *nicht* hinreichen, eine Ortsunschärfe von der Ordnung $n^{-1/3}$ zu erzeugen innerhalb der Zeit, in der die Partikel vermöge ihres Impulses p die Strecke $n^{-1/3}$ zurückgelegt hat (so dass ernstliche Gefahr einer Verwechslung mit Nachbarpartikeln eintritt). Beweis: Man überlegt leicht, die Forderung läuft darauf hinaus, dass $\Delta p/p \ll 1$ sein soll. Da nun anderseits $\Delta p \gg h/n^{-1/3}$, so wird die Forderung einigermassen erfüllbar, wenn und nur wenn $pn^{-1/3} \gg h$. W. z. b. w.

Ich wollte aber hiemit nur den Zusammenhang auseinandersetzen, nicht etwa die letztere Beziehung aus der Heisenbergrelation „beweisen". Ich bin gar nicht sicher, ob sie nicht in gewissem Sinn das Einfachere ist. Sie gibt ganz direkt die Grenze an, wo der Partikelaspekt in den Wellenaspekt übergeht. Denn wir wissen ja, der letztere beginnt sich gerade in dem Maße geltend zu machen, in dem die Individualität – wegen grossen Gedränges und ungenügender „Peculiarbewegung" – verloren geht.–

Von ganz anderem.– Ich glaube nicht, dass wir uns irgendwelcher Klärung des „mind-matter"-Problems auf dualistischer Grundlage nähern können.[1] Zum Dualismus ist gar keine Veranlassung. Die Materie ist eine Konstruktion aus Sinnesempfindungen und Vorstellungen in gewisser Verknüpfung, und was man „an individual mind" nennt, besteht doch aus denselben Bausteinen. Es ist dasselbe Material, bloß in anderer Zusammenfassung gedacht. Aus der ersten Art von Aggregaten baut sich schliesslich die Welt auf, aus der zweiten das Ich. Gewiss ist die Welt kein Traum, keine Phantasmagorie.[2] Gewiss ist das Ich nicht gerade nur eine „Summe" von verknüpften Empfindungen und Vorstellungen in eigenartig wogender Folge.[3] Hier wie dort, das fühlt man, ruht das Ganze auf einem Grunde, der · · · · oder ist eingewoben in einen Damast, in ein Grundgeflecht, das

---

[1] Vgl. [Sommerfeld 1948c, S. 100].

[2] Das ist der Standpunkt des Solipsismus.

[3] Diese Meinung vertrat Ernst Mach.

· · · · (oder wie man sich sonst bildlich ausdrücken mag) · · · · *ist*, wenn anders dem Verbum *sein* als selbständigem Hauptverb (nicht bloß als copula) irgendwelcher Sinn beigemessen werden soll.[1] Das[s] dies nun aber – die Welt und Ich – zwei *verschiedene* Dinge „sein" sollen, das will mir nach der Art, wie die beiden mir gegeben sind, gar nicht einleuchten. Denn wenn ich genau nachdenke, so sind mir gar nicht zwei Dinge gegeben. Beides ist mir gleichmässig aus derselben Quelle zugeflossen, ich finde in dem Strom keine Inhomogeneität, kein Gemenge von Geistigem und Materiellem, sondern es ist alles aus demselben Stoff. Einem, der ganz allein auf der Welt wäre, würde derlei auch nie beifallen. Soll die notwendige Annahme anderer Ichs und das unausweichliche und rätselhafte (weil der direkten Erfahrung widersprechende) Symmetriepostulat bezüglich aller dieser – soll das wirklich zwingen, den anfänglichen naiven Standpunkt aufzugeben? Vor allem aber: nützt das Aufgeben und Übergehen zum Dualismus etwas, beseitigt es das „non liquet"?[2]

Die Nicht-wirkliche-Zweiheit von Materie und Geist, die unmittelbar evidente Einheitlichkeit des Stoffs – der an sich noch weder als materiell noch als geistig zu bezeichnen ist, weil innerhalb einer homogenen Masse unterscheidende Epitheta[3] nicht am Platze sind – des Stoffs, sage ich, aus dem die Gebilde bestehen, denen wir nachher diese Epitheta beilegen und damit nur die Art ihres Aufbaus kennzeichnen: diese sind von Ernst Mach vertreten worden und neuerdings, in den letzten Jahrzehnten, immer wieder von Bertrand Russell. Im Altertum hat Parmenides gesagt: Eines ist das Denken und das um des willen das Denken da ist, du wirst das eine nicht ohne das andere antreffen.– Und selbst der materialistische Demokrit lässt die *Sinne* den *Verstand* höhnen: Was, nur Atome und leeren Raum soll es geben, und warm, kalt, süss, farbig das soll alles nichts sein. Wenn dem so wäre, wärs um dein schönes Weltgebäude schlimm bestellt, das du doch aus dem Material gezimmert hast, welches wir Sinne dir geliefert haben. (Dies ist keine Übersetzung, sondern eine freie Wiedergabe des Gedankens.)– Für mich steht nichts fester als dass bloß diese Art von „Monismus" Aussicht hat, allmählich mit den gröbsten Scheinproblemen aufzuräumen, die uns unglücklichen Erben der *Nach*sokratiker das Weltverständnis bis zum heutigen Tag erschweren.

---

[1] „Ist" im Sinne der Zusprechung einer Eigenschaft gegenüber der Behauptung einer Existenz. Der Teil zwischen dem ersten und letzten · · · · ist ein Einschub.
[2] Wörtlich: es fließt nicht; übertragen: die Sache ist nicht spruchreif.
[3] Beiworte.

Ich habe Ihnen sehr viel Geduld zugemutet und will drum schliessen; und will bloß noch sagen, dass ich die Ableitung des zentralsymmetrischen Linienelements in dieser lapidaren Form ausserordentlich reizvoll gefunden habe.[1] Es ist wieder einmal ein echter Sommerfeld! So hat die Sache Hand und Fuss, und man versteht wo es herkommt. Formeln, die mittels einer schönen mathematischen Wurstmaschine produziert werden, muss man zwar zum Schluss glauben, aber sie sagen einem wenig.

Meine Frau bittet mich, ihre sehr herzlichen Grüsse hier anzuschliessen. Sie hat in der letzten Zeit viel Übles erfahren. Vor einigen Wochen ist ihre alte Mutter gestorben, sanft und schmerzlos entschlafen – aber der Verlust ist schwer, ob er früh oder spät kommt. Fast gleichzeitig erkrankte Annys Schwester schwer. Doch hoffen wir, sie sei jetzt übers Ärgste hinweg. Anny selbst ist wieder leidend, aber es ist kein Grund zur Sorge, es ist bloss recht lästig für sie (Nervenschmerzen im Arm, die den Schlaf empfindlich beeinträchtigen) – so hoffen wir.– Hoffentlich sind Sie und die Ihren wohlauf. Viele innige Grüsse von Ihrem treu ergebenen

                        Erwin Schrödinger.

Nachschrift:[2] Papapetrou's „Entthronung der Allgem. Rel. Th." ist m. E. eine mathematisch einwandfrei durchgeführte Kateridee.[3] Ich hatte ihm dies nicht verhehlt, aber einem so selbständigen und vortrefflichen Arbeiter muß man jede Freiheit lassen, auch die, Unsinn zu schreiben.

Ad vocem Unsinn, finden Sie Jordan's Gedanken über die Herkunft der Sterne[4] wirklich „beachtenswert", oder ist es bloß Ihre unveräußerliche Freundlichkeit gegenüber jedem ernst *gemeinten* Versuch? Wenn letzteres, ist sie hier am Platze?– Als ich sein Zeug las, wurden meine Augen größer und größer, und an einer Stelle sagte ich zu mir selbst: Bum, als nächstes wird er ein ganzes Milchstraßensystem auf einmal aus dem Nichts hervorsprießen lassen!– Und siehe da, eine Seite weiter entbindet unser Hephaistos seine Pallas Athene, fix und fertig. Und spottbillig, unterm Selbstkostenpreis; die scheinbar erforderliche positive Energie wird gedeckt durch die negative potentielle Energie der Gravitation! *Trotzdem* nimmt die Gesamtenergie

---

[1] Dies bezieht sich wohl auf Bemerkungen zum letzten Abschnitt über „Allgemeine Relativitätstheorie, vereinheitlichte Theorie von Gravitation und Elektrodynamik" in [Sommerfeld 1948b, § 38] in Sommerfelds (nicht erhaltenem) Brief an Schrödinger.

[2] In deutscher Schrift.

[3] [Papapetrou 1947], [Papapetrou 1948b], [Papapetrou 1948a]. Achilles Papapetrou hatte 1935 bei Ewald in Stuttgart promoviert und war seit 1940 Professor an der TH Athen.

[4] [Jordan 1947].

zu, mit A^2 (A = Weltalter).– Auch mathematisch ist die Sache nicht einwandfrei, denn die Gesamtenergie eines expandierenden Universums nimmt (nach Tolman) jeweils um $p\,dV$ ab.[1] Oder soll p negativ sein?– Im Ernst gesprochen, scheint mir eine eigenartige (weil doch nur sehr partielle) Schädigung des Intellekts durch Jahrelange Imbibition[2] von Naziphilosophie vorzuliegen.

E. S.

[337] Von Ludwig Prandtl[3]

8. 3. 49.

Sehr verehrter Herr Sommerfeld!

Mit Ihrem Schreiben vom 26. 2. 49 übersandten Sie mir einen Durchschlag Ihres Entwurfs für Ihre Rede über Felix Klein.[4] Ich fand das Ganze so lebendig und eindrucksvoll, daß ich von dem Zugeständnis, etwaige Streichungen oder Zusätze vorzuschlagen, keinerlei Gebrauch zu machen wünsche. Gerade so, wie Sie es niedergeschrieben haben, wird es höchst eindringlich und wirkungsvoll sein. Nur eine Kleinigkeit möchte ich hier erwähnen. Mir scheint es richtiger, daß die Göttinger Vereinigung, da wo sie zum ersten Mal erwähnt wird, mit ihrem vollen Namen genannt wird: „Göttinger Vereinigung zur Förderung der angewandten Physik und Mathematik". Vielleicht wird Kleins enger Freund aus seiner Münchener Zeit, Carl v. Linde, als derjenige genannt, der Klein mit Herrn v. Böttinger in Verbindung gebracht hat (nebenher gesagt, Klein erzählte mir, daß er mit Herrn v. Linde über Geldsammlungen bei Industriellen für den Göttinger Zweck gesprochen hat;[5] dieser sagte ihm (nach Kleins eigenen Worten zu mir): „Wenn Sie, Herr Klein, bei Industriellen Geld sammeln, werden Sie nicht viel zusammenbekommen. So etwas muß so gemacht werden, daß man den Reichsten von den Industrieleuten für sich gewinnt und diesen sammeln

---

[1] [Tolman 1934, § 166, S. 420-421].

[2] In der Geologie das Durchtränken des Nebengesteins mit Gasen oder Flüssigkeiten beim Erstarren des Magmas.

[3] Durchschlag (2 Seiten, Maschine), *Berlin, MPGA, Prandtl III. Abt., Rep. 61, Nr. 1538*.

[4] *A. Sommerfeld an L. Prandtl, 26. Februar 1949. Berlin, MPGA, Prandtl III. Abt., Rep. 61, Nr. 1538*. Anlaß war eine Gedenkfeier zum 100. Geburtstag von Felix Klein am 24. April 1949 in Göttingen; vgl. [Sommerfeld 1949d].

[5] Zur Gründung der „Göttinger Vereinigung" und Kleins Kontakten zu Industriellen vgl. [Manegold 1970].

läßt!" (Böttinger war sehr geschmeichelt von Kleins Vorschlag und hat später durch Althoff, der eng mit Klein zusammenarbeitete, als weiteren Ansporn den Sitz im preußischen Herrenhaus und den erblichen Adel erhalten).

Ich meine natürlich nicht, daß Sie solche Bemerkungen in Ihre Rede aufnehmen sollen, aber die Sache ist als ein Beitrag zur Psychologie von Klein immerhin nicht ganz uninteressant und kann mutatis mutandis auch für die heutige Situation Anwendung finden.

Ich sprach dieser Tage bei einem Spaziergang auf dem z. Zt. tiefverschneiten Hainberg mit unserem hiesigen Kollegen Pohlenz, der die Rede auf Wilamowitz halten wird.[1] Er erzählte mir auf meine Frage, daß er sich vorgenommen hätte, die Verdienste von Wilamowitz *und Klein*, die sehr gut miteinander gestanden hätten, im Bezug auf die Erneuerung der Göttinger Gesellschaft der Wissenschaften hervorzuheben (ich hatte ihm bis zu diesem Moment noch nie über dieses Thema etwas gesagt und freue mich, daß er selbst diesen Plan gefaßt hat). Die Sätze, in denen er dies auseinandersetzen wird, sollen die unmittelbare Überleitung zu Ihrer Rede werden, sodaß es Ihrerseits nicht nötig sein wird, auf diesen Gegenstand auch noch einmal einzugehen, es sei denn aus irgendwelchen rhetorischen Gründen.

Mit Herrn Correns[2] konnte ich soeben bei der Gratulationscour für Herrn Hahns 70. Geburtstag sprechen. Er sagte, er ginge zum 1. April als Präsident ab; ich möchte die Sache mit seinem Nachfolger Heisenberg besprechen, wenn es soweit wäre. Wegen der GUZ[3] wäre dann noch reichlich Zeit!

Ihre freundlichen Bemerkungen zu meinem Buch[4] betreffend das Hereinspielen der Turbulenz im Kosmos wiesen mich darauf hin, daß bezüglich dieses Gegenstandes mein Buch schon jetzt unmodern ist, indem hier Anwendungen auf kosmische Dinge noch garnicht gebracht werden. Es ist nur eine Fußnote vorhanden, die ein Zitat über die Weizsäckersche und die Heisenbergsche Theorie der isotropen Turbulenz enthält.[5] Kosmologisches wird aber dabei nicht berührt. In der nächsten Auflage würde an dieser Stelle vielleicht mehr zu sagen sein.

Mit herzlichen Grüßen Ihr
gez. L. P.

---

[1] Der Göttinger Altphilologe Max Pohlenz war Nachfolger von Ulrich Wilamowitz-Moellendorff, dessen 100. Geburtstag am 22. Dezember 1948 begangen wurde.

[2] Der Mineraloge Carl Wilhelm Correns war amtierender Präsident der Göttinger Akademie.

[3] *Göttinger Universitätszeitung*.

[4] [Prandtl 1949].

[5] [Heisenberg 1948] und [Weizsäcker 1948b].

[338] An Werner Heisenberg[1]

Mü.[nchen] 11. III. 49

Lieber Heisenberg!

Die Einladung zur Hamburger Tagung (ich werde natürlich nicht dabei sein) läßt mich vermuten, dass die Planck-Medaillen dort vergeben werden sollen. Ich habe das Abstimmungs-Material an Cl. Schaefer als stellvertr. Vorsitzenden geschickt,[2] damit er einen *rechtzeitigen* Beschluss des Vorstandes herbeiführt, habe aber trotz Mahnung keine Antwort über den modus procedendi erhalten. *Rechtzeitig* heisst, dass L. Meitner Zeit hat, ihre Reise vorzubereiten. Oder wollen Sie die Verleihung in absentia von Meitner u. Hahn vornehmen? Wenn Laue inzwischen zurückgekommen ist u. die Akten von Cl. Schaefer erhalten hat, wird er sich ja der Sache annehmen. Sonst müssten Sie es tun.

Die beiden Abgüsse habe ich hier bestellt. Ich bin sicher, dass sie zur Zeit fertig sein werden.

Ich muss Sie noch mit einer anderen Sache belästigen. Die GUZ wollte von mir einen Aufsatz über F. Klein. Ich habe einen Entwurf meiner Ansprache für Ihre Akademie[3] an Prandtl auf dessen Wunsch geschickt, der ihn der GUZ zur Verfügung stellen soll, damit diese selbst einen Auszug daraus macht, den ich kontrollieren würde. Correns, der seine Genehmigung dazu geben sollte, hat auf Sie als seinen Nachfolger hingewiesen. Sind Sie damit einverstanden? Meiner Meinung nach sollte der Aufsatz der GUZ erst *nach* der Akademiesitzung erscheinen. Die GUZ wird sich wohl an Sie wenden.[4]

Gerlach berichtete mir zwei sehr erfreuliche Dinge: 1) Dass Sie immer noch daran denken „in zwei Jahren" nach Mü. zu kommen, 2) Dass die Amis dann sofort Ihr Haus frei geben würden, dies als Versprechen des university officer. Quod di bene vertant.[5]

---

[1] Brief (2 Seiten, lateinisch), *München, MPI Physik, Heisenberg, Alphabetisch*.

[2] *A. Sommerfeld an Cl. Schaefer, 20. Februar 1949. Berlin, DPG, Max Planck-Medaille*. Die Planck-Medaille sollte am 23. April 1949 in Hamburg an Lise Meitner und Otto Hahn verliehen werden, vgl. *A. Sommerfeld an M. von Laue, 26. März 1949. Berlin, DPG, Max Planck-Medaille*.

[3] Heisenberg amtierte als Präsident der Göttinger Akademie.

[4] Auf Heisenbergs Vorschlag hin erschien der Artikel nicht in der *Göttinger Universitätszeitung* (GUZ), sondern in den *Naturwissenschaften*, vgl. *A. Sommerfeld an W. Heisenberg, 7. Mai 1949. München, MPI Physik, Heisenberg, Physik und Philosophie, A. Sommerfeld an W. Heisenberg, 23. Mai 1949. München, MPI Physik, Heisenberg, Alphabetisch,* und [Sommerfeld 1949d].

[5] Was die Götter zum Guten wenden mögen! Zu der Rolle der Hochschuloffiziere vgl. [Heinemann 1990b].

Bopp hat übrigens in einem Geburtstagsartikel für mich gedruckt:[1] „Es möge dem Jubilar vergönnt sein – *der Referent darf hier pro domo sprechen* – seinen bedeutendsten Schüler nicht nur besuchsweise in München zu sehn.["]

Auf Wiedersehn, Ihr getreuer
A. Sommerfeld

[339] *An Albert Einstein*[2]

München, 21. IV. 49

Lieber Einstein!

Zu Ihrem Geburtstag habe ich Sie absichtlich weder durch Brief noch durch Telegramm beunruhigt. Aber ich konnte, wie Sie begreifen werden, den Tag nicht schweigend vorübergehen lassen, sondern musste im Rundfunk eine Ansprache über Sie halten. Sie war ein Auszug aus dem beiliegenden Aufsatz.[3] Vielleicht tun Sie ihn nicht direkt in den Papierkorb, aus alter Anhänglichkeit an seinen Verfasser. Es war mir eine Freude, mich beim Schreiben mit Ihnen beschäftigen zu dürfen.

Möge es Ihnen gut gehn! Möge die von Ihnen argwöhnisch beobachtete Welt nicht zuviel Unfug machen und dadurch die wohlverdiente Ruhe Ihres Alters stören!

Ihr getreuer
A. Sommerfeld.

[340] *Von Linus Pauling*[4]

Pasadena May 16, 1949

Dear Professor Sommerfeld:

I was very pleased to receive your letter of March 6, and to know that you are getting along well.[5] My wife has received two or three letters from Frau Selmayr during the last two years.[6]

It was a great pleasure to me to learn that the American Association of Physics Teachers had decided to award the Oersted Medal to you, and I am

---

[1] [Bopp 1948].
[2] Brief (1 Seite, lateinisch), *Jerusalem, AEA, Einstein*.
[3] [Sommerfeld 1949b] oder [Sommerfeld 1949e].
[4] Brief (2 Seiten, Maschine), *München, DM, Archiv NL 89, 012*.
[5] Der Brief findet sich in *Corvallis, OSU, Pauling Papers*. Sommerfeld berichtet über die Entstehung von [Sommerfeld 1949a], worin er Pauling als einen der ersten Hörer seiner Vorlesungen über Wellenmechanik erwähnt habe.
[6] Karl Selmayr war Sommerfelds Mechaniker und Sekretär.

now very pleased to know that in your article for the American Journal of Physics[1] you have mentioned the fact that I was a student of yours at the time when you gave your first lectures on wave mechanics. I often think of the fine period of work and study that I had in Munich, and my wife, too, often speaks about those days. I shall look forward to seeing your article when it comes out. Someone sent to us a few months ago a clipping from a Munich paper in which a summary of your radio talk was given, in which you mentioned me, as well as Heisenberg, as having been among your students. This, too, gave me pleasure.

I have been ill this spring, and have been in bed for several weeks – a continuation of the kidney trouble that has bothered me for eight years now. I am hoping, however, that I will be in better shape before long. All of our children are well, and my wife, too. Our son Linus is married, and is now a student at Harvard Medical School.

While I have been in bed I have been continuing to work along the lines described in my paper in your Festschrift last December,[2] and I have developed a method of deciding what the dissociation energy of carbon monoxide is, and what the sublimation of carbon is. I think that the heat of sublimation is 140 kcal/mole, and that the much higher value of 170 kcal/mole that has been in favor recently is for some reason in error.

Do you remember that in 1927, when you had been chosen as a Foreign Member of the Royal Society, you sent my manuscript to the Royal Society as the first manuscript that you submitted?[3] Perhaps you have noticed that I was chosen a Foreign Member of the Royal Society last year, and that I have published a paper on the theory of metals in the Proceedings of the Royal Society recently.[4] My theory of metals, based on the idea of the resonating valence bonds, is rather a complex one, and it is difficult to subject it to precise mathematical treatment; but it seems to me to be valuable, nevertheless, and I have succeeded in explaining many of the properties of a metallic system on this basis.

With my best regards to Frau Sommerfeld, I am Sincerely yours,
Linus Pauling.

Linus Pauling: W
Dictated by Dr. Pauling
Signed in his absence

---

[1] [Sommerfeld 1949a].
[2] [Pauling 1948].
[3] Siehe Seite 209.
[4] [Pauling 1949].

[341] *An William F. Meggers*[1]

München, 26. IX. 49

Lieber Meggers!

Ich danke herzlich für die Dedication der imposanten Energy levels.[2] Ich finde mich dieser Gabe sehr unwürdig, da ich mich seit Jahren, trotz Ihrer Mahnbriefe, nicht mehr mit der theoretischen Spektroskopie beschäftigt habe.

Welch' ungeheure Arbeit steckt in diesen Tabellen! Ihr ganzes wissenschaftliches Leben war eigentlich eine Vorarbeit dafür. Wie würden sich Paschen und Kayser gefreut haben, sie zu besitzen! Auch der treffliche Konen ist nun tot, nachdem er sich zuletzt noch als Rektor von Bonn und Kultusminister des Rheinlandes nützlich gemacht hatte.[3] Es ist Zeit, dass ich mich auch zum Abschied bereit halte.

Statt dessen habe ich eine Einladung für 1950 zu einem Congress für applied mathematics nach Boston angenommen.[4] Dann hoffe ich auch nach Washington zu kommen und Sie wiederzusehn. Ich bin also immer noch ziemlich activ.

Ihr getreuer
A. Sommerfeld.

Den beiliegenden Dank geben Sie bitte weiter.[5]

[342] *An Robert C. Retherford und Willis Eugene Lamb*[6]

München, den 30. Mai 1950

Meine Herren!

Es war sehr aufmerksam von Ihnen, dem 81 jährigen Urgrossvater der Feinstruktur Ihre wundervolle Arbeit vor dem Druck zuzuschicken.[7] Sollte dies auf Veranlassung von Professor Pegram geschehen sein, so sagen

---

[1] Brief (1 Seite, lateinisch), *College Park, AIP, Meggers*.

[2] Möglicherweise [Kayser 1944] oder [Hubbard 1947], die von Meggers herausgegeben wurden.

[3] Heinrich Konen, 1945 bis 1947 Rektor und seit 1946 Kultusminister Nordrhein-Westfalens, war am 31. Dezember 1948 gestorben.

[4] Entgegen dieser Absicht nahm Sommerfeld nicht daran teil; er übersandte stattdessen ein Grußadresse, die von John von Neumann vorgetragen wurde, vgl. *J. von Neumann an A. Sommerfeld, 18. September 1950. München, DM, Archiv NL 89, 011.*

[5] Keine Beilage vorhanden.

[6] Brief (1 Seite, Maschine), *Pasadena, Privatbesitz*.

[7] [Lamb und Retherford 1950].

Sie auch diesem meinen besten Dank.[1] Bethe hat mir gleich nach Ihrer Entdeckung darüber geschrieben und hat hier darüber vorgetragen.[2]

Ich bewundere die Vollständigkeit, mit der Sie alle Beobachtungs-Möglichkeiten und alle Beobachtungs-Fehler diskutiert haben, und die Sorgfalt in der Berücksichtigung aller vorhandenen Literatur. Die ungeheure Arbeit, die Sie in das Problem gesteckt haben, ist durch Ihr Resultat belohnt worden.

Mit meinen Glückwünschen
Ihr A. Sommerfeld.

[343] *Von Erwin Schrödinger*[3]

6. 12. 1950.

Verehrter, lieber Sommerfeld!

Ihr lieber Brief vom 30. 11. kam erst jetzt eben in meine Hand da ich seit 1. 12. nicht im Institut war, und für einige Tage in der Schweiz.[4] Die „Überschüttung mit literarischen Gaben" ist nur ein Nachholen unverzeihlicher Versäumnisse.

Ich wurde hier schwer gescholten, daß ich aus purer Faulheit *Ihre* dargereichten Gaben nicht gleich mitnahm. Was eigentlich in mich gefahren war, weiß ich jetzt selbst nicht zu sagen. Wenn Sie sich die Mühe und Kosten machen wollten, die mir zugedachten Bände doch hierher, Institut für Theoretische Physik, zu schicken, so würde ich Ihre Erlaubnis erbitten, sie in besagtem Institut als Leihgabe aufzustellen, wo sie einem großen Kreis zu gutem Nutzen sein würden. Sie machen sich keine Vorstellung, wie *arm* die Leute hier sind, teils weil sie wirklich kein Geld haben, teils wegen Erschwerung der Bücherbestellung durch allerlei idiotische Devisenabkommen, Dozent Cap,[5] der zur Zeit March's Assistent ist, sagte mir, die Anschaffung des kompletten Sommerfeld würde etwa eine halbe Jahresdotation des Instituts erfordern.– Die Leute haben fast keine Zeitschriften, *keine* Referatenorgane, nicht die wichtigsten Handbücher (z. B. für Allgem. Rel. Theorie *bloß*

---

[1] Lamb, Retherford und George Pegram waren an der Columbia University in New York.

[2] Bethe hatte im Sommer 1948 Deutschland bereist und im Juli 1948 München besucht; *H. Bethe an A. Sommerfeld, 4. Mai 1948. München, DM, Archiv NL 89, 005.* Ein entsprechender Brief Bethes ist nicht erhalten, vgl. aber Brief [322].

[3] Brief (3 Seiten, deutsch), *München, DM, Archiv NL 89, 013.*

[4] Schrödinger verbrachte einen Gastaufenthalt an der Universität Innsbruck am Institut von Arthur March. Von Sommerfeld liegen aus dem Jahre 1950 keine Briefe an Schrödinger vor.

[5] Ferdinand Cap war seit 1949 Assistent von Arthur March und 1950/51 während seiner Gastprofessur in Innsbruck Schrödinger zugewiesen.

den Weyl, dagegen *nicht* den Eddington, den Tolman, von dem kürzlich erschienenen Bergmann nicht zu reden.)[1] Es ist, als wollte man Österreich zwangmäßig balkanisieren. Und da treffen sich diese Unesco-Leute, reden g'scheit und fressen Caviar.[2]

Vielen Dank für die Vortragseinladung. Ich fürchte, es wird nicht gehen. Die angegebenen Daten sind Freitage während des Semesters. Am *Mittwoch* und *Freitag* Nachmittag hab ich je eine Doppelstunde. *Ich kann auf keine verzichten*, denn ich bin erst heute in die *neue* Theorie hineingestiegen und will damit so weit kommen als ich irgend kann. Bliebe die Möglichkeit: auf der Rückreise. An die Rückreise über Deutschland hatte ich bisher nie gedacht. Aber jedenfalls ist, leider, diese Rückreise sehr gedrängt, weil ich eigentlich schon um den 20sten Januar in Dublin nötig wäre, während das hiesige Semester bis 31sten geht, und ich hier bis Ende Januar verpflichtet und bezahlt bin. [Rast?] würde ich nur gern in Bern, Basel, Gent, London – und nun auch in München – je mindestens einen Tag nehmen. In Bern haben mich die Studenten schon x-mal aufgefordert, in Gent sollte ich ein 1939 verliehenes Doktorat offiziell empfangen, in London in einer Sitzung den For. Mem. R. S.[3] durch Unterschrift fixieren („to sign the rolls" heißt es). Ich weiß, ein anderer würde hier einfach Mitte Januar Schluß machen. Mir geht es gegen den Strich. *Wenn* etwas an unserer Tätigkeit wichtig ist, so die reguläre Kursvorlesung an der Hochschule, sie geht allem anderen voran.–

Übrigens gerate ich in der Physik von heute immer mehr in die Opposition. Was da heut getrieben wird erscheint mir, zusammen mit ähnlichen Dingen in der Malerei, Bildnerei, Dichtung und wahrscheinlich auch Musik, als ein Wildbach von Dekadenz. Das Besondere an dieser Dekadenz ist, daß die größten Meister, wirkliche Könner, die Führung nehmen, wie abtrünnig, wie berauscht vom Gift: Picasso, T. S. Elliot, Epstein, James Joyce, Bohr.[4] Ein paar Musiker werden Sie hinzufügen können. Es bewegt sich alles an der Grenze von Genie und Irrsinn – hat sie reichlich überschritten. Schon in 50 Jahren wird man das wissen.

Seien Sie herzlichst gegrüßt, Sie und alle Ihre Lieben, von Ihrem ergebensten

Erwin Schrödinger.

---

[1] [Weyl 1922a] oder eine spätere Auflage von *Raum, Zeit, Materie*, [Eddington 1923], [Tolman 1934], [Bergmann 1942].

[2] Am 7. Juni 1950 hatte I. I. Rabi bei einer UNESCO-Konferenz in Florenz die Gründung eines europäischen Beschleunigerlabors vorgeschlagen, vgl. [Pestre 1987, S. 82-87].

[3] Foreign Member of the Royal Society.

[4] Pablo Picasso, Thomas S. Eliot, der Bildhauer Jacob Epstein, James Joyce, Niels Bohr.

[344] *Von Oskar Perron*[1]

München, im Januar 1951.

An die voraussichtlich zur Wahlsitzung kommenden Mathematiker der Bayerischen Akademie.

Liebe Kollegen!

Seit Wiedereröffnung der Akademie im Jahre 1946 habe ich jedes Jahr den Standpunkt vertreten, daß die Zeit noch nicht gekommen ist, Ausländer als korrespondierende Mitglieder zu wählen. Leider entwickeln sich die Dinge so langsam, daß ich auch heute noch nicht in der Lage bin, die Karenzzeit als abgelaufen anzusehen. Ich möchte Ihnen untenstehend die Gründe dafür erläutern und Sie zugleich bitten, wenn ich die von Ihnen beabsichtigten Wahlvorschläge aus meiner prinzipiellen Einstellung heraus nicht unterstützen kann, darin weder eine Spitze gegen die Vorschlagenden noch gegen die Vorgeschlagenen zu sehen und auf keinen Fall etwa die Folgerung zu ziehen, daß Sie meinen Vorschlag van der Waerden, den ich nicht zu den Ausländern rechne, nun auch nicht unterstützen wollen, obwohl Sie van der Waerden doch gewiß ebenso schätzen wie ich die von Ihnen genannten Herren schätze.[2] Ich hoffe, daß Sie meinen Standpunkt, wenn nicht teilen, so doch verstehen und achten.

Deutschland ist heute von der Gleichberechtigung im Kreis der freien Völker fast noch ebensoweit entfernt wie im Jahr 1946. Noch immer sind wir, wenn auch viele ausländische Individuen und Organisationen sehr freundschaftlich mit vielen Deutschen verkehren, als Gesamtheit doch diffamiert und werden mit einer gewissen Verachtung, bestenfalls Herablassung angesehen. Die Gleichberechtigung wird uns zwar täglich wie eine Wurst vor die Nase gehalten, aber gleich wieder fortgezogen, wenn wir danach zu schnappen versuchen. Die Welt ist eben noch nicht bereit, unter die Vergangenheit einen Strich zu ziehen; die Kollektivschuld spukt noch immer in den Köpfen herum. Ich will hier nicht untersuchen, wie sich die Schuld an diesem beklagenswerten und unwürdigen Zustand auf die verschiedenen Völker verteilt, wobei natürlich die Lehre Christi zu beherzigen wäre, daß man auch den Balken im eigenen Auge nicht übersehen darf.[3]

---

[1] Brief (3 Seiten, Maschine), *München, DM, Archiv NL 89, 012*.
[2] Bartel van der Waerden war 1948 bis 1951 Professor an der Universität Amsterdam, seit 1951 Ordinarius für Mathematik an der Universität Zürich. Einen Großteil seiner Karriere hatte er von 1931 bis 1945 als Ordinarius für Mathematik an der Universität Leipzig verbracht.
[3] Matthäus 7, 3.

Wenn wir einen bedeutenden ausländischen Gelehrten in die Reihe unserer Korrespondenten wählen, so bedeutet seine Mitgliedschaft nicht nur eine Ehre für ihn, sondern ebenso eine Ehre für uns, und wir erwarten, daß er uns durch Annahme der Wahl diese Ehre erweist. In früheren Jahren war es selbstverständlich, daß er das tat; denn wir waren eine angesehene Gesellschaft. Daß es heute nicht so ist und wir uns immer erst hin und her überlegen müssen, ob er uns wohl der Ehre für würdig ansehen wird, empfinde ich als *beschämend*. Deshalb bin ich prinzipiell für Verzicht auf Ausländerwahlen, und zwar so lange, bis wir wieder so angesehen sind, daß die Annahme selbstverständlich ist. Gewiß werden manche uns heute schon gerne die Ehre erweisen. Aber ich frage mich doch, ob es nach mancherlei Vorkommnissen in der Vergangenheit, über die das Ausland genau Buch geführt hat, nicht allzu prätenziös und unbescheiden von uns ist, dieses Erweisen der Ehre *herauszufordern*, indem wir so tun, als ob in den 1000 Jahren gar nichts gewesen wäre,[1] und einfach zum Ausländer sagen: „Wir sind eine anerkannt illustre Gesellschaft und erwarten, daß du die durch deine Wahl dir erwiesene Ehre gebührend zu würdigen weißt". Denn solange Deutschland nicht seine alte Weltgeltung hat, sind wir diese anerkannt illustre Gesellschaft tatsächlich nicht, und wenn wir etwa einen autochthonen Amerikaner wählen wollten, könnte es durchaus passieren, daß die Militärregierung, auch wenn sie heute den zivileren Namen Hochkommission trägt, uns etwa so abkanzelt: „Ja, was bildet ihr euch denn ein? Wer seid ihr denn eigentlich? Ihr seid ja eine ganz windige Gesellschaft, die in ihrem Jahrbuch von 1950 so Leute wie den Lutz Pistor[2] ohne die geringste Diskriminierung unter ihren Mitgliedern aufzählt. Da könnt ihr doch einem Amerikaner nicht die Mitgliedschaft bei euch zumuten; mit solchen Ehren müßt ihr uns fein verschonen". Soll man sich dem aussetzen?

Und nun zu den Emigranten! Zu denen können wir erst recht nicht sagen, daß wir eine illustre Gesellschaft sind. Denn wir haben sie alle im Stich gelassen. Wir sollten uns vor ihnen nicht groß machen, sondern uns lieber ins hinterste Mausloch verkriechen und schämen. Ich persönlich schäme mich auch und das ist für meine Einstellung der springende Punkt. Deshalb bin ich für äußerste Zurückhaltung und bescheidenes Blühen im Verborgenen. Denn was haben wir, was hat die Akademie im dritten Reich zur Rettung der verfolgten Gelehrten getan? Nichts. Wir nehmen uns die bequeme Ausrede, daß wir nicht die Macht hatten, daß wir nicht konnten. In Wahr-

---

[1] Zur Geschichte der Münchner Akademie im Nationalsozialismus vgl. [Stoermer 1995].
[2] Zu Lutz Pistors Rolle als Prorektor und Rektor der TH München während des Nationalsozialismus siehe [Wengenroth 1993, S. 240-249].

heit haben wir es aber gar nicht ernstlich versucht, sondern jeder von uns hat einfach das Risiko gescheut, vielleicht aus dem widerstreitenden ethischen Motiv der Sorge um seine Familie. Helden waren wir nicht. Aber den Emigranten blieb größtenteils gar keine Wahl, sie mußten mitsamt ihren Familien das Risiko tragen und mußten unendliches Leid erdulden. Deshalb stehen sie in der Achtung der Welt eine gute Stufe höher als wir, die wir schweigend alles geschehen ließen. Hermann Weyl gehört gewiß zu denen, die bereit sind zu vergessen (nicht etwa nur, weil er als Stern erster Größe persönlich verhältnismäßig gut durchgekommen ist, sondern weil er ein vornehmer Charakter ist) und bei seinem Hiersein hat er gezeigt, daß er uns allen wohlgesinnt ist.[1] Aber ich möchte mich doch nicht vor ihm groß machen und fürchte auch, daß sein Nachbar und Kollege Einstein etwa zu ihm sagen wird:[2] „So, so, Bayerische Akademie! Darauf brauchen Sie sich nicht viel einzubilden; ich kondoliere. Übrigens wollten die Herren mich auch schon haben, ich habe ihnen aber eine geknallt".

Diese ganze tragische Situation kann sich grundlegend erst dann ändern, wenn Deutschland wieder seine volle Anerkennung und Gleichberechtigung in der Welt hat. Erst dann werden auch die deutschen Akademieen wieder ihr altes Ansehen zurückgewonnen haben. Niemand kann sagen, wie lange das noch dauern wird; vielleicht muß erst die heutige schwer belastete Generation (die Belastung ist übrigens nicht nur auf unserer Seite) ausgestorben sein.

Bei van der Waerden liegen die Dinge ganz anders. Er hat die meiste Zeit seiner wissenschaftlichen Tätigkeit in Deutschland verbracht und hat insbesondere das ganze dritte Reich mit uns, gewissermaßen als Mitgefangener, an der Quelle erlebt. Ich möchte ihn daher so wenig wie etwa Carathéodory als wirklichen Ausländer rechnen.[3] Vor ihm brauchen wir uns auch nicht zu schämen. Er hat getan, was wir alle getan haben, nämlich den Nazismus verabscheut und die Faust im Sack geballt. Darum versteht er uns und wir verstehen ihn.

Perron

---

[1] Weyl wurde 1951 korrespondierendes Mitglied der Bayerischen Akademie der Wissenschaften. Im gleichen Jahr wurde er in Princeton emeritiert und zog wieder nach Zürich, wo er vor dem Krieg gewirkt hatte.

[2] Zu Einsteins Haltung zu einer Wiederaufnahme in die Akademie vgl. Brief [307]. Hermann Weyl war wie Einstein am Institute for Advanced Study in Princeton.

[3] Constantin Carathéodorys Vater war hoher Diplomat des Osmanischen Reiches gewesen, er selbst jedoch die meiste Zeit Professor in Deutschland, 1924 bis zum Tod 1950 in München, und nur 1920 bis 1924 in Smyrna und Athen tätig.

Abkürzungsverzeichnis der Archive

AHQP Archive for the History of Quantum Physics

AHQP/EHR Archive for the History of Quantum Physics, Ehrenfest Papers

Berkeley, Bancroft The Bancroft Library, University of California, Berkeley

Berlin, MPGA Archiv zur Geschichte der Max-Planck-Gesellschaft, Berlin

Berlin, SB Staatsbibliothek zu Berlin – Preußischer Kulturbesitz, Handschriftenabteilung

Bonn, Ebert Archiv der sozialen Demokratie der Friedrich-Ebert-Stiftung, Bonn

College Park, AIP American Institut of Physics, Niels Bohr Library, College Park, Maryland

Corvallis, OSU Oregon State University Libraries, Corvallis, Oregon

Genf, CERN Organisation européenne pour la recherche nucléaire, CERN Archive, Genf

Göttingen, NSUB Niedersächsische Staats- und Universitätsbibliothek Göttingen, Abteilung Handschriften und seltene Drucke

Haarlem, RANH Rijksarchief in Noord-Holland in Haarlem

Hamburg, IGN Institut für Geschichte der Naturwissenschaften, Mathematik und Technik der Universität Hamburg

Jerusalem, AEA Albert Einstein Archives, Department of Manuscripts and Archives, Jewish National and University Library, The Hebrew University of Jerusalem

Kopenhagen, NBA Niels Bohr Archive

München, DM Deutsches Museum

München, MPIPh Max-Planck-Institut für Physik, München

München, UA Universitäts-Archiv der Ludwig-Maximilians-Universität

Pasadena, CalTech The Californian Institute of Technology, Institute Archives, Pasadena, California

Saint Louis, WUA Washington University in St. Louis, University Libraries

Stockholm, Akademie The Royal Swedish Academy of Sciences, Center for History of Science

Wiesbaden, Vieweg Archiv des Vieweg-Verlags, Wiesbaden

Zürich, ETH Wissenschaftshistorische Sammlungen, ETH-Bibliothek

Zürich, UA Universität Zürich, Archiv

Verzeichnis der gedruckten Briefe

1919–1925: *Atombau und Spektrallinien*			
[1]	An Josef von Geitler	14. Januar	1919
[2]	An Niels Bohr	5. Februar	1919
[3]	An Manne Siegbahn	27. Juli	1919
[4]	Von Niels Bohr	27. Juli	1919
[5]	An Manne Siegbahn	14. August	1919
[6]	An Carl Runge	16. August	1919
[7]	Von Niels Bohr	30. August	1919
[8]	An Manne Siegbahn	3. September	1919
[9]	An Johanna Sommerfeld	10. September	1919
[10]	Von Niels Bohr	13. September	1919
[11]	An Niels Bohr	16. September	1919
[12]	Von Harald Bohr	14. Oktober	1919
[13]	An den Carlsberg-Fonds	25. Oktober	1919
[14]	An Niels Bohr	26. Oktober	1919
[15]	An Wilhelm Wien	17. November	1919
[16]	Von Niels Bohr	19. November	1919
[17]	Von Pieter Zeeman	16. Januar	1920
[18]	Von David Hilbert	21. Januar	1920
[19]	An Pieter Zeeman	29. Januar	1920
[20]	Von Max Born	5. März	1920
[21]	Von Albrecht Unsöld	18. April	1920
[22]	An Albrecht Unsöld	6. Mai	1920
[23]	Von Max von Laue	3. August	1920
[24]	An Peter Debye	6. August	1920
[25]	Von Max von Laue	25. August	1920
[26]	Von Max von Laue	27. August	1920
[27]	An Albert Einstein	3. September	1920
[28]	Von Albert Einstein	6. September	1920
[29]	Von Niels Bohr	8. November	1920
[30]	An Niels Bohr	11. November	1920
[31]	An Johannes Stark	1. Dezember	1920
[32]	Von Johannes Stark	9. Dezember	1920
[33]	An Johannes Stark	12. Dezember	1920
[34]	An Hendrik A. Lorentz	5. Januar	1921

[35]	An Edgar Meyer	28.	Januar	1921
[36]	An Niels Bohr	18.	Februar	1921
[37]	Von Niels Bohr	22.	Februar	1921
[38]	An Alfred Landé	3.	März	1921
[39]	An Niels Bohr	7.	März	1921
[40]	An Niels Bohr	25.	April	1921
[41]	An Albert Einstein	4.	Juli	1921
[42]	Von Albert Einstein	13.	Juli	1921
[43]	An Albert Einstein	2.	August	1921
[44]	Von Niels Bohr	16.	September	1921
[45]	Von Albert Einstein	27.	September	1921
[46]	An Pieter Zeeman	2.	Oktober	1921
[47]	Von Albert Einstein	9.	Oktober	1921
[48]	Von William F. Meggers	9.	Dezember	1921
[49]	An das Nobelkomitee	11.	Januar	1922
[50]	An Albert Einstein	11.	Januar	1922
[51]	Von Albert Einstein		Januar	1922
[52]	Von Albert Einstein	28.	Januar	1922
[53]	An Niels Bohr	25.	März	1922
[54]	Von Max Planck	28.	April	1922
[55]	Von Niels Bohr	30.	April	1922
[56]	Von Max Born	13.	Mai	1922
[57]	Von Hermann Weyl	19.	Mai	1922
[58]	Von Albert Einstein	16.	September	1922
[59]	An Johanna Sommerfeld	8.	Oktober	1922
[60]	Von Werner Heisenberg	17.	Oktober	1922
[61]	Von Werner Heisenberg	28.	Oktober	1922
[62]	Von Werner Heisenberg	4.	Januar	1923
[63]	Von Max Born	5.	Januar	1923
[64]	Von Werner Heisenberg	15.	Januar	1923
[65]	An Niels Bohr	21.	Januar	1923
[66]	Von Wolfgang Pauli	6.	Juni	1923
[67]	An Charles E. Mendenhall	8.	September	1923
[68]	An Arthur H. Compton	9.	Oktober	1923
[69]	An Max von Laue	27.	November	1923
[70]	Von Werner Heisenberg	8.	Dezember	1923
[71]	An Robert A. Millikan	7.	Februar	1924
[72]	An Gustav Mie	22.	April	1924
[73]	Von Paul Ewald	28.	April	1924
[74]	An Arthur H. Compton	14.	Mai	1924
[75]	Von Heinrich Hirzel	24.	Juni	1924

[76]	An Heinrich Hirzel	30.	Juni	1924
[77]	Von Hendrik A. Kramers	6.	September	1924
	An Hendrik A. Kramers			
[78]	Von Wolfgang Pauli	29.	September	1924
[79]	An Carl Runge	22.	Oktober	1924
[80]	Von Wolfgang Pauli		November	1924
[81]	Von Werner Heisenberg	18.	November	1924
[82]	Von Niels Bohr	21.	November	1924
[83]	Von Wolfgang Pauli	6.	Dezember	1924
[84]	An Robert A. Millikan	9.	Februar	1925
[85]	Von Erwin Schrödinger	7.	März	1925
[86]	Von William F. Meggers	9.	Juni	1925
[87]	An Wolfgang Pauli	18.	Juni	1925
[88]	Von Wolfgang Pauli	22.	Juni	1925
[89]	Von Erwin Schrödinger	21.	Juli	1925
[90]	An Adolf Kneser	21.	Juli	1925
[91]	Von William F. Meggers	10.	November	1925

1926–1932: Theoretische Physik auf Erfolgskurs

[92]	Von Erwin Schrödinger	29.	Januar	1926
[93]	An Erwin Schrödinger	3.	Februar	1926
[94]	An Wolfgang Pauli	3.	Februar	1926
[95]	Von Wolfgang Pauli	9.	Februar	1926
[96]	Von Erwin Schrödinger	20.	Februar	1926
[97]	Von Erwin Schrödinger	28.	April	1926
[98]	Von Erwin Schrödinger	11.	Mai	1926
[99]	Von Max Born	15.	Juni	1926
[100]	Von William F. Meggers	8.	Juli	1926
[101]	An James Franck	20.	Juli	1926
[102]	An Wolfgang Pauli	26.	Juli	1926
[103]	An Albert Einstein	5.	August	1926
[104]	Von Albert Einstein	21.	August	1926
[105]	Von Werner Heisenberg	6.	November	1926
[106]	Von Wilhelm Lenz	17.	Dezember	1926
[107]	An Wilhelm Lenz	24.	Dezember	1926
[108]	Von Wolfgang Windelband	24.	März	1927
[109]	Von Constantin Carathéodory	28.	März	1927
[110]	Von Karl Voßler	30.	März	1927
[111]	Von Max Planck	7.	April	1927

[112]	Von Erwin Schrödinger	29.	April	1927
[113]	An [Min.-Beamter Berlin] Richter	11.	Juni	1927
[114]	Von Max Planck	12.	Juni	1927
[115]	Von Robert A. Millikan	22.	Oktober	1927
[116]	An Albert Einstein	1.	November	1927
[117]	Von Albert Einstein	9.	November	1927
[118]	An Arthur H. Compton	28.	November	1927
[119]	Von Robert A. Millikan	6.	Februar	1928
[120]	An Chandrasekhara Venkata Raman	28.	Februar	1928
[121]	Von Toshio Takamine	19.	März	1928
[122]	Von Otto Laporte	15.	April	1928
[123]	Von Meghnad N. Saha	25.	April	1928
[124]	Von Karl F. Herzfeld	30.	April	1928
[125]	Von Arthur H. Compton	4.	Mai	1928
[126]	Von Chandrasekhara Venkata Raman	14.	Mai	1928
[127]	Von Blas Cabrera	7.	August	1928
[128]	An Blas Cabrera	11.	August	1928
[129]	Von Heinrich Wieland	10.	September	1928
[130]	An Johanna Sommerfeld	1.	Dezember	1928
[131]	Von Alexander Wilkens	3.	Dezember	1928
[132]	An Heinrich Wieland	13.	Dezember	1928
[133]	Von Peter Debye	21.	Dezember	1928
[134]	An Peter Debye	11.	Januar	1929
[135]	Von Johannes Stark	30.	Januar	1929
[136]	An Johannes Stark	18.	Februar	1929
[137]	An Robert A. Millikan	25.	April	1929
[138]	Von Hantaro Nagaoka	3.	Mai	1929
[139]	Von Wolfgang Pauli	16.	Mai	1929
[140]	An Karl F. Herzfeld	25.	Juli	1929
[141]	An Peter Debye	26.	Juli	1929
[142]	An Erich Marx	19.	Oktober	1929
[143]	Von Ernst Webendoerfer	18.	Januar	1930
[144]	An Wolfgang Pauli	24.	Juni	1930
[145]	Von Robert Emden		September	1930
[146]	Von Hans Bethe	2.	November	1930
[147]	An Vieweg	11.	November	1930
[148]	An Max Born	11.	November	1930
[149]	Von Max Born	13.	November	1930
[150]	An Arthur March	12.	Januar	1931
[151]	An Carl Wilhelm Oseen	22.	Februar	1931
[152]	Von Hans Bethe	9.	April	1931

[153]	Von Adolf Smekal	17.	April	1931
	An Hans Bethe	18.	April	1931
[154]	Von Hans Bethe	25.	April	1931
[155]	Von Hans Bethe	30.	Mai	1931
[156]	Von Hans Bethe	29.	Juli	1931
[157]	Von Hans Bethe	21.	September	1931
[158]	Von Léon Brillouin	14.	Dezember	1931
[159]	Von Hans Bethe	20.	April	1932
[160]	Von Wilhelm Lenz	5.	Mai	1932
[161]	An George Jaffé	22.	Mai	1932
[162]	Von Vannevar Bush	10.	September	1932
[163]	Von Hans Bethe	1.	Oktober	1932
[164]	Von Wilhelm Lenz	20.	November	1932

1933–1939: Zeitenwende

[165]	Von Hans Bethe	11.	April	1933
[166]	An die Universität München	13.	Mai	1933
[167]	An Glenn F. Frank	15.	Mai	1933
[168]	Von Paul Ehrenfest	21.	Mai	1933
[169]	Von Max von Laue	21.	Mai	1933
[170]	Von Ludwig Hopf	24.	Mai	1933
[171]	An Paul Ehrenfest	11.	Juni	1933
[172]	Von Ludwig Hopf	28.	Juni	1933
[173]	Von Max Born	1.	September	1933
[174]	Von Max Born	5.	September	1933
[175]	Von Werner Heisenberg	9.	Oktober	1933
[176]	Von Arnold Berliner	8.	Dezember	1933
[177]	Von Hans Bethe	23.	Dezember	1933
[178]	Von Rudolf Seeliger	3.	Januar	1934
[179]	Von Max von Laue	10.	Januar	1934
[180]	An Peter Debye	13.	Januar	1934
[181]	Von Peter Debye	17.	Januar	1934
[182]	Von Ludwig Hopf	31.	Januar	1934
[183]	An Chandrasekhara Venkata Raman	1.	Februar	1934
[184]	Von Ludwig Hopf	11.	Februar	1934
[185]	Von Max von Laue	15.	Februar	1934
[186]	Von Hans Bethe	25.	Februar	1934
[187]	Von Hans Bethe	7.	Mai	1934

[188]	Von Arnold Berliner	28.	Juli	1934
	Ernst Gehrcke, Johannes Stark an Max Planck	27.	Mai	1934
[189]	An Albert Einstein	26.	August	1934
[190]	Von Werner Heisenberg	18.	Januar	1935
[191]	Von Arnold Berliner	15.	April	1935
[192]	Von Peter Debye	16.	April	1935
[193]	Von Arnold Berliner	24.	April	1935
[194]	Von Werner Heisenberg	14.	Juni	1935
[195]	An Peter Debye	7.	Juli	1935
[196]	Von Peter Debye	19.	Juli	1935
[197]	Von Peter Debye	20.	September	1935
[198]	An die Universität München	4.	November	1935
[199]	Von Werner Heisenberg	14.	Februar	1936
[200]	Von Hans Bethe	1.	August	1936
[201]	Von Lothar Nordheim	24.	Oktober	1936
[202]	An Werner Heisenberg	9.	November	1936
[203]	An die Universität München	12.	November	1936
[204]	An Albert Einstein	16.	Januar	1937
[205]	Von Albrecht Unsöld	16.	Februar	1937
[206]	Von Albrecht Unsöld	7.	Juni	1937
[207]	An die Universität München	26.	Juli	1937
[208]	Von Ernst Freiherr von Weizsäcker	30.	September	1937
[209]	An Albert Einstein	30.	Dezember	1937
[210]	Von Werner Heisenberg	16.	Januar	1938
[211]	Von Werner Heisenberg	12.	Februar	1938
[212]	Von Albrecht Unsöld	14.	Februar	1938
[213]	Von Werner Heisenberg	23.	Februar	1938
[214]	Von Werner Heisenberg	14.	April	1938
[215]	Von Werner Heisenberg	29.	Juni	1938
[216]	Von Werner Heisenberg	23.	Juli	1938
[217]	Von Werner Heisenberg	31.	August	1938
[218]	An Philipp Broemser	1.	September	1938
[219]	An Ludwig Prandtl	21.	Oktober	1938
[220]	Von Ludwig Prandtl	28.	Oktober	1938
[221]	Von Werner Heisenberg	5.	November	1938
[222]	Von Werner Heisenberg	24.	November	1938
[223]	An Wolfgang Pauli	1.	Januar	1939
[224]	Von Werner Heisenberg	30.	Januar	1939
[225]	Von Werner Heisenberg	15.	Februar	1939
[226]	Von Werner Heisenberg	25.	Februar	1939
[227]	An Werner Heisenberg	28.	Februar	1939

[228]	Von Werner Heisenberg	3.	März	1939
[229]	Von Werner Heisenberg	30.	März	1939
[230]	Von Werner Heisenberg	9.	April	1939
[231]	Von Werner Heisenberg	13.	Mai	1939
[232]	Von Werner Heisenberg	8.	Juni	1939
[233]	Von Werner Heisenberg	4.	September	1939
[234]	Von Werner Heisenberg	17.	Dezember	1939
[235]	Von Peter Debye	30.	Dezember	1939

1940–1951: *Vorlesungen über theoretische Physik*

[236]	An die Universität München	18.	Januar	1940
[237]	Von Max Planck	23.	Mai	1940
[238]	Von Walther Gerlach	27.	August	1940
[239]	An die Universität München	1.	September	1940
[240]	An Walther Gerlach	10.	September	1940
[241]	An Max Steenbeck	26.	Oktober	1940
[242]	Von Werner Heisenberg	27.	Oktober	1940
[243]	Von Max Planck	2.	November	1940
[244]	Von Max von Laue	17.	November	1940
[245]	An Walter Becker	20.	November	1940
[246]	Von Max von Laue	4.	Dezember	1940
[247]	Von Werner Heisenberg	4.	Dezember	1940
[248]	Von Niels Bohr	20.	Dezember	1940
[249]	Von Werner Heisenberg	5.	Januar	1941
[250]	Von Werner Heisenberg	17.	Februar	1941
[251]	An Ludwig Prandtl	1.	März	1941
[252]	Von Ludwig Prandtl	22.	März	1941
[253]	An Ludwig Prandtl	10.	Oktober	1941
[254]	Von Ludwig Prandtl	22.	Oktober	1941
[255]	An Ludwig Prandtl	24.	Oktober	1941
[256]	Von Ludwig Prandtl	13.	November	1941
[257]	An Ludwig Prandtl	15.	November	1941
[258]	Von Ludwig Prandtl	10.	Dezember	1941
[259]	An Ludwig Prandtl	12.	März	1942
[260]	An Karl Bechert	23.	Juni	1942
[261]	Von Carl Friedrich Weizsäcker	4.	Juli	1942
[262]	Von Günther Christlein	23.	Juli	1942
[263]	An Günther Christlein	14.	August	1942
[264]	Von Werner Heisenberg	8.	Oktober	1942

[265]	An Werner Heisenberg	14.	Oktober	1942
[266]	An Walter Becker	15.	Oktober	1942
[267]	Von Carl Friedrich Weizsäcker	22.	Januar	1943
[268]	Von Werner Heisenberg	26.	März	1943
[269]	An Eberhard Buchwald	13.	Juli	1943
[270]	Von Werner Romberg	28.	Dezember	1943
[271]	An Ludwig Prandtl	15.	Februar	1944
[272]	Von Ludwig Prandtl	19.	Februar	1944
[273]	An Ludwig Prandtl	24.	Februar	1944
[274]	Von Ludwig Prandtl	31.	März	1944
[275]	Von Max Planck	27.	April	1944
[276]	Von Werner Heisenberg	8.	August	1944
[277]	An Ludwig Prandtl	3.	November	1944
[278]	An Ludwig Prandtl	31.	Januar	1945
[279]	Von Max Planck	4.	Februar	1945
[280]	Von Ludwig Prandtl	20.	Februar	1945
[281]	Von Max Planck	27.	Februar	1945
[282]	Von Rudolf Tomaschek	25.	Juli	1945
[283]	Von Marga Planck	13.	September	1945
[284]	Von Günther Christlein	22.	September	1945
[285]	Von Wolfgang Finkelnburg	14.	Oktober	1945
[286]	An Wolfgang Finkelnburg			1945
[287]	An Gustav Herglotz	21.	Oktober	1945
[288]	Von Linus Pauling	6.	November	1945
	An Linus Pauling			
[289]	An Vieweg	24.	Januar	1946
[290]	Von Werner Heisenberg	5.	Februar	1946
[291]	An Werner Heisenberg	17.	Februar	1946
[292]	Von Werner Heisenberg	24.	Februar	1946
[293]	An Werner Heisenberg	4.	März	1946
[294]	An Walther Gerlach	7.	März	1946
[295]	Von Max Planck	5.	Mai	1946
[296]	Von Max Born	24.	Mai	1946
[297]	An Max Born	16.	Juni	1946
[298]	Von Werner Heisenberg	29.	Juni	1946
	Erwin Schrödinger an Max von Laue	9.	Juni	1946
[299]	Von Werner Heisenberg	2.	Juli	1946
[300]	An Werner Heisenberg	5.	Juli	1946
[301]	Von Erwin Schrödinger	15.	Juli	1946
[302]	Von Paul Ewald	5.	September	1946
[303]	Von Wolfgang Pauli	4.	Oktober	1946

[304]	An Albert Einstein	27.	Oktober	1946
[305]	An Hans Bethe	1.	November	1946
[306]	Von Carl Friedrich Weizsäcker	16.	November	1946
[307]	Von Albert Einstein	14.	Dezember	1946
[308]	Von Werner Heisenberg	7.	Februar	1947
[309]	Von Carl Friedrich Weizsäcker	11.	Februar	1947
[310]	An Werner Heisenberg	23.	Februar	1947
[311]	Von Paul Ewald	1.	April	1947
[312]	Von Max Born	24.	April	1947
[313]	An Ralph de Laer Kronig	25.	April	1947
[314]	An Friedrich Bopp	25.	April	1947
[315]	Von Friedrich Bopp	10.	Mai	1947
[316]	Von Ralph de Laer Kronig	19.	Mai	1947
[317]	Von Hans Bethe	20.	Mai	1947
[318]	Von Friedrich Bopp	24.	Mai	1947
[319]	An Walther Gerlach	5.	Juli	1947
[320]	Von Max von Laue	16.	Juli	1947
[321]	Von Werner Heisenberg	6.	Oktober	1947
[322]	Von Wolfgang Pauli	31.	Oktober	1947
[323]	An Albrecht Unsöld	14.	Dezember	1947
[324]	Von Werner Heisenberg	5.	Januar	1948
[325]	An Werner Heisenberg	15.	Januar	1948
[326]	An Albert Einstein	24.	Februar	1948
[327]	An Max Born	8.	April	1948
[328]	Von Max von Laue	26.	Mai	1948
[329]	An Albert Einstein	4.	August	1948
[330]	Von Ludwig Prandtl	26.	August	1948
[331]	Von Albert Einstein	5.	September	1948
[332]	An Ludwig Prandtl	9.	September	1948
[333]	Von Karl Bechert	30.	Oktober	1948
[334]	Von Robert A. Millikan	26.	November	1948
[335]	Von J. William Buchta	26.	November	1948
[336]	Von Erwin Schrödinger	13.	Februar	1949
[337]	Von Ludwig Prandtl	8.	März	1949
[338]	An Werner Heisenberg	11.	März	1949
[339]	An Albert Einstein	21.	April	1949
[340]	Von Linus Pauling	16.	Mai	1949
[341]	An William F. Meggers	26.	September	1949
[342]	An Robert C. Retherford, Willis E. Lamb	30.	Mai	1950
[343]	Von Erwin Schrödinger	6.	Dezember	1950
[344]	Von Oskar Perron		Januar	1951

Literaturverzeichnis

Abkürzungen

AdP	Annalen der Physik
AHES	Archive for History of Exact Sciences
AJP	American Journal of Physics
AoM	Annals of Mathematics
AoS	Annals of Science
CR	Comptes rendus
ErgNW	Ergebnisse der exakten Naturwissenschaften
HSPS	Historical Studies in the Physical Sciences
IndJPhys	Indian Journal of Physics (and Proceedings of the Indian Association for the Cultivation of Science)
MNRAS	Monthly Notices of the Royal Astronomical Society
NotAMS	Notices of the American Mathematical Society
NW	Die Naturwissenschaften
PhBl	Physikalische Blätter
PhysRev	Physical Review
PhZ	Physikalische Zeitschrift
PIrAc	Proceedings of the Royal Irish Academy
PM	Philosophical Magazine
PNA	Proceedings of the National Academy of Sciences
PRS	Proceedings of the Royal Society London
RMP	Reviews of Modern Physics
SB B	Sitzungsberichte der Preußischen Akademie der Wissenschaften Berlin
SB M	Sitzungsberichte der Bayerischen Akademie der Wissenschaften München
VDPG	Verhandlungen der Deutschen Physikalischen Gesellschaft
VfZ	Vierteljahrshefte für Zeitgeschichte
ZfAP	Zeitschrift für Astrophysik
ZfgN	Zeitschrift für die gesamte Naturwissenschaft
ZfN	Zeitschrift für Naturforschung
ZfP	Zeitschrift für Physik

Aaserud, Finn 1990: *Redirecting Science. Niels Bohr, Philanthropy, and the Rise of Nuclear Physics.* Cambridge: Cambridge University Press.
— 1999: The scientist and the statesman: Niels Bohr's political crusade during World War II. *HSPS* 30, S. 1–47.
Albrecht, Helmuth 1993a: „Max Planck: Mein Besuch bei Adolf Hitler" – Anmerkungen zum Wert einer historischen Quelle. In: Albrecht [1993b] S. 41–63.

Albrecht, Helmuth (Hg.) 1993b: *Naturwissenschaft und Technik in der Geschichte.* Stuttgart: GNT-Verlag.

Albrecht, Ulrich; Andreas Heinemann-Grüder und Arend Wellmann 1992: *Die Spezialisten. Deutsche Naturwissenschaftler und Techniker in der Sowjetunion nach 1945.* Berlin: Dietz-Verlag.

Allis, William P. und Philip M. Morse 1931: Theorie der Streuung langsamer Elektronen an Atomen. *ZfP* 70, S. 567–581.

Anderson, Carl D. 1961: Early Work on the Positron and Muon. *AJP* 29, S. 825–830.

Anderson, J. Milne; David Drasin und Linda R. Sons 1998: Johannes Fuchs (1915–1997). *NotAMS* 45, S. 1472–1478.

Anderson, Wilhelm 1930: Über den Samazustand „erster Art" und „zweiter Art". *ZfP* 58, S. 440–442.

Auger, Pierre 1938: Sur les nouvelles particules lourdes du rayonnement cosmique. *CR* 206, S. 346–349.

Back, Ernst 1921: Ein weiteres Zahlenmysterium in der Theorie des Zeemaneffektes. (Zum gleichnamigen Artikel des Herrn Sommerfeld in den Naturwissenschaften 1920 Heft 4). *NW* 9, S. 199–204.

— 1923a: Zur Kenntnis des Zeemaneffektes. *AdP* 70, S. 333–372.

— 1923b: Der Zeemaneffekt des Bogen- und Funkenspektrums von Mangan. *ZfP* 15, S. 206–243.

Bär, Richard; Max von Laue und Edgar Meyer 1923: Über den niedervoltigen Lichtbogen in Helium. *ZfP* 20, S. 83–95.

Barrett, Charles S. 1965: The Development of Superlattice Concepts. In: Smith [1965b] S. 347–354.

Baumann, Kurt und Roman U. Sexl 1987: *Die Deutungen der Quantentheorie.* Braunschweig, Wiesbaden: Vieweg.

Bechert, Karl 1930: Die Intensitäten von Dublettlinien nach der Diracschen Theorie. *AdP* 6, S. 700–720.

Bechert, Karl und M. A. Catalán 1926: Über das Bogenspektrum des Palladiums. *ZfP* 35, S. 449–463.

Beck, Guido; Hans Bethe und Wolfgang Riezler 1931: Bemerkung zur Quantentheorie der Nullpunktstemperatur. *NW* 19, S. 39.

Becker, Joseph A. 1924: The Compton and Duane Effects. *PNA* 10, S. 342–346.

Bergmann, Peter G. 1942: *Introduction to the Theory of Relativity.* New York: Prentice-Hall.

Bernstein, Jeremy 1981: *Prophet of Energy: Hans Bethe.* New York: Elsevier-Dutton.

— 1996: *Hitler's Uranium Club. The Secret Recordings at Farm Hall.* Woodbury, NY: American Institute of Physics.

Bethe, Hans 1928: Theorie der Beugung von Elektronen an Kristallen. *AdP* 87, S. 55–129.

— 1929: Termaufspaltung in Kristallen. *AdP* 3, S. 133–208.

— 1930: Zur Theorie des Zeemaneffektes an den Salzen der seltenen Erden. *ZfP* 60, S. 218–233.

— 1931a: Change of Resistance in Magnetic Fields. *Nature* 127, S. 336.
— 1931b: Zur Theorie der Metalle. I. Eigenwerte und Eigenfunktionen der linearen Atomkette. *ZfP* 71, S. 205–226.
— 1932: Bremsformel für Elektronen relativistischer Geschwindigkeit. *ZfP* 76, S. 293–299.
— 1933: Quantenmechanik der Ein- und Zwei-Elektronenprobleme. In: Smekal [1933a] S. 273–560.
— 1934: Quantitative Berechnung der Eigenfunktion von Metallelektronen. *Helvetica Physica Acta* 7(suppl. no. 2), S. 18–23.
— 1938: Energy Production in Stars. *PhysRev* 55, S. 434–456.
— 1979: The Happy Thirties. In: Stuewer [1979] S. 11–31.
— 1980: Recollections of solid state theory, 1926–1933. *PRS* A 371, S. 49–51.
— 1988: Paul Peter Ewald. *Biographical Memoirs of Fellows of the Royal Society* 34, S. 133–176.
Bethe, Hans und Robert F. Bacher 1935: Nuclear Physics. A: Stationary States of Nuclei. *RMP* 7, S. 82–229.
Bethe, Hans; Robert F. Bacher und M. Stanley Livingston 1986: *Basic Bethe. Seminal Articles on Nuclear Physics, 1936–1937.* New York: American Institute of Physics.
Bethe, Hans und Walter Heitler 1934: On the Stopping of Fast Particles and on the Creation of Positive Electrons. *PRS* A 146, S. 83–112.
Bethe, Hans und Rudolf Peierls 1935a: In: *International Conference on Physics.* London: The Physical Society London.
— 1935b: Quantum Theory of the Diplon. *PRS* A 148, S. 146–156.
Betz, Albrecht (Hg.) 1953: *Hydro- und Aerodynamik.* Bd. 11 von *Naturforschung und Medizin in Deutschland 1939–1946 (FIAT-Berichte).* Weinheim: Verlag Chemie.
Beyerchen, Alan D. 1982: *Wissenschaftler unter Hitler. Physiker im Dritten Reich.* Berlin: Ullstein.
Birge, R. T. 1921: Relativity shift of spectral lines. *Science* 53, S. 368–370.
Bjerrum, Niels 1912: Über die ultraroten Absorptionsspektren der Gase. In: *Festschrift W. Nernst* S. 90–98. Halle a. d. Saale: Verlag Wilhelm Knapp.
Blackett, Patrick M. S. 1938: Further evidence for the radioactive decay of mesotrons. *Nature* 142, S. 992.
Blackett, Patrick M. S. und James Franck 1925: Anregung von Spektren des Wasserstoffs durch Elektronenstoß. *AdP* 34, S. 389–401.
Blackett, Patrick M. S. und Guiseppe P. S. Occhialini 1933: Some Photographs of the Tracks of Penetrating Radiation. *PRS* A 139, S. 699–720.
Bloch, Felix 1928: Über die Quantenmechanik der Elektronen in Kristallgittern. *ZfP* 52, S. 555–600.
Blum, Walter; Hans Peter Dürr und Helmut Rechenberg (Hg.) 1985: *Werner Heisenberg. Gesammelte Werke.* Serie A, Part 1. Berlin, Heidelberg, New York, Tokyo: Springer.
Blumenthal, Otto 1913: Über die Entstehung einer turbulenten Flüssigkeitsbewegung. *SB M* S. 563–595.

Boehm, Laetitia 1984: Die Ludwig-Maximilians-Universität im Münchener Kulturleben zwischen Kriegszerstörung, Umerziehung und Richtfesten. In: Prinz [1984] S. 149-155.
Bohr, Niels 1913a: On the Theory of the Decrease of Velocity of Moving Electrified Particles on Passing Through Matter. *PM* 25, S. 10-31.
— 1913b: On the Constitution of Atoms and Molecules. Part II. Systems Containing Only a Single Nucleus. *PM* 26, S. 476-502.
— 1915a: On the Quantum Theory of Radiation and the Structure of the Atom. *PM* 30, S. 394-415.
— 1915b: On the Theory of the Decrease of Velocity of Swiftly Moving Electrified Particles in Passing Through Matter. *PM* 30, S. 581-613.
— 1918a: On the Quantum Theory of Line-Spectra. Part I. On the general theory. *Det Kongelige Danske Videnskabernes Selskabs Skrifter. Naturvidenskabelig og mathmatisk Afdeling* 8. Række, Bd. 2, S. 1-36.
— 1918b: On the Quantum Theory of Line-Spectra. Part II. On the hydrogen spectrum. *Det Kongelige Danske Videnskabernes Selskabs Skrifter. Naturvidenskabelig og mathmatisk Afdeling* 8. Række, Bd. 2, S. 37-100.
— 1920: Über die Serienspektra der Elemente. *ZfP* 2, S. 423-469.
— 1921a: *Abhandlungen über den Atombau aus den Jahren 1913 bis 1916. Autorisierte deutsche Übersetzung von Dr. Hugo Stintzing.* Braunschweig: Vieweg.
— 1921b: Atomernes Bygning og Stoffernes fysiske og kemiske Egenskaber. *Fysisk Tidsskrift* 19, S. 153-220.
— 1921c: Atomic Structure. *Nature* 107, S. 104-107.
— 1921d: Atomic Structure. *Nature* 108, S. 208-209.
— 1922a: *Drei Aufsätze über Spektren und Atombau.* Braunschweig: Vieweg.
— 1922b: On the Quantum Theory of Line-Spectra, Part III. On the spectra of elements of higher atomic number. *Det Kongelige Danske Videnskabernes Selskabs Skrifter. Naturvidenskabelig og mathmatisk Afdeling* 8. Række, Bd. 4, S. 101-118.
— 1922c: Der Bau der Atome und die physikalischen und chemischen Eigenschaften der Elemente. *ZfP* 9, S. 1-67.
— 1923a: Linienspektren und Atombau. *AdP* 71, S. 228-288.
— 1923b: Über den Bau der Atome. *NW* 11, S. 606-624.
— 1923c: *Über die Quantentheorie der Linienspektren.* Braunschweig: Vieweg.
— 1924: Zur Polarisation des Fluorescenzlichtes. *NW* 12, S. 1115-1117.
— 1936: Neutron Capture and Nuclear Constitution. *Nature* 137, S. 344-348.
— 1976: *The Correspondence Principle (1918-1923). Edited by J. Rud Nielsen.* Bd. 3 von *Collected Works.* Amsterdam, New York, Oxford: North-Holland.
— 1977: *The Periodic System (1920-1923). Edited by J. Rud Nielsen.* Bd. 4 von *Collected Works.* Amsterdam, New York, Oxford: North-Holland.
— 1981: *Work on Atomic Physics (1912-1917). Edited by Ulrich Hoyer.* Bd. 2 von *Collected Works.* Amsterdam, New York, Oxford: North-Holland.
Bohr, Niels und Dirk Coster 1923: Röntgenspektren und periodisches System der Elemente. *ZfP* 12, S. 342-374.
Bohr, Niels; Hendrik A. Kramers und John Clarke Slater 1924: The quantum theory of radiation. *PM* 47, S. 785-822.

Bopp, Friedrich 1947: Quantenmechanische Statistik und Korrelationsrechnung. *ZfN* 2a, S. 202–216.
— 1948: Arnold Sommerfeld 80 Jahre alt. *Naturwissenschaftliche Rundschau* 1, S. 232.
Born, Max 1920: *Die Relativitätstheorie Einsteins und ihre physikalischen Grundlagen. Gemeinverständlich dargestellt.* Berlin: Springer.
— 1923: Atomtheorie des festen Zustandes (Dynamik der Kristallgitter). In: *Encyklopädie der mathematischen Wissenschaften* Bd. V, Kap. 25, S. 527–781. Leipzig: Teubner.
— 1924: Über Quantenmechanik. *ZfP* 26, S. 379–395.
— 1925: *Vorlesungen über Atommechanik.* Berlin: Springer.
— 1926: *Probleme der Atommechanik. Dreißig Vorlesungen, gehalten im Wintersemester 1925/26 am Massachusetts Institute of Technology.* Berlin: Springer.
— 1930: Zur Quantentheorie der chemischen Kräfte. *ZfP* 64, S. 729–740.
— 1933a: Modified Field Equations with a Finite Radius of the Electron. *Nature* 132, S. 282.
— 1933b: *Optik.* Berlin: Springer.
— 1934: On the Quantum Theory of the Electromagnetic Field. *PRS* A 143, S. 410–437.
— 1948: Die Quantenmechanik und der zweite Hauptsatz der Thermodynamik. *AdP* 3, S. 107–114.
Born, Max (Hg.) 1969: *Albert Einstein, Hedwig und Max Born: Briefwechsel 1916–1955.* München: Nymphenburger Verlagshandlung.
Born, Max und Herbert S. Green 1946: *A General Kinetic Theory of Liquids.* Cambridge: Cambridge University Press.
Born, Max und Werner Heisenberg 1923: Die Elektronenbahnen im angeregten Heliumatom. *ZfP* 16, S. 229–243.
— 1924: Über den Einfluß der Deformierbarkeit der Ionen auf optische und chemische Konstanten. I. *ZfP* 23, S. 388–410.
Born, Max; Werner Heisenberg und Pascual Jordan 1926: Quantenmechanik. II. *ZfP* 35, S. 557–615.
Born, Max und Erich Hückel 1923: Zur Quantentheorie mehratomiger Molekeln. *PhZ* 24, S. 1–12.
Born, Max und Wolfgang Pauli 1922: Über die Quantelung gestörter mechanischer Systeme. *ZfP* 10, S. 137–158.
Born, Max und Fritz Sauter 1933: *Moderne Physik. Sieben Vorträge über Materie und Strahlung.* Berlin: Springer.
Bose, Satyendra Nath 1924: Plancks Gesetz und Lichtquantenhypothese. *ZfP* 26, S. 178–181. Übersetzt von A. Einstein.
Bothe, Walther und Hans Geiger 1925: Experimentelles zur Theorie von Bohr, Kramers und Slater. *NW* 13, S. 440–441.
Bragg, William L.; Charles G. Darwin und R. W. James 1926: The Intensity of Reflection of X-Rays by Crystals. *PM* 1, S. 897–922.
Brillouin, Léon 1914: Über die Fortpflanzung des Lichtes in dispergierenden Medien. *AdP* 44, S. 203–240.

— 1920: Le spectre continu des rayons X. *CR* 170, S. 274–276.
— 1921: L'agitation moléculaire et les lois du rayonnement thermique. *Le Journal de Physique et le Radium* 2, S. 140–155.
Brower, Tom 1981: *The pledge betrayed: America, Britain and the denazification of postwar Germany.* New York: Doubleday.
Brown, Laurie M. 1978: The idea of the neutrino. *Physics Today* 31, S. 340–345.
Brown, Laurie M.; Max Dresden und Lillian Hoddeson (Hg.) 1989: *Pions to Quarks: Particle Physics in the 1950s.* Cambridge: Cambridge University Press.
Brown, Laurie M.; Abraham Pais und Brian Pippard (Hg.) 1995: *Twentieth Century Physics.* Bristol, Philadelphia, New York: Institute of Physics Publishing and American Institute of Physics.
Brown, Laurie M. und Helmut Rechenberg 1991: Quantum field theories, nuclear forces, and the cosmic rays (1934–1938). *AJP* 59, S. 595–605.
Brück, Hermann 1928: Über die wellenmechanische Berechnung von Gitterkräften und die Bestimmung von Ionengrößen, Kompressibilitäten und Gitterenergien bei einfachen Salzen. *ZfP* 51, S. 707–727.
Bruggencate, Paul ten 1948: Die Altersbestimmung von Sternen. Bemerkungen zur Jordanschen Kosmologie. (Veröffentlichungen der Universitätssternwarte zu Göttingen Nr. 85) *ZfAP* 24, S. 48–58.
Burger, Hermann Carel und Hendrik Berend Dorgelo 1924: Beziehungen zwischen inneren Quantenzahlen und Intensitäten von Mehrfachlinien. *ZfP* 23, S. 258–266.
Burgers, Johannes Martinus 1939: Mathematical examples illustrating relations occuring in the theory of turbulent fluid motion. *Proceedings Amsterdam* 17, S. 1.
Bush, Vannevar 1931: Differential Analyzer, A New Machine for Solving Differential Equations. *Journal of the Franklin Institute* 212, S. 447–488.
Bush, Vannevar und Samuel H. Caldwell 1931: Thomas-Fermi equation solution by the differential analyzer. *PhysRev* 38, S. 1898–1902.
Butzer, Paul Leo 1995: Otto Blumenthal 1876–1944. Unter Mitwirkung von Ulrich Kalkmann, Aloys Krieg und Lutz Volkmann. In: Habetha [1995] S. 186–195.
Cassidy, David C. 1979a: Heisenberg's First Core Model of the Atom: The Formation of a Professional Style. *HSPS* 10, S. 187–224.
— 1979b: Gustav Hertz, Hans Geiger und das Physikalische Institut der Technischen Hochschule Berlin in den Jahren 1933 bis 1945. In: Rürup [1979] S. 373–387.
— 1981: Cosmic ray showers, high energy physics, and quantum field theories: Pragmatic interactions in the 1930s. *HSPS* 12, S. 1–39.
— 1991: *Uncertainty. The Life and Science of Werner Heisenberg.* New York: Freeman.
— 1993a: Atomic Conspiracies. *Nature* 363, S. 311–312.
— 1993b: Werner Heisenberg – Die deutsche Wissenschaft und das Dritte Reich. In: Albrecht [1993b] S. 65–80.
— 1994: Controlling German Science, I: U.S. and Allied forces in Germany, 1945–1947. *HSPS* 24(2), S. 197–235.

Catalán, M. A. 1925: Über spektrale Gesetzmäßigkeiten bei den Atomen der Eisenreihe. *SB M* S. 15–22.

Chadwick, J.; P. M. S. Blackett und Guiseppe P. S. Occhialini 1934: Some experiments on the Production of Positive Electrons. *PRS* A 144, S. 235–249.

Chandrasekhar, Subrahamayan 1985: Hydrodynamic Stability and Turbulence (1922–1948). In: Blum et al. [1985] S. 19–24.

Charlier, Carl Ludwig 1902: *Die Mechanik des Himmels. Vorlesungen.* Bd. 1. Leipzig: Veit.

— 1907: *Die Mechanik des Himmels. Vorlesungen.* Bd. 2. Leipzig: Veit.

Citron, Louis 1924: Über das Verhalten des Viellinienspektrum des Wasserstoffs bei tiefen Temperaturen. (Gekürzte Münchener Dissertation.) *AdP* 73, S. 470–476.

Coblentz, William W. 1927: Die Ergebnisse der bisherigen Temperaturmessungen des Planeten Mars. *NW* 15, S. 809–814.

Cochrane, Rexmond C. 1966: *Measures for Progress. A History of the National Bureau of Standards.* Washington, D.C.: National Bureau of Standards, US Department of Commerce.

Compton, Arthur H. 1923: Absorption Measurements of the Change of Wave-Length Accompanying the Scattering of X-Rays. *PM* 46, S. 897–911.

— 1924: The scattering of X-rays. *Journal of the Franklin Institute* 198, S. 817–820.

Compton, Arthur H. und Alfred W. Simon 1925: Measurements of β-Rays Associated With Scattered X-Rays. *PhysRev* 25, S. 306–313.

Convegno 1932: *Convegno de Fisica Nucleare Ottobre 1931–IX.* Roma: Reale Accademia d'Italia.

Darwin, Charles Galton 1920: The Dynamical Motions of Charged Particles. *PM* 39, S. 537–551.

— 1922: A Quantum Theory of Optical Dispersion. *Nature* 110, S. 841–842.

— 1928: The Wave Equations of the Electron. *PRS* A 118, S. 654–680.

— 1929: The Electromagnetic Equation in the Quantum Theory. *Nature* 123, S. 203.

Debye, Peter 1923: Zerstreuung von Röntgenstrahlen und Quantentheorie. *PhZ* 24, S. 161–166.

— 1929a: *Polare Molekeln.* Leipzig: Hirzel.

Debye, Peter (Hg.) 1929b: *Probleme der modernen Atomphysik. Arnold Sommerfeld zu seinem 60. Geburtstage gewidmet von seinen Schülern.* Leipzig: Hirzel.

— 1930: *Elektroneninterferenzen. Leipziger Vorträge.* Leipzig: Hirzel.

DeVorkin, H. und Ralph Kenat 1983: Quantum Physics and the Stars (II): Henry Norris Russell and the abundances of the elements in the atmospheres of the sun and stars. *Journal for the History of Astronomy* 14, S. 180–222.

Dirac, Paul Adrien Maurice 1925: The Fundamental Equations of Quantum Mechanics. *PRS* A 109, S. 642–653.

— 1926a: Relativity Quantum Mechanics with an Application to Compton Scattering. *PRS* A 111, S. 405–423.

— 1926b: On the Theory of Quantum Mechanics. *PRS* A 112, S. 661–677.

— 1927: The Physical Interpretation of the Quantum Dynamics. *PRS* A 113, S. 621–641.
— 1928: The quantum theory of the electrons. *PRS* A 117, S. 610–624.
— 1930: *The Principles of Quantum Mechanics.* Oxford: Oxford University Press.
Distel, Fritz 1932: Über das Gültigkeitsgebiet der Bornschen Stoßprozesse. *ZfP* 74, S. 785–809.
Dorgelo, Hendrik Berend 1925: Beschouwingen en metingen aangaande de energieverdeeling over de lijnen der hoofdserie in een neonzuil. *Physica* 5, S. 90–101.
Dresden, Max 1987: *H. A. Kramers. Between Tradition and Revolution.* Berlin: Springer.
Eckart, Carl 1928: Über die Elektronentheorie der Metalle, insbesondere Voltaeffekt. *ZfP* 47, S. 38–42.
Eckert, Michael 1985: Die »Deutsche Physik« und das Deutsche Museum: Eine Fallstudie zum Verhältnis von Wissenschaft, Ideologie und Institution. *PhBl* 41, S. 87–92.
— 1987: Propaganda in science: Sommerfeld and the spread of electron theory of metals. *HSPS* 17(2), S. 191–233.
— 1990: Sommerfeld und die Anfänge der Festkörperphysik. *Wissenschaftliches Jahrbuch des Deutschen Museums* S. 33–71.
— 1993: *Die Atomphysiker. Eine Geschichte der theoretischen Physik am Beispiel der Sommerfeldschule.* Braunschweig, Wiesbaden: Vieweg.
— 1997: Planck und Sommerfeld: Revolutionäre physikalischen Denkens. *Kultur und Technik* (Heft 4), S. 38–45.
Eckert, Michael und Karl Märker (Hg.) 2000: *Arnold Sommerfeld: Wissenschaftlicher Briefwechsel. Band 1: 1892–1918.* Berlin, Diepholz, München: GNT-Verlag.
Eckert, Michael; Willibald Pricha; Helmut Schubert und Gisela Torkar 1984: *Geheimrat Sommerfeld – Theoretischer Physiker. Eine Dokumentation aus seinem Nachlaß.* München: Deutsches Museum.
Eddington, Arthur S. 1923: *Raum, Zeit und Schwere. Ein Umriß der allgemeinen Relativitätstheorie.* Braunschweig: Vieweg.
— 1926: *Internal Constitution of the Stars.* Cambridge: Cambridge University Press.
— 1929: The Charge of an Electron. *PRS* A 122, S. 358–369.
— 1946: *Fundamental Theory.* Cambridge: Cambridge University Press.
Einstein, Albert 1916: Quantentheorie der Strahlung. *Mitteilungen der Physikalischen Gesellschaft Zürich* 16, S. 47–62.
— 1917: Zur Quantentheorie der Strahlung. *PhZ* 18, S. 121–128.
— 1921: Über ein den Elementarprozeß der Lichtemission betreffendes Experiment. *SB B* S. 882–883.
— 1922: Zur Theorie der Lichtfortpflanzung in dispergierenden Medien. *SB B* S. 18–22.
— 1924: Quantentheorie des einatomigen idealen Gases. *SB B* S. 261–267.
— 1925: Quantentheorie des idealen Gases. *SB B* S. 18–25.
— 1945: Generalization of the relativistic theory of gravitation. *AoM* 46, S. 578–584.

— 1946: Generalization of the relativistic theory of gravitation. *AoM* 47, S. 731–741.

— 1953: *Mein Weltbild. Herausgegeben von Carl Seelig.* Zürich, Stuttgart, Wien: Europa Verlag.

Einstein, Albert und Peter Bergmann 1938: Generalization of Kaluza's Theory of Electricity. *AoM* 39, S. 683–701.

Einstein, Albert und N. Rosen 1935: The particle problem in the general theory of relativity. *PhysRev* 48, S. 73–77.

Ellis, C. D. und N. Mott 1933: Energy Relations in the β-Ray Type of Radioactive Disintegration. *PRS* A 141, S. 502–511.

Emden, Robert 1907: *Gaskugeln. Anwendungen der mechanischen Wärmetheorie auf kosmologische und meteorologische Probleme.* Leipzig: Teubner.

Epstein, Paul S. 1916: Zur Theorie des Starkeffektes. *AdP* 50, S. 489–521.

— 1922a: Die Störungstheorie im Dienste der Quantentheorie. I. Eine Methode der Störungsrechnung. *ZfP* 8, S. 211–228.

— 1922b: Die Störungstheorie im Dienste der Quantentheorie. II. Die numerische Durchführung der Methode. *ZfP* 8, S. 305–320.

— 1922c: Die Störungstheorie im Dienste der Quantentheorie. III. Kritische Bemerkungen zur Dispersionstheorie. *ZfP* 9, S. 92–110.

Euler, Hans und Werner Heisenberg 1938: Theoretische Gesichtspunkte zur Deutung der kosmischen Strahlung. *ErgNW* 17, S. 1–69.

Euler, Hans und Bernhard Kockel 1935: Über spiegelbildliche Naturfarbstoffe. *NW* 23, S. 246–247.

Ewald, Peter Paul 1923: *Kristalle und Röntgenstrahlen.* Berlin: Springer.

Ewald, Peter Paul (Hg.) 1962: *Fifty Years of X-Ray Diffraction.* Utrecht: International Union of Crystallography.

Ewald, Peter Paul 1969: The Myth of the Myths; Comments on P. Forman's Paper. *AHES* 6, S. 72–81.

Feenberg, Eugene und Eugene Wigner 1937: On the Structure of the Nuclei Between Helium and Oxygen. *PhysRev* 51, S. 95–106.

Fehrle, Karl 1920: Über eine neue periodische Beziehung zwischen den Atomgewichten der chemischen Elemente. *PhZ* 21, S. 162–166.

Fermi, E. 1926: Zur Quantelung des idealen einatomigen Gases. *ZfP* 36, S. 902–912.

— 1928a: Eine statistische Methode zur Bestimmung einiger Eigenschaften des Atoms und ihre Anwendung auf die Theorie des periodischen Systems der Elemente. *ZfP* 48, S. 73–79.

— 1928b: Statistische Berechnungen der Rydbergkorrektionen der s-Terme. *ZfP* 49, S. 550–554.

— 1932: Quantum Theory of Radiation. *RMP* 4, S. 87–132.

Fieberg, Gerhard 1989: *Im Namen des Deutschen Volkes. Justiz und Nationalsozialismus. Katalog zur Ausstellung des Bundesministeriums der Justiz.* Köln: Verlag Wissenschaft und Politik.

Finkelnburg, Wolfgang 1948: *Einführung in die Atomphysik.* Berlin, Göttingen, Heidelberg: Springer.

Fleming, Donald und Bernard Bailyn (Hg.) 1969: *The Intellectual Migration. Europe and America, 1930-1960.* Cambridge, Mass.: Harvard University Press.
Flügge, Siegfried 1946: Hans Georg Küssner: Principia Physica. *NW* 33, S. 223.
Fölsing, Albrecht 1993: *Albert Einstein. Eine Biographie.* Frankfurt a. M.: Suhrkamp.
— 1995: *Wilhelm Conrad Röntgen. Aufbruch ins Innere der Materie.* München: Carl Hanser.
Foote, Paul D.; William F. Meggers und Ferdinand L. Mohler 1922a: The Excitation of the Enhanced Spectra of Sodium and Potassium in a Low Voltage Arc. *Astrophysical Journal* 55, S. 145–161.
Foote, Paul D.; F. L. Mohler und William F. Meggers 1922b: A Significant Exception to the Principle of Selection. *PM* 43, S. 659–661.
Forman, Paul 1967: *The environment and practice of atomic physics in Weimar Germany: a study.* Phd thesis University of California Berkeley.
— 1968: The Doublett Riddle in Atomic Physics circa 1924. *Isis* 59, S. 156–174.
— 1969: The Discovery of the Diffraction of X-Rays by Crystals; A Critique of the Myths. *AHES* 6, S. 38–71.
— 1970: Alfred Landé and the Anomalous Zeeman Effect, 1919–1921. *HSPS* 2, S. 153–261.
Försterling, K. und G. Hansen 1923: Zeemaneffekt der roten und blauen Wasserstofflinie. *ZfP* 18, S. 26–33.
Fowler, Ralph H. 1926: On Dense Matter. *MNRAS* 87, S. 114–122.
Franck, James 1922: Bemerkung über Anregungs- und Ionisierungsspannung des Heliums. *ZfP* 11, S. 155–160.
— 1935: Beitrag zum Problem der Kohlensäure-Assimilation. *NW* 23, S. 226–229.
Franck, James und Pascual Jordan 1926: *Anregung von Quantensprüngen durch Stöße.* Berlin: Springer.
Franck, James und Paul Knipping 1919: Die Ionisierungsspannungen des Heliums. *PhZ* 20, S. 481–488.
Franck, James und Hilde Levi 1935: Zum Mechanismus der Sauerstoff-Aktivierung durch fluoreszenzfähige Farbstoffe. *NW* 23, S. 229–230.
Frank, Charles (Hg.) 1993: *The Farm Hall Transcripts.* Bristol, Philadelphia: Institute of Physics Publishing.
Frank, Philipp und Richard von Mises 1927: *Die Differential- und Integralgleichungen der Mechanik und Physik als 7. Auflage von Riemann-Webers Partiellen Differentialgleichungen der mathematischen Physik. Zweiter physikalischer Teil.* Braunschweig: Vieweg.
Frank, Philipp und Richard von Mises 1935: *Die Differential- und Integralgleichungen der Mechanik und Physik. Zweiter physikalischer Teil.* Braunschweig: Vieweg.
Frayn, Michael 2001: *Kopenhagen. Stück in zwei Akten. Mit einem Anhang: Zwölf wissenschaftshistorische Lesarten zu „Kopenhagen", zusammengestellt von Matthias Dörries.* Göttingen: Wallstein.
Frerichs, Rudolf 1925: Intensitätsmessungen in Multipletts. *ZfP* 31, S. 305–310.
Fricke, Hermann 1934: *Die im Innern erdähnliche Sonne.* Weimar: Borkmann.

— 1939a: Die Notwendigkeit einer „Gesellschaft für Weltätherforschung und anschauliche Physik". In: Fricke [1939b] S. 102–108.

— 1939b: *Weltätherforschung. Ein Aufbauprogramm nach dem Umsturz der Physik.* Weimar: Rudolf Borkmann.

Friedrich-Freksa, H. 1946: Bericht über Arbeiten von L. Pauling und Mitarbeitern über die Bildung von Antikörpern in vitro und über Haptene mit 2 und mehr Haftgruppen. *ZfN* 1, S. 44–46.

Frisch, D. H. und J. H. Smith 1963: Measurement of the relativistic time dilation using mu-mesons. *AJP* 31, S. 342–355.

Frisch, Karl von 1940: *Zehn kleine Hausgenossen.* München: Heimeran.

Fröhlich, Herbert 1961: The Theory of the Superconducting State. *Reports on Progress in Physics* 24, S. 1–23.

Fuchs, Richard und Ludwig Hopf 1922: *Aerodynamik.* Berlin: Richard Carl Schmidt & Co.

Fues, Erwin 1926a: Zur Intensität der Bandenlinien und des Affinitätsspektrums zweiatomiger Moleküle. *AdP* 81, S. 281–313.

— 1926b: Das Eigenschwingungsspektrum zweiatomiger Moleküle in der Undulationsmechanik. *VDPG* 7, S. 25–26.

Galison, Peter 1989: *How Experiments End.* Chicago, London: University of Chicago Press.

Gehrcke, Ernst 1925: Bemerkungen über die Arbeit von Hrn. van Cittert: „Zur Messung der Feinstruktur der Wasserstofflinien mit der Lummer-Gehrcke-Platte". *AdP* 78, S. 461–464.

Geiger, Moritz 1921: *Die philosophische Bedeutung der Relativitätstheorie. Vortrag, gehalten im 1. Zyklus gemeinverständlicher Einzelvorträge, veranstaltet von der Universität München.* Halle: Niemeyer.

Gelber, H. G. 1965: Der Morgenthau-Plan. *VfZ* 13, S. 372–402.

Gerber, Johannes 1969: Geschichte der Wellenmechanik. *AHES* 5, S. 349–416.

Gimbel, John 1990: *Science, Technology and Reparations. Exploitation and Plunder in Postwar Germany.* Stanford: Stanford University Press.

Glaser, Ludwig 1939: Die Sommerfeldsche Feinstrukturkonstante als prinzipielle Frage der Physik. *ZfgN* 5, S. 289–331.

Gleich, Gerold von 1930: Über die Grundlagen der Einsteinschen Gravitationstheorie. *ZfP* 56, S. 262–285.

Goldstine, Hermann H. 1983: *The Computer from Pascal to Neumann.* Princeton: Princeton University Press.

Goodstein, Judith R. 1984: Atoms, Molecules, and Linus Pauling. *Social Research* 51, S. 691–708.

Gordon, Walter 1928: Die Energieniveaus des Wasserstoffatoms nach der Diracschen Quantentheorie des Elektrons. *ZfP* 48, S. 11–14.

Götze, Raimund 1921: Liniengruppen und innere Quanten. *AdP* 66, S. 285–292.

Goudsmit, Samuel A. 1925: Über die Komplexstruktur der Spektren. *ZfP* 32, S. 794–798.

— 1986: *ALSOS.* Los Angeles: Tomash Publishers.

Goudsmit, Samuel A. und George E. Uhlenbeck 1925: Opmerking over de Spectra van Waterstof en Helium. *Physica* 5, S. 266–270.

Gray, George W. 1978: *Education on an International Scale. A History of the International Education Board 1923-1938*. Westport, Connecticut: Greenwood Press, Publishers.

Grebe, Leonhard und Albert Bachem 1920: Über die Einsteinverschiebung im Gravitationsfeld der Sonne. *ZfP* 1, S. 51–54.

Green, Jerome B. 1923a: Note on Relativistic Röntgen L-Doublets and the „Screening Constant". *PhysRev* 21, S. 397–401.

— 1923b: Note on Relativistic Röntgen L-Doublets and the Screening Constant; A Correction. *PhysRev* 22, S. 546.

Greenaway, Frank 1996: *Science International. A history of the International Council of Scientific Unions*. Cambridge: Cambridge University Press.

Groves, Leslie R. 1983: *Now It Can Be Told. The Story of the Manhattan Project*. New York: DaCapo.

Habetha, Klaus (Hg.) 1995: *„Wissenschaft zwischen technischer und gesellschaftlicher Herausforderung: Die Rheinisch-Westfälische Technische Hochschule Aachen 1970 bis 1995*. Aachen: Einhard-Verlag.

Haigerloch, Stadtverwaltung (Hg.) 1982: *Atom-Museum Haigerloch*. Haigerloch: Stadtverwaltung.

Handel, Kai 1994: *Historische Entwicklung der mikroskopischen Theorie der Supraleitung*. Diplomarbeit Universität Hamburg.

— 1999: *Anfänge der Halbleiterforschung und -entwicklung. Dargestellt an den Biographien von vier deutschen Halbleiterpionieren*. Dissertation RWTH Aachen.

Handel, Paul von 1947: *Gedanken über Physik und Metaphysik. Erkenntnistheoretische Wandlungen im Weltbild der Naturwissenschaften*. Bergen: Müller und Kiepenheuer.

Hanle, Paul A. 1982: *Bringing Aerodynamics to America*. Cambridge, Mass.: MIT Press.

Hanle, Wilhelm und Herbert Jehle 1981: Nachruf auf Karl Bechert (1901–1981). *PhBl* 37, S. 376–377.

Hansen, Gerhard 1925: Die Feinstruktur der Balmerlinien. *AdP* 78, S. 558–600, Tafel VI und VII.

Hansen, Hans Marius und Jacob Christian Jacobsen 1921: Über die magnetische Zerlegung der Feinstrukturkomponenten der Linien des Helium-Funkenspektrums. *Det Kongelige Danske Videnskabernes Selskabs Skrifter. Naturvidenskabelig og mathmatisk Afdeling* 3(11).

Hartree, Douglas Rayner 1928: The Wave Mechanics of an Atom with a Noncoulomb Central Field. Part I. Theory and Methods. Part II. Some Results and Discussions. Part III. Term Values and Intensities in Series in Optical Spectra. *Proceedings of the Cambridge Philosophical Society* 24, S. 89–110, 111–132, 426–437.

— 1940: The Bush Differential Analyzer and Its Applications. *Nature* 146, S. 319–323.

Hausmann, Frank-Rutger 2001: „Auch im Krieg schweigen die Musen nicht." Die ‚Deutschen Wissenschaftlichen Institute' (DWI) im Zweiten Weltkrieg (1940–1945). *Jahrbuch des Historischen Kollegs* S. 123–163.

Heckmann, Otto; Pascual Jordan und Walter Fricke 1951: Zur erweiterten Gravitationstheorie. I. Herrn W. Lenz verspätet zum 60. Geburtstag. *ZfAP* 28, S. 113–149.

Heiber, Helmut 1992: *Universität unterm Hakenkreuz. Teil II, Band 1.* München: Saur.

Heilbron, John L. 1967: The Kossel-Sommerfeld Theory and the Ring Atom. *Isis* 58, S. 451–485.

— 1983: The origins of the exclusion principle. *HSPS* 13(2), S. 261–310.

— 1986: *The Dilemmas of an Upright Man. Max Planck as Spokesman for German Science.* Berkeley: University of California Press.

Heilbron, John L. und Robert W. Seidel 1989: *Lawrence and his Laboratory. A History of the Lawrence Berkeley Laboratory.* Bd. I. Berkeley: University of California Press.

Heinemann, Manfred 1990a: Der Wiederaufbau der Kaiser-Wilhelm-Gesellschaft und die Neugründungen der Max-Planck-Gesellschaft (1945–1949). In: Vierhaus und Brocke [1990] S. 407–470.

Heinemann, Manfred (Hg.) 1990b: *Hochschuloffiziere und Wiederaufbau des Hochschulwesens in Westdeutschland 1945–1952. Teil 2: Die US-Zone.* Geschichte von Bildung und Wissenschaft, Reihe B, Band 2. Hildesheim: Verlag August Lax.

Heinrich, Rudolf und Hans-Reinhard Bachmann 1989: *Walther Gerlach. Physiker, Lehrer, Organisator. Dokumente aus seinem Nachlaß.* München: Deutsches Museum.

Heisenberg, Elisabeth 1991: *Das politische Leben eines Unpolitischen. Erinnerungen an Werner Heisenberg.* München, Zürich: Piper.

Heisenberg, Werner 1922a: Die absoluten Dimensionen der Kármánschen Wirbelbewegung. *PhZ* 23, S. 363–366.

— 1922b: Zur Quantentheorie der Linienstruktur und der anomalen Zeemaneffekte. *ZfP* 8, S. 273–297.

— 1924a: Über Stabilität und Turbulenz von Flüssigkeitsströmungen. *AdP* 74, S. 577–627.

— 1924b: Nichtlaminare Lösungen der Differentialgleichungen für reibende Flüssigkeiten. In: Kármán und Levi-Civita [1924] S. 139–142.

— 1925a: Über eine Anwendung des Korrespondenzprinzips auf die Frage nach der Polarisation des Fluoreszenzlichtes. *ZfP* 31, S. 617–628.

— 1925b: Zur Quantentheorie der Multiplettstruktur und der anomalen Zeemaneffekte. *ZfP* 32, S. 841–860.

— 1925c: Über die quantentheoretische Umdeutung kinematischer und mechanischer Beziehungen. *ZfP* 33, S. 879–893.

— 1926a: Mehrkörperproblem und Resonanz in der Quantenmechanik. *ZfP* 38, S. 411–426.

— 1926b: Schwankungserscheinungen und Quantenmechanik. *ZfP* 40, S. 501–506.

— 1927: Mehrkörperprobleme und Resonanz in der Quantenmechanik. II. *ZfP* 41, S. 239–267.

— 1930: *Die Physikalischen Prinzipien der Quantentheorie.* Leipzig: Hirzel.

— 1938: Die Absorption der durchdringenden Komponente der Höhenstrahlung. *AdP* 33, S. 594–599.
— 1939: Zur Theorie der explosionsartigen Schauer in der kosmischen Strahlung. II. *ZfP* 113, S. 61–86.
— 1941a: Die durchdringende Komponente der Höhenstrahlung. *Angewandte Chemie* 54, S. 348.
— 1941b: Goethesche und Newtonsche Farbenlehre im Lichte der modernen Physik. *Geist der Zeit. Wesen und Gestalt der Völker (Organ des Deutschen Akademischen Auslandsdienstes)* 19, S. 261–275.
— 1942a: Die ‚beobachtbaren Größen' in der Theorie der Elementarteilchen. *ZfP* 120, S. 513–538.
— 1942b: Die beobachtbaren Größen in der Theorie der Elementarteilchen. II. *ZfP* 120, S. 673–702.
— 1944: Die beobachtbaren Größen in der Theorie der Elementarteilchen. III. *ZfP* 123, S. 93–112.
— 1946a: Über die Arbeiten zur technischen Ausnutzung der Atomkernenergie in Deutschland. *NW* 33, S. 325–329.
— 1946b: Zur Elektronentheorie der Supraleitung. *PhBl* 2, S. 220.
— 1946c: Der mathematische Rahmen der Quantentheorie der Wellenfelder. *ZfN* 1, S. 608–622.
— 1947: Zur Theorie der Supraleitung. *ZfN* 2a, S. 185–201.
— 1948: Zur statistischen Theorie der Turbulenz. *ZfP* 124, S. 628–654.
— 1952: On the stability of laminar flow. In: *Proceedings of the International Congress of Mathematicians (30. August bis 6. September 1950)*. Bd. II. S. 292–296. Providence, Rhode Island: American Mathematical Society.
— 1973: *Der Teil und das Ganze. Gespräche im Umkreis der Atomphysik.* München: Deutscher Taschenbuch Verlag.
Heisenberg, Werner und Max Born 1924: Über den Einfluß der Deformierbarkeit der Ionen auf optische und chemische Konstanten. I. *ZfP* 23, S. 388–410.
Heisenberg, Werner und Hans Euler 1936: Folgerungen aus der Diracschen Theorie des Positrons. *ZfP* 98, S. 714–732.
Heisenberg, Werner und Wolfgang Pauli 1929: Zur Quantendynamik der Wellenfelder. *ZfP* 56, S. 1–61.
— 1930: Zur Quantentheorie der Wellenfelder. II. *ZfP* 59, S. 168–190.
Heitler, Walter 1925: Zu Einsteins Ableitung des Planckschen Strahlungsgesetzes. *ZfP* 34, S. 526–531.
— 1926: Zur Thermodynamik und Statistik der Quantenprozesse. (Beitrag zur Intensitätsfrage der Spektrallinien.) *ZfP* 36, S. 101–119.
— 1930: Der gegenwärtige Stand der quantenmechanischen Theorie der homöopolaren Bindung. *PhZ* 31, S. 185–204.
— 1941: The Influence of Radiation Damping in the Scattering of Light and Mesons by Free Particles. I. *Proceedings of the Cambridge Philosophical Society* 37, S. 291–300.
Heitler, Walter und Gerhard Herzberg 1929: Eine spektroskopische Bestätigung der quantenmechanischen Theorie der homöopolaren Bindung. *ZfP* 53, S. 52–56.

Heitler, Walter und Fritz London 1927: Wechselwirkung neutraler Atome und homöopolare Bindung nach der Quantenmechanik. *ZfP* 44, S. 455–472.

Heitler, Walter und Georg Rumer 1931: Quantentheorie der chemischen Bindung für mehratomige Moleküle. *PhZ* 68, S. 12–41.

Heitler, Walter und Fritz Sauter 1933: Stopping of Fast Particles with Emission of Radiation and the Birth of Positive Electrons. *Nature* 132, S. 892.

Hendry, John (Hg.) 1984: *Cambridge Physics in the Thirties.* Bristol: Adam Hilger.

Henneberg, Walter 1932: Streuung von Elektronen an Quecksilber. *NW* 20, S. 561–562.

— 1933: Zur Streuung von Elektronen an schweren Atomen. Gekürzte Münchener Dissertation. *ZfP* 83, S. 535–580.

Hentschel, Klaus 1990: *Interpretationen und Fehlinterpretationen der speziellen und der allgemeinen Relativitätstheorie durch Zeitgenossen Albert Einsteins.* Band 6 von *Science Networks, Historical Studies.* Basel, Boston, Berlin: Birkhäuser.

— 1992a: Grebe/Bachems photometrische Analyse der Linienprofile und die Gravitationsrotverschiebung: 1919–1922. *AoS* 49, S. 21–46.

— 1992b: *Der Einsteinturm.* Heidelberg: Springer.

Hentschel, Klaus und Ann M. Hentschel (Hg.) 1996: *Physics and National Socialism. An Anthology of Primary Sources.* Bd. 18 von *Science Networks. Historical Studies.* Basel, Boston, Berlin: Birkhäuser.

Herbst, Ludolf 1996: *Das nationalsozialistische Deutschland 1933–1945.* Moderne Deutsche Geschichte Band 10. Frankfurt a. M.: Suhrkamp.

Hermann, Armin 1968: *Albert Einstein/Arnold Sommerfeld. Briefwechsel. 60 Briefe aus dem goldenen Zeitalter der modernen Physik.* Basel, Stuttgart: Schwabe & Co.

— 1993: *Die Jahrhundertwissenschaft. Werner Heisenberg und die Geschichte der Atomphysik.* Reinbek: Rowohlt.

— 1995: Die Deutsche Physikalische Gesellschaft 1899–1945. *PhBl* 51, S. F61–F105.

Hermann, Armin; John Krige; Ulrike Mersits und Dominique Pestre 1987: *History of CERN, Vol. 1.* Amsterdam: North-Holland.

Hermann, Carl 1923: Über die natürliche optische Aktivität der regulären Kristalle $NaClO_3$ und $NaBrO_3$. *ZfP* 16, S. 103–134.

Hertz, Paul 1922: Über Axiomensysteme für beliebige Satzsysteme. I. Teil. *Mathematische Annalen* 87, S. 246–269.

— 1923: *Über das Denken und seine Beziehung zur Anschauung. Erster Teil: Über den funktionalen Zusammenhang zwischen auslösendem Erlebnis und Enderlebnis bei elementaren Prozessen.* Berlin: Springer.

Herzfeld, Karl Ferdinand 1933: Größe und Bau der Moleküle. In: Smekal [1933b] S. 1–252.

Heurlinger, Torsten 1918: *Untersuchungen über die Struktur der Bandenspektren.* Dissertation Universität Lund.

Hilbert, David 1912: *Grundzüge einer allgemeinen Theorie der linearen Integralgleichungen.* Leipzig: Teubner.

Hoch, Paul K. und E. J. Yoxen 1987: Schrödinger at Oxford: A Hypothetical National Cultural Synthesis which Failed. *AoS* 44, S. 593–616.

Hoddeson, Lillian; Gordon Baym und Michael Eckert 1987: The development of the quantum mechanical electron theory of metals. *RMP* 59, S. 287–327.

Hoddeson, Lillian; Ernest Braun; Jürgen Teichmann und Spencer Weart (Hg.) 1992: *Out of the Crystal Maze. Chapters from the History of Solid-State Physics.* New York, Oxford: Oxford University Press.

Hoffmann, Dieter (Hg.) 1993: *Operation Epsilon. Die Farm-Hall-Protokolle oder Die Angst der Alliierten vor der deutschen Atombombe.* Berlin: Rowohlt.

Hogner, Einar 1928: On the Theory of Ship Wave Resistance. *Arkiv för Matematik, Astronomi och Fysik* 21(7), S. 1–11.

Holton, Gerald 1974: Striking Gold in Science: Fermi's Group and the Recapture of Italy's Place in Physics. *Minerva* 12, S. 159–198.

Holtsmark, Johan 1928: Zur Theorie der Streuung langsamer Elektronen. *ZfP* 48, S. 231–243.

Hopf, Ludwig 1914: Der Verlauf kleiner Schwingungen auf einer Strömung reibender Flüssigkeit. *AdP* 44, S. 1–60.

— 1931: *Relativitätstheorie.* Bd. 14 von *Verständliche Wissenschaft.* Berlin: Springer.

— 1933: *Einführung in die Differentialgleichungen der Physik.* Sammlung Göschen. Leipzig: Teubner.

— 1934: *Mechanik des Flugzeugs.* Bd. I. von *Aerodynamik.* Berlin: Springer. 2. Aufl.

Hopfield, John Joseph 1924: Series Spectra in Oxygen in the Region $\lambda\, 900 - \lambda\, 1400$. *Astrophysical Journal* 59, S. 114–124.

Houston, William V. 1928a: Die Elektronenemission kalter Metalle. *ZfP* 47, S. 33–37.

— 1928b: Elektrische Leitfähigkeit auf Grund der Wellenmechanik. *ZfP* 48, S. 448–468.

— 1929: The Temperature Dependance of the Electrical Conductivity. *PhysRev* 34, S. 279–283.

— 1937: A New Method of Analysis of the Structure of H_α and D_α. *PhysRev* 51, S. 446–449.

Hubbard, H. D. 1947: *Key to Periodic Chart of the Atoms.* Chicago, Illinois: Welch.

Huber, Ursula 1984: Die Universität München – Ein Bericht über den Fortbestand nach 1945. In: Prinz [1984] S. 156–160.

Hughes, A. L. und J. H. McMillen 1932a: Note on Electron Scattering in Argon. *PhysRev* 40, S. 469–470.

Hughes, Arthur L. und J. H. McMillen 1932b: Inelastic and Elastic Electron Scattering in Argon. *PhysRev* 39, S. 585–600.

Hund, Friedrich 1925a: Zur Deutung verwickelter Spektren, insbesondere der Elemente Scandium bis Nickel. *ZfP* 33, S. 345–371.

— 1925b: Zur Deutung verwickelter Spektren. II. *ZfP* 34, S. 296–308.

— 1927: Zur Deutung der Molekelspektren. I. *ZfP* 40, S. 742–764.

— 1933: Allgemeine Quantenmechanik des Atom- und Molekelbaus. In: Smekal [1933a] S. 561–694.

— 1936: Materie unter sehr hohen Drucken und Temperaturen. *ErgNW* 15, S. 189–228.

Hunt, Linda 1991: *Secret Agenda. The United States Government, Nazi Scientists, and Project Paperclip, 1945 to 1990.* New York: St. Martin.

Hylleraas, Egil Anderson 1950: *Fyssikens matematiske grunnlag.* Bd. 1 von *Matematisk og teoretisk fysikk.* Oslo: Grøndahl.

Hylleraas, Egil Anderson und Werner Romberg 1941: Über die Schwingungen eines stabil geschichteten, durch Meridiane begrenzten Meeres. Teil II: Berechnung der Eigenfrequenzen. *Astrophysica Norvegica* 3, S. 247–271.

Joos, Georg 1923: Ein Versuch zum Nachweis einer etwaigen einseitigen Intensitätsverteilung beim Emissionsprozeß. *PhZ* 23, S. 469–473.

Joos, Georg und Karl Schnetzler 1933: Die linienhaften Absorptionsspektren von Chromkomplexsalzen. *Zeitschrift für physikalische Chemie* B 20, S. 1–10.

Jordan, Edward B. und Kenneth T. Bainbridge 1936: The Mass-Spectrographic Measurement of the Mass Separation of Certain Dublets. *PhysRev* 49, S. 883.

Jordan, Pascual 1934: Die Bornsche Theorie des Elektrons. *NW* 22, S. 214–218.

— 1945: Zur projektiven Relativitätstheorie. *Göttinger Nachrichten* S. 74–76.

— 1946: Relativistische Gravitationstheorie mit variabler Gravitationskonstante. *NW* 33, S. 250–251.

— 1947: *Die Herkunft der Sterne.* Stuttgart: Wissenschaftliche Verlags-Gesellschaft.

Jungnickel, Christa und Russell McCormmach 1986: *Intellectual Mastery of Nature. Theoretical Physics from Ohm to Einstein. Volume 2: The Now Mighty Theoretical Physics 1870–1925.* Chicago, London: University of Chicago Press.

Kant, Horst 1993: Peter Debye und das Kaiser-Wilhelm-Institut für Physik in Berlin. In: Albrecht [1993b] S. 161–177.

— 1997: *Zur Geschichte der Physik an der Reichsuniversität Straßburg in der Zeit des Zweiten Weltkriegs.* Bd. 73 von *Preprint.* Berlin: MPI für Wissenschaftsgeschichte.

Kapitza, Pjotr 1929: The Change of Electrical Conductivity in Strong Magnetic Fields. *PRS* A 123, S. 292–372.

— 1930: Die Veränderung des Widerstandes von Goldkristallen in einem Magnetfeld bei sehr tiefen Temperaturen und die Supraleitfähigkeit. Übersetzt mit Erlaubnis der Royal Society aus Proc. Roy. Soc. 126, S. 683. (Kritische Bemerkungen zu den neuesten Arbeiten von Meißner und Scheffers). *PhZ* 31, S. 713–720.

Karlik, Berta und Erich Schmid 1982: *Franz S. Exner und sein Kreis. Ein Beitrag zur Geschichte der Physik in Österreich.* Wien: Verlag der Österreichischen Akademie der Wissenschaften.

Kármán, Theodore von 1916: Das Gedächtnis der Materie. *NW* 4, S. 489–494.

Kármán, Theodore von und Tullio Levi-Civita (Hg.) 1924: *Vorträge aus dem Gebiete der Hydro- und Aerodynamik.* Berlin: Springer.

Kayser, Heinrich 1944: *Tabelle der Schwingungszahlen der auf das Vakuum reduzierten Wellenlängen zwischen* λ *2 000 Å und* λ *10 000 Å*. Ann Arbor, Michigan: J. W. Edwards.

Keiper, W. (Hg.) 1948: *Erinnerungen. Der Max-Planck-Gesellschaft zum 90. Geburtstag ihres Namensträgers vom Hrsg. gewidmet*. Berlin: Keiper.

Keith, Stephen T. und Paul K. Hoch 1986: Formation of a research school: Theoretical solid state physics at Bristol 1930–54. *British Journal for the History of Science* 19, S. 19–44.

Keller, Gottfried 1927: *Aus Gottfried Kellers glücklicher Zeit. Der Dichter im Briefwechsel mit Marie und Adolf Exner*. Wien: F. G. Speidel.

Kemble, Edwin C. 1921: The Probable Normal State of the Helium Atom. *PM* 42, S. 123–133.

Keußler, Viktor von 1930: Absorption der Feinstruktur der H_α-Linie in angeregtem Wasserstoff. *AdP* 7, S. 225–256.

Kevles, Daniel J. 1977: *The Physicists. The History of a Scientific Community in Modern America*. New York: Vintage Books.

Kirchner, Fritz 1934: Elementumwandlung durch schnelle Wasserstoffkerne. *ErgNW* 13, S. 57–88.

Kiuti, M. 1927: Über den Starkeffekt II. Ordnung bei den Balmerschen Linien. *ZfP* 57, S. 658–666.

Klein, Felix und Arnold Sommerfeld 1903: *Über die Theorie des Kreisels. Heft 3: Die störenden Einflüsse. Astronomische und geophysikalische Anwendungen*. Leipzig: Teubner.

Kleinert, Andreas 1983: Das Spruchkammerverfahren gegen Johannes Stark. *Sudhoffs Archiv* 67, S. 13–24.

— 1993: Paul Weyland, der Berliner Einstein-Töter. In: Albrecht [1993b] S. 199–232.

Kleinert, Andreas und Charlotte Schönbeck 1978: Lenard und Einstein. Ihr Briefwechsel und ihr Verhältnis vor der Nauheimer Diskussion von 1920. *Gesnerus* 35, S. 318–333.

Kleint, Christian und Gerald Wiemers (Hg.) 1993: *Werner Heisenberg in Leipzig 1927–1942*. Berlin: Akademie-Verlag.

Klenze, Camillo von 1929: Carl Schurz und das amerikanische Deutschtum. *Der Auslandsdeutsche* S. 130–131.

Klingelfuss, Fr. 1930: Die Funkenspannung bei Drucken $p < 760$ mm Hg und das Minimumpotential unter Berücksichtigung der Elektrodenfunktion dargestellt (Vierter Nachtrag). *ZfP* 62, S. 569–584.

Kohl, Otto 1921: Die Rotverschiebung der Spektrallinien der Sterne des Taurusstromes. *PhZ* 22, S. 665–673.

Kohlweiler, Emil 1920: Neuere Anschauungen über die chemischen Elemente und ihre Atome. *PhZ* 21, S. 203–208.

Koppe, Heinz 1948: Die spezifische Wärme der Supraleiter nach der Theorie von W. Heisenberg. *AdP* 1, S. 405–414.

— 1949: Die Energieverteilung thermischer Neutronen. *ZfP* 125, S. 59–97.

Korn, Arthur 1920: Eine mechanische Theorie der Serienspektra. II. *PhZ* 21, S. 97–100.

Kothari, Doulat Singh 1936: The Internal Constitution of the Planets. *MNRAS* 96, S. 833–843.

Krafft, Fritz 1981: *Im Schatten der Sensation: Leben und Wirken von Fritz Straßmann; dargestellt nach Dokumenten und Aufzeichnungen.* Weinheim: Verlag Chemie.

Kragh, Helge 1979: Niels Bohr's Second Atomic Theory. *HSPS* 10, S. 123–186.

Kramers, Hendrik A. 1920: Über den Einfluß eines elektrischen Feldes auf die Feinstruktur der Wasserstofflinien. *ZfP* 3, S. 199–223.

— 1923a: On the Theory of X-Ray Absorption and the Continuous X-Ray Spectrum. *PM* 46, S. 836–871.

— 1923b: Über das Modell des Heliumatoms. *ZfP* 13, S. 312–341.

Kramers, Hendrik A. und Werner Heisenberg 1925: Über die Streuung von Strahlung durch Atome. *ZfP* 31, S. 681–708.

Kratzer, Adolf 1920: Die ultraroten Rotationsspektren der Halogenwasserstoffe. *ZfP* 3, S. 289–307.

Krebs, H. 1934: Gegen Einstein. *Deutsche Optische Wochenschrift* 29, S. 469–470.

Kronig, Ralph de L. 1925: Über die Intensität der Mehrfachlinien und ihrer Zeemankomponenten. *ZfP* 31, S. 885–897.

— 1935: Beiträge der Röntgenanalyse zur Frage der Elektronenterme in Ionengittern. *PhZ* 36, S. 729–732.

Kroo, Jan 1918: Der erste und zweite Elektronenring der Atome. *PhZ* 19, S. 307–311.

Kulenkampff, Helmuth 1929: Untersuchungen über die kontinuierliche Röntgenstrahlung. *PhZ* 30, S. 513–515.

Küssner, Hans G. 1946: *Principia Physica.* Göttingen: Vandenhoeck & Ruprecht.

Lamb, Horace 1924: *Hydrodynamics.* Cambridge: Cambridge University Press. 5. Aufl.

Lamb, Willis E. und R. C. Retherford 1947: Fine structure of the hydrogen atom by a microwave method. *PhysRev* 72, S. 241–243.

— 1950: Fine structure of the hydrogen atom. I. *PhysRev* 79, S. 549–572.

Landé, Alfred 1919: Das Serienspektrum des Heliums. (Vorläufige Mitteilung.) *PhZ* 20, S. 228–234.

— 1921: Über den anomalen Zeemaneffekt (Teil I). *ZfP* 5, S. 231–241.

— 1922: Zur Theorie der anomalen Zeeman- und magneto-mechanischen Effekte. *ZfP* 11, S. 353–363.

— 1923a: Termstruktur und Zeemaneffekt der Multipletts. *ZfP* 15, S. 189–205.

— 1923b: Termstruktur und Zeemaneffekt der Multipletts. Zweite Mitteilung. *ZfP* 19, S. 112–123.

— 1924: Die absoluten Intervalle der optischen Dubletts und Tripletts. *ZfP* 25, S. 46–57.

— 1925: Bemerkungen zu vorstehender Kritik von O. Laporte und Gregor Wentzel. *ZfP* 31, S. 339.

Laporte, Otto und G. Wentzel 1925: Über gestrichene und verschobene Spektralterme. *ZfP* 31, S. 335–338.
Lasby, Clarence 1971: *Project Paperclip. German Scientists and the Cold War.* New York: Athenaeum.
Laue, Max von 1924: G. A. Schotts Form der relativistischen Dynamik und die Quantenbedingungen. *AdP* 73, S. 190–194.
— 1925: Bewegung von Elektronen und Ionen im Kraftfelde. In: *Theorien der Radiologie.* Bd. 6 von *Handbuch der Radiologie,* S. 1–53. Leipzig: Akademische Verlagsgesellschaft.
— 1933: Korpuskular- und Wellentheorie. In: Marx [1933] S. 1–114.
— 1961a: Über die Auffindung der Röntgenstrahlinterferenzen. Nobelvortrag, gehalten am 3. 6. 1920 in Stockholm. In: Laue [1961b] S. 5–18.
— 1961b: *Gesammelte Schriften und Vorträge. Band III.* Braunschweig: Vieweg.
Lees, C. H. 1900: Physics at the British Association. *Nature* 62, S. 562–565.
Lemmerich, Jost 1982: *Der Luxus des Gewissens. Max Born, James Franck: Physiker in ihrer Zeit. Ausstellung der Staatsbibliothek Berlin Stiftung Preußischer Kulturbesitz.* Berlin: Staatsbibliothek Preußischer Kulturbesitz.
Lenz, Wilhelm 1918: Über ein invertiertes Bohrsches Modell. *SB M* S. 355–365.
— 1919: Zur Theorie der Bandenspektren. *VDPG* 21, S. 632–643.
— 1926: Das Gleichgewicht von Materie und Strahlung in Einsteins geschlossener Welt. *PhZ* 27, S. 642–645.
Lin, Chia-Chiao 1945: On the Stability of Two-Dimensional Parallel Flows. Part 1: General Theory. Part 2: Stability in an Inviscid Fluid. Part 3: Stability in a Viscous Fluid. *Quarterly of Applied Mathematics* 3, S. 117–142, 218–234, 277–301.
Lindern, Celia von 1997: *Walther Gerlach und seine Rolle in der Kernphysik des Dritten Reiches.* Magisterarbeit Ludwig-Maximilians-Universität München.
Litten, Freddy: Die „Verdienste" eines Rektors im Dritten Reich – Ansichten über den Geologen Leopold Kölbl. Erscheint in *NTM. Internationale Zeitschrift für Geschichte und Ethik der Naturwissenschaften, Technik und Medizin.*
— 1992: *Astronomie in Bayern 1914–1945.* Boethius Band XXX. Stuttgart: Franz Steiner.
— 2000: *Mechanik und Antisemitismus. Wilhelm Müller (1880–1968).* Bd. 34 von *Algorismus.* München: Institut für Geschichte der Naturwissenschaften.
Lohuizen, Tennis van 1919: Het anomale Zeeman-effect. *Amsterdamer Berichte* 27, S. 53–63.
London, Fritz 1928: Zur Quantentheorie der homöopolaren Valenzzahlen. *ZfP* 46, S. 455–477.
Ludloff, Hanfried 1931a: Zur Frage der Stabilität der Zyklonenwellen. (Auszug aus der Diss.) *AdP* 8, S. 615–648.
— 1931b: Zur Frage der Nullpunktsentropie des festen Körpers vom Standpunkt der Quantenstatistik. I–III. *ZfP* 68, S. 433–445, 446–459, 460–492.
Lunelund, H. 1914: Intensitätsverhältnis lang- und kurzwelliger elektrischer Komponenten der Serienlinien des Wasserstoffs. *AdP* 45, S. 517–528.

Lyman, Theodore 1922: The Spectrum of Helium in the Extreme Ultra-Violet. *Nature* 110, S. 278–279.

Ma, Shih-Tsun 1946: Redundant Zeros in the Discrete Energy Spectra in Heisenberg's Theory of Characteristic Matrix. *PhysRev* 69, S. 668.

Mach, Ernst 1921: *Die Prinzipien der physikalischen Optik. Historisch und erkenntispsychologisch entwickelt*. Leipzig: Barth.

Macrakis, Kristie 1989: The Rockefeller Foundation and German Physics under National Socialism. *Minerva* 27(1), S. 33–57.

Mahnke, Reinhard 1991: Zur Entwicklung der experimentellen und theoretischen Physik an der Universität Rostock von 1874 bis 1945. *Beiträge zur Geschichte der Universität Rostock* 17, S. 34–49.

Manegold, Karl-Heinz 1970: *Universität, Technische Hochschule und Industrie: Ein Beitrag zur Emanzipation der Technik im 19. Jahrhundert unter besonderer Berücksichtigung der Bestrebungen Felix Kleins*. Berlin: Duncker u. Humblot.

Marage, Pierre und Grégoire Wallenborn (Hg.) 1999: *The Solvay Councils and the Birth of Modern Physics*. Band 22 von *Historical Studies · Science Networks*. Basel, Boston, Berlin: Birkhäuser.

March, Arthur 1919: *Theorie der Strahlung und der Quanten*. Leipzig: Barth.

— 1930: *Die Grundlagen der Quantenmechanik*. Leipzig: Barth.

Marx, Erich (Hg.) 1933: *Quantenmechanik der Materie und Strahlung*. Band VI. Teil I. von *Handbuch der Radiologie*. Leipzig: Akademische Verlagsgesellschaft. 2. Aufl.

Mattauch, Josef 1936: A Double-Focusing Mass Spectrograph and the Masses of N^{15} and O^{18}. *PhysRev* 50, S. 617–623, 1089.

McCrea, W. H. 1951: Edward Arthur Milne. 1896–1950. *Obituary Notices of Fellows of the Royal Society London* 7, S. 420–443.

Mecke, Reinhard 1929: Bandenspektra. In: *Licht und Materie*. Bd. 21 von *Handbuch der Physik*. S. 493–573. Berlin: Springer.

Meggers, William F. 1925: *Arc Spectra of the Platinum Metals*. Bd. 20 von *National Bureau of Standards Scientific Papers*. Washington, D.C.: National Bureau of Standards.

Meggers, William F. und Carl C. Kiess 1924: *Interferometer measurements of the longer waves in the iron arc spectrum*. Bd. 19 von *National Bureau of Standards Scientific Papers*. Washington, D.C.: National Bureau of Standards.

— 1926: Spectral structures for elements of the second long period. *Journal of the Optical Society of America and Review of Scientific Instruments* 12, S. 417–447.

Meggers, William F. und Otto Laporte 1926a: Arc spectrum regularities for ruthenium. *Journal of the Washington Academy of Sciences* 16, S. 143–154.

— 1926b: Absorption spectra of palladium and platinum triads. *PhysRev* 28, S. 642–664.

Mehra, Jagdish und Helmut Rechenberg 1982a: *The Quantum Theory of Planck, Einstein, Bohr, and Sommerfeld: Its Foundation and the Rise of its Difficulties*. Bd. 1, Part 1, Part 2 von *The Historical Development of Quantum Theory*. New York: Springer.

— 1982b: *The discovery of quantum mechanics, 1925*. Bd. 2 von *The Historical Development of Quantum Theory*. New York: Springer.
— 1987: *Erwin Schrödinger and the Rise of Wave Mechanics*. Bd. 5 von *The Historical Development of Quantum Theory*. New York: Springer.
Mehrtens, Herbert und Steffen Richter (Hg.) 1980: *Naturwissenschaft, Technik und NS-Ideologie*. Frankfurt a. M.: Suhrkamp.
Meißner, W. und H. Scheffers 1930: Elektrischer Widerstand von Gold in magnetischen Feldern bei tiefen Temperaturen. 2. Mitteilung. *PhZ* 31, S. 574–578.
Meißner, Walther und H. Scheffers 1929: Messungen mit Hilfe von flüssigem Helium. IV. *PhZ* 30, S. 827–836.
Menzer, Georg H. 1926: Kristallstruktur von Granat. *Zeitschrift für Kristallographie* 63, S. 157–158, in: Bericht über die 11. Jahresversammlung der Deutschen Mineralogischen Gesellschaft in Zürich, 7.–13. September 1925.
Metzler, Gabriele 1996: »Welch ein deutscher Sieg!« Die Nobelpreise von 1919 im Spannungsfeld von Wissenschaft, Politik und Gesellschaft. *VfZ* 44, S. 173–200.
Meyenn, Karl von 1982: Die Rezeption der Wellenmechanik und Schrödingers Reise nach Amerika im Winter 1926/27. *Gesnerus* 39, S. 261–276.
Miller, William 1907: Zeemaneffekt an Magnesium, Calcium, Strontium, Zink, Kadmium, Mangan und Chrom. *AdP* 24, S. 105–136.
Millikan, Robert A. 1917: *The Electron. Its isolation and measurement and the determination of some of its properties*. Chicago, London: University of Chicago Press.
— 1922: *Das Elektron*. Bd. 69 von *Die Wissenschaft*. Braunschweig: Vieweg.
Millikan, Robert A. und Ira Sprague Bowen 1923: Extreme ultra-violet spectra. *PhysRev* 23, S. 1–34.
Milne, Edward A. 1930: The Radiative Equilibrium of a Planetary Nebula. *ZfAP* 1, S. 98–114.
Minkowski, Hermann 1907: Kapillarität. In: *Encyklopädie der mathematischen Wissenschaften* Bd. V, Kap. 9, S. 558–613. Leipzig: Teubner.
Minnaert, Marcel 1930: On the Continuous Spectrum of the Corona and its Polarisation. *ZfAP* 1, S. 209–236.
Møller, Christian 1931: Über den Stoß zweier Teilchen unter Berücksichtigung der Retardation der Kräfte. *ZfP* 70, S. 786–795.
Moore, Walter 1989: *Schrödinger, life and thought*. Cambridge: Cambridge University Press.
Morse, Philip M. 1977: *In at the Beginnings: A Physicist's Life*. Cambridge, Mass.: MIT Press.
Mott, Nevill F. 1934: The Resistance of Liquid Metals. *PRS* A 146, S. 465–472.
— 1980a: Electrons in Crystalline and Non-Crystalline Metals: From Hume-Rothery to the Present Day. *Metal Science* 14, S. 557–561.
— 1980b: Memories of early days in solid state physics. *PRS* A 371, S. 56–66.
Mott, Nevill F. und Clarence Zener 1934: The Optical Properties of Metals. *Proceedings of the Cambridge Philosophical Society* 30, S. 249–270.
Müller, Wilhelm 1925: *Vom heiligen Gral*. Erfurt: Kurt Stenger.
— 1928: *Mathematische Strömungslehre*. Berlin: Springer.

— 1932: *Einführung in die Theorie der zähen Flüssigkeiten.* Leipzig: Akademische Verlagsgesellschaft.
— 1933: *Judentum und Führertum. Von der Sendung des Nationalsozialismus.* Erfurt: Stenger.
— 1934: Wärmeleitung und Wirbelauflösung bei zweidimensional-rotationssymmetrischen Anordnungen. *AdP* 19, S. 809–828.
— 1936: Einige instationäre Bewegungen der zähen Flüssigkeit mit zylindrischer Begrenzung. *AdP* 25, S. 185–204.
— 1939: Jüdischer Geist in der Physik. *ZfgN* 5, S. 163–175.
— 1940: Die Lage der theoretischen Physik an den Universitäten. *ZfgN* 6, S. 281–298.
Müller-Arends, Dietmar 1995: Ludwig Hopf 1884–1939. Unter Mitwirkung von Ulrich Kalkmann. In: Habetha [1995] S. 208–215.
Mußgnug, Dorothee 1988: *Die vertriebenen Heidelberger Dozenten. Zur Geschichte der Ruprecht-Karls-Universität nach 1933.* Heidelberg: Carl-Winter-Universitätsverlag.
Nathan, Otto und Heinz Norden (Hg.) 1975: *Albert Einstein. Über den Frieden.* Bern: Lang.
Neumann, John von 1932: *Mathematische Grundlagen der Quantenmechanik.* Berlin: Springer.
Niessen, K. F. 1922: *Zur Quantentheorie des Wasserstoffmolekül-Ions.* Utrecht: I. van Druten.
— 1924: L'ion de la molécule d'hydrogène d'après la théorie des quanta. *Archives Néerlandaises des Sciences Exactes et Naturelles* Série III A, Tome VII, S. 12–59.
Niethammer, Lutz 1972: *Entnazifizierung in Bayern.* Frankfurt a. M.: Fischer.
Nishina, Yoshio 1928: Der wahre Absorptionskoeffizient der Röntgenstrahlen nach der Quantentheorie. *VDPG* 9, S. 6–9.
Nissen, Knud Aage 1920: Serien mehrfacher Linien im Argonspektrum. *PhZ* 21, S. 25–28.
Noether, Fritz 1913: Über die Entstehung einer turbulenten Flüssigkeitsbewegung. *SB M* S. 309–329.
Nordheim, Lothar 1923a: Zur Behandlung entarteter Systeme in der Störungsrechnung. *ZfP* 17, S. 316–330.
— 1923b: Zur Quantentheorie des Wasserstoffmolekülions. *ZfP* 19, S. 69–93.
— 1931a: Zur Elektronentheorie der Metalle. I. *AdP* 9, S. 607–640.
— 1931b: Zur Elektronentheorie der Metalle. II. *AdP* 9, S. 641–678.
— 1936: Probability of radiative processes of very high energies. *PhysRev* 49, S. 189–191.
— 1939: Lifetime of the Yukawa Particle. *PhysRev* 55, S. 506.
Nordheim, Lothar und G. Nordheim 1937: On the Interaction of Heavy and Light Particles at Very High Energies. *PhysRev* 51, S. 379.
Oppenheim, Samuel 1923: K. Schwarzschild †. *Vierteljahresschrift der astronomischen Gesellschaft* 58, S. 191–210.

Oppenheimer, Julius Robert 1929: Über die Strahlung der freien Elektronen im Coulombfeld. *ZfP* 55, S. 725–737.

Oppenheimer, Julius Robert und M. S. Plesset 1933: On the Production of the Positive Electron. *PhysRev* 44, S. 53–55.

Ornstein, Leonard S. und Hermann C. Burger 1924: Strahlungsgesetz und Intensität von Mehrfachlinien. *ZfP* 24, S. 41–47.

Oseen, Carl W. 1927: *Neuere Methoden und Ergebnisse in der Hydrodynamik.* Leipzig: Akademische Verlagsgesellschaft.

— 1930: Das hydrodynamische Randwertproblem. *Zeitschrift für angewandte Mathematik und Mechanik* 10, S. 314–326.

Oswatitsch, K. 1974: Vortrag über Ludwig Prandtl. *Z. Flugwiss.* 22, S. 253–255.

Pais, Abraham 1986: *Inward Bound. Of Matter and Forces in the Physical World.* Oxford: Clarendon Press.

— 1989: George Uhlenbeck and the discovery of electron spin. *Physics Today* 42(12), S. 34–40.

— 1991: *Niels Bohr's Times, In Physics, Philosophy, and Polity.* Oxford: Clarendon Press.

Papapetrou, Achilles 1947: A static solution of the equations of the gravitational field for arbitrary charge-distribution. *PIrAc* A 51, S. 191–204.

— 1948a: The Question of Non-Singular Solutions in the Generalized Theory of Gravitation. *PhysRev* 73, S. 1105–1108.

— 1948b: Einstein's Theory of Gravitation and Flat Space. *PIrAc* 52, S. 11–23.

Paschen, Friedrich 1919: Das Spektrum des Neon. *AdP* 60, S. 405–453.

Pasternack, Simon 1938: Note on the fine structure of H_α and D_α. *PhysRev* 54, S. 1113.

Pauli, Wolfgang 1920: Quantentheorie und Magneton. *PhZ* 21, S. 615–617.

— 1921: Relativitätstheorie. In: *Encyklopädie der mathematischen Wissenschaften* Bd. V, Kap. 19, S. 539–775. Leipzig: Teubner.

— 1922: Über das Modell des Wasserstoffmolekülions. *AdP* 68, S. 177–240.

— 1923a: Über die Gesetzmäßigkeiten des anomalen Zeemaneffektes. *ZfP* 16, S. 155–164.

— 1923b: Über das thermische Gleichgewicht zwischen Strahlung und freien Elektronen. *ZfP* 18, S. 272–286.

— 1924: Zur Frage der theoretischen Deutung der Satelliten einiger Spektrallinien und ihrer Beeinflussung durch magnetische Felder. *NW* 12, S. 741–743.

— 1925a: Über die Intensitäten der im elektrischen Felde erscheinenden Kombinationslinien. *Det Kongelige Danske Videnskabernes Selskabs Skrifter. Naturvidenskabelig og mathmatisk Afdeling* 7, S. 3–20.

— 1925b: Über den Einfluß der Geschwindigkeitsabhängigkeit der Elektronenmasse auf den Zeemaneffekt. *ZfP* 31, S. 373–385.

— 1925c: Über den Zusammenhang des Abschlusses der Elektronengruppen im Atom mit der Komplexstruktur der Spektren. *ZfP* 31, S. 765–783.

— 1926: Quantentheorie. In: *Quanten.* Bd. 23 von *Handbuch der Physik*, S. 1–278. Berlin: Springer.

— 1927: Über Gasentartung und Paramagnetismus. *ZfP* 41, S. 81–102.

— 1929a: Allgemeine Grundlagen der Quantentheorie des Atombaues. In: *Lehre von der strahlenden Energie. (Optik)*. Bd. 2,2 von *Müller-Pouillet: Lehrbuch der Physik*, 11. Aufl. S. 1709–1842. Braunschweig: Vieweg.
— 1929b: Über das H-Theorem vom Anwachsen der Entropie vom Standpunkt der neuen Quantenmechanik. In: Debye [1929b] S. 30–45.
— 1933: Die allgemeinen Prinzipien der Wellenmechanik. In: Smekal [1933a] S. 83–272.
— 1938: On Asymptotic Series for Functions in the Theory of Diffraction of Light. *PhysRev* 54, S. 924–931.
— 1946: *Meson Theory of Nuclear Forces*. New York: Interscience Publ.
— 1947: *Exclusion Principle and Quantum Mechanics. Nobel lecture, delivered at Stockholm, December 13, 1946*. Neuchâtel: Ed. du Griffon.
— 1979: *Wissenschaftlicher Briefwechsel mit Bohr, Einstein, Heisenberg u. a. Band I: 1919–1929*. Herausgegeben von A. Hermann, K. v. Meyenn, V. F. Weisskopf. New York, Heidelberg, Berlin: Springer.
— 1985: *Wissenschaftlicher Briefwechsel mit Bohr, Einstein, Heisenberg u. a. Band II: 1930–1939*. Herausgegeben von Karl von Meyenn. Berlin, Heidelberg, New York, Tokyo: Springer.
— 1993: *Wissenschaftlicher Briefwechsel mit Bohr, Einstein, Heisenberg u. a. Band III: 1940–1949*. Herausgegeben von Karl von Meyenn. Berlin: Springer.
Pauling, Linus 1927: The Theoretical Prediction of the Physical Properties of Many-Electron Atoms and Ions. Mole Refraction, Diamagnetic Susceptibility, and Extension in Space. *PRS* A 114, S. 181–211.
— 1928: Application of the Quantum Mechanics to the Structure of the Hydrogen Molecule and Hydrogen Molecule Ion and to Related Problems. *Chem. Rev.* 5, S. 173–224.
— 1948: The Electronic Structure of Excited States of Simple Molecules. *ZfN* 3a, S. 438–447.
— 1949: A resonating-valence-bond theory of metals and intermetallic compounds. *PRS* 196 A, S. 343–362.
Paulson, Emil 1914: Zur Kenntnis des roten Argonspektrums. *PhZ* 15, S. 831–833.
— 1915: On the Spectrum of Palladium. *PM* 29, S. 154–157.
Pedersen, Johannes 1956: *The Carlsberg Foundation*. Copenhagen: Carlsbergfondet.
Peierls, Rudolf 1930: Das Verhalten metallischer Leiter in starken Magnetfeldern. In: Debye [1930] S. 75–85.
— 1931: Zur Theorie der magnetischen Widerstandsänderung. *AdP* 10, S. 97–110.
— 1934a: Bemerkungen über Umwandlungstemperaturen. *Helvetica Physica Acta* 7, Suppl. 2, S. 81–83.
— 1934b: The Vacuum in Dirac's Theory of the Positive Electron. *PRS* A 146, S. 420–441.
— 1979: The Development of Our Ideas on the Nuclear Forces. In: Stuewer [1979] S. 183–211.
— 1980: Recollections of early solid state physics. *PRS* A 371, S. 28–38.
— 1985: *Bird of Passage. Recollections of a Physicist*. Princeton: Princeton University Press.

Pestre, Dominique 1987: The first suggestions, 1949 – June 1950. In: Hermann et al. [1987] S. 63–95.
Peterson, E. L. und L. Nordheim 1937: Resistance of Monovalent Metals. *PhysRev* 51, S. 355–364.
Petzold, Hartmut 1992: *Moderne Rechenkünstler.* München: Beck.
Planck, Max 1897: *Vorlesungen über Thermodynamik.* Leipzig: Veit.
— 1906: *Vorlesungen über die Theorie der Wärmestrahlung.* Leipzig: Barth.
— 1911: Eine neue Strahlungshypothese. *VDPG* 13, S. 138–148.
— 1916: *Einführung in die allgemeine Mechanik.* Leipzig: Hirzel.
— 1919: *Einführung in die Mechanik deformierbarer Körper.* Leipzig: Hirzel.
— 1922: *Einführung in die Theorie der Elektrizität und des Magnetismus.* Leipzig: Hirzel.
— 1927: *Einführung in die theoretische Optik: zu Gebrauch bei Vorträgen sowie zum Selbstunterricht.* Leipzig: Hirzel.
— 1930: *Einführung in die Theorie der Wärme.* Leipzig: Hirzel.
— 1940a: Versuch einer Synthese zwischen Wellenmechanik und Korpuskularmechanik. *AdP* 37, S. 261–277.
— 1940b: Versuch einer Synthese zwischen Wellenmechanik und Korpuskularmechanik. Nachtrag. *AdP* 38, S. 272–273.
— 1940c: Naturwissenschaft und reale Außenwelt. *NW* 28, S. 778–779.
Poincaré, Henri 1892: *Solutions périodiques.– Non-existence des integrales uniformes. Solutions asymptotiques.* Bd. I von *Les Méthodes Nouvelles de la Méchanique Céleste.* Paris: Gauthier-Villars.
— 1893: *Méthodes de MM. Newcomb, Gyldén, Lindtstedt et Bohlin.* Bd. II von *Les Méthodes Nouvelles de la Méchanique Céleste.* Paris: Gauthier-Villars.
Pokrowski, G. I. 1930: Welcher Natur ist die Ruhemasse der Lichtquanten? *ZfP* 57, S. 566–569.
Prandtl, Ludwig 1944: Neue Erkenntnisse der meteorologischen Strömungslehre. *Schriften der Deutschen Akademie der Luftfahrtforschung* 8, S. 157–179.
— 1945: Über ein neues Formelsystem der ausgebildeten Turbulenz. *Göttinger Nachrichten* S. 6–19.
— 1947: Zum Wesen der Oberflächenspannung. *AdP* 1, S. 59–64.
— 1949: *Führer durch die Strömungslehre.* Braunschweig: Vieweg.
Pringle, R. W.; M. Born und R. Fürth 1945: A photo electric Fourier-transformer. *Nature* 156, S. 756.
Prinz, Friedrich (Hg.) 1984: *Trümmerzeit in München. Kultur und Gesellschaft einer deutschen Großstadt im Aufbruch 1945–1949.* München: Münchner Stadtmuseum.
Przibram, Karl (Hg.) 1963: *Briefe zur Wellenmechanik.* Wien: Springer.
Raman, C. V. 1928a: A Classical Derivation of the Compton Effect. *IndJPhys* 3, S. 357–369.
Raman, C. V. und K. S. Krishnan 1928: A New Class of Spectra due to Secondary Radiation. Part I. *IndJPhys* 2, S. 399–419.
Raman, Chandrasekhara V. 1928b: A New Radiation. *IndJPhys* 2, S. 387–398.
Ramsauer, Carl 1947: Eingabe an Rust. *PhBl* 3, S. 43–46.

Rausch von Traubenberg, Heinrich und Rudolf Gebauer 1929: Über den Starkeffekt II. Ordnung bei der Balmerserie des Wasserstoff. II. *ZfP* 56, S. 254–258.

Rechenberg, Helmut 1981: Werner Heisenberg und das Kaiser-Wilhelm-(Max-Planck-)Institut für Physik. *PhBl* 37, S. 357–364.

— 1989: The Early S-Matrix Theory and Its Propagation. In: Brown et al. [1989] S. 551–578.

Recouly, Raymond 1921: Une enquete en Allemagne. Un entretien avec Einstein. *Le Figaro* S. 1.

Regener, Erich 1933: Die Absorptionskurve der Ultrastrahlung und ihre Deutung. *PhZ* 34, S. 306–323.

Richter, Steffen 1973: Die Kämpfe innerhalb der Physik in Deutschland nach dem Ersten Weltkrieg. *Sudhoffs Archiv* 57, S. 195–207.

— 1980: Die „Deutsche Physik". In: Mehrtens und Richter [1980] S. 116–141.

Rigden, John S. 1987: *Rabi. Scientist and Citizen.* New York: Basic Books.

Robertson, Peter 1979: *The Early Years. The Niels Bohr Institute 1921–1930.* Kobenhavn: Akademisk Forlag Universitetsforlaget.

Rohrschach Jr., H. E. 1970: The Contributions of Felix Bloch and W. V. Houston to the Electron Theory of Metals. *AJP* 38, S. 897–904.

Röntgen, Wilhelm C. 1888: Über die durch Bewegung eines in einem homogenen electrischen Felde befindlichen Dielectricums hervorgerufene electromagnetische Kraft. *AdP* 35, S. 264–269.

Rose, Paul Lawrence 1998: *Heisenberg and the Nazi Atomic Bomb Project. A Study in German Culture.* Berkeley: University of California Press.

Ross, P. A. 1923: Change in wave-length by scattering. *PNA* 9, S. 246–248.

— 1924: Scattered X-rays. *PNA* 10, S. 304–306.

Rossi, Bruno und D. B. Hall 1941: Variation of the Rate of Decay of Mesotrons with Momentum. *PhysRev* 59, S. 223–228.

Rother, Franz und Hans Bohmke 1933: Über die Berechnung der Austrittsarbeit aus einfachen Materialkonstanten. *ZfP* 86, S. 231–240.

Rubinowicz, Adalbert 1918a: Bohrsche Frequenzbedingung und Erhaltung des Impulsmomentes. I. Teil. *PhZ* 19, S. 441–445.

— 1918b: Bohrsche Frequenzbedingung und Erhaltung des Impulsmomentes. II. Teil. *PhZ* 19, S. 465–474.

— 1933: Ursprung und Entwicklung der älteren Quantentheorie. In: Smekal [1933a] S. 1–82.

Runge, Carl 1907: Über die Zerlegung von Spektrallinien im magnetischen Felde. *PhZ* 8, S. 232–237.

— 1925: Die Seriengesetze in den Spektren der Elemente. In: *Encyklopädie der mathematischen Wissenschaften* Bd. V, Kap. 26, S. 783–820. Leipzig: Teubner.

Rürup, Reinhard (Hg.) 1979: *Wissenschaft und Gesellschaft. Beiträge zur Geschichte der Technischen Universität Berlin. Erster Band.* Berlin: Springer.

Russell, Henry N. 1925a: The intensities of lines in multiplets. *Nature* 115, S. 835–836.

— 1925b: The intensities of lines in multiplets. *PNA* 11, S. 314–328.

Russell, Henry N. und Frederick A. Saunders 1925: New regularities in the spectra of alkaline earths. *Astrophysical Journal* 61, S. 38–61.

Rutherford, Ernest 1919: Collisions of α-Particles with light Atoms. IV. An Anomalous Effect in Nitrogen. *PM* 37, S. 581–587.

Saha, Meghnad 1937: On the Action of Ultra-Violet Sunlight upon the Upper Atmosphere. *PRS* A 160, S. 155–173.

Sánchez-Ron, José Manuel 1983: Documentos para una historia de la fisica moderna en Espana: Arnold Sommerfeld, Miguel Angel Catalan, Angel del Campo y Blas Cabrera. *Llull* 5, S. 97–109.

Sánchez-Ron, José Manuel und Antonio Roca-Rosell 1993: Spain's First School of Physics: Blas Cabrera's Laboratorio Investigaciones Físicas. *Osiris* 8, S. 127–155.

Sänger, R. (Hg.) 1938: *Der feste Körper.* Leipzig: Hirzel.

Sarkowski, Heinz 1992: *Der Springer-Verlag. Stationen seiner Geschichte. Teil I: 1842–1945.* Berlin u. a.: Springer.

Sauter, Fritz 1929: Beitrag zur Theorie des Streuproblems. *AdP* 2, S. 465–476.

Schaefer, Clemens 1914: *Mechanik materieller Punkte, Mechanik starrer Körper und Mechanik der Kontinua.* Bd. I von *Einführung in die theoretische Physik.* Leipzig: Veit.

— 1921: *Theorie der Wärme, Molekular-kinetische Theorie der Materie.* Bd. II,1 von *Einführung in die theoretische Physik.* Berlin: Walter de Gruyter.

Schlichting, Hermann 1975: An Account of the Scientific Life of Ludwig Prandtl. *Zeitschrift für Flugwissenschaften* 23, S. 297–316.

Schlote, Karl-Heinz 1991: Fritz Noether – Opfer zweier Diktaturen. *NTM. Internationale Zeitschrift für Geschichte und Ethik der Naturwissenschaften, Technik und Medizin* 28, S. 33–41.

Schott, G. A. 1912: *Electromagnetic Radiation and the Mechanical Reaction Arising From It. Being an Adams Prize essay in the University of Cambridge.* Cambridge: Cambridge University Press.

Schröder, Reinald 1993: Die »schöne deutsche Physik« von Gustav Hertz und der »weiße Jude« Heisenberg – Johannes Starks ideologischer Antisemitismus. In: Albrecht [1993b] S. 327–341.

Schröder-Gudehus, Brigitte 1966: *Deutsche Wissenschaft und internationale Zusammenarbeit 1914–1928.* Genf: Imprimerie Dumaret et Golay.

Schrödinger, Erwin 1924: Gasentartung und freie Weglänge. *PhZ* 25, S. 41–45.

— 1925: Die wasserstoffähnlichen Spektren vom Standpunkte der Polarisierbarkeit des Atomrumpfes. *AdP* 77, S. 43–70.

— 1926a: Quantisierung als Eigenwertproblem. (Erste Mitteilung). *AdP* 79, S. 361–376.

— 1926b: Quantisierung als Eigenwertproblem. (Zweite Mitteilung). *AdP* 79, S. 489–527.

— 1926c: Quantisierung als Eigenwertproblem. (Dritte Mitteilung: Störungstheorie, mit Anwendung auf den Starkeffekt der Balmerlinien). *AdP* 80, S. 437–490.

— 1926d: Quantisierung als Eigenwertproblem. (Vierte Mitteilung). *AdP* 81, S. 109–139.

— 1926e: Zur Einsteinschen Gastheorie. *PhZ* 27, S. 358–364.

— 1927: *Abhandlungen zur Wellenmechanik.* Leipzig: Barth.

— 1929: Die Erfassung der Quantengesetze durch kontinuierliche Funktionen. *NW* 17, S. 486–489.
— 1940: A Method of Determining Quantum Mechanical Eigenvalues and Eigenfunctions. *PIrAc* 46 A, S. 9–16.
— 1941: Further Studies on Solving eigenvalue problems by factorization. *PIrAc* 46A, S. 183–206.
— 1944: The Affine Connexion in Physical Field Theories. *Nature* 153, S. 572–575.
Schüler, H. und J. E. Keyston 1931: Hyperfeinstrukturen und Kernmomente des Quecksilbers. *ZfP* 72, S. 423–441.
Schüler, Hermann 1931: Über den vermutlichen Nachweis eines Kernmomentes für die geraden Hg-Isotope 198. *NW* 19, S. 950–951.
Schwarzschild, Karl 1916: Zur Quantenhypothese. *SB B* S. 548–568.
Schweber, Silvan S. 1994: *QED and the Men Who Made It: Dyson, Feynman, Schwinger, and Tomonaga.* Princeton: Princeton University Press.
Seier, Hellmut 1964: Der Rektor als Führer. *VfZ* 12, S. 105–146.
Serafini, Anthony 1989: *Linus Pauling: a man and his science.* New York: Paragon House.
Seshadri, P. 1935: *The universities of India.* London: Oxford University Press.
Siegbahn, Manne 1919a: Röntgenspektroskopische Präzisionsmessungen. (Erste Mitteilung). *AdP* 59, S. 56–72.
— 1919b: Precision-measurements in the X-Ray Spectra. *PM* 37, S. 601–612.
— 1919c: Precision-measurements in the X-Ray Spectra. Part II. *PM* 38, S. 639–646.
Siegbahn, Manne und A. B. Leide 1919: Precision-measurements in the X-Ray Spectra. Part III. *PM* 38, S. 647–651.
Sime, Ruth Lewin 1996: *Lise Meitner. A Life in Physics.* Berkeley: University of California Press.
Singh, Raijinder 2001: Arnold Sommerfeld—The Supporter of Indian Physics in Germany. *Current Science* 81, S. 1489–1494.
Singh, Rajinder und Falk Riess 1998: Seventy years ago – The discovery of the Raman effect as seen from German physicists. *Current Science* 74, S. 1112–1115.
Slack, Francis G. 1927: Über die Intensitätssymmetrie beim Wasserstoffstarkeffekt. *AdP* 82, S. 576–584.
Slater, John C. 1929: The Theory of Complex Spectra. *PhysRev* 34, S. 1293–1322.
— 1930: Note on Hartree's Method. *PhysRev* 35, S. 210–211.
— 1975: *Solid State and Molecular Theory: A Scientific Biography.* New York: Wiley.
Small, H. G. 1971: *The helium atom in the old quantum theory.* Dissertation University of Wisconsin Madison.
Smekal, Adolf 1923: Zur Quantentheorie der Dispersion. *NW* 11, S. 873–875.
— 1926: Allgemeine Grundlagen der Quantenstatistik und Quantentheorie. In: *Encyklopädie der mathematischen Wissenschaften* Bd. V, Kap. 28, S. 861–1214. Leipzig: Teubner.

Smekal, Adolf (Hg.) 1933a: *Quantentheorie. Bearbeitet von H. Bethe, F. Hund, N. F. Mott, W. Pauli, A. Rubinowicz, G. Wentzel.* Bd. XXIV/1 von *Handbuch der Physik.* 2. Aufl. Berlin: Springer.
— 1933b: *Aufbau der zusammenhängenden Materie. Bearbeitet von H. Bethe, M. Born, M. Göppert-Mayer, H. G. Grimm, K. F. Herzfeld, R. de L. Kronig, A. Smekal, A. Sommerfeld, H. Wolff.* Bd. XXIV/2 von *Handbuch der Physik.* 2. Aufl. Berlin: Springer.
Smith, Alice Kimball 1965a: *A Peril and a Hope. The Scientists' Movement in America: 1945 – 47.* Chicago, London: University of Chicago Press.
Smith, Cyril Stanley (Hg.) 1965b: *The Sorby Centennial Symposium on the History of Metallurgy.* New York, London, Paris: Gordon and Breach Science Publishers.
Smyth, Henry DeWolf 1945: *Atomic Energy for Military Purposes.* Princeton: Princeton University Press.
Snoek, J. L., jun. und L. S. Ornstein 1928: Zur Prüfung der Schrödingerschen Theorie. (Mitteilung aus dem Physikalischen Institut der Universität Utrecht.) *ZfP* 50, S. 600–608.
Solvay, Institut Internationale de Physique (Hg.) 1921: *La Structure de la Matière. Rapports et discussions du Conseil de Physique tenu à Bruxelles du 27 au 31 octobre 1913 sous les auspices de l'Institut international de Physique Solvay.* Paris: Gauthier-Villars.
Solvay, Institut Internationale de Physique (Hg.) 1932: *Le Magnetisme. Rapports et discussions du sixième Conseil de Physique tenu à Bruxelles du 20 au 25 Octobre 1930 sous les auspices de l'Institut International de Physique de Solvay.* Paris: Gauthier-Villars.
Sommerfeld, Arnold 1904: Zur hydrodynamischen Theorie der Schmiermittelreibung. *Zeitschrift für Mathematik und Physik* 50, S. 97–155.
— 1909: Über die Ausbreitung der Wellen in der drahtlosen Telegraphie. *AdP* 28, S. 665–736.
— 1912: Über die Fortpflanzung des Lichts in dispergierenden Medien. *Heinrich Weber-Festschrift* S. 338–374.
— 1916a: Zur Quantentheorie der Spektrallinien. *AdP* 51, S. 1–94, 125–167.
— 1916b: Zur Quantentheorie der Spektrallinien. Ergänzungen und Erweiterungen. *SB M* S. 131–182.
— 1917a: Die Drude'sche Dispersionstheorie vom Standpunkte des Bohr'schen Modells und die Konstitution von H_2, O_2 und N_2. *AdP* 53, S. 497–550.
— 1917b: Goethes Farbenlehre im Urteil der Zeit. *Deutsche Revue* 42, S. 100–106.
— 1918: Über die Feinstruktur der K_β-Linie. *SB M* S. 367–372.
— 1919a: *Atombau und Spektrallinien.* Braunschweig: Vieweg. 1. Aufl.
— 1919b: Lord Rayleigh (John William Strutt). *Jahrbuch der Bayerischen Akademie der Wissenschaften* S. 88.
— 1920a: Allgemeine spektroskopische Gesetze, insbesondere ein magnetooptischer Zerlegungssatz. *AdP* 63, S. 221–263.
— 1920b: Zur Kritik der Bohr'schen Theorie der Lichtemission. *Jahrbuch der Radioaktivität und Elektronik* 17, S. 417–419.

— 1920c: Ein Zahlenmysterium in der Theorie des Zeeman-Effektes. *NW* 8, S. 61–64.
— 1920d: Die Relativitätstheorie. *Süddeutsche Monatshefte* 18, S. 80–87.
— 1920e: Bemerkungen zur Feinstruktur der Röntgenspektren. I. *ZfP* 1, S. 135–146.
— 1920f: Eine einheitliche Auffassung des Balmer'schen und Deslandres'schen Termes. *Arkiv för Matematik, Astronomi och Fysik* 15(8), S. 1–5.
— 1921a: Über den Starkeffekt zweiter Ordnung. *AdP* 65, S. 36–41.
— 1921b: Kurzer Bericht über die allgemeine Relativitätstheorie und ihre Prüfung an der Erfahrung. *Archiv für Elektrotechnik* 9, S. 391–398.
— 1921c: *Atombau und Spektrallinien*. Braunschweig: Vieweg. 2. Aufl.
— 1921d: Ursachen – Wirkungen! Die Lusitania-Medaille. *Münchner Neueste Nachrichten* Nr. 261, 21. Juni 1921.
— 1921e: Bemerkungen zur Feinstruktur der Röntgenspektren. II. *ZfP* 5, S. 1–16.
— 1922a: *Atombau und Spektrallinien*. Braunschweig: Vieweg. 3. Aufl.
— 1922b: Quantentheoretische Umdeutung der Voigt'schen Theorie des anomalen Zeeman-Effektes vom D-Linientypus. *ZfP* 8, S. 257–297.
— 1923a: Über die Deutung verwickelter Spektren (Mangan, Chrom usw.) nach der Methode der inneren Quantenzahlen. *AdP* 70, S. 32–62.
— 1923b: Regularities in the screening constants of Röntgen spectra. *Journal of the Optical Society of America and Review of Scientific Instruments* 7, S. 503–508.
— 1923c: The model of the neutral helium atom. *Journal of the Optical Society of America and Review of Scientific Instruments* 7, S. 509–515.
— 1923d: Spektroskopische Magnetonenzahlen. *PhZ* 24, S. 360–364.
— 1923e: *Atomic structure and spectral lines*. London, New York: Methuen, Dutton.
— 1923f: Zur Theorie des Magnetons. *ZfP* 19, S. 221–229.
— 1924a: Zur Theorie der Multipletts und ihrer Zeeman-Effekte. *AdP* 73, S. 799–828.
— 1924b: *Atombau und Spektrallinien*. Braunschweig: Vieweg. 4. Aufl.
— 1924c: Ewald, P. P.: Kristalle und Röntgenstrahlen. Besprechung. *Deutsche Literaturzeitung* 45, S. 458–459.
— 1924d: Grundlagen der Quantentheorie und des Bohrschen Atommodells. *NW* 12, S. 1047–1049.
— 1924e: Die Erforschung des Atoms. *Strahlentherapie* 16, S. 873–882.
— 1925a: Zur Theorie des periodischen Systems. *PhZ* 26, S. 70–74.
— 1925b: Über die Intensität der Spektrallinien. *Zeitschrift für technische Physik* 6, S. 2–11.
— 1926a: Über die Ausbreitung der Wellen in der drahtlosen Telegraphie. *AdP* 81, S. 1135–1153.
— 1926b: *Three lectures on atomic physics*. London, New York: Methuen, Dutton.
— 1926c: Zur allgemeinen Systematik der Spektralterme. *VDPG* 7(3), S. 24.

— 1927a: Elektronentheorie der Metalle und des Voltaeffektes nach der Fermischen Statistik. *Atti Congr. Intern. dei Fisici Como-Pavia-Roma.* II, S. 449–473.
— 1927b: Elektromagnetische Schwingungen. In: Frank und Mises [1927] S. 391–597.
— 1927c: Zur Elektronentheorie der Metalle. *NW* 15, S. 825–832.
— 1927d: Zum gegenwärtigen Stande der Atomphysik. *PhZ* 28, S. 231–239.
— 1927e: Warum ich Berlin abgelehnt habe? *Süddeutsche Sonntagspost* (25), S. 13.
— 1928a: Zur Elektronentheorie der Metalle nach der wellenmechanischen Statistik, insbesondere zur Frage des Volta-Effektes. *Berichte der Deutschen Chemischen Gesellschaft* 61, S. 1171–1180.
— 1928b: Zur Elektronentheorie der Metalle auf Grund der Fermi'schen Statistik. 1. Allgemeines, Strömungs- und Austrittsvorgänge. *ZfP* 47, S. 1–32.
— 1928c: Zur Elektronentheorie der Metalle auf Grund der Fermi'schen Statistik. 2. Thermoelektrische, galvano-magnetische und thermomagnetische Vorgänge. *ZfP* 47, S. 43–60.
— 1929a: *Atombau und Spektrallinien. Wellenmechanischer Ergänzungsband.* Braunschweig: Vieweg.
— 1929b: Einige grundsätzliche Bemerkungen zur Wellenmechanik. *PhZ* 30, S. 866–871.
— 1929c: About the Production of the Continuous X-Ray Spectrum. *PNA* 15, S. 393–400.
— 1929d: Über die Entwicklung der Atomphysik in den letzten zwanzig Jahren. *Tung-Chi. Medizinische Monatsschrift* S. 75–87.
— 1929e: Die Physik in Japan, Indien und Amerika. *VDPG* 10, S. 21–22.
— 1929f: Indische Reiseeindrücke. *Zeitwende* S. 289–298.
— 1930a: Erwiderung auf die Angriffe von Hrn. J. Stark. *AdP* 7, S. 889–891.
— 1930b: Erwiderung. *Unterrichtsblätter für Mathematik und Naturwissenschaften* 36, S. 368.
— 1931: *Atombau und Spektrallinien.* Bd. 1. Braunschweig: Vieweg. 5. Aufl.
— 1932a: Sur quelques problèmes de mécanique ondulatoire. *Annales de l'Institut Henri Poincaré* 1, S. 1–24.
— 1932b: Integrazione asintotica dell equatione differentiale di Thomas-Fermi. *Rendi Conti del Academia dei Lincei* 15, S. 788–792.
— 1932c: Magnetismus und Spektroskopie. In: Solvay [1932].
— 1932d: Asymptotische Integration der Differentialgleichung des Thomas-Fermi'schen Atoms. *ZfP* 78, S. 283–308.
— 1933: Über die höheren Ionisierungsspannungen der Atome im Thomas-Fermi'schen Modell. *ZfP* 80, S. 415–422.
— 1934a: Born, M. und Sauter, F.: Sieben Vorträge über Materie und Strahlung. Besprechung. *Metallwirtschaft, -wissenschaft, -technik* 13, S. 26.
— 1934b: Zur Elektronentheorie der Metalle. *NW* 22, S. 49–52.
— 1934c: Concerning the thermoelectric effects of the alkalis. *PhysRev* 45, S. 65–66.

— 1934d: *Atomic structure and spectral lines.* London, New York: Methuen, Dutton.
— 1935: Theorie der Beugung. In: Frank und Mises [1935] S. 808–875.
— 1937a: Über die Form der Compton-Linie I. *AdP* 29, S. 715–720.
— 1937b: Über einen Zusammenhang zwischen der Theorie der Planeten und der weißen Zwerge. *Celebrazione del secondo centenario della nascita di Luigi Galvani, Bologna* 18-21, S. 1–9.
— 1938a: Ueber einen Zusammenhang zwischen der Theorie der Planeten und der weissen Zwerge. *Il Nuovo Cimento* 15, S. 14–22.
— 1938b: Über den metallischen Zustand, seine spezifische Wärme und Leitfähigkeit. *Der feste Körper. 50-Jahrfeier der Physikalischen Gesellschaft Zürich*, S. 124–130.
— 1939: *Atombau und Spektrallinien.* Bd. 2. Braunschweig: Vieweg. 2. Aufl.
— 1940a: Zur Feinstruktur der Wasserstofflinien. Geschichte und gegenwärtiger Stand der Theorie. *NW* 28, S. 417–423.
— 1940b: Über die Fourier-Analyse der Kristalle und die Dichte der Metallelektronen. *NW* 28, S. 769–777.
— 1941: El análisis de Fourier de los cristales y la densidad de los electrones metálicos. *Investigación y Progreso* 12, S. 436–454.
— 1942: Strahlungsenergie und Erdabsorption bei Dipolantennen. *AdP* 59, S. 168–173.
— 1943a: Die frei schwingende Kolbenmembran. *AdP* 42, S. 389–420.
— 1943b: Die Quantenstatistik und das Problem des Helium II. *Berichte der Deutschen Chemischen Gesellschaft* 75, S. 1988–1996.
— 1943c: David Hilbert. *Jahrbuch der Akademie der Wissenschaften in Göttingen.* S. 87–92.
— 1943d: Die ebene und sphärische Welle im polydimensionalen Raum. *Mathematische Annalen* 119, S. 1–20.
— 1943e: *Mechanik.* Bd. I von *Vorlesungen über theoretische Physik.* Leipzig: Akademische Verlagsgesellschaft.
— 1943f: Zum Andenken an David Hilbert. Gestorben am 14. Februar 1943. *NW* 31, S. 213–214.
— 1944a: *Atombau und Spektrallinien.* Bd. 1. Braunschweig: Vieweg.
— 1944b: Ludwig Boltzmann zum Gedächtnis. Zur hundertsten Wiederkehr seines Geburtstages (20. 2. 1944). *Wiener Chemiker-Zeitung* 47, S. 25–28.
— 1945a: *Partielle Differentialgleichungen der Physik.* Bd. VI von *Vorlesungen über theoretische Physik.* Leipzig: Akademische Verlagsgesellschaft.
— 1945b: Atomphysik in Amerika. *Die Neue Zeitung* 18(11).
— 1945c: *Mechanik der deformierbaren Medien.* Bd. II von *Vorlesungen über theoretische Physik.* Leipzig: Akademische Verlagsgesellschaft.
— 1946: Richard Willstätter zum Gedächtnis. *Deutsche Beiträge. Eine Zweimonatsschrift* 1, S. 371–377.
— 1947a: Max Planck zum Gedächtnis. *Die Neue Zeitung* 6(10).
— 1947b: *Mechanik der deformierbaren Medien.* 2. Aufl. Bd. II von *Vorlesungen über theoretische Physik.* Wiesbaden: Dieterich.

— 1948a: Berichtigungen und Ergänzungen zu der Arbeit: Die frei schwingende Kolbenmembran. *AdP* 2, S. 85–86.
— 1948b: *Elektrodynamik*. Bd. III von *Vorlesungen über theoretische Physik*. Wiesbaden: Dieterich.
— 1948c: Philosophie und Physik seit 1900. *Naturwissenschaftliche Rundschau* 1, S. 97–100.
— 1949a: Some reminiscences of my teaching career. *AJP* 17, S. 315–316.
— 1949b: Zum siebzigsten Geburtstag Albert Einsteins. *Deutsche Beiträge. Eine Zweimonatsschrift* 3, S. 141–146.
— 1949c: *Partial Differential Equations in Physics*. Bd. 1 von *Pure and applied mathematics. A series of monographs and textbooks*. New York: Academic Press.
— 1949d: Zum hundertsten Geburtstag von Felix Klein. *NW* 36, S. 289–291.
— 1949e: Albert Einstein 70 Jahre. *PhBl* 5, S. 127.
— 1950a: *Lectures on theoretical physics. Vol. 2: Mechanics of deformable bodies*. New York: Academic Press.
— 1950b: Überreichung der Planck-Medaille für Peter Debye. *PhBl* 6, S. 509–512.
— 1951a: *Atombau und Spektrallinien*. Bd. 1 Braunschweig: Vieweg. 7. Aufl.
— 1951b: *Atombau und Spektrallinien*. Bd. 2 Braunschweig: Vieweg. 3. Aufl.
— 1952: *Lectures on theoretical physics. Vol. 1: Mechanics*. New York: Academic Press.
— 1968a: Autobiographische Skizze. In: Sommerfeld [1968b] S. 673–682.
— 1968b: *Gesammelte Schriften, Band IV*. Braunschweig: Vieweg.
Sommerfeld, Arnold und Ernst Back 1921: Fünfundzwanzig Jahre Zeeman-Effekt. *NW* 9, S. 911–916.
Sommerfeld, Arnold und Hans Bethe 1933: Elektronentheorie der Metalle. In: Smekal [1933b] S. 333–622.
Sommerfeld, Arnold und N. H. Frank 1931: Statistical theory of thermoelectric Galvano- and thermomagnetic phenomena in metals. *RMP* 3, S. 1–42.
Sommerfeld, Arnold und Hans Georg Grimm 1926: Über den Zusammenhang des Abschlusses der Elektronengruppen im Atom mit den chemischen Valenzzahlen. *ZfP* 36, S. 36–59.
Sommerfeld, Arnold und Werner Heisenberg 1922a: Eine Bemerkung über relativistische Röntgendubletts und Linienschärfe. *ZfP* 10, S. 393–398.
— 1922b: Die Intensität der Mehrfachlinien und ihrer Zeeman-Komponenten. *ZfP* 11, S. 131–154.
Sommerfeld, Arnold und Helmut Hönl 1925: Über die Intensität der Multiplett-Linien. *SB B* S. 141–161.
Sommerfeld, Arnold und Walter Kossel 1919: Auswahlprinzip und Verschiebungssatz bei Serienspektren. *VDPG* 21, S. 240–259.
Sommerfeld, Arnold und G. Schur 1930: Über den Photoeffekt in der K-Schale der Atome, insbesondere die Voreilung der Photoelektronen. *AdP* 4, S. 409–432.
Sommerfeld, Arnold und Albrecht Unsöld 1926a: Über das Spektrum des Wasserstoffes. *ZfP* 36, S. 259–275.
— 1926b: Über das Spektrum des Wasserstoffes. Berichtigungen und Zusätze. *ZfP* 38, S. 237–241.

Sommerfeld, Arnold und Heinrich Welker 1938: Künstliche Grenzbedingungen beim Keplerproblem. *AdP* 32, S. 56–65.

Sommerfeld, Arnold und Emil Wiechert 1890: *Harmonischer Analysator.* Königsberg: Mathematisch-physikalisches Institut der Universität.

Sopka, Katherine R. 1980: *Quantum Physics in America 1920–1935.* New York: Arno Press.

Stachel, John 1995: History of Relativity. In: Brown et al. [1995] S. 249–359.

Stark, Johannes 1914: *Elektrische Spektralanalyse chemischer Atome.* Leipzig: Hirzel.

— 1920a: *Änderung der Struktur und des Spektrums chemischer Atome: Nobelvortrag, gehalten am 3. Juni 1920 in Stockholm.* Leipzig: Hirzel.

— 1920b: Zur Kritik der Bohrschen Theorie der Lichtemission. *Jahrbuch der Radioaktivität und Elektronik* 17, S. 161–173.

— 1922: *Die gegenwärtige Krisis in der deutschen Physik.* Leipzig: Barth.

— 1927: *Die Axialität der Lichtemission und Atomstruktur.* Berlin: A. Seydel.

— 1929: Zur physikalischen Kritik von Schrödingers Theorie der Lichtemission. *AdP* 1, S. 1009–1040.

— 1930a: Die Axialität der Lichtemission und Atomstruktur. VII. Zur physikalischen Kritik eines Sommerfeldschen Theorems. *AdP* 4, S. 710–724.

— 1930b: Die Kausalität im Verhalten des Elektrons. *AdP* 6, S. 681–699.

— 1936: Philipp Lenard als deutscher Naturforscher, Rede zur Einweihung des Philipp-Lenard-Instituts in Heidelberg am 13. Dezember 1935. *Nationalsozialistische Monatshefte* 7, S. 106–112.

— 1987: *Erinnerungen eines deutschen Naturforschers. Hrsg. Andreas Kleinert.* Mannheim: Bionomica-Verlag.

Stark, Johannes und Wilhelm Müller 1941: *Jüdische und Deutsche Physik.* Leipzig: Helingsche Verlagsanstalt.

Staudinger, Hermann 1934: Der Aufbau der hochmolekularen organischen Verbindungen. *NW* 22, S. 65–71, 84–89.

Steenbeck, Max 1977: *Impulse und Wirkungen. Schritte auf meinem Lebensweg.* Berlin: Verlag der Nation.

Stenström, Karl Wilhelm 1919: *Experimentelle Untersuchungen der Röntgenspektren.* Dissertation Universität Lund.

Stieber, Wilhelm 1933: *Das Schwimmlager. Hydrodynamische Theorie des Gleitlagers.* Berlin: VDI-Verlag.

Stoermer, Monika 1995: Die Bayerische Akademie der Wissenschaften im Dritten Reich. *Acta historica Leopoldina* 22, S. 89–111.

Stone, Remington P. S. 1982: Lick Observatory's Chile Station. *Sky and Telescope* 63, S. 446–448.

Stoner, Edmund Clifton 1924: The distribution of electrons among atomic levels. *PM* 48, S. 719–736.

Störmer, Carl 1930: Periodische Elektronenbahnen im Felde eines Elementarmagneten und ihre Anwendung auf Brüches Modellversuche und auf Eschenhagens Elementarwellen des Erdmagnetismus. *ZfAP* 1, S. 237–273.

Stuewer, Roger H. 1975: *The Compton Effect. Turning Point in Physics.* New York: Science History Publications.
— 1979: *Nuclear Physics in Retrospect. Proceedings of a Symposium on the 1930s.* Minneapolis: University of Minnesota Press.
Swinne, Edgar 1992: *Richard Gans. Hochschullehrer in Deutschland und Argentinien.* Bd. 14 von *Berliner Beiträge zur Geschichte der Naturwissenschaften und der Technik.* Berlin: ERS-Verlag.
Takamine, Toshio und Kokubu 1919: The effect of an electric field on the spectrum lines of Hydrogen. Part III. *Memoirs of the College of Science, Kyoto Imperial University* 3, S. 271.
Tank, Franz 1919: Über Serienspektren nach dem Bohrschen Modell. *AdP* 59, S. 293–331.
Thirring, Hans 1921: *Die Idee der Relativitätstheorie.* Berlin: Springer.
Thomson, Joseph John 1903: *Conduction of Electricity Through Gases.* Cambridge: Cambridge University Press.
Thorsen, V. 1923: Serien im Blei-Bogenspektrum. *NW* 11, S. 78–79.
Toepell, Michael 1996: *Mathematiker und Mathematik an der Universität München. 500 Jahre Lehre und Forschung.* Bd. 19 von *Algorismus.* München: Institut für Geschichte der Naturwissenschaften.
Tollmien, Walter 1953: Laminare Grenzschichten. In: Betz [1953] S. 21–53.
Tolman, Richard C. 1934: *Relativity, Thermodynamics and Cosmology.* Oxford: Clarendon Press.
Tomaschek, Rudolf 1942: Kraft und Stoff in heutiger Erkenntnis. *Nova Acta Leopoldina* 11, S. 526–527.
Tomaschek, Rudolf (Hg.) 1943: *Leuchten und Struktur fester Stoffe. Vorträge der Münchner Arbeitstagung vom 8. und 9. Januar 1942.* München: Oldenbourg.
Tomaschek, Rudolf 1957: Tides of the solid earth. *Handbuch der Physik* 48, S. 775–845.
Trischler, Helmuth 1992: *Luft- und Raumfahrtforschung in Deutschland 1900-1970. Politische Geschichte einer Wissenschaft.* Frankfurt a. M.: Campus.
Unsöld, Albrecht 1927: Beiträge zur Quantenmechanik der Atome. *AdP* 82, S. 355–393.
— 1938: *Physik der Sternatmosphären mit besonderer Berücksichtigung der Sonne.* Berlin: Springer.
Vallarta, Manuel S. und N. Rosen 1932: The Relativistic Thomas-Fermi Atom. *PhysRev* 41, S. 708–712.
Vegard, Lars 1919: Die Erklärung der Röntgenspektren und die Konstitution der Atome. *PhZ* 20, S. 97–104.
Vierhaus, Rudolf und Bernhard vom Brocke (Hg.) 1990: *Forschung im Spannungsfeld von Politik und Gesellschaft. Geschichte und Struktur der Kaiser-Wilhelm-/Max-Planck-Gesellschaft. Aus Anlaß ihres 75jährigen Bestehens.* Stuttgart: Deutsche Verlags-Anstalt.
Vleck, John H. Van 1922: The normal Helium Atom and its relation to the Quantum Theory. *PM* 44, S. 842–869.

— 1932: *Theory of Electric and Magnetic Susceptibilities.* Oxford: Oxford University Press.

— 1973: $\chi = -k + (c/T + \Delta)$, the Most Overworked Formula in the History of Paramagnetism. *Physica* 69, S. 177–192.

Voigt, Woldemar 1901: Über das elektrische Analogon des Zeemaneffektes. *AdP* 4, S. 197–208.

Vollnhals, Clemens 1991: *Entnazifizierung. Politische Säuberung und Rehabilitierung in den vier Besatzungszonen 1945-1949.* München: Deutscher Taschenbuch-Verlag.

Volterra, Vito 1914: *3 Vorlesungen über neuere Fortschritte der mathematischen Physik. Mit Zusätzen und Ergänzungen deutsch von E. Lamla.* Leipzig: Teubner.

Voss, Wilhelm 1933: Bedingungen für das Auftreten des Ramsauereffektes. Gekürzte Münchener Dissertation. *ZfP* 83, S. 581–618.

Walker, Mark 1990: *Die Uranmaschine. Mythos und Wirklichkeit der deutschen Atombombe.* Berlin: Siedler-Verlag.

— 1992a: Physics and propaganda: Werner Heisenberg's foreign lectures under National Socialism. *HSPS* 22(2), S. 339–389.

— 1992b: Myths of the German atom bomb. Commentary. *Nature* 359, S. 473–474.

— 1993: Die Farm Hall-Protokolle und die Entstehung neuer Legenden um die „deutsche Atombombe". *VfZ* 12, S. 519–542.

— 1995: *Nazi Science. Myth, Truth, and the German Atomic Bomb.* New York: Plenum Press.

Waller, Ivar 1927a: Zur Frage der Verallgemeinerung der Kramer-Heisenbergschen Dispersionsformel für kurze Wellen beim Mehrkörperproblem. *NW* 15, S. 969.

— 1927b: On the Scattering of Radiation from Atoms. *PM* 4, S. 1228–1237.

Weiner, Charles 1969: New Site for the Seminar: The Refugees and American Physics in the Thirties. In: Fleming und Bailyn [1969] S. 190–234.

Weisskopf, Victor 1991: *Mein Leben.* Bern, München, Wien: Scherz.

Weizsäcker, Carl F. von 1937: *Die Atomkerne. Grundlagen und Anwendungen ihrer Theorie.* Leipzig: Akademische Verlags-Gesellschaft.

— 1947: Zur Kosmogonie. *ZfAP* 24, S. 181–206.

— 1948a: Die Rotation kosmischer Gasmassen. *ZfN* 3a, S. 524–539.

— 1948b: Das Spektrum der Turbulenz bei großen Reynoldschen Zahlen. *ZfP* 124, S. 614–627.

Welker, Heinrich 1939: Supraleitung und magnetische Austauschwechselwirkung. *ZfP* 114, S. 525–551.

Wengenroth, Ulrich (Hg.) 1993: *Technische Universität München. Annäherungen an ihre Geschichte.* Faktum – Fakten, Analysen, Konzeptionen, Band 1. München: Technische Universität München.

Wentzel, Gregor 1924a: Zur Quantenoptik. *ZfP* 22, S. 193–199.

— 1924b: Zur Quantentheorie des Röntgenbremsspektrums. *ZfP* 27, S. 257–284.

— 1924c: Dispersion und Korrespondenzprinzip. *ZfP* 29, S. 306–310.

— 1925: Zum Termproblem der Dublettspektren, insbesondere der Röntgenspektren. *AdP* 76, S. 803–828.
— 1926: Die mehrfach periodischen Systeme in der Quantenmechanik. *ZfP* 37, S. 80–94.
— 1927: Zur Theorie des Comptoneffekts. *ZfP* 43, S. 1–8, 779–787.
— 1933: Wellenmechanik der Stoß- und Strahlungsvorgänge. In: Smekal [1933a] S. 695–784.
Werner, Sven; Toshio Takamine und Hans Marius Hansen 1923: Effect of magnet. and electr. fields on the mercury spectrum. *Det Kongelige Danske Videnskabernes Selskabs Skrifter. Naturvidenskabelig og mathmatisk Afdeling* (5).
Wessel, Walter 1924: Über das Massenwirkungsgesetz in ionisierten Systemen. (Aus der Gött. Diss.) *PhZ* 25, S. 270–277.
Wettstein, Fritz von 1934: Gedächtnisrede auf Carl E. Correns. *NW* 22, S. 2–8.
Weyl, Hermann 1918: *Raum, Zeit, Materie. Vorlesungen über allgemeine Relativitätstheorie.* Berlin: Springer.
— 1919: Eine neue Erweiterung der Relativitätstheorie. *AdP* 59, S. 101–133.
— 1922a: *Raum, Zeit, Materie.* Berlin: Springer. 5. Aufl.
— 1922b: *Temps, Espace, Matière. Traduction sur la 4e édition allemande par Gustave Juvet et Robert Leroy.* Paris: A. Blanchard.
Whiddington, Richard 1911: The production of characteristic Röntgen radiation. *PRS* A75, S. 323–332.
Widenbauer, Hans 1934: Das Problem der Ringwellen auf einer Flüssigkeitsoberfläche. *Zeitschrift für angewandte Mathematik und Mechanik* 14, S. 321–332.
Wien, Wilhelm 1919: Über Messungen der Leuchtdauer der Atome und der Dämpfung der Spektrallinien. I. *AdP* 60, S. 597–637.
— 1921: Über Messungen der Leuchtdauer der Atome und der Dämpfung der Spektrallinien. II. *AdP* 66, S. 229–236.
— 1924: Über Messungen der Leuchtdauer der Atome und der Dämpfung der Spektrallinien. III. *AdP* 73, S. 483–504.
Wierl, Raimund 1927: Über die Intensitätssymmetrie beim Wasserstoffstarkeffekt. *AdP* 82, S. 563–575.
Wigner, Eugene 1927: Einige Folgerungen aus der Schrödingerschen Theorie für die Termstrukturen. *ZfP* 43, S. 624–652.
Wigner, Eugene und Frederick Seitz 1933: On the Constitution of Metallic Sodium. *PhysRev* 43, S. 804–810.
Williamson, Rajkumari (Hg.) 1987: *The Making of Physicists.* Bristol: Adam Hilger.
Wilson, Alan H. 1941: The Quantum Theory of Radiation Damping. *Proceedings of the Cambridge Philosophical Society* 37, S. 301–316.
Wilson, Charles T. R. 1923: Investigations of X-rays and β-rays by the cloud method. *PRS* A 105, S. 1–24.
Windsch, Wolfgang und Martin Franke 1985: 1927–1945: Blütezeit und Niedergang der Leipziger Physikalischen Institute. *NTM* 22, S. 30–42.
Wolff, Georg 1934: Das Problem der Krebsverbreitung und Krebsbekämpfung. *NW* 22, S. 17–21, 53–59.

Wolff, Stefan L.: Physicists in the "Krieg der Geister": Wilhelm Wien's Proclamation. Im Druck für *Historical Studies in the Physical Sciences.*
— 1993: Vertreibung und Emigration in der Physik. *Physik in unserer Zeit* 24, S. 267–273.
— 2000: Frederick Lindemanns Rolle bei der Emigration der aus Deutschland vertriebenen Physiker. *The Yearbook of the Research Centre for German and Austrian Exile Studies* 2, S. 25–58.
Wolfschmidt, Gudrun 1997: *Genese der Astrophysik.* Habilitationsschrift Ludwig-Maximilians-Universität München.
Wolters, Gereon 1987: *Mach I, Mach II, Einstein und die Relativitätstheorie. Eine Fälschung und ihre Folgen.* Berlin: de Gruyter.
Wood, Robert W. und Alexander Ellett 1923: On the Influence of Magnetic Fields on the Polarization of Resonance Radiation. *PRS* A 103, S. 396–403.
Yukawa, Hideki und Shoichi Sakuta 1939: Mass and Mean Life-Time of the Meson. *Nature* 143, S. 761–762.
Zierold, Kurt 1968: *Forschungsförderung in drei Epochen.* Wiesbaden: Franz Steiner Verlag.

Kurzbiographien

Bechert, Karl (1901–1981) Nach der Promotion 1925 wurde Bechert Assistent Sommerfelds; er begleitete ihn auf dem ersten Teil der Weltreise. 1933 trat er das Ordinariat für theoretische Physik an der Universität Gießen an. Später wurde Bechert Bundestagsabgeordneter der SPD und Präsident der *Society for Social Responsibility in Science*.

Becker, Walter Nach der Arisierung der Akademischen Verlagsgesellschaft in Leipzig war er an der Leitung beteiligt. Im Sommer 1947 übersiedelte er nach Regensburg, wo er weiter an den Korrekturen der *Vorlesungen über theoretische Physik* mitarbeitete.

Berliner, Arnold (1862–1942) Er war Direktor bei der AEG und Mitarbeiter Rathenaus, bevor er die *Naturwissenschaften* von deren Beginn an leitete. 1935 als Jude entlassen nahm sich Arnold Berliner 1942 das Leben.

Bethe, Hans (*1906) Er studierte bei Sommerfeld in München, wo er 1928 promovierte. Aus rassischen Gründen mußte er 1933 emigrieren, zuerst nach England. 1935 nahm er einen Ruf an die Cornell University an, zeitweise war er auch Direktor am Kernforschungszentrum Los Alamos. Den Nobelpreis 1967 erhielt er für seine Theorie der Energieerzeugung in den Sternen.

Bohr, Harald (1887–1951) Der Bruder von Niels Bohr studierte in Kopenhagen und Göttingen Mathematik. 1915 übernahm er eine Professur an der TH, 1930 an der Universität Kopenhagen.

Bohr, Niels (1885–1962) Das Studium absolvierte er z. T. in England bei Rutherford. 1916 erhielt er eine Professur in Kopenhagen, später übernahm er die Leitung eines neuen Instituts, das bei der Entwicklung der Quantenmechanik eine wichtige Rolle spielen sollte. Für sein Atommodell wurde ihm der Nobelpreis des Jahres 1922 zuerkannt.

Bopp, Fritz (1909–1987) Zuerst Assistent in Breslau, habilitierte er sich dort 1940. Im folgenden Jahr wurde er sowohl Dozent in Breslau als auch Mitglied am KWI für Physik. 1946 wurde er nach Tübingen berufen, bevor er 1947 in München die Nachfolge Sommerfelds antrat.

Born, Max (1882–1970) Zu Ende seines Studiums war Max Born 1905 Privatassistent von David Hilbert in Göttingen. Nach seiner Habilitation 1909 lehrte er 1912 auf Einladung von Michelson in Chicago. Die Reihe seiner Professuren in Deutschland führte ihn über Berlin und Frankfurt am Main 1921 nach Göttingen. 1925/26 hielt er Gastvorlesungen am MIT. 1933 wurde er beurlaubt. Für das folgende Jahr nahm Born die Einladung als Stokes Lecturer of Applied Mathematics an die University of Cambridge an. Nach einem kurzen Aufenthalt in Bangalore wurde er 1936 Tait Professor of Natural Philosophy an der University in Edinburgh. 1953 wurde er emeritiert und kehrte nach Deutschland zurück. 1954 erhielt er den Nobelpreis (zusammen mit W. Bothe).

Brillouin, Léon (1889–1969) Bis 1941 bekleidete er Professuren am Collège de France und an der Sorbonne, nach dem Krieg an der Harvard University. Von 1949 bis 1954 arbeitete er am Thomas J. Watson IBM Research Center in Yorktown Heights. Er ist einer der Mitbegründer der WKB-Methode.

Broemser, Philipp (1886–1940) Seine physiologischen Lehrjahre verbrachte er vor dem 1. Weltkrieg bei Otto Frank in München. Während des Krieges arbeitete er bei einer fernsprechtechnischen Dienststelle in Berlin. In München habilitiert, nahm er 1925 den Ruf auf das Ordinariat für Physiologie an der Universität Basel an. Über Heidelberg kehrte er 1934 als Nachfolger seines Lehrers an die Universität München zurück, wo er gleich Dekan der medizinischen Fakultät wurde. Von 1938 bis zu seinem Tode war er Rektor.

Buchta, J. William (1895–1966) Sein akademisches Leben verbrachte er überwiegend an der University of Minnesota: 1925 PhD, anschließend *Instructor*, 1928 *assistance*, 1929 *associate* und dann bis 1953 *full* Professor.

Buchwald, Eberhard (1886–1975) Er wurde 1917 Professor in Breslau und 1923 Ordinarius an der TH Danzig. Nach dem Krieg nahm er eine Professur an der Universität Jena an.

Bush, Vannevar (1890–1974) 1919 wurde er Professor am MIT, dann Leiter der NACA. 1939 bis 1955 Präsident der Carnegie Institution, organisierte er die Kriegsforschung der USA im 2. Weltkrieg. Er war maßgeblich an der Rechnerentwicklung beteiligt.

Cabrera, Blas (1878–1945) 1901 an der Universität Madrid promoviert, wurde er dort 1905 Professor für Elektrizität und Magnetismus. Nach Ausbruch des Spanischen Bürgerkriegs baute er mit A. Cotton ein Laboratorium in Paris auf. Von 1941 bis zu seinem Tode war er Professor an der Universität von Mexiko.

Carathéodory, Constantin (1873–1950) Bevor er 1924 Ordinarius für Mathematik an der Universität München wurde, führte ihn seine wissenschaftliche Laufbahn als Professor nach Hannover, Breslau, Göttingen, Berlin, Smyrna und Athen. In München wurde er 1939 emeritiert.

Christlein, Günther (⋆ 1915) Er studierte bei Sommerfeld von 1936 bis 1939 und wurde dessen letzter Doktorand. Wegen des Krieges zog sich die Promotion bis 1943 hin; die Arbeit behandelte die Quantentheorie der Supraleitung. Nach dem 2. Weltkrieg studierte Christlein Theologie, anschließend beschäftigte er sich mit Kunst, Theologie und Lehrerfortbildung.

Compton, Arthur H. (1892–1962) 1920 wurde er Professor an der Washington University in Saint Louis. Zwei Jahre später fand er den Comptoneffekt, wofür er 1927 den Nobelpreis erhielt. 1923 wechselte er an die University of Chicago. 1942 bis 1945 leitete er das Plutoniumprojekt im Rahmen des Manhattan Project. Anschließend war er bis 1953 Kanzler der Washington University und danach Professor für Naturphilosophie.

Debye, Peter (1884–1966) Noch während seines Studiums der Elektrotechnik in Aachen wurde er Assistent von Sommerfeld. Er folgte ihm nach München, wo er sich 1910 habilitierte. Ab 1911 hatte er Professuren in Zürich, Utrecht, Göttingen und Leipzig inne. 1935 kam er als Direktor des Kaiser-Wilhelm-Instituts für Physik nach Berlin. 1940 nahm er ein Angebot aus Ithaca an, wo er bis 1952 Professor der Chemie an der Cornell University war.

Ehrenfest, Paul (1880–1933) Nach dem Studium in Wien und Göttingen promovierte Ehrenfest 1904 bei Boltzmann in Wien. 1907 zog er mit seiner Frau

Tatjana nach Sankt Petersburg, bevor er 1911 die Nachfolge von H. A. Lorentz in Leiden antrat. 1933 nahm er sich das Leben.

Einstein, Albert (1879–1955) Nach dem Studium in Zürich wurde er Angestellter des Schweizer Patentamtes. Sein Weg führte ihn über die Universitäten Zürich und Prag 1914 nach Berlin. Nach seiner Emigration 1933 wirkte er am Institute for Advanced Studies in Princeton.

Emden, Robert (1862–1940) Der Kundtschüler promovierte 1887 in Straßburg und habilitierte sich 1899 an der TH München. Anschließend war er dort Privatdozent, seit 1907 Extraordinarius für Physik und Meteorologie. Sehr einflußreich war sein im gleichen Jahr erschienenes Werk über der Schwerkraft unterworfene Gaskugeln (Sternaufbau). 1927 zum Honorarprofessor für Astrophysik ernannt, wurde er 1933 entlassen und kehrte in seine schweizerische Heimat zurück.

Ewald, Paul P. (1888–1985) 1933 aus Protest von seinem Rektorat an der TH Stuttgart zurückgetreten, emigrierte er 1937 nach Cambridge in England, wo ihm Lawrence Bragg ein Forschungsstipendium verschafft hatte. 1939 wurde er nach Irland an die Queens University Belfast berufen. 1949 übernahm er die Leitung des Physikdepartments am Brooklyn Polytechnic Institute in New York.

Finkelnburg, Wolfgang (1905–1967) Nach dem Studium in Tübingen und Bonn sowie Assistenzen in Bonn, Berlin und Karlsruhe wurde er 1932 Privatdozent an der TH Karlsruhe. 1938 wechselte er als Extraordinarius an die TH Darmstadt. 1942 wurde er Leiter des Physikinstituts der Universität Straßburg. Von 1947 bis 1952 war er Gastdozent an der Catholic University of America und wissenschaftlicher Berater, bevor er Abteilungsleiter im Forschungslaboratorium von Siemens-Schuckert wurde.

Franck, James (1882–1964) Seit 1907 Dozent des Physikalischen Vereins in Frankfurt am Main, habilitierte er sich 1911 an der Universität Berlin. Am 1. Weltkrieg nahm er als Offizier teil. 1920 wurde er Extraordinarius in Göttingen, ein Jahr später Ordinarius und Direktor des II. physikalischen Instituts. 1922 lehnte er die Rubensnachfolge in Berlin ab. Für den Franck-Hertz-Versuch erhielten beide 1925 den Nobelpreis. Nach der Machtergreifung trat Franck 1933 von seiner Professur zurück. Nach Gastprofessuren in Baltimore und Kopenhagen emigrierte er in die USA, wo er 1938 bis 1947 eine Professur in Chicago bekleidete. 1945 warnte er die US-Regierung vor dem Einsatz der Kernwaffen.

Frank, Glenn F. (1887–1940) Bevor er 1925 Präsident der University of Wisconsin in Madison wurde, war er Herausgeber des *Century Magazine*. Politische Differenzen mit dem Gouverneur von Wisconsin führten 1937 zu seiner Ablösung. Als Kandidat für den Senat starb er am Vorabend der Wahl bei einem Autounfall.

Geitler, Josef von (1870–1923) Er war 1907 bis 1919 Professor für Physik an der deutschen Universität in Czernowitz, ab 1919 Honorardozent an der TH Graz. Er ist ein Vetter von Heinrich Hertz.

Gerlach, Walter (1889–1979) Nach Studium, Promotion und Habilitation in Tübingen ging Gerlach 1919/20 in die Industrie, bevor er an die Universität Frankfurt am Main wechselte. Hier wurde 1921 auch der Stern-Gerlach-Versuch durchgeführt. Im gleichen Jahr in Frankfurt als Extraordinarius berufen, wurde er 1924 Ordinarius in Tübingen. 1929 trat er die Nachfolge W. Wiens an der Universität

München an. 1943 wurde er Leiter der Fachsparte Physik im Reichsforschungsrat, 1944 u. a. zuständig für das Uranprojekt. Abgesehen von einer Unterbrechung 1946 bis 1948, während der er in Bonn lehrte, hatte er den Münchner Lehrstuhl bis zu seiner Emeritierung 1957 inne.

Heisenberg, Werner (1901–1976) Nach dem Studium bei Sommerfeld wurde er 1923 in München promoviert, im Jahr darauf in Göttingen habilitiert. Bevor er 1927 die Professur für theoretische Physik in Leipzig erhielt, war er mehrfach Gast bei Bohr in Kopenhagen. 1941 wechselte er als Direktor an das KWI für Physik, anfangs in Berlin, ab 1946 in Göttingen und 1958 bis 1970 in München.

Herglotz, Gustav (1881–1953) 1904 wurde er Privatdozent für Mathematik und Astronomie an der Universität Göttingen. Über ein Extraordinariat für theoretische Astronomie an der TH Wien 1908 und ein Mathematikordinariat an der Universität Leipzig kam er 1925 nach Göttingen, wo er bis zu seiner Emeritierung 1950 lehrte.

Herzfeld, Karl F. (1892-1978) Nach dem Studium in Wien, Zürich und Göttingen lehrte er ab 1919 als Privatdozent in Wien. Im folgenden Jahr wechselte er nach München, wo er 1923 Extraordinarius für theoretische Physik und Chemie wurde. Nach Gastvorlesungen in den USA wurde er 1926 zum Professor der Physik an die Johns Hopkins University in Baltimore berufen. Das Physikdepartment der Catholic University of America in Washington leitete er von 1936 bis 1961.

Hilbert, David (1862–1943) Der Königsberger studierte an der heimatlichen Universität, wo er 1892 zum außerordentlichen Professor (als Nachfolger von Hurwitz) ernannt wurde. 1895 trat er in Göttingen die Nachfolge von Heinrich Weber an. Hier lehrte er bis zu seiner Emeritierung im Jahre 1930.

Hirzel, Heinrich (★ 1895) Der Urenkel Salomon Hirzels absolvierte seine Lehre in Leipzig. Weitere Ausbildungsschritte führten ihn nach Frankfurt am Main und München. 1921 wurde er Teilhaber und nach dem Tode seines Vaters 1924 Mitinhaber des Verlags S. Hirzel.

Hopf, Ludwig (1884–1939) Nach dem Studium in München und Berlin promovierte er 1909 bei Sommerfeld. Anschließend war er Assistent Einsteins in Zürich und Prag, bevor er 1911 an die TH Aachen wechselte, wo er sich im März 1914 habilitierte. Nach dem Militärdienst im 1. Weltkrieg wurde er 1921 außerordentlicher, 1923 ordentlicher Professor für Mathematik und Mechanik an der TH Aachen. 1933 beurlaubt, wurde er 1934 in den Ruhestand versetzt. Er konnte 1939 mit einem *research grant* nach Cambridge übersiedeln und wurde noch im gleichen Jahr *Lecturer* für höhere Mathematik am Trinity College Dublin.

Jaffé, George (1880–1965) Nach Forschungsaufenthalten bei J. J. Thompson in Cambridge und Marie Curie in Paris sowie einer kurzen Amerikavisite wurde er 1908 Privatdozent an der Universität Leipzig, wo er 1916 auch Extraordinarius wurde. 1926 nahm er den Ruf als Ordinarius an die Universität Gießen an. 1933 in den Ruhestand versetzt, siedelte er nach Freiburg über, bevor er 1939 in die USA emigrierte. In Baton Rouge wurde er Professor an der Louisiana State University und trat 1950 in den Ruhestand.

Kneser, Adolf (1862–1930) Nach dem Studium in Berlin habilitierte er sich 1884 in Marburg. Seine erste Professur übernahm er 1889 in Dorpat. 1900 folgte die Bergakademie Berlin, und 1905 nahm er den Ruf auf das Mathematikordinariat der Universität Breslau an.

Kramers, Hendrik A. (1894–1952) Er studierte bei Ehrenfest in Leiden und wurde 1916 Assistent Bohrs in Kopenhagen. Nach 10 Jahren wurde er Professor an der Universität Utrecht, bevor er 1934 an die Universität Leiden wechselte.

Kronig, Ralph de Laer (1904–1995) 1924/25 als Stipendiat der Columbia University in Tübingen, war er 1928 Assistent Paulis in Zürich und 1929/30 in Cambridge, England. Von 1939 bis 1969 war er Professor für theoretische Physik an der TH Delft, 1959 bis 1962 auch Rektor.

Lamb, Willis E. (*1913) 1938 an der University of California promoviert, war er anschließend für 5 Jahre *Instructor*. An der gleichen Universität bekleidete er bis 1952 eine Professur, danach an der Stanford University. Weitere Stationen führten ihn als Wykeham Professor nach Oxford und an die Yale University, anfangs als Henry Ford II Professor, 1972 bis 1974 als Josiah Willard Gibbs Professor. 1955 erhielt er den Nobelpreis (mit P. Kusch).

Landé, Alfred (1888–1976) 1913 Hilberts Assistent in Göttingen, promovierte er 1914 bei Sommerfeld an der Universität München. Anschließend war er Lehrer an einer Odenwaldschule. 1919 folgte die Habilitation bei Born an der Universität Frankfurt am Main. Auf Drängen Paschens erhielt er 1922 ein Extraordinariat für theoretische Physik an der Universität Tübingen (Nachfolge Christian Füchtbauer). 1929 hielt er Gastvorlesungen an der Ohio State University in Columbus, Ohio, wohin er 1931 einem Ruf folgte.

Laporte, Otto (1902–1971) Der Promotion 1924 bei Sommerfeld folgte ein einjähriger Gastaufenthalt am National Bureau of Standards in Washington, D.C. 1926 wurde er Professor an der University of Michigan.

Laue, Max von (1879–1960) Nach der Promotion 1903 bei Planck in Berlin ging Laue nach Göttingen, bevor er 1905 Assistent von Planck wurde und sich habilitierte. 1909 wechselte er an die Universität München, wo 1912 am Lehrstuhl Sommerfelds die Experimente zum Nachweis von Röntgenstrahlinterferenzen mit Walther Friedrich und Paul Knipping stattfanden; dafür erhielt er zwei Jahre später den Nobelpreis. 1914 bis 1919 war er Ordinarius für theoretische Physik an der Universität Frankfurt am Main, um dann endgültig nach Berlin zu gehen. 1943 vorzeitig emeritiert, wurde er 1946 stellvertretender Direktor des MPI für Physik in Göttingen und 1951 bis 1959 Direktor des MPI für Chemie und Elektrochemie in Berlin.

Lenz, Wilhelm (1888–1957) Nach der Promotion 1911 bei Sommerfeld wurde er dessen Assistent. 1920 folgte er einem Ruf als Extraordinarius für theoretische Physik nach Rostock, wofür ihn Sommerfeld empfohlen hatte, und erhielt schon im folgenden Jahr den Lehrstuhl an der Universität Hamburg, den er bis 1956 inne hatte.

Lorentz, Hendrik Antoon (1853–1928) Nach der Promotion über die Maxwellsche Lichttheorie 1875 wurde er zwei Jahre später Ordinarius für theoretische Physik an der Universität Leiden. 1912 wechselte er als Kurator für Physik zur Teyler Stiftung und wurde Sekretär der Hollandsche Maatschappij van Wetenschappen, hielt aber weiter Vorlesungen.

March, Arthur (1891–1957) March verbrachte sein gesamtes akademisches Leben an der Universität Innsbruck: Studium, 1918 Privatdozent, 1927 Extraordinarius, 1935 ordentlicher Professor für theoretische Physik.

Marx, Erich (1874–1956) 1898 in Göttingen promoviert, ging er nach kurzer Assistenzzeit bei Lenard in die elektrotechnische Industrie. Die Habilitation erfolgte 1903, 1907 kam der Ruf nach Leipzig, wo er anfangs Professor der Physik, 1920 bis 1933 für Radiophysik war.

Meggers, William F. (1888–1966) Schon seit 1914 Spektroskopiker am National Bureau of Standards in Washington, D.C., erwarb er seinen PhD 1917 an der Johns Hopkins University. Auch nach seiner Pensionierung als Leiter der spektroskopischen Abteilung des Bureau of Standards 1958 arbeitete bis kurz vor seinem Tode weiter.

Mendenhall, Charles E. (1872–1935) Nach seiner Promotion an der Johns Hopkins University arbeitete er u. a. am Smithsonian Astrophysical Observatory. Ab 1901 hatte er verschiedene Positionen an der University of Wisconsin inne: 1901 *assistance*, 1904 *associate*, 1905 *full* Professor, 1926 Leiter des Departments. 1919/20 war er zusätzlich Attaché an der US-Botschaft in London, 1923 bis 1925 Präsident der Physical Society.

Meyer, Edgar (1879–1960) Nach der Promotion 1903 in Bonn war er Privatdozent in Zürich und Aachen, bevor er 1912 Extraordinarius an der Universität Tübingen wurde. Von 1916 bis zu seiner Emeritierung 1949 leitete er das Physikalische Institut der Universität Zürich.

Mie, Gustav (1868–1957) Die ersten Stationen seiner akademischen Laufbahn führten ihn nach Karlsruhe, wo er sich 1897 habilitierte, und Greifswald, wo er im gleichen Jahr Privatdozent, 1905 dann Ordinarius wurde. Über Halle, hier wurde er 1917 Professor, führte ihn sein Weg nach Freiburg im Breisgau, wo er seit 1924 bis zu seiner Emeritierung 1936 wirkte. Bekannt wurde er durch seine Feldtheorie der Materie, die er noch vor dem 1. Weltkrieg veröffentlichte.

Millikan, Robert A. (1868–1953) Der langjährige Professor in Chicago und am CalTech erhielt 1923 den Nobelpreis für Physik für seine Arbeit zur elektrischen Elementarladung und zum photoelektrischen Effekt.

Nagaoka, Hantaro (1865–1950) Er studierte bei dem britischen Physiker C. G. Knott an der Universität Tokio. Nach der Promotion ging er nach Europa, wo er von 1893 bis 1896 seine Studien an den Universitäten Berlin, München und Wien fortsetzte. Auf dem 1. internationalen Physikerkongreß in Paris hielt er auf Einladung einen Vortrag über Magnetostriktion. 1901 bis 1928 war er Professor für Physik an der Universität Tokio. Später wurde er Direktor des RIKEN in Tokio.

Nordheim, Lothar (⋆ 1899) Er studierte in Hamburg, München und Göttingen, wo er 1922 bis 1926 Assistent Hilberts war. Als Rockefellerstipendiat verbrachte er Aufenthalte in Cambridge, England, und Kopenhagen, bevor er sich 1928 in Göttingen habilitierte. Gastprofessuren führten ihn nach Columbus, Ohio, und Moskau. 1933 wurde ihm die Lehrerlaubnis entzogen. Über Paris und Haarlem kam er 1935 in die USA. Anfangs Gastprofessor an der Purdue University, bekleidete er 1937 bis 1956 eine Physikprofessur an der Duke University.

Oseen, Carl Wilhelm (1879–1944) Er studierte in Lund und Göttingen. Während seiner Zeit als Dozent an der Universität Lund promovierte er 1903. 1909 nahm er einen Ruf der Universität Upsala an. Er war auch Gutachter für theoretische Physik der Nobelstiftung.

Pauli, Wolfgang (1900–1958) Schon als Schüler als Wunderkind eingestuft, schrieb er in seinen ersten Semestern bei Sommerfeld den Artikel über die Relativitätstheorie für die *Encyklopädie der mathematischen Wissenschaften*. 1921 summa cum laude in München promoviert, absolvierte er Forschungsaufenthalte bei Born in Göttingen, Bohr in Kopenhagen und Lenz in Hamburg. 1924 habilitierte er sich in Hamburg. 1928 folgte er dem Ruf der ETH Zürich auf ein Ordinariat für theoretische Physik. Während des 2. Weltkrieges arbeitete er am Institute for Advanced Studies in Princeton. Er kehrte 1945 nach Zürich zurück. Im selben Jahr erhielt er für sein Ausschließungsprinzip den Nobelpreis.

Pauling, Linus (1901–1994) Seit 1927 am CalTech, gehört er zu den wenigen, die zweimal den Nobelpreis erhielten: 1954 für Chemie wegen seiner Forschungen zur Eiweißstruktur und 1963 für Frieden aufgrund seiner Forderung zum Stop atmosphärischer Atomwaffentests.

Perron, Oskar (1880–1975) 1906 an der Universität München habilitiert, folgte er 1910 einem Ruf der Universität Tübingen auf ein Extraordinariat. 1914 wechselte er nach Heidelberg. 1922 trat er die Nachfolge A. Pringsheims auf dem Lehrstuhl für Mathematik an der Universität München an.

Planck, Max (1858–1947) Schulzeit und Studium verbrachte er in München. 1885 erhielt er ein Extraordinariat für theoretische Physik an der Universität Kiel. Vier Jahre später wechselte er nach Berlin, wo er 1892 als Ordinarius die Nachfolge Kirchhoffs antrat. Nach seiner Emeritierung 1927 war er von 1930 bis 1937 Präsident der Kaiser-Wilhelm-Gesellschaft. Für seine Entdeckung der Energiequanten erhielt er 1919 den Nobelpreis für das Vorjahr.

Prandtl, Ludwig (1875–1953) 1904 erhielt der gelernte Ingenieur die Professur für angewandte Mechanik an der Universität Göttingen, 1925 wurde er zusätzlich Direktor des Kaiser-Wilhelm-Instituts für Strömungsforschung. Beide Positionen bekleidete er bis 1946.

Raman, C. V. (1888–1970) Der Sohn eines Professors studierte Physik an der Universität Madras. 19jährig erhielt er den Master of Arts. Mangels anderer Möglichkeiten arbeitete er zehn Jahre in der Finanzverwaltung, bevor er 1917 auf den neuen Physiklehrstuhl der Hinduuniversität in Kalkutta berufen wurde. 1933 bis 1937 war er Präsident des Indischen Instituts für Wissenschaften in Bangalore und leitete dessen physikalische Abteilung bis 1948. Danach leitete er bis zu seinem Tode das nach ihm benannte Forschungsinstitut. Für den Nachweis des Ramaneffekts erhielt er 1930 den Physiknobelpreis, zwei Jahre zuvor war er geadelt worden.

Retherford, Robert C. Während des entscheidenden Experiments zum Lambshift war er Student von W. E. Lamb an der Columbia University.

Romberg, Werner (★ 1909) Nach dem Studium bei Lenard in Heidelberg und Sommerfeld in München promovierte er 1933 über polarisiertes Licht bei Kanalstrahlen. Im folgenden Jahr mußte er emigrieren; über die UdSSR und die Tschechoslowakei kam er 1938 nach Oslo an das Institut von E. A. Hylleraas. 1960 wurde er Professor für angewandte Mathematik an der Universität Oslo, 10 Jahre später an der Universität Heidelberg.

Runge, Carl (1856–1927) In Havanna aufgewachsen, studierte er in München und Berlin, wo er sich 1883 habilitierte. 1886 bis 1904 war er ordentlicher Professor für Mathematik an der TH Hannover, bevor er auf den neuen Lehrstuhl für angewandte Mathematik an die Universität Göttingen berufen wurde.

Saha, Meghnad (1894–1956) Anfangs angewandter Mathematiker, schwenkte er bald zur Astrophysik über. Nach seiner Promotion ging Saha im Herbst 1919 nach Europa, wo er bei A. Fowler und E. A. Milne arbeitete. In Berlin traf er Planck, Einstein, Laue und Sommerfeld. 1921 nahm er einen Ruf an die Universität von Kalkutta an. Von 1923 bis 1938 lehrte er an der Universität von Allahabad, anschließend wieder an der Universität von Kalkutta.

Schrödinger, Erwin (1887–1961) 1912 promoviert, 1914 habilitiert an der Universität Wien, wechselte er über Jena (1920), Stuttgart (1920/21) und Breslau (1921) im gleichen Jahr auf den neuen Lehrstuhl für theoretische Physik an die Universität Zürich. Nach der Absage Sommerfelds wurde er 1927 Nachfolger Plancks an der Universität Berlin. 1933 erhielt er mit P. A. M. Dirac den Nobelpreis. Im gleichen Jahr emigrierte er wegen der Judenverfolgungen. Anfangs Fellow des Magdalen College in Oxford, nahm er 1938 einen Ruf nach Graz an. Nach dem Anschluß Österreichs ging er über Rom, Genf und Oxford nach Irland, wo er 1940 Professor am neuen Institute for Advanced Studies wurde. 1956 kehrte er nach Wien zurück, wo er im folgenden Jahr emeritiert wurde.

Seeliger, Rudolf (1886–1965) 1910 in München bei Sommerfeld promoviert, wurde er 1915 Privatdozent an der Universität Berlin. Kurz arbeitete er an der PTR. 1918 nahm er einen Ruf der Universität Greifswald an. Er war langjähriger Mitherausgeber der *Physikalischen Zeitschrift*.

Siegbahn, Manne (1886–1978) Viele Jahre Professor in Lund, erhielt er 1924 den Physiknobelpreis für seine röntgenspektroskopischen Arbeiten. 1937 wurde er Direktor des Physikinstitutes der schwedischen Akademie der Wissenschaften in Stockholm.

Smekal, Adolf (1895–1959) 1917 an der Universität Graz promoviert, wurde er Assistent in Wien, bevor er 1921 Privatdozent an der TH Wien wurde. 1923 sagte er den fünf Jahre später experimentell gefundenen Ramaneffekt voraus. 1928 übernahm er das neue Institut für theoretische Physik an der Universität Halle.

Stark, Johannes (1874–1957) Er studierte in München und habilitierte sich in Göttingen. 1906 wurde er physikalischer Dozent an der TH Hannover, im folgenden Jahr Professor in Greifswald. 1909 nahm er den Ruf nach Aachen an, bevor er 1917 nach Greifswald zurückkehrte. Den Nobelpreis für Physik erhielt er 1919. 1922 legte er die zwei Jahre zuvor angetretene Professur in Würzburg nieder. Von 1933 bis 1939 war er Präsident der Physikalisch-Technischen Reichsanstalt. Neben Lenard war er der Hauptvertreter der sogenannten „Deutschen Physik".

Steenbeck, Max (1904–1981) Der studierte Physiker wurde 1934 Laborleiter und 1943 technischer Leiter des Stromrichterwerkes von Siemens-Schuckert. Nach dem Krieg arbeitete er bis 1956 in der UdSSR im Rahmen des Atomprogramms. In diesem Jahr wurde er Mitglied der Berliner Akademie und Direktor zuerst des

Instituts für magnetische Werkstoffe, dann des Instituts für Magnetohydrodynamik der Akademie. Gleichzeitig übernahm er eine Professur an der Universität Jena. Ab 1965 war er Vorsitzender des Forschungsrates der DDR.

Takamine, Toshio (1885–1959) Das Studium an der Universität Tokio schloß er 1915 mit der Promotion ab. Häufig unternahm er Studienreisen nach Europa und in die USA. Abgesehen von einer kurzen Zeit an der Universität Tokio lehrte er meist an der Universität Kyoto.

Tomaschek, Rudolf (1895–1966) Der Lenardschüler wurde 1924 Privatdozent in Heidelberg. 1927 wurde er Extraordinarius in Marburg. Sieben Jahre später wechselte er als Ordinarius an die TH Dresden. 1939 an die TH München berufen, erhielt er im Juli 1945 Hausverbot. Bei der Entnazifizierung 1948 als Mitläufer eingestuft, ging er im selben Jahr aufgrund privater Beziehungen nach England, wo er seit 1950 am AIOC Research Center in Kirklington Hall, Newark, Experimentalphysik lehrte.

Unsöld, Albrecht (1905–1995) 1927 bei Sommerfeld promoviert, 1929 habilitiert, ging er 1930 nach Hamburg. 1932 nahm er einen Ruf als Ordinarius an Universität Kiel an. Er ist einer der Pioniere der theoretischen Astrophysik.

Voßler, Karl (1872–1949) Seit 1899 Privatdozent in Heidelberg, nahm er 1909 einen Ruf der Universität Würzburg auf den Lehrstuhl für romanische Philologie an. Von 1911 bis 1939 lehrte er an der Universität München.

Webendoerfer, Erwin (* 1894) Der im 1. Weltkrieg mehrfach verwundete Erwin Webendoerfer besaß anfangs 10 %, ab 1939 28 % Prozent von Vieweg. Während seiner Zeit als verantwortlicher Geschäftsführer von 1921 bis 1945 widmete er sich mehr der Herstellung. Der betont national gesinnte Webendoerfer hielt sich während der NS-Zeit streng an die herrschenden Regeln und wurde im Mai 1945 abgelöst.

Weizsäcker, Carl Friedrich Freiherr von (* 1912) Der Sohn von Ernst von Weizsäcker studierte in Göttingen und Leipzig, wo er 1933 promovierte und 1936 habilitierte. Anschließend ging er an das KWI für Physik nach Berlin. 1942 wurde er Professor an der Universität Straßburg und nach dem Krieg Abteilungsleiter des MPI für Physik in Göttingen. 1957 übernahm er einen Lehrstuhl für Philosophie an der Universität Hamburg.

Weizsäcker, Ernst Freiherr von (1882–1951) Der Vater von Carl Friedrich trat 1920 in diplomatischen Dienst. Als Staatssekretär im Auswärtigen Amt seit 1938 und Gesandter beim Vatikan von 1843 bis 1945 versuchte er mäßigend zu wirken. Im Nürnberger „Wilhelmstraßenprozeß" zu sieben Jahren Haft verurteilt, wurde er nach zwei Jahren 1950 entlassen.

Weyl, Hermann (1885–1955) Nach dem Studium in Göttingen und München promovierte er 1908 bei Hilbert und wurde zwei Jahre später Privatdozent in Göttingen. Von 1913 bis 1930 bekleidete er die Professur für höhere Mathematik an der ETH Zürich, bevor er an der Universität Göttingen die Nachfolge Hilberts antrat. 1933 nahm er ein Angebot des Institute for Advanced Study in Princeton an, wo er bis 1951 blieb. Bis zu seinem Tode lebte er dann in Zürich.

Wieland, Heinrich (1877–1957) Der Thiele-Schüler wurde 1904 Privatdozent und 5 Jahre später Extraordinarius an der Universität München. 1917 bis 1921

Ordinarius an der TH München, wechselte er dann an die Universität Freiburg, um 1925 als Direktor des chemischen Laboratoriums an die Universität München zurückzukehren. 1927 erhielt er den Nobelpreis für Chemie.

Wien, Wilhelm (1864–1928) Der Ostpreuße besuchte das Altstädtische Gymnasium in Königsberg, promovierte und habilitierte sich in Berlin. Seine erste Professur erhielt er 1896 in Aachen. Sowohl in Würzburg (1900) wie in München (1920) trat er die Nachfolge Röntgens an.

Wilkens, Alexander (1881–1968) 1904 in Göttingen promoviert, wirkte er seit 1908 an der Sternwarte Kiel. 1916 bis 1925 leitete er die Sternwarte und lehrte als Ordinarius an der Universität Breslau, bevor er mit den gleichen Aufgaben nach München wechselte. Von Thüring denunziert, wurde er Anfang 1934 entlassen. Er emigrierte nach Argentinien, wo er in La Plata 1937 Direktor des Observatoriums wurde. Seine Rückberufung nach München verzögerte sich bis 1953. Ein Jahr später wurde er emeritiert.

Windelband, Wolfgang (1886-1945) Der Sohn Wilhelm Windelbands habilitierte sich 1914 in Heidelberg für Geschichte. Unterbrochen vom 1. Weltkrieg wurde er erst in Heidelberg, 1925 in Königsberg Professor. Ein Jahr später wechselte er als Personalreferent für die Universität an das preußische Kultusministerium.

Zeeman, Pieter (1865–1943) Nach dem Studium bei Kamerlingh Onnes und Lorentz lehrte er seit 1897 an der Universität Amsterdam; er trat 1935 in den Ruhestand. 1896 fand er die nach ihm benannte Aufspaltung von Spektrallinien im Magnetfeld, wofür er 1902 mit H. A. Lorentz den Nobelpreis erhielt.

Personen- und Sachregister

Normale Seitenzahlen verweisen auf Briefstellen.
Mit „n" versehene Seitenzahlen verweisen auf Fußnoten zu den Briefen.

In vielen Fällen werden vereinfachte Indexeinträge vorgenommen; so werden Ministerien, denen die Universitäten unterstanden, als „Kultusministerium" geführt, auch wenn etwa in Bayern die vollständige Bezeichnung „Ministerium des Innern für Kirchen- und Schulangelegenheiten" lautete. Auch bei Namensänderungen – TH Charlottenburg zu TH Berlin – wird nur eine Variante verwendet. Nicht aufgenommen sind Absendeorte, Quellenangaben in den Fußnoten sowie die zitierte Literatur. Briefschreiber bzw. -empfänger werden nur mit der Seitenzahl des Briefbeginns aufgeführt.

Aachen, 88
    TH, 74n, 195, 197, 355, 373, 386, 387–389n, 407, 454, 455n, 462n, 504, 517, 530n
Academic Press, 597, 624n
Adiabatenhypothese, 43, 120, 143
AEG, 382n, 399
Aerodynamik, 49, 370, 389, 406, 407, 454, 480, 487, 496, 498, 525, 556n, 576n
Akademische Verlagsgesellschaft, 231, 496, 500, 529, 531, 618
Akustik, 183n, 197, 490, 557
Alexandria
    Universität, 588n
Allahabad, 278
    Universität, 275, 277
Allis, William P. (1901–1999), 339
Althoff, Friedrich (1839–1908), 640
Amaldi, Edoardo (1908–1989), 604
American Association of Physics Teachers, 516, 630n, 632, 642
American Journal of Physics, 643
Amsterdam, 72, 160n
    Akademie, 283, 459n
    Universität, 647n
Andersen, Hans Christian (1805–1875), 634
Anderson, Carl D. (1905–1991), 411
Anderson, Wilhelm (1880–1940), 326
Ann Arbor, 122, 257, 276n
    University of Michigan, 219, 227, 228, 256n, 305, 309n, 317n, 320n, 328, 333, 430, 598
Annalen der Physik, 25, 49, 67, 79, 92, 96, 115, 147, 148n, 188, 192, 236, 241, 242, 245, 254n, 300, 328, 457, 490, 548, 577
Anschütz-Kaempfe, Hermann (1872–1931), 99, 102, 104, 110, 111, 113, 259, 270n
Archäologie, 332
Arrhenius, Svante (1859–1927), 63
Artin, Emil (1898–1963), 145n
Aston, Francis (1877–1945), 109
Astronomie, 283n, 312n, 372, 418, 428, 622
Astrophysical Journal, 310
Astrophysik, 105, 199n, 221, 226, 227, 303, 310, 311, 313, 428, 439n, 440n, 441, 442, 448, 454, 455, 532, 555, 608
    theoretische, 42, 208, 312
Astrophysikalische Zeitschrift, 622
Äther, 476
Atombau und Spektrallinien, 13, 14, 18, 20–22, 25, 27–29, 31, 33, 41–43, 46, 48, 64, 69, 72, 73, 75,

77, 79, 85, 87, 97, 98, 105, 108, 111, 115, 116, 118–120, 152, 153, 155, 160, 162, 164, 166, 171, 173, 174, 176–180, 182, 193, 230–232, 239, 296, 298, 300, 305, 307, 316, 317, 336, 359, 419, 553, 579, 597n, 631

Atomismus, 476
Atommodell
  Bohrsches, 18, 33, 165n, 336
Aufbauprinzip, 20, 27, 148, 157
Auger, Pierre (1899–1993), 456
Ausschließungsprinzip, 31, 172n, 177, 192n, 216, 219, 220, 458, 619n
Auswahlregeln, 15, 29, 46n, 50, 51, 112, 147, 149, 170, 242, 244, 324n

Bach, Johann Sebastian (1685–1750), 293, 390
Bachem, Albert (1888–1957), 109
Bachér, Franz (*1894), 364, 425, 426
Bacher, Robert F. (*1905), 355, 431
Back, Ernst (1881–1959), 25, 54, 96, 104, 171
Bäcklund, Victor (1845–1922), 48, 57
Baeumker, Adolf (1891–1976), 485, 557, 558
Bainbridge, Kenneth T. (1904–1996), 436
Balmerserie → Spektren, Serienspektren
Bangalore, 293
  Indian Institute of Science, 278, 356, 405–407
Bär, Richard (1892–1940), 156, 184, 531, 533
Bardeen, John (1908–1991), 495
Bargmann, Valentine (1908–1989), 596
Barkla, Charles (1877–1944), 589, 590
Barnett, Samuel Jackson (1873–1956), 591, 594
Barnetteffekt, 126
Barth, 164n
Bartol Research Foundation, 280n
Basel, 156, 550n, 646

Bauer, Edmond (1880-1963)
  Berufung, 92
Bayern, 508, 534, 584, 588, 591, 604, 611
  Akademie → München
  Gauleitung, 568
  Landtag, 46n
  Ministerium
    Finanzen, 214
    Kultus, 212–214, 265, 269, 287, 289n, 294, 295, 361–364, 368, 369, 442, 443, 465n, 492, 544
Bechert, Karl (1901–1981), 30, 185, 186, 197, 198, 276, 283, 289, 301n, 305, 307n, 317, 335, 341, 359, 377, 399, 505–510, 544, 616, 630
Becker, Carl Heinrich (1876–1933), 214, 264
Becker, Joseph Adam (1897–1961), 180
Becker, Karl Emil (1879–1940), 471
Becker, Richard (1887–1955), 321n, 362, 372–375, 422, 426n, 463, 467, 520, 539, 593, 624
Becker, Walter, 496, 530n, 531, 532n, 533, 549, 551
Bedell, Frederick (1868–1958), 107
Beethoven, Ludwig van (1770–1827), 122, 293, 390, 577
Bell, [Manchester 1933], 396
Benares
  Hindu Universität, 278, 282
Bergdolt, Ernst (1902–1948), 455n
Bergmann, Peter G. (1915–2002), 596n, 646
Bergmannserie → Spektren, Serienspektren
Berkeley, 41, 122, 138, 152, 153n
  University of California, 32, 36, 122, 154, 274, 431n, 531
Berlin, 18, 38–41, 46, 49, 53, 58, 65, 80–82, 85, 87, 108, 155, 206, 210, 212–215, 251, 288, 306, 320, 363, 364, 374, 375, 382n, 385n, 388, 397, 399n, 404, 409, 418, 420, 423, 424, 445–447, 450,

451n, 456, 459–462, 468, 480, 482, 483n, 499, 525, 528, 531, 532, 534, 535, 537, 541, 546, 560, 566, 572, 584–586, 589n, 600, 624
    Akademie, 155, 210, 218, 272, 409, 416, 553, 600
    Kolloquium, 155, 156, 206
    Physikalische Gesellschaft, 38, 210
    TH, 286n, 321n, 365, 392n, 422n
        Berufung, 361, 363, 380n, 423, 424, 426n
    Universität, 196, 216, 252n, 425, 447n, 470, 525, 530n, 531n, 546, 589n
        Berufung, 203, 210–215, 264–268, 270, 272, 286, 292, 363, 421n, 424, 425, 575
        Vorlesung, 425
Berliner Tageblatt, 40, 84, 162
Berliner, Arnold (1862–1942), 326, 329, 357, 358, 362, 394, 395, 401, 414, 415, 418, 420, 422
Bern, 550n, 629, 646
Bernardini, Gilberto (1906–1995), 501
Bethe, Anna (1876–1966), 335, 353, 380, 433
Bethe, Hans (★1906), 208, 210n, 218, 220, 231–233, 307, 313, 320, 322, 327–330, 332, 333, 336, 344, 347–349, 353–355, 358, 359, 380, 395, 409, 412, 423, 429, 433, 509, 570, 601, 607, 608, 613, 616, 645
Bethe, Rose, 607
Betz, Albert (1885–1968), 540n
Betz, Herman (★1892), 452
Beugungstheorie, 194, 220, 263, 458, 490
Beurlen, Karl (1901–1985), 504
Bianchi, Luigi (1856–1928), 619
Bidwell, Charles C. (1881–1967), 410
Billing, Heinz (★1914), 557
Birge, Raymond Thayer (1887–1980), 109
Bjerrum, Niels (1879–1958), 64
BKS-Theorie, 33, 172, 179, 183
Blackett, Patrick (1897–1974), 398, 411, 450, 456, 580, 592, 597
Blaschke, Wilhelm (1885–1962), 145n, 264
Bleakney, Walker (1901–1992), 598
Bloch, Felix (1905–1983), 220, 304, 307n, 316, 325, 326, 330–332, 344, 360, 381, 382, 409, 413
Blumenthal, Ernst (★1912), 387
Blumenthal, Mali (†1940), 387
Blumenthal, Margrete, 387
Blumenthal, Otto (1876–1944), 118n, 124, 387
BMW, 548
Boas, Friedrich (1886–1960), 536n
Bohlin, Karl (1860–1939), 137
Bohr, Aage (★1922), 143
Bohr, Ellen (1860–1930), 16, 61, 87, 142
Bohr, Harald (1887–1951), 17, 48, 60, 62, 63, 66, 68
Bohr, Margrethe (1890–1984), 16, 87, 142
Bohr, Niels (1885–1962), 13–23, 26–28, 30, 32–34, 46–48, 50, 55, 58–63, 68, 75, 85–90, 94, 97, 102, 108, 114, 116, 118, 123, 130, 132–134, 138, 140–142, 145–152, 154, 156, 157, 163, 165–167, 174, 178, 179, 187, 196, 199, 208, 211, 229, 292, 360, 381, 394, 410, 429, 431, 439, 448, 476, 495, 514, 535, 633, 634, 646
Boltzmann, Ludwig (1844–1906), 109, 559, 634, 635
Bombay, 278
    Universität, 279
Bomke, Hans (★1910), 410, 411, 483
Bonn, 151, 153, 582, 585
    Sternwarte, 84n, 312n
    Universität, 582, 584, 585, 587n, 608, 644

Bopp, Fritz (1909–1987), 501, 510, 511, 605, 610, 615, 616, 624, 625, 642
Borger, Gustav (*1899), 481, 534
Bormann, Elisabeth, 75
Born, Gustav (*1921), 391, 588
Born, Hedwig (1882–1972), 74, 391, 392, 588, 589
Born, Irene (*1914), 74, 588
Born, Margaret (*1915), 74, 391, 588
Born, Max (1882–1970), 18, 21, 27, 41, 67, 74, 79n, 117, 126, 128–131, 135, 139–142, 146–151, 156, 157, 173n, 182, 183, 205, 209–212, 239, 255, 256, 261, 317, 318, 334n, 344n, 356, 364, 387, 391, 392, 411, 419, 422n, 426–428, 447, 463n, 476, 509, 588, 589, 597, 609, 619n, 622, 624–626
Bosch, Carl (1874–1940), 470
Bose, Debendran Mohan (1885–1975), 277
Bose, Jagadish Chandra (1858–1937), 277n
Bose, Satyendra Nath (1894–1974), 635
Bothe, Walther (1891–1957), 167, 174, 179, 193, 345
Böttinger, Henry Theodore von (1848–1920), 639, 640
Bowen, Ira S. (1898–1973), 180
Bragg, William Lawrence (1890–1971), 314, 354, 381, 396, 397, 399, 410, 412, 580, 596n
Braggsches Gesetz, 93
Braunbek, Werner (1901–1977), 611
Breit, Gregory (1899–1981), 154
Brentano, Johannes Christian M. (*1888), 79
Breslau, 611
    TH, 183, 197n
    Universität, 82n, 92, 183, 197n, 427, 428, 520
        Berufung, 195, 196n, 292
Bridgman, Percy (1882–1961), 219, 280, 281, 410
Brill, Alfred (1885–1949), 310
Brillouin, Léon (1889–1969), 92, 93n, 219, 231, 280, 336, 409
    Berufung, 92, 93
Broemser, Philipp (1886–1940), 453, 455–457, 461, 461, 462, 462, 478
Broglie, Louis de (1892–1987), 229, 237, 444, 522, 633
Brose, Henry L. (1890–1965), 121, 597
Brownsche Bewegung, 92, 109
Brüche, Ernst (1900–1985), 579n
Brück, Hermann (1905–2001), 218
Bruggencate, Paul ten (1901–1961), 622
Buchta, J. William (1895–1966), 632
Buchwald, Eberhard (1886–1975), 553
Buchwald, Elfriede, 553
Bühl, Alfons (*1900), 457, 481, 482, 486, 575, 576
Burger, Hermann Carel (1893–1965), 243
Burgers, Johannes Martinus (1895–1981), 562
Bush, Vannevar (1890–1974), 345

Cabrera, Blas (1878–1945), 222, 223, 282, 284
Caillaux, Joseph (1863–1944), 83
Caldwell, Samuel H. (*1904), 346
CalTech → Pasadena
Cambridge, England, 115n, 208, 220, 232, 313n, 323, 381n, 390–392, 450, 513, 580, 583, 588, 589, 592, 597n, 622
Cambridge, MA
    Harvard University, 32, 35, 36, 122, 154n
    MIT, 122, 229n, 255n, 346n, 432n
Cap, Ferdinand (*1924), 645
Carathéodory, Constantin (1873–1950), 207, 213, 225, 264, 265, 287, 290, 428, 479, 486, 520, 524, 525, 576, 649
Carlsberg-Fonds, 17, 61, 62

Catalán, Miguel A. (1894–1957), 29, 30, 170, 185, 190, 197, 198, 282
Cermak, Paul (1883–1958), 345
CERN, 646n
Chadwick, James (1891–1974), 341, 411n
Chandrasekhar, Subrahmanyan (1910–1995), 124n, 442n, 618n
Chapman, Sydney (1888–1977), 588
Charlier, Carl Vilhelm Ludwig (1862–1934), 48, 57
Chemie, 22, 64n, 71n, 109n, 292n, 361, 391n, 503, 517, 582
 physikalische, 63n, 138n, 145n, 349n, 397n, 432n, 483, 486
 physiologische, 533n
chemische Bindung, 216, 318, 319, 335n, 427, 583
Chicago, 36, 142, 222, 300, 334, 357, 383
 Universität, 35, 36, 138n, 230, 271, 279–281, 621
Chopin, Frédéric (1810–1849), 122
Christlein, Günther (*1915), 491–495, 515, 546, 547, 548n, 573
Citron, Louis, 159
Clemenceau, Georges (1841–1929), 83n
Clusius, Klaus (1903–1963), 483, 486, 493, 526, 532, 548, 557, 579, 586, 601, 603, 616n
Coblentz, William W. (1873–1962), 198
Colby, Walter F. (1880–1970), 309, 598
Columbus, Ohio
 Ohio State University, 408
Compton, [Ehefrau Arthur], 273, 281
Compton, Arthur H. (1892–1962), 32, 33, 144, 152, 153, 155, 159, 162, 193, 227, 273, 279–281, 624
Compton, Karl T. (1887–1954), 219, 279, 280n, 281n, 305, 507n, 598n
Comptoneffekt, 32, 34, 41, 144, 152–156, 159, 161, 162, 167, 179, 180, 227, 261, 273, 282, 302, 303n, 398

Condon, Edward U. (1902–1974), 417, 431
Cooper, Leon (*1930), 495
Correns, Carl (1864–1933), 395
Correns, Carl Wilhelm (1893–1980), 640, 641
Coster, Dirk (1889–1950), 148, 187
Couetteströmung, 124
Coulombwechselwirkung, 151, 318, 341, 342, 397, 441
Curie, Marie (1867–1934), 63n
Curie, Pierre (1859–1906), 63n
Curiesches Gesetz, 325
Czernowitz
 Universität, 46n, 50n

Dakka
 Universität, 278
Dames, Wilhelm (*1904), 367, 374, 376, 446, 450, 455, 456, 460, 461, 464–466, 479, 525, 526, 528
Dänemark, 16, 17, 56, 57, 59, 63, 65, 488, 521
Dannmeyer, Ferdinand (1880–1959), 172
Darmstadt
 TH, 481, 575, 576, 608n
 Berufung, 502, 503
Darwin, Charles Galton (1887–1962), 138, 240, 246, 304, 314, 580, 589
David, Erwin (*1911), 344, 555
Davis, Bergen (1869–1958), 162
Davisson, Clinton J. (1881–1958), 410
Day, Ralph K. (*1904), 577
Debye, Hilde (*1887), 80, 470, 535
Debye, Mathilde (1921–1991), 470, 535
Debye, Peter (1884–1966), 24, 38, 47, 73, 74n, 78, 93, 154–156, 212, 221, 225, 239, 244, 253n, 255n, 269n, 287, 290, 293, 295, 296n, 305, 306n, 346, 358, 362–364, 372, 377, 400–403, 408, 418, 420, 424, 425, 436n, 465, 469,

517, 520, 528, 535, 606, 613, 624, 635
Debye, Peter P. (*1916), 403
Dee, Philip Ivor (1904–1983), 589
Dehlinger, Walter, 74
Delbrück, Max (1906–1981), 320, 438n
Demokrit (470 v. Chr. – 380 v. Chr.), 637
Dempster, Arthur J. (1886–1950), 280
Des Coudres, Theodor (1862–1926), 163, 164
Descartes, René (1596–1650), 634
Deutsche Forschungsanstalt für Luftfahrt, 388n
Deutsche Forschungsgemeinschaft, 367
Deutsche Mineralogische Gesellschaft, 530
Deutsche Optische Wochenschrift, 414, 415
„Deutsche Physik", 353, 360, 364–367, 373–377, 475–486, 502, 504, 505, 536, 567
Deutsche Physikalische Gesellschaft, 18, 38, 39, 41, 67n, 79, 81, 82, 85n, 156n, 206, 210, 389, 401, 402, 405, 469, 485, 486, 517, 524, 528, 542n, 543, 575, 576, 625–627, 641
    Gauvereine, 38, 206, 240, 250n, 251
Deutscher Wochendienst, 549, 551
Deutsches Museum, 267, 477, 567
Deutschland, 17, 18, 32, 34, 37–40, 46, 63, 65, 71, 73, 78, 81, 83, 84, 93, 99n, 101, 113, 121, 122, 138, 139, 141–143, 148, 151, 153, 193, 210, 215, 222, 266, 284, 291, 311, 320, 327, 333, 334n, 353–359, 365, 368, 370, 377, 380, 381, 390–394, 403, 408, 416, 417, 423, 429, 436, 438, 444, 447, 449–453, 471, 477, 483, 497, 503, 504, 507–513, 521, 542n, 575, 578–585, 593, 596–609, 612–614, 622, 623, 625, 627, 645–649

Ministerium
    Äußeres, 443, 444, 537
    Inneres, 478, 543
    Kultus, 362, 364–367, 369, 372, 374–376, 409, 424, 425n, 437, 443, 450, 452, 459n, 462, 465n, 469n, 477, 479, 486, 487, 492, 520, 524, 525, 542, 576
    Luftfahrt, 485, 486, 543n, 549n, 557n
Dickinson, Roscoe G. (1894–1945), 577, 578
Dieckmann, Max (1882–1960), 557, 558
Dieke, Gerhard Heinrich (1901–1965), 320
Dieterichsche Verlagsbuchhandlung, 499, 500, 605n, 628
Dingler, Hugo (1881–1954), 395, 476
Dirac, Paul Adrien Maurice (1902–1984), 205, 209, 239, 260, 261, 277, 313, 323, 326, 394, 400n, 476, 516, 536n, 620, 624
    Löchertheorie, 358, 394, 411, 621
Diracgleichung, 445n, 544n
Dispersionstheorie, 48, 138, 156, 157, 183, 335, 301n
Distel, Fritz, 326, 327, 335
Dopplereffekt, 89, 90, 137
Dorgelo, Hendrik Berend (1894–1961), 191, 243
Drescher-Kaden, Friedrich Karl (1894–1988), 531
Dresden, 295, 570
    TH, 462n
Dresden, Arnold (*1882), 121
Drude, Paul (1863–1906), 219
Drygalski, Erich von (1865–1949), 285, 290
Duane, William (1872–1935), 154, 156, 162
Dublin, 646
    Institute for Advanced Studies, 589, 590n
Dyck, Walther (1856–1934), 118, 600

Ebert, Hermann (1896–1983), 626
Eckart, Carl (1902–1973), 218, 219, 281
Eddington, Arthur S. (1882–1944), 101, 208, 303, 304, 313, 314, 326, 445, 448, 556, 606, 646
Eder, Josef Maria (1855–1944), 199
Edinburgh, 558, 609, 622
    Royal Society, 590
    Universität, 314n, 589
Ehlich, [SS-Obersturmbannführer], 461
Ehrenberg, [Dr. 1945], 566
Ehrenberg, Rudolf (1884–1969), 589
Ehrenfest, Paul (1880–1933), 43, 46, 51n, 69, 70, 113, 120, 121, 143, 357, 358, 384, 385, 388, 394
Eilender, Walter (1880–1959), 386
Einstein, Albert (1879–1955), 16, 23–26, 32, 33, 39, 40, 74, 80–82, 84, 94, 98n, 99, 101–103, 105, 108–111, 113, 120, 123, 143, 152, 153, 156, 162, 170n, 196, 204, 206, 209, 211, 215, 217, 229, 240, 252, 253, 255, 259, 260, 272, 322, 357, 359, 365–370, 390, 408, 414–416, 438, 444, 476, 477, 483, 497, 505, 511–517, 549–551, 595, 600, 602, 619, 624, 627, 629, 633, 642, 649
Einstein, Elsa (1876–1936), 81, 110, 438
Einstein-de Haas-Effekt, 100n, 101, 109, 126, 134
Eitel, Wilhelm ($\star$1891), 530, 532
Elastizitätstheorie, 498
Elektrizitätslehre, 107n
Elektrodynamik, 18, 87, 98, 118, 411, 416, 439, 444, 500, 515, 525, 586n, 619, 638n
Elektrolyse, 296
Elektronentheorie der Metalle, 203, 216, 218, 219, 228, 232, 272, 280, 281, 306n, 327, 331, 354–360, 407, 409n, 433–435
Eliot, Thomas S. (1888–1965), 646
Ellett, Alexander ($\star$1894), 173

Ellis, Charles D. (1895–1980), 411
Elsasser, Walter (1904–1991), 334
Emden, Robert (1862–1940), 309–312, 422, 439, 441
Encyklopädie, 43, 74, 118, 135, 149, 164, 170, 171, 258, 561
England, 69, 83, 100, 101, 115, 122, 204–207, 224, 241n, 251, 258, 309, 355, 356, 359, 381, 382, 388, 390, 391, 396, 406, 410, 430, 488, 509, 513, 521, 531, 580, 592, 607, 609, 622, 623
Enskog, David (1884–1947), 588
Entropie, 116, 331, 625n
Epstein, Jacob (1880–1959), 646
Epstein, Paul S. (1883–1966), 19, 35, 36, 88, 92, 93, 95, 121, 137, 147, 159, 227, 245
Erkenntnistheorie, 136n, 240, 246, 373, 514, 590
Erlangen
    Universität, 197, 492, 494, 548n, 573
Erler, [Verleger], 496, 533, 549
Escherich, Karl (1871–1951), 362
Eucken, Arnold (1884–1950), 307, 349, 391, 487n, 606
Euler, Hans Heinrich (1909–1944), 423, 451, 461
Ewald, Clara (1859–1948), 578, 598, 607
Ewald, Ella (1891–1993), 598, 607
Ewald, Linda, 607
Ewald, Paul (1888–1985), 77n, 87, 93, 138, 160, 216, 250, 254, 268, 357, 387, 406, 419, 433, 435, 436, 501, 529, 578, 588, 589, 596, 606, 613
Exner, Adolf (1841–1894), 554

Faber, Friedrich von ($\star$1880), 372, 462, 478, 520, 523, 524
Faber, Georg (1877–1966), 120, 576
Fajans, Kasimir (1887–1975), 285, 290, 294, 295

Falkenhagen, Hans (1895–1971), 364, 372, 373, 375, 462
Farmhall, 502, 507, 575n, 579n, 585n
Feather, Norman (1904–1978), 589
Feenberg, Eugene (1906–1977), 431
Fehrle, Karl, 79
Feinstruktur, 30, 89, 243, 244, 427, 475, 515, 516, 644
→ auch Helium, Wasserstoff
Konstante, 304, 445, 476, 516
Feldtheorie, 32, 156
vereinheitlichte, 260, 513–515, 594n, 595
Fermi, Enrico (1901–1954), 217, 218, 277, 322, 323, 330, 333, 336–343, 381, 409–411, 432, 435, 444
Ferranti, 589
Ferrié, Gustave Auguste (1868–1932), 283
Festkörperphysik, 118, 203, 210, 217, 218, 220, 221, 228, 231–233, 233, 280, 327, 335, 353–355, 359, 360, 413, 427n, 433n, 441
Halbleiter, 355, 548n, 557n
FIAT, 609n, 613, 618n, 624
Figaro, 110, 112, 113
Finkelnburg, Wolfgang (1905–1967), 481, 485, 502–504, 574, 575
Fischer, Edwin (1886–1960), 390
Fischer, J., 302
Fisher, J. W., 136
FitzGerald, Gerald (1851–1901), 549
Flamm, Ludwig (1885–1964), 372, 373, 520
Flugfunkforschungsinstitut, 483n
Flügge, Siegfried (1912–1997), 536n, 610, 612
Flügge-Lotz, Irmgard (1903–1974), 454, 524
Fluoreszenz, 163n, 173, 196, 570
Foote, Paul D. (1888–1971), 106, 107
Föppl, Ludwig (1887–1976), 538, 539
Forschungsanstalt Reichspost, 483n
Försterling, Karl (1885–1960), 242

Fowler, Alfred (1868–1940), 199, 256
Fowler, Ralph H. (1889–1944), 313–315, 326, 381, 392, 410, 441
Franck, James (1882–1964), 65, 68, 98, 109, 118, 138, 139, 141, 146, 185n, 196, 225, 257, 286, 287, 290, 293, 294, 345, 385, 391n, 419
Frank, Glenn (1887–1940), 383
Frank, Nathaniel H. (1903–1984), 228, 314, 315
Frankfurt am Main, 58, 160, 208, 263, 326, 348, 579, 611
Physikalischer Verein, 263
Universität, 74, 160n, 310n, 334n, 422n
Berufung, 79
Frankreich, 35, 83, 334n, 381, 491, 531n, 533n, 611n
Franz, Walter (1911-1993), 491
Freiburg
Universität, 556n
Berufung, 160, 545
Frenkel, Jakow (1894–1952), 219, 409
Frerichs, Rudolf (1901–1939), 188
Freundlich, Erwin F. (1885–1964), 74n, 208, 311n
Fricke, Hermann (1876–1949), 414, 415
Friedrich, Walter (1883–1968), 78
Frisch, Karl (1886–1982), 195, 554
Fröhlich, Herbert (1905–1991), 354, 409
Fromm, Friedrich (1888–1945), 543
Füchtbauer, Christian (1877–1959), 582n, 585n, 587
Fues, Erwin (1893–1970), 252, 254, 375, 427, 501, 509, 510, 520, 557, 577, 586, 606, 610, 615, 616, 624
Führer, Wilhelm (1904–1974), 362–364, 534n
Fürth, Reinhold (1893–1979), 588, 590

Gale, Henry Gordan (1874–1942), 37
Gamow, George (1904–1968), 326, 438n

Gans, Richard (1880–1954), 160n, 508, 509, 584–586, 590, 601, 603, 608, 616
Gehrcke, Ernst (1878–1960), 40, 80, 83, 258, 415
Geiger, Hans (1882–1945), 104, 111, 167, 172, 174, 179, 193, 197, 349, 366, 380, 423n, 548, 607
Geiger, Moritz (1880–1937), 100
Geitler, Josef von (1870–1923), 46, 50
General Electric, 36, 122, 607
Genf, 359, 412, 417, 435, 600
    Universität, 427, 520
Gent
    Universität, 646
Gerlach, Ruth, 582, 584, 587, 616
Gerlach, Walther (1889–1979), 160, 225, 286, 287, 290, 293, 305, 306, 363, 372, 375, 376, 403, 422, 423, 426, 428, 456n, 462, 463, 468, 479, 482, 486, 487, 520, 523–525, 528, 534n, 566, 567, 582, 585, 586n, 587, 594, 603, 604, 608, 616, 641
Germer, Lester H. (1896–1971), 597
Gerthsen, Christian (1894–1956), 345n, 531
Giannini, Amedeo (1886–1960), 284
Gibbs, R. Clifton (*1878), 432
Gibbs, Willard (1839–1903), 634
Giesecke, Konrad (1878–1931), 118
Giesler, Paul (1895–1945), 568
Gießen
    Universität, 504, 506
    Berufung, 345, 399
Glaser, Ludwig, 81, 475, 476, 480, 483–485, 488, 528, 534, 539–543
Glasgow
    Universität, 589
Glazebrook, Richard T. (1854–1935), 283
Gleich, Gerold von (1869–1938), 326
Glum, Friedrich (1891–1974), 420
Goebbels, Joseph (1887–1945), 385
Goebel, Karl Ritter von (1855–1932), 290
Goeppert-Mayer, Maria (1906–1972), 320
Goethe, Johann Wolfgang von (1749–1832), 122, 415, 534n, 635n
Goldenberger, Franz Xaver (1867–1948), 443
Goldschmidt, [Mutter Alice Hopf] (*1864), 390
Goldschmidt, Victor Moritz (1888–1947), 531n
Goldstein, Sydney (1903–1989), 390
Gora, Edwin K. (*1911), 586
Göring, Hermann (1893–1946), 470n, 485, 486, 493, 540, 542n, 547
Görtler, Henry (1909–1987), 499, 556, 561
Göttingen, 27, 58, 67, 97, 98, 111, 114, 115, 117, 123, 127, 132, 135, 136, 139, 143, 145, 146, 156, 185n, 192, 255, 290, 317, 318, 390, 391, 485, 499, 502, 507–510, 520, 524, 531n, 543, 564, 572, 582, 583n, 584, 587, 589–591, 601, 603–605, 611, 617, 618, 622, 624–626, 639
    Akademie, 284n, 606, 640, 641
    AVA, 389, 454, 484, 498, 539, 540, 542, 556
    Göttinger Vereinigung, 639
    Kolloquium, 591
    Universität, 21, 74n, 131n, 196, 198, 220, 284n, 286, 287n, 343, 344n, 349n, 356, 364, 372, 387, 422n, 425–428, 463n, 484, 503, 539n, 590, 591, 631
    Berufung, 73
    Vorlesung, 196
Götze, Raimund, 115
Goudsmit, Samuel A. (1902–1978), 242–244, 252, 320, 371n, 431, 452n, 580n
Graetz, Leo (1856–1941), 79
Grantham, Guy Everett (*1886), 429
Gravitation, 260, 513, 570, 638

Konstante, 556, 619, 622n
Graz, 304, 305, 435, 436, 590
  TH, 50n
Grebe, Leonhard (*1883), 84, 85, 109
Green, Jerome B. (1898–1960), 143, 408n
Griechenland, 596
Grimm, Hans Georg (1887–1958), 186, 479, 606n
Groningen
  Universität, 427
Groth, Helene (*1913), 597
Groth, Paul (1843–1927), 530, 597
Groves, Leslie (1896–1970), 580n, 581n
Gruber, Max von (1853–1927), 213
Grüneisen, Eduard (1877–1949), 211n, 409
Gruppentheorie, 276, 318
Gudden, Bernhard (1892–1945), 409
Guillaume, Charles (1861–1938), 109n
Güttinger, Paul (1908–1955), 344n

Haarlem, 160n
Haas, Johannes Wander de (1878–1960), 109, 409n, 410
Haber, Fritz (1868–1934), 71n, 368, 409n
Hahn, Otto (1879–1968), 507, 580–582, 627, 640, 641
Halbleiter, → Festkörperphysik
Halle an der Saale, 405
  Universität, 238n
    Berufung, 160, 436
Hamburg, 127, 137, 147n, 172n, 192, 216, 241, 262, 264, 347, 385, 555n, 582, 641
  Kolloquium, 264
  Physikalisches Staatsinstitut, 145n, 241n, 264n
  Universität, 120n, 127, 136n, 145, 241n, 264, 301, 302n, 344, 347, 348
    Berufung, 93, 136, 139
Hamilton, James, 597n

Hamilton-Jakobi-Formalismus, 130, 142, 246, 248
Hamiltonsches Prinzip, 236
Handbuch der Physik, 232, 233, 258, 259, 327–329, 332, 333, 340, 342, 343, 348, 355, 382, 409n, 410n, 413, 621
Handbuch der Spektroskopie, 148
Handbuch der Radiologie, 231, 306
Handel, Paul von (*1901), 606
Handlirsch, Anton (1865–1935), 194
Hannover, 135, 428, 585n
  TH, 454, 455n
Hansen, Gerhard (*1899), 242, 258
Hansen, Hans Marius (1886–1956), 64, 69, 86, 99, 149, 242
Hanson, Elmo H. (1906–1958), 334
Harms, Friedrich (1876–1946), 488
Harmsworth, Viscount Northcliffe, Alfred Charles William (1865–1922), 100
Harteck, Paul (1902–1985), 555n, 582
Hartree, Douglas R. (1897–1958), 338, 339, 346, 396, 397, 450n
Hartree-Fock-Methode, 434
Hasenöhrl, Friedrich (1874–1915), 550
Hauptmann, Anton (1864–1953), 265, 289, 290, 294
Haxel, Otto (1909–1998), 586
Hecke, Erich (1887–1947), 120
Heckmann, Otto (1901–1983), 481, 622
Heidelberg, 80, 81, 83, 429, 481, 533n, 580
  Universität, 310n, 364, 446n, 602, 605
Heisenberg, Annie (1871–1945), 368, 369, 449, 455
Heisenberg, August (1869–1930), 127
Heisenberg, Elisabeth (*1914), 445, 447, 507, 534, 537, 560, 579–582, 584, 591, 604, 624
Heisenberg, Jochen (*1939), 534
Heisenberg, Maria (*1938), 445n
Heisenberg, Werner (1901–1976), 13, 21, 22, 25–28, 30, 32, 34, 105,

111, 114, 123, 127, 132, 135–139, 143, 145–152, 156, 167, 173, 182, 189–191, 198, 204–210, 212, 220, 229, 230, 239–241, 244, 253, 255, 256, 259–261, 296, 302n, 304, 349, 356, 358–377, 382, 389, 393, 409, 417, 421, 423–428, 433, 435, 439, 442, 444–446, 448–451, 453, 455, 456, 459–465, 467, 468, 476, 477, 480, 482, 485, 486, 493, 495–497, 503, 505–515, 520, 527, 534, 536, 537, 544–548, 550–552, 560, 567n, 575, 576, 579, 584–586, 589–591, 593, 594, 599, 601–605, 610–612, 615, 618, 622, 623, 633, 640, 641, 643

Heisenberg, Wolfgang (⋆1938), 445n, 623

Heitler, Walter (1904–1981), 215, 216, 218, 243, 253, 254, 269, 316–320, 331, 354, 397, 398, 411, 599, 621n

Helium
  Modell, 26–28, 47n, 51, 52n, 65, 68, 87, 123, 127–132, 137, 140–144, 150, 151, 174, 207, 340
  Feinstruktur, 242
  Spektrum, 26, 51, 136

Helmholtz, Hermann (1821–1894), 215, 424

Henneberg, Walter (1910–1942), 339, 340, 354, 382, 399, 554

Heräus, 75

Herglotz, Gustav (1881–1953), 120n, 262, 264, 576, 577n

Hermann, Carl (1898–1961), 138, 608

Hertwig, Richard (1850–1937), 195n, 285

Hertz, Gustav (1887–1975), 146, 160n, 196, 286, 287n, 380n, 423

Hertz, Heinrich (1857–1894), 196

Hertz, Paul (1881–1940), 136

Herzberg, Gerhard (1904–1999), 319

Herzfeld, Karl F. (1892–1978), 100, 101, 127, 216, 219, 220, 227, 228, 233, 238, 279, 304, 320, 617, 625, 626n

Heß, Rudolf (1894–1988), 369, 374, 456n, 459n, 460, 464, 465, 528

Heurlinger, Torsten (1893–1927), 50, 53

Hévésy, Georg von (1885–1966), 115

Heydrich, Reinhard (1904–1942), 371

Hilb, Emil (1881–1929), 170

Hilbert, David (1862–1943), 38, 67, 73, 97, 98, 112, 114, 120, 139, 554, 588, 590

Hilbert, Käthe (1864–1945), 590

Hill, Archibald V. (1886–1977), 580

Hilsch, Rudolf (1903–1972), 492–494, 548

Himmelsmechanik → Mechanik

Himmler, Heinrich (1900–1945), 368–371, 374, 376, 446, 449–453, 455, 457, 459–461, 463–468, 497, 528

Hirzel, 156, 164, 294, 400–405

Hirzel, Georg (1867–1924), 163

Hirzel, Heinrich (⋆1895), 163, 164

Hitler, Adolf (1889–1945), 374, 385n, 446, 455n, 459n, 505, 511, 539n, 547, 563n, 581, 594, 607, 614

Hoesslin, Elisabeth von (1858–1923), 560

Hoesslin, Heinrich von (1878–1955), 572

Hoffmann, Gerhard (1880–1945), 197, 436, 549n

Hogner, Einar (1892–1957), 321

Höhenstrahlung, 398, 435, 451, 452, 461

Hohlfeld, Alexander Rudolf (1865–1956), 122

Holtsmark, Johan Peter (1894–1975), 337, 338

Hönigschmid, Otto (1878–1945), 285

Hönl, Helmut (1903–1981), 191

Hopf, Dieter, 390

Hopf, Eberhard (1902–1983), 576, 594

Hopf, Elise (1865–1936), 387

Hopf, Hans (*1913), 387, 390
Hopf, Ludwig (1884–1939), 124, 305, 354–356, 386, 388n, 389, 405, 407
Hopf, Peter (*1915), 387
Hopfield, John Joseph, 187, 189–191
Höpfner, Lina (†1932), 538, 539
Houston, William V. (1900–1968), 218, 220, 280, 620
Hoyt, Frank C. (*1898), 280
Hubble, Edwin P. (1889–1953), 227
Huch, Ricarda (1864–1947), 553
Hückel, Erich (1896–1980), 118, 155
Hund, Friedrich (1896–1997), 159, 192, 198, 233, 256, 261, 276, 343, 359, 360, 368, 375, 422, 427, 436, 441, 442, 460, 506, 508, 509, 520, 536n, 584, 586, 616
Hydrodynamik, 49, 124n, 136, 158, 321, 389, 407, 454, 480, 498, 525, 556, 557, 576, 618, 628
Hylleraas, Egil (1898–1965), 555

IG Farben, 391n
Immunologie, 577
Indian Journal of Physics, 282
Indien, 203, 222, 224, 226, 227, 274–278, 293, 356, 405n, 406, 407
   Institute of Science, 278, 405n, 407n
   Meteorological Department, 279
   Universitäten, 277, 282, 406
Ingersoll, Leonard Rose (1880–1958), 121–123, 153
Innsbruck, 195, 240, 428
   Konferenz, 123–126
   Naturforscherversammlung, 33n, 164, 165n, 166, 170, 176
   Universität, 240, 321n, 590n, 645
      Berufung, 194, 195n, 238, 247
      Vorlesung, 646
International Education Board, 253n, 257, 303n
International Research Council, 222, 283–285

Internationalität, 194, 227, 529, 532, 581
Italien, 258, 273, 357, 381, 382, 416, 444n, 448n
   Physikalische Gesellschaft, 323
Ithaca, NY, 470, 607
   Cornell University, 36, 107n, 219, 226, 354, 355, 377, 412n, 429–432, 470, 509, 614

Jacobsen, Jacob Christian (1895–1965), 86n, 242
Jacobsohn, Siegfried (1881–1926), 110n
Jacoby, Kurt (1893–1968), 306, 501, 533n, 597
Jaffé, George (1880–1965), 345
Jahn, von [Ministerialrat 1941], 540
Jahrbuch der Radioaktivität und Elektronik, 89, 94, 156n, 298, 403
James Scott Lecture, 589n, 590
James, Reginald William (1891–1964), 396
Japan, 203, 222, 226, 227, 274–276, 288, 289, 299, 300, 588
Jaumann, Johannes (1902–1971), 608
Jaurès, Jean (1859–1914), 83
Jeans, James H. (1877–1946), 635
Jena
   Physikertagung, 93
   Universität, 242n, 323
      Berufung, 426
Jensen, Johannes (1907–1973), 343, 348, 349, 555
Jerusalem
   Universität, 102n
Johns Hopkins University, 227, 320n, 391n
Johnsen, Arrien (1877–1934), 530
Joliot, Frédéric (1900–1958), 611
Joos, Georg (1894–1959), 153, 323, 372, 481, 520
Jordan, Pascual (1902–1980), 205, 256, 257, 375, 428, 498, 506, 509, 512, 520, 536n, 619, 622, 638
Journal de Physique, 108n

Journal of the Optical Society of America, 106, 107
Joyce, James (1882–1941), 646
Jules, Mathias, 527, 549
Juvet, Gustave (1896–1936), 120

Kaiser-Wilhelm-Gesellschaft, 210, 418, 420, 451n, 469–471, 507, 508, 603
Kalkutta, 224, 274, 278, 289, 407
    Universität, 274, 277, 278, 282, 291n
Kaluza, Theodor (1885–1954), 596n, 619
Kanalstrahlen, 89, 94, 95, 104, 106, 571
    Dopplereffekt, 106
Kansas
    Universität, 36
Kant, Immanuel (1724–1804), 100, 514
Kapitza, Pjotr L. (1894–1984), 313–315, 409n, 410
Kappler, Eugen (*1905), 616
Karlsruhe, 427, 457n, 609n
    TH, 481
    Berufung, 574, 575
Kármán, Theodore von (1881–1963), 123n, 388, 407, 419
Kast, Wilhelm (1898–1980), 436n
Kayser, Heinrich (1853–1940), 147, 148, 198, 199, 644
Keller, Gottfried (1819–1890), 554
Kellogg, Oliver D. (1878–1932), 283
Kelvin, Lord (1824–1907), 321, 589n
Kemble, Edwin C. (1889–1984), 27n, 143
Kennard, Earl H. (*1885), 432
Keplerbewegung, 206, 236, 243
    relativistische, 155, 237
Kernphysik, 49, 72, 203, 313, 328n, 355, 377, 423, 429–431, 435, 445, 582, 614
    Tagung, 438n, 450n
Keußler, Victor von (*1895), 340
Kiel, 58, 93, 264, 488
    Universität, 102, 264, 310n, 359, 428, 439n, 440, 520, 532n
    Berufung, 197, 343
Kiess, Carl C. (1887–1967), 198
Kimura, Masamichi (1883–1962), 276
Kirchhoff, Gustav (1824–1887), 210, 215
Kirchner, Fritz (1896–1967), 333, 335, 345n, 399, 418, 436
Kirkpatrick, Paul H. (*1894), 630
Kirkwood, John G. (1907–1959), 432
Klein, Felix (1849–1925), 36, 46, 67, 120n, 164, 419, 420, 458, 484, 631, 632, 639–641
Klein, Oscar (1894–1977), 63n
Kleiner, Alfred (1849–1916), 92, 93
Klemm, Wilhelm (1881–1968), 605
Klingelfuss, Fr., 326
Kneser, Adolf (1862–1930), 195
Kneser, Hans Otto (1901–1985), 197
Knipping, Paul (1883–1935), 78
Knudsen, Martin (1871–1949), 16, 48, 56, 59, 283n, 284
Koch, Peter Paul (1879–1945), 93, 173, 241, 262, 264
Kockel, Bernhard (*1909), 423
Kohl, Otto (1889–1957), 109
Kohlrausch, Friedrich (1840–1910), 578n
Kohlschütter, Arnold (1883–1969), 312
Kohlweiler, Emil (*1896), 79
Kölbl, Leopold, 365, 366, 369, 428, 436, 447, 450–453, 455, 461–463
Köln, 387
    Universität, 372, 376, 418n, 436n, 462n
Kombinationsprinzip
    Ritzsches, 16, 24, 70, 73n, 240, 247
Komplementaritätsprinzip, 514, 633
Konen, Heinrich (1874–1948), 79n, 586, 644
Königsberg, 215
    Naturforscherversammlung, 559
    Universität, 197, 418n, 447, 461n, 520
    Berufung, 160

Konopinski, Emil John (1911–1990), 432
Kopenhagen, 16, 17, 22, 33, 34, 56–64, 71, 140, 172, 183, 208, 619, 621
  Akademie, 61
  Universität, 17, 21, 48n, 51, 63, 64, 68, 71, 127n, 145, 172, 191, 209, 242n, 262n, 269n, 343n, 382n, 394, 397, 535
Kopfermann, Hans (1895–1963), 481
Koppe, Heinz (*1918), 515, 582, 583, 618
Korn, Arthur (1870–1945), 79
Korrespondenzprinzip, 15, 18, 19, 23, 28, 33, 34, 48, 52, 70, 85n, 87, 116, 144n, 146, 149, 156, 165–169, 172, 174, 178, 237, 634
Kosmogonie, 583, 602, 638
Kosmologie, 417, 640
Kossel, Walther (1888–1956), 15, 51, 65, 87, 153, 264, 305, 343, 554, 624
Kostanecki, Kazimierz (1863–1940), 283n, 284
Kothari, Doulat Singh (1906–1993), 440, 441
Kramers, Hendrik A. (1892–1954), 20, 27, 33, 51, 52, 118, 131, 140, 141, 142n, 150, 165, 174, 176, 179, 304, 343, 409n, 410
Kratzer, Adolf (*1893), 17, 64, 70, 108, 118, 155, 239, 305
Kraus, Oskar (1872–1942), 82
Krauß, Franz (*1889), 389
Kronig, Ralph de Laer (1904–1995), 188, 191, 375, 427, 510, 520, 609, 612, 616
Kroò, Jan (*1886), 49
Krupp, 81n
Kubach, Fritz (*1912), 455, 457
Kuerti, Gustav (1903–1978), 630n
Kühn, Alfred (1885–1968), 579
Kulenkampff, Helmuth (1895–1971), 303, 426
Kunz, Jacob (1874–1939), 37, 100, 280, 304, 305

Küssner, Hans Georg (1900–1984), 556–558, 605, 606, 610, 612
Kuwaki, Ayao (1878–1945), 288
KWI
  Biologie, 579n
  Chemie, 582
  Faserstoffe, 397n
  medizinische Forschung, 533n
  Physik, 312, 363, 377, 418, 421, 425, 469, 493, 507, 510, 528, 529, 535n, 546, 547, 560n, 582, 586n, 591
  Silikatforschung, 530n
  Strömungsforschung, 498, 540n, 628
Kyoto, 225, 276
  Universität, 222, 276

Ladenburg, Rudolf (1882–1952), 196
Lafayette
  Purdue University, 334n, 435
Lahore, 278
  Universität, 277, 278
Lamb, Horace (1849–1934), 322
Lamb, Willis E. (*1913), 516, 621, 644, 645n
Lambshift, 475, 516, 620, 621n
Lamla, Ernst (1888–1986), 509, 605, 615
Lanczos, Kornel (1893–1974), 334
Landé, Alfred (1888–1976), 25, 26, 30, 32, 51, 52, 75, 96, 105, 126, 132–135, 170–172, 177, 181, 189–192, 205, 239, 619n
Langevin, Paul (1872–1946), 262–264
Laplace, Pierre-Simon (1749–1827), 561
Laporte, Otto (1902–1971), 30, 159, 170, 185, 186, 190–192, 198, 199, 222, 227, 256, 257, 275, 276, 289, 296, 305, 309, 320, 324, 617
Larmorpräzession, 141, 620
Laue, Magda von (1891–1961), 82
Laue, Max von (1879–1960), 28, 32, 39, 42, 77, 80, 81, 87, 92n, 94, 112, 155, 161, 206, 211, 215, 258n,

266, 306, 358, 385, 389, 401–403, 408, 438, 481, 505, 507, 515, 529, 532, 533, 553, 580, 589, 591, 592, 596, 597, 617, 626, 641
   Berufung, 93, 211
Laue, Theodor von (1916–2000), 533
Lawrence, Ernest O. (1901–1958), 431
Le Blanc, Max Julius Louis (1865–1943), 295
Leib-Seele-Problem, 636
Leiden, 50, 51, 120, 385
Leipzig, 118, 295, 374, 421, 424, 447, 499, 500, 531, 549n, 579
   Akademie, 284n, 451
   Naturforscherversammlung, 120
   Universität, 163n, 220, 294, 295, 302n, 306, 320, 326, 343n, 359, 360, 362, 366, 368, 382n, 407, 421, 422n, 427, 436, 451, 456, 535, 549n, 576n, 647n
   Berufung, 290, 333n, 418, 426, 436, 532
Lemcke, Kurt, 617
Lenard, Philipp (1862–1947), 40, 79–81, 83, 156, 366, 370, 374, 376, 436, 445, 446n, 457, 466, 482, 575, 576, 617
Lense, Josef (1890–1985), 576
Lenz, Wilhelm (1888–1957), 47, 79, 87, 94, 118, 127, 135–137, 139, 145, 173, 179, 188, 192, 241n, 262, 263, 343, 344n, 347, 348
   Berufung, 93
Leonard, William E. (1876–1944), 268
Lewis, Gilbert N. (1875–1946), 138
Lichtenstein, Leon (1878–1933), 295
Lin, Chia-Chiao (⋆1916), 618
Linde, Carl (1842–1934), 639
Lindemann, Frederick (1886–1957), 391
Livingston, M. Stanley (1905–1986), 355, 431
Lloyd George, David (1863–1945), 111
Loeb, Leonhard (⋆1891), 458
Lohuizen, Tennis van, 73, 91

London, 100n, 239, 314, 392, 396, 406n, 596, 646
   Imperial College, 199n
   Royal Institution, 580
   Royal Society, 209, 283, 292, 592, 596, 609, 643, 646
London, Fritz Wolfgang (1900–1954), 215, 216, 218, 252, 253, 269, 306, 316–320, 331, 343, 354, 597
Lorentz, Hendrik A. (1853–1928), 37, 54, 91, 160n, 204, 217n, 219, 246, 255, 393, 521, 550
Lorentz-Medaille, 459n, 521, 610n
Lucknow
   Universität, 277, 293
Ludloff, Hanfried (⋆1899), 126, 136, 137, 331
Lummer, Otto (1860–1925), 82, 195n
Lummer-Gehrcke-Platte, 257
Lund, 14–16, 48–50, 55–57, 60, 619
   Universität, 14, 48n, 49, 53, 86
Lunelund, Harald V. (1882–1950), 91
Lüttich
   Universität, 420
Lyman, Theodore L. (1874–1954), 127, 132
Lyons, Henry G. (1864–1944), 283

Ma, Shih-Tsun (1913–1962), 599
Mach, Ernst (1838–1916), 100, 101, 636n, 637
Mach, Ludwig (1868–1951), 100n
Madelung, Erwin (1881–1972), 79n, 118, 160, 332–334, 382, 422, 426
Madison, 36, 121–123, 383
   University of Wisconsin, 26, 32, 35, 121–123n, 127n, 143, 152, 153n, 219, 268, 269n, 271n, 279, 357, 384
Madras, 277, 278, 285
   Universität, 277
Madrid, 35, 117n, 119n
   Akademie, 283

Universität, 30, 119n, 185, 197
Magnetismus, 30, 93, 114, 143, 253n, 309, 523n
    Diamagnetismus, 173, 461
    Ferromagnetismus, 100n, 327, 331, 332
    Paramagnetismus, 216, 217, 325, 329
Magnetonen, 66, 71, 154
Mainz
    Universität, 506
Majorana, Ettore (1906–1938), 423
Malsch, Johannes (★1902), 372–376, 462, 520, 528
Manchester, England, 354, 395, 396
    Universität, 314n, 354, 381, 392, 396, 397n, 399, 413, 450, 597
Mann, Paul August, 616n
Marburg, 570
    Universität, 196n
        Berufung, 292, 608
March, Arthur (1891–1957), 195n, 238, 247, 321, 645
March, Herman W. (★1878), 121
Mark, Hermann (1895–1992), 391, 435, 436, 533
Marx, Erich (1874–1956), 155, 231, 306
Mason, Maxwell (1877–1961), 121, 139, 153
Mathematik, 99, 170n, 490, 498, 555, 579n, 639
    angewandte, 484, 597
    klassische, 454
Mathematische Annalen, 67, 110
Matrizenmechanik → Quantenmechanik
Mattauch, Josef (1895–1976), 436
Maue, August Wilhelm (1908–1970), 344, 370, 372, 375, 464, 468, 491, 496, 504, 505, 525, 593, 594
Maxwellsche Gleichungen, 246
Mayer, Joseph E. (1904–1983), 391, 393
Mechanik, 70, 132, 140, 141, 145, 146, 147, 151, 173, 205, 231, 246, 372n, 373, 454, 455n, 462n, 479, 480, 484, 487, 496, 498, 524, 525, 544, 562, 608
    angewandte, 482
    Himmelsmechanik, 27, 48n, 128n, 131, 136n
    relativistische, 544
    technische, 520, 525, 538n
Meggers, Edith Marie, 107, 108
Meggers, Betty Jane (★1921), 199
Meggers, William F. (1888–1966), 30, 36, 106, 122, 184, 197, 256, 516, 644
Meissner, Karl Wilhelm (1891–1959), 41
Meißner, Walther (1882–1974), 314, 401, 409, 505, 536n, 617, 626
Meitner, Lise (1878–1968), 626, 641
Meitner-Hupfeld-Effekt, 394
Meixner, Josef (1908–1994), 289, 491, 501, 504, 536n
Melchior, Carl (1871–1933), 385
Mendenhall, Charles E. (1872–1935), 121, 152, 279, 384
Mentzel, Rudolf (★1900), 364, 365, 367, 376, 469, 470
Menzel, Willi, 365, 428
Menzer, Georg Heinrich (★1897), 529–533
Merrill, Donald, 578
Mesonen, 451, 456, 464, 598
Messerschmidt, Willy (1898–1978), 543n
Metaphysik, 322
Metcalfe, E., 407
Mey, Karl, 401, 402, 405
Meyer, Edgar (1879–1960), 92, 184, 533
Meyer, Stefan (1872–1949), 231
Meyerhof, Otto (1884–1951), 533
Michels, [Herr 1947], 604
Michelson, Albert Abraham (1852–1931), 37, 281
Mie, Gustav (1868–1957), 87, 94, 159, 606
Milch, Erhard (1892–1972), 485, 543
Miller, Rudolf von (1899–1996), 606
Miller, William, 55

Millikan, Robert A. (1868–1953), 32, 152, 159, 177, 179, 221, 222, 226, 227, 271, 273, 296, 298, 456, 517, 631, 632n
Milne, Edward Arthur (1896–1950), 310, 313, 442n
  Schüler, 442
Minkowski, Hermann (1864–1909), 561
Minkowski, Rudolph (1895–1976), 145, 578n
Mises, Richard von (1883–1953), 630
Möglich, Friedrich (1902–1957), 306
Mohler, Fred Loomis (1893–1974), 107
Møller, Christian (1904–1980), 341
Monthly Notices RAS, 310
Moore, Burton Evans (1866–1925), 186
Morse, Philip M. (1903–1985), 346
Moser, Wilhelm, 488, 489
Mott, Neville (1905–1996), 381, 409n, 410, 411, 413, 435, 597
Mount Wilson Observatory, 227, 311, 312
Moyal, Jose, 597n
Müller, Friedrich von (1858–1841), 83
Müller, Wilhelm (1880–1968), 361, 372–377, 453–455, 462, 464–468, 475–487, 502, 504, 520, 524, 525, 527, 528, 534, 538, 540, 541, 543, 544, 548, 566, 575, 576
München, 17, 38, 46n, 56, 57, 67, 75, 77, 78, 83n, 95, 97, 103, 104, 110n, 117, 122, 137, 145, 161, 163, 179, 180, 193, 212–215, 151, 254, 265n, 266, 268, 281, 291, 294, 301, 307, 309n, 310, 312, 316, 327, 335, 347, 348, 360–363, 374–377, 387, 391, 393, 408n, 417, 418, 421–424, 448, 451, 455–457, 462, 465, 466, 469n, 477, 481, 487, 494, 496, 508, 512, 517, 526, 528, 534, 535, 537, 548, 550, 553, 557n, 560, 572, 576, 585, 590, 603, 604, 607, 608, 612, 618, 619, 627, 629, 632n, 639, 642, 645n, 646
  Akademie, 213, 284, 416, 420n, 509, 511, 512, 600, 602, 605, 625, 627, 631, 647–649
  Deutsches Museum → Deutsches Museum
  Kolloquium, 14, 68n, 87, 99, 102, 206–209, 227, 251n, 393n, 457n, 476, 493, 526, 529, 534, 536, 586
  TH, 303n, 327, 341, 401n, 439n, 466n, 468, 481, 482, 495, 528n, 532n, 538n, 563, 565, 566n, 572, 576, 648n
    Berufung, 482, 536, 548
  Universität, 14, 21, 25, 26, 57n, 61n, 79, 89n, 93, 100n, 103, 105, 110, 126n, 136, 144, 154n, 159n, 195n, 197n, 204, 213–216, 219, 220, 227, 229n, 252n, 259, 265, 266, 270n, 272, 274n, 276n, 280, 290n, 306, 315, 332n, 335n, 344n, 357, 361, 365, 367, 372, 382–384, 399n, 403n, 407, 427, 428, 431, 437, 442, 447n, 467, 468, 477, 482–487, 493, 504, 517, 520, 524, 540, 545, 546, 552, 572n, 576, 585, 586n, 649n
    Berufung, 78, 120, 160, 196, 224–226, 285–287, 289–298, 305, 306, 360–377, 424–426, 446, 449–451, 462, 465, 506–511, 520, 524, 525, 527, 545, 546, 586, 601, 603, 604, 609–613, 616
    Vorlesung, 105, 335, 372, 375, 416, 479, 524, 563, 585, 625
Münster, 449, 593
  Universität, 79
Mussolini, Benito (1883–1945), 258

Nachrichtenmittelversuchskommando, 488–490, 594

Nadelstrahlung, 68n, 98
Nagaoka, Hantaro (1865–1950), 226, 275, 299
Nature, 19, 21, 95, 97, 103, 132, 138, 304, 326, 330, 392, 406
Naturwissenschaften, Die, 96, 104, 148, 217, 326, 341, 357, 358, 394, 395, 415, 418–420, 422, 536, 545, 610, 612, 617, 641n
Nebelkammer, 193n, 273n
Nernst, Walther (1864–1941), 80, 196, 213, 215, 286n, 425, 531n, 632
Neue Zeitung, 513, 591, 615
Neumann, Carl (1832–1925), 532
Neumann, John von (1903–1957), 634, 644n
Neutrinos, 411, 412, 430, 435
Neutronen, 341, 342, 353, 398, 429, 431, 451n, 583, 620
New York, 36, 186, 298, 421, 533, 597n, 632
    Columbia University, 32, 122, 154, 370, 427, 516, 621, 632, 645n
    Berufung, 452, 453, 598
New York Times, 366
Newton, Isaac (1642–1727), 534n, 592n, 596n, 634
Newton-John, Brim († 1992), 588
Niederlande, 43, 50, 99, 160, 162, 196, 310, 384, 410, 459, 488, 520, 521, 610
Niessen, Kare Frederick (1895–1967), 136
Niggli, Paul (1888–1953), 529, 530n, 532
Nishina, Yoshio (1890–1951), 302, 581
Nissen, Knud Aage, 71
Nobelpreis, 18, 22, 23, 32, 34, 71, 72, 77, 87, 108, 109, 142, 146n, 148, 159, 161, 225, 227, 273, 291, 292, 361, 362, 400, 443, 495, 514, 517, 619, 631
Nobelstiftung, 63, 443
Noether, Fritz (1884–1941), 124, 197, 538
Nordheim, Lothar (⋆1899), 137, 141, 320, 328, 354, 356, 358, 409, 433, 435n
Notgemeinschaft, 309n, 311, 322, 333, 334, 343, 347, 382, 406, 449

Oerstedt-Medaille, 516, 630, 632, 642
Okochi, Masatoshi Graf (1878–1952), 275, 288, 293
Oldenbourg, 499
Oppenheimer, Robert (1904–1967), 303, 304, 397, 581
Optik, 100, 118, 137, 153, 181, 193, 194, 392, 416, 500, 525
    Wellenoptik, 116
Optische Wochenschrift, 414, 415
Ornstein, Leonard Salomon (1880–1941), 165n, 168, 169, 188, 340
Orr-Sommerfeldsche Gleichung, 124n, 618n
Oseen, Carl Wilhelm (1879–1944), 23, 49, 229, 321
Ossietzky, Carl von (1889–1938), 442
Ott, Heinrich (1894–1962), 122, 161, 276n
Oxford, England
    Universität, 310n, 391, 392, 394n, 424

Palágyi, Melchior (1859–1924), 82
Papapetrou, Achilles (1907–1997), 638
Paris, 138, 253n, 262, 314n, 328, 382n, 421, 580, 597
Parmenides (515 v. Chr. – 445 v. Chr.), 637
Pasadena, 121, 137, 138, 142, 152, 159, 226, 271, 273, 274, 293–297, 299, 300, 578n, 631n
    CalTech, 35, 36, 122, 137, 138, 154, 221, 222, 227, 269n, 271, 273, 388n, 428, 578n, 631
Paschen, Friedrich (1865–1947), 25, 35, 41, 47, 54, 55, 67, 71, 86, 87, 90, 91, 96, 105, 107, 109, 111, 114, 160n, 400n, 644
Paschen-Back-Effekt, 87, 133, 242

Paschenserie → Spektren, Serienspektren
Pasternack, Simon (*1914), 621
Patna
  Universität, 277, 278
Pauli, Käthe, 309
Pauli, Wolfgang (1900–1958), 22, 31, 34, 47, 64n, 67n, 108, 118, 127–134, 136, 137, 140–144, 156, 157n, 167, 171, 176, 186, 188, 198, 204, 205, 208, 209, 216, 217, 220, 228, 232, 239, 241, 251, 255n, 256, 258, 261, 296, 300, 305, 308, 359, 391, 392, 407, 409–413, 457, 515, 531, 550, 592, 597, 598, 601, 619, 625
Pauli, Wolfgang Josef (1869–1955), 47
Pauliverbot → Ausschließungsprinzip
Pauling, [Ehefrau Linus], 577, 642, 643
Pauling, Linus (1901–1994), 209, 210, 216, 218, 269, 296n, 577, 578, 642
Pauling, Linus (*1925), 577, 643
Paulson, Emil (*1888), 66, 71, 186
Pegram, George B. (1876–1958), 644
Peierls, Jewgenia, 396, 407n, 412
Peierls, Rudolf (1907–1996), 220, 231, 304, 307, 320, 325, 326, 330, 344, 354, 356, 396, 397, 399, 406, 407, 410–412
Pelseneer, Paul (1863–1945), 283
Periodensystem, 15, 19, 20, 29, 62, 69, 76, 77, 97n, 98, 146, 178, 187n, 277
Perrin, Jean (1870–1942), 92n
Perron, Oskar (1880–1975), 120, 265, 486, 512, 576, 647
Philips, 196
Philosophical Magazine, 49, 69, 88, 95, 107, 150, 163, 178, 303
Philosophical Society, 432
Philosophie, 26, 82n, 83n, 100, 111, 136, 373, 514
Phosphoreszenz, 196, 569, 570

Photoeffekt, 109, 159n, 162, 193n, 196, 227, 229, 301, 302, 340, 341, 348, 397, 414
Photonen, 423n, 435
Physica, 136, 191
Physical Review, 107, 180, 280, 304, 308, 340, 430, 436
Physik
  Experimentalphysik, 40, 67, 203, 227, 291
  Geschichte, 108, 115n
  Grundlagen, 23, 109, 240, 259, 513, 514, 556, 603
  Realität, 240, 246, 260
  theoretische, 40, 67, 203, 221, 228, 353, 366, 419, 459, 468, 475, 476, 481, 483, 575, 576
Physikalisch-Technische Reichsanstalt, 80n, 160, 167n, 196, 197, 210, 286n, 358, 400–402, 404, 405, 414, 442, 450, 616, 626n
Physikalische Blätter, 505, 579
Physikalische Zeitschrift, 46, 58n, 79, 153, 154, 156, 186, 281, 318, 358, 400–405, 408, 446n, 450
Picard, Émile (1856–1941), 283
Picasso, Pablo (1881–1974), 646
Pistor, Lutz (1898–1952), 648
Pittsburgh
  Carnegie Institute, 219
Placzek, George (1905–1955), 343
Planck, Erwin (1893–1945), 511, 563
Planck, Hermann (1911–1954), 572
Planck, Marga (1882–1949), 267, 572, 592, 597, 618, 625, 626n
Planck, Max (1858–1947), 23, 34, 39, 67, 71, 82, 83, 98n, 115, 127n, 164, 179, 203, 204, 206, 210–213, 215, 221, 251n, 255, 264, 266, 270, 356, 363, 368, 385, 392, 394, 414, 415, 418, 420, 421, 442, 444, 457, 458n, 477, 488, 498, 511, 521, 527, 528, 531, 536, 544, 545, 553, 559,

563, 565, 572, 587, 589, 592, 596, 597, 618, 624, 625, 635
Planck, Nelly (*1903), 572, 618
Planck-Medaille, 444, 456, 469, 517, 527, 528, 536, 565, 624–627, 641
Plehn, Marianne, 553
Pohl, Robert W. (1884–1976), 195n, 196, 286, 589
Pohlenz, Max (1872–1962), 640
Poincaré, Henri (1854–1912), 113, 131, 137, 550
Pokrowski, G. I., 326
Polanyi, Michael (1891–1976), 397
Posen
  Universität, 483, 539n
Positronen, 353, 358, 394, 397–399, 411
Potential, 248, 249, 301n, 336–339, 397, 410, 413, 433, 561
  Fermi, 337, 339, 341, 342, 397
  Gitter, 138, 316
  Ionisation, 27, 65n, 68n, 69, 337
Potsdam, 403n, 569n
  APO, 74n, 208, 310n, 311
Prag, 38, 555n, 588, 590, 629n
  TH, 455n
  Universität, 82, 333
Prandtl, Gertrud (1882–1940), 538, 562n
Prandtl, Ludwig (1875–1953), 126n, 158, 370, 373, 389, 407, 453, 454, 484–486, 496–499, 520, 524, 538–544, 556–558, 561–564, 618n, 628, 630, 639, 641
Preußen, 215
  Ministerium
    Kultus, 212–214, 266–269, 409, 414
Princeton, NJ, 416, 438n, 439
  Institute for Advanced Studies, 416, 531, 596n, 598, 599, 649n
  Universität, 219, 225, 280n, 281n, 293, 305, 417n, 431n, 533n, 578
Pringle, R. W., 588
Pringsheim, [Ehefrau Peter], 531, 533

Pringsheim, Alfred (1850–1941), 120, 531
Pringsheim, Peter (1881–1963), 196, 531, 533
Protonen, 314, 326, 341, 398, 399, 431, 445, 451n, 620
Pryce, Maurice (*1913), 588

Quantenelektrodynamik, 304, 323, 354, 411, 427, 475, 516
Quantenfeldtheorie, 588
Quantenmechanik, 13, 52n, 173n, 203, 204, 207, 210, 216, 220, 221, 229, 230, 239, 244, 261, 272, 353, 411, 486
  Interpretation, 209, 230, 269, 439, 523, 630, 633–636
  Matrizenmechanik, 204, 239, 252, 253, 301, 397
  Unschärferelation, 230, 636
  Wellenmechanik, 13, 42, 203–209, 216, 218, 220, 228, 230, 232, 236, 239, 247, 251, 259, 261, 278, 297, 335, 346, 397, 481, 521n, 523, 599, 643
  WKB-Methode, 339, 522, 523n
Quantenstatistik, 135, 178, 216, 219, 254, 635
  Bose–Einstein, 272
  Fermi–Dirac, 203, 216–218, 261, 279, 339, 348, 454
Quantentheorie, 18, 19, 21, 24, 26, 28, 29, 33, 34, 70, 87, 116, 117, 141, 165, 173–175, 179, 195, 205, 296, 336
Quest Society, 287, 288

Rabe, Wilhelm (1893–1958), 622n
Rabi, Isidor Isaac (1897–1988), 302, 598, 646n
Raman, Chandrasekhara Venkata (1888–1970), 174n, 222, 274, 277, 282, 356, 405–407
Ramaneffekt, 174, 282, 303
Ramberg, Edward G. (1907–1996), 432

Ramdohr, Paul (1890–1985), 530, 531
Ramsauer, Carl (1879–1955), 469n, 485, 486, 526, 542n, 576
Ramsauereffekt, 316, 337, 338
Randall, Harrison M. (*1870), 305
Randall, John Turton (1905–1984), 589
Rasetti, Franco (1901–2001), 323
Ratnowsky, Simon (1884–1945), 92n
Rau, Hans (*1881), 90
Rausch von Traubenberg, Dorothee, 439
Rausch von Traubenberg, Heinrich (1880–1944), 439, 440
Ray, S. C., 279
Rayleigh, John William Lord (1842–1919), 124, 158, 420
Rayleigh-Gleichung, 124
Rechenmaschine, 346n
Reichsforschungsrat, 469n, 493, 547, 567
Reinhardt, Ernst (1872–1937), 395n
Relativitätstheorie, 100–102, 108, 109, 195, 211n, 240, 365, 370, 373, 390, 415, 476, 477, 480, 486, 497, 549–551, 567, 571, 572
    allgemeine, 40, 67, 109, 260, 322, 417, 481, 497, 551, 552n, 571, 595, 638, 645
    Gegner, 39, 80, 81, 101, 318n, 415, 606
    Popularisierung, 74, 83, 390, 407
    spezielle, 109, 371, 416, 439, 481, 497, 550, 551
Renner, Fritz, 489, 574
Renormierung, 411, 621
Retherford, Robert C., 516, 621, 644, 645n
Reviews of Modern Physics, 228, 355, 430, 608
Reynoldszahl, 124, 125, 158, 563
Richardson, Owen Williams (1879–1959), 207, 410
Richardsoneffekt, 348, 410n
Richter, [Ministerialbeamter], 269
Richtmyer, Floyd Karker (1881–1939), 226, 432
Ritz, Ludolf, 541, 542

Ritz, Walther (1878–1909), 240, 247
Robertson, Howard P. (1903–1961), 578, 579
Rockefeller Foundation, 216, 253, 314n, 318n, 334, 408n, 421, 435n
Roebuck, John R. (*1876), 121
Roessler, E., 549
Rohmer, Gustav (1868–1946), 572
Rom, 273, 322, 328n, 329, 335, 343, 438, 545, 604
    Universität, 232, 313n, 332, 335, 344, 382n, 409, 501
Romberg, Werner (*1909), 354, 496, 554
Röntgen, Bertha (1839–1919), 66
Röntgen, Wilhelm Conrad (1845–1923), 66, 79n, 291, 549
Röntgenstrahlen, 300, 570, 590n
    Absorption, 150, 302, 303
    Interferenzen, 32, 42, 77, 78, 306n, 608
    Quantennatur, 19, 32, 144, 153, 162n, 193n
    Röntgenspektren → Spektren
Roosevelt, Franklin D. (1882–1945), 580
Rose, Morris E., 432
Rosenberg, Hans (1879–1940), 310
Rosenthal, Artur (1887–1959), 388
Ross, Perley A. (1883–1938), 153, 154, 161, 162
Rostock, 160n
    Universität, 93, 127n, 160, 428, 520
    Berufung, 79n, 136
Rother, Franz (*1887), 410, 411
Rubens, Heinrich (1865–1922), 39, 80, 196
Rubinowicz, Adalbert (1889–1974), 15, 18, 46, 48, 71, 75, 232, 490
Rüchardt, Eduard (1888–1962), 585, 586, 616n
Rumer, Georg (1901–1985), 318
Runge, Carl (1856–1927), 15, 43, 53, 55n, 156, 170, 171n, 199, 589n
Runge, Iris (1888–1966), 589
Rungesche Regel, 15, 16, 24

Rungescher Nenner, 16, 53–55, 133, 141
Rusch, Franz (1880–1962), 600, 602
Russell, Bertrand (1872–1970), 83, 101, 637
Russell, Henry Norriss (1877–1957), 190, 198, 227, 276
Rust, Bernhard (1883–1945), 374, 376, 385, 414, 444n, 447, 448, 450–452, 459, 536, 553
Rutherford, Ernest (1871–1937), 49, 63n, 115n, 209, 392, 544
   Schule, 589
Rydberg, Johannes Robert (1854–1919), 86, 157, 336
   Konstante, 182, 336n

SA, 428n, 504, 584, 586
Sachsen
   Ministerium
      Kultus, 294, 295, 429, 451
Saha, Meghnad N. (1893–1956), 222, 275, 277, 292, 442
Saint Andrews
   Universität, 589
Sakurai, Fusaki (1852–1928), 284
Sansoni, 501
Sattler, Carl (1877–1966), 420, 421
Saunders, Frederick Albert (1875–1963), 190
Sauter, Friedrich (*1906), 321, 327, 341, 364, 375, 392, 397, 428, 447, 461, 482, 486, 491, 495, 501, 520, 536n, 548, 566, 593, 594
Schaefer, Clemens (1878–1968), 195n, 196, 641
Scheel, Gustav (1907–1979), 567, 568
Scheel, Karl (1866–1936), 241, 304
Scheffers, Helmut (*1898), 314
Scheibe, Maria, 340
Scheiner, Julius (1858–1913), 310
Scherrer, [Ehefrau Paul], 621
Scherrer, Paul (1890–1969), 118, 184, 300–304, 597
Scherzer, Otto (1909–1982), 372, 373, 399, 481, 520, 630

Schlesinger, Frank (1871–1943), 283
Schlodtmann, Walter, 58
Schmauß, August (1877–1954), 285, 286, 290
Schmiermittelreibung, 388, 628, 629, 630n
Schnetzer, [Frl. 1945], 566
Schnetzler, Karl, 323
Schönflies, Arthur (1853–1928), 419
Schopenhauer, Arthur (1788–1860), 356, 390
Schott, George Adolphus (1868–1937), 155
Schottky, Walther (1886–1976), 127, 135, 160, 409
Schrieffer, J. Robert (*1931), 495
Schrödinger, Annemarie, 162, 184, 194, 268, 391–393, 592, 638
Schrödinger, Erwin (1887–1961), 13, 31, 68, 180, 184n, 192, 203–212, 215, 216, 229, 236, 239, 241, 244, 250, 253, 255, 256, 259–262, 267, 270, 281, 297, 298, 301n, 356, 358, 391, 393, 394, 400n, 422n, 439, 500, 509, 510, 512–515, 548, 550, 589–592, 594, 603, 616, 620, 633, 645
   Berufung, 92, 195n
   Gleichung, 338, 346, 431, 477, 523n, 599
Schrödinger, Rudolf (1857–1919), 194
Schubert, Franz (1797–1828), 293
Schüler, Hermann (1894–1964), 174, 342
Schultze, Walter, 374, 456, 457, 459, 465–467
Schur, G., 341
Schwarze Korps, Das, 367, 371, 372, 442, 446, 449, 451, 528
Schwarzschild, Karl (1873–1916), 19, 81, 88, 95, 149, 311
Schweden, 16, 53, 60n, 63n, 65–67, 71, 73, 99, 381, 619
   Akademie 517
Schweidler, Egon von (1873–1948), 238

Schweiz, 99, 156n, 194, 195, 250n, 359, 433, 439n, 488, 535, 550, 551, 592, 645
Schwinger, Julian (1918–1994), 620
Seeliger, Hugo (1849–1924), 81, 312n
Seeliger, Rudolf (1886–1965), 156, 358, 400–405
Segrè, Emilio (1905–1989), 323
Seiferth, Reinhold, 543
Seitz, Frederick (⋆1911), 433, 434
Selmayr, Karl (1884–1974), 57n, 264, 482, 483, 493, 642
Semler, Johannes (1898–1973), 513, 623
Seshadri, Pundi, 282
Shanghai
    Tung Chi Universität, 223, 224, 288
Siegbahn, Manne (1886–1978), 14, 16, 48, 50, 53, 56, 57n, 58, 93, 109, 284, 292, 381, 597, 619
Simon, Alfred W., 193n
Singh, Sohan (⋆1911), 566
Skinner, Ernest Brown (⋆1863), 121
Slater, John (1900–1976), 33, 179, 318, 324, 338n, 339–341, 410
Smekal, Adolf (1895–1959), 135, 174, 232, 233, 238, 240, 247, 303, 327, 330, 331, 342, 348, 436
Smith, Lloyd Preston (1903–1988), 431
Snoek, Jacob Louis (⋆1902), 340
Snow, Benjamin W. (1860–1928), 153
Soden, Dietrich Graf von, 399
Solf, Wilhelm Heinrich (1862–1936), 288, 289, 293
Sommer, Ludwig August (⋆1895), 185, 198n, 287, 289
Sommerfeld, Arnold (1868-1951)
    Reisen
        Dänemark, 16, 17, 56, 59, 65
        Frankreich, 328
        Großbritannien, 204, 205
        Niederlande, 37, 160, 162, 459
        Schweden, 14–17, 48–50, 53, 55, 56, 58, 65, 66, 73, 86
        Schweiz, 156, 359
        Spanien, 29, 35, 117, 119

USA, 26, 32, 35–37, 142, 152, 154, 228, 305, 309, 357, 383, 443
Weltreise, 203, 219, 221–224, 271, 273–277, 279–282, 285, 287
Schüler, 22, 29, 30, 34, 46, 47, 93, 105, 111, 113, 114, 214, 216, 218, 417
Sommerfeld, Arnold Lorenz (1904–1919), 15, 38, 50, 57, 78, 91
Sommerfeld, Eckart (1908–1977), 267, 289, 584
Sommerfeld, Ernst (1899–1976), 58, 123, 222, 264, 403, 445, 459, 488, 553, 584–586, 607
Sommerfeld, Johanna (1874–1955), 15, 16, 37, 50, 57, 66, 79, 91, 121, 184, 212, 213, 267, 270, 283, 287, 292, 297, 386, 445, 565, 577, 587, 598, 629
Sommerfeld, Margarethe (1900–1977), 16, 122, 162, 184, 560, 590
Spanien, 29, 35, 117, 119, 535
Spektren
    Bandenspektren, 17, 50, 60, 93, 237, 254, 427
    Bogenspektren, 15
    Funkenspektren, 15, 51
    Kristallspektren, 323–325, 570
    Röntgenspektren, 21, 28, 30, 47, 58n, 68, 75, 92, 94, 103, 130, 141, 143, 148, 150, 175–181, 187, 188, 245, 303, 341, 619n, 621
    Serienspektren, 15, 21, 30, 31, 48n, 54, 103, 147, 182n, 240n, 340, 427
spezifische Wärme, 109, 217, 348, 461
Spin, 31, 205, 241n, 252, 260, 277, 317, 323, 331, 332, 411, 437n
Springer, 126, 161, 232, 328, 357, 392, 395, 577
SS, 367–371, 374, 377, 462, 463, 497, 505, 568, 594

Stanford University, 122, 153n, 180n, 382n, 413n, 630
Stark, Johannes (1874–1957), 18, 19, 34, 39, 71, 79, 87, 89, 90, 94, 95, 106, 132n, 156, 195, 196, 224–226, 286, 287, 289–293, 296, 298, 317–320, 358, 364–376, 400–405, 414, 429, 436, 442, 443, 445, 447, 452, 456, 476, 481, 487, 497, 505, 528n, 575, 576, 617
Stark, Louise, 287
Starke, Hermann (1874–1960), 74
Starkeffekt, 18, 88–91, 93–95, 131, 134, 142, 237, 239, 245, 251, 254, 291, 340
Staudinger, Hermann (1881–1965), 395
Steenbeck, Max (1904–1981), 526, 528
Steinke, Eduard Gottfried (1899–1963), 418
Steinmetz, Hermann (1879–1964), 530n, 532
Stenström, Wilhelm (*1891), 65, 68n
Stephenson, H. K., 609
Stern, Otto (1888–1969), 74, 135, 136n, 145, 262, 302n, 347, 349
Stern-Gerlach-Versuch, 138, 141, 143
Stetter, Georg (1895–1988), 436
Steubing, Walther (1885–1965), 132, 197
Stieber, Wilhelm, 388
Stieler, Joseph (1781–1858), 122
Stipendien
    Guggenheim, 269n
    Notgemeinschaft, 332n, 347, 449
    Rockefeller, 185n, 208, 216, 220, 232, 252, 253n, 254n, 269n, 303n, 313n, 323, 332–334, 335n, 343n, 349, 382n, 427, 428
Stobbe, Martin (1903–1944), 320, 341, 344
Stockholm, 53, 63, 65, 596, 619
Stodola, Aurel (1859–1942), 439
Stoner, Edmund C. (1899–1968), 178, 186, 187, 189

Störungstheorie, 52n, 118, 128–131, 137, 140–142, 149, 247–251, 301n, 434
Strahlungstheorie, 33, 52, 70, 98n, 149n, 156, 174, 254n
    Diracsche, 340
Straßburg
    Universität, 73n, 92n, 552
        Berufung, 537, 545, 546, 575, 576
Straßmann, Fritz (1902–1980), 627
Streutheorie, 341, 342, 423, 434
    Bornsche, 261, 339, 411
    klassische, 316n
Stuart, Herbert Arthur (1899–1974), 447
Stückelberg, Ernst C. G. (1905–1984), 375, 427, 520
Stuttgart, 250, 252, 268, 300, 326, 327, 427, 509, 579n
    TH, 93, 138n, 216, 252n, 254n, 357, 586, 602, 616, 638n
    Berufung, 79
Süddeutsche Monatshefte, 83, 84
Sun Yat-sen (1866–1925), 288
Supraleitung, 220, 304, 315, 360, 458, 460, 461, 469, 491, 494, 495, 515, 547, 548, 557, 582n, 583, 591, 594, 618
Sur, Nalini Kanta (1892–1981), 279
Swann, William F. G. (1884–1962), 280
Szilard, Leo (1898–1964), 306

Tagung
    American Physical Society, 162n, 430
    angewandte Mathematik, 644
    BAAS, 412
    Bohrfestspiele, 21, 27, 98, 115, 118
    DMG, 530n
    DPG, 93, 151, 153, 250–252, 262, 264, 300, 385n, 405, 427, 453, 517, 617
    Innsbruck, 123n
    Kaiser-Wilhelm-Gesellschaft, 418, 451n

Kernphysik, 323, 328, 330, 438n
Kristallographie, 596
Mathematik, 517
Metallphysik, 359, 412, 413, 417
Naturforscher, 81, 164, 559
Nauheim, 39, 79, 81, 81, 82, 84, 84, 85, 93
Solvay, 27, 91, 255, 309, 314
Volta, 217–219, 222, 258, 271n, 273, 275
Wolfskehl, 97
Zürich, 359, 433, 439
Takamine, Toshio (1885–1959), 88–90, 134, 142, 149, 275, 276, 288, 289n
Tank, Franz (1890–1981), 92
Tata, Jamsetji Nusserwanji (1839–1904), 278
Taylor, Geoffrey Ingram (1886–1975), 583
Technik, 366, 477, 484, 538, 579, 581
Telefunken, 459, 488, 489, 553, 584n
Teller, Edward (*1908), 343, 349
Telschow, Ernst (1889–1988), 469
Terradas, Esteban (1883–1950), 35, 119
Terry, Nathaniel Matson (1844–1938), 121, 153
Teubner, 118
Theorie des Kreisels, 164, 299
Thermodynamik, 164n, 525
Thermoelektrizität, 331
Thirring, Hans (1888–1976), 210, 211, 238, 467n, 577, 586
Thomas, Llewellyn H. (1903–1992), 218
Thomas-Fermi-Modell, 218, 229, 277, 336, 337, 346
Thomson, George Paget (1892–1975), 580
Thomson, Joseph John (1856–1940), 150
Thomsoneffekt, 315, 316, 331, 410
Thorsen, V., 151
Thüring, Bruno (1905–1989), 372, 373, 455–457, 465, 466, 477, 478, 481–483, 486, 504, 520, 528, 534, 537
Tietze, Heinrich (1880–1964), 576
Tisdale, Wilbur E. (*1885), 314, 421
Tokio, 289, 294, 581
  RIKEN, 275n, 276, 288
Tollmien, Walter (1900–1968), 618
Tolman, Richard (1881–1948), 138, 639, 646
Tomaschek, Rudolf (1895–1966), 364, 466, 468, 481, 482, 486, 528, 534, 536, 565, 569n
Trowbridge, Augustus (1870–1934), 253
Tübingen, 327, 579
  Universität, 286n, 349n, 380, 510, 602, 605, 607, 611
  Berufung, 160n, 292
  Vorlesung, 611
Turbulenz, 26, 123, 124, 135, 139, 158, 389, 499, 556–558, 562, 564, 583, 594, 618, 628, 629, 640

Uhlenbeck, George E. (1900–1988), 242, 252, 320, 432
UNESCO, 646
Unsöld, [Vater Albrecht], 42, 76, 77
Unsöld, Albrecht (1905–1995), 42, 75, 76, 207, 208, 218, 242, 243, 258, 259, 269, 343–345, 347, 359, 375, 428, 439, 440, 448, 520, 532, 555, 622
Unsöld, Hans Jürgen (*1936), 440
Upsala, 65, 66
  Universität, 49n, 619
Uranverein, 377, 467n, 502, 507, 510, 537n, 552n, 555n, 560n, 582n
Urbana
  University of Illinois, 36, 100n, 280n
USA, 32, 35–37, 41, 43, 83, 100–102, 107, 121n, 132, 135, 139, 143–145, 152, 159, 173n, 193, 196, 219, 222, 226–228, 255, 268, 273, 280n, 298, 299, 306, 309–311, 317, 320, 328, 334, 345,

349n, 354, 355, 357, 359, 381–383, 410, 412, 413, 427, 429–432, 475, 485, 501–503, 509, 513, 517, 531n, 533n, 535, 578–582, 598, 603n, 614, 618, 620, 623, 630
Utrecht
　Universität, 160n, 165, 168n

Vallarta, Manuel S. (1898–1977), 346
Van Vleck, Edward Burr (1863–1943), 121, 143
Van Vleck, John (1899–1980), 27n, 131, 143, 330
Vegard, Lars (1880–1963), 58
Veit, 164n
Verhandlungen der Deutschen Physikalischen Gesellschaft, 67, 302
Verschiebungssatz
　magnetooptischer, 29
　spektroskopischer, 15, 50, 51, 72
Vieweg, 64, 72, 73, 85, 87, 164, 230, 300, 307, 316, 553, 578, 579n
Vogel, Hermann Carl (1841–1907), 311
Vogelpohl, Georg (*1900), 628, 630
Voigt, Woldemar (1850–1919), 24–26, 55, 73, 94, 105, 114, 632
Völkerbund, 600
Völkischer Beobachter, 365, 428, 477
Volkmann, Harald (1905–1997), 447, 481
Volkmann, Paul (1856–1938), 160n
Volta, Alessandro (1745–1827), 217, 258
Voltaeffekt, 219
Volterra, Vito (1860–1940), 284, 419
Vorlesungen über theoretische Physik, 163, 164, 475, 495–501, 515, 532n, 545, 548–562, 578, 579, 585, 586, 588, 590, 597, 601, 608, 609, 618, 619, 624, 626, 628, 645
Voss, Ernst Karl Johann Heinrich (*1860), 122
Voss, Wilhelm, 337–339
Voßler, Karl (1872–1949), 213, 265, 266

Waals, Johannes D. van der (1837–1923), 72
Waerden, Barthel van der (1903–1996), 647–649
Waetzmann, Erich (1882–1938), 183, 195n, 197
Wagner, Ernst (1876–1928), 79, 154
Waller, Ivar (1898–1991), 303
Washington, DC, 279, 280, 430, 644
　Catholic University, 625
　National Academy, 226, 298, 299
　National Bureau of Standards, 30, 32, 36, 107, 108, 122, 144, 154, 184, 198n, 199n, 219, 227, 256, 257, 320n
Wasserstoff
　Feinstruktur, 24, 29, 30, 89, 176n, 207, 239, 241–244, 340, 419n
　Modell, 24, 27, 48, 64, 65, 69, 75, 130, 136, 137, 141, 143, 159, 174, 216, 239–245, 258, 262, 301, 302, 340, 516
　Spektrum, 182, 258
Webendoerfer, Ernst (*1894), 307
Weber, Wolfgang (†1941), 541
Wechselsatz, 86, 87, 147, 157
Wegener, Alfred (1880–1930), 570
Weigle, Jean (1901–1968), 417, 597
Weinacht, Josef, 552
Weiss, Pierre (1865–1940), 66n, 73n, 92n
Weisskopf, Victor F. (1908–2002), 320, 344, 620, 621
Weizmann, Chaim (1874–1952), 102n
Weizsäcker, Carl Friedrich von (*1912), 369, 375, 437, 443n, 448, 463, 464, 467, 481, 507–509, 520, 525, 537, 545, 552, 583, 584, 586, 590, 601, 603–605, 640
Weizsäcker, Ernst von (1882–1951), 369, 443, 448, 467
Welker, Heinrich (1912–1981), 360, 375, 458, 460, 461, 468, 491, 493–

495, 515, 547, 548, 557, 558, 584, 586
Welle-Teilchen-Dualismus, 32, 33, 104, 106, 111, 113, 154, 166, 174, 179, 193, 301, 514, 521, 544
Wellen
    Materiewellen, 237
Wellenmechanik → Quantenmechanik
Weltbühne, 104n, 110, 112, 442n
Went, Friedrich A. F. C. (1863–1935), 284
Wentzel, Gregor (1898–1978), 122, 136, 139, 155, 180, 183, 187, 188, 190–193, 207, 233, 241, 244, 259, 301–304, 306, 348, 375, 421, 427, 458, 520, 597, 616, 621
Werner, Sven, 149
Wesch, Ludwig (1909–1994), 446, 481
Wessel, Walter (1900–1984), 137
Western Electric, 36
Westphal, Wilhelm (1882–1978), 551n
Wettstein, Friedrich von (1895–1945), 395, 403
Weyl, Hermann (1885–1955), 41, 67, 73, 119, 120, 391, 392, 416, 444, 646, 649
Weyland, Paul (1888–1972), 39, 40, 80, 82, 83, 100
Whiddington, Richard D. (1885–1970), 150
Wieland, [Ehefrau Heinrich], 292
Wieland, Heinrich (1877–1957), 22, 285, 290, 292, 361, 428, 479, 520, 524, 526
Wien, 38, 47, 281, 534, 593
    Akademie, 63n, 284n
    Radiuminstitut, 63, 231, 280, 436
    TH, 199n
    Universität, 47n, 211n, 391n, 435n, 436, 557, 558n, 577, 586
        Berufung, 195, 238, 247, 374, 467, 545, 590n, 603
Wien, Max (1866–1938), 366, 426n, 462
Wien, Wilhelm (1864–1928), 39, 66, 77, 78, 79n, 81, 82, 87, 89n, 90n, 127n, 154n, 155, 159n, 160, 170n, 175, 196, 209, 215, 224, 236, 245, 254, 277n, 285–291, 297, 443, 586n, 587
Wiener, Otto (1862–1927), 532
Wigner, Eugene (1902–1995), 276, 320, 399, 413, 423, 431, 433, 434
Wigner-Seitz-Methode, 399, 413, 433, 434
Wilamowitz-Möllendorff, Ulrich von (1848–1931), 640
Wilkens, Alexander (1881–1968), 285, 289, 312n, 622
Williams, Evan James (1903–1945), 381
Willstätter, Richard (1872–1942), 625
Wilsing, Johannes (1856–1943), 310
Wilson, Alan H. (1906–1976), 599
Wilson, Charles Thomson Rees (1869–1959), 273n
Windelband, Wolfgang (1886–1945), 264, 267, 270
Wolf, Max (1863–1932), 80, 81, 83, 310
Wolff, Georg (*1886), 395
Wood, Robert W. (1868–1955), 173, 174, 269
Würzburg, 385n
    Universität, 90n, 127n, 154n, 195, 286, 287n, 291, 443, 488, 528n
    Berufung, 79n, 196
Wüst, Walther (*1901), 482
Wykoff, Ralph W. G. (*1897), 597

Yerkes Observatory, 123
Yukawa, Hideki (1907–1981), 451, 624

Zeeman, Pieter (1865–1943), 24, 25, 34, 37, 41, 72, 73, 104, 199
Zeemaneffekt, 24, 25, 29, 30, 53–55, 70, 86, 87, 91, 104n, 114, 120n, 123, 126, 132, 133, 140, 141, 143, 157, 171, 172, 177, 185–187, 198, 205, 237, 242–245, 257, 323

anomaler, 15, 16, 21, 24–26, 28, 53, 55, 73n, 105, 111, 117, 132, 133, 147, 148, 157n, 177, 237, 241n, 244, 245
Zeitschrift für Astrophysik, 309n, 310
Zeitschrift für die gesamte Naturwissenschaft, 371, 449, 455n, 484, 506, 538
Zeitschrift für Kristallographie, 496, 529–532, 596n, 597n
Zeitschrift für Naturforschung, 513, 515, 517, 578, 579, 590, 594, 605, 610, 612
Zeitschrift für Physik, 18, 85, 96, 97, 111, 114, 117, 133n, 148, 149, 151, 177, 208, 217, 218, 228, 239, 241n, 258, 261n, 272, 303, 304n, 317, 326, 331, 532, 548n, 594
Zeitschrift für technische Physik, 67
Zener, Clarence M. (1905–1993), 413
Zenneck, Jonathan (1871–1959), 197n, 469n, 470, 526
Zerlegungssatz
  magnetooptischer, 15, 24, 25, 29, 54, 86, 88, 90, 91, 96, 171
Zöppritz, Rudi, 77
Zürich, 80, 120, 156, 183, 184, 206, 253, 263, 267, 320, 359, 366, 391, 406, 433, 435, 458, 531, 550, 592n, 629n, 649
  ETH, 38, 73, 78, 79n, 184n, 220, 300n, 302–304, 307, 344n, 439n
  Kolloquium, 254
  Physikalische Gesellschaft, 359, 433
  Universität, 184n, 215, 216, 252–254, 269n, 306, 344n, 422n, 427, 531n, 533n, 592, 598, 616, 647n
    Berufung, 92, 93